日本思想大系 9

天台本覺論

多田厚隆
大久保良順
田村芳朗
浅井円道

岩波書店刊行

本覺讃釋

天台沙門源信撰

夫以本覺之理幽邃不隊之何悟元迷之源

心理之要水昏濁不澄之何浮覺華之蘂即

採先哲之旧懐方知綿玄之奥旨歸命本覺

心法身者述曰擧意業次兼身口二業本覺

心身者自身本覚不生之理也或本經云深

法身云云私云内證開悟時知此理故非凡下

本覚讃釈　延宝八年版本

天台傳南岳心要

一問諸法寂滅相不可以言

宣有何所以而說止觀耶答

一切諸法本是佛法今人意

鈍玄覧則難眼依色入假文

則易故以文示之須知文非

文文字即解脱離文字求解

脱無有是處也天台智者傳

南岳惠思大師圓頓止觀分

之二先略次廣略者初縁實相

造境即中無不眞實繋縁法

天台伝南岳心要　寛文三年版本

目次

凡例……三
本理大綱集（伝最澄）……七
天台法華宗牛頭法門要纂（伝最澄）……二三
修禅寺決（伝最澄）……（以上、浅井）……四一
本覚讃　註本覚讃（伝良源）……九七
本覚讃釈（伝源信）……一〇一
真如観（伝源信）……一一九
三十四箇事書（伝源信）……（以上、田村）……一五一
漢光類聚（伝忠尋）……（大久保）……一八七
相伝法門見聞（心賀）……（多田）……二八七

原　文……三一九
参　考（枕雙紙補遺・天台伝南岳心要）……四〇七
補　注……四一五

解　説
天台本覚思想概説……田村芳朗……四七七
本理大綱集・牛頭法門要纂・修禅寺決……浅井円道……五四九
本覚讃注疏・真如観・三十四箇事書……田村芳朗……五六四
漢光類聚……大久保良順……五六九
相伝法門見聞……多田厚隆……五八四
相承略系譜……五九四

凡例

底本について

一、本書に収録したものの底本と、対校に用いたものは、次の通りである。

本理大綱集――底本は、滋賀県坂本西教寺蔵写本。慶安五年版本・文久三年版本・伝教大師全集所収本を以て対校した。

天台法華宗牛頭法門要纂――底本は、東叡山寛永寺蔵慶安三年版本。伝教大師全集所収本を以て対校した。

修禅寺決――底本は、身延山久遠寺蔵写本。神奈川県立金沢文庫蔵写本・諸種版本・伝教大師全集所収本を以て対校した。

本覚讃・註本覚讃・本覚讃釈――延宝八年版本。

真如観――元禄五年版本。

三十四箇事書――底本は、神奈川県立金沢文庫蔵写本。明暦二年版本(枕雙紙)を以て対校した。

漢光類聚――底本は、東叡山寛永寺蔵慶安二年版本。大日本仏教全書所収本・西教寺正教蔵写本・叡山文庫真如蔵写本などを以て対校した。

相伝法門見聞――底本は、松浦瓏氏蔵写本。天台宗全書所収本を以て対校した。

一、右についての概略は、それぞれの解説に記してある。なお、「漢光類聚」は巻一と巻四、「相伝法門見聞」は上巻を収めた。

一、〈参考〉として収録した「枕雙紙補遺」は明暦二年版本、「天台伝南岳心要」は寛文三年版本によった。これについても、解説を参照されたい。

本文について

一、本文の翻刻にあたっては、底本の形をできるだけ忠実に伝えることを旨とした。

一、原文が漢文のもの(本理大綱集・牛頭法門要纂・修禅寺決・本覚讃釈・三十四箇事書・漢光類聚)は、訓下し文を以て本文とし、原漢文は、後に一括して掲げた。「本覚讃」については、偈頌と訓下し文とを併せ掲げた。

一、漢文の訓下しにあたっては、なるべく底本の返り点および送りがなに忠実であるように努めたが、校注者の訓みによったところも少なくない。

一、漢字は新字体を使用し、俗字・古字・略字などは、原則として通行の字体に改めた。かなの古体・変体・合字なども、通行の字体に改めた。

一、かなづかいは、漢文訓下しの本文は歴史的かなづかいによったが、底本が和文のもの(註本覚讃・真如観・相伝法門見聞)は、底本のままとした。

一、振りがな(ルビ)については、次の通りである。

1　漢文訓下し文のルビは、すべて校注者の施したものである。

2　校注者ルビは、すべて現代かなづかいによった。

3　「註本覚讃」のルビは、校注者ルビである。

4　「真如観」の片かなルビは、底本ルビである。底本で漢字の左側についているルビは、〈　〉に囲んで漢字の下に記した。

5　「相伝法門見聞」の片かなルビおよび片かなによる送りがなは、底本のものであり、平がなルビおよび平がなによる送りがな、助詞などは、すべて校注者の付したものである。
一、適宜、段落(改行)を設けた。
一、句読点や中黒(・)を施し、「　」「　」『　』をつけ、濁点を付した。ただし、「真如観」においては、読点や清濁は、なるべく底本に従うようにした。
一、和文中の漢文体のものには、返り点を施した。
一、底本の二行割書きは、〈 〉に入れ、小字で一行に組んだ。
一、〔 〕内は、対校本によって補ったもの、( )内は、校注者の意によって補ったものである。
一、誤字・脱字・衍字とみられるものは、原則として注記したが、ことわらずに正したものも、ままある。なお、原文が漢文のものについては、別項を見られたい。
一、「漢光類聚」「相伝法門見聞」における偈頌等の類には、《 》に入れて訓下し文を掲げたものもある。
一、「漢光類聚」の底本において、ある漢字に二通りの訓みがある場合、一方を【 】に入れて示した。

原文(漢文)について

一、底本に付されている返り点と送りがな、ならびに連字符は、省略した。
一、読点は、すべて校注者の施したものである。
一、誤字・脱字・衍字とみられるものは、その部分に○(白マル)を付し、訓下し文では正しいものに改めた。なお、対校本によって改め、または補った場合にも、○を付した。
一、「三十四箇事書」における、朽損ならびに判読不能の文字は、□で示した。

注について

一、重要語句・事項については、補注で詳述した。補注のある項目には、頭注の末尾に「↓補」と記した。

一、「正蔵」「続蔵」「日仏全」は、それぞれ「大正新脩大蔵経」「大日本続蔵経」「大日本仏教全書」の略である。他も、これに準ずる。

一、底本の使用について便宜を賜わった各所蔵家、ならびに、御協力をいただいた方々に、深く感謝の意を表する。

本理大綱集（伝最澄）

浅井円道校注

本《ほん》理《り》大《たい》綱《こう》集《しゅう》

*求法入唐《ぐほうにっとう》の沙門最澄《しゃもんさいちょう》述ぶ

弘仁《こうにん》元年八月十三日、唐土《とうど》に入りてこれを記《しる》せるを伝受《でんじゅ》す。

一　三身仏《さんじんぶつ》の説法は住前《じゅうぜん》なるの文　　二　一代五時《いちだいごじ》に五時説あるの文

三　十界互具《じっかいごぐ》の文　　四　阿字一心《あじいっしん》の文

〔一*　三身仏の説法は住前なるの文〕

一　三身《さんじん》とは、*本迹二門《ほんじゃくにもん》におのおの三身あり。一には迹《しゃく》の三身、次には本《ほん》の三身なり。三身を説くこと、*経論《きょうろん》に異説ありて不同なり。その説を尋ぬれば、諸宗《しょしゅう》に散在してこれあり。しかるに三身を尋ぬれば、*真《しん》・応《おう》の二身にあり。所以《ゆえ》は、法華《ほっけ》の意《こころ》に依《よ》るに、*久成品《くじょうほん》の意は、真身《しんじん》を立て、*真身より二身を開出《かいしゅつ》して立てて三身となす。所以《ゆえ》に経に云《いわ》く、「如《にょ》にあらず、異《い》にあらず」と、云云〈注して云く、法身《ほっしん》如来なり〉。次に曰《いわ》く、「我れ成仏してより已来《このかた》」と、云云〈注して云く、報身《ほうじん》如来なり〉。また、「我れ伽耶城《がやじょう》において」と、云云〈注して云く、応身《おうじん》如来なり〉。

次に、*金光明経《こんこうみょうきょう》の意《こころ》に依《よ》らば、真・応二身の中、*応身より開出して二身となして三身を

求法入唐　仏法を求めて唐土に入る。
一　三身仏の…　版本・伝教大師全集(以下「伝全」と略)により追加。三身とは法身・報身・応身。→補
本迹二門　天台大師智顗は法華文句(以下「文句」と略)で法華経を二分し、前半を迹門、後半を本門と呼んだ。迹門は二乗作仏、即ち最も救済困難な声聞・縁覚の二乗に成仏の保証を与え、本門は久遠実成、即ち釈迦は四十余年前始めて成道した仏であるという大衆の通念を否定して、無限の過去にすでに成道していた仏であると明かす。故に次に、迹門および他経での釈迦仏を、本門の本地の三身に対して垂迹の三身という。
経論に異説あり　一身説・二身説・三身説・四身説…十身説等があるが、今は文句の解説に従って、二身説と三身説との関係だけを説く。
真・応の二身　→補
久成品　如来寿量品第十六のこと。以下の三文はこの品中の一句。「非如非異」は仏の所証の真理、「我成仏已来甚大久遠」は仏が得た永遠性、「去伽耶城不遠坐於道場」は歴史上の釈迦が成道した場所を示す。
真身より二身を開出　真身(報身)から法身・応身の二身を開出して。
金光明経　→補
応身より開出して二身　応身から法身・報身の二身を開出して。
水銀…　文句の寿量品釈の文。水銀

立つ。よつて経に云く、「ただ〔如〕《にょ》々《にょ》と如々《にょにょ》の智《ち》とのみあり。これを法身と名づく」等と。これに准例《じゅんれい》して三身を案《あん》ずべし。真身を以て法身に合し、報身より応身を開きて、三身の廃立《はいりゅう》を〔立つ〕。「*水銀《すいぎん》は真金《しんきん》に和《わ》してよく諸の色像《しきぞう》を塗《ぬ》る。功徳《くどく》は法身に和して処々《しょしょ》に応《おう》現《げん》して往《ゆ》く、これを応身と名づく」と、云云。

*麁食者《そじきしゃ》云く、三身の廃立には定まれるところあれば、本《もと》、三身を成《じょう》ずる形を尋ぬるに心《しん》境《きょう》なれば、一家《あるいえ》の云く、「*三諦《さんだい》の形なり」と。諸師或は云く、「*三智《さんち》が三身如来なり」と〈*注して云く、心は*羅什三蔵所造《らじゅうさんぞうしょぞう》の伝《でん》に従へばこれあり〉。*義続伝に云く、「無始《むし》より已来《このかた》、三身においては一定《いちじょう》して闕《か》くるなきか」と。いかんぞ、報身より応身を開きてこれを語るか。

〔*弾《たん》じて曰く、〕そのごときは、三身の語《ご》もその理《り》もなし。諸仏多しといへども、真・応の二身に過ぐるものなきなり。真身とは*毘《び》盧《る》遮那《しゃな》の無始終の理《り》にして、*顕《けん》には*自《じ》受用身《じゅゆうしん》如来と曰ふ。応身とは自受用身如来の智《ち》(用《ゆう》)に名づく。智を以て報身と云ひ、理を以て法身と云ふ。自受用身を尋ぬれば、*両土《りょうど》に契《かな》ふところなり。法華経の久成品の意に依らば、真身より*報・応の二身を開出して三身を立て、〔真身は〕報身に合し、金光明経の意に依らば、*報身より法・応の二身を開出して三身を立て、真身は法身に合す。三身如来は本仏《ほんぶつ》の心より垂《た》るるところの身なるが故に、真・応二身は垂迹《すいじゃく》前後す。この汝の語は、いまだ法《ほう》と末《まつ》、本仏と分身《ふんじん》を悟らず。

故に、自《みずか》ら謹んで演立《えんりゅう》して曰く、*顕《けん》・密《みつ》の二教におのおの三身あり。よつて先づ顕教《けんぎょう》に付きて三身を案ずれば、本迹二門に付きて不同あり。迹門《しゃくもん》の三身と本門《ほんもん》の三身となり。

=功徳=報身、真金=法身、色像=応現=応身。

麁食者　粗劣な仏法を食む者、即ち論敵。以上の二身三身の開合に対する麁食者の反論の趣旨は、もと三身とは一仏の三面に外ならないから、二身を開けば三身になると説くのは不都合ではないかと言うにある。

三諦　↓補

三智　↓補

注して云く　以下一一頁六行の「本と名づくるのみ、云云」まで、諸本みな一字ずつ行頭を下げて注として印刷してあるのは誤り。

羅什三蔵所造の伝　↓補

義続伝　架空の書。

弾じて曰く　↓補

毘盧遮那　遍一切処または光明遍照と訳す。法身のこと。

顕　顕教。真言密教以外の仏教。

自受用身　他受用身の対語。化他に出る以前の、理智冥合の悟境をまだ自己の心中で味わっている状態の仏をいう。

両土　四土の中の寂光土と実報土。↓補

報・応　版本は「法応」に作る。

報身より…　「応身より法報の二身を開出して」の意か。

顕・密の二教　以下一一頁四行目の「これ法華の本地の三身なり」までは、円珍作と言われる顕密一如本仏義の一節からの抜書である。

迹門の意は、*三権《さんごん》を以て(一)実《じつ》のためにこれを施す時、*当分《とうぶん》の三身にして機縁《きえん》に随ひて四教の不同あり。権を開きて実を顕すの時、*跨節《かせつ》の三身にして*八教《はっきょう》を超《こ》えたる*一大円仏《いちだいえんぶつ》なり。この故に、*妙楽大師《みょうらくだいし》の記《き》に云く、「法華已前には三仏を離して明《あ》かせり、偏小《へんしょう》を隔《へだ》つるが故に。この経に来れば劣より勝を弁《べん》じ、三に即《そく》してしかも一なり」と、已上。*また曰く、「今日の前は寂光《じゃくこう》の本《ほん》より三土《さんど》の迹を垂《た》れ、法華の会《え》に至りて三土の迹を摂して寂光の本に帰す」と、已上。

*本門の意は、久成《くじょう》の一本《いっぽん》より迹を垂るるときは、*仏の三身無量無辺なり。*払迹顕本《ふっしゃくけんぽん》の時は、*本極《ほんごく》の三仏は毘盧舎那《びるしゃな》の*一心《いっしん》なり。*発迹《ほっしゃく》顕本の前《まえ》には法《ほっ》・報《ぽう》・応《おう》の三身はいまだ応迹《おうしゃく》せざれども、開迹《かいしゃく》顕本し已《おわ》らば本迹のおのおのに三身あり。故に*妙楽の記に云く、「もしそれいまだ開《かい》せざれば、法・報は迹にあらざれども、もし顕本し已《おわ》らば、本迹のおのおのに三あり」と、已上。前には*体用《たいゆう》の三義を立て、後には*已今《いこん》の三の義を明かす。前は麁《そ》なり、後は妙《みょう》なり、云云。

秘密教《ひみっきょう》に三身の教相《きょうそう》あるに付かば、*遍一切乗《へんいっさいじょう》・自心《じしん》成仏の一大円仏なり。迹仏多しといへども、本仏に望むれば即ちこれ一なり。(ただし)細《くわ》しくこれを論ずれば、差別なきにあらず。密教は本仏の一心を立て、顕教《けんぎょう》は本迹相対《ほんじゃくそうたい》の三身を顕す。法華の意は*迹化衆《しゃくけしゅう》の近《ごん》成《じょう》の執《しゅう》を破して本仏の長寿を顕すといへども、本仏の〔実〕成の相においては説き尽すべきにあらざるの故に、法華の本仏は秘密心の*事《じ》秘《ひ》密教《みっきょう》にはあらず。真言教《しんごんきょう》の仏《ほとけ》は事理倶密《じりくみつ》の仏なり。

三権　権は「かり」。蔵教と通教と別教は方便権教、円教は実教。なお次の「八教」を見よ。

当分・跨節　当分とは当位の分斉、即ち法華以前の四経は一時一処の聴衆の機根に合せて説かれた方便であり、一時にしか通用しない。跨節はその反語、節限の跨越、即ち法華経は五時の分限を超えて一切時に貫通する仏意を開顕した教であるという。

八教　→補

一大円仏　一大円教の仏。→補

妙楽大師の記　中国天台宗第六祖の湛然の法華文句記(以下「文句記」と略)の序品釈の一節。

また曰く　文句記の譬喩品釈。

本門の意　以下の大意は、本門開顕以前は、法報二身は本、応身は迹と判断されてきたが、本門開顕後は、他経と迹門との三身はみな垂迹と判断されることになったと。

仏の三身　版本・伝全は「迹仏三身」。

払迹顕本　迹を払って本を顕す(廃)。

本極の三仏　根本窮極の三身。

一心　本仏義は「一体不異」。

発迹顕本　発は「ひらく」。故に開迹顕本と同意。施・開・廃と次第す。

妙楽の記　文句記の寿量品釈。

体用の三義　体(法・報)・用(応)相対の三身義。

已今の三の義　法華已前の諸経の三身義と今経の三身義との相対。

遍一切乗・自心成仏　大日経疏一に

*しかりといへども、密教の本仏は法華久成の本仏にあらずや。よつて*一行阿闍梨《いちぎようあじやり》釈して云く、「大日《だいにち》如来の本地身《ほんじしん》は妙法華の最深秘密の処なり。「我がこの土は毀《やぶ》れず、常に霊山《りようぜん》にあり」とは、これこの宗の瑜伽《ゆが》の意《こころ》なるのみ」と、云云。謹んでこの釈を案じて曰く、秘密教の三身はこれ法華の本地の三身なり。顕密異なりといへども、大道は乖《そむ》くことなきのみ、云云。決して曰く、本仏とはこれ*観心《かんじん》〔の意なり。観心を尋ぬれば〕、法華の観心と瑜伽の観心とは一にして二あることなし。*本仏とは本仏の上の本仏の心を本と名づくるのみ、云云。

*一　問ふ、寿量品《じゆりようほん》は三身の廃立《はいりゆう》に付きて開立《かいりゆう》するも、何を以て正となすや。答へて曰く、報身《ほうじん》を以て正となす、云云。

麁食者疑つて云く、一代《いちだい》の儀式《ぎしき》を案ずるに、応仏《おうぶつ》を以て正となすべきか。*近成が大綱《たいこう》なるが故に。幸ひにも、*大竜菩薩は久成品の意を説きて、「応を以て正となす」と。「報を以て正となす」の語は一代の意に叶《かな》はざるか。

弾《たん》じて曰く、汝よくよく三身の廃立を悟るべし。法華の寿量品の意は真身を以て正とするの謂《いい》か。この故に、*妙楽の記に云く、「上《かみ》に真・応の二身を釈し畢《おわ》りて下《しも》に真身を釈するに、報を以て正となすのみ」と、云云。すでに真身と云ふ時は、報を以て正となすなり。幸ひなるかな、*天台《てんだい》説きて、「正しくは報身にあり」と云ふ故に。*いはんや*三身の配立《はいりゆう》は不同なり。学者混濫《こんらん》すべからず。よつて汝が語は、三身の配立を知らざるが故に、未悟《みご》を出すのみ、云云。

「如来はまさに遍一切乗自心成仏の教を演べんとす」とあり、大日経は一乗というよりは遍一切乗であり、即身成仏の方法を説く教であると。

迹化衆の近成の執　教相には顕密の間に相違あり。即ち法華経は三十成道の迷執を破して久遠実成を顕すための経、密教は久遠実成の本仏が成道したときの有様を説いた経であるから、設教の目的に傍正ありという。

事秘密教　理秘密教に対す。法華も秘密教だが、秘密の理を説くだけで、理を証得するための修行細則(事)を説かぬことをいう。

しかりといへども…　前段は教相に約して顕密の相違を述べたが、今は観心に約して両教の一致を示す。

一行　大日経疏の作者。大日経疏七にこの文あり。「我浄土不毀」とは法華経如来寿量品の文。瑜伽とは相応と訳し、心を正理に相応させるための観心修行。

観心　経説を我がこととして心にうけとめること。

本仏とは…　本仏とは他仏を指すにあらず、自心の根本たる仏心を指す。

一　問ふ…　寿量品は三身即一を説くが、三身中では報身が正意であることを決定せんとする。

近成が大綱　歴史上の釈迦の成仏を仏陀論の基本とする。

大竜菩薩　竜樹のことか、不明。

妙楽の記　文句記の寿量品釈。

次に、大竜菩薩の説《せつ》に至つては、羅什伝《らじゅうでん》にこれを引く〈注して云く、伝とは上の如きのみ〉。彼《か》れ説きて曰く、「経《きょう》に云く〈注して云く、*三身寿量無辺経なり〉云云」。決《けっ》して云く、寿量品と彼《か》の経とは同本異訳《どうほんいやく》なり。いまだその説を悟らざるが故に、疑を成《な》して三身の開顕を顕さず、応身において二身となして三身を立つるなり。*経に云く、「ただ如々《にょにょ》と如々智《にょにょち》とのみあり。これを法身と名づく」と。下に応身を説きて、「八十種好《はちじゅうしゅこう》は皆如来を顕す、これを応身と名づく」と。*諸師と我《われ》と語は同じけれども、*この応身とは報を以て応となすなり。よつて汝が説は非か、云云。

一　問ふ、*三身《さんじん》の所居《しょご》の様《さま》はいかん。答ふ、上来《じょうらい》の説を以てこれを案ずべきものなり。

一　問ふ、*三身の説法に付きて、法身説法《ほっしんせっぽう》の形《かたち》はいかん。答ふ、法身如来を尋ぬれば、*無《む》来無去《らいむこ》の身なるが故に無始無終《むしむしゅう》なり。*形に応同《おうどう》し説法助宣《じょせん》して冥《みょう》に一切に施す。一切とは*理中《りちゅう》の人天《にんでん》等これなり。所以《ゆえ》は、人天会《にんでんえ》等とは*出離《しゅつり》の心中の清浄《しょうじょう》の一心、真如蔵《しんにょぞう》より第八識を顕さば迷性《めいしょう》と成ればなり。報・応の説法を尋ぬれば、法身の*嚹口《らいこう》の語を転ずるなり。よつて三身共《とも》に説法の語を致すのみ、云云。

麁食者疑つて云く、法身説法とは一代の説に許すところの言なりや。汝、法身説法を立つるは自害《じがい》に似《に》たり。*諸説に転ずることなきが故に。

弾じて云く、この説しからず。咄《つたな》きかな、汝、三身説法を知らずして、舌なきに似たるか。汝には諸説なしといへども、我が眼にはその説端《せったん》多きか。自《みずか》ら曰く、法身に二あり。一には珍衣《ちんね》、二には垢衣《くえ》なり。理を以て珍衣と曰ひ、智を以て垢衣と曰ふ。垢衣とはこれ

天台　文句の寿量品釈。↓補

いはんや　衍字か。

三身の配立　配は廃か。その不同とは三身寿量無辺経による大竜菩薩説と法華経による天台説との不同か。

三身寿量無辺経　一巻。日本大蔵経修験道章疏第一・修験聖典第一所収。羅什訳とする本と役小角撰とする本とがあるが、実は日本中古の偽経。

経に云く　金光明経の如来寿量品。「八十種好は…」というのも同品。

諸師　大竜菩薩説に拠る諸師。

この応身　金光明経の三身中の応身。

三身の所居　三身が住する国土、即ち四土。↓九頁一二行「両土」

三身の説法　三身の体は、報身は智、応身は用であるから説法するが、法身は理であるから説法することはあり得ないと、一般的には考えられる。

無来無去　法身の体は理であるから不動であり、無始無終である。

形に応同し　衆生の機根に応じた姿に変化して形益を施す。説法は声益。

理中の人天　法身理中の人天の意味。密教では法身が自身中に内具する眷属に対して自問自答する自受法楽の有様を法身説法と呼び、顕教の対機説法と区別する。今はその意味。

出離の心中の清浄の一心　元初の一念たる自性清浄心。その所在は真如蔵たる第九無垢識にある。これが無明にけがされて、染法を所蔵する第

如来の*機縁応起《きえんおうき》の辺《へん》に約《やく》し、珍衣とは如来の本地《ほんじ》の理に約す。委《くわ》しくこれを案ずれば、垢衣とは智なるが故に嚹口の義、珍衣とは理なるが故にこれなきか、已上。

*一　問ふ、本極《ほんごく》法身の理の中に十界《じっかい》の性《しょう》ありと云はば、その形いかん。答ふ、*法性《ほっしょう》の理の中に染浄《ぜんじょう》の諸法を具足して共《とも》なり。故に*経に云く、「この法は法位《ほうい》に住して、世間の相も常住なり」と、云云。意《こころ》を云はば、「*相《そう》」とは、十界の機《き》の性《しょう》の相《そう》なり。「常住」とは、十界の衆生は一理の中に三世常住にこれあることを顕すなり。心にある時は清浄心なり。*理心中より第八識に転ずるを共に迷性《めいしょう》に属すと曰ふ。心とは本仏の一心なり。「相常住」の文を案ずるに、心に入るれば理なるものなり。冥寂《みょうじゃく》なるが故に、已上。

二　*一代五時《ごじ》に五時説あるの文

一　五時所立《しょりゅう》の義は一准《いちじゅん》ならず。所以《ゆえ》は時々に皆五時あるが故に、かくのごとく説く。伝を唐土に受けて、我れ今これを決せん、云云。疑つて云く、天台の所判《しょはん》にも経論《きょうろん》にもいまだ見ざる処なり。時々《じじ》節々《せつせつ》に皆五時ありと云ふこと、語のみにして拠《よりどころ》なし。これを弾《たん》じて〔云く、汝いまだ*教相《きょうそう》の大綱《たいこう》を知らず。故にこの疑を致《いた》す。いまだ知らざるか、汝、五時において〕、横《よこ》と竪《たて》との二あることを。よつて*竪の五時とは、始め花厳《けごん》より終り涅槃《ねはん》醍《だい》〔醐《ご》〕に至るまで、これを名づく。次に*横の五時とは、花厳にも五時あり、阿含《あごん》・方等《ほうどう》・般《はん》若《にゃ》にも五時あり。いはんや法花・涅槃をや、云云。

決して云く、一代五時の諸説を尋ぬれば、時々節々、*三世の三世、九世共《とも》に五時あり。

八識におちたとき迷界の根源となる。即ち人天等の迷性も元来は法身・真如蔵中の一分であるという意味。

嚹口　嚹は噧に同じ。多言。密教では鳥声松籟をも法身説法と考える。

諸説に…　経典に典拠がないこと。

機縁応起の辺　衆生の機縁に応じて起滅する如来は応身であるが、密教では自性・自受・変化・等流の四身をすべて法身と呼ぶ。故に今も垢衣の応身を法身と考えた。

一　問ふ…　この節は十界常住を述べる。即ち現実の迷界を常住の仏界として絶対肯定するための説である。

法性　法身・真如などと同義語。

経　法華経方便品第二の偈文。↓補

相　性に対す。万物の相状。

理心　事心に対す。事心は日常現前の迷妄心。理心は本源自性清浄心。

一代五時　釈迦一代の説教を五期に分ける天台宗の教判。五時とは華厳時・阿含時・方等時・般若時・法華涅槃時。

教相　教判・教相判釈ともいい、諸経の教義内容を吟味して価値を判定し、浅深序列をつける作業。

竪の五時　別の五時ともいい、五種の教法を時間的順序に列べて、釈尊の教化活動の浅深次第を示したもの。これが一般的な五時説。

横の五時　通の五時ともいい、一時に他の四時の教益を兼ねると指摘して、釈尊の教化の自在無礙な有様を

示したもの。
三世　過去・現在・未来。一世に三世を含むから九世となる。

法花疏の末記第一の説　文句記巻一、種熟脱三益の因縁の説明部分。
玄文第七　法華玄義（以下「玄義」と略）巻六下では、第十利益妙を論ずる中に大通仏の中間覆講を説き、巻七下で、本門十妙を三世料簡する中に五百塵点以来の三世益物を説く。
化儀の意に約して　化儀四教のうちの不定教に約して通五時を説くという意味。→一五頁三行「密智の説」
念々の三世　一刹那一刹那に一切時があるという意味。
花厳経　新訳華厳巻八十に「或は釈迦仏道を成じてすでに不可思議劫を経たるを見る」と。法華以前の経に久遠実成説がある証拠とする。「乃至」以下の文は未検。要は華厳に法華の二乗作仏説がある証拠とする。
三人　声聞・縁覚の二乗と菩薩。
阿含　玄義（会本一上）に、大智度論第六十五の「初転法輪（阿含）に八万諸天は無生法忍（大乗果）を得」の文を引き、阿含時に般若時の利益がある証拠とする。
方等経　不思議境界経・宝積経等。
般若等の経　不空訳仁王般若経巻二。
三乗を以て所化となす　玄義（会本一上）に大智度論第四十一を引き、般若会中で仏が須菩提・舎利弗に命

証拠を尋ぬれば、大師《だいし》の諸説に散在してこれあり。咄《つたな》きかな、盲瞽《もうこ》・愚夫《ぐふ》は仏説等を見ず。よつて*法花疏《じょ》の末記第一の説、天台所立の*玄文《げんもん》第七、止観《しかん》第一の記《き》等に、*化儀《けぎ》の意に約して、*念々《ねんねん》の三世、念々の九世、時々節々（を説く）。

　よつて経論の教相等の説を見るに、*花厳経には「すでに不可思議劫《こう》を経《へ》たる、乃至《ないし》、諸法の実の性相《しょうそう》をば二乗もまた皆得たり」等と説くの中に、*三人共《とも》に入るの説あり。*阿含《あごん》には「八万の諸天衆、無生法忍《むしょうぼうにん》の益《やく》」、*方等経《ほうどうきょう》には「不可説劫の前に成仏す」等と説き、*般若等の経には「十千の女人、現身《げんしん》に成仏す」等の説、或は「*三乗を以て所化《しょけ》となす」等の説、*法華には「法眼浄《ほうげんじょう》を得」の文、*涅槃《ねはん》には「般若より涅槃を出《いだ》す」の文等は、その証なり。訳人《やくにん》この次第《しだい》の五時の教相を検《けん》して、時々節々に訳入《やくにゅう》せること、一両を挙ぐ。諸説の処を識《し》るべきなり。

　*ただし法花の「法眼浄」の文に至りては、天台所立をば、*一行阿闍梨《いちぎょうあじゃり》決して云く、「大日経の円教《えんぎょう》と法花の円教と途《みち》は異なりといへども、その理は一にあり」と。「法眼浄」の文に至りては、義して曰く、*大師所釈に云く、「法花一実《いちじつ》の文において、法眼は一実の上の説なり。法花一部《いちぶ》の文義倶《とも》にこれを壊するなり」と、已上。彼《かれ》いまだ所立の文たる「念々三世」等の文を一定《いちじょう》せざるか、云云。自ら云く、いまだ我れ唐土の伝受を語らざるや、末代《まつだい》の偏学《へんがく》、信を取るべけんや、已上。よつて一段を挙ぐ。諸段をも悟るべきものなるのみ。

　初成道《しょじょうどう》の説法の処において*五所あり、云云。菩提樹下《ぼだいじゅげ》にして華厳経を説くに、一に寂勝《じゃくしょう》

最勝《さいしょう》〔堂〕は花厳の説処《せっしょ》、二に法輪持勝堂《ほうりんじしょうどう》は阿含の説処、三に祇園変勝堂《ぎおんへんしょうどう》は方等の説処、四に般若習 勝 堂《はんにゃしゅうしょうどう》は般若経の説処、五に実円勝堂《じつえんしょうどう》は法花・涅槃の説処なり、云云。

謹んで諸説を案じて曰く、*一代五時に分《ふん》(々《ふん》)別《べつ》(々《べつ》)に説かるる五時は*密智《みっち》の説にして、いまだ顕露定教《けんろじょうきょう》の次第の説にはあらず。一を挙げて諸《しょ》を例《れい》す。識るべし。この故に、一代の諸説の次第にあらざる施化《せけ》は、訳人の密智の説となすなり。偏学の輩《やから》、全く混濫《こんらん》すべからざるものなるのみ、已上。

一　法華已前《いぜん》の二乗作仏《にじょうさぶつ》の文を問ふ。答ふ、一代五時の説において、いづれの時も二乗作仏を明かさざるか。いはんや久成《くじょう》の顕本《けんぽん》、*菩薩の断惑をや。これを密智《みっち》と名づくるなるのみ。密智の中においても密智の意ならんのみ、云云。疑って云く、一代の諸説に二乗作仏の文を許さざるところなるが故に、「*始めて今教《こんぎょう》より二乗作仏す」と云ふ。いかん。答へて云く、五時の教を尋ぬるに、横竪《よこたて》に二途《にず》を立つることあるべし。大師所立の「始めて今教より」の語は、顕《あきら》かに一代五時の*竪立《じゅりゅう》を顕す。彼《かれ》を以て此《これ》に例することなかれ、云云。

一　*化法《けほう》所立の四教《しきょう》に付きて、*四教の四門は倶《とも》に実理《じつり》と相応《そうおう》するなり。四教の四門を尋ぬれば、おのおのの*性《しょう》は所証《しょしょう》の一理《いちり》中にあり。よって実理と相応するなり。麁食者《そじきしゃ》(云く)、*智公《ちこう》所立においては、四教共《とも》に実理と四門と相応すといはば、智公の説と汝の語と相違す。この汝の語は自ら舌を切るに似たるか、云云。

弾じて云く、汝、四教所証の理を知らざること、譬《たと》へば木を食《は》む虫の、是《ぜ》〔字《じ》〕非字《ひじ》を知らざるがごとし。四教の四門を尋ぬれば、四門の理は即ち(その教の)所証の一理心中に

じて菩薩のために説法せしめたとし、これは頓漸相資の証拠であるとする。

法華　法華経妙荘厳王本事品第二十七末の文。法眼浄とは小乗初果。法華を聞いて小果を得た証拠とする。

涅槃　聖行品。玄義(会本十上)では涅槃経の中に五味ある証拠とする。

ただし法花の…　以下、通五時説に拠って法華に阿含小乗の益ありと立てるは誤りなるを念書する。即ち法華は超八の円教であるとすれば、不定の益があるはずがない。

一行…　大日経疏に該当文なし。

大師所釈　三大部に該当文なし。

五所　五所は五時に当るから、華厳時にも五時がある証拠にしたいのであろうが、華厳にかかる説処なし。

一代五時　通五時。

密智の説　密かに説かれた教説。仏は一座の平均的機根に応じて一定の教を施し、一定の益を与える(顕露定教)が、座中に混在する特殊の機根にも叶うように表現を調整し、内密に別益を与える(秘密不定教)。今は一教に他教の教益があるのは訳者の密智による記入の所為とする。

菩薩の断惑　二乗作仏は他経にないが、菩薩の成仏は他経にも説く。故に今は、二乗作仏を許さなければ菩薩の真の断惑もあり得ぬというか。

始めて…　文句方便品釈に類文あり。

竪立　竪五時=別五時に約した説。

化法所立の四教　蔵・通・別・円の

あるものなるか。(その上)三蔵《さんぞう》の四門(の所証)は*即《そっ》〔空《くう》〕、通教《つうぎょう》の四門(の所証)は*偏真《へんしん》の涅《ね》槃《はん》の一理の中にあり。この故に四門と実理とは相応す。別《べっ》・円《てん》二教に所証の一理を尋ぬれば、一種の中《ちゅう》より出で、*二種の中《ちゅう》なし。しかりといへども、機《き》〔の前〕においては二種の中《ちゅう》を説く。この故に大綱を案ずれば、能入《のうにゅう》の四門は、理として所証の理心中にあり。故に四門と所証の一理とは共に相応するなり。

自ら云く、四教所証の理とは、今謹んで委《くわ》しく四教の門戸《もんこ》を思ふに、所証とは門戸においては四なれども、理に四あることなし。所証の理は一において二なきものか。*生《しょう》・無《む》生《しょう》・無量《むりょう》・無作《むさ》の理は、思ふに一に限り、四あることなきか。よつて但中《たんじゅう》の理も真諦《しんたい》なり、真諦は即ち但中なり。四門の理を尋ぬれば、所証の一心理中にあり。この故に所証の理と能入の門とは一において無二なるべし。所顕の理を尋ぬれば、即ち*本仏《ほんぶつ》の一心なる故なるのみ。

決して曰く、相応・不相応の二意あり。*与へてこれを論ずれば相応し、*奪つてこれを論ずれば四門において各別《かくべつ》にして、いまだ相応せざるのみ、云云。

*一問ふ、*鹿苑《ろくおん》所説の般若《はんにゃ》に付き、*般若の畢竟空《ひっきょうくう》の旨《むね》と(鹿苑)所説の三蔵空門《さんぞうくうもん》とは、同とせんや異とせんや。答ふ、同なり。これを麁食(者)疑つて云く、畢竟空の旨と三蔵所説の空の旨と同ならば、*修多羅《しゅたら》の所説において大小乗《だいしょうじょう》の差別なきに似たり。南無阿弥陀仏、南無阿弥陀仏。

これを弾じて云く、汝が語は我が語においていまだし。汝が語は仮《いつわり》にして教相を知らず。

四教。↓補

四教の四門　化法四教の各々に有・空・亦有亦空・非有非空の四門あり。

性　未発＝性、既発＝証。故に能入の門を性に約して所入の証という。

智公　天台大師智顗。大本四教義巻三を見よ。以下は、一教の四門はその教の実理とは相応するが、四教四門がみな唯一実現と相応するとは限らぬとの反論。

即空　当体即空は通教の体空観によって得られる不但空の理であるから、ここは蔵教の所証の但空と通教の所証の不但空との一致を説く。

偏真　円教の所証が円真(不但中)であるに対して、別教の所証を偏真(但中)という。因縁生の万物を空なり仮なりと観ずる事の外に中道真如の理が別存するという考え方。ここでは生死を解脱し終らねば涅槃はないと説く。故に偏真の涅槃という。

二種の中　但中と不但中。別教は空仮と相即しない但中を説くが、証道の段階では円教の不但中道に接されるから、一種の中であるという。

生・無生・無量・無作　↓補

本仏の一心　四教は各々異なる真理を説いているようであるが、結局は本仏の一心から出た教説である。

与・奪　教義を論評するとき、長所を見つけて褒めるのを与釈、短所を見つけて斥けるのを奪釈という。

南無阿弥陀仏、南無阿弥陀仏。よつて*三時《さんじ》の領解《りょうげ》〔の中、有相《うそう》・無相《むそう》とは、鹿苑三蔵所説は有門、空門は即ち〕般若の畢竟空の旨《むね》なり〔と領解するなり〕。*次に菩薩を開するに、あに彼《か》の空の旨と空は別の旨ならんや。いまだ大小乗なき旨なりと曰はんか。

自ら云く、今謹んで案じて曰く、三時の領解を思ふに、解深密経《げじんみっきょう》の説は、小機を転じて大機と成《な》し、彼《かれ》のために般若畢竟空の旨を説き、此《これ》を悟らしむるものなり。鹿苑の根機《こんき》は小菩薩なれども、機を転ずれば〔大機の菩薩と〕成る。これは菩薩の方に依るものなり。本を尋ぬれば、大機においても小機においても、両説の空の旨はこれ同じきものなり。所以《ゆえ》はいかんとなれば、三蔵空門の旨、これを転ずれば大乗般若の畢竟空の旨と成ればなり。次に*二乗に依らば、いまだしからざるものなるか、云云。

*疑つて云く、何故に三蔵所立《しょりゅう》の有門《うもん》は即ち般若畢竟空の旨と一なりと曰ふや。その説のごとくんば、般若に三蔵を説くか、いかん。答へて曰く、いまだ般若に三蔵を説かず。三蔵所立の有門には*諸法の実在《じつざい》を嘆《たん》じ、*歓喜地《かんぎじ》の菩薩においては、有門において諸法の実の旨を立つと説き、四句に分別す。*一切実・一切不実・一切亦実《やくじつ》亦不実・一切非実《ひじつ》一切非不実なり。よつて天台は一切真実の旨を引くに、*大集経《だいじっきょう》の「獲得真実」の文、陳如《じんにょ》の有門得道を引きて証となせり。*天台四教義《しきょうぎ》には「毘曇《びどん》はこれ仏〔法〕の根本なり」と、云云。

聞け、根本とは諸法真実の旨なり。陳如の有門道を得るは、これ即ち般若所説の有相なるが故に、三蔵所立の有門・空門、この空は即ち般若の畢竟空の旨なりと領解するなり。この故に三蔵の空門は即ち般若の畢竟空なりと悟るのみ、云云。

一 問ふ… この節は、五時中の第二阿含時の空と第四般若時の空とを同と判じ、以て横五時説を援証する。

鹿苑 鹿野苑。阿含経の説処。

般若の畢竟空 般若経は一切の有為法も無為法も畢竟して空なりと説く故、万物構成の要素たる法体は恒有であるが、万物は空であると説く三蔵の空門とは元来は別である。

修多羅 梵語。経と漢訳する。

三時 解深密経による法相宗の教判。有教＝阿含、空教＝般若、中道教＝解深密・華厳等。

次に… 次に般若は小乗菩薩を開会するが、それは彼空と此空とが別異でない証拠である。それを大小乗の差別なき悪平等観と考えるのは、教相を知らぬ誤解である。

二乗に依らば… 般若経は菩薩の成仏は説くが、二乗の成仏は説かぬ。故に二乗の領解に約すると、蔵教空門と般若空門とは別異である。

疑つて云く… 以下、蔵教有門と般若の有門との同異を説く。

諸法の実在 諸法の法体の実有。

歓喜地 菩薩が始めて悟りを得て観喜する位。今は般若経の初心の菩薩。

一切実… 玄義巻八下・大本四教義巻三によると、この四句は大智度論の文である。以下は、四句中の一切実＝有門を証するために大集経等の文を引き、三蔵有門と般若の真空妙有との同を証せんとする。

(三)　*十界互具《じっかいごぐ》の文

一　十界の始終を案ずれば、仏界の心境《しんきょう》の中に具《つぶ》さに九界の性《しょう》あり。心《こころ》*万水に遍《へん》ず。この故に一々の法界《ほうかい》に九界を具《ぐ》して互《たが》ひなり。この天台所立の十界互具は、*この宗の瑜伽《ゆが》の意を宣《の》ぶ。この故に、天台所立の十界互具の文と秘密《ひみつ》最大の「*卅七尊住心城《さんじゅうしちそんじゅうしんじょう》」の文とは、大道は異なりといへども不思議一の意《こころ》なり。

*麁食者疑つて云く、仏界の心境を案ずれば、清浄《しょうじょう》の功徳《くどく》のみありて九界の妄染《もうぜん》あることなし。よつて清浄にして染を離るるが故に、*羅什《らじゅう》の云く、経に云く、「諸法中の悪を断ず」と。*般若経には「源《みなもと》を窮《きわ》め性《しょう》を尽《つく》すに妙智《みょうち》のみ存す」と云ひ、*大乗起信論《だいじょうきしんろん》の中には「如《によ》来蔵《らいぞう》の中にはただ清浄の功徳のみありて無量義《むりょうぎ》を宣ぶ」と、云云。かくのごとし。いはんや*金剛般若《こんごうはんにゃ》の中には「清浄の善のみあり」と、云云。迷悟その性を異にすと得意すれば、*恒沙《ごうしゃ》等を過ぎたる浄功徳のみにして、妄染虚妄《こもう》の相《そう》を具せんや。故に九界の妄染は仏界の心鏡中に具すべからざるものか。

次に、顕密二教は途を異にす。顕宗は十界各別と云ひ、密宗は十界一如と云ふ。天台所立の仏界は*事法界《じほうかい》なるが故に、九界の染浄を具すべからず。いはんや余の余界においてをや。真言の行者の観門《かんもん》にては諸*法は一如にして二如あることなし。これを事理倶密《じりくみつ》と名づく。故に十界一如にして卅七尊は一心中に住するか。汝はいまだこの旨を悟らざるや否や。

答へて曰く、弾じて〔曰く〕、いまだ汝、法華の*超八《ちょうはち》の円と*大毘盧舎那経《だいびるしゃなきょう》の*一大円教《いちだいえんぎょう》と顕

大集経…　玄義の同所に、三蔵有門が実理に叶う理由を証して「大集に云く、甚深の理は説くべからず。第一義諦には声字なし、故に陳如比丘は諸法において真実の知見を獲得す」と。陳如は阿含経の聴衆。

天台四教義　大本四教義巻六。毘曇とは論の意味。今は小乗論を指す。

十界互具　→補

万水　牛頭法門要纂には「万法」。万物。

この宗の瑜伽の意　大日経疏七では、寿量品の常在霊山が密教瑜伽意であるというが、今は十界互具が密教瑜伽意であると換言する。一一頁参照。

卅七尊住心城　蓮華三昧経の冒頭の偈。本覚讃を見よ。密教の金剛界曼荼羅は三十七尊を以て画かれるが、これが自心に住するという説は、十界互具論と同意である。

麁食者　→補

羅什の云く　羅什訳の法華経方便品。

般若経　羅什訳の仁王般若経菩薩教化品第三の文。

大乗起信論　一巻、馬鳴作・真諦訳。解釈分の第二対治邪執の中に「如来蔵には本より已来ただ過恒沙等の諸の浄功徳、真如と不離不断不異の義のみあり」と。この文の取意か。

金剛般若　該当文なし。

恒沙　ガンジス河の沙の数。多数。

事法界　差別の現象界。理法界(超

差別の真如界)に対する。
染浄　版本・伝全は「染法」。
諸法は一如　一が他を互具するのではなくて、染浄も迷悟も本来一体であるという意味。安然の教時義参照。
超八の円　→一〇頁二行「八教」
大毘盧舎那経　大日経。
一大円教　→一〇頁二行「一大円仏」
三千の性相　三千＝万有。性相とは物の本質と相状。→一八頁一行「十界互具」
仏界の心より…流出　元初の一念たる自性清浄心が無明の縁によって次第に迷心を顕すというが如し。密教の金剛頂経的な表現である。
是法住法位…　法華経方便品の偈文。→一三頁四行「経」
普賢延命　密教では普賢菩薩を普賢延命菩薩と称し、大日如来という不動の理仏が活動に転じた時をこの菩薩名で呼ぶ。
心色　無形の心と有形の物。
次に…　この段は、十界の当体の絶対肯定を法華では世間相常住といい、大日経では自受用身という。一方は実相論的な、他方は仏陀論的な表現であるが、意味は同じであると。
自受用身　元来は仏徳の一であるが(→九頁一〇行)、今は化他に趣く以前の存在として凡夫を含め、凡夫即仏を言おうとしている。
唯独自明了…　法華経法師功徳品第十九の身根清浄を頌する文。ただ六

密異なりといへども、大道は乖《たが》ふことなきを知らざるのみ。宗を案ずるに、瑜伽の一大円《えん》融《にゅう》教とは仏界の心境中に*三千の性相《しょうそう》を具足す。三千とは千如百界《せんにょひゃっかい》の法門にあらずや。千如百界の法門を尋ぬれば、十界の心より起る。十界を案ずれば、*仏界の心より九界の性相始めて流出す。この故に仏界の心性に九界の心性を具し、九界の心性に仏界の心境を具す。三千世間《さんぜんせけん》の形を仏界の心に収《おさ》むる時を、「*是法住法位《ぜほうじゅうほうい》、世間相常住《せけんそうじょうじゅう》」と曰ふ。「是法」等とは、*普賢延命《ふげんえんめい》の智《ち》を説く。十界を尋ぬれば普賢の一心より起る。三千世間の法は、いづれの時か普賢の*心色《しんしき》にあらざらんや。開《かい》する時は三千と曰ひ、合《がっ》する時は一如にして二如なしと曰ふ。この故に「世間相常住」と曰ふ。これ天台の円融の心理を宣《の》ぶるなり。

*次に、大毘盧遮那経の円を案ずれば、普賢延命の心とは即ち*自受用身《じじゅゆうしん》の心なり。自受用身の心を尋ぬれば、卅七尊を具するに名づく。十界に自受用身を具し、自受用身が卅七尊と顕るるを、惣《そう》じて卅七尊と名づく。自受用身の心を顕さば、自受用身即卅七尊・卅七尊即自受用身と顕るる、これを「*唯独自明了《ゆいどくじみょうりょう》、余《よ》人所不見《にんしょふけん》」等と説く。顕密の二道異なりといへども、倶に不思議一心の教を説くなり。十界は即ち普賢、普賢は即ち自受用、自受用は即ち十界なり。十界は即ち卅七尊、卅七尊は即ち十界なり。この故に十界互具の法文《ほうもん》、失《とが》なし。これは観心の意を宣ぶるなり。

汝知らずや、かくのごとき説を汝悟らざること、譬《たと》へば螢火《けいか》のごとし。光るといへども日に向へば、南無阿弥陀仏、南無阿弥陀仏。ただし汝の語に至りては誰かこれを知らざらん。上来の語に、しかも「諸法中の悪を断ず」とは、別教の*権説《ごんせつ》を顕してかくのごとく云

へるなり。いまだ観心の意にはあらず。いはんや*諸説の文は権門《ごんもん》の意を宣べ、いまだ一大円融の意ならざるか。*大乗(起信)論の意は対治邪執門《たいじじやしゆうもん》の意を宣べ、いまだ一実《いちじつ》の心観《しんかん》、一《いっ》心《しん》の教意《きょうい》ならざるなり。

一心一念の内に界如三千《かいにょさんぜん》の法門を収む。この故に*華厳経に云く、「三界はただ一心なり、心の外に別法なし」等、云云。九界は即ち一心にして、全く*理外《りげ》の法と云ふべからざるのみ。汝は仏界の心に九界の妄染《もうぜん》を具すべからずと云ひて以て非《ひ》す。南無阿弥陀仏、南無阿弥陀仏。

*自ら云く、今謹んで案じて曰く、自受用身の諸の*相好《そうごう》は十方に遍満《へんまん》せり。相好とは所有《あらゆる》十方世界の*有情《うじょう》・非情《ひじょう》等の*五相なり。十界の衆生は皆卅七尊の仏なれば、卅七尊を自受用身の如来の相好と云ふ。次に普賢延命も十方の遍法界《へんほうかい》の相好なるは、これを以てなり。普賢と自受用とは水と氷とのごとし。氷の外に別に水を求むべからず。この故に、互具《ごぐ》の文、全く失《とが》なきか。

しかも有情等成仏して卅七尊の自受用と顕る。自受用とはこれ大日尊《だいにちそん》なり。この故に十界の始終を尋ぬれば大日の一心《いっしん》なり。この悟《さと》りの前にありては*心空《しんくう》は清浄冥寂《しょうじょうみょうじゃく》の性《しょう》を顕し、迷《まよ》ひの前には妄染の法と成る。妄染の法なりといへども清浄の法と名づく。故は大日の心は一なればなり。故に十界において各々互ひに九界の性を具するのみ、已上。

(四)　*阿字《あじ》一心《いっしん》の文

根清浄の人だけが知り、他は不知との意。

権説　版本・伝全は「教道説」に作る。平等を説く法華が差別観(別教)を破るときの対破として挙げた説であるという意味。

諸説の文　般若経・金剛般若経の文。

大乗起信論の意は…　対治邪執門の中で対治さるべき人我見を述べた文であるから、まだ論の本意ではない。

華厳経　古来、「三界唯一心　心外無別法　心仏及衆生　是三無差別」を華厳経の偈と言うが、実は六十華厳経巻十からの取意である。

理外の法　理内の反語。真如理とは別個の存在。

自ら云く…　この段は、密教では十界は大日如来の相好であり、十界の妄染は大日如来の一心に収まると見るが、この教理と天台宗の十界互具とは同意であるというにある。

相好　応身には広長舌相等の三十二相・八十種好があるが、自受用身には元来は相好はない。しかし今はその相好は十界の形相であるという。

有情・非情　生物と無生物。

五相　金剛頂経の五相成身の五相か。通達菩提心・修菩提心・成金剛身・証金剛身・仏身円満。心身にこの五相を具備して本尊と同一となる。

心空　牛頭法門要纂にこの二字なし。染浄以前の無垢の心の意か。

一　阿字とは、無点《むてん》の字を以て阿字と名づく。阿《あ》とは無《む》の義を以て阿と云ふ。点なきを以て無と曰ふなり。この故に*大師智者所立《だいしちしゃしょりゅう》に曰く、「阿とは〔無〕なり」と、云云。

今謹んで案じて云く、*阿とは実相《じっそう》の一心を以て阿字と名づく。実相は形なきが故に空相《くうそう》の阿字を以てす。実相は*阿字を以て体《たい》となすが故に阿と名づく。諸法多しといへども、今の阿字に過ぎたるものなくば、大小の諸乗《しょじょう》も阿字の一心にあり。(故に)諸法を尋ぬれば、一如《いちにょ》にして二如《ににょ》あることなし。

*阿字とは、毘盧舎那《びるしゃな》遍一切処《へんいっさいしょ》なるが故に、阿字を以て大日毘盧舎那と名づくと説く。十方遍法界の諸尊は阿字の一心より流出して十方法界に遍し、説法利生《せっぽうりしょう》す。譬へば草木は一地より花菓を成じ、草木は一地より出生するがごとし。始終阿字にして、一切の万品《まんぼん》は、出生して後に菓を成ずるがごとく、一心より流出して後に法界に遍し、説法利生するがごとし。体の阿字と草木と一において二あることなし、已上。

一　*阿弥陀《あみだ》に異名《いみょう》ありと云ふこと。阿弥陀を無量寿仏《むりょうじゅぶつ》と曰ふ。*大日宗《だいにちしゅう》は菩提心《ぼだいしん》の義《ぎ》を無量寿仏と名づけ、*金剛頂《こんごうちょう》にては受用智《じゅゆうち》を曰ひ、*恵心《えしん》の門義《もんぎ》にては阿弥陀と名づく。いはんや*五智《ごち》を以て阿弥陀と名づくるをや。五智とは阿《あ》〈戒〉、鑁《ばん》〈定〉、藍《らん》〈恵〉、含《かん》〈解脱〉、欠《けん》〈解脱知見〉なり。阿とは本不生《ほんぷしょう》不可得の阿字にして、これ本仏《ほんぶつ》の一心の阿字を顕す。鑁字は言説《ごんせつ》不可得の阿字、藍字は染浄《ぜんじょう》不可得の阿字、含字は因《いん》不可得の阿字、欠字は等虚空《とうこくう》不可得の阿字なり。五字ありといへども、一心において〔二〕心なき故に、本仏とは阿字の一心を以て本仏と名づく。十方遍法界の迹仏《しゃくぶつ》は一心より流出す。一心は同時なれば、一仏にして多仏あ

阿字　梵語四十七字母の最初の字母。無・不・非を意味する否定の接頭語。↓補

大師智者所立　智顗は玄義の位妙等で、阿を「諸法初不生」等というが、該当文なし。「智者」の二字は、版本・伝全になし。故に大師智者とは智顗ではなく、広く真言宗の大師や智者を指すか。

阿とは実相の一心　大日経疏七に、諸法の不生・空・有を観ずるを阿字観とする。これ一心の即空・即仮・即中を観ずる天台宗の実相観と同じであるから、こういう。

阿字を以て体となす　名字を離れた存在はない。しかるに阿字は一切の字・声の最初であるから、大日経疏七に、阿字を「一切法教の本」「万法の本」という。

阿字とは…　大日経では大日如来の種子に阿字を当てる。

阿弥陀　梵語。漢訳して無量寿。

大日宗　大日経疏四で胎蔵界曼荼羅の図位を説明する中に「次に西方において無量寿仏を観ぜよ。これ如来方便智」といい、発菩提心義を東方宝幢仏の徳とする。故に今は異説。

金剛頂　金剛頂宗では、不空訳の金剛頂瑜伽三十七尊礼に阿弥陀を「他受用智恵身」とする。

恵心の門義　恵心僧都源信の門流の意味か。源信は叡山十八代座主良源の弟子。

ることなしと論ず。この故に、一仏即一切仏と曰ひ、一切仏即一仏と曰ふのみ、已上。

一　阿弥陀と法花経と同じきこと。伝《でん》を受く。今謹んで法華経を案ずれば、これ*三乗《さんじょう》・*五《ご》乗《じょう》・*七方便《しちほうべん》・*九法界《くほうかい》等の輩《やから》をして疑を断じて信を生ぜしむるなり。いはんや*定性《じょうしょう》・不定《ふじょう》性《しょう》をや。*西方妙観察智《さいほうみょうかんさっち》を案ずれば、説法断疑の智にして*八葉《はちよう》の方所《ほうしょ》を超えたり。一心の境界を尋ぬるに、*性顕るるを宗門《しゅうもん》にては大日毘盧遮那と名づけ、言語は八葉を出し、東西南北に阿字の一心を以て説き、かくのごとき言説は他心にあらずと説き、ただ阿弥陀如来の妙観察智の説法断疑の力なりと説くなり。いはんや十方遍法界の諸仏をや。諸仏とは即ち法華〔の時は「我が*分身《ふんじん》なり」と説く。法華経とは阿字の一心を以て法華〕経〔と名づくる〕なれば、*実教《じっきょう》・権教《ごんきょう》、三乗《さんじょう》・二乗、四教《しきょう》・五時《ごじ》、大小・*半満はこれより流出せるなり。しかりといへども、法華の時に*一仏乗《いちぶつじょう》と説けるは、法華即阿字・阿字即法華なればなり。(その)*能《のう》〔説《せつ》〕を且《しばら》く阿弥陀と曰ひ、*所説《しょせつ》を法華と曰ふなり。*開する時は垂迹《すいじゃく》と名づけ、*会《え》する時は本源《ほんげん》に帰するなり。この故に阿弥陀を法華経と名づく。その理(ここに)あり。疑はざらんや、已上。決して云く、*業因《ごういん》不可得の阿字、これより万物を流出するが故なるのみ、已上。

本理大綱集　　　　　　　　　　　　求法入唐の沙門最澄述ぶ

五智　↓補

三乗　声聞乗・縁覚乗・菩薩乗。

五乗　三乗に人乗・天乗を加える。

七方便　五乗中の菩薩乗に蔵・通・別の三種があるから七。

九法界　十界から仏界を除いた九界。

定性・不定性　↓補

西方妙観察智　西方阿弥陀仏の智。衆生の機根を観察し、機に応じて説法する化他の智。

八葉　↓補

性顕る　一心に内具する真如理性が外に顕現したときを大日如来と呼び、その説法化他の働きは八葉の仏菩薩を出生したが、四方に対する説法はただ阿字一心の説だけであった。

分身　法華経見宝塔品第十一に、十方より来集した諸仏を「釈迦牟尼仏所分之身」と。

実教・権教　真実教と方便教。

半満　大乗満字教と小乗半字数。以上は要するに一切教の意。

一仏乗　法華経譬喩品第三に「於一仏乗　分別説三」と。類文多し。

能説・所説　説く仏と説かれた教。

開・会　ひらけば垂迹諸仏、合すれば本地一仏。ひらけば諸経、合すれば法華一経。ひらけば諸字、合すれば一の阿字。

業因不可得の阿字　即ち含字。業因とは一切世界の有為法を形成する原因をいう。

天台法華宗牛頭法門要纂（伝 最澄）

浅井円道 校注

天《てん》台《だい》法華《ほっけ》宗《しゅう》*牛《ご》頭《ず》法門《ほうもん》*要纂《ようさん》

日本國求法《ぐほう》の沙門最澄《しゃもんさいちょう》撰す

夫《そ》れ仏道は*崇虚《すうこ》にしてその際(限)を悟り難《がた》く、法門は*幽寂《ゆうじゃく》にしてその源《みなもと》を測《はか》ることなし。所以《ゆえ》に諸仏は世に出現して、一切衆生をして*一如《いちにょ》の理《り》を悟らしめんと欲す。しかるに衆生の*機《き》は或は利《り》、或は鈍《どん》なり。故に如来の説に*頓《とん》あり、*漸《ぜん》あり。譬へば、なほ門を開くこと異なれりといへども皆菩提《ぼだい》を期《ご》し、*方《ほう》を設くること万殊なれども共に命を済《すく》ふにあるがごとし。

ここにおいて、日本国の去《い》ぬる*延暦二十三年四月、最澄勅旨を奉じて求法の使に差《つかわ》され、遂に万里の*瀛洋《えいよう》を渉《わた》りて以て異域の煙霞を撥《はら》ひ、百重の山川を踰《こ》えて以て幽境の寒暑を遣《や》る。大唐の貞元《じょうげん》二十年九月、*明州《めいしゅう》の牒《ちょう》を得、天台の*国清寺《こくせいじ》に造《いた》り、*道邃和尚《どうずいわじょう》に遇《あ》ひて親《まのあた》り秘法を受く。言は舌下に通ずれば文を*素鉛《そえん》に記し、理は名言《みょうごん》を絶すれば義《ぎ》を心符《しんぷ》に伝ふ。都《すべ》て以て得るところの*教迹《きょうしゃく》二百余巻、*決するところの法門七百余科、皆これ煩悩の陣《じん》を割《さ》く金剛《こんごう》の*観行《かんぎょう》、生死の野を越ゆる牢強《ろうごう》の目足《もくそく》なり。その中、的《まさ》しく如来の*心印《しんいん》を伝へ、*智者の内証《ないしょう》を窮《きわ》むるは牛頭法門に如《し》かず。

願はくは、大師本念の力を以て慈光遠く照して早く郷国に達《いた》り、明神《みょうじん》の誓願力を以て

牛頭法門　↓補
要纂　要は「かなめ」、纂は「あつめる」。即ち要点的に編纂すること。
崇虚　高く、広い。
幽寂　奥ふかく、ひっそりとして。
一如の理　一は不二、如は不異。即ち平等の道理。
機　教法を理解する能力。機根。
頓・漸　説法の形式。利根には直ちに深い教を説き、鈍根には浅より深へと、漸次に教を説く。
方　方便。
延暦二十三年四月　桓武帝より入唐求法の詔を拝した月。出発は七月。
瀛洋　瀛は「おおうみ」。即ち大洋。
明州の牒　明州(浙江省鄞県の東)府が発行した、台州天台山巡礼のための通行許可状。顕戒論縁起を見よ。
国清寺　天台山の本刹。隋煬帝建立。
道邃　中国天台宗第七祖。
素鉛　素は「しろぎぬ」、鉛は書写用の鉛粉。
教迹　先師の教えのあと、即ち経論章疏。↓補
決するところの法門　質疑して決答を得たところの教条。↓補
観行　観心修行の略。観心とは自心の本性を見極める修行。
心印を伝へ　心中の信証を以心伝心し。
智者　天台大師智顗のこと。
駝駿狼　駝は駄、狼は浪か。即ち、

霊威遙かに被《こうむ》りて平《たいら》かに本朝に届《とど》くを得せしめよ。また、身はたとひ*駝駿狼《だしゅんろう》に没すとも、*法財《ほうざい》の用《ゆう》は永く朽骨に詫《ほこ》り、命は忽ちに*驚教亀に委《まか》すとも、伝法の徳は普《あまね》く*群生《ぐんじょう》を利せん。

謹んで*五双《ごそう》の要法門《ようほうもん》を疏《じょ》す

第一　鏡像円融　　第二　十界互具
第三　仏界不増　　第四　俗諦常住
第五　三惑頓断　　第六　分段不捨
第七　煩悩菩提　　第八　無明即明
第九　生死涅槃　　第十　即身成仏

第一　*鏡像円融《きょうぞうえんにゅう》

鏡像円融の体《てい》、喩《たと》へて三重となす。一には*迷中隔歴《めいちゅうきゃくりゃく》の鏡像、二には悟中円融の鏡像、三には円超銅位《えんちょうどうい》の鏡像なり。

一に、迷中隔歴の鏡像とは、言《いわ》く、鏡は照明なるも影像《ようぞう》の差異に随ひて*照位に変段あるに似たり。*鏡性は不動なれども浄白・染黒の影像に従ひて明闇を現ずること不定《ふじょう》なるを言ふ。*鏡明はこれ像の本《もと》なるも、もし像性、本無《ほんむ》ならば、鏡中の影像も現ずべからず。もし

うねる波、はげしい浪の意味か。
法財…　法財は世財の反語。仏教典籍・儀式用具等。それが人々を利益するのは海の藻くずと消えた我々の功績であるとの意。
驚教亀…　教亀は「鼇」の誤写か。恐るべき亀に命が奪われたとしても。
群生　多くの衆生。
五双の要法門　五対の肝要の法門。即ち第一と第二、第三と第四…は、それぞれ一対である。
鏡像円融　↓補
隔歴　円融の反語。隔は「へだつ」、歴は「わかつ」。彼此をへだて、相即融合しないこと。
照位に変段…　影像を映す鏡の明度に明暗の段階があるように思える。
鏡性　鏡の本性、鏡それ自体。
鏡明はこれ像の本　明鏡であるということは像を映す場合の必須条件。

本質　影像の対語。物自体。物それ自体の黒白とその影像の黒白とが無関係であるとすれば。
三　鏡明(空)と影像(仮)と鏡性(中)の三を指すか。
法性　諸法(万有)の本性、真如。
無明　法性が悟の本源であるに対し、これは迷の根本原因。以下は法性と無明との相関関係によって万有が生じる有様を説く。大乗起信論に詳し。
凡聖　迷の凡位と悟の聖位。
不増不減　聖は常に聖、凡は常に凡

*本質《ほんぜつ》、像に因《よ》らずんば、鏡照も立《りゅう》すべからず。*三は倶《とも》に並現《びょうげん》し、共にこれ常差別なり。*法性《ほっしょう》はこれ無体なれども*無明に依りて体照す。無明は本《もと》無体なれども法性に依りて相現ず。鏡はこれ法性の心、像はこれ十界の相なり。法性も常住、*凡聖《ぼんしょう》も不尽なり。常に聖位に登りて物を化するは浄白のごとく、常に凡位にあるは黒影に似たり。*不増不減にして*常楽の相を計度《けたく》す。ここを以て*顕識菩薩経に云ふがごとし。「阿難よ、まさに知るべし。十界無尽・法性不変なること、鏡と像と倶に常住にして断絶なきがごとし」と。これ則ち*三《さん》諦《だい》各各に具足するが故に隔歴と称す。経に云く、「十界は常差なるが故に、*所具の句は他を隔てて別に、恒《つね》にために上下を称す」と。これに依りて迷中の鏡像を立て、これを*菩提常住の相となす。

二に、悟中円融の鏡像とは、謂く、鏡はこれ明浄を以て体となす。影像現ずといへども*鏡位は本来不動なり。*像性も本来明性なり。衆生の*修徳《しゅとく》は即ちこれ如来の*性徳《しょうとく》にして、始め煩悩の苦繋《くけ》を離れざるは元来*法身《ほっしん》なり。業に拘《とら》はれずして常に明《みょう》なるは*般若《はんにゃ》なり。無明の繋縛《けばく》を出づるを不思議*解脱《げだつ》と名づく。*三障は本より空にして本有《ほんぬ》の明浄の*三智なり。鏡は位を動ぜずして常恒《じょうこう》に像と倶《とも》なるを名づけて*随縁真如《ずいえんしんにょ》となし、*檠像《けいぞう》は万別なれども明鏡は不変なるを名づけて*不変真如《ふへんしんにょ》の体となす。*起信に云ふがごとし。「鏡の団円《だんえん》を観ずるがごとし。背《うしろ》にあらざれば闇にあらず、面《おもて》にあらざれば明にあらず、辺畔なく始終なく、十法界の相貌を取らず、これを円の無生観と名づく」と。

*如来性功徳経に云く、「明鏡は衆像に処すれども本位を動ぜず、常に明《あきら》かにして性浄円

ならば、迷悟両界の分量は常に一定不変である。

常楽の相を計度す　迷界は常楽の悟界の有様に偏執し、忖度する。

顕識菩薩経　架空の経典。

三諦各各　隔歴三諦のこと。本来は空・仮・中の三は一境の三面であるのに、これを各別とする迷見。

所具の句…　十界は互具の関係にあるが、常差とすれば自は他を隔て、他は自に具されないの謂か。伝全によれば「句」を「自」に作る本もありと。

菩提常住の相　上聖・下凡の差別を立てるからこそ、凡夫は不断に菩提を求める志を発する。

鏡位は本来不動　前の照位変段に対応する。

像性も本来明性　影像の相には明闇の差があるが、その本性は明である。

修徳・性徳　↓補

法身・般若・解脱　三徳。↓補

三障　見思・塵沙・無明の三惑。三惑の一々に惑・業・苦の三道あり。

三智　一切智＝二乗の智、道種智＝菩薩の智、一切種智＝仏智。

随縁真如・不変真如　↓補

檠像　ともしびの映像。

起信　大乗起信論。↓補

如来性功徳経　架空の経典。

観　「鏡」の誤写か。

大論　大智度論第二十七の説。

これ　鏡、一心。心に能観心と所観

明なり」と。*観の性と浄と円とは法身・般若・解脱の三徳なり。性は即ち法身、浄は即ち解脱、円は即ち般若なり。*大論《だいろん》に云ふがごとし。「三智は実に一心中にあり」と。(故に)こ*れ微妙《みみょう》の浄心・浄境にして、*麁細《そさい》の染心・染境にあらず。しかも*寂滅と双照《そうしょう》とを双亡する、これを浄明と名づく。しかれば則ち鏡はこれ明を以て体となし、照を以て相となす。三智を照すを明となし、浄相に因るが故に明と称す。*三鏡の*一鏡を照し、一鏡の三鏡を照して障礙《しょうげ》なきがごとし。まさに知るべし。一鏡を像となしまた三鏡を以て像となし、また一鏡を以て明となし三鏡を並びに明となして、三なるも無礙《むげ》、一なるも無礙なるを円融と名づく。(ただし)*妄想《もうぞう》の鏡を以て鏡の貌《かたち》を照すこと能《あた》はず。

いかなる因縁を以て、円融と名づくるや。言く、円とは名づけて明鏡となす。融と言ふは即ち名づけて照像となす。故に聖の*観即心なるもまたかくのごとし。しかれば*大経《だいきょう》に云ふがごとし。「深般若《じんばんにゃ》の智は道を修して得るが故に、*如如の智は*如如の境を照す。これ菩提の浄智と*法身の理と相応すること*函蓋《かんがい》の一と成るがごとし」と。*三秘密王経に云ふがごとくば、「舎利弗《しゃりほつ》よ、まさに知るべし。衆生の一心は明鏡のごとし。三智常に照して十界に応じ、明照不二なれば、*本位を動ぜず、常恒《じょうこう》に安楽なり。九界のよく起すところ(の化他)にはあらざれども、*照に因るが故に*非身《ひしん》にして物《もの》を化す。*報身常に明に処するが故に*実相の法身なればなり。譬へば燈光の闇を滅するがごとき故に智照の如来となす。明闇の位を離るるを以ての故に称して*妙覚《みょうがく》となす」と。その浄相、その明性は自在無碍《むげ》なるが故に、また迷相にあらざるを以ての故に、称して悟中円融の鏡像となす。

心とがあり、今は所観心を指すから、次に浄心・浄境等という。

麁細の染心　麁染＝我執、細染＝法執。即ち一切の染心。

寂滅と双照とを双亡　寂・照は対語。寂＝鏡明・鏡体、照＝鏡照・鏡相に当る。体性と相との不二をいう。

三鏡・一鏡　一鏡＝鏡。三鏡＝像。鏡と像と互いに照映して鏡像不二なる有様を喩える。

妄想の鏡　妄想とは真実を顚倒した分別。不磨の鏡は所対の三鏡を明瞭に照映することができない。

観即心　主観の智と客観の心境とが相即し、両者の間に差違がないこと。

大経　涅槃経か大日・金剛両部大経かを指すが、そこには該当文なし。

如如の智　真実にかなった智恵。

如如の境　対境の真実性。

法身の理　仏智に認識された真如境。

函蓋　箱とそのふた。

三秘密王経　架空の経典。

本位を動ぜず　映像に黒白の差はあっても、照位には変段がない。

照に因るが故に　凡夫も内具する明性にはおのずから照能があるから。

非身　非力の身、凡夫。

報身　衍字か。

実相の法身　実相は十界のありのままの姿、真如境。法身は仏智の所証の真如理。故に両者は同義語。これ凡夫の当体が法身なるをいう。

妙覚　覚行円満の仏。↓補

三に、*円超銅位《えんちょうどうい》の鏡像とは、謂《いわ》く、(右の)*能所の境を原《たず》ぬれば寔《まこと》に以て真実の*無作《むさ》の摂《しょう》にはあらず。人情に従へて(鏡に)明闇と*面背とを立つればなり。これを推求するに、本来は本位を動ぜざるにあらず、暫く染妄の海を度りて浄*安明《あんみょう》の山に及ぶなり。明鏡はこれ*浄相虚現の廃立なり、銅はこれ本来不動の実体なれば、ただこれ鏡像の計を廃して体に帰せしめんがため(の施設)なり。

銅には本より来《このかた》明を謂はず、闇を謂はず。他人想念して明闇と謂ふのみ。銅性は作にあらず、面背をも離れ、自他の想念にもあらず。明闇の位をも超えたればなり。まさに知るべし。明の時もその性は明ならず、闇の時もその性は闇ならず。鏡の明はよく自(の明)にあらず、ただこれ銅の明なるのみ。(しかるに)銅の明はこれ明にあらずしてしかも明なり。鏡(明)に対すれば(銅明は)明にあらざるが故なり。*聖の前にては明鏡を以て像となし、*鏡体を以て性となし、鏡と影像との明・照二途(を以て)凡心の見を曜《かがや》かす。明鏡と言へどもその性にはあらず、体は即ちこれ銅なり。銅と言ふは即ち明にはあらず、*像に望《のぞ》めて明なるのみ。

衆生の心もまたしかなり。見聞覚知《けんもんかくち》の相《そう》は各別なれども*六の欲塵《よくじん》を出でず。*意王は*縄《じょう》纒《こん》を荘《かざ》りて常に*五門の駿馬《しゅんめ》の眠を*咔《あやな》し、一心の中に久しく染浄の夢を蟄《しず》む。諸法は常に生滅すれども一心は常住なり。念観を清濁に遷移《せんい》すれども*湿《しつ》(性)はこれ常恒《じょうこう》なりと知る。*自性覚王は*能所《のうじょ》の四句を離れ、一心に実相を知る。世尊の*二説は一言をも演《の》べず、これ言説の(分)際を離れ、不可説にしてよく円《まど》かなり。空有の二見を超え、独り実相を照す真相の

円超銅位　鏡像の円融・隔歴の分別を超えて、鏡を原材たる銅の段階で考察する意。
能所の境　能映の鏡(智)と所映の像(境)。
無作　造作なき、有りのままの状態。
面背　鏡の表と裏。
安明の山　須弥山のこと。即ち仏果。
浄相虚現の廃立　鏡面が清潔であるか否かという仮りの現状によって、明鏡か否かの廃立を判断するにすぎない。
聖の前にては　聖＝聖智。真正な見解としては。
鏡体　鏡を造るための素材。
像に望めて　能照の明は鏡、ひいては鏡の材質たる銅にあるから、所照の影像に対すれば。
六の欲塵　色声香味触法、これ衆生の眼耳鼻舌身意の六根を汚染する外縁であるから塵という。
意王　六根中の意根。これは安心。
縄纒　纒↓緷、大束のこと。即ち縄のたば。今は、手綱の意味か。
五門　六根中の他の五根。
咔す　あやつる。
湿性は…　水は澄んだり濁ったり変貌するが、水の湿性は不変である。
自性覚王　意識の根源にある自性清浄心を指す。
能所の四句　能観智と所観境との一・異・亦一亦異・非一非異の関係。
二説　方便と真実、または因分可説

真見なり。*心地観経《しんじかんぎょう》に云ふがごとし。「銅性の不動なるを名づけて実体となす。鏡明は相《そう》にして像と称す。鏡に因りて性*を観ずるが故に鏡像と曰ふ」と。これ則ち*当体実相《とうたいじっそう》なり。故に円超銅位の鏡像を立つるなり。

第*二　十界互具《じっかいごぐ》

十界の始終と言ふは、仏界の心鏡中に九界の性《しょう》を具し、心万法に遍す。この故に一一の法界に九法界の性を具す。天台*所立《しょりゅう》の十界互具の文と秘密最大の「三十七尊住心城《じゅうしんじょう》」の文と大道は異なりといへども不思議一なり。故*は、一大円融教《えんにゅうきょう》とは仏界の心鏡中に三千の性相《しょうそう》を具す。三千とはこれ千如百界の法門なり。千如百界の法門は仏*界の心より起り、十界を案ずれば仏界の心相より始めて流出す。この故に、仏界の心性に九界の心性を具し、九界の心性に仏界の心境を具す。三千世間の形を仏界の心に収むる時を、「是法住法位《ぜほうじゅうほうい》、世間相常住《せけんそうじょうじゅう》」云云と〔いふ〕。「是法」とは普賢延命《ふげんえんめい》の智を説く。十界を尋ぬれば普賢の一心より起る。三千世間の法は、いづれの時か普賢の心色にあらざらんや。開する時は三千と云ひ、合する時は一如にして二如なし。故に「世間相常住」と曰ふ。これ天台の円融の心理を宣ぶるなり。

次に、大毘盧遮那《だいびるしゃな》経に、「円と云ふは普賢延命の心、即ち自受用身《じじゅゆうしん》の心色なり」と。自受用身を尋ぬれば三十七尊と名づく。十界互ひに自受用の心*を具し、自受用の心*が三十七尊と顕るるを、惣じて三十七尊と名づく。自受用身の心を顕さば、自受用身即三十七尊・

と果分不可説。

心地観経　該当文なし。

性を観ず　鏡像の融不融よりも、鏡の体性を観ずる、即ち自己の本性を観ずる。

当体実相　一心三観を修して三諦円融を悟るのでなく、今のままの自己を実相の姿として肯定する。

第二　この章は本理大綱集（以下「大綱集」と略）第三の「十界互具の文」（一八頁）とほぼ同文。語句の意味は大綱集を見よ。

天台所立　この前に、大綱集には、「此天台所立十界互具宣是宗瑜伽意、是故」の十七字あり。

故は　大綱集の「麁食者疑云…瑜伽」（一八頁六行―一九頁一行）の二四五字分を、今は「故」の一字とする。

仏界　大綱集は「十界」。

心　大綱集は「身」。

意なるべし　以下、大綱集には「汝不知耶…今謹案曰」（一九頁一六行―二〇頁八行）の一七七字あり。

第三　仏界不増　この章は俗諦常住を論ずるから、仏界不増の名より、次章の名の方がふさわしい。↓補

体・相・用　体とは本体、即ち真如の理。相とは眼前の当相、即ち万物。用とは万物の種々の運動。↓補

五重玄　名・体・宗（因果・相）・用・教。天台大師は常にこの五方面から諸経の深義を解説した。

三十七尊即自受用身と顕る。(これを)「唯独自明了《ゆいどくじみょうりょう》、余人所不見《よにんしょふけん》」等と説く。顕密の二道異なりといへども、倶に不可思議一心の教を説くなり。十界は即ち普賢、普賢は即ち十界、普賢は即ち自受用、自受用は即ち十界、十界は即ち三十七尊、三十七尊は即ち十界なり。この故に十界互具の法門は異なるなきか。宜《よろ》しくこれ観心《かんじん》の*意なるべし。

次に、自受用身の諸の相好《そうごう》を案ずるに、十方に遍満せり。相好とは所有《あらゆる》十方世界の有情《うじょう》・非情《ひじょう》等の五相なり。十界の衆生は皆三十七尊なれば、三十七尊を以て自受用如来の相好と曰ふ。

次に、普賢延命も十方の遍法界の相好なるは、これを以てなり。普賢と自受用身如来とは水と氷とのごとし。氷解くれば別に水を求めず。この故に互具の文は全く異なりなきか。しかも有情等成仏して三十七尊の自受用と顕る。自受用とはこれ大日尊なり。この故に十界の始終を尋ぬれば大日の一心なり。この悟りの前にありては清浄冥寂《みょうじゃく》の性と顕れ、迷ひの前には妄染《もうぜん》の法と成る。妄染の法なりといへども清浄の法と名づく。故は大日の一心なればなり。故に十界の各各は互ひに九界の性を具するなり。

第*三　仏界不増《ぶっかいふぞう》

夫れ常(住の)位に三重の義あり。*体《たい》・相《そう》・用《ゆう》これなり。今解《げ》すらく、*五重玄《ごじゅうげん》を摂す。*体は即ち空《くう》の義なり。心生ずれば世間の法の相も生じ、心滅すれば諸相は悉く空寂なり。まさに寂亡の心には世間の相を生ぜざるべし。*不生不生《ふしょうふしょう》なれば則ち常(住)位なり。故に*心地

体は即ち空　真如は一切の妄想分別を離れているから、空という。大乗起信論では、空真如＝体、不空真如＝相・用という。

不生不生　→補

心地王経　「心地観経」の誤写か。しかし心地観経にこの文なし。文章は、夢幻の世間を常住と思うのは虚仮の常住であり、夢醒めてのち、世間を徹見して常住と観るのは真実の常住である、の意。

相常住　法華経方便品の「是法住法位　世間相常住」の偈文を指す。性常住といわず、相常住というところに、俗諦常住の証拠ありとする。

これ法性なり…　これを法性(体)に摂せられた相と考えてもよし、また如来によって成就された相と考えてもよい。なぜなら世間とは如来の所住の土であるから、実には浄土、即ち如来の果徳中に摂せられた依報だからである。

能徳　能摂の徳目の意味か。即ち如来秘密蔵なる一語が含有する徳目。

醍醐中時の大乗　醍醐時中の大乗の意味か。醍醐とは乳に五味ある中の最高の味。即ち最高の大乗教。

智果　如実に諸法を観察し覚知して得た果徳。断果に対する。

断果　一切煩悩を断滅して得た果徳。

仏性　衆生に内在する仏の本性、即ち真如の別名。

菴摩羅　梵語。無垢・清浄と訳す。

王経に云く、「巧幻のための故に世間を仮《かり》の常となし、幻作忽ち息停《そくてい》すれば世間を実《まこと》の常となす」と。幻夢《げんむ》に常相を計するは且《しばら》く凡迷の見なるべし。如来は(世間の)本不生《ほんぷしょう》なる(辺)を「*相常住《そうじょうじゅう》」と謂ふ。

また相とは、則ち如来の秘密(蔵)に摂せられたる相にして、*これ法性なり、これ如来の果位の中の相なり。これ能*徳に随へば八あり。*醍醐《だいご》中時の大乗にては、菩提・涅槃《ねはん》・真如・仏性《ぶっしょう》・菴摩羅《あんまら》・空如来蔵《くうにょらいぞう》・大円鏡智《だいえんきょうち》・仏果海《ぶっかかい》と云ふ。この八種の相を共に摂するが故に名づけて蔵となす。その故は、菩提を智見《ちけん》と云ふ。即ち*智果《ちか》なり。涅槃を即ち寂滅《じゃくめつ》と云ふ。これ*断果《だんか》なり。(諸)法は偽妄を離れて改遷なき故に真如と曰ふ。諸法を照察するに不変なるを名づけて仏*性となす。*菴摩羅を無垢《むく》と云ふ。障を離れて顕彰するところを、即ち浄無《じょうむ》垢《く》識《しき》と曰ふなり。妄染と相応せず、無量の功徳を含むを*空如来蔵と名づく。よく身土《しんど》を現じ、(顚)倒を離れて円成し、鑑《み》ること万有に周《あまね》きを*大円鏡智と名づく。ここに七種の性を含んで円融不二なるを仏果海と名づく。この八円を覚る無生・寂静の智源を秘密蔵と名づく。これその性徳を具足して湛然《たんねん》円寂・常住不変なり。*体常なれば相・用も不滅なりと観ずる解(悟)を、「世間相常住」と云ふなり。

また次に体とは、*因果の塵跡《じんしゃく》を離れ、*八種の仏性を超え、*三諦融通無碍《むげ》なる円寂の見にはあらずと解すれば、唯独明妙《ゆいどくみょうみょう》の心なり。*大乗有珠経に云ふがごとし。「諸法は体にありては皆*見相《けんそう》を離る」と。ここを以てまさに知るべし。仏心の体にはこれ見相なく、因果門を超え、*静照倶《とも》に絶したる独妙の真覚なり。*ここを以て相に由《よ》りて体を彰《あらわ》すなれば、体・

意識の根底にある清浄心。→六〇頁

一二行「九識」(修禅寺決)

空如来蔵 衆生心中に内蔵される如来(仏)性を如来蔵といい、勝鬘経等はこれに空・不空の二種ありとする。万徳を含蔵するのは不空如来蔵の方であるが、今は妄染を離れた面を空といい、無量の功徳を含有する面を如来蔵というか。

大円鏡智 法相宗四智、密教五智の一。大円鏡があらゆる色像を映し出すように、万有を正しく認識する智。

体常なれば… 世間相の体である真如が常住であるならば、真如の相である世間相も不滅である。

因果の塵跡を離れ 因果には始と終があるから無常。真如理は非因非果である。

八種の仏性 さきの菩提等の八徳を指す。これらは果徳であるから、まだ因果に支配されている。

三諦融通 三諦円融は円教の見地、これすら越えた不可説の理体。

大乗有珠経 架空の経典。ただし同文は大乗起信論に「真如其体平等離一切相」とある。

見相 大乗起信論にいう三細(無明業相・能見相・境界相)の一。主観作用。

静照 寂照のことか。煩悩を離れるを寂、智恵のはたらきを照という。

ここを以て このように体は不可思議、不可言説であるから。

相倶《とも》に常住なり。この諸法は妙位に住すれば、*俗諦の恒沙《ごうしゃ》の法は寂静なり、不生なり、常住なり。この故に如来は体に即して覚る故に、「相常住」と曰ふなり。

まさに知るべし。一金をもて十界を作るがごとし。*有作《うさ》の十界を別となす。凡愚のためには*相・用を実有なりと謂ひ、聖智のためには一金なる無作《むさ》の体、これ実相なりと悟るなり。この時、*名相《みょうそう》は倶に空にして、体は即ち不空なり。故に俗諦の不生滅は空の上において謂ひ、真諦《しんたい》の不生滅は有の上において謂ふ。空有を弁ぜずして*性相《しょうそう》に迷ふことなかれ。

*第四　俗諦常住《ぞくたいじょうじゅう》

夫れ三諦《さんだい》は天然《てんねん》の性徳《しょうとく》なり。*中諦は一切法を統《す》べ、*真諦《しんたい》は一切法を泯《みん》し、*俗諦は一切法を立つ。一を挙ぐるに即ち三にして、前後あるにあらざるなり。*含生《がんしょう》本具にして、造作の所得にあらざるなり。

悲しきかな、夫れ*秘蔵の顕れざるは、蓋《けだ》し*三惑《さんなく》の覆《おお》ふところなればなり。故は無明は法性を翳《かく》し、塵沙《じんしゃ》は化導《けどう》を障《さ》へ、見思《けんじ》は空寂を阻《へだ》つ。しかるにこの三惑は乃《すなわ》ち*体上の虚妄なり。ここにおいて大覚世尊《だいかくせそん》は*喟然《きぜん》として歎じて曰く、「真如界の内にては*生仏《しょうぶつ》の仮名《けみょう》を絶し、*平等性の中にては自他の形相《ぎょうそう》なし。ただ衆生妄想して自ら証得せざるを以て、これをよく*返すことなきなり」と。

これに由つて、*三観を立てて三惑を破し、*三智を証し、〔*三徳を成ず〕。空観《くうかん》は見思の惑《わく》を破して一切智を証し、般若《はんにゃ》の徳を成ず。仮観《けかん》は塵沙の惑を破して道種智《どうしゅち》を証し、解脱《げだつ》の

俗諦の恒沙の法　「世間相常住」の世間相を指す。俗諦とは、補注「第四 俗諦常住」を見よ。
有作　無作の反語。作為された。一金に細工を施して十界の像を作れば、一は地獄、他は仏と各別の形になる。
相・用　十界の各々の相状を指す。これ有作の産物であるから実有ではなく、一金の一時的状態にすぎない。
名相　十界という名前や相状。
性相　物の体性とその相状。今は、性とは体・真諦、相とは相用・俗諦の意味。
第四　俗諦常住　この章は湛然の始終心要と全同。故に俗諦常住よりも次章の名の方がふさわしい。→補
中諦　中道。苦楽・有無等の二辺を越えて万物の拠りどころとなる真理。故に万物を統括するという。
真諦　空諦。万物の体性の空無である面。泯＝亡・破・蕩。
俗諦　仮諦。体性は空無であるが、現実には相状を有する面。立＝建立。
含生　生命を含有する物、衆生。
秘蔵　秘蔵されているもの、三諦。
三惑　見思・塵沙・無明。→補
体上の虚妄　同体の惑、附体の惑ともいう。三惑と三諦とは各別のものではなく、一体の真実面を三諦、虚妄の面を三惑というとの意。
喟然　喟は「なげく」。大息して。
生仏の仮名　衆生とか仏とかという、仮りに名づけられた名前。

徳を成ず。中観《ちゅうがん》は無明の惑を破して一切種智《いっさいしゅち》を証し、法身《ほっしん》の徳を成ず。

しかるに、この三惑と三観と三智と三徳とは各別《かくべつ》なるにあらざるなり、異時《いじ》なるにもあらざるなり。天然の理に諸法を具するが故に。

しかれば、この三諦は*性の自爾《しょうじに》なれども、この三諦に迷はば転じて三惑と成る。惑の破るるは三観に藉《よ》り、観成りて三智を証し、智成りて三徳を成ず。因より果に至るも*漸修《ぜんしゅう》にはあらざるなり。説*の次第あれども理*は次第にあらず。大綱《たいこう》かくのごとし。*網目《もうもく》は尋ぬべきのみ。

第*五　三惑《さんなく》*頓断《とんだん》

伏《ふ》しておもんみれば、生死《しょうじ》の二法は一*心の妙用《みょうゆう》、有無《うむ》の二道は*本覚《ほんがく》の真徳なり。所以《ゆえ》は、心とは無来無去《むらいむこ》の法、神《たましい》とは周遍法界《しゅうへんほうかい》の理なり。故に、生るる時も来ることなく、死ぬる時も去ることなし。無来無去の心に有の用を施さば、心即ち*六根《ろっこん》の体を現ず。これを以て生と名づく。周遍法界の神に空の徳を施さば、神は即ち*五陰《ごおん》の身を亡《ほろ》ぼす。これを指して死と曰ふ。(これ)則ち無来の妙来、無生の真生、無去の円去、無死の〔大〕死なり。生死は体一、有空は不二なり。かくのごとく知見し、かくのごとく観解《かんげ》するときは、心*仏の体顕れ、生死に自在なり。

哀れなるかな六*道の衆生、悲しいかな三*界の凡夫、生るるといへども徒《いたず》らに生きて生《しょう》の故*を知らず。死すといへども空《むな》しく死して死の*由《よし》を覚らず。*本有無作《ほんぬむさ》の生死は無始無終

平等性　始終心要には「平等慧」とある。真如界という客観的表現を主観的にいえば平等慧となる。
返す　復す。とりもどす。本具の性徳を回復する。
三観　空観・仮観・中観。↓九頁六行「三諦」(大綱集)
三智　一切智・道種智・一切種智。↓九頁六行「三智」(大綱集)
三徳　法身・般若・解脱。↓二六頁一二・一三行「法身・般若・解脱」
性の自爾　自爾＝自然。各人の心性に自然に内具されているもの。
漸修　漸次に段階を踏んで次第に悟りにいたる修行。
説の次第　観成→智成→徳成という説明の次第順序。
理は…　説明の都合上次第を設けたが、所詮は、実際は観成は同時に智成であり、徳成であるとの意。
網目　大綱に対する。即ち、詳細については摩訶止観等を見よとの意。
第五　三惑頓断　この章は五部血脈(以下「血脈」と略)所収の第二の生死覚用鈔の散文の部分と同文。↓補
頓断　煩悩を一時に断滅すること。
一心の妙用　心の微妙な動き、作用。
本覚の真徳　人間に本来内具の覚知性に備わった属性、働き。
六根の体　六根を具えた具体的人間。
五陰の身　五陰(色受想行識)によって構成された現身。
心仏　自心中の仏、仏性。

にして常住なり。*有無の心体は*断見《だんけん》にあらず、*常見にあらず。もし*生を離ると云はば、三世の諸仏、世間に出づるも衆生を利益すべからず。もし死を止《や》むと云はば、十方の如来、*涅槃《ねはん》に入りても寂滅の楽を受くべからず。

生死に任せんと欲するなかれ。忍び難きは輪廻《りんね》の苦なるが故に。生死を離れんと存《ぞん》ずるなかれ。免れ難きは断見の咎《とが》なればなり。纔《わず》かに一心の体を悟りて早く*二見の*苦を離れよ。或は自《じ》・他《た》・共《ぐう》・無因《むいん》の*四計《しけい》を除き、或は作・止・住・滅の*四病を愈《い》やせ。これ生死に自在の法薬、*臨終正念《りんじゅうしょうねん》の秘術なり。行者常によく思念して生死を怖るるなかれ。

第六　*分段不捨《ぶんだんふしゃ》

竊《ひそ》かにおもんみれば、因果はこれ*凡迷《ぼんめい》の是非《ぜひ》なり。真如界の内にては*人と草との殊《ことな》りすらなし。譬へば、氷即ち水なるを知らずして、氷の外に水を覓《もと》むるがごときは、これ則ち凡心《ぼんしん》なり。氷即ち水なりと*点《てん》ずるは、これ則ち聖心《しょうしん》なり。

*捨入《しゃにゅう》の言は凡聖を分《わか》つ。凡にありては捨を以て入となし、聖なるが故に*法性を捨てざるなり。*金剛三昧《こんごうざんまい》に云ふがごとくば、「三昧に入るがごときは、不入を以て入となす」と。*真如論に云ふがごとくば、「迷を離るるを捨と謂ひ、覚悟を捐《す》つるを入となす」と。

第七　煩悩菩提《ぼんのうぼだい》

夫れおもんみれば、*心性《しんしょう》とは諸法《しょほう》なり。諸法とは*三諦《さんだい》一諦にして、三にあらず一にあら

六道　地獄・餓鬼・畜生・修羅・人・天の六界。これ迷界。
三界　欲界・色界・無色界。要するにこれも現実の迷いの世界。
故　血脈は「本意」。
由　血脈は「由来」。
本有無作の生死　本来具有している、造作の加わらない、一心の妙用としての生死。

有無の心体は　有も無もその心体においては。
断見　世間と我の虚無を信じ、人が死ねば断無となり、死後には生前の業報を受けないと執する邪見。
常見　断見の反語。自我は永久に存続すると思う邪見。両見とも外道の見。
生を離る…　死滅して生から完全に断絶するとすれば、救済すべき衆生は存在しないことになる。
涅槃　漢訳すれば寂滅。一切の煩悩から脱却した安楽の境地。
二見　断・常の二見。
苦　血脈は「咎」。
四計　外道の邪見の四種。↓補
四病　間違った悟りの求め方の四種。↓補
臨終正念　死に臨んで、邪念を起さず、仏を念じて心静かに死を待つ状態。
分段　分段身、この肉身。↓補
凡迷の是非　迷える凡夫の分別。

人と草との殊り　有心の人と無心の草木との区別。
点ず　点頭する。合点する。
捨入　捨＝分段生死の捨。入＝変易生死への入。
法性を捨てず　↓補
金剛三昧　金剛三昧経。
真如論　真如を説く論文中に該当文なし。
心性とは諸法なり　諸法とは万有。仏教では意識が存在を規定すると見るから、これを心外無法ともいう。
一諦　中諦。三諦は別々の真理でなく、中諦の両面が空・仮である。
寂・照　中道の空の面を寂、中道の仮の面を照という。
究然　すべてを具備しているさま。
一色一香も　一物質、一香気といえども、すべては。
これ　我が一心。
三道の流転　地獄・餓鬼・畜生の三悪道の間を輪廻転生して、これから脱却できないこと。
本心　迷いから醒めた心。
四徳　悟境に備わる四種の功徳(勝用)、即ち常・楽・我・浄。
無来無去の妙体　心性の本覚如来。
理智不二の覚悟　心性本覚の道理に自身の智恵が合致した悟境。
色心　身体と精神。
経　円覚経。その本来成仏説は特に華厳宗で尊重される。
法華　↓一三頁四行「経」(大綱集)

ず、*寂《じゃく》にあらず*照《しょう》にあらずして、しかも寂、しかも照にして*宛然《えんねん》なり。*一色一香《いっしきいっこう》も中道《ちゅうどう》にあらざるはなし。しかれば煩悩も菩提もこれ我が一心の名なり。生死も涅槃もまたこれ心体を指す。凡《およ》そそれ妄心《もうしん》に由《よ》る時は*これを呼んで*三道の流転《るてん》と名づけ、*本心《ほんしん》に帰る時はこれを呼んで*四徳の勝用《しょうゆう》と称す。これ(故に)心性の本源は凡聖一如《ぼんしょういちにょ》にして二如なし。これを本覚如来《ほんがくにょらい》と名づく。

これを知るを聖人《しょうにん》と名づけ、この理に迷ふを凡夫と号す。この三諦不思議なる、*無来無去の妙体に了達して*理智不二《りちふに》の覚悟に称《かな》ふときは、捨つべき生死もなく、求むべき涅槃もなきに、しかも修ししかも証す。

我が*色心《しきしん》は本《もと》仏なり。故に*経に云く、「始めて知んぬ。衆生は本来成仏《ほんらいじょうぶつ》せるを」と。*法華に云く、「是の法は法位に住して、世間の相も常住なり」と、云云。言ふところの「是の法」とは即ち十界の*身土《しんど》なり。十界の身土は即ち実相常住にして不生不滅なりとなり。誠に仰ぐべきは*修多羅《しゅたら》の明証なり。三世の諸仏はこの理を知らしめんがために*応用《おうゆう》を*三土《さんど》に垂《た》れ、*四依《しえ》の大士《だいし》はこの理を了せしめんがために*化物《けもつ》を九界に施す。

この道に趣向せん者は、信心を以て源となせ。*随縁《ずいえん》・不変《ふへん》の体用も一心にして更に心外に法なし。しかるに迷ふ時は*人が法に順じ、悟る時は法が人に順ず。所以はいかん。この心性は即ち十界三千なるが故に、*覚体《かくたい》とは妙覚の上の十界、妄染とは凡下の上の十界なり。しかりといへども、*その体性《たいしょう》を尋ぬるにただこれ*独一法界なるが故に、*能具と所具と相順す。まさに知るべし、もしこの*理致《りち》を弁ぜざれば、日夜に他宝を数ふるも自《みずか》ら*半銭《はんせん》の分なく、*塵劫《じんこう》を送るともなんぞ大道を明《あき》らめん、云云。

また、この心性は即ち色心なり。色心は譬へば珠と光とのごとし。迷見の故には色心差別せり。実智の故には*色心体一なり。

また、色とは寂《じゃく》なり、心とは光《こう》なり。所居《しょご》に従へばこれを*寂光と云ひ、能居《のうご》に従へばこれを法身《ほっしん》と名づく。*身土《しんど》に別なく、*機《き》法《ほう》に二なし。同じくこれ中道なるが故に。これを*体《たい》用《ゆう》一具《いちぐ》の不思議円道と名づく。

*第八　無明即明《むみょうそくみょう》

如来一代の正説を尋ぬるに、ただ無明と法性《ほっしょう》とを出でず。無明を説いて三となす。謂く、一には明無明《みょうむみょう》、二には闇無明《あんむみょう》、三には空無明《くうむみょう》なり。

一に、*明無明《みょうむみょう》とは、深智が境を照すに不二にあらざるはなし。*体の顕るるは境に因《よ》るが故に智と云ひ、智に因るが故に境を生ず。*境とはこれ無明に覆はれたる理なるが故に。智とはこれ深般若の智なり。此《こ》の智が彼《か》の理を生ず。(理)生起する時、智即ち作《な》りて、心即ち境のごとし。境智冥合《みょうごう》せる時は*一法身《いちほっしん》の体なりき。*これより降《くだ》りて函蓋相応《かんがいそうおう》するを智法身と名づくるなり。

無とは本境、明とは般若智の*始心なり。これ惣じては一念に含し、別しては色心の蔵を分つ。(即ち)惣とは無明の二字を摂し、別とは色心を分つなり。*初めは謂く三諦(即)一諦、*心色不二なり。*満智なるが故に。これ本覚《ほんがく》(の謂《いい》)なり。*後は謂く二となす。一は*この教の

身土　能居の身体と所居の国土。
修多羅　経。
応用　教化活動。
三土　人・天・二乗の同居土と、小乗菩薩の方便土と、大乗菩薩の実報土。
四依の大士　仏滅後に大衆の導師となる四種の菩薩。四種とは位の高下をいう。涅槃経の四依品、法華玄義巻五上を見よ。
化物　物＝衆生。衆生教化。
随縁・不変の体用　不変真如＝体、真如随縁＝用。↓二六頁一四・一五行「随縁真如・不変真如」
人が法に順じ　心が物に規定され。
覚体とは…　覚れる状態とは仏界だけを指すのではなく、仏の心性に摂せられた十界の全体を指す。
その体性　妙覚の十界と凡下の十界とに共通する本体本性。
独一法界　ただ一つの法界。
能具と所具　能具＝人・心。所具＝法・十界。
理致　すじみち。わけ。
半銭の分なく　無駄骨おり。徒労。

塵劫　長年月。
色心体一　色＝身体↓煩悩、心＝精神↓菩提。故に色心体一とは煩悩即菩提の意。
寂光　法身所居の常寂光土。↓九頁一二行「両土」(大綱集)
身土・機法・体用　これらの不二を

中にては色を以て境となし、智を以て心となす。*止観の中にては理を以て色となし、深智に滞《とどこ》ほるを心となし、*色にはこれ三諦を立て、心に一諦を摂す。

無とは*法界《ほうかい》の相《そう》なり、空なるが故に。明とは色心不二の円の*無生智《むしょうち》なり、照なるが故に。これを称して明無明と言ふは、*性相《しょうそう》を含するを以ての故に。*宝王功徳経に云ふがごとし。「無明は*累品《るいぼん》を具足するにあらず。汝が智慧狡劣《こうれつ》にして小見浅聞なるが故に累染《るいぜん》と言ふのみ。舎利《しゃり》弗《ほつ》よ、まさに知るべし。元《もと》、無明海には般若明通の智をも悉く摂し、心色をも具足し、*能所をも円摂して闕失するところなし。不二究竟の故に無となし、明に通ずる智の故に明となし、具足円満の故に密蔵《みつぞう》と言ふ」と。

この一心中にて三観を観ずるに、*従仮入空観《じゅうけにっくうがん》をばまたは二諦観と名づけ、*従空入仮《にっけ》観《かん》をば平等観と名づけ、この二観を方便として*中道観《ちゅうどうかん》に入るを法性心と名づく。(かくのごとく)性相を摂するが故に明無明と言ふ。

二に、闇無明《あんむみょう》とは、謂く、*一智よく無量の智を摂して種種に明照すといへども、*隠覆《おんぷく》して生ぜざること、宛《あた》かも闇中に種種の*勝相ありといへども、闇のために覆はれて現ぜざるがごとし。この故に闇無明と名づく。この故に*心地観経《しんじかんぎょう》に云く、「一切衆生は三如来の智を具するも、*顛倒《てんどう》に覆はるるが故に、無始より解せず」と。これ則ち*根本無明なり。まさに知るべし。

三に、空無明《くうむみょう》とは、謂く、諸法はこれ*性・用倶《とも》に空なり。故に*兎《と》角《かく》のごとく体なし。この故に名づけて無となす。一切皆相《そう》に執著して*亀《き》毛《もう》を立つるも、明の故には空なり。毛・

論じたのは、煩悩即菩提なる訳を説明するためである。↓補

第八　無明即明　無明は一切煩悩の根本。明は菩提の根本、法性。故にこの章では煩悩即菩提の根底を説く。

明無明　明なる無明、法性を具有した無明の意。ただしこれは伝統的用語ではない。

体の顕るるは…　智体が顕在化して智となるのは境との相関関係による。

境とは…　浅智には、外境は欲心をかき立てる無明と映るが、本来は真如法性の理なのである。

一法身の体なりき　境も智も一の法身の当体であった。これは理法身。

これより降りて　一法身が境智に分化してのち。

始心　初心。

初めは　総じては。

心色不二　心＝精神、明。色＝肉体、無明。即ち今は色心不二門によって無明即明を釈成せんとする。

満智　さきの深智とほぼ同意。

後は　別しては。

この教　別教をいう。

止観　出処不明。

色にはこれ三諦…　三諦一諦・色心不二ではないという意味か。

法界の相　宇宙の千差万別の相状。

円の無生智　↓補

性相　物の体性と相状。今は、性とは明、相とは無の意味。

宝王功徳経　架空の経典。

角倶に*無為《むい》なるを名づけて空無明となす。

第*九　生死涅槃《しょうじねはん》

生死の二法は、一心の妙用、有無の二道は、円融の真徳なり。心は本《もと》より周遍して、去来あることなく、また生死なく、無相にして*湛然《たんねん》たり。心に仮《け》の用《ゆう》を施すときは、六根の体を現じ、心に空の用を施すときは、五陰《ごおん》の身を亡ず。*生の時も来るなく、死の時も去るなし。生はこれ真生、死は即ち円死なり。生死は体一、空有は不二なり。仮《け》に迷ふを生と謂ひ、空に迷ふを死と謂ふのみ。(実には)空仮の二用は、唯一の*心体なり。*三諦は一諦にして、三にあらず一にあらず、しかも三、しかも一にして、不可思議なり。*三はおのおの三を具して、*倶体倶用《くたいくゆう》なり。有《う》に入るも有ならず、空に入るも空にあらず、体用*倶時にして、畢竟《ひっきょう》して*常楽なり。

一切諸仏は、生死を離れずして、*しかも生死を離れ、涅槃を取らずして、しかも涅槃を得、*道法《どうぼう》共に絶して、常楽我浄なり。三界の衆生は、*生死の見に依りて、六道に沈没《ちんもつ》し、生死を断ぜんと欲して、生死を出でず、涅槃を取らんと欲して、涅槃を得ず。無作の生死は、本《もと》始終なく、*円理の有無は、常《じょう》にあらず断《だん》にあらず。汝よくこれを観じて、生死を恐れざれ。*生死は本《もと》楽なり。人迷ひて苦と観るのみ。速かにこの見を除きて、まさに仏地に至るべし。

累品　累とは「わずらい」。品とは種類。

能所　能詮の事と所詮の理。

従仮入空観・従空入仮観・中道観　↓補

一智よく無量の智を摂して　一人の智恵に無量の人の智恵を具足して。

隠覆して…　無明の闇に覆い隠されて顕現しない。

勝相　すぐれた相状の物。

心地観経　該当文なし。

顛倒　さかさま。真実と違う妄見。

根本無明　無始無明、元品無明ともいう。無明に四十二品ある中の最も根源的な無明。

性・用　物の体性とその作用。現象を構成する実体も現象世界も共に畢竟空であるという意味。

兎角・亀毛　本来有りえないのに、有ると信ずる場合の喩。

無為　因縁の作為にしばられない、常住不変の存在。真如・法性・涅槃など。

第九　血脈の第二の生死覚用鈔の偈頌の部分と大同。語句の意味については第五の注をも見よ。

湛然　おちついて静かなさま。

生の時…去るなし　血脈にこの二句なし。

心体　血脈は「中体」。

三諦は…不可思議なり　血脈にこの四句なし。

*第十　即身成仏《そくしんじょうぶつ》

*対機施権《たいきせごん》の法は、*修証《しゅしょう》すること無量劫《むりょうごう》なり。*妙法深秘の蔵は、心の法身仏を顕すこと、*一念須臾《しゅゆ》の間なり。謂く、衆生の心を指して、直ちに妙法の理なりと説き、心性《しんしょう》の本覚《ほんがく》を以て、*無作の実仏《じつぶつ》となす。いはゆる心性とは、*真空冥寂《みょうじゃく》の理なり。諸の形色《ぎょうしき》を遠離《おんり》し、無相にして名言《みょうごん》を絶し、常楽の法位《ほうい》に住して、畢竟して本より動くことなし。(しかも)心よく*妙用を有す、本有《ほんぬ》の照了の覚なり。故に本覚の理と名づく。

心よく万法を含まば、または*具足道《ぐそくどう》とも名づく。よく諸法に遍すといへども、体相は本より*清浄にして、妙法蓮華を顕すなれば、凡夫の一念を指して、*如来蔵《にょらいぞう》の理《り》となす。かくのごとく知見《ちけん》する者、則ちこれを成仏と名づく。本覚の真仏を顕すこと、ただ我が一念にあり。心性の仏体を覚らば、証を取ること須臾の間なり。三千は一念なりと知らば、一念は三千に遍す。まさに知るべし、諸の如来の*三徳秘密蔵《さんとくひみつぞう》は、我が一念を出でず、遍して*不縦不横《ふじゅうふおう》なり。一念の心に体達《たいだつ》すれば、よく諸仏の心を顕して、*等妙《とうみょう》の覚を*頓超《とんちょう》す。(これを)名づけて正しく妙覚となす。もし人菩提を求めば、まさに誓ってこの法を求むべし。これ諸仏の*内証《ないしょう》なり。*一心の宝車《ほうしゃ》に乗じて、三界に*遊戯《ゆげ》し、まさに即身成仏して、十方に自在なるべし。

諸教の中においては、*直道を説かず。ただこの経の中でのみ、即身成仏す。

三は…倶体倶用なり　この二句を血脈は「畢竟常楽」の次に置く。
倶体倶用　三諦の一が互いに他の体でもあり用でもあること。
倶時　血脈は「同時」。
常楽　生死は無常・苦であるが、こうして結局は常住・安楽に帰する。
しかも…常楽我浄なり　この五句を血脈は「能至涅槃」とする。
道法　涅槃に至る正道及び修行方法。
生死…涅槃を得ず　この六句を血脈は「不離二見」とする。
円理の有無は　円教の教理では、有(仮)と無(空)とは。
生死は…観るのみ　この二句を血脈は「欲出生死　不見生死　欲得涅槃　不執涅槃」とする。
第十　即身成仏　この章は、血脈の第一の一念成仏義の偈頌部分と同文。↓補
対機施権の法　聴衆の機根の利鈍に対応して説かれた方便の教法。
修証…　証悟を得るためには、無限の歳月にわたって修行しなければならない。歴劫修行。
妙法深秘の蔵　血脈は「妙法円満教」。仏の本意を説いた法華経。
一念須臾　一念＝六十刹那。須臾＝昼夜の三十分の一。即ち短時間の意。
無作の実仏　無作＝造作なき、修行なき。実仏＝虚仏に対する、真実の仏。
真空冥寂　真如の理が一切の妄想を

大唐の貞元《*じょうげん》二十一歳次乙酉二月朔日《さくじつ》癸丑

日本国比叡山の前入唐受法の沙門最澄

離れ、奥深く静寂な有様をいう。真如不変の面。

妙用　不変不動ならば覚知能力はないはずであるが、理に動性があるとすれば、理を本覚とよぶことができる。真如随縁の面。

具足道　法華経方便品に「合掌以敬心　欲聞具足道」とあり、妙法のことを具足道と呼ぶ。

清浄にして　血脈は次下に「以八葉心蓮」の一句を置く。

如来蔵　→三一頁一〇行「空如来蔵」

三徳秘密蔵　→二六頁一二・一三行「法身・般若・解脱」

不縦不横　修徳と性徳とを共に具足している有様をいう。→補

等妙の覚　等覚と妙覚。→二七頁一七行「妙覚」

頓超　修行の段階を踏まず、次第を超えて直ちに極果に入ること。

内証　心中に秘められた証悟の内容。

一心の宝車…　以下八句、並びに日付・署名、血脈になし。血脈は別に十三句を置く。

遊戯　物事にとらわれず、安楽に行動すること。

直道　迂回せず、直ちに仏果に到る道。

貞元二十一　延暦二十四年。竜興寺に移った道邃の許で勉学していた時期。

修禅寺決（伝最澄）

浅井円道校注

*修禅寺相伝私記《しゅぜんじそうでんしき》　一心三観　心境義　四帖内一

沙門最澄《しゃもんさいちょう》記す

大唐《だいとう》の*貞元《じょうげん》廿四年三月一日、四箇の法門を伝ふ。いはゆる一には*一心三観《いっしんさんがん》、二には一念《いちねん》三千《さんぜん》、三には止観大旨《しかんたいし》、四には法華深義《ほっけじんぎ》なり。

第一に、一心三観とは、これに*教《きょう》・行《ぎょう》・証《しょう》の三重《さんじゅう》あり。

一に、教談《きょうだん》の一心三観とは、*一代五時《いちだいごじ》の説教中に*安布《あんぷ》するところの三観なり。これに多種あり。一に、同時《どうじ》不融《ふゆう》の一心三観とは、*別教《べっきょう》の一心なり。三観同時に俱起《ぐき》するも、その体《たい》は各別なり。*本識《ほんじき》の一心生《しょう》ずる時、*諸心並《なら》び起《おこ》る。その中の*三摩地《さんまじ》の*心所《しんじょ》は定《じょう》が体にしてこれ空《くう》なり。恵《え》の心所は覚察《かくさつ》を体となすが故に仮《け》なり。これを*別相《べっそう》の一心三観と名づく。

二に、妙体《みょうたい》の一心三観とは、これに但心《たんしん》と託事《たくじ》と実相《じっそう》と本覚《ほんがく》との四種あり。但心とは、行者《ぎょうじゃ》の一心の当体《とうたい》が即空《そくくう》・即仮《そくけ》・即中《そくちゅう》にして、心に色相《しきそう》なきは空《くう》なり、慮知《りょち》あるは仮《け》なり、心の体性《たいしょう》は中道《ちゅうどう》なり。次に託事の一心三観とは、万法《まんぼう》において性《しょう》・相《そう》・体《たい》あり。性とは諸法の内性《ないしょう》にして、*石火《しゃっか》等のごとし。相とは外相《げそう》にして、了々分明《りょうりょうふんみょう》なる可見〔の*相〕なり。かくのごとき性と相とは体を本《もと》として成立するところなり。性・相・体の三種は次《つい》でのごとく三観なり。*事法《じほう》は万差なれば、一心三観もまたまさに無量なるべし。

修禅寺　中国浙江省台州府天台山の銀地嶺(仏隴山北)山上にあり、天台大師智顗の創立。天台宗の根本道場。
貞元廿四年　最澄は貞元二十一年五月帰朝の途につく。故にこの年次は誤記。
一心三観　→補
教・行・証　教は仏のおしえ、行は教による修行、証は修行による証悟。
一代五時　智顗の法華玄義巻十を見よ。釈迦一代の説教を華厳時・阿含時・方等時・般若時・法華涅槃時の五期に区分し、法華経の最勝を論証したもの。
安布　安置し布設すること。今は諸経論に広く散説することをいう。
別教　化法四教の一。万物と真如との円融平等を説く円教に対し、これは隔歴差別を説く教え。本理大綱集(以下「大綱集」と略)第二章を見よ。
本識　阿頼耶識、即ち認識作用の本体。これを心王ともいう。
諸心　心所。
三摩地　梵語、禅定のこと。この定も、次の恵も、心所の一である。
心所　心所有法の略。→補
別相の一心三観　「別相三観」ならば別教の次第三観の謂である(維摩経玄疏巻二十一)が、今は次第でなく三観同時俱起というから、特にこの名称を作ったか。
石火　ひうち石の中の火性。
相　金沢本・版本・伝全により補入。

次に実相の一心三観とは、*真如法性《しんにょほっしょう》の妙理《みょうり》は、その体が三観にて本有常住《ほんぬじょうじゅう》なり。真如自体《たい》の不思議・不可得《ふかとく》なるは空《くう》なり。*万法の相《そう》を離れざる処は仮《け》なり。実相の理体は中道なり。次に本覚の一心三観とは、心内に本《もと》より已来《このかた》清浄の*八葉蓮華《はちようれんげ》ありて、*無作《むさ》の三身《さんじん》の所《しょ》居《ご》なり。*三身とは即ち三観の異名《いみょう》にして、別物《べつぶつ》にあらず。

*華厳経《けごんきょう》に云く、「三界《さんがい》はただ一心にして、心の外《ほか》に別法《べつぼう》なし。心《こころ》と仏《ほとけ》と及び衆生《しゅじょう》と、〔この〕三〔は無差別なり〕」とは、次《つい》でのごとく中・空・仮の三諦《さんだい》なり。義《ぎ》は但心《たんしん》の三観に当《あた》る。*中論《ちゅうろん》に云く、「因縁所生《いんねんしょしょう》の法は、我れ説きて即ちこれ空なりとし、また名づけて仮名《けみょう》とし、またこれ中道の義とす」と。因縁所生の法とは通じて一切の事法を指す。事法とは即ち(託事の)三観なり。

*法華《ほっけ》に云く、「諸法実相とはいはゆる諸法の如是相《にょぜそう》・性《しょう》・体《たい》、乃至《ないし》、本末究竟《ほんまつくきょう》なり」と。実相の理に性・相・体あり。即ち実相の三観なり。*また云く、「如《にょ》にあらず、異《い》にあらず、三界の三界を見るがごとくならず。〔かくのごときの事《じ》〕如来は明《あきら》かに見て錯謬《しゃくみょう》あることなし」とは、正《まさ》しく本覚の一心三観を説く明文なり。「非如《ひにょ》」は空諦にして報仏《ほうぶつ》を体となし、「非異」は仮諦にして応仏《おうぶつ》を体となし、「不如三界見於三界《ふにょさんがいけんのさんがい》」は中道なり、(法仏を体とす。)もし法華已前《いぜん》にありては*調機《ちょうき》のために一心三観を説き、*迹中《しゃくちゅう》においては離迷《りめい》のために一心三観を存し、*本門《ほんもん》の実証《じっしょう》の時は*無思無念《むしむねん》の三観なり。

また、*付文《ふもん》に五重を建立す。いはゆる易解《いげ》と得意《とくい》と円融《えんにゅう》と複疎《ふくそ》と不思議となり。*玄文《げんもん》第二のごとし。*摩訶止観《まかしかん》には四重を開く。双非《そうひ》と双照《そうしょう》と複疎と不思議となり。前来明かすと

事法 相対・差別・無常なる万物のこと。理法に対する。
真如 万物に遍在する常住不変の理体。これを法性とも別名する。
万法の相を離れざる処 真如は万有の形相を離れて、別個に存在するものではない。万物は真如の顕在化にほかならないから。
八葉蓮華 →二二頁四行「八葉」(大綱集)
無作の三身 →補
三身とは即ち三観 三観は因、三身は果。この両者が一体であるとすれば、本覚の一心三観は心中の無作三身を観ずることにほかならない。
華厳経 →二〇頁四行(大綱集)
中論 竜樹造。下は観四諦品の偈。智顗はこの偈により一心三観を立てた。
法華 法華経方便品第二。
また云く 法華経如来寿量品第十六。
調機 調教して法華を理解し得る人間に育てあげること。
迹中 法華経の迹門。迹門聞法の益は断迷開悟であるから離迷のためという。→五一頁六行「迹門の意は…」
本門の実証 本門を聞いたときから無明の惑を漸減し始めるから、これを実証という。
無思無念 求むべき仏果も捨つべき煩悩もない、思慮分別を越えた境地。
付文 経文解釈の上では、の意。元意に対する。

ころの三観を、惣じて教談の一心三観と名づく。

　第二に、行門の一心三観とは、これに四重あり。一に、*本解《ほんげ》の一心三観。謂《いわ》く、止観の行者は〔先づ〕本解を安立《あんりゅう》すべし。*法々塵々は即空・即仮・即中にして全く*情念を離る。(かくのごとく)三観の妙理分明なるの時は、行ずるところもなく、証するところもなし。行・証の時において、なんぞ*始《し》・本《ほん》を論ぜん。*内外《ないげ》並びに*冥し、*縁観倶《えんかんとも》に*寂《じゃく》なり。諸心、*境に歴《へ》て起るも、更に執するなかれ。*二念を続けずして三観に住する、これ真の止観の行者なり。かくのごとく*無依《むえ》・*無得《むとく》の三観の本解に安住して(後)、三重の一心三観を修すべし。

　三重の一心三観とは、一に、*別時《べつじ》の一心三観。謂く、道場を修厳して、或は七日、乃至、百日を別行の時とす。道場荘厳の次第は、聚落の喧雑《けんざう》の処を離れて方丈《ほうじょう》の室を構へ、四方の壁に本尊を安置せよ。北方には釈迦の像、行法《ぎょうぼう》を教授せんがため。西方には弥陀、*観恵《かんね》増進のため。南方には観世音、*不退転を得んがため。東方には文殊師利《もんじゅしり》、*外護《げご》・破魔のためなり。行者は正面して弥陀像に向ふ。

　また四像の前には、おのおの明鏡を置くべし。仏仏菩薩応じて来り、因縁ありて現ずれば、行者の影と〔仏〕菩薩の像と一鏡に現ずるを観る。故に行者は一心三観を内因となし、同鏡に現ずる相を外縁となさば、内外の因縁和合するが故に、*悉地《しっち》速かに円満《えんまん》す。華を供へ、香を焼《た》き、*半跏坐《はんかざ》して、*昼三時、夜三時、心を一境に任せよ。

　もし七日別行の時は、初の一日は*生仏一如観《しょうぶついちにょかん》を修すべし。心はこれ諸法の体なれば、生仏は共に一心に具す。なんぞ別体ならんや。本尊と行者と同じく一鏡に現ずるは、生仏

玄文第二　法華玄義巻二。↓補
摩訶止観　巻一下。↓補

本解　修行を起す本拠としての教法の理解・会得。
法々塵々　法塵は五根中の意根の認識対象であるが、今は、万有は皆、一物一塵も残さず、の意。
情念　凡夫の迷情・妄念。
始・本　凡夫の始覚と仏の本成との差。
内外　内なる心と外なる対境。
冥　冥合。差別がなくなること。
縁観　所縁の外境と能観の自心。
寂　分別を越えた寂滅の境地。
境に歴て　歴＝逢。境に触発されて。
二念を続けず　次念を起さず。
無依　無執着。依とは執着の根源。
無得　不可得なる悟の極致。
別時　日常とは別な特定の時間。常用の対、即ち道場内で修行する時。
観恵　対象を観察する智恵。
不退転　既に得た信仰・修行を退失しない行位、即ち聖位。
外護　外部より行者を保護し、障害を除き、修行の便宜を計ること。
悉地　梵語、訳して成就。今は、成就された仏果の意。
半跏坐　跏＝足の裏。左足を右足下にしき、右足裏だけを上向けて坐する坐法で、菩薩の坐法。如来の坐法は結跏趺坐。
昼三時、夜三時　晨朝(日の出)・日

不二の故なり。もし生仏は実に別ならば、なんぞ一鏡に現ぜんや。明と闇とは各別なるが故に、明の時には闇なく、闇の時には明なきなり。生仏本より別ならば、影像も随つて別なるべし。故に行者の*三業《さんごう》と本尊の三業とは全く別ならず。これを観ずる行者の自体は*果《か》海《かい》の妙身にして、永く凡夫の相を離れ、速かに*異生《いしょう》の性を捨つ。次の三日の間は、一心三観に大疑を懐くべし。そもそも我等、一心に何の故ありて三観するや。(また)*知識《ちしき》・経巻《きょうがん》に値《あ》ひて一心三観を解了《げりょう》すといへども、*実理なくばこの道理は知り難し、いかん、と大いに疑惑を生じ、*念々に相続すべし。後の三日の間は、正しく一心三観を修せよ。一心の当体に*名相《みょうそう》なきは空なり。名相なしといへども念々に心生ずるは仮なり。心の体は中道なり。鏡体は中道、生像は仮、仏像は空なり。*鏡像円融《きょうぞうえんにゅう》は即ち一心三観の*現証《げんしょう》なり。

かくのごとく修行して、座毎に*廻向発願《えこうほつがん》を用ふべし。行者先づ道場に入り、発願の文を唱ふべし。「我れ真実の志に住して一心三観を修せんと欲す。一切の諸仏菩薩悉くこの道場に来りて悉地《しっち》円満ならしめたまへ」と。これ〔総〕発願の文なり。もし出離生死《しゅつりしょうじ》のためにこれを修するの時は、〔「我れ生死を出離せんと欲す」云云と唱ふべし。乃至、増寿延命《ぞうじゅえんめい》のためにこれを修する時は〕「我れ延命を得、長寿の楽を得んと欲して、正しく一心三観を修す」と唱ふべし、云云。〔総〕廻向の時は、この行を以て惣じて法界《ほうかい》に廻向して、「同じくかくのごとき楽を得せしめん」と。別廻向の詞《ことば》は発願の文に准ずべし。

もし*三七日《さんしちにち》、乃至、一百日この行を修したる輩にして再び三界の苦境に入るとせば、釈迦如来の*誠諦《じょうたい》の金言《きんげん》に更に虚言なしとせんや。本祖の*智者大師《ちしゃだいし》、正しく*大蘇《だいそ》の法華道場に

中(正午)・日没、初夜(八時)・中夜(十二時)・後夜(午前四時)。
生仏　衆生と仏。
三業　身業・口業・意業。行者と仏との三業が相応することを、密教では三平等という。
果海の妙身　仏果の広大無辺な有様を海に喩えて果海という。故にこれ広大な仏界に包摂された勝妙な身体の意。
異生　聖者に異なる生類、即ち凡夫。
知識　善知識。仏道に縁を結ばせる導師。
実理　現実に道理があうこと。
念々に相続　一瞬の間断もなく持続すること。
名相　名前と形状。
鏡像円融　牛頭法門要纂(以下「牛頭決」と略)第一章を見よ。
現証　現実の証拠。
廻向　自分が積んだ善根功徳を廻転して他に向け、他の幸福を願うこと。
三七日　三週間。
誠諦の金言　真実不虚の御言葉。
智者大師　中国天台宗初祖の智顗。
大蘇の法華道場　智顗は光州(今の河南省南部)の大蘇山に登り、慧思禅師の指導により、普賢道場で法華三昧を修し、一心三観を悟得したことをいう。「釈迦如来に値ふ」とは、開悟ののち、釈迦の顕現に接したことをいうか。

おいて釈迦如来に値《あ》ひ奉りて伝へたまふところの行法なればなり。

二に、*常用《じょうゆう》の一心三観とは、別に道場を構へずといへども、*行住坐臥《ぎょうじゅうざが》の縁に経《へ》て常に一心三観を修すべし。*前念を境となし、後念を能観となす。悪心念々に相続すれば、退(転)して*三途《さんず》に入らん。たとひ悪念等を起すといへども、相続せずば、前の悪念は即ち*三諦即理《さんだいそくり》の妙体なり。全く心外に余法なし。これを観ずる時、所有《あらゆる》罪悪は*観恵《かんね》清浄の懺悔《さんげ》によりて速かに浄法と成り、菩提を証せん。*頂師死に臨みて*智威《ちい》禅師に語りて云く、「末世薄福の衆生、念々相続して一心三観を修する能はずば、ただ朝暮二時において悪業懺悔のために観法を修すべし」と、云云。

三に、臨終《りんじゅう》の一心三観とは、この行法の儀式は*通途《つうず》の観相に似ず。人終焉《しゅうえん》に臨み、*断末魔《だんまつま》の苦しみ速かに来りて身体を*搏逼《はくひつ》する時は、*心神昏昧《こんまい》にして是事・非事を弁ぜず。もし臨終の時において*出離の要行《ようぎょう》を修せずんば、*平安の習学もなんの詮要《せんよう》かあらん。故にこの位においては*法具《ほうぐ》の一心三観を修すべし。法具の一心三観とは即ち妙法蓮華経これなり。

妙法とは諸仏の内証、妙法とはまた一心三観なり。故に直ちに一心三観を指して妙法と号す。蓮華とは、一切衆生の自性《じしょう》の本心にして、清浄無染《むぜん》・不生《ふしょう》寂然たり。故に蓮華と名づく。自性の本心はまた*三諦具足の体なり、*経法《きょうぼう》所顕の義もただ一心の三諦にあり。この道理を以て、平安の時には知識に値遇《ちぐう》して、妙法蓮華経とは即ち一心の三諦なり、諸仏の内証なりと解達《げだつ》し、臨終の時には南無妙法蓮華経と唱ふ。妙法の三力の功(用)によりて速かに菩提を成じ、生死の身を受けざらしめん。妙法の三力とは、一には法力《ほうりき》、二には仏《ぶつ》

常用　日常に使用すること。

行住坐臥の縁に経て　行住坐臥をえらばず、折にふれて。

前念を境となし…　即ち日常茶飯にふと起きた心を、次の心がとらえて観察の対象とする。

三途　地獄・餓鬼・畜生の三悪道。

三諦即理の妙体　後念が前念に三観を加えれば、その前念が悪念であったとしても、空・仮・中の道理に叶った妙体にほかならない。

観恵清浄の懺悔　能観の智恵、即ち一心三観は、罪障を清浄ならしめる懺悔の行でもある(理懺)。

頂師　中国天台宗第二祖の灌頂。

智威　同じく第三祖。

通途の観相　通常の一心三観の行相。

断末魔　末魔とは梵語、死穴と訳す。何かがこれに触れると激痛を起して死ぬ。転じて、人が死ぬ時の最後の苦しみをいう。

搏逼　むちうち、おかす。

心神昏昧　精神力がにぶること。

出離の要行　生死の苦から脱出するための最もかなめとなる修行。

平安の習学　健全であった時の学問。

法具　教法に具足された、の意。一心三観の行功を具備した教法とは妙法五字である。

三諦具足　諦＝真理。心性の真如には空仮中の三面があることをいう。

経法所顕の義　法華経によって説き顕された教理。

力《りき》、三には信力《しんりき》なり。

初に法力とは、釈迦如来は本《もと》菩薩の道を行じたまひし時、諸の*行願《ぎようがん》を修して*五百塵点劫《ごひやくじんでんごう》の昔に仏道を成じ、五百遠劫より、久しく思惟してこの経を説きたまひ、三世十方の諸仏の*自利《じり》・利他《りた》の功徳(を納めたる)、*八万法蔵《はちまんほうぞう》の最要を号して妙法となしたまふ。故に妙法の名を唱ふる人は、過去に曾て成ぜし諸仏の行願を行者の身内に入れ、未来の諸仏の行願もまた来入すべし。三世の行願速かに行者の身内に来りて成就するが故に、*智者大師の毎日行法の日記に云く、「読誦《どくじゆ》し奉る、一切経の惣要《そうよう》、毎日一万反」と。*玄師の伝に云く、「一切経の惣要とは妙法蓮華経の五字なり」と。また云く、「*一行一切行なれば、恒《つね》にこの三昧《さんまい》を修す」と。言ふところの三昧とは即ち法華の*有相《うそう》・無相《むそう》の二行なり。この道理を以て、読誦法華の行は即ち法具の一心三観なり。

次に仏力とは、*不思議反勝経に云く、「我れ阿私仙《あしせん》に従ひて妙法を聞き、今、無上道を成ず。もし衆生ありて、この微妙の法において一念の信を起さん。その時、我れ十方の諸仏と与《とも》にその人の前に現ぜん。微妙の身を隠して或は*小身を現じ、行者の願をして必ずまさに成就せしむべし」と。*釈迦如来の五百の大願の中の第〔五〕十二に云く、「我《われ》に微妙の法あり。もし衆生ありて至心に受持せば、速かに無上道を成じ、*第二生においては生死の身を受けじ。もししからずんば正覚《しようがく》を取らじ」と。釈迦如来、すでに誠諦の金言を以て、第二生において生死を受けじと誓ひたまふ。本願の深重《じんじゆう》なるによりて法華*称念の輩《やから》の前に来りて現に護持を加へたまふなれば、速かに*天命を開かん。これを仏力となす。

行願　行は六波羅蜜の行、願は四弘誓願。
五百塵点劫　法華経如来寿量品では、釈迦の成道が四十余年前ではなく、久遠の過去にあることを、五百塵点なる譬喩によって説明している。↓補
自利・利他　自分を高める自行と、他人を利益する化他行。
八万法蔵　八万とは、多数の意。即ち一切の経典。
智者大師の毎日行法の日記　不現存。
玄師の伝　中国天台宗第五祖の玄朗の口伝。
一行一切行　法華三昧の一行に一切行の功徳を納める。
有相・無相の二行　有相行は身と口とによる行、即ち唱題や読経。無相行は意による行、即ち一心三観。
不思議反勝経　架空の書。しかし釈迦菩薩が阿私仏に師事して妙法を聞いた話は、法華経提婆達多品第十二にある。
小身　丈六の仏身。寿量品には六種の示現を説く。
釈迦如来の五百の大願　悲華経巻七の説。ただし五百願を数え分けることは困難である。
第二生　今生の次の生。
称念　妙法五字を口に称え、心に念ずること。
天命　天が賦与したもの。本性。

次に信力とは、玄師の伝に曰く、「疑を生じて信ぜざらん者は、たとひ妙法に値ふといへども、出離生死・証得菩提において*猶預《ゆうよ》の心を生ぜん。この人は妙法不信の輩なり。或は知識に従ひ、或は経巻に従ひて、妙法蓮華経を聞き、生死において更に怖《おそ》れざる者、これを法華を信ずる人と名づく」と。これ信心の力なり。

かくのごとく、妙法には三力の*不共《ふぐう》の徳行あり。一行に万行円備せり。万行円備せるにおいては、なんぞ一心三観の行の徳も(妙法に)帰入せざらんや。一心三観の行相は*万行所帰の内証なり。妙法は*万行の自性の内徳なり。故に臨終の時は、行者は法華の*首題《しゅだい》を唱ふべし。

*仏立寺《ぶつりゅうじ》の和尚の伝に曰く、「臨終の昧心《まいしん》の時は、一心三観の行を修すること難し」と。しかれば*本伝の中に、「臨終の一心三観とは後生安楽《ごしょうあんらく》のためなり。(平生に)一心三観を修して、*善《ぜん》・悪《なく》・無記《むき》の三性は即空・即仮・即中なりと観達し、この行を以て出離生死・証得菩提に廻向せば、終焉の暮においてたとひ悪念等を起すといへども、彼《か》の心は即ち如来の三昧行と成りて速かに生死を出離せん。これ臨終の一心三観なり」と。

問ふ、もし止観の元意《がんい》に依らば、生仏は本《もと》より不二にして迷覚《めいかく》の相《そう》なし。この時なんぞ別にかくのごとき*劣相《れっそう》の観行《かんぎょう》を授くるや。答ふ、摩訶止観の意は*即事而真《そくじにしん》・*有無不二にあるなれば、上に明かすところの別行・常用等の三観は即ち生仏不二の(上の行)相なり。これを離れて別に止観の元意たる生仏不二の行ありとせば、この処《ことわり》あることなし。有相に簡《えら》んで無相の一方を存するも、(その)元意は、*無相の本心に住して還《かえ》りて有相に同ずるなり。

猶預　ぐずぐずする、ためらう。
不共　他に共通しない、独特の。
万行所帰の内証　万行が帰趨するところの仏の内証の行法。
万行の自性の内徳　万行のそれぞれが内包している功徳。
首題　経のはじめの題目。
仏立寺の和尚　仏隴寺(仏隴山の南麓)の和尚、即ち行満。入唐中、最澄が師事した天台宗僧。以下の臨終一心三観説は、今までの唱題即一心三観説と違う。
本伝　この伝、即ち修禅寺道邃の口伝を指すか。上の行満の言を以下の道邃の或説によって解釈する筋。
善・悪・無記の三性　無記とは善とも悪とも記し難い性の意。これら三性に三観を施す行を非行非坐三昧といい、摩訶止観の四種三昧の中の第四の行法である。特に悪性の観察にくわしい。
劣相の観行　現実に迷悟の別があるから修行の必要があるのであるが、今は迷悟不二の元意(理)に対して迷悟差別の上の立行を劣相という。
即事而真　事は差別の現実、真は平等の真理。眼前の差別が即ち平等の真理に相即していることをいう。
有無不二　有は有相、事差別。無は無相、理平等。故に即事而真と同じ。
無相の本心に住して…　迷悟不二を元意とするが、この元意を体得するためには行を立てねばならぬ。

これ仏の内証を悟る実行なり。*一代入門の廃立は常途《じょうず》の所談のごとくこれを思ふべし。

また、行門において、*対境別修の一心三観あり。文師《もんし》より行《ぎょう》・邃《ずい》二師に至るまで、*九代の行法各別なり。恵《え》文《もん》禅師は因縁生の一心三観を修す。謂く、「因縁所生の法は*実生《じっしょう》の法にあらず。その体は幻《まぼろし》のごとき故に空《くう》なり。実生にはあらずといへども、また全く無《む》にもあらざるが故に仮《け》なり。*有無の二性を一法に具足するが故に中道《ちゅうどう》なり」と。深くこの観を修して*不二《ふに》の法門に入れるが故に、恵文師は因縁所生法の一言を以て開悟の文となせり。

次に、南岳《なんがく》の思師《しし》は北斉《ほくせい》の恵文禅師の所において、*一心不生《ふしょう》の一言を以て一心三観を伝へ、自心不生の観を修して開悟せり。「自心の当体は実生にあらざるが故に*仮有《けう》不生なり。体性はまた仮有にもあらざるが故に空不生なり。有無共《とも》に一心にして仮実の生滅を離るるが故に中道不生なり」と。

高祖智者大師は始めて恵思禅師に値《あ》ひ奉り、境智不二《きょうちふに》の義を以て一心三観を伝ふ。「一切衆生の念々の*起作《きさ》は併《しか》しながら三観なり。所以《ゆえ》はいかん。衆生の一心不生なるは空なり。万境各別なるは仮なり。*境智相応《きょうちそうおう》するは中道なり。念々歩々に*三諦即是《さんだいそくぜ》の妙観を起すといへども、これを知らざるが故に生死に流転して永々として絶えず。実のごとく了知すれば、これ〔真〕実の仏相なり」と。大蘇の法華道場において正しくこの観を修して開悟し、得脱の剋《きざみ》には直ちに釈迦の教授を受く。如来は寂照不二の一言を以て一心三観を説きたまへり。「万法の空寂にして本来不生なるは止、万法の照散して本性各別なるは観なり。止と観と一体なるは中道不思議の体なり」と。

一代入門 金沢本・版本・伝全は「一代八門」。いずれにしても意味不明。智顗の大本四教義は化法四教の各々に四門を立てて十六門とする。大綱集第二章を見よ。

対境別修 即ち慧文は因縁生法を対境とし、慧思は一心を対境とし、各自の得意に従い一心三観を別修した。

九代 慧文→慧思→初祖智顗→二祖灌頂→三祖智威→四祖慧威→五祖玄朗→六祖湛然→七祖道邃・行満。

実生の法にあらず 因縁所生なる現象界の万物は、生滅無常の夢幻のような存在であるから、実在ではない。

有無の二性 仮有と空無との二面性。

不二の法門 迷悟・生仏等の二元対立を不二平等と見る悟境。

一心不生 非行非坐三昧では、一心の状態を未起・当起・起・起已の四段階に分けて観察し(四運推検。↓七七頁三行)、起念の無自性(不生)を達観する。これを慧思は随自意三昧と呼んだ。

仮有不生 これと次下の空不生・中道不生とは、不生の一心に関する三観と考えればよい。

起作 起居動作。

境智相応 客観の万境と主観の一心とあい呼応していて差違がないこと。

三諦即是の妙観 特に一心三観を別修せずとも、日常の何気ない一挙一動が三諦の理に叶う妙観にほかならないことをいう。

次に、*章安尊者《しょうあんそんじゃ》は常に*生死覚用《しょうじかくゆう》の一心三観を修せり。已下の諸師の行法は具《つぶ》さに載すること能はず、云云。

第三に、*証分《しょうぶん》の一心三観とは、本来具足なれば都《すべ》て修行せず、悪念をも怖れず、善心をも喜ばず。いづれも本来三観を具足するが故に、云云。智者大師の*多宝塔中《たほうたっちゅう》の伝に云く、「もし衆生ありて耳に一心三観の名字《みょうじ》を聞かば、出離の期《ご》近く、宿縁《しゅくえん》多幸の輩なり。生死の身相はただこの生に限る。いかにいはんや至心《ししん》に信楽《しんぎょう》し、修行せんをや」と。

惣じて、一心三観において十四種の不同あり。

一には、*三心並び起る。楞伽《りょうが》等のごとし。謂く、別教の意なり。

*二には、一において三名を立つる一心三観なり。中道《ちゅうどう》の体において空仮《くうけ》の名を立つるに、中道の不思議なるは空なり。中体の無にあらざるは仮《け》なり。中道とは法性《ほっしょう》の理なり。法性の理は一心の所依《しょえ》なるが故に一心三観と名づく。

三には、証者実修《しょうじゃじっしゅう》の三観なり。謂く、*始覚門《しがくもん》の時、*分真即《ぶんしんそく》において実の三観を修するなり。本伝の中の「証者所修の一心三観」とは即ちこれなり。

四には、慈悲の一心三観なり。謂く、大乗教の本意は*化他利生《けたりしょう》を先《さき》となす故に、抜苦与楽《ばっくよらく》のために慈悲の三観を修すべし。慈悲の三観とは、一切衆生の体は本来三諦の理なりと観達して離苦得楽《りくとくらく》せしむべし。この慈悲の一心三観は無我《むが》の一言を以て伝授す。自他共に平等ならば、更に*我想《がそう》なし。独り生死を出でて他人を顧みざる者は、無我の道理に違す。故に智者大師は朝暮二時に常にこの観を修す。

章安　中国天台宗第二祖の灌頂。
生死覚用の一心三観　牛頭決の第五と第九とを合せて、生死覚用鈔という。これを指すか。
証分　仏智から見れば、迷悟・善悪等の一切の状態は三諦円融の理に叶い、また三観の修行にほかならないから、改めて一心三観を別修する必要はないという。
多宝塔中の伝　釈迦は法華経の見宝塔品第十一から嘱累品第二十二までの間、多宝塔中に居た。その時の釈迦の教示をいう。ただし経文には下のような文面はない。
三心　→補
二には…　一心の本性を中道とも法性とも呼ぶ。この法性に三諦円融の意味がある点に着眼すれば、これを仮りに一心三観と呼ぶことができるという意味。
始覚門　迷の凡夫が修行して始めて覚りを開く、迷悟差別の現実的立場に立つこと。
分真即　六即の第五位。分証即ともいう。真理の一分を証得した位で、これ以前を凡位の修道、以後を聖位の証道という。
化他利生　化他は他を教化すること。利生は衆生を利益すること。即ち自分のためよりも他人のためになることを優先的に行うこと。
我想　我利我欲のみを思う心。
感応　行者は仏の慈悲を感じて信心

五には、*感応《かんのう》の一心三観なり。自利・利他の二行は仏菩薩の加護《かご》にあらざれば更に成じ難し。(故に)行法護持のために*自志《じし》の本尊を*請《しょう》じ奉るべし。たとひ広野《こうや》・山中において行法すといへども、先づ端坐《たんざ》して感応の一心三観を修すべし。本尊の心性と行者の心性と、共に即空・即仮・即中にして更に別相なければ、本尊速かに行者の身内に来入し、所行を成就せしめん、云云。

六には、断証《だんしょう》〔*加行《けぎょう》の一心三観なり。謂く、法華*迹門《しゃくもん》の意は断惑証《だんなくしょう》〕理〔のために〕観行を修す。

七には、果上《かじょう》常楽の一心三観なり。謂く、仏果に登るといへども、*遊観《ゆかん》のために常に一心三観を修するなり。

八には、*本法《ほんぼう》成就の一心三観なり。謂く、三千万法は本来常住にして、本《もと》より已来《このかた》自性に常に一心三観を修するなれば、更に*別法において一心三観を修習すべからず。

九には、*法身《ほっしん》具《ぐ》足《そく》の一心の三諦なり。謂く、本有《ほんぬ》の法身は自性に三諦の理を即具《そくぐ》す。理《り》性《しょう》の不思議なるは空、都無《とむ》にあらざるは有《う》、〔有〕無を以て思量すべからざるは中道なり。

十には、*智身《ちしん》の一心の三諦なり。謂く、*自受用《じじゅゆう》に*二能あり。一に上《かみ》は法身に冥《みょう》し、二に下《しも》は*物機《もっき》に用《ほどこ》す。上冥法身とは空、下用物機とは仮、智性の自体は中道なり。

十一には、*応身《おうじん》所具の三諦なり。謂く、*応身の八相は、入滅の相はこれ空諦、余の七相は仮諦、応仏の自体は中道なり。

十二には、衆生所具の三諦なり。謂く、流転《るてん》をなすに、必ず常に三性の心を起す。善心

し、仏は行者の信心に応じて利益を垂れること。
自志の本尊　日頃から信仰を捧げている、自分に最も有縁の本尊。
請ず　勧請する。おまつりする。
加行　正行を修する前の予備行。第三の証者実修の三観に対し、凡夫の断惑のための修行を加行というか。
迹門の意は…　法華玄義巻五下の位妙釈によると、聴衆は迹門では断惑証理して初住の位まで昇り、本門では増道損生して妙覚の位に昇ると。
遊観　無礙自在に法界を観察して楽しむこと。
本法成就の一心三観　仏が久遠の昔に証得し成就した根本の法としての一心三観。この段階での行の有様は、万有は常住の仏果に包摂されて、各自は巧まずして自然に一心三観を常修し常証していると。
別法において　自性中の修行以外に、特別に。
法身・智身・応身　共に一仏の三面を表わす。法身は仏の所証の理、報身は能証の智、応身は智恵の働き。
自受用　報身の別名。大綱集第一章を見よ。
二能　法華文句の寿量品釈に、報身は「上冥法身下契応身」と。
物機　物は衆生、機は機根。即ち教化の対象をいう。
応身の八相　釈迦の生涯は降兜率・入胎・出胎・出家・降魔・成道・転

はこれ空、悪心はこれ仮、無記の念は中道なり。法身所具の三諦より已来《このかた》の四種はこれ本法成就の一心三観の別相なり。

十三には、不思議の一心三観なり。謂く、一にあらず三にあらずして三一*宛然《えんねん》たり。*弁《びょう》ならず*別ならずして、*介爾《けに》の一心に三諦を即具して不思議なり。

十四には、還用有《げんゆうう》相《そう》の一心三観なり。謂く、*寂《じゃく》・照《しょう》の二性は不思議にして更に思量の境にあらず。しかりといへども還《かえ》りて*有相の三観の相を用ふ。*本解に従はばまた諸仏の内証、賢聖の秘観《ひかん》とするに足る。

一心三観の所依《しょえ》の文。智者大師所立の一心三観は、源《もと》、(大師の)一心の内証より出で、更に依文なし。しかれども還りて*修多羅《しゅたら》の文に合するの時は、「*本末究竟《ほんまつくきょう》」の一句これなり。上に挙ぐるところの十四種の一心三観は、皆「本末究竟」より起る。

*大文《だいもん》第二に、*心境義《しんきょうぎ》とは、*一念三千観なり。伝者所立の一念三千観は心境の義を出でず。ただ心これ一切法、一切法これ心なりと観ずるなり。この心と境との相応《そうおう》するは、一念の心性に三千具足するによる。もし一念の心性に三千の法を具せずんば、迷妄《めいもう》の衆生の曲心になんぞ直ちに*諸仏の色身《しきしん》を*縁《えん》ぜんや。釈迦如来、大蘇《だいそ》の法華道場にて智者大師に教授して云《のたま》く、「*介爾《けに》の心に即ち三千を具すればなり」と。その時、智者、大疑を懐く。如来は心境相応の道理を以て重ねて一心に万法を具する道理を演《の》べたまふ。時に智者、大悟を開く。*思禅《しぜん》大師、智者に語りて云く、「妄心になんぞ覚悟の色身を縁ぜんや」。智者答へて云

法輪・入滅の八節からなる。そしてこの世に下生した仏は釈迦(応身)以外にないから、八相を示現した仏は応身に限る。

宛然　そっくりそのまま有る。
弁・別　三観が同時に並び存立することと、順次に交替に存立すること。
介爾の一心　凡夫が日常に起す、極めて些細な心の動き。
寂・照の二性　今は心性である真如の理体を寂、真如の智用を照という。
有相の三観　前には法具の三観(唱題)を別時・常用の三観に対して有相行といったが、今は別時・常用の三観を不思議の寂照止観に対して有相というか。
本解　本解の一心三観(四四頁二行)のこと。
修多羅の文　経文。
本末究竟　法華経方便品の十如是の文の最終句の「如是本末究竟等」を指す。→補
大文　大きな科文、即ち文の大段落。
心境　心は能具の一念、境は所具の三千。
一念三千観　一念は刹那の心、三千は万有。→一八頁一行「十界互具」(大綱集)
諸仏の色身　天台では仏身に色身・法門身・実相身の三種身を立てる。後の二つが教理を仮りに仏身になぞらえるに対し、色身は仏陀としての

く、「一心(一)念の性、源《もと》、三千を具するが故に」と、云云。思禅大師、智者大師を歎じて云く、「汝、速かに如来の真智に入り、我が内証を得たり」と。即ち*所持の本尊幷びに*法華の要文《ようもん》一紙の秘法を以て智者大師に付せり。彼《か》の所持の本尊とは下《しも》のごとし。

姿を備えた仏の肉身をいう。
縁ず 縁知。心識が外境を認知すること。
介爾の心に… 摩訶止観の第七正観章で観不思議境を明かすときの文には「介爾有心即具三千」とある。
思禅大師 思大禅師。智顗の師、慧思のこと。
所持の本尊 絵像の十一面観音。→補
法華の要文一紙 略法華経。→補

修禅寺相伝日記　止観大旨　四帖内二

沙門最澄

第三に、*止観大旨《たいし》とは、これに二種の大旨あり。いはゆる*付文《ふもん》と*元意《がんい》となり。

付文の大旨とは、*直達《じきたつ》の円人《えんにん》に四種の不同あり。*序《じょ》の中の*寂照不思議《じゃくしょうふしぎ》を開きて開悟するは上上根《じょうじょうこん》、*大意《たいい》の処において*得道《とくどう》するは上根、*第七正観《しょうかん》にて得道するは中根、*十章を具足するは下根なり。*八如《はちにょ》に*化他の一種を加へて九章となし、*二如を合して十章と成す。惣じてこれを言はば、止観所立の十章とは我等の*己心《こしん》の本分《ほんぶん》自体なり。全く〔心〕外においてこれを論ずべからず。故に*序に云く、「己心の中の所行《しょぎょう》の法門を説く」と。もし己心の所行ならば、なんぞ一法をも隔《へだ》てんや。

*十大章と十如是《じゅうにょぜ》との相対《そうたい》を図して云く、

大意《たいい》——性《しょう》
釈名《しゃくみょう》——相《そう》
体相《たいそう》——体《たい》
摂法《しょうぼう》——力《りき》
偏円《へんねん》——作《さ》
——*法相解門《はっそうげもん》

止観大旨　摩訶止観十巻の梗概。
付文・元意　↓四三頁一七行「付文」
直達の円人　権教修行ののち改心して今教修行に入った人ではなく、最初から天台止観の修行に着手した人。
序・大意・第七正観・十章　↓補
寂照不思議を開きて　序分の中の円頓止観を解説した文を披読して。
得道　仏道を証得すること。
八如　法華経方便品の十如是の中の性・相・体・力・作・因・縁・本末究竟。
化他の一種　十章の中の起教章。
二如を合して…　果と報との二如是を合して果報の一章とする。
己心の本分　自心の本来の分限。
序に云く…　二祖は摩訶止観の序分で初祖の法脈を述べるとき、「此止観天台智者説己心中所行法門」と嘆じた。
十大章と十如是　この配当説は摩訶止観になし。ただし十章は己心中所行法門であるという処に依拠すれば、十如是も己心の様態の十種にほかならないから、両者を相対しても不都合はないことになる。
法相解門　修行門ではなくて、今から修行しようとする教法の内容を理解させる部門の意。

方便《ほうべん》	縁《えん》	┐	或解《わくげ》或行《わくぎょう》
正観《しょうかん》	因《いん》	┘	正行《しょうぎょう》因
果報《かほう》	果報		得果
起教《ききょう》	化他別相		果上化用《けゆう》
旨帰《しいき》	本末究竟		因果　正位

*和尚《わじょう》授けて云く、「十大章はこれ全く十如是なり。もし大意を学ぶの時は性如是の意を以て分別すべし」と。*下去《しもさって》は図のごとし。

一に、大意とは、後の九章の大綱なり。故に*妙楽《みょうらく》は、「下の九広を撮《と》りて以て五略《ごりゃく》となし、九章の旨《むね》を示す。故に大意と云ふ」と。大意に付きて五略あり。初に発大心《ほつだいしん》とは釈名より偏円《へんねん》に至り、或は方便に至る。*解了《げりょう》の分なり。修大行《しゅうだいぎょう》とは*正観《しょうかん》なり。或は*方便を摂《しょう》す。感大果《かんだいか》とは果報章なり。*裂大網《れったいもう》とは起教章の分なり。帰大処《きだいしょ》とは自心本分の不思議にして旨帰《しいき》章これなり。方便章は或は解、或は観なり。(故に)*文《もん》に云く、「前六重《ろくじゅう》は修多羅《しゅたら》に依りて以て妙解《みょうげ》を開く」と〈解に摂す〉。*文《もん》に云く、「五略はただこれ十広《じっこう》なり。初の五章はただこれ発菩提心の一意なるのみ。方便・正観はただこれ*四の三昧《さんまい》なるのみ」と〈行に摂す〉。

五略と十章との符合《ふごう》を図して云く、

一　大意	┐	
二　釈名	│	
三　体相	├	一　発大心

和尚　行満を指すか。↓補

下去は…　第二章以下の九章と第二如是以下の九如是との相対は、右図の通りである。

妙楽　中国天台宗第六祖湛然のこと。下文は、止観輔行伝弘決巻一の文。第一大意章は五略を説いて以下の九章の大旨を示す、との意。

解了の分　教理を聞いて了解した段階、即ちまだ行門に入ってない段階。

正観　十章中第七の正観章。

方便　十章中第六の方便章。この章は正観章で正しく十境十乗の観法を修するにあたり、その前準備を説く。↓五四頁四・五行「序・大意・第七正観・十章」

裂大網　↓六五頁一八行

文に云く　摩訶止観巻五上。第七正観章以前の六章は、経文によって教理を理解する解門である。

文に云く　摩訶止観巻一上。十広＝十章。

四の三昧　五略の第二、修大行の部分で立てられた四種三昧。六三頁三行以下を見よ。

四　摂法──
五　偏円──
六　方便──┐
七　正観──┘──二　修大行
八　果報────三　感大果
九　起教────四　裂大網
十　旨帰────五　帰大処

今建立するところの五略は、これ*秘教所説《ひきようしよせつ》の*五仏《ごぶつ》の〔五〕《ご》智《ち》なり。その次第は名の次《つい》でのごとしと知るべし。

*発大心とは、これに二あり。一には簡非《けんぴ》、二には顕是《けんぜ》なり。簡非に二あり。一には簡心、即ち*伊栗駄《いりだ》・*干栗駄《かりだ》の二種の心〔に簡《えら》んで〕*質多《しつた》の慮知《りよち》の情心《じようしん》を取る。草木《そうもく》等には(慮知の)迷心なき故に、流《る》転《てん》もなし。諸の衆生は無始に*横計《おうけい》せるを以て、この横計を指せば即ち*可《か》発《はつ》なり。故に、この慮知心は無始より已来《このかた》僻《ひが》めるが故に生死に流転するも、この*妄情分別の念あるがために、有情《うじよう》に付かば、発心修行あるなり。

問ふ、法には本より迷悟の相なし。いづくんぞ迷を翻《ひるがえ》して聖《しよう》と成るの義あらんや。答ふ、*迷に五重あり。一には重々起《き》妄《もう》の迷心〈*三惑《さんなく》これなり〉、二には忘本執始《もうほんしゆうし》の迷〈*迹情《しやくじよう》これなり〉、三には望果修因《もうかしゆういん》の迷、四には二法分別の迷、五には一念不起の迷なり。重々起妄の迷心とは、たとひ三諦の理に迷ひて妄《みだ》りに三惑の重障《じゆうしよう》を起す、これなり。次に忘本執始の迷心とは、たとひ

秘教　密教、特に金剛頂経。

五仏の五智　阿閦仏は大円鏡智、宝生仏は平等性智、無量寿仏は妙観察智、不空成就仏は成所作智、大日如来は法界体性智を智体とする。また阿閦は発心、宝生は修行、無量寿は証菩提、不空成就は入涅槃、大日は方便究竟を司る仏であるから、順次に五略に配当することも可能である。五智→二一頁一四行(大綱集)

発大心　発大道心、即ち発心。摩訶止観はここで方言・簡非・顕是の三を説く。方言とは菩提心の梵漢両語を解説する部分。簡非とは非を捨てる部分。顕是とは是を顕す部分。

伊栗駄・干栗駄　伊栗駄は摩訶止観は矣栗駄と書し、積聚精要なる者(心髄)と訳す。干栗駄は摩訶止観は汗栗駄と書し、草木の心(芯)と訳す。両者を別視するが、元来は共に梵語hṛdの音訳であり、五臓中の心臓の意味である。

質多　citta. 臓器としての前二者に対して、慮知心つまり心作用を有する心の意味。

横計　よこしまに物事を推量する事。

可発　心作用の発動が可能である。

妄情分別の念ある…　迷悟・因果等を区別して考える妄情があるからこそ、果を求めて発心修行する。

迷に五重　摩訶止観はここで十非心を説くが、今は五迷を説く。

三惑　見思・塵沙・無明。→三二頁

三惑の重（障）を断ずといへども、心になほ諸法を（生）起すること常に始ありと念ず。これ一分の迷心なり。次に望果修因の迷とは、始本《しほん》を分《わか》たざるも、果のために因を修すれば悉く迷ふ。*因果の二見に堕《だ》するが故に。次に二法分別の迷とは、少念なりといへども*諸法分別の思を起し、不二の正智を妄《みだ》る。これ*微細《みさい》の迷心なり。次に一念不起の迷とは、これに二義あり。〔二にはいはく、〕*一念不起の処に本より已来《このかた》迷悟の二性ありて*已々《ここ》〔本分なり〕。本分の迷心なるが故に所有《あらゆる》自体は更に断証の処にあらず。二には云く、前の四重（の迷）を離るるも還りて一念不起の処に著するはこれ失《とが》なり。二もなく不二もなく、寂照宛然《じゃくしょうえんねん》たるはこれ諸仏の内証、大師の正意なり。

問ふ、この五重の迷心を頓治《とんじ》する観門はいかん。答ふ、寂照不思議の観これなり。（これ）*仏知・仏見の寂照にして諸仏の内証なるが故に、三惑の重迷、始覚の因果、二・不二等の情なきは即ち断除なり。

次に顕是の菩提心とは、即ち非心《ひしん》に簡んで是心《ぜしん》を取り、*九縛一脱《くばくいちだつ》の十非心に簡んで円実の四諦《したい》・四弘《しぐ》・六即《ろくそく》を顕《あらわ》すなり。*四諦に四重あり。一には迷悟各別の四諦、謂く、苦・集は迷、滅・道は悟なり。二には倶迷倶悟《くめいくご》の四諦、三には本性の四諦、四には一心具足の四諦なり。

*四弘に五重あり。一には*利他為自《りたいじ》の四弘〈*智増《ちぞう》菩薩の所発なり〉、二には*自修為他の四弘〈*悲増《ひぞう》菩薩の所発なり〉、三には自他並存《びょうぞん》の四弘〈智悲平等菩薩の所発なり〉、四には自性本来の四弘、謂く、法々塵々《じんじん》の当体は本来四弘の体なり。（なんとなれば）諸法の自体に三身あり。無作の応身

一一行（牛頭決）

迹情 釈迦は四十余年前に成道した仏であるとする迹門に停滞し、久遠成道の仏であるとする本門を知らぬ迷情。転じて、始覚に執して本覚を忘れた迷。

因果の二見 因果不二に迷って、因果各別に執する邪見。

諸法分別の思 万物の本来一体に迷い、一々を差別的に考える迷情。

微細の迷心 気付き難い迷心。

一念不起の処 まだ心が微動もしていない処。即ち心性本源。

已々本分 それぞれの本来の分限を保持している。

仏知・仏見 仏知見。法性の理を明らかに見る仏の智恵の眼。

九縛一脱の十非心 ↓補

四諦 苦・集・滅・道。摩訶止観では生滅・無生・無量・無作の四種の四諦を説く。今の四重四諦は、これと対応する。↓一六頁七行「生・無生・無量・無作」（大綱集）

四弘 四弘誓願。内訳は五八頁の通り。

利他為自 他への奉仕は、自分に功徳を積むため。

智増・悲増 合せて二増菩薩という。菩薩の二類。智増は自行を先とし、悲増は化他を先とする。

自修為他 自己を練磨するのは、他の役に立ちたいため。

を衆生無辺誓願度《しゅじょうむへんせいがんど》となす。無作の報身に二種の徳あり。本有《ほんぬ》の*断徳《だんとく》を煩悩《ぼんのう》無辺誓願断《だん》となし、*智徳を法門無尽誓願知となす。無上菩提《むじょうぼだい》(誓願成)はこれ無作の*法身なり。*座主《ざす》の伝に云く、「衆生無辺誓願度は応身なり。煩悩無辺誓願断は報身なり。法門無尽は智法身、無上菩提は理法身なり」と、云云。五には*不動自心の四弘、謂く、*根塵《こんじん》相対の一念は即ち三千具足の体なり。三千はまた四弘なり。九界の迷衆を衆生(無辺誓願度)となし、仏菩薩の二界を後の三弘に摂す。かくのごとき五種は共に止観の不思議の上の所作なり。故に大師の本意なり。

*六即《ろくそく》に重々あり。一には*断証次第門《しだいもん》の六即、二には*本有《ほんぬ》断証の六即、三には*果《か》海還用《かいげんゆう》の六即、四には一心具徳の六即なり。一心の本性に六徳あり、これを六即の次位と号す。(なんとなれば)一心の全体に*理解《りげ》行証《ぎょうしょう》の四徳あり。即ち次《つい》でのごとく*常《じょう》楽我《らくが》浄《じょう》の四種なり。理性《りしょう》の常法なるを理即《りそく》と号し、万法皆三諦《さんだい》の楽性《らくしょう》なりとの解《げ》(了)を名字《みょうじ》(即)となし、念々に浄行を相続するを観行《かんぎょう》(即)・相似《そうじ》(即)と名づけ、我性の本来証位なるを名づけて分真《ぶんしん》(即)・究竟《くきょう》(即)となす。この道理あるが故に、六即の次位《じい》は一切衆生の本性の*覚体《かくたい》なり。

問ふ、(何故)顕是の菩提心に(四諦・四弘・六即の)三重を立つるや。答ふ、四諦は*所縁《しょえん》の境、四弘は能発《のうはつ》の願、六即は所歴《しょりゃく》の次位《じい》なり。所以は、四諦の境に縁《よ》らざれば実の発心にあらず。故に四諦の世間《せけん》・出世間《しゅつせけん》の因果に縁りて四弘誓願の*上求《じょうぐ》・下化《げけ》の菩提心を発《おこ》すなり。四諦と四弘とは共に*四教に通ずるも、今の止観の行者は無作の四諦に縁りて無作の四弘を起すなり。四諦は二乗に通じ、四弘は*菩薩に限り、また*偏円《へんねん》に通ず。六即は一向に

断徳・智徳　↓三一頁七・八行「智果・断果」(牛頭決)

法身　仏の所証の理、故に「成」。

座主　行満。↓五五頁六行「和尚」

不動自心の四弘　自心の起念がそのまま誓願であると見る場合の四弘。

根塵相対の一念　根は眼耳鼻舌身意の六根、塵は色声香味触法の六境。外境と最も直接に交渉を持つ、心作用の浅層部における心の動き。

六即　円教修行の六位階。↓二七頁一七行「妙覚」(牛頭決)

断証次第門　断惑証理上の浅深の段階を示したものとしての六即。

本有断証　衆生本有の理においては断ずべき迷も、証すべき悟もなく、衆生の一挙一動がそのまま断証の修行に叶うことをいう。

果海還用　仏果においては一切平等であるが、凡夫の慢心を除くために行位差別を用いたものとしての六即。

理解行証　理と、理を説いた教の理解と、理解した教を実践に移す行と、行じて得た証。

常楽我浄　涅槃(仏果)の四徳。生死を離れて常住、身心の苦を離れて快楽、大自在を得て大我、三惑尽きて清浄。

本性の覚体　本性として先天的に所有している悟性。

所縁の境　心識によって認知される対境をいう。

上求・下化　上には菩提を求め、下

円に限る。広より狭に至りて是《ぜ》を顕すが故に、止*に云く、「展転して深細なる、方《まさ》に乃ち是を顕す」と。

問ふ、一切の円人は四諦に縁りて四弘の願を発し、六即を歴《ふ》るや。答ふ、三種共に衆生の本*具なり。「介爾《けに》有《う》心即具《しんそくぐ》三千《さんぜん》」の観門なれば、即ち四諦・四弘・六即を具す。九界の因果を苦・集となし、仏界の因果を滅・道の二諦となす。上のごとき多種の四諦・四弘等もこれを思ふべし。

発大心の大意とは、十章中の前六重の解了なり。これ菩提心なり。無*作の四諦の理に縁りて無作の四弘の心を発すは、これ六即の中の名字即《みょうじそく》の位なり。(もし)根*塵相対の一念を以て所観の境となさば、念々の心は皆これ非心《ひしん》なり。所以は、相対の心は、悪心を起さば*三途《さんず》に堕《だ》し、善心を起さば三*善道に堕し、*禅定《ぜんじょう》の心を起さば*色《しき》・無色《むしき》に堕す。念々〔生起〕の心は皆これ六道生死の心なり、善*悪を離れざるが故に。適《たまたま》、出離を求めば、生死を厭《いと》ひ、涅槃《ねはん》を欣《よろこ》ぶとも、化度《けど》衆生《しゅじょう》の思なし。故に二乗の心に堕し、都《すべ》て十*非を免れず。これ皆険《けん》難《なん》の悪道を求むるなり。

またもし菩提心を発して衆生を哀《あわれ》む〔の心〕ありといへども、〔或は衆生*〕縁の慈悲、或は法*縁の慈悲にして、並びに円頓《えんどん》の無縁《*むえん》〔の慈悲〕にはあらず。今の止観の行者の起すところは無縁の慈悲なり。無縁の慈悲とは、森羅《しんら》万像《ばんしょう》・色心諸法は皆天然《*てんねん》に仏覚を具し、相*即互具の不可思議の本性をすでに成じたりと、或は知識に従ひ、或は経巻を見て、通達解了し、明かに信解《しんげ》する、名字〔即〕の菩提心なり。

には衆生を教化する。
四教　蔵・通・別・円。→一〇頁二行「八教」(大綱集)
菩薩に限り　声聞乗と縁覚乗は、上求の志がないから「焦種」、下化の志がないから「自調自度」といわれる。故に四弘誓願は菩薩に限る。
偏円　偏教と円教。蔵・通・別の三教を円教に対して偏教といい、偏教にも菩薩乗があるから、通ずという。
止に云く　摩訶止観巻五。
本具　本来具有している。即具三千ならば、九界の迷と仏界の悟、菩薩界の上求下化、下は地獄界から上は仏界までの段階を具するわけである。
根塵相対の…　四諦を所観の境としないで、日常の妄情を所観の境とするならば。
三途　地獄・餓鬼・畜生の三悪道。
三善道　修羅・人・天。十非心では第四より第八までがこれに当る。
禅定の心　欲界を出て色界・無色界に生天するために修する四禅と四無色定とをいう。
色・無色　三界の中の上二界。↓補
善悪を離れず　善悪・生死涅槃等を相対差別する迷情を離れず。
十非　九縛一脱のこと。
衆生縁・法縁・無縁　↓補
天然に　自然に。先天的に。
相即互具　自と他と相即し、互いに自の中に他を具有する。

直達の円人に二種の不同あり。一には*徳門入《とくもんにゅう》の機《き》、二には*体門入《たいもんにゅう》の機なり。徳門入とは、一心の三諦に縁りて一心三観を起すなり。三諦の理は*本法《ほんぼう》の徳なれば、先より衆生の一心に*三徳を具し、一念の心は即ち*如来蔵《にょらいぞう》の理なれば、天然にこの心に本来三徳の理を備へたり。念々に生起《しょうき》するが故に仮《け》なり。生起の本体を尋ぬるに、*自《じ》・他《た》・共《ぐ》・無因《むいん》の四句《しく》を離れたるが故に空《くう》なり。心性の本理《ほんり》は有無を以て思度《したく》すべからざるが故に中道《ちゅうどう》なり。かくのごとく解了する行者は徳門入の機なり。次に体門入の機とは、直ちに一念三千の観を修す。一念三千の観とは、*文に、「ただ心これ一切法、一切法これ心」と云ふなれば、別に三諦の本徳を観ぜずとも、衆生の心性に*三千性相《しょうそう》を具すと観達《かんだつ》するが故に、体門入の機と名づく。

徳門入の機において五種あり。一には捨*麁《そ》入*妙の機。これ*六識《ろくしき》の〔迷〕心を捨て、始めて三諦の妙理を解《げ》するを謂《い》ふ。二には住麁《そ》即妙〔の機〕。六識の迷情を動ぜずして三諦の本理に即するを謂ふ。三には唯妙《ゆいみょう》無麁の機。一種の円人ありて一切法は皆これ仏法なりと知り、解了の後はただ三諦*九識《くしき》の本解に住して一分も余心なければ、理即の当体は本より已来《このかた》果海の自性なるが故に、何処《いずこ》にか迷情あらんや。これを唯妙無麁と名づく。四には住妙還麁《げんそ》。また円人ありて一切法は皆これ仏法なりと解了し已《おわ》り、*欲心《よくしん》・嗔心《しんしん》をも恐れずば、別に三観を修せずとも、*本より諸法は悉く三諦なれば、何処にか別に三観を修すべけんや。五には非妙非麁の円人。謂く、諸法はすでに三諦なり。*三諦の覚性は妙と云ふべきところもなく、麁と云ふべきもなしと通達を作《な》す。これを非麁非妙と名づく。

問ふ、五種共に大師の元意なりや。答ふ、三諦(円融)の妙解の上の所作《しょさ》なるが故に、い

徳門・体門　徳門は一心三観を、体門は一念三千を観ずる。三千は一心の体相であるから体門といい、三諦は三千諸法の各々の三態であるから徳門というか。

本法の徳　本有の理法に具備した属性。

三徳　三諦を指す。

如来蔵　衆生の心性に如来の万徳を所蔵することをいう。

自・他・共・無因　→七七頁三行「四句推検」

文に　摩訶止観巻五上。五九頁四行の「介爾有心即具三千」の句の次下。

三千性相　万物の体性と相状。

麁・妙　麁は「あらい」、粗。妙は麁の反対、精細。

六識　眼耳鼻舌身意の六識。今は対境を眼に見、耳に聞いて、念頭に去来する日常茶飯の妄心をいう。

九識　無垢識。六識陰妄の心の奥底にある清浄無垢の心。→補

欲心・嗔心　貪欲・嗔恚を愚痴とともに三毒煩悩という。

本より諸法は悉く三諦なり　摩訶止観の随所に「一色一香無非中道」という。これと同義。

三諦の覚性…　即ち真如法性は、寂照不思議にして麁妙の分別を超えていることをいう。

づれも(諸法の)本性に違ふべからず。*法に自性なし。ただ*心の任《た》ふるに依りて、五重の円人ありて各別に五種の解行を作すなり。故に共に元意なり。体門にも五種の機あり、これに准じて知んぬべし。

問ふ、体徳二門の外《ほか》、別に止観の本行の者ありや。答ふ、*貞元六年十一月八日の座主の伝法のごとくんば、体徳二門の外、別に円人あるべからず。止観の観行は多重なりといへども、一心三観と一念三千との二種を出でず。この二を離れてなんぞ別に円人あらん。貞元七年三月二日の和尚の伝法に依らば、別に体徳不二の円機あり。伝に云く、「*師の云く、「*大師の本意は、寂照不思議の観門を以ては*これを達せざるが故に、三千・三観の観門を開き、またこれを達せざるが故に、*漸次《ぜんじ》・不定《ふじょう》を宣《の》べたまふも、序の中に大師の本意を釈する処に、『法性《ほっしょう》の寂照を止観と名づく』とは、更に三千・三観を弁《べん》ぜずして、不思議・不可得なるを体(得)するなり」」と。

座主の云く、「「*法性寂然たるを止と名づけ、寂にして常照《じょうしょう》なるを観と名づく」とは、一念三千・一心三観これなり。法性寂然の時は一念・一心、寂にして常照の時は三千・三観なり。故に体徳不二・寂照一如門の機とて別にこれあるべからず。*文に云く、「止は即ち一念、観は即ち三千。妙は即ち一心、法は即ち諸法」と。この故に止観と妙法とは名は異なるも義は同じなり」と。

*和尚の云く、「師の最後の遺伝の言に云く、「大師の本意を伝へん。更に一念等の相を存すべからず。法性は*融寂《ゆうじゃく》なり、法性は常照なり。迷心は直ちにはこの上法に堪《た》へざるが

法に自性なし　諸法は因縁所生であるから、一定不変の実体があるわけではない。

心の任ふるに依りて　各人の能力によって。

貞元六年　七九〇年。六祖湛然は七八二年寂。最澄の在唐は八〇四・五の両年。故にこれは道邃が誰かに授けた伝法か。

師　六祖湛然か。

大師　天台大師智顗か。

これを達す　所期の目的を達成する。

漸次・不定　↓補

法性寂然…　摩訶止観序分の円頓止観の文の一節。五略の第二釈名段によれば、止は妄念を止息し、観は清浄心を観照する意味であるが、今は法性が無明の止息の意味であることを止、無明に対する明照の意味であることを観という。

文に云く　典拠不明。

和尚　道邃。その師とは六祖湛然。

融寂　融とは「きえる」「とける」。故にこれ寂然と同意。

故に、一心三観・一念三千の妙観を開く」と、云云。これを以てこれを思ふに、別に体徳不二の機あるべし。また大師、機を定め、決して云く、「円人に惣じて八種あり。一には*従権入円《じゅうごんにゅうえん》の機。二には*摂事成理《しょうじじょうり》〔の機〕、謂く、*迹門帰理門《しゃくもんきりもん》これなり。三には観理得道《かんりとくどう》の機、謂く、真如の一理に三諦の妙性を具すと観達するなり。四には*観〔法〕本住《かんぼうほんじゅう》の機、謂く、俗諦常住《ぞくたいじょうじゅう》の観門なり。五には*知法無作三身の機。六には徳門〈五種あり〉。七には体門〈五種あり〉。八には体用《たいゆう》不二・寂照一如門の機なり」と。今、大意の釈文は多く*下根に附して捨麁入妙の心を決す。文深く、意もまた多種あるべし」と。

問うて云く、智者大師はこれ多種の機の中のいづれぞや。答へて曰く、座主の伝に云く、「恵思尊者は徳門を正行《しょうぎょう》となせり。*所釈《しょしゃく》の文義《もんぎ》は多く一心三観に順ずればなり。智者大師は体門の観を以て正意となせり。故に*文に云く、「止観に正しく観法を明かすに、並びに三千を以て指南となす。故に序の中に『説己心中所行法門』と云ふ」」と。

和尚の伝に云く、「体用不二・寂照一如門の機なり。所以《ゆえ》はいかん。序の中にして得道する人を最上利根となせばなり。これはこれ*一途《いちず》の円人なり。大意の五略はこれ上根なり。七章経歴《きょうりゃく》するを中根となす。前六重は修多羅に依つて以て妙解を開き、今妙解に依つて以て*正行を立つる時、始めて一念三千を存す。*解行相順《げぎょうそうじゅん》の教門なるに、なんぞ大師の本意なるべけんや。答ふ、寂照不思議の上の意を以てこれを見る時は、一心三観・一念三千共《とも》に還つて用《もっ》て本意なり。*序の中の重の大師所伝の円頓止観《えんどんしかん》の処には、ただ寂照不思議と云ひて三諦・三観の観門を立てず。大師内証の伝に云く、「法の本性は寂照なり。何処《いずこ》にか

従権入円　権教を学んだのち、実教の円教に入る。

摂事成理　現実の無量の差別を摂収して一の理法に帰納する。

迹門帰理門　法華経の迹門は三乗の差別を開会して平等の一乗に帰せしめる、従多帰一の法門である。

観法本住　法の本住を観ずる、即ち諸法の法住・法位を観達する。これを俗諦常住ということについては、牛頭決第三章を見よ。

知法無作三身　一切衆生は無作三身であると認知する。

下根に…　下根にもわかるように。

所釈の文義　慧思の著述の中の意見。古来、一心三観は慧思からの相承、一念三千は智顗の独創であるといわれる。↓補

文に云く　止観輔行伝弘決巻五。

一途の円人　純粋の円人。

正行を立つる時　第七正観章。

解行相順の教門　前六重の妙解門から第七の妙行門へと次第順序を踏み、七章を経歴する中根者向きの教え。

序の中の…円頓止観の処　摩訶止観序分の中で、慧思から相伝した三種止観を述べる中の円頓止観の部分。円頓止観については、↓六一頁九行「漸次・不定」

この大意の綱目…　序・五略・十広という、摩訶止観の大筋。これによって大師の本意を見定めよ。

別に三千・三観あらんや」と。寂照不可思議の門には諸相の不同なき故なり」と、云云。
*この大意の綱目を以て止観の眼目を定むべし。

第二段に、修大行とは、すでに菩提心を発して妙勝《みょうしょう》の解《げ》を得たり。故に妙解に依つて妙行を立つべし。修大行に多種あり。一には解外別修《げげべっしゅう》の修大行、二には本解《ほんげ》相続《そうぞく》の修大行、三には解立皆行《げりゅうかいぎょう》の修大行、四には解行不二の修大行なり。

解外別修の〔修〕大行とは、これに*四《し》種三昧《しゅざんまい》の行あり。一には常坐三昧《じょうざざんまい》なり。謂く、一向に坐禅を宗《しゅう》となす。文殊説《もんじゅせつ》と文殊問《もんじゅもん》との両般若経にこれを説けり。これに方法と*勧修《かんしゅう》とあり。(方法とは)*身《しん》の開遮《かいしゃ》と*口《く》の説嘿《せつもく》と*意《い》の止観となり。下《しも》の三三昧もまたかくのごとし。身の開遮とは、身には一向《いっこう》に九旬常坐《くじゅんじょうざ》す。本経に、「*一仏の方面に随ひ、端坐《たんざ》して正しく向へ」と。

*妙楽大師《みょうらくだいし》は別して弥陀《みだ》を讃《さん》せんがために、甚だその意あり。四種三昧共《とも》に弥陀を以て本尊となせり。所以《ゆえ》はいかん。*四秘密の本行には通じて弥陀を以て本尊《ほんぞん》となせばなり。四種の行法とは即ち四種三昧なり。下の三種の三昧も文のごとく思ふべきなり。

ただし四種三昧に付きて、四種の弥陀、四の観心の口伝《くでん》これあり。四種の弥陀とは、謂く、定《じょう》・恵《え》・亦定亦恵《やくじょうやくえ》・非定非恵が次《つい》でのごとく四種三昧の本尊なり。*四秘行法の儀記《ぎき》に云く、「*初の行は定性の弥陀を以て本尊となして、散乱《さんらん》の障《しょう》を治す。*第二の行は恵性の弥陀を以て本尊となして、*昏病《こんびょう》を除《のぞ》く。*第三の行は定恵の弥陀を以て本尊となして、*二種並帯《びょうたい》の病を治す。*第四の行は恵定不思議の弥陀を以て、並びに作意《さい》の障を治す」と。今の

四種三昧 常坐・常行・半行半坐・非行非坐の四種。三昧は梵語。智顗はこれを「調直定」と解し、「心を一処に住して動ぜざる」をいうと。↓補
勧修 功徳を称揚して修行を勧める。
身の開遮 身業について、行住坐臥の姿勢に関する用捨。開遮＝開廃。
口の説嘿 口業について、称名・誦経等を行うか、心中に念ずるのみにするかの規定。
意の止観 意業について、観ずる対象に関する規定。
一仏の方面 行者に有縁の仏が住んでおられる方角。即ち阿閦なら東方、弥陀なら西方。
妙楽大師は… 智顗は一仏を何仏と指定しなかったが、湛然は「諸経所讃多在弥陀」とて、弥陀と決した。
四秘密の本行 秘密裡にひそかに修される四種三昧の意味か。↓補
四秘行法の儀記 架空の書名か。
初の行 常坐三昧。
第二の行 常行三昧。
昏病 仏の顕現を見ることのできない昏暗な心眼の病。
第三の行 半行半坐三昧、これは坐禅と行道とを兼ねる。故に定(坐)と恵(行)とを両存する。
二種 懺悔滅罪と見仏。
第四の行 非行非坐三昧、これは行住坐臥をえらばず、日常に修する行であるから、非定非恵という。

四種三昧もまたかくのごとし。

次に四の観心とは、四種三昧の観心は各別なり。*一には境智の一心三観。*文に云く、「*縁を法界に繫《か》け、念を法界に一《もっぱら》にするに、一切法は皆これ仏法にして、三諦の妙法なり」と。所縁の境界を有《う》と観ずるが故に仮《け》なり。一念の心性に名相《みょうそう》なき故に空《くう》なり。*能所《のうじょ》は法界なるが故に中道《ちゅうどう》なり。*二には託仏《たくぶつ》の一心三観。謂く、境智不思議の三観は直ちには修し難き故に、(仏の)加護《かご》を待ちて託仏の三観を修す。常行三昧の行法は、西方《さいほう》十万億刹《さつ》の弥陀の身相を観ずるに、*三十二相・八十種好《はちじゅうしゅこう》なるは応身〔にして仮〕なり。彼《か》の仏の内心に智性あるは報身にして空なり。有無を絶して本性の不思議なるは中道なり。(故に)これを念仏の一心三観とも号す。*三には託事《たくじ》の一心三観。念仏の一心三観によりて外障《げしょう》すでに除《のぞこ》れば、次に託事の一心三観を修すべし。*託事とは、文に云く、「また一々の句に心を入るれば観を成ず」と。法花の文々句々《もんもんくく》、読誦《どくじゅ》するに随つて三諦の理を観ずるなり。四には*介爾有心《けにうしん》の常用《じょうゆう》の一心三観。謂く、観心すでに練《ね》るれば、*行住坐臥の四威儀《しいぎ》に経歴《きょうりゃく》して常に三観を修すべし。具《つぶ》さなる義は、上にすでに弁ずるがごとし。

次に、本解《ほんげ》相続《そうぞく》の修大行とは、解の外に別に行を修せず。ただ*名字即《みょうじそく》の位において、一切法は皆これ仏法なりと解了《げりょう》し、この解了の相続するを、修大行と名づく。

次に、解立皆行《げりゅうかいぎょう》とは、名字の解了立ち已《おわ》れば、*善《ぜん》・悪《なく》・無記《むき》の三性の心悉く妙行なれば、更に解了相続を論ぜず。これ上根の輩《やから》にして、別に妙行を修せずといへども、妙解すでに立ちぬれば、*真如内《うち》に熏《くん》ずるが故に、速かに*天命を開くなり。

一には　常坐三昧は観ずる智恵とその対象たる外境とが一如するための観心であるから境智という。
文に云く　摩訶止観の常行三昧の意業中の文。
縁を法界に繫け　観ずる対象を迷悟因果一切隔てなき法界に固定させる。
能所　能縁の智も所縁の境も。
二には　常行三昧は弥陀を称・念する行法であるから託仏という。
三十二相・八十種好　生身の仏に具わる眉間白毫相・頂成肉髻相などの三十二の妙相と、生身の仏および菩薩に具わる八十の好相とをいう。
三には　半行半坐の中の法華三昧。
託事　止観義例等に従行・附法・託事の三種観法の名あり。託事観は、経文の文句の解釈(事)を聞き、それを自分のこととして心に留めることにより開悟する観門。
介爾有心の常用　非行非坐三昧は日常に去来する些細な起念を観察の対象とするから、常用という。
行住…経歴して　行住坐臥のいかんにかかわらず。四威儀とは行住坐臥の四通りの姿勢をいう。
名字即　六即の第二。師または経巻により、始めて教理を聞いた位。↓二七頁一七行「妙覚」(牛頭決)
善・悪・無記　↓四八頁一一行
真如内に熏ず　衆生に蘊在する真如が、妙解を縁として、内部から人々を熏習感化する。

次に、解行不二《げぎょうふに》とは、名字解了の処において*言下《げんか》に亡言《もうげん》し、一時に開悟す。これ則ち解即行証の輩にして、最上利根の機なり。

第三に、感大果とは、上の解行の功によりて大果を感得す。大果において多種あり。

一に*理性湛然《りしょうたんねん》の大果。謂く、*不変真如《ふへんしんにょ》の一理を指して大果となす。

二に*三身円明《さんじんえんみょう》の大果。謂く、果上の三身を大果となす。

三に*三千本来の大果。謂く、俗諦《ぞくたい》三千の万法は全く体性を改めずして、本来自性の果なり。

四に本得《ほんとく》の大果。謂く、摩訶止観は*本所通達門《ほんじょつうだつもん》を以て己証《こしょう》となす。本所通達門とは、有る人来りて問うて云く、いかなるかこれ止観の内証なると。即ち返つて問ふべし、汝が*本《ほん》習《しゅう》はいかんと。答ふるに、もし殺生《せっしょう》を一期《いちご》の本習となさば、速かに、殺生はこれ止観の内証なり、我等が邪々念々の外にいづくんぞ別観あらんや、と示すべし。かくのごとく通達するを本所通達門と名づく。

五に非因非果の大果。謂く、*心性不可得《しんしょうふかとく》なるは即ちこれ大果なり。

六に住妙還麁《げんそ》の大果。謂く、もし妙性に住して不思議の心性すでに立ちぬれば、立ち還つて次位《じい》の浅深を歴《へ》て大果を感ずるなり。大行を修するに依りて*初住《しょじゅう》の果に登る、これ*習果《しゅうか》なり。この位に叶ふに依りて*実報土《じっぽうど》の大果を感ず。円人も根性不同なれば、本解一にあらず。故にこの六種の異あるなり。

第四に、*裂大網《れったいもう》とは、すでに自証円満すれば、宜《よろ》しく化他門を起すべし。化他において

天命　天が賦与したもの、本性。

言下に亡言し　教えを聞き、即座に言葉の奥の真理を悟る。

理性湛然　一切衆生が心中にたたえている未発の真如の理は、仏の既発の真如と別物ではないから、これを大果と見なす。

不変真如　真如に不変・随縁の二面があり、衆生所具の真如は未発・未随縁であるから、不変真如という。

三身円明　法・報・応の三身を円満に完備した仏果をいう。↓二六頁一五行(牛頭決)

三千本来　無常の万物は、実は仏の依報(土)にほかならないから、当体そのままが仏の果徳である。

本所通達門　摩訶止観にこの用語なし。密教用語か。↓補

本習　本業。

心性不可得　心の本性は分別を超え、推求しても得ることができない。即ち真如の理。理は非因非果。

初住　円教の聖位の初め。↓二七頁一七行「妙覚」(牛頭決)

習果　五果の一、等流果ともいい、善因より善果、悪因より悪果を生ずるように、因行に相応した果をいう。

実報土　四土の一。↓九頁一二行「両土」(大綱集)

裂大網　五略の第四。自行を完成した結果、他人の疑網を裂く力を有するにいたること。

もまた多種あり。

一に未満悲増《ひぞう》の化他。謂く、いまだ自証円満せずといへども、大悲哀念《あいねん》の増上《ぞうじょう》するが故に化道をなす。これ菩薩の本意なり。

二に登果《とうか》徳用《とくゆう》の化他。謂く、果上の真位に登り已《おわ》れば、*不思議の勝徳に依りて*八相《はっそう》の化《け》儀《ぎ》を施し、裂大網して執教《しゅうきょう》の大疑を裂くなり。

三に*法々常用《じょうゆう》の化他。謂く、三千の諸法は本より已来《このかた》常住本有にして、おのおの化他の用を施す。草木等は人のために眼見せられ、畜類は人の*依怙《えこ》と成る、皆これ本有の化他門の形なり。

四に三千一念の化他。謂く、三千の万法は悉く介爾《けに》の一念に具足さるるが故に、一念の曲情を直《なお》さば、諸法は悉く化他の用に随ふなり。

五に不思議の化他。謂く、*内外《ないげ》並びに寂し、*縁観《えんかん》倶に湛然《たんねん》たり。

第五に、*帰大処《きだいしょ》とは、自行・化他の所作は究竟《くきょう》して共に*秘密の妙蔵に帰す。秘蔵の大処において三重あり。

一に果上三徳の妙処。謂く、自行・化他共に終に三諦の*真如の妙理に帰入す。

二に還入迷心《げんにゅうめいしん》の大処。謂く、因果・自行・化他の大法を修証し、還つてその性を尋ぬるに、ただこれ我性の一念の迷心なり、*根塵介爾《こんじんけに》の自識なり。因果・自行・化他の時は本処を忘るるに似たるも、今の帰大処においては正しく本処通達門を顕すなり。

三に*無相法界の大処。謂く、法(界)の本性を尋ぬるに、*事理《じり》にあらず、化他にあらず自

不思議の勝徳　仏果を得たものに自然に備わった感化力。

八相の化儀　降魔・説法・入滅等の八相(五一頁一六行)は、衆生教化のために仏が踏んでみせた儀式である。

法々常用　万物は皆それぞれ常に人の心に働きかけ、感化を及ぼしている。

依怙　頼りとなるもの。

内外　内なる心と外なる対境。

縁観　所縁の対境と能観の智恵。

帰大処　五略の第五。自行化他円満して涅槃の大処に帰入すること。

秘密の妙蔵　凡夫が関知することのできない、諸仏の内証の境涯。ここに常楽我浄の四徳を含蔵する。

真如の妙理　これは仏が証得した真如(出纏)を指し、凡夫内蔵の真如(在纏)ではない。

根塵介爾の自識　根塵相対(五八頁四行)の些細な妄念。ここで因果迷悟を分別して発心し修行し開覚するから、これを大処とする。

無相法界　一切の分別から隔絶した、宇宙に遍満する真如法性。

事理　次々項の「六性」のうち惑・智・行・位・教を、最初の理に対して事という。

並離　以上の分別から離れている。

六性　理・惑・智・行・位・教。↓補

五法　真言行者が菩提心を完成してゆく次第。また五転ともいう。↓補

行にあらず、因果にあらず、迷悟にあらず、*並離《びようり》にあらず、*六性都《すべ》て尽《つく》したり。(しかも)自行・化他・因果等の位を経歴して速かに(この)不思議の大処に帰す、これを帰大処と名づく。五略の次第は、発心と修行と菩提と涅槃と法界体性智との*五法なり。大日遍照の覚《かく》体《たい》を名づけて帰大処となす。

大章の第二に、釈名《しやくみよう》とは、大意章において*惑者《わくしや》は疑《ぎ》慮《りよ》を懐《いだ》くが故に、別してこの章を立てたり。何物をか止観と名づくるや。止観の名は偏円《へんねん》・*次《じ》不《ふ》次《じ》・*前三教《ぜんさんぎよう》并びに本迹《ほんじやく》の名に通ずるも、*独円《どくえん》の止観を以て今の大名となすなり。独円より已《い》外《げ》の止観は悉く次《し》第《だい》の三観となす。

名には*待対《たいたい》あるが故に、*相待《そうだい》止観の(釈)名とは*名に随つて法を釈したる名を云ふ。*境智不二の止観は、名を離れ法を亡《ぼう》じたる名字《みようじ》なり。*還同有相の止観は、これ体の本性に名づけたる名字なり。権教《ごんきよう》・権門《ごんもん》の意は、*名体《みようたい》不二を立てず。有る論に云く、「名字は互ひにその性を障《さ》へんとす」と。まさに尋ね思ふべし。また云く、「名に*得法《とくほう》の功なく、法に名に応ずるの用なし」と。今家の*承用《しようゆう》はこれに異なり、名体不二にして二性一如なり。この義のための故に、大意章の次において釈名を明かすなり。

*六因あり。一に*定・恵の故に止観と名づく。蔵・通等のごとし。二に*迷を観と名づけ、*悟を止と名づく。三に一心を止と名づけ、三千を観と名づく。四に一念を止と名づけ、三観を観と名づく。*五に法性の寂然たるを止と名づけ、法性の常照なるを観と名づく。*六に不思議の故に止観と名づく。(七に)更に因とするところはあるべからず。もし因とすると

惑者は…　大意章だけでは開悟できない中根人のために、第二章以下を開設する、との意味。
次不次　次第三観と不次第三観。→三七頁九行「従仮入空観」(牛頭決)
前三教　蔵・通・別の三教。
独円　前三教をまじえない純円。
待対　彼此相対し、二法を分別する作用。即ち名とは元来彼此分別のための施設であることをいう。
相待止観の釈名　摩訶止観は釈名の項で相待釈と絶待釈とを施す。故にこれは、止観の二字の相待釈のこと。
名に随つて…　止観の二字の字義釈。
境智不二の止観　止観の絶待釈。
還同有相　絶待釈から相待釈に還った場合の解釈。即ち相待釈で止観の三義を論ずる中の第三釈は、「諦理に約し」て止観の意味を明かす。これか。
名体不二　名前はその物の体をあらわす。名は仮設であるから、虚仮であり、実体がないと考えれば、名体各別。
得法の功　物の自性を保持する効力。
承用　継承し採用している教義。即ち密教では声字実相義を立て、声字(名)と体との不二を論ずる。
六因　止観と命名した六種の原因。
定・恵　相待釈の三義の第二に、繫念停止＝止、観智通達＝観という。
迷・悟　相待釈の三義の第一に、妄念止息＝止、貫穿煩悩＝観という。

ころあらば、*付教の元旨《がんし》にして、更に証教の本意にあらず。

大意と旨帰とはこれを除き、中間の八章と*玄文《げんもん》所立の五重玄《ごじゅうげん》との符合《ふごう》を図して云く、

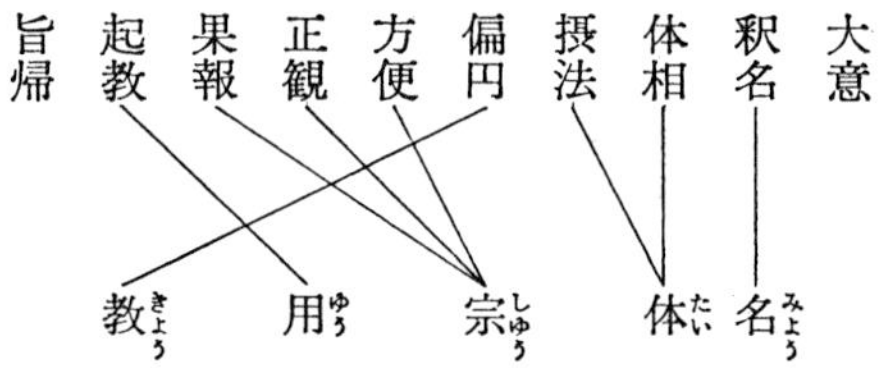

問ふ、何が故に玄文には旨帰の章を立てざるや。答ふ、彼《かれ》は*教門なるが故に立てざるなり。此《これ》は正しく*正観、諸仏の内証を明かすが故に、旨帰の秘蔵を立てて別して止観の*要宗《ようしゅう》となす。彼は教旨《きょうし》なるが故に教を第五となす。此は観なるが故に因果の宗の前に別して偏円の章を立て、教によつて行を起し、行によつて果を*剋《こく》し、果によつて*用を起し、因果を非因非果の大処に帰す。

第三に、体相《たいそう》とは、*止観の実体なり。その義、大旨は*大意章のごとし。*八章もまたかく

五に　これは摩訶止観序分の円頓止観を明かす文の一節。

六に　相待釈・絶待釈を終り、止観の異名を明かす中に、摩訶とは不思議に名づくという。

付教の元旨にして…　止観の名称の由来を穿鑿するのは教説の理論研究上の主旨であって、証悟を得るための実践論上の本意ではない。

玄文所立の五重玄　法華玄義で、法華経の教理を解説するために設けられた五種の範疇。釈名・弁体・明宗(因果)・論用・判教。↓七三頁三行「法華深義」

教門・正観　これを教観相対という。教門とは教理の相状、浅深差別を判断する理論研究。観門とは教門によって顕された教理を実践に移す修行部門である。

要宗　かなめとなる宗旨。

剋す　かちとる。

用　化他の働き。

止観の実体　止観修行によって到達される中道実相の理。

大意章のごとし　五五―五六頁の五略十広の相配の図を見よ。

八章　体相から旨帰までの八章。

横の機　以上の竪の機に対し、十章中の或る一章だけで解行証を充足す

のごとし、云云。

問うて云く、摩訶止観の始終において、いかんが解《げ》・行《ぎよう》・証《しよう》を建立するや。答ふ、和尚の伝に云く、「前六重は妙解、正観は行、果報と起教と旨帰とは証なり。また一章(毎)に*横《よこ》の機ありて、倶に解・行・証を具《そな》ふ。前に加ふれば*十一種を成ず。*三章相生して、*八種あり。大意は解、釈名は行、体相は証、乃至、果報は解、起教は行、旨帰は証なり。また序の中に解・行・証あり。前後合成して*二十重の解・行・証あるなり」と。和尚の云く、「一念に解・行・証あり。謂く、一念の心性に本より*三千の本法を具すれば、なんぞ解・行・証を具せざらんや。これを三種円発の機と名づく」と。已上、付文《ふもん》の大旨かくのごとし。

次に、止観の元意の大旨とは、摩訶止観の建立は、源《もと》、*自解仏乗《じげぶつじよう》の内証より出でたれば、*機《き》なければ、教門の及ぶところにあらず。*大会《だいえ》は共に請《こ》へるも、*能仁《のうにん》これを許したまはず。機あるの時もまた*冷煖自知《れいなんじち》の故にこれを説き諸仏も語るを止《や》めてこれを宣説《せんぜつ》したまはず。有機・無機共《とも》に釈迦はこれを説きたまはず。智者大師《ちしやだいし》、深重《じんじゆう》の大悲に催《もよお》されて直ちに諸仏の本意を暢《の》べ、*甘露《かんろ》の門戸《もんこ》を示したまふ。(しかるに)*教門の一途《いちず》に依りて建立せば、この止観は更に実事にあらず。(ゆゑは)教を以て止観を伝ふるに、この観は観にあらず。*観を以て教を伝ふれば、この教は即ち観門なり。予、離漢《りかん》の暮、知識和尚に値《あ》ひ、苦《ねんご》ろにこの事を教へらる。*大聖《だいしよう》の塔中《たつちゆう》の伝に云く、「*舎利弗《しやりほつ》等の諸衆は言を以て心を伝ふ

る機類。

十一種 十章経歴の竪機と、十章各々の横機。

三章相生 三章相成、即ち三章によって解行証を充足する機。

八種 大意・釈名・体相・釈名・体相・摂法、体相・摂法・偏円…と数えれば、計八種となる。

二十重 十一種・八種・一種を合して、計二十種。

三千の…具せざらんや 十界中の仏界は証、菩薩界は行、八界は解に相当することになるから。

自解仏乗 →七四頁一四行

大会 説法の座の全聴衆。

能仁 能忍ともいう。釈迦のこと。

機 教法を理解する聴衆の能力。

冷煖自知 水の冷い煖いは自分で飲んでみなければわからないように、仏法の真意は、最終的には他人の教示によっては把握し難いことをいう。

甘露 味甘く、香気高い天酒。一度飲めば不死を得るという。転じて最高の仏法をいう。

教門の一途 先述の付文の大旨だけによって止観を伝えること。

観を以て教を伝ふ 観心釈のこと。煩瑣な教理体系によらず、本意を達意的に、即自的に伝える。

大聖の塔中の伝 釈迦の多宝塔中の伝。→五〇頁四行

舎利弗 釈迦の弟子、智恵第一。法華経の時も聴衆の一人であった。

るが故に、真実の本意を暢《の》べず。汝は心を以て言を伝へよ。あに宣説せざらんや」と云へり。広くは智者大師に十章の妙文を教へ、(また)寂照の止観を授けたまふ。

寂照の止観立ち已《おわ》れば、いづれの観か妙観にあらざらん。故に円頓止観の正文に云く、「法性の寂然たるを止と名づけ、寂にして常照なるを観と名づく」と。*玄師《げんし》の伝に云く、「一家の本義はただ一言を以て本となす。謂く、寂照不二の一言なり」と。座主の伝に云く、「*本末究竟《ほんまつくきょう》の一言なり」と。

問ふ、一家の*本承《ほんじょう》に教・行・証の三重の止観あり。その相はいかん。答ふ、*貞元廿四年六月三日の伝法に云く、「止観に別相なし。ただ衆生の心性を*点《てん》ずる、即ちこれなるも、また三種を分つ。一には教、二には行、三には証なり」と。

教門の止観とは、これに多種あり。一には*廃教立観《はいきょうりゅうかん》。謂く、権門《ごんもん》の*始得《しとく》の情執を捨てて内証に入り、覚に処す。二には開教顕観。謂く、止観寂照の実体に住して、還つて*諸相を見るに、いづれも〔止〕観の内証の深義なり。(故に)*文に云く、「還つて教味を借りて、以て妙円を顕す」と。還借《げんしゃく》において仮借《けしゃく》と実借《じっしゃく》との二意あり。当今の*麁獷《そこう》の輩《やから》の「還借とは、摩訶止観においては教味は無用なりといへども、仮りに借りて円義を顕す」といふ事、実意にあらず、云云。和尚授けて云く、「還借教味とは、内証の*心地《しんじ》に住し已《おわ》んぬれば、教味は即ち観なるが故に教即実相なり」と。三には*天真独朗《てんしんどくろう》の止観。謂く、*理非造作《りひぞうさ》の故に天真と曰ひ、証智円明《しょうちえんみょう》の故に独朗と云ふ。全く観行の相を離れ、更に修すべき観もなく証すべき位もなし。

玄師　中国天台宗第五祖の玄朗。

本末究竟の一言　↓五二頁九行

本承　古来の相承。

貞元廿四年　↓四二頁三行

点ずる　点検する。

廃教立観　権実本迹等の浅深勝劣を分別する教相を廃して、不二円融の理を達観する観心を立てる。

始得　教相分別の立場では、因果を相対するから、得果の始めを立てる。

諸相　差別の教相。

文に云く　止観輔行伝弘決巻三の文。

麁獷　獷は「あらい」。粗雑・粗悪。

心地　心の置きどころ。

天真独朗の止観　摩訶止観十巻の行相を超えて、凡夫の日常の自然の振舞がそのまま止観の証(さと)りの姿であると観る中古天台独特の止観。↓補

理非造作　天真とは非因非果なる天然自然の理であって、後天的に造作されたものではないということ。

問ふ、天真独朗の止観の時、一念三千・一心三観の義を立つるや。答ふ、両師の伝不同なり。座主の云く、「天真独朗とは一念三千の観これなり。(故に)山家《さんげ》の師《し》の云く、「*一念三千これ指南なり」」と。一念三千とは一心より三千を生ずるにもあらず、一心に三千を具するにもあらず、三千は*並立《びょうりゅう》にもあらず、次第《しだい》にもあらず。故に理非造作と名づく」と。和尚の云く、「天真独朗においてもまた多種あるべし。*乃至、*迹中に明かす〔ところの〕不変真如もまた天真なり。ただし大師の本意の天真独朗の止観とは、三千・三観の相を亡じ、一心・一念の義を絶す。この時は解もなく行もなし。教・行・証の三箇の次第を経るの時、*行門において一念三千の観を建立す。故に十章の*第七の処において始めて(一念三千の)観《かん》法《ぼう》を明かす。これ因果階級の意なり。玄師《げんし》の伝に云く、「*法、教・行・証と成る故に且《しばら》く*不二の本処を捨つ。教・行・証、法と成る故に悉く不二の本処に入る」と。すでに教行・因果の次第を以て第七章に至りて三千の観を立つるは、天真の内証にあらざるなり。知識・経巻に依り、道理を以て止観の大旨を*安布《あんぷ》するは、皆これ*教学の形《かたち》なり」と。

次に、行門の止観とは、これに多種の不同あり。一心三観・一念三千は上の所立のごとし。還用有相の意に依りて出離生死の観行を出《いだ》すに、重々の口伝あり。

一には*十界順逆《じゅんぎゃく》の観。謂く、先づ順に十界即三諦なりと観ずべし。次に仏界より地獄に至るまで悉く三諦なりと観ずべし。後には*二々合縁《ごうえん》し、*三々合観《ごうかん》して観法成就すれば、速かに真理を開くべし。

二には有相行において礼拝《らいはい》の行を用ふ。和尚の深秘《じんぴ》の行法の伝に云く、「十界の形像《けいぞう》を

一念三千これ指南なり　湛然の言葉。↓六二頁一〇―一一行

並立　次第に対する。同時併存。

乃至　ここでは、前四時の経に明かす真如観を省略した意味。

迹中に…　円教では真如に不変(静)随縁(動)の二面があるとし、迹門は不変を、本門は随縁を強調すると、中古天台では考える。

行門において　前六重の妙解門の解説を終り、第七正修章の妙行門において。即ち教・行の次第を経て。

第七の処　第七正修止観章。↓五四頁四・五行「序・大意・第七正観・十章」

法　非因非果の天真の理法。立行のときは、これを教行証の次第(因果)に開く。

不二の本処　因果・迷悟不二の境地。即ち理としては天真の理、証としては帰大処を指す。

安布　按配し布設する。

教学の形　教理研究の形態であって、実践修行の形態ではない。

十界順逆の観　三観を十界の縁に施すのに、地獄界から始めるのを順観、仏界から始めるのを逆観という。

二々合縁・三々合観　順逆二縁に対して三観を施すのに、別時に修せず、同時に修すること。

図絵して十処にこれを安《やす》んじ、一像に向ふ毎におのおの一百反、礼拝を行ずべし。口には南無妙法蓮華経と唱ふべし。心には念ずべし。もし地獄の像に向はば、彼《か》の猛火の当体即《とうたいそく》空《くう》・即仮《そくけ》・即中《そくちゅう》なりと。乃至、仏の像に向ふの時も、彼《か》の体は即ち三諦なりと観ずべし。*昼一時・夜一時にこの行を修すべし。大師、末世《まっせ》の鈍機のために密《ひそ》かにこの*法要《ほうよう》を授けたまひ、「もし人、生死を出でて菩提を証せんと欲せば、先づこの修行を用ふべし」と。

次に、証分の止観とは、本所通達門においては更に大師の説を待つべからず。文に云く、「天真独朗」と。もし*大師の〔他〕記を待たば更に独朗にあらず。*涅槃経《ねはんぎょう》に云く、「仏、*増《ぞう》上慢《じょうまん》の人のためには煩悩を断ぜよと説くも、実には断ぜざるなり。諸教幷びに観門は夢中に種々の義を説くも、皆これ仮説にして実義にあらず」と。*中論《ちゅうろん》に云く、「言下に亡言し、一時に開悟して夢と知んぬ。夢想は更に分別せず」と。大師の内証の伝中に、「*第三の止観には*転義なし」と、云云。故に知んぬ。証分の止観には別法を伝へざるなり。今、止観の始終に録するところの諸事は皆これ教・行の所摂《しょしょう》にして、実証の分にあらず。開元荊州の玄師の相伝に云く、「言を以てこれを伝ふる時は行・証共《とも》に教と成り、心を以てこれを観ずる時は教・証は行体と成り、証を以てこれを伝ふる時は教・行もまた不思議なり」と。後学《こうがく》この語に留意して、更に忘失するなかれ。宛《あた》かもこれ宗の本意、立教《りっきょう》の元意なり。*和尚の貞元の本義は、源《もと》、これより出でたるなり。

昼一時・夜一時　元来は六時(早朝・日中・日没・初夜・中夜・後夜)に礼拝しなければならないが、今は朝夕の二回だけとする。

法要　仏前の儀式、法事。

大師の他記を…　天台大師といえども他人であるから、その説に拠れば、独朗止観ではなくなる。

涅槃経　典拠未検。

増上慢　未だ悟りを得ていないのに、自分は仏に等しいと思いあがっている人。

中論　該当文なし。

第三の止観　証分の止観。

転義　金沢本には「伝転義」と。即ち他に伝授すること。

和尚の貞元の本義　→七〇頁七―九行

*大教縁起口伝　法花深義上　四帖内三

沙門最澄記す

第四に、*法華深義《じんぎ》とは、夫れ出離の要路《ようろ》を知らんと欲せば、まさに如来の教説を尋ぬべし。しかるに衆生の機縁《きえん》は一にあらざれば、諸仏の説教もこれ差《しなじな》なり。説教異なりといへども終に*一極《いちごく》に帰し、機縁区《まちまち》なりといへども尽《ことごと》く因果を成ず。譬へば*四門は皆王宮に通じ、万流は悉く大海に会《え》するがごとし。ここを以て方便品《ほうべんぼん》に云く、「諸仏世尊はただ一大事の因縁を以ての故に世に出現したまふ」「諸の所作あるは常に一事のためなり。ただ仏の知見を以て衆生に*示悟したまはんとなり。如来はただ一仏乗を以ての故に、衆生のために法を説きたまふ。余乗のもしは二、もしは三あることなし」と。*偈《げ》に云く、「もし小乗を以て化すること、乃至一人においてもせば、我れ則ち*慳貪《けんどん》に堕《だ》せん」「種々の道を示すといへども、それ実には仏乗のためなり」と、云云。また*薬草喩品《やくそうゆほん》に云く、「その所説の法は皆悉く*一切智地《いっさいちじ》に到らしむ」と、云云。まさに知るべし、*三乗・*五性《ごしょう》も独りとして*択《えら》ばるるなく、*七種・*九界は皆仏道を成ずることを。

恭《うやうや》しく如来出世の*素懐《そかい》を原《たず》ぬるに、即ちこの円宗の妙理にあり。皆成仏道《かいじょうぶつどう》の深義は敢へて余宗の窮《きわ》むるところにあらず。天台智者、*霊山《りょうぜん》に面《まのあた》り受け、*衡嶽《こうがく》にして実の三昧を体《たい》

大教縁起口伝　この一行は外題。内題は「修禅寺相伝日記」。
法華深義　以上の三章は摩訶止観をめぐる口伝であったに対し、この章は法華玄義(玄＝深)に関する口伝である。ただしその構成は法華玄義の構成と大いに相違する。↓補
一極　一乗の至極の教え。
四門　内裏に入る東西南北の四門。
示悟　開示悟入。
偈　前文と同じく法華経方便品第二の偈文。
慳貪　物おしみの罪。
薬草喩品　法華経第五。
一切智地　一切智とは一切に了達した仏智。この仏智を証得した位を一切智地という。さきの仏知見と同。
三乗　声聞乗・縁覚乗・菩薩乗。
五性　↓二二頁三行「定性・不定性」(大綱集)
択ばるるなく　択び捨てられることなく。
七種　七方便ともいう。天台宗では、人・天・声聞・縁覚の四種と、蔵・通・別三教の菩薩とを指す。
九界　十界中、仏界を除く。
素懐　平素からの願い。本懐と同。
霊山　法華経の説処である霊鷲山。
衡嶽　中国五嶽の一、荊州(湖南省)にあり、南嶽ともいう。智顗の師慧思は大蘇山に十四年住したのちここに移住し、入滅まで十年間ここで修養した。今はこの慧思を指す。

し已《おわ》りて、*天機《てんき》秀発《しゅうはつ》せり。四衆、誰か信敬《しんぎょう》せざらんや。

そもそも諸仏の本懐を知らんと欲せば、まさに*一化《いっけ》の始終を尋ぬべし。なんぞ一経の略説を瞻《み》て〔輙《たやす》く〕諸教の指帰を識らんや。我が師はよく*五品《ごほん》の*旋《せん》を得《え》、時に妙術もて巧みに*八教・五時の大綱を統《す》ぶるに、一代諸教の宗極《しゅうごく》顕れ、諸師の異解是非共《とも》に明々たり。彼《か》の*十法成乗《じっぽうじょうじょう》の車は十界の群類《ぐんるい》を載せて捨つる者なく、三観円融《さんがんえんにゅう》の鏡《かがみ》は*三種の世間を照して陰《かく》すところなし。八教の網は広く*三照の空《そら》を覆《おお》ひ、一円の珠は独り止観の窓を耀《かがや》かす。*五重《じゅう》の玄門《げんもん》広く開く。あに実相の理に闇《くら》からんや。*四悉檀《ししつだん》の風普く扇《あお》ぐ。なんぞ偏執《へんしゅう》の塵《ちり》を留《とど》めんや。権《ごん》なりといへども捨てず。捨つれば即ち化他の方便を失はん。実《じつ》なりといへども執せず。執するもまた邪見《じゃけん》の外道《げどう》に堕《だ》せん。大乗も小乗も皆これ*如来の権実《ごんじつ》の功徳《くどく》なり。*半字《はんじ》も*満字《まんじ》も、なんぞ*開示悟入《かいじごにゅう》の弄胤《ろういん》にあらざらん。しかるに妙法の深義、誰か明《あきら》めん。故に委《くわ》しく自己の相伝を挙げて後学に送る。時に貞元廿四年六月日なり。

そもそも妙法の深義を尋ぬるに、五重玄義《ごじゅうげんぎ》に過ぎたるはなし。五重玄とは、謂く、名《みょう》・体《たい》・宗《しゅう》・用《ゆう》・教《きょう》なり。問ふ、今云ふところの五重玄とは大師の内証より起れるや、または師の教授によりて立てたるや。答ふ、*大師の十徳中の第一に「*自解仏乗《じげぶつじょう》」と云ふ。今家所立の義はいづれも*内徳より起らざるはなし。万事皆自解仏乗の*内才《ないさい》より出《い》でたるなり。しかるに自解の*心地《しんじ》は常人に超ゆ。故に南岳の恵師、付法して天台に授け、釈迦如来も度々《たびたび》智者の窓前に来りて深義を授けたまへるなり。故に五重玄は、源《もと》、内証より出づるも、また師の教授もあり。直ちに釈迦如来より受くるの文に云く、「汝、法華の深義を明《あきら》めんと

天機秀発　天賦の機知が発現して衆人に秀でるようになる。
一化の始終　釈迦一代の教化の始終。
五品　↓二七頁一七行「妙覚」(牛頭決)
旋　旋陀羅尼。執着の心を旋転して一切法を総持する智力。
八教・五時　大綱集第二章を見よ。
十法成乗　摩訶止観第七章の十乗観法。
三種の世間　世間に三種あり。衆生と、衆生の構成要素たる色受想行識の五陰と、国土とである。
三照　日出でてまず高山を照し(=華厳時)、次に幽谷を照し(=阿含時)、三に平地を照す(=方等・般若・法華涅槃時)をいう。天台宗では、この華厳経説により、五時の次第を譬説する。
五重の玄門　↓七三頁三行「法華深義」
四悉檀　衆生に仏道を成就させるための四方法。世界・為人・対治・第一義。
如来の権実の功徳　方便も真実も、衆生を救済するための仏の御利益。
半字・満字　小乗と大乗。
開示悟入の弄胤　如来が衆生を仏知見に開示悟入させるための手段。
大師の十徳　↓補
自解仏乗　師の教えを超えて、自から法華の深義を解悟するところがあったことをいう。

欲せば、五種の玄意を用ひよ。衆生に出離を勧《すす》めんと欲せば、*観心の大教《だいきょう》において十乗・十章を用ふべし」と。

五重の深義において二種あり。一には依名別釈《えみょうべっしゃく》の深義、二には大意旨帰《たいいしいき》の深義なり。依名別釈の深義とは、これにまた両種あり。一には五字各説の深義、二には五字合成の深義なり。*五字各説の深義とは、妙法蓮華経の五字におのおの五重玄あり。

一に、妙体の五重玄とは、*妙とは不思議に名づく。惣じて名を詮《あらわ》すに多種あり。一に*名《みょう》体《たい》倶に無常なりとは、謂く、小乗は名体共に無常にして実性なしと明かす。二に*名体各別の無常とは、謂く、権教《ごんきょう》はただ*法身の体のみ常なりと明かして、名体一如を存せず。三に名即実体の名とは、謂く、一家《いっけ》の円談《えんだん》は名と*法と一如にして更に別性にあらず。故に妙の一名を唱ふれば万徳速かに帰す。智《ち》威大師の*一字成仏決の伝に云く、「もし人、誠心《じょうしん》を以て仏果を*信楽《しんぎょう》して妙の一名を唱ふれば、名は忽ちに体に即するが故に、万行速かに帰し、万徳即ち成ず。妙は、上《かみ》は諸仏の内証を窮め、下《しも》は六道の群生に及んで、妙体に万徳を含み、妙名にまた諸徳を具すればなり」と。

予《よ》、幸ひにも*仏立寺《ぶつりゅうじ》にて座主に向ひて問うて云く、「一字成仏の秘伝は、源《もと》、高祖《こうそ》の妙行より出で、智威大師これを決す。しかるに何が故に我等誠心に信じ楽欲《ぎょうよく》して妙を唱ふといへども、仏果を成ぜざるや」と。座主答へて云く、「依《え》法《ほう》と還機《げんき》との二伝これあり。*依法の深義の時は、妙の名字を唱ふるに*自身不生の理を解す。不生の実性の一理の外、別に

内徳・内才　ともに内証と同義語。
心地　心の置きどころ。
観心の大教　摩訶止観を指す。摩訶止観は十章よりなり、その第七章に十乗観法を明かす。
五字各説の深義　法華玄義には五字合成の五重玄の解説はあるが、五字の一々について五重に解説することは全くないから、ここでは法華玄義の解説範囲から逸脱する場合が多い。
妙とは不思議…　法華玄義の序王に「妙名不可思議」と。
名体　物の名前と、物の本性。
名体各別　体は常であるが、名は無常であるということ。
法身の体　物の体性は真如の理、即ち法身である。
法　諸法、即ち名の体としての物。
一字成仏決　架空の書か。智威は中国天台宗の第三祖。
信楽　信じねがう。
仏立寺　→四八頁九行
依法の深義…　所聞の法理の上から言えば、妙名を唱えれば、名は体を召して妙体たる自身不生の理に叶う。これを成仏というのであるが、執仏の輩は特別に仏なるものを想定するから、唱名する自己に成仏の姿を見出し得ないだけのことである。
自身不生の理　自身が本具している不生の理。不生の理とは不生不滅の法身、または真如の理。また生死の苦果を再び生じない涅槃のこと。

なんぞ仏体あらんや。権門の偏意《へんい》にはなほ執仏《しゅうぶつ》の迷あるが故に、一字の成仏にあらず。今の妙とは不可思議なり。妙もし不思議ならば、なんぞ還つて可思議の相の仏を求めんや。

次に*還機の伝とは、汝が疑ふところのごとし。妙名を唱ふるの人においても已成《いじょう》・未成《みじょう》の二種あるは、良《まこと》に根に利鈍あるによる。利根の輩《やから》は、無始已来《いらい》の重妄も一称《いっしょう》の功《こう》によりて速かに三徳と転ず。*三徳とは法身《ほっしん》・般若《はんにゃ》・解脱《げだつ》なり。鈍根の輩は迷妄無始より重く熏《くん》じて過失あり。今の妙名には万徳を摂すといへども、前生《ぜんしょう》の*悪業所感《あくごうしょかん》の五蘊《ごうん》なるが故に、直ちにはこれを転ぜざるなり。しかるに今生《こんじょう》の*命煗《みょうなん》尽き已《おわ》れば、必ず*法性《ほっしょう》の微細《みさい》の妙身《みょうしん》を得べし。縁に随ひて十方仏土に遊戯《ゆげ》して衆生を利すべし。汝等はすでに妙法の名を唱ふれば、*竜華会《りゅうげえ》の暁には*影向衆《ようごうしゅう》と成りて法花の明徳を増し、昔の恩に報いては即ち人のために法華を説くべし。これ釈迦如来、大蘇道場《だいそどうじょう》にして智者尊《ちしゃそん》に授けし深義なり。しかれば迷謬を至すべからず」と。

重ねて問うて云く、「大師の解釈に依るに、「*観恵《かんね》の精微《せいび》に依らずば、得脱《とくだつ》するに由《よし》なし」と。(しかるに)なんぞ今、妙の一名に依りて仏果を成ずるや」と。座主示して云く、「一家の諸義は妙の一名を離れて更に別体あるべからず。一心三観・一念三千・四教五時等は妙体の妙徳を開いて人をして領知《りょうち》せしめんがため(の分別)なり。(故に)妙名を唱ふるは即ち一心三観・一念三千なり。なんぞ妙名に観心なしと云ふべけんや。*観智儀軌《かんちぎき》に法華の*梵語の九字を以て九尊に配当す。初の薩《さつ》の字はここには妙と云ふ。〔即ち〕*大日遍照《へんじょう》の惣体なり。真言秘教の心は、*三部惣合するに一千三百の別尊あり。*おのおの所持の別尊に依りて

還機の伝　能聞の衆生の上から言えば、機根に利鈍の差があり、鈍根は現世には成仏できないが、未来に成仏する。

三徳　↓二六頁一一・一三行「法身・般若・解脱」(牛頭決)

悪業所感の五蘊　悪業を因として感得した五蘊の身。五蘊とは色受想行識、衆生の心身を構成する五要素。

命煗　煗＝暖、あたたかさ。即ちいのち(命)のこと。

法性の微細の妙身　身に二あり。分段身はこの世での肉体身。変易身は肉体を捨てた後の精神だけの身、法性身。

竜華会　弥勒菩薩が五十六億七千万年の後、兜率天から下生して竜華樹下において開く法会。

影向衆　影響衆。仏の説法を讃歎するために応現する菩薩衆。四衆の一。

観恵の精微　止観修行に則って、物事を観察する精細微妙な智恵。

観智儀軌　不空訳の法華観智儀軌。ただし観智儀軌には法華の九字と胎蔵界九尊との配釈はない。↓補

梵語の九字　薩達磨奔茶利迦素多嚩。

大日遍照の惣体　密教曼荼羅に列座する諸仏菩薩等の総体としての大日如来。

三部　大日経・金剛頂経・蘇悉地経。

おのおの所持の別尊に依りて　千三百尊の中から、行者各自が日頃信仰

（大日如来の）平等門に入るの輩を、別修別証と名づく。直ちに大日の智身には入り難きも、もし大日の*一印海会《いちいんかいえ》に帰入せば、諸尊の徳行を速かに円満す。今の意もまたかくのごとし。或は*四句推検《しくすいけん》に依り、或は仏力に託し、或は一心三観を修し、或は一念三千の観を行ずるは、皆これ別修の別相にして惣体門の機にあらず。速かに情量《じょうりょう》を絶して妙の一名を唱ふれば、大日智身の*海印《かいいん》の諸法惣徳の妙行立つが故に、直ちに*法体《ほったい》に帰するなり。顕密異なりといへども大旨は違背なし」と。

ただし今の妙名は、人に浅深あるに依りて、妙体に勝劣を作る。始覚帯迷《しがくたいめい》の輩は*不変の一理を以て妙となし、九界の迷心を麁《そ》となすが故に、妙義は偏意と成りて本法に称《かな》はず。しかる後に今始《こんし》の情執を捨てて本に帰し、実処に達するの時も、迹本を対するが故に二見を成じ、妙もまた本性と成らず。上根上智の輩は直ちに妙実に達し、或は知識に値《あ》ひ或は経巻に従ひて、「妙名は不思議にして、また余趣《よしゅ》なし」と、かくのごとく聞き已《おわ》つて、妙は不思議なりと解了し已《おわ》れば、無作の円人と成り、直達の円人に入るなり。

ただし、妙正《みょうしょう》の名《な》を以て衆機の法を摂するに本妙にあらざるはなけれども、三処十二会《さんしょじゅうにえ》の塔中口伝《たっちゅうくでん》の相分《そうぶん》あり。三処とは、一には、昔、薬王《やくおう》菩薩の時においては霊山浄土会《りょうぜんじょうどえ》、二には、南岳大師《なんがくだいし》に従ひて法華三昧《ほっけざんまい》を行ぜし時は大蘇自証会《だいそじしょうえ》、三には、衆のために法を布《し》ける時の天台の化他は玄悟法花円意会《げんごほっけえんいえ》なり。

十二会とは、*薬王の霊山に*三会あり。一には霊山会、二には虚空会《こくうえ》、三には霊山会なり。霊山会には*迹化衆《しゃっけしゅう》に同じて*垂迹《すいじゃく》の法門を伝へ、虚空会の砌《みぎり》には彼《か》の*本化衆《ほんげしゅう》に同じて塵点《じんでん》の

し所持している一尊を選び、一尊に対する別修を通して。

一印海会　一印会、金剛界九会曼荼羅の一、中央の上方に位置し、他の八会では多数の仏菩薩を画くに対して、ここでは智拳印の大日一尊だけを画く。

四句推検　↓補

海印　大海が一切を包含しているように、仏の智海に一切の物事・功徳を印象していること。

法体　三千・三観等の、人師の分別を超えた、不可思議の妙法の自体。

不変の一理　真如の理に不変(静)と随縁(動)との二面があり、今は真如随縁を認めない偏見をいう。それは九界も真如の随縁顕現にほかならぬとは観ないから、九界を麁とし、迷界と考える。

薬王の霊山　智顗は薬王菩薩の化身といわれる。故に智顗が薬王菩薩として霊鷲山で釈迦の法華説法を聴聞していた時を指す。

三会　法華経の説法は三会からなる。法師品第十までは霊山会、嘱累品第二十二までは霊山虚空会、以下は再び霊山会である。

迹化衆　迹仏の教化を受けた弟子、即ち文殊・普賢・観音・薬王等。

垂迹の法門　迹門の二乗作仏の法門。

本化衆　寿量品の本仏の本時以来の弟子、即ち上行等の地涌の菩薩。

本果《ほんが》を聞き、第三会の霊山会には、密《みつ》には本迹不二の妙法を聞き、顕《けん》には*法花流通《るづう》の大旨を習ふ。(殊に)*観音・妙音の三十三身の形は、顕には一乗を流通するに似たれども、密に深意を尋ぬれば本性は三千の覚体なり。故に一家所立の一念三千の観は、源《もと》は(大師の)内証より出でたるも、幸ひに*修多羅《しゅたら》に合するの時は、*観音所現《しょげん》の身相これなり。

*大蘇自証会にもまた四会あり。一には解了安心会《げりょうあんじんえ》。謂く、法花の行法は*三七日《さんしちにち》の間なり。二には教授修行会。これにまた二会あり。一に一心三観会、二に一念三千会なり。*蜜行記《みつぎょうき》に云く、「第二日には、*初夜《しょや》に一心三観を伝へ、*卯《う》の時に至りて一念三千観を伝ふ。昼は一念三千を行じ、夜は一心三観を行ずるなり。所以《ゆえ》はいかん。一念三千は*恵門観《えもん》なり、昼は恵に順ずるが故に」と、云云。

三には授円頓戒会《じゅえんどんかいえ》。第三日の初夜に至り、釈迦如来、智者大師のために授戒羯磨《じゅかいかつま》を作したまふ。本師釈迦大師〈和尚となす故に〉*、大聖文殊師利《もんじゅしり》菩薩〈*羯磨阿闍梨《かつまあじゃり》となす〉、弥勒《みろく》菩薩〈教授阿闍梨となす〉*、十方諸仏〈*証明《しょうみょう》となす〉、十方諸菩薩〈*同受《どうじゅ》となす故に〉。如来、羯磨《かつま》の文を誦《じゅ》して云く《のたまわ》、「*遮難《しゃなん》は不生なり。心には大乗を志す。今円融の大戒を授けんや否や」と〈一度〉。諸仏云く、「*与《とも》に欲す」と〈一度〉。第二・第三もかくのごとし。第一の羯磨には自《おのずか》ら十方の諸の衆生、非情《ひじょう》の草木等の上に戒光雲集《かいこううんじゅう》す。第二の羯磨の時には戒体は*満月のごとく、行者の頂上の虚空に住す。第三の羯磨の時には戒体は速かに行者の心中に入る。*十誦律《じゅうじゅりつ》にはこれを*無表色《むひょうしき》と号し、大乗には浄光色《じょうこうしき》と名づく。ただし月輪《がつりん》のごとき戒体は、信ある の時には行

法花流通 薬王品第二十三以下の六品は法華を後世に流布する菩薩の自行化他の活躍を説く部分である。

観音・妙音の三十三身 法華を流布するため、妙音は妙音品第二十四で三十四身に変化し、観音は普門品第二十五で三十三身に変化する。

修多羅に合す 経文の証拠を求める。

観音所現の身相 観音の自の一念に他の三千世間を具足するから、観音は三十三身を示現できる。即ち観音の現身は一念三千の証拠である。

大蘇自証会 智顗が大蘇山で慧思に師事した時期をいう。

三七日 摩訶止観によると、法華三昧の修行期間は二十一日である。

蜜行記 「四秘行法の儀記」(六三頁一五行)を指すか。

初夜 戌の刻、今の午後八時頃。

卯の時 今の午前六時頃。

恵門観 一念三千観は一心三観の中の仮観に属する故、智徳・断徳にあてれば、諸法を如実に照了する智徳に属す。この意味か。

和尚・羯磨・教授・証明・同受 ↓補

遮難 小乗では十六遮・十三難、大乗では主として五逆・七逆の罪を犯した者には受戒を認めない。その罪とは殺父・殺母等。釈迦が「不生」と述べたのは、遮難の犯者にも受戒を認める意向の表明である。

与に欲す 授戒に賛成する意味。

者の心中に入り、信なきの時には来らず。円頓戒は信を以て能入の門となせばなり。羯磨の事已《おわ》りて、戒を授けて云く、「大慈悲為《い》室《しつ》の戒を持《たも》つや否や」〈問〉。「持ちたてまつる」〈答〉。「柔和忍辱衣《にゅうわにんにくえ》〔の戒〕を持つや否や」〈問〉。「持ちたてまつる」〈答〉。「諸法空為《い》座《ざ》の戒を持つや否や」〈問〉。「持ちたてまつる」〈答〉。故に円頓戒は正しくは*安楽行品《あんらくぎょうほん》より出でたり。もしこの戒行を持たん輩は即ち諸仏の位に入る。*梵網経《ぼんもうきょう》に云く、「衆生、仏戒を受くれば即ち諸仏の位に入り、位、大覚位に同じ」と。この授戒作法に依りて智者大師は*灌頂大師に教授せり。彼《か》の時には、ただ*不現前《ふげんぜん》の五師を請《しょう》ぜるなり。

四には*讃述前法会《さんじゅつぜんほうえ》。謂く、智者大師は*解行《げぎょう》教授の徳によりて自ら仏乗に入り、内証円明せり。この時、本師重ねて法華道場に来り、重ねて前相を讃述したまふ。本師の言に云く、「汝は戒教に依りて、一切は皆これ仏法なりと解了せり。また行を立つるの相を授けらるるに依りて三千・三観の妙行を修し、解行の精微なるによりて深く自証の門に入れり。我れ汝が証相《しょうそう》を*領するに、法性《ほっしょう》の寂然《じゃくねん》たるを止《し》と名づけ、寂にして常照《じょうしょう》なるを観と名づく」と。

玄悟法花円意会にもまた五会あり。一には上根人のために上法を授くる会。謂く、上根利智の人のためには、*本所通達門《ほんじょつうだつもん》を以て得道の要路《ようろ》を示すべし。*当機《とうき》の*本作《ほんさ》に違はざれば、ただ本作のみを指して*止観相と示すなり。二には本迹教授会。謂く、本師釈迦、天台智者のために*本迹《ほんじゃく》・権実《ごんじつ》の法門を授けたまふ。三には*五時八教会。謂く、四教・五時の名義を授く。四には*十乗十章会。謂く、観門の下機のために別して止観十章の形を開くなり。

戒体　一々の持戒を支える根本理念。

十誦律　六十一巻。小乗律に属す。

無表色　自心を表示して他に知らしめるための身体の屈伸動作を表色といい、身体に表示する以前の心中の状態を無表色という。

安楽行品　→補

梵網経　以下の経文は、円戒を受ければ即座に成仏する証拠の文として、叡山が最も重視する経文である。

灌頂大師　智顗の弟子、第二祖章安。

不現前の五師　智顗が受戒した時は、先述のように釈迦等の五師が現前して授戒したが、元来五師はなま身の現前の人でないから、かくいう。

讃述前法会　前の法会を讃述することの部分を、円戒授受の十二門の儀式にあてはめると、第九の現相にあたるか。

解行教授の徳によりて　解と行との両面を修し、また人を教導した甲斐あって。

領す　領解する。今は推量の意味か。

本所通達門　→六五頁八行

当機　今の機、即ち上根人。

本作　本来の行為、ありのままの動作。

止観相　止観修行の様相。

本迹・権実の法門　法華中の本迹二門の相違、法華経と他経との相違に関する教相論。

五時八教　大綱集第二章を見よ。

十乗十章　摩訶止観の全体。

*不思議の観解《かんげ》を示さば、劣機はこれに堪へざるが故に、別して修行の因果等の*別相を用ふるなり。五には正教本処会。謂く、上の十一会に授くるところの諸義は、何を以て本所とせん。この事知り難し。故にまた来りてこの法要を示したまふ。「以前の諸義はただこれ妙の一字にして、更に別物にあらず。妙には諸義を具す。衆生にこの相を示さんがために十一門の妙意を授けたるなれば、この妙を以て本所となすべし」と。妙名には即ちかくのごとき衆徳を具するが故に不思議と名づく。かくのごとき不可思議あるが故に、一字を唱へ、(または)妙名を聞くの輩は、速かに仏道を成ず。(これを要するに)妙において三種あり。一には*可思議の妙、二には*不可思議の妙、三には*常性本作の妙名なり。

次に、*妙体とは、直ちに万法の自体を指すに、即ちこれなり。諸法の自体とは機に依りてまた不同あり。迹門の意は、不変真如の一理を妙体となす。*迹情は理に向ひて修行すれば、修行は理に帰し、理に帰して湛然たり。*観心門の時は直ちに大真如《だいしんにょ》を指す。大真如とは不変・随縁《ずいえん》一体にして二相を分たざる体なり。大真如門において且《しばら》く為めに二義を以て分別するを不変・随縁の二種と名づく。

次に、*妙宗《みょうしゅう》とは、妙因・妙果なり。妙因・妙果において多種の意あり。大義は上のごとくこれを知るべし。妙因に付きて一字常作の行法あり。これ大師一期の所行、師師通用の妙行なり。妙の一字において*五種法師《ごしゅほっし》の行を伝ふ。*行儀《ぎょうぎ》の日記に云く、「早旦《そうたん》に道場に入り、*深心《じんしん》を以て妙字を受くべし。誠心を以て一心清浄に道場に端坐《たんざ》し、正に*真身《しんじん》に向ふがごとく信敬を至して受師を請《しょう》ずべし。その語に云く、「一心に請じ奉る本師釈迦大師〈三反

不思議の観解　摩訶止観序分の寂照不思議の止観(五四頁四行)を指す。
別相　総相に対す。総相では因果不二であるが、今は愚人の理解の便宜を許つて因果を立てることをいう。
可思議の妙　本迹・五時八教等の教門、十乗十章等の立行門。
不可思議の妙　寂照不思議の止観、正教本所会の妙義等。
常性本作の妙名　七九頁一四行の「上法を授くる会」における妙義。
妙体　法華玄義では諸法実相を法華経の体とするが、今は万物の本性たる真如をあてている。これ日本天台の中国天台に対する特徴である。
迹情は理に向ふ　本門は仏界の事相を説くに対して、迹門は凡夫二乗の理性を説く故に、こういう。
観心門の時　迹門では不変真如の理を表とし、本門では真如随縁の事を表とするに対し、観心門では理事一体を説く。両真如の本迹配当は中古天台の特徴である。また次の大真如も歴史的用語ではない。
妙宗　宗とは因果、つまり修行の意味であるから、次下、妙の一字を五種に持つ行法を説く。
五種法師　法師のなすべき五種の行、即ち受持・読・誦・解説・書写。
行儀の日記　行法次第に関する日記。
深心　観無量寿経にいう三心の一。三心とは至誠心・深心・廻向発願心。次下に他の二心も見える。

三礼〉、一心に請じ奉る当来《とうらい》の導師弥勒《みろく》菩薩〈三反三礼〉、一心に請じ奉る十方の一切の諸仏〈菩薩〉〈三反三礼〉」と。しかる後、端坐して、「願はくは諸仏菩薩、大慈悲を以て我に妙理を授けたまへ」と唱ふべし。頂戴《ちょうだい》・受持し已《おわ》りて、次に妙法蓮華経を読誦《どくじゅ》すべし。*念珠《ねんじゅ》の満数《まんすう》はまた行者の所楽《しょぎょう》なるべきも、極略すれば三反に窮《きわ》まる。一反は*出離生死・証得菩提のため、一反は*法界廻向《ほうかいえこう》のため、一反は*報恩謝徳《ほうおんしゃとく》のためなり。読誦し已《おわ》りて、次に妙の字を書すべし。また極略すれば三反に至る。心には妙義を安立《あんりゅう》し、口輪《くりん》には人のために微妙の浄行を説け。*通じて五種の行を極むるは、心散乱《さんらん》するが故に要にあらず。大師は*静心《じょうしん》・得証のために常にこの行を修し、またこの行を用《もっ》て*道俗《どうぞく》の衆にも授く。和尚の云く、「一字の五種の妙行」と。第四に*解とは即ち一心三観を修す。その観相は、衆生の一心を妙と名づくと観ずべし。所以はいかん。*一心不生の故に妙なり、*慮相宛然の故に妙なり、*有無を以て度量《たくりょう》すべからざるが故に妙なり。これは*託事《たくじ》観《かん》の所接《しょしょう》なり」と、云云。

座主の云く、「妙因に四種あり」と。一には*解行次《げぎょうし》第《だい》の妙〔因〕。謂く、機あり、根鈍なるが故に解行不二の妙旨に達せずして、始め解了を立て、次に修行し、後に証位に至る。問うて云く、「智者大師、すでに解を立てて(後に)妙行を修せり。あに解行次第にあらずや」と。座主答へて云く、「*迹中の次第を名づけて解行の次第となす。大師の解せるところは解行不二の上の次第にして、更に麁行《そぎょう》にあらず」と。二には*唯解無行の妙因。謂く、もし人ありて知識に従ひて妙法の一句を聞き、即ち言下に大悟を開く、これなり。三には*解立常作の妙因。謂く、本解すでに立ちて一切諸法は本これ仏法なり、更に心外にあらず

真身に向ふがごとく　生ける仏に向うように、仏像に向って。
念珠の満数　一反読誦ごとに念珠の珠一箇を繰る。その繰り終る珠数。
出離生死・証得菩提　生死の苦から脱却して悟りを得る。
法界廻向　法界の万物に自己の功徳をふり向ける。
報恩謝徳　父母・師匠・三宝等の恩徳に感謝し、これに報いる。
通じて…　五種のすべてにわたって修行するのは。
静心　心を鎮静する。
道俗　出家と俗人。
解　解説の解でなければならぬが、今は解了の解に用いている。
一心不生・慮相宛然・有無を以て…　それぞれ空・仮・中に相当する。
託事観　六四頁一〇行「託事」を見よ。今は、一心の状態を対象として観法を修するから、託事観の部類に属すという。
解行次第　教・行・証の段階を次第に踏んで悟りに到達する。
迹中の次第…　不次第を本意とするが、衆生教化のため、鈍根の姿に垂迹して次第を踏んでみせた。
唯解無行　行を超えて、教法を解了しただけで直ちに悟りを開く。
解立常作　教即行証。根本の解が立てば、特に証を求めなくても、日常の起居動作がそのまま証後の振舞である。六三頁四・五行を見よ。

と達すれば、行住坐臥の*三性分別《さんしょうふんべつ》の諸念は悉く一心三観なれば、別に修行を専らにせずして即ち*天真《てんしん》を開く、これなり。四には*諸相皆絶の妙因。謂く、一家の円談は、源《もと》、本性不思議なり。(故に)十界の名相速かに亡泯《ぼうみん》し已《おわ》るが妙因の義にして、即ち大妙を成ず。

次に、妙果とは、果において多釈あり。迹門始覚の理にては仏果の不変の一理を以て妙果となし、(本門)*本覚門の時は本性の三千を以て直ちに妙果となし、*性相亡泯門の時は*法性の不可思議を以て妙果となす、已上。

大師の開悟の伝法の次第に依れば、大蘇道場の前三会の伝法はこれ妙因なり。第四の讃述会は妙果なり。

ここに*三種の別伝を開く。一には蓮花因果〈妙因・妙果〉、二には円教三身〈妙果〉、三には常《じょう》寂光土《じゃくこうど》〈妙果の所居〉なり。別集のごとし、云云。

次に、妙用《みょうゆう》とは、今経の化他の勝用《しょうゆう》なり。智者大師、天台山において塔中《たっちゅう》の釈迦に値《あ》ひたてまつりて妙用の義を伝ふ。因果の妙宗すでに成立せば、速かに化他門に趣《おもむ》き、衆生を利するを用と名づく。これに身《しん》・口《く》の用あり。身の用とは、十界の形像を示して衆生を利するなり。*始・本の二種の化用は上《かみ》に准じてこれを知るべし。次に*口輪《くりん》の用とは、機未熟の時は権教の一意を説きて*疲退《ひたい》を誘引《ゆういん》し、機純熟《じゅんじゅく》し已《おわ》れば速かに法華を説く。

法華に二種あり。*本脱未熟《ほんだつみじゅく》の時は*開権顕実《かいごんけんじつ》の法花を説く。顕一《けんいつ》の法花において、また*十重の不同あり。一には破三顕一《はさんけんいつ》。権教の局情《きょくじょう》を破して円実の妙理に入る。二には廃《はい》三顕《けん》一。謂く、権機の執亡びぬれば、権教も随ひて亡ぶ。三には開三顕一。謂く、権機の局情を開

三性分別の諸念　善か悪か又はそのいずれでもない(無記)か、この中のどれかに配当分別される日常の妄念。

天真　天賦の本性。

諸相皆絶　十界の因果の区別を超え、直ちに法性の寂照不思議を達観する。

本覚門の時は…　迹門では万有の性たる真如理を仏果にあてたに対し、今は真如の随縁としての万有(三千世間)の当体を仏果とする。

性相亡泯門　性＝真如、相＝随縁万有。故にこれは本迹相対を超えた観心門の意。

法性の不可思議　法性の寂＝不変真如、照＝随縁真如、不可思議は相対を超えた意味。故にこれ不変・随縁一体の大真如(八〇頁)にあたる。

三種の別伝　相伝法門見聞の末尾(三一八頁)を見よ。ただし「別集」がどの書物を指すかは不明。

始・本の二種　迹門始覚の妙果を得させるか、本門本覚の妙果を得させるかの二種。

口輪　口業に同じ。

疲退を誘引す　宝処(真実)への中途で疲れ、退転せんとする者を、巧みに誘導(方便)して宝処に到らせる。

本脱未熟　本門の得脱に未熟の者。まだ本門を開くに堪えない人。

開権顕実　方便教の三乗差別観を切り開いて、実にはみな一乗であると顕彰する迹門。

十重の不同　以下の迹門の十重の名

いて、直ちに*白牛《びやくご》の実証《じつしょう》なりと開く。四には会《え》三顕一。謂く、権〔教〕を開いて実教を顕すなり。五には住《じゅう》一顕一。*仏意《ぶっち》内証の実証に住するの時は一の外に三なし。なんぞ別に破・開等の不同あらんや。*機《き》・教《きょう》・情《じょう》・理《り》共に*性徳《しょうとく》不思議にあり。六には住三顕一。謂く、破・廃・開・会の四重は、仏意にありては住一顕一と成り、*機情《きじょう》にあるの時は住三顕一なり。機に対して仮説《けせつ》するの時は、たとひ開会《かいえ》すといへども、権三に対する一なるが故に実(の一)にあらず。*情の所対《しょたい》に従へて一を顕さば還つて三と成る。七には住非三非一顕一。謂く、*理体の真性の時は非三非一なり。一に住して一を顕すは、*自《じ》受用《じゅゆう》の智門に約して一実を顕すなり。非三非一に住して一を顕すは、*法身の〔理〕門に約してこれを論ずるなり。八には覆《ふ》三顕一。法花已前《いぜん》においては如来は開権顕実の妙旨を顕説せずといへども、一機速かに熟すれば、必ず一実の理に入ることを得るが故に、覆三顕一と名づく。九には住三用《ゆう》一。謂く、もし根機速かに熟し已《おわ》れば、如来は*三密《さんみつ》・*四門《しもん》の別徳を以て、権三の処に住して速かに*不待時《ふたいじ》の法華を説く。十には住一用三。謂く、今の法花はこれ一実にして更に権教にあらず。しかるに文中において*劣義を説くは、即ちこれ一実の本性に住して還つて権三を用ふるなり。

目は、法華玄義(会本九下)の論用の中の名目と同じ。ただし一々の説明の仕方は違う。

白牛　法華経譬喩品に三乗を羊鹿牛の三車に、一仏乗を大白牛車に譬う。

仏意　機情に対する。仏の本意。

機・教・情・理共に　機情(所開の三乗)も教理(能開の一乗)もの意か。

性徳不思議にあり　差別を超えた絶対不思議の真如の内にある、の意か。

機情　所化の衆生の妄情による分別。

情の所対に従へて　妄情に対応して。

理体の真性　教法の基としての真如理性。一・三は教法の段階での分別であって、理には一も三もない。

自受用の智門　仏の能証の智恵。これに二智あり、他受用智が化他の方便智であるに対し、これは自行の真実智の意味。

法身の理門　仏の所証の真理。

三密　口密の説法のみならず、身密意密を用いて。

四門　化儀四教のことか。即ち頓説・漸説のみならず、秘密・不定の化儀を用いて。

不待時の法華　仏説法五十年中、法華は後八年を待って顕説されるが、その時分を待たず、前四十二年の随処で法華が説かれることもある。

劣義を説く　純円の法華経の中に、蔵・通・別などの教をまじえ説くことをいう。その具体例については、大綱集第二章を見よ。

（大教縁起口伝　法華深義下　四帖内四）

次に、*十重の顕本とは、破《は》・廃《はい》・開《かい》・会《え》の四重は*前のごとく、これに准ずべし。住本顕本とは、これに*二意あり。一には*果海《かかい》の住本、〔二には*本〕性《ほんしょう》の住本なり。果海の住本とは、諸法の自体は〔本〕有《ほんぬ》三身なり、*一性も無作の仏体なり。*文に云く、「*我れ成仏してより已来《このかた》甚大久遠《じんだいくおん》なり。寿命《じゅみょう》も無量阿僧祇劫《あそうぎこう》にして、常住不滅なり」と。我性《がしょう》の理を指して、「我」となさば、諸法の我性は本来常住にして、無作円満の三身なり。この時は*本もなく迹もなく、ただ仏の内証なり。（故に）*経文に云く、「ただ仏と仏とのみ、乃《いま》しよく究尽《くじん》したまふ」と。次に本性の住本とは、*俗諦《ぞくたい》とは恒沙《ごうしゃ》の実法にして、本有常〔住〕なるを住本と名づく。予、在唐の時、問ひ奉りて曰く、「真俗二諦は不生不滅なりと。いかんが俗諦は*縁起生滅《えんぎしょうめつ》なるに、常住なるや」と。和尚の云く、「俗諦常住・真諦不変の義は、源《もと》、大師・諸仏の内証より出でたり。円宗の所談は*事理不二《じりふに》・*修性《しゅしょう》一如なれば、真諦すでに常ならば、俗いかんぞ生滅ならん。*十二縁起《じゅうにえんぎ》を動ぜずして当体即常なり。（故に）*経に云く、「是法住法位、世間相常住」」と。六に住迹顕本とは、上の五重の法門も、もし機情に向ふの時は悉く迹意《しゃくい》と成り、*本性を失ふ。七に住非本非迹顕本とは、別して法身如来の本性なり。八には覆迹用本《ふしゃくゆうほん》、云云。已下は顕一に准じてこれを知るべし。座主より伝法せる十重顕本の図

十重の顕本　法華玄義(会本九下)の論用の中の名目と同じ。

前　迹門の十重顕一。

二意　元来顕本とは仏陀の成道が久遠本時にあることを顕す意味であるが、今は衆生の顕本の意味に解し、これに果海と本性との両意ありとする。

果海　衆生を本来成仏せる仏陀と考え、広大なる仏界の一員として摂取する意味。

本性　衆生を俗諦常住の理により、常住の仏界に摂取する意味。

一性も　一物といえどもその性は。

文に云く　法華経寿量品第十六の文。

我れ　経文では釈迦の一人称であるが、今は万物の各々の一人称と解す。

本もなく迹もなく　仏と衆生といずれが垂迹でもなく、本地でもない。

経文　法華経方便品第二の文。

俗諦　以下、俗諦常住の法門を展開する。牛頭決第三章を見よ。

縁起生滅　因縁生のものは必ず滅する、無常の存在である。

事理不二　事相は俗諦、理性は真諦。

修性一如　修成は仏、性来のままなるは凡夫。即ち凡夫の理性と仏の事成との不二をいう。

十二縁起　人生の無常の理由に関し、十二節の段階を設けて説明したもの。

経　法華経方便品。

本性　即ち衆生顕本を指す。

に云く、

*相待《そうだい》妙	破迹顕本	破執	九界を破して一仏界を顕す
	廃迹顕本	廃教	*四時・八教を廃す
*絶待《ぜつだい》妙	開迹顕本	開情	九界即仏なりと開く
	会迹顕本	開教	四時・八教も本妙なり
仏意*二妙	住本顕本	自受用	ただ*仏のみにして*麁なし
機情二妙	住迹顕本	応身	垂迹の化用なり
不思議二妙	住非迹非本顕本	法身	理門の不思議なり
*一機二妙	覆迹顕本	不待時〔本門〕	*別機の得道
	住迹用本	不待時教	*別開の本教
言説二妙	住本用迹	*且仮名相	還つて教味を借るなり

五に、妙教とは、法華開権の*一大円融教これなり。*前の四重の妙義をこの章に分別す。和尚の伝に依るに、妙教に五種あり。一には*開権の妙教、二には*本覚の妙教、三には*口説《くぜつ》の妙教、四には常説《じょうせつ》の妙教、五には観心の妙教なり。開権と本覚とは知んぬべし。*口説の妙教とは、劣機の感見によるの時は、口説を以て教となす。常説の妙教とは、上根利智の所見のところにては、*六塵《ろくじん》の終日《しゅうじつ》説法もまた常説なり。観心の妙教とは、心性を観じて得道するに、観心は即ち教なり。〈已上、妙字の五重かくのごとし。〉

第二に、法の五重玄とは、法とは自性の義を謂ふ。法の名《みょう》とは、*文に云く、「よく自性を

相待妙・絶待妙　↓補

四時・八教を廃す　五時中法華時を除く前四時、および前四時の教味・教方を分別した八教を廃して、第五時の法華、超八の円味を顕す。

二妙　相待妙と絶待妙。

仏・麁　仏としての妙、衆生としての麁。

一機　或る特別に早熟な機根。

別機の得道　法華の説時以前に法華を悟る特別の機根。

別開の本教　法華の説時以前に早熟の機根のために別して法華を密説する。

且仮名相　暫く迹門の用語を借りて本門の意味を顕すこと。

一大円融教　↓一八頁一八行「一大円教」(大綱集)

前の四重の妙義　破・廃・開・会。

開権の妙教　迹門。

本覚の妙教　本門。

口説の妙教　劣機にとっては言葉による説教以外は妙教ではない。

六塵の終日説法　六塵とは感覚の対境たる色声香味触法。その説法とは、上根にとっては外界の花鳥風月も仏の説法のように受取れること。

文に云く　例えば大乗義章巻十に、法には自体と軌則との二意ありと。これ法の梵語ダルマの字義である。

持つ。故に名づけて法となす。軌《のっと》りて物に解《げ》を生ぜしむ」と。十界三千の諸法はおのおの自性を持ちて、人の解を生ず。*観智儀軌《かんちぎき》に云く、「法主愛染明王《ほっすあいぜんみょうおう》の法は*九尊中の阿弥陀如来《あみだにょらい》の妙観察智《みょうかんさっち》の所変なり」と。法主愛染明王とは、*愛染明王の体を尋ぬるに、正しく一念三千観の形を顕せり。余の仏菩薩は偏《ひと》へに浄妙《じょうみょう》の身を持ちて愛貪《あいとん》の形を捨つ。愛染明王の体は即ち内証清浄の心理の上に貪欲煩悩《とんよくぼんのう》の形相《ぎょうそう》を持ち、善悪不二・邪正一如なり。*三摩地《さんまじ》大相応経に云く、「大日如来、法界宮において説法す。一会の中に黒闇あり、*元品《がんぼん》の無明《むみょう》と名づく。諸衆の心味《くら》くして解脱すること能はざるに、愛染明王、仏勅《ぶっちょく》を受けて、速かに無明の黒闇を対治せり」と。一切の諸菩薩はこれ*捨劣得勝《しゃれっとくしょう》の二見に堕《だ》するが故に、（無明を）降伏《ごうぶく》せず。愛染は煩悩を捨てずして体即ち浄妙なるが故に、よく*伏脱《ぶくだつ》す。今の法もまたかくのごとし。三千の因果の諸法はおのおの*本性に入りて常楽《じょうらく》なり。予、深くこの事を案じ、別行の一心三観の*〔観〕体には愛染明王の別行を用ふれば、速かに*所行を成就すべし。

愛染明王の別行に三種の次第あり。一には如意自在法、二には法界通惣行、三には但為得脱法なり。如意自在法とは、愛染の像を図画し、厳浄《ごんじょう》の道場を構《かま》へ、本尊を東方に安じて所行（成就）を請《こ》ふべし。具《つぶ》さには*愛染の別説のごとし。

次に、*法の体とは、或は不変真如の理を以て体となし、或は三千常住の法を以て法体《ほったい》となす。惣じて体を論ずるに三種あり。一には徳体《とくたい》、二には性体《しょうたい》、三には不可思議体なり。徳体とは、三諦《さんだい》なり。一切諸法は本《もと》より已来《このかた》三諦の徳を具するなり。地獄の衆生に猛火《もうか》等の色相《しきそう》を具するは仮諦《けたい》、内心の虚《こ》なるは空諦《くうたい》、色心一処に住するは中道なり。乃至、仏界

観智儀軌　不空の法華観智儀軌には、次下の文に相当する文なし。
九尊　胎蔵界の八葉蓮華に坐する九尊。
愛染明王　三目六臂の忿怒の形相。法の説明にこの尊を持出した意図不明。思うに、この尊には愛欲染着の煩悩を転じて菩提心たらしめる働きがあるから、下は地獄をも含む十界の法を妙法ならしめるに最適の尊像であるからか。
三摩地大相応経　不現存。愛染明王法は瑜祇経にもくわしい。
元品の無明　煩悩を断じ尽して最後に残る最も微細な根本の煩悩。
捨劣得勝の二見　劣なる煩悩を捨て、勝なる菩提を求めようとする謬見。
伏脱　煩悩を降伏し、解脱させる。
本性に入りて常楽なり　常楽我浄の涅槃の徳は万物に本来具わっているから、こういう。
観体　所観の本体、即ち本尊。
所行　修行の目的、所願。
愛染の別説　瑜祇経巻上愛染王品、同経疏巻上、金剛王菩薩秘密念誦儀軌等を指すか。
法の体　さきの妙体の項では、迹門の体を不変真如、本門の体を随縁万法、観心の体を大真如としたが、今もこれに同じ。また徳・性・不思議の三種の体論と相似の分類は、発大心の項（五九―六三頁）に、徳・体・徳体不二の三類の機根分別があった。

もまたかくのごとし。*本起経《ほんきぎょう》に云く、「一切衆生に三魂神《こんしん》あり。一には心静治清神、人の心中に住す〈空諦〉。二には散心智恵神、皮肉の間に住す〈仮諦〉。三には微細神《みさいしん》、腸《ちょう》の空中に住し、二神の主たり〈中諦〉」と。（これ）一切衆生の本性の三諦を三神と名づけたるなり。

次に性体とは、三千の諸法これなり。三に不思議体とは、三千・三諦の名相を絶して言辞に説くべからざるなり。*経に云く、「諸法は寂滅の相なり」と。

次に、法の宗《しゅう》とは、法の因果なり。法の因果において二種あり。一には異時《いじ》の因果、二には一念の因果なり。*異時の因果とは、*前に起きたる一念を因として後念に大理を開く。これ異時なり。乃至、遙《はる》かに修因の別行を経《へ》て後に仏果に入るもまた、異時に摂入《しょうにゅう》す。*一念の因果とは、法々塵々《ほうほうじんじん》の当体、全く自体を改めずして、一念の間に因果の形を具するなり。その相は、一には三諦に約す。一念の空仮《くうけ》を因となし、中道を果となす。二には十界に約す。一念の九界を因となし、仏界を果となす。三には*寂照《じゃくしょう》に約す。法性《ほっしょう》の常照《じょうしょう》を因となし、法性の寂然《じゃくねん》を果となす。

次に、法の用《ゆう》とは、*三千・三諦の宗より*任運《にんぬん》の化《け》を施す。一切衆生の本性の真理には三諦の妙用ありて、常に物のために*薫用《くんゆう》を施すも、もし聞法《もんぼう》の外縁《げえん》来る時は、速かに大利の用を成ず。三千もまたかくのごとし。観音・妙音《みょうおん》等の三十余身の化相《けそう》を現ずるは、三千の本来の体より出で、釈迦《しゃか》・薬師《やくし》等に*三身円明《さんじんえんみょう》の徳あるは、即ち心性の*三諦による。

三身に通じて用あり。法身の化用とは、法身如来は法性の深宮に住して自性の十界のために説法利生す。眼に色を見、耳に〔声を〕聞く、皆これ*法身による説法の化用なり。報身

本起経　修行本起経・瑞応本起経・中本起経・仏五百弟子自説本起経等あり。いずれにも三魂神の説なし。

経　法華経方便品に「諸法従本来、常自寂滅相」と。その略説。

異時の因果　因を修してのち果を得る場合をいう。

前に起きたる…　日常無意識に起きた妄念を後念がとらえて、これに三観を施し、真理に悟入するをいう。

一念の因果　因果が同時に具現する場合をいう。

寂照　摩訶止観序分の円頓止観の文について、法性常照＝観＝因、法性寂然＝止＝果と見たまでのこと。

三千・三諦の宗　前の一念の因果の中、三諦に約する場合と十界に約する場合とを指す。

任運の化　自然に化他の働きを発揮すること。

薫用　内なる真如が香気を放って自心に菩提心を起させること。これを内薫といい、外縁に対する。

三身・三諦　両者の因果関係については、四三頁にもあった。

法身による説法　理を体とする法身には説法の働きはないが、今は自心中の十界に対して自受法楽する姿を説法といい、また法身の変作としての万物を目に見、耳に聞くのは皆法身説法であると。

の用とは、自行の報土に住して*内証の十界のために説法す。一切衆生、時に随ひ境に依りて*心に慮《りよ》〔想《そう》〕を起すこと、正しく報身説法による徳なり。諸法の当体は色心各別なれども、*互に依因《えいん》となつて彼は此に対し、此は彼に対す。皆これ本有《ほんぬ》の応身《おうじん》の内用なり。本有の応身において*証道《しょうどう》の八相あり。かくのごとき三身の化用を本覚《ほんがく》の法用と名づく。始覚《しがく》の分別の時は、*果海円満の徳によりて機のために八相成道の化儀《けぎ》を唱ふ。これを法用と名づく。

次に、法の教とは、*応用《おうゆう》の内才《ないさい》、正しく法輪《ほうりん》を転《てん》ず(るをいふ)。証〔道〕の八相の中の転《てん》法輪《ぼうりん》の一相なり。惣じて諸教の法に多種あり。一には離体《りたい》の言説《ごんせつ》。謂く、法性は寂然として全く*名教《みょうきょう》なし。名教なき処において、衆生の迷心のための故に且《しばら》く名教を説く。二には〔応〕体の言説。謂く、法性の常照においては本より已来《このかた》教法を具す。三には言説即心《そくしん》。准知すべし。

応体の言説に五時・八教あり。五時において仏意《ぶっち》と機情《きじょう》とあり。*仏意の五時とは、諸仏の内証に*五智《ごち》の奥徳《おうとく》を具せり、これを五時と名づく。花厳は大円鏡智《だいえんきょうち》、阿含《あごん》は成所作智《じょうしょさち》、方等《ほうどう》は平等性智《びょうどうしょうち》、般若《はんにゃ》は妙観察智《みょうかんさつち》、法花は法界体性智《ほうかいたいしょうち》なり。今言ふところの(教)法とは、密には法界体性智を表す。*順師の伝に云く、「四教はこれ四智なり。三蔵教《さんぞうきょう》は成所作智なり。この教には生滅の所作の仮法《けほう》を明かすが故に。通教《つうぎょう》は平等性智なり。この教には如幻《にょげん》即空《そくくう》・平等一味の旨を明かすが故に。別教《べっきょう》は妙観察智なり。別教の意は、*三観の別智の智を以て*三惑《さんなく》の迷執を断ずるが故に。円教《えんぎょう》は大円鏡智なり。花厳経は*大円(鏡智)・*妙観(察智)の二智にあり。正しく*因果合行《ごうぎょう》に当る。阿含《あごん》経には成所作智を説く。*浅海〔外《げ》〕院《いん》の行

内証の十界 報身の智恵の中味としての十界、証悟の対象としての十界。
心に慮想を起す 悩んだり苦しんだりして、次第に宗教心を起すこと。
互に依因となつて… 色心万有が互いに依りあい対立しあっている世間の現象は、皆仏が垂迹した姿にほかならぬ。
証道の八相 衆生の生住異滅の有様を応身仏の八相成道にほかならぬと見なす。
果海円満の徳によりて… 仏果を円満した仏が、衆生を教化するために八相成道の儀式を示現してみせる。
応用の内才 用玄義に属する化他の智恵をいう。
名教 教は名称(言葉)によるから名教という。これに、体たる法性に即しない面と、即する面とがあるから、離体と応体とを立てたのである。
仏意の五時 法華玄義にこの説なし。
五智 →二一頁一四行(大綱集)
順師 順暁を指すか。越州竜興寺で最澄に密教を伝授した人。ただし順師伝なるものの真偽は疑わしい。
三観の別智 別教の三観、即ち次第三観。→六七頁六行「次不次」
三惑 見思・塵沙・無明。→三二頁一一行(牛頭決)
大円・妙観 華厳経は円に別を兼ねた教えであるから。
因果合行 妙観察智を大円鏡智に対して因智と見れば、因果合行となる。

法なり」と、云々。

諸仏の内証に本より五時を具し、全く機情に趣かざる、これを*自証法華の体と名づく。智威《ちい》大師云く、「*三種法花の第三の根本法花《こんぽんほっけ》は五時にありて立つ」と。即ち仏意の五時を立つるなり。機情の五時は*常途《じょうず》の説のごとし。

八教にもまた二種あり。*仏意の八教とは、一切衆生の心性に〔八〕分の蓮花あり。八葉の蓮花とは四智に経て本有の因果を成ず。成所作智〔に因果〕あり、因分を三蔵教と名づけ、果分を漸教《ぜんぎょう》と名づく。平等性智に因果あり、因を通教と名づけ、果を不定《ふじょう》教と名づく。通教の自体は不定にして、或は円に通じ、或は別に通じ、或は小に通ず。故に通教の平等性〔智〕の果分を不定教と名づく。妙観〔察〕智に因果あり、因は別教、果は秘密教なり。大円鏡智に因果あり、因は円教、果は頓《とん》〔教《ぎょう》〕なり。彼《か》の因果の八葉は*不二の中台《ちゅうたい》を以て所依《しょえ》となす。法花はこれ、彼《か》の八教に超え、因果の相を絶したる*内外円明《ないげえんみょう》の法界体性智なり。これを仏意の八教と名づく。機情の八教とは、内証の八徳によりて機のために八教を説く、これなり、云々。

妙法二字の五重玄の不同をいはば、法性寂然の五重玄を妙と名づけ、法性常照の五重玄を法と名づく。

次に、蓮の五重玄とは、蓮花をば*因成実の義に名づく。蓮の名《みょう》とは、*十八円満《じゅうはちえんまん》なるが故に蓮と名づく。

一に*理性円満《りしょうえんまん》、謂く、万法悉く真如法性の実理に帰し、〔実性の理に〕万法円満するが故

浅海外院 胎蔵界曼荼羅の最外院、金剛界曼荼羅の外金剛部院のこと。曼荼羅の最も外側に位置し、二乗六道等の最下の諸尊をここに摂する。

自証法華の体 根本法華のことを今はこう呼んだにすぎない。

三種法花 根本法華・隠密法華・顕説法華。実は最澄の説である。↓補

常途の説 法華玄義巻十に説かれた通常の説。

仏意の八教 四智と八教との相配説も、化法四教と化儀四教との因果関係説も、正常な説でなく、また相配に必然性がない。要は、八教を八葉に配し、法華を中台に配して、法華が八教を超えた最勝の教であることを明かすにある。

不二の中台 中台は大日法身の住処。法身は非因非果、故に因果不二という。また中台の智恵の四面が八葉の四仏であるから、八葉は中台を所依とするという。

内外円明 内心と外境とをまどかに照明する、即ち一切に遍満する。

因成実の義 (蓮とは)因華が結んだ果実である。

十八円満 仏地経にも報身仏の果徳として十八円満を説くが、今の十八円満とは内容項目が違う。仏果は十八徳を完全に充足した位であるから、円満というが、ただし以下の文勢は、この円満を凡夫の当体に認めようとしている。

に、理性を指して蓮となす。

二に修行円満、謂く、*有相無相の一行に万行円満するが故に、一行を指して蓮となす。

三に*化用《けゆう》円満、謂く、心性の本理に諸法の*内分あり。この内分に化他の用を具するが故に、蓮と名づく。

四に*果海《かかい》円満、謂く、諸法の自性を尋ね、悉く本性を格《いた》すに、無作《むさ》の三身《さんじん》を成ずれば、法として無作の三身にあらざるはなし。故に名づけて蓮となす。

五に相即《そうそく》円満、謂く、煩悩の自性は全く菩提と一体不二の故に、蓮となす。

六に*諸教円満、謂く、諸仏の内証の本蓮に諸教を具足して、更に闕減《けつげん》なし。

七に一念《いちねん》円満、謂く、根塵相対《こんじんそうたい》の一念の心起るに、三千世間を具するが故に。

八に*事理《じり》円満、(いはく、)一法の当体は二にして不二、闕減なく具するが故に。

九に功徳《くどく》円満、謂く、妙法蓮華経に万行の功徳を具し、*三力の勝能《しょうのう》あるが故に。

十に〔諸〕位円満、ただ一心を点ずるに六即《ろくそく》円満す。

十一に種子《しゅうじ》円満、一切衆生の心性に本より成仏の種子を具す。*権教には種子円満なき故に、皆成仏道《かいじょうぶつどう》の旨《むね》を説かず。皆成仏道の旨を説かざるが故に、蓮義なし。

十二に*権実《ごんじつ》円満、謂く、法花実証の時は実に即して権、権に即して実、権実相即して闕減なき故に。

*十三に*説法円満、謂く、法にしてすでに三身を具するが故に、諸法は常に法を演説す。

十四に*諸相円満、謂く、一々の相中に皆八相〔を具し〕、一切諸法は常に八相を唱ふ。

理性円満　万法の理性たる真如法性を完全に証得した位が仏果であると。ただし理性は凡夫にも蘊在する。

有相無相の一行　摩訶止観の序・大意・十章の修行をいう。一切行を修し終れば仏であるが、万行具足のこの一行を修すれば、凡夫も一切行を修したことになる。

化用円満　衆生教化を完遂する能力を備えたところに仏たる所以があるが、この能力は凡夫にもある。凡夫心性には諸他の一切を分具し、心中で自と他と互いに影響し合っている故。以上三は円満の果徳を因身に具する点を述べる。

内分　版本「因分」。

果海円満　仏界に万物を収納する。

諸教円満　一切の言教を仏教と見る。以上三は、凡夫の身口意を仏の三業に円満具足する点を述べる。

事理円満　一事も三諦円融の理を表わしていることをいう。以上、一切が皆三千三諦の理に叶う点を述べる。

三力　信力・法力・仏力。

権教には…　方便教は二乗作仏を認めない。即ち十界は皆成仏するとは説かない。そこには三諦円融・十界互具の教理(仏種)がないからである。以上は、法華経の経力を称す。

権実円満　法華経は権教施設の仏意を説くから、法華経を知れば一切経を知り得たことになる。

十五に*俗諦《ぞくたい》円満、謂く、十界・百界、乃至、三千本性は常住にして不生不滅なり。*本位《ほんい》を動ぜずして当体即理の故に。

十六に*内外《ないげ》円満、謂く、非情《ひじょう》の外器《げき》に内の六情*を具し、*有情数《うじょうしゅ》の中にもまた非情を具す。余教は内外円満を説かざるが故に、草木《そうもく》成仏せず。草木成仏にあらざるが故に、また蓮と名づけず。

十六に観心《かんじん》円満、*六塵《ろくじん》*六作《ろくさ》は常に観心の相にして更に余義《よぎ》にあらず。

十七に寂照《じゃくしょう》円満、故に文に云く*、「法性寂然たるを止と名づけ、寂にして常照なるを観と名づく」と。

十八に*不思議《ふしぎ》円満、謂く、諸法の自性を尋ぬるに、有にあらず無にあらず、諸の情量《じょうりょう》を絶す。また三千・三観并びに寂照等の相もなき大分*の深義にして、本来不思議なるが故に、名づけて蓮となすなり。

この十八円満の義を以て委しく経意を案ずるに、今経の勝能并びに観心の本義は良《まこと》に蓮義による。二乗《にじょう》・悪人《あくにん》・草木《そうもく》等の成仏并びに久遠塵点《くおんじんでん》等は、蓮徳《れんとく》を離れては余義なし。

座主の伝に云く、「玄師の正決を尋ぬるに、十九円満を蓮と名づく。いはゆる当体円満《とうたいえんまん》を加ふるなり。当体円満とは*当体蓮華《とうたいれんげ》なり。謂く、諸法の自性《じしょう》は清浄《しょうじょう》にして染濁《せんじょく》を離るるを、本より蓮と名づく。一経*の説に依るに、一切衆生の心《むね》の間には八葉*の蓮華あり。男子は上に向ひ、女子は下に向ふ。成仏の期に至らば、たとひ女人なりといへども、心の間の蓮は速かに還つて上に向ふ。しかるに今の蓮は、*仏意《ぶっち》にある時は本性清浄の当体の蓮

十三説法　この四字、十八円満鈔になし。即ち説法円満の項を第十二円満の連文とし、また第十四以下の番付を一番ずつ繰上げている。
説法円満　仏のみならず、花鳥風月も皆、説法する法身であるという。
諸相円満　万物の生住異滅の有様を仏の八相成道の姿と見る。証道八相。
俗諦円満　真諦なる仏界ばかりでなく、俗諦なる九界の万物を常住と見る。
本位を動ぜず…　もとのままの状態そのままで真如の理に叶っている。
内外　内とは有情の心、外とは非情なる草木国土。
六情　喜・怒・哀・楽・愛・憎。
有情数　有情の部類。
六塵　塵が物を汚すように、衆生の心を汚す色声香味触法。
六作　また六受。眼耳鼻舌身意の六識が六塵に対したとき起る苦楽捨の三迷情をいう。日常のこれらの妄情を観心修行と心得る。
文に云く　摩訶止観序分の文。六作が即ち観心である理由は、六作が法性の寂照にほかならないからである。
不思議円満　相対的存在もその本性(即ち真如)は有無の情量を絶し、三千三観の分別すら離れて、不可思議絶対である。以上、法華の実証を得て後の心境を述べる。
大分の深義　大分真如の深義。九二頁五行を見よ。

と成り、もし機情に就かばこの蓮華は譬喩〔の蓮〕と成る」と。

次に、蓮の体とは、体において多種あり。一には*徳体《とくたい》〔の蓮〕、謂く、本性の三諦を蓮の体となす。二には*本性の蓮、三千諸法は本より已来《このかた》当体不動なるを蓮の体となすなり。三には*果海真善の体、一切諸法は本《もと》これ三身にして寂光土《じゃくこうど》に住す。たとひ一法たりといへども三身を離れざるが故に、三身の果を以て蓮の体となすなり。四には*大分真如《だいぶんしんにょ》の体、謂く、不変《ふへん》・随縁《ずいえん》の二種の真如を弁びに少分真如と名づけ、本迹・寂照等の相〔を分たず〕、諸法の自性の不可思議なるを蓮の体となす。

次に、蓮の宗《しゅう》とは、*果海の上の因果なり。和尚の云く、「*六即《ろくそく》の次位《じい》は、妙法蓮華経の五字の中には正しく蓮の字にあり。蓮門の五重玄の中には正しく蓮の宗より起る」と。所《ゆ》以《え》はいかん。*理即《りそく》は本性に名づく。本性の真如は*果性円満《かしょうえんまん》なるが故に、理即を蓮と名づく。果海の本性に住して*解行証《げぎょうしょう》の位を経《ふ》るが故に、果海の次〔位〕と名づく。智者大師《ちしゃだいし》は自解《じげ》仏乗《ぶつじょう》の内徳を以て明かに経旨《きょうし》を見、蓮の義において六即の次位を建立せり。故に*文に云く、「この六即の義は一家より起る。深く(円旨に)符《ふ》せり」と。しかるに*始覚《しがく》の理に依らば、*在纏真如《ざいてんしんにょ》を指して理即〔とし〕、*妙覚証理《みょうがくしょうり》を出纏《しゅつてん》と名づけ、正しく出纏のために諸の万行を修するが故に、*〔法〕性の理の上の因果なり。故にまた蓮の宗と名づく。

蓮に*六の勝能《しょうのう》あり。一には自性清浄《じしょうしょうじょう》にして泥濁《でいじょく》に染《そ》まず〈理即〉。二には花《はな》・台《うてな》・実《み》の三種具足して減《げん》ずることなし〈名字即《みょうじそく》、諸法即三諦を解了《げりょう》する故に〉。三には初め種子《しゅうじ》より実《み》を成すに至るまで、花・台・実の三種相続《そうぞく》して断えず〈観行《かんぎょう》即、念々相続し、修して廃せざる故に〉。四

当体蓮華　譬喩蓮華に対する。↓補

一経の説　大日経疏巻四の説。

八葉の蓮華　密教の胎蔵界曼荼羅の中院は八葉の蓮華よりなり、九尊の住所である。↓二二頁四行(大綱集)

仏意に…蓮と成る　蓮華とは、仏の本意から見れば自性清浄心そのものの名であるが、凡情から見れば妙法の意味を助顕するための譬喩にすぎない。

徳体・本性・果海・大分真如　法の体を論じたときは、徳体(三諦)、性体(三千)、不思議体(寂滅相)を体にあて、妙の体を論じたときは、大真如を本迹不二の体とした。今は大真如を不思議に合し、さらに無作の三身を体に加えたのみ。「大分真如」は、十八円満鈔には「大真如」。

果海の上の因果　すでに成仏し終った上での修行。蓮は果実であるから、蓮宗を果上の因果という。

六即の次位　↓二七頁一七行「妙覚」(牛頭決)

理即は…　まだ聞法したこともない凡夫も、その本性たる真如理においては仏と相即することをいう。

果性円満　因中に含まれた果を果性という。因に果性を完備するなら、凡夫の因行は果上の修因でもある。

解行証　解は聞法解了の段階で名字即、行は解了を修行に移す段階で観行即・相似即、証は分真即・究竟即。

には花葉《けよう》中にありていまだ熟《じゆく》せざるの実《み》、真の実《み》に似たり〈相似《そうじ》即〉。五には花開きて蓮現ず〈分真《ぶんしん》即〉。六には花落ちて蓮成る〈究竟《くきよう》即〉。この義を以ての故に、六即の深義は、源《もと》、蓮の宗より出でたり。

次に、蓮の用《ゆう》とは、六即円満の徳によりて常に化用を施すが故に。

次に、蓮の教とは、*本有《ほんぬ》の三身は果海の蓮性に住して常に浄法《じようほう》を説き、八相成道《はつそうじようどう》し、*四《し》句《く》成利《じようり》す。和尚、「証道の八相・無作の四句の成道は*蓮教の処にあり。ただ無作の三身を指して本覚の蓮となす。この本蓮に住して常に八相を唱へ、常に四句の成道を作すが故に」と。

次に、花字の五重玄とは、諸法の因分を指して花となす。

花の名とは、花に三徳あり。一には色微妙《いろみみよう》、二には妙香具足《みようこうぐそく》、三には終《つい》に摩滅《まめつ》に帰す。この三相は即ち三諦なり。色の微妙なるは仮諦《けたい》、妙香具足せるは中《ちゆう》、終に摩滅に帰するは空諦《くうたい》なり。前四味《ぜんしみ》の間は如来は十方を誘引《ゆういん》せんがために、三諦円(具)の花徳より〔機《き》〕情《じよう》に趣《おもむ》きて、三諦を説きたまふ。花厳は中道〈*円教正意の故に〉、阿含《あごん》・方等《ほうどう》は空諦〈*蔵通《ぞうつう》二教は空を以て正意となす故に〉、*般若《はんにや》は仮諦〈別教を説くを正意となす。別教は*出仮《しゆつけ》の意なる故に〉。法華にあらば、因中の花分の三諦を*体内《たいない》の権《ごん》〔と名づけ〕、*爾前《にぜん》にあらば、体外《たいげ》の権と名づく。

次に、*花の体とは、一心三観・一念三千(観)等の修行の諸道は皆これ花の体なり。

次に、*花の用とは、三世十方の諸仏の利益を蓮の用となし、九界幷びに十方の諸菩薩の化道・利生を花の用となす。

文に云く　止観輔行伝弘決巻一の文。

始覚の理に依らば　因果の差別を立て、修行位階を論ずるときは。

在纏真如　出纏真如の対。纏は「まとう」。即ち煩悩にまとわれ、覆われた真如。凡夫に蘊在する真如。

妙覚　五十二位の最高位、仏位。

法性の理の上の因果なり　法性＝真如。出纏真如も在纏真如も真如に変りはない。故に因も果も法性の隠顕の差にすぎないという。

六の勝能　蓮華の因果(成長過程)を円教修行の六段階に配当して、蓮の宗を解説する場面。ただし、五の華開蓮現、六の華落蓮成は、法華玄義(会本七下)の蓮華釈によれば法華経の施(為蓮故華)・開・廃に関する譬喩であるが、今は行位の譬喩とする。

本有の三身　無作の三身と同義。凡夫が本来所有している三身性をいう。

四句　成道のとき唱える諸漏已尽・梵行已立・所作已弁・不受後有。

蓮教の処　即ち八相成道・四句成利は、口業の説法に対して、身業による説法であるから、ここで解説した。

円教正意の故に　円に別を兼ねる故。

蔵通二教　阿含はただ蔵教だけを説き、方等は四教を並対して説くが、通教を正意とする。また蔵教は析空(小乗空)を説き、通教は体空(大乗空)を説く故に、二教を空諦にあてる。

般若　畢竟空を説いて大小対立を淘

次に、花の教とは、*機情に趣きて説かるる教法は皆これ花の教なり。また*自性の説法といへども、自性内の機に対するが故に、皆花の教に属するなり、云々。

次に、経の五重玄とは、人法《にんぽう》の二邪を破して正直ならしむるを義《ぎ》となす。*人法の二正とは、一切衆生の得道を顕すは皆経力《きょうりき》による。もし経巻《きょうがん》なくば生死長遠《しょうじちょうおん》にして、出離《しゅつり》は久遠《くおん》（の後）なるべし。また理〔経〕によつて法の正を成ず。真如法性の妙理は自性清浄にして邪曲なければ、正しく理内《りない》によりて理経あり。また三千の性相《しょうそう》、本より常位に住して邪曲〔なきは〕、法々悉く本有の妙経を具するが故なり。これを経の名となす。

次に、経の体とは、*始覚門の時は不変真如の*別理《べつり》を以て体となし、*本覚門の時は随縁の諸法を以て経体となすなり。〔経宗・〕経用・経教は、上に准じて知んぬべし。

大文《だいもん》第二に、*惣説の五重玄とは、妙法蓮華経の五字即ち五重玄なり。妙は名、法は体、蓮は宗、花は用、経は教なり。問うて曰く、花を以て宗《しゅう》と用《ゆう》とに通ぜしむるや。*答へて曰く、蓮は果、華は因なるが故に、花を以て宗に属す。果上の位に住して還つて化道《けどう》に趣くは昔因《しゃくいん》に似たり。故にまた花相に当つ。

惣説の五重玄に二種あり。一には仏意の五重玄、二には機情の五重玄なり。仏意の五重玄とは、諸仏の内証に*五眼の体を具す、（これ）*即ち妙法蓮華経の五字なり。仏眼《ぶつげん》は妙、法《ほう》眼《げん》は法、恵眼《えげん》は蓮、天眼《てんげん》は花、肉眼《にくげん》は経なり。妙は不思議に名づくるが故に、真空冥寂《しんくうみょうじゃく》の仏眼なり。法は分別に名づくれば、法眼は分別の形なり。恵眼は空なれば、果体の蓮なり。花は用なるが故に、天眼の神通化用《じんづうけゆう》に名づく。経とは破迷〔の義〕なり。迷を以て所対《しょたい》とな

汰する役割を持つが、畢竟空の上に妙有を立てるから仮諦にあてたか。

出仮　従空出仮、即ち空観より仮観に出て、無量の万有の生起の様態を観察する立場。これは般若よりもむしろ華厳の立場である。

体内の権　因分は果分に対すれば方便権教であるが、法華実教の中での方便であるから、真実体内の方便という。

爾前　法華経以前の経、即ち五時中前四時の経。

花の体　蓮体論のときは、物の体性に本具の三諦・三千・三身等を体としたが、今はそれらを具有するための修行(因)を体とする。次に華の宗を述べねばならぬが、不説。

花の用　自行を成就した諸仏(果)の化他を蓮用とするに対して、自行成就のための九界の人々(因)の化他を華用とする。

機情に…　仏智の果分を衆生の理解力の限度内で説明するときは因分を説く。故にこれを華教という。

自性の説法　法身説法のこと。密教ではこれを自受法楽のための自問自答であり、果分不可説の可説であるというが、今はこれをも華教に含む。

人法の二正　経巻が人をして出離生死せしめるのは人正、「理経」＝本有の妙経＝真如法性の妙理、この理が無常なる三千万法の依となって常

すが故に、肉眼に名づく。(故に)仏智の内徳に具する五眼は、即ち五字なり。五字はまた五重玄なり。故に仏意の五重〔玄〕と名づく。

また五眼*は即ち五智なり。法界体性智《ほうかいたいしょうち》は仏眼、大円鏡智《だいえんきょうち》は法眼、平等性智《びょうどうしょうち》は恵眼、妙観《みょうかん》察智《さっち》は天眼、成所作智《じょうしょさち》は肉眼なり。問ふ、一家は五智を立つるや。答ふ、すでに九識*あるが故に五智*を立つべし。前五識《ぜんごしき》は成所作智、第六識は妙観察智、第七識は平等性智、第八識は大円鏡智、第九識は法界体性智なり。

次に、機情の五重〔玄〕とは、機のために説くところの妙法蓮花経は即ちこれ機情の五重〔玄〕なり。

名題*の五字に付きて五重の一心三観あり。伝《でん》に云く、

妙――不思議一心三観――天真独朗《てんしんどくろう》の故に不思議なり
法――円融《えんにゆう》一心三観――理性円融《りしょうえんにゆう》として惣じて九ケを成ず
蓮――得意《とくい》一心三観――果位
率――複疎《ふくそ》一心三観――本覚《ほんがく》
経――易解《いげ》一心三観――教談《きょうだん》

玄文《げんもん》*第二に、この五重を挙ぐ。文に随ひて解すべし。不思議*の一心三観とは、〔智者〕已《こ》証《しょう》の法体《ほったい》は理非造作《りひぞうさ》の本分《ほんぶん》なれども、三諦の名相《みょうそう》なき中において強《し》ひて名相を以て説く(故に)、不思議と名づく。円融*とは、理性法界《りしょうほうかい》の処に本より已来《このかた》〔三諦の理あり。三諦互《たが》ひに円融して九箇と成る。次に得意とは、不思議と円融との三観は凡心《ぼんしん》の及ぶところにあら

住に価値づけるのは法正である。

始覚門・本覚門 妙体の項を見よ。

別理 真如が随縁生起して万物となれば、もとの真如と相即不二ではないとする別教の真如観をいう。

惣説の五重玄 七五頁四行の「五字合成の深義」にあたる。

答へて曰く 蓮は果実、華は因花であるから、この二字をともに宗玄義に所属させるべきだが、得果以前の因行中にも化他があり、これと得果以後の化他の用とは相似するから、華を用玄義に配当してもよい。

五眼 肉眼は人の眼、天眼は天人の眼、慧眼は空理を照見する二乗の眼、法眼は衆生教化のために一切の教法を照見する菩薩の眼、仏眼は前の四眼を具足する仏の眼。

即ち…五字 五字を五眼に配する説は、法華玄義になし。また五字五眼の結びつきには必然性がないから、次下の結びつきの説明には無理がある。

五眼は即ち五智 五眼は人・天・二乗・菩薩・仏の眼、五智は密教の五仏の智恵。故に元来は配当できない。

九識 ↓六〇頁一二行

五智 ↓二一頁一四行(大綱集)

名題の… 以下は、「大意旨帰の深義」(七五頁三行)の解説か。その要は、五字に一心三観のすべての行相を包含すると述べて、唱題の功徳を高揚するにある。

ず。ただ〕聖智《しょうち》の自《じ》受用《じゅゆう》の徳〔を以て〕量知すべし。故に得意と名づく。複疎《ふくそ》の三諦とは、無作《むさ》の三諦にして、一切法に遍《あまね》く、本性常住なり。理性の円融に同じからざるが故に、複疎と名づく。易解とは、三諦円融等の実義は知り難し。〔故に〕且《しばら》く次第に附きてその義を分別す。故に易解と名づく。これを附文《ふもん》の五重とも名づく。

次に、本意に依るもまた五重あり。一には三観一心〈入寂門《にゅうじゃくもん》の機〉。二には一心三観〈入照《にっしょう》門《もん》の機〉。三には住果還《じゅうかげん》の一心三観、上機ありて知識の「一切法は〔皆〕これ仏法なり」と説くを聞き、聞《もん》に即して真理を開き、入真已後《にゅうしんいご》、遊観《ゆかん》のために一心三観を修す。四には為果行因の一心三観、謂く、果位究竟の妙果を聞き、この果を得んがために種々の三観を修す。五には付法の一心三観、五時《ごじ》八教《はっきょう》等の種々の教門を聞き、この義を以て心に入れて観を修するが故に付法なり。次《つい》でのごとく相当すべし、云々。已上、修禅寺《しゅぜんじ》邃和尚《ずいわじょう》伝法の四ケかくのごとし。

玄文第二　法華玄義巻二。↓補

不思議の一心三観　天台大師自証の止観の本来の面目は、天真独朗・理非造作にあり、それは三観と名づけることもできない境涯であるが、強いて命名すれば、不思議と呼ぶほかはないと。

円融とは…　万差の物もその本性を観ずれば、すべてに三諦円融の理がある。三諦の理があるならば、一諦に三諦の理を具して、九箇の理があると言うこともできると。

聖智の自受用の徳　修行円満した仏の智恵の働き。

次第　別教の隔歴次第の三諦の意味ではなく、教理体系の説明の次第の意味である。

本意に依る　法華玄義の文を離れて、一心三観の種類を達意的に考える。

入寂・入照　三観に照された万物を一心性に収束するから寂(止)に入るといい、一心を三観に開くから照(観)に入るという。

住果還　果を得るための修観ではなく、得果の後還って自在を楽しむために一心三観を修することをいう。

次でのごとく相当　以上の本意の一心三観の五重も、その配列次第の通りに、順次に妙法蓮華経の五字に相当する。

本覚讃

註本覚讃（伝良源）

田村芳朗校注

*本《ほん》覚《がく》讃《さん》

帰命《きみょう》本覚《ほんがく》心《しん》法身《ほっしん》　常住《じょうじゅう》妙法《みょうほう》心《しん》蓮台《れんだい》
本来《ほんらい》具足《ぐそく》三身《さんじん》徳《とく》　三十七尊《さんじゅうしちそん》住《じゅう》心城《しんじょう》
普門《ふもん》塵数《じんじゅ》諸《しょ》三昧《さんまい》　遠離《おんり》因果《いんが》法然《ほうねん》具《ぐ》
無辺《むへん》徳海《とっかい》本円満《ほんえんまん》　還《げん》我《が》頂礼《ちょうらい》心《しん》諸仏《しょぶつ》

*本覚心法身に帰命す　常に*妙法心蓮台に住す
本来、*三身の徳を具足し　*三十七尊、心城に住す
*普門塵数の諸三昧　*因果を遠離し、法然として具す
無辺の徳海、*本円満す　*還《かえ》つて我、心の諸仏を頂礼す

本覚讃　不空訳と伝える妙法蓮華経三昧秘密三摩耶経(別称、蓮華三昧経・無障礙経など)の巻頭の偈頌。三世諸仏随身または一切衆生成仏の偈ともいう。↓補

本覚心法身　本来の覚性であり、心性としての真理。万象を支える真理(法)を心によせて表現したもの。真理は客観的にして主体的なもの(理智不二)であり、そこから、真理の主体的把握が強調され、すすんでは、主体としての心に真理が盛られてくる。

妙法心蓮台　清浄なること蓮華のごとき真理(妙法蓮華)を心性にあてたもの。蓮台とは、蓮華台座の略。心性に重点を置いて、心性蓮華ともいう。密教の強調するところ。

三身の徳　法身・報身・応身の三仏身の徳。仏のすぐれた徳性が心に本来そなわることをいう。

三十七尊　金剛界曼荼羅の主要な尊体。五仏・四波羅蜜菩薩・十六大菩薩・八供養菩薩・四摂菩薩。↓本覚讃釈(一〇五頁)

普門塵数の諸三昧　心に観ぜられるべき数かぎりない真理の諸相。

因果を遠離　真理が造作・作為をこえてあること。真理のあるがままなすがた(法然)をいったもの。

本円満　真理の無限の功徳が、心に本来みちみちていること。

還つて　帰命・帰投の意。

註《ちゅう》本《ほん》覚《がく》讃《さん》

帰命本覚心法身　常住妙法心蓮台　三身万徳備《まんとくそな》ハリテ
三十七尊スミ給フ　心法《しんぼう》本ヨリ形ナシ　内外《ないげ》処々ニアラネドモ
胸ノ間ノ方寸ニ　*阿利耶識《ありやしき》トナヅケタル　流来生死《るらいしょうじ》ノ昔ヨリ
*分段輪廻《ぶんだんりんね》ノ今マデニ　*介爾刹那《けにせつな》ノ物ナラデ　綿々タル事年久シ
此《この》心則チ*如来ザウ　*恒沙《ごうじゃ》ノ功徳盈《み》チ満《みて》リ　*五道《ごどう》生死ニメグレドモ
無垢《むく》清浄《しょうじょう》ナラビナシ　或《あるい》ハ月ト観ズレバ　*五種ノ三昧成《じょう》ズナリ
或ハ鏡ニ譬《たと》レバ　*三諦相即《さんだいそうそく》アラハレヌ　一念有《う》ニアラネドモ
*三千性相《しょうそう》分レタリ　又是レ無ニアラネドモ　一法トシテ得ベカラズ
其性《そのしょう》非有非無《ひうひむ》ニシテ　動ゼザル是レ中道ナリ　三千*忘《もう》ジ存セルヲ
仮《かり》ニ名《なづけ》テ空仮《くうげ》トス　内体三千空仮中《くうげちゅう》　*毘盧舎那遍照智《びるしゃなへんじょうち》
迷《まよえ》バ石木《しゃくもく》異ナレド　悟《さと》レバ氷水《ひょうすい》ヒトツナリ　応レ知《しるべし》心性《しんしょう》外ナクテ
万《よろず》ハ皆是《こ》レ法界海《ほうかいかい》　乃至一色一香《いっしきいっこう》モ　中道ナラザル物ゾナキ
己界《こかい》思ヘバヲノヅカラ　仏界衆生《しゅじょう》トヲカラズ　一念実相《じっそう》ヘダテネバ
三無差別《さんむしゃべつ》知ヌベシ　妙法蓮華ト是《これ》ヲ云《いう》　仏ノ出世ノ本意ナリ

阿利耶識　梵語 ālaya-vijñāna の訳。阿頼耶識とも訳す。底本「阿利那識」、「那」は「耶」の誤り。第八識で、万象生起の基体としての根本心。
分段輪廻　分段的に生死を転々としていくことで、分段生死ともいう。迷いがもとで生死に流されていくことをいったもので、主体的に生死を乗りきっていく変易生死に対する。ここでは、そのような迷いの生死も、すべて本覚心ないし永遠相のものとされる。
介爾刹那　微小、瞬間。
如来ザウ　如来蔵。心に内在する仏(如来)のこと。仏性と同じ。根本心をもって、それにあてられる。
恒沙　ガンジス河の砂。無数の意。
五道　地獄・餓鬼・畜生・阿修羅・人・天の六つの迷界(六道)の中、阿修羅を除いたもの。
五種ノ三昧　五智・五方・五仏を通しての観法。→本覚讃釈(一一〇頁)
三諦相即　真理の三つのありかたである空・仮・中が、即空即仮即中として相即しあっていること。
三千性相　三千の多様なる事物。それが一念に備わることをいう。天台の一念三千論にのっとったもの。
忘ジ存セル　「忘」は「亡」。三千の事物の非有非無をいう。
毘盧舎那遍照智　毘盧舎那は Vairocana の音訳で、宇宙遍満仏の名。遍照智とは、万有をあまねく照す智。

*衆生本有《ほんぬ》ノ理ヲサシテ　一仏乗ト説キ給フ　*四味兼対《けんたい》ノ前ノ教
*双林捃拾《そうりんくんじゅう》ノ後ノ説　*一期《いちご》ノ縦横イヤシクモ　己心《こしん》中ニ納メタリ
我身《わがみ》ハ*薄福底下《はくふくていげ》ニテ　*浮嚢《ふのう》破レテ海フカシ　仏乗《ぶつじょう》縁ヲムスバズバ
何ヲカ出離ノ本《もと》トセン　*円融《えんにゆう》妙境シバラクモ　心ヲ発《おこ》ス縁アラバ
*阿鼻《あび》ノ炎《ほのお》ノ中ニテモ　仏ノ種トハ萌《きざ》シテン　己心ノ仏願ハクハ
無縁ノ大悲ヲタレ給ヘ　*若人欲了知《にやくにんよくりようち》　三世《さんぜ》一切仏《いっさいぶつ》
応当如是《おうとうにょぜ》観《かん》　心造諸如来《しんぞうしょにょらい》

衆生本有ノ理　衆生の心に本来そなわるところの真理。

四味兼対　天台教判の用語で、四味とは華厳・阿含・方等・般若の四部の経典をいい、それらは低次の教理と最高の教理(円教)を兼ね説いたり、対説したりしたものとして、純円教の法華経より以前のものとされる。→補「八教」(本理大綱集)

双林捃拾　涅槃経をさす。涅槃経は釈迦が沙羅双樹の下でなくなるときの最後の教えであり、法華経にもれた人びとを拾い救うものとされる。

一期ノ縦横　釈迦一代のあらゆる教理。

薄福底下　徳うすく、煩悩の深いこと。

浮嚢　浮袋。煩悩の海におぼれないよう、自己を支えるもの。戒律をさす。涅槃経(南本)聖行品第十九の上(巻第十一)に説かれる。

円融妙境　絶対の真理の境界。

阿鼻ノ炎　阿鼻は Avīci の音訳。無間と意訳。極悪の地獄の名。間断なく苦を受ける地獄。

若人欲了知…心造諸如来　「もし人、三世一切の仏を了知せんと欲せば、まさにかくのごとく観ずべし、心はもろもろの如来を造ると」(華厳経夜摩天宮菩薩説偈品第十六)。「了知」は八十巻華厳経の語で、六十巻本では「求知」とあり、「求めて三世一切の仏を知らんと欲せば」と読む。

本覚讃釈（伝源信）

田村芳朗校注

本《ほん》覚《がく》讃《さん》釈《しゃく》

天台沙門源信《てんだいしゃもんげんしん》撰す

それ以《おもんみ》れば、本覚《ほんがく》の理、*幽邈《ゆうばく》なり。これを琢《みが》かずば、なんぞ*元迷《がんめい》の源を悟らん。心理の要水、昏濁《こんじょく》なり。これを澄《す》まさずば、なんぞ*覚華《かっけ》の蕚《はなぶさ》を浮べん。即ち先哲の旧懐を探《さぐ》つて、まさに*綿玄の奥旨《おうし》を知るべし。帰命本覚心法身《きみょうほんがくしんほっしん》とは、述べて曰く、意業《いごう》を挙げて、次に身《しん》口《く》の二業《にごう》を兼ねたり。本覚心身とは、*自身本覚不生《ふしょう》の理なり。ある*本経《ほんぎょう》に深法身《じんほっしん》と云へり、云云。私に云く、*内証開悟する時にこの理を知る故に、*凡下《ぼんげ》の所知にあらず。この故に深と云ふか。故に*一行阿闍梨《いちぎょうあじゃり》、大日経を釈して云く、「*この本地《ほんじ》の身は、即ちこれ妙法蓮華の最深秘密の処なり」と、云云。深義《じんぎ》この意か。

問ふ、一切の凡夫は、無始より自来《このかた》、いまだ悟らざるが故に、また皆悟入《みなごにゅう》せず。しかれば、本覚の身とは云ふべからず。答ふ、中間の*始覚《しがく》に対して、*元初《がんじょ》を指して、しばらく本覚と云ふか。例せば、中間の有始《うし》に対して無始を論ずるがごとし。

問ふ、無始の本を指して名づけて本覚法身と言ふことは、中間の有始に対する無始のごとしとは、実《まこと》に元初の始めありや。答ふ、経論の中に始起の衆生ある一義を諍《あらそ》へども、ただし、*十地の菩薩も元初の迷縁を知らず。この故に、また*究竟転依《くきょうてんね》の位に至つて、この理

幽邈　奥深く、はるかなこと。

元迷の源　迷いの根源。

覚華　悟りを花にたとえたもの。

綿玄　微妙、深遠の意。

自身本覚不生　生滅・造作をこえて本来・本然として真理(法)の覚体が存すること。自身とは自性身の略で、法身を指す。

本経　論述にさいして依拠する経。

内証　自己の心内に真理を悟ること。

凡下　凡夫、下賤の意。

一行阿闍梨　唐代の人(六八三—七二七)。善無畏とともに大日経の翻訳・注釈に従事する。

この本地の身…　大日経疏巻第七(正蔵三九、六五八頁上)、大日経義釈巻第五(続蔵一ノ三六ノ四、三六八左)。

始覚　大乗起信論に「本覚義者、対二始覚義一説。以三始覚者即同二本覚一。始覚義者、依二本覚一故而有二不覚一。依二不覚一故説レ有二始覚一」(正蔵三二、五七六頁中)とある。

元初　根本、根源の意であるが、万物の発生・帰滅の源(始源)と解すると、不生不滅ないし無始無終の観念と抵触してくる。

十地の菩薩　菩薩の修行の進展段階について十信・十住・十行・十廻行・十地・等覚・妙覚の五十二位が立てられる中、悟りの直前の段階。↓補「妙覚」(牛頭法門要纂)

究竟転依　究竟位において迷いの依りどころを悟りへと転ずること。

を悟るべきものなり。故に＊瓔珞経《ようらくぎょう》に云く、「法をして起ることなからしむるが故に、無始と名づく。その始めなきにはあらず。故に無始と名づく」云云。また＊教時義の一に云く、「＊ただし、その本有《ほんぬ》迷覚の始めをば、後身《ごしん》の菩薩すら、なほ見ることあたはず。いはんや凡夫をや。あに解釈《げしゃく》することを得んや。もしこの初を疑はば、即ち問の非なりとなす」と。

問ふ、もし始起の衆生ありと言はば、有《う》はまた難の一なり。＊密厳経《みつごんぎょう》に云く、「涅槃もし滅壊《めつえ》せば、衆生に終尽することあり。衆生もし終りあらば、これまた始際あるべし」。また涅槃経の中に外道《げどう》の＊十四難あり。如来、置いて答へたまはず。その衆生に初際ある難は、これ、その一なり。もし如来蔵の法、自変して衆生と作《な》ると言はば、即ちこれ衆生にすでに初際あるをもての故に、仏説に違す。また、外難に随ふなり。答ふ、維摩経《ゆいまぎょう》に説く、「＊法本《もと》より不生《ふしょう》なり、今また滅せず。法本より然《しか》らず、今また滅せず」云云。羅什《らじゅう》釈して云く、「＊法性法然《ほっしょうほうねん》にして、生は生に従はず、滅は滅に従はず」。三界の法体は不然《ふねん》不滅なり。仏、衆生のために火宅のごとしと説く。これ則ち、理は常に平等なり。常に平等の故に、常に＊法位に住す。事《じ》は常に差別《しゃべつ》なり。常に差別の故に、縁に従つて起る。常平等、即ちこれ常差別なり。常差別、即ちこれ常平等なり。起は法性の起なり。滅は法性の滅なり。＊常にこれ法性なり。法性にあらずといふことなし。いづれの法の非生か、衆生と作《な》らん。いづれの法の衆生か、始めて非生と作らん。法性の深理を、外道識《し》らずして、ただ＊冥本《みょうほん》等を執して、理本等を信ぜず。この故に衆生の初際の問を、仏置いて答へたまはざるのみ。

問ふ、もしは如来蔵に依《よ》るといへども、衆生は新新に始めて起る。しかも諸仏涅槃は滅《めっ》

瓔珞経に云く… 教時義巻一の引用。

教時義 教時問答。五大院安然の書。

ただし… 教時義巻一(正蔵七五、三七七頁中)。

密厳経に云く… 以下「覚をば諸仏と名づく」まで、教時義巻一(正蔵七五、三七六頁中―下)の引用。密厳経の文は、地婆訶羅訳の妙身生品第二之一(正蔵一六、七三七頁下)。

十四難 外道が仏に呈した十四の難問。仏は、その問の発想法に誤りがあるとして、答えなかった(無記)。

法本より… 維摩経弟子品第三に「本自不ㇾ然、今則無ㇾ滅」(正蔵一四、五四〇頁中)、「諸法畢竟不生不滅…法本不ㇾ然、今則無ㇾ滅」(同五四一頁上)とある。「法本より然らず」とは、法は始めのあるようなものではないということ。つまり不生ということで、したがって不滅でもある。

法性法然 法ないし諸事物(諸法)が本来・本然としてあること。

法位に住す 法華経方便品第二に「法住法位、世間相常住」(正蔵九、九頁中)とあり、法が法として位置するとき、世の中のすがたが、そのまま永遠の相下のものとなること。

常にこれ法性 事象そのまま法性の理という意。差別多様・生滅変化の現象の当処に、平等一如・不生不滅の真理が見られること。

冥本 万物発生の始源体。冥初ともいう。サーンキヤ(数論)の説。

壊《え》せざれば、これ則ち、衆生は増あり減あり、諸仏はただ増なり。則ち、不増不減経に衆生界不増減と説くに違す。答ふ、先づ変つて汝を難ぜん。諸論に、多く、*生死は始めなくて終りあり、涅槃は始めあつて終りなしと説く。これ則ち、衆生はただ減にして、涅槃界はただ増する義なり。*あに不増不減経の説に違せざらんや。しかも今謂《いわ》く、*生死涅槃は同じくこれ法性。法性同体にして、互に前後にあらず、また増減なし。動をば生死と名づけ、静をば涅槃と名づけ、迷をば衆生と名づけ、覚をば諸仏と名づく。〈已上、教時義上〉

問ふ、この心法身、いづれの処に住するや。答ふ、頌《じゅ》に云く、「常住妙法心蓮台」云云。

問ふ、何物《なにもの》をか妙法心蓮台と名づくるや。答ふ、あるが釈して云く、およそ人の胸に*干《か》栗《り》駄《だ》心あり、一の肉団あり。体に八分《はちぶ》の状《かたち》あり、蓮華のごとし。男は仰《あお》ぬき、女は伏《うつぶ》しなり。この八分を観じて、以て妙法業*分陀利華《ふんだりけ》となす。〈已上、*義釈の文〉今、これを指して心蓮台と云ふか。

問ふ、いかんが、これを以て蓮華と名づくるや。答ふ、法華玄義に云ふ「*妙とは不可思議なり」の語は、法を称美する義なり。法とは権実の法、この法即ち妙、この妙即ち法なり〈取意〉。今、私に云く、妙法即ち心、心即ち蓮台、蓮台即ち妙法と云ふか。

問ふ、この本覚の法身はただ理性《りしょう》法身にして、衆生の衆徳を具せずや。答ふ、頌に云く、「三身万徳備《そな》はつて、三十七尊住み給ふ」云云。

問ふ、その三身とは、なんらぞや。万徳三十七尊、またなんらぞや。答ふ、私に云く、法報応《ほっぽうおう》の三身を指して云ふか。また万徳とは、略して云はば、道《どう》・識《しき》・性《しょう》・般若《はんにゃ》等の*十種

生死は始めなくて…　生死は現実の人生。人生は生まれた最初からあり、その意味で始めなく、しかし死にいたるものとして、終りがある。涅槃は悟りの世界。悟りは修行の後に得られるもので、始めがあるが、悟ってからは不滅のものとして、終りがないということ。

あに不増不減経の説に…　不増不減経では、衆生界・涅槃界ともに不増不減と説く。

生死涅槃は同じく…　生死涅槃あるいは動静・迷悟など、ともに法性の現われということ。

干栗駄　梵語 hṛd ないし hṛdaya の音訳。もと心臓の意。肉団心・堅実心・真実心などと意訳。理即事ということから、感覚的・肉体的なものを、そのまま真実・純粋なものと見る。大日経疏巻第十二に「此心之処、即是凡夫肉心、最在㆓於中㆒。是汗栗駄心也」(正蔵三九、七〇五頁下)。

分陀利華　梵語 puṇḍarika の音訳。白蓮華をさす。法華経の題名(妙法蓮華経)の一部となる。→補

義釈　天台密教(台密)の使用した大日経疏(続蔵一ノ三六)。正蔵所収の大日経疏巻第四(正蔵三九、六二三頁上)に同文。

妙とは…　法華玄義巻第二上(正蔵三三、六九七頁上)。

十種の三法　法華玄義の説。→補

の三法を指す。もし広く論ぜば、万行《まんぎよう》諸波羅蜜の功徳法門か。また*三十七尊とは、大日・阿閦《あしゆく》・宝生・弥陀・不空〈已上五仏〉、金《こん》・宝・法・羯《かつ》〈已上四波羅蜜〉、薩《さつ》・王・愛・喜・宝・光・幢《どう》・笑・法・利・因・語・業《ごう》・護・牙《げ》・拳《けん》〈已上十六大菩薩〉、嬉《き》・鬘《まん》・歌・舞〈内供《ないく》〉、香・華《け》・燈・塗《ず》〈外供〉、鉤《こう》・索・鏁《さ》・鈴〈已上四摂《ししよう》。都合三十七尊〉。

問ふ、この三十七尊は、因果の二位合して、これを論ずや。答ふ、しからず。この三十七尊は、因果の位にあらず。ただこれ、*本有《ほんぬ》常住の理具なり。十界の衆生の心に具せざるものなし。故に蓮華三昧《ざんまい》経に云く、「三十七尊、心城に住し、因果を遠離《おんり》して法然に具す」云云。また教時義に云く、「*衆生の心の中において、自《おのずか》ら性にこの因果の法を具足す。これ、修因得果の致す所にあらず」云云。

問ふ、その心城は、いかなる形像《ぎようぞう》を以てか、心城とするや。答ふ、頌に云く、「心法本《もと》より形なし。内外《ないげ》処所にあらず」云云。

問ふ、この頌の意、なんぞや。答ふ、心法は色相《しきそう》にあらざるが故に、無形と云ふか。故に、ある処に云く、「*我が心自《おのずか》ら空《くう》なり。罪福主なし。心を観ずるに、心なし。法、法に住せず」云云。

問ふ、また内外処所といふ意は、なんぞや。答ふ、*六塵を指して外なしと云ふ。*六識を指して内なしと云ふ。*六分を指して処と云ふ。*多趣異熟の形を指して所と云ふなり。即ち、この心法、これらの法の中に求むるに、更に形を得ざるものなり。

問ふ、云ふところの六識の中に意識あり。意識、あに心法にあらずや。しかるを、なん

三十七尊　金剛界曼荼羅。↓補

本有常住の理具　ある時、なにかの因でもって造りだされた特殊的な事物ないし個物ではなく、本来、無始無終・不生不滅に存在し、あるいは具わる普遍的(理)なもの。

衆生の心の中…　教時義巻三(正蔵七五、四三七頁上)。作為的な因果説を否定したもの。それは悪しき作用論で、そこで非造作(無作)・遠離因果(本因本果)・不生・本有・本覚・理具・法然・自然・法爾などが強調されてくる。一方、因果を客体的・決定的なものとして固定視する考えは悪しき無作用論で、それに対しては、心による主体的な因果形成を強調する。ただし、前者を強調するあまりに悪しき無作用論に、後者を強調するあまりに悪しき作用論におちいる危険が特に天台本覚論に生じ、批判のまととなる。

我が心…　法華経の結経とされる観普賢菩薩行法経のことば。心をはじめとして、すべてのもの(法)が空であり、無実体であることをいう。

六塵　色・声・香・味・触・法の六境。心を汚す対境ゆえ、塵という。

六識　眼・耳・鼻・舌・身・意の六根が六境に対しておこす認識。

六分　六根(六内処)ないし六境(六外処)。

多趣異熟　種々の異類の現象・結果をいう。ここでは六識をいう。

ぞ内にあらずといふや。答ふ、その体性《たいしょう》を論ずれば、これ即ち一なり。その用《ゆう》を論ずれば、則ち各別なり。心法と言ふは、体性、本有《ほんぬ》の理を指す。故に心地観経《しんじかんぎょう》に云く、「*かくのごとくの心法、本《もと》、有《う》にあらず。凡夫、迷を執して無にあらずと謂《い》ふ。もし、よく心の体性空《くう》なりと観ずれば、惑障《わくしょう》生ぜず、便《すなわ》ち解脱す」云云。識《しき》は用を指す。故に唯識宗の意は、*真如を以て性となし、識を以て相となす、云云。

問ふ、本有の心法は、一切衆生の理具なり。その識相またいづれの処にかあるや。答ふ、頌に云く、「胸の間の方寸を阿梨耶識《ありやしき》と名づくる」云云。

問ふ、識に八九識あり。なんぞ、偏《ひとえ》に阿梨耶識の一を挙ぐるや。答ふ、*第九の清浄識は染浄の依《え》にあらず。前の七識は*転識《てんじき》なり。本識にあらず。*第八識は、これ本識なり。染浄の依となる。故に*金剛頂の月輪《がつりん》の文に云く、「煩悩・*種子《しゅうじ》・善悪、皆《みな》心に因《よ》る。この心を阿梨耶となす、*六度薫習《くんじゅう》するが故に。この心を善本とする、*福智を具するに由るが故なり」云云。

問ふ、もし、この心、六度に薫習して福智具足せば、なんぞ一切衆生、この心を具しながら、染分に依つて久しく生死に周《めぐ》つて、浄分に依つて速《すみや》かに疾《と》く脱を得ざるや。答ふ、頌に云く、「流来《るらい》生死の昔より、分段輪廻《ぶんだんりんね》の今日までに、介爾《けに》刹那の物ならず、綿綿たる事年久し」云云。

問ふ、この頌の意、なんぞ。答ふ、この頌の意は、無始の一念の妄起《もうき》の時を指して昔と云ひ、今日以前を指して流来生死と云ひ、今の生身《しょうしん》を指して分段と云ふか。また、ある処

かくのごとくの心法…　心地観経観心品第十の偈文(正蔵三、三二八頁上)。

真如　tathatā の訳で、あるがままという意。真理(法)のありかたをいったもので、そこから、本有・常住の真理を意味するにもいたる。ただし、ここでの本有は、本来・本然として、あるがままにあることをいったもので、本質的実体の意ではない。そのかぎり、空である。

第九の清浄識　amala(阿摩羅)識をさす。絶対的な純粋精神で、心の本然のすがたをいったもの。

転識　迷いへと転じてゆく心作用。第七識以下をさす。

第八識　alaya(阿梨耶・阿頼耶)識のことで、染浄・迷悟の依りどころ、ないし媒介としての心作用。いっさいの事象(諸法)の根拠ということで、本識とされる。

金剛頂の月輪の文　金剛頂経の初めに心を月輪のごとく観ずることについて五相(五相成身観)が説かれているが、その第一の通達菩提心を偈文に表わしたもの。この偈文は、金剛頂蓮華部心念誦儀軌(不空訳)に見える(正蔵一八、三二〇頁上)。

種子　阿頼耶識に内在する現象発生の可能力。習気ともいう。

六度薫習　六波羅蜜の行が引きおこされること。

福智　福徳と智慧。

流来生死…　止観輔行伝弘決巻第七

に云く、「*流来生死は、迷心の初めを指す」云云。

問ふ、もししからば、衆生に始めあるか。答ふ、これ前に、云ひて、一分の有始の義を許すにあらずや。

問ふ、もししからば、その多義なんぞ。答ふ、四の義あり。一には始無始の義、*弥沙塞《みしゃそく》部の所立《しょりゅう》なり。二には無始有終の義、*薩婆多《さつばた》および*経部なり。また大乗の一師の所立なり。三には有始有終の義、一類の大乗師の所立なり。四には無始無終の義、一類の大乗師の所立なり。

問ふ、いかなる義を以てか、生死の義とするや。答ふ、衆多の死此《しし》生彼《しょうひ》の義を以て、生死の義となす。これに依つて、摂大乗《しょうだいじょう》の中に*七種の生死を立つ。一は分段生死〈三界の果報〉、二に流来生死〈迷心の始めを指す〉、三に変出生死〈背妄《はいもう》の始め〉、四に方便生死〈入滅の二乗〉、五に因縁生死〈初地已上〉、六に有後《うご》生死〈第十地なり〉、七に無後生死〈金剛心なり〉。

問ふ、いかなる義を以てか、輪廻の義となすや。答ふ、*順流《じゅんる》の十二因縁の義を尋ねて、これを知るべし。また、心地観経に云く、「*有情《うじょう》輪廻して六道に生ずること、なほし車輪の始終なきがごとし。あるいは父母となり、あるいは男女となり、世世生生に互に恩あり」云云。また、ある経に云く、「衆生没在《もつざい》して五趣に生じ、出期《しゅつご》なし」云云。

問ふ、介爾《けに》刹那等と云ふ意、なんぞ。答ふ、言《いわ》く、介爾に二種あり。一は無始妄心《もうじん》の起、介爾と云ふ。故に決の五に云く、「*介爾と言ふは、謂《いわ》く、刹那の心の無間《むけん》に相続して、いまだ曾て断絶せず。纔《わず》かに一刹那に*三千具足せり」。二は*知識経巻《きょうがん》に随つて、一刹那に起る、

之一に「流来謂二迷真之初一」(正蔵四六、三六八頁上)。
弥沙塞部 Mahīśāsaka の音訳。化地部と意訳。小乗二十部の一で、説一切有部より分派したもの。
薩婆多 Sarvāstivādin の音訳。説一切有部と意訳。有部と略称。上座部と大衆部との二大別の中、上座部における最有力の部派。
経部 経量部の略称。説一切有部より分派し、大衆部側につく。
七種の生死 真諦訳の摂大乗論釈巻第十四に「七種生死」(正蔵三一、二五七頁下)といい、巻第十では方便生死・因縁生死・有有生死・無有生死の四種が立てられている。同じく真諦訳の顕識論に「分段是三界。変易是界外、四種生死是一切」(同八八〇頁中)とあり、七種生死は、分段生死を三界に即して三種に、変易生死を十地の四区分に即して四種に分けたもの。ここでの説明は、湛然の止観輔行伝弘決巻第七之一の解説を引用。
順流の十二因縁 無明から老死へと迷いの進展方向に立てられた十二因縁。順観に相応。逆流・逆観に対。
有情輪廻… 心地観経報恩品第二之下の偈文(正蔵三、三〇三頁中)。
介爾と言ふは… 止観輔行伝弘決巻第五之三の文(正蔵四六、二九五頁下)。
三千 天台の一念三千論。一一一頁参照。
知識 善知識の略。導師・教師の意。

木石《もくしゃく》に異なる一念の*自性分別《じしょうふんべつ》の心なり。決の五に云く、「*介爾と言ふは、妄境《もうきょう》を縁ずるにあらず。ただし、一念を生ず。謂《いわ》く、*我《が》観成《かんじょう》ずるを名づけて介爾となす。介は助なり。助は謂く微弱《みじゃく》の念なり」云云。また、教時義に云く、「*一念も、苦を厭《いと》ひ善を欣《よろこ》ぶ心を起すなり」。今論ずる所は、第二の介なり。この一念の介爾なり。一念介爾の心、僅かに起るといへども、また*不退相続の心に住し難《がた》し。故に、ある経に云く、「*譬《たと》へば、軽毛の風に随つて東西するがごとし」云云。また、ある処に云く、「*魚子、長じ難し。菴果《あんか》、熟し難し。この界の発心《ほっしん》も、またまたかくのごとし」云云。故に、次の頌に云く、「介爾刹那の物ならず。綿綿〈遙《はる》かと訓じ、周《めぐ》ると訓ず〉」。遙遠周廻《ようおんしゅうえ》の義なり。故に、経に云く、「なほし車輪の始終なきがごとし」云云。

問ふ、この始めて発心する義は、諸界諸趣の身、皆発《みなおこ》すべきや。答ふ、*三悪趣・*北州・*上二界には、全く始めて発心することなし。また、*この界、*この州にあつても、僅かに*東西六天に通ず、云云。

問ふ、*有仏《うぶつ》無仏の土に、倶《とも》にこの心を発《おこ》すべきや。答ふ、ただ仏世に限つて、無仏世には全く発心なし、云云。

問ふ、もししからば、*像末の比《ころ》に、あに発心なからんや、いかん。止観に云く、「*あるいは知識に従ひ、あるいは経巻に従つて、一実の教を聞いて菩提心を発す」〈取意〉。これ、あに仏世に限らんや。答ふ、*顗幽に析《しゃく》して云く、「もしは経巻あり、もしは知法の人ある時は、皆これ仏世なり」云云〈取意〉。

自性分別　直観的・直覚的な認識。

介爾と言ふは…　止観輔行伝弘決巻第五之四の文(正蔵四六、三〇三頁上)。

我観成ずる　正観の一念をいう。

一念も…　教時義巻三に「極苦衆生法然忽発二一念慈心一」(正蔵七五、四三三頁上)とある。

不退相続　退き消失することなく、長く継続すること。

譬へば…　仁王般若経受持品第七の文(正蔵八、八三二頁中)。

魚子…　竜樹の大智度論巻第四に「菩薩発二大心一、魚子菴樹華、三事因時多、成レ果時甚少」(正蔵二五、八八頁上)とある。類似の文としては、源信の往生要集巻上に見られる。菴果は āmra(菴没羅)樹の果実。

三悪趣　地獄・餓鬼・畜生の三悪道。趣は、おもむく世界の意。

北州　須弥山を中心として東西南北に四洲ある中、北倶盧洲をさす。

上二界　三界の中の色界と無色界。

この界　三界の中の欲界。

この州　われわれの住む南閻浮洲。

東西六天　東勝身洲・西牛貨洲と欲界に属する六種の天部(六欲天)。

有仏無仏　仏が世にあるとないと。

像末　正法・像法・末法の三時の中の像法・末法の二時。

あるいは知識に…　智顗の摩訶止観巻第一下には、「或従二知識一或従二経巻一、聞二上所レ説一実菩提一」(正蔵四六、一〇頁中)とあり。

問ふ、この介爾一念の心は、これ微少《みしょう》の軽心《きょうしん》なり。もししからば、諸《もろもろ》の功徳を具せざるべしや。答ふ、云く、「この心、即ち如来蔵なり。恒沙《ごうじゃ》の功徳、盈《み》ち満てり」云云。

問ふ、この頌意《じゅい》、なんぞ。答ふ、この心、本より*本覚真如の理なり。なんぞ、一念の心に、諸《もろもろ》の功徳を具せざるべけんや。故に止観に云く、「*一念の心、即ち如来蔵の理なり。如の故に即空《そっくう》なり。蔵の故に即仮《そっけ》なり。理の故に即中《そくちゅう》なり。*三智一心の中に具す。思議すべからず」云云。今云く、恒沙の功徳、三諦《さんだい》の功徳に通ずべからざらんや。

問ふ、五道に流転する生死の間に、この心に具する所の功徳、損失せざるや。答ふ、頌に云く、「五道の生死に廻《めぐ》れども、無垢清浄比《なら》びなし」云云。

問ふ、この心意、なんぞや。答ふ、この頌の意は、*理性《りしょう》善心の上に介爾の善心を発すれば、五道生死に流転すといへども、更に断失せずと云ふなり。故に、止観に云く、「*法性《ほっしょう》自《おのずか》ら天にして然なるは、集《じゅう》も染《ぜん》することあたはず、苦も悩ますことあたはず、道《どう》も通ずることあたはず、滅も浄することあたはず」〈これは理の心法無垢の義なり〉。法華に云く、「*一切智願なほあつて、失せず」。大般若に云く、「*一句耳に触れば、永劫《ようごう》に朽ちず」。また云く、「*ひとたびその耳に経れば、まさに菩提を得べし」〈これは行善義を明かす〉。

問ふ、もししからば、なんぞ法華に、「*我および諸子、もし時に出でずんば、必ず梵《や》かれん」と云ふか。答ふ、妙楽大師釈して云く、「*大乗善根は、理実には無」。経の文は、しばらく*応仏の化儀《けぎ》を説くか。

問ふ、もししからば、いかんが、この心に*理行の二善を備ふるを知るべきや。答ふ、頌

顕幽に析し　分析と解明の意。

本覚真如の理　心が本来の覚性をそなえ、また本然の真理にひたされていることをいう。

一念の心…　摩訶止観巻第一下の文(正蔵四六、一〇頁中)。

三智　一切智(空智、平等智)・道種智(仮智、差別智)・一切種智(中道智、平等即差別智)。

理性善心　本来の普遍・純粋の精神。

法性自ら…　摩訶止観巻第一下の文(正蔵四六、六頁上)。もろもろの事物(法)は本来・本然としてあり、苦集滅道(四諦)などの現実の特殊な事相をこえていること。

一切智願…　法華経五百弟子受記品第八の文(正蔵九、二九頁上)。

一句耳に…　未詳。

ひとたび…　未詳。

我および…　法華経譬喩品第三の文(正蔵九、一三頁下)。

大乗善根は…　湛然の法華文句記巻第六中に、「大乗善根理実無レ断」(正蔵三四、二六三頁下)。大乗の善根は、本来はなくなることはないという意。

応仏の化儀　応身仏の教化法という意。応身仏とは、教化すべき衆生に応じて現実のすがたをとった仏。

理行　普遍的なものと実際的なもの。

に云く、「あるいは月と観ずれば、五種三昧《ざんまい》成ずなり」。

問ふ、この頌の意、いかんぞや。答ふ、この頌の意は、心性《しんしょう》は月輪《がつりん》のごとし、行善は五種三昧のごとし〈三昧とは観法《かんぼう》を言ふなり〉。

問ふ、この義、なほ明らかならず。いかんが知るべきや。答ふ、源《もと》、密教に依る。*是非論場の所詮の理を離れたり。今況《ここ》に、*恣《ほしいまま》にこの義を言はんや。ある処に云く、「*内心の中において月輪を観ずべし。この観を作《な》すに由つて本心の*湛然《たんねん》清浄を照見するに、なほ満月のごとし。即ち五の月輪を成ず。即ち五方の月輪なり。即ち九識を転じて即ち*五智尊と成して、即ち五方の月輪に処す。阿梨耶識を転じて*大円鏡智と成す。また金剛智と名づく。即ち東方の月輪の上の阿閦《あしゅく》仏の発菩提《ほつぼだい》心の所成《しょじょう》なり。*末那識《まなしき》を転じて*平等性智《びょうどうしょうち》と成る。また灌頂《かんじょう》智と名づく。南方の宝生《ほうしょう》仏の行業《ぎょうごう》の心の所成なり。第六識を転じて*妙観察智《みょうかんざっち》と成るを蓮華智と名づく。西方の阿弥陀仏の智波羅蜜の所成なり。前五識を転じて*成所作智《じょうしょさち》と成す。また羯磨《かつま》智と名づく。北方の不空成就仏の果徳円満の所成なり。第九識を転じて*法《ほう》界体性智《かいたいしょうち》と成し、また法界智と名づく。中方の毘盧遮那《びるしゃな》仏なり。各《おのおの》四菩薩を以て親近《しんごん》となすとは、十六大菩薩、*五十三仏、*七十三尊、*百八尊、*胎蔵八字、*四重十三会、*因果の二界、併しながら心月輪の上に備はる」云云。また顕教の中に、ある処に云く、「心性の月、本《もと》しかも動ぜず。*結使《けっし》の水に依つて仮りに五陰《ごおん》の影を浮ぶ。器の方円に随ひ、波の動静に随ふ」〈取意〉。

問ふ、いかんが、この心に三諦具《つぶ》さに備ふとは知るべき。その故は、空仮の法、水火相《あい》

是非論場の…　あれこれと論議する対象ではないこと。
恣に　自己の考えでもって試みに。
内心の中において…　菩提心論によったもの。金剛界成身会曼荼羅の五仏を中心としての解説。
湛然　心の澄んで静かなさま。
五智尊　五仏を五智についていう。
大円鏡智　五智の一。すべての事物をありのままに映しだす智。
末那識　末那は manas の音訳。第七識で、迷執のもとをなす心作用。
平等性智　五智の一。すべての事物の平等性を悟る智。
妙観察智　五智の一。すべての事物を正しく観察する智。
成所作智　五智の一。すべての事物の活動を成就させる智。
法界体性智　五智の一。すべての事物の全体性を悟る智。
五十三仏　五十三尊。金剛界の三十七尊に賢劫の十六菩薩を加えたもの。
七十三尊　五十三尊に外金剛部の二十天を加えたもの。
百八尊　七十三尊に五頂輪・十六執金剛・十波羅蜜・地水火風の三十五尊を加えたもの。金剛界諸尊の総数。
胎蔵八字　胎蔵界曼荼羅の中台八乗。
四重十三会　胎蔵界曼荼羅の四層の十三院。
因果の二界　胎蔵界(因・理)と金剛界(果・智)。→補
結使　煩悩のこと。

変ぜるがごときなるが故に。もししからば、先後なるべし。なんぞ、同時に具すべきや。答ふ、頌に曰く、「あるいは鏡に喩《たと》ふれば、三諦相即顕はれぬ」。この頌の意、なほ明らかならず。いかんが、これを知るべきや。止に云く、「*根塵《こんじん》相対の一念の心起れば、即空即仮即中なり。譬へば明鏡像《みょうきょうぞう》のごとし。明をば即空に喩《たと》ふ。像をば即仮に喩ふ。鏡をば即中に喩ふ。合せず、散ぜず。宛然《えんねん》として一二三ならず、一二三妨げなし」。

問ふ、この釈に*法譬不斉の失《とが》あり。鏡明像は、これ*有色《うしき》の法、心法は形なし。内外処処にあらずと云ふ。いかんぞ、空仮中の三諦、*倶時《ぐじ》に具する義を顕はすべき。答ふ、頌に曰く、「一念有《う》にあらねども、三千性相分れたり」。

問ふ、この頌の意、いかん。答ふ、この頌の意は、*心性《しんしょう》根塵に対して起る時、*宛《あた》かも三千の性相を備ふと云ふなり。

問ふ、その三千の性相、一念の心に備ふる方、いかんぞや。答ふ、止の五に云く、「*それ一心に十法界を具し、一法界にまた十法界を具す。即ち百法界とは成る。一界に三十種の世間を具すれば、百法界には即ち三千種の世間を具す。この三千、一念の心にあり」と。この釈の意は、一念の心に*十界の地獄・餓鬼・畜生・修羅・人道・天道・声聞《しょうもん》・縁覚《えんがく》・菩薩・仏界を具すといふ。一界に各《おのおの》余の九界を具するが故に、一界の所に自《おのずか》ら十界を成じ、十界合して*百界と成る。一界に*十如を具し、十界に百如を具し、百界に千如を具し、*三世間を具す〈即ち衆生世間・国土世間・五陰《ごおん》世間なり〉。十如に三十世間を具し、百如に三百世間を具し、千如に三千世間を具すと云ふなり。

根塵相対の…　摩訶止観巻第一下の文(正蔵四六、八頁下―九頁上)。根塵相対とは六根と六塵(六境)との対応をいう。
法譬不斉　事実(法)と譬えが合致しないこと。
有色の法　物質的・形態的なもの。
倶時　同時。
心性　普遍的な根本心。種々の具体的な現象(相)は、心性が根塵に随って展開したもの。
宛かも　ちょうどの意。
それ一心に…　摩訶止観巻第五上の文(正蔵四六、五四頁上)。一念三千の説。一念の極小世界と三千の極大世界とが相即・相関しながら、全体一をなしていることをいったもの。
十界　諸存在を十の階層に分類したもの。地獄から天界(天道)までの六界(六道)は迷いの世界で、六凡といわれ、転々とするところから六道輪廻などという。声聞から仏界までは悟りの世界で、四聖という。
百界　十界のおのおのに十界がそなわる(十界互具)ことから。
十如　羅什訳の法華経方便品第二に、事物のありかたを相・性・体・力・作・因・縁・果・報・本末究竟等の十に分けたもの。頭に如是を冠する故、十如(是)という。
三世間　主体(衆生)、それを構成する物心五要素(五陰)、環境(国土)の三。以上、かけ合わせて三千。

問ふ、しからば、その体、見て取与を得べきや。答ふ、頌に曰く、「またこれ無にあらねども、一法として得べからず」。

問ふ、有と云ひ、無と云ひ、非有と云ひ、非無と云ひ、変つて*戯論《けろん》を成ず。誰か、この*不定《ふじよう》の法に依つて開悟せんや。また前の法譬不斉の失《とが》、いまだ遮せず。いかんが*会《え》すべきや。答ふ、譬《たとえ》に*分喩あり。所以《ゆえ》に今鏡明影《きようみようよう》の三法を借る。先後同時の義にあらず。しばらく三諦相即の義に喩《たと》ふる。法体の有無をば論ぜざるものなり。また*三諦相即、法爾《ほうに》として、かくのごとくなるか。もしこれ有《う》、定んで無ならば、*外道《げどう》の凡執に同《どう》じ、*断常の二《に》見《けん》に堕す。故に頌に曰く、「その性、非有と非無にして、動ぜず、これ中道なり。三千亡《もう》じ存せるを、仮りに名づけて空仮《くうげ》となす」。三諦の理、かくのごとく意得《こころう》べきなり。

問ふ、もししからば、何の証拠かありや。答ふ、*止観中にこの証拠あり。今の頌に同じ。故に、煩《わずら》はしくこれを引かず。また円覚経《えんがくきよう》に云く、「*一切の諸《もろもろ》の衆生の*幻の無始の無明は、皆諸《もろもろ》の如来*円覚の心に従つて建立す。なほし*虚空《こくう》のごとし。花、空《くう》に依つて、しかも相あり。空花《くうげ》もしまた滅すれば、*虚《こ》、本《もと》動ぜず」。この文を以て三諦相即の義を証すべし。法性は、虚空の体の動ぜざるがごとし。*性《しよう》、性花《しようげ》にあらず。*眇目《みようもく》の縁に依つて、花星《けしよう》を顕現す。もし明眼《みようげん》の縁に依るが故に、花星即ち滅す。大虚《だいこ》の外《ほか》に花なし。花の外に虚空なし。花現ずるを仮となし、花失するを空智と名づく。空仮の二法、それ動ぜざるを中と名づく。故に、我が一念の心の内に、三諦・一諦・三世間の法を備ふ。

問ふ、いづれの位に至つてか、この理を悟るや。答ふ、*等覚《とうがく》以前は、なほ分分の迷ひあ

戯論　無意義な論議。
不定の法　はっきりと定義されないもの。
会す　理解・納得すること。
分喩　一部分についてのたとえ。
三諦相即…　空・仮・中の三理の相即は、有無をこえて本来そうあることをいう。
外道の凡執　仏教外の迷い、執われたもの。
断常の二見　断滅見(虚無論)と常住見(実在論)。見とは誤った考えをさす。
止観　智顗の摩訶止観をさす。
一切の…　円覚経の偈文(正蔵一七、九一四頁上)。
幻の無始の無明　幻とは迷いのことで、無始無明とは迷いの根本的・根源的なものをさす。
円覚　仏の完全な悟り。ここでは、衆生の根本的迷いと如来(仏)の本来的悟りとの相即・不離をいう。
虚空　空と並べて使われる語で、無限定という意。
虚、本動ぜず　本来は空という意。
性、性花にあらず　性といっても、実体としての花があるということではない。本来、空なることをいったもの。
眇目　片目。かたよった狭い見方。
等覚　五十二位中の第五十一位。第五十二位の悟りの位(妙覚)の直前。
極果の位　究極の位。妙覚をさす。

り。故に、いまだ明《みよう》ならず。ただ*極果《ごっか》の位に至つて、よくこの理を悟るべきものなり。故に頌に曰く、「内体三千空仮中《くうげちゅう》は、毘盧遮那《びるしやな》の遍照智」。この頌の意は、可《シ》レ知《ル》の二の字は、しかも七字に限るが故に、これを書せざるか。所謂《いわゆる》毘盧遮那の遍照智の時に至つて、この理を知るべし。凡夫*似位《じい》の時には、なほ不二《ふに》の旨《むね》を明らめず。頌に曰く、「迷へば石木《しやくもく》異なれど、解《さと》れば氷水一つなり」。所以《ゆえ》に、迷ふ日は草木瓦石《がしやく》各別なれども、開悟する時は水と氷とその性《しよう》一なり。故に仏、機に随つて不同を説く。なんとなれば、*六識能変・真如不変の義は、*蔵通二教に明かす処なり。真如に二義あり。一には不変真如、二に随縁真如なり。これは、*別教に明かす所なり。真如に二義あり。一には不変、二に随縁、随縁即ち不変、不変即ち随縁なるは、*円教《えんぎよう》に明かす所なり。故に知る、真如即ち心法、心法即ち真如なり。真如、万法に変ず。心法もまた変ず。譬《たと》へば、水と波との一にあらず、異にあらざるがごとし。故に、次の頌に曰く、「まさに知るべし、心性外《ほか》なく、万《よろず》皆これ法界海。乃《ない》至《し》一色一香《いつしきいつこう》も、中道ならざる物はなし」。一色とは、*空の五陰《ごおん》なり。一の色陰《しきおん》を挙げて、余の四陰を摂《しよう》す。一香とは、空の*十二入なり。一入を挙げて、余の十一入を摂す。*十八界といふは、これを略す。無非中道に二義あり。一は、色香即ち中道なり。故に止に云く、「*陰入皆《みな》如なれば、苦として捨つべきなし」等《ら》と、云云。二は、色香を以て門となして、自性*三密の心城に悟入す。故に、ある処に云く、「*一華を捧げ、燈香を焼《た》かば、身業《しんごう》を以て門となして、自身本有《ほんぬ》の仏部の諸尊を顕現す。一句を読み、一偈を誦《じゆ》すれば、口業《くごう》を以て門となして、自身本有の蓮華部の諸尊を顕現す。一念を運んで、一尊を念ずれば、意業《いごう》を

似位　空仮中の三諦を知るにいたっても、まだ、その相即をつかんではいない位。

六識能変・真如不変　万象の生起・転変にかかわるものは六識であって、根本真理は不動であるという説。その代表とされる法相唯識の立場を、真如凝然・不作諸法という。

蔵通二教　天台智顗の立てた化法四教(蔵・通・別・円)中の二教で、蔵教は小乗、通教は一般大乗をさす。

別教　中を説いてくるが、空・仮と相即せず、隔別・単一の中(但中)にとどまる教理。真如に関していえば、その不変と随縁(起動)が相即していないとされる。

円教　完全な教理という意で、即空即仮即中の三諦相即(円融)が説かれる。ここでは、真如に関して、その不変と随縁の相即・不二を明かすものとされる。

空の五陰　空の上での事物の存在をいったもの。五陰(色受想行識)とは、事物についての物心五要素。

十二入　十二処ともいう。眼・耳・鼻・舌・身・意の六根と、色・声・香・味・触・法の六境とを合わせたもの。五陰(五蘊)にも配当される。

十八界　六根・六境・六識の総括。

陰入…　摩訶止観巻第一上の文(正蔵四六、一頁下)。円頓章という。

三密　身・口・意の秘奥の働き。

一華…　三密と胎蔵界三部との合説。

以て門となして、自身本有の金剛部の諸尊を顕現す」云云。これ、あに十八界の法、三密の諸尊を顕はすと云ふにあらずや。また、ある経に云く、「*泥洹《ないおん》の真の法宝《ほうぼう》は、衆生、種種の門を以て入る」。また、三無差別《さんむしゃべつ》の日は、更に能入所入なし。色香即ち中道と云ふ義、これ即ち勝たり。故に、*唐の三蔵の云く、「青青《しょうしょう》たる翠竹《すいちく》は、尽《ことごと》くこれ真如なり。*欝々《うつうつ》たる黄花《おうげ》は、*般若《はんにゃ》にあらざることなし」。

問ふ、その三無差別の義、なんぞや。三といふは、なんらぞや。答ふ、華厳に云く、「*心仏および衆生、この三、差別なし」。

問ふ、心とは、仏と衆生とに通ずべし。その故は、覚心をば仏と名づけ、迷心をば衆生と名づく。もししからば、なんぞ三の義を成ずべきや。答ふ、己心《こしん》を以て心となす。仏界に望め、他の衆生に望むれば、二と云ふなり。無差別とは、自他仏界平等の義なり。故に、止の一に、一念の心に乗じて三諦を具す義を釈し了《おわ》つて云く、「*ただ己《おの》れのみ、しかるにあらず、仏および衆生もまたまた、かくのごとし。華厳に云く、「心仏および衆生、この三、差別なきなり」。知るべし、己心《こしん》に一切の仏法を具す」云云。また、ある処に云く、「*自他において、各各に自他あるが故に、三無差別と云ふ」。謂《いわ》く、自の本覚仏を自の仏と云ひ、自の煩悩身を自の他身と云ふ。自の本有の心を自心と名づくるなり。他の仏、他の心、他の衆生もまた、かくのごとし。

問ふ、無始より以来《このかた》、仏界に背いて、久しく煩悩界《ぼんのうかい》に住するが故に、煩悩の身を以て自の自身となし、仏界の身を以て他身となすべし。しかるを、なんぞ、しからざるや。答ふ、

泥洹　涅槃(nirvāṇa)と同じ。
唐の三蔵　玄奘(六〇〇—六六四)のこと。安然の教時義巻一には「大唐有云」として、下の偈文が引用されている(正蔵七五、三七七頁上)。ただし、「尽是真如」が「総是法身」となる。宋の睦庵の祖庭事苑第五巻には、道生(—四三四)の説としてあがる。
欝々たる黄花　盛んに咲き茂る菊の花(あるいは菜の花)。
般若　prajñā の音訳。智慧と意訳。
心仏および…　華厳経夜摩天宮菩薩説偈品第十六の文(正蔵九、四六五頁下)。心と仏と衆生の一体をいったもの。
ただ己れのみ…　摩訶止観巻第一下に、「当ㇾ知一念即空即仮即中。並畢竟空、並如来蔵、並実相。非ㇾ三而三、三而不ㇾ三」といい、さらに先の明鏡像のたとえを説き、そのあとに続けていった文(正蔵四六、八頁下—九頁上)。
自他において…　未詳。
客塵煩悩　主体の心は、本来、清浄

衆生もし悪業《あくごう》を作らずんば、まさに、これ仏なるべし。しかも悪業を造るが故に、迷ひの衆生と成る。故に、仏をば自と云ひ、煩悩をば他と云ふ。華厳等の諸教に由るに、＊客塵《きやくじん》煩悩《ぼんのう》と云ふ、云云。故に、次の頌に云く、「己界《こかい》を思へば、自《おのずか》ら仏界・衆生遠からず。一念実相隔《へだ》てねば、三無差別と知りぬべし」。およそ一代の教主、この旨《むね》を演《の》ぶるを以て、究竟《くきよう》の大乗とするなり。

問ふ、もししからば、花厳《けごん》、法華に勝《すぐ》るべし。彼《か》の経に三無差別の義を明かし、今の法華に明かさざるが故に。答ふ、誰か云ふ、今の経にこの旨を明かさずと。てへれば、所謂《いわゆる》方便品に、「＊その智恵の門は解《さと》り難し、入り難し」と云ひ、また、「＊仏の知見に開示悟入《かいじごにゆう》す」云云。また、「＊この法、法位に住して、世間の相、常住なり」と云ひ、譬喩品には、「＊その中の衆生、皆これ吾が子」と云ひ、信解品《しんげほん》には、「＊これはこれ、我が子なり。我はこれ、その父なり」と云ひ、乃至安楽行品《あんらくぎようほん》には、「＊その心を修摂《しゆしよう》するは、実相のごとし」と云ひ、寿量品に云く、「＊如来、如実《によじつ》に知見す。如にあらず、異にあらず」と云ふ。これら、あに三無差別の義にあらずや。これに加すに、宗家《しゆうけ》の所釈に云く、「故に始終を挙ぐる意《こころ》、仏恵にあり。＊中間《ちゆうげん》の調適《じようじやく》は、仏の本懐《ほんがい》にあらず」。すでに仏恵の門と云ふ。あに三差別の義なからんや。なんぞ、法華を以て劣となすべき。故に、頌に曰く、「妙法蓮華とこれを謂《い》ふ。仏の出世の本意なり」。華厳に仏恵を明かすは、仏の本意にあらず。一切衆生併《しか》しながら成仏するを以て、仏の本意となすなり。所以《ゆえ》に、今の経に、＊逆罪《ぎやくざい》の調達《じようだつ》は天王の＊記莂《きべつ》に預かり、＊五障の竜女《りゆうによ》は無垢《むく》の成道を唱ふ。＊敗種の二乗は仏性の芽茎《げきよう》を生じ、被移《ひい》の人天《にんでん》すら、

（心性清浄）で、煩悩は外界を縁として起ったにすぎないという意。古く原始経典（中部一の五）以来、主張されてきた。ここでは、煩悩ないし衆生が清浄な心ないし仏と別のものではないという意に用いる。

その智恵の門は… 法華経方便品第二（正蔵九、五頁中）。

仏の知見に… 同品に「令㆔衆生開㆓仏知見㆒」「示㆓衆生仏知見㆒」「令㆔衆生悟㆓仏知見㆒」「令㆔衆生入㆓仏知見道㆒」（同七頁上）とあるもの。

この法… 同品の偈文（同九頁中）。天台本覚論で重く用いる。↓補「経」（本理大綱集）

その中の衆生… 譬喩品第三の有名な偈文中の句（同一四頁下）。

これはこれ… 信解品第四の長者窮子のこと（同一七頁中）。

その心を修摂するは… 安楽行品第十四の文の要略（同三七頁中）。

如来、如実に… 如来寿量品第十六の文の要略（同四二頁下）。

中間の調適　中間の方便的な道。

逆罪の調達　仏に反逆した提婆達多（Devadatta）のこと。法華経提婆達多品第十二および陀羅尼品第二十六に見える。

記莂　記別。受（授）記・受（授）決などと同じ。将来の成仏の保証。

五障の竜女　提婆達多品に見える。同品で竜女の即身成仏が説かれる。

敗種　仏になる種を損じたこと。

なほ通記に預かる。これはこれ、併しながら仏性の理を具ふる故なり。所以《ゆえ》に、次の頌に云く、「衆生本有の理を指して、一仏乗と説き給ふ」。仏、*寂場《じやくじよう》において、この理を悟りたまふ。*衆機生《なま》しきが故に、この旨《むね》を説かず、所証の理の上において分別《ふんべつ》して、諸《もろもろ》の*権乗《ごんじよう》を説く。*後番《ごばん》未熟の機のために、*双林捃拾《くんじゆう》の説を設く。仏の所説の理と自身所具の理と、二なく、別なし。仏は、この理を悟り、所説の教法《きようぼう》もまた理にして、我が心上に備はるものなり。故に、*往記の*智光の釈に云く、「*まさに知るべし、衆生の心想、仏なりと。時に身相、衆生の心中に顕現す。譬《たと》へば、水清ければ即ち色像《しきぞう》現ずるがごとし。しかも、水と像と一ならず、異ならず」。これを以てこれを思ふに、仏身即ち我が身なり。所説の教法もまた、我が心に具《つぶ》さに摂収《しようしゆう》す。故に、次の頌に曰く、「四味兼帯の前の教、双林捃拾の後の説、一期《いちご》縦横いやしくも己心の中に収めたり」。そもそも木石《もくしやく》の中に火の性《しよう》を具すれども、縁に値《あ》はざれば、現起せず。我等も、たとひこの理を具すといへども、もしは*戒行を闕《か》き、もしは妙縁を結ばずんば、何を以て*出離の業となさんや。故に、次の頌に曰く、「我が身、薄福底下《ていげ》にて、浮嚢《ふのう》破れて海深し。仏乗の縁、結ばねば、何をか出離の本とせん」。*七法聖正助道《しようしようじよどう》の法を具せざるが故に、薄福と云ふなり。*方便の中の下位《げい》、諸仏の王に値《あ》はず。故に、底下と云ふ。*浮嚢を以て戒行に喩《たと》ふ。譬《たと》へば、浮嚢を以て深海を渡る間、途中において、*これを乞ふに、女人《によにん》の心弱き者は、これを与へて即ち海底に沈み、心賢き者は、手許《てひらばか》りも与へず、故に平安に海を渡つて彼《か》の岸に致るがごとし。今、これを以て法に合するに、生死の苦報を以て海となす。*五篇七聚《ごひんしちじゆ》の戒を以て、浮嚢に喩《たと》ふ。煩悩

寂場　寂滅道場。寂滅とは涅槃すなわち悟りのことで、釈迦が始めて悟りを開いた場所をいう。

衆機生しき　衆生の機根が未熟という意。

権乗　対機方便的な仮りの教え。

後番未熟の機　究極の教えである法華経にもれた人びとのこと。

双林捃拾の説　涅槃経をさす。

往記　慶滋保胤の日本往生極楽記(九八五—九八六)をいう。

智光　南都、三論宗の人。年寿不明。

まさに知るべし…　日本往生極楽記。

戒行　戒に随って実践すること。

出離の業　生死の迷いの世界をこえ出る行為。

七法聖正助道　七方便位(七賢)・七聖・三十七道品(三十七助道法)をいったものか。修行の道を段階的に種類分けしたもの。↓補

方便の中の下位　七方便位の下の位。

浮嚢を以て…　涅槃経聖行品に説かれており、戒行によって生死の海を渡ることを、浮袋でもって大海を渡ることにたとえたもの。

これを乞ふ　羅刹(悪鬼)が乞う。羅刹は煩悩等の悪をたとえたもの。

五篇七聚　比丘・比丘尼の戒律を破戒の罪の軽重によって類別したもの。

結使《けっし》を以ては、羅刹女《らせつにょ》に喩ふ。全分の浮嚢を以て鬼女《きにょ》に与ゆるは、*四重根本の戒を破るがごとし。半分を与ふれば、*十三僧残《そうざん》の戒を破《は》するがごとし。乃《すなわ》ち女に手許《てひらばか》りも与ふるは、*突吉羅罪《ときらざい》を破るがごとし。たとひ小戒なりといへども、これを破《は》つれば、よく生死の海に沈むなり。ただし、*事理の二戒あり。その中に、理戒勝れたり。故に、涅槃経に云く、「*大乗を学す、この人を以て持戒となす」。法華に云く、「*これを持戒と名づく」云云。本《ほん》覚真如《がくしんにょ》に心を繫《けい》す、なんぞ持戒の業を成ぜざらんや。たとひ誤つて阿鼻に堕すとも、必ずそれ諸仏菩薩の利生《りしょう》に値《あ》ふらん。故に、次の頌に云く、「円融《えんにゅう》妙境しばらくも、心を発《おこ》す縁あらば、阿鼻の炎《ほのお》の中にても、仏種とは萌《きざ》してん」。故に、ある処に云く、「*曾《かつ》て一句を聞くを因となすべし。聖人《しょうにん》、*冥顕《みょうけん》赴《ふ》対《たい》して、これに応ず」。もし*心蔵如来に帰敬《ききょう》せずば、なんぞ勝功徳を得んや。故に、ある経に云く、「*日夜に他の宝を数ふるに、自《みず》ら半銭の分なし」。また云く、「行人《ぎょうにん》無《む》益《やく》に、観心《かんじん》を作《な》さざるは、人の宝を数ふるがごとし。盲の燭を執《と》るに似たり」。また云く、「もし願を起さず、いかんがその業を成ずべき」。故に、次の頌に曰く、「己心の仏、願はくは無縁の大悲を垂《た》れたまへ」。己心の仏とは、*心造の如来を指すなり。

問ふ、己心の本覚心蔵如来を観《み》ては、何の利益《りやく》あるや。答ふ、ある処に云く、「*もしこの理を観ずれば、よく三世の一切の仏法を了し、乃至《ないし》云ひ聞けば、即ち*三途《さんず》の苦難を解脱《げだつ》することを得《う》」云云。即ち*華厳の伝に曰く、「*文明元年に大唐に王氏といふ者ありき。すでに戒行なし。曾《かつ》て一善も修せず。病に因つて死を致して、即ち二鬼に引かれ、地獄に至る。

四重根本の戒　最も厳重な戒律で、殺生・偸盗・邪淫・妄語の四重悪罪(波羅夷罪)を犯すことの禁止。
十三僧残の戒　僧残とは波羅夷につぐ重罪で、比丘については十三種あげられ、犯すことが禁止された。
突吉羅罪　軽罪。重罪以外のすべての罪をさす。
事理の二戒　事戒は具体的な形を持った戒(随相戒)、理戒は空仮中の真理を奉持すること(離相戒)。摩訶止観巻第四上に説かれる。
大乗を学す…　涅槃経(南本)聖行品第十九の文(正蔵一二、六九九頁下)。
これを持戒と…　法華経見宝塔品第十一の句(正蔵九、三四頁中)。
曾て一句…　未詳。
冥顕赴対　かげになり、ひなたになって、つき従うこと。
心蔵如来　心に蔵する仏のこと。
日夜に他の宝を…　華厳経四諦品第四之二の文(正蔵九、四二九頁上)。法華玄義巻第一上(正蔵三三、六八六頁上)参照。
心造の如来　心の造り出す仏のこと。
もしこの理を…　未詳。
三途　火途・血途・刀途の三。途は道で、地獄・畜生・餓鬼の三悪道。
華厳の伝　賢首法蔵(六四三—七一二)の著。
文明元年に…　華厳経伝記巻第四の文(正蔵五一、一六七頁上)。往生要集巻下にも掲載。

門《かど》の前に一の僧の立ちたるを見る。即ち王氏に告げて言《いわ》く、「汝、一生の間、悪を好み、善を修せず。汝、いづれの時にか、この地獄の苦を免《まぬか》るべき。もしこの苦を免れんと欲せば、まさに一偈《いちげ》を誦《じゅ》すべし」。即ち教へて曰く、「若人欲了知《にゃくにんよくりょうち》、三世《さんぜ》一切仏《いっさいぶつ》、応当如是観《おうとうにょぜかん》、心造諸如来《しんぞうしょにょらい》と。我は即ち地蔵菩薩」と、云ひ了《おわ》つて失《う》せぬ。即ち王氏、この偈を誦《とな》ふ。時に*閻羅王《えんらおう》、王氏を放免し、即ち、まさに*この偈を記さんとする時に、声の及ばる処の受苦の人、皆《みな》解脱を得。王氏、三日にして始めて蘇《よみがえ》つて、この偈を憶持し、あるいは諸《もろもろ》の沙門に向つて、これを説いて示す。この偈の文《もん》を験するに、まさに知る、これ華厳経の*第十二巻の夜摩《やま》天宮無量諸菩《てんぐうむりょうしょぼ》薩雲集説法品《さつうんしゅうせっぽうぼん》の文なり」。

延宝八年庚申初冬吉日

本覚讃釈

閻羅王 Yama-rāja で、閻魔王ともいう。もとインドの神で、死者をつかさどる神。ひいては地獄の主神となる。

この偈を記さん… 王氏が。

第十二巻の… 大正大蔵経第九巻に所収の華厳経(六十巻本)では、夜摩天宮菩薩説偈品第十六として、第十巻に入れられている。

真如観（伝源信）

田村芳朗 校注

*真《しん》如《によ》観《かん》

天台首楞厳院《しゅりょうごんいん》沙門源信《げんしん》述

*菩提要集《ボダイエウシフ》云《ニイハク》、見事易《ミルコトヤスク》、識事易《シルコトヤスク》カラントテ、仮名字《カナジ》ヲ加《クハヘ》テ所《トコロ》レ註《チウスル》ナリトイヘリ。今是《イマコレニ》准《ジュン》ズ。

空仮中《クウゲチウノ》三観《サンクハン》、大体《ダイタイヲ》可《ベシ》レ示《シメス》。止観第一《シクハンダイイチニ》云《イハク》、*一色《シキ》一香《カウ》無《ナシ》レ非《ザルコト》二中道《チウダウニアラ》一。己界及《コカイヲヨビ》仏界衆生《ブツカイシユジヤウ》界亦然《カイマタシカナリ》〈文〉。己界《コカイ》者《トハ》、行者《ギヤウジヤ》ノ自心《ジシン》ナリ。仏界《ブツカイ》者《トハ》、*十方《ジツパウ》ノ諸仏《シヨブツ》ナリ。衆生《シユジヤウ》ハ一切衆生《イツサイシユジヤウ》ナリ。一色《シキ》一香《カウ》ハ、草木瓦礫《サウモクグハラク》・山河《サンガ》大地《ダイヂ》・大海虚空《ダイカイコクウ》等《トウ》ノ一切《サイ》*非情類《ヒジヤウノタグヒ》ナリ。是《コレ》ラノ万物《バンモツ》、皆是《ミナコレ》無《ナシ》レ非《アラズトイフコト》二中道《チウダウニ》一。異名《イミヤウ》、一《イチ》ニアラズ。*或《アルヒハ》真如《シンニヨ》・実相《ジツサウ》・法界《ホウカイ》・法身《ホツシン》・法性《ホツシヤウ》・如来《ニヨライ》・第一義《ダイイチギ》トナヅク。此等《コレラ》ノ多《オホク》ノ名《ナ》ノ中《ナカ》ニ、且《シバラ》ク真如《シンニヨ》ト云名《イフナ》ニヨセテ、諸経論《シヨキヤウロン》ノ中《ナカ》ニ多《オホ》ク明《アカ》セル中道観《チウダウクハン》ノ義《ギ》ヲ明《アカ》スベシ。

疾《ト》ク仏《ホトケ》ニ成《ナ》ラント思《オモ》ヒ、必《カナラ》ズ極楽《ゴクラク》ニ生《ウマレ》ント思《オモ》ハヾ、我心《ワガコヽロ》即《スナハチ》真如《シンニヨ》ノ理《リ》也《ナリ》ト思《オモフ》ベシ。*法《ホウ》界《カイ》ニ遍《ヘン》ズル真如我体《シンニヨワガタイ》ト思《オモ》ハヾ、即我法界《スナハチワレホウカイ》ニテ、此外《コノホカ》ニ*コトモノト思《オモフ》ベカラズ。悟《サト》レバ十方《ジツパウ》法界《ホウカイ》ノ諸仏《シヨブツ》、一切《イツサイ》ノ菩薩《ボサツ》モ、皆《ミナ》我《ワ》ガ身《ミ》ノ中《ウチ》ニ、マシマス。我身《ワガミ》ヲ離《ハナ》レテ、外《ホカ》ニ、別《ベチ》ノ仏《ホトケ》ヲ求《モト》メムハ、我身《ワガミ》即《スナハチ》真如《シンニヨ》ナリト知《シラ》ザル時《トキ》ノ事也《コトナリ》。真如《シンニヨ》ト我《ワレ》ト一《ヒト》ツ物也《モノナリ》ト知《シリ》ヌレバ、釈迦《シヤカ》・弥陀《ミダ》・薬師《ヤクシ》等《トウノ》十方諸仏《パウシヨブツ》モ、普賢《フゲン》・文殊《モンジユ》・観音《クハンオン》・弥勒《ミロクトウ》等ノ諸《モロ〳〵ノ》菩薩《ボサツ》モ、皆我身《ミナワガミ》ヲ、ハナレ玉《タマ》ヘル物《モノ》ニアラズ。或《アルヒ》ハ法花経等《ホツケキヤウトウ》ノ*八万法蔵十二部《ハチマンホウザウジフニブ》経、乃至《ナイシ》仏菩薩《ブツボサツ》、*因位万行《インヰノマンギヤウ》、*果地万徳《クハヂノマンドク》、

真如観　真如とは、あるがままなことという意で、事物の実相ないし事物を支える真理(法)を定義づけたもの。真如観とは、それを心に体得することをいう。

菩提要集　金沢文庫蔵。源信作と伝える。長治二年(一一〇五)、天承二年(一一三二)、文永七年(一二七〇)の三回にわたって書写の奥書がある。版本の菩提集(伝源信。大日本仏教全書三三)とは別。

一色一香…　摩訶止観巻第一上の文(正蔵四六、一頁下)。

十方　東西南北および四維(東北・東南・西南・西北)に上下を加えたもの。あらゆる世界をさす。

非情　心なきもの。有情に対する。

或真如…　中道の異名として列挙したもの。竜樹の大智度論巻第三十二では、如と法性と実際の三について、「皆是諸法実相異名」(正蔵二五、二九七頁下)という。智顗の法華玄義巻第八下には、異名に関して類似の論(正蔵三三、七八二頁中―下)がある。

法界　真理(法)に支えられた一切の事物ないし世界をさす。

コトモノ　別のもの。

八万法蔵十二部経　八万法蔵は概数で、十二部経は経典を十二種に分けたもの。両者合わせて一切経をいう。

因位万行　仏果を得るための、もろもろの因行。

果地万徳　仏果にそなわる、もろもろ

凡《ヲヨソ》*自行化他《ジギヤウケタ》ノ無辺《ムヘンノ》功徳《クドク》、何物《ナニモノ》カ我身《ワガミ》ノ中《ウチ》ニ備《ソナヘ》ザラン。此思《コノオモヒ》ヲ成《ナ》ス時《トキ》、万法《マンボウ》ハ心《コヽロ》ガ所作《ショサ》ナリケレバ、万行《マンギヤウ》ヲ一心《イッシン》ニ具《グ》シ、一念《イチネン》ニ一切《イッサイ》ノ法《ホウ》ヲシル、此《コレ》ヲ*坐道場《ザダウヂヤウ》トス。此《コレ》ヲ*成正覚《ジヤウシヤウガク》ト云也《イフナリ》。*此《コレ》ヲ捨《ステ》ズシテ仏《ホトケ》ニ成《ナ》レバ、此《コレ》ヲ*即身成仏《ソクシンジヤウブツ》トイフ。八歳《ハッサイノ》竜女《リウニヨ》ガ法花経《ホッケキヤウ》ノ万法一如《マンボウイチニヨ》ノ理《リ》ヲ聞《キヽ》テ、刹那間《セツナノアヒダ》ニ菩提心《ボダイシン》ヲ発《ヲコ》シ、須臾《シユユ》ノ間《アヒダ》ニ即正覚《スナハチシヤウガク》ヲ成《ジヤウゼン》ガ如也《ゴトクナリ》。又真如《マタシンニヨ》ヲ観《クハン》ゼン者《モノ》、極楽《ゴクラク》ニ生《ウマレン》ト思《オモ》ハヾ、*心《コヽロ》ニ任《マカセ》テ決定《ケツヂヤウ》シテ生《ウマレ》ム事疑《コトウタガヒ》ナシ。其故《ソノユヘ》ハ、仏《ホトケ》ニ成《ナラ》ン事《コト》ハ極《キハメ》テ難《カタ》シ。自行化他《ジギヤウケタ》ノ無量《ムリヤウ》ノ功徳《クドク》、法界《ホウカイ》ニ満《ミチ》テ仏《ホトケ》ニ成《ナル》ガ故也《ユヘナリ》。極楽《ゴクラク》ニ生《ウマレ》ム事極《コトキハメ》テ易《ヤス》シ。悪業《アクゴフ》ヲ作《ツク》ル者《モノ》モ、命終《ミヤウジウ》ノ時《トキ》、心《コヽロ》ヲ至《イタシ》テ、一々《イチ〳〵》ニ十度《ジフド》南無阿弥陀仏《ナムアミダブツ》ト唱《トナフ》レバ、必《カナラ》ズ生《ウマ》ル。

故《カルガユヘニ》而《シカル》ニ真如《シンニヨ》ヲ観《クハン》ズレバ、成難《ナリガタ》キ仏《ホトケ》ニダニモ、トク成《ナル》。況《イハン》ヤ生《シヤウ》ジ易《ヤス》キ極楽《ゴクラク》ニ生《ウマレ》ム事《コト》、決定《ケツヂヤウ》シテ疑《ウタガヒ》ナシ。サレバ必生《カナラズシヤウ》ゼント思《オモ》ハン者《モノ》ハ、只真如《タヾシンニヨ》ヲ観《クハン》ズベシ。サレバ百人《ヒヤクニン》ヲ百人《ヒヤクニン》ナガラ、定《サダメ》テ極楽《ゴクラク》ニ生《シヤウ》ズル事《コト》、決定《ケツヂヤウ》シテ疑《ウタガヒ》ナシ。若不信《モシフシン》ナラバ、此即十方三世諸仏《コレスナハチジッパウサンゼノショブツ》ヲ、ソシリ奉也《タテマツルナリ》。十方《ジッパウ》ノ諸仏《ショブツ》モ、法花経《ホッケキヤウ》モ、皆真如《ミナシンニヨ》ヲ体《タイ》トシ給故也《タマフユヘナリ》。既《スデ》ニ十方仏及法花《ジッパウノホトケヲヨビホッケ》経《キヤウ》ヲ、ソシリ奉《タテマツ》ル者《モノ》、無間地獄《ムケンヂゴク》ニヲチテ出《イヅ》ル事ナケン。譬喩品《ヒユホン》ニ法花経《ホッケキヤウ》ソシル罪《ツミ》ノ果報《クハホウ》ヲ説《トキ》テ云《イハク》、*其人命終《ソノヒトミヤウジウシテ》入《イリ》二阿鼻獄《アビゴクニ》一、具《グ》二足《ソクシテ》一劫《イッコフ》一、劫尽《コフツキ》テ更生《マタシヤウ》ゼム。如《ゴトク》レ是《カクノ》展転《テンデン》シ、無数《ムシュ》劫《コフ》ニ至《イタル》トイヘリ。

*阿鼻獄《アビゴク》トハ*無間地獄也《ムケンヂゴクナリ》。*八《ヤツ》ノ大地獄《ダイヂゴク》アリ。一《ヒトツ》ニハ*等活地獄《トウクハッヂゴク》、二《フタツ》ニハ*黒縄地獄《コクジヨウヂゴク》、三《ミツ》ニハ*衆合地獄《シウガフヂゴク》、四《ヨツ》ニハ*叫喚地獄《ケウクハンヂゴク》、五《イツヽ》ニハ大叫喚地獄《ダイケウクハンヂゴク》、六《ムツ》ニハ炎熱地獄《エンネツヂゴク》、七《ナヽツ》ニハ極熱地獄《ゴクネツヂゴク》、八《ヤツ》ニハ無間地獄也《ムケンヂゴクナリ》。初《ハジメ》ノ等活地獄《トウクハッヂゴク》ノ火《ヒ》ヲ、人間《ニンゲン》ノ火《ヒ》ニ、ノゾムルニ、人間《ニンゲン》ノ火《ヒ》ハ雪《ユキ》ノ如《ゴト》シ。

ろの功徳。

自行化他　自己の成仏のための修行と他の人びとを教化すること。↓一四一頁注

坐道場　修行の場につくこと。

成正覚　悟りを達成すること。

此ヲ捨ズシテ　わが身、わが心を捨てることなくという意。

即身成仏　その身そのまま、たちまちに仏となること。妙楽湛然(七一一―七八二)が法華文句記巻第八之四で、法華経提婆達多品第十二の竜女成仏を釈していった語(正蔵三四、三一四頁中)。後に密教で重く用いるにいたる。

心ニ任テ…　思い通りに必ず極楽に生まれるという意。

其人命終…　法華経譬喩品第三の文(正蔵九、一五頁中―下)。

阿鼻獄　阿鼻は Avici の音訳。八熱地獄(八大地獄)の一つで、最下の極苦の地獄。

無間地獄　不断の極苦の地獄。

八ノ大地獄　八熱地獄ともいう。それぞれについて、源信の往生要集の始めに詳細な解説がなされている。

等活地獄　息を吹きかえしては、たえず苦しみにさいなまれる地獄。

黒縄地獄　熱鉄の縄でしばられることから名づけられたもの。

衆合地獄　もろもろの獄卒や責め具で苦しめられる地獄。

叫喚地獄　苦しみで泣きさけぶ地獄。

如《ゴトク》レ斯《カクノ》 次第《シダイ》ニ、*前々《マヘく》ノ地獄《チゴク》 火《ノヒ》ハ雪《ユキ》ノ如《ゴト》シ。第八《ダイハチ》ノ無間地獄《ムケンヂゴク》ニ至《イタツ》テハ、一切《イッサイノ》 地獄《ヂゴク》ノ苦《ク》ヲ皆《ミナ》合《アハセ》タリトモ、無間地獄《ムケンヂゴク》ノ苦《ク》ノ、一分《イチブン》ニ及《ヲヨ》ブベカラズ。無間地獄《ムケンヂゴク》ノ苦《ク》ヲバ説尽《トキツク》シ玉《タマ》ハズ。千《セン》分《ブン》ガ中《ナカ》ノ一分《イチブン》ヲモ説玉《トキタマ》ハズ。説《トカ》バ聞《キ》カン者《モノ》、血《チ》ヲハキテ死《シ》スベケン。法花経《ホッケキヤウ》ヲソシル者《モノ》ハ、其《ソノ》無間城《ムケンジヤウ》ノ中《ナカ》、*多百由繕那《タヒヤクユゼンナ》ノ、タケキ炎《ホノホ》ノ中《ナカ》ニシテ五体身分《ゴタイシンブン》、炎《ホノホ》トナリヌ。アナウラヨリ焦通《コゲトヲリ》テ、頂《イタヽキ》ニイタリ、肉《ニク》ヲコガシ骨《ホネ》ニイタリ、髄《ズイ》ヲ、トヲラン時《トキ》ノ苦《ク》ハ、*余所《ソ》ノ事《コト》ニテ云《イヘ》バコソ、何《ナニ》トモ思《オモヒ》ヱネ、我身《ワガミ》ノ上《ウヘ》ニ来《キタ》ラン時《トキ》ハ、*刹那須臾《セツナシユユ》モ、タフベキ様《ヤウ》モ、ナクコソ、オボユラメ。人間《ニンゲン》ノ火《ヒ》ニ入《イレ》バ、等活地獄《トウクハッヂゴク》ノ罪人《ザイニン》ニノゾメバ*第三禅《ダイサンゼン》ノ楽《ラク》ニスギタリ。其《ソ》レヲ世《ヨ》ノ人間《ニンゲン》ノ火《ヒ》ノ中《ナカ》ニ入《イル》ハ 則《スナハチ》死《シ》スレバ、亦刹那《マタセツナ》ノ間《アヒダ》ノ苦《ク》也《ナリ》。等活地獄《トウクハッヂゴク》ノ中《ナカ》ニハ、キリサキ殺《コロサル》レドモ、スヾシキ風《カゼ》且《シバラ》ク吹《フカ》バ、活《ヨミガヘ》ル事本《コトモト》ノ如《ゴト》シ。阿鼻大城《アビダイジヤウ》ノ底《ソコ》ニ入《イリ》ヌレバ、苦《クルシミ》ノ切ニタヘガタケレバ、刹那《セツナ》ノ間《アヒダ》ニモ、滅《メッシ》シウセテ、ヤミナバヤト思《オモ》ヘドモ、命《イノチ》ノ遙 長《ハルカニナガク》シテ、一劫《イッコフ》ノ間《アヒダ》、ヤケ共焦《ドモコガ》セ共《ドモ》、死《シ》スル事《コト》ナシ。灰《ハイ》ト成《ナリ》テ、チリ失《ウ》セモセデ、苦《ク》ヲ受《ウ》ク。*若法花《モシホッケ》経《キヤウ》ヲ罵《ノ》ル人《ヒト》ハ、*一劫《イッコフ》ノ命尽《イノチツキ》テ、亦同地獄《マタヲナジヂゴク》ニ生《ウマ》レ返《カヘッ》テ、無数劫《ムシユコフ》ノ間《アイダ》、無量《ムリヤウ》ノ苦《ク》ヲウケ、後《ノチ》ニ畜生道《チクシヤウダウ》ニ落《オチ》テ、種々《シユぐ》ノ苦《ク》ヲ受《ウケ》、マレニ人身《ニンジン》ヲ受《ウケ》テハ、盲聾瘂《モウレウア》ト成《ナリ》、貧窮《ヒングウ》ニシテ人《ヒト》ノ奴婢僕《ヌビボク》従《ジウ》トナリ、常《ツネ》ニ又《マタ》*疥癩《カイライ》ト云病《イフヤマヒ》ヲシ、凡人《スベテヒト》ノ見悪《ミニクム》ベキ事《コト》ハ、皆我身一《ミナワガミヒトツ》ニ備《ソナヘ》タリ。此等《コレラ》皆昔《ミナムカシ》法花経《ホッケキヤウ》ヲソシリ 奉《タテマツル》ガ故也《ユヘナリ》。

カヽル究竟至極《クキヤウシゴク》ノ法《ホウ》ハ、賞罰共《シヤウバツトモ》ニ、アラタニシテ其功徳不思議《ソノクドクフシギ》ニシテ、忽《タチマチ》ニ仏果菩提《ブックハボダイ》ニ至《イタ》リ、又信《マタシン》ゼザレバ罪《ツ》ミ限《カギ》リナクシテ、無数劫地獄《ムシユコフヂゴク》ノ果報《クハホウ》ヲ招《マネ》ク。*不軽品《フキヤウボン》ニ并《ナラベ》テ、信《シン》ズル者《モノ》ノ功徳《クドク》ト、ソシル者《モノ》ノ罪《ツミ》トヲ説《トキ》テ云《イハク》、不軽菩薩《フキヤウボサツ》一切衆生《イッサイシユジヤウ》 身中《シンヂウ》ニ仏性《ブッシヤウ》アリト信《シン》ジテ、礼拝《ライハイ》

前々ノ地獄火… 後の地獄にくらべると、その前の地獄の火は雪のごときもの。後になるほど、地獄の火熱が増大することをいう。

多百由繕那 由繕那はyojanaの音訳で、由旬とも書く。インドの里程の単位。ここでは、長大で猛烈な炎を形容したもの。

余所ノ事 人ごと、他人ごとの意。

刹那須臾 刹那はkṣanaの音訳で、瞬間を意味する。時間の最小単位。須臾も同じ意。

第三禅 天界の中位(色界)を四つに分け、四禅天というが、その三番目をさし、清浄・喜楽にみちる。

若法花経ヲ… 以下の文は、法華経譬喩品第三に説かれたもの。

一劫 劫はkalpaの音略で、長時間をいう。一劫とは、ある一定の時間をさす。

疥癩 疥癬と癩疾。

不軽品 法華経常不軽菩薩品第二十のこと。常不軽菩薩とは「我あへて汝等を軽しめず、汝等、皆まさに作仏すべし」といって人びとを礼拝したことからつけられた名。この不軽礼拝行は、菩薩行の典型とされる。

無生忍 生死を超越した不動の境地をいう。

仏性トハ真如… 仏性とは仏のありかた、真如とは法のありかたをいったもの。仏とは法を悟り、それと一体となった者のことで、こうして、

シテ讃歎《サンダン》セシカバ、現《ゲン》ニ六根《ロクコン》ヲ浄《キヨ》メ、後生《ゴシヤウ》ニハ*無生忍《ムシヤウニン》ヲエタリ。此《コレ》ヲ信《シン》ゼザリシ多《オホク》ノ衆生《シユジヤウ》ハ、千劫《センコフ》於阿鼻獄《アビゴクニ》シテ、大苦悩《ダイクナウ》ヲ得《エ》タリ。*仏性《ブツシヤウ》トハ真如《シンニヨ》ノ異名《イミヤウ》ナリ。サレバ真如《シンニヨ》ヲ信《シン》ゼヌハ、阿鼻獄《アビゴク》ニ落《オチ》テ千劫《センコフ》ノ間《アヒダ》苦《ク》ヲ受《ウケ》タリ。

哀哉《カナシキカナ》、我等《ワレラ》無間地獄《ムケンヂゴク》ニ堕《ダ》セン事《コト》モ、極楽世界《ゴクラクセカイ》ニ生《シヤウ》ゼン事《コト》モ、只此度《タヾコノタビ》ノ心《コヽロ》ニ任《マカセ》タリト。我等《ワレラ》則《スナハチ》真如《シンニヨ》ナリ。信《シン》ゼズハ決定《ケツヂヤウ》シテ地獄《ヂゴク》ニヲチナム。深信《フカクシン》ジテ疑《ウタガハ》ズバ極楽《ゴクラク》ニ生《ウマレ》ナム。既《スデ》ニ極楽《ゴクラク》ニ生《シヤウ》ジ、地獄《ヂゴク》ニヲチン事《コト》、真如《シンニヨ》ヲ、信《シン》ジ不《ザル》信《シンゼ》トノ不同《フドウ》ニ、ヨルベシ。アヂキナキ哉《カナ》、

*真如観《シンニヨクハン》ノ力《チカラ》ニ、極楽《ゴクラク》ニ生《シヤウ》ズル事《コト》ヲ信《シン》ゼズシテ、無間地獄《ムケンヂゴク》ニ堕《オチ》テ無数劫《ムシユコフ》ノ苦《ク》ヲ受《ウケ》ンヨリハ、只深《タヾフカ》ク信《シン》ジテ極楽《ゴクラク》ニ生《シヤウ》ジテ、無数劫尽《ムシユコフツキ》セヌ楽《ラク》ニ、アヅカツテ、我《ワガ》キミ〴〵必《カナラ》ズ能只此真如《コノシンニヨ》観《クハン》ヲ信《シン》ズベシ。カヽル安《ヤス》ラカニ仏《ホトケ》ニ成《ナリ》テ、極楽《ゴクラクニ》生《シヤウ》ズル道《ミチ》ヲ、*此生《コノシヤウ》ニ知《シ》ラスル事《コト》、*生生世《シヤウ〴〵セ》〵世ノ悦《ヨロコビ》ヤハ有《ア》ル。タトヒ*破戒無慙《ハカイムザン》ナリ共《トモ》、*懈怠《ケダイ》ヲダニセズバ、帯《ヲビ》ヲセズ臥《フシ》ナガラモ、只須《タヾシユ》臾《ユ》ノ間《アヒダ》モ、我身《ワガミ》真如《シンニヨ》ナリト思《オモ》ハン計《ハカラヒ》ヲ、極《キハメ》テ安《ヤス》ク憑《タノモ》シキ事ヤハアル。

此真如《コノシンニヨ》ノ観《クハン》ヲ知《シラ》ザル*権教《ゴンケウ》ノ菩薩《ボサツ》ハ、無量劫《ムリヤウコフ》ノ間《アヒダ》ニ骨髄《コツズイ》ヲ摧《クダ》キ身命《シンミヤウ》ヲ捨《ステ》テ、刹那須臾《セツナシユユ》モ、オコタル事《コト》モナク、難行苦行《ナンギヤウクギヤウ》シテダニモコソ、仏《ホトケ》ニ成《ナ》ル道《ミチ》ハ大切《タイセツ》ナレバ、此《コレ》ヲ企《クハダ》ツレ。先《マツ》我大師釈迦如来《ワガタイシシヤカニヨライ》モ、昔無量劫《ムカシムリヤウコフ》ノ間《アヒダ》、*芥子《ケシ》計《バカリ》モ身命《シンミヤウ》ヲ捨《ステ》ザル所《トコロ》ナク、難行苦行《ナンギヤウクギヤウ》シテコソ仏《ホトケ》ニハ成玉《ナリタマ》ヒケレ。我等《ワレラ》ハ、カヽル無量劫《ムリヤウコフ》ノ苦行《クギヤウ》ヲモセズ、*六度《ロクド》ヲモ修行《シユギヤウ》セズシテ、只且《タヾシバラ》クノ間《アヒダ》、我身《ワガミ》ノ真如《シンニヨ》ナリト思計《オモフバカリ》ノ一念《イチネン》ノ心《コヽロ》ニ依《ヨリ》テ、仏《ホトケ》ニ成《ナ》リ、極楽《ゴクラク》ニ生《シヤウ》ズル道《ミチ》ヲ知《シ》ル。返々《カヘス〴〵》世《ヨ》ノ中《ナカ》ニ有《アリ》ガタキ希有《ケウ》ナル事也《コトナリ》。

哀此受《アハレコノウケ》ガタキ人身《ニンジン》ヲ受《ウケ》、遇《アヒ》ガタキ仏教《ブツケウ》ニアヘリ。一期生涯尽《イチゴシヤウガイツキ》テ、眼閉《マナコトヂ》ム時《トキ》、*五戒十善《ゴカイジフゼン》

仏に関するタームと法に関するタームが結びつけられるにいたる。

真如観ノ力ニ この下、「ヨリテ」の三字、脱落か。

此生ニ知ラスル いま生きているこの世において知らされること。

生生世世 世々生々ともいう。生まれ変わり、死に変わって、つきることのない意。無窮を形容したもの。

破戒無慙 戒を破って恥じない意。

懈怠 怠け心。心作用(心所)の一で、勤とか精進に対する語。

権教ノ菩薩 権教とは対機方便的な仮の教えで、実教に対する。権教の菩薩とは、そのような教えに基づいて修行する者。ここでは、長期にわたって厳しい修行をなし、成仏する(歴劫成仏)という考えを批判し、それに対して即身成仏を主張したもの。

芥子 植物の名で、最少の形量を表わすたとえとして使われる。時間について、芥子劫などの語がある。

六度 六波羅蜜のことで、波羅蜜は pāramita の音訳。それを意訳して到彼岸とか度という。悟りの岸にいたるための六種の修行(布施・持戒・忍辱・精進・禅定・智慧)をさす。

五戒十善 五戒とは、不殺生・不偸盗・不邪淫・不妄語・不飲酒の五つの戒め。十善とは、始めの四つに不両舌・不悪口・不綺語・不貪欲・不瞋恚・不邪見を加えたもの。

ヲ持《タモ》タヌ身《ミ》ナレバ、人中《ニンヂウ》・天上《テンジヤウ》ニハ生《シヤウ》ジガタシ。只《タヾ》*三悪趣《サンアクシュ》ノ底《ソコ》ニ、シヅミナム後《ノチ》ハ、無《ム》量劫《リヤウコフ》ヲ経共《フルトモ》、何《イヅレ》ノ時《トキ》ニカ三宝《サンボウ》ノ御名《ミナ》ヲ聞《キカ》ン。況《イハン》ヤ流《ル》来生死《ライシヤウジ》ノ後《ノチ》、未全《イマダマタ》ク、耳《ミヽ》ニフレザリケル真如《シンニヨ》ノ名《ナ》ヲ聞《キカ》ムヤ。悦《ヨロコバ》シキ哉《カナ》、我等《ワレラ》此度《コノタビ》流《ル》来生死《ライシヤウジ》ノ始《ハジメ》、本覚真如《ホンガクシンニヨ》ノ理《リ》ヲ忘《ワス》レテ後《ノチ》、イマダ昔《ムカシ》聞《キ》カザリケル真如《シンニヨ》ノ理《リ》ヲ、今《イマ》ワヅカニ其名《ソノナ》ヲ、耳《ミヽ》ニ経《フ》レツルダニモ、生生世世《シヤウ〴〵セ〴〵》ノ悦《ヨロコビ》ナルニ、忝《カタジケ》ナクモ、此一実真如《コノイチジツシンニヨ》ノ理《リ》ヲ、我身《ワガミ》ナリト知《シリ》ヌル。此則《コレスナハチ》本覚真如《ホンガクシンニヨ》ノ理《リ》ニ帰《キ》スル也《ナリ》。

八歳《ハッサイ》ノ竜女《リウニヨ》ハ、最上《サイジヤウ》*利根《リコン》ノ者《モノ》ニテ、此身《コノミ》ヲ不《ズ》レ捨《ステ》シテ、*卅二《サンジフニ》相八十随好《サウハチジフズイガウ》ヲ備《ソナヘ》テ、*無《ム》垢世界《クセカイ》ニ往《ユキ》テ、*八相成道《ハッサウジヤウダウ》ヲ唱《トナヘ》タリ。我等《ワレラ》ハ竜女《リウニヨ》ニ、ノゾムレバ、鈍根《ドンゴン》ナレバ、此身《コノミ》ヲ捨《ステ》テ、極楽《ゴクラク》ニ生《ウマレ》テ、三十二相《サウ》ヲ具《グ》シテ、*神通自在《ジンヅウジザイ》ニシテ十方《パウ》世界《セカイ》遊《ニアソ》ビ、仏《ホトケ》ヲ供養《クヤウ》シ、衆生《シユジヤウ》ヲ教化《ケウケ》シ、娑婆《シヤバ》ノ古郷《コキヤウ》ニ返《カヘリ》テ、最初《サイシヨニ》有《ウ》縁無《エンム》縁《エン》ヲ利益《リヤク》セン事《コト》、極《キハメ》テ近《チカキ》ナリ。サレバ、我等《ワレラ》ハ、此身《コノミ》*シキ身《ミ》ニハアラズ。

亦《マタ》我《ワガ》心《コヽロ》則《スナハチ》真如《シンニヨ》ノ理《リ》ナリト知《シラ》ザリシ時《トキ》、仏《ホトケ》ト我等《ワレラ》ト遙《ハルカ》ニ違《チガ》ヒ、遠《トヲ》クヘダテタリト思《オモ》ヒキ。其故《ソノユヘ》ハ、我等《ワレラ》ハ是《コレ》*未断惑《ミダンワク》ノ凡夫也《ボンブナリ》。仏《ホトケ》ハ無量劫《ムリヤウコフ》ノ間《アヒダ》、難行苦行《ナンギヤウクギヤウ》シ、自行化他《ジギヤウケタ》、無量《ムリヤウ》ノ功徳円満《クドクエンマン》シ玉《タマ》ヘリ。我等《ワレラ》ハ仏《ホトケ》ノ御六度万行《ヲンロクドマンギヤウ》ノ中《ナカ》ニ、何《ナニ》ノ功徳《クドク》カ具《ソナヘ》タル。只此生《タヾコノシヤウ》ニモ、骨《ホネ》ヲクダキ、*命《イノチ》ヲ捨《ステ》タル事《コト》ヤハアル。況《イハン》ヤ無量劫《ムリヤウコフ》ヲヤ。只《タヾ》*無始《ムシ》ノ習《ナラ》ヒナレバ、世間《セケン》ノ*名聞《ミヤウモン》利養《リヤウ》ノミ、大切《タイセツ》ニ思《オモヒ》テ、此薗《コノモノソノ》、彼寺社《カノモノテラヤシロ》ニ望《ノゾ》ミ、世《ヨ》ノ楽《タノシ》ミ栄《サカヘ》ヲ*ワシリ求《モトメ》テ、往生極楽《ワウジヤウゴクラク》モ、大切《タイセツ》ナル仏果菩提《フックハボダイ》モ、望《ノゾミ》タエテ、我等《ワレラ》此生《コノシヤウ》ハ徒《イタヅ》ラニ過《スギ》ヌ、後生《ゴシヤウ》ハ定《サダメ》テ三悪道《アクダウ》ノ底《ソコ》ニ、シヅミナムト思《オモヒ》ツルハ、只是未《タヾコレイマ》ダ真如《シンニヨ》ノ観《クハン》ヲ、知《シラ》ザリツル日《ヒ》ノ迷《マヨヒ》ノ心也《コヽロナリ》。

三悪趣　地獄・餓鬼・畜生の三。

利根　すぐれた素質のこと。鈍根に対する。

卅二相八十随好　仏のすぐれた姿・形を数えあげたもの。三十二相は目に見える顕著な容姿について、八十随好は目に見えない微細な容姿について数えたもの。

無垢世界　煩悩の汚れのない世界という意で、竜女の成仏した世界の名(法華経提婆達多品第十二)。

八相成道　釈迦が衆生救済のためにこの世において示した下天・託胎・降誕・出家・降魔・成道・転法輪・入涅槃の八つのすがた。その中の一つである成道をもって代表させ、八相成道という。

神通自在　仏の自由・自在な超人的働きについていったもの。

シキ身　「シキ」の上に「賤」あるいは「イヤ」が脱落か。

未断惑　まだ煩悩(惑)を断ち切っていないこと。

命ヲ捨タル事ヤハアル　命を捨てるほどの修行をしたであろうか、していない、という意。

無始ノ習ヒ　無始以来の習性。大乗起信論には「無始無明」という語がある。ともに根本的にそなわった習性とか無明という意。

名聞利養　名誉・財産を求めること。

ワシリ求テ　走り求めての意。

今日《ケフ》ヨリ後《ノチ》ハ、我心《ワガコヽロ》コソ真如《シンニヨ》ナリトシリ、悪業煩悩《アクゴフボンナウ》モ障《サハリ》ナラズ、名聞利養《ミヤウモンリヤウ》、返《カヘリ》テ仏果菩提《ブツクハボダイ》ノ*資粮《シリヤウ》トナリツレバ、只《タヾ》破戒無慚《ハカイムザン》ナリ、懈怠嬾惰《ケダイランダ》ナリ共《トモ》、常《ツネ》ニ真如《シンニヨ》ヲ観《クハン》ジテ、ワスル、事無《コトナク》バ、悪業煩悩《アクゴフボンナウ》、往生極楽《ワウジヤウゴクラク》ノ障《サハリ》ト思事《オモフコト》ナカレ。略《リヤク》シテ往生極楽《ワウジヤウゴクラク》・*頓証菩提《トンシヨウボダイ》ノ道《ミチ》ヲシラシメ畢《ヲハン》ヌ。

此《コレ》ヨリ下《シモ》ハ、真如有様《シンニヨノアリサマ》ヲ、委《クハシ》ク令《シメ》レ知《シラ》、又法花《マタホツケ》ノ大旨《タイシ》ヲ明《アキラ》メント也《ナリ》。真如《シンニヨ》ノ理《リ》ト云《イフ》ハ、広《ヒロ》ク法界《ホウカイ》ニ遍《ヘン》ジテ至《イタ》ラヌ処《トコロ》ナク、一切《サイ》ノ法《ホウ》ハ、其数無量無辺《ソノカズムリヤウムヘン》ナレ共《ドモ》、真如《シンニヨ》ノ理《リ》ヲ離《ハナレ》タル者《モノ》ナシ。亦万法《マタマンボウ》ヲ融通《ユヅウ》シテ一切《サイ》トナセバ、万法《マンボウ》一如《ニヨ》ノ理《リ》ト名《ナヅ》ク。サレバ煩悩《ボンナウ》モ 即菩提也《スナハチボダイナリ》、*生死《シヤウジ》モ 則法身也《スナハチホツシンナリ》、悪業《アクゴフ》モ 則解脱《スナハチゲダツ》ナリ。サレバ我等《ワレラ》ガ一切衆生《サイシユジヤウ》ノ身《ミ》ノ中《ナカ》ノ、*煩悩業苦《ボンナウゴフク》ノ三道《ダウ》、此《コレ》モ仏《ホトケ》ノ*法身《ホツシン》・般若《ハンニヤ》・解脱《ゲダツ》ノ三徳也《トクナリ》。亦是《マタコレ》*法報応《ホツボウオウ》ノ三身也《ジンナリ》。我等《ワレラ》ガ身《ミ》ノ中《ウチ》、三道《ダウ》既《スデ》ニ三身《ジン》ナレバ、我等《ワレラ》則仏也《スナハチホトケナリ》。三身則《ジンスナハチ》三道《ダウ》ナレバ、*又我等衆生也《マタワレラシユジヤウナリ》。如《ゴトク》レ是《カクノ》 互《タガヒ》ニ具足《グソク》シテ融通無碍《ユヅウムゲ》ナル、此則真如《コレスナハチシンニヨ》ノ理《リ》、万法《マンボウ》一如《ニヨ》ノ道理也《ダウリナリ》。凡《オヨソ》カヽル相即不二《サウソクフニ》ノ道理《ダウリ》ハ、皆《ミナ》是真如《コレシンニヨ》ノ*功能也《クノウナリ》。

サレバ大日《ダイニチ》・釈迦《シヤカ》・弥陀《ミダ》・観音《クハンヲン》・弥勒等《ミロクトウ》ノ、一切菩薩《サイボサツ》ニ生《ウマ》レ、亦*身子《マタシンシ》・目連《モクレン》・迦葉《カセフ》・阿難等《アナントウ》ノ諸賢《シヨケン》ニウマレ、*花厳《ケゴン》・阿含《アゴン》・方等《ハウドウ》・般若《ハンニヤ》、乃至八万法蔵《ナイシハチマンホウザウ》十二部経《ブキヤウ》、此等《コレラ》ノ人法《ニンボウ》ヲ、悉《コト〴〵》ク和合《ワガフ》シ融通《ユヅウ》シテ、乃至《ナイシ》一切《サイ》ノ非情《ヒジヤウ》、草木《サウモク》・山河《サンガ》・大海《タイカイ》・虚空《コクウ》、皆真如《ミナシンニヨ》ノ外《ホカ》ノ物《モノ》ニアラズ。此等皆真如《コレラミナシンニヨ》ナレバ、皆真如《ミナシンニヨ》ハ仏也《ホトケナリ》。真如《シンニヨ》ヲ実《マコト》ノ仏《ホトケ》トスルガ故也《ユヘナリ》。亦仏《マタホトケ》、一切衆生《サイシユジヤウ》ニ我身心則真如《ワガシンシンスナハチシンニヨ》ナリト知《シラ》シメ玉《タマ》フ事《コト》、法花経《ホツケキヤウ》ノ中《ナカニ》此《コレヲ》明《アカ》セリ。法花已前《ホツケイゼン》ノ諸経《シヨキヤウ》ハ、*帯権赴機《タイゴンシユキ》ノ説《セツ》ニシテ、未《イマダ》*開三顕一《カイサンケンイチ》ノ旨《ムネ》ヲ不《ズ》レ明《アカサ》。無始《ムシ》ヨリ*五性各別《ゴシヤウカクベツ》

資粮　資糧。悟りへのもとで。
頓証菩提　たちまちに悟ること。
生死モ則法身　生死とは変化・生滅する現実相、法身とは仏の不滅の本身をいい、ここでは永遠相のこと。生死即涅槃ともいう。
煩悩業苦ノ三道　迷い(煩悩)が行為(業)をおこし、すすんでは苦の世界を招くにいたることをいったもの。この三つは輪のごとく連続して断絶することがないので、道という。
法身・般若・解脱ノ三徳　法身とは不滅の真理身、般若とは悟りの智慧、解脱とは煩悩・執着からの解放で、仏の三特色ゆえ、三徳という。
法報応ノ三身　仏の不滅の真理身(法身)、因行果徳身(報身)、応現の現実身(応身)の三。
又我等衆生也　「我等衆生」の上に「仏則」が省かれたものか。
功能　功用能力。働きの意。
身子　Śāriputra(舎利弗)の義訳。
花厳・阿含…　天台の五時教判における配列にのっとったもの。
帯権赴機　対機方便の仮の教説。底本振仮名「シユキ」は「フキ」の誤り。
開三顕一　声聞・縁覚・菩薩の三乗を一仏乗に統合すること。法華経方便品第二に明かされる。
五性各別　差別多様の現実相に立脚した法相唯識の説。衆生の性質・能力に五種の別があるということ。

ナリト明《アカ》シテ、一切衆生《サイシユジヤウ》皆本覚真如《ミナホンガクシンニヨ》ノ理《リ》ヨリ出《イデ》タリト説《ト》カズ。サレバ法花《ホツケ》ノ序分《ジヨブン》ノ*無量《ムリヤウ》義経《ギキヤウ》ノ中《ナカ》ニ、*四十余《ヨ》年《ネン》未顕真実《ミケンシンジツ》ト云《イヘ》リ。此《レ》法花已前《ホツケイゼン》、四十余《ヨ》年《ネン》ノ説《セツ》ノ中《ナカ》ニハ、無量義経《ムリヤウギキヤウ》ノ道理《ダウリ》ヲ、明《アカ》サザルヲ、未顕真実《ミケンシンジツ》ト云也《イフナリ》。経《キヤウ》ノ次下《ツギシモノ》文《モン》ニ、今無量義経《イマムリヤウギキヤウ》ノ中《ナカ》、真実《シンジツ》ヲ顕《アラハ》ス事《コト》ヲ説文《トクモン》ニ云《イハク》、*無相不相《ムサウフサウ》ノ一法《ボウ》ヨリ、万法流出《ルシユツ》ス。無相不相《ムサウフサウ》ヲ名《ナヅケ》テ、実相《ジツサウ》トスト云《イ》ヘリ。実相《ジツサウ》トハ真如《シンニヨ》ノ実名《ジツミヤウ》ナリ。次《ツギニ》亦今経《マタイマキヤウ》ノ中《ナカ》ニ、三草二木皆《サウニモクミナ》一地《チ》ヨリ生《シヤウ》ジテ、終《ツキ》ニ真如《シンニヨ》ノ大地《ダイヂ》ニ帰《キ》スル事《コト》ヲ明《アカ》セリ。

此則《コレスナハチ》四十余年未顕真実《ヨネンミケンシンジツ》ノ昔《ムカシ》ハ、未《イマダ》レ明《アカサ》ズ二従一出多従多帰一《ジウイチシユツタジウタキイチ》ノ旨《ムネヲ》一。故《ユヘニ》妙楽大師《メウラクダイシ》ノ釈《シヤクニイハク》云、*法花已前《ホツケイゼン》ニハ、非《アラズ》二但《タヾ》未《イマダ》レ論《ロンゼ》ザルノミニ会《エ》二多帰一《タキイチヲ》一、亦未《イマダ》ズト三曾《カツテ》説《トカ》二従一出多《ジウイチシユツタヲ》一〈文〉。*鷲峯開顕《ジユホウカイケン》ノ今《イマ》ハ、三草二木《サウモク》ノ*五乗《ジヨウ》七方便《ハウベン》ノ輩《トモガラ》、皆《ミナ》一実真如《ジツシンニヨ》ノ一地《チ》ヨリ生《シヤウ》ジテ、還《カヘツ》テ真《シン》如《ニヨ》ノ大地《ダイチ》ニ帰《キ》スト明《アカ》セリ。此則《レチ》一切衆生、我心《ワガコヽロ》則《チ》真如ナリト知《シラ》シメ玉《タマ》フ事《コト》ハ、仏《ホトケ》世《ヨ》ニ出《イデ》テ、四十余年《ヨネン》仏心ニ秘《ヒ》シテ顕《アラハ》ニ説玉《トキタマ》ハズシテ、法花《ホツケ》ノ時始《トキハジメ》テ顕《アラハ》シ玉フ也《ナリ》。

又諸法実相者《マタシヨホウジツサウハ》真如ノ異名《イミヤウ》ナリ。十界皆《カイミナ》真如ナレバ、各《ヲノヲノ》万法《ボウ》ヲ具《ソナヘ》テ百界《カイ》千如《ニヨ》三千世間《セケン》ト成《ナル》。此《コノ》三千ニ各《ヲノヲノ》三諦《タイ》ヲ具足《グソク》ス。此《コレ》ヲ*円融《エンユウ》ノ三諦《タイ》ト名《ナヅケ》、隔歴《キヤクリヤク》ノ三諦《タイ》ハ*麁法《ソホウ》也。円融《エンユウ》ノ三諦《タイ》ハ妙法ト名《ナヅ》ク。此則《レチ》法花已前《ホツケイゼン》ニハ次第《シダイ》ノ三諦《タイ》ヲ明《アカ》ス。法花《ホツケ》ノ時ニハ会入《エニフ》スルヲ円融《エンユウ》ノ三諦《タイ》ト名《ナヅ》ク。釈《シヤクニイハク》云、*始《ハジメ》自《ヨリ》二花厳《ケゴン》一終《ヲハリ》至《イタルマデ》二般若《ハンニヤニ》一、雖《イヘドモ》二多《オホクハ》不《ズト》レ同《ヲナジカラ》、但《タヾシ》為《ス》二次第三諦《シダイノタイノ》所《トコロト》レ接《セツスル》。今《ノ》経会《エシテ》レ実《ジツヲ》、方《マサニ》曰《イフ》二円融《エンユウト》一〈文〉。今《イマ》真如理《ノリ》ハ、只《タヾ》法花経ノ中《ナカ》ニ明《アカ》スト云《イフ》也。円融《エンユウ》ノ三諦《タイ》ヲ真如ノ理《リ》ト名《ナヅク》ル故《ユヘ》也。此文《コノモン》ニ亦《マタ》十界《カイ》則実相《チジツサウ》ナリト明《アカ》セリ。我身《ワガミ》真如ナリト明《アカス》也。我則《ワレチ》十界《カイ》ノ中《ナカ》ニ有故《アルユヘ》也。我則《レチ》真如ナレバ、我仏《レホトケ》也。真如ヲ実《マコト》ノ仏《ホトケ》トスル故《ユヘ》也。

無量義経 法華経の開経といわれる。

四十余年…・無相不相… 無量義経説法品第二の語。

法花已前… 湛然の法華文句記巻第二下の文(正蔵三四、一九三頁下)。

鷲峯開顕 鷲峯とは霊鷲山。法華経の説かれた場所。その法華経に開三顕一が明かされたゆえ、かくいう。

五乗七方便 五乗とは法華経薬草喩品第五の三草二木のたとえに関して、人天乗(小草)、二乗(中草)、蔵教の菩薩(上草)、通教の菩薩(小樹)、別教の菩薩(大樹)の五に類別したもの。七方便とは、五乗中の人天乗を人乗と天乗に、二乗を声聞乗と縁覚乗に分けて七つとしたもので、最高の円教にいたる方便的な道ゆえ、七方便という。

円融ノ三諦 空・仮・中の三真理が即空即仮即中として融即したもの。これに対するものが隔歴あるいは次第の三諦。

麁法 実のものでないという意。

始自花厳… 湛然の法華玄義釈籤巻第一の文(正蔵三三、八一九頁中)。法華玄義巻第一上の「隔歴三諦麁法也。円融三諦妙法也」(正蔵三三、六八二頁上)を釈したもの。

内証 心内の直証。外用に対する。

外用 外に形をとったもの。

自度執 自己の解脱に心を労することをいう。

サレバ竜女《リウニョハ》最上利《サイジヤウリ》根《コン》ノ者《モノ》ニテ、文殊竜宮《モンジユリウグウ》ニシテ此《ノ》経ヲ弘《ヒロ》メ玉《タマヒ》シ時《トキ》、諸法実相《ショホウジッサウ》ト云《イ》フ詞《コトバ》ノ下《シタ》ニ、我《レ》則《チ》真如ナリ我《レ》仏《ケ》ナリト悟《サト》レバ、*内証《ナイシヨウ》ノ仏《ホトケ》也。故《カルガユヘ》ニ此《ノ》身ヲ不《ズ》レ捨《ステ》シテ、無垢世《ムクセ》界《カイ》ニ往《ユキ》テ、八相成道《ハッサウジヤウダウ》ヲ唱《トナフ》レバ、*外用《ゲヨウ》ノ成道《ジヤウダウ》ナリ。亦舎利《シャリ》弗是《ホッコレ》上根《コン》ノ者《モノ》ナレバ、法花ノ前《マヘ》ニハ*自度執深《ジドシフフカク》シテ、永不成仏《エウフジヤウブツ》ノ思《オモヒ》ヲ成《ナ》シキト云《イ》ヘドモ、諸法実相《ショホウジッサウ》ノ詞《コトバ》及《ヲヨビ》*五仏開権《ブッカイゴン》ヲ聞《キイ》テ、内証初住《ナイシヨウシヨヂウ》ノ悟《サトリ》ヲ開《ヒラク》ト云《イ》ヘ共《ドモ》、昔《ムカシ》与物結縁《ヨモツケチエン》無《ナ》ケレバ、未来無数劫《ミライムシユコフ》ヲ経《ヘ》テ外用《ゲヨウ》八相《サウ》ヲバ唱《トナ》ヘタリ。中根四大声聞《チウコンシダイシヤウモン》、下根《ゲコン》千二百等《トウ》ニハ、譬喩《ヒユ》ヲ説《トキ》、因縁《インエン》ヲ説《トク》。我《ワレ》真如ナリト知《シラ》シメテ内《ナイ》証《ショウ》ノ悟《サトリ》ヲ開《ヒラ》カシメタリ。

智積菩薩《チシヤクボサツ》ハ*別教《ベッケウ》ヲ執《シフ》ジテ、竜女《リウニョ》ガ頓証《トンショウ》ヲ疑《ウタガヒ》キ。其語云《ソノゴニイハク》、*我《レ》見《ミルニ》二釈迦如来《シヤカニョライヲ》一、於《オイテ》二無量劫《ムリヤウコフニ》一、難行苦行《ナンギヤウクギヤウシ》、積《ツミ》レ功《コウヲ》累《カサネ》レ徳《トクヲ》、求《モトメテ》二菩薩道《ボサツノダウヲ》一、未《ズ》二曾《イマダカツテシ》止息《ソクシタマハ》一。観《ミルニ》二*三千大千世界《セカイヲ》一、乃至《ナイシ》無《ナシ》レ有《アルコト》下如《ゴトキ》二芥子《ケシ》許《バカリノ》一、非《アラズトイフコト》中是菩薩《コノボサツノ》捨《スツル》二身命《シンミヤウヲ》一処《トコロニ》上。為《タメノ》二衆生《ノ》一故《ユヘニ》、然後《シカシテノチ》乃《スナハチ》得《エタリ》レ成《ジヤウスルコト》二菩提《ボダイノ》道《ダウヲ》一。不《ズ》レ信《シンゼ》下此女《コノオンナノ》於《オイテ》二須臾頃《シユユノアイダニ》一、便《スナハチ》成《ジヤウセンコトヲ》中正覚《シヤウカクヲ》上〈文〉。此《レ》則《チ》竜女《リウニョ》ハ初心凡夫《ショシンボンブ》也。亦畜《マタチク》生《シヤウ》ノ身《ミ》ナレ共《ドモ》、法花経ノ諸法実相《ショホウジッサウ》ノ一句《ク》ヲ聞《キイ》テ、我身《ワガミ》則《チ》真如也ト悟《サトリ》テ、須臾《シユユ》ノ間《アヒダ》ニ仏《ホトケ》ニ成《ナル》。智積菩薩《チシヤクボサツ》ハ*実位隣《ジッキトナ》レ共《ドモ》、*権教《ゴンゲウ》ノ菩薩《ボサツ》ニシテ、頓証菩提《トンシヨウボダイ》ノ旨《ムネ》ヲ知《シ》ラズ。

サレバ須臾《シユユ》ニ仏《ホトケ》ニ成《ナル》ト明《アカ》ス、法花経ト、無量劫《ムリヤウコフ》ニ仏ニ成《ナル》ト説《トク》、法花ノ先《サキ》ノ諸経《ショキヤウ》ト、勝劣《ショウレッ》遙《ハルカ》ニシテ天《テン》ト地《チ》トノ如《ゴト》シ。カヽリケレバ、釈迦如来世《ヨ》ニ出《イ》デ、四十余年《ヨネン》ノ間《アヒダ》、仏心《ブッシン》ニカクシテ顕《アラハ》ニ説《ト》キ玉《タマ》ハズシテ、法花ニ始《ハジメ》テ顕《アラハ》シ給《タマ》ヒケル*実相《ジッサウ》真如ノ理《リ》ト云《イ》フ如来ノ秘蔵《ヒザウ》、*己証《コショウ》ノ法門《ホウモン》ヲ、我濁世末代《ワレジョクセマッダイ》ニ日本《ニッポン》ト云《イフ》*辺地《ヘンチ》ニ生《シヤウ》ジテ聞《キヽ》タテマツル。我身《ワガミ》即《スナハチ》仏《ホトケ》ナリケリト知《シ》ル計《バカリ》ノ生生世世《シヤウ〴〵セ〴〵》ノ悦《ヨロコビ》、何事《ナニゴト》カハ有《アル》ベキ。人間《ニンゲン》ニハ国王《コクワウ》・大臣《ダイジン》ト成《ナル》ヲ、世人《ヨノヒト》ハ究竟《クキヤウ》ノ悦《ヨロコビ》ト思《オモ》

五仏開権　法華経方便品第二において開権顕実(開三顕一)が説かれるさいの諸仏、過現未の三仏、釈迦仏の五仏のこと。

別教　蔵・通・別・円の化法四教の中の第三。大乗に特有な教えであるが、中が空・仮と隔別し(但中)、円融していないため、円教の下に置かれる。

我見釈迦如来…　法華経提婆達多品第十二の文(正蔵九、三五頁中)。

三千大千世界　一世界を千個合わせて小千世界、小千世界を千個合わせて中千世界、中千世界を千個合わせて大千世界といい、その小千世界、中千世界、大千世界を総合した全体宇宙世界を三千大千世界という。

実位隣レ共　仏に隣りあった菩薩の位にいるけれどもという意。

権教ノ菩薩　前段階の未究極的な教えにおける菩薩。法華実教の菩薩に対する。

実相真如ノ理…　仏(如来)とは実相真如の理にほかならないことをいったもの。それは、また衆生そのものでもあり、そういうことで即身成仏・仏凡一体が説かれてくる。

己証ノ法門　自己自身に新たに証し明かした真理。既存・伝承の真理に対する。

辺地　辺域・辺土。末法観(末世・劣機・辺土)の一つで、正法の国から遠く隔たった処という意。

梵王・帝釈　仏法守護の二大神。

未離生死…　地獄から天(神)界までは、生死輪廻の迷界(六道輪廻)とされる。

鳧　底本「梟」を改む。以下同じ。

マヌカム　「カム」の間に「レ」脱落か。誰も、あやまりを免がれるものはないとの意。

別事モナシ　ほかでもないとか、ほかならぬという意。

流来生死ノ始　迷いがもとで生死輪廻の世界に生まれ出た当初。

九界ノ有情　十界において、菩薩界の中の実教の菩薩と仏界とは、真実のものとして、他の仮(権)の存在と区別したもの。

ヘリ。天上ニハ*梵王《ボンワウ》・帝釈《タイシヤク》ト成《ナル》ニ勝《マサリ》タル悦《ヨロコビ》ナシ。サレ共《ドモ》此等《レラ》ノ悦ハ、*未《イマダ》ズレ離《ハナレ》二生死《シヤウジヲ》一輪廻《リンヱ》ノキハ無《ナ》ケレバ、大切共《タイセツトモ》オボエズ、只《タヾ》仏ニ成《ナ》ル道《ミチ》ヲ知《シ》ラン計《バカリ》、生生世世《シヤウ〴〵セ〴〵》ノ悦《ヨロコ》バシキ事、争《イカデ》カアラン。

仏ニ成道《ナルミチ》ニツイテモ、真如観《クハン》ヲ知《シ》ラザル権教《ゴンケウ》ノ菩薩ハ、無量劫《ムリヤウコフ》ノ間身命《アヒダシンミヤウ》ヲ惜《ヲシマ》ズ、難行苦《ナンギヤウク》行《ギヤウ》シテ仏ニ成《ナ》ル。コレ実《ジツ》ノ仏ニアラズ、夢《ユメ》ノ内《ウチ》ノ権果《ゴンクハ》也。真如観《クハン》ヲ知《シ》ル人ハ須臾《シユユ》ニ仏ニ成《ナル》。何《イツ》レモ何《イツ》レモ仏ニ成《ナ》ル道極《ミチキハメ》テ大切《タイセツ》ナリ*鳧《ケレ》バ、我悪世《ワレアクセ》ニシテ多劫《タコフ》ノ間《アヒダ》ニ、刀山《タウザン》〈ツルギノヤマ〉ニ骨《ホネ》ヲクダキ、猛火《ミヤウクハ》ニ身《ミ》ヲ焦《コガ》シテ、チリ計《バカリ》ノ益《エキ》モナシ。無量《ムリヤウ》ノ苦患《クゲン》ヲ忍《シノビ》テダニモコソ過《スギ》タル。況《イハン》ヤ無上菩提《ムジヤウボダイ》ノタメニ、骨髄《コツズイ》ヲクダカム、何《ナニ》ノ苦《ク》ルシキ事カ有《アラ》ント思《オモヒ》テ、無量劫《ムリヤウコフ》ノ間《アヒダ》、極《キハメ》テ堪《タヘ》ガタキ苦《ク》ヲ、忍《シノン》デダニモ菩提《ボダイ》ヲバ求《モト》ムレ、今我等《イマワレラ》ハ骨《ホネ》モクダカズ、命《イノチ》ヲモ捨《ステ》ズシテ、只我《タヾワレ》真如ナリト思《オモ》フ計《バカリ》ノ事ニヨリテ、須臾《シユユ》ニ仏ニ成《ナ》ルト云《イ》フ、安《ヤスラ》カル教《ヲシヘ》ヲ聞《キヽ》ナガラ、信用《シンヨウ》セズシテ、無間獄《ムケンゴク》ノ底《ソコ》ニ沈《シヅ》ミナン、誰《タレ》カ過《アヤマリ》ヲ*マヌカム。

凡《ヲヨソ》十方《バウ》三世《ゼ》ノ諸仏《シヨブツ》ノ世《ヨ》ニ出《イ》デ玉《タマ》ヒケル事《コト》、何《ナニ》ノ折《ヲリ》ニ何事《ナニゴト》ヲ本懐《ホンクハイ》トシテ出《イ》デ給《タマ》ヒ鳧《ケル》ゾト尋《タヅヌ》レバ、早《ハヤ》ク一切衆生ニ真如ノ理《リ》ヲ、知《シラ》シメンガタメ也。サレバ方便品《ハウベンボン》ニ十方三世《ゼ》ノ仏ノ世《ヨ》ニ出《イ》デ玉《タマ》フ事《コト》ハ、一切衆生ヲ皆《ミナ》仏ニ成《ナサ》シメント云事《イフコト》ハ*別事《ベチジ》モナシ、只《タヾ》一切衆生ヲシテ、真如ヲ、我《ワレ》ナリト知《シラ》シメントナリ。サレバ事詮《コトノセン》ハ、只《タヾ》一切衆生ニ我レ即チ真如ナリト令《シムルヲ》レ知《シラ》法花経ト名《ナヅ》ク。三世ノ諸仏《シヨブツ》ノ大事因縁《タイジインエン》、出世《シユツセ》ノ本懐《ホンクハイ》トスルナリ。

其《ソノ》*流来生死《ルライシヤウジ》ノ始《ハジメ》、真如ノ理《リ》ヲ忘《ワスレ》シヨリ後《ノチ》、実《ジツ》ノ我身ニ有《アラ》ザリケル地獄《チゴク》・餓鬼《ガキ》・畜生《チクシヤウ》・修羅《シユラ》・人天《ニンデン》・声聞《シヤウモン》・縁覚《エンガク》・権教菩薩《ゴンケウノボサツ》、此等《レラ》ノ*九界《クカイ》ノ有情《ウジヤウ》ヲ、妄《ミダリ》ニ我身ト思《オモヒ》テ、広《ヒロ》ク法界《ホウカイ》ヲ体《タイ》トスル真如ノ理《リ》ヲ全《マッタ》ク我《ワレ》ト思《オモ》ハズシテ、心セバク只《タヾ》一有情《ウジヤウ》バカリヲシテ、我《ワレ》ト思《オモ》フハ、我《ワガ》一人ガ所作《ショサ》ノ行業《ギヤウゴフ》ハ無量劫《ムリヤウコフ》ヲ経《フ》トモ、法界《ホウカイ》ニハ満《ミツ》ツベカラズ。若自行化他《モシジギヤウケタ》ノ功徳《クドク》、法界ニ遍《ヘン》ゼザルハ仏ニアラズ。サレバ広《ヒロ》ク真如法界ヲ、我《ワレ》ト観《クハンズ》ル時《トキ》ニハ、我《ワレ》ト法界トノ一切体《タイ》一ツナレバ、我功徳《ワガクドク》法界ノ功徳《クドク》トナリ、法界ハ我《ワ》ガ功徳《クドク》ト成《ナリ》、自行化他《ジギヤウケタ》ノ功徳《クドク》、ヲノヅカラ法界ニ遍《ヘン》シテ 則《スナハチ》 仏ナリ。又《マタ》法花経ニハ真如実相《ジッサウ》ノ理《リ》ヲ詮《セン》ズレバ、須臾《シュユ》ニ、仏ニ成《ナル》ト明《アカ》スノミニアラズ、又一切衆生本《モト》ヨリ仏ナリト説《トク》。

有人問 云《アルヒトトフテイハク》、法花経ノ 何 文《イヅレノモン》ニカ正《マサ》シク一切衆生皆本《ミナモト》ヨリ仏ナリト明《アカ》シ、又 何 文《イヅレノモン》ニカ煩悩即菩提《ボンナフソクボダイ》、生死即涅槃《シヤウジソクネハン》ト説《トケルヤ》。

答 云《コタヘテイハク》、法花経ノ品品《ホンホン》ノ中《ナカ》ニ、明《アキラカ》ニ此《コレ》ヲ明《アカ》セリ。且《シバラ》ク*正 宗《シヤウシウ》ノ初《ハジメ》ノ方便品《ハウベンボン》ノ文《モン》ニ、*唯《タヾ》仏《ト》与《ト》レ仏、乃《イマシ》能《ヨク》究ニ尽《シタマヘリ》 諸法実相《ショハウジッサウヲ》一、所謂諸法《イハユルショホウ》如是ト云文《イフモン》ニ、明《アキラカ》ニ煩悩即菩提《ボンナウソクボダイ》、生死即涅槃《シヤウジソクネハン》ノ道理《ダウリ》、及《ヲヨビ》一切衆生悉皆成仏《シツカイジヤウブツ》ト云事《イフコト》、明《アキラカ》ニ見《ミヘ》タリ。但《タヾ》シ諸法実相ト云《イフ》一句《ク》ニ万法真如ナリト明《アカ》スナリ。天台大師《テンダイタイシ》ノ 釈 云《シヤクニイハク》、諸法《ショホウ》ト者《ハ》十界ニ遍《ヘン》ズ。実相《ジッサウ》ト者《ハ》此《コレ》真如ノ異名《イミヤウ》ナリ。是《レ》則《チ》地獄《ヂゴク》モ真如也《ナリ》。餓鬼《ガキ》モ真如也《ナリ》。畜生《チクシヤウ》モ真如也《ナリ》。真如ヲ実相《ジッサウ》ノ仏ト名《ナヅ》クレバ、十界本《モト》ヨリ仏ナリト云事 明《イフコトアキラカ》 也。

地獄《ヂゴク》スデニ真如也。真如ハ万法ノ体《タイ》ナレバ、仏界及《ヲヨビ》九界、此《コノ》真如ノ中《ナカ》ニ具足《グソク》ス。餓鬼《ガキ》道《ダウ》モ真如ナレバ、仏界及 余《ヲヨビヨノ》九界亦《モ》具足《グソク》如《ゴトク》レ是《カクノ》 シテ十界ニ 各 余《ヲノ〱ヨノ》九界ヲ具足《グソク》スレバ、百《ヒヤク》トナル。百界一一 各《ヲノ〱》 十如アレバ千如トナル。此《コノ》千如ニ一一 各《ヲノ〱》 三種《サンジュ》ノ世間《セケン》アリ。所謂《イハユル》五陰《イン》世間《セケン》、衆生世間《シュジヤウセケン》、*器世間也《キセケンナリ》。此等《コレラ》ヲ三千世間トス。此《コノ》三千世間我《ワガ》一念《ネン》ノ心中《シンヂウ》ニ備《ソナヘ》テ、一《ヒトツ》モ

正宗　経典を序分・正宗分・流通分に三分化した中の主要部分。天台智顗は法華経を迹門・本門に折半しつつ、それぞれを序・正・流通に三分した。こうして、方便品第二は迹門における正宗分のはじめに位することになる。↓補

唯仏与仏…　法華経方便品第二の十如是を説いた箇所で、「所謂諸法如是相・如是性・如是体・如是力・如是作・如是因・如是縁・如是果・如是報・如是本末究竟等」となっているもの(正蔵九、五頁下)。

器世間　国土世間(環境)のこと。

闕《カク》ル事ナシ。此《コレ》ヲ具足道《グソクダウト》名《ナヅ》ク。又六道ノ十如《ニヨ》ノ中《ナカ》ノ如是因《ニヨゼイン》ハ則《スナハチ》業道也《ゴウダウナリ》。如是縁《ニヨゼエン》ハ則煩《チボン》悩道也《ナウダウナリ》。如是《ニヨゼ》報《ホウ》ハ則苦《チク》道《ダウ》也。

今経《イマキヤウ》ハ真如理《ノリ》ヲ詮《セン》ズレバ、此煩悩業苦《コノボンナウゴフク》ノ三道、則《スナハチ》法身般若解脱《ホツシンハンニヤゲダツ》ノ三徳《トク》、又是《タ》法報応《レホツポウオウ》ノ三身《ジン》也。是《コレ》ヲ煩悩即菩提《ボンナウソクボダイ》・生死即涅槃《シヤウジソクネハン》ノ明《アキラカ》ナル心ニ非《アラズ》ヤ。況《イハン》ヤ十界《カイ》十如《ニヨ》ノ*依正《エシヤウ》三千世間《セケン》ノ法《ホウ》門《モン》、則《スナハチ》空仮中《クウゲチウ》ノ三諦《タイ》、一諦《タイ》、*非三非一、不思議《フシギ》円融《エンユウ》ノ至極《シゴク》ノ法門也《ホウモンナリ》。権教権門《ゴンケウゴンモン》ノ隔別不《キヤクベツフ》融《ユウ》ノ心ヲ以《モツテ》円融至極《エンユウシゴク》ノ理《リ》ヲ難《ナン》ズベカラズ。

有人問云《アルヒトトフテイハク》、一切衆生皆本《ミナモト》ヨリ仏ナリト云事心得《イフコトコヽロエ》ズ。若《モシ》一切衆生本《モト》ヨリ仏ナラバ、衆生ノ難行苦行《ナンギヤウクギヤウ》シテ始《ハジメ》テ仏ニ成《ナラ》ント願《ネガ》フベカラズ。又地獄《マタヂゴク》・餓鬼《ガキ》・畜生《チクシヤウ》・修羅《シユラ》・人天《ニンデン》ト云《イ》フ六道《ダウ》ノ差別有《シヤベツアル》ベカラズ。サレドモ、仏モ常《ツネ》ニ六道《ダウ》ノ衆生有《アル》ト説玉《トキタマ》ヒキ。マヅ法花経ノ中《ナカニ》、*見二六道衆生《ダウシユジヤウヲ》一、貧窮《ビングウニシテ》無《ナシト》二福恵《フクヱ》一等説ケリ。諸法モ*現量《ゲンリヤウ》ニ過《スギ》ズ。現《ゲン》ニ人馬《ニンバ》、牛狗烏《ギウクウ》〈ウシイヌカラス〉、乃至《ナイシ》蟻螻《ギロウ》〈アリケラ〉ト云《イフ》物共《ドモ》アリ。何《ナン》ゾ一切衆生ハ本《モト》ヨリ皆《ミナ》仏ナリト云《イフ》。又世《ヨ》ノ人ノ思《オモヒ》ナラハセルヤウモ、仏ト申事《マウスコト》ハ、卅二相《サウ》八十種好《シユガウ》ヲ具《グ》シ、神通智恵《ジンヅウチエ》、一切ノ者《モノ》ニ勝《スグレ》テ自在《ジザイ》ナルヲ仏ト申《マウス》。ソレコソ又忝《カタジケナ》ク貴《タフト》ケレ。蟻螻《アリケラ》・犬烏《イヌカラス》如《ゴト》キノ物《モノ》、何事《ナニゴト》ニカ貴《タフト》クシテ仏ト云《イフ》ベキ。

今答《コタヘ》テ云《イハク》、我モ人モ、本《モト》ハコレ一実真如ノ理《リ》ニシテ、地獄畜生《ヂゴクチクシヤウ》ノ不同無《フドウナ》カリキ。雖《イヘドモ》レ然《シカリト》、*無明発《ムミヤウホツ》シテ後《ノチ》、*無分別《ムフンベツ》ノ理《リ》ノ中《ナカ》ヨリ種種《シユヾ》ノ分別《フンベツ》ヲ起《ヲコ》シ、広《ヒロ》ク真如法界《カイ》ヲ我《ワレト》思《オモ》ヒテ自他彼《ジタヒ》此《シ》ノ差別《シヤベツ》ヲ弁《ワキマ》ヘ、*五陰六塵《インヂン》ノ煩悩《ボンナウ》ヲ起《ヲコ》シ、*不可意《フカイ》ノ境《キヤウ》ヲ縁《エン》ジテ瞋恚《シンイ》ノ煩悩《ボンナウ》ヲ起《ヲコ》シ、*中膚《チウフ》ノ境《サカイ》ヲ縁《エン》ジテハ愚癡《グチ》ノ煩悩《ボンナウ》ヲ起《ヲコ》シ、此《コノ》*貪瞋癡《トンジンチ》ノ三毒《ドク》ヲ根本《コンボン》トシテ八万四千煩悩《ノボンナウ》ヲ起《ヲコ》ス。此レ

依正　依報と正報。正報は過去の業の報いで得た衆生の身、依報は衆生のよりどころとなる環境(国土ないし器世間)。衆生の行為の招いたものゆえ、やはり報という。

非三非一　三諦にもあらず、一諦にもあらずということ。三諦即一諦・一諦即三諦を否定的に表現したもの。

見六道衆生…　法華経方便品第二の偈文(正蔵九、九頁中)。

現量　比較・推理をまじえない、直接的な事実認識をいう。ここでは、諸法が現量の対象なることをいう。

無明　迷いの根源。事物に執着して、ありのまま(如実)に見ることができないこと。

無分別ノ理　事物の真相は、本来、自他彼此などの二元分別的な考えをこえたものであることをいう。

五陰六塵　五陰とは衆生を構成する色・受・想・行・識の物心五要素、六塵とは六境のことで、六根(眼・耳・鼻・舌・身・意)の対境(色・声・香・味・触・法)。煩悩は、これらに関しておこる。

不可意ノ境…　この上、「可意ノ境ヲ縁ジテハ貪欲ノ煩悩ヲ起シ」が省略か。可意とは意にかなったもの、不可意とは意にそわないものをいう。「縁ジテ」とは、縁としてということ。

中膚ノ境　可意・不可意の以前の根源的なものをさすか。

等《ラ》ノ種種《シユ〳〵》煩悩《ボンナウ》ニヨリテ種種《シユ〳〵》ノ業《ゴフ》ヲ作《ツクリ》テ、善業《ゼンゴフ》ニヨリテハ、人天《ニンデン》・*修羅《シユラ》ノ三善道《ゼンダウ》ノ報《ムクヒ》ヲ感《カン》ジ、悪業《アクゴフ》ニヨリテハ、地獄《ヂゴク》・*鬼畜《キチク》ノ三悪道《アクダウ》ノ報《ムクヒ》ヲマネク。如《ゴトク》レ是《カクノ》六道《ダウ》ノ依正出来《エシヤウシユツライ》セリ。此《コノ》六趣輪廻《シユリンヱ》ノ間《アヒダ》ニ実《ジツ》ニ我《ワレ》ニアラザル者《モノ》ヲ、妄《ミダリ》ニ我《ワレ》ト思《オモフ》ニヨリ、我《ワレ》ニソムク者《モノ》ヲバ瞋恚《シンイ》ヲ発《ヲコ》シテ*ノリウチ、或《アルヒ》ハ殺害《セツガイ》シテ輪廻《リンヱ》生死《シヤウジ》ヲ断《タツ》コトナシ。我《ワレ》ニ随《シタガフ》者《モノ》ニハ貪愛《トンアイ》ヲ起《ヲコ》シテ、生生世世《シヤウ〳〵セ〳〵》互《タガヒ》ニ恩愛《ヲンアイ》ノキヅナト成《ナリ》ヌ。又流転《ルテン》タユル事ナシ。此《レ》則《チ》生死界《カイ》ニ廻事《メグルコト》ハ唯《タヾ》真如ヲ我《ワレ》ト知《シラ》ズ、妄《ミダリ》ニ自他彼此《ジタヒシ》ノ差別《シヤベツ》ヲ計《ハカラヒ》スルガ至《イタ》ス処《トコロ》也。若《モシ》真如ヲ我体《ワガタイ》也ト思ヘバ、一切我《サイワレ》ニアラザル者《モノ》ナシ。何《ナニ》ニヨリテカ自他不同《ジタフドウ》アラン。自他《ジタ》ノ不同《フドウ》ナクバ、誰《タレ》カ煩悩悪業《ボンナウアクゴフ》ヲコシテ生死流転《ルテン》セン。

善悪《ゼンアク》ノ業《ゴフ》ニヨテ六道ニ輪廻《リンヱ》スル中《ナカ》ニ、善業作《ゼンゴフナシ》ガタケレバ、人中《ニンヂウ》・天上《テンジヤウ》ニ生《ウマル》ル事《コト》、キハメテ、カタシ。悪業作《アクゴフナシ》ヤスケレバ、三悪趣《アクシユ》ニ生《ウマル》ル者《モノ》ハ、キハメテ多《オホ》シ。有所《アルトコロ》ニ云《イハク》、若《モシ》人一日ノ中《ナカ》ニ*八億《ヲク》四千念《ネン》アリ、念念中《ネン〳〵ノナカニ》所《トコロ》レ作《ナス》皆是《ミナコレ》*三途《ヅ》ノ業也《ゴフナリ》。一人一日ノ中《ナカ》ノ三悪道《アクダウ》ノ業《ゴフ》、既《スデ》ニ如《ゴトシ》レ是《カクノ》。況《イハン》ヤ一生《シヤウ》ノ間《アヒダ》ノ所《トコロ》レ作《ナス》ノ三悪趣《アクシユ》ノ業《ゴフ》ハ無量劫《ムリヤウコフ》ノ間《アヒダ》、説《トケ》ドモ説《ト》キ尽《ツク》スベカラズ。悪ノ業《ゴフ》ヲ真如ノ理《リ》ト観《クハン》ズレバ、衆罪《シユザイ》ハ霜露《サウロ》ノ日《ヒ》ノ光《ヒカリ》ニ当《アタル》ガ如《ゴト》シ。速《スミヤカ》ニ消失《キヘウセ》ヌ。普賢経《フゲンキヤウ》ニ云《イハク》、*一切業障海《ノゴフシヤウカイ》、皆従《ミナヨリ》二妄想《マウザウ》一生《シヤウズ》。若欲《モシホツセバ》二解脱《ゲダツセント》一者、端坐《タンザシテ》思《オモヘ》二実相《ジツサウヲ》一〈文〉。実相ト者《ハ》真如ノ異名也《イミヤウナリ》。衆罪《シユザイ》ハ霜露《サウロ》ノ如《ゴトク》シテ、恵《エ》日能《ニチヨク》消除《チヨ》ス。

生死ノ中《ナカ》ノ微少《ミセウ》ノ身《ミ》ヲ受事《ウクルコト》ハ、心セバク一衆生ヲ自心《ジシン》ト思《オモヒ》テ自余《ジヨ》ヲバ、皆他身《ミナタシン》ト思《オモ》ヒ隔《ヘダツ》ル故《ユヘ》也。広《ヒロ》ク真如《シンニヨ》ノ理《リ》ヲ我《ワレ》ト思《オモ》ヘバ、生死ノ少身《セウシン》ヲ受《ウケ》ズシテ、*周遍法界《シウヘンホウカイ》ノ法身ノ理《リ》ヲ顕《アラハ》シテ、*化用《ケヨウ》ヲ法界ニ施《ホドコ》ス也。微細《ミサイ》ノ身《ミ》、畜生《チクシヤウ》ノ中《ナカ》ニ多《オホ》シ。畜生《チクシヤウ》ノ中《ナカ》ニ*三十四億《オク》ノ類《ルイ》アリ。惣《ソウ》

貪瞋癡　むさぼり、いかり、おろかの三で、悪ないし煩悩の根本。
修羅　阿修羅(asura)の略。悪心闘争の存在であるが、能力すぐれているゆえ、三悪道と対したときは、三善道の中に入れられる。
鬼畜　餓鬼・畜生のこと。
ノリウチ　ののしり打つこと。
八億四千念　道綽(中国、浄土宗、五六二—六四五)の安楽集巻下に、「浄度菩薩経云」として「人生二世間一凡経二一日一夜一有二八億四千万念一。一念起レ悪受二一悪身一、十念念レ悪得二十生悪身一、百念念レ悪受二一百悪身一」とある。
三途ノ業　地獄・餓鬼・畜生の三悪道におちいる行為。
一切業障海…　観普賢菩薩行法経に「一切業障海、皆従二妄想一生。若欲二懺悔一者、端坐念二実相一。衆罪如二霜露一、慧日能消除」(正蔵九、三九三頁中)とあり、実相懺悔と呼ばれる。
周遍法界ノ法身　周遍法界身ともい い、毘盧遮那(vairocana)仏のことで、無限大宇宙を身とするとの意。
化用ヲ法界ニ施ス　無限大宇宙に即応して、限りない働きをなすこと。
三十四億　正法念処経巻第十八の畜生品に、畜生の種類、総じて三十四億ありという。源信の往生要集巻上に引用される。

ジテ魚虫禽獣《ウヲムシトリケダモノ》四ツノ類《タグヒ》ニ過《スギ》ズ。其内《ソノウチ》ニ虫類《チウルイ》ハ無量無辺《ムリヤウムヘン》ナリ。人一人中《ヒトイチニンノナカ》ニ八万四千ノ毛《ケ》ノアナノ虫《ムシ》アリ。ミヽズ一《ヒト》ツ死《シヽ》タル所《トコロ》ニハ須臾《シユユ》ノ間《アヒダ》ニ億千《ヲクセン》ノ蟻《アリ》、ハイアツマリ、又其中《ソノナカ》ニ、ミエタル蟻《アリ》ハ少《スクナ》シ、ミエヌ蟻《アリ》ハ数《カズ》モシラズ。

蟻《アリ》ノ世《ヨ》ニ多《オホ》キノミニ非《アラ》ズ、凡《オヨソ》ヤウ〳〵ノ異類《イルイ》ノ虫共《ムシドモ》無量無辺《ムリヤウムヘン》ニシテ、心モ言《コトバ》モ及《オヨバ》ズ。一人ガ家《イヘ》ヲ作《ツクリ》テ住《ジウ》スル所《トコロ》ニ、其《ノ》人ノ身中《シンヂウ》ノ戸虫《コチウ》ダニモ、人数《ヒトノカズ》ニ八万億《ヲク》セリ。況《イハン》ヤ、八万戸虫《コチウ》ノ外《ホカ》ノ、目《メ》ニ見《ミヘ》ザル虫《ムシ》、無量無辺《リヤウムヘン》也。況《イハン》ヤ、人モ住《ジウ》セズ広野山林大地《クハウヤサンリンダイヂ》ノ上《ウヘ》ノ虫類《チウルイ》ハ、或《アルヒ》ハ、水《ミツ》ノタマル所《トコロ》ノ虫類乃至江河大海《チウルイナイシガウガタイカイ》ノ、中《ナカ》ノ一切ノ、*ウロクヅ其数辺際《ノカズヘンザイ》ナシ。是何時《コレイヅレノトキ》ニカ生死ヲ、ハナルベキ。人身《ニンジン》ヲ受《ウケ》テ善悪《ゼンアク》ノ因果《イングハ》ヲ弁《ワキマ》ヘタルニダニモ、五戒《カイ》十善《ゼン》ヲ修《シユ》シテ、人《ニン》中《ヂウ》・天上《テンジヤウ》ニ生《ウマ》ルベキ者《モノ》ハ有《アリ》ガタシ。増《マシ》テ*愚癡《グチ》ノ故《ユヘ》ニ畜生道《チクシヤウダウ》ニ堕《オチ》テ魚虫禽獣《ウヲムシトリケダモノ》ト成《ナリ》ナバ、無量劫《コフ》ヲ経《ヘ》テモ、功徳善根《ドクゼンゴン》ト云事《イフコト》モ知《シラ》ズ、何《ナニ》ニヨリテカ生死ヲ離《ハナ》レン。

カヽリケレバ、我等《レラ》始《ハジメ》モ無《ナ》ケン生死ノ中《ナカ》ニ沈《シヅ》ミテ今迄《イママデ》出《イ》デザリケム事ハ、只是《タヾコレ》真如ヲ我《ワガ》身《ミ》ナリト知《シラ》ズシテ、*遂《ツイ》ノ我身ニ、アラザリケル、カリソメノ一身ヲ計《ハカラ》ヒシテ我身トセルガ故《ユヘ》也。クヤシキ哉《カナ》、我等《レラ》有時《アルトキ》ニハ蟻《アリ》ケラヲ、我身ト思時《オモフトキ》モアリケン。或《アルヒ》ハ*夜叉《ヤシヤ》・羅刹《ラセツ》ノ、ミニクキ形《カタチ》ヲ我身ト思《オモ》フ時《トキ》モ有《アリ》ケン。凡地獄《オヨソヂゴク》・鬼畜《キチク》・修羅《シユラ》・人天《ニンデン》、何物《ナニモノ》カ昔《ムカシ》我身ニアラザル者《モノ》アラン。

サレバ流転《ルテン》生死ノ間《アヒダ》、我等《レラ》ガ皆経《ミナヘ》タル道《ミチ》ナレバ又珍《メヅラ》シキ事モナシ。人間《ニンゲン》・国王《コクワウ》・大臣《ダイジン》トモ成《ナリ》、或《アルヒ》ハ梵王《ボンワウ》・帝釈《タイシヤク》トモ成《ナリ》ケム。世中《ヨノナカ》ノ名聞《ミヤウモン》ハ、ソレニテモ有《アリ》ヌベシ。サレドモ其梵《ソノボン》王《ワウ》・帝釈《タイシヤク》モ劫尽《コウツキ》ヌレバ、地獄《ヂゴク》ニ堕《ダ》ス。蟻《アリ》ケラトモナリヌレバ、其名聞《ノミヤウモン》モ益《エキ》モナシ。又分分《ブン〳〵》

ウロクヅ　魚類のこと。

愚癡　単に癡ともいい、三毒（貪・瞋・癡）の一。真理に暗く、愚かなこと。

遂ノ我身　真実究極の本身。

夜叉・羅刹　Yakṣa と Rākṣasa の音訳。夜叉は、勇健・軽捷などとも訳され、空中を軽やかに飛行したりする威勢のいい鬼のこと。羅刹は、暴悪・可畏・速疾鬼などと訳され、最も恐ろしい悪鬼をいう。

ニ付《ツイ》テ貴賤上下乃至《キセンジヤウゲナイシ》、ハウ虫《ムシ》ニ、至《イタル》マデ、名聞離《ミヤウモンハナ》レタル者《モノ》ナシ。犬《イヌ》ノウナ毛《ゲ》ヲイカラカシ、カニノ大《オホ》ヅメヲ、*アラケヌルガ如《ゴト》シ。皆此名聞《ミナコレミヤウモン》ニ非《アラ》ズト云事《イフコト》ナシ。皆《ミナ》、コト者《モノ》ハ何《ナニ》トモ思《オモ》ハネドモ、ヲノガ心ニハ、イミジト思《オモ》ヘリ。況《イハン》ヤ利養《リヤウ》ヲヤ。輪廻《リンエ》生死ノ、タエザル事、此《コノ》二《フタツ》ノ事ニヨレル也。

抑《ソモ〳〵》何《ナニ》トシテカ此名利《コノミヤウリ》ヲ離《ハナ》ルベキ。唯《タヾ》*空仮《クウゲ》中《チウ》ノ三観《グハン》ヲ修《シユ》シテ此《コレ》ヲ離《ハナ》ルベキ也。此《コノ》三観《グハン》ノ中《ナカ》ニハ中道勝《チウダウスグ》レタレバ、前《マヘ》ニ此《コレ》ヲ示《シメ》シツトイヘ共《ドモ》、出事《イヅルコト》ナシト、イヒツルハ、未《イマダ》真如観《クハン》ヲ知《シラ》ザル時《トキ》ノ事也。正《マサシ》ク真如ヲ観《クハン》ズル時《トキ》ニハ、百千ノ名聞利養《ミヤウモンリヤウ》モ障《サハリ》トナラズ。凡《スベテ》一切ノ事《コト》ノ中《ナカ》ノ仏ニ成計大切《ナルバカリタイセツ》ノ事《コト》ハナシ。仏ニ、トク成《ナ》ル事《コト》ハ、真如ヲ観《クハン》ズルヨリ外《ホカ》ニ、余事《ヨノコト》ナカリケリト知《シリ》ヌ。万《ヨロヅ》ノ善悪《ゼンアク》ノ事《コト》、皆《ミナ》真如ノ障《サハリ》ト成《ナル》事ナシトシリヌ。

サレバ、行《アリ》カン時モ、立《タテ》ラン時モ、居《キル》モ臥《フス》モ、諸《モロ〳〵》ノ行《ギヤウ》セン時《トキ》ニモ、我身則《チ》真如ナリト思《オモ》ハヾ、其《ソレ》コソ、ヤガテ仏ナレ、*モノ思障《オモフサハリ》トハ何事《ナニゴト》カナランズルヤ。凡《オヨソ》万事ニツケテ真如ヲ観《クハン》ズベキ様《サマ》ヲシルベシ。道俗男女《ダウゾクナンニヨ》ヲ、キラハズ皆観《ミナクハン》ズベシ。妻子《サイシ》眷属《ケンゾク》ヲヤシナイ、或《アルヒ》ハ牛《ウシ》馬等《ムマトウ》ノ*六畜《チク》ニ食《シヨク》ヲ、アタヘンニモ、万法ハ皆《ミナ》真如ナレバ、彼等《カレラ》則《チ》真如也ト思《オモ》ハヾ、十方三世ノ仏菩薩《ブツボサツ》、一切衆生ヲ、一《ヒト》ツトシテ残《ノコ》リナク供養《クヤウ》スルニ成《ナル》。皆《ミナ》真如ノ一理《イチリ》ノ外《ホカ》ナル物《モノ》アラザル故也《ユヘナリ》。乃至《ナイシ》万《ヨロヅ》ノ蟻《アリ》ケラ如《ゴト》キ皆《ミナ》真如ナレバ、蟻《アリ》ノ子《コ》一《ヒトツ》ニ食《シヨク》ヲアタヘタルモ、十方諸仏ヲ供養《クヤウ》スル功徳《ドク》トホム。

他身《タシン》ヲ供養《クヤウ》スルノミニアラズ、我等《レラガ》身モ則《チ》真如ナレバ、我身《ワガミ》ノ中《ナカ》ニ十方ノ諸仏、一切《サイ》菩薩、乃至《ナイシ》百界千如・三千世間備《ケンソナ》ヱテ、闕《カケ》タル事モナケレバ、自《ミヅカラ》食《シヨク》スル時《トキ》、此観《ノクハン》ヲナセバ、

アラケヌル　荒々しく動かすこと。

空仮中ノ三観　真理のありかたについていうときは、空仮中の三諦と称し、その実践・体得については、三観という。菩薩瓔珞本業経賢聖学観品に、「従レ仮入レ空」「従レ空入レ仮」「中道第一義」の三観(正蔵二四、一〇二四頁中)が説かれ、天台智顗は摩訶止観巻第三上・巻第五上などにおいて、竜樹の中論の観四諦品第二十四の「因縁所生法、我説二即是空一、亦為二是仮名一、亦是中道義」の句と瓔珞経の三観説とを合わせながら、いっそう論理を展開させている。

モノ思障トハ…　真如を観ずるに障害となるものは、なにもないという意。

六畜　馬・牛・羊・犬・豕・鶏の六種の畜類。人間の六根にあてはめられたりもする。

*檀《ダン》バラ蜜ノ功徳《クドク》、刹那《セツナ》須臾《シユユ》ニ法界ニ満《ミ》ツ。又*一行一切行《イチギヤウイツサイギヤウ》ナレバ、檀《ダン》バラ蜜ノ一行《イチギヤウ》則《チ》諸《シヨ》ハラ蜜也。因果不二《イングハフニ》ノ故《ユヘ》、因位《インヰ》ノ万行《マンギヤウ》則《スナハチ》果地《クハヂ》ノ万徳《マンドク》也。此《レ》則《チ》*究竟転依《クキヤウテンエ》ノ菩薩、*果地《クハヂ》円《エン》極《ゴク》ノ如来也《ナリ》。

又有情類《ウジヤウルイ》ノ真如ノミニ非《アラ》ズ、非情《ヒジヤウ》、草木等《サウモクトウ》ニモ、真如ナレバ、一房《ヒトフサ》ノ花《ハナ》ヲ捧《サヽ》ゲ、一捻《ヒトヒネリ》ノ香《カウ》ヲ燃《タイ》テ、一仏ニ供養《クヤウ》スル時《トキ》、一色一香中道《イツシキイツカウチウダウ》ニ非《アラ》ズト云事《イフコト》ナキガ故《ユヘ》ニ、此一花《コノイツケ》一香《イツカウ》、則《チ》真如ナレバ、法界ニ周遍《シウヘン》シテ、一仏則《チ》真如ナレバ、一仏一切仏ニシテ、十方法界無尽無余《ムジンムヨ》ノ諸仏《シヨブツ》、同時《ドウジ》ニ此供養《コノクヤウ》ヲウケ玉《タマ》フガ故《ユヘ》、真言宗《シンゴンジウ》ノ秘秘中《ヒヒチウ》ノ甚秘《ジンピ》ノ釈《シヤク》ニ云《イハク》、*我今《ワレイマ》所《トコロノ》レ献《タテマツル》諸《シヨ》*供具《クグハ》、一一《イチ〳〵》諸塵《シヨヂン》皆《ミナ》実相《ジツサウ》也《ナリ》。実相ナレバ周《シウ》二遍《ヘンセリ》法界《ホウカイノ》海《ウミニ》一。法界ハ則《チ》是《レ》諸《モロ〳〵ノ》妙供《メウク》ナレバ、供《ク》養自《ヤウジ》他《タ》*四法身《シホツシン》、三世《ゼ》常住恒沙《ゴウシヤク》供具《グト》イヘリ。一香《カウ》一花《ケ》ノ微少《ミセウ》ノ供養《クヤウ》スラ真如ヲ観《クハンズ》レバ、功徳《クドク》如《ゴトシ》レ是《カクノ》。況《イハン》ヤ一度《イチド》仏《ホトケ》ノ御名《ミナ》ヲ唱《トナ》ヘ、一句《ク》一偈《ゲ》ノ経《キヤウ》ヲ読《ヨミ》奉《タテマツ》リ、又書《カキ》奉《タテマツ》リ、一一《イチ〳〵ノ》文字《モンジ》則《チ》真如ノ理《リ》ト成《ナル》ト思《オモ》ハン功徳《クドク》ハ、サラニ説尽《トキツク》スベカラズ。

如《ゴトク》レ是《カク》凡《オヨソ》自他《ジタ》身《シン》一切ノ有情《ウジヤウ》皆《ミ》ナ真如ナレバ則《チ》仏也《ナリ》。サレバ草木《サウモク》・瓦礫《グハリヤク》・山河《センガ》・大地《タイヂ》・大海《タイカイ》・虚空《コクウ》、皆是《ミナコレ》真如ナレバ、仏ニアラザル物《モノ》ナシ。虚空《コクウ》ニ向《ムカヒ》テハ、虚空《コクウ》則《チ》仏也《ナリ》。大地《タイヂ》ニ向《ムカヒ》テハ、大地則《チ》仏也《ナリ》。東方《トウバウ》ニ向《ムカヒ》テハ、東方《トウバウ》則《チ》仏也。南西北《ナンサイホク》、*四維上下《シユイジヤウゲ》、亦此《マタコレ》ニ同《オナ》ジ。サレバ*南岳大師《ナンガクダイシ》*法花懺法《ホツケセンボウ》云《ニイハク》、*釈迦牟尼《シヤカムニ》名《ナヅク》二毘盧遮那《ビルサナ》遍一切処《ヘンイツサイシヨト》一。当《マサニ》《ベシ》レ知《シル》一切諸仏《シヨブツ》悉《コト〳〵ク》是仏法《コレブツボウ》。妄想分別《マウザウフンベツシテ》受《ウク》二諸《モロ〳〵ノ》熱悩《ネツナウヲ》一。是則《コレスナハチ》於《オキテ》二菩提中《ボダイノナカニ》一見《ミ》二不清浄《フシヤウ〳〵ヲ》一、於《オイテ》二解脱中《ゲダツノナカニ》一而起《ヲコス》二*纏縛《テンバクヲ》一〈文〉。此文《コノモン》ノ心ハ、釈迦如来《シヤカニヨライ》ヲ、ビルサナト名《ナヅ》ケ奉《タテマツ》ル、一切処《シヨニ》遍《ヘン》ジテ、釈迦如来ノ体《タイ》ニ、アラザル処《トコロ》ナシ。

檀バラ蜜　檀は dāna の音略で、布施の意。六波羅蜜の一つ。「蜜」は底本「密」を改む。以下同じ。

一行一切行　一行に一切行が含まれること。智顗の摩訶止観巻第一上に「仏説二一行一切行一」(正蔵四六、五頁上)という。

究竟転依　菩薩の究竟位(妙覚)において、迷いの依りどころを転じて悟りへと持っていくこと。

果地円極　最高・究極の仏果の位をいう。

我今所献…　秘蔵記に同類の句があがっている。秘蔵記は、台密では多く不空説・恵果記とし、東密では恵果説・空海記とする。

供具　供え物のこと。

四法身　自性法身・受用法身・変化法身・等流法身の四。密教の説。

四維　乾(北西)・坤(南西)・艮(北東)・巽(南東)の四すみ。

南岳大師　天台智顗の師である慧思(五一五—五七七)のこと。

法花懺法　法華三昧のこと。懺悔滅罪を主とするゆえに、懺法という。

釈迦牟尼…　天台智顗の法華三昧懺儀に見える文(正蔵四六、九三頁上—中)。その中の「釈迦牟尼名二毘盧遮那遍一切処一」は、観普賢菩薩行法経のことば(正蔵九、三九二頁下)。

纏縛　煩悩に縛されること。

釈迦《シヤカ》如来《ニヨライ》、三身具足《ジングソク》シ給《タマ》ヘリ。毘《ビ》ルサナトハ、法身也《ホッシンナリ》。法身スデニ法界ニ遍《ヘン》ゼリ。報応《ホウオウ》ノ二《ニ》身亦《シンマタ》法界ニ遍《ヘン》ゼリ。故《カルガユヘ》ニ玄義《ゲンギ》第七云《ダイシチニイハク》、*毘盧遮那《ビルサナ》遍《ヘンズ》二一切処《サイショニ》一。舎那《サナ》釈迦成《シャカトナッテ》亦《マタ》遍《ヘンズ》二一切処《ショニ》一トイヘリ。釈迦《シャカ》三身《サンジン》スデニ法界ニ遍《ヘン》ゼザル処《トコロ》ナシ。サレバ我目《ワガメ》ノ前《マヘ》ノ一微塵《イチミチン》計《バカリ》ノ中《ナカ》ニ、十方世界一切仏菩薩《ブツボサツ》在《マシ》マス。又《マタ》*普賢十願云《フゲンノジフグハンニイハク》、*十方三世刹土所有《セツドノアラユル》*極微塵数仏《ゴクミチンシュノホトケ》マシマスト云《イヘ》リ。又不思議境界経云《フシギキヤウガイキヤウニイハク》、*虚空一毛端処《コクウノイチモウタンノトコロニ》、若干《ソコバクノ》一切仏刹《ノブッセツ》、*微塵等《ミチントウ》ノ諸仏世界ノ一切《ノ》菩薩八相成道《サウジヤウダウ》ストイヘリ。又《マタ》花厳経云《ケゴンキヤウニイハク》、*開二見《カイケンスレバ》一塵《チンヲ》一、具二足《グソクセリ》一切衆生《シュジヤウノ》生死流転《ルテン》、三世諸仏発心成道《ノホッシンジヤウダウヲ》一。一切《ノ》諸仏復《マタ》在《テ》二一切衆生毛孔中《ノモウクノナカニ》一現《ゲン》ズト云《イ》ヘリ。

凡《オヨソ》此等《コレラ》ノ観心《クハンジンヲ》思《フ》ニ万法皆《ミナ》真如ナレバ、一塵《チン》モ則《チ》真如、三世十方《ノ》諸仏乃至《ナイシ》一切衆生、皆《ミナ》此塵中《コレチンチウ》ニアリ。若人《モシヒト》此思《ノオモヒ》ヲ成《ナシ》テ、一燈《トウ》一房《バウ》ノ花《ハナ》ヲ捧《サヽゲ》テ一捻《ヒトヒネリ》ノ香《カウ》ヲ燃《タイ》テ供養《クヤウ》ヲ、ノブルニ、供養《クヤウ》スル人ハ、縦凡夫《タトヒボンブ》ニシテ肉眼《ニクゲン》ナレバ是ヲミズ。供養《クヤウ》セラレ玉《タマフ》、仏菩薩《ブツボサツ》ハ明《アキラカ》ニ受用《ジュヨウ》シ玉《タマフ》。サレバ供養《クヤウ》スル人ノ果報《クワホウ》ノ福徳《フクトク》不《フ》可思議《カシギ》也。我目《ワガメ》ノ前《マヘ》ノ一塵《チン》ノ中《ナカ》、及《オヨビ》虚《コ》空中《クウヂウ》ノ一塵計《チンバカリ》ノ処《トコロ》ノ仏菩薩《ブツボサツ》ヲ供養《クヤウ》スル功徳《クドク》如《ゴトシ》レ是《カクノ》。十方亦爾也《マタシカナリ》。一花《ケ》一香等《カウトウ》モ皆《ミナ》真如ナレバ、法界ニ遍《ヘン》ゼルガ故也《ユヘナリ》。或《アルヒ》ハ亦《マタ》、蟻《アリ》ケラ如《ゴト》キノ一切有情《ウジヤウ》モ、皆《ミナ》真如ナレバ、虫身中《ムシノシンヂウ》ニモ十方世界仏《ノブツ》菩薩、乃至《ナイシ》百界《カイ》千如《ニョ》・三千世間皆備《ケンミナソナ》ヘタリ。其等《ソレラ》ヲ供養《クヤウ》スル功徳《クドク》モ、皆《ミナ》サキニ准《ジュン》ジテ思《オモ》フベシ。

伝教大師云《デンゲウダイシノイハク》、*真如ハ百界千如三千性相《シヤウサウ》*法爾《ホウニ》具足《グソク》シテ闕《カ》クル事ナシ、又万法則《チ》真如ナルガ故《ユヘ》ニ一一三千具足《グソク》ス、爾故《シカルユヘ》ハ真如ハ法爾《ホウニ》三千具足《グソク》スルガ故《ユヘ》ナリト云《イ》ヘリ。サレバ、我《ワレ》又既《スデ》ニ真如ナレバ、三千世間ヲ具《グ》スレバ、自他《ジタ》ノ三千互《タガヒ》ニ具足《グソク》シテ闕《カケ》タル事ナシ。サレバ弘《グ》

毘盧遮那… 智顗の法華玄義巻第七上の文(正蔵三三、七六六頁下)。三身を分けていうときは、法身を毘盧遮那、報身を盧遮那、応身を釈迦にあてる(法華文句巻第九下・法華玄義巻第六上など)。

普賢十願 四十巻華厳経巻第四十の普賢行願品にあがる十種の大願をいう。

十方三世… 同右のことば(正蔵一〇、八四四頁下)。

極微 極小にして不可分な単位。

虚空一毛端処… 大方広如来不思議境界経の文の要約(正蔵一〇、九〇九頁下)。

微塵 一極微を中心として上下四方に極微が集合した単位。

開見一塵… 未詳。

真如ハ… 伝最澄の愍諭弁惑章のことば(伝教大師全集第三、三八七頁)。

法爾具足 万象が本来・本然としてそなわっていること。

決第五云《ケツダイゴニイハク》、*又《マタ》復学者縦《ガクシヤタトヒ》　知《シルトモ》三　内心《ナイシンニ》　具《グスルト》二　三千法《ノホウヲ》一、不《ザレバ》レ知《シラ》三我心《ワガコヽロ》　遍《ヘンズルヲ》二　彼《カノ》三千《ニ》一、彼彼《ヒヒノ》三千互《タガヒ》ニ慈悲《ジヒ》有《アル》ベカラズ。又《マタ》イタヅラニ仰《アフ》ギ居《キ》テモ、覆《フ》シテモ、常《ツネ》ニ思《オモフ》ベキ様《ヤウ》ハ、現在弥陀《ゲンザイミダ》・薬《ヤク》師等《シトウ》ノ諸仏、普賢《フゲン》・文殊《モンジユ》・観音《クハンヲン》・弥勒等《ミロクトウ》ノ一切《ノ》菩薩皆是我《ミナコレワレ》也。真如　即《スナハチワレ》我也。我《ワレ》ガ体《タイ》ナリト知《シ》レバ、現在《ゲンザイ》十方《パウノ》　仏菩薩真如也《ナリ》。我又《ワレマタ》真如ナレバ一体也《ナリ》。異仏《イブツ》マシマサズ。

サレバ教時義第一云《ケウジギダイニイハク》〈引義釈也〉、*一事《ジトシテ》　真如不《ズ》レ虚《ムナシカラ》。所謂《イハユル》我《レ》則《チ》法界《ナリ》、我《レ》則《チ》毘盧遮那《ビルサナナリ》、我《レ》則《チ》*普門身《フモンシンナリ》。此事不《ズ》レ謬《アヤマラ》。何以故《ナニヲモツテノユヘニ》、一切有情《ノウジヤウ》、*色心実相《シキシンジツサウ》、従《ヨリ》レ本《モト》以来《コノカタ》、大日如来、平等心《ビヤウドウ》地《チ》。非《アラザル》二是成正覚《コレジヤウシヤウガクニ》一時《トキニハ》、強《シキテ》　空《クウシテ》二　諸法《シヨホウヲ》一、令《シム》レ成《ナサ》二法界《ト》一。故《ニ》今行人《イマギヤウニン》　随《シタガヘバ》レ観《クハンニ》、我《レ》則《チ》法界《ナリ》。*法界海会《カイヱヲ》、顕《ケン》二現《ゲンスジ》　自身《シンニ》一。証《サトリニ》　有《アレドモ》二　前後《センゴ》一、体相《タイサウ》一如《ナリ》。是故《コノユヘニ》行者《ギヤウジヤ》、作《ナシ》二此観《コノクハンヲ》一　已《ヲハリテ》、則《チ》名《ヲ》為《ス》レ仏《ト》。一切《ノ》行願《グハン》、一念具足《ニグソクシテ》、一切《ノ》所作《シヨサ》、同《ドウ》二等《ドウナリ》　諸仏《ニ》一。一切世間《ニ》、敬《ウヤマフコト》　如《ゴトシ》二諸仏《ノ》一。若真言《モシシンゴンノ》行者《ギヤウジヤ》、常《ツネニクハンギヤウスレバ》　観行、　行住坐臥《ギヤウヂウザグハ》、与《ト》二海会《カイヱ》一倶《トモナリ》。檀波羅密《ダンバラミツ》、一生　満足《シヤウニマンゾクス》。則以《チテ》二此身《ノヲ》一、遍《ヘン》二満《マンスト》　法界《ニ》一云《イ》ヘリ。

或又《アルヒハマタ》、我心則《チ》真如ナレバ、法界ニ遍《ヘン》ジテ十方国土ニ遍《ヘン》ゼザル処《トコロ》ナシ。而《シカル》ヲ此処《コノトコロ》ニテハ仏トナリ、此処《コノトコロ》ニテハ菩薩《ボサツ》トナリ、或縁覚《アルヒハエンガク》トナリ　或声聞《アルヒハシヤウモン》トナリ、或人《アルヒハヒト》トナリ、天《テン》トナルコト、思《オモヘ》バ万法、*心ガ所為《シヨキ》ナレバ、彼《カ》ノ思所《オモフトコロ》　真如ニシテ空《ムナ》シカラズ。サレバ、一切ハ唯我《タヾワガ》心也《ナリ》。法界ニ遍《ヘン》ゼル真如ヲ我《ワレ》ト思《オモフ》ニ　随《シタガヒ》テ、周遍法界《シウヘンホウカイ》ノ仏ト成《ナリ》ヌ。心セバク唯《タヾ》一有情《ウジヤウ》ヲ我ト思《オモ》ヘバ、漸々《ゼンゼン》ニ、ツヾマリモテ行《ユイ》テ、蟻《アリ》ケラ乃至《ナイシ》、カノマツ毛《ゲ》ニ、*スヲクウナル、*セウレウト云鳥《イフトリ》ニモ成《ナリ》ヌ。此等《コレラ》ミナ唯《タヾ》心ガ所為《シヨキ》也。

次《ツギ》ニ*心性《シンシヤウ》ト云名《イフナ》ニヨセテ、真如ノ理《リ》ヲ釈《シヤク》セバ、心性《シンシヤウ》スデニ真如ノ異名《イミヤウ》ナリ。*心性真如、

又復学者…　湛然の止観輔行伝弘決巻第五之二に「又復学者縦知三内心具二三千法一、不レ知下我心遍二彼三千一彼彼三千互遍亦爾上」(正蔵四六、二九〇頁上)とある。

一事真如…　安然の教時義巻第三に掲載(正蔵七五、四二九頁下)。

普門身　無限・無量の普遍的な存在。

色身実相　身心の姿そのままの意。

法界海会　宇宙の一切万象。

心ガ所為　心のあらわれ。

スヲクウ　巣を造る。

セウレウ　鷦鷯。みそさざいの別称。

心性　心の本性。本来の心のこと。

心性真如　「心性」は余分か。

法界遍《ニヘン》ジテ、万法ノ体《タイ》ナリ。心性亦爾《マタシカ》ナリ。*蔵通《ザウツウ》二教《ケウ》ノ心ハ、心ガ外《ホカ》ニ別《ベチノ》 心性《シンシヤウ》ト云物無《イフモノナシ》。別円《ベツエン》二教《ケウ》ニハ心性《シンシヤウ》ヲ明《アカ》ス。則《チ》此《コノ》真如理《ノリ》ノ心ガ性《シヤウ》ナルヲ、心性ト名《ナヅ》ク。仏性《ブツシヤウ》ナルヲ仏性ト名《ナヅ》ク。惣《ソウ》ジテ一切法ノ性《シヤウ》ナルヲ、*方法性《ハウホツシヤウ》ト云《イフ》也。*達磨宗《ダルマシウ》ハ、諸法ハ、タヾ、性《シヤウ》ノミアリ、*相《サウ》ハ無《ナシ》ト云《イ》フ。サレバ達磨《ダルマ》和尚《オシヤウ》*破相論《ハサウロン》作《ヲツクリ》、諸法相《サウ》ヲ破《ハ》シテ性《シヤウ》ヲ見《ミ》セリ。

是《レ》則《チ》諸法ハ唯性《タヾシヤウ》ノミニテ、相《サウ》ハナシト悟《サトル》ヲ、仏ト名《ナヅ》ク。実《ジツニ》 於《オイテ》ニ無《ム》相一実《サウイチジツ》ノ理《リ》ニ、*妄相《マウサウ》アリト思《オモ》ヘ共《ドモ》、夢《ユメ》ニ見《ミ》ル事《コト》、実事《ジツジ》ニアラザルガ如《ゴト》シ。一《イチ》イ仏性《ブツシヤウ》ニ*妄性顛倒《マウシヤウテンダウ》ノ心ナルガ故《ユヘ》也《ナリ》。外《ゲ》相《サウ》ニ、バカサレテ、此《コレ》ハ馬《ムマ》、此《コレ》ハ牛《ウシ》、此《コレ》ハ人《ヒト》ト思《オモヒ》ナシテ、心ニ無量ノ差別《シヤベツ》ヲシテ作《ツクリ》出《イダ》ス也。外《ゲ》相《サウ》ハ夢《ユメ》ノ如《ゴトク》ニシテ、実《ジツ》ノ仏ニ非《アラ》ズ。実《ジツ》ニハコレ一《ヒトツ》ノ仏性ナリト知《シリ》テ、相《サウ》ナシト思《オモ》ヘバ、此《レ》則《チ》仏也。サレバ花厳経《ケゴンギヤウ》ニハ、*一切《ノ》法《ホウ》無《ナシ》レ相《サウ》是《レ》則《チ》仏《ノ》真体《シンタイ》トイヘリ。

或《アルヒハ》天台宗《テンダイシウ》ニハ、十界ノ性相倶《シヤウサウトモ》ニ*無始理具《ムシリグ》ノ法《ホウ》ニシテ、百界千如三千世間、一切衆生ノ一念《ネン》、*芥爾《カイジ》ノ中《ナカ》ニ有《アル》ト許《ユル》ス。其《ソノ》三千世間トハ、十界十如ノ依正《エシヤウ》也。十界トハ、地獄《ヂゴク》・餓《ガ》鬼《キ》・畜生《チクシヤウ》・修羅《シユラ》・人天《ニンデン》・声聞《シヤウモン》・縁覚《エンガク》・菩薩《ボサツ》・仏界也《ブツカイナリ》。仏界トハ、十方無尽無余《ムジンムヨ》ノ世界ノ中《ナカ》ノ一切仏《ノホトケ》、一仏モ残《ノコ》ル事《コト》ナシ。菩薩界《ボサツカイ》ニ亦《マタ》一切ノ菩薩納尽《ヲサメツク》ス。声聞《シヤウモン》・縁覚乃至《エンガクナイシ》地獄《ヂゴク》・餓《ガ》鬼《キ》ニハ、一切ノ地獄ノ有情《ウジヤウ》ヲ皆納尽《ミナヲサメツク》シツ。此《コノ》十界ニ各《オノ〳〵》九界ヲ具足《グソク》スレバ、百界也。此《コノ》百界ニ各《オノ〳〵》十如有《アレ》バ千如ナリ。此《コノ》百界千如ニ皆空仮中《ミナクウゲチウ》ノ三諦《タイ》アリ。如《ニヨ》トハ、空《クウ》ナリ。是《ゼ》トハ、中《チウ》ナリ。相性《サウシヤウ》トハ、仮《ゲ》ナリ。此《コノ》三諦《タイ》ハ、*法報応《ホツポウオウ》ノ三如来也。此《コノ》千如ニ三種《シユ》ノ世間アレバ、三千世間也。

此《コレ》ハ、依正《エシヤウ》ノ二報《ニホウ》也。依《エ》トハ、所居処《シヨコノトコロ》也。正《シヤウ》トハ、能居《ノウコ》ノ身《ミ》也。此《コノ》三千世間ハ、一切

蔵通二教　下の別円二教と合わせて化法四教という。↓補「八教」(本理大綱集)

方法性　法性とは事物の本性。万象が真理(法)に支えられて本来・本然としてあることをいう。方とは普遍的というような意か。

達磨宗　禅宗のこと。達磨大師の開いた宗ということから、こう呼ぶ。

相ハ無　万物の外に現われた変化・生滅の相(現象)は仮のもので、実在しないという意。

破相論　少室六門の中の第二門(正蔵四八、三六六頁下)。

妄相　相は仮現のものであるにかかわらず、それに執着して実在視することをいう。

妄性顛倒ノ心　執われによって誤りゆがんだ心。

一切法無相…　八十巻華厳経須弥頂上偈讚品第十四の句(正蔵一〇、八三頁中)。

無始理具ノ法　本来・本然としてあるもの。

芥爾　介爾(けし)と同。きわめて微小なるものについていう。天台の一念三千論によったもの。

法報応　法身・報身・応身。

衆生ノ一念芥爾《ネンカイジ》ノ心中《シンヂウ》ニ皆具足《ミナグソク》シテ闕《カク》ル事ナシ。亦《マタ》真如ト云名《イフナ》ヲ聞時《キクトキ》ニハ、何《イカ》ナル物《モノ》ニカ有《アル》ラン。仏ノミ具足《グソク》シ玉《タマ》ヒテ、我身ニハ具足《グソク》セズモヤ有《アル》ラン。オボツカナク、オボユルニ、心性《シンシヤウ》ト云《イ》フ名ヲ聞時《キクトキ》ニハ、他人《タニン》ノ説《セツ》ヲ聞《キカ》ザレ共《ドモ》、万《ヨロヅ》ノ人《ヒト》ハ皆《ミナ》、一切有情《ウジヤウ》ニ悉《コト〴〵ク》心《コヽロ》有《アル》ト知《シ》レリ。其《ノ》心ガ性《シヤウ》ヲ仏《ブツ》ト名《ナヅ》ク。サレバ虫蟻《ムシアリ》ケラ皆心有《ミナコヽロア》レバ仏也ト聞《キコヘ》ヌ。サレバ*天竜八部《テンリウハチブ》、*天魔外道《テンマゲダウ》、*魍魎鬼神《モウリヤウキシン》モ仏也ト知《シ》ラズシテ、遠《トヲ》ク別《ベチ》ノ仏ヲ求《モト》ムル也。

サレバ花厳経《ケゴンキヤウニイハク》云、*手遍《テヅカラアマネク》詣《ケイシテ》二十方《ニ》一求《モトムレドモ》二成仏《ジヤウブツヲ》一、不《ズ》レ知《シラ》二身心本《モトヨリ》成仏《ナルコトヲ》一、往昔《ムカシヨリ》精《シヤウ》進《ジンシテ》捨《スツ》二生死《ヲ》一。不《ズト》レ知《シラ》二生死即涅槃《チネハンナリト》一云《イヘ》リ。*大円覚経《タイエンガクキヤウニイハク》云、始《ハジメテ》知《シレバ》二衆生本来成仏《ナルヲ》一、生死涅槃猶《ナヲ》如《ゴトシ》二昨《キノフノ》夢《ユメノ》一ト。又天台《マタテンダイ》・真言宗《シンゴンシウ》、倶《トモ》ニ*蓮花《レンゲ》三昧《マイ》ノ義《ギ》ヲ許《ユル》シテ、一切衆生ノ胸《ムネ》ノ間《アヒダ》ニ、八分《ブンノ》肉団《ニクダン》有《アリ》、八葉《ヨウ》ノ蓮花《レンゲ》ニ形《カタチ》ヲ取《ト》レリ。此《コレ》ヲ*心蓮花《シンレンゲ》ト名《ナヅ》ク。此蓮花《コノレンゲ》ノ上《ウヘ》ニ*胎蔵界《タイザウカイ》ニハ、*八葉《ヨウ》九尊《ソン》マシマス。*金剛界《コンガウカイ》ニハ卅七尊住《ソンヂウ》シ給《タマ》ヘリ。カズウレバ、胎蔵界《タイザウカイ》ニハ四百十七尊《ソン》、金剛界《コンガウカイ》ニハ五百余尊《ヨソン》マシマス。是則《レチ》十方界ノ無尽無余《ムジンムヨ》一切諸尊《シヨソン》、此両界《コノリヤウカイ》ノ諸尊《シヨソン》ニヲサメ尽《ツク》サズト云事《イフコト》ナシ。

抑《ソモ〳〵》両界《リヤウカイ》ノ諸尊《シヨソン》ハ、何《イヅレ》ノ世界、何《イヅレ》ノ所《トコロ》ニ在《アル》ゾト尋《タヅ》ヌレバ、遠《トヲ》ク余所《ヨソ》ニ求《モトム》ベキニ非《アラ》ズ。タヾ我身ノ胸《ムネ》ノ間《アヒダ》ニマシマス也。又一代聖教《ダイシヤウゲウ》ノ中《ナカ》ニハ、何《イヅレ》ノ経《キヤウ》ニカ此説見《コノセツミ》エタル。一代聖教《ダイシヤウゲウ》無尽《ムジン》ナレ共《ドモ》、亦《マタ》法花首題《シユダイ》ノ名字《ミヤウジ》ノ中《ナカ》ニ、妙法蓮花《メウホウレンゲ》ノ四字《ジ》ニ此義《コノギ》顕《アラハ》レタリ。妙法《メウホウ》ト者《ハ》、十界十如因果《イングハ》ノ理《リ》、蓮花《レンゲ》トハ、或《アルヒ》ハ喩《タトヘ》ヲ花草《クハサウ》ニ仮《カリ》、一切衆生ノ身中《シンチウ》ノ真如仏性ノ理《リ》ニ喩《タト》ヘタリ。或《アルヒハ》*法花三昧《マイ》ノ当体註名《タウタイチウミヤウ》ナリ。此則《レチ》一切衆生ノ胸《ムネ》ノ間《アヒダ》ノ心蓮花台《シンレンゲダイ》ハ、両部諸尊《リヤウブシヨソン》ノ所依《シヨエニシテ》、無《ム》始《シ》ヨリ以来《コノカタ》、我身ノ胸《ムネ》ノ間《アヒダ》ニ住《ヂウ》シ玉《タマ》ヒケル。今《イマ》法花経ノ教《ヲシヘ》ニ依《ヨリ》テ、我《ワガ》心中ニ尋《タヅ》ネヱ奉《タテマツ》ル

天竜八部　八部とは八種の異類のことで、天・竜・夜叉(Yakuṣa)・乾闥婆(Gandharva)・阿修羅(Asura)・迦楼羅(Garuḍa)・緊那羅(Kiṃnara)・摩睺羅迦(Mahoraga)をいう。いま、その中の代表として、天と竜を頭に冠する。

天魔外道　天魔は天子魔の略称で、第六天の魔王をさす。魔は māra(摩羅)の音略で、人を害するもの。外道は仏教外の思想。

魍魎　山水木石の精。

手遍詣十方…　未詳。

大円覚経　唐の仏陀多羅訳の大方広円覚修多羅了義経。円覚経と略称。本経は大乗起信論によるところあり、中国偽撰の疑いがかけられる。掲載の文(正蔵一七、九一五頁上)は、天台本覚論にしばしば引用される。

蓮花三昧　心あるいは世界を蓮華に見たてて、観を修すること。

心蓮花　本覚讃釈(一〇四頁)参照。

胎蔵界　大日如来の内在としての世界像。金胎両部(両界)の一。

八葉九尊　胎蔵界の中台八葉院の諸尊。→補「分陀利華」(本覚讃釈)

金剛界　大日如来の顕現としての世界像。本覚讃釈(一〇五頁)参照。

法花三昧…　法華玄義巻第七下に、蓮華について、「即是法華三昧当体之名。非二譬喩一也」(正蔵三三、七七二頁下)という。

也。

南無《ナム》*平等大会《ビヤウドウダイエ》一乗妙法蓮華経《ジヨウメウホウレンゲキヤウ》、生生世世《シヤウ〱セ〱》値遇頂戴《チグウチヤウダイ》、我等《ワレラ》法花経ニ、アヒ奉ラザリセバ、両界諸尊《リヤウカイシヨソン》、我身中《ワガミノウチ》ニ、マシマスト、知《シラ》ザラマシ。今経中《イマキヤウノナカニ》諸法実相《ジツサウ》ト云《イ》フ、一句義《クノギ》ヲ、*悟《サト》ラマシカバ、我身真如也ト知《シ》リテ、我及《ワレヲヨビ》一切衆生悉具仏性《シツグブツシヤウ》ナリト、シラザラマシ。帯権方便説中《タイゴンハウベンノセツノナカ》ニハ、*権機《ゴンギ》ニ憚《ハヾカリ》テ顕《アラハ》サヾレバ、煩悩《ボンナウ》ヲ断《ダン》ジ菩提《ボダイ》ヲ得《エ》、生死ヲ離《ハナ》レテ解脱《ゲダツ》ヲ得《ウル》ト明《アカ》セバ、オボロゲノ者ノ至《イタ》ルベカラズ。此世《コノヨ》ノ人《ヒト》ノ中《ナカ》ニ何《ナニ》人カ断《ダン》ジヤスキ、*欲界《ヨクカイ》ノ煩悩《ボンナウ》ヲ断《ダン》ジテ、*無色空《ムシキクウ》ヲ発《ホツ》セル。況《イハン》ヤ惣《スベ》テ三界《ガイ》ノ*見思《ケンジ》ノ惑《ワク》ヲ断《ダン》ジテ、二乗《ジヨウ》ノ果《クハ》ヲ執《トレ》ル昔《ムカシ》ダニモナシ。

況《イハンヤ》*恒沙《ゴウジヤ》ノ惑《ワク》ハ、*俗諦恒沙法門《ゾクタイゴウジヤホウモン》ノ障《サワリ》リナレバ、一一ノ位《クラキ》ニ、多修行《クノシユギヤウ》ヲ運《ハコン》デ、究竟難断《クキヤウナンダン》ノ無明《ムミヤウ》ヲ断《ダン》ジテ、*分段反易《ブンダンヘンヤク》ノ二種《シユ》ノ生死ヲ過《スギ》テ菩薩ニハ至《イタ》ルニ、今我等《レラ》法花経ノ教《ヲシヘ》ニヨテ、我《レ》則《チ》真如ナリト知《シリ》ヌレバ、煩悩即菩提也《ボンナウソクボダイナリ》、生死即涅槃《ソクネハン》ナレバ、煩悩《ボンナウ》ヲ断《ダン》ジ、生死ヲ離《ハナ》レムト思《オモ》フ煩《ワヅラヒ》モナシ。弥陀《ミダ》・薬師《ヤクシ》等《トウ》ノ諸仏、遙《ハルカ》ニ十万億《オク》ノ十方恒沙《ゴウジヤノ》世界ヲ過《スギ》テ尋《タヅ》ネザレドモ、我胸《ワガムネ》ノ間《アイダ》ニ、マシマスト知《シリ》ヌ。無数劫《ムシユコフ》ノ修行《シユギヤウ》ヲ運《コバ》ザレドモ、大日・釈迦《シヤカ》等《トウ》ノ妙覚究竟《メウガククキヤウ》ノ如来、本《モト》ヨリ法然《ホウネン》トシテ、具足《グソク》シ玉《タマ》ヘリ。又蓮花《レンゲ》三昧《マイ》ヲ明《アカ》ス*無障碍経云《ムシヤウゲキヤウニイハク》、帰二命《キミヤウ》本覚心法《ホンガクシンホツ》身一《シンニ》、常《ツネニ》住二《ヂウス》妙法心蓮台一《シンレンダイニ》、本来《ホンライ》具二《グ》足《ソクシ》三身徳一《ジントクヲ》、三十七尊《ソン》住二《ヂウシ》心域一《シンイキニ》、普《フ》門塵数《モンヂンジユ》諸《モロ〱ノ》三昧《マイ》、遠《トヲク》離二《ハナレ》因果一《イングハヲ》法然《ホウネントシテグス》具、無《ム》辺徳海本円満《ヘンノトクカイモトエンマンセリ》、還《カヘツテ》我《ワレ》頂二礼《チヤウライス》心《ノ》諸仏一。

法花経ノミニ実相真如ヲ詮《セン》ズレバ、本有《ホンウ》三身万徳《サンジンマンドク》ノ仏《ホトケ》、法然《ホウネントシテ》具足《グソク》シテ三十七尊《ソン》ヲ顕《アラハ》セル也。法花已前《イゼン》ニハ、真如ノ理《リ》ヲ知《シ》ラザレバ理性《リシヤウ》ノ仏ヲ明《アカ》サズ。権教《ゴンケウ》ヲ帯《タイ》セルガ故《ユヘ》ニ、

平等大会　「会」は「慧」が正しい。法華経見宝塔品第十一にある語。

悟ラマシカバ　悟らなければ。

権機ニ憚テ　理解能力の低いことをおもんぱかって。

欲界　三界(欲界・色界・無色界)の一。肉体的欲望の世界で、地獄から天界の下位までが、それにあたる。

無色空　肉体的欲望(欲界)のみならず、肉体的制約(色界)をも脱した純粋精神の世界(無色界)の境をいったもの。無色界は天界の上位。

見思ノ惑　見惑と思惑(修惑)。見惑は後天的な思想的迷い。思惑は先天的な感覚的(身体的)迷い。

恒沙ノ惑　塵沙惑のこと。無数におこる現実の事象に対し、的確に判断・対処しえないこと。天台智顗は見思・塵沙・無明の三惑を立てる。

俗諦恒沙法門　現実の無数の事象に対処する道。

分段反易　分段生死と変易生死のこと。分段生死とは、種々分段的におこる生死の諸相に引きずられることをいい、変易生死とは、見思惑を断じて分段生死から脱したが、現実の生死変易する事象にあたって実地に断惑の成果を検証する必要があり、なお生死にとどまるをいう。

無障碍経　蓮華三昧経。本覚讃参照。

九界《クカイ》ヲ捨《ステ》テ仏界《ブツカイ》ヲ得《ウル》ト明《アカ》ス。天台《テンダイ》・真言宗《シンゴンシウ》ヲ除《ノゾヒ》テ余宗《ヨシウ》ハ、爾前《ニゼン》ノ諸経《シヨキヤウ》ニ順《ジユンズ》レバ、*理性《リシヤウ》ノ仏ヲ弁《ベン》ゼザル也。亦《マタ》心則《チ》万法ノ体《タイ》ナルノミニ非《アラ》ズ、心亦万法ヲ作《ツク》ル。サレバ花厳経《ケゴンギヤウニイハク》云、*若人《モシヒト》欲《ホッセバ》㆑了《リヤウチセント》㆓知三世《ゼ》一切仏《ノヲ》㆒、応《サニ》㆔常《ツネニ》如《ゴトク》㆑是《カクノ》観《クハンズレバ》　心造《イタル》㆓諸《モロ〳〵ノ》如来《ニ》㆒ト。此文《ノモン》ノ心ハ、三世十方諸仏ハ、心ガ造《ザウ》ナリト、イヘリ。花厳経《ケゴンギヤウニイハク》云、*心如《ハゴトシ》㆓工画師《コウグハシノ》㆒、造《ツクレリ》㆓種種《シユ〴〵ノ》五陰《ヲンヲ》㆒。一切《サイ》世界中《カイノナカニ》無《ナシ》㆓法《ホウトシテ》而不《ズトイフコト》㆑造《ツクラ》ト云《イ》ヘリ。此文《コノモン》ノ心ハ、人ノ諸如来ヲ造《ツクル》ノミニ非《アラ》ズ、凡《スベテ》万法ハ悉《コト〴〵》ク心ガ造《ツク》レル也ト説《トク》也。

実《ジツ》ニ万法ハ、亦心ガ所作《シヨサ》也《ナリ》。所謂《イハユル》煩悩即菩提《ボンナウソクボダイ》ナリト思《オモ》ヘバ則《スナハチ》菩提《ボダイナリ》也。生死即涅槃《ソクネハン》ト思ヘバ則《スナハチ》涅槃《ネハン》也。サレバ万法《マンボウ》ハ、亦《マタ》心ガ造《ツク》レバ也。亦本《マタモト》ハ一実《ジツ》真如ノ理《リ》ニシテ*九界《カイ》ノ差別《シヤベツ》ナカリケルヲ、此本覚《コノホンガク》真如ノ理《リ》ヲ背《ソムキ》テ生死界《カイ》ニ迷出《マヨヒイデ》シ始心《ハジメノコヽロ》、生死界《カイ》ヲ作《ツクレ》ル也。法花経ノ教《ヲシヘ》ニヨテ、我則《レチ》真如ナリト知《シ》レバ、則心《ソクシン》ガ仏界ヲ作《ツクル》也。抑《ソモ〳〵》生死界《カイ》モ、心ガ作《ツクル》也トハ、何《ナ》ニガ衆生界ヲ作《ツクリ》、何ニガ仏界ヲ作《ツク》レリト尋《タヅヌ》レバ、本是《モトコレ》一実《ジツ》真如ノ理《リ》ニシテ、地獄《ヂゴク》・鬼畜等《キチクトウ》ノ九界ノ差別《シヤベツ》ハナシトイヘ共《ドモ》、流来《ルライ》生死ノ始《ハジメ》、*無明《ムミヤウ》ノネムリ一度発《ヒトタビヲコル》ヨリ、本無明眠《モトムミヤウノネム》リ起《ヲコ》ラザリシ時《トキ》ノ*心ニカハ知《シル》。*妄念《マウネン》ノ起《ヲコ》リ始《ハジメ》テ流来生死ノ始《ハジメ》トス。其《ソレ》ヨリ後《ノチ》、生死ノ夜《ヨル》ノ闇《ヤミ》ヲ除《ノゾキ》テ無明《ムミヤウ》ノネムリ、サメザレバ、妄想《マウザウ》ノ里《サト》ニ迷出《マヨヒイデ》テ、分段輪廻《ブンダンリンヱ》ノ今日至《コンニチニイタリ》テ流転《ルテン》年久《トシヒサシク》テ、*十地《ヂ》菩薩尚其始《ナヲソノハジメ》ヲ知《シラ》ズ。

我等《ワレラ》無明《ムミヤウ》ノネムリ、サメテ、*五道《ダウ》生死ハ夢《ユメ》ノ中《ウチ》也。サレ共夢《ドモユメ》トモ知《シラ》ズシテ、妄《ミダリ》ニ実仏《ジツブツ》ト思《オモフ》ガ故《ユヘ》ニ、今日マデ生死界ヲ離《ハナ》レザリケル也。我等《レラ》今日ヨリ前《マヘ》ニ未《イマダ》我則《レチ》真如ナリト知《シラ》ザリシ間《アイダ》ハ、生死流転《ルテン》ノ衆生ニシテ未来無窮《ミライムグウ》ノ生死、尽《ツクルゴ》期有《アル》ベカラザリケルニ、今《イマ》*知識《チシキ》・経《キヤウ》

理性ノ仏　本来・本然としてそなわる仏。

若人欲了知…　華厳経夜摩天宮菩薩説偈品第十六の偈(正蔵九、四六六頁上)。

心如工画師…　華厳経夜摩天宮菩薩説偈品第十六の偈(正蔵九、四六五頁下)。

九界ノ差別　地獄から菩薩界までの九界の差別。ここでは、一実真如の理によって、すべて仏界におさまることをいう。

無明　真理に暗いことで、迷いの根源的なもの。

心ニカハ知　意味不分明。

妄念　迷い、とらわれた心。無明のこと。

十地菩薩　菩薩が発心から仏果に至るまでの階位として十信・十住・十行・十廻向・十地・等覚・妙覚の五十二位が立てられた中の十地(第四十一位から第五十位まで)の位に達した菩薩。

五道生死　五道とは、地獄・餓鬼・畜生・阿修羅・人・天の六道の中、阿修羅を餓鬼や天などに含めたもので、生死輪廻の迷いの世界。

知識　善知識のことで、真理を教示する友あるいは師を意味する。

巻《グハン》ノ教《ヲシヘ》ニヨリテ、我《レ》則《チ》真如也ト知ヌレバ、無明 睡《ムミヤウノネムリ》サメテ妄想《マウザウ》ノ夢停《ユメトマ》リヌ。此則《チ》九界妄想《マウザウ》ノ夢《ユメ》サメテ本覚《ホンガク》真如ノ理《リ》ニカヘリヌル也。此《レ》則《チ》前ニ無明睡未《イマダ》レ起《ヲコラ》ザリシ時《トキ》ハ、本《モト》ヨリサメタレバ、本覚《ホンガク》真如ヲ理ト名《ナヅク》ル也。中比《ナカゴロ》流転《テン》生死ノ始《ハジメ》ヨリ、分段《ブンダン》輪廻ノ今ニ至迄《イタルマデ》、九界妄想《マウザウ》夢《ユメノ》未《ダ》サメザル間《アイダ》也。今《イマ》法花経ノ教《ヲシヘ》ニヨテ我《レ》則《チ》真如ナリト知《シリ》ヌレバ、本覚《ホンガク》ノ理《リ》ニ通《カヨヘ》ル也。

仏ヲ覚者《カクシヤト》ナヅクル事ハ、無明《ムミヤウ》ノ睡已《ネムリスデ》ニ覚玉《サメタマ》フ故《ユヘ》也。唯識論《ユイシキロンニイハク》云、*未《イマダ》レ得《エズ》二真覚《シンガクヲ》一。恒《ツネニ》処《オル》二夢《ム》中《チウニ》一。故《カルガユヘニ》 仏説《トキテ》 為《ス》二生死長夜《チヤウヤト》一。今云《イマイ》フ 処《トコロノ》 生死流転《テン》ノ根源《コンゲン》タヾ心セバク、我《ワレ》ニアラバ我《ワレ》ニ非《アラ》ズト思《オモヒ》シヨリ発《ヲコ》レリ。其《ソノ》 *我人《ワレヒト》ノ計《ハカラヒ》スル心ヲ、翻《ヒルガヘ》シテ広《ヒロ》ク法界ニ遍《ヘン》ゼル真如ヲ我《ワレ》ト思《オモ》ヒテ、万法皆我体《ミナワガタイ》ニシテ我外《ワガホカ》ニ別《ベチ》ノ法《ホウ》ナシト思《オモ》フヲ、*菩提《ボダイ》ニ至《イタ》ル道《ミチ》トス。此大旨《コノタイシ》ヲ知《シリ》ヌレバ、仏果菩提《ブツクハボダイ》ニ至《イタレ》ル事《コト》、掌《タナゴヽロ》ヲ返《カヘ》ス如《ゴト》シ。サレバ事《コト》ノ詮《セン》ハ、タヾ物《モノ》ノ一《ヒトツ》ガ其体広《ソノタイヒロ》ク法界ニ遍《ヘン》ジテ、万法ノ体《タイ》ト成《ナリ》テ、此《コレ》ヨリ外《ホカ》ニ、余《ヨ》ノ物ナシ。

我体《ワガタイ》ヲ思《オモ》ヒ、亦《マタ》我モ仏モ、一切衆生モ皆《ミナ》一体《タイ》ナリト思《オモヒ》テ、*自行化他《ジギヤウケタ》ノ無辺《ヘン》ノ功徳《クドク》ヲ我《ワ》ガ功徳《クドク》ト思《オモヒ》、我所為《ワガシヨヰ》ノ善根《ゼンゴン》ヲモ、一切衆生ノ善根ナリト思《オモ》ハヾ、万法ニ*自性《ジシヤウ》ナシ。亦心ガ思《オモ》ヒナスニ随《シタガヒ》テ、*トモカウモ成《ナル》也。煩悩《ボンナウ》ヲ菩提《ボダイ》ナリト思《オモ》ヘバ、則《スナハチ》 菩提《ボダイ》ナリ。我ヲ真如ト思《オモ》ヘバ、真如ナリ仏ナリ。我功徳《ワガクドク》則《チ》*一切衆・一功徳《クドク》ト成リ、一切衆生ノ功徳《クドク》則《チ》我身ニ成就《ジヤウジウ》、互《タガイ》ニ自行化他《ジギヤウケタ》ノ功徳具足《クドクグソク》シテ、倶《トモ》ニ*周遍法界《シウヘンホウカイ》ノ仏ト成《ナリ》ヌト観《クハンズ》ベシ。真如法界我体《ワガタイ》ト観《クハン》ズル本意《ホンイ》ハタヾ、此《コレ》ニ有《ア》リ。

又*娑婆《シヤバ》世《セ》界人《カイノヒト》ハ 必《カナラズ》*極楽《ゴクラク》ヲ願《ネガフ》ベシ。有縁《ウエン》ノ国《クニ》ナルガ故《ユヘ》也。サレバ、我《ワレ》モ口《クチ》ニハ弥陀《ミダ》ノ名号《ミヤウガウ》ヲ唱《トナ》ヘ、一心《シン》ニ真如ノ理《リ》ヲ思《オモ》ヘバ、須臾《シユユノ》ノ間《アイダ》ニ仏ニ成《ナル》。況《イハン》ヤ弥陀宝号《ミダノホウガウ》ヲ唱《トナフ》レバ、*念《ネン》念

未得真覚… 成唯識論(玄奘訳)巻第七の文(正蔵三一、三九頁下)。
我人ノ計 自他分別の迷見。
菩提 梵語 bodhi の音訳。覚・智・道などと意訳。悟りの智慧のこと。
自行化他 悟りへ向っての自己の修行とともに、他の人びとを教化すること。自利利他ともいう。小乗仏教は自行ないし自利にかたよるが、大乗仏教は化他ないし利他を兼ねそなえるといわれる。
自性 不動・固定の実体。
トモカウモ いかようにもの意。
一切衆・一功徳 あるいは「一切衆生ノ功徳」か。
周遍法界 無限宇宙。
娑婆世界 娑婆は sahā の音訳。忍・堪忍などと意訳。この世界のこと。堪え忍ぶべき世界のゆえに、こう呼ぶ。
極楽 具体的には西方の阿弥陀仏の浄土をさす。
念念ニ… 観無量寿経に「具二足十念一称二南無阿弥陀仏一。称二仏名一故、於二念念中一除二八十億劫生死之罪一」(正蔵一二、三四六頁上)とあるもの。

ニ、八十億劫《ヲクコフ》ノ生死ノ罪《ツミ》ヲ滅《メッシ》、十念成就《ネンジャウジュ》スレバ、*決定《ケツヂャウ》シテ極楽《ゴクラク》ニ生《ウマ》ル。殊勝《シュショウ》ノ功徳《クドク》ニカネテ真如ヲ観《クハン》ゼムハ、云《イ》フ限《カギ》リニ非《アラ》ズ。往生極楽《ワウジャウゴクラク》ノ修因《シュイン》ハ別紙《ベッシ》ニ書《カク》ベシ。

心且本《コヽロニマタモト》ヨリ極楽《ゴクラク》ヲ欣《ネガフ》テ、真如観《クハン》ヲ修セン者《ノ》、兼《カネ》テ口ニ弥陀《ミダ》ノ宝号《ホウガウ》ヲ唱《トナフ》ベキ様《ヤウ》ヲ知《シル》ベシ。所謂《イハユル》我則真如ナレバ、十方諸仏モ、一切菩薩モ、法界衆生モ、皆我身中《ミナワガミノナカ》ニ*法然《ホウネン》トシテ具足《グソク》セリ。真如ノ一理《リ》ヲ離《ハナレ》タル者《モノ》ナキガ故《ユヘ》也。サレバ我本極楽《ワレモトゴクラク》ヲ欣《ネガ》フ□□□*幷彼土《ナラビニカノ》ノ弥陀《ミダ》如来・一切聖衆《シャウジュ》菩薩モ、皆悉《ミナコトゴトク》我身《ノ》中ニ坐《マシ》マス故《ユヘ》ニ、遠《トヲ》ク極楽《ゴクラク》世界ニ行《ユカ》ズ。サレ共《ドモ》、此土《コノド》ニ*有《アリ》ナガラ極楽ニ生《ウマ》レリトイヘ共《ドモ》、真如ノ理《リ》ヲ知《シラ》ザレバ、我《ワガ》身弥陀如来ト其体不二《ソノタイフニ》也ト知《シラ》ザレバカヒナシ。

或《アルヒ》ハ、*中品《チウボン》ノ三生《シャウ》ノ如《ゴト》キハ、小果《セウクハ》ニ住《ヂウ》シテ劫《コフ》ヲ経《ヘ》テ、始《ハジメ》テ*羅漢果《ラカングハ》ヲ証《シャウ》シ、下品《ゲボン》ノ三生ノ如《ゴト》キハ極楽ニ生《シャウ》ズトイヘ共《ドモ》、是凡夫《コレボンブ》ニシテ小劫《セウコフ》ヲ経《ヘ》テ後蓮開《ノチハチスヒラ》ケ、或《アルヒハ》十二劫《コフ》ヲ経《ヘ》テ後蓮《ノチハチス》開《ヒラ》ケザル時《トキ》ハ、蓮花《レンゲ》ニ、ツヽマレテ仏ヲモ見《ミ》ズ、十方世界ニ遊《アソビ》テ、仏ヲ供養《クヤウ》シ衆生ヲ利益《リヤク》セズ。但《タヾシ》真如ヲ観《クハン》ゼバ、或法身《アルヒハホッシン》ノ身《ミ》無生《ムシャウ》ヲ証《ショウ》ジ、或則身《アルヒハソクシン》ニ*無生忍《ムシャウニン》ヲ修《シュ》セザレ共《ドモ》、此身《コノミ》ヲ捨《ステ》、上品《ジャウボン》ノ三生《シャウ》トゾ須臾《シュユ》ニ蓮開《ハチスヒラケ》テ、十方仏土《ブッド》ニ遊《アソビ》テ仏ヲ供養《クヤウ》シ、衆生ヲ利益《リヤク》スル也。

又我所レ作《ワガトコロノナス》一切善根《ノゼンゴン》ハ、一切衆生ト共《トモ》也ト思《オモフ》ベシ。我ト一切衆生トハ、皆同《ミナオナジ》ク仏ノ御《ミ》名《ナ》ヲ称《ショウ》ズルヲ感《カン》ズ。行《ギャウ》ハ一人《ヒトリ》ガ身頂《ミノイタヾキ》ヨリ、アナウラマデハ、一体《タイ》ナレバ、一指損悩《イッシソンナウ》スレバ、一身《シン》トモニ病苦衰損《ビャウクスイソン》スルガ如《ゴト》シ。余《ヨノ》一切行菩薩《ノギャウボサツ》モ、又此《コノ》一切共《トモ》也ト思《オモ》ヘバ、小善《セウゼン》ナレドモ、法界ニ周遍《シウヘン》シ、又只《タヾ》我身真如ナリト思《オモ》ヘバ、真如法界ニ遍《ヘン》ズレバ、我所作《ワガショサ》ノ善根亦《ゼンゴンマタ》法界ニ遍《ヘン》ジヌ。又真如常《ツネ》ナレバ、所レ作《トコロノナス》行業《ギャウゴフ》未来際《ミライサイ》マデ、尽《ツキ》セヌ故《ユヘ》ニ、*法界性論《シャウロン》云《ニイハク》、

決定シテ　必ずの意。

法然　法爾・自然などと同じで、本来・本然の意。

幷彼土　この上、数語脱落か。底本、三字分空白。

有ナガラ　底本「有音ガラ」とあるも、誤りか。

中品ノ三生　観無量寿経に、浄土に往生するについて、修行の優劣によって九種(九品)の別(上品上生・上品中生・上品下生、中品上生・中品中生・中品下生、下品上生・下品中生・下品下生)あることを説くうちの中品上生・中品中生・中品下生をさす。

羅漢果　羅漢は阿羅漢(arhan)の略で、応供・殺賊(煩悩の断)・不生などと訳し、もとは仏の異名であったが、後に小乗教徒にあてるにいたり、その得た果を仏果と区別して、(阿)羅漢果と称するようになる。

無生忍　無生法忍ともいう。生滅をこえた真如の理に安住すること。

法界性論　天台智顗の法華玄義巻第五下に「法界性論云、水銀和二真金一能塗二諸色像一」(正蔵三三、七四五頁中)とて、本書の名があるが、未詳。

我身法性也《ホッシャウナリ》ト思《オモ》ヘバ、所《トコロ》レ作《ナス》ノ善《ゼン》法界ニ遍《ヘン》ズ。法性常《ホッシャウツネ》ナレバ、所《トコロノ》レ作《ナス》善尽《ゼンツキ》セズトイヘリ。サレバ我身法性真如ト等《ヒト》シト思《オモ》ヘバ、所《トコロノ》レ作《ナス》ノ善根《ゼンゴン》、*六度《ド》万行《ギャウ》等《トウ》モ、須臾《シュユ》ニ法界ニ遍《ヘン》ジテ則《スナハチ》周遍法界《シウヘンホウカイ》ノ仏也。但一有情《タヾシイチウジャウ》ヲ我ト思ヒ、余《ヨ》ハ我ニ非《アラ》ズト思《オモ》ヘバ、一人ノ所作《ショサ》ハ、未来《ミライ》際《サイ》ヲ尽共《ツクストモ》、法界ニ遍《ヘン》ジ、仏ニ成《ナル》べカラズ。我人《ワヒト》ノ計《ハカラヒ》スルガ故《ユヘ》ニ、遍《アマネク》シテ未来無窮《ミライムグウ》ノ生死ヲ増長《ゾウチヤウ》シテ、永《ナガ》ク生死ヲ離《ハナ》ルべカラズ。故《カルガユヘニ》我等《ワレラ》本覚《ホンガク》ノ真如ヲ忘《ワスレ》シヨリ後《ノチ》、只《タヾ》*一有情《ウジヤウ》ト思《オモヒ》シガ故《ユヘニ》、無量無辺《ムリヤウムヘンノ》煩悩悪業《ボンナウアクゴフ》ヲ起《ヲコ》シ、久《ヒサシ》ク生死界《カイニ》流転《ルテン》シテ今《イマ》マデ、生死ヲバ、離《ハナレ》ザリツル也。我若《ワレモシ》今ヨリ後《ノチ》、真如ノ理《リ》ヲ成《ジヤウズ》ト思《オモ》フ一念《ネン》ニ、無辺《ムヘン》ノ功徳《クドク》ヲ満足《マンゾク》スベシ。サラ〳〵亦一有《イチウ》情《ジャウ》ヲ、我ト思《オモ》フ無窮《ムグウ》ノ生死ヲ増長《ゾウチヤウ》スル事ナカレ。

但《タヾシ》一衆生ヲ我ト思事《オモフコト》ハ、無始《ムシ》ヨリ習《ナラヒ》ナレバ、念念《ネン〳〵》ニ常《ツネ》ニ発《ヲコツ》テ留《トヽマ》ル事《コト》ナシ。真如ノ観《クハン》ハ今始《イマハジメ》タル事《コト》ナレバ、縁《エン》ニヒカレ、境《キヤウ》ニ対《タイ》シテ、退《タイ》シヤスク、相続《サウゾク》シ難《ガタ》シ。イカナル*能治《ノウヂ》ノ方便《ハウベン》ヲ説《トキ》テカ、*本習《ホンジウ》ノ妄念《マウネン》ヲ留《トヽメ》テ、真如ノ実理《ジツリ》ヲ、アラハサム。此故《コノユヘ》ニ、先《マ》ヅ空観《クウグハン》ヲ修《シュ》シテ生死ノ*有執《ウシフ》ヲ驚《ヲドロカ》シテハ、自《ミヅカラ》真如ノ理《リ》ヲ顕《アラハ》ス。但*空観幷仮観《タヾシクウグハンナラビニケクハン》ハ別紙《ベッシ》ニ有《アル》べシ。念《ネン》ヲ此度《コノタビ》*頓証菩提《トンシヨウボダイ》ノ道《ミチ》ヲ知時《シルトキ》ダニモ、夜《ヨル》モ昼《ヒル》モ心ヲ、ハゲマスべシ。我則真如《ワレスナハチシンニヨ》ノ理《リ》ト思《オモ》ハム計《バカリ》、極《キハメ》テ安《ヤス》キ事也。権教《ゴンゲウ》ノ中《ナカ》ニハ、無量劫《ムリヤウコフ》ノ間骨髄《アイダコッズイ》ヲ摧《クダ》キ、難行苦行《ナンギヤウクギヤウ》シテ、仏ニ成《ナル》ト説《トク》ヲ聞《キヽ》テダニモコソ、心ヲハゲマシテ、彼修行《カノシュギヤウ》ヲ企《クハダツ》レ、此《コノ》一世ノ間計《アイダバカリ》ハ難行苦行《ナンギヤウクギヤウ》スレ共《ドモ》、何《ナニ》ノ苦《クルシ》ム事アラム。況《イハン》ヤ帯《オビ》トイテ、臥《フシ》ナガラ、心ノ中ニ真如ヲ観《クハン》ゼム、極《キハメ》テ安《ヤス》ラカニタノシキ事ニ非《アラズ》ヤ。

予《ヨ》〈ワレ〉ガ如《ゴト》キ、人ト成《ナリ》テヨリ、四十余《ヨ》年《ネン》ノ間《アイダ》、時時《トキ〴〵》ニ法花経ヲ読誦《ドクジュ》シ奉《タテマツリ》キトイヘドモ、

六度万行　六波羅蜜など一切の行。菩薩の修行についていう。

一有情ト思シ　自他不二ないし一人即一切人を知らないこと。

能治ノ方便　迷いを退治する方法。

本習ノ妄念　もと心に薫じつけられた迷い。

有執ヲ驚シテ　執着の心をめざますこと。

空観幷仮観　空観は、事物の不二・空をつかむこと。仮観は、そこから現実(仮)の世界にもどり、事物を正しく生かすこと。さらに両観の統一として中道第一義観が立てられ、三観となる。

頓証菩提　たちまちに悟りを得ること。

＊サセル利益《リヤク》アリ共《トモ》オボヘデ、生年《シヤウネン》六十ニ余《アマ》リキ。静《シヅカ》ニ弥陀《ミダ》ノ宝号《ホウガウ》ヲ唱《トナ》ヘシ時《トキ》、法花経広《クハウ》大《ダイ》ノ＊恩徳《ヲンドク》ニ依《ヨリ》テ我《レ》則《チ》真如ナリト知《シリ》シカバ、我等《レラ》一切衆生皆一《ミナヒト》ツ真如ノ理《リ》ナレバ、仏モ我《ワレモ》、皆《ミナ》一体無《タイム》二《ニ》也ト思《オモヒ》ヲヘテ、＊一世ノ作行《サギヤウ》、無量生《ムリヤウシヤウ》ニアタレリ。其故《ソノユヘ》ハ我体《ワガタイ》ニアラザルハナシ。ソレヨリ先《サキ》則《スナハチ》真如ナリト知《シラ》ザリシ時《トキ》ハ、只《タヾ》一人ガ我《ワレ》ト思《オモヒ》シカバ、一人ガ所《トコロ》レ作《ナス》ノ行《ギヤウ》ハ、無量劫《ムリヤウコフ》ヲ経《フ》レ共《ドモ》、法界ニ遍《ヘン》ジテ、仏ニ成《ナル》ベカラズト思《オモ》ヒキ。仏ハ、我等《レラ》トハ遙《ハルカ》ニ遠隔《トワクヘダテ》タリト思《オモ》ヒキ。

サレバ仏モ衆生モ、一念《ネン》ノ中《ナカ》ニ有《アリ》。昨日《キノフ》マデハ、無始《ムシ》ノ悪業煩悩《アクゴフボンナフ》ヲ身中《シンチウ》ニ具足《グソク》シテ＊未来《ミライ》ヲ尽《ツクス》トモ、生死流《ル》転《テン》絶《タユ》ベカラザル衆生ナレ共《ドモ》、今日《コンニチ》ハ、妄想《マウザウ》ノ夢《ユメ》サメテ、本覚《ホンガク》ノ理《リ》ニ帰《カヘル》。サレバ竜女《リウニヨ》ガ如《ゴト》キ、最上利根《サイジヤウリコン》ノ者《モノ》ハ、我則真如ナリト思《オモ》フ、刹那《セツナ》ニ則仏《スナハチホトケ》ニ成《ナル》コト、鈍根《ドンゴン》ノ者《モノ》ハ始《ハジメ》ノ刹那《セツナ》ニハ我《レ》則《チ》真如ナリト思《オモ》ヘ共《ドモ》、次《ツギ》ノ刹那《セツナ》ニハ、無始《ムシ》ノ習《ナラヒ》ナレバ、色《イロ》ヲ見《ミ》、声《コヱヲ》聞《キク》ニ随《シタガヒ》、心外境《コヽロゲキヤウ》ニ移《ウツ》リテ、＊可意《カイ》ノ境《キヤウ》ニ＊相《アフ》テハ、貪《トン》〈ムサブリ〉煩悩《ボンナウ》ヲ起《ヲコ》シ、＊不可意《フカイ》ノ境《キヤウ》ニアヒテハ、瞋《シン》〈イカリ〉煩悩《ボンナウ》ヲ起《ヲコ》ス。已《スデニ》貪瞋等《トンジントウ》ノ煩悩《ボンナウ》ヲ発《ヲコ》ス、何事《ナニゴト》ト名《ナヅ》ケム。

但《タヾシ》＊根性《コンジヤウ》ノ勝劣《シヨウレツ》ニ随《シタガフ》ニ、＊観行《クハンギヤウ》熟《ジユクス》ル事《コト》、遅《チ》速《ソク》不《フ》同《ドウ》ナレバ、或《アルヒハ》一日、二日、一月《イチゲツ》、二《ニ》月《ゲツ》、一年《ネン》、乃至《ナイシ》一生《イツシヤウ》ニ悟《サトリ》ヲ開《ヒラ》ク者《モノ》アリ。＊妙楽大師解釈中《メウラクダイシノゲシヤクノナカ》ニハ、＊漸次止観《ゼンジシクハン》ヲ修《シユス》ル者《モノ》、或《アルヒハ》一日《ニチ》、一月《ゲツ》、一生《シヤウ》修《シユシテ》レ之《コレヲ》可《ベシ》レ獲《ウ》トイヘリ。漸次《ゼンジ》止観者《シクハンハ》、＊七方便《シチハウベン》ノ行《ギヤウ》ヲ立《タツ》レバ、初刹那《シヨセツナ》ニ、則仏《スナハチホトケ》ニ成者無《ナルモノナキ》也。真如ト心性《シンシヤウ》トノ二《フタツ》ノ観《クハン》ヲ、功徳利益《クドクリヤク》、劫《コフ》ヲ経《ヘ》テ説《トケ》ドモ、尽《ツク》スベカラズ。余《ヨ》ノ中道実相《チウダウジツサウ》法界、亦是《マタコレ》ニ准《ナゾラ》ヘテ説《トク》ベシ。是《コレ》ヲ皆《ミナ》真如ノ理《リ》、同体《ドウタイ》ノ異名《イミヤウ》ナレバ、或《アルヒハ》則《チ》法界、或《アルヒハ》則実相《チジツサウ》ト等《ヒトシ》ク観《クハンズ》ルニ、皆成難《ミナナリガタ》キ仏ニダニモ、速《スミヤカ》ニ成《ナル》。

サセル　「さしたる」と同語。これというほどの、さほどなどの意。

恩徳　衆生救済の徳。仏果の三徳(智徳・断徳・恩徳)の一つ。ちなみに三徳を法・報・応の三身に配したり、智・断の二徳を自利・自行・自覚に、恩徳を利他・化他・覚他にあてたりする。

一世ノ作行　一代一生の行為。

未来ヲ尽　尽未来際と熟する。未来のはてまで続くこと。

可意ノ境　意にかなった対象。

相テハ　遇いては。

不可意ノ境　意にそわない対象。

根性　機根(能力)と習性。

観行　真理を観じ行ずること。

妙楽大師解釈　妙楽湛然が天台智顗の摩訶止観を注釈した止観輔行伝弘決のこと。下の文は、その巻第一之二にあるもの(正蔵四六、一五〇頁中)。

漸次止観　浅から深へと漸次に止観を実修すること。漸次・不定・円頓の三種止観の一。摩訶止観巻第一上にあがる。↓補「漸次・不定」(修禅寺決)

七方便ノ行　七種の前段階的な修行をいう。小乗における七賢(三賢・四善根)の位の行。

薬師如来　大医王仏などともいい、病源を除く仏。「薬師如来ナレバ」

の次に「病則止ラン」が脱落か。
延命ノ菩薩　普賢延命菩薩のこと。
毘沙門天　毘沙門は Vaiśravaṇa の音訳。多聞天ともいう。四天王の一で、北方の守護神。本来は施福神としてインドで信奉された。
文殊　Mañjuśrī(文殊師利)の音略で、智慧を司る菩薩の名。普賢菩薩とともに釈迦仏の脇侍となる。
魔障非人　魔障は māra(摩羅・魔羅)の音略と意訳とを合わせたもので、人命・善事の障害となるもの。非人は人間外の悪鬼の類。
不動明王　魔障を破砕する諸尊の一。
三教ノ菩薩　蔵・通・別の三教における菩薩。
モナク　この上に「智慧」の語が脱落か。
増テ上慢　増上慢と熟する。悟りえないのに、えたとうぬぼれること。卑下慢に対する。
一家円宗　わが天台法華の円教。円教・円宗とは、最高完全な教義。
六即仏　仏の把握について六つの階位を立てたもの。六即とは理即・名字即・観行即・相似即・分身即・究竟即。→補
理即・名字即　この下、観行即から究竟即まで省略か。
理性ノ仏　衆生に本性としてそなわる仏のことで、具体的な修行(事)によって現われた仏(事仏)ではないゆえ、理の字が冠せられる。

マシテ自余《ジヨ》ノ世間《ケン》ノ願《ネガヒ》何事《ナニゴト》カ、カナハザラン。病《ヤマヒ》ヲ止《ヤメ》ント思《オモ》ハバ、真如則《スナハチ》、*薬師《ヤクシ》如来ナレバ、万病消滅《マンビヤウセウメツ》シテ、命《イノチ》ヲ延《ノベン》ト思《オモ》ハゞ、真如則《チ》、*延命《エンメイ》ノ菩薩《ボサツ》ナレバ、命延《イノチノビ》テンズ。福《フク》ヲ求《モトメバ》、*毘沙門天《ビシヤモンデン》、大福《ダイフク》ヲアタヘテン。智恵《チエ》ヲ求《モト》メバ、大聖《ダイシヤウ》 *文殊《モンジユ》、智恵《チエ》ヲ授《サヅ》ケン。乃至《ナイシ》 *魔障非人《マシヤウヒニン》ニ悩《ナヤマ》サレジト思《オモ》ハゞ、*不動明王《フドウミヤウワウ》是《コレ》ヲ降伏《ガウブク》シテム。其中《ソノナカ》ニ魔事《マジ》ヲ対治《タイヂ》スル事、真如ニ過《スギ》タル物《モノ》ナシ。魔界如《マカイニヨ》、仏界如《ブツカイニヨ》、一如《イチニヨ》ニシテ、二如無《ニニヨナシ》ト観《クハン》ズルヲ、殊勝《シユシヨウ》ノ対治《タイヂ》トスル也。如《ニヨ》ト者《ハ》、真如ナリ。魔界《マカイ》モ仏界モ、タゞ一《ヒトツ》ノ真如ノ体《タイ》トスト思《オモ》ヘバ、更《サラ》ニ魔《マ》、異《カハ》リナシ。魔界《マカイ》・仏界《ブツ》、其体一《ソノタイヒトツ》也。自体遍《ジタイヘン》ジテ障《サワリ》ト成《ナルナリ》也。自《ヨリ》レ此《コレ》下《シモ》ハ問答料簡《モンダフリヤウケン》也。

有人問《アルヒトトフ》テ云《イハク》、我等《ワレラ》皆差別《ミナシヤベツ》モナク仏也ト云事《イフコト》、心《コヽロ》エズ。本《モト》ヨリ云《イフ》ガ如《ゴト》ク、仏トハ三十二相ヲ具《グ》シ、神通モ智恵モ、一切者《サイノモノ》ニ勝《スグレ》テ、世《ヨ》ニイツクシク、ヤムゴトナキヲ、仏ト申《マウス》コソ、カタジケナク、オボユレ。亦世《ヨ》ノ人《ヒト》モサコソ思《オモ》ヒ習《ナラ》ハル物《モノ》ヲ、汝独《ナンヂヒトリ》、一切ノ犬烏蟻《イヌカラスアリ》ケラニ至《イタ》ルマデ、皆仏也トイハゞ、誰信《タガシン》ゼントスル。亦仏ヲバ覚者《カクシヤ》ト飜《ホン》ズル也。蟻《アリ》ケラ如《ゴト》キハ何《ナン》ゾ覚者《カクシヤ》ノ義《ギ》アラン。亦凡《オヨ》ソ 汝云事自相違《ナンヂガイフコトミヅカラサウイ》シテ、有時《アルトキ》ニハ一切衆生皆《ミナ》仏也トイ、、或《アル》時《トキ》ニハ我《レ》則《チ》真如也ト知《シラ》ザル者《モノ》仏ニ非《アラ》ズトイ、、汝《ナンヂ》ガ如《ゴト》クナラバ、一切衆生前《サキノ》 *三教《ケウ》ノ菩薩マデハ、皆《ミナ》仏ニ非《アラ》ズ。自《ミヅカラ》 仏也ト名《ナ》ノレ共《ドモ》、三十二相ヲモ具《グ》セズ。神通《ジンヅウ》モ未《イマダ》レ獲得《ギヤクトク》*モナクシテ、*増《マシ》テ上慢《ジヤウマン》ヲ起《ヲコ》スヲ、仏ノ智《チ》トス。其罪無量無辺《ソノツミムリヤウムヘン》也。此等《レラ》ノ難《ナン》ヲ、何《イ》カン遮《シヤ》スベキ。

今答《コタヘ》テ云《イハク》、汝《ナンヂ》*一家《ケ》円宗《エンジウ》ノ意《コヽロ》ヲ知《シラ》ズ。偏《ヒトヘ》ニ権教《ゴンケウ》ノ門《モン》ヲ執《シフシ》テ、妄《ミダ》リニ此難《コノナン》ヲイタス。我師天《ワガシテン》台大師《ダイダイシ》 *六即仏《ロクソクブツ》ヲタテ玉ヘリ。所謂《イハユル》*理即《リソク》・名字即《ミヤウジソク》也。一《ヒトツニ》、理即《リソク》ノ仏トハ、一切衆生本《モト》ヨリ真如性理《シヤウリ》ヲ備《ソナ》ヘタリ。サレバ*理性《リシヤウ》ノ仏ナレドモ、未《イマダ》レ聞《キカ》二三諦 名《タイノナヲ》一、我身則《チ》真如ナリト知《シラ》ズ。

是《コレ》ヲ理即《リソク》ノ仏ト名ク。止観第一《シクハンダイイチニ》云《イハク》、*理《リ》雖《イヘドモ》レ即《ソクスト》是日用《レニチヨウヲ》不《ズ》レ知《シラ》。以《モツテ》レ未《イマダ》レ聞《キカザルヲ》二三諦《ダイヲ》一、全《マツタク》不《ズ》レ識《シラ》二仏法《ヲ》一。如《ゴトシ》二牛羊《ギウヤウノ》眼《マナコ》不《ザルガ》レ得《サヘ》二方隅《ハウグウニ》一トイヘリ。二《フタツニ》、名字即《ミヤウジソク》ノ仏トハ、或《アルヒハ》善知識《ゼンチシキ》ニアヒ、或《アルヒハ》経巻《キヤウグハン》ヲ開《ヒラ》キ見《ミ》テ、真如ノ名《ナ》ヲキヽ、我則《レチ》真如ナリト知《シル》ヲ、名字即《ミヤウジソク》ノ仏ト名ク。止観《シクハンニ》云《イハク》、*或《アルヒハ》従《シタガヒ》二知識《チシキニ》一、或《アルヒハ》従《シタガヒ》二経巻《キヤウグハンニ》一、聞《キヽ》二上《カミニ》所《トコロノ》レ説《トク》一実菩提《ジツボダイヲ》一、於《オイテ》二名字《ミヤウジノ》中《ナカニ》一通達解了《ツウダツゲリヤウシテ》、知《シルハ》二一切法皆是仏法《ハミナコレブツボウナリト》一、名字即菩提《ミヤウジソクボダイ》トイヘリ。三《ミツニ》、観行即仏《クハンギヤウソクブツ》ハ、真如観ヒマナク、弥《イヨ〳〵》明《アキラカ》ナルヲ、観行即《クハンギヤウソク》ノ仏ト名《ナヅ》ク。止観《シクハン》ノ文《モン》ハ、ワヅラハシケレバ、略《リヤク》シテ書《ショ》ス。四《ヨツ》ニ、相《サウ》似《ジ》中道《チウダウ》顕《アラハ》レテ、六根清浄《ロクコンシヤウ〴〵》ヲ除《*ノゾ》キテ、父母所生《ブモショシヤウ》ノ眼根《ゲンコン》ヲモテ、*上有頂天《カミウチヤウデン》ニ至《イタ》ルマデ、諸《モロ〳〵》ノ*須弥鉄囲《シユミテチヰ》・大海江河《ダイカイゴウガ》、及《ヲヨビ》一切《サイ》衆生皆悉見《ミナコト〴〵クミ》、耳《ミヽ》ニ三千界ノ内外《ナイゲ》ノ諸《モロ〳〵ノ》音声《ヲンジヤウ》ヲ聞《キヽ》、乃至《ナイシ》三千界有情非情《ウジヤウヒジヤウ》ノ事《コト》、悉《コト〴〵》ク身中《ミノナカ》ニ現《ゲン》ズル也。但《タヾシ》、唯独《タヾヒトリ》自《ミヅカラ》明了《ミヤウリヤウニ》、余人《ヨニンノ》所《トコロ》レ不《ザル》レ見《ミ》、相似《サウジ》即《ソク》ノ仏也。初住《ショヂウ》ノ位《クラヰ》ヨリ等覚《トウガク》ノ位《クラヰ》マデ、*八相成道《サウジヤウダウ》ヲ唱《トナフ》ル衆生ヲ教化《ケウケ》スルヲ、分身即《フンジンソク》ノ仏ト名《ナヅ》ク。妙覚《メウガク》ノ位《クラヰ》ハ、究竟即《クキヤウソク》ノ位《クラヰ》也。

此等《レラ》ノ六即《ロクソク》ノ中《ナカ》ニハ、或《アルヒ》ハ理性《リシヤウ》ニ約《ヤク》シテ仏ト名《ナヅ》ケ、或《アルヒハ》真因開発《シンインカイホツ》シテ後《ノチ》、法身《ホツシン》ノ本《モト》ヲ得《ウル》ヨリ、仏ノ名《ナ》ヲウル也。我等《レラ》スデニ三諦《タイ》ノ名字《ミヤウジ》ヲ聞《キヽ》、我則真如ナリト知《シ》レリ。六即《ソク》ノ中《ナカ》ニハ是《コレ》ヲ、ヲサメバ、名字即《ミヤウジソク》ノ位《クラヰ》ニアタレリ。*何《ナンゾ》謂《イ》己《コ》均仏《キンブツ》ノ我有《ガウ》、亦未得謂得《タミトクイトクノ》増上慢《ゾウジヤウマン》ノ者《モノニ》非《アラズ》ヤト。未《イマダ》*分証《ブンジヤウ》・究竟仏《クキヤウノホトケ》ニ非《アラザ》レバ、三十二相ヲ具《グ》シ、神通《ジンヅウ》ヲモ得《エ》ズ。分身《フンジン》・究竟《クキヤウ》ノ二《フタツ》ノ仏、*相好具足《サウガウグソクシ》、神通自在《ジンヅウジザイ》ナル也。又汝只相好神通《ナンヂタヾサウガウジンヅウ》ヲ貴《タフトム》デ、*内証《ナイショウ》ノ功徳《クドク》、本有理性《ホンウリシヤウ》ヲ、イルガセニスル事《コト》、*愚癡無智《グチムチ》ノ至《イタ》ス処《トコロ》也。*輪王《リンワウ》ノ卅二相《サウ》ヲ具《グ》シ、外道神通《ゲダウジンヅウ》ヲ現《ゲン》ズル、是《コレ》ハ此在世《コノザイセ》ノ二乗《ニジヨウ》、法花ノ時《トキ》ニ至《イタツ》テ初住《ショヂウ》ノ悟《サトリ》ヲ開《ヒラク》ニ勝《スグ》レタリト云ハンヤ。現金剛般若経《ゲンコンガウハンニヤギヤウニ》云《イハク》、

理雖即…　摩訶止観巻第一下の文(正蔵四六、一〇頁中)。「不碍」は「不解」となっている。
或従知識…　右の文に続く。
除キテ　「得テ」の誤りか。
上有頂天　色界の第四天で、色究竟天のこと。形(色)ある世界の頂上に位置するところから、こう呼ぶ。
須弥鉄囲　須弥はSumeruの音訳で、一世界の中心をなす高山。鉄囲は、須弥山を中心に九山八海が取り巻く中の、最も外側の鉄の山。
八相成道　釈迦の一生を八つの主なできごとで区分した中、最重要な成道で代表させたもの。
何謂己均仏…　「謂己均仏」は、摩訶止観巻第一下に「起二増上慢一、謂二己均レ仏」(正蔵四六、一〇頁中)とあるもので、下の「未得謂得」は、法華経方便品第二の「増上慢、未レ得謂レ得、未レ証謂レ証」(正蔵九、七頁上)の引用。ここでは、「何ゾ謂ハン己均仏…」と読むべきか。
分証　分身即のこと。
相好具足　仏の美しいすがたをそなえること。
内証ノ功徳　内に本来そなわった功徳。内証は外相・外用に対する。
愚癡　おろかの意。
輪王　転輪聖王の略。輪宝(戦車)をまわす王の意で、神話的な理想の王者。仏にたとえられ、説法を転法輪というにいたる。

*若《モシ》以《モッテ》レ色《シキヲ》見《ミ》レ我《ワレヲ》、以《モッテ》ニ音声《ヲンジヤウヲ》一求《モトメバ》レ我《ワレヲ》、是人《コノヒト》行《ギヤウス》ニ邪道《ジヤダウヲ》一、不《ズ》レ能《アタハ》レ見《ミルコト》ニ如来《ヲ》一。彼《カノ》如来妙体《メウタイ》、則《チ》法身諸仏《ショブツナリ》〈文〉。

又問《トフ》テ云《イハク》、汝云《ナンヂイハ》ク*同体《ドウタイ》ノ慈悲《ジヒ》ヲ心《コヽロ》エズ。汝《ナンヂ》ガ様《ヤウ》ハ、初心《ショシン》ノ凡夫《ボンブ》ナレドモ、真如ヲ観《クハン》ズル者《モノ》ハ、一切衆生ノタメニ、一燈《イットウ》ヲ、カヽゲテ、一花《ケ》一香《カウ》ヲ三宝《ボウ》ニ供養《クヤウ》シ、或《アルヒ》ハ仏ノ名号《ミヤウガウ》ヲ一度《イチド》唱《トナフ》レバ、ソレニ依《ヨリ》テ一切衆生離《リ》苦《ク》得楽《トクラク》スト云《イ》フ事《コト》、*イハレヌ事《コト》也。先《マヅ》*自業自得果《ジゴフジトクハ》トイヒテ、自《ミヅカラ》ノ業因《ゴフイン》ニ依《ヨリ》テハ、因果《イングハ》ヲ招《マネ》ク。若《モシ》初心《ショシン》ノ凡夫《ボンブ》ノ一花《ケ》一香《カウ》一善《ゼン》ニ依《ヨリ》テ、一切衆生・離苦得楽《リクトクラク》・証大菩提《ショウダイボダイ》ノ善《ゼン》アラバ、マシテ十方世界ノ一切《ノ》仏、無辺《ムヘン》ノ善根《ゼンゴン》ニ依《ヨリ》テ、一切衆生ノ一分善根《ブンゼンゴン》ナキ者《モノ》モ、自然《ジネン》ニ成仏《ジヤウブツ》シナム。何《ナン》ゾ、ワヅラハシク、善根《ゼンゴン》ヲ修《シュ》セン。又一切衆生皆《ミナ》一体《タイ》ナラバ、一衆生成仏《ジヤウブツ》セン時《トキ》、一切衆生同時《ドウジ》ニ成仏《ジヤウブツ》シナン。*竜樹智論《リュジュチロン》、并《ナラビニ》*宗家《シウケ》ノ所釈《ショシャク》、修因《シュイン》ノ福《フク》ヲ、衆生ニアタヘズト、イヘルヲヤ。

今答云《イマコタヘテイハク》、問処《トフトコロ》、キハメテ愚癡《グチ》ナリ。汝《ナンヂ》ハ法花已前《イゼン》ノ、*帯権《タイゴン》ノ不二義《フニギ》ノ教《オシヘ》ニ依《ヨリ》テ難《ナン》ヲマウケタリ。*純円醍醐《ジュンエンダイゴ》ノ説《セツ》ニツイテ、同体《ドウタイ》ノ慈悲《ジヒ》ヲユルス。其自業自得果《ソノジゴフジトクハ》トハ、権教《ゴンケウ》ニ明《アカス》処也《トコロナリ》。同体慈悲《ドウタイジヒ》ハ、法花宗《ホッケシウ》ト真言宗《シンゴンジウ》ト真如ノ理《リ》ヲ詮《セン》ズル故《ユヘ》ニ、是《コレ》ヲユルス。サレバ、前三《ゼンザン》教《ゲウ》ノ仏ハ、皆《ミナ》*修因感果《シュインカンクハ》ノ仏也。今経《コンキヤウ》ノ心ハ我則《レチ》真如ナリトシル時《トキ》、是《コレ》仏也。スデニ、因果《イングハ》ヲ離《ハナレ》テ法然《ホウネン》ニ本有《ホンウ》ノ三身《ジン》ヲ顕《アラハ》ス。刹那《セツナ》ニ則仏《ソクブツ》、何《ナン》ゾ修因感果《シュインカンクハ》ノ義《ギ》カ有《アラ》ム。サレバ、*蓮花《レンゲ》三《ザン》味経云《マイキヤウニイハク》、帰《キ》ニ命《ミヤウス》本覚心《ホンガクシン》法身《ヲ》一、常《ツネニ》住《ヂウス》ニ妙法心蓮台《レンダイニ》一、本来《モトヨリコノカタ》具《グ》ニ足《ソクス》三身徳《ノトクヲ》一、三十七尊《ソン》住《ヂウシ》ニ心城《シンジヤウニ》一、普門塵数諸三昧《フモンヂンジュショザンマイ》、遠《エン》ニ離《リシ》因果《イングハヲ》一法然《ホウネントシテグス》具、無《ム》辺徳海本《ヘンノトクカイモト》円満《エンマンス》、還《カヘッテ》我《ワレ》頂《チヤウ》ニ礼《ライス》心諸《シンノショ》仏《ブツヲ》一トイヘリ。

若以色見我… 菩提流支訳の金剛般若波羅蜜経の偈(正蔵八、七五六頁中)。

同体ノ慈悲 衆生の苦を自己の苦として受けとる愛。

イハレヌ事 根拠のないこと。

自業自得果 みずからの行為によって、みずからに果報を受けること。

竜樹智論 竜樹(Nāgārjuña. 約一五〇—二五〇)の大智度論のこと。

宗家ノ所釈 天台宗における解釈。

帯権ノ不二義ノ教 方便説のまじった不二・相即の教理。

純円醍醐 純円は純粋に最高・完全の教のこと。醍醐は涅槃経の五味のたとえの中の最後のもので、最も円熟した状態をいう。いずれも法華経にあてられる。

修因感果 長い期間の因行の後、仏果を得ること。

蓮花三昧経 本覚讃参照。

但《タヾシ》仏菩薩《ボサツ》ノ同体《ドウタイ》ノ慈悲《ジヒ》ニ依《ヨリ》テ、一切衆生自《ミヅカ》ラ一分《ブン》ノ善根無《ゼンゴンナ》クトモ、自《ヲノヅカラ》成仏《ジヤウブツ》スベシト云《イフ》ニ至《イタツ》テハ、誰《タレ》一分《ブン》ノ善根《ゼンゴン》ナキ衆生ヒトヘニ、仏菩薩ノ同体《ドウタイ》ノ慈悲《ジヒ》ニアヅカリテ、離苦得《リクトク》脱《ダツ》スレバト云《イ》フベキ也。*大乗観《ダイジヨウクハン》ニ、此難《コノナン》ヲ*会《エ》シテ云《イハ》ク、*若此《モシノ》心唯《タヾ》有《アラ》二同義《ドウギ》ノミ一者《バ》、自修《ミヅカラシユ》行《ギヤウ》セズシテ他《タ》ニ依《ヨリ》テ得道《トクダウ》スベシ。真如既《スデ》ニ真如ノ義《ギ》アル故《ユヘ》ニ、自他《ジタ》ノ功徳互《クドクタガイ》ニ相助《サウジヨ》シ、速《スミヤカ》ニ得性《トクシヤウ》ストイヘリ。次《ツギニ》竜樹《リウジユ》ノ智論《チロン》幷《ナラビニ》宗家《シウケ》ノ釈《シヤク》ニ云《イハ》ク、修因《シユイン》ノ福《フク》ヲバ、他人《タニン》ニアタヘズト云《イフ》ニ至《イタリ》テハ、智論《チロン》ニ般若経《ハンニヤギヤウ》ヲ、ノブ。般若経《ハンニヤギヤウ》ハ法花已前《イゼン》ノ経《キヤウ》ニテ権《ゴン》ヲ帯《タイ》シテ、真如ヲ顕《アラ》ハサズ、未《イマダ》同体《ドウタイ》ノ慈悲《ジヒ》明《アカ》サズ。故《カルガユヘ》ニ更《サラ》ニ修因《シユイン》ノ福《フク》ヲ他人《タニン》ニ、アタヘズト云《イフ》也。宗家《シウケ》ノ釈《シヤク》ハ、大論《ダイロン》ノ釈《シヤク》ヲ申《マウシ》ノベタリ。故《カルガユヘニ》難《ナン》トスベカラズ。

凡諸経論《オヨソシヨキヤウロン》ノ文《モン》ハ、人《ヒト》ノ信《シン》ニヨリ、*意楽《イゲフ》ニ、ヨツテ、様々《サマぐ》ノ*会釈《エシヤク》ヲ、ノブル者也《モノナリ》。然《シカレ》ドモ、一《ヒト》スヂニ、我等則《レラチ》真如ノ体《タイ》、其《ソ》レト思《オモ》ヒテ、夜《ヨ》ル、ヒル、行住坐臥《ギヤウヂウザグハ》ニ、ワスレズ、心ニ懸《カケ》タレバ、則身即仏《ソクシンソクブツ》ナル事《コト》、疑《ウタガ》フベカラズ。サレバ真言宗《シンゴンシウ》ノ説《セツ》ニモ、タヾ我即《ワレスナハチ》大日ト思《オモ》フテ、信《シン》ヲ失《ウシナ》ハズ信《シン》ズレバ、即身成仏《ソクシンジヤウブツ》也。一切振舞《ノフルマイ》ガ軈《ヤガ》テ真如印《シンニヨイン》ニテ有《アル》也。其故《ソノユヘ》、舌相言語皆是真言《サウゴンゴミナコレシンゴン》、身相挙動皆是密印《シンサウキヨドウミナコレミツイン》、念相憶知皆是本尊《ネンサウオクチミナコレホンゾン》、妄相思念皆是密観《マウサウシネンミナコレミツクハン》ト云《イヘ》リ。此《ノ》心ヲ、ワスレズ、心ニカケタレバ、即身成仏《ソクシンジヤウブツ》ニテアル也。我則真如也《レチシンニヨナリ》ト思《オモ》フモ、我則《レチ》大日也《ナリ》ト、思《オモフ》モ、タヾ同《オナジ》コトナリ。

カヤウニテ、念仏《ネンブツ》ヲモ申《マウ》シ、経《キヤウ》ヲモ読奉《ヨミタテマツ》リテ、一切有情《ウジヤウ》ニ廻向《エカウ》シ、有縁無縁《ウエンムエン》ヲ、トブラハン。我人《ワレヒト》ヘダテナケレバ、皆悉《ミナコトぐ》ク離苦得脱《リクトクダツ》スベシ。一心《シン》ヒガメバ、万法イタヅラニ朽《クチ》ヌト云事《イフコト》、ヨクヨク、心ウベシ。何事《ナニゴト》ヲストモ、タヾ心《コヽロ》ヒトツノ事《コト》ニテ有《アル》べキ也。南無《ナム》

大乗観　伝慧思の大乗止観法門巻第四の文(正蔵四六、六九九頁下)。

会シテ　会通してということで、矛盾のことがらに道をつけ、疑問を解決すること。

若此心唯有同義ノミ者　ただ同の義だけであるならばの意。単なる同ではなく、自他互いに相依・相関することをいう。

意楽　意向のこと。それぞれの考えをいう。

会釈　会通と同じ。矛盾のことがらに道をつけるべく、解釈すること。

阿弥陀仏《アミダブツ》ト申《マウ》シテ、一念《ネン》十念《ネン》ニ往生《ワウジヤウ》スルト云《イフ》モ、我《ワレ》則《チ》真如也ト思《オモ》フモ、念《ネン》ウシナハズ、心ニ、カケルマデニテコソアレ、トカク、我執偏執《ガシフヘンシフ》ヲ以《モツテ》、難《ナン》ヲ、イタス事《コト》、イハレナシ。ヨクヨク、心ウベシ。　真如観終

元禄五壬申歳孟春吉日

洛陽書林　開版

三十四箇事書（伝源信）

田村芳朗校注

三《さん》十《じゅう》四《し》箇《かの》事《こと》書《がき》

皇覚

*爾前円教三身《にぜんえんぎょうさんじん》の事

爾前円教三身とは、*無相《むそう》の三身なり。有相《うそう》の三身にあらず。また*相即・互具《ごぐ》の三身にもあらず。先づ無相の三身とは、*法身《ほっしん》は有《う》にあらず、無にあらず、色《しき》にあらず、声《しょう》にあらず、香《こう》にあらず、味《み》にあらず、触《そく》にあらず、*法にあらず、ただ*真如実相《しんにょじっそう》の体《たい》なり。*応身《おうじん》と云ふべからず、*報身《ほうじん》と云ふべからず、法身と云ふべからず。しかれども*法身は本、余の二身は用《ゆう》なり。清浄《しょうじょう》無相なりといへども、衆生に応ずる用あり、万法《まんぼう》を照了する用ありと云ひて、全く一身の所に当体に三身なし。ただ*性《しょう》に謂《いわ》れを置いて性用《しょうゆう》と云ひて、*性用不二《ふに》・三身即一とは云はず。

譬《たと》へば金杖《こんじょう》は一なりといへども、諸用《しょゆう》あるがごとく、法身はただ一真如なれども、性に応報の用ありと云ふ。これを以て知るべし。流れを汲んで源を尋ぬるに、応報はただこれ法身の用なりと云ふ日、三身円融《えんにゅう》する謂《いわ》れ、一分《いちぶん》これあり。故に円と云ふ。しかも一即三にはあらず。故に歴別《りゃくべつ》を以てす。

法華の意は、全く三身に体用《たいゆう》を説かず。ただ一即三・三即一なり。また一身の所に三身

爾前円教三身の事　枕雙紙第十三にあたる。爾前とはその前という意味で、法華経を最高とみなした天台は、それ以外の諸経を爾前教と定義した。円教とは究極・円満の教理、三身とは法身・報身・応身の三つの仏身をいう。諸経の究極の教理における三身のありかたを論じたもの。

無相　すがた、形をとらないこと。爾前教は無相の一辺にかたよる。

相即・互具の三身　三身が相即しながら兼ねそなわっていること。

法身　仏の本体で、真理をさす。

法　ここでは感覚の対象をいう。

真如実相の体　真理の体そのもの。

応身　応現身。仏の現実のすがた。

報身　因行果徳身。修行の果報としての功徳に満ちた仏身。

法身は本…　爾前教では、法身を本体、報・応の二身を力用(作用)・現象として区別すること。「本」は、枕雙紙(版本)では「体」。

性に謂れを置いて　本性・本体に根拠を置いて。

性用不二・三身即一　本性・本体あるいは法身を唯一なる根源として、そこから力用(作用)・現象がおこり、報・応の二身が現われ出たと考えることは誤りであって、性そのまま用、用そのまま性として、両者は不二・同時のものであり、法身の当処に報・応の二身は存在し、三身が全体一をなしていることをいう。

同時に居る故に、全く爾前の円に同ぜず。また互具の三身、相即の三身なるが故に、共に法華の意なり。一所に同時に三身を置く故に。よくよく思ふべし。

*常同三身《じょうどうさんじん》の事　付本門

常同の三身とは、爾前・迹門《しゃくもん》に垂迹《すいじゃく》する所の三身は、垂迹の仏にはあらず、ただ本門の法身・*本仏《ほんぶつ》なり。本《もと》より本門の意は、法身は一体なれども、無尽の徳に随って三の名あり。体各別にあるにあらず。譬へば、天月の体は全く三つも四つもなけれども、一切の水に宿るがごとし。一体の上の三名《さんみょう》なり、云々。また垂迹の仏を見るに、ただ本地《ほんじ》の仏なり。*水中の月を見るは、天月を見るなり。*愚人《ぐにん》は、これを知らず。その故は、眼も清浄なり、水も清浄なり、〔月も清浄なり。〕三つながら互に映徹して、眼の水に移り、水より伝へて月に移り、眼次第に伝へて、月の位にあつて月を見るなり。

全く水に移る月を見るにあらず、*真に天月を見るなり。迹門かくのごとし。垂迹の仏も別にこれなく、ただ本仏なり。本《もと》より天月を見れども、愚人は水中の月を見ると思ふがごとし、云々。*本迹殊《ほんじゃくこと》なりといへども、不思議一《いっ》の釈、この意なり。本迹と云ふといへども、全く体一なるを不思議一と云ふなり。

この意を以て一切を案ずるに、諸仏・菩薩・経論は*難ぜず、当体併しながら本門神妙《じんみょう》の体、本地不思議の妙理なり。故に一切、本門と習ふなり。また鏡に移して影を見るは、自身の全体を見るなり。鏡の影像《ようぞう》を見るにあらず。一切法を見るは、ただ*己心《こしん》を見る。実

常同三身の事　枕雙紙第六。爾前教および法華経の前半部(迹門)に説かれた三身は、法華経の後半部(本門)で明かされた法身と常に同じであることを論ずる。

垂迹　迹を垂れるという意で、現実に応現すること。本地(本源)に対する。

本仏　ほんとうの仏。本来・本地・本体としての仏。迹仏(仮の仏、垂迹・現象としての仏)に対する。

水中の月…　水中の月そのまま天月であること。本地と垂迹、本体と現象を分けて、前者を実、後者を仮と考えるのは誤りなること。↓補

愚人は、これを知らず　水中の月から目を天月に向けるのは愚かな考えで、水中の月そのまま天月と見るべきことをいう。

真に　枕雙紙では「直に」とある。水中の月を天月の水にうつった影と見ないで、そのまま直ちに天月と見ること。

本迹殊なり…　僧肇の註維摩詰経序に「本にあらずして以て迹を垂るることなく、迹にあらずして以て本を顕はすことなし。本迹殊なりといへども、しかも不思議一なり」(正蔵三八、三二七頁中)という。天台智顗、盛んに引用する。

難ぜず、当体　枕雙紙では「当体を改めず」とある。

己心…　対象と自己との一体。

に甚深《じんじん》の義なり。これを秘すべし。

*四句成道《しくじょうどう》の事

四句成道とは、*住上の四句、常のごとし。今家《こんげ》の意は、*名字《みょうじ》の位において四句成道を唱ふるなり。その故は、名字の位において*通達解了《つうだつげりょう》して一切法は皆これ仏法と知れば、全くこの解《げ》再び改めず。*治《ち》定まれば、必ず名字の位において四句成道を唱ふるなり。ただし、業因《ごういん》の八相、業果《ごうか》の八相と云ふ事、これあり。*業因の八相とは、名字の八相なり。ただし、*六即《ろくそく》を意得《こころえ》ざれば、強《し》ひてこの義を難ずるなり。名字は*退位なり、解了発心《げりょうほっしん》の位なり、なんぞ八相を唱へんやと。今の意の云く、退位の条、下根《げこん》においては勿論なり。上根は本《もと》より*円家《えんげ》の意、一位より一位に移らず、立所《たちどころ》に菩提《ぼだい》を証すること、掌《たなごころ》を反《かえ》すがごとし。諸位を建立することは、皆《みな》一位の上の諸名《しょみょう》なり。全く実道に趣《おもむ》く日は、諸位の階級なし。諸位は皆一位の異名なり。これ、円家の不思議なり。すでに*三諦円融《さんだいえんにゅう》の名字を聞き、解知《げち》して後は、全く他に求むることなく、また取捨なし。平等法界に住して、なんぞ諸位を求めんや。

故に、*三教の菩薩は菩薩界に属し、円教《えんぎょう》の菩薩は即ち仏界に属すと云ふ、この意なり。通達解了《つうだつげりょう》再び改めずして人中・天上に生ずといへども、永く失する所なし。所解《しょげ》を以て他を教ふるに、即ち熟すれば八相を唱ふるなり。六即の意、*住上の四十二位、すでに互具《ごぐ》す。なんぞ名字・観行《かんぎょう》・理即《りそく》を隔《へだ》てんや。故に諸位皆《みな》成道を唱ふるなり。ただし理即の位にお

四句成道の事　枕雙紙第二十六。成道の際、「諸漏已尽、梵行已立、所作已弁、不受後有」の四句を唱えること。

住上の四句　菩薩の五十二位の中の十住の位における四句。天台の六即でいえば、第五分証(分真)即の初位。

名字の位　六即の第二にあたる名字即の位。仏法を聞いて信をおこす位で、仏道入門の当初をさす。

通達解了　真理の体得・理解。

治定まる　煩悩の退治が確定する。

業因の八相とは…　枕雙紙では、この上に「業果の八相とは、住上の八相なり」との文がある。業果の八相とは、成道をはさんで仏の八つのすぐれたすがた(八相成道)を仏果上のものとして見ること、業因の八相とは、因行の初位にすでにそなわるものと見ること。

六即　→補「六即仏」(真如観)

退位　退転のおそれある位。

円家　法華円教の立場のこと。

三諦円融　空・仮・中の真理の三様が相即しあっていること。

三教の菩薩　三教は蔵教・通教・別教。「菩薩」は、枕雙紙では「仏果」。

住上の四十二位　十住・十行・十廻向・十地・等覚(以上、分証即)と妙覚(究竟即)。

一途の教門　一応の理。理即は本来的なもので、具体的には名字即。

いて妙覚《みょうがく》の仏《ほとけ》成道すと云ふ事、実には*一途《いちず》の教門なり。その実は、名字即の人よりして、理即においては一分《いちぶん》成仏すと習ふなり。その故は、理即位とは即ち如来蔵《にょらいぞう》なり。全く余求《よぐ》なし。故に、六即各々、互に成道を唱ふるなり。

ただし、四句の様は住上の四句のごとし。各《おのおの》これを作《な》すべし。*諸位に妙覚あり、本高し。*諸位に下位《げい》あり、本下《ひく》し。*当位にして当位を現ずるは、*理即に望むれば、*本迹倶《ほんじゃくとも》に高し。観行に望むれば、本迹倶に下《ひく》し。観行・相似乃至《ないし》妙覚を現ずれば、*本迹倶に高し。理即の四句とは、理即に十界あり、互に浅深あり。*各《おのおの》意を以て、これを作《な》す。ただし、これは後位よりハカラウなり。故に*理即の当分には、その義なし。よくよく心を静かにして案ずべし。穴賢《あなかしこ》〳〵。

*三諦同異《さんだいどうい》の事　書本の外題《げだい》には、三諦同異血脈《けちみゃく》

問ふ、本迹二門の三諦同異いかん。答ふ、迹門の三諦をば理《り》の三諦と云ひ、本門の三諦をば事《じ》の三諦と云ふなり。その故は、迹門は理が家の三諦なり、故に理の三諦と云ふ。本門は事が家の三諦なり、故に事の三諦と云ふ。ただし、事理と云ふ事、よくよく意得《こころう》べきなり。理とは、諸法差別《しゃべつ》なりといへども、如々《にょにょ》の故に一に帰するなり。事には万法《まんぼう》差別ありといへども、理において全く差別なし。諸法を泯《みん》ずるなり。*事とは、諸法を泯ぜず、自体にして常恒《じょうごう》なり。故に、迹門は諸法を泯ずる故に、円融《えんにゅう》妙理の三諦なり。本門は諸法を泯ぜず、ただ当体が衆生と云ひ、乃至《ないし》仏と云ふなり。故に事の法体を改めず、仮《け》と云ひ、

諸位に妙覚あり…　六即の諸位は相即しており、したがって各位にそなわる究竟位の妙覚に視点をおけば、すべて本来、位高いものとなる。

諸位に下位あり…　各位に含まれた下位に立てば、本下となる。

当位にして…　ここの当位とは、名字即をさすか。

理即に望むれば　六即の最初の理即に対すればの意。理即とは、本性として原理的に仏のそなわることをいったもので、未修行の段階。

本迹倶に高し　妙楽湛然は、法華玄義釈籤巻第十五において本高迹下・本下迹高・本迹倶高・本迹倶下の四つを立てる(正蔵三三、九二四頁上—中)。本とは、それぞれの当位をさし、迹とは、修行によって到達した果位をさす。

本迹倶に高し　枕雙紙では「本下く迹高きなり」とある。名字即の当位からすれば本下迹高、到達した究竟即(妙覚)そのものに立てば本迹倶高となるか。

各意を以て…　それぞれの位に応じて四句を唱えること。

理即の当分　理即それ自体、の意。

三諦同異の事　枕雙紙第一。

事とは、諸法を泯ぜず…　諸事象を否定(抽象・捨象)せず、そのままを永遠のすがたと見ること。事実相・事常住などともいわれる。

空《くう》と云ひ、中《ちゅう》と云ふ。全く泯・不泯を論ぜざるなり。この故に、本門の三諦は迹門の三諦に超過す、云々。

己心《こしん》において思想念々の妄想《もうぞう》*四儀の体、諸法の無尽の体は皆これ仮なり。諸法無尽なりといへども、互に具足するは、*これ辺なく、各《おのおの》具する故に、*自性《じしょう》なきに空なり。*互に具足する体と各《おのおの》施徳《せとく》の体と、倶《とも》に常住なるは中道なり。ただし、仮と云ふ事、よくよく尋ぬべし。諸教の仮は、*万法森羅《しんら》なりといへども、皆《みな》因縁に依つて*仮和合《けわごう》するを仮と云ふ。全く常住なきなり。*一家《いっけ》の仮は、しからず。万法常住の故に仮常住なり。水常住なれば波常住なり。*法身常住なれば仮常住なり、云々。

爾前《にぜん》円の三諦とは、本《もと》よりただ一理なり。しかりといへども、一理の所に縁に随つて諸法と転ずる、徳性にこれあり。譬へば一枚の金はただ金なりと云へども、匠《しょう》に遇はば、無尽の形に変ず。しかりといへども、皆これ金の体なり。あるいは鬼を転じ、あるいは*犬を転ず。皆本体はただ一枚の金の、縁に随つて、かくのごとく顕はるるなり。この時を仮と云ふ故に、諸教の仮は常住にあらず。随縁の法は、皆自性《じしょう》なきを空と云ふ。ただ*諸形像《しょぎょうぞう》において金に帰するに、全く恐怖《くふ》なし。形像を縁とする時こそ、恐怖あるが故に、性《しょう》は恐怖なきなり。万法の仮を縁とする時は、貪瞋癡《とんじんち》の煩悩を起す。一真如を縁とする日は、全く*違愛なきなり。*性に縁起の謂《いわ》れを置く故に、一分の円融なり。しかりといへども、相を捨て性に帰する故に、*隔歴《きゃくりゃく》に似る。故に法花の事理不二《ふに》には、彼と異す、云々。

別教の三諦とは、真如の体は本《もと》より清浄なりと云ひて、縁起の謂《いわ》れを置かず。真如は清

四儀　行・住・坐・臥の四つの生活作法。
これ辺なく…　限定なく、たがいに融即していること。
自性なきに　個別的・固定的な実体を有しないことは、の意。
互に具足する…中道なり　枕雙紙では「互に具足して、いづれも体と名と徳を施す。名体倶に常住なるは中道なり」とある。
万法森羅　諸事象が数限りなく存すること。
仮和合　事物が実有でなく、因縁によって仮りに生じたことをいう。
一家の仮　当宗の仮についての考えかた。
法身常住なれば…　本質界も現象界も、ともに常住なること。
犬を転ず　枕雙紙では「人に転ず」とある。
諸形像において　枕雙紙では「諸形像を捨て」とある。
違愛　枕雙紙では「違犯」。
性に縁起の…　真如の本性に縁起の由来を置く故に、部分的には性と相とが融即している。
隔歴に似る　性と相とが別であり、へだたっているがごとくである。

浄なれども、妄法《もうぼう》に*量《はか》られて変作《へんさ》するなり。全く真如の咎《とが》にあらず、妄法の咎なり。妄法をば皆*忘《もう》じウシナウナリ。故に諸相は本意にあらず、真如は本意なり。よくよく、これを思ふべし。

*生死即涅槃《しょうじそくねはん》の事

生死即涅槃とは、常の人の*思ひ似たるは、*此《し》死《し》生彼《しょうひ》せず、*改むるなく、堅固《けんご》不動なるを、涅槃と曰ふと思へり。今云ふ、全くしからず。これは、*世《せ》間相《けんそう》常住の法門をいまだ意得《こころえ》ざるなり。世間相常住と云ふは、堅固不動なるを常住と云ふにはあらず。世間とは、無常の義なり、差別《しゃべつ》の義なり。無常は無常ながら、常住にして失せず、差別は差別ながら、常住にして失せず。もしこれを意得ざれば、*僻見《びゃっけん》に堕す。譬へば、波は動ずといへども、動ながら三世常住にして、動の始めもなく、動の終りもなく、無始無終なるがごとし。本《もと》より十界所具《じっかいしょぐ》の法なるが故に、此死生彼すといへども、十界を離れず。

*十界は法界なり。必ず一界は実に、余界は仮なるべからず。故に、諸仏の境界《きょうがい》は、いづれの界にも住みたまふ。*不《ふ》二《に》凝然《ぎょうねん》に住するを以ての故に、偏苦・偏楽なし。衆生、偏好《へんこう》の心ある故に、いづれの界に住するも、偏苦・偏楽あり。*不《ふ》如三界見於《にょさんがいけんの》三界《さんがい》《三界の三界を見るがごとくならず》の文、この意なり。もししからざれば、仮《け》諦《たい》常住の法門、立たず。仮諦常住とは、十界不同にして、此《し》死《し》生彼《しょうひ》ながら、しかも常住なる意なり。よくよく、これを思ふべし。

量られて　枕雙紙では「熏ぜられて」とある。意味は同じ。
忘じウシナウ　枕雙紙では「亡失する」とある。諸事象は迷いによって生じたものとして、その実在が否定されること。

生死即涅槃の事　枕雙紙第二十三。
思ひ似たるは　枕雙紙では「思ひには」とある。
此死生彼　ここに死し、かしこに生ずる。
改むるなく　変改することなく。生滅・変転のないことをいう。
世間相常住　法華経方便品第二の「法住法位、世間相常住」から取ったもの。ここでは、現実界の諸事象のすがた、そのまま常住の意に用いる。
僻見　邪悪な考えかた。

十界は法界なり　十界のすべてが永遠不滅の真理に包まれた世界という意。
不二凝然　本来・本然として不二・相即していること。
不如三界見於三界　法華経如来寿量品第十六のことば(正蔵九、四二頁下)。

*妙覚成道《みょうがくじょうどう》の事

問ふ、妙覚成道とは、何処《いずこ》において唱ふるや。答ふ、妙覚成道とは、*理即の一念の心において、これを唱ふるなり。その故は、*理即の体は、本《もと》より如来蔵なり。如故即空《にょこそっくう》・蔵故《ぞうこ》即仮《そっけ》・理故《りこ》即中《そくちゅう》の故なり。平等法界、本来常住にして*改めざるを、妙覚と云ひ、*寂光《じゃっこう》と云ふ。故に理即已上《いじょう》不同ありといへども、ただこれ、理即の内の徳を無尽に*沙汰するなり。故に善も悪も、ただ理即一念の体なり。*これを知らざる日は、ただ如来は自身の外にこれあり、これを知る日は、これ一切自身なり。自身のみしかるにあらず、他身もまた、しかるなり。故に平等法界の体なり、云々。*還同本覚《げんどうほんがく》と云ふ意なり。

妙覚の成道は、理即においてこれを唱ふ。分証の成道は、分身即《ふんじんそく》等にこれを唱ふ。究竟《くきょう》にあらざるが故に。妙覚は究竟平等の故に、理即において唱ふ。迷悟不二《ふに》の意、これなり。また還同本覚と云ふ事、よくよく、これを習ふべし。名字の位より、分《ぶん》に還同本覚を論ずるなり。その故は、*本覚はただ迷、始覚《しがく》はただ覚なり。始覚・本覚は共に一なりと知るを、還同本覚と云ふなり。しかりといへども、究竟の還同は妙覚なり。よくよく、これを習ふべし。

*権者実者《ごんじゃじっしゃ》の事

問ふ、権者・実者の方いかん。答ふ、これに*当分《とうぶん》・跨節《かせつ》の二義、これあり。先づ当分の義とは、*古仏・古菩薩、仮《か》りに凡を示し聖《しょう》を示す。時に随つて利益無量なり。これは普通

妙覚成道の事 枕雙紙第五。究竟位の妙覚における悟りについて論じたもの。

理即の一念… 当初の理即の位に立っての意。究竟位の妙覚と理即位との一体をいったもの。

理即の体は… 理即とは、本来、理として仏(如来)が内在すること(仏性・如来蔵)をいったもの。

改めざる ここでは、そのままという意。

寂光 天台智顗の立てた四土の中の最後にあたる常寂光土のこと。絶対浄土で、現実そのままの当処において感得される浄土をいう。↓補「両土」(本理大綱集)

沙汰する あれこれと論ずること。

これを…一切自身なり 枕雙紙では「これを知らざる日は凡夫、これを知る日は如来なり。かくのごとく即一にして皆これ諸法は自身なり」とある。

還同本覚 本来の覚の世界に帰一すること。

本覚はただ迷 迷いの中に覚性が本来そなわっている故に、このようにいう。

権者実者の事 枕雙紙第十九。仮りの説と真実の説について、の意。

当分・跨節 当分とは、それぞれの分節に応じた立場。跨節とは、それらを超越した絶対の立場。智顗の法華玄義巻第一下(正蔵三三、六九一頁上

の義なり。跨節の義とは、仏と云ひ衆生と云ふは、皆これ*権者の義なり。平等法界の一理において生仏《しょうぶつ》の二名《にみょう》を唱ふる故に、生仏は皆これ権者なり。

衆生の此死生彼《ししししょうひ》は、皆*神通《じんづう》・神変《じんぺん》なり。諸仏の八相成道も、皆神通・神変なり。仏界すでに神通・神変これあり。九界なんぞ神通・神変にあらざるや。故に、日来《ひごろ》は玉を石と見る時は、宝にあらず、今は石を玉と見れば、*価なし、云々。よくよく、これを思ふべし。面白き事なり。一流の*実談にあらずんば、なんぞこの義を知らんや。

*変計所執《へんげしょしゅう》の事　外題に云く、遍計所執遣不遣事 文

問ふ、一家の意、実に*遍計所執を遣《や》るや。答ふ、実には遍計所執を遣らざるなり。遍計所執とは、即ち法性《ほっしょう》なり。なんぞ法性を(遣)*らんや。もししからば、此《こ》の空を捨て、彼《か》の空を求むるがごとし。迷悟本《もと》より体一なり。水波これ一つなり。なんぞ遍計を捨てて、覚を求めん。ただ平等法界・迷悟不二と体達するを、遍計所執を遣ると云ふなり。不二体一と知らざるを、今始めて不二体一と知るが故に、遣ると云ふ。実に遍計所執も法界なり。覚悟の体も法界なり。法界なんぞ法界を遣らんや。

ただし、これに様々の意、これあり。あるは云く、*元品《がんぼん》の徹炎を断じて還同本覚《げんどうほんがく》の時、迷ひより悟りに趣《おもむ》く故に、遍計所執を遣る。還同本覚の時に迷も至極《しごく》し、覚も至極の際《きわ》に、水より出でたる波の還《かえ》つて水に同ずるがごとし、云々。*今の意は、全くしからず。すでに名字即の位において、一切の法は平等なり、迷悟不二なりと解了通達《げりょうつうだつ》するが故に、なんぞ

—中)に説かれる。

古仏・古菩薩　枕雙紙では「云仏、云菩薩」とある。

権者の義　仮りに説かれたもので、実には衆生と仏の別はないこと。

神通・神変　仏の不思議な働き。

価なし　枕雙紙では「無価の宝なり」とある。絶対の価値をいうか。

実談　枕雙紙では「実授」。

変計所執の事　枕雙紙第三十三。「変」は、正しくは「遍」。遍計所執とは、解深密経一切法相品第四や世親の唯識三十頌などに説かれる三性(遍計所執性・依他起性・円成実性)の一つ。執着によって生じた迷いのすがたをいう。依他起性は因縁によって生じたすがた、円成実性は本来の真実のすがた。蛇縄麻の三つでたとえられる。

遍計所執を遣る　遍計所執の性ないし相は迷いの所産として、実なきものと否定すること。

遣らんや　「遣」の字、朽損。枕雙紙では「なんぞ法性を…水波これ一つなり」の文なし。

元品の徹炎を断じて　枕雙紙では「元品を断じ、涅槃に徹す」とある。底本の「炎」は、「涅槃」の略字か。元品の徹炎とは、迷いの根源をさしていったもの。

今の意は、全くしからず　水波のたとえでいえば、当宗においては、水そのまま、波そのまま常住と見る。

最後品《さいごほん》の無明《むみよう》を断じて後、遍計所執に同ぜんや。

故に知んぬ。一家の実義は、全く初めより遍計所執を遣らず。ただ迷ひより悟りに趣く者の、迷悟不二と覚《さと》つて、しか云ふなり。全く迷を遣つて覚を取らず。*もし迷を遣つて、なんの覚を証せん。迷の外に覚なきが故に。よくよく案ずべし。

*元品《がんぽん》の無明《むみよう》の事

問ふ、元品の無明に多くの不審あり。元品の無明とは、無始*迷初の一念の無明か。また元品の無明は、*ただ無明か、また多品《たほん》あるか。また*等覚《とうがく》の断か、妙覚《みようがく》の断か。また断の様《よう》いかん。また還同本覚は、元品の無明を断じて後か、前か。答ふ、元品の無明とは、無始*迷真の一念の無明なり。*無始元初《がんじよ》の事、一の口伝《くでん》これあり、云々。元品の無明は、ただ無明かとは、ただ無明にあらず。三惑《さんなく》同体なれども、その名、無明に帰す。本より一家の意、*三惑は三身《さんじん》なり。妙覚究竟《くきよう》の三身は、元品の三惑なり。ただ無明ばかりならば、ただ法身の一体なり。これは別教の意なり。不可なり。多品あるかとは、惣《そう》じて一々の位に多品の無明あり。*妙覚能障は、多品の無明の内、最後品の品の後分なり。

等妙の二覚の中にはいづれの位に断ずとは、妙覚の位に断ずるなり。これについて、宗義〔*遙《はる》かに〕分たり。多分は等覚断と云ふ義多し。随つて諸釈を勘《かんが》ふるに、等覚断の釈これ多し。しかりといへども、今家《こんげ》の意は妙覚断なり。普通の問答、常のごとし、云々。今の意の云く、妙覚とは究竟最後の覚なり。もし等覚において*元品の徹炎を断ぜば、等覚とは

もし迷を遣つて… 枕雙紙では、これ以降、表現を異にする。

元品の無明の事 枕雙紙第二十四。根源的な迷いについて論じたもの。→補

迷初 枕雙紙では「迷妄」。

ただ無明か 枕雙紙では「唯一品の無明か」とあり、元品の無明は、ただ一つかという意。

等覚の断 等覚の位で断ぜられる。

迷真 枕雙紙では「迷妄」。

無始元初 根源の意。

三惑は三身 見思・塵沙・無明の三惑に対応して応身・報身・法身の三身があること。ここでは、三惑・三身ともに相即・円融することをいう。

妙覚能障 初住以上の四十二位に応じて四十二品の無明が立てられるうち、妙覚位における無明をさし、元品の無明、最後品の無明といわれる。

遙かに分たり 枕雙紙によって補う。「遙」の字、不明。宗義が非常に分かれていること。

元品の徹炎を断ぜば 枕雙紙では「断二元品無明一徹二涅槃一者」とある。

云ふべからず、妙覚と云ふべし。たとひ等覚において断ずと見たる釈は、妙覚能障の*無〔明の〕前分か。イカニモ最後品は、必ず妙覚にて断ずべきなり。入位断惑《だんなく》の口伝《くでん》の意を以て、妙覚に入りて断ずる様、意得《こころう》べきなり。

また還同本覚は、最後品の無明断の時なり。前後にはあらず。その故は、究竟の智恵ただ今開くとなす時、この無明は、ただ今証得の智恵の体と全く別なしと証知して、*還《かえ》つて理即の位に落ち付いて、平等法界、*凝然《ぎょうねん》の常寂光土《じょうじゃっこうど》に*〔住する〕なり。また、還同本覚*入重玄門の事、初住より皆これあり。迷悟不二と悟る故に、還同本覚これあり。後位の惑を断ずと労する故に、玄門これあり、云々。元品の無明の、妙覚を障《さ》へ、また余位をも障ふるなり。その故は、四十二位各《おのおの》円融する故に、地々《じじ》に妙覚これある故に、地々に元品の無明を断ずるなり。一位において多品の無明あり。その最後品は、これ元品の無明なり。妙覚の位は、最後品のごとし。人々これを知らず。よくよく習ふべし。また皆一切の無明、惣《そう》じて皆元品の無明と云ふ、これあり。その故は、始中終不同ありといへども、ただ元品の無明の*摂《しょう》なり、また同体なり。故に*而二《にに》の日は不同ありとも、不二《ふに》の日は皆元品の無明なり。よくよく、これを案ずべし。

*識《しき》の事

識とは、九識即一識・一識即九識と伝ふるなり。ただこれ、我等が一心の上に*徳に随つて名立つなり。*第九識とは、また平等識を云ふ。我等常時、諸法において一分に平等の心

無明の前分　底本は「無前分」とあるも、枕雙紙によって「無明前分」とする。

還つて理即の位に…　本来、理としてそなわっていた不二・絶対の仏の世界に帰一すること。

凝然の常寂光土　本来・本然としてある絶対浄土。

住する　底本には「住」の字なきも、枕雙紙によって補う。

入重玄門　仏になる直前に、凡夫以来なしてきた修行を、重ねていま一度復習し、悟りの真理(玄門)に照合すること。菩薩瓔珞本業経賢聖学観品に説かれ、智顗の法華文句巻第九上では「従二初地一至二十地一名二善入一、十地入二重玄門一、倒二修凡夫事一名二善出一」(正蔵三四、一三六頁下)という。

摂　枕雙紙では「枝末」。

而二　智顗の法華文句巻第六上に、「二而不二是入。不二而二是出」(正蔵三四、八二頁中)、法華玄義巻第五下に「体用不二而二」(正蔵三三、七四三頁下)、四念処巻第四に「色心不二、不二而二。為レ化二衆生一、仮名説レ二耳」(正蔵四六、五七八頁上)とある。

識の事　枕雙紙には、該当するものなし。

徳に随つて　働きの結果に応じて。

第九識　阿摩羅(amala)識。無垢識とか清浄識とも訳し、迷妄を離れた純浄の根本識をいう。識とは、心を認識・判断の作用の面から見たもの。

を起し、また、いささか円教《えんぎょう》の相即円満の法門を意得《こころえ》、諸法において偏なきは、これ第九識の体なり。識とは、これ識知《しきち》なり。一切の法は平等法界と識知するを、第九識と云ふなり、云々。この平等、凡夫にある時は、*散心に覆はれて覚《おぼ》えざるなり。しかりといへども、凡夫もまた*識体欠くることなし。*第八識とは、諸法平等は小分に染法《ぜんぽう》の方を起して、我等当時、万法《まんぼう》常住なる上に小分の妄念《もうねん》を起し、実体常住を知らざる、第八識と云ふ。*強盛《ごうじょう》の妄執にはあらざるなり、云々。*第七識とは、執我識なり、云々。*第六識等は、常のごとし。

　また、識に互具・相即の二意、これあり。互具とは、九々八十一識なり。互具の故に、迷悟の識、体一なり。相即の識とは、ただ第六識の当体をヲサヘテ七識とも云ひ、乃至九識とも云ふなり。全く各別の識なし、ただ一が上の諸徳・諸名《しょみょう》なり。九識とは、ただ一心を指す。一心は本より平等法界、*三千の依正《えしょう》の当体なり。仮りに諸名を立つる故に、九識等の名、これあり。また、九識相即の三身なり。三身とは、我等衆生《しゅじょう》一念の心なり。故に諸識は外になし、ただ一心なり。一心は外になし、ただ諸識なり。また三身は外になし、ただ一心なり。

　これを以て知るべし。一心を改めざるは、即ち万法なり。万法を翻《ひるがえ》さざるは、即ち一心なり。この上は、なんぞ偏好の心を起すべけんや。ただ一々の諸法は一心、一心は諸法なる故に、諸法を見、一心を見、一心を見、諸法を見るなり。観心の所要、ただこれにあり。依正不二《えしょうふに》・平等法界の意、これを以て知るべし、云々。また*横《おう》の識と云ひ、*竪《じゅ》の識等、これあり。意を以て知るべきなり。

散心　日常の乱れた心。

識体　識(ここでは第九識)の本体。

第八識　阿頼耶(ālaya)識。古くは阿梨耶と音訳。無没識・蔵識などと意訳。諸法生起の基体としての識。真識か妄識か、真妄和合識かについて論議あり。→補

強盛の妄執　強固な迷いに占められた識。

第七識　法相宗などの新訳家では末那(mana)識、地論・摂論・天台などの旧訳家では阿陀那(ādāna)識。阿陀那識は執持識とか執我識と意訳され、法相宗では、阿頼耶識(第八識)の別名とし、旧訳家では末那識(第七識)の別名とする。第八阿頼耶識が執着見となったもの。

第六識等　眼・耳・鼻・舌・身・意の六つの感覚作用。第六識は最後の意識をさす。第七識も意識であるが、第六識が感覚的な認識・判断作用であるに対し、第七識はその奥の意識作用ゆえ、第六識と区別して原名で表現する。

三千の依正の当体　主客(正報と依報)いずれを問わず、三千の万有そのものという意。

横・竪　時間的・段階的に進むのを竪というに対し、横は空間的に段階をとびこえることをいう。したがって横の識とは同時的なものを意味する。

*事《じ》開《かい》三《さん》身《じん》の事　付本門

事開の三身とは、爾《に》前《ぜん》・迹門《しゃくもん》の意に、*始成正覚《しじょうしょうがく》の仏と説く。しかりといへども、本門《ほんもん》の意には、実には*久遠成道《くおんじょうどう》の仏の利益衆生《りやくしゅじょう》のための故に、垂迹《すいじゃく》してかくのごとく始めて覚《さと》る様を示すなり。実には久遠成道の如来なり。全く今日始成の仏にはあらず。経文のごときは、これを事開の三身と云ふなり。

問ふ、事開と云ふ意いかん。答ふ、成道するは*事《じ》なり。今日の成道も事なり。昔の事の成道を以て今日の事の成道を開会《かいえ》する故に、事開の三身と云ふ。また、昔も三身の成道を唱へ、今日も垂迹して三身の成道を唱へて、終《つい》に本に帰する故に、事開の三身と云ふなり。よくよく習ふべき事《こと》なり。

*理《り》開《かい》三《さん》身《じん》の事　付本門

理開の三身とは、爾前・迹門に*施《せ》設《せつ》する所なり。仏も本門寿量に久遠成道と説くも、皆仮《け》の施設なり。それ実には、如来蔵理には本より成《じょう》・不成《ふじょう》を論ぜず、始中終の差別《しゃべつ》なし。なんぞ*久遠と今日とを論ぜん。しかりといへども、利益衆生のために、起信のために、*五百塵点《じんでん》と説くなり。もし多機不同なるがために、彼に相応しては、五百とも六百とも乃至《ないし》百千万とも説くべし。皆これ仮説《けせつ》なり。故に本門成道と云ふも、皆仮説なり。また今日始成の仏も、久遠成道と説くべし。機のために施設する故に。

事開三身の事　枕雙紙第十二。

始成正覚　歴史的釈迦をさす。

久遠成道　釈迦は無始久遠の仏なること。法華経如来寿量品第十六に説き明かされる。

事　差別的・有限的・特殊的な現実の事象(現象)をいう。普遍的な真理・本質を理というのに対する。合わせて事理とか理事といい、分けては事相・理性などという。普遍性を重んじたときは理が強調され、具体性を重んじたときは事が強調される。理顕本は前者の例、本門事円は後者の例。

理開三身の事　枕雙紙第十四。

施設　梵語プラジュニャプティ(prajñapti)の訳。仮説・仮設・仮名とも訳す。仮りにことばに表現することをいう。

久遠と今日　前の「事開三身の事」において、枕雙紙では付加の文あり、その中で、「久遠の日月も、今日の日月も、未来の日月も、更に日月一体なり」という。

五百塵点　法華経如来寿量品第十六で、釈迦の久遠仏なることを証するために用いられた譬喩。ここでは対機方便的な仮説とみなす。釈迦の永遠な本身は、普遍的なものとしてそのような数量をこえ、本来・本然としてあること(理顕本)をいう。

本《もと》より実相には始中終なし。三千常住・本有《ほんぬ》所具《しょぐ》の故なり。始成正覚の仏は今日始めて顕はるに似れども、所顕の実相は、始顕にあらず、久顕《くけん》にあらず、三世《さんぜ》にあらず、不三世にあらず、不生不滅なり。すでにこの実相は、己心《こしん》の所具なり。なんぞ機のために説かざらん、云々。

問ふ、理開と云ふ意いかん。答ふ、事の成道は、爾前も迹門も本門も皆仮の施設なり。本より平等法界の中に、〔三〕*身の成道を論ずる故にと云ふ。故に理開*の三身と云ふなり。よくよく、これを案ずべし。

*迹門三身《しゃくもんさんじん》の事

迹門三身とは、三身相即すといへども、本門三身の相即のごときにはあらず。迹門の三身は九身なり。その故は、*同居土《どうごど》には三身相即すといへども、応身《おうじん》は面《おもて》、法報《ほっぽう》は裏なり。*実報土《じっぽうど》は三身相即すといへども、報身《ほうじん》は面、法応《ほうおう》は裏なり。*寂光土《じゃっこうど》は三身相即すといへども、法身《ほっしん》は面、報応《ほうおう》は裏なり。故に三身相即すと云ふといへども、イカニモ各《おのおの》表裏ある故に、三身九身なり。*随つて三土各《おのおの》相即すといへども、三土九土なり。また一身即三身と云ふといへども、必ず表裏ある故なり。本門の意は、しからず。*ただ一身の上に三の名を立て、全く表裏なきなり。

問ふ、迹門の意、三身に表裏ある方いかん。答ふ、迹門とは、必ず表裏あるなり。まさに譬喩を以て解くべし。譬《たと》へば水中の月を見て、いまだ天月を見ず。天月は同一なりとい

三身の成道　「三」の字、朽損。枕雙紙によって補う。

理開の三身　ここでは、理の普遍性が強調されている。そのかぎりでは、理本事末(理顕本)である。しかし、天台本覚論では、現実の事象を捨て(捨象・抽象)ではなく、そのまま普遍的な理と見るもので、その点からは事の具体性が強調され、事本理末(本門事円)となる。「三諦同異の事」等参照。

迹門三身の事　枕雙紙第十六。

同居土　四土の中の凡聖同居土。凡夫と聖者(仏)の共存する世界で、娑婆世界(穢土)や西方浄土など。

実報土　四土の中の実報無障礙土。断惑の成果がとどこおりなく実証された世界。因行果徳身としての報身が立てられる。

寂光土　四土の中の常寂光土。彼此をこえた絶対の浄土。浄土の究極的なもの。

随つて三土　枕雙紙では「三土に随つて」と読ませる。

ただ一身の上に…　「爾前円教三身の事」参照。

本門は本より…　水中の月(現象)そのまま天月(本体)で、そのほかに天月はない。したがって水中の月を見

へども、諸水に移る故に、一なれども、長水に宿り、短水に宿り、方水に宿り、円水に宿る。この時は、各《おのおの》当分と知る故に、数《あまた》ありと思ふ故に、表裏あり。*本門は本《もと》より水中の月を見ず、最初より、ただ一の天月を見るなり。故に実体を知り、実体を見る。ただ一の月、諸水に宿りけりと知る。本体は、ただ一の天月なり。本体は、ただ一身なり。しかも三の名ありと知る。よくよく、これを秘すべし。

*法身地《ほっしんじ》本地《ほんじ》四教《しきょう》の事　外題に云く、本有《ほんぬ》四教事

諸教の所談は、教門はただ因位に用ふる所なり。法身の極意には、全く教を用ふるなし。〔*或は〕*筏《いかだ》の喩《たとえ》を用ふる等、云々。今家《こんげ》の意、全くしからず。一切の諸教は本より捨つる所なし。その故は、*無始法爾《ほうに》の教門なり。すでに十法界《じっぽうかい》は倶《とも》に常住と云ふ。故に九界常住なり。九界常住ならば、なんぞ法身地《ほっしんじ》に四教なからんや。*また法身地に本より万法《まんぼう》欠減なし。なんぞ教を滅ぜん。また、教は智恵なり。法身は*理智冥合《みょうごう》なり。なんぞ智教を捨てん。故に経文に、「*又僕従《ぼくじゅう》多くして之を侍衛《じえ》せり」「四方に遊ぶ」「直《ただ》ちに道場に至らしむ」と。僕従は諸教なり。道場は妙覚なり。故に法身地に本有の四教これあり。よくよく、これを習ふべし。故に教常住と意得べきなり。穴賢《あなかしこ》々々。

*随縁《ずいえん》不変《ふへん》二《に》真如《しんにょ》の事

問ふ、随縁・不変の二真如、本迹二門に亙《わた》るべきや。また、二の真如の様いかん。答ふ、

ることは天月を見ることにほかならない。「常同三身の事」参照。

法身地本地四教の事　枕雙紙第十。「本地」は、「本有」か。

或は　「或」の字、朽損。枕雙紙によって補う。

筏の喩　迷津宝筏のこと。仏の経教を、迷いの世界から悟りの岸へと渡す手だてとして、筏にたとえたもの。

無始法爾の教門　教は究極の真理(法身)に達するための単なる手段ではなく、究極の真理そのものとして、本来・本然に存することをいう。

また法身地　枕雙紙では、この上に「諸法は所説の法、教門は能説の教なり。なんぞ法身地にただ所説の法あつて、能説の教なからんや」の文が挿入。

理智冥合　真理と、それを観ずる智慧との一体をいう。

又僕従多くして…　以下、法華経の譬喩品第三にあることば。

随縁不変二真如の事　枕雙紙第十一。真如とは万有(万法)を支える真理のことで、万有がそこに帰入するものとして不変真如、縁によって万有が現出するものとして随縁真如の二つが立てられる。華厳宗の法蔵(六四三—七一二)の起信論義記巻中本に説きだされ、天台では、湛然(七一一—七八二)の金剛錍に「万法是真如、由㆓不変㆒故。真如是万法、由㆓随縁㆒故」(正蔵四六、七八二頁下)とある。

本迹二門に亙るといへども、その意、傍正《ぼうしょう》あり。迹門は不変真如を正意となす。会三帰一《えさんきいち》の故に。本門は随縁真如を正意となす。その故は、迹門には、一仏乗において分別《ふんべつ》して三と説くといへども、イカニモ一を本となして三と説く故なり。本門は、本より諸法の当体を即ちヲサヘテ随縁とも云ひ、不変とも云ふ。しかる間、必ず*偏を論ぜずといへども、本門は諸法の本なるが故に、万法《まんぼう》は*本門を本となす故に、随縁真如を本となすなり、云々。

次に*真如の様とは、我等衆生念々の*思相、森羅の諸法は、皆これ随縁の法なり。念々の心性《しんしょう》、諸法の性《しょう》は皆不変なり。随縁・不変、全く差別なし。随縁・不変は、ただ水波のごとし。水波不二なり。これを思へ。権教《ごんきょう》の意は、随縁の妄法《もうぼう》を断じて不変の一理に帰すと云ふ事、全く*皆一家の所談なり。*波消えては水に帰し、水は必ず波と成る。本より倶時《くじ》にして前後なし。また異体にあらず。水常住なれば波常住なり。よくよく、これを思ふべし。

権教の意は、譬《たと》へば*雨宝《うほう》を捨てて別に珠《たま》を求め、明《みょう》において別に燈を求むるがごとし。珠を求むること、なんの故ぞ。ただ雨宝のためなり。燈を求むること、なんの料ぞ。ただ明のためなり。雨宝と珠と一なるが故に、雨宝を捨てて珠を得難《がた》し。明と燈と体一なるが故に、明を捨てて燈を得難し。ただ随縁を改めず、不変と云ふ、一体の二名《にみょう》なり。一切善悪の諸法、これに例す。不変真如は*三観《さんがん》一心の意、随縁真如は*一心三観の意なり。三観一心・一心三観、本より一なり。よくよく、これを案ずべし。

*草木成仏《そうもくじょうぶつ》の事

偏を論ぜず　どちらか一方にかたよらないの意。

本門を本となす…　本門は、現実の事象そのまま常住(事常住)と見るゆえに、随縁真如に重心が置かれることをいう。

真如　枕雙紙では「二真如」。

思相　枕雙紙では「思想」。

皆一家の所談なり　枕雙紙では「一家の所談に背く」とあり、一家が当宗をさすとすれば、この方が意味が通ずる。したがって、「皆」は「背」の誤記か。枕雙紙では、上文の後に、「一家の意は」ということばが入っている。

波消えては…　大乗起信論に、本体と現象の関係を水波にたとえて説明している。↓補

雨宝を捨てて…　雨宝とは真理の功徳をたとえたもので、ここでは、万有(万法)は真理の顕現したすがたとして、その真理(珠)そのものにほかならないことを主張し、権教の考えかたを破す。

三観一心　空・仮・中の三観は、一心に帰すること。三観即一心の意。

一心三観　一心から三観がおこること。一心即三観の意。

草木成仏の事　枕雙紙第八。↓補

依正不二の故に…　衆生と環境は不二・一体なるゆえ、衆生成仏すなわ

一家の意、*依正《えしょう》不二の故に、草木成仏の事、疑ひなし。ただし、異義無尽なり。常の義のごとし、云々。今の意は、実に草木不成仏と習ふ事、深義なり。所以《ゆえ》はいかん。草木は依報《えほう》、衆生は正報《しょうぼう》なり。依報は依報ながら、十界の徳を施し、*正法は正報ながら、正報の徳を施す。もし*草木成仏せば、依報滅じて、三千世間の*器世間に減少あらん。故に、草木成仏は*巧《ぎょう》に似るとも、返つて浅に似たり。余も、これに例す。地獄の成仏、餓鬼の成仏、乃至菩薩の成仏、皆しかなり。*その体を捨てずして己心《こしん》所具の法を施設《せせつ》する故に、法界に施すなり。もし当体を改めば、ただ仏界なり。常住の十界全く改むるなく、草木も常住なり、衆生も常住なり、五陰《ごおん》も常住なり。よくよく、これを思ふべし。

ただし*草木成仏と説く事は、他人の情を破さんがための故に。他人の意の云く、草木はただ草木にして、*生界《しょうかい》・仏界の徳なしと。一向《いっこう》ただ*非情にして、有情《うじょう》にあらずと。故に、これを破す。一家《いっけ》の意《こころ》は、草木非情といへども、非情ながら有情の徳を施す。非情を改めて有情と云ふにはあらず。故に成仏と云へば、人々、非情を転じて有情と成ると思ふ。全くしからず。ただ非情ながら、しかも有情なり。よくよく、これを思ふべし。

*爾前《にぜん》法華《ほっけ》分身《ふんじん》同異《どうい》の事

*分身《ふんじん》とは、尋常に人の思《おも》ひたるは、本身は此れにありながら、その身を分つて十方世界に現ずるを分身と云ふと思へり。諸経に分身の言ある、皆この意なり。一家《いっけ》の意《こころ》は、これを*化身と云ひて、分身とは云はず。化身について二あり。一は即質化、二には離質化なり。

ち草木(環境)成仏である。

正法　「正報」の誤記か。

草木成仏せば…　草木成仏ならば、環境(依報)世界に異動が生ずることになり、ひいては世間相そのまま常住ということに反するものとなる。実には、草木そのまま常住の仏のすがたであって、その意味では、むしろ草木不成仏というべきこと。

器世間　環境世界。国土世間ともいい、衆生(有情)世間に対する。

巧に似るとも…　すぐれた表現と思えるが、しかし、まだ徹底したものではない、という意。

その体を捨てずして…　十界それぞれの当体に心即法が適用され、十界そのまま常住の一法界なることをいう。

草木成仏と説く…　当宗で草木成仏という場合、草木は非情であって成仏しないという考えを破するためであり、また草木成仏というと、非情の草木が有情に転化して成仏すると考えがちであるが、実には、非情の草木そのまま有情ないし仏である。

生界　衆生界のこと。

非情　草木国土など、心なきもの。

爾前法華分身同異の事　枕雙紙第三十四。

分身　法華経見宝塔品第十一に、諸仏は釈迦の分身(vigraha)という。

化身　応化身。衆生教化のために、それぞれに応じて現出した仏身。

即質化とは、その身即当体に無尽の形を現ずるなり。離質化とは、本身は此れにあつて余方に現ずるなり。皆これ諸経の意なり。法華の分身《ふんじん》とは、此の身を分つて彼れに往《ゆ》くを分身とは云はず。本《もと》より色心《しきしん》の二法は*周遍法界《しゆうへんほうかい》なるが故に、もし十方世界に機縁あれば、彼《かしこ》に周遍する所、色心即ち現ず。全く此れより彼れに往かず。此土《しど》・他土、自身・他身、皆一法なるが故に、ただ*己証《こしよう》して遍ぜざる所なし。なんぞ、此れより彼れに行かんや。もししからずば、色心遍法界の法門、成り立たず。

故に、我等極楽浄土を想《おも》ひやり、十方の仏土を想ひ、乃至《ないし》他方を想ふに、心此れより彼れに行かず。心本《もと》より周遍法界なるが故に、かくのごとき*用《ゆう》あり。譬へば、大海の波浪のごとき、水本より周遍するが故に、*息《おき》には息の水、波を成《じよう》じ、礒《いそ》には礒の水、波を成ず。全く息《おき》の波も礒《いそ》に来らず、礒の波も息に往かず。愚者は思はく、息の波は礒に来り、礒の波は息に往くと。全くしからず。ただ息も礒も倶《とも》に動くが故に、*全く見るなり。全く波は往来なきなり。また物の影現ずること、かくのごとし。物を此れに立つれば、此れに影現ず。此の物を引けば、次第に影随つて現ず。*癡人《ちにん》は、本の影随つて来現すと思へり。全くしからず。*闇体《あんたい》本より周遍するが故に、物を縁となして此彼《しひ》の影、各《おのおの》現ずるなり。

分身も、かくのごとし。物の機を縁となして、周遍の色心《しきしん》、此彼に現ずるなり。*この釈迦も、他方の仏のためには分身と云はれ、他方の仏は、釈迦のためには分身と云はるるなり。周遍法界の事、これを以て意得《こころう》べきなり。よくよく、これを案ずべし。

周遍法界　あまねく宇宙万有にゆきわたること。

己証　自証ともいう。自己の心による確証。ここでは、自己の心におさめとる意。心が万有に透徹していること。

用　働き。

息　枕雙紙には「沖」。上代において「息」を「おき」とも読んだところから、音通的に用いたものか。

全く見るなり　枕雙紙では「尒(爾)(に)見ゆるなり」とあり、「全」は、「尒」の誤記か。沖の波も岸の波もともに動くがゆえに、そのように見えるとの意。

癡人　愚かな考えの者。

闇体　影の本体。

この釈迦も…　釈迦そのまま諸仏、諸仏そのまま釈迦であること。

*正了縁三因《しょうりょうえんさんいん》の事

*正了縁の三因とは、これには深意《じんい》あり。ただし*性《しょう》と云ひ、修《しゅ》と云ひ、これ一なり。性を差して修と云ひ、修を差して性と云ふ故に、修の時も別の法なく、ただこれ性の体なり。故に我等衆生《しゅじょう》念々相続の妄念《もうねん》は、これ全く*般若《はんにゃ》相応の智恵なり。これを改むるが故に般若と云ふにはあらず。ただ不二《ふに》平等と知るにあり。故に、偏悪・偏善起らず。平等の*身際に住するが故に、行住坐臥《ぎょうじゅうざが》の四儀乃至《ないし》十悪五逆を作るも、体を改めず、即ち*応身《おうじん》なり。これを改むるが故に応身と云ふにはあらず。業即解脱《ごうげだつ》とは、ただ不二円融を知りて、取らず、捨てず、平等の身際に住するなり。善悪本より*自仏なるが故に、迷ひの時も悟りの時も全く欠くることなし。己心《こしん》所具の法なり。常住にして改めず。故に性因なり。性も修も了も縁も、ただこれ一法の異名《いみょう》なり。性常住ならば、相も常住なり。水常住なれば、波も常住なり。水波不二の故に。修性もかくのごとし。委《くわ》しくは、*修性不二門のごとし、云々。

諸教の中には、無相の一理より万法《まんぼう》を出生すと。法身の一理より諸法を生ずと。この意は、能起・所起前後あつて、*因果倶時《ぐじ》ならず。また、同体不二ならず。故に、一家の意に同じからず。また云く、*全性起修《ぜんしょうきしゅ》とは、性より修を生ずるが故に、全性起修と云ふ。今家の意は、しからず。全性起修とは、性と修と全く異なるなし。また、前後なく、浅深なく、不同なきなり。故に、我等衆生の*当時眼前の諸法は、皆これ性、皆これ修なり。譬へば、波を見れば水を見、水を見れば波を見るがごとし。所見の水波は前後なく、異体なき故に、云々。

正了縁三因の事　枕雙紙第二十五。
正了縁の三因　涅槃経師子吼品に、仏性に関して正了ないし正縁の二因を立て、天台智顗は、これを受けて正了縁の三因仏性を設定した。正因仏性は、本来、理として備わる仏性、了因仏性は理を照す智慧、縁因仏性は智慧をおこす縁となる善行。↓補
性と云ひ…　正因仏性は先天的なものとしての性、了・縁の二仏性は後天的なものとしての修にあたる。
般若相応　般若とはprajñāの音訳で、智慧のこと、相応とは合致するという意。
身際　枕雙紙では「義際」とある。際とは、ところの意。
応身　仏の現実身。
自仏　枕雙紙では「自心」。
修性不二門　妙楽湛然が十不二門(法華玄義釈籤巻第十四)において十種の不二門を立てた(正蔵三三、九一八頁中)中、第三の修性不二門のこと。
因果倶時　因果の同時性をいったもので、因果相即の強調。↓補
全性起修　湛然の十不二門(法華玄義釈籤巻第十四)に、「性に在らば則ち修を全うして性を成じ、修を起さば則ち性を全うして修を成ず。性移る所なく、修常に宛爾なり」(正蔵四六、七〇三頁中・正蔵三三、九一八頁下)とあるもの。ここでは、さらに一歩進めて、修と性の同時・同体を強調する。
当時　枕雙紙では「当体」。

眼前《げんぜん》に諸法の性を見、諸法の相を見る。これを知らざる日は、性と修とに迷ふ。*不軽菩《ふきょう》薩の三因を礼するは、ただこの意なり。因と果*と全く体一なりと、知ると知らざるとなり。秘すべし、秘すべし。穴賢《あなかしこ》々々。

*別教三身《べっきょうさんじん》の事

別教三身とは、*無相三身なり、*暦別《りゃくべつ》三身なり。先づ無相三身とは、法身《ほっしん》は色《しき》にあらず、声《しょう》にあらず、乃至《ないし》法にあらず、ただ無相真如《しんにょ》なり。無相真如は、*色心不二の法を離るるが故に、真如の所には縁起の性《しょう》を置かず。真如も縁起・不縁起を云はず。しかりといへども、*無明《むみょう》の薫《くん》に依つて、始めて諸法に転ず。全く法身真如の体には、縁起の謂《いわ》れなし。ただ無明に薫ぜられて、かくのごとく変異す。*爾前《にぜん》の円は、縁起の謂《いわ》れを置く故に不同なり。また暦別三身とは、法身の所には余の応報なし、報身《ほうじん》の所には法応なし、応身《おうじん》の所には法《ほっ》報《ぼう》なし。ただ応身も、この応身を捨てて法身に帰すと云ふなり。報身も、かくのごとし。故に暦別身なり。

問ふ、*性徳の名、名別教に通ず。別教は性徳の語ありといへども、三皆《みな》性にありて、互融せず。故に*別身を成ず〈文〉。この文のごときは、*不融の有《う》といへども、性に三身これありと聞えたり、いかん。答ふ、不互融と云ふを以て、意得《こころう》べきなり。性は縁起の謂《いわ》れなければ、無明に薫ぜられて、始めて諸法現起す。故に性は一性なりといへども、無明に薫ぜられて諸法現ず。また*竪を以て性に帰するが故に、三皆在性《さんがいざいしょう》と云ふ。全く一所に三つあ

不軽菩薩 法華経常不軽菩薩品第二十に、常不軽菩薩が万人の成仏を信じて不軽・礼拝したこと。
果 枕雙紙では「修」。
別教三身の事 枕雙紙第十五。
無相三身 現実の具体相を捨てた抽象的な三身説。
暦別三身 「暦」は「歴」の代字。三身が相即せず、へだたり、離れていること。
色心不二の法 枕雙紙では「色心の二法」となっている。
無明の薫に依つて 無明の迷いが縁となって、の意。
爾前の円は… 法華経以外の経典でも、その中に含まれている円教(究極の教理)についていえば、真如の理に縁起の源を置いており、その点は別教三身とは違うとの意か。「爾前円教三身の事」では、「三身円融する謂れ、一分これあり」という。しかしそこでは法華円教に比べれば、やはり三身相即せずと評する。
性徳の名… 湛然の法華文句記巻第九下の文(正蔵三四、三三〇頁下)。
別身 法華文句記および枕雙紙では「別義」とある。
不融の有といへども 融即して存在しているのではないとしての意。
竪 枕雙紙では「修」。智顗の法華文句巻第九下には、単なる性徳三身を横、単なる修徳三身を縦(竪)としつつ、法華円教は不縦不横の三身と

るにあらず、ただ前後を尋ねて、三つと云ふなり。よくよく、これを思ふべし。

*唯識唯心口《ゆいしきゆいしんく》決《けつ》　外題、唯識唯心口伝　文

これについて、山家《さんげ》の問、*山林の決、これあり。その決に云ふ、法相《ほっそう》の唯識は、心外《しんげ》に境を存す。華厳の唯心は、ただ心の造する所。*一家の意は、心外に法を存せずと〈取意〉。心外に法を存せずと云ふ事、よくよく習ふべきなり。依正本《えしょうもと》より不二《ふに》の故なり。故に心の外に諸法なく、諸法の外に心なし。眼前の青黄赤白黒の五色、これ心の体《たい》なり。長短方円の形、心の体なり。*蜜宗の*識大《しきだい》に形を造る、この意なり。しかるに一家の意は、五大を立つるといへども、*蜜宗の意に全同す。五大の外に識大なし。故に見心・知心と〔*云ふ〕。ただ眼前の境界にあり。心を差して諸法と云ひ、諸法を差して心と云ふ。全体不二なり。委しくは*止観のごとし、云々。

余宗の意は、心の形なんど云ふをば*外見《げけん》・我見なんど云ひて、浅猿《あさま》しき事に思ふ。しかるに一家の意を以て諸宗の所談を聞けば、返《かえ》って僻事《ひがごと》なり。不二の法を差別《しゃべつ》と云ふが故に。ただし、この法門は実に大事の法門なり。よくよく、斟酌《しんしゃく》あるべき事なり。

*一心三観三観一心《いっしんさんがんさんがんいっしん》の事　外題に云く、一心三観三観一心血脈《けちみゃく》　文

問ふ、一心三観・三観一心、共に迹本《しゃくほん》二門に亙《わた》るべきや。答ふ、三観一心は迹門の意なり。一心三観は本門の意なり。その故は、迹門は万法《まんぼう》一心と宣《の》べて、一切諸法はただこ

いう(正蔵三四、三六頁中)。縦(竪)とは、前後の時間的へだたり。↓補

「不縦不横」(牛頭法門要纂)

唯識唯心口決　枕雙紙第二十九。口決とは、秘奥の義についての解答(決答)を口伝えで授けること。

山林の決　枕雙紙では「禅林決」。修禅寺(後世、禅林寺)の道邃の解答を指す。↓補

一家の意は…　天台では、諸法そのまま心であって、その点、華厳の唯心説とは異なることをいう。

蜜宗　正しくは「密宗」。ここでは真言密教(東密)をさす。

識大　万有を構成する六つの根本的要素ないし本体(六大)の一。地水火風空の五大が物質的要素であるのに対し、識大は精神的要素。六大は、空海の即身成仏義に説きだされる。

蜜宗の意…　空海の即身成仏義には、六大に関して、「色即ち心、心即ち色、無障無碍なり。智即ち境、境即ち智、智即ち理、理即ち智、無碍自在なり」(弘法大師全集第一輯、五三頁)とある。

云ふ　字不明。枕雙紙によって補う。

止観のごとし　智顗の摩訶止観巻第五上の一念三千論のところで、「心是一切法、一切法是心」(正蔵四六、五四頁上)などと説く。

外見　仏教外の見解。

一心三観三観一心の事　枕雙紙第四。↓補「一心三観」(修禅寺決)

れ一理法性《ほっしょう》なり、一切諸法はただ一仏乗なりと談ず。しかる間、イカニモ諸を合して一と談ずるなり。故に、迹門は三観一心を以て宗となすなり。本門は、万法必ず一に帰すとは云はず。ただ本門は一切諸法の本源なるが故に、法界本《もと》より本門の体なり。*諸法自爾《じに》の体なるが故に、一とも云はず、三とも云はず。しかりといへども、教門に浅深を弁ずる時は、本門は一心三観の正意《しょうい》なり、諸法の根源のための故に。理の三観一心の旨は、迹門にこれを明かす、万法一に帰するが故に。所詮、迹門は*理実相を説くが故に、三観一心の意なり。本門は*事実相を説くが故に、一心三観なり。よくよく、これを案ずべし。

*観心《かんじん》の意、迹本両観は、ただこれ衆生一念の心なり。法華一部の体は、本より衆生の己《こ》心《しん》に図《はか》るが故に。故に知んぬ、法花は諸法の惣体、衆生もまた諸法の惣体なり。必ず*閑室《げんしつ》に寂照《じゃくしょう》するを以て、観心と名づけず。*四儀を歴《ふ》るに、妙観にあらざることなし。一心*諸心に転ずるは、一心三観の体、諸心*一に寂《じゃく》するは、三観一心の体なり。寝《い》ぬる時は三観一心なり、醒《さ》むる時は一心三観なり。故に、*時として三観の体にあらざることなし。日来《ひごろ》はこれを知らず、今これを知る。故に*平等法界の体一、自然《じねん》に証知するなり。自身のみにあらず、他身もまたしかり。一切衆生は、皆《みな》*法花両門の観の体なり。故に*如々《にょにょ》法界に住するなり。よくよく、これを思ふべし。面白《おもしろ》き事なり。輙《たやす》くこれを伝ふべからず、親にも依るべからず、ただ*器量に依るべし。ただ最後に、ただ一人に伝ふべきなり。もし器量なくんば、*霊地に埋めよ。穴賢《あなかしこ》々々。

諸法自爾の体　本来・本然としてある諸法そのもの。

理実相　事象(諸法)を捨離した抽象的真理。

事実相　事象に即した具体的真理。

観心の意　観心の立場からすれば、ということ。

閑室に寂照す　現実を離れたところで静観すること。

四儀を歴る　行住坐臥の日常生活をなすこと。

諸心　枕雙紙では「諸法」。

一に寂する　諸法が一心に帰すること。

時として三観の体に…　三観そのものでない時はない、との意。

平等法界の体一　万象そのまま全体一をなしていること。

法花両門の観の体　法華経の迹門・本門における観の対象。

如々法界に住する　一切衆生そのまま、真如実相の存在であること。

器量　理解能力の度合い。

霊地に埋めよ　枕雙紙では「火炉に之を焼くべし」とある。

*本地《ほんじ》無作《むさ》三身《さんじん》の事 付本門

本地無作三身とは、最初成道の時の三身を以て*無作三身と云ふ事、常のごとし、云々。今は云く、本地無作と云ふ事、よくよく意得《こころう》べし。*三身の限りに始めなし。本地無作の三身とは、必ず最初成道の時の証得の三身の限りにあらず。*無始本有《ほんぬ》として一切の諸法は皆三身の体なり。仏の作《さ》にあらず、修羅・天人の作にあらず。*法爾自然《ほうにじねん》にして、三身にあらざるなきが故に、我等念々の妄想《もうぞう》は*報身《ほうじん》般若の全体、*四儀遷移は*応身《おうじん》随類の体、*苦道重担は*法身《ほっしん》万徳の体なり。正報すでにかくのごとし。依報またしかり。桜梅桃李《おうばいとうり》等の*あるいは真様々《さまざま》無尽なるは、応身の体なり。また華菓《けか》無尽に雑々《しなじな》なるは、念々所生《しょしょう》の所成《しょじょう》の故に報身なり。曲直、念々所生の体、法爾として具するは法身なり。依報・正報、すでに三身なり。ただし、正報は正報ながら三身なり、依報は依報ながら三身なり。これを改めて三身と云ふにはあらず。ただ、正報ながら、三身の徳を具し、依報ながら、三身の徳を具するなり、云々。

また、最初成道と云ふ事、よくよく意得《こころう》べきなり。先づ最初成道とは、これも迹なり。実には*衆生已心の体理に、仮りに成道の名を唱ふる故に、云々。次に久遠と云へるは、実にはただ衆生の心なり。心は無始無終なり。ここを久遠と云ふなり。よくよく、これを習ふべし。真実に大事の法門なり。輙《たやす》く*思依すべきにあらざる事なり。よくよく、これを思ふべし。

本地無作三身の事　枕雙紙第九。
無作三身　作為をこえて本来・本然としてある三身。→補「無作の三身」(修禅寺決)
三身の限りに…　三身に始めという際限はないこと。
無始本有　始めなく、本来から存すること。
法爾自然　作りだされたものでなく、本来・本然としてあること。
報身般若　因行果徳の仏身にそなわる智慧。
四儀遷移　行住坐臥の日常の起居動作。
応身随類の体　現実の種々相に随って応現した仏のすがた。
苦道重担　生死の苦の世界における種々の重荷。
法身万徳　生死を超越した仏の真身にそなわる万徳。
あるいは真　枕雙紙では「あるいは曲がり、あるいは直く」とある。
衆生已心の体理　衆生の不滅な心体をいう。
思依　枕雙紙では「思慮」。

*本迹二《ほんじやくに》門実相同異《もんじつそうどうい》の事　外題に云く、本迹二門実相同異血脈　文

問ふ、本迹二門の実相は同とせんや、異とせんや。答ふ、大いに異なり。世人、その旨を知らず。迹門実相とは、万法差別《まんぼうしやべつ》なりといへども、同じく真如実相の理なり。*五乗異なりといへども、同じく一仏乗の教なり。全く差別なし。如々法界一理の故と云ふ故に、*「万法これ真如、不変に由るが故に」の旨を明かす。全く「真如これ万法、随縁に由るが故に」の義なきが故に、爾前の円に同じて、*辺在これあり。本門実相とは、事《じ》を以て実相と名づく。地獄は地獄ながら、餓鬼は餓鬼ながら、乃至仏界は仏界ながら、改変せず、*法爾自体実相なりと談ず。全く*一実如々とは云はず。故に本門の意は、迷妄の衆生の当体即ち実相なり、外見《げけん》の衆生の*直体《じきたい》即ち実相なり。

これを以て知んぬ。迹門の意は、事理共にこれありといへども、理を以て宗となし、本門の意は、事理共にこれありといへども、事を以て面《おもて》となすなり。故に、互具の旨は迹門に*委悉《いしつ》なり。相即の旨は本門に委悉なり。本門には具・不具の沙汰なし。ただいかなる法をも、当体は皆これ仏体、皆これ衆生体ぞと談ずるなり。ただ実相浅深の経文の所詮は、この意なり。もししからずば、なんぞ本迹二門の意を判ぜん。よくよく、これを思ふべし。所詮、*迹門は理実相を演《の》べ、本門は事実相を談ずるなり。この上に*観心実相とは、迹本両門の*事理の実相は、ただこれ衆生介爾《けに》の一念の心なり。全く余物《よもつ》にあらず。所以《ゆえ》に、妙法の唱は、ただ衆生の自体自心を指し、蓮華の唱は、已心所具の旨を説くなり。故に経に云く、「*帰命本覚心法身」等。よくよく、これを案ずべし。実に観心実相、大切なり。

本迹二門実相同異の事　枕雙紙には、該当するものなし。

五乗　五種の教法のことで、人乗・天乗・声聞乗・縁覚乗・菩薩乗をさす。天台では、声聞・縁覚の二乗を一つに数え、仏乗を加える。

万法これ真如…　妙楽湛然の金剛錍に「万法是真如、由二不変一故。真如是万法、由二随縁一故」(正蔵四六、七八二頁下)とあるもの。

辺在これあり　かたよりがあるの意。

法爾自体実相　それぞれの存在ないし事象そのまま真実相ということ。

一実如々　ここでは、一なる根本真理に万象が還帰する意。

直体　当体と同意。そのままの意。

委悉　説きつくされているとの意。

迹門は理実相…　「一心三観三観一心の事」「三諦同異の事」等参照。

観心実相　漢光類聚などにいたると、本門の上に、さらに観心を立て、爾前・迹門・本門・観心のいわゆる四重興廃の教判が組織されてくる。漢光類聚巻一(一九四頁)参照。ここは、その前兆といえる。「一心三観三観一心の事」「顕本の事」も同様。

事理の実相は…　これ以下、迹本・事理を統合した観心に立っての説明。

帰命本覚心法身　蓮華三昧経の一句。本覚讃(九八頁)参照。

常差別三身の事　枕雙紙第七。三身の差別は一時的な仮りのものではなく、常住のものであること。「常同

*常差別三身《じょうしゃべつさんじん》の事 付本門

常差別の三身とは、*如来蔵理の本中に、本《もと》より三身万徳、垂迹《すいじゃく》不思議の妙理、これあり、故に*迹を諸教に垂《た》る。もし*顕遠《けんのん》し已《おわ》れば、本迹 各《おのおの》三にして*三土の迹を垂る、この意なり。癡人《ちにん》は、水は方円なく、ただ器の縁に依り、方円の形始めて現ずと思へり。全くしからず。*水体の本有《ほんぬ》として方円の形を具するが故に、器に入る時、方円と成る。もし本よりこれなくば、器に入る時、全く方円と成らず。また沙《しゃ》を*炉《む》して油を求むるがごとし、云々。

常差別の三身、かくのごとし。本より如来蔵理に本有《ほんぬ》の三身これあるが故に、垂迹の三身、現ずるなり。本の三身なくば、なんぞ迹の三身あらん。ただし、*歴別《りゃくべつ》不同なるにはあらず。ただ一体なれども、しかも三身なること、本有として具足するなり。体なくば、影なく、本なくば、なんぞ迹あらん。本の三身、迹の三身、この意なり。諸教の教主、幷びに諸の教文、皆《みな》本門より*垂迹の施設《せせつ》なり。よくよく、これを思ふべし。

*顕本《けんぼん》の事

問ふ、顕本について、いくばくの不同あらんや。答ふ、顕本について多種あり。一には*事《じ》の顕本、二には*屈曲《くっきょく》の顕本、三には*理《り》の顕本、四には*観心《かんじん》の顕本なり。一に事の顕本とは、今日始成《しじょう》の仏ながら、久遠正覚《くおんしょうがく》の仏なりと云ふなり。経文のごとし。これを事の顕

三身の事」参照。

如来蔵理の本中に　衆生に内在する如来の本性(仏性)において、の意。

迹を諸教に垂る　枕雙紙では「垂迹、諸教において」と読ます。

顕遠　仏の久遠常住を明かすこと。光宅寺法雲(四六七―五二九)は、法華義記巻第一において「自二踊出之後一開近顕遠」(正蔵三三、五七四頁中)と定義づけ、天台智顗、これを受けて、法華経の後半(本門)の特色とする。

三土　法身・報身・応身に対応した世界。常寂光土・実報無障礙土・凡聖同居土の三。「迹門三身の事」参照。

水体の本有として…　水の本体そのものに、本来、方円の形がそなわる。

炉　枕雙紙に「蒸」とあり、誤写か。

歴別不同　三身の隔別をいう。

垂迹の施設　本門から説きだされたもの、との意。

顕本の事　枕雙紙第十八。

事の顕本　ここでの事は特殊・有限の意味で、有限な特殊相を通して本体を明かすことをいう。

屈曲の顕本　屈曲とは、まがりくねったという意で、そういう方法で本体を明かすということ。

理の顕本　ここでの理は普遍・無限定の意味で、時空の限定をこえた形で本体を明かすこと。

観心の顕本　以上の三顕本を止揚・統合した、しめくくりとしての顕本。

本と云ふなり。次に屈曲の顕本とは、昔、正覚を成ずるとは、屈曲なり。実には成・不成にあらざる法において、成・不成を論ずる故に。無始無終・本来常住の法において、なんぞ成・不成を論ぜんや。故に成・不成を論ずるを、皆《みな》屈曲と云ふなり。成・不成を論ぜざるを、*屈曲の顕本と云ふ、云々。

次に理の顕本とは、地獄を地獄と云ひ、餓鬼を餓鬼と云ひ、乃至《ないし》仏菩薩を仏菩薩と云ふなり。本より十法界《じっぽうかい》常住の故に、十界を改めず、*本体を云ふ。実の顕本と云ふ。もし本体を改むれば、*顕本にはあらざるなり。次に観心の顕本とは、*衆生一念介爾《けに》の心は、即ち十法界の体なるが故に、前念・後念《ごねん》を論ずるは、事の顕本なり。次に念々において善悪の心を起すは、屈曲の顕本なり。次に一念に諸悪・諸善を具するは、理の顕本なり。故に我等衆生は、念々相続して、顕本の義これあり。よくよく、これを案ぜよ。

*仏界衆生界不増不減《ぶっかいしゅじょうかいふぞうふげん》の事

*常の問答に云く、すでに成仏と云ふ。知んぬ、*九界は減じ、仏界は増すべし、云々。一家の意は、全くしからず。本より*十界常住の観解《かんげ》なり。故に、十界常住の覚を開く。これを以て知んぬ。権教《ごんきょう》の意は、十界常住を談ぜず、故に衆生を転じて仏身を成ずと、云々。円教《えんぎょう》の意は、衆生を転じて仏身と成るとは云はざるなり。衆生は衆生ながら、倶《とも》に常住と覚《さと》るなり。全く取捨なき故に、増減なきなり。仏界も*己心の所具、衆生界も己心の所具なり。故に*竪《じゅ》の十界も、*横《おう》の十界も、倶に増減

屈曲の顕本と云ふ　枕雙紙では、ただ「顕本と云ふ」とある。
本体を…実の顕本と云ふ　枕雙紙では「実相本門と云ひ、本体と云ひ、実の顕本と云ふ」とある。
顕本　枕雙紙では「実の顕本」とある。
衆生一念介爾の心は…　これ以下、三顕本を統合した観心の顕本に立っての説明。観心の顕本をもってしめくくるところに、後の四重興廃の前兆が見られる。
仏界衆生界不増不減の事　枕雙紙第三十。→補「第三　仏界不増」(牛頭法門要纂)
常の問答　普通よくなされる問答。
九界は減じ…　九界の中の衆生が成仏して仏界にいたれば、九界の員数は減じ、仏界は増すという意。
十界常住の観解　十界に増減・変動なく、永遠・不滅であると見、理解すること。
己心の所具　主体的な心に取りこまれ、受けとめられたもの。仏界も衆生界(九界)も、己心内のものとしてそのまま、肯定される。
竪の十界　時間的・階位的な縦の系列で考えられた十界。
横の十界　空間的・並列的な横の系列で考えられた十界。

なきなり。よくよく、これを思ふべし。

*円融三諦《えんにゅうさんだい》の事

問ふ、円融三諦に勝劣ありや。答ふ、他に云く、勝劣なしと。一諦《いったい》即三諦、三諦即一諦の故に。この義、尤《もっと》もしかるべし、云々。今云く、*不二而二《ふににに》の二の意あり。不二《ふに》の日は、全く三諦勝劣なし。一諦即三諦、三諦即一諦の故に。*而二《にに》の日は、仮諦《けたい》は勝れ、空中劣と云ふべきなり。その故は、仮諦は眼前の境界、*諸法の森羅、*自爾《じに》本来不生の体なり。空中とは、この諸法は互に*混合《みんごう》して差別《しゃべつ》なしと云ふを、空と云ふ。*互具《ごぐ》の故に、常住と云ふ。中と云ふ故に、*常住と云ふ。中と云ふ故に、空中は*仮が家の荘厳《しょうごん》なり。仮常住《けじょうじゅう》なるを中と云ひ、仮各《おのおの》混合するを空と云ふ故に、*イカニモ初一念に仮を縁とせず、空中の二観を起さざるなり。所以《ゆえ》はいかん、初一念の仮諦を改めずして本なるが故に、仮諦は本なり。もし仮諦を翻《ほん》ぜば、仮本《けほん》とは云ふべからず、仮勝《けしょう》とは云ふべからず。

今の宗の意は、仮諦常住と演《の》ぶるが故に、常と云ひ、勝と云ふなり。また仮常住とは、*空中が荘厳して、仮常住と云はず。本《もと》より法爾《ほうに》にして、仮常住なり。故に、中空は仮が家の荘厳なり。実にこの義、*神妙《じんみょう》の義なり。よくよく案ずべし。また権教《ごんきょう》の意は、仮諦は劣、空中は勝と云ふなり。妄法《もうぼう》等を断じて、*唯真如《ゆいしんにょ》を執する故に。実教の意は、妄法の体を改めず、即実相なるが故に、イカニモ仮諦の外に勝法《しょうぼう》なきなり。この義、実に大切の秘義なり。*面白き相伝なり。

円融三諦の事　枕雙紙第二。

不二而二　不二にして、しかも二という意。二而不二と対句。天台智顗の法華文句巻第六上に「二而不二是入、不二而二是出」(正蔵三四、八二頁中)などと説かれる。

而二の日は…　不二から二の現実界に出てきたときは、現象についての真理(仮諦)が勝、空諦・中諦が劣となる。

諸法の森羅　森立羅列する万象。

自爾本来不生　本来・本然として存在すること。

混合　融け合う意。

互具　たがいに他を自己に具すること。枕雙紙では「互空」。

常住と…中と云ふ故に　重複か。

仮が家の荘厳　仮の真理の現われ。

イカニモ初一念に…　最初に、わざわざ現象(仮)を取り上げ、それを縁として空観・中観を起すのではないという意。眼前に本来・本然としてある事象そのまま空・中と見るべきこと。

空中が荘厳して　空ないし中から現われ出たものとして、の意。

神妙の義　奥深く、すぐれた意義。

唯真如を執する　真如を、迷いから切り離された唯一の真理と執着すること。

面白き相伝　おもむきある受け伝え。

*煩悩即菩提《ぼんのうそくぼだい》の事

問ふ、*煩悩即菩提とは、煩悩熾盛《しじょう》の時、菩提熾盛、菩提熾盛の時、煩悩熾盛か。答ふ、しかなり。譬へば、極闇《ごくあん》の時、*燈分ちて光明あるも、日中の時、光明少きがごとし。また極寒時には、氷厚く、小寒の時には、氷薄きがごとし。寒は煩悩のごとく、氷は菩提のごとし。煩悩の熾盛なるを以て、菩提熾盛なるを知るなり。故に煩悩増する時、菩提増するなり。ただし、これは*普通の義なり。その実には、明闇本《みょうあんもと》より同体なり、迷悟《めいご》本より同なり。全くこの所には、*二物《にもつ》を見ず。故に、この譬喩の意なきなり。明闇不二・迷悟不二と知る時は、全く二物を見ざるが故に、ただ平等寂静《じゃくじょう》に住するなり。譬へば、*掌《たなごころ》を仰《あお》ぐ時は菩提と云ひ、覆《おお》ふ時は煩悩と云ふがごとし。この意を得れば、寂然清浄《じゃくねんしょうじょう》に住するなり。仰覆《ごうぶく》は、ただ*一事なり。仰にも著せず、覆にも著せず。本より一掌《いっしょう》なり。本よりただ一法《いっぽう》なり。

しかりといへども、*仰覆宛然《えんねん》に、迷悟分明《ぶんみょう》なり。一掌を知らざる日は*偏好あり、一掌を知る日は偏好なし。全くこの所には、熾盛不同なきなり。全く煩悩を改めて菩提と云ふにはあらず。ただこの煩悩の体を直《なお》さず。その体を尋ぬるに、*般若甚深《はんにゃじんじん》の妙理なり。煩悩の体即ち法界なるが故に。よくよく、これを思ふべし。

*業即解脱《ごうそくげだつ》の事

煩悩即菩提の事　枕雙紙第二十一。

煩悩即菩提　煩悩と菩提の相即のしかたに、種々、立てられる。↓補

燈分ちて　枕雙紙では「燈至れば」とある。

普通の義　一般的な考えかた。

二物を見ず　二者が体を別にしつつ合しているという一般的な相即の考えかたを、妙楽湛然は止観輔行伝弘決巻第一之一で「二物相合」(二者合一)と名づけ、「其理猶疎。今以㆑義求、体不二故」(正蔵四六、一四九頁下)と評した。今、これによったものと思われる。

掌を仰ぐ時は…　四明知礼は十不二門指要鈔巻上で、このような同体的な相即の考えかたを「背面相翻」(自己同一)と名づけ、それに対して、天台では煩悩と菩提が二である当体そのまま即一と考えるとし、それを「当体全是」(対立的統一)と呼んだ(正蔵四六、七〇七頁上)。

一事　枕雙紙では「一掌」。

仰覆宛然　仰(菩提)と覆(煩悩)とが、それぞれ、そのように存在していること。ここでは、知礼のいう「当体全是」にあたるか。ただし、天台本覚論では、当体全是に含まれた否定・対立の要素を捨てて、それぞれの当体そのままよしとの全き肯定の意に解するにいたる。

偏好あり　いずれかにかたよる意。

般若甚深の妙理　悟りの智慧深い、

問ふ、業即解脱とは、*造業《ぞうごう》の当体を翻《ほん》ぜず、即ち解脱と云ふか。造業を翻じて後、即ち解脱と云ふか。答ふ、一家の意、本より体不二《ふに》なるを以て即と名づく。この意を得ば、始めてこの問を起さざるなり。すでに諸法常住と説く。なんぞ業常住ならずや。所以《ゆえ》に、円融《えんにゆう》の法門を意得《こころえ》て後は、業即解脱と始めて事新しく云ふべからず。しかりといへども、教門の宣《の》ぶる所、*しか云ふなり。もし造業の体を翻じて後、解脱と云はば、これ別教の意なり。故に円融実教の意は、全く造業を翻ぜず。業体即ち*無尽法界・円融実相の体なるが故に。円教を知らざる日は、ただ業と云ひて、業即解脱とは云はざるなり。円融実相の法門を知る日は、造業の当体に一切諸法を具する故に、全く*造業の限りにあらず、法界円融の体なり。*鷹鳥《おうちよう》、鳥を取つて体を改めざるは、即ち解脱実相なり。強犬《ごうけん》、獣を逐《お》うて即ち翻ぜざるは、即ち解脱実相なり。

一切の諸業は、これに例して知るべし。ただ所詮は諸法常住と知るべし。常住とは、諸法互《たがい》に円融して欠減なきを常住と云ふ。ただ*一切の偏霽の心を打掃《うちはら》つて、平等実相に住すべし。もし平等法界の意に任せざれば、いまだ業即解脱の意を得ず。もしこれを知つて後は、重ねてこの*口伝《くでん》を示すべからず。しかりといへども、いささかこれを示さば、ただ業即解脱とは、これに*互具・相即の二意あり、倶《とも》に実相なり。よくよく、これを思ふべし。

*一念成仏《いちねんじようぶつ》の事

問ふ、一念成仏とは、この教に遇ひて解脱を得ること、*即疾《そくしつ》にして一念の時節のごとく

すぐれた真理。

業即解脱の事 枕雙紙第二十二。

造業 煩悩による行為の発動。

しか云ふなり 底本に「之爾也」とあるも、枕雙紙では「爾云也」とあり、これによる。そのように言うの意。

無尽法界・円融実相 無限・全体的な真実界のこと。

造業の限りにあらず 煩悩の行為に限定されたものではないとの意。

鷹鳥…改めざるは 枕雙紙では「鷹梟隼鳩の体を改めざるは」となっている。

一切の偏霽の心を打掃つて 「霽」の字、不明。一切のかたよった考えを捨てて、という意か。この箇所、枕雙紙では「一切を打掃つて、偏に心を覓め」とある。

口伝を示すべからず ひそかに口伝えされたもの故、公表してはならない、との意。

互具・相即 互具とは、たがいに相手を自己に具有すること。相即とは、融けあって一をなすこと。

一念成仏の事 枕雙紙第二十八。

即疾 枕雙紙では「速疾」とあり、これが普通。たちまちの意。

なるを、一念成仏と云ふか。また、*一念の心に三千の法を具して欠減なき故に、一念成仏と云ふか。答ふ、普通の義には、介爾《けに》の一心に十法界の*依正《えしょう》を具して欠減なき故に、一念成仏と云ふ義、これあり。また*初住無生の位において、一念の頃に*普《あまね》く色身《しきしん》を現ずるを、一念成仏と云ふ義、これあり。尋常の義なり。しかるに、当家一流に習ひあり。*名字即の位において、知識に遇ひ、*頓極《とんごく》の教法を聞き、当座に即ち自身即仏と知って、実に余求《よぐ》なきは、即ち*平等大恵《だいえ》に住す。即解《そくげ》・即行《そくぎょう》・即証《そくしょう》にして、一念の頃に証を取ること、掌《たなごころ》を反《かえ》すがごとし。

故に*円頓教《えんどんきょう》の意は、先づ自身、*位に入つて後に惑を断じ、迷を捨てて覚を取ると談ぜず。ただ迷も悟も平等と知つて行ふ故に。権教《ごんきょう》の意は、しからず。迷悟各別にして、迷を断じて悟に入ると云ふが故に、先づ入位せざるなり。円頓教の意は、*聞思修《もんししゅ》の*行と証とはただ一時なり。一位より一位に移らず。教に遇ふ時、即ち証なり。万行・万善は、*果後の方便なり。故に一家の意は、教に遇ふを以て証となし、教のごとく知つて、偏好の心を息《や》めしめる上は、なんの惑をか断ぜん。故に教のごとく知るを、仏と名づくと云ふ。諸位を論ずることは、皆これ果の上においての*仮立《けりゅう》なり。成仏とは、ただ一位なり。

*元初一念《がんじょいちねん》の事

問ふ、元初一念とは、*無始一念の妄薫《もうくん》の時、*本覚《ほんがく》の都より迷ひ出づる無明《むみょう》の一念か。また、あるいは経巻に従ひ、あるいは知識に従ふ時、知る所の介爾《けに》刹那の一念か。答ふ、元

一念の心に三千… 天台の一念三千論による。本覚讃釈(一一一頁)参照。

依正 依報(環境)と正報(主体)。

初住無生の位 五十二位中の十住の最初。生死超越の空をつかむ故、無生という。

普く色身を現ずる 底本の字句、不明。今、枕雙紙による。あまねく種々のすぐれた姿を示現すること。

名字即の位において… 天台智顗の摩訶止観巻第一下に「或従二知識一、或従二経巻一、聞二上所レ説一実菩提一、於二名字中一通達解了、知二一切法皆是仏法一。是為二名字即菩提一、亦是名字止観」(正蔵四六、一〇頁中)と説かれる。

頓極の教法 根本的・究極的な教理。

平等大恵 枕雙紙では「平等大会」。

円頓教の意 完全・究極の教の意味ということ。

位に入つて 悟りの位に入って、の意。迷いを捨てて、悟りの位に入るのではないということ。

聞思修 聴聞・思索・修行の三。聞慧・思慧・修慧を三慧という。

行と証とはただ一時 行と証との間に時間的へだたりなく、不二・一体であること。

果後の方便 悟りの果の現実への応現という意。

仮立 現実に対応して仮りに立てられたもの。

元初一念の事 枕雙紙第二十。「元品の無明の事」参照。

初一念とは、無始*迷始の一念にはあらざるなり。*法界法爾《ほうに》の体の上には、本より始中終なし。実には無始と云ふ事、よく習ふべき事なり。ただ我等衆生の念々所起の相続の心を、前念を元初の一念と云ふ。無始迷出の元初と云ふ事は、仮説《けせつ》なり。常住の性には前後なき故に、迷出の始めと云ふ事なし。

故に元初の一念とは、常住不変の念なり。元初の一念は、常住不変と云ふ義なり。*過現当の三世に起る所の念は、共に同念なり。大海の波は、昨日の波も、今日の波も、*全く体一なるがごとく、三世の念は、ただ一念なり。今、教に遇つて、これ起る念は、ただこれ*全体法、常住の念なり。三世一世・善悪不二・邪正一如と知るを、元初と云ふなり。もし元初の一念は迷出の始めなりと云はば、始起の法あり。もししからば、*冥初《みょうしょ》に同じ。全く不可なり。ただ、あるいは経巻に従ひ、あるいは知識に従ふ時、前念に起る所の一念を、三千具足と知るを元初と云ふなり。よくよく、これを案ずべし。

*読時《どくじ》即断惑《そくだんなく》の事

一家の意、読時即断惑と云ふ事、よくよく知るべき事なり。教文に遇はざる日来《ひごろ》は、善悪に迷ひて、*方隅を知らず。教文に遇ひて今は、日来起る所の念は、皆これ貪瞋癡《とんじんち》の三毒、生死流《る》転《てん》の根本なり。また、この起る所の*一念の諸心に、即ち三千の諸法を具して、欠減なし。故に須臾《しゅゆ》刹那《せつな》の一念は、併しながら三千三諦、常楽我浄の*四波羅蜜なり。全く余所になし。六根に触る所の諸法は、皆《みな》仏法なり。仏法にあらざるなし。

無始一念の妄薫　「薫」は「熏」が普通。根本の一念(無明)に迷いがかかること。
本覚の都　本来覚性の世界。
迷始　枕雙紙では「迷妄」。
法界法爾の体の上には　本来・本然としてある世界に立って見ればの意。
過現当　過去・現在・未来。
全く体一　底本では「喩体一」のごとく見えるが、枕雙紙では「全体一」とあり、これによる。時間の突破・超越を意味する。↓一六三頁注「久遠と今日」
全体法　枕雙紙では「全体法界」。
冥初に同じ　冥初は、サーンキヤ(数論)派の立てた万物発生の始源的実体。仏教は発生論(流出説)をとらず、したがって、そのような始源的実体を立てることを否定する。本覚讃釈(一〇三頁)参照。↓補
読時即断惑の事　枕雙紙第三。
方隅　方角・方向。
一念の諸心　元初の一念から派生した諸種の心作用。
四波羅蜜　波羅蜜は pāramitā の音訳で、度とか到彼岸と意訳され、悟りに達するとか、悟りに達するもののことであるが、ここでは、悟りにおける四つの特性(四徳)をいう。常楽我浄の四徳は、涅槃経に説かれる。

かくのごとく解了《げりよう》して、日来《ひごろ》の辺好の心を止《や》め、全く平等大恵に住す、これを、「*通達《つうだつ》・解了《げりよう》して、一切法皆これ仏法と知る」と云ふ。もしかくのごとく解了せざれば、*沙汰の限りにあらず、教文を読むにあらず。彼は、ただ日来の教に値はざる人なり。もし教のごとく解了して、永く離れざれば、また更に、なんの惑をか断じ、なんの理をか顕はさん。故に*聞思修証《もんししゆしよう》と云ふは、*即時に読時に備はるなり。この意を以て正教《しようぎよう》を読み、心を引き直せば、成仏、即時にこれあり。もしこの意を得ざれば、空《むな》しく時節を過すなり。よくよく、教文に遇はば、これを思ふべし。

*入位断惑断惑入位《にゆういだんなくだんなくにゆうい》の事

小乗には*毘曇《びどん》・成論《じようろん》の意不同に、大乗には権実《ごんじつ》不同といへども、この家の意は、*入位断《だん》惑《なく》を以て挍証《こしよう》となすなり。その故は、先づ名字即《みようじそく》の位において自身即仏と知る故に、即ち位に入るなり。凡聖不二の故に、位に入ること難《かた》からず。必ず*凡法《ぼんぼう》を捨て、聖法《しようぼう》を取ると修行せず。ただ不二平等に修行して、*取捨の二辺を息して、*寂光静《じやつこうじよう》・湛然《たんねん》の心に住する故なり。*万法・万善は、ただこれ*果後の方便なり、*自受法楽の体なり。権教《ごんきよう》の意は、先づ*能《のう》障《しよう》の迷を断じて、*所障《しよしよう》の理を顕はすと云ふ故に、能所不同に、迷悟差別《しやべつ》あるが故に、融せざるが故に、*断惑入位と云ふ。*解《と》きて能覆《のうぶく》の雲を除かざれば、なんぞ所障の月を見んと、云々。一家の意は、しからず。迷悟不二、能所体一なり。雲の外に月を見ず、月の外に雲を存せざるなり。故に不二を意得《こころえ》ざる日は、断惑入位と云ふべし。今は不二の故に、能入

通達・解了して…　天台智顗の摩訶止観巻第一下のことば(正蔵四六、一〇頁中)。
沙汰の限りにあらず　問題外、の意。
聞思修証　聴聞・思索・修行・実証の四。
即時に読時に…　教文を読んで、たちまちに聞思修証の徳果がそなわること。
入位断惑断惑入位の事　枕雙紙第二十七。「一念成仏の事」参照。
毘曇・成論　毘曇は、阿毗曇(abhidharma. 阿毘達磨)の略で、論としては阿毘達磨倶舎論など、宗としては毗曇宗。成論は成実論で、宗としては成実宗。毗曇・成実、倶舎・成実ともいう。
入位断惑　悟りの位に入って後、迷いを断つこと。
凡法を捨て…　凡なるものを捨て聖なるものを取る、というふうには修行しない、の意。
取捨の二辺を息して　迷悟取捨の二辺にとらわれないこと。
寂光静・湛然　動揺のないこと。
万法　枕雙紙では「万行」。
果後の方便　「一念成仏の事」参照。
自受法楽　みずから悟りの境地を享受すること。主体的自由の境地。
能障の迷　ものをそこなう迷い。
所障の理　そこなわれる真理。
断惑入位　迷いを断って後、悟りの位に入ること。

所入、体一なり。入位において、全く聞教の時、これあり、云々。
問ふ、一家の意、必ず詮《し》ひて入位断惑を立つること、その意いかん。答ふ、六即《ろくそく》即ち円融を意得ざる時は、*功《く》は聖境《しょうぎょう》に推《お》して、下位《げい》は望を絶《た》つ故に、諸教は成仏の機希《まれ》なり。多分、退失の故に。今の教の意は、凡聖一味に円融する故に、凡も聖位に居《こ》し、聖も凡位に居す。故に、「*阿鼻の依正《えしょう》は極聖《ごくしょう》の自身に処し、毘盧《びる》の身土は凡下《ぼんげ》の一念を逾《こ》えず」と、云々。故に今の教文に値《あ》ふ者は、全く*過失なく、決定《けつじょう》の信解《しんげ》を得。法の根源、仏の本懐《ほんがい》を得る故に、成仏速疾《そくしつ》なり。一家の大意は、ただ入位断惑なり。断惑入位は、皆これ方便なり。よくよく、これを案ずべし。大切の義なり。

*諸仏惣願満時《しょぶっそうがんまんじ》節《せつ》の事

問ふ、一切諸仏の因位惣願は、*一代五時中、なんの時に満ずるか。答ふ、惣願について、四種の願あり。一には因位惣願、二には果位惣願、三には本門事《じ》の惣願、四には本門理《り》の惣願なり。因位の願について、*四教五時の*四弘《しぐ》を発《おこ》し、果位の願には、四教五時の*弘誓《ぐぜい》を発し、本門の事願には、顕本《けんぽん》の願を発願《ほつがん》し、理の願には、*不満の願を発す。先づ釈迦の願は、久遠成道の時に、因位の願はすでに満ず。今日成満《じょうまん》の願は、*果後の願なり。久遠成道の上の発願なるが故に。これについて、成満の時は、華厳の願は成道の夜満《まん》じ、阿含《あごん》の願は鹿苑《ろくおん》の時満じ、乃至《ないし》法華の願は法華の時満ずるなり。ただし、迹門開三顕一《かいさんけんいち》の願は、迹門方便品《ほうべんぼん》に満じ、顕本の事願は、本門に満ずるなり、云々。

解きて…　枕雙紙では「譬へば」の語で始まる。
功は聖境に推して　枕雙紙では「高推聖境」とある。
阿鼻の依正は…　妙楽湛然の金剛錍のことば(正蔵四六、七八一頁上)。阿鼻は阿鼻(無間)地獄、毗盧は毘盧舎那仏のこと。凡聖一如をいう。
過失　枕雙紙では「退失」。
諸仏惣願満時節の事　枕雙紙第十七。惣(総)願は、四弘誓願をいう。
一代五時　華厳・鹿苑(阿含)・方等・般若・法華涅槃の諸経を、天台智顗が釈迦一代の説法にあてて、時間的に配列したもの。
四教　頓・漸・不定・秘密の化儀四教ないし蔵・通・別・円の化法四教。
四弘　衆生無辺誓願度・煩悩無数誓願断・法門無尽誓願知(学)・仏道無上誓願成の四弘誓願のこと。妙楽湛然の止観大意にあがる(正蔵四六、四五九頁中)。
弘誓　枕雙紙では「弘願」。四教五時を弘める願のことか。
不満の願　本来・本然としてある尽きることのない願。
果後の願　悟りの後、衆生に対応しておこした願。悟りは、久遠の昔に達成されている故、このようにいう。

本門の理願とは、三世に不満なり。その故は、十界本《もと》より常住なるが故に、九界常住なり。九界常住なるが故に、仏界常住なり。仏界常住の故に、教常住なり。教常住の故に、願常住なり。法界常住の故に、生界・仏界共に常住なり。生界・仏界常住なるが故に、願常住なり。故に、我等衆生、念々歩々《ぶぶ》、思想する所の*一分《いちぶん》成就は、皆これ*本門理願の覆護《ふご》の故なり。寒風に衣を重ね、熱日《ねつにち》に扇風《せんぷう》を招く、意に適《かな》ふこと、皆《みな》理願の益《やく》にヨリテナリ。九界尽くることなき故に、願満ずることなし。よくよく、これを思ふべし。一家の意、本より常住の四教と云ふ事、この意なり。無始無終の不生*不出の願なるが故に、この願の体は、皆、我等*己心所具《こしんしょぐ》の願なり。面白き事なり。これを秘すべし。穴賢《あなかしこ》々々。

*相伝系図《そうでんけいず》

三十四箇条の法門は、一流の相伝、観心《かんじん》の大要なり。もしこの法門を伝へ了《おわ》んぬれば、諸義、皆意得《こころえ》らる。一家の大綱、ここにおいて明らかなり。嫡々相承《ちゃくちゃくそうじょう》して愚身に至る*六代の系図なり。*向後《こうご》の門葉《もんよう》のために、いささかこれを示し、敢《あ》へて*前見を残さず。実にこれ、後輩の亀鏡《ききょう》なり。*たとひ身命《しんみょう》を捨つといへども、これを授くべからず。深法《じんぼう》、*いささかしかる故に、*師資《しし》共に地獄に堕す。もし器量あらば、最後に一人にこれを授くべし。*深法流《る》伝《でん》の故に、慎むべし、慎むべし。もし器量なくば、この口伝、壁の底に埋《うず》むべし。当流の門葉、深くこの旨を存ずべし。もしこの旨に違《たが》へば、門葉にあらず、師資にあらず。

釈皇覚《しゃくこうかく》これを示す

一分成就　一々の達成。
本門理願の覆護　本門理願に根拠する、との意。
不出　枕雙紙では「不滅」。
己心所具の願　本来、自己の心にそなわっている願。
相伝系図　枕雙紙では、この題名はあとにあがる。
六代の系図なり　底本には「六代可系図也」とあるが、今、枕雙紙に「六代之継図也」とあるによる。
向後の門葉　今より後の門弟。
前見　枕雙紙では「深義」。
たとひ身命を…　枕雙紙では、この上に「しかりといへども、非器の者においては」の語句あり。
いささかしかる故に　そのようであるからとの意か。このあたりから、枕雙紙と文を異にするところが多い。
師資　師と弟子。
深法流伝　枕雙紙では「恵心一流の深義」とある。

系図　枕雙紙では、この前に「相伝継図之事　釈皇覚示之」(四〇七頁)とあり、「系図」の二字はなし。系図は覚源まで付加。さらに叡憲の奥書と三箇宗要の枕雙紙が付随。

系*　図

恵心——覚超——勝範——長豪——忠尋——

——皇覚——範源——俊範——静明

漢光類聚（伝忠尋）

大久保良順校注

漢《かん》光《こう》類《るい》聚《じゅう》 一

天台伝南岳心要鈔《てんだいでんなんがくしんようしょう》

忠尋《ちゅうじん》 記す

尋ねて云《いわ》く、天台伝南岳心要《てんだいでんなんがくしんよう》の*文点《もんてん》いかん。答ふ、種種の異義これありといへども、*蓮《れん》実房《じつぼう》の云く、「天台の伝ふる南岳《なんがく》の心要と訓読するなり」と。*故阿闍梨《こあじゃり》の云く、「天台に南岳の心要を伝ふと読むべきなり」と、云云。蓮実房の和尚《わじょう》の云く、「およそこの心要とは、南岳《なんがく》、*霊山浄土多宝塔中大牟尼尊《りょうぜんじょうどたほうたっちゅうだいむにそん》に値《あ》ひ奉《たてまつ》りて相伝《そうでん》したまへる法門なり。この法門を、南岳は天台に授け、天台は*章安《しょうあん》に授けたまへり。南岳・天台の時はただ口宣《くせん》のみありて章《しょう》疏《そ》なし。章安、正《まさ》しく今の法門を記録したまふなり。本朝の高祖伝教《でんぎょう》、*道邃和尚《どうずいわじょう》に値ひ奉りて面授口決《めんじゅくけつ》したまふ法門なり」と。これにおいて重重の口伝《くでん》あり。口伝の相《そう》は後に注するが如し、云云。

尋ねて云く、天台と南岳とは倶《とも》に*霊山《りょうぜん》の聴衆なり。*本地《ほんじ》は勝劣なしといへども、*垂迹和光《すいじゃくわこう》の日は、天台は弟子、南岳は師なり。何ぞ天台伝南岳と題するや。答ふ、このこと、もつとも*落居《らっこ》すべきことなり。総じて高祖を定めん時は南岳なるべし。しかるを天台宗と云ふこと、深意《じんい》これあり。天台は南岳を師となして*法華三昧《ほっけざんまい》を修す。三七日満の時、内証円明《えんみょう》にして*速《すみや》かに発《はっ》す。証《しょう》を以て師に白《もう》す。南岳は定《じょう》に入りて天台の証得《しょうどく》を観じて歎じて云く、

文点 返り点、送り仮名のつけ方。読み方の意。
蓮実房 勝範。↓補
故阿闍梨 中島長豪を指すか。
霊山浄土… 霊山浄土は法華経の悟りの世界。霊鷲山(りょうじゅせん)で法華の真髄が説かれようとする時、地下から宝塔が湧出し、その中の多宝如来が、釈迦の説法の最尊なるを証明し、釈迦牟尼を塔中に請じて並坐せしめた。多宝塔中の釈迦牟尼は法華本門の教主である。
章安 灌頂(かんじょう)。天台大師の弟子。大師の著の大半は章安の筆録になる。
道邃和尚 荊渓大師湛然の弟子。伝教大師に本覚門を伝えたといわれる。
霊山の聴衆 霊鷲山で釈迦から直接法華経の説法を聞いた者。
本地 もとの姿。垂迹身に対す。↓補
垂迹和光の日 本の姿の尊厳な威光を和らげて、衆生済度のため仮りにこの濁りの世に出現された時。
落居 論議の結論をつける。
法華三昧 法華経の修行法。またその悟り。行道と坐禅とを兼ねるので、半行半坐三昧ともいう。
速かに発す ただちに悟りを開く。この時天台は空定の悟りを開いた。
所化の熟 弟子ではあるが、宿業によって天台宗の開祖となるべく、機縁が完全に整った者。
不熟の能化 師匠ではあるが、その機縁が未だ整っていない者。

「我と汝と証異なることなし。ただし汝は*所化《しょけ》の熟《じゅく》、我は*不熟の能化《のうけ》なり。自証を以てまさに衆生を化《け》すべし」と、云云。また南岳は天台を讃歎して云く、「我と汝と証得の異なりなし。機の熟不《じゅくふ》においては異なりあり。汝当宗《とうしゅう》の高祖となるべし」と、云云。この道理あるが故に、天台伝南岳と書くなり。このこと、天台・南岳の内証は*玄義《げんぎ》に見えたり。その例証これあり。*智広寺《ちこうじ》の*布薩《ふさつ》の時、南岳・天台倶《とも》に座にあり。*籌記《ちゅうき》の時は南岳・天台とは書かず。南岳大師告げて云く、「智顗《ちぎ》禅師は仏法弘通《ぐづう》の妙相あり。籌記の時は智顗を先となせ。*思禅比丘《しぜんびく》次なるべし」と。南岳の教へに依つて、*維那《いな》*恵広律師《えこうりつし》、*智顗・思禅と書きたまへり。彼を以てこれを例するに天台(伝)南岳と云へること、もつともその道理あるか、云云。

尋ねて云く、天台伝南岳心要と云ひて何事を伝ふるや。答ふ、今の伝において重重の相承あり。先づ大意を存ずるに、機法二種の口伝あり。

法の口伝を云はば、止観《しかん》の内証に二途あり。一には*境智不二門《きょうちふにもん》、二には*還同有相門《げんどううそうもん》なり。境智不二とは、*生仏《しょうぶつ》の相《そう》を絶し、教門の蹤《あと》を断ず。天真独朗《てんしんどくろう》不思議の法体《ほったい》、一切善悪都《すべ》て思量することなしと云へる、この意《こころ》なり。次に還同有相門とは、境智の諸相を泯亡《みんもう》して本《ほん》解《げ》成立《じょうりゅう》し已《おわ》れば、一切の行証《ぎょうしょう》は悉《ことごと》く止観の正伝《しょうでん》なり。伝教は道邃《どうずい》に値《あ》ひ、*一言《いちごん》を以て止観の心要を伝へたまへり。いはゆる*本処通達門《ほんじょつうだつもん》の一言なり。本処通達門とは、もし*三蔵《さんぞう》教《きょう》の根性《こんじょう》の人《にん》来りて止観の法門を問はば、諸法は無常なりと云ふべきなり。もし*真言三密《しんごんさんみつ》の行者来りて心要を問はば、大日遍照《だいにちへんじょう》の自体乃至《ないし》一切事理の諸法なりと云ふべし。その相《そう》貌《みょう》に依つて止観の心要を示すべし。天台大師は、源《みなもと》、*略開三《りゃくかいさん》の文を所行《しょぎょう》となし給ふが故な

玄義　妙法蓮華経玄義十巻。天台大師の述。天台三大部の一。↓補
智広寺　恐らく創作された寺名。
布薩　半月ごとに集会し、戒経を読み聞かせ、所犯の罪を懺悔させ、生活を正させる僧団の行事。
籌記　出席者の名前を記録すること。
思禅比丘　南岳大師恵思禅師。
維那　寺中の雑事一切を司る役名。
恵広律師　天台の授戒の師、慧曠律師の名を借りたものか。
智顗・思禅　底本は「智顗禅師」。真如本(叡山文庫真如蔵本。以下「真如本」と略)によって改む。
境智不二門　主観客観の相対を超絶し、あらゆる名称、思考を離れ、不思議本然の中に自分をおく立場。
還同有相門　境智不二の悟りを得た後、再び人情の世界に還り、現実の世界こそ真実の現われとする立場。
生仏の…　迷いの衆生だ、悟りの仏だという相異を忘れ去り、言語による道理の説明をも離れた、ありのままの自然になりきった境地。
一言を以て…　↓補
本処通達門　凡夫の所作や情念のほかには、別の観法も悟りもないと知る立場。
三蔵教　天台では小乗教を指す。
真言三密の行者　真言宗(台密も含め)の行者。
略開三の文　略開三顕一の文の意。法華経方便品の十如是の文を指す。

り。南岳大師は*一念三千観を授け給へり。故に*広止観《こうしかん》には、一念三千観を*己心(中)所行《こしんじゅうしょぎょう》となす。かくの如く心得れば、止観の法門は有相《うそう》に還つて深意あり、云云。

次に機の口伝を云はば、*山家《さんげ》の大師《だいし》、心地《しんじ》四重《しじゅう》の機《き》と云ふことを釈し給へり。四重の機とは、一には次第昇出の機、謂《いわ》く、*六識迷情《ろくしきめいじょう》の念を捨てて*九識本分《ほんぶん》の処に至らしめんが為に、*諸の行業《ぎょうごう》を修《しゅ》す。二には*本住不下《ほんじゅうふげ》の機、知識経巻《ちしききょうがん》に値《あ》ひて一切の法皆仏法なりと聞き、言下《ごんげ》に天命《てんみょう》を開きて、更に一の迷相をも存せず、自証円明なり。三には*本住不進の機、謂く、*根塵相対介爾《こんじんそうだいけに》の一念の外《ほか》に更に止観の本性あることなし。六識の当体《とうたい》、本有《ほんぬ》の妄情なりと意得《こころう》る機これあり。四には二相不立《ふりゅう》の機、止観とも止観にあらずとも分別せず、行《ぎょう》とも解《げ》とも思量せず、不思議天真の機これありと、云云。大師、私《わたくし》に一種を加へて還修有相《げんしゅうそう》の機を立て給へり。還修有相とは、不思議未分の上に、立ち還つて諸行ありと、云云。*内証伝法決《ないしょうでんぼうけつ》に云く、「しかるに止観の機の相を伝ふるに、略して四種あり。一には次第昇出、二には本住不下、三には本住不進、四には二相未立《みりゅう》の機なり。私に云く、また還修有相の機あり」と。委細の旨《むね》下の如し。

尋ねて云く、今の心要は誰人《たれひと》の所釈《しょしゃく》ぞや。答ふ、南岳大師の説、章安大師の記録なり。

疑つて云く、山家《さんげ》の大師*教行証《きょうぎょうしょう》の三度の目録に、心要は南岳大師の所釈と云ふことこれなきは、いかん。答ふ、故阿闍梨の云く、「この心要は、正《まさ》しく天台・南岳塔中口伝《たっちゅうくでん》の実*義を書き顕はし給へる章疏なり。ただしこの疏《しょ》の中において、多宝塔中大牟尼尊《たほうたっちゅうだいむにそん》の正《ただ》しき金言、天台・南岳の言、章安の私の言、これあるべし。その文相《もんぞう》は口伝にあらずんばこ

一念三千観　→補「三千」(相伝法門見聞)

広止観　摩訶止観十巻の全体をいう。章安の記した序文を略止観という。

己心中所行　自己の心中において実修する修行。

山家の大師　伝教大師最澄のこと。

六識迷情の念　対象に接するたびに刻々起滅する迷妄の心。平素の心。

九識本分　起滅しない本然の真如。本覚ともいう。

諸の行業　止観の四種三昧。常行・常坐・半行半坐・非行非坐の修行。

本住不下の機　本理を了解して、もはや凡情を起すことがない機類。

本住不進の機　本理は凡情の上に更に進んで求めるものではないと悟る機類。

根塵相対介爾の一念　人間の官能と対象とが相接した時、刹那的に起る微弱な心。

内証伝法決　伝教大師の中国からの伝法記録。実在はしない。

教行証の三度の目録　伝教大師が道邃和尚からそれぞれの義理について、教重・行重・証重の三重に相伝したという記録。実在はしない。

実義　底本は「異義」。真如本によって改む。

六月三日　伝教大師は六月五日対馬に安着した。従って後の六月二十四日とともに、事実とは相違する。

二箇度　教重と行重の二度の相伝。

れを知るべからず。口伝の趣《おもむき》、下の如し。ただし三度の目録にこれなしと云ふこと、意得《こころう》べきことこれあり。教行証の三度の目録は、大唐貞元二十一年乙酉《きのとり》*六月三日の記録なり。伝教御在唐の刻《きざ》み、*二箇度《にかど》の程は*略義・略文《りやくもん》・心要三部の秘書を授けず、明日帰朝のその暮《ゆうべ》貞元二十一年六月二十四日、*竜興寺《りゆうこうじ》西の廂《ひさし》極楽浄土院において、道邃和尚《どうずいわじよう》この書を伝教に与へ給へり。その時和尚《わじよう》の云へるを、随身録《ずいじんろく》に云く、「略義・略文・心要はこれ南岳大師の説、章安尊者の記なり。秘中の深秘《じんぴ》なり。汝、心中に納めてまさに*山家《さんげ》の教《きよう》を(弘《ぐ》)通《づう》すべし」と。既に三部の略書《りやくしよ》は南岳の所説と見えたり。教行証の三度の目録は帰朝已前《いぜん》に記するが故に、もつともこれあるべからず。随身録は本朝に帰りて記録したまふ。故に備《つぶさ》に心要等の章疏を挙ぐ。これ*異なる相伝なり。*御廟《みみよう》の先徳《せんどく》、門徒三千人が中に、*楞厳《りようごん》院《いん》の和尚《わじよう》に授け給へり。故に南岳の所釈と意得《こころう》べきなり」と、云云。

尋ねて云く、*一家《いつけ》の相承に*宗旨・宗教の二途あり。今の心要は宗旨・宗教の中には何《いず》れぞや。答ふ、山家の大師、道邃・*行満《ぎようまん》の二師に値《あ》ひて、天台一家の法門を伝へ給へり。道邃の相承に云く、「*四教・五時・本迹二門の法門は宗教の分域、大師内証の実談は宗旨なり」と。大師相承の心要に重重あり。謂く、大いに分つに自行《じぎよう》と化他《けた》となり。

自行門の時はただこれ一念三千に限るべし。その故は、広止観の序に、「この止観は、天台智者、己心中所行の法門を説きたまふ」と。*弘決《ぐけつ》の第五巻に云く、「大師、覚意《かくい》三昧《ざんまい》・観《かん》心食法《じんじきほう》及び誦経法《ずきようほう》・小止観等の諸の心観の*文において、ただに*自他等を以て三仮《さんけ》を観推せしめ、並びに未だ一念に三千具足せりと云はず。乃至観心論の中に、またこれただ三十六

略義・略文・心要　忠尋記という法華略義見聞・法華文句要義聞書・漢光類聚がそれぞれの注釈となっている。ただし略義・略文は実在しない。

竜興寺…極楽浄土院　伝教大師は貞元二十一年(八〇五)三月二日、台州のここで道邃から円頓菩薩戒を受けた。

山家の教　天台の教え。

異なる　「まことの」の誤りか。

御廟の先徳　御廟の大師ともいう。慈恵大師良源(九一二—九八五)。

楞厳院の和尚　恵心僧都源信(九四二—一〇一七)。

一家　今家ともいう。自己の宗。ここは天台宗。

宗旨・宗教　文言による教学の理論を宗教といい、それを超えた悟りの内容を扱うことを宗旨という。

行満　道邃と同門。伝教大師に始覚門を伝えたといわれる。

四教・五時…　↓補「八教」「化法所立の四教」(本理大綱集)

弘決　摩訶止観輔行伝弘決十巻。荊渓大師湛然の撰。今の文は第五之三。

文　底本は「門」。輔行によって改む。

自他等…　天台大師は覚意三昧などの観心を説く著作には、一般に存在していると考えられているあらゆる事象(法仮・受仮・名仮)を、自より生ずるか、他より生ずるか、共生か、無因生かと推尋し、すべて不可得なるを知る方法を説いているが、一念三千観を説くのは摩訶止観が初めて。

問を以て四心を責むるも、また一念三千に渉《わた》らず。ただ四念処《しねんじょ》の中に略して観心の十界を云ふのみ。故に止観に至つて、正《まさ》しく観法を明かすに、並びに三千を以て指南となす。乃《すなわ》ちこれ終窮究竟《しゅうぐくきょう》の極説《ごくせつ》なり。故に序の中に、「説己心中所行法門」と云ふ。良《まこと》に以《ゆえ》あるなり」と。既に一念三千観を以て大師所行の*実意となす。自行の一種は一念三千に限るべしと見えたり。一念三千の観はこれ諸仏の内証、諸法の肝要なり。*大慧苦《ねんごろ》に請ぜしかども、許したまはず。*能仁《のうにん》法花已前《いぜん》の諸経に都《すべ》てこれを説かず。法花会《ほっけえ》に至るといへども、*三周得悟《さんしゅうとくご》の声聞《しょうもん》は、根性迂《う》廻《え》道《どう》なるが故に正しく顕説《けんぜつ》せず。ただ*十如是《にょぜ》を説いて本末究竟《くきょう》の証悟を以て、密《ひそ》かに一念三千を顕はす。天台大師、証《しょう》を南岳より相承して、正しく一念三千の法門を開示す。見聞覚知《けんもんかくち》の功徳、八万四千の教に超過《ちょうが》せり。いはんや*正修《しょうしゅ》においてをや。即ちこれ自行の心要と名づく。

*化他門においては多種の心要あるべし。一には*四性推検《ししょうすいけん》、二には空無生観、三には一心三観等なり。化他の心要において大いに分《わか》ちて*両種あり。謂く、境智《きょうち》不二と還同《げんどう》有相となり。還同有相において多種の心要あるべし。一には不即の心要。謂く、*別教教門の所談と爾《に》前帯権《ぜんたいごん》の法門となり。中道法性の理は万法と相離《そうり》して相即せずと云ふが故に。二には不離門の心要。謂く、*爾前帯権の円(教)並びに別教の実談なり。正しく法花の如く、「煩悩即菩提、真如是万法」の顕説これなし。ただ煩悩菩提不《ぼんのうぼだいふ》相離《そうり》の義を以て相即を説くなり。浄名経《じょうみょうきょう》に、「*婬欲即是道《いんによくすなわちこれどう》」と*等《ら》云へる、これなり。三には断証次第門。謂く、法花の迹門《しゃくもん》に明かす所の「*九界為権仏界為実《くかいをごんとなしぶっかいをじつとなす》」の法門、これなり。迹門の意《こころ》は、九界の迷情を

実意　底本は「大意」。真如本によって改む。
大慧　舎利弗や須菩提を尊んで慧命の尊称を付する如く、仏弟子たちの尊称か。
能仁　釈迦のこと。
三周得悟の声聞　三周は、上根舎利弗に対する法説周、中根大迦葉等四人のための譬喩周、下根の大衆に対する因縁周。前後三周の説法によって、法華一乗教を理解した弟子たち。
十如是　法華経方便品略開三の文。
↓補「本末究竟」(修禅寺決)
正修　正しく一念三千観を行うこと。
化他門においては…　文章に誤りがあると思われる。↓補
四性推検　四運心・四運推検ともいう。正起の念のみでなく、未念・欲念・念已についても、それが自生か他生か、共生か、無因生かを巡検し、遂に無相を悟る観法。
両種　底本は「多種」。真如本によって改む。
別教教門　天台ではひとり菩薩のためだけの教えを別教とし、それに華厳経をあてる。その理論的な教理を教道といい、その中の証(さと)りを扱った法門を証道(実談)という。
爾前帯権の円教　法華経・涅槃経以外の方便として説かれた教説中に含まれる円熟した法門。浄名経の今の説は通教で帯権円教。
婬欲即是道　婬欲の悪業即ち菩提。

断じて仏界の一理に帰入《きにゅう》する意《こころ》これあり。これ相即の上の断証《だんしょう》なり。四には真如具《しんにょぐ》法門《ほうもん》の心要。謂く、不変真如の一理に万法具《まんぼうぐ》足《そく》するが故に。五には三千相対門《そうだいもん》。謂く、三千の諸法本有《ほんぬ》常住なりと観ず。六には万法三身門《さんじんもん》の心要。謂く、*法法塵塵《ほうぼうじんじん》の自体本有の三身と観ずべし。七には寂照不思議の心要。謂く、法法塵塵の自体寂照具足して皆仏知《みなぶっち》仏見《ぶっけん》の体《たい》なりと観ずべし。八には自《じ》法常恒《ほうじょうごう》の心要。謂く、*仏意内証の所談には別して伝ふべき処の心要これなし。また修すべき処の観法もこれなし。*行住坐臥の所縁、併しながら止観の自体なり。この八重《はちじゅう》を化他の心要と名づく。この八重の上に大師自証の一念三千観これあり。*一念なる時は諸法の名相《みょうそう》不可得なり。三千なる時は相性宛然《そうしょうえんねん》として失すべからず。一念不思議の全体に三千性相の名言《みょうごん》あり。この観は上根上智の所修にして、全く下《げ》根下《こんげ》智《ち》の思量にあらず。この九重の法門を相伝するを宗旨心要の口伝と名づく、云云。

尋ねて云く、天台伝南岳心要は教行証の三度の目録の中には何《いず》れぞや。答ふ、教行の二途は今の相伝なり。証分の心要は更に相伝するにあらず。*証は不由他《ふゆた》の故に。蓮実房の云く、「教行二途の心要は師資相承《ししそうじょう》の法門なり。証道無相の実義は能伝所伝《のうでんしょでん》にあらず。正《まさ》しく教相を以てその真理を定め、教の如く修行するが故に、今の天台伝の心要は教行二途なるべし。ただし教に重重の不同あり。一には*応同局情《おうどうきょくじょう》の教。謂く、爾前帯権経《にぜんたいごんぎょう》の教相なり。二には*破開局情の教。謂く、法花迹門の所談には爾前帯権の局情を破開して、諸法実相の真義を顕はすなり。三には本覚の教。謂く、本門の*俗諦常住《ぞくたいじょうじゅう》三千本来の実義は自性の本教《ほんぎょう》なり。四には直顕《じきけん》真実の教。謂く、今の心要に書き顕はす所の*六即十章の文字言句《ごんく》

等 「ら」と読む。論義における読み方。「と」「とう」の連続音を避けるためか。
九界為権… 法華玄義釈籤二上の文。
法法塵塵の自体… この世の森羅万象が法報応三身仏の本来の姿である。
仏意内証 仏自身の心中の悟り。
行住坐臥の所縁… 多様な環境の中で刻々と生活を営む起居動作が、そのまま止観の修行である。
一念なる時は…名言あり 一念三千の一念の方からいえば、森羅の現象は一念によって把握されるから心のほかに諸法はなく万法唯心であり、三千の方からいえば万象差別する相も性も、ことごとく個々の特性が完全に認められなければならない。従って、刹那の一念に三千の差別相を具することを観ずるのが一念三千観。
証は不由他 悟りは自己の独創で、他人からの教示によるものではない。
応同局情の教 未だ円熟しない人間の迷情に応同して説かれた方便教。
破開局情の教 爾前に説くところは帯権の方便であると教え、またその局情のままで実相に違背しないと開会した法華経迹門の教え。
俗諦常住 三千と表現される無常な森羅万象の差別の道理こそが真実常住であるとする教え。還同有相門。
六即十章 天台伝南岳心要は円頓章を略説とし、六即修行を以てこれを結び、十境を広説としている。

皆これ不思議法然《ほうねん》の自用《じゆう》、難思本妙《ほんみょう》の形にして、教門始本の相を絶す。今の心要の教とは即ちこれなり。所説の諸義、正しく仏意内証の所志《しょし》にして*教門教道の義にあらず」と。

行においで重重あり。謂く、爾前・迹門・本門乃至観心なり。今の行《ぎょう》とは、本迹教門を捨てて*不思議未分《みぶん》なる自体なり。一心三観、一念三千、並びに四性推検等、皆これ未分の上の実体なり。総じて教行証の三度の血脈《けちみゃく》を意得《こころう》るに、教分の血脈は正しく法華・涅槃《ねはん》に依り、行分は*十二分教《ぶきょう》を離れ、正しく所修の行体を授く。証分は不伝の一句に習ひ留むるなり。この趣を以て天台伝の悟りを意得べし、云云。

心要

要とは*宗体《しゅうたい》の義なり。心とは*集起《じゅつき》、慮知《りょち》の義なり。心要に総じて多種あり。爾前帯権経の意《こころ》は、*但中法性《たんじゅうほっしょう》の理を心要となす。法性の理は正しく一心にあらざれども、*一心の所《しょ》依《え》なるが故に、但中の理を心要となす。迹門の意は、*無相不相の一理より色心出生《しきしんしゅっしょう》す。能生《のうしょう》の不変真如の一理を心要となす。本門の意は、*俗諦《ぞくたい》三千の諸法各心各体《かくしんかくたい》の心要なり。謂く、地獄は地獄の当体を心要となし、乃至仏果は本有《ほんぬ》の仏体を心要となす。かくの如きの*三重の心要は、正しく大師の本意にあらず。今の心要とは、*本迹未分根本法華《ほんじゃくみぶんこんぽんほっけ》の内証、不思議法然の自体なり。自性不思議にして*介爾《けに》の一念に三千の性相《しょうぞう》を具す。故に今の心要は、観不思議《かんふしぎ》の実体を心要となすなり、云云。

尋ねて云く、今の心要と*大部《だいぶ》の止観と同異いかん。故阿闍梨の云く、「今の心要はこれ

教門教道　天台宗では仏教を教観二門に分け、教門によって得られる道理は教道、観門によるものは証道。
不思議未分　すべてを全体的一の立場で見る観心門の悟り。
十二分教　十二分(部)経。経典の総称。一切経を修多羅・祇夜・伽陀等の十二種類に分ける。
宗体　最も主要なるかなめの意。
集起　梵語の質多(ジッ)。集起心または慮知心という。天台では意識であるが、本覚法門では、九識本有の質多をとる。
但中法性の理　有とか無とかの思量を離れた、ただ自然法性の理を中道とする考え。
一心の所依　心のよりどころ。心を法性中道に繋けることによって悟りを得る。
無相不相の…　不変の真如は無相であるが、縁に随ってそこから一切万有(色心)が出生する。
俗諦三千　不変の真如が無始以来随縁して出生したすべての物事。
三重の心要　四重興廃の中の昔(爾前)・迹・本の三重。
本迹未分…内証　本門とか迹門とか爾前とかいう教学を忘れて、直ちに仏意に参ずる。これは法華経という文字に表現される以前の法華の悟りで、観心の重。↓補「三種法花」(修禅寺決)
介爾の一念に…なすなり　対象にふ

多宝塔中《たほうたっちゅう》の相承を書き載せたる密書なり。*これを本となして悉く一切の諸法円備すれば、宝処《ほうじょ》に直達《じきたつ》するぞと意得《こころう》べきなり。大部の止観はこの心要を本《もと》となして釈したまふなり。ただし広止《こうし》観《かん》は、殊に還同有《げんどうう》相《そう》を面《おもて》となして釈したまふなり」と、云云。

尋ねて云く、今の心要の説文《せつもん》はいかなる機の為ぞや。答ふ、もつとも意得べきことなり。止観の五の巻に、*「高尚なる者は高尚にし、卑劣なる者は卑劣にせん」と。利鈍の二機何れも漏らすべからず。法華の本迹二門の*顕説の機を云はば、三周得悟の声聞、*界内同居《かいないどうご》の六識情念強き偏堕《へんだ》の凡夫なり。これを治せんが為に偏堕《へんだ》但空《たんくう》の観を設けて、*鹿園《ろくおん》十二年の間見思《けんじ》を断じ、その後弾呵《たんが》洮汰《とうだ》の説を設く。四十余年の後、法華本迹の説を設けて仏知見に開示し悟入す。爾前に空観を捨てて仮中に入る。法華にして権教《ごんぎょう》を捨てて実教を取り、本門には迹門を捨てて本覚に帰す。*今の止観の配立《はいりゅう》はしからず。境智不二門の時は本迹権実の名相を絶し、還同有《げんどうう》相門《そうもん》の時は一切の行相《ぎょうそう》皆止観の全体なり。正しく還同有相門は我等が得分なり。本迹二門の法門は見思《けんじ》・塵沙《じんじゃ》・無明断《むみょうだん》の人の為なり。されば、*法華は断無《だんむ》明証《みょうしょう》中道《ちゅうどう》の人の為にして鈍者の得分にあらず。しかるに今の還同有相門の止観の心は、各各《かっかく》に*本行に住して一念三千の観に通達す。しかるを広止《こうし》観《かん》には、*華《け》厳《ごん》の「最初発心《さいしょほっしん》の時一向に菩提を求め、堅固にして動ずべからず。彼の一念の功《く》徳《どく》は深広にして涯際《がいざい》なく、如来分別して説くこと、劫《こう》を窮むるも尽すこと能はず」の文を引いて、止観の正機《しょうき》と定め給へり。しかるに最初発心と云ふを、*妙楽《みょうらく》、「極下《ごくげ》の位、博地《はくじ》の初心を挙ぐ」と釈し給へり。最極下《さいごくげ》劣《れつ》の機を正となし給ふなり。余の教には、別して本行を進むる故に鈍根《どんごん》の機を明か

れて僅かに動いた刹那の一念に、既に全世界が包含されていると観ずる摩訶止観十乗観法第一の観不思議境が心要。

大部の止観 十巻の摩訶止観。

これを…悉く 底本は「此漢光類」。真如本「此為本悉」によって改む。

高尚なる…卑劣にせん 「高尚者高尚」(真如本)が、底本には「高尚播州下」とある。これは、第四巻一紙の「和尚播州下向」が混入したものと思われる。→補

顕説 底本は「類説」。真如本によって改む。顕説法華における機根。

界内同居の…偏堕の凡夫 天台では三蔵教(小乗教)、通教二教の説を界内教という。六道三界の内の意で、そこには人・天の凡夫も声聞・縁覚・菩薩の聖者も同居するので、四土の中では凡聖同居土に当る。ここの凡夫は偏真の空理に執着する。

鹿園十二年…仮中に入る →補

今の止観の配立 止観観心門における一代仏教の前後配立のし方。

法華は断無明…あらず →補

本行 底本は「本門」。真如本によって改む。各人それぞれの行相。

華厳の… 摩訶止観第一上に引く旧華厳経第七巻賢首菩薩品の文。

妙楽 中国天台第六祖、荊渓大師湛然(七一一—七八二)。下の文は、止観輔行伝弘決第一之二にある。博地とは凡夫の位。

すといへども、今の止観の心は、最極下劣《さいごくげれつ》の凡夫の、諸法に堪へざるを、本処通達門を以て教化して勝益を得せしむ。見聞《けんもん》覚知都《すべ》て大利益《りやく》あり。或はまた、「*しかして円頓教《えんどんきょう》は本《もと》凡夫に被《こうむ》る。一心凡にあれば即ち修習すべし」と釈し給へり。無心の人は力及ばず。心ある程の者は何ぞ円頓の正機にあらざらん。*仏立和尚《ぶつりゅうわじょう》、山家《さんげ》の大師に語って云く、「止観一部を聞いて所説の諸義を信受せざる者は、まさに知るべし、この人*三途の決定業《けつじょうごう》あり。止観を聞いて信受せざる者は、*三途の縁を尽《つく》さざる者なり。高尚なる者は高尚にし、卑劣なる者は卑劣にせんとは、地獄・餓鬼等の当体止観なり。乃至仏界の常修常証はこれ高尚の止観なり」と。

尋ねて云く、山家の伝法の如きは、本所通達門を以て止観の法門を相伝すと見えたり。もししからば、*善悪無記《ぜんなくむき》の三性倶《とも》に止観の体なりと示すべきや。答ふ、*云云。疑つて云く、*両方に明らかならず。もし三性倶《とも》に止観の体と示すと云はば、善と無記とはしかるべし。悪の当体もし止観ならば、*悪無碍の悪見なり、いかん。*もしこれに依つてしかなりと云はば、一切の法は本《もと》これ仏法なり。いかでか悪性を除くべきや。答ふ、このこと、第一の大事なり。道邃の義に云く、「機において*初化道《しょけどう》と後化道《ごけどう》とあり。悪は本妄心《もともうじん》なり。自性法《じしょうほう》理《り》に違す。最初化道の時は、悪を以て止観の体とは云ふべからず。妄見を増すが故に。後化道の時は、妄心の当体もまた止観なり」と。*灌頂師《かんじょうし》、「悪人の為には*相待種《そうだいしゅ》の開会を説かず」と書き給へるは、この心なり。或る人ありて、「一善なしといへども、何ぞ無記の所作なからん。無記は善悪に違せず、止観の体と示す時は善性となれり。例せば、*善財童子《ぜんざいどうじ》

しかして円頓教は…　止観輔行伝弘決第四之四の文。
仏立和尚　仏隴和尚を意味するものと思われる。荊渓大師の弟子行満。道邃の同門。口伝法門では、伝教大師に始覚門を授けたという。
三途の決定業　間違いなく地獄へ落ちてしまう決定的業因。
三途の縁を…　地獄との結びつきが強く、地獄との縁がなくならぬ。
善悪無記の三性　現在と未来に自分にも他人にも楽果を生ずる善因、その反対の悪心、更に善とも悪とも定め難い業因。
云云　ここでは「止観の体なりと示すべし」の略。多く肯定を示す。
両方に…　解答が肯定の場合も、否定の場合も、共に疑問がある。これは論義用語で両方難といわれる。
悪無碍の悪見　自由自在に悪を行なってよいと認める誤った見解。
もしこれに依つて…　悪の当体止観なりとするのは悪無碍の悪見であるということが許されるならば。
初化道　初化導。初心下根の化導。
灌頂師　天台大師の弟子章安のこと。
相待種の開会　悪と善、煩悩と菩提の如く相反する概念を、悪即善、煩悩即菩提の如く不二であると教える。
善財童子の…　華厳経入法界品第三十九之六の説。善財童子は文殊の教えにより南に法を求めて次第に五十三人の師について法を聞いた。「砂

の五十余の知識の中に、或は砂を数へて正行とする等の如きなり」と、云云。仏立師《ぶつりゅうし》の云く、「善悪の二性*偏計所執《へんげしよしゅう》を離るれば、倶に止観の体性《たいしょう》なり」と、云云。

諸法は寂滅の相なり

寂滅において重重あり。*通教《つうぎょう》の心は、如幻《にょげん》の諸法自体空寂《しょほうじたいくうじゃく》なるが故に寂滅となす。寂滅とは寂相滅妄《じゃくそうめつもう》の義なるが故に。*別教《べっきょう》の意《こころ》は、空仮《くうげ》の二辺の相を寂して但中《たんじゅう》不思議なるを寂滅となす。法華迹門の意は、十界十如の諸法悉く不変の理性に帰す。理性の外に更に余法あることなし。故に、「*諸法寂滅の相は言を以て宣《の》ぶべからず」と云ふことなり。本門の心は、十界常住なるが故に本分の寂滅なり。しかるに今の文は、迹門方便品《しゃくもんほうべんぽん》にこれありて正しく迹門の義を存《ぞん》す。*大師随義転用《ずいぎてんゆう》して、この文を以て観心の発問《ほつもん》に備へ給へり。今諸法寂滅相と云ふは、本迹未分境智一念にして、更に権実等なき処を寂滅相とは云ふなり。もし諸法《しょぼう》の自性《じしょう》不可思議ならば、何ぞ止観を説くやと問ふなり。境智不二門を以て還同有相門を問ふと意得《こころう》べきなり、云云。

*しかも止観を説く

言説《ごんぜつ》において三種あり。一には*以名説名《いみょうせつみょう》《名を以て名を説く》、二には託名顕体《たくみょうけんたい》《名に託して体を顕はす》、三には離《り》言説言《ごんせつごん》《言を離れて言を説く》の言説《ごんぜつ》なり。法華已前《いぜん》の諸経は未顕真実《みけんしんじつ》の教門なるが故に、ただ以名説名なり。無量義経に、「四十余年未顕真実」と云ふが故に。

を数へて」は、自在主童子が書数算印等の法門を修学したこと。
偏計所執　凡夫の迷情によって実には無きものを実有なりと迷執すること。縄を蛇とする如き誤りは止観の体性ではない。
通教の心は…　大乗初門の通教は諸法に生滅なく、迷情が生滅を見るとし、諸法は如幻如仮当体即空という。
別教の意は…　別教は空有を隔てることなき本有中道の理を説くが、その理はただ平等で差別の相は理にあらずとする故に、但中不思議という。
諸法寂滅…　法華経方便品の偈。
大師随義転用…　摩訶止観第一上。次第禅門・六妙門・円頓止観の三文の部別なるを示し、次いで発問を設け、理はもと不可説のものであるのになぜ三文を示すのかと疑う。今は諸法寂滅相の文は迹門であるけれども、天台大師はその趣旨のみを取って仮りに発問に用いたというが、摩訶止観には涅槃経・浄名経等をも用い、本迹二門にこだわってはいない。
しかも…　摩訶止観第一上では「月重山に隠るれば扇を挙げてこれに類し、風太虚に息めば樹を動かしてこれを訓ふ」と説明するのが有名。
以名説名　究明される本来無名の理に、仮りに名づけて説くのであるが、法華以前の諸経は方便の教であるから、理も真実の実相の理ではなく、空有偏堕の仮名にすぎない。

法華本迹二門の説は託名顕体の言説《ごんぜつ》なり。「*声色《しょうしき》の近名《ごんみょう》を依《たの》んで無相の極理《ごくり》に至る」と談ずるが故に、名を以て体を顕はすなり。止観の法門は離言説言の言説なり。名体不二、*任《にん》運無窮《ぬんむぐう》に教名を施設す。故に所有《しょう》の言説爾前《にぜん》本迹の名相《みょうそう》には同ずべからず。山家《さんげ》の大師、大経蔵の前において教を*覚大師に授くるに、三種の言説を以てす。教に三途を説いて云く、「教に三種あり。一には教を以て教を説く。正《まさ》しく*前四味にあり。二には教を以て体を顕はす。正しく法華にあり。三には教を離れて教を説く。正しく*己心《こしん》にあり。説《い》ふ所の止観の内証なり」と示し給へり。慈覚大師この語を受けて、三種の言説を立て給へり。*決附《けつぷ》に云く、「言説に三種あり。一には名を仮りて教を説く。二には名に託して体を顕はす。三には言を離れて言を説く」と。これを以て意得《こころう》るに、今の止観は、言を離れて言を説く言説なり、云云。

問ふ、何の所以《ゆえ》あつてか、しかも止観を説くと。しからば云ふ所の止観と云へるは、大師内証の法門なりや。答ふ、云云。疑つて云く、両方に明らかならず。もし大師内証の止観なりといはば、*今の釈に、「今の人意《こころ》鈍にして玄覧《げんらん》すること則ち難し」と。鈍根《どんごん》の為に止観を説くと見えたり。もしこれに依つてしかなりと云はば、広止観《こうしかん》に、「止観明静前《しかんみょうじょうぜん》代未聞《だいみもん》」と。妙楽大師、これを受けて大師の内証と釈したまへり。また*序に云く、「この止観は、天台智者、己心中所行《こしんじゅうしょぎょう》の法門を説きたまふ」と。止観は大師の内証天真不思議の法門なりと聞えたり、いかん。答ふ、云云。このこと、意得べき法門なり。今の止観は、大師の内証を顕はし行ずる前には一切の法門皆内証なり。大師の内証また別ならず。一切衆

声色の近名…　法華玄義釈籤第一上標章の段の文。ここには「依んで」は「尋ねて」とある。声も色(物)であるが、この場合は説法と経論の、耳と目とに訴える両方の色で、妙法という仮りの近名によって視聴見聞せしめ、実相の遠理を開かせるの意。

任運無窮に…　名体不二であるから、名は仮名ではなく、諸法のあるがままに無限に教(名)が説かれて、それがそのまま実相である。

覚大師　慈覚大師円仁(七九四—八六四)、また前唐院の大師ともいう。伝教大師の弟子。日本天台宗第四祖。

前四味　天台では涅槃経の五味の譬を用いて全仏教の浅深を位置づける。法華涅槃が第五の醍醐味で、前四味は爾前の教というに同じ。

己心にあり　観心門。

決附　慈覚大師撰としているが、実在しない。本書に時々その名を見るのであろうか。山家伝法決の附録を意味するのであろうか。本書は全体を通じて、決附に依って説くという形を取っている。

今の釈　天台伝南岳心要を指すが、この文もまた摩訶止観第一上の一句である。

序　摩訶止観第一上。章安尊者の序分。止観一部の縁起を説く。

根塵相対して…　介爾の一念に三千が本具していると悟るのが内証。↓一九〇頁注「根塵相対…」

十境・十乗　十境は止観観法の対象

生の*根塵相対《こんじんそうだい》して起す所の一念、即ち大師の内証なり。故に山家の大師、止観の本末を伝へ給へる時、一心を本となして*十境《きょう》・十乗《じょう》を立てたまへり。十境・十乗即ち一心なり。一心の外に別の内証これあるべからず。止観の法門は*本《ほん》の如くして而《すなわ》ち談ずるが故に、鈍根は自性の鈍根、利根は自性の利根なり。利鈍の十界共に大師の内証なり。故に相違あるべからず。覚大師、唐朝に渡つて大師内証の悟りを尋ねたまへるに、*良諝和尚《りょうしょわじょう》決して云く、「大師の内証とは、ただ一心を指すに即ちこれなり」と。もしかくの如く意得れば、何れか大師の己証《こしょう》にあらざらん。*止観未分なるも我等が一心なり。寂照双立《じゃくしょうそうりゅう》もまた一心を離れず。その上、止観の五に、「高尚なる者は高尚にし、卑劣なる者は卑劣にせん」と云へるが故なり。故に一切皆止観なり、云云。

一切諸法は本《もと》これ仏法なり

仏法を意得るに重重あり。慈覚大師の*一代八重の口伝これを思ふべし。八重とは、一に不即門、二に不離門、三に断相帰真門、四に真如具法門、五に三千相対門、六に万法三身門、七に寂照不思議門、八に還同有相門なり。第一と第二とは爾前経《にぜんきょう》の意《こころ》、第三と第四とは法華迹門《しゃくもん》の意、第五と第六とは本門の意、第七と第八とは止観の本迹未分の所談なり。前六重は、*従権入実《じゅうごんにゅうじつ》、従迹入本《じゅうしゃくにっぽん》の法門なるが故に、大師の内証にあらず。第七と第八とは本迹未分高下《こうげ》一如《いちにょ》なるが故に、大師の内証なり。八重を以て総じて仏法の言《こころ》を意得るに、一に不即門の仏法とは、謂《いわ》く、法華已前の諸経には*隔歴不融《きゃくりゃくふゆう》の旨を明かし、但中《たんじゅう》の理を

となる十種の境界。陰入境・煩悩境等の十境。十乗は十種の観法。観不思議境、真正発菩提心等。↓補「三千」(相伝法門見聞)

本の如くして… 一切の諸法はあるがままで不思議天真の内証であると談ずるの意であろう。

良諝和尚 中国天台第八祖広修の門人。智証大師が開元寺で受法するが、慈覚大師についてはその事実がない。

止観未分…離れず 止観未分は観心門の極談であるけれども、ここでは独立・双立の二止観を挙げたものと思われる。この二止観の名目はもと経海・静明の所談といわれる。独立とは、止と観とが本来一法であり不可思議不可見であると立て、双立は、止観の二法、寂照の二徳が牛の二角の如く双立するものと論ずる。↓補

一代八重の口伝 八重口伝は、四重興廃の一々について二種を立てて仏教全体を判釈したもの。伝教大師の説、円仁の記と称する断証決定集では、この八種について、多少名称の相違はあるが、これを荊渓・道邃の所立としている。本書が慈覚大師とするのはこれと関係があろう。

従権入実…法門 権より実に入り、迹門より本門に入る教門。

隔歴不融 円融融即しない教え。煩悩は常に菩提を障える故に煩悩を断じて悟りを開き、三観も但空但中の観で断証次第する。

以て仏法となす。二に不離門の仏法とは、*爾前の円等には一分は煩悩と菩提と不離の義を明かし、諸法不離の真如を仏法となす。迹門に二種の仏法あり。一には万法帰真門の仏法。謂く、迹門の心は相即の上に*断証次第の旨を明かし、九界の迷情を捨て仏界の理に入り、*仏果の一理を仏法となす。二には真如具《しんにょぐ》の法門。謂く、一切の諸法、真如の一理に入つて同じく仏法を成ず。本門に二の意《こころ》あり。一には三千常住門の仏法。謂く、三千の諸法各別にして自性《じしょう》常住なり。地獄は地獄の当体の仏法なり。二には万法《まんぼう》三身門。謂く、法法塵塵の自性本有《ほんぬ》の三身《さんじん》なり。*自性不生《ふしょう》なるは法身《ほっしん》なり。*照了分別《しょうりょうふんべつ》は報身《ほうじん》なり。*色相《しきそう》具足は応《おう》身《じん》なり。諸法各各なれども皆三身なるが故に、「一切諸法本是仏法」と云ふなり。観心未分の所談に二の意あり。一には*寂照不思議門。謂く、諸法の自性不思議にして、三身の名《みょう》義《ぎ》を絶し、迷悟の相を離れたり。無思無念にして*三千の三千にあらざるを仏法となす。二には還同有相門の仏法。*生滅事理乃至一切有相の諸法は悉く止観の内証なり。今云ふ所の一切諸法本是仏法とは、第七と第八との観心無相の仏法なり。乃至天台一家《いっけ》の法門多途《たず》なりといへども、この八重を以て落居《らっこ》とする所なり。この答の心は、一切の諸法、或は境智不思議、還同有相にして、別して止観の名義を説くべきことこれなし。しかるに止観は*衆機に逗《とう》ずるが故に、上根の輩は一切諸法本是仏法の言の下に開悟すべし。これに堪へざる鈍根は、必ず*色《しき》の経巻に依ると意得《こころう》べし。故《このゆえ》に、止観の法門を建立《こんりゅう》するなりと答ふるなり、云云。

行満和尚《ぎょうまんわじょう》の*付文分機《ふもんぶんき》の口伝とは、「一切諸法本是仏法乃至眼依色入仮文則易《一切諸法は

爾前の円　浄名経の「婬欲即是道等」のごとし。→一九二頁注「爾前帯権の円教」

断証次第　三界の八十八使の見惑を断じて須陀洹果を得、欲界の九品の思惑を断じて斯陀含果の悟りを得るごとく、次第に煩悩をなくして次第に上位の悟りを得る。

仏果　底本には「仏果」の前に「仏法謂迹門心相即上明此断証次第旨」の十六字があるが、恐らくは前行の重複で、不用。

自性不生　すべてのものがそれぞれに本来具有する本性は不変で、後天的な造作によって新たに生じない。

照了分別　万物が持つそれぞれの特性の真実を明了にする智恵。

色相具足　それぞれが形や色や量を具えて調和していること。

寂照不思議門　寂照不二・境智不二門と同じ。

三千の…　千差万別の万有の外相をなくして、唯一の寂の理に帰する。

生滅事理　生滅の法と事理の法。生滅する現実無常の事象や不生不滅の真理。生滅の法と事の法とは同じ。

衆機に逗ず　上中下の万差の機根のために施設された、投げかけられた。

色の経巻　紙などに書かれた経典。

付文分機の口伝　観心門を元意とし教相門を付文という。教相門から悟りを得る機根・種類についての口伝。

解即行証　教の理論的追求が直ちに

本《もと》これ仏法なり。乃至眼は色に依つて入る。文を仮るに則ち易し』」の言の内に、重重の機これあり。一には*解即行証の機。謂く、一切諸法本是仏法の言の下に仏意を開発《かいはつ》し、別して行証を待たず。二には*解行相修《げぎょうそうしゅ》の機。謂く、教に依つて解を起し、解に依つて行を立つれば証あり。かくの如きの機は、正しく*章段《しょうだん》の建立《こんりゅう》に依つて得度《とくど》すべきなり。解行相修においてまた二種あり。一には解行倶円《げぎょうぐえん》の相修。謂く、一念三千の教に依つて一念三千の解を発《ほっ》し、解に依つて一念三千の行あり。二には解《げ》円行漸《えんぎょうぜん》の相修。謂く、一念三千の解を発するにこれに堪へざるが故に、還つて小乗等の行を修して実相の理に入る。この趣を以て当段の文の心を心得べし、云云。

問ふ、円頓《えんどん》の行人《ぎょうにん》、文字に依つて開悟するや。答ふ、云云。疑つて云く、両方に明らかならず。もし文字に依つて得道すと云はば、文字に依つて得道するは、鈍根《どんこん》の*至《いた》す所なり。円頓止観は上根上智の行証なり。もしこれに依つてしかなりと云はば、「而説止観」と云ひ、下つては、「眼依色入仮文則易」と。止観の行者、文字に依つて得道すと見えたり、いかん。答ふ、このこと、口伝すべき法門なり。先づ*滅後の色《しき》の経巻は在世の説法に劣るべからず。その故は、説法に*六塵《ろくじん》あり。在世《ざいせ》は声塵《しょうじん》の説法、色の経巻は色塵《しきじん》の説法なり。世人《せにん》は、如来在世の説法は勝《しょう》、色の経巻は劣《れつ》なりと謂《おも》へり。この思ひ甚だ非なり。汝阿難、諸経《きょう》に六塵種の説法を説く。経に云く、「口《くち》を以て法を演《の》ぶる時、口節長からず。*反勝《へんしょう》の説法を集めてまさに*法意色を決すべし。文字の説法は未来際を尽すまで更に断《た》えざるが故に」と。*蘇悉地経《そしつじきょう》の十七会《え》の曼陀羅《まんだら》にも、釈迦をば浅略の一重に安んじ、阿難をば慈悲

修行であり、その理解が悟りとなる。

解行相修 恐らく「解行双修」とすべきであろう。以下、三カ所の「相」も同じ。経文を学んで理解し、そこから修行を起して悟りを開く。

章段の建立に依つて… 一章一章の段落を追って研究するような、即ち教相立ちの、即ち経典の学問によって悟りを開くことが出来る。

至 恐らく「致」とすべきであろう。

滅後の色の経巻 法華玄義第八上に「若仏在世可ニ以レ声為レ経、今仏去レ世紙墨伝持、応ニ用レ色為レ経」とあり、法華文句記第一上には「滅後の色経」の表現がある。

六塵 色声香味触法の六はそれぞれ人の眼耳鼻舌身意の六機能とふれ合って浄心を汚す故、六塵という。仏が音声によって説法するを声塵説法といい、色の経巻によるを色塵説法、心に法を思惟するを法塵説法という。六塵説法というが、この娑婆世界では三塵説法があるのみ。

反勝経 円多羅義集上巻「経昔如是法」には、大曼荼羅変勝経があり、また同処に大毘盧舎那不思議変勝経の名も見える。底本、右傍に「不空三蔵訳」とある。しかし不空訳にはない。

法意色 法処色。詳しくは法処所摂色のことであろう。十二入の中、法処に属して意根の所対となるもの。

蘇悉地経 →二六二頁注

不断の境第七重に安んず。慈覚大師、この文を見て、「釈迦の説法は五十年に限る。*阿難の色塵所顕の法は、遠く人寿六万歳に至る。故《このゆえ》に、阿難は釈迦よりも勝《すぐ》れたり」と云ひ畢《おわ》つて、*諸法の性を尋ぬるに、実仏の相あることなし。ただ諸法を指すに利益あり。これ真の如来説法の相なりと。文字《もんじ》得道《とくどう》の人《にん》は円頓行者にあらずと云ふこと、大なる非なり。今の釈に、文字得道の機を鈍根なりと云ふことは、且《しば》らく世情に准《じゅん》ずる語《ことば》なり。世間の人は耳《に》根《こん》得道は利、眼根《げんこん》得道は鈍と謂《おも》へるが故に、彼に准じて且《しば》らく文字得道を鈍根と云ふなり。真実に法の実義に依らば、必ず文字得道を鈍とは意得《こころう》べからず。*倶《とも》に*自性法身の説法なるが故なり、云云。

今*の人、意《こころ》鈍にして

これにおいて重重の意《こころ》あり。一には一切諸法本是仏法の機は*解即修証《げそくしゅしょう》なるが故に利なり。*教行委細《いさい》の分別に依つて得道するが故に今人意鈍と云ふなり。二には世情に准じて声塵得道は利、色塵得道は鈍なりと云ふなり。三には一切諸法本是仏法は境智不二門の機、今人意鈍は還同《げんどう》有相《そう》の機なり。云ふ所の鈍とは、*無上利根の上の本分《ほんぶん》の鈍根なり。ここを以て、決附に今人意鈍の文を受けて、「この鈍は鈍にあらず。内証の中に強《し》ひて名づけて鈍となす」と云へり。還同有相の不思議の処に強ひて今人意鈍と云ふと聞えたり。御廟《みみょう》の大師最後の時、楞厳院《りょうごんいん》の和尚《わじょう》に止観の法門を授けて云く、「摩訶止観の中に集むる所の諸法の名《みょう》義《ぎ》は、権実本迹《ごんじつほんじゃく》の意を以て例同すべからず。名同じうして義異なるなり」と、云云。今の

阿難の色塵所顕の法　阿難尊者が仏陀の所説を結集して、その中に残した教法。

諸法の性を…利益あり　諸法の実相といっても諸法の中に実相を求める時は得られない、諸法こそが実相である。文字の中に釈尊の姿はなく、文字こそが釈尊説法の姿である。

倶に　声塵の説法も色塵の経典も。

自性法身　単に法身というに同じ。

今の人…　「今人意鈍玄覧則難、眼依色入仮文則易」。摩訶止観第一上、章安の序の中の句。今の人とは、釈尊滅後に教を受ける者。

解即修証　解即行証。文字による理解が直ちに修行解脱になる。

教行委細の…　滅後の凡夫は教を聞いて行を起し、行によって証を得る。教行証の順を経る故、鈍根である。

無上利根の…　諸法即仏法は境智不二の悟りであるから上根のよく得るところであるが、不二から而二に立ちかえって、仏法即諸法と考え、三千の有相を本分の悟りとするのが観心門の意である。従って、有相迷情の鈍根のままで寂照の姿であるから、ここにいう鈍根とは、無上利根から還同したありのままの鈍根である。

利鈍の配立《はいりゅう》も観心不思議の内証なるが故に、*通途《つうず》には同ずべからざるなり、云云。

玄*覧

玄とは、幽玄深妙《ゆうげんじんみょう》の義なり。意《こころ》は、境智不二門の天真不思議の内証は、幽遠深妙《ゆうおんじんみょう》なるが故に即ち難し。且《しば》らく境智不二門において、正しく名相を以て*三諦《さんだい》三観の法門を委細に分別して、人の解《げ》を生ぜしむるが故に、この止観を説くと云ふ心なり。

尋ねて云く、もししからば、今の止観は劣なりや、いかん。答ふ、云云。最上の薬は最下の病を治す。既に最鈍の機を化する止観なるが故に、還同有相門還って甚深なり。ただし意得《こころう》べきことこれあり。慈覚大師、良諝和尚《りょうしょわじょう》に値ひて、*三重の止観の深義を伝へたまふ。一には法自性《ほうじしょう》の止観。謂く、別して顕現せざれども、一切の諸法自性として止観の相を具す。*一法の体性自性不思議なるは止なり。色相分明《しきそうふんみょう》なるは観なり。二には*教談所顕の止観。謂く、大師止観の教門を開いて委細に分別す。教談の止観についてまた三種あり。一には名言所顕《みょうごんしょけん》の止観。謂く、*止観の名の下に義あり。二には*分別相貌《ふんべつそうみょう》の所顕。謂く、止観の二字を開発《かいほつ》して十境・十乗を建立す。三には覚悟所顕の止観。謂く、諸仏所証の止観の二門なり。慈覚大師、教談所顕の止観を開いてまた両種となす。一には言説《ごんぜつ》所顕の止観。謂く、*声塵所顕《しょうじんしょけん》なり。二には文字所顕《もんじしょけん》。謂く、*今の色塵なり。何れも大師の己証《こしょう》なるが故に、勝劣あるべからず。勝劣を存《ぞん》することは、教門教道の所談なるが故なり。

尋ねて云く、今の止観は上根上智に限るや。また中下の輩に亘《わた》ると云ふべしや。答ふ、

通途　権実とか本迹とかの分類によって浅深を理解する一般的な方法。

玄覧　釈尊の教を親しく聞き、知恵を働かせて内に照らし、自己の悟りとすること。

三諦三観…分別して　空仮中の三真理、それを観ずる三観についてくわしく考察し浅深をわきまえて。

三重の止観の深義　ここには第二重までの説明で、第三重がない。

一法の…止なり　一つ一つの事物がそれぞれに不可思議な本性を持ってあること自体が止である。

教談所顕の止観　円頓止観または摩訶止観という教説となって、その中に説き顕わされた止観。

止観の名の下…　止観の題目をつけ、止観の文字によって、文字にあらざる止観の義を顕説している。

分別相貌の所顕　止観修行の具体的な方法をくわしく説いて、そこから止観の悟りを説く。

声塵所顕　天台大師が玉泉寺で講説した止観。書物とならない説法。

今の色塵　この摩訶止観十巻のこと。

衆機に逗《とう》ずるなり。疑つて云く、止観の*立行《りゅうぎょう》を尋ぬれば、天真独朗の内証不思議*円頓《えんどん》の教門なり。いかでか中下の機に亘《わた》るべきや。その上、今の止観とは、天台智者大師の南岳より相伝したまへる法門なり。南岳大師、また塔中《たっちゅう》の大牟《だいむ》尼《に》尊《そん》よりこれを伝ふ。ただ上根に限るべしと覚えたり。もしこれに依つてしかなりと云はば、今の釈《しゃく》の意《こころ》、「今の人意鈍にして、玄覧すること則ち難し。眼は色に依つて入る。文を仮るに則ち易し」と等《ら》云へり。下《げ》根《こん》の為の止観と見えたり、いかん。答ふ、元より*止観は衆機に逗ず。止観不二の実理を機の為に二門を以て開顕す。上根をば境智不二を以て教化し、鈍根をば還同有相を以て教化す。二門各別なれども、所詮《しょせん》止観の体性《たいしょう》は全く一なり。この二門倶に大師内証の本分《ほんぶん》、智者己証《こしょう》の立行《りゅうぎょう》なり。諸法寂滅不可思議天真の内証は、鈍根の堪ふる所にあらず。故《このゆえ》に、色相の声を以て止観を建立す。

　南岳大師、多《た》宝《ほう》塔中《たっちゅう》大牟《だいむ》尼《に》尊《そん》に値ひて、今の止観を伝ふるに重々の意あり。謂く、自《じ》行《ぎょう》と化他《けた》となり。化他門の時は利鈍倶に止観立行の機なり。天台大師、今の止観を所行とする時は、上根所修《しょしゅ》の止観なり。鈍根の輩、今の止観を所行とする時は、鈍根所修の止観なり。利鈍はただ機にあり。立行においては更に不同あるべからず。*教門の施設は随機の仮《け》設《せつ》なるが故に、法に高下《こうげ》あり。今の止観は正《まさ》しく法体《ほったい》の実義なるが故に、利鈍倶に修行すれども、行体更に一如《いちにょ》なり。高尚の止観、卑劣の止観、全く一体にして不同あるべからず。ここを以て*今経《こんぎょう》には、*三周無心の二乗も実相の理に入り、*上根の菩薩もまた理に入る。しかして妙法の実体においては全く不同なきなり。もつとも最下《さいげ》の機の妙法の真意を悟る

立行　修行実修の方法やその結果についての規定や理論。

円頓　円極頓速。完全無欠で速かに成仏すること。

止観は衆機に逗ず　止観を修行する機について、二〇二頁には「無上利根の上の本分の鈍根」といい、摩訶止観見聞(尊舜)には、「三教の極が極は円教の初心が初心にも及ばずと云ふ故に、三教の賢聖に超過したる凡夫なれば、常途の迷人には同ずべからず」とある。また一般的には、十乗観について、第一を上根、第七までを中根、十法を総じて用うる者を下根とするだけであるが、口伝法門では、序の中で体達する上根、五略の中で開悟する中根、十章を経て悟る下根に分ける。

教門の施設…高下あり　教理を理論的に理解するという建前からは、経典の諸説は、機類の上下にあてがった方便として設けられた仮説であるから、その教理そのものにも高下がある。例えば、三蔵小乗教・通教・別教・円教の四教が浅深次第する如くである。

今経　法華経を指す。

三周無心の二乗　法説・譬喩・因縁の三周説法によって一乗教に悟入した下根の二乗(声聞・縁覚)。無心は菩提を求める心を持たないこと。

上根　底本・真如本共に「大根」。正教本によって改む。

が如く、今の止観もまたかくの如し。*利鈍倶に一性の止観を以て修する所の止観なり。利鈍はただ機にあり。*立行においては不同あるべからず。教門の施設は機に随ふ仮説《けせつ》なるが故に、所行の体とは*なすべからざるなり。

疑つて云く、機と法とは必ず相《あい》順ずるなり。何ぞ最上の法を以て最下根に被《こうむ》らしむるや。最上の教は本《もと》、上根を化すべきなり、いかん。答ふ、元より善悪凡聖所修の行体、止観の大海に帰入すれば、何れか止観の正機にあらざらんや。最上の教は本《もと》、最下根を化す。*処処得入の菩薩は、爾《に》前《ぜん》において得道す。鈍根の二乗は、*法華の開顕に依つて得道す。最上の法をば下機に被《こうむ》らしむるの証なり。*今の妙法、仏果にある時は果海の本性となり、凡夫にある時は流《る》転《てん》の本性となる。止観は本《もと》、衆機に逗《とう》ず。故に、上中下の三根、倶に止観の機と意得《こころう》るなり。還同有相門の時は何れも止観の機なるべし。*伝教大師は、「万法を一心に総《す》べ、衆途《しゅうず》を三観に了《りょう》ず」と釈し給へり。利鈍の衆機の所修の行体は、ただこれ我等が一心なり。故に、止観一部は大師の己証《こしょう》と云ふなり。これ即ち一切衆生の己心所行の義なり。止観の妙行は、譬へば*阿伽陀薬《あかだやく》の病に随つて*対治《たいじ》を成《じょう》ずるが如し。軽重《きょうじゅう》の病、何れか対治を致さざらんや。ただし止観内証の利鈍の機は、権実本迹の至極《しいごく》の機より勝《すぐ》るなり。倶に観心内証の機なるが故に。*涅槃経《ねはんぎょう》の中に、「小乗の極果は大乗の初心に及ばず」と云へり。これらの意《こころ》なり。故《このゆえ》に、止観はただ上根上智に限るとは意得《こころう》べからざるなり、云云。

理に入る　一乗実相の理に悟入する。
利鈍倶に…　利鈍の相異にかかわらず、止観の体性は同一である。
立行　底本・真如本共に「正行」。
なすべからざるなり(**不可為…也**)　底本・真如本共に「可為…也」。方便の仮説を、今所行の体とするわけはない。
処処得入の菩薩　通教でも利根の菩薩は円教の初住に来接し、別教では、初地の菩薩は円教の初住に等しいから、ここにも得道の菩薩がある。
法華の開顕に依つて　開顕は三乗教を方便教であるとし、法華一乗教こそが真実教なりと顕わすことであるが、ここは法華経が説かれてはじめての意。
今の妙法…本性となる　法華経の諸法実相の妙法は、仏の立場からは寂然とした自性不思議の法であるが、それが凡夫の立場からは生死流転の迷いそのものの姿である。従って最上根に被らしむるものも最下根に被らしめるものも、同一妙法である。
伝教大師は…　「 」の中は、伝教大師の釈ではなく、台州録の後にある陸淳の印記の文である。
阿伽陀薬　すべての病毒を治療するという丸薬。
対治を成ずる　治療をなしとげる。
涅槃経の中に　この文は経の中に見当らない。

眼は色に依つて入る。文を仮《か》るに則ち易《やす》し

一切衆生の機に二あり。一には利根、二には鈍根なり。利根の輩は文《もん》に依らずして得道し、鈍根の輩は必ず文に依つて理を証することあるが故なり。大いに機を分《わか》ちて二種となす。一には*随法行、二には*随信行なり。随信と随法との配立《はいりゅう》に多の意《こころ》あり。一に声塵得道《しょうじんとくどう》を随法となし、色塵《しきじん》得道を随信となす。声塵得道に二あり。*一句成弁《じょうべん》の機は随法行、委細分別の機は随信行なり。色塵得道にまた二あり。一にはただ一文一句を見て得道するは随法行、知識に随つて文義を了じて得道するは随信行なり。釈に云く、「文義を了じて得道するは随信行なり。在世得道の機は声塵なるが故に随法行なり。滅後得道の機は随信行なるが故に、多く文に依つて得道すべし」と。一家の相承に、随信行の相承と随法行の相承とこれあり。南岳に二人の師あり。謂く、*恵文《えもん》・*傅大士《ふだいじ》なり。*正しく天竺に渡り、*師子尊者に値ひて法華の法門を伝へ、並びに四教三観の法門を受けて知識に随へるが故に、随信行なり。この相伝を南岳に伝ふ。恵文禅師は知識に値はざれども、経蔵に入りて*中論《ちゅうろん》を見、不二法門に入るが故に、随法行の相承なり。竜樹菩薩《りゅうじゅぼさつ》の*智論《ちろん》に、「随信・随法の二種の相承、共に仏法弘通《ぐづう》諸仏の使」と釈し給へり。随信行の相承は声塵の相承、随法行は色塵の相承なり。*般若燈論《はんにゃとうろん》に云く、「諸仏の説法は広く六塵に通ず。今この色《しき》の経巻は釈迦如来の色塵の説法なり」と云へり。諸宗の人師《にんじ》、声塵の相承を以て本となし、色塵の説法を非とすること、甚だ不可なり、云云。

随法行・随信行　伝教大師の守護国界章巻上には、「利根の者みづから教法によりて思量して止観を修するを随法行の菩薩と名づけ、鈍根の者経教に依らず禅師等の教授を信じて止観を修するを随信行の菩薩と名づく」とある。これは、摩訶止観第五上に利鈍を判ずる文と同じ。ただし今の文は、在世声塵利根、滅後色塵鈍根とするため、悟道の遅速によって利鈍を配する。

一句成弁　一句を聞いただけで得道すること。

恵文　南岳恵思大師の師、北斉の恵文禅師。その系統は不明であるが、中観論と大智度論を読み一心三観を悟り、河淮の間に独歩したといわれる。

傅大士　東陽大士傅翕(四九七―五六九)、字は玄風。居士ではあるが、三観四運を心要とすることに天台との類似があり、荊渓大師・伝教大師がその悟りを尊重する。弥勒信仰をもつ。

正しく天竺に渡り…　傅大士を指す。入竺の史実はないが、釈尊から法を親承したとの伝説がある。

師子尊者　天台の相承論では、釈尊からの金口相承は二十三祖の師子比丘が殺害されて断絶する。

中論　中観論四巻。竜樹菩薩の造。

智論　大智度論百巻。竜樹菩薩の造。随信随法二行は巻四十にあるが、この文は見当らない。

*文は文にあらず、文字即ち解脱《げだつ》なり

この文は、闇証《あんしょう》の禅師、誦文《じゅもん》の法師を破する言なり。誦文の法師は、文字をばただ文字とのみ意得《こころえ》て、文字の当体即ち三諦《さんだい》不思議の体なることを知らざるなり。今家《こんげ》の心は、青《しょう》黄赤白《おうしゃくびゃく》の文字の体、*横点竪《じゅ》点の形が三諦三千の本分なり。この外に解脱の本分あるべからず。故に文字は文字にあらざるなり。*闇証の禅師は、文字の教意を撥無《はつむ》して文字即解脱のことを知らず。今家の意は教即実相なるが故に、文字の当体即ち不生なり。故に、文字即解脱なりと云ふなり。解脱とは*成弁証了《じょうべんしょうりょう》の義なり。三身《さんじん》の中には応身《おうじん》の説法の形なり。*三徳《さんどく》の中には断徳《だんどく》円満の体なり。文字即ち応身なり。この文について*証道の八相を口伝することこれあり。無作《むさ》の応身とは、法法塵塵の所具なり。文字の体*即ち応身なり。もし文字の体、無作の応身と心得れば、文字の当体に証道の八相あり。山家の大師、文字即解脱の文について口伝《くでん》ありと書き給へるは、字体八相の深義《じんぎ》なり。道邃《どうずい》、山家帰朝の時に臨みて授け給へる法門なり。文字に上下の相あるは*上天下天《じょうてんげてん》なり。文字の当体、紙上に住するは託胎《たくたい》なり。しかるに字形分明《じぎょうふんみょう》なれば出胎《しゅつたい》なり。本性清浄《しょうじょう》にして妄染《もうぜん》の相を離れたるは出家《しゅつけ》なり。障碍《しょうげ》なきは降魔《ごうま》なり。字体に三諦の理を具して覚性《かくしょう》円備なるは成道《じょうどう》なり。文字の体に*勝用《しょうゆう》ありて人の解《げ》を生ずるは、本有《ほんぬ》の*転妙法輪《てんみょうほうりん》の形なり。*字体不可得にして不生無念なるは入涅槃《にゅうねはん》なり。文文句句に皆この八相を具す。故《このゆえ》に、文字即解脱の道理と云ふなり。愚人この義を知らずして、或は文字を執し或は文字を非《ひ》す。倶《とも》に不可なり。恵文禅師、文字即解脱の道理を心得、中論を得て開悟したまへり。*伝法決に云く、「南岳大師云

般若燈論　中論の釈。分別明菩薩の作。十五巻。但しこの文は見当らない。

文は文にあらず…　文字文章は常にそれだけに止まっているのではなく、文字が真理に直結し無尽の法に達するから、文字そのものが実相への門であるし、これを捨てて実相はない。

横点竪点の形が…　点・画に従って作られる文字の色法の当相が実相。

闇証の禅師…撥無して　学問や経典を不必要と考える坐禅専修の者は教を否定して。摩訶止観第五上による。

成弁証了の義　思い通りになって悟りきること。

三徳　仏の悟りに具わった三種の功用。普通、法身・般若・解脱をいうが、今は智・断・恩の三をいい、断徳とは、すべての煩悩を断じて安楽を得ること。

証道の八相　→補

即ち　底本は「又」。真如本によって改む。

上天下天　兜率天に一旦上ってから、この世に下天する。一帖抄等では、生天と下天とを分け、九相を数える。

勝用　すぐれた働き。

転妙法輪　妙法を説くこと。

字体不可得にして　文字非文字に通暁すれば、文字即実相で、全く文字という観念から脱却して。

伝法決　伝教大師が中国で伝えた天台義の口決。架空の書と思われる。

く、「文字即ち解脱なり。文字を離れて解脱を求むれば、この処《ことわり》あることなし」と。解脱とはこれ無作の応身、無作の応身は必ず八相を具す。この相に口伝あり。まさに師の説を聞くべし」と云へり。この口伝なり。御廟《みみょう》の大師、門徒三千人ありといへども、この法門をば楞厳《りょうごん》の和尚《わじょう》に授けたまふ。甚だ秘すべき法門なり、云云。*当家の習ひ一切の法門を心《しん》地《じ》に引き当て、道理を以て口伝すと云へる、即ちこれらの法門なり、云云。

天台智者等

*震旦《しんだん》に*五岳山あり。謂く、東西南北中岳なり。南岳をば*大蘇山《だいそざん》と名づけ、*中岳をば天台山と名づく。天台山と名づくるは、天に三星あり。謂く、下台・中台・上台なり。この山の上に当りて三台星あり。故に天台山と名づく。*王后が山記に云く、「この山の上の天に三星ありて住す。謂く、下台・中台・上台なり。この三星移変せず。故に台星と名づく」と云へり。台とは天然なり。この星、余星に同じからずして、常恒《じょうこう》に天台山の上に住す。故に台星と云ふなり。大師、殊にこの山に住したまへることは、三台とは空仮中の三諦なり。*三諦は天然の性徳なるが故に。大師また天真の内証を悟り、三諦の本理を得たまふが故に、天台大師と号するなり。智者とは勅号なり。*南岳を大蘇と名づくることは、この山に*甘露蘇蜜《かんろそみつ》あり、故に天人時時《よりより》来下してこの甘露を食《じき》す、故に大蘇と名づく。*思禅とはまた勅号なり、云云。

当家の習ひ…云へる 当家は恵心流をいう。ひとり恵心流ばかりでなく、口伝法門全体が、あらゆる法門を己心を本として悟りの問題を解決し、自由自在に解釈を加え、これを道理とする。

震旦 中国のこと。

五岳山 東岳は泰山、西岳は華山、南岳は衡山、北岳は恒山、中岳を嵩山という。

大蘇山 天台大師が最初恵思大師のもとで法華三昧を得た地で、大蘇は南岳衡山ではない。

中岳 五岳の中の中岳は嵩山で、天台山ではない。

王后が山記 徐霊府の天台山記(正蔵五一)を指すか。

三諦は… 空仮中の三諦は、人の造作思考によってあるものではなく、自然に具わった性能である。「三諦者天然性徳」は、始終心要の句。

南岳を… 先出と同じく、大蘇山と誤っている。

甘露蘇蜜 味が甘くて蜜のような食物の意。甘露蘇摩が正しいか。蘇と蜜とは二物。

思禅 南岳恵思禅師。仏祖統紀六に、大禅師と勅称されたとある。

円頓止観 漸次・不定の二止観に対

円頓止観*

円とは謂く円融《*えんにゆう》、頓とは謂く頓速《*とんそく》の義なり。介爾《けに》の一念に三千の性相*を具《そな》ふるが故に円なり。一念の心体に三千具足すと意得《こころう》る上は、仏果として望むべき所これなし。出離得道《*しゆつり》即ち言下に極むるが故に頓なり。止観とは、法性常寂*の一心の体は止なり。法性常照*の三千の体は観なり。我等が一念不思議なるは止、一念の中に三千宛然《えんねん》なるが観なり。円頓止観と云ひて事事しく聞ゆれども、ただ我等が上の*作法なり。この道理を開顕するを円頓止観と名づく。

今の心要において、付文分機《*ふもんぶんき》の口伝あり。円頓止観*の言を聞きて得道するは、自《おのず》からこれ一途の機なり。略止観において得道するは上上根なり。広止観において十章*あるべし。大《たい》意《い》得道《とくどう》の機は上根、第三章より第七章に至るまでに得道するは中根、具《つぶさ》に十章を経るは下根なり。今の心要には略止観と云へるを、広止観には序と題す。序と略とはただ一の意《こころ》なり。今の広略の二種の止観は、倶《とも》に多《た》宝塔中《ほうたつちゆう》の口伝なり。智者大師、止観を説きたまふ時は、ただ広止観を説きて略止観を説きたまはず。生《*なま》しき機、座に交《まじ》る故に、この心要を秘密に章安大師に授けたまふ。章安大師、後に記録し給へる時に、略止観を書き載せたまへるを序と云ふなり。略とは避繁預述《*ひはんよじゆつ》の義なり。その義、序と同じなり。

尋ねて云く、今の心要の体は何物ぞや。答ふ、これに重重の意あり。一には寂照未分の心要、謂く、止観の二法相分れざる体なり。二には本分*の一心三観。三には本分の一念三千観なり、云云。

して円頓止観という。ここから摩訶止観序の中の円頓章について説く。

円融　実相真理と諸法とが完全に一つになっていること。本具すること。

頓速　迷情の諸法がそのまま悟りの実相であるから、迷から悟への進入に全く次第が考えられないこと。

性相　性はその本体をいい、相は外に現われた形。

出離得道　生死の迷からぬけ出して悟りに入ること。出離解脱。

法性常寂の…　一念三千の一念は法性であり、法性の外には何物もない。常に寂然とした中道法界であるのを止という。

法性常照の…　法性である一念が動いて三千の差別を見るが、三千もまたそのままで法性であり、常に三千の法性を照らし念ずるのを観という。

我等が上の…　凡夫の一心と、その一心が認める差別相、即ち日常刻々の動きに過ぎない。

付文分機　摩訶止観十巻の文章の、理解程度に応じた機根高下の分け方。

円頓止観の…機なり　円頓止観によって悟る一類の人々は、上下の差はあっても、頓悟の機根である。

十章　→補

生しき機　未熟の機根の者。

避繁預述　複雑すぎるから予め要約して述べる。

本分の　果分の。本来未分の実相を悟った上の。内証の。

初めより【*初めて】実相を*縁ず

初縁実相において重重の口伝あり。御廟《みみょう》の大師、「初縁実相の初《しょ》に甚だ深意あり」と書き給へり。しかるに意得《こころう》べきことは、初縁実相に三重の口伝あるなり。一には「初めて実相を縁ず」と。謂く、*知識経巻に値ひて初めて止観の立行を修せん時は、必ず実相不思議の理を縁ずべしと云ふ意《こころ》なり。二には「初めより実相を縁ず」と。謂く、知識経巻に値ひて初めて一念三千の*覚体《かくたい》を聞き、無始より已来《このかた》一念三千観を修すと知らざるが故に凡夫なり。今初めて*三千実相の観を修するにあらず。一念三千観は無始常修《むしじょうしゅ》の妙行《みょうぎょう》なり。故に、初縁実相と名づく。これを解行証《げぎょうしょう》一徹《いってつ》と名づく。その故は、覚大師、今の初縁実相に七種の妙義を立て給へり。一には解行証一時(の妙義)。謂く、知識に値ひて一念三千観を伝ふ。三千とは、謂く*六即十界なり。もししからば、解行証一心にして別して行証すべき所これなし。二には三世常住の*妙義。謂く、知識に値ひて実相の観を聞く時、過去無始の時も三千具足の心を以て三千具足の境を縁ず。この故に、過去に一念三千観を修し、現未《げんみ》もまたかくの如し。三には境智一如の妙義。謂く、*能縁所縁倶《とも》に三千具足なり。四には*果縁常修の妙義。謂く、境智倶に三千具足にして常に妙行を修す。五には即身頓証の妙義。謂く、知識に値ふ時、三千の覚体を得。これ成仏なり。六には理智不二の妙義。謂く、一念三千の実性全く不思議にして、事理の分別にあらず。七には直入法性《じきにゅうほっしょう》の妙義。爾前《にぜん》迹本の間は解行《げぎょう》倶に教相にして実の法体《ほったい》にあらずと、云云。*第三の初縁実相とは、謂く、縁とは際《ざい》の義なり。意《こころ》は、一切の諸法無始の本初《ほんしょ》より三千不思議の体性なり。故に真実と名

初めて　このよみ方に三重あり、第三重の訓点が本覚の点であるに対して、これは第一重の始覚の点といわれる。

縁ず　心を実相に係ける。実相を観心の対境とする。

知識経巻　この場合は止観行を教えてくれる師と摩訶止観。

覚体　一念三千の妙行によって得られる悟り。それはわれら凡夫の迷妄の当体である。

三千実相　三千即実相。諸法即実相。

六即十界　一念三千観を聞けば、十界互具の道理を知り(解)、互具の道理を知ることは円教の六即修行であり(行)、地獄の当体が仏界であることを悟る(証)のは、究竟即における還同本覚である。

妙義　底本には「妙行」とある。真如本によって改む。

能縁所縁倶に…　能縁の智、即ち一念の当体が所縁の三千の万法で、常に境智一如である。

果縁常修　智と境が一如ならば、智が境を縁ずるということは既に超越されて、三千万法の相は本来常に修行しつつある相である。

第三の…　第一重の「初めて実相を縁ず」を始覚の点とするに対して、第三重の点は「初縁なり実相なり」と訓み、これを本覚の点とする。尊海の円頓者見聞に「初とは後に対して初と言ふにはあらず。無始無終本

づく。この時、能化《のうけ》・所化《しょけ》の相を絶す。*機法の域《いき》を分《わか》たず、直《じき》に法体自性《ほったいじしょう》の実相なり。かくの如く、初縁の二字を意得《こころえ》て実相の二字を口伝すべし。

実相において、総じて*重重の意あり。*別教権門等の意は但中《たんじゅう》の理を実相となし、迹門の意は不変真如を実相となし、本門には*随縁真如を実相となす。今の実相は直《じき》に衆生の一心を指す。衆生の一心は*事理未分の体なり。一心を或は理と云ひ或は事と云ふ。ただこれ機情の量《はか》る所なり。心の自体は事理本迹等の義、更にこれを絶す。ただ寂照不思議の体なり。寂なる時は一心不生にして性相なし。照なる時は三千具足して全く闕減《けつげん》なし。一心を指すに即ち実相なり。云ふ所の実相とは、事理未分、境智一如の実義なり。ここを以て*覚大師の釈にも、今の実相を受けて、境智不二の実相と*釈成《しゃくじょう》したまへり。決附《けつぷ》に云く、「文に初縁実相と云ふ。実相とはただ衆生の一心一念を指す。更に事理本迹等の相にあらず。故に実相と名づく。寂の故に一心、照の故に三千なり。介爾《けに》の一心に三千の法を具《そな》ふ。これ実相の義なり」と云へり。所詮*止観立行《りゅうぎょう》の手本には、設《たと》ひ初心の行者なりといふとも、境智の一念三千観を修すべきなり。

ただし行満相承の趣を案ずるに、実相において四重の深義あり。一には修観最妙の実相。謂く、一念三千の*実観《じっかん》を修《しゅ》するが故に、実相と云ふなり。二には還同本分《げんどうほんぶん》の実相。謂く、止観の行者、已前《いぜん》所修の行体を動ぜずして、即ち実相の止観と心得るが故なり。三には境智泯亡《みんもう》の実相。謂く、この能縁・所縁の相を絶して不思議なるを実相と名づく。四には*修せざるを実相と名づく。謂く、一切の法悉く寂照宛然《えんねん》の妙体なるが故に、別して妙行を修

来本有なる処に初の名を立つ」とある。

機法の域を分たず　法を受けとめる側の衆生の心と法そのものとが一つであって未分の状態にある。

重重の意　本書第二巻には、都率和尚の五種の実相がある。一に但中、二に不変、三に随縁、四に不思議、五に三千三諦の本分。

別教権門　華厳経に説かれるものを天台では別教とするが、別教の中でも教道は権門であり、証道は実門とする。

随縁真如　縁にふれて変動する三千の現実諸法が真如そのものであると考えられた時の真如。

事理未分　心は縁にふれて迷情となる事法であるが、心こそ一切法の本たる理法であって、本門では事理を思考する以前の未分一心の本分を見る。

覚大師の釈　慈覚大師の釈。次の決附をいう。

釈成　理解し説明をする。

止観立行の手本には　模範的な止観修行はいかなるものかというならば。

実観　摩訶止観に説くが如くに、如法に介爾の一念に具足する三千が即空即仮即中であることを観ずる観法。

修せざるを…　思考や修行など全く造作を加えず、そのままであることを実相とする。

せず。故に実相と云ふなり。このこと、*伝法要決《でんぼうようけつ》に見えたり。

ただし今の実相を意得《こころう》るに、多種の機これあるべし。止観は衆機に亘ず。故に、止観に*廃教立観《はいきょうりゅうかん》と*開教顕観《かいきょうけんかん》との二の意《こころ》あり。廃教立観の時は、権実本迹の相を絶して不思議なるが故に、実相と名づく。開教顕観の時は、本迹の名義並びに*権小の立行、皆これ初縁実相なり。

尋ねて云く、*今の初縁実相と根塵相対の一念と、同なりとやせん異なりとやせん。答ふ、云云。疑つて云く、両方に明らかならず。もし同なりといはば、今は実相と云ひ、広止観《こうしかん》の時は、根塵相対の一念を以て所縁の境となす。既に実相と根塵との義各別なり。いかんが同なりと云ふべきや。もしこれに依つてしかなりと云はば、広略異なりといへども、同じく止観立行の明鏡なり、いかん。答ふ、云云。このこと、*唐土よりの諍論《じょうろん》なり。礼法師《れいほっし》の云く、「初縁実相は第九識を縁じて発心する行者、根塵相対は第六識を縁じて発心する行者なり」と。覚法師の云く、「初縁実相は第九識、根塵相対の一念は第八識なり」と。*当家《とうけ》の傍義《ぼうぎ》にも、略止観の下には九識修行、広止観の配立は六識修行なり。しかるに当家の相承の趣は、先づ止観の修行に五重の機あり。一には六九未分の機〈境智不二門の機なり〉、二には初めは六識、終りは九識修行の機、三には本有《ほんぬ》の六識修行の機、四には本有の九識修行の機、五には本有の八識修行の機なり。これら倶に還同《げんどう》有相《そう》の機なり。今云ふ所の実相とは、六九未分の実相なり。既に事理不二と云ふが故に。広止観の処(処)に、「*根塵相《こんじんそう》対一念心起《だいいちねんしんき》」と云へり。一念とは境智不二の一念、能所未分の実相なり。故に実相と一念

伝法要決　伝法決(二〇七頁)と同じか。実在しない。

廃教立観　法華玄義の廃権立実などの廃立から出た考えで、爾前・迹・本を捨てて観心の一教によること。

開教顕観　法華の開顕により、爾前・迹・本みな観心とすること。

権小　権教と小乗教。

今の…異なりとやせん　摩訶止観の章安の序、即ち略止観の中、いわゆる円頓章において、円頓止観の行は初めより心を実相に繫縁すると教え、第五正修章には介爾の一念を観じ、それが三千即空即仮即中であることを観ずると教える。従って、実相を対境とするのか、介爾陰妄の一念を対境とするのかを問題にしたもの。

唐土よりの…　趙宋の天台宗では、観境の真妄についてはげしい論争が行われた。いわゆる山家山外論争の中の一問題である。→補

当家の傍義　恵心流では六識九識未分が正意で、修せざるを実相とするのであるから、広略二止観を分別するのは傍義になる。しかし観境の実体は第八識総無明の一念といわれる。

根塵相対一念心起　摩訶止観第一下に「根と塵と相対して一念の心起るを観るに、能生と所生と即空ならざることなし云云」とある。

と、義同じと心得べし。始めは六識、終りは九識の機とは、境智不思議の実体の上に立ち還《かえ》つて諸の行を修する時、初めには六識の情心を以て修行し、終りには九識の理に入る。次に始終《しじゆう》倶に六識修行の機とは、一切諸法本是仏法と聞いて別して修行を用ひず、六識の当体本分の行と心得る機なり。次に始終《しじゆう》九識の機とは、初めより心性の本理を縁じて発心修行するが故に。次に第八識を縁じて発心すとは、*第八識は生死の根本なり。深く第八識を観じて迷心を止《や》むべしと意得て、第八識の体を三千三諦《さんだい》具足と修行する機これなり。*止観は本《もと》衆機に逗ずるが故に、かくの如きの不同あるなり、云云。

境に造《いた》るに即ち中《ちゆう》なり

これにおいて三重の点あり。*下品《げぼん》の点に云く、「境に造《いた》るに即ち中なり」と。意《こころ》は、一心を三諦の境に至らしむる時の中なり。中品の点に云く、「*造《ぞう》も境も中に即しぬれば、真実ならずといふことなし」と。意《こころ》は、一心所具の空仮《くうげ》、中道と相即《そうそく》するが故に真実なり。上品の点に、「造境即ち中なり。真実ならずといふことなし」と。これ二義を含む。一には、空仮の二諦即ち中道なるが故に、三諦相即して真実なり。*覚大師の釈の中に、「造は謂く空、境は謂く仮なり」と釈したまふが故に。造を空と云ふことは、*十二門論に、「大分の深義いはゆる空なり」と云へるを、*安慧菩薩《あんねぼさつ》の注に、「一切の諸法幻《げん》の如くにして造空《ぞうくう》なり」と云へり。造とは空の義と聞えたり。第二の義に云く、造とは能縁の心、一心の体性諸法を造るが故に。境とは所縁の境なり。能縁の心、所縁の境、倶に寂照具足の本性、

第八識　根本識で、一切万法がこの識から出生する。総無明という。

止観は…逗ず　本書では、止観はもと凡夫に被らしめたものであり、円頓行者は界内受生の凡夫であることを建前としているが、そこにも上下の衆機を構えて異論をその下に収容する。本書に最も近いと思われる修禅寺決では、下根は六識の迷心、一類の利根は八識の一念、上々利根は不起の一念を観ずといって、九識の名を出さない。尊舜の摩訶止観見聞には、止観は衆機を摂する故に、十境の中、陰入境は八識、煩悩境以下の九境は六識とする旨を述べ、所詮はすべて八識を所観としている。

下品の点　三重の点の中では一番重きをおかない読み方。しかしこれが最も一般的で正しい読み方である。

造も境も…いふことなし　「即しぬれば」までが今の該当部分で、「無不真実」は標題に省略されている。

覚大師　慈覚大師を指す。釈は何を指すのか不明。恐らく決附か。

十二門論　竜樹菩薩の作、鳩摩羅什の訳。一巻。この句は観因縁門第一にある。

安慧菩薩　悉耻羅末底。仏滅一一〇〇年頃、南インド羅々国に出世した唯識十大論師の一人。大乗阿毘達磨雑集論等を著わす。

一念三千の覚体なるが故に、即中《そくちゅう》と云ふなり。云ふ所の中《ちゅう》とは、空仮相対の中にはあらず。不思議不可得の中なり。その故は、*三観義の私記に、「中に四種あり。一には*離辺の中、二には*相即の中、三には*対辺《たいへん》の中、四には本性の中なり。本性の中とは、一切の諸法不思議無念なるを強《し》ひて名づけて中となす」と云へり。今の造境即中の中も、行者の一心に寂照の相を具す。寂の故には一念、照の故には三千なり。一念の相と三千の相と中悪《なかあ》しからざるを中《ちゅう》と名づく。所詮、初縁実相の言は総標《そうひょう》なり。造境即中は能所《のうじょ》倶に実相なる義を釈す。能縁所縁倶に三千具足するが故なり、云云。

*縁《えん》を法界に繋《か》け、念を法界に一にす【*一《ひら》く】

上の造境即中の文は、能所《のうじょ》未分の義を挙げ、繋縁法界一念法界《けえんほうかいいちねんほうかい》とは、正《まさ》しく能所一如なる義を明かす。繋縁とはこれ三千、*一念とは一念なり。三千の法も本《もと》より三諦《さんだい》の法界を具へ、一念の正体《しょうたい》に*本分《ほんぶん》の三諦を具ふるが故に一如なり。ただし法界において三種の意《こころ》あり。一には*能所倶に三千なるが故に、繋縁と一念とを法界と云ふなり。二には三千の繋縁も三諦、一念もまた三諦なり。故に法界と云ふなり。三には一心の当体法界にして、いはゆる能縁の一心も心なり。所縁の三千も一心なり。法性常照《ほっしょうじょうしょう》も一心、法性常寂《ほっしょうじょうじゃく》も一心。寂照の二性倶に一心なり。故に法界と名づく。智既にこれ心、境またこれ心、既に倶にこれ心、倶にこれ法界の文思ひ合はすべし。

*智既にこれ心なるは一念法界、*境またこれ心なるは繋縁法界なり。一心の自体不思議に

三観義の私記　三観義私記と名づけるものに多種がある。一安然、二千観、三良源、四源信、五覚運、六覚超等のものである。この中、源信撰とされるものが現存し、これに覚超の撰号を付している版本もあるが、そこにはこの文はない。本書の第二巻に、都率和尚(覚超)の止観明文日記なるものを引用し、「一離辺、二即辺、三本分、四不思議、五法自性」の五種の中を挙げている。

離辺の中　空仮の二辺を離れてほかに求められた中。但中(たんじゅう)のこと。別教の中。

相即の中　空仮と相即した中。不但中のこと。円教の中。

対辺の中　空や仮やの各別の辺を捨て、全体未分のみを認めて中とすること。

縁を法界に…一にす　もと文殊説経下巻から引用された文。

一く　摩訶止観見聞下に「第三巧安止観の時、行者の一念遍照法界と開けて寂照同時の内証に住する処を、天台の正行とは習ふ也」とあることが、その意を得ているであろう。この「一」は、他に「ひとしうす」「もつぱらにす」の読み方もある。

一念とは一念なり　念を法界に一にするという一念は、一念三千の一念である意。

本分の三諦　未分の三諦と同じ。

能所倶に…云ふなり　把握する側の

して、諸法の本《もと》なるが故に法界と云ふなり。所詮当段の文の意《こころ》は、ただ行者の一心を*取り還し取り還して訓釈《くんしゃく》するなり。上の初縁実相は一心の実体を挙げ、造境即中は境智不二の義を挙ぐ。繫縁法界一念法界は、重ねて能所一心の義を明かすなり。これらは更に止観の大意が中の大意なり。能く能くこの口伝を以て落居《らっこ》すべきなり、云云。

*一色《いっしき》も一香《いっこう》も中道にあらずといふことなし

上の繫縁法界一念法界は、衆生について論ずる言なり。*彼彼《ひひ》三千《さんぜん》互《ご》遍《へん》亦《やく》爾《に》《彼彼《ひひ》の三千《ぜん》互に遍ずることもまたしかなり》の故に、一色一香の当体もまた寂照具足の法なり。色とは青黄《しょうおう》等の色法《しきぼう》、香とは好悪香《こうあくこう》等の香なり。彼《か》の非情《ひじょう》の色香等、法性常照の故には三千を具し、法性常寂の故には一念なり。一念と三千とは、ただ一法の具足にして、相違せざるを中道と名づく。*一家《いっけ》の草木成仏《そうもくじょうぶつ》これより起る。色香等の*事法《じほう》の当体三千具足ならん上は、成仏の条*疑難《ぎたい》あるべからず。世間の人《にん》の義に云く、「一色一香無非中道とは、空仮相対《そうだい》の中道なり」と、云云。今はしからず。寂照宛然《えんねん》として闕減《けつげん》なきを中道と云ふなり。

尋ねて云く、一家の草木成仏はこの文より出づと、云云。しからば草木成仏に重重の意ありや。答ふ、委細の旨*宗要《しゅうよう》の如し。ただし心得べきことは、草木成仏に七重あり。決附に云く、「草木成仏に七重の不同あり。一に諸仏の観見、二に具法性理、三に依正不二、四に当体自性、五に本具三身、六に法性不思議、七に具中道なり。中道とは、一念三千草木もまた闕《けつ》せざるが故に」と云へり。一に観見の草木成仏とは、*経に云く、「一仏成道観

一念と、把握される側の法界とが、共に真実の法界の姿であるから、智が法界に向けられることも、智が法界を把握することも共に法界である。

智既に…一念法界　衆生の迷いの念々が、そのまま悟りの智恵で、悟りの智恵が、遍ねく法界を照らせば、それは「一念の法界」である。

境…繫縁法界なり　境智全く一念であるから、それは「繫縁の法界」である。「一念も法界、繫縁も法界」の読み方は、直行の機に約する読み方とされる。

取り還し…　あくまでも万法は一心の中に具することをくりかえして、すべて己心に引きあてて理解する。

一色も…いふことなし　大品般若経から取られた文という。

彼彼三千互遍亦爾　止観輔行伝弘決第五之二の文。↓補

一家の草木成仏…　天台宗が古来論じてきた草木成仏義は、この一色一香中道の理論から出たもの。

事法　色法。三千森羅の存在・現象。

疑難　底本に「ぎたい」と読ませているのは、「疑殆」のことであろう。略注秀句集の初めに「誰貽疑殆哉」とある。しかし恵心僧都の作とせられる法華経義読には、方便品の「難解難入」は「ナンーカタシ」、譬喩品の「其自疑難」は「タイーハバカル」と読んでいる。

宗要　真如本には「宗要集」とある。

見○*悉皆成仏」と云へり。草木の当体は正しく成仏せざれども、諸仏草木を境《きょう》となして観法を作《な》す時は、能縁の*見分《けんぶん》に引かれて所縁の草木の*相(分)即ち仏体となる。故に且《しば》らく草木成仏と云ふなり。二に理具の草木成仏とは、草木も法性の理を具す。仏とは覚なり。法性真如の妙理、本覚清浄《ほんがくしょうじょう》にして染汚《ぜんま》の相なし。草木所具の法性の理を即ち成仏と名づくるなり。三に*依正不二《えしょうふに》の草木成仏とは、法華一実《ほっけいちじつ》の意は依報正報《えほうしょうぼう》全く各別ならず。円融《えんにゅう》相即して一体なり。釈迦如来既に成仏す。これ草木の成仏なり。もししからば、衆生は成仏し草木は成仏せずとは云ふべからざるなり。四に自性の草木成仏とは、法法塵塵《ほうぼうじんじん》の自体、当体の仏なり。仏とは覚の義なるが故に。三千の諸法の当体常住にして無染《むぜん》不動なり。清浄なる処を仏と名づく。草木成仏と云ひて、別して*三十二相等を具すべからず。草木の根《こん》茎枝葉《きょうしよう》の*当体已《すで》に本分なる、これ成仏の義なり。五に本具三身《さんじん》の当体、自性不思議なるは法身なり。迷者《めいじゃ》の情見《じょうけん》には、草木に三身なしと思へり。法華値遇《ちぐう》の円頓の行者には、法法塵塵の当体自性不可思議なるは法身なり。*照了の徳あるは報身《ほうじん》なり。色相具足等は応身《おうじん》なり。もししからば、草木成仏せずと云ふは、権宗権門帯迷無明《ごんしゅうごんもんたいめいむみょう》の執見《しゅうけん》なり。山家《さんげ》の大師、「*無作三身《むささんじん》は覚前《かくぜん》の実仏《じつぶつ》」と釈し給ふは、この意《こころ》なり。*涅槃経《ねはんぎょう》に、「仏性法身は諸法の自性にして、人天《にんでん》の所作《しょさ》にあらず」といへり。*三身本分の仏性は、*唯仏与《ゆいぶつよ》仏《ぶつ》の知見なり。唯仏与仏とは即ち円頓行者を指す。円頓行者の知見《ちけん》には、一切諸法は無作三身なるが故なり、云云。六に不思議の草木成仏とは、草木の自性不思議にして更に事理の相を絶し、不思議本性なるを強《し》ひて成仏と名づく。七に一念三千の草木成仏とは、ただ心《しん》これ一切法、一切

自他宗の諍論を通して、一家の宗旨を顕わす肝要なる宗義の論義の条目をいう。宗要集は多いが、いずれを指すか不明。

経に云く　中陰経の文とされるが、この文はない。道邃の摩訶止観論伝弘決纂義に出典を出さずに用いているのが最も早いと思われる。

○　「法界草木国土」の六字が省略されている。「一仏成道して法界を観見するに、草木国土悉く皆成仏す」。

見分　能縁の作用。相分を知る作用。

相分　心が起るとき、心の前に浮ぶ形。見分に引かれて相分(境)が現われるというのが法相宗の説。

依正不二　正は正報、衆生の心身。依は依報、衆生が依止する国土・世界・家・食物等。十不二門の一。

三十二相等　仏が具えている三十二の大人相。足安平相という足の裏から肉髻相という頭頂に至る特殊な好相。等は八十種好をさす。

当体已に本分　そのままが天然の本当の姿であり、その中に自ら苦楽迷悟を具えて常住であること。

照了の徳　相手の存在を照らし表わす智徳。

無作三身は…　伝教大師の守護国界章巻下之中の文。無作三身こそが真実の仏である、の意。↓補「無作三身」(修禅寺決)

法これ心なるが故に、草木三千を具し、衆生三千を具す。行者の一心草木なるが故に、草木を縁ず。草木我等が一心なるが故に、所縁の境となる。*草木三千を具するが故に、或は能縁となり、或は所縁となる。もし草木三千を具せずんば、かくの如く*一心三千を具すとも思ふべからず。*涅槃経に云く、「もし心無体の境を縁ずといはば、まさに七仏の所説にあらざるべし」と云へり。山家の大師御在唐の時、草木に三千を具すること疑難《ぎたい》あるが故に、*仏立《ぶつりゅう》の師に対してこのことを問ふ。仏立の師の云く、「汝が問ふ言を以て、まさに草木に三千を具する義を知んぬべし。もし三千を具せずんば、いかんぞまさに草木に三千を具すと言ふべけんや。心無体の境を縁ずるは仏説にあらざるが故に」と云へり。このこと、伝法決に見えたり。意は、草木もし三千を具せずんば、草木三千の具不具も思惟せらるべからず。無法を縁ずること大なる過《あやま》ちなるが故に、草木本《もと》より三千を具す。法性常寂は一念、法性常照は三千なり。既に寂照の二相を具す。これを草木成仏と名づく。故に慈覚大師は、「草木成仏乃至即身成仏は、良《まこと》に無始の一念三千に由る」と云へり、云云。

無非中道の六義の口伝

蓮実房の云く、「御廟《みみょう》の大師の*学文の日記に云く、「一色一香無非中道、これに六義あり。口伝にあらずんば知り難し」と云へり。今云ふ所の中道とは、六義具足の中道なり。一には*依正宛然《えしょうえんねん》の故に中道と名づく。謂く、草木と衆生と不二一体にして*隔歴《きゃくりゃく》せず。故に中道と名づく。二には三諦《さんだい》具足の故に。謂く、一色一香の当体、空仮中の三諦を具して闕減《けつげん》

涅槃経に　この文は経の中に見当らない。

三身本分の仏性　真実の三身、即ち無作三身における仏性。

唯仏与仏　唯仏と仏とのみが究め尽し理解し合う最高無上のさとり。法華経方便品にある句。

草木…所縁となる　色心不二で、色心未分を主張するのであるから、心が三千を具すれば同時に色も三千を具さぬわけはなく、それは同一の三千である。従って一心が草木の能縁となり、草木が所縁となると同時に草木が能縁となり、他の三千が所縁ともなる。

一心　底本・真如本・仏教全書本共に「草木」とあるが、恐らく「一心」とすべきであろう。

涅槃経に云く　この文は経の中に見当らない。

仏立の師　行満。仏立和尚のこと。

学文の日記　法門講伝の時の覚え書。従って本書には恵心僧都にも都率和尚にもあるようにいうが、実在はしない。

依正宛然　国土世界等一切の事物と衆生とが相よって各々の特性を生かしながら一つの調和を得ている状態。

隔歴　相隔て相待して二つの世界を造り上げていること。円融の対。

せざるを中道と名づく。これ三諦の総名なり。三には迷悟具足の故に。草木本《もと》より迷悟の二性を具す。*迷人《めいにん》の眼見《げんけん》には迷法と云ひ、覚悟の知見には覚法と云ふ。*浄名経《じょうみょうきょう》の足指《そくし》案地《あんち》即ちこの義なり。舎利《しゃり》弗《ほつ》と梵王《ぼんのう》との二見各別なるは、迷悟不闕の故なり。迷悟不闕なるを強ひて中道と名づく。四には無作《むさ》の本仏なるが故に中道と名づく。謂く、一色一香の当体、本有《ほんぬ》の三身《さんじん》なり。偏《ひとえ》に報身ならず、偏に応身《おうじん》ならず。*三身宛然《さんじんえんねん》なるが故に、中道と名づく。五には寂照具足の故に。色香の自体寂照具足して闕減せざるが故に、中道と名づく。六には一念三千の故に。一念は一念にあらず、三千具足の故に。三千は三千ならず、また一念なるが故に。一念と三千と具足無減なるを無非《むひ》中道《ちゅうどう》と云ふなり。楞厳《りょうごん》の和尚《わじょう》、また一義を加へて云く、「色香の当体、不思議未分なるが故に、中道と名づくるなり」と、云云」。

当段の文は殊に一家相承の根本、*教観二道の縁起なり。文文句句多義を含むが故に、中道と名づくるは、七義を以て成立《じょうりゅう》するなり。蓮実房*随分《ずいぶん》これを秘し給へり。

　己界及び仏界、衆生界もまたしかなり

この文の心は、色香中道《しきこうちゅうどう》の義を以て衆生中道の義を釈成《しゃくじょう》するなり。衆生界中道を具するが故に、衆生の当体即ち成仏す。己心中道を具するが故に、一心また成仏するなり。仏界に中道を具するが故に、また諸法の体性となる。*三法妙《さんぼうみょう》の委細の注釈、*略義《りゃくぎ》・略文《りゃくもん》の記の如し。上の草木成仏の如く義を以て類例《るいれい》するに、七種の即身成仏《そくしんじょうぶつ》あるべし。衆生界亦然《やくねん》と

迷人の眼見には…　迷っている衆生の目からは、草木瓦礫は苦界の存在と見られる。

浄名経　維摩詰所説経。以下は、上巻の仏国品第一にある。「心浄ければ則ち仏土浄し」の仏の説法について、舎利弗はこの土は土石諸山穢悪充満と見、梵王は釈迦牟尼仏土の清きこと自在天宮の如しという。その相違は仏恵に依ると依らざるとの相違であり、仏が仏土清浄なることを教えるため、足の指で地を按じたところ、悉く黄金珍宝となったという。

三身宛然　法・報・応の三身が、法身は法身ながら報応二身を具え、即一無作の状態。

教観二道の縁起なり　教観二門、即ち五時八教等の教相、一心三観・一念三千の観心の両面が、この「無非中道」を基本として起ってくる。

随分　非常に大切にして。

三法妙　迹門十妙の一。真性軌・観照軌・資成軌の三軌が、仏の所証で妙不可思議であること。軌とは軌範。真性は真如実相、観照は真如を観達する智恵、資成は真性を開発するための万行。

略義・略文の記　忠尋の撰とされる法華略義見聞三巻、法華文句要義聞書九巻(ただし二・三・四巻は欠本)。三法妙については、法華略義見聞下巻に「一心有空仮中三諦是名三軌」

等とある。

矣栗陀　積集精要心。物の中心、要点をいう。

干栗陀　汗栗陀、乾栗駄など。草木心、堅実心。真如法性を指す。

質多心　慮知心、集起心。普通の心。

無色界　三界(欲・色・無色)の一。深い禅定の世界で、物質的なもののない世界。無色界に四空処がある。即ち空処・識処・無所有処・非想非非想処の四。

無想天　色界十八天の中第十三天。この天では生れる時と死ぬ時のみ心があり、中間は草木と同じ。これが悟りであるとするから、これを外道の僻見処とする。

大論　大智度論。ただし以下の文はない。「草木無心の言は小乗より出でたり」は、金錍論の「木石無心の語は小宗より出づ」によったのであろう。

非情　有情に対する語。草木瓦礫等をいう。

殺業　真如本には「殺生業」とある。十悪業の一。有情を殺害する悪業。

円人　円頓行人のこと。法華円頓の教を信じ、一念三千観を行う人間。

普賢経　仏説観普賢菩薩行法経。

罪福は無主なり　一切の罪業は妄想より生ずるので、実相を思念すれば、善悪不二で、罪福の差別相は空寂である。

例釈するが故に。意《こころ》は、草木三千を具して一切において相違することなし。いはんや衆生界においてをや。必ず止観の二性を具足すべしと云ふ心なり、云云。

尋ねて云く、草木衆生倶に三千を具すと云はば、いかんが草木と衆生との別を分つべきや。答ふ、もつとも口伝すべき法門なり。心《しん》に三種あり。謂く、*矣栗陀《いりだ》・*干栗陀《かりだ》・*質多心《じったしん》なり。矣栗陀・干栗陀は倶に草木の心なり。草木四季の時節を知つて枝葉生長するは矣栗陀心なり。衆生は質多心を面となし、矣栗陀・干栗陀を裏となす。草木は矣栗陀・汗栗陀を面となし、質多心を裏となす。*無色界《むしきかい》の衆生は一向に心のみありて色なし。これは心を面となし、色を裏となすなり。*無想天《むそうてん》の衆生は色のみありて心なし。これは色を面となし、心を裏となすなり。*大論《だいろん》に云く、「心に三種あり、一に矣栗陀、二に干栗陀、三には質多心なり。矣栗陀・干栗陀はこれ草木なり。質多心はこれ衆生の心なり。草木無心の言は小乗より出でたり。摩訶衍《まかえん》の義にあらず」と云へり。また云く、「無色《むしき》の衆生は矣栗陀・干栗陀心を隠して、質多心を以て命根《みょうこん》を持《たも》つ。無想天の衆生は矣栗陀・干栗陀心を以て命根を持ち、質多心現在前《げんざいぜん》せず」と云へり。草木は、質多心を隠して現在前せざるが故に、*非情と名づく。三千具足の条は更に疑ひなきことなり。

疑つて云く、草木もし有心《うしん》ならば、草木を断ずるに*殺業《せつごう》ありや。答ふ、一念三千依正不《えしょうふ》二《に》の法門は、*円人《えんにん》所見の実義なり。善悪分別の執情を以て疑難《ぎたい》を至《いた》すべからず。*普賢経《ふげんきょう》に云く、「我心《がしん》は自ら空にして*罪福は無主なり」と。自他共に三千具足の体なり。自他の分別をなすは偏計《へんげ》所執《しょしゅう》の悪見なり。自他なき処を我心自空と名づく。もし我心自空罪福無主の一念三千相即融通《そうそくゆうづう》の道理成立《じょうりゅう》せば、善悪の二性更に各別ならず。この時は別して殺生《せっしょう》業《ごう》の有無、*持戒作善《じかいさぜん》の分別これあるべからず。もししからば、所難はただこれ自他分別の執情を以て至《いた》すべき執難なり。もし一念三千の道理廃退なからん時は、*善悪の二法におい て妨碍《ぼうげ》あるべからず。*観音、海人《かいじん》と現じては魚鳥を殺す。これ覚者の所作なり。今の草木三千を具する道理、また円人の見《けん》なるが故に、更に疑難《ぎたい》を至すべからざるか、云云。

初縁実相已下《いげ》の分文《ぶんもん》

初縁実相〈直《じき》に*法体幷《なら》びに円人所観の境を挙ぐ。これ一家の根本の一句なり、云云。〉

造境即中《ぞうもきょうもすなわちちゅうなり》〈初縁実相の義を釈す。謂く、能縁の心、所縁の境倶に三千具足なるが故に、実相なり。〉

繋縁法界《えんをほうかいにかけ》 一念法界《ねんをほうかいにもっぱらにす》〈上の即中の義を釈す。*中《ちゅう》の義は寂照不二、一念三千の意なり。今即中の義を釈すとして、一念の体に三諦法性を具す。*常照の繋縁にまた三千三諦の法界を具するなり。〉

一色一香 無非中道《いっしきもいっこうもちゅうどうにあらずということなし》〈非情に寂照の義を具することを釈す。謂く、一念はこれ諸法、諸法はこれ一念なり。故に、一心の寂照を以て*非情の寂照を釈するなり。一色一香の当体、一心と一如なるが故なり、云云。〉

己界及仏界衆生界亦然《こかいおよびぶっかいしゅじょうかいもまたしかなり》〈非情を以て衆生を現ず。非情草木なほ寂照を具す。いはんや己心に衆生界と仏界とを具せんことをや。〉

已上、これらの文は止観内証の根源、諸義含容《ごんよう》の明文なり。

*陰入皆如《おんにゅうみなにょ》なれば苦として捨つべきもなし、已下

持戒作善の分別 破戒は悪で成仏のもとでなく、持戒作善こそが成仏の因であるとし、持戒破戒、善悪を相待させて考えること。

善悪の二法… 善は行うべきだとし、悪は行うべきでないとし、一法を以て他法を妨げること。

観音海人…殺す 出典不明。

法体 三千諸法の本性本質。

中の義は… 繋縁も一念も法界の姿で、それが中道である。所縁の法界と能縁の智とが合一しているのが真実の法界の寂の姿であり、その寂の理を完全に把握するのが照のはたらきで、寂照不二未分が中道であり、一念三千である。

常照の繋縁 一般的には繋縁は寂であり、一念は照である。法華略義見聞下には「法性寂然名レ繋。法性常照為二一念一」とある。

非情の寂照 非情草木は森羅の三千であるから常寂である。従って、他を照了する智恵はない。しかし一念即三千の中道の理論からは、一念が照了の智であれば、三千の非情にもまたそれがあり、常照といえる。

陰入皆如…已下 この一節は、前の初縁実相已下の分文に続いて、再び円頓章の全文を三分し、これまでを法の法体、これからは行者の観門と分科するための節。本書の第二巻には、分文口伝がある。↓補

初縁実相といふより衆生界亦然といふに至るまでは、直《じき》に法の法体《ほったい》を談じ、未分不思議の義を明かす。これより以下は、正《まさ》しく行者の観門を明かすなり。しかして四諦を以て所観の境となすことは、*真俗二諦の配立《はいりゅう》は世間出世の二義分明《ふんみょう》ならず、四諦は世間出世の因果各別にして諸義分明なり。故に円頓行者観門の時、別して四諦を用ふるなり。四諦とは、謂く、苦《く》集滅道《じゅうめつどう》なり。*苦集は世間の因果、滅道は出世の因果なり。*四諦に四教の別あり。三蔵教の意《こころ》は、*同居《どうご》二十五有《う》の実有《じつう》の生死《しょうじ》を苦となす。三苦合するが故に。三苦とは苦・壊苦《えく》・行苦なり。地獄・餓鬼、乃至寒熱の苦は苦苦なり。天上の果報は一分の楽これありといへども、終《つい》に破壊《はえ》するが故に*〔壊《え》〕苦《く》なり。また三界二十五有の果報は皆念念生滅す。これ行苦なり。集諦《じったい》とは、いはゆる業《ごう》と煩悩との*二道は苦果の為に集因となるが故に、集諦と云ふなり。次に、滅諦とは出世の果なり。世間の因果を捨離して得《う》る所の析空《しゃっくう》の理これなり。析空の理は、煩悩を滅して*顕はすことなし。故に滅諦と名づく。道諦とは出世の因なり。煩悩を断じて滅諦の果に至ることは、必ず析空の智恵に依るなり。析空の智慧道《みち》となりて滅諦に至るが故に。通教《つうぎょう》の四諦とは如幻の果報を苦諦とし、如幻の煩悩業を集諦とし、体空の理を滅諦とし、*如幻即空の観を道諦とす。別教の意は、*分段《ぶんだん》・変易《へんにゃく》の二種の生死を苦諦とし、見思《けんじ》・塵沙《じんじゃ》・無明《むみょう》の三惑《さんなく》を集諦とし、隔歴《きゃくりゃく》の三観を道諦とし、但中《たんじゅう》の理を滅諦とす。円教《えんぎょう》の意は、一体の三惑を集諦とし、融通融即《ゆうづうゆうそく》内外不二の果報を苦諦とし、一心三観、一念三千を道諦とす。円の意は、一体の三惑、一心三諦、俗諦本分の諸法を滅諦とす。かくの如く四諦を意得《こころえ》て、前三教《ぜんさんぎょう》の四諦を捨てて、円教の四諦を以て円頓行者の

真俗二諦…分明ならず　今の場合は一色一香が俗諦、中道実相が真諦で、一色一香無非中道であるから、俗諦即ち真諦で、迷い、煩悩が即ち悟りということになるはずであるが、真俗二諦で論じても、迷悟、世出世の関係がわかりにくい。世間出世は世間と出世間の意。

苦集は…因果なり　集諦とは煩悩業のこと。集諦が因となって苦の果を招き、道諦を因として煩悩を断じて滅諦の悟りの果を得る。苦集の因果関係は世間迷中のもの、道滅は真諦出世間の因果。

四諦に四教の別あり　↓補

同居…苦となす　同居は同居の穢土をさし、娑婆国土をいう。二十五有とは六道の生死をいう。即ち、四洲・四悪趣・六欲天・梵王天・四禅・四空処・無想天・那含天をいい、この地獄から天に至る六道は、善悪の因によって苦楽の果を離れることが出来ない。因果を離れられないのを有という。従ってこの土は因果輪廻する実有の苦である。

壊苦　底本には「壊」の字なし。真如本によって補う。

二道　煩悩・業・苦を三道といい、道とは次第に因果関係で通ずる意。

顕はすことなし　再び煩悩をの意。

如幻即空　↓補「四諦に四教の別あり」

分段・変易　同右。

所観の境とすべきなり。

三蔵教において二人《にん》の機あり。鈍根《どんごん》の声聞《しょうもん》は苦集滅道《くじゅうめつどう》と観ず。その故は、鈍根なるが故に直《じき》に因を観ぜず、先づ自身の果体を縁ず。三苦合《がっ》するが故に苦なりと観達《かんだつ》して、次いで今この三苦は何に依つて感得《かんどく》するや、即ち煩悩業の集諦《じったい》に依ると観達して、世間の因果を断じて必ず滅諦の理を得べし。滅諦の理を得ることは道諦の智恵に依ると観ずるなり。*縁覚は利根なるが故に、集苦道滅《しゅうくどうめつ》と観ずるなり。*十二因縁の次第しかなるなり。生死流転《しょうじるてん》は煩悩業の集諦《じったい》に依る。煩悩業の因は必ず彼の苦果を感ず。流転の因果を捨つることは必ず道諦の智恵に依る。また道諦の智恵に依つて必ず滅諦の理に至ると観ずるなり。菩薩にまた利鈍あり。鈍根は苦集滅道と観じ、利根は集苦道滅と観ずるなり。

尋ねて云く、今の釈、何の故あつてか一途の配立《はいりゅう》を捨てて、*苦集道滅と次第するや。答ふ、止観は衆機を漏らさず、利鈍を通摂《つうしょう》するが故に、並べて両義を挙ぐるなり。苦集は鈍根の次第、道滅は利根の次第なり、云云。

陰入皆如《おんにゅうみなにょ》なれば苦として捨つべきもなし

陰《おん》とは*五陰、入《にゅう》とは*十二入なり。皆如とは、これにおいて重重の口伝あり。謂く、*附文《ふもん》と元意《がんい》となり。附文一往の義に云く、上の大意の時一切諸法本《もと》これ仏法にして、悉く止観の解行《げぎょう》と意得《こころう》る上は、何《いず》れの行も皆これ大師己証《こしょう》の行体なり。*垂下《すいげ》して行ずる処なるが故に、必ず空観《くうがん》と意得べし。三界の衆生は多く*有《う》の法執《ほうしゅう》に堕す。有の法執を捨つることは更

縁覚　十二因縁の道理を観じて偏真の空理を悟る者。声聞よりは利根で見思の煩悩を断ずるばかりでなく、煩悩の習性として残ったもの（習気）の一分をも断ずる。

十二因縁の次第

十二因縁		
無明・行	過去因	集（煩悩業）
識・名色・六入・触・受	現在果	苦
愛・取・有	現在因	集（煩悩業）
生・老死	未来果	苦

苦集道滅と次第　前頁の説明の順位が、道を前にし滅を後にしていること。

五陰・十二入　新訳では五蘊・十二処。十八界と共に三科といわれる。衆生に主体があるとする誤執を破すために説かれた説明で、五つ或いは十二の集合体であるという。五陰は色受想行識、十二入は眼耳鼻舌身意の六根とそれが受け入れる色声香味触法の六境。五陰と十二入とは、開合の異なりがあるだけである。

附文と元意　経文等の文章に沿っての理解と、文の奥にある悟りの立場。機情と仏意等と同じ。

に空観大切なり。故に別して空観を挙ぐ。意《こころ》は、*五陰十二入の当体、本有《ほんぬ》本空なるが故に、捨つべき処なし。乃至菩提《ぼだい》涅槃《ねはん》も本空なるが故に、修証《しゅしょう》すべき処なしと、云云。元意に五重の意あり。一には五陰十二入の当体、仏果の心体と相即融通《そうそくゆうづう》するが故に如《にょ》なり。如とは不異《ふい》相即《そうそく》の義なるが故に。二には三諦《さんだい》具足の故に。謂く、五陰等の自性本《もと》より空仮中の三諦なるが故に、如と云ふなり。もし陰即ち三諦ならば、捨つべき所これなしと云ふ意なり。三には陰入の本性不可思議なるが故に。謂く、五陰十二入の当体、本性不可得なるが故に、如と云ふなり。四には三千円備《えんび》の故に如と名づく。謂く、五陰苦果の当体に三千の法を具《そな》へ、色《しき》に三千を具へ、乃至心法に三千を具ふ。倶に三千具足なるが故に、苦として捨つべき処これなし。如とは不異の義なるが故に。意《こころ》は、仏果の体性も三千具足なり、流転の五陰も三千具足なり、倶に三千円備の形なるが故に、不異と云ふなり。*長意和尚《ちょういわじょう》の相承に、今の如《にょ》は無我の一言と相伝すること思ひ合はすべし。無我とは法法塵塵悉く三諦具足、三千円備なり。倶に三千なるが故に、自他の我執《がしゅう》なし。自他の我執なきが故に、苦の当体三千具足なり。もししからば、苦に*おいて菩提を証すること更に不可なりと云ふ心なり。所詮は、円頓止観の行者の*修行用心《ゆうじん》の作法《さほう》は、三界流転の*苦果の依身《えしん》の当体を、或は三諦と観じ、或は三千具足と観ずる、これ陰入皆如の義なり、云云。五には*生仏《しょうぶつ》不思議の故に如と名づく、云云。

尋ねて云く、陰入の当体三諦を具し、三千を具すること、*心地《しんじ》に引き当ててその道理いかん。答ふ、円頓行者の陰入の当体、三諦具足と心得る上は、一切の所作皆これ三諦具足

垂下して　一切法もとこれ仏法であるが、一応有の法執の強い衆生の立場に下りて。
有の法執　眼前の諸法は因果の道理によって存在する実法であると固執する迷い。
五陰十二入の当体　五陰十二入が仮和合して現在存在するところのこの身。
長意和尚　慈覚大師の弟子(八三五—九〇〇)。昌泰二年(八九九)、第九世天台座主となる。
おいて(於)　底本・真如本共に「於」であるが、正教本(西教寺正教蔵本。以下「正教本」と略)は「捨」とある。
修行用心の作法　本書の第二巻に修行用心の伝授をかかげている。恵文禅師が南岳に授けた用心—一心三諦境・一心三観智・一行一切行・恒修四三昧。南岳が天台に授けた用心—介爾有心即具三千。天台が章安に授けた用心—我心自空罪福無主・観心無心法不住法。智威禅師の用心—諸法自性本有常住・無有修行。何れも陰入皆如の上に立てられたもの。
苦果の依身　煩悩業の果報として受けた身体。体は感情や感覚の集積した依り処であるから、依身という。
生仏不思議　迷いの衆生と悟りの仏とが不二であること。
心地に引き当てて　己心の問題としての観心のし方は。

の義なり。五陰の当体、*本来不生《ふしょう》なるは空なり。不生なれども*相貌分別《そうみょうふんべつ》なるは仮《け》なり。空仮《くうげ》中《なか》悪《あ》しからず一処に住する、これ中道なり。また苦果の依身の当体三千具足なる条、上に云ふ所の如し、云云。

無明塵労即ちこれ菩提なり

上には、苦諦即ち涅槃なる義を*成立《じょうりゅう》し了《おわ》んぬ。今は集諦《じったい》煩悩の自性、三諦即是《さんだいそくぜ》の菩提なる様《よう》を釈成《しゃくじょう》するなり。*無明とは中道の障りなり。一切の法において明相ならざるが故に。*塵労とは三惑《さんなく》の通名なり。塵は謂く*陰障《おんしょう》の義、或は染汚《ぜんま》の義なり。労とは謂く違諍《いじょう》の義なり。意《こころ》は、見思は空観を障《さ》へ、塵沙は仮観を障へ、無明は中道を障ふるが故に、塵と名づく。三惑の自性、三諦の理に違して諍論あるが故に労なり。別教《べっきょう》の所談はかくの如し。一《いっ》家《け》円頓の意は、*見思・塵沙・無明の三惑の当体即空仮中の三諦なり。故に無明塵労即是菩提と云ふなり。菩提において三種あり。一には三諦の菩提、二には三千当体の菩提、三には不思議無相の菩提なり。意は、空仮中の三諦、三惑の自性なるが故に、無明塵労即是菩提と云ふなり。また煩悩の自性各各《かっかく》に三千の性相を具し、自性また不思議なるが故に、煩悩即菩提と云ふなり。即《そく》において四種あり。決附に云く、「しかるに*相即に四種あり。一には*不離、二には*覚心、三には自性、四には不二なり」と。不離の相即とは、法華以前の諸経に明かす所の相即なり。覚心の相即とは、三惑の風に依つて、法性の海、波となる。今覚心を以て三惑の自性を観ずるに、本《もと》真如本分の自体なり。覚心に依つて妄想転じて菩

本来不生　色受想行識の五種は本来はその区別のあろうはずはなく、色心未分のあり方においてある。従って、五陰の集積は情量の見る所であるから、本来空である。

相貌分別　色(物質)と心とは誰が見ても分けられなければならないほど違う。

成立し了んぬ　説明し尽くした。

無明とは…　無明を障中道の惑という。法界真如の理に迷うをいう。

塵労とは…　塵労は通じて見思・塵沙・無明をいう。煩悩の異名である。

陰障の義　善法を覆いかくすとの意。

見思・塵沙・無明　見思とは見惑と思惑。見惑とは道理を正しく見ることが出来ずに起す邪想であるから、理惑という。思惑とは眼前の事物に迷って起す貪瞋癡等の妄情であるから、事惑という。塵沙とは化導障の惑といわれ、未知の法門が塵沙の如くに多く、自在に教化することが出来ない劣慧をいう。→二二八頁注「三惑」

相即に四種あり　本書の第二巻には重ねて円教の相即を説明し、不思議の相即、徳門の相即、体門の相即の三重を説く。これは煩悩即菩提の相即を徳門とし、生死即涅槃の相即を体門とし、本分不思議にして二相不立の、今の第四不二の相即を不思議の相即に当てる。

提となるが故に、煩悩即《そく》菩提と云ふなり。次に当体の（相）即とは、煩悩と菩提と自性本分にして互に相即す、云云。これを当体遍《とうたいへん》と名づく。煩悩に菩提を具へ、菩提に煩悩を具ふ。次に不二の相即とは、煩悩と菩提と各別なれば、教相分別の浅言《せんごん》と名づくるなり。法の実性に望む時は、煩悩の妄想と真如の覚性と全く二相不立なるが故に、煩悩即菩提なり。この法門を、御廟《みみょう》の大師、「知る者は知るべし、知らざる者は知るべからず」と云《のたま》へり。

尋ねて云く、そもそも三惑の自性三諦なる道理、心地《しんじ》に引き当てて、いかんが意得《こころう》べきや。答ふ、もつとも口伝すべき法門なり。山家の大師*在唐の一二の大事なり。仏立和尚《ぶつりゅうわじょう》、この問を受けて曰く、「二重の深意あり。一には、もし煩悩の性菩提ならば、いかんが煩悩、菩提を障ふるや。所以《ゆえ》いかんとなれば、*涅槃経《ねはんぎょう》の中に、「仏、外道《げどう》及び小乗の水火各性の言を斥けて、もし水、火にあらずんば、いかんが水をもて火を消すことあらん」と。二には、もし煩悩、菩提にあらずんば、いかんがまさに煩悩をして即菩提《そくぼだい》ならしむべけんや。心に無体の境を縁ぜざるが故に」といへり。このこと、内証伝法決《ないしょうでんぽうけつ》に見えたり。秘すべし、云云。

尋ねて云く、煩悩即菩提の観門は、一家《いっけ》の本意なりと云ふべしや。答ふ、煩悩即菩提の即不即の配立に二重の口伝あり。楞厳《りょうごん》の和尚《わじょう》の学問日記に云く、「*四重の興廃《こうはい》を以て義を成《じょう》ぜば、爾前《にぜん》の大教は煩悩、菩提にあらず、迹門の大教は煩悩即ち菩提なり。本門の大教は*煩悩即ち煩悩、菩提即ち菩提、観門の大教は*煩悩にあらず菩提にあらず。また*八門を以て義を成ぜば、一には不即門、煩悩は菩提にあらず。二には不離門、煩悩即ち菩提なり。

不離　法華以前の諸経に説く円教の相即は不離門であること。（慈覚大師の八門分別、一九九頁注「一代八重の口伝」・二一五頁注「八門」参照）。

覚心　本覚を知る心によって理解される相即。

在唐の一二の大事　入唐して相伝した法門の中、一二を競う程の重要な問題。

涅槃経の中に…　水火各性等のことは、涅槃経には見当らない。

四重の興廃　法華略義見聞上に「迹門の大教興れば爾前の大教亡じ、本門の大教興れば迹門の大教亡じ、観心の大教興れば本門の大教亡ず」とあり、前を権とし後を実とし、観心をもって最高の教とする教判。

煩悩即ち煩悩　本門の立場は本来の姿を認め、造作することを認めないから、煩悩は煩悩であり、菩提は菩提で、仲悪しからざる状態を認める。

煩悩にあらず…　煩悩菩提未分不思議、その名を存しない境地。

八門　四重興廃の各々に二門を立てた一代教説の判釈。慈覚大師の説という。八重と同じ。

三には*断相帰《だんそうき》真門《しんもん》、煩悩は菩提にあらず。四には*真如具《しんにょぐ》法門《ほうもん》、煩悩即ち菩提*また煩悩即ち煩悩、菩提即ち菩提。五には三千相対門《そうだいもん》、煩悩即ち煩悩、菩提即ち菩提。六には一体不二門、ただ菩提にして煩悩なし。七には境智不二門、煩悩にあらず菩提にあらず。八には還《げん》同《どう》有《う》相門《そうもん》、煩悩即ち煩悩、菩提即ち菩提、煩悩は菩提にあらず。諸義宛然として相違あることなきなり。*先師の重誡《じゅうかい》、良《まこと》に由《ゆえ》あるかな。もし口伝にあらずんば、いかんがまさにかくの如きの相を別《わきま》ふべけん」と云へり。この文を以て無窮《むぐう》に落居《らっこ》すべし。四重の興廃は文の如く意得《こころう》べし。八重の口伝は一一に意得べし。法華已前《いぜん》の不相即門の意は、煩悩と菩提と各別なるが故に。不離門の心は、煩悩と菩提と相離せざるが故に。迹門断相帰真門の心は、九界を権となし仏界を実となし、断迷開悟の故に、煩悩は菩提にあらず。真如具法門に二の意あり。煩悩菩提倶《とも》に一真如の理なるが故に、煩悩即ち菩提なり。*十界は理性にありて性相分明《ふんみょう》なるが故に、煩悩即ち煩悩、菩提即ち菩提の義これあるべし。三千相対門の意は、三千の諸法本分常住なるが故に、煩悩菩提各各にして本有常住なり。一体不二門の意は、法法塵塵の当体本有の三身なるが故に、ただ菩提にして煩悩なきなり。境智不二門の意は、煩悩菩提の二相不可得にして、天真内証の本分なるが故に、煩悩とも菩提とも云ふべき処これなし。故に煩悩にあらず菩提にあらざるなり。還同有相門の時は、一切の*諸義更に相違あるべからず。今、無明塵労即ちこれ菩提なりと云ふは、還同有相門の心なり。かくの如く落居し了りぬれば、*諸義においてゆめゆめ更に相違あるべからず、云云。

断相帰真門　八門分別の第三門。九界の迷相を断じて、仏界の真性に帰入する始覚門。

真如具法門　仏界の真如に随縁の徳を具えることを説く法門。

また煩悩即ち煩悩　第四真如具法門は四重の上では迹門に当る。迹門は理円といわれ、この場合の煩悩即ち煩悩、菩提即ち菩提は、理の上で認められたもので、第八の還同有相門でいう煩悩即煩悩は事円の立場である。

先師　ここの位置で考えれば、慈恵大師良源に当る。

十界は…故に　随縁真如を説く上からは、十界共に真実で、性相共に当体真実であるから。法華経方便品の十如是がこれに当る。

諸義　底本は「徳義」。真如本によって改む。

諸義において…　還同有相門は二相不可得の一体不二を悟った上で、一体不二なるが故に、かえって現実の迷情に住してこれを菩提であるとするから、現実のどの一事を把えても、決して矛盾しないし、否定すべきものはない。

辺《へん》も邪《じゃ》も皆中正《みなちゅうしょう》なれば、道《どう》として修《しゅ》すべきもなし

*辺とは空仮《くうげ》、邪とは悪心なり。一家円頓の立行《りゅうぎょう》は、空仮悪見等を捨てずして即ち中正なり。邪は正に対し、辺は中に対す。空仮偏邪等元《もと》より三観三千の自体なるが故に、辺邪の念の外に別して一心三観等を修するは、止観の*本意にあらずと云ふなり。

尋ねて云く、*正修の一心三観は一家の本意なりと云ふべしや。答ふ、云云。疑つて云く、両方に明らかならず。もし正修の一心三観一家の本意なりと云はば、今の解釈《げしゃく》、無道可修《むどうかしゅ》と云ひて別して一心三観を修すること、これあるべからずと見えたり。もしこれに依つてしかなりと云はば、一念三千観は正しく正修止観の下にこれあり、正修止観をば一家の本意なりと釈せり。謂く、*「己心中所行の法門を説く」、云云。故に、この止観正しく観法を明かすに、並びに三千を以て指南となす」と。正修の一心三観、一念三千は大師の己証と見えたり。また今の文には無道可修と云ひ、*略伝の三徳《さんどく》の下には、「六塵の境、六作《ろくさ》の縁に歴《へ》て常に一心三観を用ふ」と、云云。前後の二文相違するか、一同なるか、いかん。答ふ、もつとも落居すべき法門なり。前重の所立の如し。*止観の機に多種あり。謂く、本住不進、本住不下《ほんじゅうふげ》等なり。本住不進の機の修する所の解行は無道可修なり。邪邪の念相の外に修すべき所の三千三観これなきが故なり。今の文もかくの如し。本住不下の機の所修の行体は、六塵の境、六作の縁に歴て常に一心三観を用ふるなり、云云。この意を以て落居すべきなり。蓮実房の云く、「本住不進に重重の意あり。初めより*三観三千等の行を修して、立ち還つて本住不進の義を意得《こころう》る機これあり。或は本より本住不進の道理を心得て行証な

辺とは空仮　辺は一辺に片寄ったもの。空の考えも仮の考えも、ものごとの一方的な把握である。

本意　底本は「大意」。真如本によって改む。

正修の一心三観　摩訶止観第五巻正修章における一心三観。十乗観法によって一心三観の智を働かせて一念三千の悟りを得ることを教える。

己心中所行…指南となす　「己心中所行の法門を説く」は、摩訶止観第一上の序の中の文。以下は止観輔行伝弘決第五之三の文。

略伝の三徳の…　略伝は南岳心要をいう。三徳は発心・般若・解脱。本書では、第二巻にその箇所の説明がある。「六塵の境、六作の縁…」は、摩訶止観の歴縁対境観の文で、処々に引用される。特に陰妄の一念を観境とするのではなく、生活の都度ふれ合う対象、事象について三観の観法を行うこと。

止観の機に多種あり　止観の機の口伝のことは、一九〇頁参照。

三観三千　一心三観と一念三千。

き機これあり。本住不下にまた重重の心あり。或は本より一切の諸法はただ無悟無迷と心得て行証せざる機これあり。或は*唯悟無迷《ゆいごむめい》の解了《げりょう》の上に*任運無功用《にんぬんむくゆう》の行証これある機も、また本住不下なり」と、云云。

辺邪

*都率和尚《とそつわじょう》の学問の日記に云く、「辺邪に重重の不同あり。謂く、一には*有無を辺となす。二には権小《ごんしょう》を辺となす。三には*断迷開悟を辺となす、云云。邪に多種の義あり。一には罪障を邪となす。二には*三惑《さんなく》を邪となす。三には九界を邪となす。四には始覚を邪となす。五には覚心を邪となす」と、云云。かくの如く、諸の辺邪倶に中正の*止観なり。故に無道可修と云ふなり。

中正の事

山家相承の趣に依るに、中《ちゅう》に多種あり。内証伝法決に云く、「中に多種あり。一には離辺の中、二には対辺の中、三には尽辺の中、四には総体の中、五には自体の中、六には不可思議の中なり」と。離辺の中とは、別教権門の所談の中道なり。空仮の二辺を離れて別して中道を立つるが故に。対辺の中とは、空仮の二性に相対して中道の名義を立つ。これ迹門の所談なり。次に尽辺の中とは、諸の妄心を捨てて仏果の一理に帰入すれば、法界朗《ろう》然《ねん》なるを中道と名づく。総体の中とは、法法塵塵の自性或は三諦を具へ、或は三千を具へ、

唯悟無迷　ただ悟りのみあって迷いというものはないと悟ること。本無煩悩元是菩提の禅宗の悟りはこれに当る。

任運無功用　すべてありのまま、自然のなりゆきで、修行の功能の取り立てて言うべきものがない。

都率和尚　都率の先徳、覚超。恵心僧都源信の門下。横川良源大僧正は心要を源信に、法華略義を覚運に、略文を覚超に授けたという。覚超はまた覚運に随って略義を受けたので、恵心流は三部共に伝えると主張する。

有無を辺となす　有とか無とか一方的なもの、対立的なものを辺という。

断迷開悟を辺となす　迷悟未分が中であるから、迷を断じて悟るのは偏った考え方である。

三惑　見思・塵沙・無明の惑。見思は我見等の妄惑と貪瞋癡等の迷情。塵沙は化導障。塵沙の如く多数の法門ある故それに通暁せず、充分なる化導の出来ないこと。無明は障中道。森羅万象の真理を悟ることが出来ないという惑。

止観　底本は「正観」。真如本によって改む。

偏堕せず　空や仮の一辺におちいることがない。

三千円備　一つの事象の中に森羅の事象がすべて調和して備わる、一即一切の境地。

自性の中　内証伝法決に「中に多種

*偏堕せずして三*千円備するが故に、中道と云ふなり。次に自*性の中とは、万法本有にして*都《すべ》て過《とが》なく、自*性を按持《あんじ》して過《とが》なし。乃至諸仏は諸仏の自性を持して過なし。過なきを中道と名づく。次に不思議の中道とは、邪正辺中未分にして更に思量なき処を、強ひて中正と名づくるなり。今の中正とは即ち第四第五第六乃至第三の中道なり。この義を以て辺邪皆中正の道理を落居《らっこ》すべきなり。

生死《しょうじ》即ち涅槃なり

*生死流転《るてん》の*五陰色心《ごおんしきしん》、これ三諦の本*理なり。故に生死即涅槃と云ふなり。生死において多種あり。一には分段《ぶんだん》、二には変易《へんにゃく》なり。涅槃にまた多種あり。一には不変真如の涅槃、二には随縁真如の涅槃、三には三諦の涅槃、四には一心不生の涅槃なり。*分段《ぶんだん》・変易《へんにゃく》の二種の生死の当体、或は不変真如、或は随*縁真如、或は三諦具足、或は一*心不生の涅槃なるが故に、生死即涅槃なり。しかのみならず、涅槃とは三千の諸法の異名なり。生に三千を具へ、死に三千を具ふるが故に、生死即涅槃なり。即において多種あり。*決附に云く、「即とは四種あり。一には不断の即、二には転の即、三には体の即、四には不二の即なり」と。一には不断の即とは相続の義なり。生死断絶の処に涅槃の果徳の内証速《すみや》かに相続するが故に、生死即涅槃と名づく。次に転の即とは、生死の本身を捨てず、転じて法性の身となる。故に転の即と名づく。次に体の即とは、生滅の自性を動ぜず、速かに随縁真如の涅槃なり。「*起はこれ法性の起、滅はこれ法性の滅、これ――等」と。生死の当体即ち三諦不思議の

あり…」と数える段には、「自体の中」とある。
都て過なく どれもこれもが巧みに調和して、捨てるべきものがない。
自性を按持して 衆生は衆生の自性を、諸仏は諸仏の自性をとどめ保って。衆生は衆生のそのままで、仏は仏のそのままで。
生死流転 生死の間を流転すること。生死即ち流転。迷いの生涯。
五陰色心 五陰とは色心のこと。色受想行識の五の中、受想行識の四は心の作用と心の本体である。
本理 本有の理法。三諦未分の真理。三諦の本理をここでは涅槃という。
分段・変易の二種の生死 ↓補「四諦に四教の別あり」
随縁真如 現象の中に殊更に探し求められた不変の真如は爾前の真如で、縁にふれて変化する現象の全体を真如とするのを円教とする。
一心不生 万法は一心の中に具わり、しかもその一心は本有である。
決附に云く… 二二四頁には、同じく決附の四種の相即を引き、「不離・覚心・自性・不二」とする。その言わんとする所は同じであるが、即の名に相違があるのは、決附の実在を疑わしめる。
起はこれ…等 摩訶止観第五上の善巧安心の文。顚倒の情慮の起滅は法性の起滅で、顚倒と法性とは不一不異である。

義なるが故に、云云。*生死覚用《しょうじかくゆう》の一心三観と云ふこと、この文より出生す。いはゆる生は仮《け》、死は空《くう》、一心は中道なり。初心鈍根の行者は生死覚用の(一心三)観を修すべし。伝教大師の御弟子に*薬荊《やくべつ》と云ふ人ありき。本《もと》*有相教《うそうぎょう》にありて、生死において動転を作《な》す。大師、彼《か》の根性に順じて生死覚用の一心三観を授けたまへり。彼《か》の言《ことば》に云く、「本有の三諦は迷《めい》人《にん》の所見変じて覚者の知見となる。生は即ち仮諦、死は即ち空諦、一心は即ち中なり。生死の流転は良《まこと》に生死の一心即ちこれ三諦と知らざるに由《よ》る」と。心は空仮中の三諦、妄心に依つて生死の狐《きつね》となりて迷人を悩ます。もし生死の自体を知らるれば、*迷用を施すこと難し。故に*始覚有相の行者は、止観を修すべきなり、云云。次に不二の即とは、生死も三千具足、涅槃も三千具足なり。倶に三千円備して一体なり。故に、生死即涅槃と名づく、云云。

尋ねて云く、一家円教の意、分段生死の身を捨てて法性《ほっしょう》の理を得るや。答ふ、生死即ち法性涅槃なり。更に捨つべからず、云云。疑つて云く、両方に明らかならず。もし分段の生身を捨つと云はば、生死即ち涅槃、涅槃即ち生死なり。何ぞ*父母果縛《ぶもかばく》の身を捨てて、別して法性涅槃の理を得んや。もしこれに依つてしかなりと云はば、今の法華にして開悟得脱する*住上真因の菩薩は、皆果縛の*依身《えしん》を捨つ。*目連《もくれん》は竹杖《ちくじょう》に弑《しい》せられ、舎利弗《しゃりほつ》は外道《げどう》の害を被《こうむ》る。即ち知んぬ、分段の依身を捨つと云ふことを。いかん。答ふ、即において重重の意あり。先づ転即の義を以て成立《じょうりゅう》せば、*同梵行者《どうぼんぎょうしゃ》の見《けん》の前には、舎利弗・目連等生身を捨つる義これあり。内証は父母果縛の身を捨てずして法性の体を得るなり。もし体即を以

生死覚用の一心三観　修禅寺決は、生死覚用の一心三観を章安尊者の伝とし、五部血脈の中には生死覚用鈔(本無生死論)があって、等海口伝ではこれを道宣の作という。

薬荊　伝教大師の弟子には薬澄・薬芬の名が残っている。文句要義聞書第五には薬芬とあるから、荊は芬の誤り。

有相教　三論宗を無相宗とするに対して、法相宗を有相宗とするものを意味するのであろう。

迷用を施すこと難し　生死の狐は、人を迷わす力を働かせて、人を悩ますことが出来ない。

始覚有相　有相修行の因によって次第に悟りの果に至る始覚門。

父母果縛の身　父母の貪愛の結果生まれた自己の身。その結果は苦果であるから、苦果が自分を束縛して悟らしめない。

住上真因の菩薩　大涅槃に至る真因を行じている初住の位以上の菩薩。

依身　心や感覚の依り処であるこの身体。

目連は竹杖に弑せられ　増一阿含経第十八によれば、目連は前世の業によって、執杖梵志(出家の外道)に打たれて滅したという。

同梵行者の見　末代の凡夫であって無相観を修行するものの所見。妙法蓮華経出離生死血脈に「設成㆓遍於法界色心㆒凡夫末代所見但見㆓凡夫人㆒

て義を成ぜば、舎利弗・目連の外道の害を被る当体は、随縁真如の妙涅槃《みょうねはん》なり。或は倶に三千具足するが故に、生死涅槃の条疑《ぎ》難《たい》すべからず、云云。

問ふ、煩悩即菩提、生死即涅槃の観門は同時に成就するや。答ふ、云云。疑つて云く、両方に明らかならず。もし同時なりと云はば、色心不二《しきしんふに》なりとするも不同なきにあらず。煩悩即菩提は心法、生死即涅槃は色法なり。心法は転じ易く、色法は転じ難し。煩悩の心を転じて菩提を成ずること、*通途《つうず》の所作《しょさ》なり。正しく生死の依身を転じて法性涅槃の身を成ずること、更にあり難き物をや。ここを以て、「因疾尽くるといへどもなほ果疾あり」と云へり。*もしこれに依つてしかなりと云はば、今の心要の心《こころ》、煩悩と菩提と相即《そうそく》せん時、生死涅槃何ぞ各別なるべきや、いかん。答ふ、蓮実房の云く、「円人《えんにん》に二類あり。一には*直《じき》達《たつ》の円人、二には*迂廻道《うえどう》の円人なり。直達の円人は煩悩即菩提と生死即涅槃と同時なるべし。迂廻道の者は鈍根なるが故に、煩悩即菩提は成就すれども、生死即涅槃の観門は更に成立《じょうりゅう》し難し。総じて心得べきことこれあり。*道暹《どうせん》の得道本記に云く、「円機に多類あり。一には迂廻道の人は、ただ即心成仏《そくしんじょうぶつ》のみありて即身成仏《そくしんじょうぶつ》にはあらず。二には直達の円人は、即心と即身との二種の成仏を具す。直達の円人の中にも*但聞不信《たんもんふしん》の人は、ただ*種子《しゅうじ》の成仏のみありて観行あることなし。この世の五陰《ごおん》の身心を捨てて倶に成仏す。これ始覚門に約す」と云へり。迂廻道の機は即心の成仏のみありて即身の成仏なしと云ふことは、迂廻道の機は鈍根なるが故に、内心は*仏知見を得たれども、外相はただ生死の身なり。直達の円人は煩悩即菩提、生死即涅槃の観解《かんげ》勇猛《ゆうみょう》なるが故に、身心即ち成仏す。ただし直達の円人

是名㆓同梵行者見㆒」とある。舎利弗は目連が殴打せられるのを見て、先に涅槃に入るという。

通途の所作　普通ありふれた観心の修行。

もしこれに依つて…いかん　心法は観法によって煩悩を菩提と転ずることは易いが、色法はなかなかそうはいかない。とすれば今の心要の立場は煩悩即菩提と生死即涅槃とが同時に成立しなければならないのであるから、その矛盾をどうするのか。

直達の円人　直達とは直達法界の略、法華を聞いて凡夫の邪念のままで中道実理なりと知り、直ちに菩提心を発し、速かに不退転を得る者。

迂廻道の円人　廻り廻って漸く得道する鈍根の者。法説周、譬喩周、因縁周の説法を聞いて、漸く理解する三周得悟の声聞。

道暹　荊渓大師湛然の弟子。道邃と同門。法華文句輔正記、涅槃経疏私記などの著作がある。得道本記は架空の書。

但聞不信の人　すぐれた因縁によって法華経を聞く功徳を得たけれども、信ずるに至らない人。凡夫のままで聖人であることは信不信にかかわらないので、これもまた直達の円人の一類とする。

種子の成仏　将来必ず成仏するという因体ができ上ること。

仏知見　仏の知恵。

に三種の不同あり。一には解行《げぎょう》具足の機、二には*唯信無余《ゆいしんむよ》の機、三には*唯聞不解《ゆいもんふげ》の機なり。解行具足の機は、観法深細なるが故に、今生《こんじょう》において色心倶《とも》に成仏するなり。唯信無余の機は、信の得道これありといへども、行の正修《しょうしゅ》これなし。故に、今生において身心ともに成仏することこれなし。ただ成仏速疾の種子ばかり成就して、次生《じしょう》において*法性身《ほっしょうじん》を得。*法華の儀軌《ぎき》に云く〈*慈覚の釈〉、「もし信心ありて法華経の一偈《いちげ》一句を聞き、第二生において生死《しょうじ》の身を受くとは、その処《ことわり》あることなし。この人必ず法性身を得るが故に」と。唯聞不信の機は、正しく法華を信ぜずといへども、*軽重《きょうじゅう》の意《こころ》を以て仮《か》りに法華を聞く。聞法《もんぼう》の縁最上なるが故に、第三生において法性身に同《どう》ず。*普賢経に、「もし極大遅《ごくだいち》の者も三生を出でず」とは、即ち第三の唯聞不信の機を指すなり。*大通結縁《だいつうけちえん》の輩《やから》、*三千塵点《じんでん》を歴《へ》て成仏すと見えたることは、これに二の意あり。一には仏道軽易《きょうい》の者の為にこれを説くなり。三千とは自身所具の三諦を表はす。真実はいかなる小結縁なりといへども、法華に結縁せん輩三生を出づべからず。法華の結経に、「極大遅の者も三生を出でず」と云ふが故に」と、云云。かくの如くに意得《こころう》れば、直達の円人、煩悩即菩提、生死即涅槃の観同時に成就せんこと、更に相違すべからず、云云。

問ふ、一家天台の意、苦集滅道の四諦更にこれなしと云ふべしや。答ふ、云云。疑つて云く、両方に明らかならず。もし四諦全くこれなしと云はば、一家天台の心は三千常住にして、一として闕減《けつげん》なし。四諦は*世間出世の因果なり。九界の因を集諦《じったい》と名づけ、九界の果を苦諦と名づけ、仏果の因を道諦と名づけ、仏果を滅諦となす。もししからば、四諦何

唯信無余　ただ信のみあって余の行が伴わない。

唯聞不解　後文を見ると、「唯聞不信」が正しいと思われる。

法性身　法身のこと。実相真如の仏。

法華の儀軌　法華観智儀軌を指すと思われるが、慈覚大師の釈とされるものは法華法記で、これが全く儀軌の次第によるといわれる。

慈覚の釈　真如本にはこの注はない。

軽重の意　軽易の心か。法華経を軽視し、おろそかにする心。

普賢経　仏説観普賢菩薩行法経。法華の結経。経には「復有重者三生得見」とある。

大通結縁の輩　三千塵点劫の昔、大通智勝仏あり、十六人の王子がこの仏の下で法華経を聞いた。第十六番目の王子が今の釈迦如来であり、その昔この第十六王子の下で法華を聞き、結縁した者。その者たちは、今霊鷲山で再び法華を聞いて悟りを開く。

三千塵点　三千塵点劫。三千大千世界のすべてを墨とすりなし、千の国土を過ぎるごとに一微塵の墨を落して、遂にすべての墨が尽きる時間。無限の久遠。大通智勝仏の出世の久遠なるを表わす。

世間出世　世間と出世間。迷いの世界と悟りの世界。苦集は世間の因果、道滅は出世間の因果。

ぞ全くこれなきや。もしこれに依つてしかなりと云はば、今の釈に、「無苦無集故無世間、無道無滅故無出世間《苦もなく集もなし。道もなく滅もなし。故に世間もなし。故に出世間もなし》」と云へり。世間出世の因果都《すべ》てなければ、苦集滅道の四諦全くこれあるべからずと見えたり。今の文は南岳天台の本意、塔中相伝の深義なり。何ぞこの文を壊《え》すべけんや、いかん。

答ふ、心得べきことなり。今の釈に、「無苦無集乃至無道無滅」と云へるは、即ち多義を含む。或は苦集滅道の*四諦は畢竟、無生皆空なるが故に、無苦無集無道無滅と云ふ心これあるべし。しかるに一家天台の御本意、苦集滅道の四諦は、或は倶に三諦具足し、或は倶に三千円備するなり。一偏《ひとえ》に苦集滅道と執すべき処これなし。故に、無苦無集と等《ら》云ふなり。正しく*法体なきが故に、無苦無集と云ふことはこれあるべからず。その義上の如し、云云。

純一実相

苦集滅道の四諦倶に*純一の体なるが故に、苦集滅道なし。実相において多種あり。*上の如し、云云。爾前《にぜん》別教の意は、*諸法の自性に但中の理のみありて無苦無集なり。迹門の意は、苦集滅道の四諦、不変真如の理に帰入すれば、真如の一理の外に苦集滅道なきが故に、純一実相なり。本門の意は、*当位の実相を純一実相となす。謂く、地獄・餓鬼、乃至苦集滅道の四諦、各各に自性に住して有無不可得なり。これを純一実相と名づく。苦集滅道の四諦ありて本有《ほんぬ》常住なり。*妄心の四諦なきが故に、無苦無集無道無滅と云ふなり。仏果円極の内証、*住本顕本《けんぽん》の実義には、苦集滅道の四諦本有常住なり。故に純一実相と云ふなり。

四諦は畢竟…これあるべし 四諦の法は迷情がそう見るので、万法にはもと四諦も生滅もなく、如幻無生である。しかしこの考え方は、天台では通教の無生四諦の法で、円教のものではない。

法体なきが故に… これが苦でありこれが集であるという、定まった一つの存在の実体があるわけではないから、無苦無集ということも、またとりたてていう必要のないことである。

純一の体 四諦の因果は世出世の二つの因果ではなく、その四が全一の実相そのままのものである。

上の如し 二一一頁参照。四重の実相。

諸法の自性に…無集なり すべての事柄や物の本体は、空でもなく有でもなく、平等にして差別なき中であるから、苦楽とか煩悩解脱とかの差別はない。

当位の実相 地獄は地獄の姿のままで、天界は天界の姿のままで、そのままで実相であること。

妄心の四諦 迷情によって見られる四諦。

住本顕本 仏の本意に立って、生滅無常の娑婆を本来常住の娑婆と顕わす。十重顕本の第五。法華玄義第九下。

境智不二門の時は、苦集滅道の四諦未分不思議にして、諸*法跡を絶し、因*果の性を亡《もう》ずる天真不思議なるが故に、純一実相と云ふなり。還同有相の心は三千各各に具足して更に闕《けつ》減《げん》なし。苦も苦にあらず、三千具足の故に。集も集にあらず、三千具足の故に。乃至道滅もまたかくの如し。或は苦も苦にあらず、三諦具足の故に。集も集にあらず、また三諦具足の故に。三千三諦倶に諸法の自性なるが故に、純一実相なり。故に、無苦無集無道無滅と云ふなり、云云。

法性寂然なるを止と名づく、以下

蓮実房の云く、「初縁実相といふより衆生界亦然《やくねん》といふに至るまでは標*なり。正しく法の法体《ほったい》を釈し、体*の如く解《げ》せしむるが故に。陰入皆如より更無別法といふに至るまでは釈なり。世間出世の因果に約して実相不思議の道理を釈成するが故に。法性寂然より已後は結なり。意は、無苦無集乃至無道無滅の道理も、今寂照不思議の故に、無苦無集と等《ら》云ふなり。初縁実相と云へるも、法*性寂然は一心不生の故に、法*性常照は三千具足の故に、実相となる。もし一偏《ひとえ》に寂、一偏に照ならば、実相にあらざるべし。一切の諸法は止観の二法を出でず。故に、寂照の止観を以て上の諸義を結するなり」と。

*私《わたくし》に云く、今の「法性《ほっしょう》寂然名止《じゃくねんみょうし》、寂而常照名観《じゃくにじょうしょうみょうかん》」と云へるは、大*意と四諦とを通結するなり。別して標・釈・結とは心得べからず。大意は、直に諸法の自性を宣べ、大師の相伝を挙ぐ。四諦観は正しく大師所行の体を挙ぐ。今は大師所行の体も法体内証の伝法

諸法跡を絶し　あらゆる存在や現象が、それぞれの相違した形や特性が認められなくなり。

因果の性を亡ず　因から果への推移変化が、一つの流れとして把えられるから、因と果との持ち前の特質がなくなる。

標　全体の主旨を端的に標示すること。

体の如く　ものごとの真実のままに。

法性寂然は一心不生の故に　万有の真実の姿は、天然あるがままで、どう動いても、人間が喜怒哀楽等の迷情を働かせて見取らない限り、寂然であり、止である。

法性常照は三千具足の故に　寂然である法性天然の姿は、人の心に把握された時、三千の差別を生じて動き作用する。それを常照というが、まことは寂然の中の差別であるから、三千互具し、それぞれが矛盾した動きをしているわけではない。

私に云く　忠尋のことば。

大意　諸法の寂然たる止を指す。

も、倶に止観の二字を出でず。乃至法法塵塵の体性何《いず》れか止観の二字を過ぐべけんや。生死の二法なほ止観なり。止は謂く死、観は謂く生なり。乃至諸法これに類す。意は、初縁実相に多の意あり。法性常寂は*一心、法性常照は三千の故に実相なり。

法性寂然なるを止と名づく

*文に云く、「寂の故に法界倶に寂、照の故に法界同じく散。寂も散を妨げず、散も寂を妨げず。寂照一如にして異相あることなし」と。一切の諸法自性不可得にして行者の一心なり。一心の自体は青黄赤白《しょうおうしゃくびゃく》にもあらず、これを止と名づく。乃至一切の色塵等能く能く自性を尋ぬれば不可得なるが故に、寂と名づく、云云。妙法の両字の中には妙はこれ常寂なり。*不思議と釈するが故に。妙法は*次《つい》での如く止観の二字と意得《こころう》べし。ここを以て*本朝の大師の釈に云く、「妙は即ち一心、法は即ち三千、止は即ち一念、観は即ち三千」と等《ら》。所詮、十界三千乃至苦集滅道等、各各《かっかく》不同なれども、倶に一心なるが故に止なり。止なるが故に、無苦無集無道無滅乃至初縁実相と等《ら》云ふなり。三千の諸法本有にしてしかも一念なるを、法性常寂と名づく。*小乗の析空《しゃっくう》の如く万法空《まんぼうくう》なるが故に、寂然なりとは意得べからず。

寂にして常に照なるを観と名づく

一家天台の意は、法性寂然を動ぜずして三千の性相宛然《えんねん》なり。観とは照了の形なり。万

一心　一心不生。不生の一心。

文に云く…　教時問答第三の文。ただし、「寂照一如にして異相あることなし」は、教時問答には「如来の内証其義是くの如し」とある。散は、三千の差別を展開することをいう。

不思議と釈す　妙の一字を。

次での如く…　妙は止、法は観。

本朝の大師　伝教大師を指すか。修禅寺決「止観大旨」の項に、「文云。止即一念。観即三千。妙即一心。法即諸法。是故止観与妙法名異義同」とある(六一頁参照)。

小乗の析空　小乗教で教える空観。諸法を分析することによって空を知ること。

法において了了分明《ふんみょう》なる処、これ観なり。*三身の時は、観とは*自受用身《じじゅゆうしん》なり、云云。

初後を言ふといへども、二もなく別もなし

尋ねて云く、文に云く、「雖言初後《すいごんしょご》」と。しからば云ふ所の初後とは、その体何物ぞや。答ふ、先年*応和の比《ころ》、*一条の院、北山の御所において、当宗の碩学《せきがく》を集めて止観の訓読あり。この文に至つて諸人各各《かっかく》に義を申す。或る人の云く、「十界の初後なり。その故は、諸法実相を*釈すとして、法界と言ふはすべからく十界即空仮中《そくくうげちゅう》と云ふべし。初後不二にしてまさに諸教に異《こと》なり」と。上に繋縁法界一念法界《けえんほうかいいちねんほうかい》と云へり。法界とは、十界不二にして即空仮中の意なるが故に、今の初後とは十界の初後なりとなり。ある人の云く、「空仮中の初後なり。一家の意は、空仮中と名は次第すれども、相即融通《そうそくゆうづう》して隔歴《きゃくりゃく》ならず。故に初後不二と云ふなり」と。ある人の云く、「止観の二字を初後と云ふなり。止観と云ふが故に、世間の人、止は初、観は後と意得べし。故にかくの如く釈することは、*止観の名言は初後なりといへども、倶に一心一念一体の寂照にして、中悪《なかあ》しからざるを無二無別と云ふなり」と、云云。

ある人の云く、「*文の初後なり。心《こころ》は、初縁実相と云へるを初めとなし、更無別法《きょうむべっぽう》と云へるを後《のち》となす。初後の名言《みょうごん》各別なれども、ただ寂と照との二つなり。寂照また一心の所具にして隔歴《きゃくりゃく》せず。ただ一体の本分なるが故に、無二無別と云ふなり」と。

蓮実房の云く、「常途相承の義に云く、行者の初後なりと。心は、初縁実相より亦然《やくねん》に

三身　法身・報身・応身。

自受用身　報身に当る。修行によって得られた窮極の妙智。

応和　九六一―九六四年。

一条の院　一条天皇の在位は九八六―一〇一一年であるから、史実とは合わないが、権記によれば、寛弘年間(一〇〇四―一〇一二)の頃、天皇は覚運を召されて三大部を聞かれた。

釈すとして…　以下の文は、止観輔行伝弘決第五之三にある。「三千は初心の観なりや、後心もまた観ずるや」の問いに対して答える文。

止観　底本は「大意」。真如本によって改む。

文の初後　円頓者の文の初めと終り。

至るまでは、行者*初縁の体なり。陰入皆如《おんにゅうかいにょ》といふより更無別法といふに至るまでは、正しく行者所修の観門なり。解行《げぎょう》各各なれども、終《つい》に寂照本分の体に至るが故に、法性寂然乃至寂而常照《じゃくにじょうしょう》と云へるは、行者の証なり。解行証の三つ各各にして、解は初め証は後《のち》と文言《もんごん》の面では聞ゆれども、真実、法の自性を尋ぬれば、解行証一体にして二つもなく別もなし。故に、雖言初後無二無別《すいごんしょごむにむべつ》と云ふなり」と。*解行証一徹《げぎょうしょういってつ》の法門、この文より出でたり。

解行証一徹と心得るに、重重の道理あり。一には法体に約す。いはゆる一念三千を解するを解と名づけ、一念三千を行ずるを行と名づけ、乃至一念三千を証するを証と名づく。或は三諦を解するを解と名づけ、三諦を行ずるを行と名づけ、三諦を証するを*証位《しょうい》の三身と名づく。解行証各別なれども、ただ三諦三千なるが故に、一徹と名づく。二には観門に約す。謂く、知識に随つて三千三諦の法門を聞き、三千は一心の所具なり。一心の外に更に解行証あるべからずと観達するを、解行証一徹と名づく。三には道理に約す。知識に従つて一念三千を解す。解の位に*一分《いちぶん》の信心成就するを行と名づく。所具の一心即ち証なり。四には本意に約す。今の摩訶止観の本意は、解の位の一心の外に更に行証あるべからず。知識経巻に値ひて寂照の二字を聞くに、寂は謂く一心不生の体、照は謂く三千円備の形なり。一心既に三千具足なり。もし一心の当体に三千具足の義あらば、*所具の菩薩界はこれ行、所具の仏界はこれ証なり。一心の外になほ行証ありと見るは、無明癡惑の所以《ゆえ》なり。

*既に円頓止観を釈すとして、無明塵労即是菩提生死即涅槃、乃至、無苦無集無道無滅と等云《ら》へり。煩悩生死の当体、三千円備の自性なる上は、何《いず》れの煩悩生死を断ぜんが為に修

初縁の体　最初から心を向けていく実相の中味。即中。

解行証一徹の法門　止観十章の前六重は妙解を開くためのものであり、第七重は妙行を説き、第十は止観の旨帰即ち証を説く。理論的な教の理解と行の実修と、それによる悟りを説くが、本理の一念三千を知る時は、止観すらなおなく、解行証は全く同時で、ただ無始常修の一念三千一心三観のみであると主張すること。二一〇頁参照。

証位の三身　証位とは一切の我執をはなれ、法界の内証に帰入する悟り。その悟境は、空仮中の三諦即一、即一の法報応三身仏にほかならない。

一分の信心　或る程度の信心。

所具の菩薩界は…証なり　一念に三千を具する解が成立すれば、十界三千の中の菩薩界は、仏に至るべく修行している過程で、これは行に当り、仏界はその究竟地で証に当る。即ち解行証の三は、一心不生の当体に具有せられる。

既に…　略止観即ち円頓者の文が。

行し、何《いず》れの*滅道を証せんが為に、いまし修行すべきや。滅道果徳の自性、一心の外にこれなし。故にまた証として期《ご》すべき処これなし。故に一念三千を解行証一徹となす。この道理を以て、雖言初後《すいごんしょご》無《む》二《に》無《む》別《べつ》と云ふなり。

御廟《みみょう》の大師、この自性の解行証と云へることを釈し給へり。謂く、「一切の諸の法門、乃至念念の諸心、悉く解行証を具す。*一心青の境を縁じて青と了知するは解なり。*了知する自性に観の起るは行なり。*能所相応して決定《けつじょう》不異なるは証なり。止観をば*本処において通達すべし。故に止観所立の解行証、また法法塵塵の所具なり。乃至一切の法に*歴てかくの如く意得べきなり」と、云云。

*当家《とうけ》代代の相承に云く、「今の初後とは*総体の初後なり。心は一切の法に歴て初後あるべし」と。已前《いぜん》所立の義の如きは、総体の初後の内《うち》なり。殊に本末究竟《ほんまつくきょう》と云へる言《ことば》を引き替へて、初後不二と書き給へり。覚大師の決附に云く、「雖言初後無二無別とは、これ本末究竟なり。初後本末二つもなく別にてもなきは究竟なり」と云へり。*本末究竟の一如是は、広く一切の法に通ず。或は妙を本《ほん》とし法を末《まつ》とし、蓮を本とし華を末とす。乃至当文において心得るに、苦集を本とし滅道を末とす〈これ*流《る》転門《てんもん》〉。或は滅道を本とし苦集を末とす〈これ*覚悟門〉。或は寂を本とし照を末とす〈これ*境智不二門〉。或は照を本とし寂を末とす〈これ*還同《げんどう》有相門《そうもん》〉。かくの如く初後本末の言は各別なれども、ただこれ言説の別なり。法の自性に約せば、一体無差《むじゃ》にして更に異相あることなし。故に、「初後を言ふといへども、二もなく別もなし。これを円頓止観と名づく」と云ふなり。

滅道　滅諦と道諦。

一心青の境を縁じて　心が青色の物体にむけられて。

了知する自性に…　その青についての美醜好悪濃淡等の諸念が起るのが行である。

能所相応して…　能観の一心と所観の青境とが一つになって、疑いをさしはさむことなく、青という意識も忘れて、その中にとけ入っているのが証である。

本処　決定不異なる証位。

歴て　その都度その都度において。

当家代代の相承　覚超―勝範―長豪と次第する相承。本書第四巻の「血脈相承次第」(二八四頁)参照。

総体　文の初後とか、行者の初後とかと、特にどれをさすのではなく。

本末究竟の一如是　法華経方便品の十如是の第十。

流転門・覚悟門・境智不二門・還同有相門　この四門はいわゆる四重興廃をふまえたもの。次第の如く、昔門・迹門・本門・観心門であろう。

今、止観内証の実義とは、一切円備して全く異りなし。故に円頓と云ふなり、云云。
無二無別とは、初後本末の諸法、行者の一心なるが故に無二なり。一心の中にあつて隔歴せず、一体不可得なるが故に、無別と云ふなり。是名円頓止観の言は総結なり。総じて*この文に、*師資相承、或は*三箇《さんが》の口伝、或は四箇の口伝、或は五箇の口伝、或は六箇の口伝と云ふ深秘の大事これあり、云云。

漢光類聚　一

この文　円頓者全体の文。
師資相承　底本は「師賢相承」。真如本によって改む。
三箇の口伝…　本書第二巻の初めに「円頓等文三箇口伝」の一条がある。即ち、一付文の口伝、二塔中相承の正文、三雖言初後の口伝である。四箇とは、この三箇に三師別門の口伝を加えたもの。三師とは、南岳・天台・章安。五箇とは、四箇の上に三師各別の三重の行門を加う。六箇とは、五箇の上に一言の口伝を加う。

漢光類聚 四

忠尋 記す

*如《にょ》来《らい》蔵《ぞう》

衆生の一心、本性清浄なるが故に如来と名づく。故に華厳経《けごんぎょう》に云く、「衆生の一心は本《もと》これ諸仏なり」と。一心の自体、自性清浄《じしょうしょうじょう》にして、都《すべ》て染汚《ぜんま》の相なし。しかるに、この一心本《もと》となつて一切の法を生ず。故に一心の自性を蔵《ぞう》となす。一心元《もと》より清浄にして三千を具《そな》ふ。*三千本有《ほんぬ》なる、これ蔵の義なり、云云。

いかなるか即空《そっくう》

空諦《くうたい》とは小乗等の空《くう》に同ずべからず。*万法歴々《まんぼうりゃくりゃく》として、しかも*本性相違なき処を空と云ふなり。故に阿含経《あごんぎょう》には、*無を空の義となし、涅槃経《ねはんぎょう》には、無主無我を空の義となす。十界三千の万法に*自体ありて、しかも我執《がしゅう》なき、これ一家《いっけ》の空なり。余宗《よしゅう》の所談には、多く無を以て空となす。一家の心は、無主を空の義となす。*書写寺《しょしゃじ》の性空房《しょうくうぼう》の云く、「空とは無の義なり」と。楞厳《りょうごん》の和尚《わじょう》、このことを聞いて大いに歎じて云く、「彼《か》の聖人*一分《いちぶん》の見解《けんげ》ありといへども、愚癡《ぐち》の故に空の義を知らずして空《むな》しく小乗を執す」と。和尚、播州《ばんしゅう》

如来蔵 南岳心要の「次観根塵相対一念心起即空即仮即中者、若根若塵並是法界也、並是畢竟空、並是如来蔵…」の文は、摩訶止観第一下の円教無作の弘誓を明かす一章である。法界・畢竟空・如来蔵等、すべて一念中道の異名とされる。蔵とは諸法をその中に具することを意味し、三諦互融の中の仮諦を意味する。

三千本有なる… 一心が本となって一切法を生ずるから、三千の諸法即ち一切法は、もと一心の中に含蔵されてある。それが蔵の義である。

万法歴々として すべての事物が、それぞれに相違したそのものの特色を失わずに、それを明了に現わしながら。

本性相違なき処 それでいて一心自性の清浄の徳をも破壊することのない、いわば真理に凝然性のない処。

無を空の義となし 小乗教では、仏は無余涅槃(むよねはん)をさとるという。それは完全な無となることである。

自体 正教本は「自性」。

書写寺の性空房 播州書写山円教寺の性空上人(九一〇—一〇〇七)、慈恵大師の弟子。

一分の見解 ある一事についての理解。性空は、法華三昧の実修にすぐれたと伝える。

法法労ひなき 万法歴々と同じ。

に下《げ》向《こう》して性空に語って云く、「空とは無主なり」と。性空この言を聞き、「我《われ》真空を得たり」と、云云。一家円教の空とは、無主にしてしかも*法法労《わずら》ひなき義なり、云云。

尋ねて云く、いかなるかこれ無主の義ぞや。答ふ、*並びに縁に従って生ず。縁生《えんしょう》即ち無主なり、云云。

疑って云く、無主とは中道の異名《いみょう》なり。ここを以て余処《よしょ》の釈に云く、「一切の諸法無主なるはこれ中道なり」と。空の主もなく、仮《け》の主もなし。故に中道を無主と名づく。今何ぞ空の義を釈すとして無主と云ふや。答ふ、本《もと》より空中《くうじゅう》の二諦は*中悪《なかあ》しからざる法なり。ここを以て*解釈《げしゃく》の中には、「空中の二諦は二にして二つなきなり」と。小乗並びに別教《べっきょう》の*空は断無の空なるが故に、その相遥《はる》かに中道と異なるなり。*大乗円教の空とは、*諸法異相なくして自性不可思議なるが故に、その義中道に似たり。ここを以て南岳の釈にも、「*一心不生なれば万法に失《とが》なし。失なきを中道と名づく」と。空中の二諦はその意《こころ》少しく相似たり。空を無主と云ふことは、諸法不生にして異論なし。しかるに中道を無主と云ふことは、偏空の主もなく偏仮《へんけ》の主もなく、万法不生なるを中道無主と名づく。故に処に随って無主の義各別なり。今の釈は、涅槃経の文に、「*諸仏の空とは無主無我の義なり」と。この文に依って空を無主と云ふなり。華厳経に、「*諸法に主なし。この故に有にあらず無にあらず」と。これは中道を以て無主となす、云云。

尋ねて云く、空中の二諦二にして無二なりといふその意《こころ》いかん。答ふ、中道とは、*二辺《にへん》に堕《だ》せず、本時不可得なるを中道と名づく。一家の空とは、また二辺に堕せず、本来不生

並びに　すべて。
中悪しからざる法なり　空と中の理は相互に似かよったところがある。
解釈　摩訶止観輔行伝弘決を指す。以下はその第五之三にあるが、「二諦」が「二体」となっている。
断無の空　完全な無として考えられた空。
大乗円教　単に円教というに同じ。前の「小乗並びに別教」とあるのに対応させたもの。
諸法異相なく…故に　異相とは、生住異滅の四相の中の第三。万有にそれぞれ特有な姿があるのは仮有であって、真実にあるものではない。しかも心性のみが不生不滅で迷情の思議を許さないものであるとするから。
一心不生なれば…失なし　人が認識する以前の境、即ち法界の真実相では、万有の一つ一つがその処を得てそれぞれの特色を生かしている。
諸仏の空とは…　涅槃経に、この文は見当らない。
諸法に…　華厳経に、この文は見当らない。
二辺に堕せず…名づく　空や仮もしくは有や無の二つの内いずれかに片落ちせず、平等一如の法性に万有の仮相もそのまま矛盾なく認められるという、無作意の立場を中道という。本時は本有(ほんぬ)の時の意と思われるが、中道は迷情をもってしては知ることができない。

の義なるが故に、空中二諦大旨《たいし》同じきなり。ここを以て、*真俗二諦《しんぞくにたい》の配立《はいりゅう》の時は、空中二諦をば真諦《しんだい》となす。*心性不動を中道と名づけ、亡泯《もうみん》三千を空と名づく。その義二なれども、大旨相似たるが故に、二にして無二なりと云ふなり。

難じて云く、*三諦一諦非三非一は、これ一家の円の義なり。もししからば、空仮中の三諦三にして無三なりと云ふべきなり。何ぞ二諦二にして無二なりと取り分きて云へるや。

答ふ、一家の心、三諦の非三非一なる条、誰かこれを論ずべけん。ただし三諦の中《なか》において、空中の二諦二にして無二なりと云ふことは、なき中《なか》において仮りに*相貌《そうみょう》を分別《ふんべつ》するなり。空中は不可見の体《たい》なり。故に合して真諦となす。*鏡像《きょうぞう》の譬《たとえ》思ひ合はすべし。鏡と像と各別にして、ある時は像を現じ、或る時は像を現ぜず。ただ鏡体のみありて、明と鏡とは相離せざる法なり。鏡《きょう》即ち明《みょう》、明即ち鏡なり。故に取り分きて空中の二諦二にして無二なりと云ふなり。

いかなるか即仮《そっけ》等

一家《いっけ》所立《しょりゅう》の仮諦《けたい》とは、無主本空の上にしかも*三千の慮想《りょそう》明明たるを仮《け》と云ふなり。小乗等の意は、*俗諦《ぞくたい》の有《う》の法を談ずることは真諦の空の外《ほか》なり。一家天台の意は、俗諦*恒沙《ごうじゃ》の万法《まんぼう》自体空寂《くうじゃく》にして、しかも三千の法宛然《えんねん》たる、これ仮の義なり。故に*今の釈に、「無主にして生ず、即ちこれ仮なり」と云ふなり。天台円頓《えんどん》の法門を*即事而真《そくじにしん》と云へるも、この意《こころ》なり。事《じ》の法を動ぜずして真空と立つる、真空の当体即ち仮なり。伝法決《でんぼうけつ》に云く、「言ふ

真俗二諦の配立の時　真諦と俗諦との二諦で、一切諸法を分類する立場を取る時。

心性不動　一心不生と同じ。「本来常住。三世不改」をいう。口伝法門では心性即ち法界とする。

三諦一諦…円の義なり　空仮中の三諦というも即空即仮即中で、一の実相、一の法界である。しかし平等一如という実相の自体に相相宛然として三諦の徳を具有するのが円教である。

相貌を分別する　仮りに随情による仮(け)の相を対象として、これを空とか中とか分別思量する。

鏡像の譬　鏡体を中道、鏡の明るさを空、映像を仮に譬える。映像の仮はある時とない時とがあるが、鏡と明とは常に二不二の関係で離れないことを理解させる。ただし一般には、鏡像円融することをもって、一心三観に喩える。→補「鏡像円融」(牛頭法門要纂)

三千の慮想…　迷いの情慮が働けばこそ森羅三千の諸相の一々が明明としてあるので、これも否定できない仮と称すべき真実である。

俗諦の有の法　三千の差別相。

恒沙の万法　無限に存在する万有。

今の釈　天台伝南岳心要。

即事而真　「事に即して真」。俗諦の三千差別相が実相真如と異ならない。真俗不二、事理不二のこと。

所の仮とは、空の無主を動ぜずして、三千の慮想宛然《りよそうえんねん》として常住なる、これ仮諦の義なり」と。楞厳《りようごん》の和尚《わじよう》の云く、「*且《しば》らく空中相対《くうじゆうそうだい》して二にして無二なりと云ふなり。再往《さいおう》分別せば、空仮相対《くうげそうだい》して二にして無二なりの義これあるべし。一家の空と云へるも、三千の法を存《ぞん》しながら労《わずら》ひなきを空となす。仮と云ふも、労ひなくして諸相明了《みようりよう》なるを義となす」と。*御廟《みみよう》の玄《げん》の記に云く、「一家の三諦とは、その義三にしてしかも相似《あい》たり」と、云云。都率《とそつ》の云く、「三義相似たりとは、三千の諸法労ひなくして一心の具足なるが故に空と名づく。一心なれども三千の諸相宛然たるを仮と名づく。空なれども仮に違《い》せず、仮なれども空に違せざるが中道の形なり」と、云云。

いかなるか即中《そくちゆう》。*法性《ほつしよう》を出でず

一家円教の中道とは、別の子細《しさい》にあらず。法性自爾《じに》にして都《すべ》て失《とが》なき義なり。心性不動仮立《けりゆう》中名《心性不動なる、仮りに中の名を立つ》と云ふも、この意なり。法法塵塵《ほうぼうじんじん》の自体、本有《ほんぬ》不思議なる、これ法性なり。諸法の自性不動なる処を中道と名づく。*根塵一念《こんじんいちねん》の自体、本有常住にして、*根《こん》は本有の根、*境は自爾《じに》の境、*一心は自己不動の一心なり。これを中道と名づく。*伝教大師の夢中《むちゆう》の告《つげ》にも、「三諦の中《なか》には苦《ねんごろ》に中道を習へ」と云《のたま》へるも、この意《こころ》なり。大師このことを釈して云く、「空仮の体たること、良《まこと》に中道に由る。所以《ゆえ》いかんとなれば、一切の諸法本《もと》より動ぜざるを名づけて中道となす。中道の体に両種の義あり。*本性亡泯《もうみん》これ空の義、性相宛然《しようぞうえんねん》これ仮の義なり」と。中道は諸法の*性体、この体に空仮あ

且らく　一応。

御廟の玄の記　慈恵大師の「法華玄義の記」の意味であろうが、それに該当するものは見当らない。

法性を出でず　中道とは法性以外のものではない。

根塵一念の自体　眼耳鼻舌身意の六根も、それの対境である色声香味触法の六塵も、また六根六塵相対して起る一念も、それぞれがそのままで。

根は本有の根　人間の眼等の六器官は仮有や空のものではなく、真実を知るためのもの、或いはそれ自体が真実の存在である。

境は自爾の境　六塵は、それ自体本来そうある姿で、或いは六根によって把えられるような姿で、真実の存在である。

一心は…　根塵相対して起る一念は迷情であるから、一応は一念不起の所を実相とするけれども、実は迷情の一念こそが、本有の根によって自爾の境を把握して得られた、いわば動にして不動の一心である。

伝教大師の夢中の告　慈覚大師円仁が入唐する時、伝教大師が夢中に現われ、「汝大唐に往きて、真言門には先づ天部を問ひ、天台門に付きては先づ中道を問へ」と告げたという。

本性亡泯　三千の諸相を真実でないとして忘れ去った後の本性の徳。

性体　本性妙体。

り。もし偏《ひとえ》に空仮のみありて中道なくんば、辺見《へんけん》となるべし。中道本性となつて万法に失《とが》なし。故に空仮も妙体となるなり、云云。以上、空仮中の三諦各各《かっかく》の分別かくの如し、云云。

*附文六箇《ふもんろっか》の三諦

*云何即空《いかなるか即空《そっくう》》と云ふより並皆即中《並びに皆即中《そくちゅう》》といふに至るまでは*易解《いげ》の三諦なり。当知一念即空即仮即中《まさに知るべし、一念即空即仮即中》とは得意《とくい》の三諦なり。並畢竟《並びに畢竟《ひっきょう》》と云ふより並実相《並びに実相》に至るは円融《えんにゅう》の三諦、非合非散《合《がっ》するにもあらず、散《さん》ずるにもあらず》は双非《そうひ》の三諦、而《に》合而《ごうに》散《さん》《合にしてしかも散》は双照《そうしょう》の三諦、非非合《合せざるにもあらず》と云ふより而一而異《一にしてしかも異》に至るは不思議の三諦なり。

易解《いげ》の三諦とは、教門の三諦なり。法の体性は円融相即《えんにゅうそうそく》すれども、且《しば》らく三諦の相を知らしめんが為に、*邐迤《りい》各各《かっかく》にその相を分別す。*玄文《げんもん》には邐迤の三諦と名づく。これ*言《ことば》の前《さき》は別教《べっきょう》等に似たり。行者初門の教学なり。

得意《とくい》の三諦とは、教門を仮りて三諦の相を意得《こころえ》て、能く能く思惟観察《しゆいかんざつ》すれば、ただこれ*行者《ぎょうじゃ》一心の所具なり。心外《しんげ》に全く異なるものあることなしと了達《りょうたつ》する、これ得意の三諦なり。楞厳《りょうごん》の和尚《わじょう》は証位《しょうい》の三諦と名づけ、都率《とそつ》の和尚《わじょう》は本処《ほんじょ》の三諦と名づく。所詮《しょせん》三諦一心の義なり。

円融《えんにゅう》の三諦とは、空仮中の三諦一心と意得て、能く能く分別《ふんべつ》すれば、一心所具の空諦に

附文　祖典に依憑することを建前とした口伝。元意に対する語。

云何即空…而一而異　南岳心要(摩訶止観第一下)の文。四一一頁下―四一二頁上参照。

易解の三諦　一般に口伝法門では、境の一心三諦の下で玄義の五重三諦、止観の四重三諦を立てている。五重とは易解・得意・円融・双非双照(複疎)・不思議(不縦不横)の五重。四重とは円融・複疎・双非双照・不思議の四重。しかし本書では、玄義にも止観にも共に六重の三諦を立てるのが独特なもので、止観にも易解と得意の二を加えているが、止観の立場は玄義の如く教の説明ではないから、この二つを除くというのが後世の扱い方になっている。相伝法門見聞(二九一頁)参照。

邐迤各各に　前後各々交換展転して。

玄文　法華玄義第二巻の文。

言の前は　用語上の説明の上では。

行者一心の所具　円頓行者即ち三諦を観察する者の自心、即ち三諦であること。

九諦　三諦のそれぞれが三諦を具している。極論すれば、三諦円融の一諦しかない。

並　本書が注釈を施しているこの文に相当する南岳心要の文は、摩訶止観第一下の文をそのまま掲載したもので、ここには「並」の字が八字用いられる。「今の文」とあるのは六

仮中を具《ぐ》し、一心所具の中道に空仮を具《そな》ふ。故に*九諦となる。一空一切空、一仮一切仮、一中一切中これなり。今の文に*並《びょう》と云へるは、これ三諦の並なり。*六即義《ろくそくぎ》の私記《しき》に、上《かみ》の並を釈すとして、「根塵並《こんじんなら》びにこれ法界」、今の並を釈すとしては、「仮中並びにこれ畢竟《ひっきょう》空《くう》」と。上には根塵を並と云ひ、下には三諦を並と云ふなり、云云。

双非《そうひ》の三諦とは、円融融即《ゆうそく》して一心に九諦を具《そな》ふ。この三諦九諦、合するにもあらず、各別なるにもあらず、これ双非の三諦なり。

双照《そうしょう》の三諦とは、立ち還つて心の本性を見るに、三諦宛然として全く雑乱《ぞうらん》せず、合する時は三諦の本分《ほんぶん》なり。*玄に復疎《ふくそ》の三諦と云へる、今の双照の三諦の一分なり。

不思議の三諦とは、双非もなく双照もなく、一心にもあらず根塵にもあらず、三とも一とも云はるべからず、一三相違なき、これなり。*止観明静前代未聞《しかんみょうじょうぜんだいみもん》《止観明静なること、前代に未だ聞かず》と云へる、即ちこの意なり。

*止観の記に云く、「文に依つて分別するに、三諦に六重あり。一には易解の三諦〈これ教門なり〉、二には得意の三諦〈証位〉、三には円融の三諦〈*自法相即《じほうそうそく》〉、四には双非の三諦〈一心所具の三諦、一にあらず異にあらず〉、五には双照の三諦〈*合散《がっさん》の二種宛然。一心の本性一三二の義〉、六には不思議の三諦〈天真独朗本分《てんしんどくろうほんぶん》の自性〉、この意を以て分別すべきなり」と、云云。

*鏡像円融《きょうぞうえんにゅう》

*山家《さんげ》の大師の云く、「鏡像円融の譬《たとえ》は口決《くけつ》にあらずんば知り難し」と、云云。*鏡像に六

番目で、「云何即中、不出法性並皆即中」とある「並」で、「空仮中並びに即中」の意である。「上の並」とあるのは第一番目で、これは本文にも「若根若塵並是法界」とあるから問題はないが、「今の並」が「仮中並びにこれ畢竟空」とするのは当らず、それは第二の「並」である。

六即義の私記　恵心僧都の撰とされる六即詮要記二巻も六即義私記といわれ、また千観・覚超等にもそれがあるが、該当するものは不明。

玄に復疎の三諦…　法華玄義第二上に「一二三に非ずして一二三、不縦不横なるを名づけて実相となす」とあるのを、法華玄義釈籤に「複疎」と名づけている。復疎とは「カサネテアキラム」(二九〇頁)の意。円融三諦の極意の説明不充分なるを重ねて説くの意であるから、玄義では円融三諦以外のものではないとしている。「玄」は正教本では「玄義」。

止観明静前代未聞　↓補

止観の記　慈覚大師に止観記十巻ありと伝え、止観私記一巻が現存するが、未検。名匠口決四には止観記を引き、覚大師と注している。

自法相即　空は仮中に相即し、仮は空中に相即して九諦となる意。

合散　合は一心或いは一諦、散は三諦或いは九諦。

鏡像円融　鏡と影像と明相とをそれぞれ中・仮・空の三諦に喩え、それ

義あるを口伝《くでん》となす。鏡像の六義とは、一には明鏡像《みようきようぞう》の義、明は空《くう》、像は仮《け》、鏡は中道なり。二には*三相一体の義、明鏡像は各別にあらず、ただこれ一体なり。一心に三諦の心あるなり。三には三相互融の義、明相《みようそう》に像鏡《ぞうきよう》を具へ、鏡に明像《みようぞう》を具ふ。故に九相となる。三諦《さんだい》互具《ごぐ》して九諦となる意なり。四には不合不散の義、明像鏡の三つ一処なるが故に、散にもあらず、一処なれども三相各別なるは不合の義なり。五には三相法爾《ほうに》(の義)、明像鏡の三つ自性各別にして本有《ほんぬ》常住《じようじゆう》なり。三諦の本分《ほんぶん》本有常住なる義なり。六には鏡体不思議(の義)、明像鏡の三つ本義不可得にして、*法性の自作《じさ》不思議無相なる、これ不思議の三諦の義なり。この六義を鏡像の口決となす。

今、附文《ふもん》六重の三諦と鏡像の六義と相応《そうおう》す。決附《けつぷ》に云く、「鏡像の喩《たとえ》に六重の義ありと云へる六重とは、今云ふ所の六義なり」と、云云。

尋ねて云く、鏡像の喩と*蓮華の喩と、何《いず》れか法の為の*親喩《しんゆ》なりと云ふべしや。答ふ、云云。疑つて云く、両方に明らかならず。もし鏡像の譬《たとえ》親喩なりと云はば、*妙法は解《げ》し難し、蓮華にあらずんば喩とするに足らずと。*三世の諸仏妙法を説きたまふ時は、必ず蓮華の喩を用ひたまふ。もし鏡像が親喩ならば、鏡像の喩を用ひたまふべし。何ぞ蓮華の喩を用ふるや。もしこれに依つてしかなりと云はば、「*事《じ》を以て法に喩ふるに皆これ分喩なり。中《なか》において鏡の喩、その意《こころ》最も親《した》し」と。鏡像の喩、法の為に親喩なりと見えたり、云云。

答ふ、この問題は、*寛和年中に*穴太《あのう》講《こう》の時出来《しゆつたい》せり。*意《い》円内供《えんないぐ》、この問を受けて答へ労《わずら》ひたり。都率《とそつ》の和尚《わじよう》、下座《げざ》にありて竊《ひそ》かに云く、「*問は喩の同異なり」と。しかれども相伝

が互具互融する関係を説明する。

山家の大師…　伝教大師撰守護国界章巻上ノ中に「鏡像円融義非口決不解。師々相承良有以也」。鏡像円融の口決の出典であるばかりでなく、口伝口決の拠となった句。

鏡像に六義　各種の口伝があるが、後世「文の口伝」といわれるのは、この六義から整理されたものと思われる。今は付文六箇の口伝を鏡像の譬によって説明し、六義としている。

三相　明相・鏡相・像相の三。

法性の自作不思議無相　法性真如は天然無造作で、我らが三だ一だと思議し得ない天真独朗なもの。

蓮華の喩　法華玄義第一上に迹門の三喩、第七下に本門の三喩あり、十界十如の因果に喩える。妙法の難解なるを蓮華を以て理解させる。

親喩　最もよく事実に当てはまる譬喩。全喩・偏喩ともいい、分喩の対。

妙法は…足らずと　法華玄義第一上に「妙法難解。仮喩易彰」、同所について法華玄義釈籤第一に「若非蓮華無以顕於妙法故也」と。

三世の諸仏…　過去現在未来の三世に出現したもう仏の最終目的はいずれも妙法の説法であり、必ず蓮華の喩を引かれる。妙法蓮華経は諸仏如来一同の法である。

事を以て…　止観輔行伝弘決第一之五の文。事物を喩に用いて法門の内

せざるが故に、終《つい》に答へず。楞厳《りょうごん》の和尚《わじょう》、座上において示して云く、「向後《こうご》この問を出《いだ》すべからず。*一家天台の大事顕露《けんろ》すべきが故に」と、云云。意円内供、恵心の御房《ごぼう》に参じて、後にこの法門を伝ふ。

蓮実房の云く、「御廟《みみょう》の大師の学問日記に云く、「竜宮にありては*如意宝珠《にょいほうじゅ》と云はれ、魔宮《ぐう》にありては*頗梨鏡《はりきょう》と云はれ、天台の相承には自体遍照の鏡となり、衆生の内心にありては*当体の蓮華なり」と書きたまへり。所詮鏡像の譬と蓮華とは一体なりと心得べきなり」と。*鏡と云はるるは名を借るなり。正《まさ》しくは心を鏡と名づく。心に十の名あり。謂《いわ》く、心と識と意と主と体と鏡と明と相と等《ら》なり。既に鏡は心の本名なり。蓮華と云へるも即ち衆生の一心なり。一心の自性明了《じしょうみょうりょう》なり。明了なるが故に諸相心上に現ず。所現の相《そう》をば仮諦に喩へ、明相をば空諦に喩ふ。一心の体は中道なり。所詮鏡像円融の喩をば*法譬一体《ほっぴいったい》と口伝する、この意なり。慈覚大師、一処《いっしょ》の釈には、「*事の鏡像を以て一心三観に喩ふ」と釈し、一処には、「*心の鏡像を以て直《じき》に一心に伝ふ」と釈したまへり。心の鏡像とは法譬一体なり。山家の大師の釈に、「鏡像円融の喩は、口伝にあらずんば知り難し」と書きたまへる、即ちこれなり。都率の和尚、「当家《とうけ》の一心三観は事の鏡像にあらず」と釈せるも、即ちこの口伝なり。我等が一心の本性即ち明像鏡なり。当体の蓮華と云へるも我等が一心なり。蓮華の清浄《しょうじょう》なるは明《みょう》、八葉《はちよう》具足は像、蓮台唯一《れんだいゆいいつ》は鏡の体なり。かくの如く心得れば、鏡像と蓮華と全く一体にして、異相あるべからず。ここを以て山家の大師も、「自心清浄なるはこれ蓮華、諸相宛然なるはこれ華《け》なり。慮想ありといへども一心を離れざるはこれ

容を説明しても、その喩は教法のある一部の面しか喩えられない。その中では鏡像の喩が最も偏喩である。

寛和年中　九八五―九八七年。

穴太講　比叡山麓穴太の地で行われた論義。会場は不明。

意円内供　同時代に比叡山の以円の名が僧伝に見えるが、意円と同一人かどうか不明。内供は内供奉、宮中の道場で修法を行う僧。

問は…　鏡像にしても蓮華にしても、当体と譬喩との二重の扱い方がある。問者の問いつめは譬喩の一方についての同異で、全く天台宗の大事ではない。

一家天台の大事…　この問題を論じていると、遂には鏡像円融の口決や、七箇の大事といわれる蓮華因果の秘決が漏れる恐れがあるから。

如意宝珠　竜王の胸中から出る珠で、あらゆる欲求を満たすといわれる。

頗梨鏡　浄頗梨鏡(浄玻璃鏡)。閻魔の庁で罪人のすべての罪業を映し出すといわれる水晶の鏡。業鏡とも。

当体の蓮華　→補(修禅寺決)

鏡と云はるるは…　鏡という名を借りて心に名づけただけである。

法譬一体　衆生の一心が即ち鏡で、明像鏡が空仮中の譬であると同時に一心三諦の法そのものと考える。

事の鏡像　物としての鏡と映像。譬喩の鏡像。

心の鏡像　当体の鏡像。

蓮《れん》の義なり」と。衆生の一心に空仮中の三諦あるは、これ当体の蓮華なり。

もししからば、一心の鏡像何ぞ蓮華の喩《たとえ》に異なるや、云云。*通途《つうず》の義に云く、「*蓮華の喩は教に親しく、鏡像の喩は観に親し」と、云云。これ一往の義なり。これ法華の意《こころ》、蓮華とは当体の蓮華なり。これあに教に限らんや、云云。

尋ねて云く、鏡像*天目《てんもく》相対して、何《いず》れか*全喩なりと云ふべしや。答ふ、云云。疑つて云く、両方に明らかならず。もし天目全喩なりと云はば、広止観に鏡像の喩を挙ぐ。*妙楽《みょうらく》これを受けて、「伊《い》字《じ》天目《てんもく》は分喩、鏡像は全喩」と釈したまへり。もしこれに依つてしかなりと云はば、*止観顕体《けんたい》の章《しょう》に正しく伊字天目の喩を用ふ。もし分喩ならば、正しく止観の体を顕はす処に何ぞ*依用《えゆう》すべきや。答ふ、このこと*治定《じじょう》すべきことなり。

先づ本迹《ほんじゃく》二門の配立《はいりゅう》。迹門《しゃくもん》は相即不二を本意となす。故に鏡像の喩は全喩にして、伊字天目は分喩なり。本門《ほんもん》の意は而二《にに》常差《じょうしゃ》を本意とする故に、伊字天目は全喩、鏡像は分喩なり。観心に二途あり。境智不二門《きょうちふにもん》には鏡像の喩、全喩なり。還同有相門《げんどううそうもん》には伊字天目の譬、全喩なり。今の釈は境智不二を釈成《しゃくじょう》するが故に、鏡像の譬を用ふ。顕体の章は還同有相門を釈成するが故に、天目の譬を用ふるなり。覚大師《かくだいし》の決附《けつぷ》に云く、「伊字天目と鏡像と互に親疎あり」と。互に親疎ありて、全喩・分喩の義両方に相分れたり。故に一向《いっこう》に全喩とも治定すべからず。御廟《みみょう》の大師の学問日記に、「鏡像の喩は本門の為には*還《かえ》つて分喩となる」と書きたまへり。即ちこの意なり。

通途の義　普通一般の説。

蓮華の喩は…親し　蓮華六喩は法華玄義における妙法の説明であり、鏡像円融は摩訶止観の一心三観の説明である。七箇大事の中でも鏡像は一心三観の中で論じられ、蓮華因果は略伝三箇の中、即ち法華深義を開いて三とする中の一であるから、一応蓮華喩は教門、鏡像喩は観門となる。

天目　摩醯首羅天(まけいしゅらてん)の額上に三目あり。𑖂字(イ字)の形をしているので、伊字天目ともいう。不一不異、不縦不横の喩。

全喩　親喩・偏喩ともいい、分喩の対。どの方面からも矛盾しない譬喩。

妙楽これを受けて…　摩訶止観第一下に鏡像の喩が挙げられているに対し、荊渓大師は同所について止観輔行伝弘決第一之五に「於中鏡喩其意最親、…有異伊字天目故也」という。

止観顕体の章　摩訶止観第三上に止観の観と境とが互融することを「如摩醯首羅面上三目、雖是三目而是一面」とある。

依用す　拠(よりどころ)として用いる。

治定すべきこと　はっきり決定しておくべきこと。

還つて分喩となる　鏡像円融の喩は一心三観の現証とまでいわれるが、一心三観の本解に安住して、境智不二の悟りを得るための喩である。しかし摩訶止観の元意は、還って有相に同ずる立場を取るから、歴然と三

ただに*己《おのれ》のみしかるにあらず、仏及び衆生もまたまたかくの如し

已上《いじよう》の文の如くんば、己心《こしん》において三諦を具する様《よう》を釈成するなり。これより以下は、一切の*諸法に歴《へ》て皆三諦を具ふる様を釈するなり。仏果には六重の三諦あり、乃至衆生界にも六重の三諦あり。上の如く分別すべし、云云。

*総明《そうみよう》の一心三観

復一心修止観《また一心に止観を修《しゆ》す》といふより以下は、行者正《まさ》しく己心《こしん》を観《かん》ずる様《よう》を総別に釈成するなり。総明とは*第八識の異名《いみよう》なり。第八識に十種の名あり。一には種子識《しゆうじしき》と名づけ、二には無明識《むみようしき》と名づけ、三には無没識《むぼつしき》と名づけ、四には総明識と名づけ、五には大《だい》夢《む》識《しき》と名づけ、六には根本識と名づくる等なり。総明の第八識は生死流《しようじる》転《てん》の総体、明了《みようりよう》に相続して*間断《げんだん》せず。故に無没識と名づく。この総明の八識、流転生死の間は、常に*諸法の種子《しゆうじ》を含む。故に総明識と名づく。この総明の八識を三諦具足と観ずれば、流転の根本なる総明の一心、*妄用《もうゆう》を失するが故に、流転速かに息《や》む。故に取り分きて総明の一心を観ずるなり。第八識は衆生常にこれを発す。*別教《べつきよう》の意ならば、十廻《え》向《こう》の位に入つて正《まさ》しく八識の体《たい》を知るなり。行者の根性各別にして、或は六識を所縁《しよえん》の境《きよう》とし、或は第八識を所縁の境とし、或は*第九識を所観の境とす。今云ふ所の総明の一心三観とは、八識所観の義なり。

尋ねて云く、第八識は一念なりとやせん、多念なりとやせん、いかん。答ふ、*北七《ほくしち》の師の中に八識の一念の義を存《ぞん》す。彼《か》の義に云く、「第八識とは、一念の迷妄《めいもう》、寂静《じやくじよう》の理より

目が存在する天目の方が親喩となり、鏡像が一体不二を表現するのは付文の分斉ということになる。

己のみ…如し　天台伝南岳心要は「心仏及衆生」とある。

諸法に歴て　偏く全ての事象に及び。

総明の一心三観　摩訶止観第六下に「但一心修止観又為二。一総明一心。二歴余一心。総者祇約無明一念心」とあるので、総じて明かす一念心は無明煩悩の一念であり、これを総無明または総明の一心と名づけた。この一心について三観を修すること。

第八識　阿頼耶識。↓補(三十四箇事書)

諸法の種子　阿頼耶識の中にあって万有を出現させる功能。

間断せず　中断しない。なくならない。

妄用　あやまった動き方。

別教の意ならば…　別教では十向修中といわれ、十廻向の位で中観を修するが、この中観は一心三観と同じものといわれる。従って総明の一心をこの位で知る。↓補「断無明」

第九識　菴摩羅識(あんまらしき)。清浄識、無垢識、真如識ともいう。天台・華厳等の宗は九識を立て、第九識を一切事物の根元とする。

北七の師　天台大師の当時中国河北に行われた七人の代表的教判研究者。倶舎・唯識家に属すという。法華玄義第十上及び同所の釈籤を参照。

初めて出づる一念を第八識と名づく。その後《のち》は第八識は都《すべ》て起らず、七識六識ばかり続起するなり」と、云云。この義、経論の文《もん》に違す。*摂大乗論《しょうだいじょうろん》に、「第八識に間断なし。常に相続す」と。既に流転の間は相続する識なり。故にこの義を非《ひ》となす。今家《こんげ》の意は、*念《ねん》念元初《ねんがんじょ》なるが故に、元初の無明は一念に限るべからず。多念相続するなり。ただし今の文に、無明一念と云ひて、一念と見えたる文は、且《しば》らく多念の中において、別して一念を指して所観の境となすと心得べきなり。八識一念に限るとは心得べからず。*摂論《じょうろん》に譬を出《いだ》すとして、「八識は種の如く、七識は水の如く、六識は芽《くき》の如し。これは前後に喩ふ。もし*法体《ほったい》に約せば、八識七識六識並起《びょうき》す」と。六識と八識とは必ず*倶起《くき》する識なり。八識の*大夢相続するが故に、七識六識の夢事また相続するなり、云云。

尋ねて云く、何の故ありてか、必ず八識を所観の境とするや。答ふ、八識は生死の根本なり。釈に云く、「八識はこれ生死の根本、もしこの識を観ずれば、三諦の理を具《そな》ふ。根本已《すで》に破すれば、*枝末《しまつ》また破す」と。意は、過去未来現在の三世の所造の業煩悩《ごうぼんのう》これありといへども、第八識の種子《しゅうじ》既に破して苦果の*因用息《いんゆうや》みぬれば、所有《しょう》の一切の妄業《もうごう》皆息むなり、云云。

問ふ、一家天台の心、何《いず》れの法より万法《まんぼう》出生するや。また一家天台の意《こころ》、*四句を離れて諸法生ずるか、四句を離れずして生ずるか、いかん。答ふ、云云。疑つて云く、両方に明らかならず。もし四句生を許すと云はば、処処の釈、自他共無因《じたぐうむいん》の生《しょう》をば*外道《げどう》の説に属したまへり。もしこれに依つてしかなりと云はば、*今の釈、「無明と法性《ほっしょう》と合して即ち一切

摂大乗論　無著菩薩造。真諦訳。三巻。ほかに玄奘訳もある。

念念元初　元初の一念とは、或いは元品八識とも、元初の無明ともいわれるが、本覚法門がいうところは、法界の上で論ずるから、始中終を考えず、常住不変の一念であり、邪正一如善悪不二が元初である。我らの念々所起の相続心即ち元初で、観心の時は前念を取り上げて元初一念とする。

摂論　摂大乗論。ただし該当の文は見当らない。

法体に約せば　細分せず、一念を一念として見れば。

倶起　並起。同時に起ること。

大夢　第八識は生死妄法の本源であるから、大夢識という。

枝末　根本無明に対する枝末無明。根本無明から起る業相・見相・境界相。また見思の煩悩。

因用　原因となるものの作動。

四句　自生・他生・共生・無因生。諸法(心)は自ら生ぜず、他より生ぜず、共生ならず、無因にして生ぜず、不生不可得である。

外道の説　一般には仏教以外に道を求める者の主張をいうが、天台では、小乗教でも大乗教でも、仏説を誤解した邪説をも含めていう。

今の釈…　南岳心要(摩訶止観第六下)の文。一念の無明と法性とが合体して無量の法門が展開される。そ

の夢事《むじ》あり」と等《ら》。既に無明法性合して生ず。これ共生《ぐうしょう》の義なり、いかん。答ふ、元《もと》より一切の夢事ありと云ふことは、且《しば》らく迷見《めいけん》の辺《へん》を挙ぐるなり。止観の意は、この夢事の当体《とうたい》三諦の理なるが故に、諸法都《すべ》て不生なり。諸法不生なるが故に、また四句の生に属すべからず。決附《けつぷ》に云く、「もし一往分別せば、或は諸法無明より生じ、或は無明法性合して諸法を生ず。再往《さいおう》これを論ぜば、一切の諸法本《もと》これ三諦なり。いかんぞ生《しょう》あらん。諸法の若《ごと》くんば、生もなく滅もなし。この故に四句の生にあらず」と。分明《ふんみょう》なるものか。

問ふ、一家天台の意《こころ》、*俗諦恒沙《ぞくたいごうじゃ》の万法《まんぼう》は無明より生ずるか、はた法性より生ずるか、いかん。答ふ、云云。もし法性より生ずと云はば、法性の理は*凝然不変《ぎょうねんふへん》の本性なり、いかんが諸法を生ずべきや。もしこれに依ってしかなりと云はば、*無住《むじゅう》の本《ほん》より一切法《いっさいぼう》を立つ。無住の本とはこれ第九識なり。また今の釈、法性より諸法を生ずと見えたり、いかん。答ふ、もっとも意得《こころう》べきことなり。先づ一家円頓の実義には、一切の諸法不生不滅にして、三諦の自性《じしょう》更に生の義あることなし。しかれども立ち還って生の本《もと》を沙汰せば、別教《べっきょう》并びに迹門《しゃくもん》は*無明縁起《えんぎ》なり。法性の理は、*寂静湛然《じゃくじょうたんねん》として縁起の相あることなし。一念の無明起って寂静の理に違するが故に、この時*諸法あり。故に無明縁起なり。本門の意は、*起《き》はこれ法性の起、滅《めつ》はこれ法性の滅にして、皆これ真如《しんにょ》の全体なり。真如の妙理縁に随って諸法を成ず。これ随縁真如《ずいえんしんにょ》の意なり。ここを以て処処の釈、或は無明の生と云ひ、或は

れらはすべて四句のいずれかの執着(夢事)である。夢事のことは、摩訶止観第五上。

俗諦恒沙の万法　平生眼前に、見、感じられる無数の事物。

凝然不変の本性　どんな触れ合いがあっても絶対に変化しない、一定不動の真理。これを認めるものは法相宗の如き権大乗教で、「真如凝然不作諸法」という。

無住の本　すべての存在や現象は、縁に随って、即ちその時その時の触れ合いによって生起するので、その本は凝然不変というべき何物もない。その住著するもののない本が真理であり、実相である。維摩経観衆生品に「従無住本立一切法」とある。

無明縁起　真如は動いて万象とはならないけれども、何時も真如と同時にあって、これを理解できない無明煩悩の一念が働き諸法が生起するという考え。ただし口伝法門では、別教と法華の迹門とを同一に扱っている場合が多いが、迹門は必ずしも無明縁起ではない。

寂静湛然　静止して不動なること、湛えられた水の如き様子。

諸法あり(有諸法)　正教本は「諸法の生ずることあり(有生諸法)」。

起は…法性の滅　摩訶止観第五上の総安心の文。無明顛倒の起滅は直ちに法性真如の起滅に外ならない。

法性の生と云ふ。倶《とも》に相違なきことなり。ただし今の釈に至つては、釈の意、諸*法の起る相を本意となさず、一念の無明の体を三諦の理と観達《かんだつ》す。これ今の釈の本意なり、云云。

一の陰界入《*おんかいにゅう》、一切の陰界入

一の陰界入とは第八識の種子《しゅうじ》なり。この種子に一切の陰界入あり。第八の一陰界入を三諦の理と意得《こころえ》て後は、所属の一切の陰界入も悉《ことごと》く覚性《*かくしょう》となるなり。故に総明の一心三観には一切の功徳《くどく》を具す。第七識第六識、皆第八識を本性とするが故なり、云云。かくの如く、一*切の因縁生《いんねんしょう》等は今の観相《かんそう》にあらず。安心《もうじん》の因縁生なり。無*言等の見《けん》、三*界九地の諸の思惑《しわく》、十*六門をもつて破《は》する等は、皆これ安心次第の因縁(生)にして、真実の因縁(生)にあらず。円教至極《しいごく》の実談には、元初の一念の無明の当体三諦なり。権教権門前三《*ごんぎょうごんもんぜんさん》教《ぎょう》の意は、皆次第隔歴《しだいきやくりやく》して因縁(生)の義を成《じょう》ずるが故に、これを簡《*えら》ぶなり、云云。

今一心の因縁生を聞く

尋ねて云く、云ふ所の一心の因縁生とは第八識か第六識か。答ふ、云云。疑つて云く、両方に明らかならず。もし第八識なりと云はば、因縁生と云へる処処の解釈《げしゃく》、大旨《たいし》第六識なり。第八識を因縁生と云へること、これなし。もしこれに依つてしかなりと云はば、今の章は正しく総明の一心三観なり。即ち第八識なり。何ぞ第六識を以て所観となすべきや。第六識は歴余《*りやくよ》の一心三観なり、いかん。答ふ、蓮実房の云く、「第八識は無没微細《むぼつみさい》の種子《しゅうじ》

諸法の…本意なり　「起是法性起…」という摩訶止観の文の意は、一応止を説くが、起滅の説明で終るのではなく、無明の一念が法性であって空仮中の三諦を具足していることを観ぜしめることを本意としている。

陰界入　↓補

覚性　迷執を離れた悟りの本性。

一切の因縁生　因縁によって生じたあらゆるものごと。それは第六識妄心から生じたものであるから、これを観の対境とするのは摩訶止観の本意ではない。

無言等の見　有・無・亦有亦無・非有非無の四の見解で物事の実体を考えても、遂に解決されず、言葉では説明出来ぬものときめてしまう考え。等は単・複・具足の四見。

三界九地の諸の思惑　欲界を合して一地とし、色界の四禅、無色界の四定で三界に九地あり、九界に各々九品の惑ある故、八十一品の思惑という。思惑は、道理によらず、悪習のついた迷事の煩悩。

十六門をもつて破する　四教十六通りの教法による法執を偏く破折して法界実相を知らしめる止観破法偏(摩訶止観第六下)の説明。

権教権門前三教　法華円教でないすべての法門。爾前教。蔵・通・別の三教。

簡ぶなり　えらび捨てて取らない。

歴余の一心三観　余の一心を歴るの

識《しき》なるが故に、因縁生と云ふべからず。正しく因縁生とは第六識なり。ただし八識を且《しば》らく因縁生と云ふことは、因縁生の六識も皆八識の種子より*現行《げんぎょう》す。所生《しょしょう》に随つて能生の第八識を且《しば》らく因縁生と云ふなり」と、云云。

*私《わたくし》に云く、八識を因縁生と云はんに相違あるべからず。法性の理は本《もと》より不生《ふしょう》なれば、因縁生の義これなしといへども、第八識は*自性転起《じしょうてんき》の識なり。もししからば、因縁あつて生起すべきなり。*瑜伽論《ゆがろん》に云く、「もし生法ありて因縁なしとは、これ邪念《じゃねん》にして彼《か》の外《げ》道《どう》と同じ」と。第八識もし因縁なくして生ずと云はば、*外道無因の見《けん》なり。*第八識は七識を所依の根となすが故に、法性の理を因となし、七識を縁となして第八識生ずるが故に、因縁生の条勿論《もちろん》なり。摂論《じょうろん》に云く、「八識の因縁その相微細《そうみさい》にして、更に分別《ふんべつ》し難し」と。第八識に微細の因縁ありと見えたり、云云。

尋ねて云く、第八識に根塵相対《こんじんそうだい》の義ありや。答ふ、云云。疑つて云く、両方に明らかならず。*もし根塵相対の義ありと云はば、根塵相対は正しくこれ第六識なり。何ぞ第八識に根塵相対の義ありと意得《こころう》べきや。もしこれに依つてしかなりと云はば、*唯識論《ゆいしきろん》に云く、「心の起るは必ず内境に託し根に依る」と。摂論《じょうろん》には、「八識恒《つね》に起り、根境また転ず」と。第八識なほ根塵相対の義ありと見えたり、いかん。答ふ、*常の人の義に云く、「七八の二識は根塵相対の義なし。根塵相対は必定《ひつじょう》して第六識なり」と、云云。このこと、都《すべ》て*大小乗の性相《しょうぞう》も知らざる人《にん》の悪義なり。第八識既に*転起《てんき》の識なり。もし転起の識ならば、必ず根境《こんきょう》相対して転起すべきなり。ただし七八二識の根塵能く能く意得べき法門なり。

三観。摩訶止観の一心三観に四科ある中、第六意識の内、嗔心・慢心等の発起の善悪心を観境とする観法。
↓補

現行 阿頼耶識の種子から諸法が生起すること。

私に云く 忠尋のことば。

自性転起 それ自身が縁に随って諸法となること。

瑜伽論 喩伽師地論。百巻。弥勒菩薩造、玄奘訳。

外道無因の見 外道四執の一。万物は因なくして自然にありとの考え。

第八識は…故に 第七識末那識は六根中の意根である。他の五根は五識の境を縁じ、七識は八識の見分と関わり合って生ずる。従って八識は七識を依り処とする。

もし…云はば もし第八識が根塵相対して起ることを認めないとすれば。

唯識論 成唯識論十巻。

常の人 口伝者の法流に属しない、正統な教学研究者の意であろう。

大小乗の性相 性相は諸法の本質や外相についての道理で、これを研究する性相学の意。大乗の性相は瑜伽・唯識等の論に説かれ、小乗の性相は倶舎・成実等の論による。

転起の識 因縁によって生起する識。

八識は*染浄和合《ぜんじょうわごう》の種子を境界《きょうがい》とし、第七識を所依《しょえ》の根《こん》とす。第七識は八識の相分《そうぶん》を境界とし、見分《けんぶん》を所依の根とす。七八の二識互に根となりて、流転《るてん》の間は*相応続起《そうおうぞっき》するなり。*得道《とくどう》の後は七識は*平等性智《びょうどうしょうち》となり、八識は*大円鏡智《だいえんきょうち》となつてまた相応なり。もししからば、八識にも根塵相対の義ありと意得べきなり。ただし八識の根塵相対は凡夫の所知にあらず。覚大師の決附に云く、「*元品《がんぼん》の無明は、*内根内境《ないこんないきょう》を以て根塵とし、第六識は外根外境《げこんげきょう》を以て根塵とす」と。第八識に微細《みさい》の根塵ありて続起すと見えたり。ただし*処処の解釈《げしやく》、根塵相対の第六識と云へることは、且《しば》らく*麁強《そごう》なるに約《やく》するなり、云云。

*次《つぎ》の上《かみ》の文《もん》は総釈なり。因縁生の一念を三諦不思議の理と釈成《しやくじょう》するなり。*三仮《さんけ》四句とは正しく空観《くうかん》にあり。三仮とは、正しく智論《ちろん》より出でたり。一には因成仮《いんじょうけ》。謂《いわ》く、一切の因縁生の法は、皆これ仮の法にして真実にあらず。二には相対仮。謂く、生死《しょうじ》は涅槃《ねはん》に対し、涅槃は生死に対す。共に相対の法にして自性《じしょう》あることなし。自性なきが故に生死涅槃倶《とも》に空なり。三には相続仮。これに二種あり。謂く、即起《そっき》と離相《りそう》となり。即起の相続仮とは、一切諸法の当体相続すれども、念念生滅《しょうめつ》して自性都《すべ》て留らず。故に仮と名づく。離相の相続仮とは、去年の花は散つてこれなし。故に空と云ふなり。今年の花はまた去年の如く相続す。またこれ仮の法なり。一切の諸法は三仮を出でず。倶《とも》に自性空寂なるが故に、空と云ふなり。四句とは、自、他、共《ぐう》、無因なり。権教権門《ごんぎょうごんもん》の意は、空を談ずとしては皆三仮四句に約せり。今総明の三観には、本性不可得の当体の空を空体となすなり。三仮四句の空は、皆これ思議《しぎ》の空にして不思議の空にあらず。*不思議畢竟《ひっきょう》の妙空とは、流転の諸法

染浄和合…境界とし　無明と法性との和合の中に存在する生起の因種(相分)を、七識所縁の対境とする。

相応続起　根と境とが相契合して七八の二識が継続して起きる。

得道の後　迷いをなくして悟った後。

平等性智・大円鏡智　→補

元品の無明　無明に四十二品の浅深段階がある中、最後に等覚の菩薩が断じて仏となる無明。根本無明。

内根内境　極く微細で感知することが困難な根と対境。

処処の解釈　止観輔行伝弘決第五之二に既に明了であるほか、十義書上、仏心印記等、趙宋四明の系統では、ことごとく六識とする。

麁強なるに約す　根塵相対の一念を六識とする説は、八識の根境が微細不可見であるに対し、六識が粗強で明了だという点からの主張である。

次の上の文　南岳心要の「今聞一心因縁生法者、即懸超前来一切次第因縁生法、懸識不可思議因縁生法」(摩訶止観第六下)を指すか。

三仮　初め大智度論第四十一に法・受・名の三仮があり、本書にいう三仮の名は成実論に出ている。すべて空実相を得るための施設である。

不思議畢竟の妙空　三仮四句に分別を廻らして空理を納得するのであるが、迷事の一心に三諦を具することを観ずれば、即空即仮即中で、但空但仮として考えることが出来ない。

の当体を動ぜず、都《すべ》て無思無念なるを妙空と云ふなり。総明の一心三観には、この不思議の妙空を空体とす。空中二諦二無二也《空中の二諦は二にして無二なり》の道理、これを思ふべし、云云。

*複疎《ふくそ》倒入《とうにゅう》

仮において権仮《ごんけ》と実仮《じっけ》とあり。権門所説の仮は、皆これ可思議の仮にして不思議の仮にあらず。複疎倒入分別病薬《疎に複《かえ》つて倒《さかしま》に入り、病薬を分別す》の仮は、ただこれ隔歴《きゃくりゃく》の仮なり。複疎倒入は*入重玄門《にゅうじゅうげんもん》の異名なり。*等覚《とうがく》の菩薩元品の無明を断ぜんが為に、還《かえ》つて疎《そ》門《もん》に入りて、倒《さかしま》に凡事《ぼんじ》を作《な》す。これ複疎倒入の仮なり。入重玄門は、源《みなもと》、瓔珞経《ようらくきょう》に出でたり。前三教の仮諦とは、心外《しんげ》に別行《べつぎょう》を修し、隔歴《きゃくりゃく》不融《ゆう》の心地《しんじ》にして自行の為に且《しば》らく衆生を利する、これなり。*円教の仮とは、行者の一念に三千の慮相宛然《りょそうえんねん》として闕減《けつげん》なき、これなり、云云。

問ふ、*入重玄門倒修凡事《重玄の門に入り、倒《さかしま》に凡事《ぼんじ》を修す》は、通教《つうぎょう》に通ずるや。答ふ、云云。疑つて云く、両方に明らかならず。もし通ずと云はば、入重玄門は瓔珞経より出でたり。彼《か》の経は偏《ひとえ》に*別門を存《ぞん》す。あに通教に通ぜんや。しかのみならず、彼《か》の経の意《こころ》、入重玄門とは、元品の無明難断《なんだん》の故に、千万億劫に重玄門《じゅうげんもん》【重《ふたたび》 玄門《くろかど》】に入つて、倒《さかしま》に凡事を修すと等《ら》。通教に無明を断ずる義これなし。何ぞ入重玄門あらんや。もしこれに依つてしかなりと云はば、*名玄《みょうげん》に云く、「八地《はちじ》已上《いじょう》*誓扶《せいぶ》習生《じゅうしょう》す。ただこれ重玄門に入る」と、いかん。

当体不可得が全体即空である。

複疎倒入　摩訶止観第六下の文では「覆疎倒入」である。

入重玄門　瓔珞経上巻に説く。等覚の菩薩が自らの根本煩悩を断ずるため、嘗て凡夫の重厚な煩悩の中で修行して来た無量法門の中に再び逆入して、千万億劫の間深遠の法門を学ぶこと。衆生を教化することによって俗智に通暁するためといわれる。

等覚の菩薩　最高位の菩薩、まさに仏となろうとする位の菩薩。

円教の仮　等覚の入重玄門は別教の上のこと。円教ではすべて初住より偏く法界に応じて凡夫の所作に同ずる。

入重玄門倒修凡事　法華文句第九の文。

別門を存す　瓔珞経は菩薩の五十二位説、三観説等、非常に高尚な教理を含み、別教の教門が説かれている。

名玄　天台大師撰の浄名玄義のこと か。しかしこの文は見当らない。

誓扶習生　また扶習潤生(ぶしゅうにんじょう)ともいう。通教の菩薩は第七地に見思の煩悩を断尽するので、再び三界に生を受けて化他行をすることが出来ない。そのため誓願力と慈悲力で残った煩悩の習気を扶け、三界に生を受けること。

答ふ、御廟《みみよう》の大師の学問日記に云く、「入重玄門に四種あり。一には*相通《そうつう》、二には加行《けぎよう》、三には化他《けた》、四には自性の入重玄門なり」と。通教の心は、相通の入重玄門なり。通教の意は、無明断にあらず。故に真実の入重玄門これあるべからず。しかるに、通教の*八地已上の菩薩、三界の煩悩断尽《だんじん》の後、一分《いちぶん》三界に留つて生死の身を受け、衆生を利益する形、入重玄門に似たり。故に名玄には、八地已上において入重玄門の名を立つ。加行の入重玄門とは、瓔珞経に説く所、元品《がんぽん》難断の為に修《しゆ》する所の入重玄門なり。等覚《とうがく》の位に至つて元品の一迷断じ難し。この迷を断ぜんが為に、重ねて因位の玄門に入り、この行に依つて元品の無明を断ずるが故に、加行の入重玄門と名づく。*化他の入重玄門とは、元品の無明難断の故にあらず、云云。ただ化他の為に*九道の身を示すなり。*籤《せん》の三に云く、「遍応法界名入重玄、不同別教教道重玄《遍《あまね》く法界に応ずるを入重玄と名づく。別教教道の重玄に同じからず》」と。*自性の入重玄門とは、円教の意、自性三千円満の形なるが故に、念念に入重玄門なり、云云。第四の入重玄門は、即ち今の総明の三諦の中の仮諦なり。

問ふ、円教に入重玄門ありや。答ふ、*云云。問ふ、仏果に入重玄門ありや。答ふ、円教の意は、仏果に入重玄門あり、遍応法界《へんのうほうかい》を入重玄門と名づくるが故に。*別教の仏果には入重玄門なし、元品の無明既に断ずるが故に、云云。

*今非空非仮を聞く

総明の一心三観の中《なか》の中道《ちゆうどう》とは、不思議の中道にして、権教権門《ごんぎようごんもん》の中道にあらず。権

相通　形すがたが似ている。

八地　通教の位は大品般若経によって十地を数える。乾恵地・性地・八人地・見地・薄地・離欲地・已弁地・辟支仏地・菩薩地・仏地である。その中、辟支仏地が第八地。

化他の入重玄門　円教の入重玄門。俗諦に入ってその中に真生命を認め、教化に従事するのを入重玄門とする。

九道　十界の中、仏界を除く九界。

籤の三　荊渓大師湛然撰、法華玄義釈籤の第三巻。

自性の入重玄門　俗諦常住を悟れば念念に入重玄門であるとする本覚門の立場。

云云　当然ある。

別教の仏果には…　別教では元品無明を断ずるため入重玄門があるから、その目的を達した仏にはその必要がない。ただし天台の立場では、別教の初地以上は一応の理論だけで、実人は存在しない。

今非空非仮を聞く　無明の一念心において非空非仮の中道を観ずることを知る。

教権門の意は、中道と云へるも皆*待対《たいだい》あり。今の中道とは、一心不生にして万法都《すべ》て失《とが》なきを中道と名づくるなり。この自性の中道を不思議の中道と云ふなり。総明の一心三観とは、正しく行者の分別思量《ふんべつしりょう》にして、作《さ》にあらず、これ観にあらず、ただ心に本分《ほんぶん》の三諦を解《げ》す。*所解《しょげ》の体を能く能く分別すれば、空は三千亡泯《もうみん》の本空《ほんくう》、仮は自己三千の妙仮《みょうけ》、中は自性の中道なり。故に空仮中の三諦倶《とも》に権教権門に超えたり、云云。

*単見と複見と中道を見る

単見の中道とは双非《そうひ》の中道、複見の中道とは双照《そうしょう》の中道なり。*具足の中道とは双非双照具足なり。一家至極《しいごく》の中道とは、諸法の自性不動なるを義となす。*この時は、双非の義、双照の義、具足の義にも倶《とも》に*執見《しゅうけん》を成ず。決附に云く、「正しく中道とは、万法動ぜず、都《すべ》て過失なきを、名づけて中道となす。双非双照等の義あることなし。双非はこれ単見、双照はこれ複見なり」と。双非双照単複二見の中道にして正真《しょうしん》の中道にあらずと見えたり、云云。

問ふ、円教の中道は双非双照を義とするや。答ふ、云云。疑つて云く、両方に明らかならず。もし双非双照を義となすと云はば、*〔これ〕単複《たんぷく》の二見《にけん》なり。何ぞこれを以て円妙《えんみょう》の中道とせんや。もしこれに依つてしかなりと云はば、余処《よしょ》の解釈《げしゃく》の中に、円教の中道を釈すとして、多く双非双照に約せり、いかん。答ふ、このこと、口伝すべき法門なり。中道には多種あり。別教の中道は一向《いっこう》に*双非を本意として、*双照の義を知らず。迹門《しゃくもん》の中道は

待対あり　一心に即空即仮即中の中道を観じなければ、否定に否定を重ねても、なお、それに相対するものがあって、絶対の中にはなり得ない。

所解の体　理解した本分の三諦の有様。

単見と複見　南岳心要と摩訶止観第六下の両文には、この句はない。取意要約と考えるべきであろう。両見とも見惑。単見とは有・無・亦有亦無・非有非無の四見に執著すること。複の四見は有の有、有の無、無の有、無の無等、単の一句に有無の二を具するもの。非無の有無は双照の中道に当る。

具足の中道　見惑にまた具足の四見があって執著を起す。単の四見の一一に四を具す。双亦の双非、双非の双亦等、複雑であるが、単の双非双亦に異ならない。この中の双非双亦は具足の中道に当る。

この時　単複具足の見惑を断ずる時。

執見　執われた理解。

これ(是)　底本になし。正教本によって補う。

双非　三諦に非ず一諦に非ず。

双照　三諦に即して一諦、一諦に即して三諦。

双照を捨てず、双非を本意とす。本門の中道は正しく双照を本意とす。*大師内証《ないしょう》の中道とは、双非にもあらず、双照にもあらず、諸法の*自己不動不転なるを中道と名づく。横川《よかわ》の大師の学問日記に云く、「別教はただ双非の中道を*詮《せん》ず。迹門には正《まさ》しくは双非を明かし、傍《かたわ》らには双照を兼ぬ。本門には正しく双照の中道を明かす。観心の一門は*双にあらず、照にあらず。双《なら》べて単複の見を照らすが故に」と。円教において*本迹観心の三重あり。本迹の二門の円は、双非と双照とを中道となす。*観心の円は、双非にもあらず、双照にもあらず、本《もと》より不生なるを中道と名づく。

総じて三諦の理に重重の不同あり。楞厳《りょうごん》の和尚《わじょう》の学問日記に云く、「*空に多種あり。一には析空《しゃっくう》、二には体空、三には即空《そっくう》、四には本性空《ほんしょうくう》なり。仮に多種あり。一には*妄仮《もうけ》、二には*施設仮《しせっけ》、三には本性仮なり。中道に多種あり。一には離辺《りへん》の中、二には双非の中、三には双照の中、四には照非不可得の中、五には*還同本理《げんどうほんり》の中なり」と。中道において多種あるが故に、一偏《いっぺん》に定むべからず。三諦の口伝は*略義の記の如し、云云。三蔵教の意は、離苦楽離断常《りくらくりだんじょう》《苦楽を離れ、断常を離る》を中道となす。通教もまたしかなり。通教に*含容《ごんよう》の中道これありといへども、当教《とうぎょう》の意にあらず。別教の中道は離辺の中なり、已上。

単見、複見、具足見、蔵通別の可思議の中道は、今の中《ちゅう》にあらず。今の中とは不思議自性の本中道《ほんちゅうどう》なり、云云。かくの如く三諦の本理、一心にあつて不思議なる道理をば、諸人意得難《こころえがた》き法門なり、云云。

大師内証の　天台大師が己心中に証得された。
自己　自体、自性。
詮ず　明らかに説く。理論を追求してそれに帰着させる。
双にあらず(非双)　「非非(非に非ず)」の誤りか。
本迹観心　四重興廃の中、昔は爾前、迹と本と観心の三門は円教に属す。
観心の円は…名づく　後世、寂照不思議の三諦といわれる。
空に多種あり　二空より十八空まで多種あるが、今の四空は蔵通別円の教理に準じて配列したもの。
妄仮　迷情によって、ない物を実在すると見るもの。
施設仮　理論的に考察した結果、仮の存在とされたもの。般若経に三仮が施設される。
還同本理の中　天真無作の本有に還ることを中道とする。
略義の記　忠尋作と伝える法華略義見聞のこと。法華玄義に関する口伝書。三諦の口伝は、上巻「円融三諦は妙法也の事」、中巻「三諦の境の事」等にある。
含容の中道…　通教は大乗教の初門であって、そこで説かれる真諦は、幻有即空不生不滅というから、当然その中に中道の思想が含容されているということ。ここではそれは通教の真意ではなく、被接(ひせつ)の意としているが、通常の説では、被接され

心に約して無明を論ず等

以前の*文は、多く境智不思議門を釈す。約心以下は、*還用有《げんゆうう》相《そう》の法門を釈成《しゃくじょう》するなり。元初総明の一念と云へるも、ただこれ行者の一心なり。因縁生と云へるも、行者の一心なり。諸法皆一心なり。もししからば、偏空偏仮《へんくうへんけ》乃至単複の中道等、何ぞこれを*簡《えら》ばんや。倶《とも》にこれ一心自己の本分なり。故に立ち還《かえ》つて前来一切の法門、皆これ止観内証の深義《じんぎ》、大師所立《しょりゅう》の妙義なり、云云。

*一念三相

一家の一心三観とは、微細《みさい》の一念に三諦の理を具ふ。この道理意得《こころえ》難し。今、三相一刹《せつ》那《な》の譬《たとえ》を以て、一家の三観を顕はすなり。生住滅《しょうじゅうめつ》の三相の体各別なるも、なほ一刹那に倶生《くしょう》す。衆生の一心*妙法なり。一念に三観具足するの条、分明《ふんみょう》なる者か。

問ふ、一家天台の心、三観の相を釈すと見えたり。しからば何の譬を用ふるや。答ふ、*文に云く、「一刹那に三相あり、三相不同にして生滅住異《しょうめつじゅうこと》なりあるが如く、一心三観もまたかくの如し。生を仮有《けう》に喩へ、滅を空無に喩へ、住を非空非有に喩ふ。三諦不同あれども、しかもただ一念なり」と。疑つて云く、生住滅の三相は本《もと》より*異時の法なり。何ぞ円融至極《えんにゅうしごく》の一心三観、この喩に合すべきや、いかん、云云。答ふ、本より一家処処の解《げ》釈《しゃく》、一心三観を釈すとして、多く*四相同時に喩ふ。生は未来、住は現在、滅は過去なり。共に三相同時ぞと云ふことは、生の下に四随相《ずいそう》あり。四随相は十六、本相《ほんぞう》の四つと合して

るのも通教の中に中道が理解される故だとされる。

文　正教本では「義」。

還用有相　還つて有相を用ふ。還同有相と同じ。不二門に対する而二門。修禅寺決(五二頁)に「還用有相の一心三観」がある。

簡ばんや　どれを捨て、どれを取るという必要はない。

一念三相　南岳心要に「若論道理只在一心、即空即仮即中、如一刹那而有三相、三相不同生住移滅」(摩訶止観第六下)とある文の取意。三相とは、四相の中の異と住とを合して住とする。

妙法　真如本・正教本共に「妙遠」。

文に云く…　今の南岳心要の文。また摩訶止観第六下「総明一心」の釈結の文。

異時の法　一法が推移していく時間の流れ。これを一期の四相という。

四相同時　刹那の生滅。小乗説一切有部の説。四相とは一切の有為法を刹那に生滅変遷させる力。生はすべてのものを未来から現在まで変遷させる力。住はそれを安住させる力。異は現在において衰損させる力。滅は過去に流入させる力。この四相を本相という。四相も有為法なる故、これを生住異滅させるものが四随相で、生生・住住・異異・滅滅という。

二十相なり。本相は前後すれども四随相は同時なり。随相に約して三相同時と云ふなり。*重難《じゅうなん》して云く、鏡像円融を用ふるに、何ぞ三相の喩を用ふるや。答ふ、鏡像円融は三相互具《ごぐ》の道理分明なれども、正しく*有無相違《うむそうい》の法一時に倶《とも》に生ずる道理未だ*聞えず。生滅の二法は、天地遙かに異にして相違の法なり。この法既に同時なる上は、空仮相違の法また同時なるべしと意得られたり。三相の喩は、相違の法一時に並起《びょうき》する道理に親しく、鏡像円融は、三諦相即の道理に親しきが故に、共に用ふるなり、云云。

三観*三智*三止*三明*

法性常照門《ほっしょうじょうしょうもん》の三諦をば三観と名づけ、常寂門《じょうじゃくもん》の三諦をば三止と名づく。因の三観をば観と名づけ、果にあるを三智となす。智とは*決断重知の義なるが故に。常寂門の三諦、因にありては止と云はれ、果にありては明と云はる。三観三智三止倶《とも》に行者の一念にして相違なき法なり。

*仏知《ぶっち》見《けん》を開く

問ふ、仏知見とはその体何者ぞや。答ふ、一念の心《しん》を観ずるに、三諦具足するこれなり、云云。疑つて云く、何ぞ一心三観を仏知見とするや。既に*因位未了《いんにみりょう》の観法なり。三観の*妙解甚深《みょうげじんじん》なりとも、仏知見の名更に与へ難し、いかん。答ふ、止観とは仏知見なり。止は仏知、観は仏見なり。法性常照の一心三観は仏見、法性常寂の一心三観は仏知なり。止

重難　ここは三重の構成になっていて、最初の「問ふ」が第一重、「疑つて云く」が第二重の問いで、これを初重の難といい、第三重の問いが重難である。

有無相違の法　生と滅、空と仮と、明瞭に相反するもの。

聞えず　納得できない。

三観　空・仮・中の三観。

三智　一に万有の空なることを知る一切智。二に差別の法即ち仮に通暁する道種智。三に即空即仮即中を知る一切種智。一は声聞縁覚の智、二は菩薩の智、三は仏の智。

三止　一に体真止。空の理に安住して妄想妄動を止息すること。二に方便随縁止。仮の道理に安住し、応病与薬の教化を行うこと。三に息二辺分別止。空仮の二辺をやめ、中諦に安住すること。

三明　摩訶止観第六下では「三眼」とある。天眼・宿命・漏尽の三明か。

決断重知　対象について決断し、更に深く知ること。

仏知見　仏の知見。諸法実相の理を悟った仏の知恵。

因位未了の観法　観法は仏知見を開くための修因であり、結果としての仏知見からすれば因位にあって、悟りを完了したものとは出来ない。

妙解　妙行、妙証に対す。一心不生のところに三諦具足することを明瞭に理解すること。

観既に仏知見なり。止観と云へる即ち一心三観を根本となす。ここを以て今の解釈《げしやく》にも、「*一念の心に三諦を具ふ。かくの如く観ずる者即ちこれ衆生仏知見を開く」と。円家《えんげ》の意は、理即《りそく》は本有《ほんぬ》の仏体、*名字即《みようじそく》より知識経巻に値《あ》ひて、始めて本有の知見を開くなり。故に天台の立行《りゆうぎよう》をば、果満の内証とも云ひ、本仏の行因とも釈せり。因位は仏知見にあらずと云ふこと、偏《ひとえ》にこれ*始覚始成《しかくしじよう》の仮説《けせつ》にして、*本覚の実談にはあらず。その上、法法塵塵の自体、本有無作《ほんぬむさ》の三身なり。名字即の位にして自身無作の道理を開きて、已後《いご》の心念悉《ことごと》く仏知見なるべしと見えたり。*六即義《ろくそくぎ》の妙記《みようき》に云く、「理即を本仏となし、名字・観行・相似・分真を仏因となす。究竟即《くきようそく》は仏果なり。この故に、六即皆これ果中の六の相なり」と。名字以後の一心三観を仏知見と云ふこと、更に相違あるべからず、云云。

衆生とは*貪恚癡心《とんにちしん》

一切衆生は皆*我見《がけん》を起す。我見を根本として貪嗔癡《とんじんち》の三毒を起すなり。三毒を起すを衆生と名づく。我《が》において三種あり。一には分別の我《が》。謂《いわ》く、外道《げどう》等が謂《おもわ》く、一切衆生の心内に*不可説蔵《ふかせつぞう》あり、この蔵に微細《みさい》の*神我《しんが》ありて諸法の本と作《な》ると、云云。二には倶生《くしよう》の我。謂く、凡夫等は別して神我を起さざれども、諸法を縁ずる時、心に我執《がしゆう》あり。三には流布《るふ》の我。謂く、諸仏は我執なけれども、且《しば》らく化他の為に*如是我聞《によぜがもん》《かくの如く我《われ》聞きき》、乃至*自我得仏来《じがとくぶつらい》《我《われ》仏を得てより来《このかた》》と等《ら》云《のたま》へるなり、云云。分別倶生の二我これあるが故に、この我執に依つて衆生三毒を起す。三毒数数《しばしば》生ずるが故に衆生と名づく。

一念の…開く　摩訶止観第六下の文の取意要約。

名字即より…開くなり　善導してくれる朋友や経論から、実相の道理を開くのを、六即の行位では第二名字即の位とする。名字即は行因の初めで、その時本有の仏体即ち果満の内証を得る。

始覚始成の仮説　始覚始成は、単に始覚というに同じ。発心、修行、解脱と常識的な順序を教えた法門の、世間常識に沿った方便の教説。

本覚の実談　本覚の立場に立った真実の教説。

六即義の妙記　「六即義の私記」(二四五頁)のことか。本書巻三にも「六即義の私記」とある。

貪恚癡心　貪瞋癡心と同じ。三毒の煩悩。

我見　すべての物事が因縁仮和合のものであることを見ず、その中心に常一なる主体を考えること。

不可説蔵　不思議な場所。

神我　すべての事物の中心にある不思議常実な主体。数論外道(すろんげどう)の説。

如是我聞　経文の最初に置かれる信成就の句。我は経の結集者阿難自らを指す。

自我得仏来　法華経如来寿量品偈の初めの句。偈文の全体を自我偈という。我は釈尊自らを指す。

しかるに止観の意は、かくの如く起す所の我見三毒の煩悩等の自体を空仮《くうげ》中《ちゆう》の三諦と心得て、*妄《もう》の起《き》も過《とが》にあらず、本《もと》より*貪体即覚体《とんたいそくかくたい》なるが故に、貪の外《ほか》に菩提《ぼだい》を求むれば、これ*二念隔異《きやくい》の執情《しゆうじよう》にして、止観の本意にあらず。摩訶止観の意は、貪瞋癡《とんじんち》の三毒念念続起する、これ法性三諦の続起なるが故に、衆生の当体即ち仏なり。この道理を心得るを開仏知見となす。一切衆生、*念念に仏知見を起し、止観の妙行《みようぎよう》を立つれども、知らざるが故に凡夫《ぼんぶ》と名づく。*今知識に値《あ》ひて自心本地の三諦を聞きて、*三世《さんぜ》常恒《じようごう》の妙行既に円満するが故に、衆生の外に仏体なしと釈し給ふなり。

問ふ、仏三毒を起したまふや。答ふ、云云。もし三毒を起すと云はば、仏は無上の覚者なり。*智《ち》徳《とく》・断徳《だんどく》円満せり。もし三毒を起すといはば、断徳不円満の失《とが》これあらなん。もしこれに依つてしかなりと云はば、今の釈、衆生即是仏《しゆじようそくぜぶつ》《衆生即ちこれ仏なり》と云ひて、その衆生三毒を起す様《よう》を釈成《しやくじよう》せり。仏三毒を起すと見えたり、いかん。答ふ、仏の三毒の起《き》不《ふ》起《き》、倶《とも》に相違あるべからず。このこと、*浄名経《じようみようきよう》に分明《ふんみよう》なり。仏に二義あるなり。一には、始《し》覚断迷《かくだんめい》の仏は三毒を起すべからず。二には、本覚の*実仏は衆生の当体本有《ほんぬ》の仏果なり。この仏は縦《たと》ひ三毒を起すとも相違あるべからず。*蘇《そ》悉地経《しつじきよう》に、釈迦を浅仏《せんぶつ》となし、提婆《だいば》を極仏《ごくぶつ》となすは、この意なり。慈《じ》覚大師《かくだいし》、この文を受けて、「*浅略門《せんりやくもん》の時は、釈迦を善人となし、提婆を逆人《ぎやくにん》となす。深秘門《じんぴもん》の時は、釈迦・提婆倶に一如《いちによ》なり。秘中深秘門《ひちゆうじんぴもん》の時は、釈迦は*断相修顕《だんそうしゆけん》の仏なるが故に浅となし、提婆は*不《ふ》転本極《てんほんごく》の妙体なるが故に深となす。秘秘中深秘門の時は、釈迦にもあらず提婆にもあらず、本極無相なる真意を法の*大宗《だいしゆう》

妄の起も過にあらず　煩悩が起ることも法性の起動で、間違いではない。
貪体即覚体　煩悩を起す心も悟りを起す心も、全く同じ心である。
二念隔異の執情　妄心と真心と完全に相違した二つの心があると考える間違った執著。
念念に…名づく　刻々の起念が煩悩の連続であっても、それが仏知見の続起であり、止観行を修しているのであるが、それが三諦具足の仏知見であり止観の当体であることを知らないだけである。それが理即の位。
今知識に値ひて　名字即の位。
三世常恒の　永遠の真実たる。
智徳・断徳　仏の自利利他の三徳の中、自利の二徳。一切を知り尽した智恵と一切の煩悩を断ち切った徳。
浄名経　維摩詰所説経仏道品第八の無明・塵労等を如来種となすことを指すか。
実仏　権果に対して、まことの仏。
蘇悉地経　蘇悉地羯羅経(そしつじからきよう)。妙成就業経はその訳名。三巻。唐の輪婆迦羅訳。天台の密教では胎蔵界金剛界不二合行の法として伝える。
浅略門…大宗となす　慈覚大師には、蘇悉地羯羅経略疏七巻、同経大意一巻があり現存する。ただしこの文は見えない。浅略・深秘・秘中深秘・秘秘中深秘の四門配立は、智証大師の作とされる入真言門講法華法門(法華四重釈)に見られる。

となす」と釈したまへり。今の文《もん》をば、かくの如く心得べし。

　摩訶止観の本意は、貪体《とんたい》即ち覚体なるを本覚の理と名づくるが故に、三毒の当体即ち仏体なり。*貪瞋《とんじん》の一念、自性の三諦なるが故に、空を智徳となし、仮を断徳となす。衆生本《もと》より三諦を具ふるが故に、三毒の自体本分の智徳・断徳なり。かくの如く心得れば、衆生と仏とは、三毒の起と不起とにして、更に相違あるべからず。しかのみならず、今の文《もん》の意は、貪瞋癡の三毒の当体、本有の三諦と*開覚《かいかく》する、これ入仏知見《にゅうぶっちけん》の妙意なりと釈するばかりなり。ここを以て*覚大師の止観の記に、「三毒を捨離して別に法性を得るを名づけて*迹意《しゃくい》となし、貪体・癡体即ちこれ本覚なるを本覚の理と名づくるなり」と。「*顕密《けんみつ》二教異なりといへども、大道《だいどう》相違せず」と山家《さんげ》の大師の釈したまへるは、即ちこの意なり、云云。

　蓮実坊の和尚の最後の*精《おしらべ》に云く〈*立者《りっしゃ》*静慮院澄豪《じょうりょいんちょうごう》〉、「一代の教に多く仏相を説くに甚だ不同なり。山家の大師唐朝の御相承《ごそうじょう》に、六重の仏相と云へることこれあり。*立て申すべし」と。立者《りっしゃ》これを知らず、云云。故阿闍梨《こあじゃり》の云く、「六重の仏《ほとけ》と云へる、もっとも意得《こころう》べきことなり。一には*妙因仮立《みょういんけりゅう》の仏。謂《いわ》く、前三教《ぜんさんぎょう》の教主は皆因位《いんに》において仮りに仏名を立つ。二には色相荘厳《しきそうしょうごん》の仏。謂く、凡夫小乗等は金色《こんじき》の光明《こうみょう》等を仏相となす。真実は色相の仏にあらず。迷人《めいにん》所見の仏を色相荘厳の仏となす。三には断諸迷妄の仏。謂く、貪瞋癡等の煩悩を断じて、別して覚悟の知見を得。四には法性真如の*理仏。謂く、事事の諸法は実仏にあらざれども、真如の妙理はこれ一体なり。五には貪即菩提《とんそくぼだい》の仏。謂く、衆生の当

断相修顕の仏　三毒の悪相を断ち切るための修行によって断徳の顕われた仏。
不転本極の妙体　転迷開悟ではなく、本覚の極仏。
法の大宗　仏法の最も重要な点。
貪瞋　正教本・真如本共に「貪心」。
開覚する　悟りを開く。
覚大師の止観の記　→二四五頁注「止観の記」
迹意　迹門のこころ。
顕密二教…相違せず　伝教大師の釈とあるが、大師が泰範に与えた消息文の「法華一乗と真言一乗と何ぞ優劣あらん」の句や、止観・遮那の両業をもって立宗されたことを根拠として後世作られた文と思われる。
精　精義。論義の精義者(証義者)が最後に講師と問者との両方の論旨に対して精細なおしらべをし、また助言を与えること。
立者　正しくは竪者。論義の時の講師(問者の疑難に答える者)。
静慮院澄豪　静慮院は覚運の弟子遍救の住房で、清朝・隆範とも同院にあり、隆範の弟子澄豪(一〇四九—一一三三)は恵光房とは称しているが、恐らくは同人。檀那流の中の恵光房流の祖。
立て申すべし　説明をしなさい。
妙因仮立の仏　前世の因位において三惑を断じ、菩提樹下で残余のかすかな煩悩の余習を断ずる通教の仏。
理仏　法身仏。

体仏果なり。六には非迷非覚の仏。謂く、覚とも*悟とも相分《あいわか》たず、*生仏未分《しょうぶつみぶん》にして、不思議不可得なるを、強ひて仏と名づく」と。伝法決に云く、「諸経に仏相を明かすに義類《ぎるい》一にあらず。一には妙因仮立、二には色相荘厳、三には断迷得覚、四には自性唯理、五には妄即菩提、六には非妄非覚を、強ひて名づけて仏となす。初めの二は爾前《にぜん》にあり、第三は始覚門にあり、第四はこれ本覚、第六は正しく観心の一門にあり」と。既に*仏に六重あり、一偏に定むべからず。今云ふ所の生仏《しょうぶつ》等とは、生仏未分の処において、*立ち還つて種種の義を明かす。故に*所難《しょなん》に随ふべからず。

一心三観において重重の不同あり。*総相分別の時は、心性不動なるを中道となし、亡泯三千を空となし、雖亡而存《すいもうにそん》《亡ずるといへども、しかも存す》を仮諦《けたい》となす。*本起不動の一心三観の時は、善・悪・無記《むき》の三性各各《かっかく》に一心三諦なり。一家天台の心は、本起不動の三観を妙行となす。本起不動ならん時は、別して覚不覚を沙汰《さた》すべからず。*当体本仏なり。この一段は故阿闍梨の随分《ずいぶん》の己証《こしょう》なり、云云。

　　心の起念に随つて止観具足す

一切衆生本《もと》より止観を具足す。心は境界に随つて起念の当体に止観を具足するなり。止観の外に全く余相《よそう》なし。権宗権門《ごんしゅうごんもん》の意は、自身の仏知見を知らず。故に心外《しんげ》に*覚体を求む。*止観の心は、一切衆生として起念ならずといふことなし。念もし起らば、皆これ*止観現前の正行なり。この道理を知識に値《お》うて堅固に解了《げりょう》する、これ*初随喜品《しょずいきほん》なり。この道理

悟　相対する意味の上からいえば、「迷」となるべきである。
生仏未分　衆生と仏と相待する考えから脱却して、持ちより合って成立する未分絶待の一。
仏に六重あり　天台の常談では、蔵通別円四重の仏が説かれる。
立ち還つて　還同有相の立場で。
所難　仏が三毒の煩悩を起すか否かについての両方難。
総相分別の時　重々の一心三観があるが、元来一であるものを空仮中の三に分けて説明する時。修禅寺決には、総じて十四種の一心三観を挙げる(五〇―五二頁参照)。
本起不動　どんな一念の中にも即空即仮即中の形で本来三諦が具わっているから、空仮中を分別しないこと。
当体本仏なり　善にもせよ悪にもせよ、その当体が即ち三諦具足して無作の本仏である。
覚体　悟りの本体。悟りの世界。
止観の心　摩訶止観に説くところの本意。
止観現前　寂照の止観の悟りが現われる。
初随喜品　法華経分別功徳品に説く、五品弟子の位の最初の随喜品。法華経の諸法実相を聞いて信解し随喜の心を起す位。天台の六即位では第三観行即に当る。

を信解《しんげ》する、これ衆生の開仏知見なり。*華厳経《けごんぎょう》には得仏知見《とくぶつちけん》と説き、*浄名経《じょうみょうきょう》には証仏知見と説いて、開仏知見の語はこれなし。法華《ほっけ》に開仏知見と云へるは甚だ深意《じんい》あり。得と云ひ証と云へば、衆生の外に覚体ありと意得《こころえ》て、衆生の妄心を*捨てて覚体を得ると云ふなり。今開仏知見と云へるは、心性の自性本《もと》より本覚《ほんがく》にして、仏知仏見の止観なり。これを知らざるを凡夫と名づく。知識に値《あ》ひて、汝が起す所の起念の当体、止観の妙行なりと示し説かれ、自心の迷相を開いて仏知見を成ず。知見は始めても来らず、本より具足するが故に、開仏知見と云ふなり。決附《けつぷ》に云く、「能《よ》く自心三諦の本理を開くを開仏知見と名づく」と。この意なり、云云。かくの如きはこれ随喜品《ずいきほん》なり、云云。

*読誦経典《どくじゅきょうてん》は第二品《ほん》

経巻を見て読むを読《どく》と名づく。経巻を離れて暗《そら》に誦《よ》むを誦《じゅ》となす。読において義読《ぎどく》と文《もん》読《どく》とあり。義読に*異義読と*同義読とこれあり。覚大師の決附に云く、「読誦経典において障道と助道との二種の不同あり」と。文読とは、別して*意義を得ざれども、ただ文字の*屈《くつ》曲《ごく》を誦す。義読とは、正《まさ》しく経文を心得て字を読める、これなり。義読は助道、文読は別して助道ならず。義読に二種あり。異義読は道の障りとなる。謂《いわ》く、止観の行者小乗権教を学する、これなり。同義読は正行を助く。謂く、円頓行者は止観・法華を学び読むべし。*山家の大師の御遺告《ごゆいごう》に云く、「円頓行者独《ひと》り石室に座して聚落《じゅらく》に入らず、或は行者ありて*阿練若《あれんにゃ》に居《こ》すといへども、*正心雑乱《しょうしんぞうらん》の者は還つて*集所《じゅうしょ》に入りて法華を学ぶべし。もし法華

華厳経・浄名経 共に得仏知見・証仏知見の語はない。

捨 底本は「於」。正教本によって改む。

読誦経典は第二品 この句は南岳心要の文の取意。五品弟子位の第二品を読誦品といい、法華経を読誦受持して実相の観解を助ける位。

異義読・同義読 異義読は、自分の宗として信順しない経文を読誦すること。同義読はその逆。

意義を得ざれども 内容を読み取ることは出来ないけれども。

屈曲を誦す 屈曲は、折れ曲った文字の形。形だけの文字。意味を全く問題にせずに、字を追って読む。

山家の大師の御遺告 伝教大師の遺告には二種があり、一は弘仁十三年四月の臨終遺言(禅菴式)、二は弘仁三年遺書と言われるが、共にこの文はない。

阿練若 閑寂処の意で、寺院の総名。

正心雑乱の者 心の統一が出来ない者。

集所 人々の集まる処、集会所。聚落のこと。

を読むに義正《ただ》しければ、心障起れども*勝定《しょうじょう》即ち発《はっ》す」と。止観の行者はもっとも法華・止観を学び読むべしと覚えたり。誦にもまた文誦・義誦、同義誦・異義誦これあるべし。上の如く意得《こころう》べし。

*更に説法を加ふるは第三品

所行《しょぎょう》の如く説法して、自心他心を助く。この行転《うたた》明らかなるが故に、止観の妙行速かに成就す。ここに利鈍の二機あり、云云。

尋ねて云く、更加説法《きょうかせっぽう》の説法は権実《ごんじつ》に通ずるや。答ふ、云云。疑つて云く、両方に明らかならず。もし権実に通ずと云はば、第三品は未だ*事理和融《じりわゆう》の位に至らず。もし権教《ごんぎょう》を説かば、必ず*内行の障《さわ》りとなるべし。ここを以て今の釈にも、「*如行にして説く」と。行とは*実相の行なり。もしこれに依つてしかなりと云はば、*浄名経に云く、「広く一切の法を説くはこれ説法品なり」と、いかん。答ふ、更加説法《きょうかせっぽう》の人《にん》に二類あるべし。鈍根《どんごん》の人は根《こん》性退《じょうたい》し易《やす》し。故に必ず実教を説いて権教を説くべからず。権教は道の障りとなるが故に。利根の行者は都《すべ》て退転《たいてん》なし。故に広く権実二教を説いて衆機を利益すべきなり、云云。

*兼行六度《けんぎょうろくど》は第四品

*理行《りぎょう》を正となして*事行《じぎょう》を兼修《けんしゅ》す。初めて化他門に趣《おもむ》く位《くらい》なり。この位には傍《かたわ》らに六波羅《ろくはら》蜜《みつ》を行ず。謂く、或は人に*眼髄《げんずい》等を施し、乃至般若《はんにゃ》を学す。ただし六度において重重の意

勝定　すぐれた禅定。

更に…第三品　南岳心要の文の取意。五品弟子位の第三品は説法品。

事理和融の位　真如の理と生滅の事とが完全に融じ合う境地。本書では、後の五品弟子位第五品の正行六度品を事理和融の位とする。法華玄義第五上では、十廻向の位を事理和融とする。それは六即では分真即に当る。

内行　内心の修行。自行。

如行にして説く　底本は「妙行」。南岳心要(摩訶止観第六下)の本文・真如本によって改む。自分の宗としている観行に順じて説法する。

実相　底本は「実教」。仏教全書本によって改む。真如本では「教」と「相」と両字を並べ用いている。

浄名経　この文はない。

兼行六度　法華経を受持して、兼ねて布施・持戒・忍辱・精進・一心(禅定)・智恵の六波羅蜜を修行する。五品弟子位の第四品は兼行六度品。

理行　一心三観を行い、三諦実相の理を観ずる修行。

事行　身を以て布施行等を修行すること。

眼髄等を施し　仏説大乗菩薩蔵正法経第十八布施波羅蜜多品に十種の布施を挙げ、「七者若施其眼即得法眼浄…九者若施其髄即得金剛堅固不壊之身」とある。

悲増・智増　菩薩の二類。菩薩の中でその性分慈悲心強く、衆生を救う

あり。*悲増《ひぞう》の行者は別して六度を行じ、*智増《ちぞう》の菩薩は、仏知仏見の観体明了《みょうりょう》なる時は、自《じ》然《ねん》と六度を具す。万法併《しか》しながら我性の一心なりと心得れば、他人の受用*皆これ自身なり。彼彼《ひひ》平等にして更に異相なきが故に、*檀波羅蜜《だんばらみつ》なり。一念観解《かんげ》の前には、八万四千の*浄戒《じょうかい》円満するが故に、戒波羅蜜《かいはらみつ》なり。一切の諸法は*己心本分《こしんほんぶん》と心得るが故に、*忍辱波羅蜜《にんにくはらみつ》なり。また一念三千の妙行は*頓証菩提《とんしょうぼだい》の正因《しょういん》なるが故に、精進波羅蜜《しょうじんはらみつ》なり。一念三千の観体は明了にして、諸相散乱なきは、禅波羅蜜《ぜんばらみつ》なり。一念三千の妙行の前には諸智速かに帰して智恵円満す、これ般若波羅蜜《はんにゃはらみつ》なり。故に一念三千の一観に六波羅蜜必ず具足するなり、云云。

正*行六度は第五品

この位は、事理の二行平等にして都《すべ》て闕減《けつげん》せず。事の行は理の行を障《さ》へず、理の行は事の行を障へずして、事理和融《じりわゆう》の位なり。*天台大師は正《まさ》しくこの位に住し給へり。天台は六即の中において、殊に観行即《かんぎょうそく》に住したまふこと、口伝上《かみ》の如し。観行即の中において、別して第五品に住したまふことは、前《さき》の四種は理の行を正として事の行を減少せり。故に別して第五の事理和融の位に住して、正しく六度を行ず。品《ほん》の大意を云はば、正しく化他門に趣きて六波羅蜜を行じ、化他の当体を三観の妙行と達するなり。

転*じて六根清浄に入る等

華*厳経の意は、分真即《ぶんしんそく》において六根浄を建立《こんりゅう》す。法華の意は、相似即《そうじそく》において六根互用《ろっこんごゆう》

悲増の行者　ため自ら悟りの世界に入ることを後廻しとするものを悲増菩薩といい、その性分智恵に勝れ、理を悟って自らに利するところ多く、利他の善根少ないものを智増の菩薩という。

受用　法楽にしても品物にしても享受して用いること。

檀波羅蜜　悟りの岸に渡るための布施行。

浄戒円満す　↓補

己心本分　自己の心中に本来具わったもの。

忍辱波羅蜜　羼提(せんだい)波羅蜜。諸の侮辱にも嗔恚することなく悟りの岸に渡ろうとする修行。

頓証菩提　速かに悟りに入ること。

正行六度は第五品　南岳心要の文の取意。五品弟子位では正行六度品。

天台大師は…　天台大師別伝等によると、大師の臨終に門弟がその位を質したのに対し、自分は五品弟子の位であると答えたとある。正行六度品と限定してはいない。

転じて…　第五品を一転して。六根清浄は眼耳鼻舌身意の六根の罪を除き清浄潔白ならしめること。これを六根相似の位という。

華厳経の…建立す　華厳経には六即位はないから、別教と円教との行位の差をいったものと思われる。円教の十信位は相似即であり、別教の分斉では十住・十行・十廻向の三位に該当し、六即でいえば分真即となる。

の徳あり。華厳は教権なるが故に、証位に六根互用*あり。法華は教実なるが故に、未証《みしょう》の位において六根互用を説く。これ*初心即極《しょしんそくごく》の真意なり。転入六根《てんにゅうろっこん》とは、一根に六根転入して三十六根となる。幷《あわ》せて*勝解《しょうげ》を以て諸法を縁ず。ただし一念に三十六根を起すなり。*法華に云く、「雖未得無漏《すいみとくむろ》」と等《ら》は、相似即《そうじそく》の位には一品の無明をも断ぜず、一品の中道をも証せず、故に雖未得無漏といふなり。未だ*中道の無漏を得ざれども、*円頓の勝徳に依つて、速かに六根清浄を得。委《くわ》しき旨は*上《かみ》の如し、云云。

進んで銅輪《どうりん》に入りて、*初めて無明を破《は》する等

相似即は鉄輪《てちりん》の位《くらい》なり。十住は銅輪《どうりん》の位なり。華厳経に*七輪を説く。謂く、鉄・銅・銀・金・瓔珞《ようらく》・水精《すいしょう》・摩尼《まに》なり。次《つい》での如く十信・十住・十行・十廻向《えこう》・十地《じ》・等覚《とうがく》・妙《みょう》覚《かく》に譬ふ。十住は断無明《だんむみょう》の最初なるが故に、*進入銅輪と等《ら》云ふなり。*無生忍と等《ら》は無明の生を滅して中道の忍理を得るが故に、得無生忍《とくむしょうにん》と云ふなり。*断無明証中道は四十二位なり。四十一位を分真《ぶんしん》となし、妙覚を究竟即《くきょうそく》となす。四十一位は*果報土《かほうど》に住し、妙覚究竟の仏は*自性土に住す、云云。

問ふ、仁王経《にんのうきょう》に云く、「*三賢《げん》十聖《しょう》」と。別円《べちえん》二教の中には何《いず》れぞや。答ふ、云云。疑つて云く、両方に明らかならず。もし別教の意なりと云はば、今の釈に、四十二品断《ほんだん》の証拠に引き合はせたり。別教はただ十二品の無明を断ず。四十二品断にはあらず。もし円教の心なりと云はば、既に三賢十聖と云ふ。円教の意《こころ》は、十信を賢《けん》となし、十住已去《いこ》は皆これ

六根互用　↓補

初心即極　発心の初めに既に悟りの極致に到るの意。発心即到の意。

勝解　諸法実相のすぐれた理解。本有の三諦の理解。

法華に云く…　法華経法師功徳品に「雖未得無漏智慧而其意根清浄如此」。

中道の無漏　無漏とは完全に煩悩から離れた悟り。法華経では諸法実相の理がそれで、方便品には「無漏実相」という。無明は障中道の煩悩であるから、無明を断じなければ中道の悟りは得られない。

円頓の勝徳　すぐれた法華経の功徳。

上の如し　法華経法師功徳品の六根の功徳を指すか。

初めて　南岳心要にはこの字なし。

七輪　華厳経には七輪という名は見当らない。瓔珞経上巻に出で、これを摩訶止観第九下に引用するが、配列が異なる。

進入銅輪　十住位に入ること。

無生忍　無生法忍。仁王経に説く五忍の第四。実相の理と一体になって心を動かさない悟り。天台では初住から十地までを無生忍とする。

断無明　初住から等覚までの四十一位に一品ずつの無明を断じ、最後の元品無明を断じて妙覚となる。これを四十二品断という。↓補

果報土　実報無障礙土。中道の理を悟った菩薩の浄土。天台で立てる四土の第三。

聖位《しょうい》なり。別教の意は、十信を外凡《げぼん》となし、十住・十行・十廻向を内凡の賢位となし、十地を聖位となす。今の三賢十聖の文《もん》は正しく別教に准ぜり、いかん。答ふ、釈*に云く、「名は別に似たりといへども、義は必ず円に依る」と。心は*名別義円《みょうべつぎえん》の配立《はいりゅう》なり。名は三賢十聖の別名《べつみょう》を借るといへども、四十二品断の証拠に引く。故に義円なり。今の釈はこの意を存す。もし別教の心ならば、三賢の菩薩はただ*方便土《ほうべんど》に居《こ》す。今は三賢十聖実報土《じっぽうど》に住すと云へるが故に、義は円なり、云云。

疑つて云く、仁王経の文に、正《まさ》しく名別義円と見る文これありや。答ふ、一には十信の功徳を説くとして、「*十善の菩薩、大心《だいしん》を発《はっ》して長く三界の*苦輪海《くりんかい》に別る」と。十信に見《けん》思《じ》を断じて三界を出づと云ふが故に、正しくこれ円教の義なり。二には謂く、既に「住果報」と云ふ。果報とは実報土の名なり。三賢十聖倶《とも》に実報土に居《こ》する義は円の心なり。

問ふ、文に云く、「ただ仏一人《いちにん》のみ浄土に居したまへり」と。しからば実報・寂光《じゃっこう》の中には何《いず》れぞや。答ふ、云云。疑つて云く、両方に明らかならず。もし実報土なりと云はば、「*他受用報土《たじゅゆうほうど》の外にただ仏一人のみ浄土に居したまふ」と。寂光土なりと覚えたり。もしこれに依つてしかなりと云はば、今の釈に、「*賢聖《けんじょう》を以て仏に例すれば、妙覚を指すにこれ報《ほう》なり」と。正しく報土なりと釈し定めたり、いかん。答ふ、檀那院《だんないん》・楞厳院《りょうごんいん》の御義《おんぎ》各別なり。檀那院には寂光土と云ふ。三賢十聖の菩薩は実報土に居し、唯仏与仏《ゆいぶつよぶつ》の内身は寂光に居すと、云云。楞厳の伝に云く、「山家の大師の伝法決に云く、「三賢十聖は化他の報土に住し、ただ仏一人のみ*自行《じぎょう》の実報土に居す」。覚大師の釈には、「実報・寂光は一法の二

自性土　常寂光土。自性身(法身)の浄土。天台で立てる四土の第四。

三賢十聖　仁王経教化品の文。十住・十行・十廻向の位を三賢とし、十地を十聖とする。

釈　七帖見聞第六末によると、慈覚大師の釈の意と思われる。

名別義円　名目は別教のものであるが、その内容は円教に当るという場合の呼び名。↓補「断無明」

方便土　方便有余土(ほうべんうよど)。天台で立てる四土の第二。通教の仏である勝応身の浄土。見思の惑を断じ、未だ塵沙無明を断じない者、即ち三蔵教の二乗、通教の三乗、別教の十住・十行・十廻向、円教の十信の者の生所。

十善の菩薩…　仁王経教化品の文。円教十信位の菩薩。↓補「十信断惑」

苦輪海　苦海に同じ。輪は流転の意。

他受用報土　因位の修行によって完成された智体である自受用身が、菩薩を教化するために、諸の相好を現じた浄土。円教では三賢十聖の四十一位の菩薩の果報土とし、別教では十地の菩薩の果報土とする。

賢聖を…報なり　仏には生後の報がない故、「無報」といわれるが、現報のみはあるから無上報ともいわれる。

自行の実報土　七帖見聞第二末では、寛印供奉(かんいんぐぶ)の義として、寂光土は清浄の報土であるとしている。

義」」と。*寂光の本理に本有の智性を具ふ。この所具《しよぐ》の智を自行の実報となす。覚運《かくうん》は*総《そう》相《そう》に依り、源信《げんしん》は*細分別《さいふんべつ》に依つて、かくの如きの義を立てたまへり、云云。委細《いさい》の旨、*自受用身《じじゆゆうしん》の所居《しよご》の土の沙汰の下にこれあり、云云。

問ふ、一家天台の心《こころ》、三賢十聖の報土の外に、唯仏《ゆいぶつ》の報土ありや。答ふ、云云。もしこれありと云はば、経論常途《じようず》の説に全く見えざる処なり。三賢十聖の報土の外に、唯仏の報土ありと云ふことは。もしこれに依つてしかなりと云はば、今の釈には、「三賢十聖の報土の外に唯仏の報土あり」と見えたり。文《もん》に云く、「賢聖を以て仏に例すれば、妙覚を指すにこれ報なり」と等《ら》。正しく三賢十聖の報土の外に、唯仏妙覚《ゆいぶつみようかく》の報土これありと見えたり、いかん。答ふ、*自家他家《じけたけ》の異義なり。他家には、唯仏一人居浄土をば寂光と云ひて、実報とは云はず。*当流には、三賢十聖の土は他受用身《たじゆゆうしん》の随類感見《ずいるいかんけん》の化他の報土なり。自受用(身)の所居《しよご》の土は、*実色実心の内証なるが故に、唯仏与仏の所居の土なり。他受用の報土の外に実報土ありと云ふこと、源《みなもと》、今の文に依るなり。今の文、既に唯仏妙覚の所居の土を、三賢十聖に例して実報土と名づくと見えたり。随つて*余処の釈にも、「唯仏の報土は賢聖の境界にあらず」と。三賢十聖の間はただ他受用の土を見る。自受用内証の報土は等覚《とうがく》一転して妙覚に入るの後、唯仏与仏の境界《きようがい》なり。

この実報土は、*無明の所感にあらず、これ中道所感の土と心得べし。四種仏土は十界の衆生の所居なり。*同居《どうご》は六道の所居、方便は二乗の所居、他受用報土は菩薩の所居なり。自受用身と法身《ほつしん》と冥合《みようごう》して一体なり。しかれども自受用身は自行の実報土に居《こ》し、法身は

寂光の本理に…具ふ　寂とは本有の理体であり、光とは理体に具わった智恵であるから、寂光といえば当然理と智とが一体となっている。

総相　理智不二、寂照一体の立場。

細分別　理体と智恵とを細分した立場。法身の理と自受用智とを分ける。

自受用身の所居の土の沙汰…　宗要の仏土義の算題の下に、常に論じられている所。→補

自家他家の異義　恵檀両流やそれらの支派を指すものと思われる。前出によれば檀那院は寂光土であり、源信は自行実報土である。

当流　恵心流であるが、その内の何れに属するかは不明。

実色実心の内証　諸仏が三無数劫の間に修行した無辺の善根によって実際に感得したもの。

余処の釈　不詳。

無明の所感にあらず　三賢十聖は次第に無明を断尽して実報土に生ずるのであり、残余の無明を断ずるために仏の化導を実報土で受けるという意味から、無明によって感得された浄土ともいえるが、それは他受用報土であって自受用報土ではない。

同居　凡聖同居土。四土の第一。六道三界のこと。これを仏土というのは、三界の衆生救済のため出現する仏についていう。

寂光に居す。この実報は、*寂光同体の実報土なり。*窮源尽性妙智存《ぐうげんじんしょうみょうちぞん》《源を窮《きわ》め性を尽して、妙智のみ存す》は、これ自行の報土なり、云云。

尋ねて云く、唯仏《ゆいぶつ》の所居の土に実報の名を立つることは、何れの義に依るや。答ふ、「賢聖を以て仏に例して、妙覚を指すにこれ報なり」と、云云。疑つて云く、縦《たと》ひ妙覚の位なりといへども、当体において実報の名を立つること、更に相違あるべからず。報とは因位の万行に依つて得る所の義なり。もししからば、三賢十聖に例せずして云ふとも、何ぞ報土の名を立てざらんや。また賢聖に例すと云はば、何様《いかよう》に例するや。答ふ、妙覚の位は境智和合し、*函蓋《かんがい》一体の法身となる。法身は既に修因感果《しゅいんかんが》にあらず。*相応の自受用身、また修因感果の義あるべからず。故に報土の*名言《みょうごん》、もつとも三賢十聖の果報土にあり。しかるに、本有《ほんぬ》の智恵を以て実報とすることは*別段の義なり。総じては修因感得の名言は因位《いんに》にあるべきか。今の釈に、「賢聖を以て仏に例して、自受用所居の土を実報となす」と云へることは、*因位の智恵も智性なり、果位の智もまた智性なり。既に同じきが故に、因位果報の名を以て、果位に例して唯仏所居の土をなほ実報土と云ふなり。ただし今の釈は一往と意得《こころう》べし。正しく自受用身の当体において実報土の義あるべし。*報土契当《かいとう》の義なり。自受用身の智性、法身の理と相応して、一如不異なるを実報土の身と名づくべし。彼《か》の仏の所居の土の当体を実報と云はんこと、更に相違あるべからず、云云。

尋ねて云く、いかなる証拠に依つて、*十信断惑《じっしんだんなく》の義を明かすや。答ふ、多くの証拠あり。仁王経《にんのうきょう》に云く、「十善の菩薩、大心を発《ほっ》して長く三界苦輪の海に別る」と〈これ一〉。*華厳経

寂光同体　法身と自受用身とは境智の関係で、境智は二名一体であるから、二土（実報土・寂光土）の理体は同体である。

窮源尽性妙智存　仁王経教化品の文で、「三賢十聖住果報唯仏一人居浄土云云」の前文である。

函蓋一体　法華文句第九に「報身如来以二如智一契二如如境一…函大蓋大矣」とあるによる。妙覚は法如如の智が如如の理にかなうもので、函蓋は境と智または理と智に喩える。

相応の　主観の智恵が完全になって、真実の客観と相叶った。

名言　名称。

別段の義　自受用身の所居が寂光土でなく実報土であるという主張の根拠は、「三賢十聖に例する」という祖文とはまた異なった所にある。

因位の智恵…また智性なり　一分の無明を破して得た智恵も、果分の智恵も、染浄の相違こそあれ、智性に相違はない。

報土契当の義　自受用身は実報土にあるのが当然であるという理。

十信断惑　円教では十信の位で見思および塵沙の惑を断ずる。→補

華厳経　経にこの文はない。

に云く、「十信の菩薩は、能《よ》く三界を離る」と〈これ二〉。また起信論《きしんろん》の中に、十信の菩薩の八相作仏《はっそうさぶつ》の相をこれを説く。*顕戒論《けんかいろん》に、「十信の菩薩は煩悩等を離る」と。

尋ねて云く、いかなる証拠に依つて、十*住の断無明の義を明かすや。答ふ、*法相権大乗《ほっそうごんだいじょう》の云く、「十信・十住・十行・十廻向の間は、ただ見思《けんじ》を*伏《ぶく》して断ぜず、初地《しょじ》にして見惑《けんなく》を断ず。二地《じ》より七地に至つて思惑《しわく》を断じ、八地已上に*所知障《しょちしょう》を断ず」と、云云。都《すべ》て*地前《ぜん》をして断惑《だんなく》せしむと云ふこと、経論に証拠なしと難《なん》ずるなり。天台一家の意は、*大師、旋陀羅尼《せんだらに》の自解《じげ》明らかにして、*一十五遍の高覧謬《こうらんあやま》りあるべからず。既に十信に見思を断じ、初住已去《いこ》は無明を断ずと釈したまへり。妙楽大師《みょうらくだいし》、また独歩の才芸を得て、*玉泉《ぎょくせん》の流れを正《ただ》す。既に華厳・起信を引いて、十住は断無明なるの証拠となす。*華厳経に、「初信において分《ぶん》に無生忍《むしょうにん》を得、七信已上に三界を離る。乃至*初発心住《しょほっしんじゅう》に正しく無生忍を得」と。この文、正《ただ》しき証拠なり。十信の初心に見《けん》を断ずるが故に、一分《いちぶん》無生忍なり。第七信にして思惑を断尽するが故に、三界を離ると云ふなり。また初住において正《まさ》しく無生忍を得《う》と云へる、十住断無明の義分明《ふんみょう》なり。随つて道理を案ずるに、*念心《ねんしん》・精進心《しょうじんしん》等これあつて妙行精進するなり。何ぞ見思を断ぜざらんや。十信に見思を断じ、十住に無明を断ずること、理絶言にあるなり、云云。

歴余《りゃくよ》の一心三観

歴余の一心三観とは、もし総明《そうみょう》の一心三観を作《な》して開悟《かいご》得脱《とくだつ》せし人《にん》は、歴余の一心三観

顕戒論　伝教大師最澄の撰。ただしこの文は見当らない。真如本では「顕識論」とある。守護国界章巻上ノ中には「十信終心出二分段海一」とある。

十住　底本も仏教全書本も共に「十信」とあるが、断無明は十住である。

法相権大乗…　守護国界章巻上ノ中「洗下除破二辺主別円二一教位一偽垢上」の対象である法相宗を意味するか。この引用文は、天台では別教の名目を借りて通教の位を説く名別義通として扱う。

伏して断ぜず　おさえつけて制伏するだけで断絶してしまわない。

所知障　菩提の妙智を発揮せしめない煩悩。無明のこと。

地前　十地の位より前の位。

大師、旋陀羅尼の自解　天台大師の空定の悟り（一八八頁参照）。

一十五遍の高覧　一切経を通読すること十五遍。しかし天台大師の伝には大蔵経十五蔵を造ったことを伝えるだけである。

玉泉の流れ　天台一家の伝統。

華厳経　経に十信をいう文はない。

初発心住　十住の第一を発心住という。即ち初住の位。

念心・精進心　十信の位は一に信心、二に念心、三に精進心、四に恵心等と進む。

無用なり。しかるに衆生の根性《こんじょう》不定《ふじょう》にして、総明の一念を観ずれども、得脱の益《やく》なくんば、この人還《かえ》つて余心に歴《へ》て三諦の理を観ずべし。余心とは正しく第六識なり。第六識を縁じて三観の妙行を修す。行体は総明の一心三観の如し。かくの如く総別の心に歴《へ》て止観を修行する人、倶《とも》に*下《げ》根《こん》の機なり。大師、化他門に依つてかくの如く二種の観を釈成《しゃくじょう》したまふか。覚大師の釈に、「もし鈍根《どんこん》の者は、広く諸心に歴てまさに三観を修すべし。観行相続して速かにまさに得脱すべし」と、云云。

尋ねて云く、何の故あつてか、貪瞋《とんじん》等を出《いだ》して*癡煩悩《ちぼんのう》を出さざるや。答ふ、癡煩悩は、これ総明の一心三観の境界なる無明の摂《しょう》なり。無明に二種の義あり。一には相応無明、二には*独頭無明《どくずむみょう》なり。貪瞋等を起さずして、ただ無記心《むきしん》なる時は、無明ばかり内に起るが故に、独頭無明と名づく。相応の無明とは、余《よ》の煩悩と相応して起るなり。煩悩の起る時は、必ず第八識の無明ありて相応す。釈*に云く、「無明は通じて諸惑と相応す」と。無明と諸心と相応するなり。かくの如き二種の無明を名づけて癡煩悩となす。故に歴余の一心三観の処には、癡煩悩を出《いだ》さざるなり、云云。

*四陰《しおん》もまたかくの如し

もし*心法入《しんぽうにゅう》の宿習《しゅくじゅう》ありて、*総別の識を観じて得道《とくどう》する人《にん》は、総明・歴余の一心三観の機なり。もし色法入《しきぼうにゅう》の宿習ありて、色法を観じて得道すべき機ならば、色法の当体を三諦と観ずべし。謂《いわ》く、青黄赤白《しょうおうしゃくびゃく》等の色法の当体、不動不退なるは中道なり。自性不二不可

下根の機　総別の心に歴て止観を行ずる者が共に下根であるとすることは妥当ではない。一念無明心を対境として不思議境を観ずるのが上根で、強いて言えば歴余一心観は強い煩悩を対境とするのであるから、無記無明を観ずる者よりは下根と考えられる。しかし本書では序の略止観で悟る者を上根とする故である。

癡煩悩　心が闇昧で、一切の煩悩の本となるもので、無明と同じ。

独頭無明　また不共無明ともいい、相応無明と共に二種無明といわれる。貪・瞋・慢・疑・悪見の五大煩悩と共には起らない無明。

釈　百法問答抄第一に「貪等の余の本惑と並生して、彼と相応する無明を相応無明と名づくるなり」とある。

四陰もまたかくの如し　五陰のうち識陰を対境とするのは総明・歴余の一心三観であるが、これらを適当としないものは、他の四陰、即ち色・受・想・行陰について観法を行う。これを例余陰入観と名づけ、十二入・十八界をも含める。↓補「歴余の一心三観」

心法入の宿習　識陰を観ずることを得意とする前世からの習いくせ。

総別　総じて無記無明を対境とすることと、貪瞋等の各別の善悪心を境とすること。

得なるは空《くう》なり。*相応分明《そうおうふんみょう》なるは仮《け》なり。色法を三諦《さんだい》と観じて得脱すべきなり。もしこの観に堪《た》へずして、乃至《ないし》*行陰《ぎょうおん》を観じて得道すべき機ならば、行陰の念念生滅を観じて、三観の妙行を修《しゅ》すべし。一切の行法念念無常なるは空なり。しかうして仮有《けう》相続するは仮諦なり。行陰の当体、本性不動なるは中道なり。故に四陰もまたかくの如しと云ふなり。十二入・十八界をもまたかくの如く意得《こころう》べきなり、云云。

*煩《ぼん》悩《のう》境《きょう》

煩悩境とは、陰入境《おんにゅうきょう》に堪へざるは煩悩境に依つて得道すべき機なり。もし陰入境を観ずるに、煩悩熾盛《しじょう》にして三毒続起せば、煩悩境に依つて得道すべき機なりと意得べきなり。*衆流《しゅうる》海に入り、風求羅《ぐら》を増すと云へる、この心なり。煩悩の心を以て或は仏菩薩に縁を結ぶ等、これなり。謂く、*不軽菩薩《ふきょうぼさつ》の化道《けどう》の時、四衆瞋恚《しんに》を起す。この人は煩悩境得道の機なり。止観の記に云く、「過去無量の時、煩悩の心を以て微少の縁を結ぶ。得脱の時、必ず煩悩境の機となる」と。宿縁速かに発《ほっ》し、根性法爾《ほうに》なるが故に、煩悩境に依つて得道する機これあるべきなり、云云。

*病《びょう》患《げん》境《きょう》

止観修行の人、*四大互に増減して病を生ず。即ち病体を観じて三諦の理となす。これ病患境の行者なり。これにおいて二つの意《こころ》あるべし。道邃和尚《どうずいわじょう》の意《こころ》は、過去の宿習《しゅくじゅう》に依つて

相応分明　例えば、青い物が赤い物と相対し、巧みにつり合って、青としての存在がはっきりしていること。

行陰　対象に対して嗔り貪る等の心の作用。識陰の場合は作用ではなく心の本質的なもの。従って行陰を観ずるのは念念生滅を観ずることになる。

煩悩境　止観十乗観の対境に十ある中の第二。念念に続起する強烈な煩悩を観法の対象とする。摩訶止観第八上。

衆流海に入り…　摩訶止観第五上の正修止観にある喩。「衆流海に入る」とは、涅槃経によるところで、百川万河の流れも海に入れば本の名は既に消え、しかも海の水に増減がないことの喩。煩悩が強烈でも止によって寂を増す。「風求羅を増す」とは、大智度論第七による。迦羅求羅という微細な虫は風に遇えば増大して一切を呑噉するという。風の煩悩は求羅の観をいよいよ大にし、明を増す。

不軽菩薩　常不軽菩薩のこと。法華経常不軽菩薩品の所説。

病患境　十境の中の第三境。摩訶止観第八下。

四大　地水火風の四。すべての物質は四大の和合によって存在する。

病患増上　四大不順や飲食不節、または坐禅不調によって、身体を損ずることが激しいこと。

病患忽《たちま》ちに発《はっ》するなり。行満《ぎょうまん》の心は、宿習に依らずとも病*患増上《ぞうじょう》に依るなり、云云。

*業《ごう》境《きょう》

業境とは、止*観の行者止観の行を修《しゅ》する時、身口意《しんくい》の三業もし増上ならば、業*境得脱の機と心得て、偏《ひとえ》に業境を観ずべし。業境に身口意の三*種の行者またこれあるべし。皆これ根性法爾《ほうに》の道理なり。涅*槃経に云く、「もし菩薩永く三界を離るれば、一切の諸業、力を起して生*を潤《うるお》す」と。意は、今度《このたび》生死を出でて留るべからざる人には、三界の諸業各各《かっかく》に力を起して障碍《しょうげ》するなり。もし業増上ならば、業を縁となして殊に止観の行を修すべし、云云。

*魔《ま》境《きょう》

魔において四魔・八魔あり。四*魔とは、一には五陰魔《ごおんま》、二には煩悩魔、三には天魔、四には業魔《ごうま》なり。八*魔とは、四魔の上に生老病死《しょうろうびょうし》の魔を加ふ。今云ふ所の魔境とは、総じて四魔・八魔に通ずべし。も*し別して云はば、天*魔なり。生死を出でて三界に留らざる人をば、魔殊《こと》に障碍《しょうげ》を作《な》すなり。本*起経《ほんぎきょう》に云く、「一切衆生流転《るてん》の時は、これ魔の眷属《けんぞく》なり。始めて大心《だいしん》を発《はっ》し、永く生死を出づれば、魔の眷属にあらず。この故に諸仏の成道に必ず天魔の障りあり」と。今云ふ所の魔境とは、即ちこの義なり。天魔障りを作《な》さば、魔体を観じて三諦の観解《かんげ》を作《な》すべし、云云。文に民*属と等《ら》云ふは、未だ仏法に入らざる時は魔の

業境 正しくは業相境。十境の第四。摩訶止観第八下。

止観 底本・真如本共に「正観」であるが、仏教全書本によって改む。

業境得脱の機 無量劫の昔からの善悪の諸業を対境として観法し、寂照を悟ることに適した機根。

三種の行者 摩訶止観の業相境には無作の四念処観が説かれているが、特に三種の行者にはふれていない。

涅槃経に… 該当の文は見当らない。

生を潤す 再び三界に生を受ける。

魔境 正しくは魔事境。十境の中の第五。摩訶止観第八下。

四魔 摩訶止観の魔事境では、大智度論第五の所説によって、陰魔・煩悩魔・死魔・天子魔を列する。いま死魔を除いて業魔を挙げているが、これは陰魔に摂属されるべきもの。

八魔 四魔と四倒。四倒とは無常・無楽・無我・無浄であるが、本書では生老病死としている。

もし別と云はば、天魔なり 陰魔は陰入界境、煩悩魔は煩悩境、業魔は業相境で別出しているので、魔境で特に取り上げるのは天子魔である。

天魔 天子魔。仏道を障碍する他化自在天(第六天)の魔王と魔民。

本起経 仏五百弟子自説本起経一巻。西晋竺法護訳。該当する文はない。

民属 南岳心要に「恐下出二生死一化中他民属上魔用レ力制」とある。民属とは、この場合仏法を信ずる衆生たち。

眷属なり。仏法に入り畢《おわ》れば魔の眷属にあらず。故に化他民属と云ふなり。

*禅《ぜん》 境《きょう》

禅とは、*四禅・*四無色《しむしき》・*未至《みし》・*中間《ちゅうげん》等の禅なり。皆*欣上厭下《ごんじょうえんげ》の観を出でず。これ皆外《げ》道《どう》の*事禅にして、正禅にあらず。止観修行の時、もし事禅に宿習《しゅくじゅう》ありて、禅定互に発《はっ》せば、禅境得脱と意得《こころう》べし。*見境《けんきょう》・*慢境《まんきょう》も、文の如く意得べし。*二乗(境)とは、止観修行の人、もし空見数数《しばしば》発《おこ》らば、二乗(境)得脱と意得べし。涅槃経には、「二乗境を名づけて空境となす」と、云云。

尋ねて云く、声聞《しょうもん》は四諦を観じ、縁覚《えんがく》は十二因縁観なり。何ぞ合して一境とするや。答ふ、二乗異なれども、倶《とも》に空観を所見となす。故に合して一境となすなり、云云。

菩 薩 境

菩薩境とは、前三教《ぜんさんぎょう》の菩薩の心地なり。前三教の菩薩は結縁《けちえん》の有無を論じて、*結縁をばこれを愛す。不結縁にあらざるが故に、愛見《あいけん》の大悲に属す。円教《えんぎょう》の心は、結縁の有無を云はず。衆生所具の心性の理を縁じて、普《あまね》く一切を救ふなり。故に円教の大悲を*無縁の大悲となす。止観の行者もし愛見の大悲を起さば、この心の当体を空仮《くうげ》中《ちゅう》の三諦なりと意得べきなり、云云。

尋ねて云く、今云ふ所の十境とは、*結縁の有無か、また*根性の法爾《ほうに》か。答ふ、*邃満《ずいまん》二師

禅境　十境の第六。禅定境。摩訶止観第九上。

四禅　初禅より四禅まで外道も共にこれを修して、色界に生ずる根本禅。

四無色　四空定。空無辺処・識無辺処・無処有処・非想非非想処の四禅定。

未至　未到定。未だ根本定に至らない禅定の意。特に欲界の煩悩を伏して初禅の根本定に近似した禅定。

中間　中間三昧。初禅天の頂上において大梵天王が住する禅定。

欣上厭下の観　上位をねがい下位を厭う有漏の邪禅。

事禅　有漏禅のこと。四禅・四無色定・四無量心定をいい、四諦観によらず上下対望の厭欣観(六行観)による世間禅。

見境　諸見境。十境の第七。摩訶止観第九下。禅を修し、聞学するに従って発する邪解を対境とすること。

慢境　増上慢境。慢境・二乗境・菩薩境の三境は、摩訶止観に省略されて不説となっている。

二乗　声聞乗と縁覚乗のこと。

結縁をばこれを愛す　未断惑の凡夫は衆生縁によって大悲を起し、法空を悟った聖人は、その法縁によって慈悲心を起す。それらは迷事と迷理の愛見である。法華玄義第六下参照。

無縁の大悲　諸法実相の悟りを得れば無苦無滅で結縁するところがない。自然に実相を知らしめようとする慈

の義、不同なり。道邃《どうずい》和尚の心は、十境皆結縁の有無なり。もし衆生、煩悩熾盛《しじよう》の輩《やから》は、煩悩境に依ると意得よ。他の苦を見て歓喜するの人は、必ず魔境に依ると意得べし。乃至菩薩の宿習ある人は、菩薩の宿習に依ると意得よ。十境を経ずして直《じき》に止観の一言において得道する輩は、十境更に無用なり。*十境の発不発《ほっぷほつ》を定めて、*観解の厚薄《こうはく》を論ずることは、中下根の機なり、云云。行満《ぎょうまん》の云く、「無始より已来《このかた》、根性法爾にして、十境得脱の内性相分《あいわか》れたり。故に大師、十境を立てて彼《か》の根性に逗《とう》ず」と、云云。十境各別なれども、能《のう》観《かん》の三諦はただ一なり。陰入境《おんにゅうきょう》の如く意得べし。故に今の釈、所観《しょかん》の十境を挙げて、能観はただ即《そく》空仮中なりと釈するなり、云云。

*凡《ぼん》を隔てて聖と成さずといふことなし

この文は総じて上を結するなり。已上の文文に、或は初縁実相とも云ひ、或は三千三観を修すとも云へり。しかるに、世間の人は*この文を見て、断迷開悟《だんめいかいご》の修行と意得べし。故にこの疑惑を破《は》するなり。意は、十境十乗の観法等、ただこれ*諸法自性の所作にして、*始《し》成《じょう》にあらず、凡聖未分《ぼんしょうみぶん》、迷悟一体の上の仮相なり。真実断迷開悟の意を以て、三観等の行を修すとは意得べからず。その道理、大旨上《かみ》の如し、云云。

尋ねて云く、凡を隔てずして聖となすと云へる意、いかん。答ふ、凡夫の邪邪《じゃじゃ》の念想の外は全く止観の行なし。一念の心体、元《もと》より三千三観具足するが故に、当体聖法なり。聖法と云へるは、ただこれ*三諦なり、云云。

悲心。

結縁の有無か　その時その時、縁に触れて心の中に発起する状態を対境とし、観境は不規則であるのか。

根性の法爾か　既に宿習によって各人に定まった対境があるのか。

邃満二師　道邃と行満。

十境の発不発　陰入界境から菩薩境に至るまでの十境が、それぞれ発起したかどうか。ただし陰入境のみは常に自ら現前するもので、発不発を論ずべきでないとするのが普通であるが、本書第二巻では、当流においては発の義を正とする旨が述べられている。台宗二百題第十四「陰入境発不発」の項参照。

観解の…機なり　一境乃至十境について観法を行い、観解の浅深を云々するのは中根下根である。止観の一言で得道する者が上根である。

凡を隔てて…なし　上の十乗十境の観法によって、凡夫は必ず聖人となる。

この文　南岳心要の文。実は摩訶止観十巻全文を指すことになる。

諸法自性の所作　諸法の自性のありのまま。従って行者の方からは無作の観である。

始成にあらず　迷を断じて始めて開悟するのでなく、迷悟未分の本覚であるの意。

三諦　底本は「二諦」。真如本によって改む。

何の所詮ありや　どのような結論になるのか。どれだけのことになるのか。

三学円発　戒・定・恵の三学をまどかに発得すること。

獲忍の心　無生法忍の悟り。諸法実相の理解に安住して動かない心。この心を得れば初住の位。

一得永不失　已心に本具する戒であるから、一たび受戒してそれを知れば失う時がない。円戒の特質である。

本受　本来受得し保持していること。

勝利　最もすぐれたもの。

天台己証の所詮　天台大師の己心中に証得した、とどのつまりの理。

隔生即忘　底本は「却生」。前世のことは今生では記憶に残らないこと。本書第三巻には、初住よりその義なしとし、法華玄義第六下では、相似即の位で不忘とする。

胎生迫迮の苦　本書第三巻には「十信菩薩悩二他業迫迮苦一」というが、人間の生れる時、産道狭きため圧縮の苦しみあり、このため隔生即(則)忘するといわれる。ただし隔生即忘は道力の弱きによるところで、円法により久遠の利益を受ければ不忘である。

住迷望悟　現在迷妄にありながら、遙か遠くの悟境を求めて修行すること。

出離　出離三界、出離苦海など。苦界を離れて解脱を得ること。

尋ねて云く、凡心《ぼんしん》の当体、三諦の聖法と意得て、*何の所詮ありや。答ふ、一家天台の意は、知《ち》一切法皆是三諦《いっさいほうかいぜさんだい》《一切法皆これ三諦なりと知る》の解了《げりよう》の処には、*三学円発《えんぼつ》して*獲忍《ぎやくにん》の心を成ず。この解了の体、一心清浄なるは定《じよう》なり。了了分明なるは恵《え》なり。*一得永不失《いっとくようふしつ》《一たび得れば永く失はず》にして諸悪留らざるは戒《かい》なり。三界流転を苦道と思ふ時、これ苦なり。今知識に値《あ》ひて三諦の本理を聞く。この本解《ほんげ》、生生《しようじよう》世世《せぜ》強勝《ごうじよう》にして相《あい》失せざる時は、三界の苦を受くるといへども、都《すべ》て苦の相なし。これ寂光本有の身土なり。獲忍の心とは、*本受を忘れざる心なり。

一家天台の心は、仏果を得るを*勝利ともなさず、仏果とて別なる者これなし。故に獲忍の心を以て勝利となす。生を三界に受くれども、都《すべ》て動相なきが故に。かくの如く心得れば、凡心の当体三諦の本理なる解了、*天台己証《こしよう》の所詮なり。山家の大師の相伝の日記の中に、獲忍心《ぎやくにんしん》の口伝と云へるは、これなり。彼《か》の口伝の趣は、摩訶止観の意、凡心の当体を三諦と意得るが故に、六種の失を離れたり。一には*隔生即忘《きやくしようそくもう》の失。謂く、諸余の教法は、縦《たと》ひ薫習すといへども、隔生すれば即ち忘《もう》ず。聞円法《もんえんぼう》の輩《やから》は、*胎生迫迮《たいしようはくしやく》の苦なきが故に、生生不《しようじようふ》忘《もう》の徳あり。二には*住迷望悟の失。謂く、余教の所談には、迷の外に悟あり。故に執情各別にして一如の体を忘る。一家天台の止観の義には、迷悟一体にして流転即ち*出離《しゆつり》なり。三には獲不忘の失。謂く、諸余の教法は仏果を所期となす。一家天台の意は、仏果とて期《ご》すべき処これなし。故に知識に値《あ》ひて三諦の本解立《りつ》し畢《おわ》りぬれば、速かに獲忍の心(を成じ)、処処に生死すといへども、これ聖人なり。四には解《げ》行《ぎよう》証《しよう》の失。謂く、諸教は解の外《ほか》に行あり、円教は*解行一徹《げぎょういってつ》にして、聞円法の処即ち流転の終りなり。五には*二相分別の失。余教は二相分別の情に堕す。円教は*二相偏堕《へんだ》の情なし。六には心外別《しんげべつ》(行)の失。諸教は心外に行あり。一家の意は、六識邪邪の念想を*解了して已後《いご》は、皆念念を観じて相続の妙行と意得るなり、云云。かくの如き六義円備し、一家所立《しょりゅう》の止観の法門は、諸教と異なるなり、云云。

問ふ、十境を歴て皆一念三千観ありや。答ふ、云云。疑つて云く、両方に明らかならず。もし倶《とも》に三千観ありと云はば、今の釈、陰境《おんきょう》の下《しも》に三千観あり、九境には三千観なし。もしこれに依つてしかなりと云はば、一念三千とは、法法塵塵の自性、*行者通用《つうゆう》の妙観なり。何ぞ陰境に限つて九境に通ぜざらんや。答ふ、陰境既に三千三観具《とも》にこれあり。十境は別なれども、能観の智体は替《かわ》るべからず。故に九境にも三千観は通ずべきなり。今の釈は、略の九境なるが故に、別して三千観を挙げざるなり。皆、陰境に例して意得べきなり。

故に大師傷歎《しょうたん》して曰《いわ》く等

山家の大師、唐朝において二箇の宗義を相伝したまふ。一には宗教《しゅうきょう》、二には宗旨《しゅうし》なり。宗教は*顕説法華《けんぜつほっけ》を*所依となし、宗旨は*根本法華《こんぽんほっけ》を所依となす。また、宗教は経に依つて宗を立て、宗旨は心に依つて宗を立つるなり。山家の大師の*二宗血脈《にしゅうけちみゃく》に云く、「予、異朝に渡つて密《ひそ》かに二旨を伝ふ。一には宗教分、二には宗旨分なり。宗教の一種は法華の本迹二門を伝へ、宗旨の一段は正しく*仏意・根本《こんぽん》・内証《ないしょう》に依る。宗教とは四教・五時・本迹等な

獲不忘　忘に対する不忘を期待して相待的に考えること。

解行一徹　解行証一徹。↓二三七頁注「解行証一徹の法門」

二相分別　迷情に随った見解で、染浄、自他等の相待を見ること。忘不忘を論ずることも二相分別である。

二相偏堕　染を捨てて浄を取り、悪を退けて善を迎える等の一辺に偏ること。

解了して　三諦具足と解了して。

行者通用の妙観　三千観は止観の行者が十境に通じて用うべき妙観である。

顕説法華・根本法華　↓補「三種法花」(修禅寺決)

所依　依りどころ。

二宗血脈　顕密二宗の相承血脈の意であろうが、或いは天台・法華二宗を意味するものか。いずれにせよ、存在の実否不明。

仏意・根本・内証　仏意は機情に対し、根本は顕説に対し、内証は転変に対する。いずれも方便の教説から離れた純粋な仏の悟り。

り。宗旨とは天真独朗《てんしんどくろう》・三千・三観なり。故に大師の云く、「己《こ》心中所行《しんじゅうしょぎょう》の法門《ほうもん》を説く」と。言ふ所の己心中とは、正しく内証を指す。*玄文《げんもん》・文句《もんぐ》は正しくこれ宗教の分、摩訶止観はこれ宗旨の分なり。*和尚の云く、「文に依つて心を伝ふとは玄文・文句の教相、心を以て文を知るとは止観一章の正義なり。宗教は皆法華の本迹に依り、宗旨は*一切諸法の自己。大師所説の教門は、正しく宗旨に由る。宗旨の中にまた両種あり。一には*離言非心門、二には*還用言辞門《げんゆうごんじもん》なり」と。

山家、この一紙の血脈《けちみゃく》を、大経蔵の前において慈覚《じかく》大師に授く。横川《よかわ》の大師、*本朝五代の流れを受けて、この血脈を源信《げんしん》に授く。三千の門徒《もんと》の中にこの血脈を得たる人は、源信和尚のみなり。*檀那院《だんないん》の相承には、ただ宗教の分を伝ふるが故に、天台一宗の法門を依経《えきょう》立宗《りっしゅう》と意得たり。*恵心院の相承には、宗教は経に依つて宗を立て、宗旨は心に依つて宗を立つるなり。今の文に、「己心中所行の法門を説く」、また、「*修多羅《しゅたら》と合す」と。直《じき》に己心の本分を説くが故に、心に依つて宗を立つるなり。しかして、立ち還つてもし修多羅の教門あれば、幸に引き合はすべしと心得るなり。宗教の法門は、*諸人共許《ぐうこ》なるが故に高意《こうい》にあらず。心に依つて宗を立つる大師内証の法門は、その道理高勝《こうしょう》なるが故に、信ずる者は希《まれ》なり。故に大師、苦《ねんごろ》に宗旨の一種は人信じ難しと傷歎したまふなり。

尋ねて云く、宗旨の一段、経を信ぜずんば、*いかんが弘通《ぐづう》の人師なるぞや。答ふ、もつとも口伝すべき法門なり。*十巻の泥洹経《ないおんぎょう》の文に口伝する道これあり。「迦葉《かしょう》菩薩、仏に白《もう》して言《もうさ》く、「世尊よ、如来滅度《めつど》の後、いかにしてか能《よ》く世間に出でて衆生を利益せん」と。

玄文・文句　法華玄義・法華文句。

和尚　道邃和尚。修禅寺決止観大旨では、この内容を大聖塔中の伝としている。

一切諸法の自己　一切諸法自己の本分の意であろう。万象を己心の中のものとして把えること。

離言非心門　「非心」は理解し難い。己心の本分を説くのが宗旨であるから、「離言依心(言を離れて心に依る)」か。

還用言辞門　還用有相の立場から、修多羅と合する立場。

本朝五代の流れ　最澄—円仁—恵亮—満賀—良源—源信とする、良源を加えた五代。「血脈相承次第」(二八四頁)参照。

檀那院の相承　檀那流の相承。良源から覚運に相承する系統。

恵心院の相承　恵心流の相承。良源から源信に相承する系統。

修多羅と合す　南岳心要の文。摩訶止観第三上の「幸与二修多羅一合、故引為レ証耳」の引用。修多羅は経のこと。天真独朗の観心が修多羅と合するのが天台の正意である。

諸人共許なるが故に…　文字の伝承による宗教の法門は普遍妥当性を重んずるものであるから、宗教を超越し、自己本分の悟りを目標とする宗旨の法門から見れば高い内容のものではない。

いかんが…　仏道弘通の人師とはど

仏、迦葉菩薩に告げて言く、「三種の菩薩、世間に出でて衆生を利益す」と。何等《なんら》をか三《みつ》となす。一には十二部経に通ず。二には正しく諸仏の内証に通ず。三には遍《あまね》く二種の菩薩に通ず」と。この文、分明なり。華厳《けごん》・法相《ほっそう》等の宗義は、*一向《いっこう》に十二部経に通ず。これ誦《じゅ》文《もん》の法師《ほっし》なり。達磨《だるま》伝来の法門は、一向に仏心を守つて十二部経を知らず。これ正通仏《しょうつうぶつ》意《い》《正しく仏意に通ず》の菩薩なり。天台は三種弘通の菩薩の中には、内外兼通の菩薩なり。宗教の故には十二部経に通じ、宗旨の故には仏心に通ず。*今云ふ所の己心中所行の法門とは、仏心の法門なり。既に如来最後の説法に、「世尊滅度の後、三種の菩薩出世して衆生を利益すべし」と等《ら》。正通仏心の菩薩は、なほ*如来の未来記《みらいき》なり。内外兼通の菩薩の所説の法門、何ぞ信ぜざらんや。既に内外兼通の菩薩なれば、内通仏心の方《かた》は、宗旨の一段、依《え》心立宗《しんりつしゅう》なり。もつとも*信楽《しんぎょう》すべし。このこと、蓮実房の和尚己証《こしょう》の依文なり、云云。

問ふ、今の心要は、これ章安大師《しょうあんだいし》の御釈《おしゃく》なりと云ふべしや。答ふ、云云。両方に明らかならず。もし章安大師の御釈なりと云はば、天台伝南岳の心要と(名づく)。(知らるべし、)南岳の御釈と云ふことを。もしこれに依つてしかなりと云はば、今の解釈、「大師傷歎曰」と等《ら》は、章安の御言《おことば》と覚えたり、いかん。答ふ、今の心要とは、南岳大師、塔中《たっちゅう》の大牟尼《だいむに》の口伝を天台大師に授けたまふ法門なり。故に南岳の釈と心得べし。今の心要の前後、この旨分明なり。ただし南岳の御釈、章安の記録なるが故に、少々章安の言《ことば》これあるべし。心要の初めに、「天台智者伝南岳思大師円頓止観分二」*《天台智者の南岳思大師の円頓止観を伝へたまふに二を分つ》と言へる文、今の「大師傷歎曰」と等云へるは、章安の言なり。終り

ういう人達であろうか。

十巻の泥洹経　泥洹経には、二十巻本(欠本)、二巻本、六巻本があるが、十巻本はない。

一向に　一筋に、ただにの意。

今云ふ所の…法門なり　天台の己証が仏心の法門即ち達磨伝来の禅法門であるといっている所に、本書撰述の時代と背景とを知らされる。このことは、本書第三巻にも「兼稟達磨宗」をあげ、禅宗と天台宗との相似を主張している。

如来の未来記　未来における仏道弘通の菩薩に関する如来の予言。

信楽すべし　信じ喜ぶべし。

円頓止観分二　円頓止観を略止観と広止観との二つに分けて相伝した。

に、「説已心中」乃至「吾甚傷之」と云へる文は、天台大師の御言《おことば》なり。諸余の文句は、皆多《た》宝塔中大牟尼尊《ほうたっちゅうだいむにそん》の言《ことば》、南岳大師の正説なり、云云。

蓮実房の記に、「心要に三師の言《ことば》あり」と書きたまへるは、即ちこの意なり。一文に依つて心要の始終を南岳大師の御釈にあらずとは心得べからず。行満和尚《ぎょうまん》も、伝教帰朝の暮《ゆうべ》に、この書を取り出して、「大師釈迦の伝へ、南岳大師の御説なり。汝《なんじ》この文を内心に持し、天台の宗旨を弘通すべし」と、云云。南岳の釈なりと云ふこと分明なるものか、云云。

尋ねて云く、今云ふ所の説已心中所行法門とは、その体何物ぞや。答ふ、一念三千・一心三観なり。疑つて云く、今の止観に種種の法門あり。いかんが故ぞ、ただ一念三千・一心三観とのみ心得べきや。答ふ、山家の大師の*内証仏法《ないしょうぶっぽう》の伝《でん》に云く、「一家の稟承《ほんじょう》に三種の別あり。いはゆる教行証《きょうぎょうしょう》なり。*教に四五あり、行に五種を分つ。一には*無相、二には一念三千、三には一心三観、四には聞法解義《もんぼうげぎ》、五には*ただに妙法を持す。前《さき》の三種の行は*即生《そくしょう》に*三不退《さんぷたい》を得《え》、第四・第五は*第二生に心に不退を得《う》。証とは寂照不二なり」と。また云く、「恵文禅師《えもんぜんじ》、正しく一心三観を用ふ。天台智者、別して一心三観を用ふ。自行は一種にありといへども、もし化他門には広く*諸門(あり)」と。正しく大師己心(中)所行の法門と云へるは一念三千なり。総じてこれを論ずれば、一切の法門皆これ己心(中)所行の本分なり。更に*異相を存すべからず、云云。

また修多羅《しゅたら》と合す

内証仏法の伝　偽書で、実在したものではない。
教に四五あり…分つ　底本は「教四五教分五種」、正教本(教四五行分五種)によって改む。法華略義見聞によれば、「教に五種四釈あり」とするから、五種とは五重玄義であり、四釈とは因縁・約教・本迹・観心の四種釈である。
無相　無相行。南岳大師の理解による法華経安楽行品の禅定行。同経普賢菩薩勧発品の読誦有相行に対する。
ただに妙法を持す　法華経を常に忘れずに念持する。
即生に　第一生に。そのまま直ちに。
三不退　位不退・行不退・念不退の三。三不退を得るのは初住の位。
第二生に　聞法解義と但持妙法とは種熟脱の三に配せば熟に当る。従って次生において不退を得る。三生の説は、隔生の三と、一生の中の三位との二種の考え方がある。
諸門あり　漸次・不定・円頓の三種止観がある。
異相を存すべからず　違ったものと考えてはならない。

修多羅とは*教なり。権実《ごんじつ》二教の引証《いんじょう》は、ただこれ*無相の上の還用《げんゆう》なり。止観一部の章段に種種の文を引くは、皆これ幸与《こうよ》修多羅《しゅたら》合《ごう》《幸に修多羅と合す》の意なり。

　*韻高《いんたこ》うして和《か》するもの寡《すくな》し

天真独朗《てんしんどくろう》*理非造作《りひぞうさ》の法体は、至つて高きが故に、解了《げりょう》する人希《まれ》なり。*客卿《かくけい》の造る難韻《なんいん》は、希《き》にして人更に知り難し。

　総じて円機を談ずるに、種種の不同あり。*次第証入《しだいしょうにゅう》の行者は、今の本処通達門《ほんじょつうだつもん》の法門をば、更に意得ざるなり。円頓《えんどん》に十種あり。一には次第《し》直達《だいじきたつ》の円頓。次第入の行者と直入《じきにゅう》の行者とこれなり。二には時《じ》の円頓。一念は一念にあらず、即ちこれ久遠劫《くおんごう》なり。無量は無量にあらず、即ち一刹那《せつな》を指すなり。三には教《きょう》の円頓。一教は一切教なり。四には行《ぎょう》の円頓。*一行一切行にして恒に四三昧を修するなり。五には人《にん》の円頓。*十界互具《じっかいごぐ》す。六には理《り》の円頓。三諦相即す。七には証《しょう》の円頓。凡夫の迷心即ちこれ仏果なり。八には位《い》の円頓。*初後相即するなり。九には当体の円頓。一切の諸法自己本分にして*当位当位《とういとうい》なり。十には不二の円頓。法性寂然なるを止《し》と名づけ、寂にして常に照らすを観と名づく。寂照不二、*一念一法これなり。かくの如く権教権門に替《かわ》りて種種の別義あり。故に和する*者甚だ希《まれ》なり、云云。

　尋ねて云く、今の心要の法門をば、教行証《きょうぎょうしょう》の三度の相承の中には何と心得べきや。答ふ、今の心要に、具《とも》に教行証の三度の意《こころ》あり。教分の相承には、文の如く*名ばかりを分別

教なり　修多羅は経であるが、経によるところの教法の立場でもある。観に対しての教門の意。
無相の上の還用　教相を超越した一心無相に立った上での還用言辞門、還用教味である。
韻高うして…　摩訶止観第八上に荘子「徐無鬼」から引用。
理非造作　止観輔行伝弘決第一之一に「理非㆓造作㆒故曰㆓天真㆒、証智円明故云㆓独朗㆒」とある。
客卿　中国から来朝した名士。
次第証入の行者　迹門始覚の行者。直入に対する迂廻道。
一行一切行…　一行即ち一切行で、その行はいわゆる常行・常坐・半行半坐・非行非坐の四種三昧行である。この文は、伝教大師の長講法華経願文巻下の文。
十界互具　→補「十界互具」(本理大綱集)
初後相即　底本には「初後相在」となっているが、これでは意味が通じない。
当位当位　すべての物事はそれぞれに、真如としての自己の位置にある。それぞれの法位。
一念一法　一念即ち寂照未分の一法、一念即ち止観未分の一法。
者　底本は「事」。真如本によって改む。
名ばかり　表面上の意味。名字言句ばかり。

して、師資《しし》相承《そうじょう》せる、これ教分の相承なり。行分の時は、正しく心地《しんじ》に引き合はせて、前後の文を*修行の用心《ゆうじん》となす。証分の時は、心要一部の文義を*直《じき》に沙汰《さた》して、諸法の性、教にも行にも下らざる本分の深義なり。

ここを以て、山家の大師、今の心要を相承したまひし時も、*初重には文の如く口伝す。*第二重には、*心作証《しんさしょう》の一言《いちごん》に口伝し入りたまへり。色心《しきしん》の自性を観達《かんだつ》して、本源に達すべき様《よう》を釈し顕はすが故に、心作証と口伝するなり。*第三重には、法自性自爾《ほうじしょうじに》の一言に相伝し*留むるなり。初め「円頓者」より「甚傷之」に至るまで、悉く法の自性を直に云ふばかりなり。教とも行とも沙汰すべき処これなし。故に教行証の三度の血脈具《とも》にこれありと意得べきなり。乃至一切の文義《もんぎ》をもかくの如く相承すべし、云云。

尋ねて云く、南岳大師、天台に授け給へる心要の一言いかん。答ふ、「*もし法、心にあらずんば、何ぞ能《よ》く法を縁ぜん」。これ伝法の正文《しょうもん》なり。もし心要一部の文義、心内にあらざれば、何ぞ心要を沙汰すべけん。故に心要一部の文義は、ただこれ我身の上のことなり、云云。

*血脈相承次第《けちみゃくそうじょうしだい》

多宝塔中《たほうたっちゅう》の大牟尼尊《だいむにそん》、南岳大師に授け、南岳大師は天台智者大師に授く。天台智者大師は灌頂《かんじょう》禅師に授け、灌頂禅師は*智威《ちい》大師に授く。智威大師は*恵威《えい》大師に授け、恵威大師

修行の用心　修行のための心の当て所。

直に沙汰して　法相や修行を問題にせずに、直接本性不思議を議論の対象として扱い。

初重・第二重・第三重　初重＝教重、第二重＝行重、第三重＝証重。

心作証　己心に引きあてて観法を修し証する(さとる)意か。

留むるなり　その外には相伝する何物もないという強調の表現。証重には、「不伝の一句に習ひ留むるなり」という表現が一九四頁にある。

もし法…縁ぜん　摩訶止観第五上の不思議境の説明に「祇心是一切法、一切法是心故、…所以称為二不可思議境一」とある。

血脈　奥義を祖師から次第に伝承した証として弟子が授かる相承の書付け。印信も同義とされる。

智威・恵威　智威は中国天台宗第四祖(　―六八〇)。恵威は同第五祖。ただしこの二威は同時の出世で、共に章安の門。

貞元二十四年六月　伝教大師最澄が入唐するのは、貞元二十年(延暦二十四年、八〇五)九月である。

揚州　揚州を訪れるのは慈覚大師円仁で、最澄は明州に到着した。

天台山…西の廂　天台山修禅寺では、行満から天台の法門を伝受し、台州竜興寺西廂極楽浄土院では、道邃から菩薩戒を受けた。道邃から心要を

は玄朗《げんろう》大師に授く。玄朗大師は湛然《たんねん》大師に授け、湛然大師は邃満《ずいまん》二師に授く。邃和尚《ずいわじょう》を正伝となす。日本国の沙門最澄《さいちょう》大師、唐の貞*元二十四年六月日、楊*州に入り、天*台山修禅寺極楽浄土院の西の廂《ひさし》にして、道邃《どうずい》和尚、止観の心要を以て最澄和尚に授く。最澄大師帰朝の後、叡山一乗止観院の大経蔵の前において、この書を以て慈覚《じかく》大師に授く。慈覚大師は恵*亮《えりよう》和尚に授け、恵亮和尚は満*賀《まんが》和尚に授く。満賀和尚は横川の普*賢《ふげん》道場において、この書を以て良源《りようげん》僧正に授く。良源僧正は寛*和元年正月二日の初夜、総*持院の影像の前において、この書を以て源信《げんしん》和尚に授く。その言に云く、「我、玉泉《ぎょくせん》の清流を十*一の的師に受け、最澄の深義を五*代の孫家に得たり。法*華略玄・文*句要義は同じく経旨を明らむ。止*観心要は直《じき》に大師の自己を述せり。汝にあらずんば伝ふるに由《よし》なし。我にあらずんば授くべき者なし」と。云ひ畢《おわ》つて、この書を以て源信和尚に授く。その夜の暁、天方に逝去したまへり。源信和尚は覚超《かくちょう》に授け、覚超は勝範《しょうはん》に授け、勝範は長豪《ちょうごう》に授け、長豪は忠尋《ちゅうじん》に授く。時に大治三年七月十七日、延暦寺の沙門忠尋、これを記す、云云。

追つて加ふ

予、大治三年七月晦《つごもり》の夜、十*禅師の社に参籠《さんろう》す。夜深更にして燈明明るく、寤《うつつ》にもあらず夢にもあらずして、権現、予に示して云く、「汝、後*来《ごらい》を悲しみて種種の要義を録す。正しく諸*仏の使なり。本*師《ほんじ》釈迦、異*《い》の方便を以て汝が心中に入り、この書を録したまへり。

受けるのは竜興寺ではあるけれども、特に浄土院とはなっていない。

恵亮和尚　大楽大師と号す(八〇一—八六〇)。義真に円戒を受け、円澄・円仁に従って天台を学ぶ。

満賀和尚　恵亮に従って天台を学ぶ。生没年未詳。

普賢道場　法華三昧(半行半坐三昧)堂。横川では常行三昧堂と共に天暦八年(九五四)、藤原師輔によって創建された。普賢菩薩の白象乗御の像を安置。嘉禎年中(一二三五—一二三八)再建。現存はしない。

寛和元年　九八五年。この年正月三日慈恵大師良源が入滅。

総持院　法華総持院。比叡山における九院の一。貞観四年(八六二)慈覚大師の創建。

十一の的師　天台大師以下満賀和尚に至る十一人の的伝の師。

五代の孫家に得たり　この深義の継承は、良源が最澄から五代目に当る。

法華略玄　略義のこと。

文句要義　略文のこと。

止観心要　天台伝南岳心要。

十禅師　十禅師権現。山王七社の一。地蔵菩薩を本地とする。

後来を悲しみて　将来末の世に伝承を失うことを悲しんで。

諸仏の使　如来使。仏の滅後に正法を伝え弘める者。

本師釈迦　根本の師たる釈迦牟尼仏。

異の方便　特殊な不思議な方法。

汝が所造の書は、*末代の大師なり。仏相の如く恭敬《くぎょう》すべし。我また護法の願《がん》に依つて、所造の書に随逐《ずいちく》して*人法《にんぽう》を生養《しょうよう》すべし。我、本地《ほんじ》にあつては*忉利付属《とうりふぞく》の薩埵《さった》なり。垂迹《すいじゃく》の今は名を禅漢《ぜんかん》と号す。禅漢、この書に随逐して法光を増すべし。故にこの書をば漢光鈔《かんこうしょう》と題せよ」と。故に今の見聞をば、漢光類聚鈔《かんこうるいじゅうしょう》と云ふなり、云云。

漢光類聚鈔 四 終

慶安己丑下夏吉辰

柳馬場通二条下町
吉野屋権兵衛尉開板

末代の大師 末の世における仏。

人法を生養す 弘通の人と法とを共に育て養う。

忉利付属の薩埵 地蔵菩薩のこと。地蔵は忉利天で、釈迦から六道の衆生を救済することを付託されたという。忉利天は欲界六天中の第二天。

相伝法門見聞（心　賀）

多　田　厚　隆　校注

相伝《そうでん》法門《ほうもん》見聞《けんもん》　上

一　一心三諦《の》境、一心三観《の》智《の》事
二　心境義《の》事
三　止観大旨《の》事
四　法華深義《の》事

*山家《さんげ》四箇《の》大事者《とは》、

一心三観　境《の》一心三諦
　　　　　智《の》一心三観
心境義　　一念三千
止観大旨　宗旨
　　　　　宗教
法華深義　円教三身
　　　　　常寂光土義
　　　　　蓮花因果

口《く》伝《でん》云《にいわく》、法華深義ヨリ略伝三ケノ大事ヲ開出ス。

山家　伝教大師最澄(七六七—八二二)を指す。シナの天台山に詣って法門を相承し、本朝比叡山でこれを弘通し、終始山に拠る。故に山家大師ともいう。また、隋の智顗(五三八—五九七)の思想を祖述する一門の徒を山家と称することもある。

略伝三箇《の》大事者《とは》、

一　円教三身　証道八相

　　　　　　　四句成道

二　常寂光土義《の》事　事理寂光《の》習《ならい》也

三　蓮華因果　本迹不同

　　　　　　　被接法門

一流　天台法門相承の正嫡を意味する呼称、即ち多宝塔中大牟尼尊よりインドの十三師、中国天台の先後九師を経て、本邦最澄から乃至源信、忠尋、心賀等への系流。

境　認識作用の対象。

一心　我等の現下の片心であるが、また一を「ひらく」と読んで、対象世界をも指す。

三諦・三観　すべてのものに本来具わっている三つの真理。一切のものが彼此の差別なき平等性に在るを空と名づけ、一物として同一のものな

*一流相伝法門見聞《いちりゅうそうでんほうもんけんもん》　上

一　*境《きようの》*一心《いっしん》*三諦《さんだい》、*智一心《ちのいっしん》*三観《さんがんの》事

於《おいて》二境《の》一心三諦《に》一有《ありとは》二四重五重不同《の》一者、於《おいては》二*玄文《げんもんに》一者有二五重一。

一　易解三諦《いげのさんだい》。*仰云《おおせにいわく》、以《もて》二*教相《きようそうを》一三諦分別《をふんべつ》スル義也。

二　得意《とくいの》三諦。仰云、以二教相一三諦ヲ分別スル時、機《き》ガ領納《りようのう》スル也。是《これ》ヲ口伝《くでん》ニ、*文《もん》ノ得意ト習《ならう》也。未《いまだ》レ向《ざる》二*心地《しんじ》修行《ニ》一心也。

三　円融《えんにゅうの》三諦。仰云、*円融不生《ふしよう》ノ心地ニシテ*不可見《ふかけん》也。寂々ナル心地ノ*念ガ起レバ円融ノ心地廃シ、寂心ナル時、円融不生ニシテ、一法モ不レ起《おこらず》、不レ生《しようぜざる》時ハ、三諦円融シテ有レ之也。是ハ空《くう》ノ三諦也。

四　複疎《ふくその》三諦。仰云、円融三諦ナル心地ノ時ハ、寂々ノ心地ニシテ一法モ不レ起。複疎《の》時ハ又円融ノ上ニ猶《なお》起ル念ノ起ヲ即《すなわち》三諦ト達スル也。複疎ノ読《よみ》ハ種々雖レ有レ之、*当流《とうりゅう》相伝ノ義ニハ、カサネテアキラムト読ムヲ相伝ノ義ト習也。円融三諦ノ時ハ起念《きねん》ヲヤメテ、円融不生ノ心地ニスミカヘル也。複疎ノ三諦ノ時ハ、円融ノ上ニ猶*未断《みだん》ノ凡夫《ぼんぷ》ナレバ、イカニモ念ノ起ルヲカサネテ念起《ねんき》即《ち》三諦トアキラムレバ、複疎ヲバカサネテアキラムト口伝《する》也。カサネテアキラムト読《よむ》証拠ニハ、*円語心要・上宮王疏等見《にみえ》タリ。

きを仮とし、空仮いずれにも片落ちせぬを中と名づける。この空・仮・中の三を客観的真理としては三諦といい、この道理を知見する主観的心のはたらきとしては三観という。

智　対象をとらえ分別する心作用。

玄文　隋の智顗禅師述、妙法蓮華経玄義十巻。今はまさしくはその十如是を釈する段(巻二上)及び迹門十妙の第一境妙の釈(巻二下)を指す。

仰云　粟田口常楽院心賀法印(一一三九—)の言。

教相　祖書・経文等の説。

文ノ得意　道理がいまだ祖書・経文の上にある、知識としての理解。

心地修行　道理が自心に沁み透るようにすること。

円融不生　空・仮・中の各々が互にみな三諦を具えて一味融合している姿を円融といい、この一味に、分裂或は新事象のおこらない姿を不生という。このうち空を主体とした円融を空の三諦といい、乃至仮・中の三諦も立てられる。

不可見　見分けをつける手がかりになるものがない状態。

ノ　正しくは「ニ」か。

当流　恵心流に諸派分れる中、椙生の法印皇覚に稟ける流をいう。故にこれを椙生流(杉生流)という。

未断　未だ煩悩を断じ得ない分斉。

円語心要　「語」は「悟」の誤写か。ここに禅宗の第一書及び上宮王疏等

五　*不縦不横《ふじゅうふおうの》三諦。又*ハ名《なづけ》二不思議《の》三諦一トモ、又ハ名《づく》二実相ノ三諦一トモ。仰云、此三諦ハ、又ハ万法《まんぼう》不可得ニシテ不縦不横也。上《かみ》四重ハ猶起念トアラソウ分也。今ノ第五ハ重《かさねて》不レ立レ念。*本《ほん》法《ぼう》不可得ノ理ニシテ不縦不横ナル三諦ナルベシ。

於《ては》*二止観《に》一者有《り》二四重《の》三諦一。

一　円融《えんにゆうの》三諦。空《くうの》三諦。仰云、如レ上。

二　複疎《の》三諦。仮《けの》三諦。仰云、如レ上。

三　*双非《そうび》双照《そうしょうの》三諦。中《ちゆうの》三諦。仰云、双非双照《の》三諦ト者《は》、双非ハ先ノ円融ノ心地、双照ハ先ノ複疎ノ心地也。而《しかる》ヲ此双非・双照ヲ一念ニ達《たっす》ル三諦ノ心地也。

四　不思議《の》三諦。仰云、上ノ三重ハイカニモ起念ニアラソウ分斉也。第四重ハ本法不思議ノ三諦ニシテ、全ク念ニ目ヲカケズ、ツクロウ処一《ひとつ》モ無レ之三諦也。然レドモ*不可得ナル処ニ理《を》摂《する》也。仰云、玄文ハ五重ニ分別《する》ナレドモ、皆以《て》教相ニシテ分別《する》也。止観ハ正行ノ者己《の》心ノ体ニシテ、四重ノ三諦ヲ分別スル也。

口伝《に》云《く》、玄文《げんもん》・*止《し》観《かん》ノ四重・五重ノ三諦ヲ以《て》、止観*十章《の》ニ習合《ならいあわ》スルガ口伝ニテアル也。

釈名ハ易解《いげ》・得意《とくい》ノ分斉也。顕体ノ章ハ円融三諦ノ分斉也。*釈《に》云《く》、無《き》レ可《き》二待対《たいだいせらる》一独一法界《なるが》故《に》名《づくと》二絶待《ぜつだいト》一釈《しゃくせ》リ。此意也。此釈ハ釈名ノ下ノ釈ナレドモ、顕体ノ体ト義ガ同《じき》レ之者也。摂法《しょうぼう》・偏円《へんねん》ハ複疎ノ三諦ノ分也。方便ノ章ハ双非双照ノ三諦ノ分也。サテ不思議ノ三諦ハ、*観不思議境《かんふしぎきょう》ニ移ル初メツカタノ分斉也。サテ正観《しょうかんの》不思議境ニ達シヌレバ、智ノ一心三観ニ成ル也。以二玄文ノ五重ヲ一十章ニ分別セバ、且《しばらく》如レ此可レ習《ならう》物也。

を挙げるが、尊舜の二帖抄見聞(以下「見聞」と略称)巻上には、漢興って秦を伐ち、秦の無道を三皇五帝の古の正道に立還したのを、左伝に「天下今複疎、注曰、複者重也、疎者明也」とありと引いて、分明の証拠とする。

不縦不横　三諦が時間的に連なるを縦といい、一時に並列して存するを横という。即ち時空の制約なしに三諦が一体となっている義。

又ハ…此三諦ハ　天台宗全書所収本(以下「全書本」と略称)は、複疎の下の説明に続ける。

本法　本とは人の情意をもってする分別見取りを加える前の状態、法とは物・心にわたるすべてのもの。

止観　隋の智顗述、摩訶止観十巻。

双非双照　双非とは空と仮とを並べて共に否定すること、照は共に肯定すること。

不可得…摂也　全書本は「尚ホ理ノ不可得ナル処ニ摂スルナリ」とする。

止　底本「四」、全書本により改む。

止観十章　摩訶止観は次の十章に分説されているを指す。一大意章、二釈名章、三顕体(体相)章、四摂法章、五偏円章、六方便章、七正修(正観)章、八果報章、九起教章、十旨帰章。但し第七の後半と第八・第九・第十は不説のままであるが、第一大意章の下にその綱要は略説されている。

釈云　摩訶止観巻三上。

止観ノ意ニテハ四重・五重*ノ三諦ナル故ニ、顕体ノ章ハ円融ノ三諦也。複疎ノ三諦ハ摂法・偏円、双非双照ハ方便章也。不思議ノ三諦ハ*正観《しょうかん》ニ移ル始*也。玄文・止観《の》不同ニハ、玄文ハ且《しばら》ク易解・得意ヲ加《くわえ》テ、双非双照ヲ除タル不同也。

尋《たずねて》云《いわく》、於《ては》ニ境ノ一心三諦ニ者有ニ四重ノ不同一、於《ても》ニ智ノ一心三観ニ有ニ不同一耶《や》。仰云、於ニ智ノ一心三観ニ可レ有ニ不同一也。於ニ*正修止観《しょうしゅうしかん》ニ有ニ理《の》境《と》修《の》境《と》一。理境ノ三千*三観ハ、起念*ニ相応シテ本《ほん》覚《がく》ノ智ニテ、而モ此智不レ起《シテ》本法*ノ智《の》智体ニテ有レ之分也。此上ニ本法ノ智ガ修*ニ起ル時ヲ、修ノ境ノ三千ト云也。於《ても》レ智 起不起《に*きとふきと》ノ不同有レ之也。本法ニシテ不起《の》智《なり》。サテ正ク縁起*《えんぎ》ノ智有レ之。於《て》ニ正行《しょうぎょうに》一悟ノ《の》智起不起ノ不同也。円融・複疎ノ起不起ハ、於《ての》ニ妄法《もうぼうに》一起不起也。

正行ノ三千ノ起不起ヲバ智体ノ起不起ト習《ならう》ヲ口伝トスル也。

尋云、智ノ一心三観ノ心地ノ形ヲ如何釈《いかんがしゃくす》ル耶《や》。仰云、弘五*《のに》云《く》、動散《どうさんますますスぞうす》倍増レバ、弥《いよいよ》益《ます》ニ心寂《ナルコトヲ》一、昏闇《こんあんいよいよさかん》弥盛ナレバ倍《ますます》益《ます》ニ観明《かんのあきらかナルコトヲ》一矣。止五*《のに》云、如下猪《ちょ》揩《すり》ニ金山《を》一衆流入《り》レ海《に》薪熾《さかんにし》ニ 於火《を》一風益《ます》中求羅《*ぐらヲ》上《ノミ》耳。

口伝云、語々歩々声々念々《*ごごぶぶしょうしょうねんねんし》止観明静《かんみょうじょう》矣。智《の》一心三観ノ一念遍照ノ形《かたチは》、起ル処ノ念々全《まったく》三千三観ト直達《*じきたつ》スル也。随《って》ニ心起念《のに》一止観具足《す》、観名《をづけ》ニ仏知《ぶっちと》一止名《をづく》ニ仏見《ぶっけんと》一。於《て》ニ念々中《のに》一止観現前《げんぜんす》ノ釈、可レ思レ之、云云。

尋云、四重ノ三諦ト者《は》、四重共ニ一ノ円融ノ三諦ナレドモ、且《しばら》ク名ヲ付替《つけかえ》タル不同歟《か》、如何《いかん》。仰云、爾《しかなり》也。四重ノ三諦共ニ一ノ円融三諦也。而《しかる》ヲ機*《き》ガ進ミ登《のぼる》ニ付テ心地ノハレ行《ゆく》ニ随《したがつ》テ名ヲ付替タル不同也。本法ハ皆円融ノ三諦ナルベシ。例《たとえ》バ六即*ノ位不同ナレドモ、

観不思議境　摩訶止観第七正修章の下に広く十境を明かし、各境の下にまた内観成就に必須の十の運心法を説く。これを十乗観法といい、その第一乗を観不思議境という。即ち対境を一念の心に収め、これを円融三諦不可思議の妙法なりと観ずるもので、これが十乗の主幹となる。

五重　全書本になし。

正観　観不思議境を指す。

始　全書本になし。

正修止観　摩訶止観の第七章。

三千　一切法がみな円融三諦に在って法と法とが互に具え融じ合っている姿をいう。この三千は吾人の一念と同体である。↓補

起念ニ相応シテ本覚ノ智　発動する念想のそのままが本来もっている覚性の智であるとの意。本覚とは、後天的覚性である始覚の対。

本法ノ智　本来の性に在っていまだ動出変化しない智の本体。

修ニ起ル　本有の体が悟性としてのはたらき(用)をおこすこと。

起不起　智が用をおこすか本有の体のままに在るか、の意。

縁起ノ智　縁にふれると共に形成される悟性。

弘五　唐の湛然撰、摩訶止観輔行伝弘決巻五の略称。以下これに準ず。

心　全書本は「止」。

止五　摩訶止観巻五の略称。以下こ

即ノ辺ハ理即ノ凡夫ヨリ究竟《くきょう》円満ノ位マデモ、皆本覚不思議ノ位也。而《しかるを》機ノ進《すすむ》ニ随テ論《ろんずル》ニ六《ノ》不同一也《ヲバ》。三諦ニモ無《なけレドモ》二二法《ハ》一、随《って》ニ機《ノ》内証進《ノむ》ニ一四重ノ名ノ不同ハ出来《しゅったいする》也。

尋云、複疎《の》三諦還成《をげんじょうの》三諦等《と》釈セル、還成《の》三諦ノ相、如何《いかんがこころうべき》可レ得レ意耶。仰云、還成《の》三諦ト者《は》、円融ノ三諦ノ上ニ複疎ノ三諦有レ之、複疎ノ三諦ハ円融ノ上ニ起《おこる》念ヲ複疎シテ、起《き》念《ねんをじゃくに》寂シテ本《もと》ノ円融ニ成ス処ヲ、還成ノ三諦ト云也。円融三諦ハ惣名也。而ヲ機進ミ登《のぼる》ニ付テ名《を》付替タリ。故ニ円融三諦ノ時、起念ガ起《おこり》タレバ寂心廃シヌ。複疎ノ時ハ、円融ノ上ノ起念ヲ又寂シテ、起念《の》全体三諦即是《は*》理《のにして》不可得ト達スレバ、本《もと》ノ円融ノ心地《に》成ル故ニ、還《かえっ》テ成《じょうズトハ》ニ三諦ニ《ヲ》円融ニ還《かえ》ルト云事也。サテ複疎ガ成就スレバ、双非双照ノ三諦ニ成《なる》也。

次《に*》起念ニタヽカハザル時ハ、又不可思議ノ三諦也、云云。

尋云、弘《の》五《に》云、三諦無形倶《さんだいむぎょうぐ》不《ふ》可《か》見《けん》《三諦《さんだい》は形《かたち》無し、倶《とも》に見るべからず》等*釈《の》料《の*りょうけんの》簡口伝、如何。仰云、口伝云、三諦無形倶不可見ノ釈ハ惣標《*そうひょう》ノ釈也。次《にしかれば》然、即仮法《そくけの》可《く》ニ寄《せて》レ事弁《じにず》一、即指《して》ニ仮法《を》一即空即中《そくくうそくちゅう》、空中《のなかの》二諦二《は》無《にしてむ》二一也《に》釈《と》スルハ、三諦ノ中ノ仮《け》諦《たい》ハ寄《せて*じ》ニ事法《ほうニ》一弁ゼバ仮諦ハ有レ形《かたち》。此仮諦即《すなわち》即空即中ナリト三諦相即《そうぞく》スル相ヲ釈セリ。サテ空中二諦二無二也ト釈スルハ、人ノ悪《あし》ク得レ心也。空中ノ二諦無《はしと》二二法一釈スト得レ意《こころうれども》也、全《まったく》不レ爾。仮諦ハ有《ルも》レ形、空中ノ二諦ニハ二ニシテ無二也ト釈スルハ、空中ノ二諦ハ二法ナレドモ二諦ハ無《む》形《ぎょうと》釈スル也。

次《に》、心性不動仮立中名《*しんしょうふどうけりゅうちゅうみょう》亡泯三千仮立空称《もうみんさんぜんけりゅうくうしょう》雖亡而存仮立仮号《すいもうにぞんけりゅうけごう》《心性《しんしょう》は不動なり、仮《か》りに中《ちゅう》の名を立つ。三千を亡泯《もうみん》す、仮《か》りに空《くう》の称《な》を立つ。亡《もう》ずと雖《いえど》も而《しか》も存《そん》す、仮《か》りに仮《け》の号《な》を立つ》

れに準ず。

求羅 迦羅求羅の略。虫の名。大智度論七に、その身は微細なれども風を得れば得るに随って大になり、遂に能く一切を呑食するという。

語々… 語黙作々みな止観の資なることをいう。摩訶止観巻二の常行三昧の釈に「歩々声々念々唯在阿弥陀仏」とあるに倣うか。

直達 作意を加える手数を経ずに領納する。

機 教えを受ける人々の能力。

六即ノ位 ↓補

三諦即是 妄動する念の総体が、三諦の妙理と全く同体であること。

起念ニタヽカハザル 起念が止観の体なれば、強いてこれを取り除こうとしないこと。

等 等は次の文を略す意。摩訶止観輔行伝弘決巻五に「然即仮法、可寄事弁、即此仮法即空即中、空中二体二無二也、心性不動仮立中名、亡泯三千仮立空称、雖亡而存仮立仮号」。

料簡 意義や是非の詮議。

惣標ノ釈 三を一括して標示し、その共通の意義を明かすこと。故に次には三各別の釈を設ける。

事法 事とは差別現象にして、理の平等実在に対す。即ち、差別の事象。

心性不動 この三諦無形乃至不動、亡泯三千、雖亡而存について、実海の教観大綱見聞巻上に、詳しく見聞を述べる。

中体　中諦。
私云　心賀が、その流の古徳である蓮実房勝範(九六一—一〇七七)からの境智に関する伝承の義を挙げる。
若ハ根若ハ塵　根とは眼・耳・鼻・舌・身・意の六根。塵とはこれに対する色・声・香・味・触・法の外界の六境。これが外より入りて衆生を汚染する故に、塵という。
法界　十法界のことで、空・仮・中三諦円融の標示。
並　底本「是」を改む。
従縁生　根と塵と相対して一念の心起る、しかしこの心の主体は根に在るに非ず塵に在るに非ず、根塵を合しても無く離れても無いが、かくの如くして心はある、これを従縁生という。
縁生　従縁生・因縁生に同じ。
合・散　合は融合。散は並存。
蔵　如来蔵のこと。
俗　本体の平等界を真如というに対して、現象の差別界をいう。
百界千如　地獄・餓鬼・畜生・修羅・人間・天上・声聞・縁覚・菩薩・仏の十界が各々十界を具えているので百界といい、如是相・如是性・如是体・如是力・如是作・如是因・如是縁・如是果・如是報・如是本末究竟等の十如是が百界の各々に具わっているので千如という。↓補「三千」
無主　主体・主宰者のないこと。

等釈スルハ、立還《たちかえつ》テ三諦ハ不可見ニシテ無《なけれドモ》レ形、仮《かり》ニ三諦ノ形作《を》ラバ、心性不動《しんしようふどう》ナルハ*中体《ちゆうたい》也。亡泯三千《もうみんさんぜん》ナレバ空諦《くうたい》也。雖亡而存《すいもうにぞん》ナレバ仮諦《けたい》也。不可見ナル三諦ニ又形ヲ作タル結釈也。

*私云《わたくしにいわく》、今ノ釈ハ、空中二《くうちゆうに》諦二無二也《たいにむになり》ト釈スルハ、空中《と》ハ一ノ真諦ナレバ、一法ニシテ無二《と》釈ル也。若《もし》今ノ御義ノ定ナラバ、二無二《にむに》也ノ釈ガ二ニシテ無レ形可《しと》レ釈也釈《と》ルハ、二諦ハ二ニシテ無二也ト有《あれドモ》レ之一体也ト釈スト見《みえ》タリ。

止一《のに》云、*若《もし》ハ根《こん》若ハ塵《じん》　並《ならび》ニ是《これ》*法界《ほうかい》　並ニ是畢竟空《ひつきようくう》　*並《ならびに》是如来蔵《によらいぞう》　並ニ是中道《ちゆうどう》。云何《いかナルか》即空《なる》。並ニ従《より》*レ縁《えん》生ズ。*縁生《えんしよう》ハ即無主《ちむしゆ》、〔無主ハ〕即空ナリ。云何ナルカ即仮《そくけ》。無《くシテ》レ主而生ズル、即《ち》是仮ナリ。何《いかん》ガ即中《なる》。不レ出《ほつしようヲ》二法性一、並ニ皆即中ナリ。当《まさにしるべし》レ知、一念即《は》空即仮即中ナリ。並《びに》畢竟空、並《びに》如来蔵、並《びに》実相ナリ。非《あらずシテ》レ三而《ニ》モ三ナリ。三ニシテ而《しかも》不レ三《ナラ》。非《ズ》レ*合《ごうに》非《ズシテ》レ*散《さんニ》而モ合而モ散ナリ。非《ず》二非合《に》一非《ず》二非散《に》一。不レ可《シテ》二一異《ナル》一而モ一《いち》而モ異《いなり》。譬《たとえ》バ如《し》二明《あきらかナル》鏡《ノ》一。明ヲバ喩《フ》二即空《に》一、像《ぞう》ヲバ喩《え》二即仮《ニ》一、鏡ヲバ喩《う》二即中《ニ》一。不レ合不《セ》レ散《ぜ》、合散宛然《ごうさんえんねん》ナリ。不《して》二一二三《ナラ》一二三不レ妨。此一念ノ心不レ縦《じゆうナラ》　不レ横《おうナラ》、不可思議ナリ矣。

弘五《のに》云、若《もし》ハ根《こん》若ハ塵《じん》並ニ是法界《これほうかい》ナリ。法界《とは》只是三諦ノ異名《いみよう》ナリ。次ニ、並是《ならびにこれよ》リ下《しも》ハ三諦互《たがい》ニ融《ゆう》ゼリ。故云《に》二並是《ト》一。*蔵《ぞう》ハ具《せり》二諸法《ヲ》一。即《ち》是*俗《ぞく》也。空ト中トハ名同ジ。不レ須《ス》二別釈一。云何ヨリ下ハ　重釈《かさねてしやくす》ル也。並《びに》縁生ナリト者《は》、謂《いわく》、一念ノ心《しんは》　並ニ具《するナリ*》二　百界千如等《ヲ》一也。如レ是縁生ハ悉ク皆無《*シ》レ主《しゆ》。無主故《のに》空ナリ。即《ち》此千如ヲ名《なつけ》テ為《す*みようけト》二妙仮一、即《ち》是法性《ほつしよう》ナルヲ名《づけて》　為《すと》二*妙中《ト》一。非《ひ》三而三《さんにさん》ト云ヨリ下ハ、複《シテ》二疎《ヲ》　三諦一還《かえつて》　成《ス》二三諦《ヲ》一。非三而*三トハ仮《け》也。三而不三《さん*にふさん》ト

*イハ空也。又応《まさに》三更ニ云二非《ひ》三《さん》非《ひ》不《ふ》三《さん》ト一中也。*文《もん》ニ無《なし》ト者《は》略セリ。非合非散トイハ中道《の》双非《そうび》ナリ。而《に》合《ごう》トイハ即空ナリ。而《に》散《さん》トイハ即仮《そくけ》。非《ひ》々《び》合《ごう》非《ひ》々《び》散《さん》トイハ非《ひす》二上《かみの》双非《そうびを》一。即《ち》是双照《そうしよう》ナリ。先《に》明シ二双非ヲ一後ニ明シテ二双照ヲ一二文《にもん》ノ中間《ちゆうげん》*ハ論ズルコトは二二諦ヲ一者、以テノ三此円ノ文《には》無キヲ二前後一故ナリ。*不一二異トイハ即中也。而一トイハ空也。而異ハ仮也。*○譬《ひ》如《によりしも》下*ノ挙《あぐる》レ譬ヲ也。夫《それ》以《て》レ*事《を》喩ルハレ*法ヲ皆是*分喩ナリ。於《て》レ中ニ鏡ノ喩ハ其意最《も》*親《したし》。何者《なんとなれば》、遍シテレ鏡ニ是《これ》明ナリ。遍レ明ニ是像。非《ず》レ並《びよう》ニ非レ別《べつに》、不レ縦《なら》不レ横ナラ、有レ異ルガルコト二*伊字《いじ》天目《てんもく》ニ一故也。不合散《より》下ハ重《かさねて》複ニ疎ス喩《を》一。如レ前可レ知《しん》ヌ。不*一二三ト者《は》雖《も》二次第増《にます》ト一只是三諦ナリ。三法非《ざるを》レ有ルニ名《づく》二不一二三ト一。二三無妨ト者《は》此《これ》遂シタガウ二語便ニ一故《に》略《す》二一字《のを》一。*智者《ちしや》因テすニレ喩。此ノ言有レ*徴シルシ。此一念心《トいうよりしも》下ハ*合譬《ごうひ》也矣。

尋云、*不合不散等《とら》云ヘルハ、尤《もつとも》双非ノ三諦ノ心ナルベシ。其故ハ非合非散中道双非等釈ル故ニ、非合非散ト云ヒ、不合不散等云ヘル、是レ同意ニ非《あらずや》耶。而《しかる》ヲ何《ぞ》不合散ト云《いうより》下ハ、重《かさねて》複ニ疎スト喩ヲ一等釈シテ複疎ノ三諦ト可《べきやす》レ釈。仰云、上ノ非三而三ヲ複疎ト釈ルハ、法ヲ複疎スル也。今ノ譬ノ下ノ不合不散ヲ複疎ト釈ルハ、法ニテ複疎スル上ニ又譬ニテ複疎スル故ニ、重テ複疎ストハ釈ル也ト料簡スル学者モ有レ之。而《しかる》ヲ其モ不合不散ハ双非ノ義ナルヲ複疎ト釈スル処ヲ不審スル也。可レ得レ意事ハ、複疎ト者《は》カサネテアキラムル義ナル故ニ、双非双照ノ三諦モ念ヲアキラムル処有ラバレ之、是ヲバ複疎トモ可レ云也。重《かさねて》ト者《は》、四重ノ三諦ノ中ノ*已前《の》三辺ハイカニモ*遮難《しやなん》ト*アイシライニアキラムル義ナル故ニ、双非双照ノ三諦ナリトモ念ヲアキラムル処ヲバ可レ名《づく》二複疎ト一。故ニ上ノ複疎《の》上ニ重テ双非《する》時モ複疎スル処有レ之。故ニ重テ複ニ疎ストハ喩ヲ一釈ル也。

妙仮・妙中　三諦円融の上に名づけられる仮・中。
而三・而不三　而とは前提を肯定した上での立言なるを意味する。
イハ　「いっぱ」と読む。「言ふは」の意。
文ニ無ト者…　「三而不三」の次に当然あるべき「非三非不三」の句がないのは、略したに過ぎない。
ハ　正しくは「ニ」か。
不一二異　正しくは「不可一異」か。
○　引文の中略を表わす符号。
ノ　正しくは「ハ」か。
事・法　鏡の体性とはたらきをもって円融を喩うるに、鏡は事に当り、円融は法に当る。
分喩　法の一部分だけの意義しか喩え表わすことが出来ない譬喩。
親　法の全分に近いところまでを喩え得ている意。
伊字天目　悉曇字母の伊字と天部の三目のこと。平面上に三点鼎立する形をいう。
一二三　一は空を指し、二は仮を指し、三は中を指す。
智者　隋の智顗禅師を指す。
有徴　言に虚妄なく、用いれば必ず効果ありとの意。
合譬　法(空・仮・中)と譬喩(明性・映像・鏡体)の符合点を指摘すること。
不合不散　明と像と鏡の即一を合といい、その三の隔別なるを散という。
已前三辺　円融・複疎・双非の三を

尋云、弘云《*に》、二文ノ中間ニ論二《ずルコトは》二諦一《を》者、以《てノ》三此円《ノ》文《に》無二《キヲ》前後一故《ニと》矣。此釈《の》二文ト者《は》指二《して》何文二《ヲ》中間ニ論二《ロンズルト》二諦一《を》云ヘル。何ノ中間、何ノ二諦トカ可レ得レ意耶。仰云、二文ト者《は》上ノ*双非ノ文ト双照〔ノ文〕トヲ指シテ為《ル》二二文一《ト》也。中間ニ論二《ズルは》二諦一《を》者、双非《そうび》ノ下、双照《そうしょう》ノ上ニ、而《に》合《ごうは》即空、而《に》散《さんは》即仮ト釈スルヲ、中間ニ論二《ずと》二諦一《を》釈ル也。

尋云、四重ノ三諦ヲ以二一面鏡一《いちめんきょうヲ》習合《ならいあわ》スル口伝、如何《いかんが》可レ習耶。仰云、当流《とうりゅう》ノ口伝秘事《のひじ》、只《ただ》此事也。止云《*に》、譬如《ばし》二明鏡《みょうきょうの》一、明喩《はえ》二即空《に》一像喩《はえ》二即仮《に》一鏡喩《はう》二即中《に》一。不合不散《にして*》合散像宛然《*えんねん》ナル、不《して》二一二三《ナラ》一二三無《*シ》レ妨《さまたげ》。此一念心《のは》不縦不横《にして》不可思議《なりと》。已前ノ三*重ノ三諦ハ鏡・明・像ノ三也。是ハイカニモ起念*ニアイシラウ分也。故ニ円融ノ三諦ハ三諦一法ナレドモ、空ヲ為《スル》レ面《ト》故、明ヲ為レ本《ほんと》。依レ之、譬如明鏡明喩即空《譬へば明鏡《みょうきょう》の如し、明《みょう》をば即空《そくくう》に喩《たと》ふ》ト釈スルヲバ円融ノ三諦トシ、複疎ノ三諦ハ又円融ノ上ノ起念ヲ重テ即空即仮即中ト達スル故ニ、所《ノ》レ起《すき》起念即三諦《ねんそくさんだい》トミガキアキラムル故ニ、仮諦ガ成レ本《ほんト》。三諦《は》一法ナレドモ複疎ハ仮ガ成《ル》レ本《ト》故ニ、像喩即仮《像《ぞう》をば即仮《そくけ》に喩ふ》ノ釈ヲバ複疎ノ三諦ト習《ならう》也。双非双照ノ三諦ハ又上ノ円融ノ双非ト複疎ノ双照トヲ中道一念ノ照非ノ徳ニシテ持《ツ》レ之《を》。而ヲ明《と》像ヲ一念ノ徳ニテ持《もっ》ハ鏡ノ徳ナル故ニ、鏡ヲバ中道ノ双非双照ノ徳ニ取テ鏡喩即中《鏡《きょう》は即中《そくちゅう》に喩ふ》ト釈セリ。

三重ノ三諦ハ明《みょう》・像《ぞう》・鏡《きょう》ノ三ニ習《ならい》タリ。而ドモ是ハ三重共ニ明・像・鏡トハ釈スレドモ、明ニモ三諦、像ニモ三諦、鏡ニモ三諦也。是ハイカニモ起念ニアイシラウ分也。第四《の》不思議ノ三諦ト者《は》、起念一《いっ》モ無レ之。明《と》・像《と》・鏡《と》、全《まったく》不思議ノ一法《いっぽう》ニシテ、起念ニ相対《あいたい》スル三

指す。

遮難 不充分なもの、資格なきものとして漸次棄て去られるものの意。

アイシライニ… 副役としておつき合いに立ち、少しずつ第四を明らかにする意。

弘云 摩訶止観輔行伝弘決会本一ノ五ノ二。湛然は摩訶止観の「非三而三、三而不三、非合非散、而合而散、非非合非非散、不可一異、而一而異」の文を複疎三諦・還成三諦と呼んで、この本文を釈する文の下。

双非ノ文ト双照ノ文 非合非三は双非、非非合非非散は双照。

止云 摩訶止観会本一ノ五ノ二。

合散 而合而散の意。

像 摩訶止観の本文になし。

無妨 矛盾がない。不一二三の処へ同時に一二三が存していて差し支えがない。

三重 止観四重の前三重、即ち円融と複疎と双非双照。

起念ニアイシラウ分 起念に係わり合う分斉の意。

本法 起念以前の。

諦ニ非ズ。*本法不思議ノ三諦ヲ第四《の》不思議ノ三諦ト習也。明・像・鏡全クヲモテウラナク
シテ、明・鏡・像無《なき》ニ勝劣《しょうれつ》一法不思議ノ三諦ヲ以《もって》、第四《の》三諦トスル也。
尋云、*妙楽御釈《みょうらくのおんしゃく》ニハ、四重《の》三諦ヲバ如何《いかんが》釈タル耶。仰云、弘《に》云、以レ事ヲ喩レ法ルハ《に》、皆是分
喩ナリ。於《て》レ中《ニ》鏡ノ喩ハ其意最《もっとも》親シ。何者《なんトなれば》、*遍鏡是明《へんきょうこれみょう》[*円融三諦]ナリ。*遍明是像《へんみょうこれぞう》ナリ。
非並非別《ひびょうひべつ》[双非双照ノ三諦]、不縦不横《ふじゅうふおう》[不思議三諦]、異《なるが》ニ伊字天目《いじてんもくニ》一故也矣。本書ノ釈ハ、第四重
ノ不思議ノ三諦ハ喩《たとえ》ノ後ニ、合譬《ごうひ》ノ処ニ不思議ノ三諦ヲ釈ス。弘決《ぐけつ》ニハ、四重ノ三諦ヲ一
処ニ釈セリ。於ニ鏡像円融《きょうぞうえんにゆうノ》口決《くけつニ》一文《もん》ノ口伝義《とぎ》ノ口伝有《と》レ之。文ノ口伝ヲバ、今ノ四重ノ三
諦ニ以ニ一面鏡《ノヲ》一習合《ならいあわ》スルヲ文ノ口伝ト云也。義ノ口伝ト者《は》、*正行《しょうぎょう》ノ下ニテ智《の》一心三観ニ
テ口伝スル也。文ノ口伝ハ第*一巻ニテ以ニ四重料簡《ノヲ》一相承ノ口伝トシ、義ノ口伝ハ第五巻正
行ノ智ノ一心三観ニテ口伝スル也。　正行ノ下ノ義口伝也。　*蓮実房《れんじつぼう》口伝《のくでん》云云。
尋云、一心三観ヲ伝《うと》ニ於ニ一言《ニ》一言《いえ》ル一言ノ口伝、如何。仰云、於ニ一言一種々ノ義有レ之。
然而《しこうじて》、*中道即法界《はすなわちほうかい》、法界即止観《はちしかん》、止観不二《はふに》、境智冥一《きょうちみょういつなり》ト釈スル故ニ、是ヲ証拠《しょうこ》トシ
テ境智ノ一言ト習《ならう》ガ一ノ口伝ニテ有レ之也。若境若智同*在一心《若《も》しは境《きょう》、若《も》しは智《ち》、同じく
一心《いっしん》に在《あ》り、の》釈、可レ思レ之。境智一言ト習意ハ、境ノ一心三諦ガ全体正修止観ノ時ハ、
智ノ一心三観ト成テ境智ノ一体不二ニ成《なる》時、一家《いっけ》ノ一心三観ヲ成ズル故ニ、境智ノ一言ト
ハ習也。*前六重ハ境《の》一心三諦、第七正観ハ智ノ一心三観也。而ニ境ノ一心三諦ノ全体ガ境*
智不二ノ一心三観ト成ル故ニ、一心三観ヲ口伝スルニ境智ノ一言トハ習也。万法広《ひろけれ》ドモ
境智ノ二法ニハ不レ過。此境智ガ一心ノ全体ト成ルヲ一心三観トハ習也。前六重ニテハ行

妙楽　中国天台の第六祖、唐の湛然荆渓大師を指す。常州妙楽寺に住して法華を講じたので妙楽大師ともいい、また法華文句記を単に妙楽あるいは妙楽記ともいうが、ここでは人を指す。

遍鏡・遍明　鏡の全体、明の全体の意。

円融三諦　底本は傍書。［　］は以下同じ。これによれば、「遍明是像」の右には「複疎三諦」とあるべきである。

正行　摩訶止観の第七正修章。

第一巻　摩訶止観巻一。次の「第五巻」は同巻五。

蓮実房　覚超の資、勝範(九九六―一〇七七)のこと。この所の文章に錯簡あるか。また、下巻に出る境・智、文・義に関すること、及び覚超の用いた二面鏡のこと等を「云云」として略するか。

中道即法界…　この証拠は、摩訶止観に円頓止観を叙べる中の「一色一香無非中道」を受けて、湛然がこれを釈する文である(摩訶止観輔行伝弘決会本一ノ二)。

同在一心　本書も畢竟このことを明かさんがためで、前後に説明を尽してもいるが、更に、↓補

前六重　摩訶止観第六方便章まで。

境智不二ノ一心三観　前の「若しは境、若しは智、同じく一心に在り」と同義。

者ノ心地ガ境ノ一心三諦ノ理ノ不可得ニテ有レ之ガ、至《って》ニ正行ニ一境ノ一心《の》理ノ全体ガ智ト顕レテ境智不二ノ一心成《と》ルヲ、境智ノ一言トロ伝スル也。

尋云、境智ノ一言《いちごん》トロ伝スル事ハ、当流《とうりゅう》ノ正相伝《しょうそうでん》ノ習歟《ならいか》。又此外ニ真実ノ相伝《の》*一言ノ習有レ之歟、如何。仰云、一心三観ヲ境智ノ一言ト習《ならう》事ハ、止観ノ大旨ノ口伝也。止観一部ヲ境智ト習フ時ノ事也。天台所立《しょりゅう》ノ止観起《おこつ》*テ後ノ相伝ハ、境智ノ一言也トモ、止観大旨ノ下ノ不《シテ》ニ口伝《なら》一、一言ニ口伝スル正相伝ノ義可レ有レ之。*万機無尽《まんきむじん》ナレバ三観ヲ得法スル悟ハ非《ならず》ニ一准《いちじゅん》一随《テ》レ機《ニ》*不定《ふじょう》ナルベシ。今ノ止観起《おこつ》テ後ノ境智ノ一言ト云モ、*随方《ずいほう》ノ語言ナル故ニ、万機《まんき》ニ対シテ三世諸仏《さんぜのしょぶつは》、対《シテモ》ニ何《いずれノ》機《ニ》一必ズ一心三観ノ口伝ニ境智トハ不レ可レ定《ム》。不定ナル故也。而《しかる》ヲ是ヲ口伝スルニ、三世諸仏出世《しゅつせ》シテ対《して》ニ万機《ニ》一此三観ヲ授玉《さずけたま》ヘドモ、イツモ同ジ一言ナル相《そう》可レ有レ之。是ヲ口伝スルヲ以テ為《なす》ニ最極《さいごくのひ》秘事《ト》一。境智ノ一言ト云事モ当流一《のいち》義《ぎ》ナレドモ、正《まさし》ク機《き》ヲ*エラマズ対《シテ》ニ万機《ニ》一授《さずく》ル一言ノ相有レ之《ヲ》習《ならうヲ》以テ為ニ秘事《ト》一也。重々ノ一言ノ相ヲバ*恵心略止観《えしんのりやくしかん》ニ見《みえた》リ、可レ見レ之、云云。

尋云、境智ノ一心三観ハ専ラ当流相承《のそうじょう》カ、如何。蓮実房《れんじつぼうのいわく》云、境智ノ一心三観ヲ分《わかつ》事ハ*相応一流《そうおうのいちりゅう》也。余義《よのは》未《いまだ》ニ必《しも》然《ら》一《ざる》也矣《と》。私云、此御義《に》ノ定《じょう》*ナラバ、境智ノ一言ハ相応流《そうおうりゅう》ノ一心三観ノ口伝ト覚《おぼえ》タリ、云云。蓮実房云、万法広《まんぼうひろけれ》ドモ不レ出ニ三千《ヲ》一。三千者《とは》自受用身*境智《じじゅゆうしんのきょうち》也。仍《なお》諸法無尽《むじん》ナレドモ不レ離ニ境智一。境智又一心、一心又自受用身也。

尋云、伝教大師御相承ニハ一面ノ鏡也。即《ち》御経蔵ニ被レ納《られタリ》。*兜率先徳《とそつのせんとくの》御相承ハ二面ノ鏡《め》ニシテ相承スト見《みえ》タリ。如何《いかんが》可レ得レ意耶。

相伝一言　長い説明の語を綴らないと伝えることの出来ない深義を、端的な隻語片言に表現するを一言という。尊舜の見聞等によると、「境智」の外に「生死」「無我」「心要」「止観」「天真独朗」「寂照」「妙法」「阿」等によりても秘授される。

起テ後　行に入って三観が体現される段階。

万機無尽　止観を行ずる人々の能力はみな同じくない。

不定　一定した規準がない。

随方ノ語言　習俗・言語は地域や時代によって異なる。これに逆らわぬを随方という。「語」は底本「悟」。

エラマズ　選定せず、限定の規準なしに。

恵心略止観　止観一部肝要略頌あるいは止観口伝略頌ともいう。一巻。恵心僧都全集巻二所収。

相応　円仁の弟子。伝教・慈覚両大師号を奏請した人で、南山大師、建立大師ともいう(八三一—九一八)(本朝高僧伝四十七・元亨釈書十)。

定　定式・定則・定規として依拠するもの。御定ともいう。

自受用身　仏身の一。修行究竟じて大果を満じた仏徳が対他的に在るを他受用身というに対し、対内的なるをいう。

兜率先徳　覚超(九五二—一〇三四)のこと(本朝高僧伝十)。

山家御釈　守護国界章上ノ中(伝教

大師全集巻二)。

師資相承　師は授け、資は受ける方。多宝塔中の釈尊と天台大師の二人より以下、連綿としてみな口決を添えて面授相伝すること。

己心中記　己心中義記一巻。

益　利益する。理解させる。

生仏　行者と仏。

芥爾　極めて微細な。

指掌　掌の上の物を見るが如く明らかに疑いもなく速かにの意。

籤六　湛然撰、法華玄義釈籤の巻六。

本迹ノ機　法華経の前半を迹門、後半を本門といい、迹門を受けるに適した衆生を迹門の機といい、本門を受けるに適した衆生を本門の機という。本迹二門同じく妙法を説くが、「理より入る」とは、不変平等の理体を手掛りにして妙法に入るの義で、事すなわち変遷差別の事象より入るに対する。

本門ノ一念信解　法華経分別功徳品第十七に「仏の寿命の長遠なること是の如くなるを聞きて、乃至よく一念信解を生ぜば、所得の功徳限量有ることなけん」とあるを指す。

事円　変遷する事象の当相が三千互具であること。

鈍根　理解力がにぶい者。

本不生ノ理　一切法は六根六塵相対して現起し変遷しつつあるが、その相対し現起する以前の体性をいう。

有相無相ノ二行　無相行は心を不生

仰云、*山家御釈《さんげのおんしゃくに》云、一乗独円動静無碍也、鏡像円融三諦者非口決難知、師資相承誠有由哉《一乗《いちじょう》の独円《どくえん》は動静無碍《どうじょうむげ》なり。鏡像円融《きょうぞうえんにゅう》の三諦《さんだい》は口決《くけつ》に非《あら》ずんば知り難し、*師資相承《ししそうじょう》すること誠《まこと》に由《よし》あるかな》ト釈セリ。而《しかるに》山家御相承ノ鏡ハ一面ノ鏡也。鏡像ノ口伝ニ、文口伝《もんのくでん》、義《ぎ》ノ口伝有レ之。而ニ義ノ口伝ト者《は》、正行《しょうぎょう》ノ下《もと》ノ不思議境ノ三千三観ヲ以習《てう》也。不思議ノ境ノ下《の》義ノ口伝ノ鏡ト者《は》、一面ノ鏡ニテ口伝スル也。兜率《の》先徳《の》御相承ハ又以《テ》二二面鏡《ノヲ》一相承スト見《みえ》タリ。是ハ*己心中記《こしんじゅうきに》云、我今以レ所《を》二口決《する》一示テ*益《やくス》二愚迷《ぐめいを》一。所謂《いわゆる》厳《ごんじょうし》二浄道場《を》一東西《に》相対《して》懸《かけ》二於明鏡二面《を》一、*生仏《しょうぶつ》ヲ並《ならべて》坐《す》二於其中間《ちゅうげんに》一。重々相累《あいかさなり》影現《ようげん》不レ窮《ずきわまら》。*芥爾《けにの》一心即《に》具《ぐす》二三千《を》一。是時明了《みょうりょうなること》*指《シテ》レ掌《ヲ》得《う》レ証《さとることを》矣。此釈ハ、以二二面鏡《ノヲ》一顕《すと》二十界互具義《ノヲ》一見《みえ》タリ。其心少シ不レ同也。*籤六ノ釈ニ、若一形対不能現像《若し一の形対《ぎょうたい》ならば像を現ずる能はず》ト釈スルモ、二面ノ鏡相《の》釈《を》スル也。於二鏡像喩《の》《ニ》一種々《の》不同雖レ有レ之、以二一面鏡《ノヲ》一為《と》レ正習《ト》也、云云。

尋云、以《テ》二境智《ノ》三諦三観《ヲ》一如何《いかんが》*本迹《ほんじゃく》ノ機ニ対スル耶《や》。仰云、迹門《しゃくもん》ノ機ハ理ヨリ入《いる》機ナル故ニ、境ノ一心三諦ヨリ入ル。迹門ノ境妙ノ意也。智《の》一心三観《は》*本門ノ一念信解也。事々法々《の》*事円《じえん》也。事円ハ智ノ一心三観也。正行《の》三千観是《これ》也。迹門ハ機*鈍根《どんごん》ナル故ニ、事々法々全体縁起《えんぎ》ナガラ三千三観ト不レ達、*本不生《ほんぶしょう》ノ理ニ心地ヲシヅメテ修行スル也。本門ノ機ハ散心《さんじん》ノ一念外《の》ニ全《まったく》三千三観無レ之《しと》立行《りゅうぎょう》スル也。*有相無相《うそうむそう》ノ二行、即《ち》本迹ノ二機《にき》ノ不同ナルベシ。又*本迹ノ十妙大旨《じゅうみょうのたいし》ノ習《ならいは》、境ヨリ入リ智ヨリ入ル不同《あり》、可レ思レ之。大ナル口伝也。

尋云、*山家大師《さんげだいし》ノ一心三諦境・一心三観智等ノ文ノ委細ノ料簡、如何《いかんが》口伝スル耶《や》。

一心三諦境《の》。《とは》仰云、是ハ円融《えんにゆう》ノ三諦ヲ釈《しやくす》ル也。境智共ニ一心ナレドモ一念起《おこ》ルヲ静メテ寂ナル心ハ円融ノ三諦也。*有ノ念ヲシヅメテ円融ノ空不生ノ心地ヲ調《ととのう》ルヲ、円融三諦ト名《なづく》ル也。所詮《しよせん》一念《の》寂ナル形也。

一心三観智《の》。《とは》仰云、是ハ正行ノ三千三観ヲ智ノ一心三観ト習《ならう》也。事々ノ縁起ノ万法、起念全体ガ全ク修行ナル故ニ、起念ノ外《ほかに》ハ無《きが》㆓三観ノ修行㆒故ニ、智ハ事也。是ヲ以テ智ノ一心三観ト習也。

*一行一切行。《いちぎよういつさいぎようとは》仰云、*円頓《えんどん》ノ妙行《みようぎよう》ハ、*四教浅近《しきようせんごん》ノ*立行《りゆうぎよう》ニテモ皆一心三観《の》立行ニテ有ㇾ之。故ニ一行一切行也。是ヲ名行如来〔行〕*《如来《によらい》の行《ぎよう》を行ずと名づく、とは》、是也。

恒修四三昧。《ごうしゆうしざんまいとは》仰云、*四種三昧《ししゆざんまい》ノ立行ハ不同ナレドモ、円人修観《えんにんしゆうかん》ノ時ハ、四種三昧行《は》共ニ一心ノ行ナル相ヲ釈スル也。

長講法花経。《じようごうほけきようとは》仰云、法華経ヲ宣説《せんぜつ》シテ一切衆生皆*本覚無《ほんがくむ》作《さ》ノ三身也《さんじんなりと》宣《のぶる》也。今ノ法花ニハ*三種法花共ニ可ㇾ有ㇾ之也、云云。

恒説一切経。《ごうぜついつさいきようとは》仰云、今《の》法花経ヲ宣《のぶ》ルガ即《ち》一切諸経ヲ説《とく》ニテ有ㇾ之也。法華ト者《は》*開権顕《かいごんけん》実《じつ》ノ経ナルガ故也。

仰云、一心三諦境《の》ハ迹門ノ三観、一心三観智《の》ハ本門ノ三観、一行一切行ハ正修止観ノ本迹不二ノ一心三観ト云ヘル習《ならい》モ有ㇾ之。是即《ち》*当家《とうけ》ノ一義也。

尋云、三種法花ノ相、如何。*山家釈《のに》云、於《お》一仏乗《いつぶつじようとは》者根本《こんぽんの》*法花《ほつけ》也。分別説三《ふんべつせつさんとは》者隠密《おんみつの》法《ほつ》華《け》也。唯有《ゆいう》一乗《いちじようとは》者顕説《けんぜつの》法花也。妙法之外《ほかに》更《に》無《しと》㆓一句《の》余経㆒矣。

無相に寂し、心地を静め、起念を廃して修行すること。有相行は邪々の起念、事々の当体を行体とする修行。前者は劣にして迹門の機、後者は勝にして本門の機に当る。また直行・迂廻入の二人に各々この二行ありという。

本迹ノ十妙　智顗の法華玄義の名玄義の下に、迹門の十妙と本門の十妙の細釈あるを指す。

山家大師…　次に出す伝教大師撰の長講法華経願文中の一心三諦境乃至恒説一切経の六句(伝教大師全集巻四)を指す。

有　差別事象の発動していること。

一行一切行　六句の第三句。境と智を一心に融ずるを行という。即ち一心三観なり。この一行に一切万行を円具するの意。

円頓ノ妙行　果徳を円備した因行。

四教浅近　釈尊一代の教説をその浅深に従って智顗が蔵・通・別・円の四に分判したのを四教といい、法華以前は円といえども純ならずなお究竟の深玄に達せず遠本に暗きをいう。

立行　修行に入る、実践する。

行　法華経法師品に「行如来事」とあり、全書本によって改む。

四種三昧　四三昧。三昧とは samādhi. 禅定・等持ともいう。心を一所に集中し安定状態に入ることで、摩訶止観巻二修大行の下に、一切の三味行をその行相に依り常坐・常行・半行半坐・非行非坐に四分して解釈しているのを指す。

本覚無作ノ三身 ↓補「無作の三身」(修禅寺決)

三種法花 根本・隠密・顕説の三。↓補「三種法花」(修禅寺決)

開権顕実 方便の実体を明らかにするを開権といい、真実の仏意を明らかにするを顕実という。

当家 恵心流。今はその中の一派椙生流を自ら呼ぶ。

山家釈 守護国界章上ノ上。

法花 守護国界章には、三種法華にみな「教」字を附す。見聞巻上には根本の教の字について、生仏未分上の自受用法爾の説法、法体法爾風水の音・声などと注す。

託事・附法・約行 託事は事物に託して観心を成じ、附法は法門に対して観心を成じ、約(従)行は十乗観法を以て境智を一心に磨く。

如彼 三種の観心は摩訶止観輔行伝弘決巻二及び止観義例下等に出ているので、解釈はそれらの文に任せるの意か。

附法ノ文 天台法華宗境智一心観文、仁寿三年円仁録付恵亮、一巻。

智 底本「教」を改む。

能所 能観の智と所観の境の別。

正行 摩訶止観の第七正修章。

檀那流 覚運僧正を祖とする中古天台の一流で、恵心流と双璧をなす。

尋云、*託事《たくじ》・附法《ふほう》・約行《やくぎょう》ノ三種ノ観心ノ相、如何。仰云、*如レ彼《カノ》。

尋云、慈覚大師《じかくだいし》ノ一心三観ノ*附法《ふほう》ノ文《もん》ニ、一心之中何《いかんが》分《つや》ニ境智《を》一。〔答曰、〕前念《を》為レ境《と》後念《を》為レ智《と》等ノ文ト、己《こ》心中記《しんじゅうき》ノ以ニ前念心《のを》一為ニ所縁境《のと》一、以ニ後念心《のを》一為ニ能縁観《のと》一等ト、其意《こころ》同《じき》レ之歟《か》、如何。

慈覚大師《の》一心三観付法文《に》云、一心之中ニ何《いかんが》分《ツヤ》ニ境智《*ヲ》一。前念ヲ為レ境《ト》、後念《を》為レ智《ト》。此之境智ニ如何《いかんが》分《ツヤ》ニ三観《ヲ》一。如《ク》三後《ノ》念観智照《スガ》ニ前念妄想《ノもうぞうヲ》一、無《し》レ非《ずとイフコト》ニ空仮中《ニ》一、此レ即《ち》其義ナリ。此三観体《のを》為《せム》レ有《うトヤ》、為《せん》レ無《むトヤ》、誰カ是《これ》能観《なる》、誰カ是《これ》所観《なる》。此三観体《のは》、亦ハ有、亦ハ無、亦ハ中ナリ、又《マタ》於《て》レ無《きニ》ニ*能所《のうじょ》ニ而《も》立《ツのみと》ニ能所《を》一矣。己心中記《の》文《に》云、以ニ前念心《のを》一為ニ所縁境《のと》一、以ニ後念心《のを》一為ニ能縁観《のと》一、前念空《くうなるが》故《に》後念空《くう》、一念空《なるが》故《に》法界又空《と》矣。

仰云、此文ヲバ共ニ正行*ノ口伝ノ文ト習也。常ニハ*檀那《だんな》〔流〕等《の》料簡ニハ、*六識分別《ろくしきふんべつ》ノ前念・後念ニシテ、意識分別ヲ以テ沙汰《サた》スル也。前念ニ板《いた》トモ畳《たたみ》トモ起ル念ハ前念也。是ヲ即空即仮即中ト観ズルハ後念也。是ハ六識分別ノ*義勢《ぎせい》ナルベシ。正行ノ口伝ト習時ハ、妙《みょう》解《げ》ハ無《き》ニ能所一妙解也。而ニ入《テ》ニ正行《ニ》一修行スル時、只心是一切法《ただしんこれいっさいほう》、一切法是心ト修*行スル時、*三世一念《さんぜいちねん》ナレドモ三世ノ形モ*宛然《えんねん》也。於《てハ》ニ一念《ニ》一無《けれども》ニ前後《ハ》一、而《しかも》又一念ノ処ニ、板トモ畳トモ起ル前念モ後念モ宛然トシテ可レ有レ之也。板ト見《みる》念モ法界三千ノ板ト見、畳見《とみる》念モ法界三千ノ畳ト見也。然而《しかれ》ドモ、板ト見ル念モ畳《と》見ル念モ一心遍照ノ一念ノ処ニ*歴々《れきれき》トシテ非《ず》レ無《キニ》レ之耶。故ニ共ニ同ジ文ノ意也ト習也。

*慶深《けいしん》阿闍梨、己心中記ノ文《を》料簡シテ云、前念ノ空《くう》ニ三諦具足《ぐそく》スレバ、後念ノ空《に》又三諦具

足セリ。一念空ナレバ此空ニ又三諦具足セリ。一念空ニ三諦具足スレバ、法界《ほうかい》又空也。法界ト者《は》十界《じっかい》也。十界ト者《は》空仮中ナリ。釈云、言《に》法界者須云十界即空仮中《法界と言ふは須《すべから》く十界即空仮中《そくくうげちゅう》と云ふべしと》矣。三諦皆空《かいくう》、三諦皆仮《かいけ》、三諦皆中《かいちゅう》ナリト云意《いうこころ》也。

仰云、当流正口《とうりゅうしようく》伝御義《でんのおんぎに》云、*円頓行者《えんどんぎようじや》ノ一念ノ当体《とうたい》ニ、三千十界万法宛然ト雑居《ざっこ》セリ。十界既ニ有ニ*凡聖《ぼんしようノ》不同一。六識能所《ろくしきのうじよ》ノ凡心《ぼんしん》モ、*七識・八識ノ二乗菩薩モ、皆*一念ノ形ニテ有レ之。故ニ、正行ノ上ノ前念・後念ハ、只心是一切法《ただしんこれいっさいほう》、一切法是心ノ一念ノ形ニ*凡聖不同有テレ之、凡心ノ一念ニテモ無レ所レ隔ル、*己心《こしん》ノ形ナル時ハ有ニ能所不同ノ一、前念・後念ノ形モ非レ可レ捨レ之者ヲヤト口伝スル也、云云。

尋云、*必須心観明了理恵相応《ひっしゅしんかんみょうりょうりえそうおう》等ノ文の口伝、如何。仰云、必須心観明了〔一*心三観〕、理恵相応〔境一心智一心〕、所行如所言〔言説一心〕、所言如所行《必ず須《すべから》く心観明了《しんかんみょうりょう》なるべし、理《り》と恵《え》と相応《そうおう》すれば、所行《しょぎょう》は所言《しょごん》に如《によ》し、所言は所行に如せんと》矣。心観ト者《は》一*心三観也、理恵相応ト釈《しゃくす》ル理ハ境ノ一心三諦、恵ハ智の一心三観也。所行如所言等釈スルハ、言説ノ一心三観ノ相ヲ釈ル也。山家大師《さんげだいしの》一心三諦境、一心三観智ト釈スルハ、今ノ理恵相応ノ釈ヲ、境ノ一心、智ノ一心ト分別《ふんべつ》スル処ヲ釈シ顕《あらわす》者《もの》也ト口伝スル也。正行ノ口伝ノ随一《ずいいち》ノ大事ニテ有レ之也、云云。

尋云、於ニ一心三観ニ有ニ三重ノ不同一。〔一ハ〕一心三観、二ハ法爾《ほうこの》一心三観、三ハ言説《ごんぜつの》一心三観也。其不同の口伝、如何。仰云、一心三観ノ口伝、正行ノ修行ノ心地《しんじに》、三重ノ三観ノ不同ヲ分別シテ、正《まさしく》*第五品《だいごほん》ノ三観ノ心地ハ言説ノ三観ト習也。事理和融《わゆう》ノ位ニテ言説三観

恵心は良源より本覚法門を受け、覚運は始覚法門を受けると伝えられるが、必ずしも当らず。

六識分別　六識とは眼・耳・鼻・舌・身・意の六つの識、即ち第七識・第八識・第九識等に係わることなく、日常心作用の範囲内での意。

義勢　言外に(六識の範囲内であるぞと)その意義を含めた論述の仕方。

修行　観想・運心の意。

三世　過去と現在と未来。

宛然　依然として区別明らかに存しているかたち。

歴々　存在が明白であること。

慶深　→三〇三頁注

円頓行者　天台止観の修行者。

凡聖不同　前の六界は凡、後の四界は三乗と仏で聖、この二の異なり。

七識・八識　第七識・第八識。六識日常心の主体としてその奥底に在る染汚の薄い識体。

一念ノ形ニテ…　根塵相対して心起るのすがたに変りはない。

凡聖不同有之　心と一切法との関連の親疎厚薄だけによって凡聖の不同が分れるの意。

己心ノ形　円頓行者の一念の当体。

必須…　天台大師の門人大慧禅師が天台山西南の金山寺に建てた碑の文で、天台の徳行を称歎したもの。この句に続いて「霊山一会儼然未散、天安羅々、地平哩々、北斗七星如在

ヲバ沙汰《さた》スル事也。三重ノ三観ヲ以テ本迹ノ観門《を》分別スル時、一心三観ト者《は》、先ヅ初門ニ爾前ノ次第三諦ヲ、法花ニ来《きたつ》テ初テ、次第即亡方成今即《しだいそくもうほうじようこんそく》《次第《しだい》の即亡《そくもう》じて方《はじめ》て今の即を成《じよう》ず》*スル融即《ゆうぞく》ノ初メ也。法爾《ほうに》ノ一心三観ト者《は》、此上ニ実相《じつそうの》理、自《もとより》レ本法爾トシテ三観ナル分《ぶん》也。六塵《ろくじん》*六作《ろくさ》ノ法々ガ己々《おのずおのず》ト自《おのずか》ラ一心三観ナルヲ、法爾ノ一心三観ト云也。*廃権立実《はいごんりゆうじつ》ノ理ガ自《おのずから》非《ずシテ》ニ*作意《さい》ニ*無作《むさ》トシテ三観ナルヲ、法爾ノ一心三観ト云也。心《こころ》ハ無作ノ一心三観也。一心三観ナル相《すがた》也。是ハ猶理ノ一心三観ナルベシ。此分ハ迹門《しやくもんの》分ニテ可レ有レ之歟覚《かとおぼゆる》也。

次ニ言説《ごんぜつの》一心三観ト者《は》、本門事円《ほんもんじえん》ノ三観ナルベシ。言説ノ三観ハ五品《ごほん》ノ中《なか》ニハ第五品事《じ》理和融《りわゆう》ノ位ニテ可《き》ニ沙汰《す》一事也。事理融即《じりゆうぞく》ハ*分《ぶん》ニ第三・第四品ヨリ雖《も》レ論《ずと》レ之、正ク第五品ガ事《じ》ニ相応スル行《ぎよう》ナル故ニ、説法利生《せつぼうりしよう》スル説法ノ言音《ごんのん》ガ皆一心三観ノ言音ニテ可レ有レ之重《ちゆうに》テ、言説ノ一心三観ヲバ口伝スル也。本門事円ノ処ニハ、我等言語《われらがごんご》皆《みな》一心三観ニテ有レ之也、云云。必須心観明了理恵相応等ノ文ヲ口伝スルヲ、此文ハ正修止観《しようしゆうしかん》ノ心地ヲ第一巻ニ釈シ顕《あらわす》ト習也。正行ノ心地ヲ正《ただしく》釈タル文ト習也、云云。

*慶深阿闍梨等云、凡《およそ》一心三観ハ、*久遠実成《くおんじつじよう》ノ多宝塔中大牟尼尊《たほうたつちゆうだいむにそん》授《く》ニ南岳天台《ニ》一、云云。彼《かの》牟尼尊《むにそん》、垂《たるる》ニ迹《*しやくヲ*》叡山麓《ノニ》一、是ヲ名《なづく》ニ山王《*さんのうと》一。一心三観ヲ守リ玉ヘル神明《しんめい》也。託《シテ》ニ座主《ざす》*慶命《きようみよう》大僧正《ニ》一云ク、我名号《わが》ハ、山字者《のじは》以ニ横一点《ての》ヲ消ニ竪《したての》三点一、王字者《のは》以ニ竪一点《の》ヲ消ニ横三点《すとの》一。其上ニ重《かさね》テ授《ル》ニ一心三観法門《ノヲ》一口伝ノ相、同《ニ》ニ*塔中《たつちゆうノ》説《ニ》一、云云。仍《よつて》南無山王ト申《もうすは》、即非三非一《ち》不縦不横《ふじゆうふおう》ノ三観ヲ修スルニテ有レ之也。又云、一切衆生自《もとより》レ元*三身覚満《さんじんかくまん》ノ本覚《ほんがく》也。境智又自レ本相応シテ、法爾トシテ我等ガ一念《の》当体一心三観也。波立《たつ》音、風吹《ふく》声、語嘿作々《ごもくささ》常《に》無

影向」(見聞巻中)とあり。

一心三観 底本は傍書。[ ]は以下同じ。

心 底本「念」を改む。

第五品 ↓補

今 法華経を説く時。

作意・無作 作意は人意の作動・工夫によって生じた現象で、転変の法、有為法ともいわれ、無作はこれ以前の法性・常住・真如・実相・涅槃等と呼ばれる不変の法で、無為法とも呼ばれる。

六作 行・住・坐・臥・語・黙を六作というが、ここでは六根のはたらきをいう。

廃権立実 但空・但仮・但中等を説いて三の円融に導く手立てとしたのを権といい、正しく三の互具融即を説いたのを実という。法華は権を廃して実を立てた。

分ニ 一部分ずつ、漸を逐って。

慶深阿闍梨等云 一心三観行法抄、一巻。↓補

久遠実成…南岳天台 ↓補

迹 高遠な本体身を隠して世俗に順じた姿で現われたもの。

叡山麓 今の大津市坂本本町の地。

山王 日吉山王社。

慶命 第二十八世天台座主。特に日吉山王と冥縁深く、奇蹟伝説を多くのこした名僧。南山房の座主ともいう(九六五—一〇三八)。

塔中説 ↓補

レ非ニ*無作顕本《むさのけんぽん》ニ一。当《まさに》レ知《しるべし》 一切諸法 悉《ことごとく》 是仏法ト云ヘル、此意《このこころ》也。恒顕於本《ごうけんおほん》《恒《つね》に本《ほん》を顕《あら》はす》ト釈《しやくす》ル、此意也。故ニ一切諸仏不レ説《とか》ル二本門《を》一仏ハ無《なしと》レ之口伝スル、是《これ》也。最甚秘密法門*尤可秘之《最甚秘密《さいじんひみつ》の法門《ほうもん》なり、尤《もつと》も之《これ》を秘《ひ》すべし》、云云。

*私云、於ニ一心三観ニ一一心三観、法爾《ほうにの》一心三観、言説《ごんぜつの》一心三観有レ之。法爾《の》一心三観ハ、*理円《りえん》ノ体理《たいりの》三観ヲ法爾トシテ談ズル処ノ一心三観也、*廃権立実《はいごんりゆうじつ》ノ一心三観也。言説ノ一心三観ハ、本門事円《ほんもんじえん》ノ正《ただし》キ三観也。此言説ノ一心三観ヲ以テ、正キ 正行《しようぎようの》 一心三観ノ*正口《しようく》伝《でん》ノ三観ト習《ならう》也。而《しかる》ヲ慶深阿闍梨等ハ、法爾ノ一心三観ノ分ヲ相ニ伝《し》之ニ玉ヘリ。言説ノ三観ヲバ不《と》ニ相承《せ》一覚《おぼえ》タリ、云云。

尋云、通相三観《つぞうさんがん》、別相三観《べつそうさんがん》、惣相三観《そうぞうさんがん》ノ不同、如何。仰云、如ニ*第五巻見聞《の》ノ一、云云。

尋云、境ノ一心三諦ハ迹門《しやくもん》、智ノ一心三観ハ本門也。一行一切行ハ行ノ一心三観、観心ノ一心三観ト*相伝目録《そうでんもくろく》ノ義ニ分ニ別《し》之ニ玉ヘリ。本門ノ智ノ一心三観ト観心ノ一心三観ト、有《りて》ニ何不同一*三重ノ三観ニ分別スルゾ耶《や》。仰云、三重ノ分別ヲ口伝スルガ当流ノ秘事ニハスル也。*迂廻道《うえどう》ノ機《き》ガ*本迹《ほんじやく》ト次第シテ入ル機ハ、迹門ニテ初住《しよじゆう》ニ入テ断《だんずると》ニ*無明《むみようヲ》一、本門ニ*二《に》住已上《じゆういじよう》増進ヲ論《ろんず》ル時、入テニ本門ニ一始テ二住已上ニテ得ルトニ智《の》一心三観ヲ一、直行《じきぎよう》ノ円機ハ凡夫《ぼんぶ》未証《みしよう》ノ位ヨリ直《じき》ニ妙覚果地《みようがくかじ》ノ自受用智《じじゆゆうち》ノ一心三観ヲ直行スルトヲ、三重ノ不同トハスル也。然《しかれ》ドモ、迹門ノ機ガ始テ本門ニテ智《の》一心三観ヲ住上ニテ得ルト、凡夫未証ノ位ヨリ直ニ得ルトノ不同ニテ、本覚ノ智ニハ無ニ不同一也。所詮《しよせん》一行一切行ノ一心三観ハ、直行ノ円人ノ一心三観也。是ハ本迹不レ分《をわかたざる》上ノ観心也。是ヲ以テ此宗《このしゆう》ノ至極《しいごく》ト談ズル也。

三身覚満　法・報・応の三仏身を具え、覚りを円満した仏格。

無作顕本　作為造作を加えずして自然に本体理性の振舞をしていること。

法門尤　底本「法花モ」。全書本により改む。

私云　心賀の私見。慶深の相承を批議する。

理円ノ…　言説の一心三観が本門事円なるに対すれば、法爾の一心三観はなお迹門の理円に止まるの義。

廃権立実　権実相対の気分あるを指す。

正口伝　全書本は「正相伝」。

第五巻の見聞　摩訶止観第七正修章の見聞。

相伝目録　口決相承の時に授与する口決の要項要旨を認めた切り紙。

三重　迹門・本門・観心の三重。

迂廻道　段階を経、廻りみちをすること。鈍根を指す。

本迹ト次第シテ　本迹は正しくは迹本。爾前より来り、初めに迹門、次に本門と次第する。

無明　非有非無中道の障りとなる根本の煩悩。これに四十二品を分つ。

二住　十住の第二位、即ち第二品の無明を断じた位。

安楽行品　法華経第十四品。

修摂　散心の浮乱を息め、平静に収めること。

分別功徳品　法華経第十七品。

尋云、迹門ニハ*安楽行品《あんらくぎようほん》ノ修摂其心観一切法空如実相《其の心を*修摂《しゆしよう》して、一切法の空如実《くうにょじつ》相《そう》を観ず》ノ文有レ之。故ニ迹門ノ観心ノ証拠《しようこ》有レ之。本門ニハ*分別功徳品《ふんべつくどくほん》ノ*一念信解《いちねんしんげ》ヲ釈スルニ、一念信解者《とは》即是《ちこれ》本門立行之《りゆうぎようの》首《はじめ》ト釈スル故ニ、信解ノ解ハ智ナル故ニ、本門ノ智ノ一心三観ノ証拠又有レ之。其外ニ、一行一切行ノ一心三解ノ証拠不《ず》二分明《ふんみようなら》一。依経立行《えきようりゆうぎよう》《経に依つて行を立つる》ハ、*章安《しようあん》大師《の》御釈《の》定《じよう》ナラバ、正《まさし》ク法花・*大経ノ*両経也。而《しかして》両経ノ文《もん》ニ不《ざれば》二分明《なら》一者、何《いずれの》文ヲ引テカ一行一切行ノ一心三観ノ可レ為二証拠ト一耶。

仰云、一家釈《いっけのしやく》ニモ、迹門ノ大教《だいきよう》、本門《の》大教、観心ノ大教《とて》、三重ノ不同ヲ釈ス。*山家御釈《さんげの》モ、一心三諦境、一心三観智、一行一切行、恒修四三昧等釈シテ、三重ノ不同有レ之。尤《もっとも》一行一切行《の》一心三観《なる》証拠《にて》可レ有レ之。然《しかれ》ドモ可レ為二口伝ト一事ハ、*漸機《ぜんき》ガ迹門ヨリ本門ノ智ノ一心三観ニ移ル不同計《ばかり》也。是ハ本門ニテ始テ*住上《じゆうじよう》ノ菩薩《が》智《の》一心三観ヲ得タルト、一行一切行ノ三観ハ、凡夫地《ぼんぶじ》ヨリ果海《かかい》自受用《の》智ノ一心三観《を》修行スル不同也。於《ては》二智体《に》一全《く》無二不同一也。若爾者《もししからば》、一念信解者《とは》即《ち》是本門立行之首《はじめ》ト云ヘル智ノ一心三観ノ外《ほかに》、別シテ観心ノ一心三観トモ一行一切行ノ一心三観トモ云ヘル三観ハ、不レ可レ有レ之也。本迹ト次第スル機ハ、断無明《だんむみよう》ノ上ニ智《の》一心三観ヲ開悟シ、直行《じきぎよう》ノ機ハ、凡夫地ヨリ得ル二果地ノ立行ヲ一也。而モ得タル二妙覚智《みようがくち》ヲ一分ハ同事《おなじこと》也。然《しかれ》ドモ聊《いささか》不同有レ之。本迹ト次第スル機ハ、本門ニ入テモ破廃《ははい》開会《かいえ》ノ*四重顕本《しじゆうけんぽんの》不同《ふどう》ニシテ、得ルニモ二本覚智《ほんがくち》ヲ一、経テ二四重ノ本覚ヲ一後《のち》ニ正キ*住本顕本《じゆうほんけんぽん》ニ入ル也。直行ノ円機ガ直ニ住本顕本ノ正意《しようい》ヲ直行スル也。

仰云、一念信解スル解《げ》ハ智也。而《しかる》ヲ、直行ノ機ハ信解スル解ヲ即《ち》不《ず》二廃退《はいたいせ》一立行スルハ、

一念信解　仏の寿命の長遠なるを聞いて僅かにも信解の念をおこすこと。
章安　隋の灌頂(五六一―六三二)のこと。章安とはその生地臨海県の地名による尊称。二十五歳智顗の門に入りて侍者となり、以後十三年随従して師の講説を筆録編纂し、法華玄義・法華文句・摩訶止観等百余巻を後世に貽す。その功は阿難の釈尊における が如しと称誉される。自らの著に涅槃玄義並びに疏、智者大師別伝等。
大経　大般涅槃経のこと。
両経　天台はこの二つの経に依って行を立つべきであるの意。
山家御釈　長講法華経後分略願文。
漸機　低きより高きへ次第を逐って進む機根。
住上ノ菩薩　無明の第一品を断じて初住に登ってから、第四十一品を断じて等覚の位に到るまでの菩薩。
四重顕本　法華玄義明用章に述べる本門力用十意の前分四重で、ここでは本然本有を顕わす度合いにおいて未だ仏意内証の実義を充分には尽さずとされるもの、即ち迹を破し、迹を廃し、迹を開し、迹を会して本を顕わすの四。これによって得られた境智にまた四階ありとして、次にはこれを四重の本覚という。
住本顕本　本門力用十意の第五、本に住して本を顕わす、仏自受用の顕本で、正しく仏意内証の本を示すとされる。

直行ト被レ云《いわるる》者也。此《この》解ヲ久《ひさしく》経テ正行ニ入ルハ、解行ノ機也。妙覚智ヲ一念信解スル解ヲ即《ち》直行スルヲ、一行一切行ノ一心三観ト云テ、正キ正行直行ノ*物トハ習《ならう》也。解智《げち》ガ念ニ相応シテ直行スル、是ヲ*果海《かかい》ノ立行《りゅうぎょう》トハ云也。

仰云、本迹ト次第シテ経ル機ハ、智ノ一心三観ヲ得レドモ、本迹相対シテノ本ナル故ニ、*迹中ノ本也。一念信解ノ処ヲ凡夫未断ノ処ヨリ直行スルハ、不《ざる》レ分《わかた》ニ本迹《を》一果海《の》立行也。

尋云、恵心《えしん》・檀那《だんな》両流ノ、於《ける》ニ*住前《じゅうぜんニ》一智ノ一心三観ノ*現《げん》・不現《ふげんは》、大《おおい》ナル異義也。当家《の》義、如何《いかんが》令《しむ》ニ口伝《せ》一耶《や》。仰云、此事、大ナル*宗《しゅう》ノ大事《だいじ》也。檀那流ニハ、*漸円教《ぜんえんぎょう》ヲ為《シテ》レ*本《ほんト》迹門ヨリ本門ニ移ル機ノ進ミ登《のぼる》次第ヲ為《なす》ニ正意《しょういト》一故ニ、住前《は》境《の》一心三観、住上《は》智ノ一心三観ト*沙汰スル也。当流《には》、漸円教ノ住前ハ境ノ一心三観、住上《は》智《の》一心三観ナル分ハ勿論也。是モ一義一家ノ教相ノ一ノ形也。故ニ無ニ相違一。然而《しかして》、直入《じきにゅう》本門ノ機ガ未断*見思《けんじの》凡夫ガ直ニ自受用《じじゅゆう》智《ち》ノ本覚ノ一心三観ヲ行ズル機ヲ不ニ沙汰一。一向《いっこうに》於ニ住前《ニ》一智ノ一心三観不現《と》云ヘル処ヲ、当流ヨリハ下《くだす》也。

尋云、今ノ*相伝目録《そうでんもくろく》ノ口伝抄《くでんしょう》ニ、一心三観ノ下ニ*初縁実相造境即中《しょえんじっそうぞうきょうそくちゅう》《初めより実相を縁《えん》ず、境《きょう》に造《いた》るに即ち中、の》文《もん》ヲ出《いだし》タル、何意《のぞ》耶。仰云、初縁実相ノ文ガ正《しき》直行円人ノ証拠ニテ有レ之也。円頓行人ノ正キ心地ノ形ヲバ此一文ガ釈シ極《きわめ》タル也ト口伝スル也。円頓者ト云ヨリ繋縁法界一念法界《けえんほうかいいちねんほうかい》《縁《えん》を法界《ほうかい》に繋《か》け、念《ねん》を法界に一《ひと》うす》マデハ、円頓行人ノ*寂照一法《じゃくしょういっぽう》、境智一念ナル己心《こしん》ノ*遍応法界《へんのうほうかい》ナル相ヲ釈スル也。次ニ、*一色一香無非中道《いっしきいっこうむひちゅうどう》《一色《いっしき》も一香《いっこう》も、中道に非《あら》ざることなし》ト云ヨリ下ハ、行者ノ一念ノ体ニ万法ノ形ノ歴々タル相ヲ釈スル時、

物　全書本は「者」。
果海ノ立行　仏の内証に住した振舞。
迹中ノ本　事迹の深奥にその体性として存する理本、或は迹の近執の中で迹の外へ観念的にとらえる本。
住前　無明の煩悩を断ずる以前。
現・不現　解得の可能か否か。
宗ノ大事　宗義上の大切な事柄。
漸円教　次第を踏んで漸次に入る円教。次第を踏まぬを円頓という。
本　たてまえ。
沙汰　詮議、判定。話題に挙げる。
見思　見惑と思惑。枝末無明ともいい、住上で無明を断ずる前に断ずべき麁(あら)い二種の煩悩。見惑とは推度を性とする邪智、思惑は誣妄の事物に思著する情執。
相伝目録ノ口伝抄　法門相承の折に授与される切紙記載の事項についての他見を憚る注釈書。
初縁実相造境即中　摩訶止観に章安の序の中で三種止観を叙べる中の第三「円頓者」の下の一節。
寂照　寂は寂静・平等の体性で止、照は照察・差別の顕象で観に当る。
遍応　摩訶止観本文は「遍於」。遍於法界とは、心が法界と同体になる意。
一色一香無非中道　色は眼の対象、香は鼻の対象、中道は三諦円融の実相。僅かな法も悟界の境智であるの義。

一念ノ本法ガ一色一香モ皆《みな》中道也、無明《むみよう》*塵労《じんろう》モ皆法性《ほつしよう》也ト、一念ノ形ノ功能《くのう》方ヲ釈スル也。行者正ク一色一香等《を》如レ此観ゼヨト釈スルニ非ズ。但是心《ただこれしん》ノ形ヲ釈ル也。*不動真際《ふどうしんざいの》一念《の》心中《に》種々差別《しやべつす》ト釈セル、可レ思レ之歟《か》。一色一香無非中道等《とら》釈セルハ、一念ノ心中ニ不レ動《どうぜずして》而モ種々差別有レ之相ナルベシ矣。

尋云、*直入妙覚《じきにゆうみようがく》ノ者有レ之耶《や》。仰云、直入妙覚ノ者勿論可レ有レ之。但《ただし》不《と》レ可レ有云ヘル*難《なん》義《ぎ》ハ、漸機ニ取《とりて》ノ事也。初住ヨリ妙覚《まで》、分ニ得タレドモ、イカニモ*近情執《ごんのじようしゆ》ハ*等覚一転《とうがくいつてん》ノ暁マデモ有レ之故ニ、直《ただち》ニ入二妙覚一事ハ、大《おおいなる》難義也。凡夫《の》未《だざる》レ証《さとら》行人ガ直ニ妙覚智ヲ聞テ、ヤガテ一念ニ入テ二妙覚ノ位ニ一不《ざる》レ経《へ》二次《し》位《い》ヲ一者《も》可レ有レ之也。

仰云、*果地《かじ》〔果〕《か》海《かい》ノ機ニ可レ有二二類一也。直ニ正《しく》入テ二妙覚ノ覚位ニ一一切ノ不レ経二次位ヲ一機、又果地ノ行《を》修スレドモ*本因妙ノ修行ニテ、六即《ろくそく》ノ位ヲ経ル機有レ之也。*智証大師御釈《のおんしやく》ニ、此六即ハ*円頓漸次《えんどんぜんし》ノ次位也ト釈シテ、六即ハ果地ノ次位ナレドモ、経《ふる》二六即ヲ一機ヲバ猶《なお》円頓漸次ノ次位トシテ、*正直《しようじきに》入テ二果地ニ一分モ不レ経レ位ヲ妙覚《の》機可レ有《と》レ之釈《しやくし》玉ヘリ。智証《の》御釈ハ、伝教・慈覚ノ御釈ヨリモ殊《ことに》一切法門ヲ釈シ玉ガ委細《に》釈スト見タリ、云云。

私云、*一生入妙覚《いつしようにゆうみようがく》ハ、迂廻道《うえどう》ノ機ガ*観智《かんち》未熟《みじゆく》ニテ、*苦道即法身《くどうそくほつしん》ノ観恵《かんねを》不レ成《ぜ》シテ、空仮《くうげ》二観ハ、妙覚ニテモ開発スル機ニハ一生入妙覚ヲ論ズト、*当家ニハ習也。而《しかる》ニ今ハ、正直行ノ円人ガ直入妙覚ヲバ論ズト云ヘル御義有レ之。如何《いかんが》可レ得レ意耶《や》。*仰云。

尋云、一心三観伝於一言《いつしんさんがんでんのういちごん》《一心三観を一言《いちごん》に伝ふ》ト云ヘル一言ハ、定メタル一言ノ一心三観相承ノ時ハ可レ有レ之歟《か》。又随《つて》レ機《ニ》不定也トモ、必以《ずて》二一言ヲ一可《べしと》レ為《なす》二口伝《を》一云事歟《か》、如何。仰

塵労　煩悩の異名。煩悩は法の真性を穢すから塵、人の身心を乱すゆえに労と呼ぶ。

不動真際　念が未だ対象に向って起動しない状態。

直入妙覚　別に果界の立行を要せずして仏果を得ること。

難義　反対の意見議論。

近情執　釈尊の成仏は久遠の本地に在るに拘わらず、今世伽耶菩提樹下で始めて仏格を得たとする人情謬見。

等覚一転ノ暁　等覚とは仏陀の候補者たるまでに行の進んだ次位の者、一転とは位次が一階級進むこと、即ち妙覚(仏陀の位)へ入るをいう。弥勒菩薩は等覚位に在りながらお釈尊の本地を知らなかった(法華経従地涌出品)ことを指す。

果地果海ノ機　仏陀究竟の境界に直結される利根の一類。「果」は全書本により補う。

本因妙ノ修行　久遠本地の仏果の因行として修した菩薩行。

智証大師　円珍(八一四—八九一)。

円頓漸次　即に居りながら六の階程を践むこと。

正直　六の階程もなしに。

一生入妙覚　現在の身心を易えずに仏の極果に証入すること。

観智　次に観恵というも同じ。空・仮・中を一心に融ずる善巧な運心。

苦道即法身　常に苦を感ずる世界すなわち三界六道の果報を苦道といい、

云、当流ノ一ノ口伝ニ、万機無尽ナレバ、一心三観ノ*得法《とくほう》ニ随レ縁ニ不定也。若爾《もししから》バ、一言モ又不定ナルベシ。一心三観ノ得法ニ水ト云ヘル一言ノ下ニテ三観ヲ得法セバ、水ノ一言トモ火ノ一言トモ可レ云故ニ、一言ハ随レ機不定ト口伝スル也、云云。

尋云、境智ノ一言トモ、無我《の》一言トモ、生死《の》一言トモ云ヘルハ、如何《いかんが》可レ得レ意也《や》。仰云、境智ニテモ、生死ニテモ、無我ノ一言ニテモ、一心三観ヲ得法シタル故ニ、種々ノ義ハ出《しゆつ》来《たい》セリ。如レ此異義何《いずれ》モ無ニ相違一也。

仰云、一言ノ法門ハ又当流ニ習極《ならいきわむ》ル時、*三世諸仏出世不同《さんぜしよぶつしゆつせふどう》也トモ、所説《の》一言ノ体*ハ同《おなじ》物也ト口伝スル也。彼ノ一言ノ法門ヲ習《ならう》ヲ以テ、為ニ*意拠《いこト》一也、云云。

*心境義《しんきようぎの》事

尋云、心境義ト云ヘルハ、三千三観ノ中ニ何ノ法門ゾ耶《や》。仰云、一念三千ノ本法《ほんぽう》*不レ起ニ機法ニ、*天真独朗《てんしんどくろう》ノ本理《ほんり》ノ一念三千也。*正観章ノ*理境《りきよう》・修境《しゆうきよう》有レ之、理ノ境ノ三千以《を》レ之心境義ト習也。境ト者《は》三千万境也。本法本来《の》形也。

尋云、以《て》ニ心境義ヲ一念三千ト釈スル証拠、如何。仰云、*記《に》云、心境倶心　各摂一切　一切不出三千故也　具如止観第五文矣《心と境と倶《とも》に心なり、各《おのおの》に一切を摂《せつ》す、一切は三千を出でざるが故なり。具《つぶさ》には止観の第五の文の如し、と》。

尋云、一心三観《と》心境義ト、両重ノ相承《そうじよう》不審也。心境義ト者《は》、一念三千ノ本理覚体也。一心三観既ニ同レ之。何《ぞ》両重ノ相承トシテ有ニ其説一耶《や》。仰云、以外ニ口伝有レ之事也。於ニ

法身とは仏陀の理体、この二つが全く一体で隔てなきを即という。

当家　全書本は「当流」。

仰云　この下の答の文を欠くが、直入の有無は、一人において或は多人の上に臨めて「測り難し」とするのが通例である(見聞巻中)。

得法　観法を成就すること。

三世諸仏…　過去・現在・未来にわたって多くの仏が出現するが、各々その出世の因縁を異にしている。

体　言葉によって顕わされる真際。

意拠　解を起すよりどころ。

心境義　行に入れば、境智未分の内証を得る。この内証を心境義あるいは天真独朗の法体と名づける。即ち一念も三千も共に法界一如の総体なる一念三千(補注「三千」参照)を指す。四箇大法の第二。

不起機法　機(智)と法(境)との未だ分れない前の真際。

天真独朗　摩訶止観別序のはじめに出る文で、智顗の法門浩妙なるを形容する名句。自ら独り円明に悟って未だ人為に穢されぬ境地で、先人未発無師独悟哉に擬する意。後世の中古天台では、これを天台宗旨の骨髄を標する文として重要視するに至る。

正観章　摩訶止観の第七正修章。

理境・修境　修境は行者の観智と係わる法、理境は係わる已前で、能観所観の分れざる本然自爾の法。

正観章《ニ》有二理境・修境一。理境ノ本理ノ三千ヲ以《て》為二心境義《ト》一、以《て》二修《の》境《を》一一心三観ト習也。一心三観ト者《は》、修ノ念ノ起ル外ハ全ク無二修行一也。理境ノ三千ハ本法本理ノ三千ノ境也。此時ハ不《ザル》レ立《て》二機法《ヲ》一*自証法《じしょうぼうの》形也。此上ニ*梅桜《うめさくら》ト見ル念有レ之。此ノ本法ノ其ノマヽニ見ル外ハ無二三観一。是《ここ》ヲ以《もつて》修境ノ一心三観ト云也。於《ては》二修境《ニ》一者、三千三観モ同事《おなじこと》ニ成ル也。今且《しばら》ク一心三観《と》心境義ト両重ニ分別スル事ハ、理境・修境ヲ習替《ならいかえる》不同也。理ノ境ハ本法ノ理《の》形也。此時ハ不レ立二機法《モ》一無《なき》二*能所《のうじょも》一自証法ノ形也。修境ハ又、*本住法《ほんじゅうほう》ナル三千ノ法々ヲ、其ノマヽニ梅トモ桜トモ見ルハ起念《きねん》也。而ニ此起念《の》*修念《しゅうのねん》ノ外ニ無《ト》二三観一*達スルガ、修境ノ一心三観ト習也。

尋云、理ノ境ノ一念三千ト修境ノ一心三観ト、有二勝劣一耶《や》。仰云、不レ可レ有二勝劣一。以《て》二理境《ヲ》一心境義トシテ一念三千トスル時ハ、是ハ不《ざる》レ立《た》二機法《モ》一*本法ノ体也。修境ノ三観ハ、本法ノ形ヲ其マヽニ見ル不同也。全《まつたく》不レ可レ有二勝劣一事也。理境・修境ハ、*不変《ふへん》・随縁《ずいえん》ノ両種ノ真如ニ同レ之。不変ハ本法、随縁ハ本法ナレドモ随《て》レ縁《ニ》起ル形也。全《く》不レ可レ有二勝劣一也。

私云、恵心御釈《の》*観心略要集《かんじんりゃくようしゅうに》云、只心是一切法《ただしんこれいっさいほう》ト者《は》、随縁真如ナリ。一切法是心《いっさいほうこれしん》ト者《は》、不変真如ナリ。*金錍論《こんぺいろんに》云、万法是《まんぼうこれ》真如、由《るが》二不変《に》一故《に》、真如是万法、由《るが》二随縁《に》一故《にと》矣。雖《ドモ》二万法広《レト》一随縁・不変ノ真如ニ不レ過也。万法《は》心境ノ三千、本住法ノ形チ、万法《は》一心三観ノ照見ノ念々ニハ不レ過也。万法本理ノ処《の*》ニ事《じ》々相而《じのそうしか》モ分別有レ之ヲ義トシテ、是ヲ心境義トハ習也。於《テモ》二一念三千《ニ》一、本迹《の》不同有レ之。又於《テモ》二一心三観《ニ》一、本迹二門ノ不同習替《をならいかえ》テ可レ為二口伝《と》一也。

*本迹ノ大旨習《のならい》、可レ思レ之、云云。

記云　妙法蓮華経文句記巻一下。「与大比丘衆」の経文に対する文句観心釈の下の湛然の釈。
自証法　法界一如の内証界の法。
梅桜　事々物々の特相の別を指す。
能所　相対する二法のうち、自ら働きかける方を能、働きかけられる方を所という。主と客の意で、行者の心を能観、対境を所観といい、また能縁・所縁等と使われる。
本住法ナル三千ノ法々　本来の自性のままに在る法、三千個々の姿。
修念　境に対して繋ける念。
達ス　さとる。達観する。
本法ノ体　本体にして平等の理。次の本法の形とは、個々の特相にして差別の事。共に一物の全体。
不変・随縁　不変は体、随縁は相、共に同一真如の在り方の異なりのみ。
観心略要集　源信述。恵心僧都全集巻一所収。
金錍論　唐の湛然(七一一―七八二)撰、一巻。天台による仏性の義を論じ、非情にも仏性あるを主張した名著。
本理…習也　法々の本来の理体と、その差別事相とが、相即して全一であること。
本迹ノ大旨習　法華玄義の六重本迹、十重顕本等(三〇五頁注「四重顕本」「住本顕本」参照)についての習い事を指すか。

尋云、一念三千ハ*一家《いっけ》己証法門《こしょうのほうもん》、終窮究竟《しゅうぐくきょう》ノ極説《ごくせつ》ナリ。全《まったく》*不レ論二義味ヲ一。何《なんぞ》心境義ト名《づく》レ之耶《や》。仰云、*心境ノ一念ナル物体ニハ法々ノ無レ形、果海《かかい》ノ一心ニシテ不思議ノ三観更ニ不レ論二法義ヲ一。而《しかる》ニ今論ルレ義《を》事ハ、三千法々宛然《えんねん》トシテ有レ之処《を》、義トハ名《なづくる》也。己々《ここ》ノ三千法々有《に》レ之分ヲ義トハ云也。論《ずる》二義味ヲ一義ニハ非《あらず》。其上ニ*一心不生ナル所而《にしか》モ三千ノ形ヲ立ル事ハ非《あらずんば》レ義ニ、争《いかで》カ法義ヲ可レ分《つ》耶。故ニ、心境義ト云テ法々ノ形ヲ沙汰スル也。

尋云、一念三千・一心三観ヲ、果海立行《かかいりゅうぎょう》トモ、終窮究竟ノ観心トモ名レ之。智《の》一心三観トモ名レ之。其証拠、如何。私云、*一家《いっけ》ノ釈ニハ、止観一部ノ釈義皆以テ証拠也、可レ見レ之。山家《さんげの》釈ニハ、*一念三千即自《じ》受用《じゅゆう》ノ身、自受用身者《は》出尊形仏《しゅっそんぎょうぶつと》矣。此釈、既ニ自受用本覚智ヲ一念三千ト見《みた》ル故ニ、智ノ一心三観トモ果海ノ修行《トも》名レ之。尤《もっと》モ可レ然事也、云云。蓮実坊和尚云、万法《は》本来*果海《の》三身也。万法広《ひろし》トモ不レ出二三千ヲ一。三千者《は》自受用身《の》境智也。仍《よって》諸法無尽《なれ》ドモ不レ離二境智ヲ一。境智《も》又一心、一心《も》又自受用身也、云云。

尋云、一心三*観ト云ヒ、一念三千ト云ヘル、其不同、如何。*静明御義《じょうみょうのおんぎに》云、一心三観ト者《は》、次第即亡方成今即《次第《しだい》の即亡《そくもう》じて方《はじめ》て今の即を成ず》ト云テ、心地ガ融《ゆうず》ル処ニ与《うる》二一心三観ノ名ヲ一也。一念三千観ト者《は》、心地融ジ畢《おわっ》テ、十界三千万法無レ能無《モ》レ所《モ》、己々《おのずおのず》ト*境智倶《ともに》絶スル処ニ、一念三千観ヲ沙汰スル也《と》。*私云、此ノ御義ハ、以二本迹二門ヲ一一心三観・一念三千ニ分別スル義也。以二理境・修境ヲ一三千三観ニ分別スル義ニハイサヽカ不同也。然ドモ、正ク入《りて》*二正行位ノ一後ハ、更ニ三千三観ニハ無二不同モ一。而《しかる》ヲ*且《しばら》ク分別スル時、如レ此分別スル也。

一家…極説　天台一家独自の悟境から出た他に類のない法門で、少しの欠陥もない最上の説。

不論義味…名之耶　一念三千は前代未聞の極説なるが故に、思量に下して法義を分別するの要がない。何故に別名を立てるのか。

心境…無形　心と境との二は総体なる一念の別法である。

一心不生ナル所　理境の一念三千を指す。

一家ノ釈ニハ　天台の多くの撰述の中では。

一念三千…　万法互具互融する法界と仏身と、身土一如の境地。

果海　全書本は「果徳」。

三観　底本は「三千」、全書本により改む。

静明　粟田口に住した行泉房流。心賀の師。

境智倶絶　能観と所観の隔てがなくなる。

私云　静明と心賀(師資)の解の小異を叙べる。即ち静明は、迹門に一心三観を、本門に一念三千を当てるものの如し。

正行位　五品弟子位の第五品。

且ク　一応、仮りに。

止観大旨　隋の智顗説、灌頂記の摩訶止観十巻(修禅寺決補注「序・大意…十章」、漢光類聚補注「十章」参照)の大綱趣旨を詮じて伝授する一箇。四箇大法の第三。

*止観大旨《しかんたいしの》事

仰《に》云《く》、於二止観ニ一宗旨《しゅうし》・宗教《しゅうきょう》ノ二ノ相伝有レ之。宗旨ト者《は》、三千三観ノ己証《こしょう》也。*天真独朗《てんしんどくろう》ノ止観ハ宗旨也。止観ノ宗旨ヲ以テ天台宗トモ名レ之也。宗教ト者《は》、*章段建立《しょうだんこんりゅう》ノ生起次第《しょうきしだい》ヲ以テ心地習《にならう》ガ宗教トハ被《いわ》レ云《るる》也。*釈云、前六重依《ぜんろくじゅうえ》修多羅以《しゅたらい》開妙解《かいみょうげ》、今依《こんえ》妙解以立正行《みょうげいりゅうしょうぎょう》《*前《まえ》の六重《ろくじゅう》は*修多羅《しゅたら》に依つて以て*妙解《みょうげ》を開く、今は妙解に依つて以て正行《しょうぎょう》を立つ》ト釈《しゃくせ》リ。是ハ章段建立ノ法門也。惣ジテ於二止観ニ一付文《ふもん》・行相《ぎょうそう》ノ二意《にい》アリ。行相ハ宗旨也、付文ハ章段建立ノ法門也。然ドモ委《くわしくする》二章段《を》一コトハ、以二心地ヲ一可レ為二口伝ノ一法門也。

尋云、於二止観ニ一上中下根ノ三根ノ不同ヲ当流ニ習レ之。如何《いかんが》口伝スル耶《や》。仰云、於二序ノ六段ニ一、天真独朗ノ開悟ヲ一念ニ開ク*物ハ、上根ノ機也。次ニ、*開章ニ入テ*大意五略《たいいごりゃく》ノ下《しも》ニテ、入ル二正行ニ一物ハ、中根也。次《に》、大意・釈名《しゃくみょう》・体相《たいそう》・摂法《しょうぼう》・偏円《へんねん》・方便《ほうべん》・正観《しょうかん》ト解行《げぎょう》次第シテ、前六重依修多羅以開妙解、今依妙解以立正行スル機ハ、下根ノ物也。是ハ止観一部ヲ以、約シテ二大方ノ大旨ニ一三根ヲ分別スル計《ばかり》也。又章段ゴトニ上中下根ノ不同ノ有レ之事、*不レ廃レ之事也。*止観ノ章段建立習《の》、有二別紙ニ一、云云。

尋云、此止観一部肝心《のかんじん》ヲ、恵心先徳《えしんのせんどく》、以二略頌《りやくじゆ》ヲ一口伝《し》玉フ子細有レ之。如何《いかんが》口伝之次第見《みえ》タル耶《や》。

*止観一部肝心略頌《しかんいちぶかんじんりやくじゆ》

五略皆解《ごりやくかいげ》　但信法性《たんしんほつしよう》　不信其諸《ふしんごしよ》　修行証果《しゆぎようしようか》　自是一途《じぜいちず》
釈名体相《しやくみようたいそう》　絶待不思《ぜつだいふし》　*独一法界《どくいつほうかい》　摂法偏円《しようぼうへんねん》　猶是解了《ゆうぜげりよう》

天真独朗ノ止観　智顗の独自に発得した止観で、未だ義味分別を経ぬ所。
章段…　経典・祖疏の文章の組織構成文義を会得すること。生起とは思想の必然的連関をいう。
釈云　摩訶止観第七正修章の下の初めの文。
前の六重　摩訶止観十大章の前半六章。
修多羅　sūtra. 経典、聖教。ここでは主に法華経を指す。
妙解　円妙の理解。一心三観・一念三千の文理机上の解得。
物　全書本は「者」。以下同じ。
開章　摩訶止観十大章の説述の初め。
大意五略　第一大意章では、一発大心、二修大行、三感大果、四裂大網、五帰大処の五節に分けて、摩訶止観一部の大綱を叙べる(十大章の八・九・十は闕けているが、此処の三・四・五に依って補われている)、これを五略という。
不廃之　有って差し支えがないの意。
止　全書本は「正」とする。
止観一部肝心略頌　止観口伝略頌(恵心僧都全集巻二)ともいう。この下、大日本仏教全書には「楞厳院源信撰」とあり。
独　恵心僧都全集は「猶」。

一途《いちず》同前《どうぜん》　方便一章《ほうべんいっしょう》　二十五法《にじゅうごほう》　戒体具足《かいたいぐそく》　自達心地《じたっしんじ》
一心三観《いっしんさんがん》　明戒持犯《みょうかいじぼん》　正修《しょうしゅう》*止観《しかん》　簡境用観《けんきょうゆうかん》　以心観心《いしんかんじん》
不立二法《ふりゅうにほう》　況止観耶《きょうしかんや》　*十乗未具《じゅうじょうみぐ》　猶属名字《ゆうぞくみょうじ》　雖是名字《すいぜみょうじ》
随喜初心《ずいきしょしん》　一念法界《いちねんほうかい》　名為行体《みょういぎょうたい》　心地不生《しんじふしょう》　非為行也矣《ひいぎょうや》

《五略《ごりゃく》は皆解《みなげ》なり　但《た》だ法性《ほっしょう》を信じて　その諸《しょ》を信ぜず　行《ぎょう》を修《しゅ》し果《か》を証《しょう》す
自《おのず》ら是れ一途《いちず》　釈名《しゃくみょう》と体相《たいそう》と　絶待《ぜつだい》と不思《ふし》と　独一法界なり
摂法《しょうぼう》と偏円《へんねん》と　猶《な》ほ是れ解了《げりょう》なるも　一途《いちず》あるは前に同じ　方便《ほうべん》の一章に
*二十五法あり　*戒体具足《かいたいぐそく》せば　自《おのず》ら心地《しんじ》に達し　一心三観
*戒《かい》の持犯《じぼん》を明《あか》す　正修止観《しょうしゅうしかん》には　*境《きょう》を簡《えら》び観を用ひ　心を以て心を観ずるも
*二法を立てず　況《いわ》んや止と観とをや　十乗《じゅうじょう》未だ具《ぐ》せざるは　猶《な》ほ*名字《みょうじ》に属す
この名字と雖《いえど》も　*随喜《ずいき》の初心《しょしん》に　念《ねん》を法界に一《ひとし》うするを　名づけて行体《ぎょうたい》と為《な》す
*心地不生なるを　行《ぎょう》と為《な》すには非《あら》ざるなり》

仰云、止観一部《の》大綱ノ口伝《くでん》恵心《の》御釈《おんしゃく》、返々《かえすがえすも》可レ秘レ之。非ニ《あらざれドモ》 恵心《の》略頌一ニハ、玄義・文句ニモ、一部大綱ヲ習ニ如レ此以ニ略頌*ヲ一口伝スル子細有レ之、云云。

尋云、五略皆解《ごりゃくかいげ》　但信法性《たんしんほっしょう》　不信其諸《ふしんごしょ》ノ文意《もんのこころ》、如何。仰云、為ニ解ニハ行ノ機ノ一五略ハ皆解也。依レ之*弘三《ぐのさんに》云、況《んや》前ノ略文ハ　且《しばらく》為レ生レ解《ぜんが》ヲ、解猶未備故此広論矣《解《げ》猶《な》ほ未《いま》だ備はらざるが故に、此《ここ》に*広く論ず、と》。此釈分明《ふんみょう》也。此ノ五略下《のしも》ニテ不レ成レ解《るがぜ》ヲ故ニ、又釈名・体相等ノ広釈ハ出来《しゅったい》スル也。五略ノ中《なか》ノ発大心《ほっだいしん》・修大行《しゅうだいぎょう》ノ二*略ガ止観ノ本*大意ニテハ有レ之《ドモ》、此二

止　底本は「正」、全集により改む。
十乗未具　底本は「十界具足」、全集により改む。
五略は…一途　釈名の五略はみな妙解の域を出ないけれども、根性万差なる故に、この下においても正修章を待たずに三千を悟り、或は断惑証理して住上へ進む者も有るべし、それは自ら一途の機根として認める、との意。次の一途もこれに準ずる。
二十五法　二十五方便のこと。
戒体　→補
戒の持犯を明す　一心三観の成不は戒の持犯と係わって在る。戒とはsila. 尸羅の訳、禁制の義。防非止悪と諸善奉行の二力用をもつ仏教道徳。持はタモツ、犯はオカスと訓む。
境を…　止観に当ってまず対境を簡び出し、これに観恵を向けること。
二法を立てず…　能観と所観、止と観等の対立がない。
名字　六即の第二、名字即。
随喜…行体と為す　五品弟子位の第一初随喜品。円人の初心に仏寿長遠を聞きて信解する、その名字位に属する初心の信解が行体となるの意。智顗が深信観成と釈すによっている。
心地不生…　単なる滅却無心を旨とするに非ずの意。
略頌　円珍の三大部掌中書、覚超の玄義口伝略頌・文句口伝略頌等あり。
弘三　摩訶止観輔行伝弘決巻三の略称。以下これに準ず。

略ノ下ニテ猶不レ入レ行故ニ、猶ヲ是ヲバ属シテレ解ニ、釈名・体相等ノ広釈ヲバ用レ之也。釈名・体相等ヲ経ル機ノ為ニハ、五略ハ妙解モ未《だ》ニ成満《じようまんせ》一ざるが故《に》、只是得意《ただこれとくい》ノ三諦ノ分ナルベシ。惣ジテ文ノ本意《ほんい》ハ二略也ト云事、解釈《げしやくに》分明也。依レ之弘《の》一《に》云、惣而言之文意只在前之二略《惣じて之《これ》を言はば、文の意《こころ》は只《ただ》前の二略に在り》ト釈セリ。但信法性　不信其諸等《とら》釈スルハ、万法広《ひろけれ》ドモ法性ノ外《ほか》ニハ無《きが》ニ一法モ一故ニ、法性ノ外《ほかに》ハ余ノ法有レ之トハ不レ可レ云、万法一法性ト信ズト云事也。

尋云、修行証果《しゆぎようしようか》　自是《じぜ》一途《いちず》ノ釈、如何。仰云、*前六重依修多羅以開妙解《ぜんろくじゆうえしゆたらいかいみようげ》、今依妙解以立《こんえみようげいりゆう》正行《しようぎよう》ノ機ノ為ニハ、大意ノ五略ハ、属スレドモレ解ニ有テニ一途機《の》一五略ノ時モ修行証果センヲバ、自《じ》是《ぜ》一途《いちず》ト釈スル也、云云。

尋云、釈名体相《しやくみようたいそう》　絶待不思《ぜつだいふし》　独一法界《どくいつほうかい》　摂法偏円《しようぼうへんねん》　猶是解了《ゆうぜげりよう》　一途同前《いちずどうぜん》ノ釈、如何。

仰云、釈名ハ止観ノ名ヲ釈《しやくす》ル也。釈名ノ下ノ*相待《そうだい》・絶待《ぜつだい》・会異《えい》・通三徳《つうさんどく》ノ四ノ文段《もんだん》ノ中ニハ、以テニ独一法界ノ絶待ヲ一為ニ文本意ノト一也。依レ之弘《の》三《に》云、釈名《の》四段意《はこころ》〔在*《り》ニ絶待《に》一、体相四章意*《のは》在《り》ニ境界《に》一、是故《のに》、四章文《のは》四、義《は》二、意唯《はただ》〕在《り》レ一《に》矣。所詮釈名ノ文ノ本意ハ無《なき》レ可ニ待対《たいだいす》一独一法界故《なるがに》、名《づくる》ニ絶待ノ止観《と》一ヲ本意ト釈スル也。如レ此釈名ノ下ニテ釈スルヲ聞テ所*《を》レ得ル体相ト釈ル也。依レ之、聞テレ名ヲ得《ルと》レ体《を》釈セリ。釈名ノ独一法界ノ絶待止観《ぜつだいしかん》ト、体相ノ独一不生《どくいつふしよう》ノ体トハ、同《じ》物也。釈名ノ下ニテ名ヲ釈シ置キツルヲ、機ガ独一不生ト得タル心地ヲ為《なす》ニ体相ト一也。故ニ、釈名体相　絶待不思　独一法界トハ釈ル也。次ニ摂法《しようぼう》・偏円《へんねん》ハ、*摂法ノ六義ハ体相ノ独一法界ノ心地不生ノ体ノ上ニ、而モ万法ガ被レテレ属《せ》一法モ不レ漏《もらさ》、一念ノ体ニテ理体

広く論ず　五略では解了が充分でないから、次に九の広章を説くとの意。

二略　あとの三略(感大果・裂大網・帰大処)は果上に関することであるから、行人足下の緊要事ではない、摩訶止観は智顗が門弟に対して因行の充実を主旨として説いたものであるから、この二略に重点をおくのは当然である。

大　全書本になし。

前六重…　摩訶止観の前半六章を一々に経る漸入の機。

相待…通三徳　相待とは三止・三観の思議相待の止観を解釈し、絶待とは相待を破して第一義不思議の止観を明かし、会異とは諸経に出だす止観の異名を今の止観に会し、通三徳とは涅槃の三徳を今の止観に会同する。文段四あるも、その意は不思議絶待を明かすにありとみられる。

在…　以下二十一字、全書本によって加う。

体相四章…　摩訶止観第二顕体章は、教相・眼智・境界・得失の四段に寄せて止観の体を解説するが、その本意は、不思議の境智を明かすに帰すとみられる。

所得　釈名段の了解によりもたらされた絶待不思議の境智。

摂法ノ六義　摩訶止観は総持して徧く諸法を摂(おさ)むる大法なることを、理・惑・智・行・位・教の六に文段を分けて説くを指す。

常住ナル形也。依レ之釈云《にく》、止観ハ惣持《そうじて》遍《あまねく》収《む》ニ諸法《を》一、*有仏《うぶつ》モ無仏《むぶつ》モ理性常住ナリ矣。体相ノ体ハ体若是二《もしこれにならば》一 是体《のは》非レ体《に》、不可見不生不滅《ふかけんふしょうふめつ》ノ体也。此上ニ万法ヲ一念ノ体ニ摂《せつ》シテ、一念ニ万法有レ之分ヲ妙解スル也。*偏円《へんねん》ノ五門ハ、此上ニ又大小・権実《ごんじつ》・思議不思議ノ正キ教ニ出ル事ヲ、一念トハ妙解スル也。然《しかれ》ドモ猶《なお》前六重ノ妙解ナル故ニ、摂法《と》偏円《は》猶是解《これげ》了《りょう》ト釈セリ。然《しかれ》ドモ又自是《じぜ》一途《いちず》ノ者有レ之事ハ不レ可レ廃。故ニ一途同前トハ釈ル也。

尋云、方便一章《ほうべんいっしょう》　廿五法《にじゅうごほう》　戒体具足《かいたいぐそく》　自達心地《じたつしんじ》　一心三観《いっしんさんがん》　明戒持犯《みょうかいじぼん》矣、此釈意《のこころ》、如何。仰云、不レ限ニ*持戒清浄《じかいしょうじょうに》一、廿五法ガ悉ク戒体具足ノ形ニテ有レ之也。故ニ、廿五法　戒体具足トハ釈スル也。自達心地釈《の》ハ、此戒法ガ皆《みな》心地ノ形ナル相ヲ釈スル也。一心三観明戒持犯ト釈スルハ、以ニ一心三観一ヲ明《あきらムル》ニ戒持犯《のを》一也。明《アカストハ》　不レ読也。明《アキラムト》　可レ読也。心ハ以ニ心地一ヲ戒ノ持犯ヲアキラムト云事也。蓮実坊《れんじつぼう》和尚云、一度《ひとたび》モ犯《*ぼんずレバ》レ悪ヲ、*十界皆《みな》悪ナリ。一度モ持《じすれば》レ戒ヲ、十界皆善ナリ。*一念三千ノ犯悪ヲ為《し》レ境《と》、一念三千《の》持戒《を》為《す》レ観《と》、境智不二也。何《なんぞ》論《ぜん》ニ犯戒《を》一耶《や》矣。

尋云、方便ノ章、今ノ釈定《のじょう》ナラバ非レ解ニハ、一向行ノ重ニ可レ取歟《か》、如何。仰云、弘一《のに》云、若《もし》准《ぜバ*》ニ第五巻初《ノ》ニ一、云《ハ》ニ前六重是解《ハ》ナリト一、是則《ち》方便ヲモ亦属《シテ》レ解ニ収ム。亦以ニ方便ヲ一得《れば》レ為《なすコトヲ*》ニ行始《のト》一、且《しばら》ク属《す》レ行ニ矣。故ニ方便ノ一章ハ、行ニモ解ニモ被レ取《とらるる》也。妙解成満《みょうげじょうまん》ナレバ行ノ始ニテ、行トモ被レ取。然《しかれ》ドモ又正《まさしくは》　不レ入ニ正行《ら》ニ一、〔故ニ〕解ニモ属ル也。方便章ノ心地ヲ釈ルニ、事《じ》理《り》融即乃《ゆうぞくない》名《みょう》妙解《みょうげ》《事《じ》と理《り》と融即《ゆうぞく》すれば乃《すなわ》ち妙解《みょうげ》と名づく》ト釈スルハ、*起念《きねん》ノ事《じ》ト理《り》観《かん》トガ融《ゆう》即《ぞく》スルヲ、妙解《みょうげ》ト名ル也。

有仏モ無仏モ　仏の出世観照があってもなくてもの意。
偏円ノ五門　止観はすでに徧く諸法を収む、この諸法の体相不思議であって、言葉で宣べることの出来ぬ絶妙に在るが、因縁あれば方便を以て説くを得る。故に今、大小・半満・偏円・漸頓・権実の五双を以てこれを詮顕料簡し、法々をして混乱なからしむるのがこの章である。
持戒清浄　二十五方便の第一に挙げられるところで、戒を厳守して持(たも)つこと。
犯悪　戒を犯して悪を行ずるの意。
十界皆悪ナリ　一念三千の一実法界なるが故に。
一念…　犯戒(悪)と持戒(善)と共に、一念三千を体とする能所の不二。
第五巻　摩訶止観巻五。
行始　↓補
起念…名ル也　起念の事象と観照の正理とが同一体なるところを、事理融即ととらえる。
第八識　阿頼耶識のこと。旧には阿梨耶識。一切法の種子を含蔵する一切法の根本識。
心王　心の本体をいう。日常内外に向って発動している心を心所と呼んで、王と臣との関係にみる。
第九識　菴摩羅識・無垢識・清浄識と訳す。真如・真心・真識。ここは、第九識を能観とする義を採用するの意か。

尋云、正修止観《しょうしゅうしかん》 簡境用観《けんきょうゆうかん》 以《い》心観心《しんかんじん》 等《とら》釈スル文意《もんい》、如何。仰云、当流ニ、簡境用観ノ口伝トテ大《おおい》ナル習ニテ有レ之也。簡境用観ト者《は》、以二*第八識ノ*心王《しんのう》ヲ一為シテ二所観ノ境ト一、*第九識の能観ヲ用《もちうる》也。仍レ之、以心観心ト釈スルハ、以レ心ヲ観ズル二心王ヲ一事、只心是《これ》一切法、一切法是心ノ観ナル故ニ、不立二法《ふりゅうにほう》 況止観耶《きょうしかんや》ト釈スル也。

尋云、正観ハ行也。何《なんぞ》猶属《ゆうぞく》*名字《みょうじ》ト釈スル也耶。仰云、*行満《ぎょうまん》ノ六即義《ろくそくぎ》ニテ習《ならう》也。*観成《かんじょう》・観未成《かんみじょう》ノ不同在レ之。正修止観ナリトモ、観不思議境ハ既ニ*十乗未具足《じゅうじょうみぐそく》ノ故ニ、十《じっ》心具足初随喜《しんぐそくのしょずいき》ノ非ズ二観成ニ一、故ニ猶属名字トハ釈ル也。然而《しかれども》、雖是名字《すいぜみょうじ》 随喜初心《ずいきしょしん》 一念法界《いちねんほうかい》 名為行体《みょういぎょうたい》ト釈ルハ、既ニ妙解ノ重《じゅう》ニハイカニモ心地不生ノ体理ニ向テ未ダ二念を相続せ一也。*観念相続《する》 観行即《かんぎょうそくの》 仏ノ位ヨリ行《ぎょう》ノ重ニハ取ル也。念ガ観ト相応スルヲ行トハ名《なづくる》也。依レ之、一念法界 名為行体ト釈スル、是也。不ズシテ二起念一不生ノ体理ナル心地ヲバ猶属レ解ゲニ、不レ可レ名レ行トハ也。如レ此口伝シテ正行《しょうぎょう》ノ下《しも》ノ釈ヲ見レバ、無キレ念処ニハ全《まったく》無キレ行也。一念法界ノ念ヲ即行《そくぎょう》スル也、云云。

尋云、心地《しんじ》不生《ふしょう》 非為行也《ひいぎょうや》ト釈ル文意《もんい》、如何。仰云、心地不生ノ重《じゅう》ハイカニモ*妙解ノ三諦*内ノ心地ナル故ニ、非《あらずと》レ行に釈ル也。向《う》ニ不生の心地ニ時ハ、内証《ないしょう》ノ理観《りかん》無レ廃スルコト、随レ縁テ念ガ起レバ不生ノ心地ガ廃スル分ハ、三諦内ノ*体理ノ不生《なれば》、妙解ニ属スル也。此*邪々《じゃじゃ》ノ起念ガ即《そく》三観《さんがん》ナル心地ト*正《まさしく》相応スル分ヲ、行トハ習也。

私云、十乗具足ノ位を、正観章《しょうかんしょう》トハ名レ之。然而《しかれど》モ、猶属名字トモ随喜初心トモ釈スルハ、観不思議境《かんふしぎきょう》ノ三千ヲ釈スル也。*一文段《いちもんだん》ノ下《しも》ヲ指《さして》、如レ此釈《しゃくする》也。

名字　六即の第二位。経巻か師に従って理即の名字を知った位で、次の観行即が正しくは解行の位とされる。

行満　中国唐代の台門の人、湛然の資。伝教大師入唐の折、天台山でこの人より天台章疏八十余巻並びに手書を受く。日本中古天台では、これを天台始覚法門の伝受に擬する学者もあった。長慶四年(八二四)入寂ともいわれ、或は大中七年(八五三)、当時入唐の円珍を引見したとも伝えられる。涅槃経疏私記十二巻、学天台宗法門大意一巻等あり。

観成・観未成　理即位には一心三観を発得する人(観成)としない人(観未成)との二類がある。

十乗未具足　十乗観法がまだ完全には具わらない。

観念…取ル也　観行即といえども、一心三観の観法が相続不断するほどに進んでからを、正しくは行の位と認める。

妙解…故ニ　一心三観の修行による体解に対す。

内　全書本は「門」。

体理ノ不生　なお対境としての不生で、体用不二不思議の境ではないから。

邪々ノ　行者の恣意にまかせた。

ト　底本「カ」を改む。

一文段…釈也　同一文をもってその所属を解とし行とする二様の釈ありとの意。

止《の》一云《に》、無量劫《むりようごう》ヨリ来《このか》タ、*痴惑《ちわくに》所レ覆《おおハ》レテ不レ知ラ二*不明即《ち》是《これ》明ナリト一、今開《かい》二覚《かく》スヲ之一、故ニ言二大意ト一。既《すでに》知リヌレバ二無明即明《むみようそくみようナリト》一不二復《また》流動《るどうセ》一故《に》、名《づけて》為レ止《ト》。朗然《ろうねん》トシテ大《おおい》ニ浄《きよ》シ、呼ンデレ之《を》為レ観《ト》。既《すでに》聞テレ名《を》得レ体《ヲ》、体《は》即《ち》摂《せっス》レ法《を》。摂《おさむル》二於偏円《へんねんヲ》一也。以二偏円ノ解《げヲ》一起《*す》二於方便《ほうべんを》一。方便既《に》立レバ正観《しょうかん》即《ち》成ズ。成《ジ》二正観《ヲ》一已《おわっ》テ獲《え》二妙果報《ノ*ヲ》一、従《より》二自得法《ノ》一起《シテ*きようヲ》レ教、教《え》レ他《ヲ》自他倶《ともに》安同《くじ》ク帰《す*じようじやくニ》二常寂一矣。

蓮実坊《れんじつぼう》和尚云、亘《わたって》二四種三昧《に》一用《うとは》二一念三千観《を》一者、止観一部見《けんもんして》二聞之《を》一後《に》弁《ず》レ之《を》。大意ノ五略ト者《は》、略《シテ》二十乗観法《ヲ》一以為《て》二五略《ト》一。但《ただ》挙《テ*》二頭数《ヲ》一正《まさしく》非《ず》レ明《あかすニ》二十乗ノ観法《ヲ》一。五略ト者《は》、略《する》二観法《ヲ》一也。十広《じっこう》ト者《は》、広《く》明《す》二観法《ヲ》一耳《のみ》。対《して》二十広《に》一釈《スルニ》二五略《を》一、更《に》以《て》不二相違《せ》一。亘《わたって》二五略《に》一用《うるは》二一念三千ノ之観《ヲ》一者、或《はい》従《に》二智識《に》一或《は》従《って》二経巻《に》一見二聞《シテ》一念三千ノ法門《ヲ》一、於《て》二名字《みようじ》之位《ニ》一起《*おこし》二一念三千菩提心《の*ぼだいしんを》一、於《て》二観行即《ニ》一修《シタルヲ》二一念三千《ヲ》一云二修大行《*ト》一、於二相似初住《*そうじしよじゆう》之位《ニ》一顕《わし》二一念三千即空仮中理《ノヲ》一、而已《シカウシテ》感《*ずルヲ》二一念〔三千ノ〕依正二法《*えしようにほうを》一、名《ケて》名《づく*かんだいかト》二感大果一。説《いて》二一念三千法門《ノヲ》一為《シテ》二衆生《ヲ》一令《しむるを*》二開示悟入《せ》一以《て》為《し*ききようト》二起教一、以《て》帰《ルヲ》二妙法《の》秘蔵《ノ》一念三千《ノ》理性《ニ》一号《なづく*しきト》二旨帰一矣。

仰云、顕体《けんたい》章ノ体ハ一理不生ノ体也。万法《の》不《ざる》レ存《そんせ》二一法《ヲ》一法体《ほったい》也。而《しかる》ヲ摂法《しょうぼう》ノ時又立《ル》二万法《ヲ》一也、云云。

*法華深義《ほっけじんぎの》事

仰云、法花玄義《ほっけげんぎ》ヲ法花深義ト名《なづくる》也。玄《げん》ノ字ハ深ノ義也。故ニ玄ノ字ヲ玄《フカシ》ト読ム也。惣《そう》ジテハ法花深義ト者《は》、*大師《だいし》ノ御内証也。御内証ニ取《とりて》モ、*十徳《じっとく》ノ中ノ第九玄悟《げんご》法花《ほっけ》円意《えんに》ノ内証ヲ法花深義トハ云也。本地《ほんじ》甚深《じんじん》ノ奥蔵《おうぞう》ヲ以テ法花ノ深義ト名也。此ノ本地甚深《の》奥蔵ヲ内

痴惑　痴は moha の訳、愚痴。慕何・馬鹿など音訳もある。事理にまどう煩悩のこと。

不明　全書本は「無明」とする。

起於方便　止観の行に入らんとしてその準備にかかる。次の方便は、正しく二十五方便のこと。

果報　摩訶止観第一大意章の感大果。

教　化他に出で衆生を教化する、即ち裂大網。

常寂　常寂光土。多宝釈迦二仏並坐する円教の浄土。止観五略の帰大処。

頭数　法の名目のみ。

起一念三千菩提心　五略の第一。

菩提心　阿耨多羅三藐三菩提心の略。仏果の覚智を志求する心、無上道意ともいう。

修大行　五略の第二。

相似初住　六即の第四位相似即と十住の初住。

感　感得する。獲得する。悟入する。

依正二法　正とは衆生の身心、依とはその依処、環境、国土世界のこと。「法」は普通は「報」と書く。正は自の惑業を因とし報われたもの。依は自他の共業の報としての所感。

感大果　五略の第三、十章の第八。

開示悟入　衆生に三千の法門を伝える四つの型。法華経方便品に出る。

起教・旨帰　摩訶止観十章の第九・第十。五略の第四・第五に当る。

法華深義　隋の智顗は、その述作、法華玄義十巻(灌頂記)において、妙

証ニテ持《たも》テバ、随自意悟《*ずいじいご》也。是機ニ授《さずく》レバ、随他意《*ずいたい》ト成《なる》也。故ニ玄文一部《*げんもんいちぶ》ガ御内証ナル時ハ、一部ガ一向《いっこうに》随自意悟ト成ル也。是ヲ機ニ授ル方ニテハ、一向《に》随他意ト成ル也。而《しかる》ニ法花ノ深義トハ、随自意ノ方ヲ云也。依レ之俊範《*しゅんぱん》ノ御口伝《に》云、随自意悟ハ内証、随他意ハ化他也矣。法花一部八巻皆《が》深義ニテ、内証ノ辺《へん》*モ有レ之。又色経巻《*しきのきょうがん》ノ随機《ずいき》ナル方ハ、又一向《に》一部八巻ガ随他意トモ被レ云也。玄文《げんもん》ガ妙法蓮花経ノ首題《しゅだい》ヲ専ラ釈ル故ニ、本地内証ノ深義ヲ為《シテ》レ本《ト》釈ル也。玄文モ本迹相対《ほんじゃくそうたい》ノ釈義ハ皆随他意ノ説ナル故ニ、本〔門〕ノ中《なか》ノ本《ほん》ニハ大《おおい》ニ劣《おとる》也トハ口伝《くでんす》ル也。天台内証ノ七番《*しちばん》・五義《ごぎ》ヲ、法花深義トハ習也。

尋云、法花深義トテ、何ゾ義ノ字ヲ付タリ耶。仰云、義ノ字ヲ習也。法花ノ深義ヲ第*九ノ徳ト習ニ有ニ子細《ガ》一也。第一ノ徳《は》自証体《の》、第九ハ自証ヲ可レ授レ機《ニ》義ヲ内証ノ義ニテ、五義等ノ義ヲ以テ分別スル義也。所詮ハ七番共解《しちばんぐうげ》・五重各説《ごじゅうかくせつの》義ヲ、第九ノ内証ニテ、義ヲ以テ分別スル也。是ハ内証ノ時ハ、随自意悟ノ法花ノ深義ト被レ云。是ヲ施《す》レ他《ニ》時、ヤガテ是ヲ随他ノ説ト被レ云也。此法花ノ深義ノ下ニ一切法門ヲバ惣《そう》ジテ可レ摂《せっす》也。是ノ深義ヲ開《かい》シテ一切ノ法門ハ出来《しゅったいす》ル也。

尋云、法花深義ノ口伝《に》、何ノ法体法爾開廃《ほったいほうにのかいはい》、法体法爾ノ顕本《けんぽんが》等口伝言《の》ニ有レ之耶。仰云、非《ズ》ニ随*《ノ》機開廃等《ニ》一。大師ノ御内証ニ、自レ本《もとより》法体法爾トシテ開廃ノ形モ顕本ノ義モ、一念ノ心性ニ本有《ほんぬ》トシテ有レ之。故ニ法体法爾ノ名言《みょうごん》ヲ置テ口伝シ玉フ也。大師己証《*こしょうの》一念ニ五義等ヲ分別スルヲ、深義ノ義トハ習也。蓮実坊ノ四教抄《*しきょうしょうは》、廿二帖ノ文《もん》也。而《しかる》ヲ開シテ廿八帖トセリ。其内ニ三帖ハ、随自意帖《の》トテ殊更《ことさら》内証ノ法門ヲ沙汰シ玉ヘリ。余ハ大旨随他義《の》ヲ

法蓮華経八巻に潜む深義を名・体・宗・用・教の五重に詮顕した(修禅寺決補注参照)。深義とは玄義のことであり、玄義とは智顗の内証である。四箇大法の第四。この玄義を随自・随他の二意に究明し、中に就いて更に純円の仏身を特に取出し、これを略伝三箇(円教三身・常寂光土義・蓮華因果)として下巻に講伝する。

大師　隋の天台智者大師、諱は智顗(五三八―五九七)。

十徳　↓補「大師の十徳」(修禅寺決)

随自意悟　己証の法門を自らが味わい楽しむ境地における悟りそのもの、前に自受用といったものに当る。

随他意　対機の楽欲に応じて権智をまじえて内証が説き明かされること、自受用に対しては他受用といわれる。

玄文一部　妙法蓮華経玄義十巻。智顗説、灌頂記。

俊範　大和の庄俊範(―一三一―)。日蓮と同時代の人。

内証ノ辺　内証の内容そのものとして取扱われること。

色経巻ノ随機　紙墨筆石等の文字が巻軸等に装われた経典を色の経巻といい、これを読む人の智力の利鈍に応じて理解のされ方が違うのを随機という。

七番・五義　↓補

第九ノ徳　智顗十徳の第九。

随機開廃等　↓補

己証…分別　五重玄義等は己証に本

宣《のべ》玉ヘル也、云云。

尋云、止観大旨・法花深義トテ、玄文・止観ヲバ*四ケ条ノ習《ならい》ニハ相伝《すと》釈タリ。何《なんぞ》*文句《もんぐ》ノ相伝不レ見《みえざる》耶。仰云、玄文ハ妙法蓮花ノ首題《しゆだい》ヲ釈ル故ニ、是ハ本地甚深《ほんじじんじんの》奥蔵《おうぞう》、三世諸仏ノ内証、自証徳ノ随自意悟《の》リノ法ナル故ニ、法花深義ト被レ云也。玄文モ内証ナレドモ、随他ニ成《なり》ヌレバ非ニ深義ニハ一也。文句ハ*入文既ニ随機ノ説ナル故ニ、法花ノ深義ニ不レ可レ入。然而《しかしてせつ》摂セバ可レ摂レ之也。文句ニハ*品《ほんぽん》々ノ生起ヲ習。然《しかれ》ドモ是ハ随機ノ説也。而《しかる》ヲ又、随機ナレドモ是ヲ随自意悟ト仏智方《の》ヨリ被レ云分モ有レ之也。仰云、此ノ法花深義ヨリ、円教三《えんぎょうさん》身《じん》・常寂光土義《じょうじゃくこうどぎ》・蓮花因果《れんげいんが》・証道八相《しょうどうはっそう》・四句成道《しくじょうどう》・事理寂光《じりじゃっこう》・本迹不同《ほんじゃくふどう》・被接法門《ひしょうほうもん》等、皆悉ク此ヨリ開出スル也。此法花深義ガ一切《いっさいの》法門ノ母テ《に》有レ之也。

尋云、三種法花《さんしゅほっけ》ノ習《ならい》、如何。守護章《しゅごしょうに》云、釈云、*於一仏乗者《おいちぶつじょうとは》、根本法花《こんぽんほっけ》也。*分別説三者《ふんべつせっさんとは》、隠密法花《おんみつほっけ》也。*唯有一乗者《ゆいういちじょうとは》、顕説法花《けんせつほっけ》也。妙法之外更無《に》ニ一句経《いっくのきょう》一矣。

尋云、*四種仏土《しゆぶつど》ノ説法花《せっほっけ》ノ相、山家大師《さんげだいし》、如何《いかんが》釈レ之耶。山家内証相承血脈《さんげのないしょうそうじょうけちみゃくに》云、常寂光土第一義諦［寂光土説法花相］*霊山浄土久遠実成［実報方便説法花相］*多宝塔中大牟尼尊《と》［同居土説法花相］。仰云、大秘事《おおいなるひじ》也、云云。

尋云、四種仏土ノ開権顕実《かいごんけんじつの》相、如何。仰云、如レ彼、云云。

一流相伝法門見聞　上

来具わっているものであって、授他のため後より加えた権智ではないと料簡すること。

四教抄　未だ参見せず。

四ケ条　山家四箇の大事、即ち一心三観・心境義・止観大旨・法華深義の四。

文句ノ相伝不見耶　文句は、妙法蓮華経文句十巻、智顗説、灌頂記。これは法華玄義・摩訶止観と共に、天台三大部として重要視されているものなるが故に。

入文…故ニ　妙法蓮華経文句は法華経の文々句々の義を聴者の機根に応じて理解せしむるための講説。これは法華経を色の経巻とみる故の義。

品々ノ生起　法華経二十八品の前後の関連。

於一…・分別…・唯有…　仏の内証は一仏乗のみなるを指して根本とし、法華以外の一切経はこの一を隠して三と分別して説くものであるから隠密の法華であり、現に伝えられる八巻の色経は正しく三を開して一を顕わしたものであるから、これを顕説の法華経とする。

四種仏土　↓補

寂光土…・実報…・同居土…　底本は右肩にそれぞれ傍注とする。これは、塔中に四土一如の一仏法界を観る文とみてよい。

原文

本理大綱集
天台法華宗牛頭法門要纂
修禅寺決
本覚讃釈
三十四箇事書
漢光類聚　一・四

本理大綱集

求法入唐沙門最澄述

弘仁元年八月十三日伝受入唐土記之

一　三身仏説法住前之文　　二　一代五時々々説之文

三　十界互具之文　　四　阿字一心之文

一　三身者本迹二門各三身、一迹三身、次本三身也、説三身経論異説不同也、尋其説者、諸宗散在々此、而尋於三身者、有於真応二身、所以依法華意、久成品意者立真身従真身開出於二身立為三身、所以経云、非如非異云云〈注云法身如来也〉、次曰、我成仏已来云云〈注云報身如来也〉、又、我於伽耶城云云〈注云応身如来也〉

次依金光明経意者、真応二身中従応身開出為二身立於三身、仍経云、唯有。々々々智、是名法身等、准例此可安三身、以真身合法身、従報身開於応身、。三身廃立、水銀和真金能塗諸色像、功徳和法身処々応現往、是名応身云云

麁食者云、三身廃立有所定者、本成三身尋形心境者、一家云、三諦之形、諸師或云、三智三身如来〈注云心者縦羅什三蔵所蔵造伝者此〉、義続伝云、従無始已来於三身一定無闕耶、如何従報身開応身語此耶

。如其無三身之語其理、雖多諸仏無過真応二身者也、真身者毘盧遮那無始終理、顕四自受用身如来、応身者名自受用身如来智、以智云報身、以理云法身、尋自受用身者、両土所契、依法華経久成品意者、従真身開出報応二身立三身、。合報身、依金光明経意者、従報身開出法応二身立三身、真身合法身、三身如来従本仏心所垂身故、真応二身垂迹前後、此汝語未悟法末本仏分身

故自謹演音、顕密二教各有三身、仍先付顕教案三身者、付本迹二門有不同、迹門三身本門三身、迹門意、以三権為実施之時、当分三身随機縁有四教不同、開権顕実之時、跨節三身超於八教一大円仏也、是故妙楽大師記云、法華已前三仏離明、隔偏少故、来此経従劣弁勝、即三而一已上、又曰、今日之前従寂光本垂三土迹、至法華会摂三土迹帰寂光本已上

本門意、従久成一本垂迹仏三身無量無辺也、払迹顕本時、本極三仏毘盧舎那一心也、発迹顕本之前法報応三身未応迹、開迹顕本已本迹各有三身、故妙楽記云、若其未開法報非迹、若顕本已本迹各三已上、前立体用三義、従明已今三之義、前麁也、後妙也云云

付秘密教有三身教相、遍一切処息成仏一大円仏也、迹仏雖多望本仏即是一也、細論之者、非無差別、密教立本仏一心、顕教顕本迹相対三身、法華意者破迹化衆近成執雖顕本仏長寿、於本仏。成

相者非説可尽之故、法華本仏非秘密心事秘密故。真言教仏事理倶密仏也

雖然、非密教本仏法華久成本仏耶、仍一行阿闍梨釈云、大日如来本地身妙法華最深秘密処、我此土不毀常在霊山、是宗此瑜伽意耳云云、謹案此釈曰、秘密教三身是法華本地三身、雖顕密異大道無乖耳云云、次曰、本仏是観心。者、法華観心瑜伽観心一無有二、本仏者本仏上本仏心名本耳云云

一　問、寿量品付三身廃立開立、以何為正耶、答曰、以報身為正云云

麁食者疑云、案一代儀式、以応仏可為正耶、近成大綱故、幸大竜菩薩説久成品意、以応為正、以報為正語不叶一代意乎

弾曰、汝能々可悟三身廃立、法華寿量品意以真身為正謂耶、是故妙楽記云、釈上真応二身畢釈下真身、以報為正耳云云、既云真身時、以報為正、幸耶、天台説云正在報身故、況三身配立不同、学者不可混濫、仍汝語不知三身配立故、出未悟耳云云

次至大竜菩薩説者、羅什伝引此〈注云伝如上耳〉、彼説曰、経云〈注云三身寿量無辺経〉云云、決云、寿量品与彼経同本異訳也、未悟其説故、不成疑顕三身開顕、於応身為二身立三身、経云、唯有如々々々智、是名法身、下説応身、八十種好皆顕如来是名応身、諸師与我諸同此応身者以報為応、仍汝説非々耶耳云云

一　問、三身所居之様如何、答、以上来説可案此者也

一　問、付三身説法、々身説法之形如何、答、尋法身如来者、無来無去身故無始無終、応同形説法助宜冥施一切、々々者理中人天等是也、所以人天会等者出離心中清浄一心、従真如蔵顕第八識者成迷性、尋報応説法者、転法身頼口之語、仍三身共致説法語耳云云

麁食者疑云、法身説法一代説所許言耶、汝立法身説法以自害、無諸説転故

弾云、此説不然、嗢哉、汝不知三身説法、似無舌耶、汝雖無諸説、我眼多其説端耶、自曰、法身有二、一珍衣、二垢衣、以理曰珍衣、以智曰垢衣、々々者此約如来機縁応起之辺、珍衣者約如来本地之理、委案此者、垢衣者智故嚬口之義、珍衣者理故無此耶已上

一　問、本極法身理中有十界性云、其形如何、答、法性理中具足染浄諸法共、故経云、是法住法位世間相常住云云、意云、相者十界機性相、常住者顕十界衆生一理中三世常住有此也、在心時清浄心、従理心中転第八識曰共属迷性、心者本仏一心也、相常住之文案、入心理者也、冥寂故已上

二　一代五時々々説文之

一　五時所立義不一准、所以時々皆有五時故、如是説、受伝唐土、

我今決之云云、疑云、天台所判経論未見処也、時々節々皆有五時云事語無拠、此弾。横竪二、仍竪五時、始自花厳終至于涅槃。酉。名之、次横五時者、花厳有五時、阿含方等般若有五時、況法花涅槃耶云云

決云、尋一代五時諸説者、時々節々、三世三世、九世共有五時、尋証拠者、大師諸説散々此、崛哉、盲瞽愚夫不見仏説等、仍法花疏末記第一説、天台所立玄文第七、止観第一記等、約化儀意念々三世念々九世時々節々

仍見経論教相等説、花厳経説已経不可思議劫乃至諸法実性相二乗亦皆得等之中、三人共入之説、阿含八万諸天衆無生法忍益、方等経説不可説劫前成仏等、般若等経十千女人現身成仏等説、或以三乗為所化等説、法華得法眼浄之文、涅槃従般若出涅槃之文等其証也、訳人検此次第五時之教相訳人時々節々事挙一両、可識諸説之処也

但至法花法眼浄之文、天台所立者、一行阿闍梨決云、大日経円教与法花円教途雖異其理有一、至法眼浄文者、義曰、大師所釈云、於法花一実之文法眼一実上説、法花一部文義倶壊之也已上、彼未一定所立之文念々三世等文耶之、自云、未我語唐土伝受也、末代偏学可取信已上、仍挙一段、可悟諸段者也耳

於初成道説法処有五所云云、菩提樹下華厳経説、一寂勝最勝。花厳説処、二法輪持勝堂阿含説処、三祇園変勝堂方等説処、四般若習勝堂般若経説処、五実円勝堂法花涅槃説処云云

謹案諸説曰、一代五時分別所説五時者密智説、未顕呂定教之次第説、挙一例諸、可識、是故一代諸説非次第施化為訳人密智説也、偏学之輩全不可混濫者也耳已上

一　問法華已前二乗作仏之文、答、於一代五時之説、何時不明二乗作仏耶、況久成顕本菩薩断惑、名此密智也中、於密智中密智意也耳云云、疑云、一代諸説所不許二乗作仏之文故、云始自今教二乗作仏、如何、答云、尋五時教可有横竪立二途、大師所立始自今教之語、顕々一代五時之竪立、以彼莫例此云云

一　付化法所立四教々々四門倶与実理相応也、尋四教四門者、各性所証一理中、仍与実理相応也、麁食者、於智公所立四教共与実理与四門相応者、智公説与汝之語相違、似此汝語自切舌耶云云

弾云、汝不知四教所証之理、譬如食木虫不知是。非字、尋四教四門者、四門之理即在所証之一理心中者乎、三蔵四門即。通教四門在於遍真涅槃一理之中、是故四門与実理相応、別円二教尋所証之一理者、出一種中無二種中、雖然於機。説二種中、是故案大綱者、能入由門理在所証之理心中、故四門与所証一理共相応也

自云、四教所証之理、今謹委思四教門戸、所証者於門戸四無在理口、所証理者於一無二者耶、生無生無量無作之理、思限於一無

在四耶、仍但中之理真諦、々々即但中、尋四門理者、在於所証一心理中、是故与所証理与能入門於一須無二也、尋於所顕之理者、即本仏一心故耳

○次曰、在相応不相応二意、与而論之者相応、案○而論之於四門各別、未相応耳云云

一　問、付鹿苑所説之般若、般若畢竟空旨与所説三蔵空門、為同為異耶、答、同也、此麁食疑云、畢竟空旨与三蔵所説空旨同者、於修多羅所説似無大小乗差別、南無阿弥陀仏々々々々々々

此弾云、汝語於我語未、汝語仮不知教相、南無阿弥陀仏々々々々々々、仍三時領解。般若畢竟空旨也、次開菩薩、豈彼空旨空利○旨耶、未無大小乗旨曰耶

自云、今謹案曰、思三時領解、々深密経説者、転小機成大機、為於彼説般若畢竟空旨令悟此者也、鹿苑根機小菩薩転機成。、是依菩薩方者、尋本者、於大機於小機而説空旨同此者、所以如何者、三蔵空門旨転此成大乗般若之畢竟空旨也、次依二乗者、未然者耶云云

疑云、何故三蔵所立有門即与般若畢竟空旨旦○、若其説、般若説三蔵歟如何、答曰、未説般若三蔵、々々所立有門○嗔諸法実在、於歓喜地菩薩、説於有門立諸法実旨、分別四句、一切実、一切不実、一切亦実亦不実、一切非実一切非不実矣、仍天台引一切真実旨、引大集経獲得真実之文、陳如有門得道為証、天台四教義、毘曇是仏。根本云云

聞、根本諸法真実旨、陳如得有門道是即般若所説有相之故、三蔵所立有門空門此空即領解般若畢竟空旨也、是故三蔵空門即悟般若畢竟空耳云云

十界互具之文

一　案十界始終、仏界心境中具在九界性、心遍万水、是故一々法界具九界互、此天台所立十界互具宜是宗瑜伽意、是故天台所立十界互具之文与秘密最大卌七尊住心城之文、大道雖異不思議一意也

麁食者疑云、案仏界心境者、有清浄功徳無有九界妄染、仍清浄離於染故、羅什云経云、断諸法中悪、般若経窮源尽性妙智存云、大乗起信論中如来蔵中唯有清浄功徳宣無量義云云、如此、況金剛般若中有清浄善云云、迷悟其性得意異者、過恒沙等浄功徳、具妄染虚妄相耶、故九界妄染不可具仏界心鏡中者耶

次顕密二教異途、顕宗云十界分別○、密宗云十界一切○如、天台所立仏界事法界故、不可具九界染浄、況余々界耶、真言行者観門諸法一如二如無在也、是名事理倶密、故十界一如卌七尊住一心中耶、汝未悟此旨耶否耶

答曰、弾。、未知汝法華之超八円与大毘盧舎那経一大円教雖顕

密異大道無乖耳、案宗瑜伽一大円融教者仏界心境中具足三千性相、三千者非千如百界法門乎、尋千如百界法門者、従十界心起、案十界者、従仏界心九界性相始流出、是故仏界心性具九界心性、々々々々具仏界心境

　三千世間之形収仏界心時、曰是法住法位世間相常住、是法等者説普賢延命智、尋十界者、従普賢一心起、三千世間法、何時非普賢心色耶、開時曰三千、合時曰一如無二如、是故曰世間相常住、是宣天台円融心理也

　次案大毘盧遮那経円者、普賢延命心即自受用身心也、尋自受用身心名卅七尊具、々十界自受用身々々々々顕卅七尊、惣名卅七尊、顕於自受用身心、顕自受用身即卅七尊々々々々々々々々々、説之唯独自明了余人所不見等、顕密二道雖異倶説不思議一心教也、十界即普賢々々々々、普賢即自受用、々々々即十界、十界即卅七尊、々々々即十界、是故十界互具之法文無失〈畢螢〉、此宣観心意也

　汝不知耶、如此説汝不悟、譬如螢火、雖光向日、南無阿弥陀仏々々々々々々、但至汝語者誰不知此、上来語而断諸法中悪者、顕於別教指説如此云也、未観心意、況諸説文宣指門意、未一大円融意耶、大乗論意宣対治邪執門意也、未一実心観一心教意也

　一心一念内収界如三千法門、是故華厳経云、三界唯一心々外〔具〕無別法等云云、九界即一心全不可云理外法耳、汝仏界心不可見九界妄染云以非、南無阿弥陀仏々々々々々々

　自云、今謹案曰、自受用身諸相好遍満十方、相好者所有十方世界有情非情等五相、十界衆生皆卅七尊仏、卅七尊云自受用身如来相好、次普賢延命十方遍法界相好以是也、普賢与自受用如水与水、々外別未可求水、是故互具之文全無失耶

　而有情成等成仏顕世七尊自受用、々々々是故大日尊也、是故尋於十界始終者大日一心、在此悟前心空顕於清浄冥寂性、迷前成妄染之法、雖妄染法名清浄法、故大日心一、故於十界各々互具九界性耳已上

阿字一心之文

一　阿字者以無点字名阿字、阿者以無義云阿、無以点曰無也、是故大師智者所立曰、阿者。也云云

　今謹案云、阿者以実相一心名阿字、実相無形故以空相阿字、実相者以阿字為体故名阿、雖多諸法無過今阿字者、大小諸乗在阿字一心、尋諸法者、無在一如二如

　阿字者毘盧舎那遍一切処故、説以阿字名大日毘盧舎那、十方遍法界諸尊従阿字一心流出遍於十方法界、説法利生、譬如草木従一地成花菓草木従一切出生、始終阿字、一切万品如出生後成菓、従一心流出後遍法界、如説法利生、体阿字与草木於一無在二耳已上

一　阿弥陀有異名云事、阿弥陀曰無量寿仏、大日宗菩提心義名無量寿仏、金剛頂曰受用智、恵心内義名阿弥陀。況以五智名阿弥陀、五智者阿〈戒〉鍐〈定〉藍〈恵〉含〈解脱〉欠〈解脱知見〉、阿者本不生不可得阿字、是顕本仏一心阿字、鍐字言説不可得阿字、藍字染浄不可得阿字、含字因不可得阿字、欠字等虚空不可得阿字也、雖在五字於一心無。心故、本仏以阿字一心名本仏、十方遍法界迹仏従一心流出、一心同時、論一仏無在多仏、是故曰一仏即一切仏、曰一切仏即一仏耳已上

一　阿弥陀与法花経同事、受伝、今謹案法華経者、是三乗五乗七方便九法界等輩断疑令生信也、況定性不定性耶。案四方妙観察智者、説法断疑智超八葉方所、尋一心境界性顕宗門名大日毘盧遮那、言語出八葉、説東西南北以阿字一心説、如此言説不化心。只説阿弥陀如来妙観察智説法断疑力也、況十方遍法界諸仏耶、諸仏即法華。経、実教権教三乗二乗四教五時大小半満従此流出、雖然法華時説一仏乗、法華即阿字々々即法華、能。且曰阿弥陀、所説曰法華也、開時名垂迹、会時帰本源也、是故阿弥陀名法華経、其理在、不疑耶耳。已上、決云、業因不可得阿字、従此流出万物故耳已上

本理大綱集　　求法入唐沙門最澄述

天台法華宗牛頭法門要纂

日本国求法沙門最澄撰

夫仏道崇虚難悟其際、法門幽寂莫測其源、所以諸仏出現於世、欲令一切衆生悟一如之理、然衆生之機或利或鈍、故如来之説有頓有漸、譬猶開門雖異皆期菩提、設方万殊共有済命

　於是日本国去延暦二十三年四月。最澄奉勅旨差求法使、遂渉万里瀛洋以撥異域之煙霞、踰百重山川以遺幽境之寒暑焉、大唐貞元二十年九月、得明州牒、造天台国清寺、遇道邃和尚親受秘法、言通舌下記文素鉛、理絶名言伝義心符、都以所得教迹二百余巻、所決法門七百余科、皆是割煩悩陣金剛観行、越生死野牢強目足也、其中的伝如来心印窮智者内証不如牛頭法門

　願得以大師本念力慈光遠照早達郷国、以明神誓願力霊威遙被平届本朝、復身縦没駝駿狼、法財之用永詫朽骨、命忽委鷲教亀、伝法之徳普利群生

　謹疏五双要法門

第一　鏡像円融　　第二　十界互具

第三　仏界不増　　第四　俗諦常住

第五　三惑頓断　　第六　分段不捨
第七　煩悩菩提　　第八　無明即明
第九　生死涅槃　　第十　即身成仏

鏡像円融体喩為三重、一迷中隔歴鏡像、二悟中円融鏡像、三円超銅位鏡像

第一　鏡像円融

一、迷中隔歴鏡像者、言鏡照明随影像差異似照位変段、言鏡性不動従浄白染黒影像現明闇不定、鏡明是為像本、若像性本無鏡中影像不可現、若本質不因像鏡照不可立、三倶並現共是常差別法性是無体依無明体照、無明本無体依法性相現、鏡是法性心、像是十界相、法性常住凡聖不尽、常登聖位化物如浄白、常在凡位似黒影、不増不減計度常楽相、是以如顕識菩薩経云、阿難当知、十界無尽法性不変、如鏡与像倶常住無断絶、是則三諦各各具足故称隔歴、経云、十界常差故、所具句隔他別、恒為称上下、依此立迷中鏡像、是為菩提常住相

二、悟中円融鏡像者、謂鏡是以明浄為体、雖影像現鏡位本来不動、像性本来明性、衆生修徳即是如来性徳、始不離煩悩苦繋元来法身、業不拘常明般若、出無明繋縛名不思議解脱、三陣本空本有明浄三智、鏡不動位常恒与像倶名為随縁真如、繋像万別明鏡不変

名為不変真如体、如起信云、如観鏡団円、非背非闇、非面非明、無辺畔無始終、不取十法界相貌、是名円無生観

如来性功徳経云、明鏡処衆像本位不動、常明性浄円明、観之性浄円者法身般若解脱三徳、性即法身、浄即解脱、円即般若、如大論云、三智実在一心中、是微妙浄心浄境、非麁細染心染境、而然双亡寂滅双照名之浄明、然則鏡是以明為体以照為相、照三智為明、因浄相故称明、三鏡照一鏡一鏡照三鏡如無障礙、当知、一鏡為像亦以三鏡為像、亦以一鏡為明三鏡並為明、三無礙一無礙名円融、不能以妄想鏡照鏡貌

以何因縁名円融、言円者名為明鏡、言融者即名為照像、故聖観即心亦如是、然如大経云、深般若智修道得故、如如智照如如境、是菩提浄智与法身理相応如函蓋成一、如三秘密王経云、舎利弗当知、衆生一心如明鏡、三智常照応十界、明照不二、不動本位常恒安楽、非九界能所起、因照故非身化物、報身常処明故実相法身、譬如燈光滅闇故為智照如来、以離明闇位故称為妙覚、其浄相厥明性自在無碍故、復以非迷相故、称為悟中円融鏡像

三、円超銅位鏡像者、謂原能所之境寔以非真実無作摂、従人情立明闇与面背、推求之本来非不動本位、暫度染妄海及浄安明山、明鏡是浄相虚現廃立、銅是本来不動実体、只是為廃鏡像計令帰体銅自本来不謂明不謂闇、他人相念謂明闇、銅性非作離面背、非

自他相念。超明闇位、当知、明時厥性不明、闇時厥性不闇、鏡明能非自、只是銅明、銅明是非明而明、対鏡非明故、聖前以明鏡為像、以鏡体為性、鏡影像明照二途曜凡心見、言明鏡非其性、体即是銅也、言銅即非明、望像明也

衆生心亦然、見聞覚知相各別不出六欲塵、意王荘縄纏咔常五門之駿馬眠、一心中久壁染浄夢、諸法常生滅一心常住、遷移念観清濁湿知是常恒、自性覚王離能所四句、一心知実相、世尊二説不演一言、是離言説際、不可説能円、超空有二見、独照実相真相真見、如心地観経云、銅性不動名為実体、鏡明相称像、因鏡観性故曰鏡像、是則当体実相、故曰鏡像是則当体実相、故立円超銅位鏡像也

第二　十界互具

言十界始終者、仏界心鏡中具九界性心遍万法、是故一一法界具九法界性、天台所立十界互具之文与秘密最大三十七尊住心城之文大道雖異不思議一也、故一大円融教者仏界心鏡中具三千性相、三千者是千如百界法門也、千如百界法門者従仏界心起、案十界者従仏界心相始流出、是故仏界心性具九界心性、九界心性具仏界心境、三千世間之形収仏界心時、是法住法位世間相常住云云。、是法者説普賢延命智、尋十界者普賢従一心起、三千世間法何時非普賢之心色哉、開時云三千、合時一如無二如、故曰世間相常住、是宜天台円融心理也

次大毘盧遮那経、云円者普賢延命心、即自受用身心色也、尋自受用身名三十七尊、具十界互自受用心、自受用心顕三十七尊、惣名三十七尊、顕於自受用身心、顕於自受用身即三十七尊三十七尊即自受用身、説唯独自明了余人所不見等、顕密二道雖異俱説不可思議一心教也、十界即普賢、普賢即十界、普賢即自受用、自受用即十界、十界即三十七尊、三十七尊即十界、是故十界互具之法門無異哉、宜此観心意也

次案自受用身諸相好遍満十方、相好者所有十方世界有情非情等五相、十界衆生皆三十七尊、以三十七尊曰自受用如来相好

次普賢延命十方遍法界相好以是也、普賢与自受用身如来如水与氷、氷解別不求水、是故互具之文全無異耶、而有情等成仏顕三十七尊自受用、自受用是大日尊也、是故尋十界始終者大日一心、在此悟前顕清浄冥寂性、迷前成妄染之法、雖妄染法名清浄法、故大日一心、故十界各各互具九界性也

第三　仏界不増

夫常位有三重義、体相用是、今解摂五重玄、体即空義、心生世間法相生、心滅諸相悉空寂、当寂亡心不生世間相、不生不生則常位、故心地王経云、為巧幻故世間為仮常、幻作忽息停世間為実常、

計幻夢常相且応凡迷見、如来本不生謂相常住

亦相者則如来秘密所摂相是法性也、是如来果位中相也、此随能徳在八、醍醐中時大乗云菩提涅槃真如仏性菴摩羅空如来蔵大円鏡智仏果海、是八種相共摂故名為蔵、其故菩提云智見、即智果、涅槃即云寂滅、是断果、法離偽妄無改遷故曰真如、照察諸法不変名為仏性、菴摩羅云無垢、離障所顕彰即曰浄無垢識也、不与妄染相応、含無量功徳名空如来蔵、能現身土離倒円成、鑑周万有名大円鏡智、是含七種性円融不二名仏果海、此覚八円無生寂静智源名秘密蔵、是具足其性徳湛然円寂。常位不変、観体常相用不滅解云世間相常住也

復次体者離因果塵跡、超八種仏性、解非三諦融通無碍円寂見、唯独明妙之心、如大乗有珠経云、諸法在体皆離見相、是以応知、仏心体是無見相、超因果門、静照倶絶独妙真覚、是以由相彰体、体相倶常住也、是諸法住妙位。、俗体恒沙法寂静不生常住也、是故如来即体覚故、。因相常住也

当知、如一金作十界、為有作十界別、為凡愚相用謂実有、為聖智一金無作体是悟実相、此時名相倶空、体即不空、故俗諦不生滅謂於空上、真諦不生滅謂於有上、空有不弁莫迷性相

第四　俗諦常住

夫三諦者天然之性徳也、中諦統一切法、真諦者泯一切法、俗諦者立一切法、挙一即三非前後也、含生本具非造作所得也

悲哉、夫秘蔵不顕蓋三惑之所覆也、故無明翳乎法性、塵沙障乎化導、見思阻乎空寂、然玆三惑乃体上之虚妄也、於是大覚世尊喟然歎曰、真如界内絶生仏之仮名、平等性中無自他形相、但以衆生妄想不自証得、莫之能返也

由是立乎三観破乎三惑証乎三智。、空観者破見思惑証一切智成般若徳、仮観者破塵沙惑証道種智成解脱徳、中観者破無明惑証一切種智成法身徳

然玆三惑三観三智三徳非各別也、非異時也、天然之理具諸法故然此三諦性之自爾、迷此三諦転成三惑。、惑破藉乎三観、観成証乎三智、智成成乎三徳、従因至果非漸修也、説之次弟理非次弟。、大。網如此、網目可尋而已

第五　三惑頓断

伏以、生死二法者一心之妙用、有無之二道者本覚之真徳、所以心者無来無去之法、神者周遍法界之理也、故生時無来死時無去、無来無去心施有之用、心即現六根之体、以之名生、周遍法界神施空之徳、神即亡五陰之身、指之曰死、則無来之妙来、無生之真生、無去之円去、無死之。死也、生死体一有空不二、如是知見如是観

解、心仏顕体生死自在

哀哉六道衆生、悲哉三界凡夫、雖生徒生生故不知、雖死空死死由不覚、本有無作之生死無始無終常住、有無之心体非断見非常見、若云離生、三世諸仏出於世間不可利益衆生、若云止死、十方如来入於涅槃不可受寂滅之楽

勿欲住生死、難忍輪廻之苦故、勿存離生死、難免断見之咎、纔悟一心之体早離二見苦、或除自他共無因之四計、或愈作止住滅之四病、是生死自在之法薬、臨終正念之秘術也、行者常能思念勿怖生死矣

第六　分段不捨

竊以、因果是凡迷之是非、真如界内無人草之殊、譬如氷即水不知氷外覓水、是則凡心、点氷即水、是則聖心

捨入言分凡聖、在凡以捨為入、聖故不捨法性也、如金剛三昧云、如入三昧以不入為入、如真如論云、離迷謂捨捐覚悟為入

第七　煩悩菩提

夫以、心性者諸法、諸法者三諦一諦非三非一、非寂非照而寂而照宛然也、一色一香無非中道、然煩悩菩提是我一心名、生死涅槃亦此指心体、凡厥由妄心時呼之名三道流転、帰本心時呼之称四徳勝用、此心性本源凡聖一如無二如、此名本覚如来

知此名聖人、迷此理号凡夫、了達此三諦不思議無来無去妙体称理智不二覚悟、可捨無生死可求無涅槃、而修而証

我色心本仏、故経云、始知、衆生本来成仏、法華云、是法住法位世間相常住云云、所言是法者即十界身土、十界身土即実相常住不生不滅、誠可仰修多羅明証、三世諸仏為令知此理垂応用於三土、四依大士為令了此理施化物於九界

趣向此道者以信心為源、随縁不変体用一心更心外無法、然而迷時人順法、悟時法順人、所以者何、此心性即十界三千故、覚体妙覚上十界、妄染凡下上十界、雖然尋其体性只是独一法界故、能具所具相順、応知、若不弁斯理致、日夜数他宝自無半銭分、送塵劫何明大道云云

亦此心性即色心、色心譬如珠与光、迷見故色心差別、実智故色心体一

亦色者寂也、心者光也、従所居是云寂光、従能居是名法身、身土無別機法無二、同是中道故、此名体用一具不思議円道

第八　無明即明

尋如来一代正説、不出只無明法性、説無明為三、謂、一明無明、二闇無明、三空無明也

一、明無明者、深智照境無非不二、体顕因境故云智、因智故生境、境是無明所覆理故、智是深般若智也、此智生彼理、生起時智即作心即如境、境智冥合時一法身体也、降之函蓋相応名智法身也

無者本境、明者般若智始心也、是惣念。一念、別分色心蔵、惣者摂無明二字、別者分色心、初謂三諦一諦、心色不二、満智故、是本覚、後謂為二、一是教中以色為境以智為心、止観中以理為色滞深智為心、色是立三諦、心摂一諦

無者法界相、空故、明者色心不二円無生智、照故、称之言明無明以含性相故、如宝王功徳経云、無明非具足累品、汝智慧狡劣小見浅聞故言累染、舎利弗当知、元無明海悉摂般若明通智具足心色能所円摂無所闕失、不二究竟故為無、通明智故為明、具足円満故言密蔵

是一心中観三観、従仮入空観亦名二諦観、従空入仮観名平等観、是二観為方便入中道観名法性心、摂性相故言明無明

二、闇無明者、謂一智能摂無量智雖種種明照隠覆不生、宛如闇中雖種種勝相有為闇所覆不現、是故名闇無明、此故心地観経云、一切衆生具三如来智、覆顚倒故無始於不解、是則根本無明、応智。

三、空無明者、謂諸法是性用倶空、故如兎角無体、是故名為無、一切皆執著相立亀毛、明故空、毛角倶無為名為空無明矣

第九　生死涅槃

生死二法　一心妙用　有無二道　円融真徳　心本周遍　無有去来　亦無生死　無相湛然　心施仮用　現六根体　心施空用　亡五陰身　生時無来　死時無去　生是真生　死即円死　生死体一　空有不二　迷仮謂生　迷空謂死　空仮二用　唯一心体　三諦一諦　非三非一　而三而一　不可思議　三各具三　倶体倶用　入有不有　入空非空　体用倶時　畢竟常楽

一切諸仏　不離生死　而離生死　不取涅槃　而得涅槃　道法共絶　常楽我浄　三界衆生　依生死見　沈没六道　欲断生死　不出生死　欲取涅槃　不得涅槃　無作生死　本無始終　円理有無　非常非断　汝能観之　不恐生死　生死本楽　人迷観苦　速除此見　当至仏地

第十　即身成仏

対機施権法　修証無量劫　妙法深秘蔵　顕心法身仏　一念須臾間　謂指衆生心　直説妙法理　以心性本覚　為無作実仏　所謂心性者　真空冥寂理　遠離諸形色　無相絶名言　住常楽法位　畢竟本無動　心能有妙用　本有照了覚　故名本覚理

心能含万法　亦名具足道　能雖遍諸法　体相本清浄　顕妙法蓮華　指凡夫一念　為如来蔵理

如此知見者　則是名成仏　顕本覚真仏　唯在我一念　覚心性仏体　取証須臾間　知三千一念　一念遍三千　当知諸如来　三徳秘密蔵　不出我一念　遍不縦不横　体達一念心　能顕諸仏心　頓超等妙覚　名為正妙覚　若人求菩提　当誓求此法　是諸仏内証　乗一心宝車　遊戯於三界　当即身成仏　自在於十方
於諸教中　不説直道　唯此経中　即身成仏

大唐貞元二十一歳次乙酉二月朔日癸丑
日本国比叡山前入唐受法沙門最澄

修禅寺相伝私記　一心三観 心境義　四帖内一

沙門最澄記

大唐貞元廿四年三月一日伝四箇法門、所謂一一心三観、二一念三千、三止観大旨、四法華深義也
第一、一心三観者、此有教行証三重、一教談一心三観者、一代五時説教中所安布三観也、此有多種、一同時不融一心三観別教一心、三観同時倶起其体各別也、本識一心生時諸心並起、其中三摩地心所定体是空、恵心所覚察《観イ》為体故仮、是名別相一心三観、二妙体一心三観、此有但心託事実相本覚四種、但心者行者一心当体即空即仮即中、心無色相空、有慮知仮、心体性中道也、次託事一心三観者、於万法有性相体、性者諸法内性如石火等、相者外相了々分明可見。也、如此性相体為本所成立、性相体三種如次三観也、事法万差一心三観亦応無量、次実相一心三観者、真如法性妙理其体三観本有常住也、真如自体不思議不可得空、不離万法相処仮、実相理体中道、次本覚一心三観者、心内従本已来有清浄八葉蓮華無作三身所居也、三身者即三観異名非別物
華厳経云、三界唯一心々外無別法、心仏及衆生三界。、如次中

空仮三諦也、義当但一心三観、中論云、因縁所生法我説即是空亦名為仮名亦是中道義、因縁所生法通指一切事法、事法即三観也、法華云、諸法実相所謂諸法如是相性体乃至本末究竟矣、実相理有性相体、即実相三観也、又云、非如非異不如三界見於三界、。如来明見無有錯謬矣正説本覚一心三観明文、非如空体報仏為体、非異仮体応仏為体、不如三界見於三界中道也、若在法華已前為調機説一心三観、於迹中為離迷存一心三観、本門実証之時無思無念三観亦付文建立五重、所謂易解得意円融覆疎不思議、如玄文第二、摩訶止観開四重、双非双照覆疎不思議也、前来所明三観惣名教談一心三観

第二行門一心三観者、此有四重、一本解一心三観、謂止観行者。可安立本解、法塵々々即空即仮即中全離情念、三観妙理分明之時、無所行無所証、於行証之時何論始本、内外並冥縁観倶寂、諸心歴境起更勿執、二念不続住三観是真止観行者、如此安住無依無得三観本解可修三重一心三観、三重之一心三観者、一別時一心三観、謂道場修厳或七日乃至百日別行之時、道場荘厳次第者、離聚落喧雑処構方丈之室、四方之壁安置本尊、北方釈迦像為教授行法、西方弥陀為観専増進、南方観世音為得不退転、東方文殊師利為外護破魔也、行者正面向弥陀像、亦四像之前各可置明鏡、仏仏菩薩応来有因縁現、行者影与。菩薩之像一鏡現観、故行者一心三観為内因同鏡現相為外縁、内外因縁和合故悉地速円満、供華焼香半跏座、昼三時夜三時住心一境

若七日別行之時、初一日可修生仏一如観、心是諸法体生仏共具一心、何別体、本尊行者同現一鏡生仏不二故、若生仏実別者何一鏡現耶、明与闇各別故明之時無闇々之時無明、生仏自本別者影像随可別、故行者三業与本尊三業全不別、観之行者自体果海妙身永離凡夫相速捨異生性、次三七日之間可懐一心三観大疑、抑我等一心有何故三観耶、値知識経巻雖解了一心三観無実理此道理難知何、大生疑惑可念々相続、後三七日之間正修一心三観、一心当体無名相空也、雖無名相念々心生仮也、心体中道也、鏡体中道生像仮仏像空、鏡像円融即一心三観現証也

如此修行毎座可用廻向発願、行者先入道場可唱発願文、我住真実志欲修一心三観、一切諸仏菩薩悉来此道場令悉地円満矣、是。発願文也、若為出離生死修之時。可唱我欲得延命得長寿楽正修一心三観云云、。廻向之時以此行惣廻向法界、同得如此楽、別廻向之詞可准発願文、若三七日乃至一百日修此行輩、再入三界苦境者釈迦如来誠諦金言更無虚言也、本祖智者大師正於大蘇法華道場奉値釈迦如来所伝行法也

二常用一心三観者、別雖不構道場経行住坐臥縁常可修一心三観、前念為境後念為能観、悪心念々相続退入三途、設雖起悪念等不相

続前悪念即三諦即理妙体、全心外無余法、観之時所有罪悪由観恵清浄懺悔速成浄法証菩提矣、頂師臨死語智威禅師云、末世薄福衆生念々相続不能修一心三観只於朝暮二時為悪業懺悔可修観法云云

三臨終一心三観者、此行法儀式不似通途観相、人臨終焉断抹○魔《磨》苦速来搏逼身体時、心神昏昧不弁是事非事、若於臨終之時不修出離要行者平安習学有何詮要、故於此位可修法具一心三観、法具一心三観者即妙法蓮華経是也、妙法者諸仏内証妙法亦一心三観也、故直指一心三観号妙法、蓮華者一切衆生自性本心清浄無染不生寂然、故名蓮華、自性本心亦三諦具足体也、経法所顕義但在一心三諦、以此道理平安之時値遇知識、妙法蓮華経即一心三諦諸仏内証解達、臨終之時唱南無妙法蓮華経、由妙法三力之功速成菩提令不受生死身、妙法三力者、一法力、二仏力、三信力

初法力者、釈迦如来本行菩薩道時修諸行願五百塵点劫昔成仏道、自五百遠劫久思惟説此経、三世十方諸仏自利々他功徳八万法蔵最要号為妙法、○《故イ》唱妙法名之《人イ》過去曾成諸仏行願入行者身内、未来諸仏行願亦可来入、三世行願速来行者身内成就故、智者大師毎日行法日記云、奉読誦一切経惣要毎日一万反、玄師伝云、一切経惣要者妙法蓮華経五字也、又云、一行一切行恒修此三昧矣、所言三昧者即法華有相無相二行也、以此道理読誦法華行即法具一心三観也

次仏力者、不思議反勝経云、我従阿私仙聞於妙法今成無上道、若有衆生於此微妙法起一念信、爾時我与十方諸仏現其人前、隠微妙身或現小身令行者願必応成就矣、釈迦如来五百大願中第○十二云、我有微妙法、若有衆生至心受持者速成無上道於第二生不受生死身、若不爾者不取正覚矣、釈迦如来既以誠諦金言於第二生不受生死誓、由本願深重法華称念輩前来現加護持速開天命、是為仏力

次信心○者、玄師伝曰、生疑不信者、設雖値妙法於出離生死証得菩提生猶預心、此人妙法不信輩也、或従知識或《依イ》従経巻聞妙法蓮華経於生死更不怖者、是名信法華人、是信心力也、如是妙法有三力不共徳行、一行万行円備、於万行円備何一心三観行徳不帰入耶、一心三観行相万行所帰内証也、妙法万行自性内徳也、故臨終之時行者可唱法華首題

仏立寺和尚伝曰、臨終昧心之時難修一心三観行、然本伝中、臨終一心三観者為後生安楽、修一心三観々達善悪無起○三性即空即仮即中、以此行廻向出離生死証得菩提者、於終焉之暮設雖起悪念等、彼心即成如来三昧行速出離生死、是臨終一心三観也

問、若依止観元意生仏自本不二無迷覚相、此時何別授如此劣相観行耶、答、摩訶止観意在即事而真有無不二、上所明別行常用等三観即生仏不二相、離此別有止観元意生仏不二行者無有是処、簡有相存無相一方、元意住無相本心還同有相、是悟仏内証実行也、一代入門廃立如常途所談可思之矣

亦於行門有対境別修一心三観、自文師至行遂二師九代行法各別也、恵門禅師修因縁生一心三観、謂、因縁所生法非実生法、其体如幻故空、雖非実生亦非全無故仮也、有無二性一法具足故中道也、深修此観入不二法門故恵文師以因縁所生《法イ》一言為開悟文、次南岳思師於北斉寺恵文禅師所、以一心不生一言伝一心三観修自心不生観開悟、自身当体非実生故仮有不生、体性亦非仮有故空不生、有無共一心離仮実生滅故中道不生也、高祖智者大師始奉値恵師禅師、以境智不二義伝一心三観、一切衆生念々起作併三観也、所以者何、衆生一心不生空、万境各別仮、境智相応中道也、念々歩々雖起三諦即《是イ》妙観、不知之故生死流転永々不絶、如実了知是。実仏相、於大蘇法華道場正修此観開悟、得脱之剋直受釈迦教授、如来以寂照不二一言説一心三観、万法空寂本来不生止、万法照散本性各別観也、止観一体中道不思議体也、次章安尊者常修生死覚用一心三観、已下諸師行法不能具載云云

第三、証分一心三観者、本来具足都不修行、不怖悪念不喜善心、何本来具足三観故云云、智者大師多宝塔中伝云、若有衆生耳聞一心三観名字、出離期近宿縁多幸輩也、生死身相只限此生、何況至心信楽修行耶

惣於一心三観有十四種不同、一三心並起、如楞伽等、謂別教意、二於一立三名一心三観、於中道体立空仮名中道不思議空也、中体非無仮也、中道者法性理也、法性理一心所依故名一心三観、三証者実修三観、謂始覚門之時於分真即修実三観、本伝中証者所修一心三観即是也、四慈悲一心三観、謂大乗教本意化他利生為先故、為抜苦与楽可修慈悲三観、々々々者一切衆生体本来三諦理也観達可離苦得楽、此慈悲一心三観以無我一言伝授、自他共平等更無我想、独出生死不顧他人者違無我道理、故智者本《大イ》師朝暮二時常修此観

五感応一心三観、自利々他二行非仏菩薩加護者更難成、為行法護持可奉請自志本尊、設於広野山中雖行法、先端坐可修感応一心三観、本尊心性行者心性共即空即仮即中更無別相、本尊速来入行者身内令所行成就云云、六断証。理修観行、七果上常楽一心三観、謂雖登仏果為遊観常修一心三観、八本法成就一心三観、謂三千万法本来常住、従本已来自性常修一心三観、更於別法不可修習一心三観、九法身具足一心三諦、謂本有法身自性即具三諦理、々性不思議空、非都無有、以。無不可思量中道也、十智身一心三諦、謂自受用有二能、一上冥法身、二下用物機、上冥法身空、下用物機仮、智性自体中道也

十一応身所具三諦、謂応身八相、入滅相是空体。余七相仮体。、応仏自体中道也、十二衆生所具三諦、謂為流転必常起三性心、善心是空悪心是仮無記念中道也、自法身所具三諦已来四種是本法成

就一心三観別相也、十三不思議一心三観、謂非一非三々一宛然、不幷不別介爾一心即具三諦不思議、十四還用有相一心三観、謂寂照二性不思議更非思量境、雖然還用有相三観相、従本解亦足諸仏内証賢聖秘観也

一心三観所依文、智者大師所立一心三観源従一心内証出更無依文、然而還合修多羅文之時本末究竟一句是也、上所挙十四種一心三観皆従本末究竟起

本文第二、心境義、一念三千観、伝者所立一念三千観不出心境義、只心是一切法々々是心観、是心境相応由一念心性三千具足、若一念心性不具三千法者、迷妄衆生由心何直縁諸仏色身耶、釈迦如来大蘇法華道場教授智者大師云、介爾之心即具三千、爾時智者懐大疑、如来以心鏡《境》相応道理重演一心具万法道理、時智者開大悟、恵思禅大師語智者云、妄心何縁覚悟色身耶、智者答云、一心念性源具三千故云云、思禅大師歎智者大師云、汝速入如来真智得我内証、即以所持本尊幷法華要文一紙秘法付智者大師、彼所持本尊者如下

修禅寺相伝日記　止観大旨　四帖内二

沙門最澄

第三、止観大旨者、此有二種大旨、所謂付文元意也、付文大旨者、直達円人有四種不同、開序中寂照不思議開悟上上根、於大意処得道上根、第七正観得道中根、具足十章下根也、八如加化他一種為九章、合二如成十章、惣而言之止観所立十章者我等己心本分自体也、全於。外不可論之、故序云、説己心中所行法門、若己心所行者何隔一法耶

十大章十如是相対図云

大意	性	法相解門
釈名	相	
体相	体	
摂法	力	
偏円	作	
方便	縁	或解或行
正観	因	正行因
果報	果報	得果

起教――化他別相――果上化用
旨帰――本末究竟――因果　正位

和尚授云、十大章是全十如是、若学大意之時以性如是意可分別、下去如図

一大意者後九章大綱也、故妙楽、撮下九広以為五略示九章旨、故云大意矣、付大意有五略、初発大心者従釈名至偏円或至方便、解了分也、修大行者正観、或摂方便、感大果者果報章、裂大網者起教章分也、帰大処者自心本分不思議旨帰章是也、方便章或解或観也、文云、前六重依修多羅以開妙解〈解摂〉、文云、五略只是十広、初五章只是発菩提心一意耳、方便正観只是四三昧耳〈行摂〉

五略十章符合図云

一　大意
二　釈名
三　体相
四　摂法
五　偏円 ――一　発大心
六　方便
七　正観 ――二　修大行
八　果報――三　感大果
九　起教――四　裂大網
十　旨帰――五　帰大処

今所建立五略是秘教所説五仏。智也、其次第如名次可知

発大心者此有二、一者簡非、二顕是、簡非有二、一者簡心即。伊栗駄千栗駄二種心取質多慮知情心、草木等無迷心故無流転、以諸衆生無始横計指此横計即可発、故此慮知心無始已来僻故流転生死、為此妄情分別之念付有情発心修行也

問、法自本無迷悟相、安有翻迷成聖義耶、答、迷有五重、一重々起妄迷心〈三惑是也〉、二妄本執始迷〈迹情是也〉、三望果修因迷、四二法分別迷、五一念不起迷也、重々起妄迷心者、迷三諦理妄起三或重障是也、次妄本執始迷心者、設雖断三惑重心猶起諸法常始念、是一分迷心也、次望果修因迷者、不分始本為果修因悉迷、堕因果二見故、次二法分別迷者、雖少念起諸法分別思妄不二智、是微細迷心也、次一念不起迷者、此有二義、。一念不起処自本已来有迷悟二性已々。、本分迷心故所有自体更非断証之処、二云、離前四重還著一念不起之処是失也、無二無不二寂照宛然是諸仏内証大師正意也

問、此五重迷心頓治観門如何、答、寂照不思議観是也、仏知仏見寂照諸仏内証故、無三惑重迷始覚因果二不二等情即断除矣

次顕是菩提心者、即簡非心取是心、簡九縛一脱十非心顕円実四諦四弘六即也、四諦有四重、一迷悟各別四諦、謂苦集迷滅道悟、

二倶迷倶悟四諦、三本性四諦、四一心具足四諦也
　四弘有五重、一利他為自四弘〈智増菩薩所発〉、二自修為他四弘〈悲増菩薩所発〉、三自他並存四弘〈智悲平等菩薩所発〉、四自性本来四弘、謂法々塵々当体本来四弘体也、諸法自体有三身、無作応身為衆生無辺誓願《度イ》、無作報身有二種徳、本有断徳為煩悩無辺誓願断、智徳為法門無尽誓願知、無上菩提是無作法身也、坐主伝云、衆生無辺誓願度応身、煩悩無辺誓願断報身、法門無尽智法身、無上菩提理法身云云、五不動自心四弘、謂根塵相対一念即三千具足体也、三千又四弘也、九界迷悪為衆生、仏菩薩二界摂後三弘、如斯五種共止観不思議上所作、故大師本意也
　六即有重々《六イ》、一断証次第門六即、二本有断証六即、三果海還用六即、四一心具依《徳イ》六即、一心本性有六徳是号六即次位、一心全体有理解行証四徳、即如次常楽我浄四種、理性常法号理即、万法皆三諦楽性解為名字、念々相続浄行名観行相似、我性本来証位名為分真究竟、有此道理故六即次位一切衆生本性覚体也
　問、顕是菩提心立三重耶、答、四諦所縁境、四弘能発願、六即所歴次位也、所以不縁四諦境非実発心、故縁四諦世間出世間因果発四弘誓願上求下化菩提心、四諦四弘共通四教、今止観行者縁無作四諦起無作四弘也、四諦通二乗、四弘限菩薩又通偏円、六即一向限円、自広之狭顕是故、止云、展転深細方乃顕是

問、一切円人縁四諦発四弘願歴六即耶、答、三種共衆生本具、介爾有心即具三千観門即具四諦四弘六即、九界因果為苦集、仏果○因果為滅道二諦、如上多種四諦四弘等可思之
　発大心大意者、十章中前六重解了也、是菩提心也、縁無作四諦之理発無作四弘之心、是六即中名字即位也、次根塵相対一念為所観境、念々心皆是非心《真イ》也、所以相対心、起悪心堕三途、起善心堕三善道、起禅定心堕色無色、念々○心皆是六道生死心、不離善悪故、適求出離厭生死欣涅槃無化度衆生思、故堕二乗心都不免十非、是皆求陰准悪道、又若発菩提心雖有哀衆生○縁慈悲或法縁慈悲並非円頓無縁○、今止観行者所起無縁慈悲也、無縁慈悲者森羅万像色心諸法皆天然具仏覚、相即互具不可思議本性已成、或従知識或見経巻通達解了明信解、名字菩提心也
　直達円人有二種不同、一徳門入機、二体門入機、徳門入者縁一心三諦起一心三観也、三諦理本法徳也、先衆生一心具三徳一念心即如来蔵理、天然此心本来備三徳理、念々生起故仮、尋生起本体離自他共無因四句故空、心性本理以有無不可思度故中道、如此解了行者徳門入機也、次体門入機者直修一念三千観、一念三千観者文云只心是一切法々々是心、別不観三諦本徳衆生心性具三千性相観達故名体門入機
　於徳門入機有五種、一捨麁入妙機、謂為捨六識○心始解三諦妙

理、二住麁即妙。、謂不動六識迷情即三諦本理、三唯妙無麁機、有一種円人知一切法皆是仏法、解了後倶信三諦九識本解一分無余心、理即当体自本已来果海自性故何処有迷情耶、是名唯妙無麁、四住妙還麁、亦有円人解了一切法皆是仏法已不恐欲心瞋心、別不修三諦本諸法悉三諦也、何処別可修三観哉、五非妙非麁円人、謂諸法既三諦也、三諦覚性無所可云妙、無可云麁、作通達、是名非麁非妙

問、五種共大師元意耶、答、三諦妙解上所作故、何不可違本性、法無自性、但依心任有五重円人各別作五種解行、故共元意也、体門有五種機、准之可知

問、体徳二門外別有止観本行者耶、答、如貞元六年十一月八日座主伝法者、体徳二門外別不可有円人、止観々行雖多重也、不出一心三観一念三千二種、離此二何別有円人、依貞元七年三月二日和尚伝法別有体徳不二円機、伝云、師云大師本之以寂照不思議観門不違之故、開三千三観観門亦不違之故、宣漸次不定、序中釈大師本意処法性寂照名止観矣、更不弁三千三観体不思議不可得、座主云、法性寂然名止寂而常照名観者、一念三千一心三観是也、法性寂然之時一念一心、寂而常照之時三千三観也、故体徳不二寂照一如門機別不可有之、文云、止即一念観即三千、妙即一心法即諸法、是故止観与妙法名異義同

和尚云、師最後遺伝言云、伝大師本意、更不可存一念等相、法性融寂法性常照、迷心直不堪此上法故開一心三観一念三千妙観云云、以之思之、別可有体徳不二機、亦大師定機決云、円人惣有八種、一従権入円機、二摂事成理。、謂迹門帰理門是也、三観理得道機、謂真如一理具三諦妙性観達、四観。本住機、謂俗諦常住観門、五智法無作三身機、六徳門〈有五種〉、七体門〈有五種〉、八体用不二寂照一如門機矣、今大意釈文多附下根決捨麁入妙心、文深意亦可有多種矣

問云、智者大師是多種機中何耶、答曰、座主伝云、恵師尊者徳門為正行、所釈文義多順一心三観、智者大師以体門観為正意、故文云、止観正明観法並以三千以為指南、故序中云説已心中所行法門矣、和尚伝云、体用不二寂照一如門機也、所以者何、序中得道人為最上利根、此是一途円人、大意五略是上根、七《六歟》章経歴為中根、前六重依修多羅以開妙解、今依妙解以立正行時、始存一念三千、解行相順教門何可大師本意耶、答、以寂照不思議上意見之時一心三観一念三千共還用本意也、序中重大師所伝円頓止観之処但云寂照不思議不立三諦三観々門、大師口証伝云、法本性寂照、何処別有三千三観耶矣、寂照不可思議門無諸相不同故也云云、以此大意綱目可定止観眼目

第二段修大行者、已発菩提心得妙勝解、故依妙解可立妙行、於

修大行有多種、一解外別修々大行、二本解相続修大行、三解立皆行修大行、四解行不二修大行、解外別修。大行者、此有四種三昧行、一常坐三昧、謂一向坐禅為宗、文殊説文殊問両般若経説之、此有方法勧修、身開遮口説嘿意止観、下三々昧亦如此、身開遮者身一向九旬常坐、本経、随一仏方面端坐正向

妙楽大師別為讃弥陀甚有其意、四種三昧共以弥陀為本尊、所以者何、四秘蜜。本行通以弥陀為本尊、四種行法即四種三昧也、下三種三昧如文可思也

但付四種三昧四種弥陀四観心口伝有之、四種弥陀者、謂定恵亦定亦恵非定非恵如次四種三昧本尊也、四秘行法儀記云、初行以定性弥陀為本尊治散乱障、第二行以恵性弥陀為本尊除昏病、第三行以定恵弥陀為本尊治二種並帯病、第四行以恵定不思議弥陀並治作意障、今四種三昧亦如此

次四観心者、四種三昧観心各別也、一境智一心三観、文云、繋縁法界一念法界一切法皆是仏法三諦妙法矣、所縁境界観有故仮、一念心性無名相故空、能所法界故中道也、二託仏一心三観、謂境智不思議三観直難修故待加護修託仏三観、常行三昧行法、観西方十万億刹弥陀身相、三十二相八十種好応身。、彼仏内心有智性報身空、絶有無本性不思議中道、是号念仏一心三観、三託事一心三観、由念仏一心三観外障已除、次修託事一心三観、託事者、文云、又一々句入心成観、法花文々句々随読誦観三諦理、四介爾有心常用一心三観、謂観心已練経歴行住坐臥四威儀常可修三観、具義如上已弁

次本解相続修大行者、解外不修別行、但於名字即位解了一切法皆是仏法、此解了相続名修大行、次解立皆行者、名字解了立已善悪無記三性心悉妙行、更不論解了相続、是上根輩別雖不修妙行妙解已立、真如内熏故速開天命也、次解行不二者、於名字解了之処言下刀也不下亡言一時開悟、是則解即行証輩最上利根機也

第三感大果者、由上解行功感得大果、於大果有多種、一理性堪。然大果、謂指不反。真如一理為大果、二三身円明大果、謂果上三身為大果、三々千本来大果、謂俗諦三千万法全不改体性本来自性果也、四本得大果、謂摩訶止観以本所通達門為已証、本所通達門者、有人来問云、何是止観内証、即可返問、汝本習如何、答若殺生為一期本習者、速可示殺生是止観内証、我等邪々念々之外安有別観耶、如此通達名本所通達門、五非因非果大果、謂心性不可得即是大果也、六住妙遇。麁大果、謂若住妙性不思議心性已立、立還歴次位浅深感大果、依修大行登初住果是習果、依叶此位感実報土大果、円人根性不同本解非一、故有此六種異也

第四裂大網者、已自証円満宜可起化他門、於化他亦有多種、一未満悲増化他、謂雖未自証円満大悲哀念増上故為化道、是菩薩本

意也、二登果徳用化他、謂登果上真位已依不思議勝徳施八相化儀、裂大網裂起教大疑也、三法々常用化他、謂三千諸法自本已来常住本有各施化他用、草木等為人眼見、畜類成人依怙、皆是本有化他門形也、四三千一念化他、謂三千万法悉介爾一念具足故、直一念曲情諸法悉随化他用也、五不思議化他、謂内外並寂縁観倶湛然也

　第五帰大処者、自行化他所作究竟共帰秘蜜妙蔵、於秘蔵大処有三重、一果上三徳妙処、謂自行化他共終帰入三諦真如妙理、二還入迷心大処、謂修証因果自行化他大法還尋其性、只是我性一念迷心根塵介爾（識イ）自体也、因果自行化他之時似妄（忘歟）本処、於今帰大処正顕本処通達門也、三無相法界大処、謂尋法本性非事理非化他非自行非因果非迷悟非並離共性都尽、経歴自行化他因果等位速帰不思議大処、是名帰大処矣、五略次第者発心修行菩提涅槃法界体性智五法也、大日遍照覚体名為帰大処

　大章第二釈名者、於大意章惑者懐疑慮故別立此章、何物名止観耶、止観名通偏円次不次前三教并本迹名、以独円止観為今釈名也、自独円已外止観悉為次第三観

　名有待対故相待止観名云随名釈法名、境智不二止観離名已法名字也、還同有相止観是名体本性名字也、権教権門意不立名体不二、有諸云、名字互為障其性、応尋思、又云、名無得法功法無応名之用、今家承用異之名体不二二性一如也、為此義故於大意章次明釈名

有六因、一定恵故名止観、如蔵通等、二迷名観悟名止、三一心名止三観名観、四一念名止三千名観、五法性寂然名止法性常照名観、六不思議故名止観、更不可有所因、若有所因付教元旨更非証教本意矣

　大意与旨帰除之、中間八章玄文所立五重玄符合図云

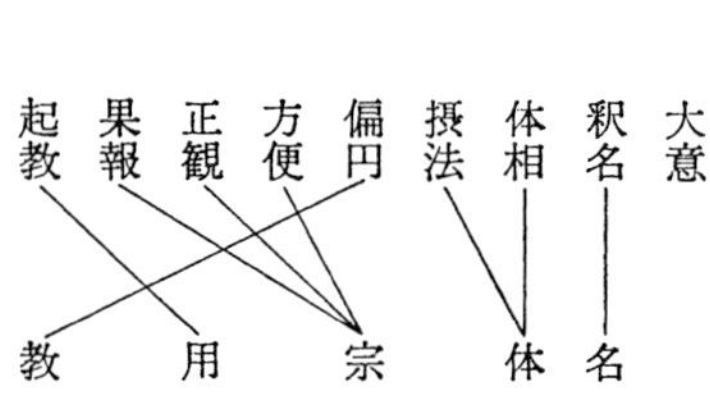

旨帰

問、何故玄文不立旨帰章耶、答、彼教門故不立也、此正明正観諸仏内証故、立旨帰秘蔵別為止観要集、彼教旨故教為第五、此観故因果宗前別立偏円章、由教起行由行剋果由果起用、因果帰非因非果大処

　第三体相者、止観実体也、其義大旨如大意章、八章亦如此云云

問云、於摩訶止観始終如何建立解行証耶、答、和尚伝云、前六重妙解正観行果報起教旨帰証、亦一章有横機倶具解行証、加前成十一種、三章相生有八種、大意解釈名行体相証、乃至果報解起教行旨帰証、亦序中解行証、前後合成有二十重解行証也、和尚云、有一念解行証、謂一念心性自本具三千本法、何不具解行証耶、是名三種円教機、已上付文大旨如此

次止観元意大旨者、摩訶止観建立源出自々解仏乗内証、非所及教門、大会共請能仁不許之、無機諸仏止語不宣説之、有機之時亦冷煖自知故不説之、有機無機共釈迦不説之、智者大師被摧深重大悲直暢諸仏本意示甘露門戸、依教門一途建立者此止観更非実事、以教伝止観此観非観、以観伝教此教即観門也、予離漢之暮値知識和尚共教此事、大聖塔中伝云、舎利弗等諸衆以言伝心故不暢真実本意、汝以心伝言、豈不宣説耶云、広智者大師教十章妙文授寂照止観、々々々々立已、何観非妙観、故円頓止観正文云、法性寂然名止寂而常照名観矣、玄師伝云、一家本義但以一言為本、謂寂照不二一言也、座主伝云、本末究竟一言也

問、一家本承有教行証三重止観、其相如何、答、貞元廿四年六月三日伝法云、止観無別相、只点衆生心性即是也、亦分三種、一教二行三証、教門止観者、此有多種、一廃教立観、謂捨権門始得情執入内証処覚、二開教顕観、謂住止観寂照実体還見諸相、何観内証深義、文云、還借教味已顕妙円、於還借有仮借実借二意、当今亀広輩之還借者於摩訶止観教味雖無用也、仮借顕円義事非実意云云、和尚授云、還借教味者住内証心地已、教味即観故教即実相也、三天真独朗止観、謂理非造作故曰天真、証智円明故云独朗、全離観行相更無可修観無可証位

問、天真独朗止観之時立一念三千一心三観義耶、答、両師伝不同也、座主云、天真独朗者一念三千之観是也、山家師云、一念三千是指南矣、一念三千者非一心生三千、非一心具三千、々々非並立非次第、故名理非造作、和尚云、於天真独朗亦可有多種、乃至迹中。明不変真如亦天真、但大師本意天真独朗止観者亡三千三観相絶一心一念義、此時無解無行、経教行証三箇次第之時、於行門建立一念三千観、故於十章第七処始明観法、是因果階級意也、玄師伝云、法成教行証故且於不二本処、教行証成法故悉入不二本処矣、既以教行因果次第至第七章立三千観非天真内証也、依知識経巻以道理安布止観大旨皆是教学形也

次行門止観者、此有多種不同、一心三観一念三千如上所立、依還用有相意出々離生死観行有重々口伝、一十界順逆観、謂先順可観十界即三諦、次可観自仏界至地獄悉三諦、後二々合縁三々合観々法成就速可用真理也、二於有相行用礼拝行、和尚深秘行法伝云、図絵十界形像十処安之、毎向一像各一百反可行礼拝、口可唱南無

妙法蓮華経、心可念、若向地獄像彼猛火当体即空即仮即中、乃至向仏像之時可観彼体即三諦、昼一時夜一時可修此行、大師為末世鈍機蜜授此法要、若人欲出生死証菩提先可用此修行也

次証分止観者、於本所通達門更不可待大師説、文云、天真独朗、若待大師。記者更非独朗、涅槃経云、仏為増上慢人説断煩悩実不断也、諸教幷観門夢中説種々義皆是仮説非実義、中論云、言下亡言一時開悟知夢、々想更不分別矣、大師内証伝中、第三止観無転義云云、故知、証分止観不伝別法也、今止観始終所録諸事皆是教行所摂非実証分、開元荆州玄師相伝云、以言伝之時行証共成教、以心観云時教証成行体、以証不伝之時教行亦不思議也、後学此語留意更勿忘失、宛此宗本意立教元意也矣、和尚貞元本義源出自此也矣

大教縁起口伝　法花深義上　四帖内三

沙門最澄記

第四、法華深義者、夫欲知出離之要路将尋如来教説、而衆生機縁非一諸仏説教是差、説教雖異終帰一極、機縁雖区尽成因果、譬如四門皆通王宮万流悉会大海、是以方便品云、諸仏世尊唯以一大事因縁故出現於世、諸有所作常為一事、唯以仏之知見示悟衆生、如来但以一仏乗故為衆生説法、無有余乗若二若三、偈云、若以小乗化乃至於一人我則堕慳貪、雖示種々道其実為仏乗云云、又薬草喩品云、其所説法皆悉到於一切智地云云、当知三乗五性無独所択、七種九界皆成仏道

恭原如来出世索懐即在此円宗妙理、皆成仏道深義敢非余宗之所窮、天台智者霊山面受、衡嶽体実三昧已天機秀発、四衆誰不信敬耶、抑欲知諸仏本懐将尋一化始終、何瞻一経略説。試諸教指帰、我師能得五品旋、時妙術巧統八教五時之大綱、一代諸教宗極顕諸師異解是非共明々、彼十法成乗之車載十界群類無捨者、三観円融鏡照三種世間無所陰、八教之網広覆三照之空、一円之珠独耀止観窓、五重玄門広開、豈闇実相理、四悉且風普扇、何留偏執之塵、雖権不捨、々即失化他之方便、雖実不執、々亦堕邪見之外道、大乗小乗皆是如来権実之功徳也、半字満字何非開示悟入之弄胤、然妙法深義誰明、故委挙自己相伝送後覚〔学歟〕、于時貞元廿四年六月日

抑尋妙法深義無過五重玄義、五重玄者、謂名体宗用教、問、今所云五重玄自大師内証起亦由師教授立耶、答、大師十徳中第一云

自解仏乗、今家所立義何自内徳無不起、万事皆由自解仏乗内才出、然自解心地超常人、故南岳恵師付法授天台、釈迦如来度々来智者窓前授深義、故五重玄源出自内証亦有師教授、直受釈迦如来文云、汝欲明法華深義用五種玄意、欲勧衆生出離於観心大教可用十乗十章矣

於五重深義有二種、一依各別釈深義、二大意旨帰深義、依各別釈深義者、此亦有両種、一五字各説深義、二五字合成深義、五字各説深義者、妙法蓮華経五字各有五重玄

一妙体五重玄者妙名不思儀、惣詮名有多種、一名体倶無常、謂小乗明名体共無常無実性、二名体各別無常、謂権教但明法身体常不存名体一如、三名即実体名、謂一家円談名与法一如更非別性、故唱妙一名万徳速帰、智威大師一字成仏決伝云、若人以誠心信楽仏果唱妙一名々忽即体故、万行速帰万徳即成、妙上窮諸仏内証下及六道群生、妙体含万徳妙《法歟》名亦具諸徳矣

予、幸仏立寺向座主問云、一字成仏秘伝源出自高祖妙行、智威大師決之、然何故我等誠心信楽欲雖唱妙不成仏果耶、座主答云、依法還機二伝有之、依法深義之時唱妙名字解自身不生理、不生実性一理之外別何有仏体、権門偏意猶有執仏迷故非一字成仏、今妙者不可思議也、妙若不思議者何還求可思議相仏耶、次還機伝者如汝所疑、於唱妙名之人有已成未成二種、良由根有利鈍、利根輩者無始已来重妄由一称之功速転三徳、々々者法身般若解脱也、鈍根之輩迷妄無始真薫過失、今妙名雖摂万徳、前生悪業所感五蘊故直不転之也、然今生命煗尽已必可得法性微細妙身、随縁遊戯十方仏土可利衆生、汝等既唱妙法名、竜華会暁成影向衆増法花明徳、報昔恩即為人可説法華、是釈迦如来大蘇道場授智者尊深義也、爾者不可至迷謬

重問云、依大師解釈不依観恵精微者無由得脱矣、何今依妙一名成仏果耶、座主示云、一家諸義離妙一名更不可有別体、一心三観一念三千四教五時等開妙体妙徳為令人領知也、唱妙名即一心三観一念三千也、何可云妙名無観心耶、観智儀記以法華梵語九字配当九尊、初薩字此云妙、。大日遍照惣体、真言秘教心三部惣合有一千三百別尊、各依所持別尊入平等門之輩名別修別証、直大日智身難入、若帰入大日一印海会者諸尊徳行速円満、今意亦如此、或依四句推検或託仏力或修一心三観或行一念三千観、皆是別修別相非惣体門機、速絶情量唱妙一名者、大日智身海印諸法惣徳妙行立故、直帰法体也、顕密雖異大旨無違背矣

但今妙名依人浅深妙体作勝劣、始覚帯迷之輩以不反一理為妙九界迷心為麁故、妙義成偏意不称本法、然後捨今始情執帰本達実処之時、対迹本故成二見妙亦不成本性、上根上智輩直達妙実或値知識或従経巻、妙名不思議亦無余趣、如是聞已解了妙不思議已、成

無作円人入直達円人也、但以妙正名摂衆機法無非本妙、三処十二会塔中口伝相分、三処者、一昔於薬王菩薩之時者霊山浄土会、二従南岳大師行法華三昧之時大蘇自証会、三為衆布法之時天台化他玄悟法花円意会

十二会者、薬王霊山有三会、一霊山会、二虚空会、三霊山会、々々々同迹化衆伝垂迹法門、虚空会砌同彼本化衆聞塵点本果、第三会霊山会、蜜聞本迹不二妙法、顕習法花流通大旨、観音妙音三十三身形、顕以流通一乗、蜜尋深意本性三千覚体也、故一家所立一念三千観源自内証出、幸合修多羅之時観音所現身相是也

大蘇自証会亦有四会、一解了安心会、謂法花行法三七日之間、第一日如来来現道場、知一切法皆是仏法云云、二教授修行会、此亦有二会、一一心三観会、二一念三千会、蜜行記云、第二日初夜伝一心三観、至卯時伝一念三千観、昼行一念三千夜行一心三観、所以者何、一念三千恵門観昼順恵故云云、三授円頓戒会、至第三日初夜、釈迦如来為智者大師作授戒羯磨、本師釈迦大師〈為和尚故〉、大聖文殊師利菩薩〈為羯磨阿闍梨〉、弥勒菩薩〈為教授阿闍梨〉、十方諸仏〈為証明〉、十方諸菩薩〈為同受故〉、如来誦羯摩文云、遮難不生、心志大乗、今授円融大戒否〈二度〉、諸仏云、与欲〈一度〉、第二第三如是、第一羯磨自十方諸衆生非情草木等上戒光雲集、第二羯磨之時戒体如満月往行者頂上虚空、第三羯磨之時戒体速入行者心中、十誦律是号無表色、大乗名浄光色、但如月輪戒体有信之時入行者心中、無心《信》之時不来、円頓戒以信為能入門、羯磨事已授戒云、大慈悲為室戒持否〈問〉、持〈答〉、柔和忍辱衣。持否〈問〉、持〈答〉、諸法空為座戒持否〈問〉、持〈答〉、故円頓戒正出安楽行品、若持此戒行輩者即入諸仏位、梵網経云、衆生受仏戒即入諸仏位々同大覚位矣、依此授戒作法智者大師教授灌頂大師、彼時只請不現前五師《仏イ》也、四讃述前法会、謂智者大師由解行教授徳自入仏乗内証円明、此時大師重来法華道場、重讃述前相、本師言云、汝依戒教解了一切皆是仏法、亦依授行立相修三千三観妙行、由解行精微深入自証門、我《口イ》領汝証相法性寂然名止寂而常照名観矣

玄悟法花円意会亦有五会、一為上根人授上法会、謂為上根利智人以本所通達門可示得道要路、不違当機本作只指本作示止観相也、二本迹教授会、謂大師釈迦為天台智者授本迹権実法門、三五時八教会、謂授四教五時名義、四十乗十章会、謂為観門下機別開止観十章形也、示不思議観解劣機不堪之故、別用修行因果等別相、五正教本処会、謂上十一会所授諸義以何為本所、此事難知、故亦来示此法要、以前諸義只是妙一字更非別物、妙具諸義、衆生為示此相授十一門妙意、以此妙可為本所、妙名即具如此衆徳故名不思議、有如此不可思議故唱一字聞妙名之輩速成仏道、於妙有三種、一可思議妙、二不可思議妙、三常性本作妙名也

次妙体者、直指万法自体即是、諸法自体依機亦有不同、迹門意不反真如一理為妙体、迹情向理修行々々帰理々々堪然也、観心門時直指大真如、々々々者不反随縁一体不分二相体、於大真如門且為以二義分別名不反随縁二種

　次妙宗者、妙因妙果、於妙因妙果有多種意、大義如上可知之、付妙因有一字常作行法、是大師一期所行師々通用妙行也、於妙一字伝五種法師行、々儀日記云、早旦入道場以深心可受妙字、以誠心一心清浄端坐道場、正如向真身至信故可請受師、其語云、一心奉請本師釈迦大師〈三反三礼〉、一心奉請当来導師弥勒菩薩〈三反三礼〉、一心奉請十方一切諸仏。〈三反三礼〉、然後端坐可唱願諸仏菩薩以大慈悲授我妙理矣、頂載受持已次可読誦妙法蓮華経、念珠満数亦可行者所楽、極略窮三反、一反為出離生死証得菩提、一反為法界廻向、一反為報恩謝徳也、読誦已次可書妙字、亦極略至三反、心安立妙義、口輪為人説微妙浄行、通極五種行心散乱故非要、大師為静心得証常修此行、亦用此行授道俗衆、和尚云、一字五種妙行、第四解者即修一心三観、其観相者可観衆生一心名妙、所以者何、一心不生故妙、盧相宛然故妙、以有無不可度量故妙也、是託事観所接也云云

　座主云、妙因有四種、一解行次第妙。、謂有機根鈍故不達解行不二妙旨、始立解了次修行後至証位、問云、智者大師已立解修妙行、豈非解行次第耶、座主答云、迹中次第名為解行次第、大師所解々行不二之上次第更非麁行、二唯解無行妙因、謂若有人従知識聞妙法一句、即言下開大悟是也、三解立常作妙因、謂本解已立達一切諸法本是仏法更非心外、行住坐臥三性分別諸念悉一心三観、別不伝修行即開天真是也、四諸相皆絶妙因、謂一家円談源本性不思議也、十界名相速亡泯已妙因義即成大妙矣

　次妙果者、於果有多釈、迹門始覚理以仏果不反一理為妙果、本覚門時者以本性三千直為妙果、性相亡泯門時者以法性不可思議為妙果已上

　依大師開悟伝法次第、大蘇道場前三会伝法是妙因、第四讃述会妙果、此開三種別伝、一蓮花因果〈妙因妙果〉、二円教三身〈妙果〉、三常寂光土〈妙果所居〉、如別集云云

　次妙用者、今縁化他勝用也、智者大師於天台山値塔中釈迦伝妙用義、因果妙宗既成立、速証化他門利衆生名用、此有身口用、身用者、示十界形像利衆生、始本二種化用准上可知之、次口輪用者、機未熟之時説権教一意誘引疲退、機純熟已速説法華

　々々有二種、本脱未熟之時説開権顕実法花、於顕一法花亦有十重不同、一破三顕一、破権教局情入円実妙理、二廃三顕一、謂権機執亡権教《行歟》随亡、三開三顕一、謂開権機局情直開白牛実証、四会三顕一、謂開権。顕実教也、五住一顕一、住仏意内証実証之時一

外無三、何別有破開等不同、機教情理共有性徳不思議、六住三顕一、謂破廃開会四重、在仏意成住一顕一、在機情之時住三顕一也、対機仮説之時者、設雖開会対権三一故非実、情従所対顕一還成三、七住非三非一顕一、謂理体真性時非三非一、住一顕一約自受用智門顕一実、住非三非一顕一約法身。門論之、八覆三顕一、於法花已前如来雖不顕説開権顕実妙旨、一機速熟必得入一実之理故名覆三顕一、九住三用一、謂若根機速熟已、如来以三蜜○四門別徳住権三処速説不待時法華、十住一用三、謂今法花是一実更非権教、然於文中説劣義者、即是住一実本性還用権三也矣

次十重顕本者、破廃開会四重如前可准之、住本顕本者、此有二意、一果海住本、○性住本、果海住本者、諸仏○自体。有三身、一性無作仏体、文云、我成仏已来甚大久遠、寿命無量阿僧祇劫常住不滅、指我性理為我、諸法我性本来常住無作円満三身也、此時無本無迹唯仏内証、経文云、唯仏与仏乃能窮○尽、次本性住本者、俗諦者恒沙実法本有常。名住本、予在唐之時奉問曰、真俗二諦不生不滅矣、云何俗諦縁起生滅常住耶、和尚云、俗諦常住真諦不反○義源出大師諸仏内証、円宗所談事理不二修正〔性歟〕一如、真諦○更常俗云何生滅、不動十二縁起当体即常、経云、是法住法位世間相常住矣、六住迹顕本者、上五重法門若向機情之時迷○成迹意失本性、七住非本非迹顕本、別法身如来本性、八覆迹用本云云、已下准顕一可知之、座主伝法十重顕本図云

相対〔待〕妙─┬破迹顕本─（破執）─破九界顕一仏界
　　　　　　└廃迹顕本─（廃教）─廃四時八教
絶待妙─┬開迹顕本─（開情）─開九門○界即仏
　　　　└会迹顕本─（開教）─四時八教本妙
仏意二妙─住本顕本─（自受用）─唯仏無麁
機情二妙─住迹顕本─（応身）─垂迹化用
不思議二妙─住非迹非本顕本─（法身）─理門不思議
一機二妙─┬覆迹顕本○─（不待時）─別機得道
　　　　　└住迹開本─（不待時教）─別開本教
言説二妙─住本開○迹─（且仮名相）─還借教味

五妙教者、法華開権一大円融教是也、前四重妙義此章分別、依和尚伝妙教有五種、一開権妙教、二本覚妙教、三口説妙教、四常説妙教、五観心妙教、開権本覚可知、口説妙教者、由劣機感見之時者以口説為教、常説妙教者、上根利智所見所六塵終日説法亦常説也、観心妙教者、観心性得道観心即教也〈已上妙字五重如此〉

第二法五重玄者、法謂自性義也、法名者、文云、能持自性、故名為法、軌生物解矣、十界三千諸法各々持自性生人解、観智儀軌

云、法主愛染明王法九尊中阿弥陀如来妙観察智所変矣、法主愛染明王者、尋愛染明王体正顕一念三千観形、余仏菩薩偏持浄妙身捨愛貪形、愛染明王体即内証清浄心理上持貪欲煩悩形相、善悪不二邪正一如、三摩地大相応経云、大日如来於法界宮説法、一会中有黒闇名元品無明、諸衆心昧不能解脱、愛染明王受仏勅速対治無明黒闇矣、一切諸菩薩是堕捨劣得勝二見故不降伏、愛染不捨煩悩体即浄妙故能伏脱、今法亦如是、三千因果諸法各入本性常楽也、予深案此事、別行一心三観之。体用愛染明王別行、速可成就所行

　愛染明王別行有三種次第、一如意自在法、二法界通惣行、三但為得脱法、如意自在法者、図尽愛染像、構厳浄道場、本尊安東方可請所行矣、具如愛染別説

　次法体者、或以不反真如理為体、或以三千常住法為法体、惣論体有三種、一徳体、二性体、三不可思議体、徳体者、三諦也、一切諸法従本已来具三諦徳也、地獄衆生具猛火等也色相仮諦、内心虚空諦、色心一処住中道也、乃至仏界亦如是、本起経云、一切衆生有三魂神、一心静治清神住人心中〈空諦〉、二散心智恵神住皮肉間〈仮諦〉、三微細神住腸空中為二神主〈中諦〉、一切衆生本性三諦名三神、次性体者、三千諸法是也、三不思議諦者、絶三千三諦名相言辞不可説也、経云、諸法寂滅相矣

　次法宗者、法因果也、於法因果有二種、一異時因果、二一念因果、異時因果者、前起一念為因後念開大理、是異時也、乃至遙経修因別行後入仏果亦異時摂入、一念因果者、法々塵々当体全不改自体、一念間具因果形、其相者、一約三諦、一念空仮為因中道為果、二約十界、一念九界為因仏果為果、三約寂照、法性常照為因法性寂然為果

　次法用者、従三千三諦宗施任運化、一切衆生本性真理有三諦妙用、常為物施薫用、若聞法外縁来時速成大利用、三千亦如是、観音妙音等現三十余身化相出自三千本来体、釈迦薬師等有三身円明徳即由心性三諦

　通三身有用、法身化用者、法身如来住法性源空為自性十界説法利生、眼見色耳聞。皆是由法身説法花用、報身用者、住自行報土為内証十界説法、一切衆生随時依境心起慮。正由報身説法徳、諸仏当体色心各別、互為依因彼対此々対彼、皆是本有応身内用也、於本有応身有証道八相、如此三身化用名本覚法用、始覚分別之時、由果海円満徳為機唱八相成道化儀、是名法用矣

　次法教者、応用内才正転法論、証。八相中転法輪一相也、惣諸教法有多種、一離体言説、謂法性寂然全無名教、於無名教処為衆生迷心故且説名教、二。体言説、謂於法性常楽自本已来具教法、三言説即心、可准知

　応体言説有五時八教、於五時有仏意機情、仏意五時者諸仏内証

具五智奥徳、是名五時、花厳大円鏡智、阿含成所作智、方等平等性智、般若妙観察智、法花法界体性智也、今所言法者蜜表法界体性智、順師伝云、四教是四智、三蔵教成所作智、此教明生滅所作仮法故、通教平等性智、此教明如幻即空平等一味旨故、別教妙観察智、別教意以三観別智々断三惑迷執故、円教平等性智、花厳経在大円妙観二智、正当因果合行、阿含経説成所作智、浅海。院行法也云々、諸仏内証自本具五時全不趣機情是名自証法華体、智威大師云、三種法花第三根本法花在五時立、即立仏意五時、機情五時如常途説

　八教亦有二種、仏意八教者、一切衆生心性有。分蓮花、八葉蓮花者経四智成本有因果、成所作智有。、因分名三蔵教果分名漸教、平等性智有因果、因名通教果名不定教、通教自体不定、或通円或通別或通少、故通教平等性。果分名不定教、妙観。智有因果、因別教果秘蜜教、大円鏡智有因果、々円教因頓。、彼因果八葉以不二中台為所依、法花是超彼八教絶因果相内外円明法界体性智也、是名仏意八教、機情八教者由内証八徳為機説八教是也云々

　妙法二字五重玄不同者、法性寂然五重玄名妙、法性常照五重玄名法

　次蓮五重玄者、蓮花名因成実三義、蓮名者、十八円満故名蓮、一理性円満、謂万法悉帰真如法性実理、。万法円満故指理性為蓮、二修行円満、謂有相無相二行万行円満故指一行為蓮、三化用円満、謂心性本理諸法内分、此之内分具化他用故名蓮、四果海円満、謂尋諸法自性悉捨本性成無作三身法無非無作三身、故名為蓮、五相即円満、謂煩悩自性全菩提一体不二故為蓮、六諸教円満、謂諸仏内証本蓮具足諸教更無闕減、七一念円満、謂根塵相対一念心起具三千世間故、八事理円満、一法当体二而不二無闕減具故、九功徳円満、謂妙法蓮華経具万行功徳有三力勝能故、十。位円満、但点一心六即円満、十一種子円満、一切衆生心性自本具成仏種子、権教無種子円満故不説皆成仏道旨、不説皆成仏道旨故無蓮義、十二権実円満、謂法花実証之時即実而権即権而実、権実相即故闕《無歟》減故、十三説法円満、謂法既具三身故諸法常演説法、十四諸相円満、謂一々相中皆。八相一切諸法常唱八相、十五俗諦円満、謂十界百界乃至三千本性常住不生不滅、不動本位当体即理故、十六内外円満、謂非情外器具内六情、有情数中亦具非情、余数教不説内外円満故不草木成仏、草木成仏非故亦不名蓮、十六観心円満、六塵六作常観心相更非余義、十七寂照円満、故文云、法性寂然名止、寂而常照名観、十八不思議円満、謂尋諸法自性非有非無絶諸情量、亦無三千三観并寂所想大分深義本来不思議故名為蓮矣

　以此十八円満義委案経意、今経勝能并観心本義良由蓮義、二乗悪人草木等成仏并久遠塵点等離於蓮徳無余義

座主伝云、尋玄師正決十九円満名蓮、所謂加当体円満、々々々々者当体蓮華、謂諸法自性清浄離於染濁自本名蓮、依一経説一切衆生心間有八葉蓮華、男子向上女子向下、至成仏期設雖女人心間蓮速還向上、然今蓮有仏意之時成本性清浄当体蓮、若就機情此蓮華成譬喩。矣

次蓮体者、於体有多種、一徳体。、謂本性三諦為蓮体、二本性蓮、三千諸法具従本已来当体不動為蓮体、二本性蓮、三千諸法具従本已来当体不動為蓮体也、三果海真善体、一切諸法本是三身住寂光土、設雖一法不離三身故、以三身果為蓮体也、四大分真如体、謂不反随縁二種真如幷名少分真如、。本迹寂照等相諸法自性不可思議為蓮体

次蓮宗者、果海之上因果、和尚云、六即次位妙法蓮華経五字之中正在蓮字、蓮門五重玄中正起於蓮宗、所以者何、理即名本性、々々真如果性円満故理即名蓮、住果海本性経解行証位故名果海次。、智者大師以自解仏乗内徳明見経旨、於蓮義建立六即次位、故文云、此六即義起自一家、深符、然依始覚理指在纏真如。理即、妙覚証理名出纏、正為出離修諸万行故、。性理非因果、故亦名蓮宗

蓮有六体能、一自性清浄不染泥濁〈理即〉、二花台実三種具足無減〈名字即、解了諸法即三諦故〉、三初自種子至成実花台実三種相続不断〈観行即、念々相続修無廃故〉、四在花葉中未熟実似真実〈相似即〉、五花開蓮開〈分真即〉、六花落蓮成〈究竟即〉、以此義故六即深義源出蓮宗

次蓮用者、由六即円満徳常施化用故

次蓮教者、住本有三身果海蓮性常説浄法、八相成道四句成利、和尚、証道八相無作四句成道在蓮教処、只指無作三身為本覚蓮、住此本蓮常唱八相常作四句成道故矣

次花字五重玄者、指諸法因分為花、々名者、花有三徳、一色微妙、二妙香具足、三終帰魔滅、此三相即三諦、色微妙仮諦、妙香具足中、終帰魔滅空諦也、前四味間如来為誘引十方、由三諦円花徳趣。情説三諦、花厳中道〈円教正意故〉、阿含方等空行〈蔵通二教以空為正意故〉、般若仮諦〈説別教為正意、別教出仮意故〉、在法華因中花分三諦。体内権、在爾前名体外権

次花体者、一心三観一念三千等修行諸道皆是花体也

次花用者、三世十方諸仏利益為蓮用、九界幷十方諸菩薩化道利生為花用

次花教者、執機情所説教法皆是花用也、又雖自性説法対自性内機故皆属花厳云々

次経五重玄者、破人法二邪令正直為義、人法二正者、一切衆生顕得道皆由経力、若無経巻者生死長遠出離可久遠、亦由理。成法正、真如法性妙理自性清浄無邪曲、正由理内有理経、亦三千性相

本住常位。邪曲、法々悉具本有妙経故也、是為経名
次経体者、始覚門時以不反真如別理為体、本覚門之時以随縁諸法為経体也、。経用経教准上可知矣
大文第二惣説五重玄者、妙法蓮華経五字即五重玄也、妙名、法体、蓮宗、花用、経教、問曰、以花令通宗用邪、答曰、蓮華果因故以花属宗、仏果上位還趣化道似昔因、故亦当花相矣
惣説五重玄有二種、一仏意五重玄、二機情五重玄、仏意五重玄者、諸仏内証具五眼体即妙法蓮華経五字也、仏眼妙、法眼法、恵眼蓮、天眼花、肉眼経、妙名不思議故真空冥寂仏眼、法名法別法配分別形、恵眼空果体蓮也、花用故名天眼神通化用、経者破迷。、以迷為体所対故名肉眼、仏智内徳具五眼即五字、々々亦五重玄也、故名仏意五重。
亦五眼即五智也、法界体性智仏眼、大円鏡智法眼、平等性智恵眼、妙観察智天眼、成所作智肉眼、問、一家立五智耶、答、既九識故可立五智、前五識成所作智、第六識妙観察智、第七識平等性智、第八識大円鏡智、第九識法界体性智矣
次機情五重。者、為機所説妙法蓮花経即是機情五重。也
付名題五字有五重一心三観、伝云
妙─不思議一心三観─天真独朗故不思議
法─円融一心三観──理性円融惣成九ヶ
蓮─得意一心三観──果位
華─覆疎一心三観──本覚
経─易解一心三観──教談
玄文第二挙此五重、随文可解、不思議一心三観者。已証法体理非造作本分、於無作三諦名相中強以名相説名不思議、円融者理性法界処従本已来。、聖智自受用徳可置故知名得意、覆疎三諦者無作三諦、遍一切法本性常住、不同理性円融故名複疎、易解者三諦円融等実義雖知、。且附次第分別其義、故名易解矣、此名附文五重
次依本意亦有五重、一三観一心〈入寂門機〉、二一心三観〈入照門機〉、三住果還一心三観、有上機聞知識説一切法。是仏法、即聞開真理、入真已後為遊観修一心三観、四為果行因一心三観、謂聞果位究竟妙果、為得此果修種々三観、五付法一心三観、聞五時八教等種々教門、以此義入心修観故付法矣、如次可相当云々、已上修禅寺遂和尚伝法四ヶ如此

本覚讃釈

天台沙門源信撰

夫以本覚之理幽邈、不琢之何悟元迷之源、心理之要水昏濁、不澄之何浮覚華之萼、即採先哲之旧懐方知綿玄之奥旨、帰命本覚心法身者述曰挙意業次兼身口二業、本覚心身者自身本覚不生之理也、或本経云深法身云云、私云、内証開悟時知此理故非凡下所知、是故云深歟、故一行阿闍梨釈大日経云、此本地之身即是妙法蓮華最深秘密処云云、深義此意歟

問、一切凡夫無始自来未悟故亦不皆悟入、爾不可云本覚之身、答、対中間始覚指元初且云本覚歟、例如対中間有始論無始矣

問、指無始之本名言本覚法身如対中間有始無始者、実有元初之始歟、答、経論中諍有始起衆生一義但十地菩薩不知元初迷縁、是故亦至究竟転依位可悟此理者也、故瓔珞経云、使無法起故名無始、非無其始、故名無始云云、又教時義一云、但其本有迷覚之始後身菩薩尚不能見、況凡夫、豈得解釈、若疑此初即為問非也

問、若言有始起衆生者有亦難一、密厳経云、涅槃若滅壊衆生有終尽、衆生若有終是亦有始際、又涅槃経中有外道十四難、如来置而不答、其衆生有初際難是其一也、若言如来蔵法自変作衆生、即是衆生已有初際故違仏説、亦随外難、答、維摩経説、法本不生今亦不滅、法本不然今亦不滅云云、羅什釈云、法性法然生不従生滅不従滅、三界法体不然不滅、仏為衆生説如火宅、此則理常平等、常平等故常住法位、事常差別、常差別故従縁起、常平等即是常差別、常差別即是常平等、起法性起、滅法性滅、常是法性、無非法性、何法非生作衆生、何法衆生始作非生、法性深理外道不識唯執冥本等不信理本等、是故衆生初際之問仏置不答而已

問、若雖依如来蔵衆生新新始起、而諸仏涅槃不滅壊者此則衆生有増有減諸仏唯増、則違不増不減経説衆生界不増減、答、先変難汝、諸論多説生死無始有終涅槃有始無終、此則衆生唯減而涅槃界唯増義、豈不違不増不減経説哉、而今謂生死涅槃同是法性、法性同体互非前後亦無増減、動名生死静名涅槃迷名衆生覚名諸仏、〈已上教時義上〉

問、此心法身住何処耶、答、頌云、常住妙法心蓮台云云

問、何物名妙法心蓮台耶、答、有釈云、凡人胸有干栗駄心有一肉団、体有八分状如蓮華、男仰女伏、観此八分以為妙法業分陀利華、〈已上義釈文〉今指之云心蓮台歟

問、何以之名蓮華耶、答、法華玄義云妙者不可思議之語称美法義也、法者権実之法此法即妙此妙即法〈取意〉、今私云、妙法即心心即蓮台蓮台即妙法云歟

問、此本覚法身只理性法身不具衆生衆徳耶、答、頌云、三身万徳備三十七尊住給云云

問、其三身者何等耶、万徳三十七尊亦何等耶、答、私云、指法報応之三身云歟、亦万徳者、略云指道識性般若等十種三法、若広論者万行諸波羅密°功徳法門歟、又三十七尊者、大日阿閦宝生弥陀不空〈已上五仏〉、金宝法羯〈已上四波羅密〉°、薩王愛喜宝光幢°笑法利因語業護牙拳〈已上十六大菩薩〉、嬉鬘歌舞〈内供〉、香華燈塗〈外供〉、鉤索鏁鈴〈已上四摂、都合三十七尊〉

問、此三十七尊因果二位合論之耶、答、不爾、此三十七尊非因果位、只是本有常住理具也、十界衆生心無不具者、故蓮華三昧経云、三十七尊住心城遠離因果法然具云云、又教時義云、於衆生心中自性具足是因果之法、非是修因得果所致云云

問、其心城者以何形像為心城耶、答、頌云、心法本自無形、内外処所不在云云

問、此頌意何、答、心法非色相故云無形歟、故有処云、我心自空、罪福無主、観心無心、法不住法云云

問、又内外処所意何、答、指六塵云無外、指六識云無内、指六分云処、指多趣異熟形云所也、即此心法求此等法中更不得形者也

問、云六識中有意識、意識豈非心法哉、而何非内耶、答、論其体性是即一、論其用則各別、言心法者体性指本有理、故心地観経云、如是心法本非有、凡夫執迷謂非無、若能観心体性空惑障不生便解脱云云、識者指用、故唯識宗意°如真如為性以識為相云云

問、本有心法一切衆生理具也、其識相又有何処乎、答、頌云、胸間方寸阿梨耶識名云云

問、識有八九識、何偏挙阿梨耶識一乎、答、第九清浄識非染浄依、前七識転識、非本識、第八識是本識、為染浄依、故金剛頂月輪文云、煩悩種子善悪皆因心、此心為阿梨耶、六度薫習故、是心為善本、由具福智故云云

問、若此心六度薫習福智具足、何一切衆生乍具此心依染分久周生死依浄分速疾不得脱乎、答、頌云、流来生死昔分段輪廻今日介爾刹那不物綿綿事年久云云

問、此頌意何、答、此頌意、指無始一念妄起時云昔、指今日以前云流来生死、指今生身云分段歟、亦有処云、流来生死指迷心之初云云

問、若爾者衆生有始歟、答、是前不云許一分有始之義

問、若爾者其多義何、答、有四義、一者始無始義弥沙塞部所立、二無始有終義薩婆多及経部、亦大乗一師所立、三有始有終義一類大乗師所立、四無始無終義一類大乗師所立也

問、以何義為生死義乎、答、以衆多死此生彼義為生死義、依之摂大乗中立七種生死、一分段生死〈三界果報〉、二流来生死〈指迷心之始〉、三変出生死〈背妄之始〉、四方便生死〈入滅二乗〉、五因縁生死〈初地已上〉、六有後生死〈第十地也〉、七無後生死〈金剛心也〉

問、以何義為輪廻義乎、答、尋順流十二因縁義可知之、又心地観経云、有情輪廻生六道猶如車輪無始終、或為父母或為男女世世

生生互有恩云云、亦有経云、衆生没在生五趣無出期云云
問、介爾刹那等云意何、答、言介爾有二種、一無始妄心起云介爾、故決五云、言介爾者謂刹那心無間相続未曾断絶、纔一刹那三千具足、二随知識経巻一刹那起、木石異一念自性分別心也、決五云、言介爾者非縁妄境、但生一念、謂我観成名為介爾、介者助也、助謂微弱之念云云、又教時義云、一念起厭苦欣善心也、今所論第二介也、此一念介爾也、一念介爾心僅雖起又難住不退相続心、故有経云、譬如軽毛随風東西云云、又有処云、魚子難長、菴果難熟、此界発心亦復如此云云、故次頌云、介爾刹那不物、綿綿〈遙訓周訓〉、遙遠周廻義也、故経云、猶如車輪無始終云云
問、此始発心義諸界諸趣之身皆可発耶、答、三悪趣北州上二界全無始発心、亦有此界此州僅通東西六天云云
問、有仏無仏土倶可発此心耶、答、但限仏世無仏世全無発心云云
問、若爾者像末比豈無発心耶如何、止観云、或従知識或従経巻聞一実教発菩提心〈取意〉、此豈限仏世耶、答、顕幽析云、若有経巻若有知法人時皆是仏世云云〈取意〉
問、此介爾一念心是微少軽心也、若爾者可不具諸功徳耶、答、云、此心即如来蔵、恒沙功徳盈満云云
問、此頌意何、答、此心自本本覚真如理也、何一念心可不具諸功徳、故止観云、一念心即如来蔵理、如故即空、蔵故即仮、理故即中、三智一心中具、不可思議云云、今云、恒沙功徳不可通三諦功徳者也
問、流転五道生死間此心所具功徳不損失耶、答、頌云、五道生死廻無垢清浄無比云云
問、此心意何、答、此頌意、理性善心上発介爾善心、五道生死雖於流転更不断失云也、故止観云、法性自天而然集不能染苦不能悩道不能通滅不能浄〈此理心法無垢義〉、法華云、一切智願猶在不失矣、大般若云、一句触耳永劫不朽矣、又云、一経其耳当得菩提〈此明行善義〉
問、若爾者何法華云我及諸子若不時出必為所焚耶、答、妙楽大師釈云、大乗善根理実無矣、経文且説応仏化儀歟
問、若爾者何可知此心備理行二善耶、答、頌云、或月観五種三昧成矣
問、此頌意如何、答、此頌意者、心性如月輪、行善如五種三昧〈三昧者言観法也〉
問、此義猶不明、何可知耶、答、源依密教、離是非論場所詮理、今況恣言此義乎、有処云、於内心中可観月輪、由作此観照見本心湛然清浄猶如満月、即成五月輪、即五方月輪、即転九識即成五智尊即処五方月輪、転阿梨耶識成大円鏡智、亦名金剛智、即東方月輪上阿閦仏発菩提心所成也、転末那識成平等性智、亦名灌頂智、南方宝生仏行業心所成也、転第六識成妙観察智名蓮華智、西方阿

弥陀仏智波羅蜜所成也、転前五識成成所作智、亦名羯磨智、北方不空成就仏果徳円満所成也、転第九識成法界体性智、亦名法界智、中方毘盧遮那仏、各以四菩薩為親近者、十六大菩薩五十三仏七十三尊百八尊胎蔵八字四重十三会因果二界併備心月輪上云云、又顕教中有処云、心性月本而不動、依結使水仮浮五陰影、随器方円随波動静矣〈取意〉

問、何可知此心三諦具備、其故者空仮法如水火相変故、若爾者可先後、何可同時具耶、答、頌曰、或鏡喩三諦相即顕矣、此頌意猶不明、何可知之耶、止云、根塵相対一念心起即空即仮即中、譬如明鏡像、明喩即空、像喩即仮、鏡喩即中、不合不散、宛然不一二三一二三無妨矣

問、此釈有法譬不斉失、鏡明像是有色法心法無形、非内外処処云、何可顕空仮中三諦倶時具義、答、頌曰、一念有非三千性相分矣

問、此頌意何、答、此頌意心性対根塵起時宛備三千性相云也

問、其三千性相一念心備方何、答、止五云、夫一心具十法界一法界又具十法界、即成百法界、一界具三十種世間百法界即具三千種世間、此三千在一念心矣、此釈意、一念心具十界地獄餓鬼畜生修羅人道天道声聞縁覚菩薩仏界、一界各具余九界故一界所自成十界十界合成百界、一界具十如十界具百如百界具千如具三世間〈即衆生世間国土世間五陰世間也〉、十如具三千○世間百如具三百世間千如具三千世間云也

問、爾者其体可見得取与耶、答、頌曰、亦是無非一法不可得矣

問、有云無云非有云非無云変成戯論、誰依此不定法開悟耶、又前法譬不斉失未遮、何可会耶、答、譬有分喩、所以今借鏡明影三法、非先後同時義、且喩三諦相即義、不論法体有無者也、又三諦相即法爾如此歟、若為有定無者同外道凡執随断常二見、故頌曰、其性非有非無不動是中道、三千亡存仮名為空仮矣、三諦理如此可得意也

問、若爾有何証拠耶、答、止観中有此証拠、同今頌、故煩不引之、又円覚経云、一切諸衆生幻無始無明皆従諸如来円覚心建立、猶如虚空、花依空而有相、空花若復滅虚本不動矣、以此文可証三諦相即義、法性如虚空体不動、性非性花、依眇目縁顕現花星、若依明眼縁故花星即滅、大虚外無花、花外無虚空、花現為仮花失名空智、空仮二法其不動名中、故我一念心内備三諦一諦三世間法

問、至何位悟此理耶、答、等覚以前尚有分分迷、故未明、只至極果位能可悟此理者也、故頌曰、内体三千空仮中毘盧遮那遍照智矣、此頌意、可知二字而限七字故不書之歟、所謂至毘盧遮那遍照智之時可知此理、凡夫似位時猶不明不二旨、頌曰、迷石木異解氷水一矣、所以迷日草木瓦石各別開悟時水氷其性一也、故仏随機説不同、何者六識能変真如不変義蔵通二教処明、真如有二義、一不変真如二随縁真如、是別教所明、真如二義、一不変二随縁、随縁

即不変不変即随縁円教所明、故知真如即心法心法即真如、真如変万法、心法亦変、譬如水与波非一非異、故次頌曰、応知心性無外万皆是法界海、乃至一色一香不中道物無矣、一色者空五陰、挙一色陰摂余四陰、一香者空十二入、挙一入摂余十一入、十八界略之、無非中道有二義、一色香即中道也、故止云、陰入皆如無苦可捨等云云、二以色香為門悟入自性三密心城、故有処云、捧一華焼燈香以身業為門顕現自身本有仏部諸尊、読一句誦一偈以口業為門顕現自身本有蓮華部諸尊、運一念念一尊以意業為門顕現自身本有金剛部諸尊云云、是豈非云十八界法顕三密諸尊哉、又有経云、泥洹真法宝衆生以種種門入矣、又三無差別日更無能入所入、色香即中道云義是即勝、故唐三蔵云、青青翠竹尽是真如、欝々黄花無非般若矣

問、其三無差別之義何、三者何等、答、華厳云、心仏及衆生是三無差別

問、心者可通仏与衆生、其故覚心名仏迷心名衆生、若爾者何可成三義耶、答、以己心為心、望仏界望他衆生云二也、無差別者自他仏界平等義也、故止一釈乗一念心具三諦義了云、非但己爾、仏及衆生亦復如是、華厳云、心仏及衆生是三無差別、当知己心具一切仏法云云、又有処云、於自他各各有自他故云三無差別、謂自之本覚仏云自之仏自之煩悩身云自之他身、自之本有心名自心也、他仏他心他衆生亦如此

問、自無始以来背仏界久住煩悩界故、以煩悩身為自之自身以仏界身可為他身、而何不爾耶、答、衆生若不作悪業当是可仏、然造悪業故成迷衆生、故仏云自煩悩云他、由華厳等諸教云客塵煩悩云云、故次頌曰、己界思自仏界衆生不遠、一念実相不隔三無差別可知、凡一代教主以演此旨為究竟大乗也

問、若爾者花厳可勝法華、彼経明三無差別義今法華不明故、答、誰云、今経不明此旨、者、所謂方便品、其智恵門難解難入云、又開示悟入仏之知見云云、又是法住法位世間相常住云、譬喩品、其中衆生皆是吾子云、信解品、此是我子、我是其父云、乃至安楽行品、修摂其心如実相云、寿量品云、如来如実知見、非如非異云、是等豈非三無差別義哉、加之宗家所釈云、故挙始終意在仏恵、中間調適非仏本懐矣、既云仏恵門、豈無三差別義哉、何以法華可為劣、故頌曰、妙法蓮華此謂、仏出世本意矣、華厳明仏恵非仏本意、以一切衆生併成仏為仏本意也、所以今経逆罪調達預天王記葥五障竜女唱無垢成道、敗種二乗生仏性芽茎被移人天猶預通記、此是併具仏性理故、所以次頌曰、衆生本有理指一仏乗説給、仏於寂場悟此理、衆機生故不説此旨於所証理上分別説諸権乗、為後番未熟機設双林捃拾説、仏所説理与自身所具理無二無別、仏悟此理所説教法亦理我心上備者也、故往記之智光之釈云、当知衆生心想仏、時身相顕現衆生心中、譬如水清即色像現、而水与像不一不異矣、以之思之仏身即我身也、所説教法亦我心具摂収、故次頌曰、四味兼帯前

教双林捃拾後説一期縦横苟己心中収、抑木石中具火性不値縁不現起、我等縦雖具此理若闕戒行若不結妙縁以何為出離業哉、故次頌曰、我身薄福底下浮嚢破海深、仏乗縁不結何出離本為矣、不具七法聖正助道法故云薄福也、方便之中之下位不値諸仏王、故云底下、以浮嚢喩戒行、譬如以浮嚢渡深海間於途中乞之、女人心弱者与之即沈海底、心賢者不与手許故平安渡海致彼岸、今以之合法以生死苦報為海、以五篇七聚戒喩浮嚢、以煩悩結使喩羅刹女、以全分浮嚢与鬼女如破四重根本戒、与半分如破十三僧残戒、乃与女手許如破突吉羅罪、設雖小戒破之能沈生死海、但事理二戒、其中理戒勝、故涅槃経云、学大乗以此人為持戒、法華云、是名持戒云云、本覚真如繫心何不成持戒業哉、設誤堕阿鼻必夫値諸仏菩薩利生、故次頌云、円融妙境且発心縁有阿鼻炎中仏種萌矣、故有処云、曾聞一句可為因、聖人冥顕赴対応之矣、若不帰敬心蔵如来何得勝功徳哉、故有経云、日夜数他宝自無半銭分、又云、行人無益不作観心如人数宝、似盲執燭、又云、若不起願何可成其業、故次頌曰、己心仏願無縁大悲垂矣、己心仏者指心造如来也

　問、観己心本覚心蔵如来者有何利益耶、答、有処云、若観此理能了三世一切仏法乃至云聞即得解脱三途苦難云云、即華厳伝曰、○久明元年大唐有王氏者、既無戒行、曾不修一善、因病致死即被引二鬼至地獄、門前見一僧立、即告王氏言、汝一生間好悪不修善、汝何時免此地獄苦、若欲免此苦当誦一偈、即教云、若人欲了知三

世一切仏応当如是観心造諸如来、我即地蔵菩薩云了失、即王氏誦此偈、時閻羅王放○勉王氏即当記此偈時声所及処受苦之人皆得解脱、王氏三日始蘇憶持此偈向或諸沙門説此示、験此偈文、方知、是華厳経第十二巻夜摩天宮無量諸菩薩雲集説法品文也

本覚讃訳

延宝八年庚申初冬吉日

三十四箇事書

皇覚

爾前円教三身事

爾前円教三身者、無相三身也、非有相三身、又非相即互具三身、先無相三身者、法身非有非無非色非声非香非味非触非法、但真如実相体也、不可云応身不可云報身不可云法身、而法身本余二身用也、雖清浄無相而応衆生有用照了万法用云全一身所当体無三身、但性置謂性用云不云性用不二三身即一、譬如金杖雖一而有諸用、法身只一真如性云有応報用、以之可知、汲流尋源、応報但是法身用云日、三身円融謂一分有之、故云円、而非一即三、故以歴別、法華意、全三身不説体用、只一即三々即一也、亦一身所三身同時居故全不同爾前円、又互具三身相即三身故共法華意也、一所同時置三身故、能々可思也

常同三身事　付本門

常同三身者、爾前迹門所垂迹三身非垂迹仏、但本門法身本仏也、本自本門意、法身一体随無尽徳有三名也、体各別非有也、譬如天月体全無三四宿一切水、一体上三名也云々、又見垂迹仏只本地仏也、見水中月見天月也、愚人不知之、其故、眼清浄也、水清浄也。、乍三互映徹眼移水自水伝移月眼次第伝在月位見月也、全非移水見月真見天月也、迹門如此、垂迹仏別無之只本仏也、本自見天月愚人如見水中月思云々、本迹雖殊不思議一釈此意也、雖云本迹全体一云不思議一也、以此意案一切諸仏菩薩経論不難当体併本門神妙体本地不思議妙理也、故一切習本門也、又移鏡見影見自身全体也、非見鏡影像、見一切法但見已心、実甚深義也、可秘之

四句成道事

四句成道者、住上四句如常、今家意、於名字位唱四句成道也、其故、於名字位通達解了知一切法皆是仏法者、全此解再不改、治定必於名字位唱四句成道也、但業因八相業果八相云事有之、業因八相者、名字八相也、但不得意六即者、強難是義也、名字退位也、解了発心位也、何唱八相乎、今意云、退位条於下根者勿論也、上根者本自円家意、従一位不移一位立所証菩提如反掌、建立諸位皆一位上諸名也、全趣実道日無諸位階級、諸位皆一位異名也、此円家不思議也、已聞三諦円融名字解知後、全無他求又無取捨、住平等法界、何求諸位歟、故三教菩薩属菩薩界、円教菩薩即属仏界云此意也、通達解了再不改雖生人中天上永無所失、以所解教他即

熟唱八相也、六即意住上四十二位既互具、何隔名字観行理即、故諸位皆唱成道也、但於理即位妙覚仏成道云事実一途教門也、其実名字即人於理即一分成仏習也、其故理即位者即如来蔵也、全無余求、故六即各々互唱成道也、但四句様如住上四句、各可作之、諸位有妙覚本高、諸位有下位本下、当位現当位、望理即本迹倶高、望観行本迹倶下、現観行相似乃至妙覚本迹倶高也、理即四句者、理即有十界互有浅深、各以意作之、但是自後位ハカラウ也、故理即当分無其義、能々静心可案也、穴賢〳〵

三諦同異事　書本外題三諦同異血脈

問、本迹二門三諦同異如何、答、迹門三諦云理三諦、本門三諦云事三諦也、其故、迹門理家三諦故云理三諦、本門事家三諦故云事三諦、但事理云事、能々可得意也、理者、雖諸法差別如々故帰一也、事者雖有万法差別於理全無差別、泯諸法也、事者、不泯諸法自体而常恒也、故迹門泯諸法故円融妙理三諦也、本門諸法不泯只当体云衆生乃至云仏也、故事法体不改云仮云空云中、全不論泯不泯也、是故本門三諦超過迹門三諦云々、於己心思想念々妄想四儀体諸法無尽体皆是仮、雖諸法無尽互具足是無辺各具故無自性空也、互具足体与各施徳体倶常住中道也、但仮云事、能々可尋、諸教仮万法雖森羅皆依因縁仮和合云仮、全無常住也、一家仮者不然、万法常住故仮常住也、水常住波常住、法身常住仮常住也云々、爾前円三諦者、本自唯一理、雖然一理所随縁転諸法徳性在之、譬一枚金唯金云遇匠無尽形変、雖然皆是金体也、或転鬼或転犬、皆本体只一枚金随縁如此顕也、此時云仮故諸教仮非常住、随縁法皆無自性云空、只於諸形像金帰全無恐怖、縁形像時有恐怖故性無恐怖也、縁万法仮時起貪瞋癡煩悩、縁一真如日全無違愛、性置縁起謂故一分円融、雖然捨相帰性故似隔歴、故法花事理不二異彼云々、別教三諦者、真如体本自清浄云不置縁起謂、真如清浄妄法被量変作、全真如非咎妄法咎也、妄法皆忘ウシナウナリ、故諸相非本意真如本意也、能々可思之

生死即涅槃事

生死即涅槃者、常人思似不此死生彼無改堅固不動曰涅槃思、今云、全不爾也、此世間相常住法門未得意也、云世間相常住堅固不動非云常住、世間者、無常義也、差別義也、無常乍無常常住不失、差別乍差別常住不失也、若不得意之者、堕僻見、譬如波雖動乍動三世常住無動始無動終無始無終也、本自十界所具法故、雖此死生彼不離十界、々々法界也、必不可一界実余界仮、故諸仏境界住何界、以住不二凝然故、無偏苦偏楽、衆生有偏好心故、住何界有偏苦偏楽、不如三界見於三界文、此意也、若不爾者、仮諦常住法門

不立、仮諦常住者、十界不同乍此死生彼而常住意也、能々可思之

妙覚成道事

問、妙覚成道者、於何処唱耶、答、妙覚成道者、於理即一念心唱之也、其故理即体本自如来蔵也、如故即空蔵故即仮理故即中故也、平等法界本来常住不改云妙覚云寂光、故理即已上雖不同只是理即内徳無尽沙汰也、故善悪只理即一念体也、不知之日只如来自身外有之、知之日是一切自身也、非自身然他身亦爾、故平等法界体也云々、還同本覚云意也、妙覚成道於理即唱之、分証成道分真即等唱之、非究竟故、妙覚究竟平等故於理即唱、迷悟不二意是也、又還同本覚云事、能々可習之、名字位分論還同本覚也、其故本覚唯迷始覚唯覚、始覚本覚共知一還同本覚云也、雖然究竟還同妙覚也、能々可習之

権者実者事

問、権者実者方如何、答、此当分跨節二義在之、先当分義者、古仏古菩薩仮示凡示聖、随時利益無量也、此普通義也、跨節義者、云仏云衆生皆是権者義也、於平等法界一理唱生仏二名故生仏皆是権者也、衆生此死生彼皆神通神変也、諸仏八相成道皆神通神変也、仏界既神通神変有之、九界何非神通神変歟、故日来玉見石時非宝、今石見玉無価云々、能々可思之、面白事也、非一流実談、何知是義也

変計所執事 外題云、遍計所執遣不遣事文

問、一家意、実遣遍計所執乎、答、実不遣遍計所執也、遍計所執者、即法性、何□法性乎、若爾者、捨此空如求彼空、迷悟本自体一也、水波是一也、何捨遍計求覚、只平等法界迷悟不二体達云遣遍計所執也、不知不二体一今始知不二体一故云遣、実遍計所執法界、覚悟体法界、々々何遣法界乎、但此様々意在之、或云、断元品徹炎還同本覚時、自迷趣悟故遣遍計所執、還同本覚時迷至極覚至極際、自水出波還如同水云々、今意全不爾、既於名字即位一切法平等迷悟不二解了通達故、何断最後品無明後同遍計所執乎、故知、一家実義全自初不遣遍計所執也、但自迷趣悟者覚迷悟不二云爾也、全遣迷不取覚也、若遣迷証何覚、迷外無覚故、能々可案也

元品無明事

問、元品無明有多不審、元品無明者、無始迷初一念無明歟、又元品無明、唯無明歟、又有多品歟、又等覚断歟、妙覚断歟、又断

様如何、又還同本覚、断元品無明後歟、前歟、答、元品無明者、無始迷真一念無明也、無始元初事一口伝有之云々、元品無明唯無明歟者、非唯無明、三惑同体其名帰無明、本自一家意三惑三身也、妙覚究竟三身元品三惑也、只無明許只法身一体也、此別教意也、不可也、有多品歟者、惣一々位有多品無明、妙覚能障多品無明内最後品々後分也、等妙二覚中何位断者、妙覚位断也、付之宗義□分、多分等覚断云義多、随勘諸釈等覚断釈多之、雖然今家意妙覚断也、普通問答如常云々、今意云、妙覚者究竟最後覚、若於等覚断元品徹炎者、不可云等覚可云妙覚、縦於等覚断見釈、妙覚能障無。前分歟、イカニモ最後品必妙覚可断也、入位断惑口伝意以入妙覚断様可得意也、又還同本覚最後品無明断時也、非前後、其故、究竟智恵只今為開時、此無明只今証得智恵体全無別証知還落付理即位。平等法界凝然常寂光土也、又還同本覚入重玄門事初住皆有之、迷悟不二悟故、還同本覚在之、断後位惑労故、玄門有之云々、元品無明障妙覚又余位障也、其故、四十二位各円融故地々妙覚有之故、地々断元品無明也、於一位有多品無明、其最後品此元品無明也、妙覚位如最後品、人々不知之、能々可習也、又皆一切無明惣皆云元品無明有之、其故、雖始中終不同但元品無明摂也、又同体也、故而二日有不同、不二日皆元品無明也、能々可案之

識事

識者、九識即一識々々即九識伝也、只是我等一心上随徳名立也、第九識者、亦云平等識、我等常時於諸法一分起平等心亦聊円教相即円満法門得意於諸法無偏者、是第九識体也、識者是識知也、一切法平等法界識知云第九識也云々、此平等在凡夫時散心被覆不覚也、雖然凡夫亦識体無欠也、第八識者、諸法平等小分起染法方、我等当時万法常住上起小分妄念、不知実体常住云第八識、不強盛妄執也云々、第七識者、執我識也云々、第六識等如常、又識互具相即二意在之、互具者、九々八十一識也、互具故迷悟識体一也、相即識者、只第六識当体ヲサヘテ云七識乃至云九識也、全無各別識只一上諸徳諸名也、九識者只指一心、々々本自平等法界三千依正当体也、仮立諸名故九識等名在之、又九識相即三身也、三身者、我等衆生一念心也、故諸識外無但一心也、一心外無只諸識也、又三身外無但一心也、是以可知、不改一心即万法也、万法不飜即一心也、此上何可起偏好心、只一々諸法一心々々諸法故、見諸法見一心々々々見諸法也、観心所要只在之、依正不二平等法界意、以之可知也云々、又横識云竪識等在之、以意可知也

事開三身事　付本門

事開三身者、爾前迹門意説始成正覚仏、雖然本門意実久遠成道仏為利益衆生故垂迹如此示始覚様也、実久遠成道如来也、全非今日始成仏也、如経文此云事開三身也、問、事開云意云何、答、成道事也、今日成道事也、以昔事成道開会今日事成道故、云事開三身也、又昔唱三身成道今日垂迹唱三身成道終帰本故、云事開三身也、能々可習事也

理開三身事　付本門

理開三身者、爾前迹門所施設、仏本門寿量説久遠成道皆仮施設也、其実如来蔵理本自不論成不成無始中終差別、何論久遠与今日、雖然為利益衆生為起信説五百塵点也、若為多機不同相応彼可説五百六百乃至百千万、皆是仮説也、故本門成道云皆仮説也、又今日始成仏可説久遠成道、為機施設故、本自実相無始中終、三千常住本有所具故也、始成正覚仏似今日始顕、所顕実相非始顕非久顕非三世非不三世不生不滅也、既此実相已心所具也、何不説為機云々、問、理開云意云何、答、事成道爾前迹門本門皆仮施設也、本自平等法界中論□身成道故云、故云理開三身也、能々可案之

迹門三身事

迹門三身者、雖三身相即不如本門三身相即、迹門三身九身也、其故同居土雖三身相即応身面法報裏也、実報土雖三身相即報身面法応裏也、寂光土雖三身相即法身面報応裏也、故雖云三身相即、イカニモ各有表裏故三身九身也、随三土各雖相即三土九土也、又雖云一身即三身必有表裏故也、本門意不爾、但一身上立三名全無表裏也、問、迹門意三身有表裏方云何、答、迹門者必有表裏也、将以譬喩可解、譬見水中月未見天月、々々雖同一而移諸水故一宿長水宿短水宿方水宿円水、此時各知当分故而数有思故有表裏、本門本自不見水中月自最初但見一天月也、故知実体見実体、只一月宿諸水知、本体只一天月也、本体只一身也、而三名知也、能々可秘之

法身地本地四教事　外題云、本有四教事

諸教所談者、教門只因位所用也、法身極位全無用教、□用筏喩等云々、今家意全不爾、一切諸教本自無所捨、其故無始法爾教門也、已十法界倶云常住、故九界常住也、九界常住、何法身地無四教乎、又法身地本自万法無欠減、何滅教、又教者智恵也、法身者理智冥合也、何捨智教、故経文、又多僕従而侍衛之、遊於四方、直至道場、僕従諸教也、道場妙覚也、故法身地本有四教有之、能々可習之、故教常住可得意也、穴賢々々

随縁不変二真如事

問、随縁不変二真如、可亙本迹二門歟、又二真如様如何、答、雖亙本迹二門其意有傍正、迹門不変真如為正意、会三帰一故、本門随縁真如為正意也、其故、迹門於一仏乗分別雖説三、イカニモ為一本説三故、本門本自諸法当体即ヲサヘテ云随縁云不変、而間必雖不論偏本門諸法本故万法本門為本故、随縁真如為本也云々、次真如様者、我等衆生念々思相森羅諸法皆是随縁法也、念々心性諸法性皆不変也、随縁不変全無差別也、随縁不変只如水波、々々不二也、思之、権教意、断随縁妄法帰不変一理云事、全皆一家所談、波消帰水々必成波、本自倶時無前後、又非異体、水常住波常住、能々可思之、権教意、譬如捨雨宝別求珠於明別求燈、求珠何故、但為雨宝、求燈何料、但為明、雨宝珠一故捨雨宝難得珠、明燈体一故捨明難得燈、只不改随縁云不変一体二名也、一切善悪諸法例之、不変真如三観一心意、随縁真如一心三観意也、三観一心々々三観本自一也、能々可案之

草木成仏事

一家意、依正不二故、草木成仏之事無疑、但異義無尽也、如常義云々、今意実草木不成仏習事深義也、所以者何、草木依報衆生正報、依報乍依報施十界徳、正法乍正報施正報徳也、若草木成仏、

依報減三千世間器世間有咸°少也、故草木成仏者似巧返似浅、余例之、地獄成仏餓鬼成仏乃至菩薩成仏皆爾、不捨其体而已心所具法施設故施法界也、若改当体者、只仏界也、常住十界全無改草木常住衆生常住五陰常住、能々可思之、但草木成仏説事為破他人情故、他人意云、草木只草木無生界仏界徳、一向只非情不有情、故破之、一家意、雖草木非情乍非情施有情徳也、改非情非云有情也、故成仏云人々転非情成有情思、全不爾、只乍非情而有情也、能々可思之

爾前法華分身同異事

分身者、尋常人思、本身此乍有分其身十方世界現云分身思、諸経有分身言皆此意也、一家意、此云化身不云分身、付化身有二、一即設《質歟》化、二離質化也、即質化者、其身即当体現無尽形也、離質化者、本身有此余方現也、皆此諸経意也、法華分身者、分此身往彼不云分身、本自色心二法周遍法界故、若十方世界有機縁、彼所周遍色心即現、全自此不往彼、此土他土自身他身皆一法故、只已証無所不遍、何自此行彼乎、若不爾者、色心遍法界法門不成立、故我等想極楽浄土想十方仏土乃至想他方心自此不行彼、心本自周遍法界故如此有用也、譬如大海波浪水本自周遍故、息々水成波礒々水成波、全息波不来礒々波不往息、愚者思、息波来礒々波往息、

全不爾、只息儀倶動故全見也、全波無往来也、又物影現如此、物立此々影現、此物引次第影随現、癡人本影随来現思、全不爾、闇体本自周遍故、物為縁此彼影各現也、分身如此、物機為縁周遍色心此彼現也、此釈迦為他方仏被云分身、他方仏為釈迦被云分身也、周遍法界事、以之可得意也、能々可案之

正了縁三因事

正了縁三因者、此有深意、但云性云修是一也、差性云修差修云性故、修時無別法只是性体也、故我等衆生念々相続妄念是全般若相応智恵也、改之故不云般若、只在知不二平等、故偏悪偏善不起、住平等身際故、行住坐臥四儀乃至作十悪五逆体不改即応身也、改之故非云応身、業即解脱者、只知不二円融不取不捨住平等身際也、善悪本自々仏故、迷時悟時全無欠、已心所具法也、常住不改、故性因也、性修了縁只是一法異名也、性常住相常住、水常住波常住也、水波不二故、修性如此、委如修性不二門云々、諸教中自無相一理出生万法、自法身一理生諸法、此意能起所起有前後因果不倶時、又不同体不二、故不同一家意、又云、全性起修者、自性生修故云全性起修、今家意不然、全性起修者、性与修全無異、亦無前後無浅深無不同也、故我等衆生当時眼前諸法皆是性皆是修也、譬如見波見水々々見波、所見水波無前後無異体故云々、眼前見諸法性見諸法相、不知之日迷性与修、不軽菩薩礼三因只此意也、因与果全体一也、知与不知也、可秘々々、穴賢々々

別教三身事

別教三身者、無相三身也、暦別三身也、先無相三身者、法身非色非声乃至非法、唯無相真如也、無相真如離色心不二法故、真如所不置縁起性、真如不云縁起不縁起、雖然依無明薫始転諸法、全法身真如体無縁起謂也、但無明所薫如此変異、爾前円置縁起謂故不同也、又暦別三身者、法身所無余応報々身所無法応々身所無法報、但応身捨此応身帰法身云也、報身如此、故暦別身也、問、疏記七性徳之名々通別教、々々雖有性徳之語三皆在性而不互融、故成別身〈文〉、如此文者、雖不融有性三身有之聞如何、答、以云而不互融可得意也、性無縁起謂而無明所薫始諸法現起、故性雖一性而無明所薫諸法現、又以竪帰性故云三皆在性、全一所不有三只尋前後云三也、能々可思之

唯識唯心口決 外題唯識唯心口伝 文

付之山家問山林決有之、其決云、法相唯識心外存境、華厳唯心只心所造、一家意心外不存法〈取意〉、心外不存法云事、能々可習也、依正本自不二故也、故心外無諸法々々外無心、眼前青黄赤白

黒五色是心体也、長短方円形心体也、蜜宗識大造形此意、而一家意雖立五大蜜宗意全同、五大外無識大、故□見心知心、只在眼前境界、差心云諸法差諸法云心、全体不二也、委如止観云々、余宗意心形云外見我見云浅猿事思也、而以一家意聞諸宗所談返僻事也、不二法云差別故、但此法門実大事法門也、能々可有斟酌事也

一心三観三観一心事　外題云、一心三観三観一心血脈　文

問、一心三観々々一心共可互迹本二門歟、答、三観一心迹門意也、一心三観本門意也、其故、迹門宣万法一心一切諸法只是談一理法性一切諸法只一仏乗也、爾間イカニモ合諸談一也、故迹門以三観一心為宗也、本門万法必帰一不云也、但本門一切諸法本源故、法界本自本門体、諸法自爾体故、不云一不云三、雖然教門弁浅深時本門一心三観正意也、為諸法根源故、理三観一心旨迹門明之、万法帰一故、所詮迹門説理実相故、三観一心意也、本門説事実相故、一心三観也、能々可案之、観心意迹本両観只是衆生一念心、法華一部体本自図衆生已心故、々知、法花諸法惣体、衆生亦諸法惣体也、必閑室以寂照不名観心、歴四儀無非妙観、一心転諸心一心三観体、諸心寂一三観一心体、寝時三観一心、醒時一心三観也、故時無非三観体、日来不知之今知之、故平等法界体一自然証知也、非自身他身亦爾、一切衆生皆法花両門観体、故住如々法界也、能々可思之、面白事也、輙不可伝之不可依親只可依器量、但最後只一人可伝也、若無器量者、埋霊地、穴賢々々

本地無作三身事　付本門

本地無作三身者、以最初成道時三身云無作三身事如常云々、今云、本地無作云事、能々可得意、三身限無始、本地無作三身者、必非最初成道時証得三身限、無始本有一切諸法皆三身体也、非仏作非修羅天人作、法爾自然無非三身故、我等念々妄想報身般若全体、四儀遷移応身随類体、苦道重担法身万徳体也、正《報》法既如此、依報亦爾、桜梅桃李等或真様々無尽応身体、亦華果無尽雑々念々所生所成故報身也、曲直念々所生体法爾具法身也、依報正報既三身也、但正報乍正報三身、依報乍依報三身也、改之非云三身、但乍正報具三身徳、乍依報具三身徳也云々、又最初成道云事、能々可得意也、先最初成道者此迹也、実衆生已心体理仮唱成道名故云々、次久遠云実只衆生心也、心無始無終、此云久遠也、能々可習之也、真実大事法門也、輙非可思依事、能々可思之

本迹二門実相同異事　外題云、本迹二門実相同異血脈　文

問、本迹二門実相為同為異歟、答、大異、世人不知其旨、迹

門実相者、雖万法差別同真如実相理、雖五乗異同一仏乗教、全無差別、如々法界一理故云故、明万法是真如由不変故之旨、全無真如是万法由随縁故義故、同爾前円辺在在之、本門実相者、以事名実相、地獄乍地獄餓鬼乍餓鬼乃至仏界乍仏界不改変、談法爾自体実相也、全不云一実如々、故本門意、迷妄衆生当体即実相也、外見衆生直体即実相也、是以知、迹門意事理共雖有之以理為宗、本門意事理共雖有之以事為面也、故互具旨迹門委悉也、相即之旨本門委悉也、本門具不具無沙汰、但何法当体皆是談仏体皆是衆生体也、只実相浅深経文所詮此意也、若不然者、何判本迹二門意、能々可思之、所詮迹門演理実相、本門談事実相也、此上観心実相者、迹本両門事理実相但是衆生介爾一念心也、全非余物、所以妙法唱只指衆生自体自心、蓮華唱己心所具旨説也、故経云、帰命本覚心法身等、能々可案之、実観心実相大切也

常差別三身事　付本門

常差別三身者、如来蔵理本中本自三身万徳垂迹不思議妙理在之、故垂迹於諸教、若顕遠已本迹各三垂三士迹此意也、擬人水無方円但依器縁方円形始現思、全不然、水体本有具方円形故入器時成方円、若本自無之、入器時全不成方円、又如炉沙求油云々、常差別三身如此、本自如来蔵理本有三身有之故、垂迹三身現也、無本三身、何有迹三身、但不歴別不同、但一体而三身本有具足也、無体無影無本何有迹、本三身迹三身此意也、諸教々主幷諸教文〔門歟〕皆自本門垂迹施設也、能々可思之

顕本事

問、付顕本幾有不同歟、答、付顕本有多種、一事顕本、二屈曲顕本、三理顕本、四観心顕本也、一事顕本者、今日始成乍仏久遠正覚仏云也、如経文、此云事顕本也、次屈曲顕本者、昔成正覚者屈曲也、実於非成不成法論成不成故、於無始無終本来常住法、何論成不成歟、故論成不成皆云屈曲也、不論成不成云屈曲顕本云々、次理顕本者、地獄云地獄餓鬼云餓鬼乃至仏菩薩云仏菩薩也、本自十法界常住故、十界不改云本体、云実顕本、若改本体非顕本也、次観心顕本者、衆生一念介爾心即十法界体故、論前念後念者事顕本也、次於念々起善悪心屈曲顕本也、次一念具諸悪諸善者理顕本也、故我等衆生念々相続顕本義在之、能々案之

仏界衆生界不増不減事

常問答云、既云成仏、知、九界減仏界可増也云々、一家意全不爾、本自十界常住観解也、故開十界常住覚、是以知、権教意、不談十界常住故転衆生成仏身云々、円教意、転衆生成仏身不云也、

衆生乍衆生仏界乍仏界倶常住覚也、全無取捨故無増減也、仏界己心所具、衆生界己心所具也、故竪十界横十界倶無増減也、能々可思之

円融三諦事

問、円融三諦有勝劣乎、答、他云、無勝劣也、一諦即三諦々々即一諦故、此義尤可爾云々、今云、不二而二有二意、不二日全無三諦勝劣、一諦即三諦々々即一諦故、而二日仮諦勝空中劣可云也、其故仮諦眼前境界諸法森羅自爾本来不生体、空中者、此諸法互泯合云無差別云空、互具故云常住、云中故云常住、云中故空中仮家荘厳也、仮常住云中仮各泯合云空故、イカニモ初一念不縁仮不起空中二観也、所以者何、初一念仮諦不改本故仮諦本也、若翻仮諦者、不可云仮本不可云仮勝、今宗意、演仮諦常住故云常云勝也、又仮常住者、空中荘厳不云仮常住、本自法爾仮常住、故中空仮家荘厳也、実此義神妙義也、能々可案也、又権教意、仮諦劣空中勝云也、断妄法等執唯真如故、実教意、妄法体不改即実相故、イカニモ仮諦外無勝法也、此義実大切秘義也、面白相伝也

煩悩即菩提事

問、煩悩即菩提者、煩悩熾盛時菩提熾盛、々々々時煩悩熾盛歟、

答、爾也、譬如極闇之時燈分有光明日中時少光明、又如極寒時氷厚小寒時氷薄、寒如煩悩氷如菩提、以煩悩熾盛知菩提熾盛也、故煩悩増時菩提増也、但此普通義也、其実明闇本自同体也、迷悟本自同也、全此所不見二物、故無此譬喩意也、知明闇不二迷悟不二時全不見二物故、但住平等寂静也、譬如仰掌時云菩提覆時云煩悩、得此意住寂然清浄也、仰覆只一事也、不著仰不著覆、本自一掌也、本自但一法也、雖然仰覆宛然迷悟分明也、不知一掌日有偏好、知一掌日無偏好、全此所無熾盛不同也、全改煩悩不云菩提、但此煩悩体不直、尋其体般若甚深妙理也、煩悩体即法界故、能々可思之

業即解脱事

問、業即解脱者、不翻造業当体即云解脱歟、翻造業後即云解脱歟、答、一家意、本自以体不二名即、得此意始不起此問也、既説諸法常住、何不業常住乎、所以得意円融法門後業即解脱始事新不可云、雖然教門所宣之○爾也、若翻造業体後云解脱此別教意也、故円融実教意全不翻造業、々体即無尽法界円融実相体故、不知円教日、只云業々即解脱不云也、知円融実相法門日、造業当体具一切諸法故、全非造業限法界円融体也、鷹鳥取鳥体不改即解脱実相也、強吠○逐獣即不翻即解脱実相也、一切諸業例之可知、但所詮可知諸法常住、々々者、諸法互円融無欠減云常住、只打掃一切偏霑心可

住平等実相也、若不住平等法界意未得業即解脱意也、若知是後重不可示此口伝、雖然聊示之、但業即解脱者、此有互具相即二意倶実相也、能々可思之

一念成仏事

問、一念成仏者、遇此教得解脱即疾如一念時節、云一念成仏歟、又一念心具三千法無欠減故、云一念成仏歟、答、普通義介爾一心具十法界依正無欠減故、云一念成仏義有之、又於初住無生位一念之項。普通。色。色身、云一念成仏義有之、尋常義也、而当家一流有習、於名字即位遇知識聞頓極教法当座即知自身即仏実無余求即住平等大恵、即解即行即証一念之項。取証如反掌、故円頓教意、先自身入位後断惑捨迷不談取覚、只迷悟平等知行故、権教意不然、迷悟各別断迷入悟云故先不入位也、円頓教意、聞思修行証只一時也、従一位不移一位、遇教時即証也、万行万善果後方便、故一家意、以遇教為証知如教息偏好心上、何惑断、故知如教云名仏、論諸位皆是於果上仮立也、成仏者只一位也

元初一念事

問、元初一念者、無始一念妄薫時自本覚都迷出無明一念歟、又或従経巻或従知識時所知介爾刹那一念歟、答、元初一念者、無始迷始不一念也、法界法爾体上本自無始中終、実無始云事、能可習事也、只我等衆生念々所起相続之心前念云元初一念、無始迷出之元初云事仮説也、常住性無前後故、無迷出之始云事、故元初一念者、常住不変念也、元初一念常住不変云義也、過現当三世所起念共同念也、大海波昨日波今日波如喩。体一三世念只一念、今遇教此起念只是全体法常住念也、三世一世善悪不二邪正一如知云元初、若元初一念云迷出始有始起法、若爾者同冥初、全不可也、只或従経巻或従知識時前念所起一念三千具足知云元初也、能々可案之

読時即断惑事

一家意、読時即断惑云事、能々可知事也、不遇教文日来迷善悪不知方隅、遇教文今者日来所起念皆是貪瞋癡三毒生死流転根本也、又此所起一念諸心即具三千諸法無欠減、故須臾刹那一念併三千三諦常楽我浄四波羅蜜也、全無余所、所触六根諸法皆仏法、無非仏法、如此解了日来止辺好心全住平等大恵、此云通達解了知一切法皆是仏法、若如此不解了者、非沙汰限非読教文、彼只日来不値教人也、若如教解了永不離者、又更断何惑顕何理、故云聞思修証者即時読時備、以此意読正教心引直成仏即時在之、若不得此意者空過時節也、能々遇教文者可思之

原　文（三十四箇事書）

入位断惑々々入位事

小乗毗曇成論意不同大乗権実雖不同、此家意、以入位断惑為拠証也、其故、先於名字即位知自身即仏故即入位也、凡聖不二故入位不難、必捨凡法取聖法不修行、只不二平等修行息取捨二辺住寂光静湛然心故也、万法万善只是果後方便自受法楽体也、権教意、入位、解能覆雲不除者、何見所障月云々、一家意不爾、迷悟不二先断能障迷云顕所障理故、能所不同迷悟有差別故不融故、云断惑能所体一也、雲外不見月々外不存雲也、故不二不得意日可云断惑入位、今不二故能入所入体一也、於入位全聞教之時有之云々、問、一家意、必詮立入位断惑、其意如何、答、不得意六即即円融時功推聖境下位絶望故、諸教成仏機希、多分退失故、今教意凡聖一味円融故、凡居聖位聖居凡位、故、阿鼻之依正処極聖自身毗盧之身土不逾凡下一念云々、故値今教文者全無過失得決定信解、得法根源仏本懐故成仏速疾也、一家大意、但入位断惑也、断惑入位皆是方便也、能々可案之、大切義也

諸仏惣願満時節事

問、一切諸仏因位惣願、一代五時中何時満歟、答、付惣願有四種願、一因位惣願、二果位惣願、三本門事惣願、四本門理惣願也、付因位願発四教五時四弘、果位願発四教五時弘誓、本門事願発願顕本願、理願発不満願也、先釈迦願者久遠成道時因位願已満也、今日成満願果後願也、久遠成道上発願故、付之成満時者、華厳願成道夜満、阿含願鹿苑時満、乃至法華願法華時満也、但迹門開三顕一願迹門方便品満、顕本事願本門満也云々、本門理願者、三世不満也、其故十界本自常住故、九界常住也、九界常住故、仏界常住也、仏界常住故、教常住也、教常住故、願常住也、法界常住故、生界仏界共常住也、生界仏界常住故、願常住也、故我等衆生念々歩々所思想一分成就皆是本門理願覆護故、寒風重衣熱日招扇風適意皆理願益ヨリテナリ、九界無尽故願無満、能々可思之、一家意本自常住四教云事此意也、無始無終不生不出願故、此願体皆我等己心所具願也、面白事也、可秘之、穴賢々々

相伝系図

三十四箇条法門、一流相伝観心大要也、若此法門伝了諸義皆被得意、一家大綱於焉明、嫡々相承至愚身六代可系図也、為向後門葉聊示之敢不残前見、実是後輩亀鏡也、縦雖捨身命不可授之、深法聊爾故師資共堕地獄、若有器量者、最後一人可授之、深法流伝故可慎々々、若無器量者、此口伝壁底可埋也、当流門葉深可存此旨、若違此旨者、非門葉非師資

釈皇覚示之

系図

恵心—覚超—勝範—長豪—忠尋—┐
皇覚—範源—俊範—静明

漢光類聚 一　天台伝南岳心要鈔

忠尋記

尋云、天台伝南岳心要文点如何、答、種種異義雖有之、蓮実房云、天台伝南岳心要訓読也、故阿闍梨云、天台伝南岳心要可読也云云、蓮実房和尚云、凡此心要者南岳奉値霊山浄土多宝塔中大牟尼尊相伝法門也、此法門南岳授天台天台授章安、南岳天台時只有口宣無章疏、章安正今法門記録也、本朝高祖伝教奉値道邃和尚面授口決法門也、於之有重重口伝、口伝相如後注云云

尋云、天台南岳倶霊山聴衆也、本地雖無勝劣垂迹和光日天台弟子南岳師也、何題天台伝南岳耶、答、此事尤可落居事也、総定高祖時可南岳、而天台宗云事深意有之、天台南岳為師修法華三昧、三七日満時内証円明速発、以証白師、南岳入定観天台証得歎云、我与汝証無異、但汝所化熟我不熟能化、以自証応化衆生云云、又南岳讃歎天台云、我与汝無証得異、於機熟不有異、汝可為当宗高祖云云、有此道理故天台伝南岳書也、此事天台南岳内証玄義見、其例証有之、智広寺布薩時南岳天台倶有座、籌記時不書南岳天台、南岳大師告云、智顗禅師仏法弘通有妙相、籌記時智顗為先、思禅比丘可次、依南岳教維那恵広律師智顗禅師書、以彼例之天台。南

岳云事尤有其道理歟云云

尋云、天台伝南岳心要云伝何事耶、答、於今伝有重重相承、先存大意有機法二種口伝

法口伝云止観内証有二途、一境智不二門二還同有相門也、境智不二者絶生仏相断教門踵、天真独朗不思議法体一切善悪都莫思量云此意也、次還同有相門者境智諸相泯亡本解成立已一切行証悉止観正伝也、伝教値道邃以一言伝止観心要、所以本処通達門一言也、本処通達門者若三蔵教根性人来問止観法門者可云諸法無常也、若真言三密行者来問心要者可云大日遍照自体乃至一切事理諸法、依其相貌可示止観心要、天台大師源略開三文為所行給故也、南岳大師授一念三千観給、故広止観一念三千観為己心。所行、如此心得止観法門還有相深意云云

次機口伝云、山家大師心地四重機云事釈給、四重機者一次第昇出機謂捨六識迷情念為令至九識本分処修諸行業、二本住不下機値知識経巻聞一切法皆仏法言下開天命更不存一迷相自証円明也、三本住不進機謂根塵相対介爾一念外更無有止観本性、六識当体本有妄情得意機有之、四二相不立機止観非止観不分別行解不思量不思議天真機有之云云、大師私加一種還修有相機立給、還修有相者不思議未分上立還有諸行云云、内証伝法決云、然伝止観機相略有四種、一次第昇出二本住不下三本住不進四二相未立機也矣、私云、亦有還修有相機矣、委細旨如下

尋云、今心要誰人所釈耶、答、南岳大師説章安大師記録也、疑云、山家大師教行証三度目録心要南岳大師所釈云事無之如何、答、故阿闍梨云、此心要正天台南岳塔中口伝異義書顕給章疏也、但於此疏中多宝塔中大牟尼尊正金言天台南岳言章安私言可有之、其文相非口伝不可知之、口伝趣如下、但三度目録無之云事可得意事有之、教行証三度目録大唐貞元二十一年乙酉六月三日記録也、伝教御在唐刻二箇度程略義略文心要三部秘書不授、明日帰朝其暮貞元二十一年六月二十四日竜興寺西廂於極楽浄土院、道邃和尚此書与伝教給、其時和尚云随身録云、略義略文心要是南岳大師説章安尊者記、秘中深秘、汝納心中応。通山家教、既三部略書南岳所説見、教行証三度目録帰朝已前記故尤不可有之、随身録帰本朝記録、故備挙心要等章疏、是異相伝也、御廟先徳門徒三千人中授楞厳院和尚給、故南岳所釈可得意也云云

尋云、一家相承有宗旨宗教二途、今心要者宗旨宗教中何耶、答、山家大師値道邃行満二師伝天台一家法門給、道邃相承云、四教五時本迹二門法門宗教分域大師内証実談宗旨也、大師相承心要有重重、謂大分自行化他也

自行門時但是可限一念三千、其故広止観序、此之止観天台智者説己心中所行法門矣、弘決第五巻云、大師於覚意三昧観心食法及

誦経法小止観等諸心観門、但以自他等観推於三仮並未云一念三千具足、乃至観心論中亦是只以三十六問責於四心亦不渉於一念三千、唯四念処中略云観心十界而已、故至止観正明観法並以三千而為指南、乃是終窮究竟極説、故序中云説已心中所行法門、良有以也矣、既以一念三千観為大師所行大意、自行一種可限一念三千見、一念三千観是諸仏内証諸法肝要也、大慧苦請不許、能仁法花已前諸経都不説之、雖至法花会三周得悟声聞根性迂廻道故正不顕説、只説十如是以本末究竟語悟密顕一念三千、天台大師証自南岳相承正一念三千法門開示、見聞覚知功徳超過八万四千教、況於正修、即是名自行心要

　於化他門可有多種心要、一四性推検二空無生観三一心三観等也、於化他心要大分有多種、謂境智不二還同有相也、於還同有相可有多種心要、一不即心要、謂別教教門所談爾前帯権法門也、中道法性理相離万法不相即云故、二不離門心要、謂爾前帯権円。並別教実談也、正如法花、煩悩即菩提真如是万法顕説無之、只以煩悩菩提不相離義説相即也、浄名経云婬欲即是道等是也、三断証次第門、謂法花迹門所明九界為権仏界為実法門是也、迹門意断九界迷情帰入仏界一理意有之、是相即上断証也、四真如具法門心要、謂不変真如一理万法具足故、五三千相対門、謂三千諸法観本有常住、六万法三身門心要、謂可観法法塵塵自体本有三身、七寂照不思議心要、謂可観法法塵塵自体寂照具足皆仏知仏見体也、八自法常恒心要、謂仏意内証所談別可伝処心要無之、亦可修処観法無之、行住坐臥所縁併止観自体也、此八重名化他心要、此八重上大師自証一念三千観有之、一念時諸法名相不可得也、三千時相性宛然不可失、一念不思議全体有三千性相名言、此観上根上智所修全非下根下智思量、此九重法門相伝名宗旨心要口伝云云

　尋云、天台伝南岳心要教行証三度目録中何耶、答、教行二途今相伝也、証分心要更非相伝、証不由他故、蓮実房云、教行二途心要師資相承法門也、証道無相実義非能伝所伝、正以教相定其真理如教修行故今天台伝心要可教行二途、但教有重重不同、一応同局情教、謂爾前帯権経教相也、二破開局情教、謂法花迹門所談破開爾前帯権局情顕諸法実相真義也、三本覚教、謂本門俗諦常住三千本来実義自性本教也、四直顕真実教、謂今心要書顕所六即十章文字言句皆是不思議法然自用難思本妙形絶教門始本相、今心要教者即是也、所説諸義正仏意内証所志非教門教道義

　於行有重重、謂爾前迹門本門乃至観心也、今行者捨本迹教門不思議未分自体也、一心三観一念三千並四性推検等皆是未分上実体也、総教行証三度血脈得意教分血脈正依法華涅槃行分離十二分教正授所修行体、証分不伝一句習留也、以此趣天台伝悟可得意云云

心　要

要者宗体義也、心者集起慮知義也、心要総有多種、爾前帯権経意但中法性理為心要、法性理正非一心一心所依故但中理為心要、迹門意従無相不相一理色心出生、能生不変真如一理為心要、本門意俗諦三千諸法各心各体心要也、謂地獄地獄当体為心要乃至仏果本有仏体為心要、如此三重心要正非大師本意、今心要者本迹未分根本法華内証不思議法然自体也、自性不思議介爾一念具三千性相、故今心要観不思議実体為心要也云云

尋云、今心要大部止観同異如何、故阿闍梨云、今心要是多宝塔中相承書載密書也、此漢光類一切諸法円備直達宝処得意也、大部止観此心要為本釈也、但広止観殊還同有相為面釈也云云

尋云、今心要説文何為機耶、答、尤可得意事也、止観五巻、高尚播州下卑劣者卑劣矣、利鈍二機何不可漏、法華本迹二門類説機云者三周得悟声聞界内同居六識情念強偏堕凡夫也、為治之設偏堕但空観鹿園十二年間断見思其後設弾呵洮汰説、四十余年後設法華本迹説開示悟入仏知見、爾前捨空観入仮中、法華捨権教取実教本門捨迹門帰本覚、今止観配立不爾、境智不二門時絶本迹権実名相還同有相門時一切行相皆止観全体也、正還同有相門我等得分也、本迹二門法門為見思塵沙無明断人也、去法華為断無明証中道人非鈍者得分、然今還同有相門止観心各各住本門通達一念三千観、然広止観、引華厳最初発心時一向求菩提堅固不可動、彼一念功徳深広無涯際如来分別説窮劫不能尽文、定止観正機給、然最初発心云、妙楽、挙極下位博地初心釈給、最極下劣機為正給、余教別進本行故鈍根機雖明今止観心最極下劣凡夫不堪諸法以本処通達門教化令得勝益、見聞覚知都有大利益、或又、然円頓教本被凡夫一心在凡即可修習釈給、無心人不及力、有心程者何不円頓正機、仏立和尚語山家大師云、聞止観一部所説諸義不信受者応知是人有三途決定業、聞止観不信受者不尽三途縁者也、高尚者高尚卑劣者卑劣者地獄餓鬼等当体止観也、乃至仏界常修常証是高尚止観也

尋云、如山家伝法以本所通達門相伝止観法門見、若爾者善悪無記三性倶止観体可示耶、答云云、疑云、不明両方、若三性倶示止観体云善無記可爾、悪当体若止観悪無碍悪見也如何、若依之爾也云一切法本是仏法也、争可除悪性耶、答、此事第一大事也、道邃義云、於機有初化道後化道、悪本妄心也、自性違法理、最初化道時以悪止観体不可云、増妄見故、後化道時妄心当体亦止観也、灌頂師為悪人不説相待種開会書給此心也、或人有、雖無一善何無無記所作、無記不違善悪示止観体時成善性、例如善財童子五十余知識中或数砂為正行等也云云、仏立師云、善悪二性離偏計所執倶止観体性也云云

諸法寂滅相

於寂滅有重重、通教心如幻諸法自体空寂故為寂滅、寂滅者寂相滅妄義故、別教意寂空仮二辺相但中不思議為寂滅、法華迹門意十界十如諸法悉帰不変理性、理性外更無有余法、故諸法寂滅相不可以言宣云事也、本門心十界常住故本分寂滅也、然而今文迹門方便品有之正存迹門義、大師随義転用以此文備観心発問給、今諸法寂滅相云者本迹未分境智一念更無権実等処寂滅相云也、若諸法自性不可思議何説止観耶問也、以境智不二門問還同有相門可得意也云云

而説止観

於言説有三種、一以名説名、二託名顕体、三離言説言説也、法華已前諸経未顕真実教門故只以名説名也、無量義経、四十余年未顕真実云故、法華本迹二門説託名顕体言説也、依声色近名至無相極理談故以名顕体也、止観法門離言説言説也、名体不二任運無窮教名施設、故所有言説不可同爾前本迹名相、山家大師於大経蔵前授教於覚大師以三種言説、教説三途云、教有三種、一以教説教、正在前四味、二以教顕体、正在法華、三離教説教、正在己心、所説止観内証也示給、慈覚大師受此語立三種言説給、決附云、言説有三種、一仮名説教、二託名顕体、三離言説言矣、以之得意今止観離言説言説也云云

問、有何所以而説止観矣、爾所云止観云者大師内証法門耶、答云云、疑云、両方不明、如大師内証止観者、今釈、今人意鈍玄覧則難矣、為鈍根説止観見、若依之爾也云、広止観、止観明静前代未聞矣、妙楽大師受之大師内証釈、又序云、此之止観天台智者説己心中所行法門矣、止観大師内証天真不思議法門也聞如何、答云云、此事可得意法門也、今止観大師内証顕行前一切法門皆内証也、大師内証又不別、一切衆生根塵相対所起一念即大師内証也、故山家大師伝止観本未給時一心為本立十境十乗、十境十乗即一心也、一心外別内証不可有之、止観法門如本而談故鈍根自性鈍根利根自性利根也、利鈍十界共大師内証也、故不可有相違、覚大師渡唐朝大師内証悟尋、良諝和尚決云、大師内証者只指一心即是也矣、若如此得意何非大師已証、止観未分我等一心也、寂照双立又不離一心、其上止観五、高尚者高尚卑劣者卑劣云故也、故一切皆止観也云云

一切諸法本是仏法

仏法得意有重重、慈覚大師一代八重口伝可思之、八重者一不即門二不離門三断相帰真門四真如具法門五三千相対門六万法三身門七寂照不思議門八還同有相門也、第一第二爾前経意、第三第四法華迹門意、第五第六本門意、第七第八止観本迹未分所談也、前六

重従権入実従迹入本法門故非大師内証、第七第八本迹未分高下一如故大師内証也、以八重総仏法言得意、一不即門仏法謂法華已前諸経明隔歴不融旨以但中理為仏法、二不離門仏法爾前円等一分明煩悩菩提不離義諸法不離真如為仏法、迹門有二種仏法、一万法帰真門仏法、謂迹門心相即上明断証次第旨捨九界迷情入仏界理仏法謂迹門心相即上明此断証次第旨仏果一理為仏法、二真如具法門、謂一切諸法入真如一理同成仏法、本門有二意、一三千常住門仏法、謂三千諸法各別自性常住也、地獄地獄当体仏法也、二万法三身門、謂法法塵塵自性本有三身也、自性不生法身、照了分別報身、色相具足応身也、諸法各各皆三身故一切諸法本是仏法云也、観心未分所談有二意、一寂照不思議門、謂諸法自性不思議絶三身名義離迷悟相、無思無念三千非三千為仏法、二還同有相門仏法、生滅事理乃至一切有相諸法悉止観内証也、今所云一切諸法本是仏法者第七第八観心無相仏法也、乃至天台一家法門雖多途也以此八重所落居、此答心一切諸法或境智不思議還同有相別可説止観名義事無之、而止観逗衆機故上根輩一切諸法本是仏法言下可開悟、不堪之鈍根必依色経巻可得意、故建立止観法門也答也云云

行満和尚付文分機口伝者、一切諸法本是仏法乃至眼依色入仮文則易言内重重機有之、一解即行証機、謂一切諸法本是仏法言下開発仏意別不待行証、二解行相修機、謂依教起解依解立行有証、如此機正依章段建立可得度也、於解行相修又有二種、一解行倶円相修、謂依一念三千教発一念三千解依解有一念三千行、二解円行漸相修、謂発一念三千解不堪之故還修小乗等行入実相理、以此趣当段文心可得心云云

問、円頓行人依文字開悟耶、答云云、疑云、両方不明、若依文字得道云者依文字得道鈍根所至也、円頓止観上根上智行証也、若依之爾也云而説止観云下眼依色入仮文則易矣、止観行者依文字得道見如何、答、此事可口伝法門也、先滅後色経巻不可劣在世説法、其故説法有六塵、在世声塵説法色経巻色塵説法也、世人謂如来在世説法勝色経巻劣、此思甚非也、反勝経不空三蔵訳説六塵種説法、経云、以口演法時口節不長、汝阿難集諸説法応決法意色、文字説法尽未来際更不断故矣、蘇悉地経十七会曼陀羅、釈迦安浅略一重阿難安慈悲不断境第七重、慈覚大師見此文、釈迦説法限五十年、阿難色塵所顕法遠至人寿六万歳、故阿難自釈迦勝云畢尋諸法性無有実仏相、只指諸法有利益、是真如来説法之相矣、文字得道人非円頓行者云事大非也、今釈、文字得道機鈍根云事且准世情語也、世間人耳根得道利眼根得道鈍謂故准彼且文字得道云鈍根也、真実依法実義必文字得道鈍不可得意、倶自性法身説法故也云云

今人意鈍

於此有重重意、一一切諸法本是仏法機解即修証故利也、依教行委細分別得道故今人意鈍云也、二准世情声塵得道利色塵得道鈍云也、三一切諸法本是仏法境智不二門機今人意鈍還同有相機也、所云鈍者無上利根上本分鈍根也、爰以決附受今人意鈍文、此鈍非鈍、内証之中強名為鈍云、還同有相不思議処強今人意鈍云聞、御廟大師最後時楞厳院和尚授止観法門云、摩訶止観中所集諸法名義以権実本迹意不可例同、名同義異也云云、今利鈍配立観心不思議内証故不可同通途也云云

玄　覧

玄者幽玄深妙義也、意境智不二門天真不思議内証幽遠深妙故即難、且於境智不二門正以名相三諦三観法門委細分別令生人解故説此止観云心也

尋云、若爾者今止観劣也如何、答云云、最上薬治最下病、既化最鈍機止観故還同有相門還甚深也、但可得意事有之、慈覚大師値良諝和尚伝三重止観深義、一法自性止観、謂別不顕現一切諸法自性具止観相、一法体性自性不思議止也、色相分明観也、二教談所顕止観、謂大師開止観教門委細分別、付教談止観又有三種、一名言所顕止観、謂止観名下有義、二分別相貌所顕、謂止観二字開発建立十境十乗、三覚悟所顕止観、謂諸仏所証止観二門也、慈覚大師開教談所顕止観又為両種、一言説所顕止観、謂声塵所顕也、二文字所顕、謂今色塵也、何大師已証故不可有勝劣、存勝劣事教門教道所談故也

尋云、今止観限上根上智耶、又亘中下輩可云耶、答、逗衆機也、疑云、尋止観立行天真独朗内証不思議円頓教門也、争可亘中下機耶、其上今止観者天台智者大師自南岳相伝法門也、南岳大師又塔中大牟尼尊伝之、只可限上根覚、若依之爾也云、今釈意、今人意鈍玄覧則難、眼依色入、仮文則易等云、為下根止観見如何、答、自元止観逗衆機、止観不二実理為機以二門開顕、上根以境智不二教化鈍根以還同有相教化、二門各別所詮止観体性全一也、此二門倶大師内証本分智者已証立行也、諸法寂滅不可思議天真内証非所堪鈍根、故以色相声建立止観

南岳大師値多宝塔中大牟尼尊伝今止観有重々意、謂自行化他也、化他門時利鈍倶止観立行機也、天台大師今止観為所行時上根所修止観也、鈍根輩今止観為所行時鈍根所修止観也、利鈍但有機、於立行更不可有不同、教門施設随機仮設故法有高下、今止観正法体実義故利鈍倶修行行体更一如也、高尚止観卑劣止観全一体不可有不同、爰以今経三周無心二乗入実相理大根菩薩又入理、然於妙法実体全無不同也、尤如最下機悟妙法真意今止観又如此、利鈍倶以一性止観所修止観也、利鈍只有機、於正行者不可有不同、教門施

設随機仮説故。可為所行体也

疑云、機法必相順也、何以最上法令被最下根耶、最上教本可化上根也如何、答、自元善悪凡聖所修行体帰入止観大海何非止観正機耶、最上教本化最下根、処処得入菩薩於爾前得道、鈍根二乗依法華開顕得道、最上法令被下機証也、今妙法在仏果時成果海本性在凡夫時成流転本性、止観本逗衆機、故上中下三根倶止観機得意也、還同有相門時何可止観機、伝教大師、万法総一心衆途了三観釈給、利鈍衆機所修行体只是我等一心也、故止観一部云大師己証也、是即一切衆生已心所行義也、止観妙行譬如阿伽陀薬随病成対治、軽重病何不致対治耶、但止観内証利鈍機権実本迹至極機勝也、倶観心内証機故、涅槃経中小乗極果不及大乗初心云、此等意也、故止観只限上根上智不可得意也云云

眼依色入、仮文則易

一切衆生機有二、一利根二鈍根也、利根輩不依文得道鈍根輩必依文有証理故也、大分機為二種、一随法行二随信行也、随信随法配立有多意、一声塵得道為随法色塵得道為随信、声塵得道有二、一句成弁機随法行委細分別機随信行也、色塵得道又有二、一但見一文一句得道随法行随知識了文義得道随信行、釈云、了文義得道随信行也、在世得道機声塵故随法行也、滅後得道機随信行故多依

文可得道、一家相承随信行相承随法行相承有之、南岳有二人師、謂恵文傅大士、正渡天竺値師子尊者伝法華法門並受四教三観法門随知識故随信行也、此相伝伝南岳、恵文禅師不値知識入経蔵見中論入不二法門故随法行相承也、竜樹菩薩智論、随信随法二種相承共仏法弘通諸仏使釈給、随信行相承声塵相承随法行色塵相承也、般若燈論云、諸仏説法広通六塵、今此色経巻釈迦如来色塵説法云、諸宗人師以声塵相承為本非色塵説法事甚不可也云云

文非丈°丈°字即解脱

此文破闇証禅師誦文法師言也、誦文法師文字只文字得意文字当体即三諦不思議体事不知也、今家心青黄赤白文字体横点竪点形三諦三千本分也、此外不可有解脱本分、故文字非文字也、闇証禅師撥無文字教意不知文字即解脱事、今家意教即実相故文字当体即不生也、故文字即解脱也云也、解脱者成弁証了義也、三身中応身説法形也、三徳中断徳円満体也、文字即応身也、付此文口伝証道八相事有之、無作応身者法法塵塵所具也、文字体又°応身也、若文字体無作応身得心文字当体有証道八相、山家大師付文字即解脱文有口伝書給字体八相深義也、道邃臨山家帰朝時授給法門也、文字有上下相上天下天也、文字当体住紙上託胎也、而字形分明出胎也、本性清浄離妄染相出家也、無障碍降魔也、字体具三諦理覚性円備

成道也、文字体有勝用生人解本有転妙法輪形也、字体不可得不生無念入涅槃也、文文句句皆具此八相、故文字即解脱道理云也、愚人不知此義或執文字或非文字、俱不可也、恵文禅師文字即解脱道理得心得中論開悟、伝法決云、南岳大師云、文字即解脱、離文字求解脱無有是処、解脱者是無作応身無作応身必具八相、此相有口伝、応聞師説云、此口伝也、御廟大師門徒雖有三千人此法門授楞厳和尚、甚可秘法門也云云、当家習一切法門心地引当以道理口伝云即此等法門也云云

天台智者等

震旦有五岳山、謂東西南北中岳也、南岳名大蘇山中岳名天台山、名天台山者天有三星、謂下台中台上台也、当此山上有三台星、故名天台山、王后山記云、此山上天有三星住、謂下台中台上台、此三星不移変、故名台星云、台者天然也、此星不同余星常恒住天台山上、故云台星也、大師殊住此山事三台者空仮中三諦也、三諦天然性徳故、大師又悟天真内証得三諦本理故号天台大師也、智者勅号也、南岳名大蘇事此山有甘露蘇蜜故天人時時来下食此甘露故名大蘇、思禅者又勅号也云云

円頓止観

円者謂円融頓者謂頓速義也、介爾一念具三千性相故円也、一念心体三千具足得意上仏果可望所無之、出離得道即言下極故頓也、止観者法性常寂一心体止也、法性常照三千体観也、我等一念不思議止一念中三千宛然観也、円頓止観云事事敷聞只我等上作法也、此道理開顕名円頓止観

於今心要有付文分機口伝、聞円頓止観言得道自是一途機也、於略止観得道上上根也、於広止観可有十章、大意得道機上根自第三章至第七章得道中根具経十章下根也、今心要略止観云広止観題序、序与略只一意也、今広略二種止観俱多宝塔中口伝也、智者大師説止観時只説広止観不説略止観、生機交座故此心要秘密授章安大師、章安大師後記録給時略止観書載云序也、略者避繁預述義也、其義序同也

尋云、今心要体何物耶、答、是有重重意、一寂照未分心要、謂止観二法不相分体也、二本分一心三観、三本分一念三千観也云云

初縁実相

於初縁実相有重重口伝、御廟大師、初縁実相初甚有深意書給、然可得意事初縁実相有三重口伝、一初縁実相、謂値知識経巻初修止観立行時必可縁実相不思議理云意也、二初縁実相、謂値知識経巻初聞一念三千覚体無始已来修一念三千観不知故凡夫也、今初非

修三千実相観、一念三千観無始常修妙行也、故名初縁実相、是名解行証一徹、其故覚大師今初縁実相立七種妙義給、一解行証一時。、謂値知識伝一念三千観、三千者謂六即十界也、若然解行証一心別所可行証無之、二三世常住妙行。、謂値知識聞実相観時過去無始時以三千具足心縁三千具足境、是故過去修一念三千観現未又如此、三境智一如妙義、謂能縁所縁倶三千具足也、四果縁常修妙義、謂境智倶三千具足常修妙行、五即身頓証妙義、謂値知識時得三千覚体、是成仏也、六理智不二妙義、謂一念三千実性全不思議非事理分別、七直入法性妙義、爾前迹本間解行倶教相非実法体云云、第三初縁実相謂縁者際義也、意一切諸法無始本初三千不思議体性也、故名真実、此時絶能化所化相、不分機法域直法体自性実相也、如此初縁二字得意実相二字可口伝

於実相総有重重意、別教権門等意但中理為実相迹門意不変真如為実相本門随縁真如為実相、今実相直指衆生一心、衆生一心事理未分体也、一心或云理或云事、只是機情所量也、心自体事理本迹等義更絶之、只寂照不思議体也、寂時一心不生無性相、照時三千具足全無闕減、指一心即実相也、所云実相者事理未分境智一如実義也、是以覚大師釈受今実相境智不二実相釈成、決附云、文云初縁実相、実相者但指衆生一心一念、更非事理本迹等相、故名実相、寂故一心照故三千、介爾一心具三千法、是実相義也云、所詮止観立行手本設雖初心行者也可修境智一念三千観也

但案行満相承趣於実相有四重深義、一修観最妙実相、謂修一念三千実観故云実相也、二還同本分実相、謂止観行者不動已前所修行体即実相止観心得故也、三境智泯亡実相、謂絶此能縁所縁相不思議名実相、四不修名実相、謂一切法悉寂照宛然妙体故別不修妙行、故云実相也、此事伝法要決見

但今実相得意多種機可有之、止観逗衆機、故止観有廃教立観開教顕観二意、廃教立観時絶権実本迹相不思議故名実相、開教顕観時本迹名義並権小立行皆是初縁実相也

尋云、今初縁実相根塵相対一念為同為異、答云云、疑云、両方不明、若同者今実相云広止観時以根塵相対一念為所縁境、既実相根塵義各別也、如何同可云耶、若依之爾也云広略雖異同止観立行明鏡也如何、答云云、此事自唐土諍論也、礼法師云、初縁実相縁第九識発心行者根塵相対縁第六識発心行者也、覚法師云、初縁実相第九識根塵相対一念第八識也、当家傍義略止観下九識修行広止観配立六識修行也、然当家相承趣先止観修行有五重機、一六九未分機〈境智不二門機也〉、二初六識終九識修行機、三本有六識修行機、四本有九識修行機、五本有八識修行機也、此等倶還同有相機也、今所云実相者六九未分実相也、既事理不二云故、広止観処。、根塵相対一念心起云、一念者境智不二一念能所未分実相也、故実相

一念義同可心得、始六識終九識機者境智不思議実体上立還修諸行時初以六識情心修行終入九識理、次始終俱六識修行機者聞一切諸法本是仏法別不用修行六識当体本分行得心機也、次始終九識機者自初縁心性本理発心修行故、次縁第八識発心者第八識生死根本也、深観第八識可止迷心得意第八識体三千三諦具足修行機是也、止観本逗衆機故有如是不同也云云

造境即中

於之有三重点、下品点云、造境即中、意一心令至三諦境時中也、中品点云、造境即中無不真実、意一心所具空仮中道相即故真実也、上品点、造境即中、無不真実、是含二義、一空仮二諦即中道故三諦相即真実也、覚大師釈中、造謂空境謂仮也釈故、造空云事者十二門論、大分深義所謂空也云、安慧菩薩注、一切諸法如幻造空云、造者空義聞、第二義云造者能縁心一心体性造諸法故、境者所縁境也、能縁心所縁境俱寂照具足本性一念三千覚体故即中云也、所云中者非空仮相対中、不思議不可得中也、其故三観義私記、中有四種、一離辺中二相即中三対辺中四本性中、本性中者一切諸法不思議無念強名為中云、今造境即中中行者一心具寂照相、寂故一念照故三千也、一念相三千相中不悪名中、所詮初縁実相言総標也、造境即中釈能所俱実相義、能縁所縁俱三千具足故也云云

繫縁法界一念法界

上造境即中文挙能所未分義繫縁法界一念法界者正明能所一如義、繫縁者是三千一念者一念也、三千法自本具三諦法界一念正体具本分三諦故一如也、但於法界有三種意、一能所俱三千故繫縁一念云法界也、二三千繫縁三諦一念又三諦也、故云法界也、三一心当体法界謂能縁一心心也、所縁三千一心也、法性常照一心法性常寂一心、寂照二性俱一心、故名法界、智既是心境亦是心既俱是心俱是法界文可思合

智既是心一念法界境亦是心繫縁法界也、一心自体不思議諸法本故法界云也、所詮当段文意只行者一心取還取還訓釈也、上初縁実相挙一心実体造境即中挙境智不二義、繫縁法界一念法界重明能所一心義也、是等更止観大意中大意也、能能以此口伝可落居也云云

一色一香無非中道

上繫縁法界一念法界付衆生論言也、彼彼三千互遍亦爾故一色一香当体亦寂照具足法也、色者青黄等色法香者好悪香等香也、彼非情色香等法性常照故具三千法性常寂故一念也、一念三千只一法具足不相違名中道、一家草木成仏自此起、色香等事法当体三千具足上成仏条不可有疑難、世間人義云、一色一香無非中道者空仮相対

中道也云云、今不爾、寂照宛然無闕減云中道也

　尋云、一家草木成仏自此文出云云、爾者草木成仏有重重意耶、答、委細旨如宗要、但可心得事草木成仏有七重、決附云、草木成仏有七重不同、一諸仏観見二具法性理三依正不二四当体自性五本具三身六法性不思議七具中道、中道者一念三千草木亦不闕故云、一観見草木成仏者、経云、一仏成道観見○悉皆成仏云、草木当体正不成仏諸仏草木為境作観法時能縁見分被引所縁草木相。即成仏体、故且草木成仏云也、二理具草木成仏者草木具法性理、仏者覚也、法性真如妙理本覚清浄無染汚相、草木所具法性理即名成仏也、三依正不二草木成仏者法華一実意依法。正法。全不各別、円融相即一体也、釈迦如来既成仏、是草木成仏也、若爾者衆生成仏草木不成仏不可云也、四自性草木成仏者法法塵塵自体当体仏也、仏者覚義故、三千諸法当体常住無染不動也、清浄処名仏、云草木成仏別不可具三十二相等、草木根茎枝葉当体已。已本分是成仏義也、五本具三身当体自性不思議法身也、迷者情見草木無三身思、法華値遇円頓行者法法塵塵当体自性不可思議法身也、有照了徳報身也、色相具足等応身也、若爾者不草木成仏云権宗権門帯迷無明執見也、山家大師無作三身覚前実仏釈給此意也、涅槃経、仏性法身諸法自性非人天所作矣、三身本分仏性唯仏与仏知見也、唯仏与仏者即指円頓行者、円頓行者知見一切諸法無作三身故也云云、六不思議草木成仏者草木自性不思議更絶事理相不思議本性強名成仏、七一念三千草木成仏者只心是一切法一切法是心故草木具三千衆生具三千、行者一心草木故縁草木、草木我等一心故成所縁境、草木具三千故或成能縁或成所縁、若草木不具三千者如是。。草木具三千不可思、涅槃経云、若心縁無体境者応非七仏所説云、山家大師御在唐時草木具三千事有疑難故対仏立師問此事、仏立師云、以汝問言応知草木具三千義、若不具三千者云何応言草木具三千哉、心縁無体境非仏説故云、此事伝法決見、意草木若不具三千者草木三千具不具不可被思惟、縁無法事大過故草木自本具三千、法性常寂一念法性常照三千也、既具寂照二相、是名草木成仏、故慈覚大師、草木成仏乃至即身成仏良由無始一念三千云云云

無非中道六義口伝

蓮実房云、御廟大師学文日記云、一色一香無非中道矣此有六義、非口伝者難知云、今所云中道者六義具足中道也、一依正宛然故名中道、謂草木衆生不二一体不隔歴、故名中道、二三諦具足故、謂一色一香当体具空仮中三諦不闕減名中道、是三諦総名也、三迷悟具足故、草木自本具迷悟二性、迷人眼見云迷法覚悟知見云覚法、浄名経足指案地即此義也、舎利弗梵王二見各別迷悟不闕故也、迷悟不闕強名中道、四無作本仏故名中道、謂一色一香当体本有三身

也、偏不報身偏不応身、三身宛然故名中道、五寂照具足故、色香自体寂照具足不闕減故名中道、六一念三千故、一念非一念三千具足故、三千不三千亦一念故、一念与三千具足無減云無非中道也、楞厳和尚又加一義云、色香当体不思議未分故名中道也云云

当段文殊一家相承根本教観二道縁起也、文文句句含多義故名中道以七義成立也、蓮実房随分秘之給

己界及仏界衆生界亦然

此文心以色香中道義衆生中道義釈成也、衆生界具中道故衆生当体即成仏、己心具中道故一心又成仏也、仏界具中道故又成諸法体性、三法妙委細注釈如略義略文記、如上草木成仏以義類例可有七種即身成仏、衆生界亦然例釈故、意草木具三千於一切無相違、況於衆生界耶、必可具足止観二性云心也云云

尋云、草木衆生倶具三千云者如何可分草木衆生別耶、答、尤可口伝法門也、心有三種、謂矣栗陀干栗陀質多心也、矣栗陀干栗陀倶草木心也、草木知四季時節枝葉生長矣栗陀心也、衆生質多心為面矣栗陀干栗陀為裏、草木矣栗陀汗栗陀為面質多心為裏、無色界衆生一向有心無色、是為心面色為裏也、無想天衆生有色無心、是色為面心為裏也、大論云、心有三種一矣栗陀二干栗陀三質多心、矣栗陀干栗陀是草木、質多心是衆生心、草木無心之言出自小乗、非摩訶衍義云、又云、無色衆生隠矣栗陀干栗陀心以質多心而持命根、無想天衆生以矣栗陀干栗陀心而持命根質多心不現在前云、草木質多心隠不現在前故名非情、三千具足条更無疑事也

疑云、草木若有心断草木有殺業耶、答、一念三千依正不二法門円人所見実義也、以善悪分別執情不可至疑難、普賢経云、我心自空罪福無主、自他共三千具足体也、成自他分別徧計所執悪見也、無自他処名我心自空、若我心自空罪福無主一念三千相即融通道理成立善悪二性更不各別、此時別殺生業有無持戒作善分別不可有之、若然者所難只是以自他分別執情可至執難也、若一念三千道理無廃退時於善悪二法不可有妨碍、観音現海人殺魚鳥、是覚者所作也、今草木具三千道理又円人見故更不可至疑難歟云云

初縁実相已下分文

初縁実相〈直挙法体幷円人所観境、是一家根本一句也云云〉

造境即中〈釈初縁実相義、謂能縁心所縁境倶三千具足故実相也〉

繫縁法界一念法界〈釈上即中義、中義寂照不二一念三千意也、今釈即中義一念体具三諦法性、常照繫縁又具三千三諦法界也〉

一色一香無非中道〈釈非情具寂照義、謂一念是諸法諸法是一念也、故以一心寂照釈非情寂照也、一色一香当体一心一如故也云云〉

己界及仏界衆生界亦然〈以非情現衆生、非情草木尚具寂照、況己心具

衆生界仏界事〉

已上此等文止観内証根源諸義含容明文也

陰入皆如無苦可捨已下

自初縁実相至衆生界亦然直談法法体明未分不思議儀。自是以下正明行者観門也、然以四諦為所観境事真俗二諦配立世間出世二義不分明四諦世間出世因果各別諸義分明也、故円頓行者観門時別用四諦也、四諦者謂苦集滅道也、苦集世間因果滅道出世因果也、四諦有四教別、三蔵教意同居二十五有実有生死為苦、三苦合故、三苦者苦苦壊苦行苦也、地獄餓鬼乃至寒熱苦苦苦也、天上果報一分楽雖有之終破壊故。苦也、又三界二十五有果報皆念念生滅、是行苦也、集諦者謂業煩悩二道為苦果成集因故云集諦也、次滅諦者出世果也、捨離世間因果所得析空理是也、析空理煩悩滅無顕、故名滅諦、道諦者出世因也、断煩悩至滅諦果事必依析空智恵也、析空智慧成道至滅諦故、通教四諦者如幻果報為苦諦如幻煩悩業為集諦体空理為滅諦如幻即空観為道諦、別教意分段変易二種生死為苦諦見思塵沙無明三惑為集諦隔歴三観為道諦但中理為滅諦、円教意一体三惑為集諦融通融即内外不二果報為苦諦一心三観一念三千為道諦、円意一体三惑一心三諦俗諦本分諸法為滅諦、如是四諦得意捨前三教四諦以円教四諦可為円頓行者所観境也

於三蔵教有二人機、鈍根声聞観苦集滅道、其故鈍根故直不観因先縁自身果体、三苦合故苦也観達次観達今此三苦依何感得哉即依煩悩業集諦断世間因果必可得滅諦理、得滅諦理事依道諦智恵観也、縁覚利根故観集苦道滅也、十二因縁次第然也、生死流転依煩悩業集諦、煩悩業因必彼感苦果、捨流転因果事必依道諦智恵、又依道諦智恵必至滅諦理観也、菩薩又有利鈍、鈍根観苦集滅道利根集苦道滅観也

尋云、今釈有何故捨一途配立苦集道滅次第耶、答、止観不漏衆機利鈍通摂故並挙両義也、苦集鈍根次第道滅利根次第也云云

陰入皆如無苦可捨

陰者五陰入者十二入也、皆如者於之有重重口伝、謂附文元意也、附文一往義云、上大意時一切諸法本是仏法悉止観解行得意上何行。者皆是大師已証行体也、垂下行処故必空観可得意、三界衆生多堕有法塵。捨有法執事更空観大切也、故別挙空観、意五陰十二入当体本有本空故無可捨処、乃至菩提涅槃本空故無可修証処云云、元意有五重意、一五陰十二入当体仏果心体相即融通故如、如者不異相即義故、二三諦具足故、謂五陰等自性自本空仮中三諦故如云也、若陰即三諦可捨所無之云意也、三陰入本性不可思議故、謂五陰十二入当体本性不可得故如云也、四三千円備故名如、謂五陰苦果当

体具三千法色具三千乃至心法具三千、俱三千具足故苦可捨処無之、如者不異義故、意仏果体性三千具足也流転五陰三千具足也俱三千円備形故不異云也、長意和尚相承今如無我一言相伝可思合、無我者法法塵塵悉三諦具足三千円備也、俱三千故無自他我執、無自他我執故苦当体三千具足也、若爾於苦証菩提事更不可也云心也、所詮円頓止観行者修行用心作法三界流転苦果依身当体或観三諦或観三千具足是陰入皆如義也云云、五生仏不思議故名如云云

尋云、陰入当体具三諦具三千事引当心地其道理如何、答、円頓行者陰入当体三諦具足得心上一切所作皆是三諦具足義也、五陰当体本来不生空、不生相貌分別仮也、空仮中不悪住一処是中道也、又苦果依身当体三千具足条如上所云云云

無明塵労即是菩提

上苦諦即涅槃義成立了、今集諦煩悩自性三諦即是菩提様釈成也、無明者中道障也、於一切法不明相故、塵労者三惑通名也、塵謂陰障義或染汚義也、労者謂違諍義、意見思障空観塵沙障仮観無明障中道故名塵、三惑自性違三諦理有諍論故労也、別教所談如是、一家円頓意見思塵沙無明三惑当体即空仮中三諦也、故無明塵労即是菩提云也、於菩提有三種、一三諦菩提二三千当体菩提三不思議無相菩提也、意空仮中三諦三惑自性故云無明塵労即是菩提也、又煩悩自性各具三千性相自性又不思議故煩悩即菩提云也、於即有四種、決附云、然相即有四種、一不離二覚心三自性四不二矣、不離相即者法華以前諸経所明相即也、覚心相即者依三惑風法性海成波、今以覚心観三惑自性本真如本分自体也、依覚心妄想転菩提故煩悩即菩提云也、次当体。即者煩悩菩提自性本分互相即云云、是名当体遍、煩悩具菩提菩提具煩悩、次不二相即者煩悩菩提各別名教相分別浅言也、望法実性時煩悩忘。想真如覚性全二相不立故煩悩即菩提也、此法門御廟大師、知者可知不知者不可知云

尋云、抑三惑自性三諦道理引当心地如何可得意耶、答、尤可口伝法門也、山家大師在唐一二大事也、仏立和尚受此問授曰、有二重深意、一若煩悩性菩提云何煩悩障菩提耶、所以者何、涅槃経中、仏斥外道及小乗水火各性言若水非火者云何水有消於火矣、二若煩悩非菩提如何応令煩悩即菩提、心不縁無体境故、此事内証伝法決見、可秘云云

尋云、煩悩即菩提観門一家本意也可云耶、答、煩悩即菩提即不即配立有二重口伝、楞厳和尚学問日記云、以四重興廃成義者爾前大教煩悩非菩提迹門大教煩悩即菩提、本門大教煩悩即煩悩菩提即菩提観門大教非煩悩非菩提、亦以八門成義者一不即門煩悩非菩提、二不離門煩悩即菩提、三断相帰真門煩悩非菩提、四真如具法門煩悩即菩提亦煩悩即煩悩菩提即菩提、五三千相対門煩悩即煩悩菩提

即菩提、六一体不二門唯菩提無煩悩、七境智不二門非煩悩非菩提、八還同有相門煩悩即煩悩菩提即菩提煩悩非菩提、諸義宛然無有相違也、先師重誡良有由哉、若非口伝云何応別如此之相云、以此文無窮可落居、四重興廃如文可得意、八重口伝一一可得意、法華已前不相即門意煩悩菩提各別故、不離門心煩悩菩提不相離故、迹門断相帰真門心九界為権仏界為実断迷開悟故煩悩非菩提、真如具法門有二意、煩悩菩提俱一真如理故煩悩即菩提也、十界在理性性相分明故煩悩即煩悩菩提即菩提義可有之、三千相対門意三千諸法本分常住故煩悩菩提各各本有常住也、一体不二門意法法塵塵当体本有三身故唯菩提無煩悩也、境智不二門意煩悩菩提二相不可得天真内証本分故煩悩菩提可云処無之、故非煩悩非菩提也、還同有相門時一切徳°義更不可有相違、今無明塵労即是菩提云還同有相門心也、如此落居了於諸義努更不可有相違云云

辺邪皆中正無道可修

辺者空仮邪者悪心也、一家円頓立行不捨空仮悪見等即中正也、邪対正辺対中、空仮偏邪等自元三観三千自体故辺邪念外別修一心三観等非止観大意°云也

尋云、正修一心三観一家本意也可云耶、答云云、疑云、両方不明、若正修一心三観一家本意也云今解釈無道可修云別修一心三観事不可有之見、若依之然也云一念三千観正正修止観下有之正修止観一家本意釈、謂説已心中所行法門云云、故此止観正明観法並以三千而為指南矣、正修一心三観一念三千大師已証見、又今文云無道可修略伝三徳下歴六塵境六作縁常用一心三観云云、前後二文相違歟一同歟如何、答、尤可落居法門也、如前重所立、止観機有多種、謂本住不進本住不下等也、本住不進機所修解行無道可修也、邪邪念相外所可修三千三観無之故也、今文如是、本住不下機所修行体歴六塵境六作縁常用一心三観也云云、以此意可落居也、蓮実房云、本住不進有重重意、初修三観三千観行立還本住不進義得意機有之、或自本本住不進道理得心無行証機有之、本住不下又有重重心、或自本一切諸法唯無悟無迷得心不行証機有之、或唯悟無迷解了上任運無功用行証有之機又本住不下也云云

辺　邪

都率和尚学問日記云、辺邪有重重不同、謂一有無為辺、二権小為辺、三断迷開悟為辺云云、邪有多種義、一罪障為邪、二三惑為邪、三九界為邪、四始覚為邪、五覚心為邪云云、如此諸辺邪俱中正°正観也、故無道可修云也

中正事

依山家相承趣中有多種、内証伝法決云、中有多種、一離辺中二対辺中三尽辺中四総体中五自体中六不可思議中矣、離辺中者別教権門所談中道也、離空仮二辺別立中道故、対辺中者空仮二性相対立中道名義、是迹門所談也、次尽辺中者捨諸妄心帰入仏果一理法界朗然名中道、総体中者法法塵塵自性或具三諦或具三千不偏堕三千円備故云中道也、次自性中者万法本有都無過按持自性無過、乃至諸仏持諸仏自性無過、無過名中道、次不思議中道者邪正辺中未分更無思量処強名中正也、今中正者即第四第五第六乃至第三中道也、以此義辺邪皆中正道理可落居也

生死即涅槃

生死流転五陰色心是三諦本理也、故生死即涅槃云也、於生死有多種、一分段二変易也、涅槃又有多種、一不変真如涅槃二随縁真如涅槃三三諦涅槃四一心不生涅槃也、分段変易二種生死当体或不変真如或随縁真如或三諦具足或一心不生涅槃故生死即涅槃也、加之涅槃者三千諸法異名也、生具三千死具三千故生死即涅槃也、於即有多種、決附云、即者有四種、一不断即二転即三体即四不二即矣、一不断即者相続義也、生死断絶処涅槃果徳内証速相続故名生死即涅槃、次転即者不捨生死本身転成法性身、故名転即、次体即者不動生滅自性速随縁真如涅槃也、起是法性起滅是法性滅是——等矣、生死当体即三諦不思議義故云云、生死覚用一心三観云事自此文出生、謂生仮死空一心中道也、初心鈍根行者可修生死覚用。観、伝教大師御弟子有云薬荊人、本在有相教於生死作動転、大師順彼根性授生死覚用一心三観、彼言云、本有三諦迷人所見変成覚者知見、生即仮諦死即空諦一心即中、生死流転良由不知生死一心即是三諦矣、心空仮中三諦依妄心成生死狐悩迷人、若被知生死自体難施迷用、故始覚有相行者可修止観也云云、次不二即者生死三千具足涅槃三千具足也、倶三千円備一体也、故生死即涅槃名云云

尋云、一家円教意捨分段生死身得法性理耶、答、生死即法性涅槃也、更不可捨云云、疑云、両方不明、若捨分段生身云生死即涅槃涅槃即生死也、何捨父母果縛身別得法性涅槃理耶、若依之爾也云今法華開悟得脱住上真因菩薩皆捨果縛依身、目連被殺。竹杖舎利弗被外道害、即知捨分段依身云事、如何、答、於即有重重意、先以転即義成立同梵行者見前舎利弗目連等捨生身義有之、内証不捨父母果縛身得法性体也、若以体即成義舎利弗目連被外道害当体随縁真如妙涅槃也、或倶三千具足故生死涅槃之条不可疑難云云

問、煩悩即菩提生死即涅槃観門同時成就耶、答云云、疑云、両方不明、若同時也云色心不二也非無不同、煩悩即菩提心法生死即涅槃色法也、心法易転色法難転、転煩悩心成菩提事通途所作也、正転生死依身成法性涅槃身事更難有物哉、爰以因疾雖尽猶有果疾

云、若依之爾也云今心要心煩悩菩提相即時生死涅槃何可各別耶如何、答、蓮実房云、円人有二類、一直達円人二迂廻道円人也、直達円人煩悩即菩提生死即涅槃可同時、迂廻道者鈍根故煩悩即菩提成就生死即涅槃観門更難成立、総可得心事有之、道暹得道本記云、円機有多類、一迂廻道人但有即心成仏非即身成仏、二直達円人具即心即身二種成仏、直達円人中但聞不信人但有種子成仏無有観行、捨此世五陰身心倶成仏、此約始覚門云、迂廻道機有即心成仏無即身成仏云事迂廻道機鈍根故内心得仏知見外相只生死身也、直達円人煩悩即菩提生死即涅槃観解勇猛故身心即成仏、但直達円人有三種不同、一解行具足機二唯信無余機三唯聞不解機也、解行具足機観法深細故於今生色心倶成仏也、唯信無余機信得道雖有之行正修無之、故於今生身心成仏事無之、只成仏速疾種子計成就於次生得法性身、法華儀軌云〈慈覚釈〉、若有信心聞法華経一偈一句於第二生受生死身者無有其処、此人必得法性身故矣、唯聞不信機正雖不信法華以軽重意仮聞法華、聞法縁最上故於第三生同法性身、普賢経、若極大遅者不出三生矣、即指第三唯聞不信機也、大通結縁輩歴三千塵点成仏見事是有二意、一為仏道軽易者説之也、三千者表自身所具三諦、真実雖何小結縁也法華結縁輩不可出三生、法華結経、極大遅者不出三生云故云云、如此得意直達円人煩悩即菩提生死即涅槃観同時成就事更不可相違云云

問、一家天台意苦集滅道四諦更無之可云耶、答云云、疑云、両方不明、若四諦全無之云一家天台心三千常住一無闕減、四諦世間出世因果也、九界因名集諦九界果名苦諦仏果因名道諦仏果為滅諦、若爾者四諦何全無之、若依之爾也云、今釈、無苦無集故無世間無道無滅故無出世間云、世間出世因果都無苦集滅道四諦全不可有之見、今文南岳天台本意塔中相伝深義也、何可壊此文耶如何、答、可得心事也、今釈、無苦無集乃至無道無滅云即含多義、或苦集滅道四諦畢竟無生皆空故無苦無集無道無滅云心可有之、然一家天台御本意苦集滅道四諦或倶三諦具足或倶三千円備也、一偏苦集滅道可執処無之、故無苦無集等云也、正無法体故無苦無集云事不可有之、其義如上云云

純一実相

苦集滅道四諦倶純一体故無苦集滅道、於実相有多種、如上云云、爾前別教意諸法自性有但中理無苦無集也、迹門意苦集滅道四諦帰入不反真如理真如一理外無苦集滅道故純一実相也、本門意当位実相為純一実相、謂地獄餓鬼乃至苦集滅道四諦各各住自性有無不可得也、是名純一実相、有苦集滅道四諦本有常住也、無妄心四諦故無苦無集無道無滅云也、仏果円極内証住本顕本実義苦集滅道四諦本有常住也、故云純一実相也、境智不二門時苦集滅道四諦未分不

思議諸法絶跡亡因果性天真不思議故純一実相云也、還同有相心三千各各具足更無闕減、苦非苦三千具足故、集非集三千具足故、乃至道滅又如此、或苦非苦三諦具足故、集非集又三諦具足故、三千三諦倶諸法自性故純一実相也、故無苦無集無道無滅云也云云

法性寂然名止以下

蓮実房云、自初縁実相至衆生界亦然標也、正釈法法体如体令解故、陰入皆如至更無別法釈也、約世間出世因果実相不思議道理釈成故、法性寂然已後結也、意無苦無集乃至無道無滅道理今寂照不思議故無苦無集等云也、初縁実相云法性寂然一心不生故法性常照三千具足故成実相、若一偏寂一偏照可非実相、一切諸法不出止観二法、故以寂照止観結上諸義也

私云、今法性寂然名止寂而常照名観云大意四諦通結也、別標釈結不可得心、大意直宣諸法自性挙大師相伝、四諦観正挙大師所行体、今大師所行体法体内証伝法倶不出止観二字、乃至法法塵塵体性何可過止観二字耶、生死二法尚止観也、止謂死観謂生也、乃至諸法類之、意初縁実相有多意、法性常寂一心法性常照三千故実相也

法性寂然名止

文云、寂故法界倶寂照故法界同散、寂不妨散散不妨寂、寂照一如無有異相矣、一切諸法自性不可得行者一心也、一心自体非青黄赤白是名止、乃至一切色塵等能能尋自性不可得故名寂云云、妙法両字中妙是常寂也、不思議釈故、妙法如次止観二字可得意、爰以本朝大師釈云、妙即一心法即三千止即一念観即三千等矣、所詮十界三千乃至苦集滅道等各各不同倶一心故止也、止故無苦無集無道無滅乃至初縁実相等云也、三千諸法本有而一念名法性常寂、如小乗析空万法空故不可得意寂然

寂而常照名観

一家天台意不動法性寂然而三千性相宛然也、観者照了形也、於万法了了分明処是観也、三身時観者自受用身也云云

雖言初後無二無別

尋云、文云、雖言初後矣、爾所云初後其体何物耶、答、先年応和比一条院於北山御所集当宗碩学有止観訓読、至此文諸人各各申義、或人云、十界初後也、其故釈諸法実相言法界者須云十界即空仮中、初後不二方異諸教矣、上繫縁法界一念法界云、法界者十界不二即空仮中意故今初後十界初後也、有人云、空仮中初後也、一家意空仮中名次第相即融通不隔歴、故初後不二云也、有人云、止観二字初後云也、止観云故世間人止初観後可得意、故如是釈大意。。

名言雖初後俱一心一念一体寂照不中悪無二無別云也云云

有人云、文初後也、心初縁実相云為初更無別法云為後、初後名言各別只寂照二也、寂照又一心所具不隔歴、只一体本分故云無二無別也

蓮実房云、常途相承義云、行者初後也、心初縁実相至亦然行者初縁体也、自陰入皆如至更無別法正行者所修観門也、解行各各終至寂照本分体故法性寂然乃至寂而常照云行者証也、解行証三各各解初証後文言面聞真実尋法自性解行証一体無二無別、故雖言初後無二無別云也、解行証一徹法門自此文出

解行証一徹得心有重重道理、一約法体、所謂解一念三千名解行一念三千名行乃至証一念三千名証、或解三諦名解行三諦名行証三諦名証位三身、解行証各別但三諦三千故名一徹、二約観門、謂随知識聞三千三諦法門三千一心所具也、一心外更不可有解行証観達名解行証一徹、三約道理、従知識解一念三千、解位一分信心成就名行、所具一心即証也、四約本意、今摩訶止観本意解位一心外更不可有行証、値知識経巻聞寂照二字寂謂一心不生体照謂三千円備形也、一心既三千具足也、若一心当体有三千具足義所具菩薩界是行所具仏界是証也、一心外尚有行証見無明癡惑所以也

既釈円頓止観無明塵労即是菩提生死即涅槃乃至無苦無集無道無滅等云、煩悩生死当体三千円備自性上為断何煩悩生死修行為証何滅道而可修行耶、滅道果徳自性一心外無之、故又証可期処無之、故一念三千為解行証一徹、以此道理雖言初後無二無別云也

御廟大師此自性解行証云事釈給、謂一切諸法門乃至念念諸心悉具解行証、一心縁青境青了知解也、了知自性観起行也、能所相応決定不異証也、止観於本処可通達、故止観所立解行証又法法塵塵所具也、乃至歴一切法如是可得意也云云

当家代代相承云、今初後者総体初後也、心歴一切法可有初後、如已前所立義総体初後内也、殊本末究竟云言引替初後不二書給、覚大師決附云、雖言初後無二無別者是本末究竟也、初後本末無二無別究竟也云、本末究竟一如是広通一切法、或妙為本法為末蓮為本華為末、乃至於当文得心苦集為本滅道為末〈是流転門〉、或滅道為本苦集為末〈是覚悟門〉、或寂為本照為末〈是境智不二門〉、或照為本寂為末〈是還同有相門〉、如是初後本末言各別只是言説別也、約法自性一体無差更無有異相、故雖言初後無二無別、是名円頓止観云也

今止観内証実義者一切円備全無異、故円頓云也云云

無二無別者初後本末諸法行者一心故無二也、有一心中不隔歴一体不可得故無別云也、是名円頓止観言総結也、総此文師○賢相承或三箇口伝或四箇口伝或五箇口伝或六箇口伝云深秘大事有之云云

漢光類聚　四

忠尋記

如来蔵

衆生一心本性清浄故名如来、故華厳経云、衆生一心本是諸仏矣、一心自体自性清浄都無染汚相、然此一心成本生一切法、故一心自性為蔵、一心自元清浄具三千、三千本有是蔵義也云云

云何即空

空諦者不可同小乗等空、万法歴々而本性無相違処空云也、故阿含経無為空義涅槃経無主無我為空義、十界三千万法有自体而無我執是一家空也、余宗所談多以無為空、一家心無主為空義、書写寺性空房云、空者無義也、楞厳和尚聞此事大歎云、彼聖人雖有一分見解愚癡故不知空義空執小乗、和尚播州下向語性空云、空者無主也、性空聞此言、我得真空云云、一家円教空者無主而法法無労義也云云

尋云、何是無主義耶、答、並従縁生、々々即無主云云

疑云、無主者中道異名也、爰以余処釈云、一切諸法無主是中道矣、無空主無仮主、故中道名無主、今何釈空義無主云耶、答、自本空中二諦不中悪法也、爰以解釈中、空中二諦二無二也矣、小乗並別教空断無空故其相遙中道異也、大乗円教空者諸法無異相自性不可思議故其義似中道、爰以南岳釈、一心不生万法無失、無失名中道矣、空中二諦其意少相似、空無主云事諸法不生無異論、而中道無主云事無偏空主無偏仮主万法不生名中道無主、故随処無主義各別也、今釈涅槃経文、諸仏空者無主無我義矣、依此文空無主云也、華厳経、諸法無主、是故非有非無矣、是以中道為無主云云

尋云、空中二諦二無二也其意如何、答、中道者不堕二辺本時不可得名中道、一家空者又不堕二辺本来不生義故空中二諦大旨同也、爰以真俗二諦配立時空中二諦為真諦、心性不動名中道亡泯三千名空、其義二大旨相似故二無二也云也

難云、三諦一諦非三非一是一家円義也、若爾空仮中三諦三無三廿可云也、何二諦二無二也取分云耶、答、一家心三諦非三非一条誰可論之、但於三諦中空中二諦二無二也云事於無中仮相貌分別也、空中不可見体也、故合為真諦、鏡像譬可思合、鏡与像各別有時現像或時不現像、只有鏡体明与鏡不相離法也、鏡即明明即鏡也、故取分空中二諦二無二也云也

云何即仮等

一家所立仮諦者無主本空上而三千慮想明明云仮也、小乗等意談

俗諦有法事真諦空外也、一家天台意俗諦恒沙万法自体空寂而三千法宛然是仮義也、故今釈、無主而生即是仮云也、天台円頓法門即事而真云此意也、不動事法立真空真空当体即仮也、伝法決云、所言仮者不動空無主三千慮想宛然常住是仮諦義矣、楞厳和尚云、且空中相対二無二也云也、再往分別空仮相対二無二也義可有之、一家空云乍存三千法無労為空、仮云無労諸相明了為義、御廟玄記云、一家三諦者其義三而相似云云、都率云、三義相似者三千諸法無労一心具足故名空、一心三千諸相宛然名仮、空不違仮仮不違空中道形也云云

云何即中、不出法性

一家円教中道者非別子細、法性自爾都無失義也、心性不動仮立中名云此意也、法法塵塵自体本有不思議是法性也、諸法自性不動処名中道、根塵一念自体本有常住根本有根境自爾境一心自己不動一心也、是名中道、伝教大師夢中告、三諦中苦習中道云此意也、大師釈此事云、空仮為体事良由中道、所以者何一切諸法本自不動名為中道、中道之体有両種義、本性亡泯是空義性相宛然是仮義矣、中道諸法性体此体有空仮、若偏有空仮無中道者可成辺見、中道成本性万法無失、故空仮成妙体也云云、以上空仮中三諦各各分別如是云云

附文六箇三諦

云何即空云至並皆即中易解三諦也、当知一念即空即仮即中者得意三諦也、並畢竟云至並実相円融三諦、非合非散双非三諦、而合而散双照三諦、非非合云至而一而異不思議三諦也

易解三諦者教門三諦也、法体性円融相即且為知三諦相邐迤各各分別其相、玄文名邐迤三諦、是言前似別教等、行者初門教学也

得意三諦者仮教門三諦相得意能能思惟観察只是行者一心所具也、心外全無有異了達是得意三諦也、楞厳和尚名証位三諦都率和尚名本処三諦、所詮三諦一心義也

円融三諦者空仮中三諦一心得意能能分別一心所具空諦具仮中一心所具中道具空仮、故成九諦、一空一切空一仮一切仮一中一切中是也、今文並云是三諦並也、六即義私記、釈上並根塵並是法界矣、釈今並仮中並是畢竟空矣、上根塵云並下三諦云並也云云

双非三諦者円融融即一心具九諦、此三諦九諦非合非各別是双非三諦也

双照三諦者立還見心本性三諦宛然全不雑乱合時三諦本分也、玄復疎三諦云今双照三諦一分也

不思議三諦者無双非無双照非一心非根塵三一不可被云一三無相違是也、止観明静前代未聞云即此意也

止観記云、依文分別有三諦六重、一易解三諦〈是教門也〉、二得意三諦〈証位〉、三円融三諦〈自法相即〉、四双非三諦〈一心所具三諦非一非異〉、五双照三諦〈合散二種宛然、一心本性一三二義〉、六不思議三諦〈天真独朗本分自性〉、以此意可分別也云云

鏡像円融

山家大師云、鏡像円融譬非口決難知云云、鏡像有六義為口伝、鏡像六義者一明鏡像義明空像仮鏡中道也、二三相一体義明鏡像非各別只是一体也、一心有三諦心也、三三相互融義明相具像鏡鏡具明像、故成九相、三諦互具成九諦意也、四不合不散義明像鏡三一処故非散一処三相各別不合義也、五三相法爾。明像鏡三自性各別本有常住也、三諦本分本有常住義也、六鏡体不思議。明像鏡三本義不可得法性自作不思議無相是不思議三諦義也、此六義為鏡像口決

今附文六重三諦鏡像六義相応、決附云、鏡像喩有六重義云六重者今所云六義也云云、

尋云、鏡像喩蓮華喩何為法親喩也可云耶、答云云、疑云、両方不明、若鏡像譬親喩也云者妙法難解非蓮華不足為喩矣、三世諸仏説妙法時必用蓮華喩、若鏡像親喩可用鏡像喩、何用蓮華喩耶、若依之然也云者、以事喩法皆是分喩、於中鏡喩其意最親矣、鏡像喩為法親喩也見云云、答、此問題寛和年中穴太講之時出来、意円内供受此問答労、都率和尚在下座竊云、問喩同異也、而不相伝故終不答、楞厳和尚於座上示云、向後不可出此問、一家天台大事可顕露故云云、意円内供参恵心御房後伝此法門

蓮実房云、御廟大師学問日記云、在竜宮被云如意宝珠在魔宮被云頗梨鏡天台相承成自体遍照鏡在衆生内心当体蓮華也書、所詮鏡像譬蓮華一体也可得心也、鏡被云借名也、正心名鏡、心有十名、謂心識意主体鏡明相等也、既鏡心本名也、蓮華云即衆生一心也、一心自性明了也、明了故諸相現心上、所現相喩仮諦明相喩空諦、一心体中道也、所詮鏡像円融喩法譬一体口伝此意也、慈覚大師、一処釈、以事鏡像喩一心三観釈、一処、以心鏡像直伝一心釈、心鏡像者法譬一体也、山家大師釈、鏡像円融喩非口伝難知書即是也、都率和尚、当家一心三観非事鏡像釈即此口伝也、我等一心本性即明像鏡也、当体蓮華云我等一心也、蓮華清浄明八葉具足像蓮台唯一鏡体也、如此得心鏡像蓮華全一体不可有異相、爰以山家大師、自心清浄是蓮華諸相宛然是華、雖有慮想不離一心是蓮義矣、衆生一心有空仮中三諦是当体蓮華也

若然一心鏡像何異蓮華喩耶云云、通途義云、蓮華喩教親鏡像喩観親云云、是一往義也、是法華意蓮華者当体蓮華也、是豈限教耶云云

尋云、鏡像天目相対何全喩也可云耶、答云云、疑云、両方不明、若天目全喩也云広止観挙鏡像喩、妙楽受之、伊字天目分喩鏡像全喩釈、若依之然也云止観顕体章正用伊字天目喩、若分喩正顕止観体処何可依用耶、答、此事可治定事也

先本迹二門配立、迹門相即不二為本意、故鏡像喩全喩伊字天目分喩也、本門意而二常差為本意故伊字天目全喩鏡像分喩也、観心有二途、境智不二門鏡像喩全喩也、還同有相門伊字天目譬全喩也、今釈境智不二釈成故用鏡像譬、顕体章還同有相門釈成故用天目譬也、覚大師決附云、伊字天目与鏡像互有親疎矣、互有親疎全喩分喩義両方相分、故一向全喩不可治定、御廟大師学問日記、鏡像喩為本門還成分喩書、即此意也

非但己爾仏及衆生亦復如是

如已上文者於己心具三諦様釈成也、自是以下歴一切諸法皆具三諦様釈也、仏果有六重三諦乃至衆生界有六重三諦、如上可分別云云

総明一心三観

自復一心修止観以下行者正観己心様総別釈成也、総明者第八識異名也、第八識有十種名、一名種子識二名無明識三名無没識四名総明識五名大夢識六名根本識等也、総明第八識生死流転総体明了含諸法種子、故名総明識、此総明八識流転生死間常相続不間断、故名無没識、此総明八識観三諦具足流転根本総明一心失妄用故流転速息、故取分観総明一心也、第八識衆生常発之、別教意入十廻向位正知八識体也、行者根性各別或六識為所縁境或第八識為所縁境或第九識為所観境、今所云総明一心三観者八識所観義也

尋云、第八識為一念也為多念也如何、答、北七師中存八識一念義、彼義云、第八識者一念迷妄従寂静理初出一念名第八識、其後第八識都不起七識六識計続起也云云、此義違経論文、摂大乗論、第八識無間断、常相続矣、既流転間相続識也、故此義為非、今家意念念元初故元初無明不可限一念、多念相続也、但今文無明一念云一念見文且於多念中別指一念為所観境可得心也、八識限一念不可得心、摂論出譬、八識如種七識如水六識如芽、此喩前後、若約法体八識七識六識並起矣、六識与八識必倶起識也、八識大夢相続故七識六識夢事又相続也云云

尋云、有何故必八識為所観境耶、答、八識生死根本也、釈云、八識是生死根本若観此識具三諦理、根本已破枝末亦破矣、○意過去未来現在三世所造業煩悩雖有之第八識種子既破苦果因用息所有一切妄業皆息也云云

問、一家天台心従何法万法出生耶、又一家天台意離四句諸法生

歟不離四句生歟如何、答云云、疑云、両方不明、若許四句生云者処処釈自他共無因生属外道説、若依之然也云、今釈、無明与法性合即有一切夢事等矣、既無明法性合生、是共生義也如何、答、自元一家天台意離四性諸法生可得心也、但今無明法性合有一切夢事云事且挙迷見辺也、止観意此夢事当体三諦理故諸法都不生也、諸法不生故又不可属四句生、決附云、若一往分別者或諸法従無明生或従法性生或無明法性合生諸法、再往論之一切諸法本是三諦、云何有生、若諸法無生無滅、是故非四句生矣、分明者歟

問、一家天台意俗諦恒沙万法無明生歟将法性生歟如何、答云云、若法性生云者法性理凝然不変本性也如何可生諸法耶、若依之然也云者従無住本立一切法矣、無住本者是第九識也、又今釈従法性生諸法見如何、答、尤可可。得意事也、先一家円頓実義一切諸法不生不滅三諦自性更無有生義、而立還沙汰生本別教幷迹門無明縁起也、法性理寂静湛然無有縁起相、一念無明起違寂静理故此時有諸法、故無明縁起也、本門意起是法性起滅是法性滅皆是真如全体也、真如妙理随縁成諸法、是随縁真如意也、爰以処処釈或云無明生或云法性生、倶無相違事也、但至今釈者釈意諸法起相不為本意一念無明体観達三諦理、是今釈本意也云云

一陰界入一切陰界入

一陰界入者第八識種子也、此種子有一切陰界入、第八一陰界入三諦理得意後所属一切陰界入悉成覚性也、故総明一心三観具一切功徳、第七識第六識皆第八識為本性故也云云、如是一切因縁生等非今観相、妄心因縁生也、無言等見三界九地諸思惑十六門破等皆是妄心次第因縁。非真実因縁。、円教至極実談元初一念無明当体三諦也、権教権門前三教意皆次第隔歴成因縁。義故簡之也云云

今聞一心因縁生

尋云、所云一心因縁生者第八識歟第六識歟、答云云、疑云、両方不明、若第八識也云者因縁生云処処解釈大旨第六識也、第八識因縁生云事無之、若依之爾也云者今章正総明一心三観也、即第八識也、何以第六識可為所観哉、第六識歴余一心三観也如何、答、蓮実房云、第八識無没微細種子識故因縁生不可云、正因縁生者第六識也、但八識且因縁生云事因縁生六識皆従八識種子現行、随所生能生第八識且因縁生云也云云

私云、八識云因縁生不可有相違、法性理自本不生因縁生義雖無之第八識自性転起識也、若然有因縁可生起也、瑜伽論云、若有生法無因縁者是邪念同彼外道矣、第八識若無因縁生云者外道無因見也、第八識七識為所依根故法性理為因七識為縁第八識生故因縁生条勿論也、摂論云、八識因縁其相微細更難分別矣、第八識有微細

因縁見云云

尋云、第八識有根塵相対義耶、答云云、疑云、両方不明、若有根塵相対義云者根塵相対正是第六識也、何第八識有根塵相対義可得意耶、若依之爾也云者、唯識論云、心起必託内境依根矣、摂論、八識恒起根境亦転矣、第八識尚有根塵相対義見如何、答、常人義云、七八二識無根塵相対義、根塵相対必定第六識也云云、此事都不知大小乗性相人悪義也、第八識既転起識也、若転起識必根境相対可転起也、但七八二識根塵能可得意法門也

八識染浄和合種子為境界第七識為所依根、第七識八識相分為境界見分為所依根、七八二識互成根流転間相応続起也、得道後七識成平等性智八識成大円境智又相応也、若然八識有根塵相対義可得意也、但八識根塵相対非凡夫所知、覚大師決附云、元品無明以内根内境為根塵第六識以外根外境為根塵矣、第八識有微細根塵続起見、但処処解釈根塵相対第六識云事且約麁強也云云○

次上文総釈也、因縁生一念三諦不思議理釈成也、三仮四句者正有空観、三仮者正自智論出、一因成仮、謂一切因縁生法皆是仮法非真実、二相対仮、謂生死対涅槃涅槃対生死、共相対法無有自性、無自性故生死涅槃倶空也、三相続仮、是有二種、謂即起離相也、即起相続仮者一切諸法当体相続念念生滅自性都不留、故名仮、離相相続仮者去年花散無之、故云空也、今年花又如去年相続、又是仮法也、一切諸法不出三仮、倶自性空寂故云空也、四句者自他共無因也、権教権門意談空皆約三仮四句、今総明三観本性不可得当体空為空体也、三仮四句空皆是思議空非不思議空、不思議畢竟妙空者不動流転諸法当体都無思無念云妙空也、総明一心三観此不思議妙空為空体、空中二諦二無二也道理可思之云云

複疎倒入

於仮有権仮実仮、権門所説仮皆是可思議仮非不思議仮、複疎倒入分別病薬仮只是隔歴仮也、複疎倒入入重玄門異名也、等覚菩薩為断元品無明還入疎門倒作凡事、是複疎倒入仮也、入重玄門源出瓔珞経、前三教仮諦者心外修別行隔歴不融心地為自行且利衆生是也、円教仮者行者一念三千慮相宛然無闕減是也云云

問、入重玄門倒修凡事通通教耶、答云云、疑云、両方不明、若通云者入重玄門出瓔珞経、彼経偏存別門、豈通通教耶、加之彼経意入重玄門者元品無明難断故千万億劫入重玄門倒修凡事等矣、通教断無明義無之、何有入重玄門耶、若依之然也云、名玄云、八地已上誓扶習生、只是入重玄門矣如何、答、御廟大師学問日記云、入重玄門有四種、一相通二加行三化他四自性入重玄門矣、通教心相通入重玄門也、通教意非無明断、故真実入重玄門不可有之、而通教八地已上菩薩三界煩悩断尽後一分留三界受生死身利益衆生形

似入重玄門、故名玄於八地已上立入重玄門名、加行入重玄門者瓔珞経所説為元品難断所修入重玄門也、至等覚位元品一迷難断、為断此迷重入因位玄門依此行断元品無明故名加行入重玄門、化他入重玄門者非元品無明難断故云云、只為化他示九道身也、籖三云、遍応法界名入重玄不同別教教道重玄矣、自性入重玄門者円教意自性三千円満形故念念入重玄門云云、第四入重玄門即今総明三諦中仮諦也

問、円教有入重玄門耶、答云云、問、仏果有入重玄門耶、答、円教意仏果有入重玄門遍応法界名入重玄門故、別教仏果無入重玄門元品無明既断故云云

今聞非空非仮

総明一心三観中中道者不思議中道非権教権門中道、権教権門意中道云皆有待対、今中道者一心不生万法都無失名中道也、此自性中道云不思議中道也、総明一心三観者正行者分別思量非作是非観只心解本分三諦、所解体能能分別空三千亡泯本空仮自己三千妙仮中自性中道也、故空仮中三諦倶超権教権門云云

単見複見見中道

単見中道者双非中道複見中道者双照中道也、具足中道者双非双照具足也、一家至極中道者諸法自性不動為義、此時双非義双照義具足義倶成執見、決附云、正中道者万法不動都無過失名為中道、無有双非双照等義、双非是単見双照是複見矣、双非双照単複二見中道非正真中道見云云

問、円教中道双非双照為義耶、答云云、疑云、両方不明、若双非双照為義云者。単複二見也、何以之為円妙中道耶、若依之然也云者余処解釈中釈円教中道多約双非双照如何、答、此事可口伝法門也、中道有多種、別教中道一向双非為本意不知双照義、迹門中道不捨双照双非為本意、本門中道正双照為本意、大師内証中道者非双非非双照諸法自己不動不転名中道、横川大師学問日記云、別教但詮双非中道、迹門正明双非傍兼双照、本門正明双照中道、観心一門非双非照、双照単複見故矣、於円教有本迹観心三重、本迹二門円双非双照為中道、観心円非双非非双照自本不生名中道

総三諦理有重重不同、楞厳和尚学問日記云、空有多種、一析空二体空三即空四本性空也、仮有多種、一妄仮二施設仮三本性仮、中道有多種、一離辺中二双非中三双照中四照非不可得中五還同本理中矣、於中道有多種故一偏不可定、三諦口伝如略義記云云、三蔵教意離苦楽離断常為中道、通教又然也、通教含容中道雖有之非当教意、別教中道離辺中也已上

単見複見具足見蔵通別可思議中道非今中、今中者不思議自性本

中道也云云、如此三諦本理在一心不思議道理諸人難得意法門也云云

約心論無明等

以前文多釈境智不思議門、約心以下釈成還用有相法門也、元初総明一念云只是行者一心也、因縁生云行者一心也、諸法皆一心也、若然偏空偏仮乃至単複中道等何簡之哉、倶是一心自己本分也、故立還前来一切法門皆是止観内証深義大師所立妙義也云云

一念三相

一家一心三観者微細一念具三諦理、此道理難得意、今以三相一刹那譬顕一家三観也、生住滅三相体各別尚一刹那倶生、衆生一心妙法也、一念三観具足条分明者歟

問、一家天台心釈三観相見、然用何譬耶、答、文云、如一刹那而有三相三相不同生滅住異一心三観亦如是、生喩仮有滅喩空無住喩非空非有、三諦不同而只一念矣、疑云、生住滅三相自本異時法也、何円融至極一心三観可合此喩哉如何云云、答、自本一家処処解釈釈一心三観多喩四相同時、生未来住現在滅過去也、共三相同時云事生下有四随相、四随相十六本相四合二十相也、本相前後四随相同時也、約随相三相同時云也、重難云、用鏡像円融何用三相喩耶、答、鏡像円融三相互具道理分明正有無相違法一時倶生道理未聞、生滅二法天地遙異相違法也、此法既同時上空仮相違法又可同時被得意、三相喩相違法一時並起道理親鏡像円融三諦相即道理親故共用也云云

三観三智三止三明

法性常照門三諦名三観常寂門三諦名三止、因三観名観在果為三智、智者決断重知義故、常寂門三諦在因被云止在果被云明、三観三智三止倶行者一念無相違法也

開仏知見

問、仏知見者其体何者耶、答、観一念心三諦具足是也云云、疑云、何一心三観為仏知見耶、既因位未了観法也、三観妙解甚深也仏知見名更難与如何、答、止観者仏知見也、止仏知観仏見也、法性常照一心三観仏見法性常寂一心三観仏知也、止観既仏知見也、止観云即一心三観為根本、爰以今解釈、一念心具三諦、如是観者即是衆生開仏知見矣、円家意理即本有仏体従名字即値知識経巻始開本有知見也、故天台立行果満内証云本仏行因釈、因位非仏知見云事偏是始覚始成仮説非本覚実談、其上法法塵塵自体本有無作三身也、名字即位開自身無作道理已後心念悉可仏知見見、六即義妙

記云、理即為本仏名字観行相似分真為仏因、究竟即仏果也、是故六即皆是果中六相矣、名字以後一心三観云仏知見事更不可有相違云云

衆生者貪恚癡心

一切衆生皆起我見、我見為根本起貪嗔癡三毒也、起三毒名衆生、於我有三種、一分別我、謂外道等謂一切衆生心内有不可説蔵此蔵有微細神我作諸法本云云、二倶生我、謂凡夫等別不起神我縁諸法時心有我執、三流布我、謂諸仏無我執且為化他如是我聞乃至自我得仏来等云也云云、分別倶生二我有之故依此我執衆生起三毒、三毒数数生故名衆生

然止観意、如此所起我見三毒煩悩等自体空仮中三諦得心妄起非過自本貪体即覚体故、貪外求菩提此二念隔異執情非止観本意、摩訶止観意貪嗔癡三毒念念続起是法性三諦続起故衆生当体即仏也、此道理得心為開仏知見、一切衆生念念起仏知見立止観妙行不知故名凡夫、今値知識聞自心本地三諦三世常恒妙行既円満故衆生外無仏体釈給也

問、仏起三毒耶、答云、若起三毒云者仏無上覚者也、智徳断徳円満、若起三毒者断徳不円満失有之、若依之然也云者、今釈、衆生即是仏云其衆生起三毒様釈成、仏起三毒見如何、答、仏三毒起不起倶不可有相違、此事浄名経分明也、仏有二義也、一始覚断迷仏不可起三毒、二本覚実仏衆生当体本有仏果也、此仏縦起三毒不可有相違、蘇悉地経釈迦為浅仏提婆為極仏此意也、慈覚大師受此文、浅略門時釈迦為善人提婆為逆人、深秘門時釈迦提婆倶一如也、秘中深秘門時釈迦断相修顕仏故為浅提婆不転本極妙体故為深、秘秘中深秘門時非釈迦非提婆本極無相真意為法大宗釈、今文如是可得心

摩訶止観本意貪体即覚体名本覚理故三毒当体即仏体也、貪嗔一念自性三諦故空為智徳仮為断徳、衆生自本具三諦故三毒自体本分智徳断徳也、如此得心衆生仏三毒起不起更不可有相違、加之今文意貪嗔癡三毒当体本有三諦開覚是入仏知見妙意也釈計也、爰以覚大師止観記、捨離三毒別得法性名為迹意貪体癡体即是本覚名本覚理也矣、顕密二教雖異也大道不相違山家大師釈即此意也云云

蓮実坊和尚最後精云〈立者静慮院澄豪〉、一代教多説仏相甚不同也、山家大師唐朝御相承六重仏相云事有之、可立申、立者不知之云云、故阿闍梨云、六重仏云尤可得意事也、一妙因仮立仏、謂前三教教主皆於因位仮立仏名、二色相荘厳仏、謂凡夫小乗等金色光明等為仏相、真実非色相仏、迷人所見仏為色相荘厳仏、三断諸迷妄仏、謂断貪嗔癡等煩悩別得覚悟知見、四法性真如理仏、謂事諸法非実仏真如妙理是一体也、五貪即菩提仏、謂衆生当体仏果也、六非

迷非覚仏、謂覚悟不相分生仏未分不思議不可得強名仏、伝法決云、諸経明仏相義類非一、一妙因仮立二色相荘厳三断迷得覚四自性唯理五妄即菩提六非妄非覚強名為仏、初二在爾前第三在始覚門第四是本覚第六正在観心一門矣、既仏在六重一偏不可定、今所云生仏等者於生仏未分処立還明種種義、故不可随所難

於一心三観有重重不同、総相分別時心性不動為中道亡泯三千為空雖亡而存為仮諦、本起不動一心三観時善悪無記三性各各一心三諦也、一家天台心本起不動三観為妙行、本起不動時別不可沙汰覚不覚、当体本仏也、此一段古阿闍梨随分已証也云云

随心起念止観具足

一切衆生自本止観具足、心随境界起念当体止観具足也、止観外全無余相、権宗権門意不知自身仏知見、故心外求覚体、止観心一切衆生無不起念、念若起皆是止観現前正行也、此道理値知識堅固解了是初随喜品也、此道理信解是衆生開仏知見也、華厳経説得仏知見浄名経説証仏知見開仏知見語無之、法華開仏知見云甚有深意、得云証云衆生外有覚体得意於衆生妄心得覚体云也、今開仏知見云心性自性自本本覚仏知仏見止観也、不知之名凡夫、値知識汝所起起念当体止観妙行被示説開自心迷相成仏知見、知見始不来自本具足故云開仏知見也、決附云、能開自心三諦本理名開仏知見矣、此意也云云、如此此随喜品也云云

読誦経典第二品

見経巻読名読、離経巻暗誦為誦、於読有義読文読、義読異義読同義読有之、覚大師決附云、於読誦経典有障道助道二種不同矣、文読者別不得意義只誦文字屈曲、義読者正経文得心字読是也、義読助道文読別不助道、義読有二種、異義読成道障、謂止観行者学小乗権教是也、同義読助正行、謂円頓行者止観法華可学読、山家大師御遺告云、円頓行者独座石室不入聚落或有行者雖居阿練若正心雑乱者還入集所応学法華、若読法華義正心障起勝定即発矣、止観行者尤可学読法華止観覚、誦又文誦義誦同義誦異義誦可有之、如上可得意

更加説法第三品

如所行説法助自心他心、此行転明故止観妙行速成就、是有利鈍二機云云、

尋云、更加説法説法通権実耶、答云云、疑云、両方不明、若通権実云者第三品未至事理和融位、若説権教必可成内行障、爰以今釈、妙行而説矣、行者実教行也、若依之然也云、浄名経云、広説一切法是説法品也矣如何、答、更加説法人可有二類、鈍根人根性

易退、故必説実教不可説権教、権教道障故、利根行者都無退転、故広説権実二教可利益衆機也云云

兼行六度第四品

理行為正兼修事行、初趣化他門位也、此位傍行六波羅蜜、謂或人施眼髄等乃至学般若、但於六度有重重意、悲増行者別行六度智増菩薩仏知仏見観体明了時自然具六度、万法併我性一心得心他人受用皆是自身也、彼彼平等更無異相故檀波羅蜜也、一念観解前八万四千浄戒円満故戒波羅蜜也、一切諸法己心本分得心故忍辱波羅蜜也、又一念三千妙行頓証菩提正因故精進波羅蜜也、一念三千観体明了無諸相散乱禅波羅蜜也、一念三千妙行前諸智速帰智恵円満是般若波羅蜜也、故一念三千一観六波羅蜜必具足也云云

正行六度第五品

此位事理二行平等都不闕減、事行不障理行理行不障事行事理和融位也、天台大師正住此位給、天台於六即中殊住観行即事口伝如上、於観行即中別住第五品事前四種理行為正事行減少、故別住第五事理和融位正行六度、品大意云者正趣化他門行六波羅蜜化他当体達三観妙行也

転入六根清浄等

華厳経意於分真即建立六根浄、法華意於相似即有六根互用徳、華厳教権故証位有六根互用、法華教実故於未証位説六根互用、是初心即極真意也、転入六根者一根六根転入成三十六根、幷以勝解縁諸法、但一念起三十六根也、法華云、雖未得無漏等者相似即位不断一品無明不証一品中道故雖未得無漏也、未得中道無漏依円頓勝徳速得六根清浄、委旨如上云云

進入銅輪初破無明等

相似即鉄輪位也、十住銅輪位也、華厳経説七輪、謂鉄銅銀金瓔珞水精摩尼也、如次譬十信十住十行十廻向十地等覚妙覚、十住断無明最初故進入銅輪等云也、無生忍等者滅無明生得中道忍理故得無生忍云也、断無明証中道四十二位也、四十一位為分真妙覚為究竟即、四十一位住果報土妙覚究竟仏住自性土云云

問、仁王経云、三賢十聖矣、別円二教中何耶、答云云、疑云、両方不明、若別教意也云、今釈、四十二品断証抛引合、別教只断十二品無明、非四十二品断、若円教心也云者既云三賢十聖、円教意十信為賢十住已去皆是聖位也、別教意十信為外凡十住十行十廻向為内凡賢位十地為聖位、今三賢十聖文正准別教如何、答、釈云、名雖似別義必依円矣、心名別義円配立也、名雖借三賢十聖別名引

四十二品断証拠、故義円也、今釈存此意、若別教心三賢菩薩只居方便土、今三賢十聖住実報土云故義円也云云、

疑云、仁王経文正名別義円見文有之耶、答、一説十信功徳、十善菩薩発大心長別三界苦輪海矣、十信断見思出三界云故正是円教義也、二謂既云住果報、果報者実報土名也、三賢十聖倶居実報土義円心也

問、文云、唯仏一人居浄土矣、然実報寂光中何耶、答云云、疑云、両方不明、若実報土也云者、他受用報土外唯仏一人居浄土矣、寂光土覚、若依之然也云者、今釈、以賢聖例仏指妙覚是報矣、正報土釈定如何、答、檀那院楞厳院御義各別也、檀那院云寂光土、三賢十聖菩薩居実報土唯仏与仏内身居寂光云云、楞厳伝云、山家大師伝法決云、三賢十聖住化他報土唯仏一人居自行実報土矣、覚大師釈、実報寂光一法二義矣、寂光本理具本有智性、此所具智為自行実報、覚運依総相源信依細分別如此義立云云、委細旨自受用身所居土沙汰下有之云云

問、一家天台心三賢十聖報土外有唯仏報土耶、答云云、若有之云者経論常途説全不見処也、三賢十聖報土外有唯仏報土云事、若依之然也云、今釈、三賢十聖報土外有唯仏報土見、文云、以賢聖例仏指妙覚是報等矣、正三賢十聖報土外唯仏妙覚報土有之見如何、答、自家他家異義也、他家唯仏一人居浄土寂光云不云実報、当流三賢十聖土他受用身随類感見化他報土也、自受用。所居土実色実心内証故唯仏与仏所居土也、他受用報土外有実報土云事源依今文也、今文既唯仏妙覚所居土例三賢十聖名実報土見、随余処釈、唯仏報土非賢聖境界矣、三賢十聖間只見他受用土、自受用内証報土等覚一転入于妙覚後唯仏与仏境界也

此実報土非無明所感是中道所感土可得心、四種仏土十界衆生所居也、同居六道所居方便二乗所居他受用報土菩薩所居也、自受用身法身冥合一体也、然而自受用身居自行実報土法身居寂光、此実報寂光同体実報土也、窮源尽性妙智存是自行報土也云云

尋云、唯仏所居土立実報名事依何義哉、答、以賢聖例仏指妙覚是報矣云云、疑云、縦雖妙覚位也於当体立実報名事更不可有相違、報者依因位万行所得義也、若然不例三賢十聖云何不立報土名耶、又例賢聖云者何様例耶、答、妙覚位境智和合成函蓋一体法身、法身既非修因感果、相応自受用身又不可有修因感果義、故報土名言尤在三賢十聖果報土、然以本有智恵為実報事別段義也、総修因感得名言因位可有歟、今釈、以賢聖例仏自受用所居土為実報云事因位智恵智性也果位智又智性也、既同故以因位果報名例果位唯仏所居土尚云実報土也、但今釈一往可得意、正於自受用身当体可有実報土義、報土契当義也、自受用身智性与法身理相応一如不異可名実報土身、彼仏所居土当体云実報事更不可有相違云云

尋云、依何証拠明十信断惑義耶、答、有多証拠、仁王経云、十善菩薩発大心長別三界苦輪海矣〈是一〉、華厳経云、十信菩薩能離三界矣〈是二〉、又起信論中、十信菩薩八相作仏相説之、顕戒論、十信菩薩離煩悩等矣

尋云、依何証拠明十信。断無明義哉、答、法相権大乗云、十信十住十行十廻向間只伏見思不断初地断見惑、二地至七地断思惑八地已上断所知障云云、都令地前断惑云事無経論証拠難也、天台一家意大師旋陀羅尼自解明一十五遍高覧不可有謬、既十信断見思初住已去断無明釈、妙楽大師又得独歩才芸正玉泉流、既引華厳起信為十住断無明証拠、華厳経、於初信分得無生忍七信已上離於三界、乃至初発心住正得無生忍矣、此文正証拠也、十信初心断見故一分無生忍也、第七信思惑断尽故云離於三界也、又於初住正得無生忍云十住断無明義分明也、随案道理念心精進心等有之妙行精進也、何不断見思耶、十信断見思十住断無明事理在絶言也云云

歴余一心三観

歴余一心三観者若作総明一心三観開悟得脱人歴余一心三観無用也、然衆生根性不定観総明一念無得脱益此人還歴余心可観三諦理、余心者正第六識也、縁第六識修三観妙行、行体如総明一心三観、如是歴総別心修行止観人倶下根機也、大師依化他門如是二種観釈成歟、覚大師釈、若鈍根者広歴諸心応修三観、観行相続速応得脱矣云云

尋云、有何故出貪嗔等不出癡煩悩耶、答、癡煩悩是総明一心三観境界無明摂也、無明有二種義、一相応無明二独頭無明也、不起貪嗔等只無起。心時無明計内起故名独頭無明、相応無明者与余煩悩相応起也、煩悩起時必有第八識無明相応、釈云、無明通与諸惑相応矣、無明与諸心相応也、如是二種無明名為癡煩悩、故歴余一心三観処不出癡煩悩也云云

四陰亦如是

若有心法入宿習観総別識得道人総明歴余一心三観機也、若有色法入宿習観色法可得道機色法当体可観三諦、謂青黄赤白等色法当体不動不退中道也、自性不二不可得空也、相応分明仮也、色法三諦観可得脱也、若不堪此観乃至観行陰可得道機観行陰念念生滅可修三観妙行、一切行法念念無常空也、然而仮有相続仮諦也、行陰当体本性不動中道也、故四陰亦如是云也、十二入十八界又如是可得意也云云

煩悩境

煩悩境者不堪陰入境依煩悩境可得道機也、若観陰入境煩悩熾盛

三毒続起依煩悩境可得道機也可得意也、衆流入海風増求羅云此心也、以煩悩心或仏菩薩結縁等此也、謂不軽菩薩化道時四衆起嗔恚、此人煩悩境得道機也、止観記云、過去無量時以煩悩心結微少縁、得脱之時必成煩悩境機矣、宿縁速発根性法爾故依煩悩境得道機可有之也云云

病患境

止観修行人四大互増減病生、即観病体為三諦理、是病患境行者也、於之可有二意、道邃和尚意依過去宿習病患忽発也、行満心不依宿習依病患増上也云云

業　境

業境者正観行者修止観行時身口意三業若増上業境得脱機得心偏可観業境、業境身口意三種行者又可有之、皆是根性法爾道理也、涅槃経云、若菩薩永離三界一切諸業起力潤生矣、意今度出生死不可留人三界諸業各各起力障碍也、若業増上業為縁殊可修止観行云云

魔　境

於魔有四魔八魔、四魔者一五陰魔二煩悩魔三天魔四業魔也、八魔者四魔上加生老病死魔、今所云魔境者総可通四魔八魔、若別云者天魔也、出生死不留三界人魔殊作障碍也、本起経云、一切衆生流転之時是魔眷属、始発大心永出生死非魔眷属、是故諸仏成道必有天魔障矣、今所云魔境者即此義也、天魔作障観魔体可作三諦観解云云、文民属等云者未入仏法時魔眷属也、入仏法畢非魔眷属、故化他民属云也

禅　境

禅者四禅四無色未至中間等禅也、皆不出欣上厭下観、是皆外道事禅非正禅、止観修行時若事禅有宿習禅定互発禅境得脱可得意、見境慢境如文可得意、二乗。者止観修行人若空見数数発二乗。得脱可得意、涅槃経、二乗境名為空境云云

尋云、声聞観四諦縁覚十二因縁観、何合為一境耶、答、二乗異倶空観為所見、故合為一境也云云

菩薩境

菩薩境者前三教菩薩心地也、前三教菩薩論結縁有無結縁愛之、非不結縁故属愛見大悲、円教心不云結縁有無、縁衆生所具心性理普救一切也、故円教大悲為無縁大悲、止観行者若起愛見大悲此心当体空仮中三諦可得意也云云

尋云、今所云十境者結縁有無歟又根性法爾歟、答、邃満二師義不同也、道邃和尚心十境皆結縁有無也、若衆生煩悩熾盛輩依煩悩境得意、見他若観喜人必依魔境可得意、乃至有菩薩宿習人依菩薩宿習得意、不経十境直於止観一言得道輩十境更無用也、定十境発不発論観解厚薄事中下根機也云云、行満云、従無始已来根性法爾十境得脱内性相分、故大師立十境逗彼根性云云、十境各別能観三諦只一也、如陰入境可得意、故今釈挙所観十境能観只即空仮中釈也云云

無不隔凡成聖

此文総結上也、已上文文或初縁実相云或修三千三観云、爾世間人見此文断迷開悟修行可得意、故破此疑惑也、意十境十乗観法等只是諸法自性所作非始成凡聖未分迷悟一体上仮相也、真実以断迷開悟意修三観等行不可得意、其道理大旨如上云云

尋云、不隔凡成聖云意如何、答、凡夫邪邪念想外全無止観行、一念心体自元三千三観具足故当体聖法也、聖法云只是二諦云云

尋云、凡心当体三諦聖法得意有何所詮耶、答、一家天台意知一切法皆是三諦解了処三学円発成獲忍心、此解了体一心清浄定也、了了分明恵也、一得永不失諸悪不留戒也、三界流転思苦道時是苦也、今値知識聞三諦本理、此本解生生世世強勝不相失時雖三界受苦都無苦相、是寂光本有身土也、獲忍心者不忘本受心也

一家天台心得仏果不為勝利、仏果別者無之、故以獲忍心為勝利、生受三界都無動相故、如是得心凡心当体三諦本理解了天台已証所詮也、山家大師相伝日記中獲忍心口伝云是也、彼口伝趣摩訶止観意凡心当体三諦得意故離六種失、一却生即忘失、謂諸余教法縦雖薫習却生即忘、聞円法輩無胎生迫迮苦故有生生不忘徳、二住迷望悟失、謂余教所談迷外有悟、故執情各別忘一如体、一家天台止観義迷悟一体流転即出離也、三獲不忘失、謂諸余教法仏果為所期、一家天台意仏果可期処無之、故値知識三諦本解立畢速。獲忍心雖処処生死是聖人也、四解行証失、謂諸教解外有行円教解行一徹聞円法処即流転終也、五二相分別失、余教堕二相分別情、円教無二相偏墜情、六心外別。失、諸教心外有行、一家意六識邪邪念想解了已後皆観念念相続妙行得意也云云、如此六義円備一家所立止観法門諸教異也云云

問、歴十境皆有一念三千観耶、答云云、疑云、両方不明、若俱有三千観云者、今釈、陰境下有三千観九境無三千観、若依之然也云者一念三千者法法塵塵自性行者通用妙観也、何限陰境不通九境耶、答、陰境既三千三観具有之、十境別能観智体不可替、故九境可通三千観也、今釈略九境故別不挙三千観也、皆例陰境可得意也

故大師傷歎曰等

山家大師於唐朝相伝二箇宗義、一宗教二宗旨也、宗教顕説法華為所依宗旨根本法華為所依、又宗教依経立宗宗旨依心立宗也、山家大師二宗血脈云、予渡異朝密伝二旨、一宗教分二宗旨分、宗教一種伝法華本迹二門宗旨一段正依仏意根本内証、宗教者四教五時本迹等也、宗旨者天真独朗三千三観、故大師云、説己心中所行法門、所言己心中者正指内証、玄文文句正是宗教分摩訶止観是宗旨分、和尚云、依文伝心者玄文文句教相以心知文者止観一章正義、宗教皆依法華本迹宗旨一切諸法自己、大師所説教門正由宗旨、宗旨之中亦有両種、一離言非心門二還用言辞門矣

山家此一紙血脈於大経蔵前授慈覚大師、横川大師受本朝五代流此血脈授源信、三千門徒中得此血脈人源信和尚也、檀那院相承只伝宗教分故天台一宗法門依経立宗得意、恵心院相承宗教依経立宗宗旨依心立宗也、今文、説己心中所行法門、復与修多羅合矣、直説己心本分故依心立宗也、然而立還若有修多羅教門幸可引合得心也、宗教法門諸人共許故非高意、依心立宗大師内証法門其道理高勝故信者希也、故大師苦宗旨一種人難信傷歎也

尋云、宗旨一段不信経如何弘通人師耶、答、尤可口伝法門也、十巻泥洹経文口伝道有之、迦葉菩薩白仏言、世尊如来滅度後云何能出世間利益衆生、仏告迦葉菩薩言、三種菩薩出於世間利益衆生、◦汝等為三、一者通十二部経、二者正通諸仏内証、三者遍通二種菩薩矣、此文分明也、華厳法相等宗義一向通十二部経、是誦文法師也、達磨伝来法門一向守仏心不知十二部経、是正通仏意菩薩也、天台三種弘通菩薩中内外兼通菩薩也、宗教故通十二部経宗旨故通仏心、今所云己心中所行法門者仏心法門也、既如来最後説法、世尊滅度後三種菩薩出世可利益衆生等矣、正通仏心菩薩尚如来未来記也、内外兼通菩薩所説法門何不信耶、既内外兼通菩薩内通仏心方宗旨一段依心立宗也、尤可信楽、此事蓮実房和尚已証依文也云云

問、今心要是章安大師御釈也可云耶、答云云、両方不明、若章安大師御釈也云者◦天台伝南岳心要矣、◦南岳御釈云事、若依之然也云者、今解釈、大師傷歎曰等矣章安御言覚如何、答、今心要者南岳大師塔中大牟尼口伝授天台大師法門也、故南岳釈可得心、今心要前後此旨分明也、但南岳御釈章安記録故少々章安言可有之、心要初、言天台智者伝南岳思大師円頓止観分二文、今大師傷歎曰等云章安言也、終説己心中乃至吾甚傷之云文天台大師御言也、諸余文句皆多宝塔中大牟尼尊言南岳大師正説也云云

蓮実房記、心要有三師言書即此意也、依一文心要始終非南岳大師御釈不可得心、行満和尚伝教帰朝暮此書取出、大師釈迦伝南岳大師御説也、汝此文持内心可弘通天台宗旨云云、南岳釈也云事分

明者歟云云
尋云、今所云説已心中所行法門者其体何物耶、答、一念三千一心三観也、疑云、今止観有種種法門、何故只一念三千一心三観可得心耶、答、山家大師内証仏法伝云、一家稟承有三種別、所謂教行証、教四五教分五種、一者無相二一念三千三一心三観四聞法解義五但持妙法、前三種行即生得三不退第四第五於第二生心得不退、証者寂照不二矣、又云、恵文禅師正用一心三観、天台智者別用一心三観、自行雖在一種若化他門広。諸門矣、正大師已心。所行法門云一念三千也、総論之一切法門皆是已心。所行本分也、更不可存異相云云

復与修多羅合

修多羅者教也、権実二教引証只是無相上還用也、止観一部章段引種種文皆是幸与修多羅合意也

韻高和寡

天真独朗理非造作法体至高故解了人希也、客郷造難韻希人更難知

総談円機有種種不同、次第証入行者今本処通達門法門更不得意也、円頓有十種、一次第直達円頓、次第入行者直入行者是也、二時円頓、一念非一念即是久遠劫、無量非無量即指一刹那也、三教円頓、一教一切教也、四行円頓、一行一切行恒修四三昧也、五人円頓、十界互具、六理円頓、三諦相即、七証円頓、凡夫迷心即是仏果也、八位円頓、初後相在也、九当体円頓、一切諸法自己本分当位当位也、十不二円頓、法性寂然名止寂而常照名観、寂照不二一念一法是也、如此権教権門替有種種別義、故和事甚希也云云

尋云、今心要法門教行証三度相承中何可心得耶、答、今心要具有教行証三度意、教分相承如文名計分別師資相承是教分相承也、行分時正心地引合前後文為修行用心、証分時心要一部文義直沙汰諸法性不下教行本分深義也

爰以山家大師今心要相承時初重如文口伝、第二重心作証一言口伝入、色心自性観達可達本源様釈顕故心作証口伝也、第三重法自性自爾一言相伝留也、初自円頓者至甚傷之悉法自性直云計也、教行可沙汰処無之、故教行証三度血脈具有之可得意也、乃至一切文義如是可相承云云

尋云、南岳大師授天台給心要一言如何、答、若法非心何能縁法、是伝法正文也、若心要一部文義非心内何可沙汰心要、故心要一部文義只是我身上事也云云

血脈相承次第

多宝塔中大牟尼尊授南岳大師南岳大師授天台智者大師、天台智者大師授灌頂禅師灌頂禅師授智威大師、智威大師授恵威大師恵威大師授玄朗大師、玄朗大師授湛然大師湛然大師授邃満二師、邃和尚為正伝、日本国沙門最澄大師唐貞元二十四年六月日入楊州、天台山修禅寺極楽浄土院西廂道邃和尚以止観心要授最澄和尚、最澄大師帰朝之後於叡山一乗止観院大経蔵前以此書授慈覚大師、慈覚大師授恵亮和尚恵亮和尚授満賀和尚、満賀和尚於横川普賢道場以此書授良源僧正、良源僧正寛和元年正月二日初夜於総持院影像前以此書授源信和尚、其言云、我受玉泉清流十一的師得最澄深義五代孫家、法華略玄文句要義同明経旨、止観心要直述大師自己、非汝無由伝、非我無可授者、云畢以此書授源信和尚、其夜暁天方逝去、源信和尚授覚超覚超授於勝範勝範授長豪長豪授忠尋、于時大治三年七月十七日延暦寺沙門忠尋記之云云

追　加

予大治三年七月晦夜参籠十禅師社、夜深更燈明明非寤非夢、権現示予云、汝悲後来録種種要義、正諸仏使也、本師釈迦以異方便入汝心中録此書、汝所造書末代大師也、如仏相可恭敬、我又依護

法願所造書随遂可生養入法、我有本地切利付属薩埵也、垂迹今名号禅漢、禅漢随遂此書可増法光、故此書題漢光鈔、故今見聞云漢光類聚鈔也云云

漢光類聚鈔　四　終

慶安己丑下夏吉辰

柳馬場通二条下町
吉野屋権兵衛尉開板

〈参 考〉

枕雙紙 補遺

第三十一　鏡像円融事

伝教御釈云、一乗独円動静無礙、鏡像円融非口決難解、師資相承誠有所以、伝云、付此文有六重鏡像円融、習之也、所謂衆生六根、是云六面明鏡也、其故眼雖少、浮大小一切衆色無碍自在也、耳根雖少、十界三千声無少不聞也、乃至意根雖無其形、大小広狭遠近高下内外中間、不思惟云事無之、此豈非方寸明鏡浮万像乎、鏡面浮衆色而無形、六根縁六塵、更六根無形跡、是即六重鏡像円融也、三世明鏡也、三世常住六根故也、故一乗者衆生也、一切衆生悉是一乗釈故也、独円者、六根独当体円満故也、而六根六重動静無碍也、如此知口決云也、此等口決、実非師資相承難解事也、所謂此六重鏡像円融、法師功徳品六根清浄義也、是説明鏡清浄也、不鏡面円時非明鏡、万像不浮、鏡面清浄明鏡浮衆像也、法師功徳品大事、深秘深秘

第三十二　止観伝不伝中何耶

示云、止観者、所伝法也、止観心要者、不伝妙旨也、三種止観、共自南岳伝故也、但於其可有傍正、漸不定傍也、助行也、円頓是正也、正行也、不限大師、三世諸仏通伝一文也、一文者、円頓一文也、然学数必定、義理不改、無闕減可通伝也、サテ心要者、天然心主也、天真独朗体也、非作意造作之法、如此処云心要也、主是名自在義也、自在心主也、知之為法器、又可為能知生死一大事之法器也、煩悩生死、菩提涅槃、皆天然之法位也

相伝継図之事

釈皇覚示之

恵心 ― 覚超（都率先徳） ― 勝範（西塔ノ蓮華坊） ― 長豪（中嶋院主）
― 忠尋 ― 皇覚（杉生坊法橋） ― 範源 ― 俊範（坂本）
― 静明（粟田口） ― 俊算 ― 雲恵 ― 雲承（西塔西方院）
― 良憲（東塔北谷慈護坊） ― 叡憲（同処教王坊） ― 覚源

抑右三十四箇条之法門者、恵心先徳一流之深秘也、然西方院雲承阿闍梨相伝也、于時依霊夢対西方院雲承、先師良憲企稟承、山家大師所承一言一心三観畢、為其報謝懸誓於三宝、振五家之淵底、奉献此法門已上、于時叡憲有若已而列談話之末席、雲公之本、是

雙紙也、先師一紙一紙各別書之、都盧名之、恵心枕雙紙、随分秘書也、汲恵心一流人、恐存知方稀也云云、仍叡憲、師跡相伝之間、雖擬衣裡智宝、奉感鑽仰之懇志、今覚源大徳所授之也、宜伝燈須令利来葉給焉

于時貞治三年甲辰七月一日加此奥書而已

法印大和尚位叡憲在判

右秘抄者、天台宗法門之奥蔵、恵心流已証淵源也、不測感得之、知宿縁之深者也、曾不可及外見

枕雙紙

横河沙門源信記

竊以、一期縦横不出一念、三千世間即空仮中、縦者五時、横者四教、一念三千者自受用也、此三箇条為宗要柱、仍昼置座右、夜置枕上、学之観之、為出離鏡、抑宗要、四明松栢、悪世幽谷、霜雪不萎、八十算栄、天台亀鶴、千秋万歳延法寿、応知、四教五時為父母、生一念三千子、是故先学四教四門算、次学五時算、後学自受用算、可開明一念三千心地、是名頓証菩提、号成等正覚而已

第一明四教四門算者、四門得入藥、薫開当分於谷、十六門開悟、菓結跨節不思議峯云云

第二明五時算者、兼単対帯流、同一醎味、帰真如大海、互通浅深一実波、淼渚無隔云云

第三明自受用算者、以一念三千一心三観為自受法楽、是故山家大師曰、唯有一人、修顕得体、周遍法界、居常寂光、三千世間、依正宛然、自受法楽、一念三千、是自受用尊形云云、寂光無外、自心是寂光宮、自受用非遠、白雲青山、是自受用尊形也、妙楽大師曰、唯円即観一念三千、三諦具足、乃至故於自心常寂光中、遍見十方一切身土矣、又曰、当知、身土一念三千、故成道時、称此本理、一身一念遍於法界矣、成道者一念心、即成三千世間也、成三千世間者、成万法三諦也、称此本理者、尽無明住地惑、帰本覚真如理時、只是顕本有三千也、始非得果位万徳、爰知、我等一念心性、無始已来備三身万徳也、只心是一切法者、随縁真如、一切法是心者、不変真如、不変随縁一念宛然、問、前仏後仏自受用、為一為異耶、答、山家大師曰、常平等故不出法界、常差別故不妨取捨、凡無差別平等不順仏法、悪平等故、亦無平等差別不順仏法、悪差別故矣

倩案出離最要路、不如一念三千観門、甚深之中甚深也、苦海浮木、長夜大燈、所以十方三世諸仏出世本懐尋、早為令衆生開一念三千知見、釈迦如来出世四十余年之間、深隠秘密奥蔵、已証法門、我等濁世末代、受生於辺地聞之、我等即自受用如来開悟於一念計、生生世世喜、何事如之、我等受底弱身、心狭一衆生思自身故、漸

促成螻蟻、乃至成蟭螟也、一切情非、共広観一念三千周遍法界、不受生死小身、施化用於法界也、一念法界悟開、念念法界具三千理、法界皆実相、無非仏物、向虚空虚空即仏、向大地大地即仏、解帯乍臥、心中観一念法界、非極安楽耶

源信四十余年之間、時時雖奉読誦法華経、有指利益不覚、生年六十有余、唱弥陀宝号時、依法華経広大恩徳、知我即真如也、仍一世作行当無量生、其前不知我即法界時、只五尺骸思我故、所作行狭、其去仏遙遠、悔哉、無始已来不知我即法界、不解一念即三千、終捨於山野、非我身五尺骸計我身、為之起種種妄想顚倒、造種種生死業因、或時成螻蟻蚊虻、或時成夜叉羅刹、凡六道質、何者非昔我身耶、不知一念実相、無分別中起種種分別、生死長夜中見無量夢、或懸刀山剣樹、或怖牛頭馬頭、然則、或従知識、或従経巻、聞上所説一実菩提、我祖師天台大師立六即仏、我等今纔聞三諦名字、知我即真如、六即中摂之者、当名字即始、若以此解在心不忘、仮使空手杜口、徒行住坐臥、朝起暮眠、空雖送年月歳数、一乗観慧念念増進、自然流入薩波若海矣、問、初心行者、如何観一念三千、住自受用心地耶、答、如実知自心、虚空相是菩提、無知解者、亦無開暁者、諸法無相、謂如虚空相、達一念無相、無相相鏡懸性空、無形形星列心地、此時、一念三千、天真独朗、問、若菩提如虚空、何故求之、求虚空有何益耶、答、無相之中、三千宛然有無量無辺秘密甚深之事、実非世間虚空、冀諸学者、得意忘筌耳、若一念法界悟開、蟭螟巣上、螻蟻塚下、皆是毗盧遮那遊戯栖也、然則、沈沈海底、高高驪山、皆是本覚寂光宮、竜女最上利根故、文殊入竜宮、説諸法実相、言下悟一念法界、遍照於十方、此則、一念坐道場、成仏不虚也、以已懈怠勿疑教、以一例諸、竜女是、問、一念三千、一心三観、自受用心地、其智慧門、難解難入、如予頑愚者、敢入乎、是故、丁寧示之、答、一宗大事、唯在此法、是以山家大師、延暦末年、忽辞帝沢、解藤纜、浮滄溟、上布帆洪濤山如積、疾浪星如奔、昼望陽烏、夜瞻北斗、以日計月、終入唐朝、詣于台岳、是則、所以諸仏感願力天地通冥府也、若又非宿昔有縁、安得今日相見、仰願和尚、以慈悲示如来心印、授智者内証、開妙法真路作三界善友、転唯一法輪、為六道知識、道邃和尚授曰、雖洎法王鶴林滅而法網散、神通隠而宗途異、不若只是得一心三観而取証如反掌、而一言一心三観者、本体不生、能離因果、常住不滅遍一切処、当知、天真独朗之一言、本来所具三諦也、誠論一心三観、只在斯一言而已

於是古徳相伝曰、知者大師、隋開皇十七年仲冬二十四日早旦、告諸弟子曰、吾滅度後二百余歳、生東国興隆仏法、若有感応、先呈瑞霊、即一法鑰投空、鑰忽而入雲、挙衆雖慕瞻、終不知所届、而今聖語有徴、遇最澄三蔵、不是如来使、豈有堪艱辛乎、然則、

開宗示奥、以法伝心、化隔滄海、相見杳然、共持仏恵同会竜華、太唐貞元二十一年歳次乙酉、三月朔癸丑、十五日丁卯、天台沙門道邃、告付日本国最澄三蔵〈已上山家血脈譜〉

口決曰、一言一心三観者、師資相承一旨也、所謂天真独朗一言也

抑天真独朗者、本体不生、本体不生者、本不生、本不生者、尋一心一念、不自生、不他生、不共生、不無因生、宛如大虚故、本体不生、本体不生故無相、無相故虚空、虚空故法界、法界故三千、三千故三諦、道理法爾法然、如斯悟已、能離因果、離因果者、生死頓絶、苦因苦果、猶如昨夢、若離因果、即身成仏、即身成仏者、出過三世、無始無終、湛然常住、出纏聖人大仙尊位是、故可云常住不滅、行者若悟一念三千、遍一切処、所以者何、一念実相、法界量同、理体杳然始終無二故、法界海、本居一念、白雲青山是何者、只是一心影像也、去春霞秋霧、是皆一念色、地獄天宮、是自受法楽宮、本覚寂光裏、牛頭、馬頭、焔魔法王、是自受用尊形、餓鬼、畜生、修羅宮、是自心寂光、海会諸尊、都三千無改、無明即明、三千果成、咸称常楽、始知、衆生本来成仏、生死涅槃、猶如昨夢、始知本覚名始覚、本地無作三身名本覚、三界是本覚宮、我等是本覚如来無作三身也、三界本無生死、無生死中、起生死見、厭三界名二乗、諸仏菩薩所弾、央崛浄名所呵是、如来知見、三界無生死、無間大城本寂光宮、獄率、阿防羅刹、本自受用尊形、故寿量品云、如来如実知見三界之相、無有生死云云、悲哉、我等起徧計所執、於本覚寂光宮、作三界牢獄之思、於海会諸尊、作衆生思、早欲出生死、如実知自心、入如来知見、居遊本覚宮、立可開自受用眼也、如来本懐、大師弘経旨帰、山家入唐伝法、一言口決奥旨、宗要秘蔵、唯在茲、慕知甘露門者、以之昼座置右、夜置枕上、思之観之

于時長保三年三月下旬　横河首楞厳院源信竊記

天台伝南岳心要

一問、諸法寂滅相、不可以言宣、有何所以而説止観耶、答、一切諸法本是仏法、今人意鈍玄覧則難、眼依色入、仮文則易、故以文示之、須知文非文文字即解脱、離文字求解脱無有是処也、天台智者伝南岳恵思大師円頓止観分二、先略次広、略者、初縁実相、造境即中、無不真実、繋縁法界一念法界[1]、云何名聞円法、聞生死即法身、煩悩即般若、結業即解脱、雖有三名而無三体、雖是一体而立三名、是三即一相、其実無有異、法身究竟般若解脱亦究竟、般若清浄余亦清浄、解脱自在余亦自在、歴六塵境[2]行名如来行、復須無縁慈悲愍傷一切、自利利他発四弘誓願、依四諦理而発之、衆生無辺誓願度依苦諦境、煩悩無辺誓願断依集諦境、法門無辺誓願知依道諦境、無上菩提誓願証依滅諦境、雖知衆生煩悩如法界、以大悲故誓抜如法界衆生生死之苦、雖知法門仏果非修非証、以大慈故而修而証、与衆生涅槃之楽名真正菩提心、亦名六即六仏、一切衆生之心性即理即仏、了心三諦名字即仏、観念相続観行即仏、六根清浄相似即仏、従初住至等覚分真即仏、唯仏与仏究竟即仏、即故初中後皆是、六故簡監、中論云、真法及説者聴衆難得、故知、如是則生死非有辺非無辺、説時如上次第、修行一心中具、略説竟、

広説者、総有十境、先明陰境中識陰、夫一念心起即具十法界、十法界互具即百法界、一法界三千[3]種世間即三千世間、三千只一念心、一念心是即三千、所以不縦不横不並不別名不可思議、只無明心法法性[4]而性諸法、直以止観安於法性、観無明癡惑本是法性、以癡迷故法性反作無明、起諸顛倒善不善等、如寒来結水変作堅氷、又如眼来反心有種種夢、今当体諸顛倒即是法性不一不異、雖顛倒起滅如旋火輪、不信顛倒起滅、唯信此心但是法性、起是法性起、滅是法性滅、体其実不起滅、妄謂起滅、只指妄想悉是法性、以法性繋法性、以法性念法性、常是法性無不法性時、体達既成、不得妄想、亦不得法性、還源反本法界倶寂、是名為止、如此止時上来一切流動皆止、観者観察無明之心等於法性、本来皆空平等、一切妄想善悪皆如虚空無二無別、譬如劫尽従地上至初禅炎炎無非是火、又如虚空蔵菩薩所現之相一切皆空、如海恵初来所現一切皆水、介爾念起所念念者無不即空、空亦不可得、如前火木能使薪燃亦復自燃、法界洞朗咸皆大明、名之為観、止只是智、智只是止、不動止只是不動智、不動智只是不動止、不動智照於法性、即是観智得安、亦是止安、不動法性相応即是止安、亦是観安、無二無別、復次観根塵相対一念心起、即空即仮即中者、若根若塵並是法界也、並是畢竟空並是如来蔵並是中道、云何即空、並従縁生、縁生即無主、

無主即空、云何即仮、無主而生即是仮、云何即中、不出法性並皆即中、当知一念即空即仮即中、並畢竟空並如来蔵並是実相、非三而三三而不三、非合非散而合而散、非非合也非非散、不可一異而一而異、譬如明鏡、明喩即空像喩即仮鏡喩即中、不合不散散合宛然、不一二三二三無妨、此一念仏不縦不横不可思議、非但己爾、心仏及衆生亦復如是、華厳云、心仏及衆生是三無差別、当知己心具一切仏法矣

　復次一心修止観又二、一総明一心、二歴余一心、総者約無明一念心、此心具三諦、体達一観此観具三観、前説一念無明与法性合即有一切百千夢事、一陰入界一切陰入界、無量単複具足無言等見、三界九地諸思、十六門破等一切諸法、先已次第横竪聞竟、今聞一心因縁生法者、即懸超前来一切次第因縁生法、懸識不可思議因縁生法、前説諸法皆三仮四句、四句求実不可得、単複諸見皆空、九地諸思皆空、十六門皆空、先已聞故、今聞一心即是空、懸超前来次第諸空、懸識不可思議畢竟妙空、前来所明諸仮、覆疎到入分別薬病授薬等法、先已聞故、今聞一心仮、懸起前来次第之仮、懸識双照二諦之仮、今聞非空非仮者、懸超前来諸空非空諸仮非仮、又前来分別一切非有非無、単見中非有非無、複見中非有非無、具足見中非有非無、三蔵中非有非無、通門非有非無、別門非有非無、前已聞故、今聞非有非無、懸超前来諸非有非無、懸識中道不可思議非有非無、如此三諦一心中解者此人難得、何以故、約心論無明、還約心論因縁無生法、故有前来一切諸法、約心論無即空故有前来諸空、約心論仮故有前来出仮等、約心論法界故有中道非空非仮、三諦具足只在一念心、分別相貌如次第説、若論道理只在一心即空即仮即中、如一刹那而有三相三相不同生住移滅、一心三観亦如是、生喩仮有、滅喩空無、住喩非空非有、三諦不同而只一念、心如生住移滅只一刹那、即三観三智三止三明[5]倒中例則可知、如是観者即是衆生開仏知見、言衆生者貪恚癡心、皆計有我、我即衆生、我遂心起、心起三毒即名衆生、此心起時即空即仮即中、随心起念止観具足、観名仏知止名仏見、於念念中止観現前、即是衆生開仏知見、此観成就名初随喜品、読誦扶助此観転明成第二品、如行而説資心転明成第三品、兼行六度功徳転深成第四品、正行六度事理無減成第五品、転入六根清浄名相似位、故法華云、雖未得無漏而其意根清浄如此、従相似位進入銅輪、破無明得無生忍四十二地諸位、[6]純法華云、得如是無漏清浄之果報、亦是三賢十聖住果報喩仏一人居浄土、以賢聖例仏指妙覚是報、

　歴余一心者、若総無明心未必是宜、更歴余心、或欲心或嗔心或慢心此等心起即空即仮即中、還如総中所説、無前来所説、但観識陰作如此説、余四陰亦如是、十二入十八界亦如是、是名観陰界入境、二煩悩境者三毒卒不可控制、三病患境者四大違反致有病生、

四業境者欲離生死諸業競起、五(7)境者恐出生死化他民属魔用力制、六禅境者止観静心事禅互発、七見境者逸観諸法触境生見、八増上慢境者得少事禅謂是無漏、九二乗境者先世小習因静而生、十菩薩境者愛見大悲因之而起、如此一一境即識是因縁生心、還以即空即仮即中観観之、如前陰境略説、元不隔元成聖(8)、故大師傷歎曰説己心中所行法門復与修多羅合、而人皆不肯服、韻高無和寡、吾甚傷之

天台伝南岳心要畢

寛文三年三月吉祥日
長谷川市郎兵衛開板

この天台伝南岳心要は、誤字・脱字の極めて多い版本で、解読に困難な箇所が多い。完全な訂正を行うことが不可能であるから、関係諸文献により、最小限度の訂正と挿入を行なって、解読の便に供する。

(1)「一念法界」の下に加える。「一色一香無非中道、己界及仏界衆生界亦然、陰入皆如無苦可捨、無明塵労即是菩提無集可断、辺邪皆中正無道可修、生死即涅槃無滅可証、無苦無集、故無世間、無道無滅、故無出世間、純一実相実相外更無別法、法性寂然名止、寂而常照名観、雖言初後無二無別、是名円頓止観」

(2)「六塵境」の下に加える。「六作縁、並是因縁生心、常用一心三観々之、即是」

(3)「三千」を「三十」と改める。

(4)「性」を「生」と改める。

(5)「倒中」の二字を削る。

(6)「純」を「故」と改める。

(7)「五」の下に「魔」を加える。

(8)「元不隔元成聖」を「無不隔凡聖」と改める。

補注

見出し項目の下の（ ）内の数字は、本文の頁と行数を示す。
たとえば、（八6）は、八頁6行目であることをあらわす。

本理大綱集

一　三身仏の…（八6）　版本・伝教大師全集(以下「伝全」と略)は、目次・章名ともに「住」を「位」に作るが、どちらにしても意味不明。この章の大筋は、三身仏に関する金光明経・法華経・密教の同異を論じて、自身本仏を窮極の悟境とする密教の瑜伽と法華の観心とを同意であると判定し、次に再び金光明経の三身と法華経の三身との関係を考え、三身四土、三身説法、法身大日と十界との関連を論じ、法華経方便品第二の「是法住法位世間相常住」の経文に帰結するから、「住前」とは、恐らく十住位以前、つまり凡位の意味か。とすれば、この章の題は、三身仏およびその説法を凡夫の位において論ずる文と読まるべきか。三身とは、天台大師智顗(五三八—五九七)が著した法華文句の寿量品釈によれば、法身・報身・応身の三であり、一仏を三分すれば、所証の真理を法身、能証の智恵を報身、この理と智と一如して化他に赴き、衆生に慈悲を施す力用を応身という。

真・応の二身（八9）　一仏を二分すれば、仏の智恵が法界の真理と一如している面、即ち仏の本地を真身と呼び、この智恵が慈悲の作用を起こして衆生を利益する面、即ち垂迹を応身という。一如の法華新註巻六の寿量品釈に、二仏三仏開合の図があるので、参考のために転載すれば、次の通りである。

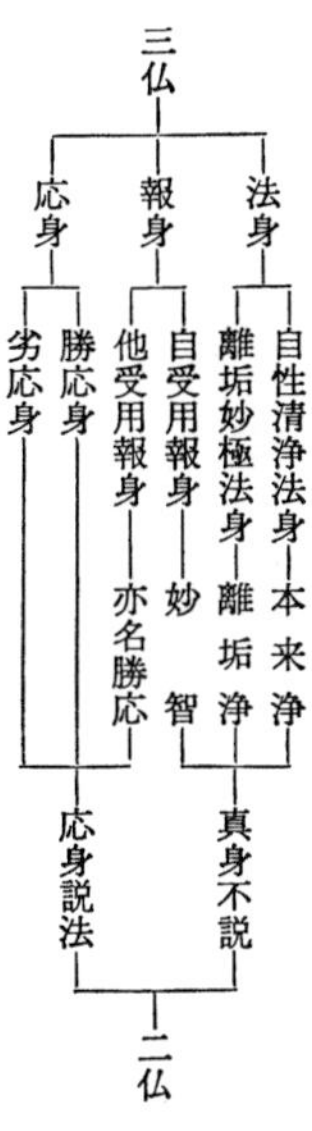

金光明経（八14）　金光明経は寿量品で仏寿の長遠を説き、捨身品で七宝塔の涌出を説くなど、法華経と共通するところが多い。そこで智顗はこの経の玄義一巻・文句三巻を作って讃仰するとともに、法華文句では寿量品釈において、「実に無量にして而も量といふは、この品および金光明経の如き、これなり」と両経の同致性を説いたから、今も数ある他経の中から、特に金光明経を選んで法華経の仏身観との同異を論じたのである。金光明経には、曇無讖訳の金光明経四巻、宝貴合の合部金光明経八巻、義浄訳の金光明最勝王経十巻の三種が現存し、ほかに真諦訳の七巻本があったが、その完本は現存しない。智顗は右のうちの四巻本を所依として注釈書を作ったが、また真諦の訳本を「新本」と称して参照した。そして三身分別品は四巻本にはないが、新本にはあり、この品の中に三身名があるとともに、「惟有如々如々智是名法身」の経文もある(合部による)。ただしその三身名は応身・報身・法身ではなく、「一者化身、二者応身、三者法身」となっているから、両三身の同異を本論は問題にしたのである。さらに詳しくは、冠導台宗二百題巻八の「金光明応身」の項を見よ。

三諦（九6）　諦とは真実不虚の意味であり、真如・法性・実相などともいう。

この真如の理を空・仮・中の三面から示すから三諦といい、この客観的理法としての三諦を観察する側の主体性に即して言えば三観という。三諦の名は中観論の観四諦品の「衆因縁生法　我説即是空　亦為是仮名　亦是中道義」の偈や瓔珞経・仁王経の経文などによるが、智顗はこれを独自の立場から組織して三諦円融の教理を樹立し、これを天台教学の根本とした。空諦は有執を破し、万有が実有であると思うのは真如実相の理に叶わない妄見であることを示す。なぜなら万有は相対的存在であり、無常の存在だからである。仮諦は空執を破し、万有は無相であり自性なしと執することもまた真如に叶わないことを示す。なぜなら眼前の世界は千差万別の様相を呈して現に存在しているからである。中諦は単なる空も単なる仮も実相に叶わず、空仮に辺しない絶対不思議の様相こそが法界の実相であることを示す。法華玄義巻二下、摩訶止観巻三上・巻五上を見よ。さて、本文に「三身を成ずる形」は「三諦の形なり」とは、三諦とは一色一香にも本来具有する真如の三面であり、三身が三諦の形であるとすれば、三身は一仏の三面であるべきであるから、二身を開いて三身にしたり、三身を合して二身にしたり、法・報・応の相生関係に前後次第を設けるのはおかしい、という意味である。

三智(九6)　一切智・道種智・一切種智、または清浄智・一切智・無礙智、または世間智・出世間智・出世間上上智などを三智とするが、智顗は大品般若経巻一により第一説を採った。観音玄義巻下に「通じて論をなさば、観と智とは、是れその異名なり。別して往いて目さば、因の時を観と名づけ、果の時を智と名づく」というところによれば、空観を修して得た智恵が一切智、仮観を修して得た智恵が道種智、中観を修して得た智恵が一切種智である。しかし円教の三観は一心三観であり、三観を同時に円修するから、三智も同時に証得さるべきものであるとし、これを大智度論第二十七の「三智実在一心中得」の文によって一心三智という。法華玄義巻三下、摩訶止観巻三上・巻五上を見よ。

羅什三蔵所造の伝(九7)　羅什は鳩摩羅什《くまらじゆう》(三四四―四一三)、妙法蓮華経の訳者である。この人と廬山の慧遠(三三四―四一六)との間に文書の交款があったことは、梁高僧伝の中の慧遠伝に詳しい。また慧遠問・羅什答について十八問答を編集した大乗大義章三巻が大正新修大蔵経巻四五に収録してある。これらは正しく今の羅什三蔵所造伝なるものに相当し、十八問答の中には上巻の一真法身、二重真法身、三法身像類、四法身寿量、中巻の一法身感応、二法身仏尽本習などは法身に関する問答であるが、三身に関する問答は全くない。故にこの羅什三蔵所造伝なるものは、例の中古天台一流の勝手な捏造であると思わざるを得ない。

弾じて曰く(九9)　版本・伝全にはこの部分に「可語三身者耶。仍不可云無始三身耶。弾曰汝語無」の二十字があるが、底本にはない。即ち底本によれば、以後の文も麁食者の反論の続きであるが、今は版本・伝全に準じて「弾曰」の二字を添加したので、以後は麁食者に対する反論となる。その弾意は、三身即一の義を有しない法相宗では三身の開合を論ずる資格なしと斥けたのち、改めて両経の三身の開合を論じ、さらに進んで、一概に垂迹前後を否定するのは、根本の大日法身と枝末の応身、釈迦本仏と分身諸仏との関係に関する消息に暗いからであると。因みにこの種の二身三身の開合に関する問答は、最澄真撰書には全く存在しない。ここでの麁食者は三身・三智・三諦を一の因果関係において理解した上で議論を起こしているから、それは法相宗の立場から天台教学を批判したのではなく、天台教学をより鮮明にするために設問したのである。

両土(九12)　一如の法華新註巻六に三身四土相対の図があるので、参考のために転載すれば、次の通りである。

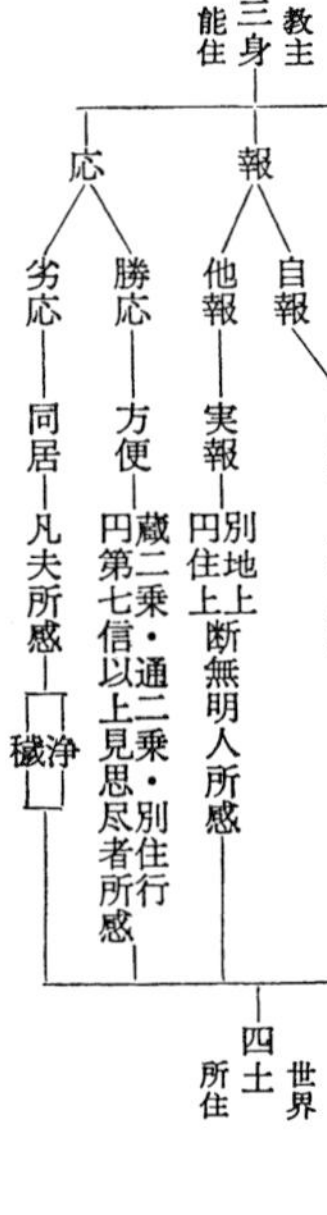

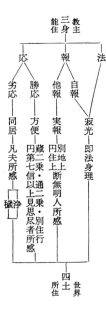

常寂光土とは、法身仏・自受用報身仏を教主とし、根本煩悩たる無明を断じ尽した妙覚の仏だけが感受することのできる仏土。ここでは、生滅変化なく(常)、煩悩の活動なく(寂)、智恵の活動(光)のみがある。実報無障礙土とは、他受用報身を教主とし、一分の無明を断じて一分の中道を証得した菩薩が感受する仏土。方便有余土とは、勝応身を教主とし、見思の惑尽きて分段生死を出離することはできたが、まだ塵沙・無明の惑残り、変易生死中にある(有余)七方便人(人・天・声聞・縁覚と蔵通別三教の菩薩)の感ずる仏土。凡聖同居土とは、劣応身を教主とし、凡夫聖人雑居の仏土である。これに浄穢の二土があり、穢土とは、この娑婆世界等、浄土とは、西方極楽浄土等を指す。以上、仏土を四種に分けたが、それは行者の修行の浅深に従って娑婆世界の観方に種々の段階があるということであって、四土が別々に存在するという意味ではない。智顗の観無量寿経疏、維摩経略疏巻一、法華玄義巻六下・巻七上等を見よ。

八教(一〇2)　化儀四教と化法四教とを合して八教という。智顗が法華玄義巻十・大本四教義で説いた天台宗の教判。化儀とは化導の儀式、即ち仏が衆生を教化するときの説法の形式・仕方の謂で、投薬に喩えれば、薬の与え方に食前・食後等の別があるようなものである。これに頓(とん)・漸(ぜん)・不定(ふじょう)・秘密(ひみつ)の四種がある。頓教とは、方便誘引を用いないで直頓(ただち)に仏の内証を示す教化の仕方。第二に漸教とは、浅より深に、小より大に、漸次に方便誘引して最後に仏の内証を示す教化の仕方。第三に不定教とは、詳しくは顕露(けんろ)不定教といい、前二者が顕露定教なるに対する。顕露とは、同一時処の聴衆が互いに他の存在を認知しあっていることをいい、不定とは、聴衆相互の間に仏の説法の理解の度合いに浅深の差があることをいう。例えば、小乗教を聞いて大乗の教理を悟り、大乗教を聞いて小乗の悟りを開くが如し。第四に秘密教とは、詳しくは秘密不定教と称し、顕露不定教が人知法不知の儀式であるに対し、これは人法倶不知の儀式をいう。

　次に化法の四教とは、一切の経典の教理について、その構成要素を分析して蔵(ぞう)・通(つう)・別(べつ)・円(えん)の四種に分類し、この四要素の組合せ方の相違が即ち諸経の教理の相違であるという。例えば、後図のように、華厳経は別教と円教、般若経は通教と別教と円教とから成るが如し。さて三蔵教とは小乗教をいい、眼前の現象界(界内)の万物を分析して(析空観)、その構成要素たる七十二の法体は実有であるが、万物は法体が業力によって(業感縁起)仮りに和合して生じたものにすぎないから、生滅無常の存在であると説く教え(我空法有)である。従ってここでは、無常の苦界に受生する原因たる煩悩・業を、四諦(声聞)・十二因縁(縁覚)・六波羅蜜(菩薩)の修行によって克服することにより、苦界から完全に離脱して空寂の涅槃界に入り終ること(無余涅槃)を最終目的とする。第二に通教とは、大乗教の初門をいい、鈍根にとってはこの教は蔵教に通同し、利根にとってはこの教は別・円両教に通入する教えであるから、通教という。眼前の現象界を分析的に観察して空を悟るのではなく、譬えば夢中の存在はすべて幻であり実体がないのと同様、眼前に生滅する事象はすべて主観上の迷妄が生んだ虚像であり、当体即空であると体達する(体空観)。万物の当体が空ならば、実際に生じたり滅したりする客観も、万物を構成する法体も、法体和合の原因たる業感縁起も、本来空無のはずであるから、一切は無生無滅であると説く。故に通教は、体空観を修して迷妄の悪夢から覚めて、即空の真理を悟らせるにある。第三に別教とは、前の蔵通二教とも別異し、次の円教とも別異するから別教という。前には空諦だけを説いたが、今は空仮中の三諦を説き、前は三乗を所化(共)としたが、今は独り菩薩だけを所化(不共)とし、前は現象界だけを観察したが、今は現象界と真如界(界外)との両者について観察する。故に蔵通二教と異なる。しかし別教は、真如中道なる本体界と空仮なる現象界とを隔歴差別して説き、両者の相即円融を認めず、また三観の各別次第の修行を勧めて、不次第の三観を勧めない。故に円教と異なる。従って迷悟・因果を差別視し、迷を断じて悟を得るためには、次第三観(真修)の外に、無量の善根功徳を生れかわり死にかわって長劫の間積まねばならぬ(縁修)と説く。第四に円教とは、円満円備の完全な教えという意味で、大乗の中でも通別二教が権大乗であるに対し、これは実大乗である。別教は隔歴差別観に立脚していたに対し、これは円融平等観に立脚しており、従って本体界の真如中道と現象界の万有とは恒に一体不二であって一色一香も中道にあらざるはなく、空観に仮中、仮観に空中、中観に空仮を含んで三観同時であり、また煩悩の体を究めることが菩提であるから、煩悩の外に菩提なく(煩悩即菩提)、生死を覚悟することが涅槃であるから、生死の外に涅槃が別にあるわけではない(生死即涅槃)と説く。従ってここでは、わずらわしく事の万行を修する必要はなく、不次第三観(一心三観)を修してこの主観を確立すれば、その悟の深さの度合いに応じて分々に即身成仏するという。

この八教と一切経との関係は、天台宗では、華厳・阿含・方等(維摩経等)・般若・法華涅槃の五経を挙げれば、その他の諸経はこの中のどれかに摂属することになると考え、五時と八教との関係を次図のように説くのが通例である。

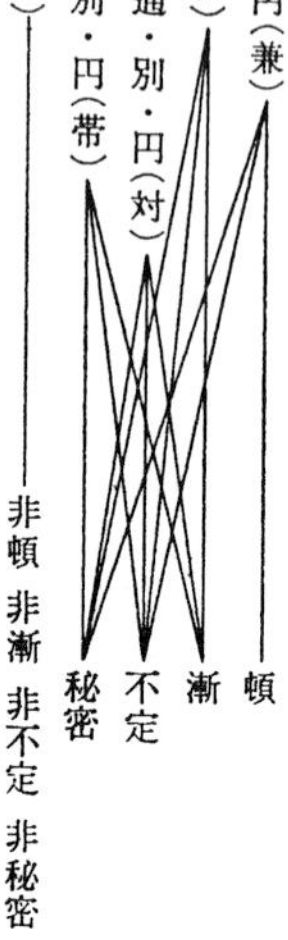

なお涅槃時は、秋の収穫に譬えれば、法華時が大収であるに対して落穂拾い(追説追泯)に相当するものとし、法華時の中に入れる。

さて本文に「八教を超えたる」とあるが、これは法華経が化儀四教・化法四教の範疇を超えた最勝の教であるという意味で、中国天台宗の六祖の湛然が強調したところである。ここに前四時の中の円教(爾前円)と法華の円教とどう違うのかという疑問が起きるが、これについて天台宗には、約教与釈と約部奪釈との二様の論がある。両円は別々の教味でないことは確かである(円体無殊)が、しかし一部一部の経典に包含された段階で円教を判断するときは、爾前円は蔵通別を兼帯して説かれた円であるから、純円とは違う。また爾前円は法華経に開会されて始めて円たることが認識される円であるから、法華の能開の円に対すれば所開にすぎないとして、両者を区別し、法華経は超八の円を説くという主張が生れることになる。

一大円仏(一〇2)　一大円仏という術語は歴史的用語ではない。故にこれは一大円教の所説の仏という意味か。一大円教とは、はじめ日本天台の第三祖慈覚大師円仁(七九四―八六四)が、金剛頂経疏巻一之末において、大日経の首に「毘盧遮那の一切身業・一切語業・一切意業は一切処・一切時に有情界において真言道句法を宣説す」とあるから、一切経はみな大日如来の説法であり、大日経であるという意味のことを、唐の大興善寺阿闍梨元政が「一大円教」と称したということを紹介して以来、この語は日本天台の常套語となった。しかし密教の一大円教的な考え方は、顧みれば最澄にもあった。守護国界章巻上之上の三種法華(根本法華教・隠密法華教・顕説法華教)の説がそれで、諸他の一切経はすべて仏陀の根本真理たる根本法華を隠密して説いた教であり、法華経は根本法華を顕説したものであるという。これによれば、一切経はすべて法華経であり、法華経は一切経に貫通する根本真理であることになるから、ここでは法華経を一大円教と称したわけである。

天台(一一16)　法華文句巻九下に、如来寿量品の品題を解説する中に、「この品の詮量は通じて三身を明かす。もし別意に従はば正しく報身に在り。何を以ての故に、義便に文会す。義便とは、報身の智恵は上に冥し下に契して三身宛足す。故に義便と言ふ。文会とは、我れ成仏してより已来、甚だ大いに久遠なるが故に、能く三世に衆生を利益すと。所成は即ち法身、能成は即ち報身、法と報と合するが故に能く物を益す。故に文会と言ふ。これを以てこれを推すに、正意はこれ報身仏の功徳を論ずるなり」という。寿量品で始めて一身即三身・三身即一身という円教の仏陀論が説き明かされたのであるが、三身の中では特に報身が正意である。なぜなら、第一に経文は「成仏」という修因得果に寄せて釈迦の常住を明かしているから、報身を正意としなければ経文に合致しない(文会)。法身を正意とする代表者に密教があり、法身は確かに無始無終ではあるが、しかし非因非果の存在であるから、今の経文には合わない。また仏陀論の基本は歴史上に実在した釈迦にあるから、応身を中心とすべきであるという意見もあり得るが、

経文は釈迦を伽耶始成の仏と見ることを執近の情なりとして否定し、実には久遠実成であると顕本するから、これも経文に合わない。第二に三身相即を立言する場合、報身智を中心とすれば、智恵に証せられる真理が法身であり、智恵の力用が応身であるから、三身の相即を立てやすい(義便)。ところが、法身・応身のどちらかを中心にすれば、法身理と応身円との関係を立てにくい。なぜなら、元来、理には用はないからである。故に正在報身とすると。ところが、報身とは修因感果の実修実証の仏の謂であるから、修証なき凡夫との一体不二を論じる場合には不便であり、法身は非因非果の理であり、理は因果修行のまだない凡夫にも遍満するから、仏凡一如を論じやすい。密教では大日如来を四身具足の法身と立て、容易に仏凡一如を論定できるのはそのためである。そこで前節では、伝円珍作の顕密一如本仏義の意見に従い、法華仏陀論をば密教仏陀論に同調させたのである。同調させた根拠は、顕密一如本仏義によれば、智顗の右の文の中の所成即法身・能成即報身の釈により、法華の所成は法身である点に着眼したところにあるのであるが、本書は、この辺のところを詳しく抄引していない。

経(一三4)　「是法住法位　世間相常住」の文を訓み下す場合、古来、法華文句の釈義に従って、「この法は法位に住して、世間の相常住なり」と訓むならいであったが、岩波文庫の『法華経』(坂本幸男訳注、上巻一二〇頁)は、「これは法の住・法の位にして、世間の相も常住なり」と訓むべきであると主張し、その理由を説いて、「法住」は「法位」と同様に一の仏教術語であるから、法と住とを切り離して、「法は…住して」と訓むのは誤りであるといい、その先例に三論宗の吉蔵と法相宗の基の訓みを紹介している。またこの文の意味を説いて、「これは」とは、経の前文の「仏種従縁起」なる縁起の理法を指し、「法住法位」とは、縁起の法に固有にして不変な止まり方・在り方という意味であるから、これを要するに、縁によって起こるということは法の本来的な在り方であるという意味である。また「世間相常住」とは、生滅変化してやまない世間の相も、縁起である限り、その生滅変化の相そのままが、法の住、法の位、即ち常住であるという意味であり、日本天台ではこれを、本覚思想を最も良く表現した経文と見ていると。

日本天台でこの文を重視した人に、台密の祖の円仁がある。彼は金剛頂経疏巻一之本でその経の経題を釈するとき、「法華に是法住法位と云へり、今正しくこの秘密の理を顕説するが故に金剛頂と云ふなり」とて、法華経と金剛頂経との理同の所以を「是法住法位」に求めた。また円仁は蘇悉地経疏巻一で、法華経等と大日経等とは「世俗勝義円融不二」を説く点において理同であると説くから、両疏を対照すると、密教の極理は世俗(俗諦)勝義(真諦)円融不二、即ち真諦のみならず俗諦も常住であるとするところにあり、法華経では「是法住法位」の文に俗諦常住の典拠があると考えていたことが明らかとなる。円仁の著述と考えられる俗諦不生不滅論や、慈覚大師伝(寛平御伝)によると、円仁にこの法門の重要性を教示したのは、師の最澄であるが、現存する最澄の真撰書によれば、最澄はそれほど明瞭に俗諦常住の法門を展開したわけではない。ともかく、こういう事情により、日本天台では、以後永く法華経のこの文を俗諦常住の一典拠として重視した。なお俗諦常住については、牛頭法門要纂第三章を見よ。

化法所立の四教(一五13)　化法四教については、すでに「八教」(一〇2)の補注でも説明したように、元来これは一切経の教理内容の同異点を明確にするための法門で、一々の経の教味を分析して四類型を抽出し、その組合せ方の相違によって一々の経の特性が成立したことを明らかにしたものであるが、しかし智顗は、四教をただ類型的に差別したばかりでなく、一方では四教間の連絡関係(被接《ひせつ》)にも言及しているから、この節はこの点に着眼して、四教の差別も、ついには一の本理に帰することを論証しようとする。それは前に智顗に通五時説があることに着眼して、五時の浅深次第を払拭して一理に帰せしめたことと同一趣旨であり、前が縦に五時の差別を帰一させたに対して、今は横に四教の差別を帰一させたことになり、ここに帰一は縦横に成立したことになる。被接とは、「接を被むる」ということであり、これに別接通(べつぜつつう)と円接通(えんぜつつう)と円接別(えんぜつべつ)との三種がある。

蔵教—但空
通教—不但空
別教—但中
円教—不但中

別接通
円接別
円接通

即ち通教では、当体即空の理を説くが、利根の菩薩は、万物のありのままが即空ならば、つまり色即是空(空)ならば、逆に空即是色(仮)でもあり得ることに想到し、遂には非有非空の中道の理にも体達するようになる。このように、通教は表面的には少しも中道の理を談じないが、裏面に中道に発展すべき可能性を内包しているから、これを含中の教といい、その空理を不但空と呼んで、空理に停滞する但空の蔵教と区別される。即ち体空観を深修したところに中道の理が開けるが、但中《たんじゆう》の理を悟って別教の人となるのを別接通《べつせつつう》といい、不但中の理を悟って円教の人となるのを円接通《えんせつつう》という。但中とは、空・仮と相即しない中道、因縁所生の万物のあり方とは隔絶して中道の真如理があるとする考え方をいい、不但中とは、空・仮と相即した中道、因縁所生の迷界が即空即仮であることが即ち中道であるとする考え方をいう。しかし別教の人が但中の理を求めて、初め現象界に対して空観を用い、次に仮観を修し、最後に中道観を修して真如界に入ってみれば(次第三観)、実は中道は空仮と隔絶して別存するものでないことに気づき、但中の理を求めた結果はかえって不但中の理が顕現する。これを円接別と名づけ、また別教証道同円という。蔵教の但空に通教の不但空を含むという被接義については明言はないが、通教の不但空を聞いて鈍根の菩薩は蔵教の但空を悟るという通同の義が通教にあるとすれば、これを裏返せば、蔵教の但空の教を聞いて通教の不但空に悟入することもあり得る道理である。

かくて、但空・不但空・但中の教は、やがて円教の不但中の理に悟入すべき可能性をはらんでいることになる。冠導台宗二百題の巻二の「四門実理」、巻三の「果頭無人」、巻五の「有教無人」、巻六の「三根被接」、巻九の「当通含中」、巻十三の「蔵通理浅深」等を見よ。

生・無生・無量・無作(一六7)　智顗は大本四教義巻一・法華玄義巻二下・摩訶止観巻一上で、涅槃経聖行品の説によって、この四種の四諦に約して化法の四教の特徴を解説した。四諦とは、苦(迷の果)・集《じゅう》(迷の因)・滅(悟の果)・道(悟の因)をいい、仏教全体に貫通する因果の理法であるが、その受取り方に四教(蔵・通・別・円)の相違があるというわけである。

まず蔵教は、但空を教理の基本とするから、生滅の四諦を説く。「生滅とは、苦集はこれ世の因果、道滅はこれ出世の因果なり。苦は則ち三相遷移し、集は則ち因心流動し、道は則ち対治易奪し、滅は則ち有を滅して無に還る。出世といへども皆これ変易す。故に生滅の四諦と名づく」(摩訶止観巻一上)と。即ちここでは世間の因果ばかりでなく、出世間の因果もまた生滅無常であるとする。まず世間の因果の無常については、前に説明したから今は省略する。次に出世間の因果の生滅とは、修道の段階では煩悩を対治しなければ菩提を証得できない、煩悩と菩提とは互いに対立しあう関係にあるから。また完全な寂滅(無余涅槃)を得るためには、死んで煩悩の和合体たる肉身を空無に帰する(灰身滅智)以外に方法はない。このように四諦の一々をみな生滅の法として把えるところに、この教の特色がある。

次に通教は、当体即空を教理の基本とするから、無生滅の四諦を説く。即ち、「無生とは、苦に逼迫なく一切皆空なり。…集に和合相なく因果俱に空なり。…道は不二の相にして能治所治なし。…法は本《もと》然《も》えざれば今も則ち滅せず。然えず滅せざるが故に無生の四諦と名づく」(摩訶止観巻一上)と。現象界の一切の当体が即空であり、実に集合離散(生滅)しているかに見えることは夢幻にすぎないとすれば、生滅に逼迫されてこれを苦と感ずることもない。無常も苦も皆空ならば、対治さるべき煩悩も厭わるべき生死もなく、従ってまた対治のための修道も求むべき涅槃もないことになる。また一切は実生のもの(実在)でないのなら、実に滅することもない。このような四諦観を無生の四諦と名づけ、こういう認識に悟入させるのが通教の役割である。

次に別教は、但中を教理の基本とするから、無量の四諦を説く。即ち、「無量とは中に迷ふこと重きが故に、事に従つて名を得。苦に無量の相あり、十法界の集同じからざるが故に。集に無量の相あり、五住の煩悩同じからざるが故に。道に無量の相あり、恒沙の仏法同じからざるが故に。滅に無量の相あり、諸波羅蜜同じからざるが故に」（法華玄義巻二下）と。前二教は三乗に対し現象界（界内）の但空・即空を説く教であったが、この教は菩薩を対象とし、現象界のみならず、進んで本体界（界外）に関する中道を説く教である。従って真理を障える煩悩にも、空諦を障える煩悩（見思・四住）の外に、中諦を障える煩悩（無明・第五住）、仮諦を支える煩悩（塵沙）を数えることになる。集が無量であれば集果たる苦もまた無量である。即ち先には悟界に算入されていた声聞界・縁覚界・菩薩界は、ここでは迷界に属することになる。迷の因果が無量であれば、これを対治する方法・期間にも無量の段階が分別されることになり、それぞれの方法による得果にも種々の段階が想定されることになる。故に無量の四諦という。大本四教義巻一では、これを教別・理別・智別・断別・行別・住別・因別・果別の八項に分けて、詳細に説明している。このような迷悟因果の無量の差別相の分別は、「二乗の智見にあらず、菩薩の智眼は乃ち能く通達す」「菩薩は洞かに覧て毫の差ひもなし」（摩訶止観巻一上）という点において前教に勝れたところがあるが、なお迷中（但中）の事（差別）であるといわれるのは、迷界の仮相の外に真如中道ありとして迷悟を二元的に考え、中道の悟を証得するためには、無量の煩悩を断除するために、無量劫の間、無量の行を修し、無量の位を次第に登らねばならぬと説くところにある。

最後に円教は、不但中（円融三諦）を教理の基本とするから、無作の四諦を説く。無作とは、法華玄義巻二下では「発心畢竟二不別の無作」、摩訶止観巻一上では、第一義悉檀(しつだん)には若干（無量差別）なく三悉檀には若干ありと説く別教に対して、円教は「ただ第一義諦にのみ若干なきにあらず、三悉檀にもまた若干なし」と。即ち理平等の立場ばかりでなく、事差別の立場でも多元論を超えて一元論に立つことを無作という。従って無作四諦について、法華玄義巻二下では「無作とは、中に迷ふこと軽きが故に、理に従つて名を得。理に迷ふを以ての故に、菩提これ煩悩なるを集諦と名づけ、涅槃これ生死なるを苦諦と名づけ、能く解するを以ての故に、煩悩即菩提なるを道諦と名づけ、生死即涅槃なるを滅諦と名づく」という。即ち円教の迷悟因果観では、煩悩と菩提、生死と涅槃などの二元対立は全く超克されることになる。そして二元対立を克服した根本理論が三諦円融にあることは言うまでもない。即空即仮ならば現象界の無と有との対立は融即し、即中ならば現象界の当体が即ち真如界であるということになるから、これ即ち一元論である。しかし迷悟因果などを対立的に考えることが迷見であるとすれば、正見の前には修すべき道も求むべき滅もないことになり、仏道の存在自体が無用であることになりかねない。

守護国界章巻上の上中下三冊は、天台大師所立の八教五時に関する徳一と最澄との問答記であるが、その中の弾麁食者謬破四教位章第六に正しく右の問題に関する問答が見える。

徳一難「もし生死即涅槃・煩悩即菩提これ円義の分斉なりと言はば、難じて云く、衆生即仏なるに、何ぞ更に修道を須ひん。愚癡即智恵なるに、何ぞ更に求智を須ひん」。

最澄答「夫れ諸大乗経中に説くところの即是の文、その義甚深なり。故に（涅槃経の）貧女宝蔵（の喩）に依りて六即の位を安立す。諸大乗経中に婬欲即是道なり、嗔癡も亦復(またまた)然なりといふは、これ婬欲の相が即ちこれ菩提なりとなすにあらず。ただ婬欲の性を観ずるが即ちこれ菩提なりとなす。この菩提に六即あり。…あに煩悩即菩提なればとて専ら諸悪業を作らんや」と。

味わうべき答弁である。

十界互具（一八1）　十界とは、迷いと悟りの世界を十種に分類したもので、地獄界・餓鬼界・畜生界・阿修羅界・人間界・天上界・声聞界・縁覚界・菩薩界・仏界をいい、天上界までの下六界は六凡といって迷界、声聞界以上の上四界は四聖といって悟界であるが、四聖の中でも仏界だけが真実の悟界であるから、今は仏界に対して他の九界を迷界と考えている。互具とは、十界のそれぞれが他の九界を内具しあっていることを言う。即ち十界は孤立的でなく、相互に関連的に存在しているというのである。十界互具の典拠は法華経にあり、智顗が発見した。そして十界互具を出発点として一念三千論を展開した。摩訶止観巻五上に「夫れ一心に十法界を具し、一法界にまた十法界を具して百法界あり。一界に三十種の世間を具すれば、百法界に即ち三千種の世間を具す。この三千は一念の心にあり。もし心なくば已(や)みなん。介爾(けに)も心あらば即ち三千を具す」というのがそれで、この文によれば、三千世間とは、十界と十界(百界)、十如是と三種世間(三十種世間)を相乗することによって得られた法数である。十如是とは、法華経方便品第二の「ただ仏と仏とのみ乃ち能く諸法の実相を究め尽したまふ。謂ふところは、諸法のかくの如きの相と、かくの如きの性と、かくの如きの体と、かくの如きの力と、かくの如きの作と、かくの如きの因と、かくの如きの縁と、かくの如きの果と、かくの如きの報と、かくの如きの本末究竟等となり」の文の相・性・体・力・作・因・縁・果・報・本末究竟等をいい、これは個々のものの外面的な姿、内面的な特性、本質、能力とその働き、物の成立の直接原因と間接原因、成立した結果の個物とそのあり方、相(本)から報(末)までの九種の平等不可変さの意味であるから、これはすべての存在に共通する性状であり、十法界の一々について、さらにこれを細分したものであるとも言えよう。また三種世間とは、一個の衆生の成りたちを肉体(色)と精神(受・想・行・識)とに分類した五陰(ごおん)世間、五陰が和合して成立した生きとし生けるものとしての衆生世間、衆生が住する山川草木・社会としての国土世間をいい、これを乗じて三千を数えたのは、万有および万有間の関係等の一切をこの数によって網羅するためである。また日常茶飯に去来する妄念にすぎない一念にそれらを具有することを見出すのが、一念三千観である。法華玄義巻一・巻二および法華文句巻二・巻九には、十界互具・百界千如までは書いてあるが、三千世間の法数はない。一念に三千を具することは摩訶止観巻五上にしか書いてない。この辺の詮索は冠導台宗二百題巻十四の「玄句一念三千」の章に詳しい。このように、一念三千論は、智顗にあっても希有の説であったが、湛然は摩訶止観の右の文を扶釈して、「故に止観の正しく観法を明かすに至つて、並びに三千を以て指南となす。乃ちこれ終窮究竟の極説なり」と述べ、これを天台宗の最高の教理に指定した。三千世間と百界千如との相違は三種世間の相乗の有無にあり、三種世間の中には国土世間が含まれるから、三千世間の法数によれば無生物(非情)の世界にも成仏の道が拓かれたことになるが、千如の法数では拓かれない。そこに両法門の浅深の差があるが、三千世間は十界互具論から始まるから、ここでは十界互具論を本理の一に数えたのである。

麁食者(一八6)　法華経の「断諸法中悪」、仁王経の「窮源尽性妙智存」、大乗起信論の「如来蔵中唯有清浄功徳」、金剛般若経の「有清浄善」は、みな、仏には悪なく麁智なく、如来蔵中には染分なく虚妄なしという意味の類文であり、麁食者はこれによって天台顕教の十界互具説は経論に反するものとして否定し去ろうとしている。これに対する答弁の中には、これらの経論の文がいかなる意味であるかを反論していないが、法華経の「断諸法中悪」の経文は、日蓮も観心本尊抄の中で、十界互具の本理に反する経文として注目し、「かれは法華経に爾前を載する経文なり。往いてこれを見よ」、即ち法華経によって否定さるべき他経の考え方を例示した経文であると会通している。また大乗起信論の文も同様で、これは対治邪執門において対治さるべき邪執を示す文句である。こう論じて智顗が開発した十界互具の本理は、これら顕教の経論に反しないと弁明することもできるのであるが、今は麁食者の顕密勝劣論に対して顕密一致論を主張し、麁食者も認めている密教の十界一体の理に天台宗の教理を与同させることによって、天台宗の十界互具の理を成立させようとしたにとどまる。なお、麁食者の言う、「顕宗は十界各別と云ひ、密宗は十界一如と云ふ」とは、五大院安然の意見の踏襲である。安然は教時義において一仏論を述べるとき、密教の特色は顕教の十界各別論に対して十界は本来一仏であると考えるところにあるといった。ただし天台宗は、各別の十界を開会して一仏ならしめるから、結論的には密教と等同であり、密教の本来一仏に対してこれを開会一仏と呼び、また密教の真如十界論に対してこれを無作十界論とも呼んだ。また答弁の中で密教と法華経との理同を論ずるとき、法華経方便品第二の「是法住法位」の文を挙げたのは、補注「経」(一三4)に既述したように、円仁の意見の踏襲である。

阿字(二〇17)　悉曇(しったん)つまり梵字は全部で四十七の字母からなる。五十字母とする説や四十二字母とする説もあるが、どちらにしても阿の字は一切の梵字の最初に位置するところから、真言密教ではこの字を一切の声字の根本・母、従って一切教法の本として尊重する。またその字義は、元来は阿字は無・不・非などの否定の意味を持つ接頭語——例えば、vidya(明)に阿をつければ a-vidya(無明)——であるが、この字に意味を持たせるとき、空の義があるとし、殊に密教では空・有・不生の三義ありとして、天台宗の一心三観にならって、阿字観なるものを立てる。また、空義(空)も有義(仮)も不生義(中)を根本とすること、阿字を見れば ādi(本初)や anut-pāda(不生)の語が連想されることにより、本不生の義を重んじ、本不生ならば万物の根源であることに想到して、大日経疏巻七では「経に云く、阿字門一切諸法本不生故と謂ふは、阿字はこれ一切法教の本、…万法の本…」という。東寺の密教では、六大(地水火風空識)体大説を採るが、天台宗の密教では、「正しく経体を明かさば二となす。謂く惣・別の体なり。初めに惣体とはこれ即ち本有の阿字にして、一部の指帰、衆義の都会なり」(円仁「金剛頂経疏巻一本」)と阿字体大説を採るのは、中国密教の右のような伝統的見解による。また本章の第一節目に阿字を万物の本体とするのも、同様の見解に基づいている。

本文中、「無の義を以て阿と云ふ。点なきを以て無と曰ふ」とあるのは、誤解か。悉曇字母はすべて五転するが、阿字もア・アー・アム・アハ・アーハ(阿・阿引・暗・悪・悪引)と五転する。その際、アー以下の四字は最初のア字の所定の位置に点を打つことによって作字される。即ち𑖀→𑖁・𑖀𑖽・𑖀𑖾・𑖁𑖾。故に初めの阿字は無点であるというのはよい。しかし無点だから無の義があるのではない。もしそうなら、他の字母も五転の第一は無点であるから、無の義でなければならないことになる。故にここは、「点なき阿を以て無といふ」と記すべきである。

また真言密教には、曼荼羅の画き方に大・三摩耶《さんまや》・法・羯磨《かつま》の四種があり、法曼荼羅を画くときには梵字を書することによって一定の仏菩薩等の諸尊を表示する。そしてこの意味に用いられた梵字を種子《しゅじ》(種字ともいう)という。曼荼羅に勧請されたすべての諸尊には各々所定の種子があるが、大日如来の種子は、通常、金剛界の場合は略出経巻一等によって𑖪𑖽(鑁)字、胎蔵界の場合は大日経巻三・巻七等によって𑖀(阿)字である。故に本文に、阿字は大日如来であるというのである。また大日如来は、大日経巻三によれば、「我一切本初」であるから、一切の仏菩薩等諸尊、並びに一切山川草木に至るまで、みな阿字を本初として出生したというのである。

五智(二一14)　法界体性智・大円鏡智・平等性智・妙観察智・成所作智。大円鏡智以下の四智は法相宗と同じであるが、これに法界体性智を加えて五智とするのは密教だけである。五智は大日如来一仏の智恵であるが、大日如来を開いて五仏とするときは、五智はそれぞれ五仏に配当される。即ち大円鏡智は東方阿閦仏の智恵、大円鏡が万像をくまなく映し出すように、よく一切を取像する理智をいう。平等性智は南方宝生仏の智恵、万物の差別相の根底に平等性即ち真如実相を了知する理智をいう。妙観察智は西方阿弥陀仏の智恵、衆生の機根を透徹して観察し、説法断疑の利益を与える悲智をいう。成所作智は北方不空成就仏の智恵、自利利他の修行を推進し成就させるための悲智をいう。法界体性智は中央大日如来の智恵、法界の万有の体性を指す。体性は元来は真如の理であって智恵ではないが、密教では強いてこの理に智の名を与えたのである。またこの智は元来は理であるから、以上の四智の根本智体であり、総体である。以上の五智と五仏との関係を発展的に考えれば、大日如来が法界体性智を別具すると同時に五智を総具するように、その他の四仏も一智を別具すると同時に五智を総具するはずである。今はその中の阿弥陀仏の五智具足に約して一仏即五仏、一仏即一切仏の義を説く。

また、阿・鑁・藍・含・欠の五字は五字真言・五字明などと呼ばれ、最澄が大唐の順暁阿闍梨から相承して叡山に伝来した三種悉地法の一である。順暁阿闍梨付法文(真筆現存)および円珍の決示三種悉地法によれば、三種悉地とは、

阿鑁藍唅欠…上品悉地…法身真言…大日経持誦法則品
阿尾羅吽欠…中品悉地…報身真言…大日経悉地出現品

阿羅波者那…下品悉地…化身真言…文殊師利五字真言経であり、本文の阿鑁藍含欠は右のうちの上品悉地である。悉地(しっ)とは成就と訳し、仏果を成就するための因行の意味であるから、上品悉地を誦して法身を成就し、中品悉地を誦して報身を成就し、下品悉地を誦して化身を成就するという意味か。大日経悉地出現品疏には「この五字を以て庫となして能く一切の願を満ずるなり」「またこの句によつて一切の聖賢は智恵を成ずることを得」等という。その字義は大日経およびその疏によれば、

具縁品		法則品疏
阿字門 a ― 一切諸法本不生	………金剛輪瑜伽 ――	阿字 a
嚩字門 va ― 一切諸法語言道断	……悲水瑜伽 ――	鑁字 vaṁ
羅字門 ra ― 一切諸法一切離塵染	…智火瑜伽 ――	覧字 raṁ
佉字門 ha ― 一切諸法等虚空不可得	…風輪自在瑜伽 ―	唅字 haṁ
訶字門 kha ― 一切諸法因不可得	……大空瑜伽 ――	欠字 khaṁ

となる。また具縁品疏によると、a 字に本不生の義があるのは、a の字を見て ādi-anutpāda(本不生)の語を連想するから。va 字に語言道断の義があるのは、va の字を見て vāc(言語)の語を連想するから。ra 字に一切離塵染の義があるのは、ra の字を見て rafa(塵垢)の語を連想するから。ha 字に因不可得の義があるのは、ha の字を見て hetu(因)の語を連想するからであるという。kha 字については不明。本文に「五智とは阿鑁藍含欠なり」とあるのは、法・大・平・妙・成の五智は順次に地水火風空の五大の徳用に相当し、また五字も以上の通り五大の種子であるから、五智と五字とを配釈することができるのである。

次に、本文の戒・定・恵・解脱・解脱知見とは、これを五分法身と呼び、小乗教では阿羅漢、大乗教では仏に備わる五種の功徳をいう。五種中の戒定恵をまた三学といい、仏道修行者は防非止悪して身を清浄に保つための戒律と、妄想を止息して心を一境に専注させるための禅定と、真理を体得するための智恵とを学習しなければならない。解脱とは三学によって煩悩から解放され、生死の苦から脱却した境地をいい、解脱知見とは解脱の境地を得た者に備わった化他の智恵をいう。この五が仏果には完備する。この五と五智とはともに仏徳であるが、両者の分類の視野は必ずしも同じではない。しかし密教(五種結護のとき等)では、この五と五智・五大とは名異にして体一であるという。このように同数の名目を並べて強いて関連づけ、思想を進展してゆく解釈方法を数法相釈といい、顕教でも時々用いる方法であるが、密教に殊に甚だしい。

定性・不定性(二二3)　法華経以外の諸大乗経では、二乗は自行のみ行なって化他をしないから絶対に成仏しないというが、法華経の迹門では二乗も作仏すると説く。そこで法相宗では解深密経や瑜伽論の説によって、法華にいう二乗とは不定性の二乗のことであって、不定性の二乗は廻小向大して成仏することもあるが、定性の二乗は絶対に成仏できないという。これを五性各別説といい、

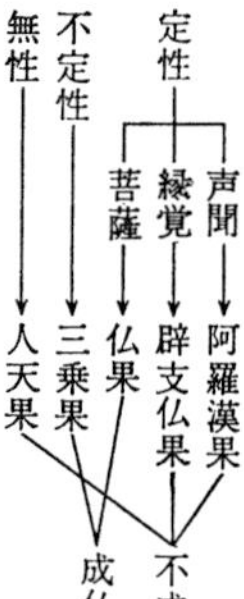

定性とは、声聞・縁覚・菩薩の三乗のうちのいずれかになるべく、種子・本性が決定している者をいう。不定性とは、進んで菩薩になるか退いて二乗になるか、まだ種子が決定していないものをいう。無性とは、以上の三乗の種子を有しない者であるから、これも成仏できない。最澄の研究(法華秀句巻中)によれば、一切皆成と五性各別との論争は、法相宗の元祖たる玄奘(六〇〇—六六四)が解深密経五巻等を新訳して以来、連綿として続いたが、自身も真如随縁論によって一切皆成説を主張し、徳一の真如凝然論による五性各別説と真向から対立した。その状況は、常盤大定著『仏性の研究』に詳しい。

八葉(二二4)　密教曼荼羅には、大日経による胎蔵界曼荼羅と、金剛頂経による金剛界曼荼羅との両種がある。胎蔵界曼荼羅には十二院があり、中央の中台院には八葉の蓮華を画き、華台には大日如来、一々の華葉には四仏四菩薩を安置する。即ち、左図の通りである。

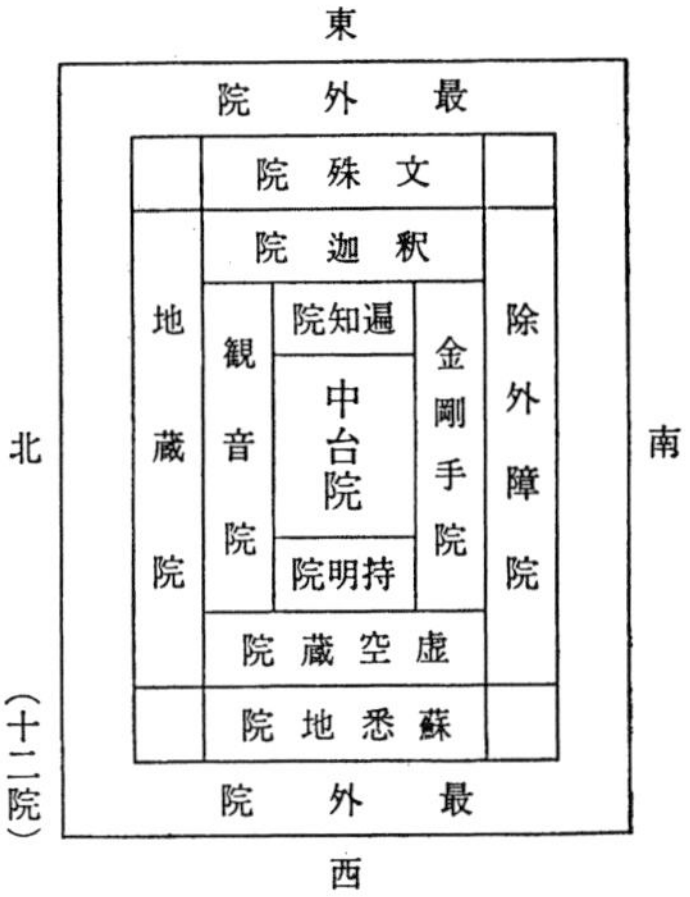

（十二院）

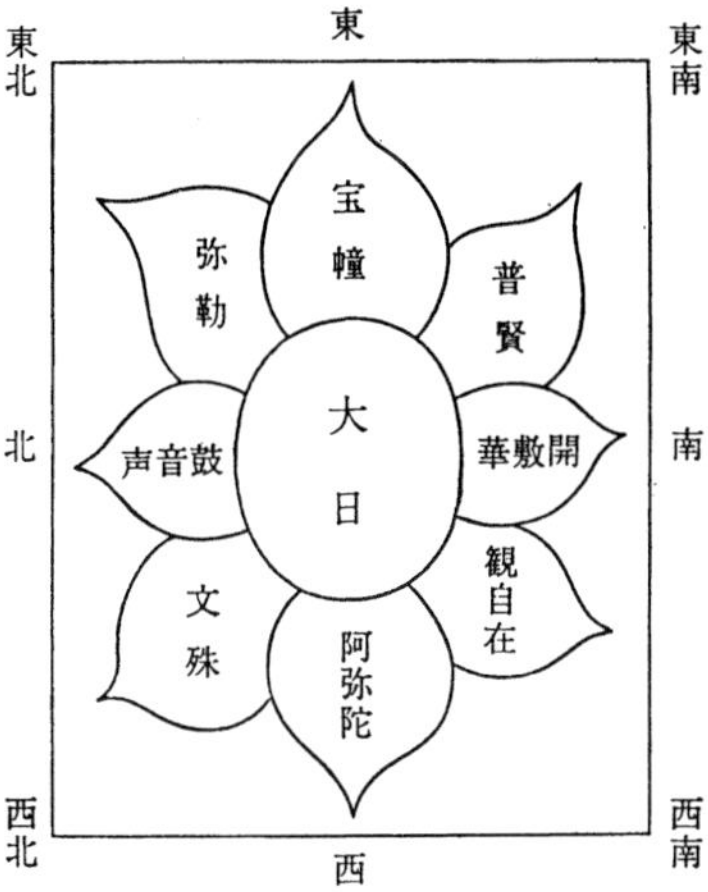

（中台院）

天台法華宗牛頭法門要纂

牛頭法門（二四1）　中国江南の牛頭山（ごずさん）において、禅宗第四祖道信の弟子、法融（五九三—六五七）が創めた禅宗の一派を牛頭禅といい、最澄はこれを日本に将来したが、書籍を比叡山の書庫に納めただけで、弘めることはしなかった。即ち内証仏法相承血脈譜に、四宗相承を述べる中の第一「達磨大師付法相承師師血脈譜」の部において、最澄は出家得道の師である大安寺行表から相承した達磨の心法の系譜を詳説するとともに、末尾に簡単に「大唐貞元二十年十月十三日、大唐国台州唐興県の天台山禅林寺の僧修然、天竺大唐二国の付法血脈、幷びに達磨の付法、牛頭山の法門等を伝授す。頂戴し持ち来りて叡山蔵に安んず」と。故に、元来は牛頭法門とは禅宗の法門を指すのであるが、今は題は牛頭法門であるが、中味の五双十種の法門はすべて天台宗で肝要とする法門である。故にこの法門の相承についても、修然から受けたと言わず、「道邃和尚に遇ひて親り秘法を受く」（序文）という。

教迹（二四12）　教迹二百余巻とは、顕戒論縁起所収の「台州求法略目録」によれば、「大唐台州天台山仏隴寺に向ひて天台法華宗の疏記等合して一百二部二百四十巻を求め得たり」、弟子仁忠の叡山大師伝によれば、「台州国清寺に詣りて智者大師第七の弟子道邃和尚の所にて天台法門二百余巻を求め得たり」と。その目録は、伝教大師将来目録中の台州録を見よ。なお最澄が将来した書籍は、この外に越州録があり、合計「二百三十部四百六十巻」に達する。

決するところの法門（二四12）　決するところの法門七百余科とは、台州録の中の天台随部目録の所に、「三観義一科 入止観部　釈二十五三昧義一科 入四教儀并法華玄義部　四種三昧義一科 入止観部　四種四諦義一科 入法華玄義部　七種二諦義一科 入法華玄義部　三諦義一科 入法華玄義部　四門義一科 入四教義并止観及廣玄法華維摩等部　四土義一科 入維摩疏部　四不生義一科 入涅槃疏并

止観等部　四悉檀義一科 入法華玄義并四教義等部　十法界義一科 入法華玄義并四教義等部　十法成乗義一科 入止観等部　請観音三昧行法一巻 入止観并天台国清百録部　方等三昧法一巻 入止観并天台国清百録部。已上一十五科義は智者大師に随ひ、即ち章安和尚私に記す。その義、義に随つて巻をなす。前後に記するところ諸方に散在す。後学の疑を致さんことを恐るるが故に、竜泉(寺岑法師所記の智者大師墳前右柱碑)の記の中に故(ことさら)に名目を存す」と。これによれば、天台大師墓前の碑銘によって最澄が念頭に画いていた科義は、十五科(実は十四科か。その他の雑義を入れて十五科)であった。その他、「円教六即義」「釈十如是義一巻」「七学人義一巻」「七方便義」「一二三四身義一科」の名も、台州録の余所に見える。また最澄は天台法華宗伝法偈(真撰)の中に、竜興寺の道邃の室で決した法門は、「稟止観大旨(1)　学法華深義(2)　次三乗廻心(3)　唯識与唯心　心識之広狭(4)　諮一心三観(5)　法華与華厳　四車之同異(6)　具受心境義(7)　的学仏性旨(8)　兼稟達磨法(9)　及集因明決(10)　并取律鈔記(11)」であったと記しており、これは最澄問・道邃決答の天台宗未決の十箇条の問答とほぼ一致する。故に、後世発達の義科二十二算(法華玄義に教相義・十如是義・十二因縁義・二諦義・眷属妙義・十妙義・五味義、法華文句に三周義・一乗義・即身義・三身義・嘱累義、摩訶止観に六即義・四種三昧義・三観義・被接義・名別義通義、浄名疏に仏土義、観経疏に九品往生義、涅槃疏に仏性義・十二因縁義、四教義に七聖義。以上探題故実記による)や、七箇の口伝法門(一心三観・心境義・止観大旨・法華深義、円教三身・常寂光土義・蓮華因果)の中の幾つかについては、天台宗の肝要の法門としての認識が最澄にあったことは確かであるが、七百余科とは大袈裟すぎる。最澄の全教学から検出すれば、或いは優に七百を越える問題を数え出すこともできようが、最澄が科義として数えた法門は以上の通り、二十算に満たない。

鏡像円融(二五10)　最澄の守護国界章巻上之中の弾麁食者謬破四教位章第六に、「一乗の独円は動静無礙なり。あにただ法界寂滅のみならんや。鏡像円融の義は口決にあらずんば解せず。師師相承良(まこと)にゆゑあるなり」という。以来、日本天台では本覚思想が高潮した平安末期より、この問題は重要な口伝法門の一に算入されることになった。法相宗の徳一は天台宗を非難して、天台円教の特色は煩悩即菩提・生死即涅槃にあるとするならば、仏道修行は不要になるではないか、従って諸大乗経のいう煩悩即菩提とか婬欲即是道とかは、相反する二者を無条件に同一視したのではなくて、「平等法界一味真如」に約した場合には一味であるといえるにすぎないのであって、現実に全同であるはずはない。しかしもし天台宗でいうところもその意味であるとするならば、それは我が法相宗が既に立てているところの「摂相帰性門」と同じであるから、天台宗を日本国に別立する必要はないことになると言った。そこで最澄は、円教相即論と法相宗の摂相帰性門との相違を詳述しなければならないが、ここでは「円融相即法性法門、義全く相似ざるのみ。…法性相即の義は広く自家の書に説く。煩を恐れて更に道はず」とて詳述を避け、所詮は鏡像円融義は師師相伝でなければわからないと結んだのである。では両宗の相即論の相違いかん。最澄の諸処の説明を総合すれば、要は真如観上の相違に帰する。法相宗では真如(性)は凝然不変のものであり、万物(相)の依りどころではあるが、万物とは違う。真如は無為常住であり、万物は有為無常である。故に万物はその依たる真如性の段階では平等一味であるが、万物の相は万差であるという。しかるに一方、最澄は真如には不変性と随縁性との二面があり、不変不動の寂然たる真如が縁にふれて流転変作したとき万物となるのであるから、万物即真如であり、随って万物は平等一味であるという。これを鏡像円融に喩えれば、

(止観一下)(守護章)
鏡――即中――真如の理
像――即仮――万物の相　}円融
鏡明―即空

となろうか。鏡像円融とは元来はこういう意味であったが、口伝法門が発達するにつれて、本書や相伝法門見聞・漢光類聚巻四(いずれも本巻所収)に見られるような複雑な内容を有するようになったのである。

なお、二帖抄見聞巻上の第一一心三観の項の中に、「三重鏡像ノ事ハ山

家大師ノ牛頭要纂ト云フ書ノ中ニ戢セラレタリ。深クハ天台深秘ノ一巻ノ御釈、全肝ト云フ文ノ中ニ之ヲ載ス。五双十箇ノ中ニハ彼ノ御釈ハ其ノママ引用シ玉ヘリ」(天台宗全書本二八頁)と。全肝は心秘要決とも異称し、天台大師作であるといわれるが、筆者は未見。本書の鏡像円融の章はこの全肝からの引き写しであるというわけである。なお相伝法門見聞の同所には、本書の三重の鏡像の大意をも解説する。参照されたい。

修徳・性徳(二六11)　修徳は修得、性徳は性得ともいう。修行して得た後天的な徳を修徳、先天的に備わった徳を性徳という。これを仏性にあてれば、衆生に遍在する真如理性を意味する正因仏性は性徳であり、真如を観照する智恵を意味する了因仏性、智恵をおこす縁となる種々の善行を意味する縁因仏性は修徳である。この二徳の不二を主張するところに天台宗の特色があり、智顗は法華文句の寿量品釈に、「もしただ性徳の三如来はこれ横なり。ただ修徳の三如来はこれ縦なり。今経は円かに不縦不横の三如来を説くなり」と説いて、衆生性得の仏性と仏修得の仏徳との不二を主張し、また六祖の湛然は法華玄義釈籤巻七上で、智顗の本迹二十妙を釈するとき、色心不二・内外不二・修性不二・因果不二・染浄不二・依正不二・自他不二・三業不二・権実不二・受潤不二の十不二門を建立し、七祖道邃はこれを法華玄義釈籤から独立させて一巻の別行本とし、最澄はこの別行本を日本に将来した(台州録)から、日本天台では草創当初から十不二門を尊重して来たことが、これでわかる。中の修性不二門では、修徳は性徳と別箇の徳ではなく、性徳を修行によって完成したものが修徳であり、性徳なくして修徳は存在し得ないから、両徳は不二であるという。

さて、本文の「衆生の修徳は即ちこれ如来の性徳」の解釈であるが、これをもし「衆生の性徳は即ち如来の修徳」と言うのなら、如来の修徳は実は衆生の性徳を全うしたものに外ならないという意味に容易に解釈できるが、今は「衆生の修徳は如来の性徳」と逆説的に言うから、理解に困難が伴う。しかし、修に善悪、性に善悪を分ける場合、如来には性善・性悪・修善はあるが修悪はなく、衆生には性善・性悪・修悪はあるが修善に不足するから、ここは、衆生の修悪は如来の性悪である、即ち、衆生の悪業を如来の功徳海に摂取せんとする意味か。

法身・般若・解脱(二六12 13)　これを三徳または三徳秘密蔵と呼び、大般涅槃経第二によれば、この三種を具備しなければ大涅槃と呼ぶことはできないというから、つまり大涅槃に具有する三種の徳相をいう。法身とは仏によって悟られた所証の真理、般若とは真理を悟る能証の智恵、解脱とは能証と所証とが一如した結果、一切の束縛から解放され、生死の苦から脱却した状態をいう。また苦(迷果)即法身、惑(迷因)即般若、業(迷行)即解脱を三道即三徳といい、煩悩即菩提・生死即涅槃と同様に、円教独特の法門である。

随縁真如・不変真如(二六14 15)　個別的・相対的な存在の中の普遍的・絶対的なもの、有為無常な存在の中の無為常住なものを真如という。真如はまた衆生について言えば、仏性・自性清浄心と呼ばれ、仏陀論的には法身と呼ばれる。その他、中道・法性・実相なども真如と同義語である。この個別的な万有と普遍的な真如との関係について、法相宗では二元対立的に考え、真如は凝然不動の理法であるから、万有の「依」(よりどころ)ではあるが、万有と同体ではないとし、万有生起の原因には別に阿頼耶(あらや)蔵識なるものを設定し、この心識の中に蔵される種子が現起したものが万有であると考える。ところが華厳宗では、法蔵(第三祖)の大乗起信論義記に明らかなように、大乗起信論の説に基づいて、真如と万有との関係を一元的に考えた。即ち真如には不動の面(不変真如)と活動の面(随縁真如)との両面性があり、無明の風に吹かれて不動の真如海に起きた万波が即ち万物であるとした。これを法相宗の頼耶縁起説に対して真如縁起と呼ぶ。華厳宗の真如観を天台宗に扱りいれ、智顗の一念三千論に真如観的解釈を施した人は、六祖湛然である。彼の著作には諸処にこの試みが認められるが、七祖に師事した最澄は、六祖の金剛錍(こんごうべい)論を殊に珍重し、明曠の註とこれとを合糅して会本を作った。また六祖が真如観によって天台教学を展開したことを先蹤とするなどの種々の理由から、徳一の天台宗批判に対して、真如観によって天台教学の正当性を論証する場合が多い。ただし、五大院安然の菩提心義略問答抄巻四末の指摘するところによれば、天台宗の真如随縁論と華厳宗のそれとは違う。真如と諸法とを二而不二のものと考える点では両宗は同じであるが、華厳宗では真如が随縁して諸法となり終れば、それは諸法であって真如そのものではないとし、二而不二の中の二而の面を強調し、天台宗では真如の随縁が諸法であるとすれば、諸法の外に真如なく、真如の外に諸法はないと考え、二而不二の中の不二の面を強調する。それは隔歴三諦を立場とするか、円融三諦を立場とするかの相違に外ならないと思われる。

起信(二六15)　馬鳴菩薩造・真諦三蔵訳の大乗起信論一巻のこと。その中に、心の覚体と心相・外界との関係について四種鏡の喩え話があるが、本文の以下の文に相当する文はない。これは法華文句巻一上〜下で、法華経の序品列座の声聞の一人「阿若憍陳如」に無生の意味があるところから、無生観を蔵通別円の四教に約して約教釈する中の円教の無生観を解釈する部分、即ち、「円教の観の無生智に約せば、鏡の団円を観ず。背面を観ぜず、形像を観ぜず。背にあらざれば闇にあらず。面にあらざれば明にあらず。種々の形容を取らざれば種々の繋像を取らず。ただ団円を観ずるに、際畔なく、始終なく、明闇なく、一異の差別なきは円観に譬ふるなり。十法界を取らざれば相貌に善悪なく邪正なく大小等もなく、一切皆泯ず。ただ諸法実相、法性の仏法を縁ずれば、もしは色もしは香も実相にあらざるなし。煩悩・業を観ずるに生即ち無生なり。生不生なきが故に無生と曰ふ。陰界入の苦は即ちこれ法身なり。顕現の故に名づけて法身となすに非ず、障は即ち法身なり。貪恚癡は即ち般若なり。…業行の繋縛を皆解脱と名づく。…解脱は即ち業不生なり、般若は即ち煩悩不生なり、法身は即ち苦不生なり。…これ即ち円の無生観智なり」の文からの抄出である。その意味は、円教では円鏡の形の丸さだけを問題にし、鏡の表や裏は問題にしない。また映像も問題にしない。表や裏を問題にしないから明暗は問題にならず、映像を問題にしないから燈火の映像の変化・ゆらぎ工合も問題にならない。鏡の形の丸さだけを問題にするから、その無辺際さ、その始終のなさだけが認識の対象となる。面背明暗とは善悪邪正を、形像の変化とは十界の相貌を、団円とは諸法実相を意味し、その無辺際さ無始終さとは、即ち一色も一香も皆すべてが実相真如であるという意味であり、これを無生観に即して換言すれば、煩悩・業・苦の三道も法身・般若・解脱の三徳も実相の外にあるものではなく、無始終・無辺際であるから生滅の相貌を取ることはない。つまり不生である。こう観ずれば、三道の滅が三徳なのでもなく、三徳が顕現しなければ涅槃と称することができないのでもない。三道は元来不生であるから、不生なる三道の当体が直ちに三徳である。このような観智を円の無生観智という。なお補注「円の無生智」(三七3)の項を見よ。

妙覚(二七17)　瓔珞経では菩薩の修行の位次を五十二段階に分けるが、その中の最高の位を妙覚という。ただしこの経は別教であるから、智顗は便宜上、この経の五十二位の名前を借り、名の表わす内容を違えることによって円教の五十二位を建立した。即ち、

(別教)			(円教)	(六即)	
				理　即	未断惑の位・未聞の位
凡位	外凡	十信	五品弟子位	名字即	未断惑の位・聞法の位
				観行即	伏見思の位・修行の位
	内凡	十住・十行・十回向	十信	相似即	断見思・塵沙の位
聖位	真因	十地	十住	分証即	分断無明分証中道の位
		等覚	十行		
	真果	妙覚			
			十回向		
			十地		
			等覚		
			妙覚	究竟即	究竟断無明証中道の位

別教の妙覚位は円教の十行中第二行に相当し、別教で最高位とするところは、円教ではまだ三十品の無明の惑を残した中途の位であるということになる。また位々に断ぜられる見思・塵沙・無明の三惑とは、見思惑は麁動の惑、塵沙惑は細動の惑、無明の惑は微動の惑であるから、初めは断じ易く、後は断じ難い。詳しくは、補注「三惑」(三二11)を見よ。

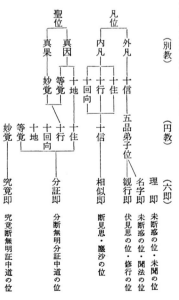

十信とは法を聞いて信順し、少しも疑わない位、十住とは教理を実践し、十教理に安住する位、十行とは広く衆生利益のために化他行を行ずる位、十回向とは自己の功徳を廻らして他に施し、種々の具体的体験を廻らして真理に向う位、十地とは仏智を生ずる地盤となり、一切衆生を荷負する地盤となり得た位、等覚とは隣極ともいい、極果の妙覚に隣る位、妙覚とは完全に仏果を成就した位を言う。元来はこの意味で名づけられた位名であるが、円教の五十二位は、別教の名を借りたものであるから、名と内容との間に喰違いがある。五品弟子位とは、最も低い弟子の位の五段階という意味で、随喜・読誦・説法・加兼行六度・加正行六度よりなり、法華経の分別功徳品第十七に説かれる。瓔珞経の最下位である十信位を円教では外凡位から内凡位に格上げしたので、円教には下位がなくなってしまった。そこで、初めて説法に接して随喜したり、やっと経を読むことができるようになった等の、最も初歩の段階の状態を説く五品弟子位によって、あいた穴を埋めたのである。円教の行位を示すものにもう一つ、六即があり、円融相即の円教では位々に仏に相即する(即)から、むしろ位次の階級差別を設けない方が本意なのであるが、自己が仏と相即することについての理解・体験の高下の差は現に存するから、これを六に分けたのである。六即と五十二位との関連については右図の通りであり、六即の名目の説明については、修禅寺決五八頁を見よ。円教位階論の最も詳細な説明は、法華玄義に迹門十妙を論ずる中の第四「位妙」(巻四下～巻五下)の項にある。

第三　仏界不増(三〇14)　最澄の法華秀句巻中で、大唐仏性論諍史を紹介する中に、不増不減経や無上依経の如来界品をめぐる霊潤・神泰・義栄の問答往復が見える。不増不減経一巻は、衆生が成仏することによって衆生界および仏界の員数に増減があると考えるのは謬見であり、実には衆生界も仏界も一法界に外ならないのであるから、衆生が成仏して衆生界を離れ、仏界の員数に加わったからとて、衆生界不減・仏界不増であると説く経であり、上記三者の論争では、神泰は五性各別説から仏界不増不減を否定し、他の二人は一切皆成説からこれを肯定した。また叡山西塔の相輪樘への納経目録によれば、最澄は法華三部経とともにこの経を、納むべき重要経典の一に指定したから、法相宗との仏性論諍にあけくれた晩年の最澄にとって、仏界不増の論は大切な議題であり、従って牛頭法門要纂も十箇の要法門の第三に数えたのであるが、その中味は不増不減に関することではない。その上、牛頭法門要纂のその他のどこにもこの問題に言及した章はない。従って牛頭法門要纂には、仏界不増論が天台学徒にとって必修の論題であるという指摘があるだけで、その討議はないということになる。冠導台宗二百題では巻六に、四種三昧に関する問題の一として、「二界増減」の論目がある。それは、摩訶止観の大意章で四種三昧を述べるとき、常坐三昧の説明の中に衆生界量と諸仏界量との等量に言及するところがあることに由来する。

体・相・用(三〇15)　大乗起信論に「摩訶衍には総説せば二種あり。いかんが二となす。一には法、二には義なり。言ふところの法とは衆生心を謂ふ。この心は則ち一切世間の法、出世間の法を摂す。この心によりて摩訶衍の義を顕示す。何を以ての故に、この心真如の相は即ち摩訶衍の体を示すが故に。この心生滅因縁の相はよく摩訶衍の自体の相と用とを示すが故に。言ふところの義には則ち三種あり。いかんが三となす。一には体大、一切法の真如を謂ふ。平等にして増減せざるが故に。二には相大、如来蔵を謂ふ。無量の性功徳を具足するが故に。三には用大、よく一切の世間と出世間との善の因果を生ずるが故に」と。即ち摩訶衍(＝大乗)とは衆生心であり、この心に体相用の三義があり、

体大――心真如門――一切法の真如
相大――心生滅門――如来蔵の所具の性功徳
用大――心生滅門――一切法の善因果

というところに体相用三大義の原拠があり、最澄は大乗起信論および華厳宗法蔵の起信論義記を、十九歳のとき比叡山に入山した当初から研究し、これらの研究を通して天台大師の存在を知った(仁忠、叡山大師伝)から、三大義については熟知していたはずであるが、三大義を自己の思想の展開に応用したことは一度もなかった。大乗起信論および釈摩訶衍論に拠ってこれを広く日本仏教界に普及させた人は空海(七七四―八三五)である。十住心論

の第九の華厳宗の解説部分でこれを紹介するとともに、即身成仏義ではこれを密教の教理の解説に適用して、

体——六大(地・水・火・風・空・識)

相——四曼(大・三昧耶・法・羯)

用——三密(身・語・心)

と頌し、以て即身成仏の四字を説明した。

空海の三大義を天台密教に摂取した人は、五大院安然(八四一—?)であった。教時義等に盛んに空海のこの頌文を引くとともに、これによって一切仏一仏論を展開した。ただし天台密教では体大は六大ではなく阿字であるから、安然は阿字真如が随縁生起した相を図画したものが四種曼荼羅であり、四種曼荼羅に一切仏のみならず十界の一切を包含すると考えて一切仏一仏義を建立した。大乗起信論の当初では必ずしもそういう意味ではなかった三大義は、ここに無常なる万有の差別相を常住なる真如法身の一仏に帰納し、万有の当相を絶対肯定するための理論的根拠としての意義を有するに至ったのである。本書では三大義を、体＝心空(不変真如)、相＝心生(随縁真如)の世間相、と考えて、世間相が常住である理由を説明しているが、その根本理念はここにある。

不生不生(三〇17)　円教の万有即真如中道の理をいう。涅槃経(南本)巻十九に説く六不可説を、智顗は生生・生不生・不生生・不生不生の四不可説とし、これを蔵・通・別・円の四教に配当して四教の相違点を明らかにした。不可説とは、諸仏の証悟内容は元来は我々の思議や言葉の及ぶところではないが、仮りに言葉で表現する場合には、四種の不同が生じるという意味である。生生とは、蔵教で万有は皆因縁生であると説くをいい、生不生とは、通教で因縁生の万有の当体即空不生であると説くをいい、不生生とは、別教で中道不生の理が随縁生起して万有差別の相状を生じたと説くをいい、不生不生とは、円教で万有差別の実相が即ち中道不生の理に外ならないと説くをいう。維摩経玄疏巻一・四念処巻一を見よ。

第四　俗諦常住(三二7)　俗諦常住とは、真諦ばかりでなく、俗諦もまた常住であるということを論ずる法門である。真諦と俗諦とは相対概念であるから、視点の変化に伴なって種々の意味が附与されることになる。例えば、仏教の深い道理に対する世俗の浅い思想、仏法に対する王法、仏教の中では空(否定)の教理に対する有(肯定)の教理を俗諦といい、また智顗は法華玄義巻二下で境妙を論ずるとき、二諦義を広説するために三諦に配当して細判すれば、七種の不同があり、取意存略すれば、「ただ法性を点じて真諦となし、無明十二因縁を俗諦となすに、義において即ち足る」といい、湛然はこの存略義を、「ただ一法を点ずるに二諦宛然たり。俗は即ち百界千如、真は即ち同じく一念に居す」と扶釈した。今言う俗諦とは、この取意存略の意味に最も近い。即ち真如法性を真諦、因縁所生の百界千如・万有差別の相を俗諦とする。また円教の二諦観について、智顗は引続いて「真即是俗・俗即是真」というから、真俗不二は天台宗の原初からあった法門であることがわかる。かくて、常住不変のものは真諦、因縁生滅の無常な存在は俗諦であり、また真諦と俗諦とは不二である、とすれば、無常なるべきはずの俗諦もまた常住であるという論断が成立することになる。この俗諦常住の法門を、日本天台では最澄以来いかに重視してきたかということについては、本理大綱集の補注「経」(一三4)で述べた。また前の第三仏界不増の章の論旨は、万物の因縁生滅の当相を常住不滅と押え、絶対肯定しようとするにあるから、「仏界不増」の題名より「俗諦常住」の題名の方がふさわしい。

またこの第四章は、中国天台宗第六祖湛然作の始終心要一巻の文と一字一句全同である。始終とは始め名字即から終り究竟即まで、心とは肝心、要とは精要。故に本書は、円頓行者が平生常に用心しなければならない要点を述べた書物である。要点とは、三惑の迷と三観の行と三智・三徳の悟との三者の関係の円教的認識の仕方に関することであって、三惑と三智・三徳との間には迷悟の差があり、三観と三智・三徳との間には因果の差があるが、円教では天然の性徳なる三諦に迷うことを三惑、悟ることを三智と考えるから、万行を修して三惑を断除しなければ三智を得ることはできないのではなくて、三観を修して三諦を解了することが即ち三惑を破したことに当る。またその三観も、別教は隔歴三諦を理とするから、初め空観

を修して見思を断じ、次に仮観を修して塵沙を断じ、最後に中観を修して無明を断ずる、いわゆる次第三観を修せしめるが、円教では即空即仮即中の理であるから、一観を修するところに同時に三諦が顕現する不次第三観を修せしめる。しかも別教は差別を説く教であるから上位下位の因果階級を厳重に区別し、これを次第に昇階しなければ仏位に到達することはできないとするが、円教は平等不二を説く教であるから初後不二であるところに本来の面目があり、階級を分つのは行者が増上慢の失に堕するのを防ぐための方便施設であるとする。こういう不断而断・三惑同体・不次第三観の心得を略述するところに本書の目的があるから、この章は「俗諦常住」の題名よりも、次章の題名である「三惑頓断」の方がふさわしい。

なお、湛然の始終心要一巻には、従義の科本始終心要一巻、慈山の始終心要大義一巻、光謙の始終心要略解一巻、恵澄癡空の始終心要略談一巻など、多くの注釈書がある。

三惑(三二11)　天台宗では煩悩に三種を数える。第一に見思の惑とは、見惑と思惑との併称である。見惑とは物の道理に迷う智的方面の煩悩、即ち万物はみな因縁所生のものであり、空であるという道理を知らず、物には実体があると誤認することによって生ずる種々の見解で、これに総じて我見・辺見・見取見・戒禁取見・邪見・貪・瞋・癡・慢・疑の十使があり、さらに細分すれば八十八使となる。思惑とは日常物事に執着して喜怒哀楽する人間生来の情的方面の煩悩をいい、これに総じては貪・瞋・癡・慢、別しては八十一品がある。第二に塵沙の惑とは、菩薩化導障ともいい、塵沙のように無量な社会万般の事情に通暁しなければ、人々の苦悩を察知し善導することができないのに、怠慢のためそれを学ぼうとせず、人々を救済できないことをいう。故にこれは昧劣な社会的知識そのものを指し、煩悩の一に数えるよりも菩薩としての資格如何を問うものであり、見思の惑のように自己を悩乱に陥し入れて生死界に流転せしめる原因ではなくて、化他の行を障えるものである。従ってこれは化他の志を有する菩薩にとっては煩悩として反省されなければならないが、化他を顧慮しない声聞・縁覚にとっては煩悩として自覚されない。第三に無明の惑とは、障中道の惑ともいう。無明とは無知を意味し、絶待なる真如中道の理に無知であるため、真如界を洞見できないで相待観念に捉われていることをいい、一切の煩悩の根源はここにあると考えられている。本文にも明らかなように、三惑は三諦と別箇にあるのではなく、体上の虚妄であるから、三観を修することによって対治される。故に本文には「空観は見思の惑を破して…、仮観は塵沙の惑を破して…、中観は無明の惑を破して…」といい、摩訶止観巻四上にも「三観を能防と名づけ、三惑を所防と名づく。…即空の観はよく見思の非を滅し、即仮の観はよく塵沙の非を滅し、即中の観はよく無明の非を滅す」という。ただし円教では、三惑を別体と考えず、一の根本無明の惑用の麁細の差にすぎず、三惑は同体であるというから、補注「妙覚」(二七17)で示した三惑の次第伏断の順序は、行者に次位を理解させるための仮説であり、実には一心三観によって三惑を同時に伏断してゆくのである。この点については、冠導台宗二百題の巻三「三惑同断」、巻七「三惑同体」の項に詳しい。

第五　三惑頓断(三三8)　この章は、円仁の作と伝えられる生死覚用鈔または本無生死論という書物の散文の部分と同文である。その内容は、書名の示す通り、生死の苦を克服するための生死観を示したもので、生死とは一心の妙用であり、心性の本覚理の有の面と無の面との差にすぎず、生死の体たる一心または本覚理は周遍法界、無来無去、不動の存在であるから、常住なる涅槃と別物ではない。従って徒らに生死を厭い涅槃を求むべきでない。徒らに厭うのは、かえって生死に束縛され、苦悩する所以であると論して、生死の苦を超越させようとする。円教は生死即涅槃と説くが、今はこれを教理的にではなく、情緒的に、いわば霊魂(これを今は一心または本覚と呼ぶ)不滅論的に説いている。従って章題の「三惑頓断」は内容と相応しない。因みに、日蓮はその著の生死一大事血脈鈔の中に「伝教大師云、生死二法一心妙用、有無二道本覚真徳文」とて、この章の冒頭の一節を引用した。生死一大事血脈鈔は録外御書巻十三に収録されているが、真蹟はなく、またその真偽を疑う人もあるから、これを以て本章の成立が日蓮以前である証拠に供することはできない。

四計(三四6)　釈尊当時のインドには、大別して六派の外道、細分すれば九十六種の外道があったが、これを大きく類別すれば四種となる。四種の分類の仕方には見地の相違により種々の説があるが、摩訶止観第七正修止観章で十境を明かす中の第七観諸見境の部(巻十上)では、因中有果・因中無果・因中亦有果亦無果の三見、一切法の一・異・亦一亦異・非一非異の四見、自・他・共・無因の四見を明かす。この三分類間の関係についての説明はないが、

自性計—計一———因中有果———数論説
他性計—計異———因中無果———勝論説
共性計—計亦一亦異—因中亦有果亦無果—勒沙婆説
無因計—計非一非異—(因中非有果非無果)—尼乾子説

となる。一に自性計とは、一切万物は唯一絶対なる神我(精神)と自性(肉体)とを第一原因として転変した結果の産物であり、この一因の中に一切の果を包括すると主張する。二に他性計とは、万物の成立について一より多を生ずる時間的因果関係を否定し、多(地水火風空時方我意の九実体)の和合によって個を生ずる積聚説を主張する。従って万物は同ではなくて異であり、因中有果論に対すれば果中有因論であるが、これを因中無果論と称したのである。三に共性計とは、耆那教の特色は蓋然説にあり、相対主義を立場とする。即ち物事は一方的に有または無または有無の三句(非有非無をいわない)の中の一句によって断定さるべきではない。例えば、因果関係についても、見方を変えることによって、因中に果あり因果は一なりともいえるし、また因中に果なし因果は別なりともいえるという。勒沙婆とは耆那教の源流の一人である。四に無因計とは、摩訶止観に「尼犍陀若提子(尼乾子、耆那教の源流の一人)は業の作すところ、定んで改むべからずと計せり」と。即ち一切はすべてあるが如くにあり、成るが如くに成るのであって、無因無縁であり、自然のなりゆきにまかせる外はない。戒行・浄行・梵行・苦行の類も業を変化させ、または業を脱することはできない。輪廻を脱するには自然に定められた時期を待つ以外にないという、邪命外道の説を指す。邪命外道はのち耆那教に吸収された。竜樹は、中論の観因縁品で生の自生・他生・共生・無因生に対して不生を立て、諸法は無自性であると説いた。智顗は心性を四句に推検して一念三千の不思議境を説明した。なお、修禅寺決の補注「四句推検」(七七3)を見よ。

四病(三四6)　円覚経に「始めて知る、衆生は本来成仏し、生死涅槃はなほし昨夢の如くなることを。生死と及び涅槃とは起なく滅なく、来なく去なし。その所証の者(法)も得なく失なく、取なく捨なし。その能証の者(人)も作なく止なく、任なく滅なし」と。故に作・止・任・滅の四病とは、本来成仏の認識の障害となる誤った修行観をいう。また経は、のちに四病を説明して、作病とは、修行によって円覚を造作・始得しようとする態度を指し、円覚は本有性得のものであることを示す。任病とは、自然のなりゆきに身を任せることによって円覚に逢着しようとする態度を指し、蘊在せるものを顕得するための修行は必要であると誡む。止病とは、心中に起こる想念を止息し、寂然不動の境地にならねば円覚は顕われないとする誤解を指し、かえって妄情を照す中に円覚があるという。滅病とは、円覚を得るために煩悩及び身心を断滅しようとするを言い、円覚には妙用があることを明かす。詳しくは華厳宗の宗密(七八〇—八四一)の円覚経略疏巻下之二を見よ。本文は四病を「作止住滅」とするが、典拠不明。恐らくこの「作止任滅」の誤写か。

分段(三四8)　生死に分段と変易(へんやく)との二種があり、従って生死を受ける身にも分段と変易との二種を立てる。分段生死とは、六道の凡夫がこの世界で受ける生死、即ち我々が現に今経験しつつある生死のことを言い、この生死界では各自の業の深さに随ってそれぞれ寿命に一定の分限があり、形体にも所定の段階があるから、分段と称される。変易生死とは、六道輪廻の業因を断除した聖者が受ける生死、即ち我々の経験外の生死を言い、この生死界にある聖者は寿命に分限なく、形体に段別なく、自己の意志によって自由に分限・段別を変化・改易して衆生救済の任を果すことができるが、その場合の寿命や形体の変改を仮りに生死と呼んだのである。摩訶止観の十乗中の破法徧から知次位(巻五下～巻七下)までの解説部分や、法華玄義の迹門十妙中の位妙(巻四下～巻五上)の説明部分によって、円教の

次位と二種生死とを配当すると、相似即十信までの凡位にある間は三惑に支配された身を以て分段生死に住し、見思・塵沙の二惑を断じて分証即初住の聖位に入ってのちは無明所感の身を以て変易生死に住する。この無明を位々に断じ、中道を位々に証して究竟即の妙覚になれば、完全に無明を断じ尽して二種生死から自由であるという。故に凡夫が仏になるまでには、相似から分証に入るときと、分証から究竟に入るときと二度、生に断絶がある(隔生)ことになる。

日本天台では、最澄が法華秀句で法華経の十勝を数える中の第八に「即身成仏化導勝」を立てて以来、直弟子達は法相宗の歴劫修行に対して即身成仏こそ平安新宗の特色であると考え、中国天台宗の六即の行位断証論を即身成仏の名のもとに研究するようになった。即身成仏とは、即身、即ち分段身、即ち肉身のまま成仏できるという意味であるが、法華玄義・摩訶止観等の行位断証論によれば、凡夫が仏になるまでには少なくとも二度の隔生があることになる。たとえ成仏の初めを初住に置いたとしても、分段身から変易身への変化があるから、智顗の説による限り、即身成仏は不可能ではないか。直弟子達はこう考えて、唐の天台学者達に質問状を提出した。即ち、円澄の三十問では、第五「仏果隔生有無」、第九「円人経歴二住已去歟」、第二十九「初品より初住に至るまで一生に修証すべしとは、誰をか其の人と為すや」、徳円の十問では、第八「即身成仏時無明所感之身捨不捨」、光定の五問では、第三「即身成仏とは初住に在りと為んや、復た相似に在りと為んや」等がそれである。その唐決は、円澄に対しては第十一祖の広修、その弟子の維蠲の両人が与え、徳円・光定に対しては長安の天台僧宗頴《しゅうえい》が与えた。これにより即身成仏の法門は天台教学の位階論を損うことなく会通された。法華秀句の即身成仏化導勝およびこの唐決の中における会通の一部分が、即ち本文の分段不捨論である。

法性を捨てず(三四12)　最澄は、法華秀句巻下の即身成仏化導勝八の中で、「有る人云く、変成男子とは未だ取捨を免れずと。今謂く、法性の取捨、法性の縁起は常差別の故に、法性の同体、法性の平等は常平等の故に。常平等の故に法界を出でず、常差別の故に取捨を礙へず」という。今はこの説の踏襲である。変成男子とは、法華経の提婆達多品第十二の経文で、八歳の竜女が仏前で速疾に成仏したときの有様を、経は「竜女は忽然の間に変じて男子と成りて、……等正覚を成じ」という。これによれば、竜女は変成男子して後に成仏したのであるから、分段身を捨てて成仏したと見ねばならず、従って即身成仏ではないことになる。この点を最澄は会通して、一切は法界・法性を出でず、分段身も変易身もすべて法性以外の何者でもない。真如の随縁である。故に分段身を捨てて変易身を得たとしても、結局は法性の取捨にすぎず、始終体一であるから、これを即身成仏と称しても差支えないのであるといったのである。

身土・機法・体用(三六5)　身土とは、身は能居の仏身、土は所居の土、即ち我々が構成している社会および山川草木をいう。これを寂光土というのは、釈迦が成道したとき、釈迦が証得した法身(真理)はやがて一切処に遍満することになる。この点で、現状では汚染された社会であるが、その性においては寂光土であるというのである。機法とは、機は教化を受ける側の衆生、法は教化する側の仏または仏の教法をいう。体用とは、体は真如法身の理、用は真如の随縁たる万物の動静をいう。故に身・法・体＝菩提の辺、土・機・用＝煩悩の辺という関係になり、その不二を論ずることは、煩悩即菩提を援証したことになる。

円の無生智(三七3)　大毘婆沙論巻二十九等に説く十智の中の第十に無生智があり、苦集滅道の四諦について知断証修を完了し、さらに修証すべきところなしと、自己の無学を認知した無漏智をいうが、今は相待分別を絶した無分別智をいう。摩訶止観の十章中第二の釈名段で、止観を相待・絶待の両様に解釈する中に、「二に絶待に止観を明かすとは、…竜樹の曰く、諸法は自より生ぜず、また他より生ぜず、共ならず、無因ならず、この故に無生と説くと。…今言ふ絶待止観とは、横竪の諸の待を絶し、諸の思議を絶し、諸の煩悩、諸の業、諸の果を絶し、諸の教、諸の観、諸の証等を絶す。悉く皆不生なり。…待対既に絶す、即ち有為に非ず、四句を以て思ふべからず。故に言説の道に非ず、心識の境に非ず、既に名相なく、結惑生ぜざれば、則ち生死なく、則ち破壊すべからず。絶を滅し、滅を絶す、故に絶待止と名づく。顚倒の想断ず、故に絶待観と名づく。…また不思議止観とも名づけ、また無生止観とも名づけ、また一大事止観とも名づく」(巻三上)と。故に二元対立の相対的認識を超えた絶対不二の根本智を円の無生智というのである。なお、法華文句で阿若憍陳如を四種釈する中の約教釈の部分(巻一上～下。補注「起信」(二六15))にも、無生観智についての解説がある。

従仮入空観・従空入仮観・中道観(三七9 10)　摩訶止観十章中第三の顕体章で、止観の観体を次第三観体の教相と不次第三観の教相とに約して明かすとき(巻三上)、次第三観の教相を先ず総説して、「(瓔珞経に曰く)従仮入空を二諦観と名づけ、従空入仮を平等観と名づけ、二観を方便道として中道に入ることを得て、双べて二諦を照し、心心寂滅して自然に薩婆若海に流入するを中道第一義諦観と名づく」と(本文はこの文の抄出である)。次に三観を各説する。それによれば、仮有なる万有(俗諦)を観じて畢竟空(真諦)と達観する観法を従仮入空観という。その場合、所破たる俗諦に従えばこれを俗諦観と呼ぶもよし、所用たる真諦に従えばこれを真諦観と呼んでもよいが、今は破用を兼ね合せて二諦観と呼ぶと。次に従空入仮観とは、前は仮→空、今は空→仮であるとすれば、前観の逆コースをたどるようであるが、然らず。今は、入空し終って還って仮を見れば、仮を歴然と照見し、仮をも活用することができるようになった境地をいう。故に前の空を用いて仮を捨てた不平等さに対して、仮をも用いる今を平等観という。仮を用いるとは、譬えば、盲人が(空観によって)眼開き、外界を見ることができるようになったとしても、当初は諸物を識別する能力がないから、これを用いることができない。今は諸物を識別し、用いることができる状態になったことをいう。また仮を用いる理由は、主として菩薩の出仮(しゅっけ)即ち衆生教化のためである。次に中道観とは、空仮二観を修した結果、得られたところの真如法性に対する認識をいう。故に、「第三観に入ることを得れば則ち仏性を見るなり」と。以上の次第三観は隔歴の三観であり、別教の三観であるのに、なぜここでこの観を提示したかというと、不次第の一心三観を他に教示しようとする場合、一往は三観を分別してみせなければ、説き示すことができない。故に摩訶止観のこの部分では、次第三観の教相を説いたのちに不次第三観の説明に移っており、また本文も、「一心中にて三観を観ずるに」と前置きしてから、次第三観を説く。それは三観一心を次第三観に約して教相分別すれば、という意味である。また摩訶止観は、次第三観を単に一心三観を説明するときの方便として使用したばかりでなく、実践上にも応用した。例えば、十乗中第四の破法徧(巻五下～巻六下)では、第一に無生門にて竪に次第三観を修せしめ、第二に余法門で横に三観以外の八不等の観を略示し、第三に横竪不二門で一心三観を修せしめている。

第十　即身成仏(三九1)　前の九章は、すべてこの即身成仏の法門を成立させるための前提であるが、補注「分段」(三四8)に紹介した唐決の問題と考え合せるとき、特に「第六　分段不捨」の章は、成仏を即身に得ることができるか否かの問題を解決し、「第八　無明即明」の章は、凡夫の煩悩所感・無明所感の分段身・変易身から仏の法性身までの変化を不二無別と説いて、分段不捨を釈成した章であると見ることができるから、最もこの章と関係が深い。即身成仏の語は、天台宗では湛然の法華文句記の提婆品釈、真言宗では不空の菩提心論の中に既に認められるが、この語を広く一般的ならしめた人は、日本天台宗の祖、最澄の法華秀句、日本真言宗の祖、空海の弁顕密二教論・即身成仏義である。その後、最澄の弟子達がいかにしてこの法門を発展させたかの状況については、補注「分段」に述べた通りである。今言う即身成仏とは、次第に飲食の摂取量を減少して脱水状態となり、生きて入定したままの姿(即身)でミイラとなり、死を迎える(成仏)、いわゆる即身仏となることを意味するのではなく、歴劫修行に対する即身成仏をいう。即ち長劫にわたって六波羅蜜の功徳を積まねば成仏できないという考え方に対し、現世において、速疾に、この肉身に成仏を実現することができるという考え方をいう。また最澄は、三生成仏をも即身成仏と称したが、弟子達は次第に即身成仏論を発展させ、五代座主の円珍は、「一弾指頃(いちたんじきょう)」即ち瞬間の成仏を説くに至った(普賢経記)。即身是仏と言えば、凡夫はすべてその身そのままで既に仏であるという意味であり、仏に成ろうとすることではないから、理平等的発言であるにすぎないが、即身成仏は現状と仏との間に一線を画する行差別の立場に立ち、瞬間成仏は仏凡の間に瞬間の差別を設けることによって、理平等に堕せず、行差別の建前を保とうとする、即身成仏の極限的表現である。そしてこの章は瞬間成仏論に近い。

不縦不横(三九12)　大般涅槃経巻二に「何等をか名づけて秘密の蔵となす。なほ伊字の三点の如し。もし並なれば則ち伊を成ぜず。縦なるもまた成ぜず。摩醯首羅(まけいしゅら)(大自在天)の面上の三目の如くにして、すなはち伊の三点を成ずることを得。…解脱の法もまた涅槃にあらず、如来の身もまた涅槃にあらず、摩訶般若もまた涅槃にあらず、三法各異なるもまた涅槃にあらず」と、大涅槃に具足する三徳のあり方が、並(…)ならず縦(⋮)ならず、伊字の三点(∴)または摩醯首羅の面上の三目(∴)のように、不一不異の関係においてであるという。これ三徳不縦不横の本説である。智顗はこの経説をうけて、法華玄義の迹門十妙中第五の三法妙の項(巻五下)では、三法・三道・三識・三仏性・三般若・三菩提・三大乗・三身・三涅槃・三徳などの不縦不横を説き、法華文句寿量釈では、「もしただ性徳三如来のみならば是れ横なり。ただ修徳三如来のみならば是れ縦なり。先に法、次に報、後に応なるもまた是れ縦なり。今経は円に不縦不横の三如来を説くなり」という。しかるにこの文によれば、三身の不縦不横とは、三身の単なる前後関係や単なる並存関係を否定して、三即一の同体関係にあるということを意味するばかりでなく、修徳三身を縦、性徳三身を横とし、寿量品の顕本は修徳仏(即ち釈迦)の顕本であるばかりではなく、性徳仏(即ち凡夫)の顕本でもあるということを意味するという。これは涅槃経の本説にない、智顗独自の解釈であり、本文の「遍して不縦不横なり」という場合の不縦不横は、この意味である。

修禅寺決

一心三観(四二3)　別教の隔歴三諦を観ずる次第三観に対し、円教の円融三諦を観ずる不次第三観を一心三観といい、また不思議三観ともいう。摩訶止観巻三上・巻五上、維摩経玄疏巻二などによれば、別教では、まず入空観を修し、見思の惑を断じて空諦を証し、次に入仮観を修し、塵沙の惑を破して仮諦を証し、最後に中道観を修し、無明の惑を断じて中諦を証するものとし、三観を順次に修行するが、円教では、所観の境については一境に三諦円融すると説くから、能観の三観についても、どれか一観を修すれば三観を同時に円修したことになる。一心三観の一心とは、「一念無明の心」を指し、「一生懸命に」の意味ではない。即ち所観の対象がすべて一境三諦であるとすれば、なにを対象として三観を修してもよいのであるが、修観の便宜上、一色や一香などを対象とすることをやめて、自己に最も卑近な日常の妄念を取って所観としたのである。なお、本理大綱集の補注「三諦」(九6)、牛頭法門要纂の補注「従仮入空観・従空入仮観・中道観」(三七9 10)を合せ見よ。

心所(四二8)　心意識の主作用(知)を心王といい、心王に付随して起こる従作用(情・意)を心所という。つまり複雑な精神現象のうち、対象の識別作用を心王、意志や感情や衝動、さらに欲望や嫌悪などを総称して、心所と名づけたのである。これらの精神現象を分析して、倶舎宗では五位七十五法、唯識宗では五位百法を立てる。五位七十五法とは、一に色法、物質的なもの、認識の対象、これに十一種。二に心王、これに意識の一種。三に心所、これに四十六種。四に心不相応行法、以上のどれでもない在り方、即ち命根や生・住・異・滅など十四種。五に無為法、生滅の変化もなく不変不動のもの、これに虚空・択滅(涅槃)・非択滅(真如)の三種。心所の四十六種とは、一に大地法、心識が起ごるとき必ず随伴して起きる心作用、これに受・想・思・触・欲・慧・念・作意・勝解・三摩地の十種。二に大善地法、善心に随伴して起こる心作用、これに信・不放逸・軽安・捨・慚・愧・無貪・無瞋・不害・勤の十種。三に大煩悩地法、不善心と道を妨げる心とに随伴して起こる心作用、これに癡・放逸・懈怠・不信・惛沈・掉挙の六種。四に大不善地法、不善心にのみ随伴して起こる心作用、これに無慚・無愧の二種。五に小煩悩地法、無明にのみ相応して起こる心作用、これに忿・覆・慳・嫉・悩・害・恨・諂・誑・憍の十種。六に不定地法、以上の外の心作用、これに尋・伺・睡眠・悪作・貪・瞋・慢・疑の八種がある。唯識宗の五位百法は、右の五位七十五法をさらに詳細にしたものであるが、大綱は同じである。

無作の三身（四三3）　無作とは、有作に対し、因縁の造作を越えた、即ち現象を超越した常住不変の存在という意味であり、三身とは、仏格を構成する法身（所証の真如理）・報身（能証の智恵）・応身（慈悲の化用）の三をいう。故に無作三身とは、常住不滅の三身具足の仏という意味であるが、中古天台の教学では、実修実証の仏は修行によって三身を具足した仏であるから造作された仏、即ち有作三身であり、未修未証の凡夫に本具された性得の三身こそ修行の造作をかりない無作三身であるという考え方に基づき、凡夫を絶対肯定しようとする意向がある。つまり無作三身の論は、本覚思想を支える強力な柱の一である。故に恵心流では、これを略伝三箇（円教三身・常寂光土義・蓮華因果）の中の円教三身の口伝として研鑽するのであるが、本書では略伝三箇は名が列ねられるだけで、解説がない。しかし本書は、無作三身という術語を今後もしばしば使用するから、この思想を重視していたことは明らかである。そして、略伝三箇の章を持つ相伝法門見聞と較べれば、本書はそれよりも前期の成立であり、三身論を第一章に立てながら無作三身の語を有しない本理大綱集と較べれば、本書はこれよりも後期の成立であるということになる。そもそも無作三身という言葉のおこりは、法相宗の徳一が法華文句の寿量品釈の中の三身常無常論などを取り挙げて、理法身は自性常住であるが、智報身は従因生であるから、相続常ではあるが自性常ではないと論じて、天台宗の報仏常住論を非難したとき、最澄は守護国界章巻下之中の弾麁食者謬破報仏智常章第三で、報仏も常住である所以を、真如随縁論と三身倶体倶用論との両面から弁明したのであるが、その冒頭に「有為の報仏は夢裏の権果、無作の三身は覚前の実仏なり」と記したところにある。その意味は一見したところ、「覚前」の凡夫こそ「無作三身」であり「実仏」であるという凡夫実仏の主張であるかのように思えるが、一章の趣旨から考えて、これは寿量品の報身仏の常無常論であって、凡夫が実仏であるか否かという類の凡夫論とは無関係である。「覚前」を、「覚る前（まえ）」の凡夫と読むから間違うのであって、ここは「覚ってから前（さき）」の仏と読まねばならないのである。もし「覚る前（まえ）」と読めば、これと反対語であるはずの前句の中の「夢裏」と同じ意味になってしまう。つまり無作三身は、最澄の当初では、生滅・無生・無量に対して無作は円教を指す（本理大綱集補注「生・無生・無量・無作」（一六7））から、円教でいうところの三身という意味にすぎないのであって、特殊な意味を持たせた術語ではなかったのである。従って最澄の弟子達も、安慧・円珍・安然達もこの語に注目することは全くなかった。無作三身を凡夫所具の性得三身の意味に解し、さらには実修実証の仏は虚仏であり凡夫こそ実仏であるという意味を附与して、広く愛用し始めたのは、本覚思想を高揚した中古天台期である。

玄文第二（四三17）　法華玄義巻二で衆生法妙を論ずる中に、法華経方便品の十如是の文（補注「本末究竟」（五二9）を見よ）を、是相如・是性如…是報如（即空）、如是相・如是性…如是報（即仮）、相如是・性如是…報如是（即中）と三様に読ませて、十如是に三諦の理を込めることを提案したのち、「分別して解し易からしむるが故に、（三転読文に寄せて）空仮中を明かす。意を得て言をなさば空即仮中なり。如に約して空を明かさば一空一切空、如を点じて相を明かさば一仮一切仮、是に就きて中を論ずれば一中一切中なり。一二三に非ずして而も一二三、縦ならず横ならざるを名づけて実相となす。ただ仏と仏とのみこの法を究竟す」とある。この文を六祖湛然は、「如に約して」以下は「融通」、「一二三に非ず」以下は「複疎」、「縦ならず横ならず」とは「実相」であると解釈した。実相とは仏だけが窮めることのできる境界であるから、これを不思議と名づければ、ここに五重の名称は揃うことになる。その意味は、十如是の経文を、初めに是相如と空点に、次に如是相と仮点に、最後に相如是と中点に読ませたのは、一心三観は元来は非三非一であるが、暫く一を三に分けて読ませることにより初心者の三観に対する理解を助けたのであって、これを易解のための一心三観という。しかし易解の段階にとどまっていたのでは別教の次第三観の域を出ないことになるから、一心三観の得意としては空即仮中、つまり空点に読んだ当初に他の二読も具足していると領解すべきである。これを得意の一心三観という。この後は以上の得意を実際に修行の場に移すのであるが、まず空点読を進めて一空に一切空を、仮点読を進めて一仮に一切仮を、中点読を進めて一中に一切中を観じて一切を一念に収め、空寂の心境に安住するに至る。この段階を今は円融の一心三観と名づけた。次に複疎とは、「かさねてあきらむ」または「そにかえる」と読み、円融無差別の心地に達してのち、改めて千差万別の現実をありのままに受容し肯定する意味である。故に一二三に非ずして(=無差別)、而も一二三(=差別)という。つまり円融は空・寂・非三、今は仮・照・非一の観法である。最後に不思議一心三観とは、中道実相にめざめた悟境をいい、これを不縦不横というのは、円融の非三にもあらず、複疎の非一にもあらず、両者のどちらにも固執しないところに中道観があるという意味である。以上の五重の一心三観は、要するに、法華経方便品の十如是の経文の読み方から出発した観法であるから、本書ではこれを「付文」または「教談」の一心三観といったのである。なお、相伝法門見聞巻上・二帖抄見聞巻上、および本書の第四法華深義の章をも参照されたい。

摩訶止観(四三18)　五略の第一の発大心の項で、顕是を四教の四弘に約して明かす中の第四、無作の四弘を論ずるところに、「次に根塵相対して一念の心起るに即空即仮即中なりとは、もしは根もしは塵、並びにこれ法界、並びにこれ畢竟空、並びにこれ如来蔵、並びにこれ中道なり。いかんが即空なる、並びに縁より生ず、縁生は即ち無生なり、無生は即ち空なり。いかんが即仮なる、無生にして而も生ず、即ちこれ仮なり。いかんが即中なる、法性を出でず、並びに皆即中なり。まさに知るべし、一念は即空即仮即中、並びに畢竟空、並びに如来蔵、並びに実相なり(以上は円融三諦)。三に非ずして而も三、三にして而も三にあらず(以上は複疎三諦)。合に非ず散に非ず、而も合而も散、非合に非ず非散に非ず、一異なるべからずして、而も一、而も異なり。譬へば明鏡の如し。明は即空に喩へ、像は即仮に喩へ、鏡は即中に喩ふ。合せず散ぜず、合散宛然なり、一二三にあらずして、二三妨げなし(以上は双非双照)。この一念の心は縦ならず横ならず、不可思議なり(以上は不思議三諦)」と。これがその本文である。摩訶止観の四重とは、修禅寺決では、双非と双照と複疎と不思議であるが、今は相伝法門見聞巻上・二帖抄見聞巻上等の説に従って、円融・複疎・双非双照・不思議の四重に分文した。その理由は、第一に、その方が摩訶止観の右の文を分段しやすい。第二に、一帖抄・相伝法門見聞・蔵田抄・八帖抄・等海口伝巻一などはみな円融・複疎・双非双照・不思議の四重に分段している。第三に、両分段は、

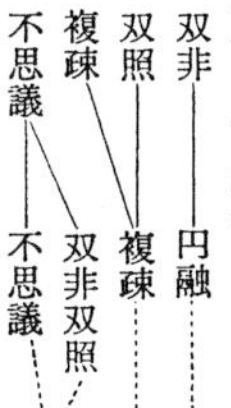

の関係にあると思われるから、両者に本質的な意見の相違はない。またこれを法華玄義の五重と比較すると、五重の中の易解・得意の前二重を摩訶止観は欠いている。その理由は、法華玄義は妙解門であるに対して、摩訶止観は妙行門に重点を置くからである。

五百塵点劫(四七2)　妙法蓮華経の如来寿量品第十六に、「一切世間の天・人及び阿修羅は、皆、今の釈迦牟尼仏は、釈氏の宮を出でて、伽耶城を去ること遠からずして、道場に坐して、阿耨多羅三藐三菩提を得たりと謂へり。然るに善男子よ、我は実に成仏してより已来、無量無辺百千万億那由他劫なり。譬へば、五百千万億那由他阿僧祇の三千大千世界を、仮使(たとい)、人ありて抹(す)りて微塵となし、東方五百千万億那由他阿僧祇の国を過ぎて、乃ち一塵を下し、かくの如く、東に行きて、この微塵を尽さんが如き、諸の善男子よ、意においていかん。この諸の世界は、思惟し校計(かんがえはか)りて、

その数を知ることを得べしや、不(ない)や。…我成仏してより已来、またこれに過ぎたること、百千万億那由他阿僧祇劫なり。これより来(このかた)、我は常にこの娑婆世界にありて、説法教化す」(岩波文庫『法華経』下、一二—一六頁)と。この譬喩を五百塵点劫という。そしてこのように懇切丁寧に仏の過去常住を説明した経典は法華経以外にはなく、天台教学では、本門の久遠実成論は迹門の二乗作仏論と共に法華経の二大特色であると主張する。

三心(五〇8)　心・意・識の三をいう。心は集起のこころ、意は思量のこころ、識は了別のこころを指す。この三心の同異に関しては、経論に異説があり、倶舎論巻四では「体一」と説き、成唯識論巻五では第八阿頼耶識を心、第七末那識を意、前六識を識に配当して三者を区別する。入楞伽経巻九では、まず離自体相・離他体相を説いて三者の同異を並べあげ、次に無我無二体を説いて三心を無我の一心に導入して宗教的な無分別の境界を高揚するが、この点は今の所論とは関係がない。今は楞伽経も一応は心を三心に分け、無量に起滅する心作用を集起・思量・了別の三種に分類している点を別教と呼んだのである。また三心並起を十四種の一心三観の第一にあげたのは、三心が起きるということが三観の行に相当するからではなく、日常に去来するいかなる種類の心にも三諦の理が備わっているから、理についてこれを仮りに一心三観と名づけたまでのことである。

本末究竟(五二9)　十如是の経文は「唯仏与仏乃能究尽諸法実相、所謂諸法如是相如是性如是体如是力如是作如是因如是縁如是果如是報如是本末究竟等」である。その最後の本末究竟等の「等」の字は、智顗の法華文句巻二上によれば三義あり、本の相も末の報も共に空であるから等といい、また末の果報は本の相性の中にあり、本の相性は末の果報の中にあるから等といい、中道実相の理心は仏果と同じであるから等というと。この点については、最澄も徳一と論争した。守護国界章巻中之上の弾麁食者謬破妙法章第一によれば、徳一は、法華文句の右文を破して、本末究竟等の等は「等取の等(など)」の意であって「斉等の等(ひとしい)」ではないと論ずれば、最澄は、世親の法華論を証拠として智顗の解釈が正しいことを論証した。これらによれば、本末究竟等とは本と末との始終は等しい関係にあるという意味であるから、本末究竟等の句から等の字を除けば、無意味となり、また最澄の意見にも反することになる。この点においても、本書は最澄の真撰ではないのである。次に、本末究竟等が法華経における一心三観の依文であることは、先述の三転読文(補注「玄文第二」(四三17))によれば、十如是が法華経における一心三観の典拠であったが、今は典拠をさらにしぼって十如是の中の本末究竟等の一句に限定したわけである。なお、十如是の一々の句の意味については、本理大綱集の補注「十界互具」(一八1)を見よ。

所持の本尊(五三2)　底本である身延本や金沢本にはないが、版本や伝教大師全集所収本は、次に一念三千覆注(伝円仁作)と呼ばれている一巻を添加して、第二心境義を再説している。その中に、「一念三千に教行証の三重あり。教分の一念三千観とは…。行分の一念三千観とは…。ここにおいて本尊道場荘厳の伝あり。本尊伝とは、南岳大師、一念三千観の本尊を以て智者大師に付す。いはゆる絵像の十一面観音なり。長(たけ)五寸二分、但し通途の十一面観音に似ず、頭上の面には十界の形像を図す」という。今言う智者大師に付属された思大禅師所持の本尊とはこれか。ただしこの事実を証明する証拠は、伝教大師将来目録等からは検出できない。本文の次下に「彼の所持の本尊とは下のごとし」という。この「下」をうける説明部分は一念三千覆注にしかないのであるが、本書の底本はまだこの覆注を併合していないから、実際には次下のどこにも「下」に相当する部分はない。従って本書ではこの一句は宙に浮いた言葉であり、むしろ削った方が体裁がととのう。

法華の要文一紙(五三3)　同じく一念三千覆注に、臨終のときの一念三千観としては南無妙法蓮華経と唱えよ、または臨終閉眼のときが近づく直前に平常通り一念三千観を修しておけ、または本尊の前で略法華経を読誦してもよい。「本師御本承略法華経者大惣持妙法蓮華経、諸法実相所謂諸法如是相如是性如是体如是力如是作如是因如是縁如是果如是報如是本末究竟等、諸法空為座大慈悲為室柔和忍辱衣、非如非異不如三界見於三界如斯之事如来明見無有錯謬、慈眼視衆生福寿海無量、永断生死必証大悟矣」と。つまり臨終のときは法華経の全部を読誦する気力はないから、その代りに法華経の中の代表的経文(要文)だけを略読しなさいということで、ここでは代表的経文として、法華経の経題、方便品の十如是、法師品の三軌、寿量品の照理不虚の文、観世音菩薩品の偈頌の一節を抽出し、これを略法華経と称している。これを指すか。また伝教大師全集第三巻に、「法華二十八品肝要」(法華一部要文、伝教随身抄ともいう)なるものを収録しているが、ここでは法華経二十八品のすべてからそれぞれ要文一句を抜粋し羅列している。また抜粋された要文をさきの略法華経と比較すると、方便品からは「是法住法位　世間相常住」、法師品からは「当知如是人　自在所欲生」、寿量品からは照理不虚の文、観音品からは「慈眼視衆生　福寿海無量」の経文を抜出しているから、方便品・法師品については異、寿量品・観音品については同である。さらに今日一般に略法華経と称せられている一本もあり、誰の編纂かは不明であるが、宮内庁書陵部の蔵本(立正大学の法華文化研究所所蔵の写真による)によると、それは初めに「稽首妙法蓮華経　薩達磨芬陀利伽蘇怛覧　一帙八軸四七品　六万九千三八四　一々文々是真仏　真仏説法利衆生　衆生皆已成仏道　故我頂礼法華経」の句を置き、次に二十八品の品題、および各品の要文を一々羅列して終る。また抜粋された要文は以上の二本と全く違う。日蓮の当体義鈔、尊舜の鷲林拾葉鈔巻一などにも、この七字八句を引用しているから、これも鎌倉時代以来の相伝である。従って、略法華経または法華要文と称されるものにも種々の異本があり、一定してこれと指定することはできない。なお、最澄の将来目録中には略法華経または法華要文の名は見えない。

序・大意・第七正観・十章(五四45)　摩訶止観は天台三大部の一。法華玄義十巻は妙法蓮華経の経題の解釈にこと寄せて法華経を中心とする仏教概論を展開し、法華文句十巻は法華経の文々句々を注釈し、摩訶止観十巻は以上の二書によって解明された法華経の真理つまり一念三千を体得するための修行方法を記した書物である。その中、法華玄義の梗概については、第四章の「法華深義」の項を見よ。摩訶止観の梗概は、図示すると、

- 序分
- 正説分―十章(十広)
  - 一大意―(五略)
    - 一発大心
    - 二修大行
    - 三感大果
    - 四裂大網
    - 五帰大処
  - 二釈名
  - 三体相
  - 四摂法
  - 五偏円
  - 六方便
  - 七正修―(十境)
    - 一観陰入界境―(十乗)
      - 一観不思議境
      - 二真正発菩提心
      - 三善巧安心
      - 四破法遍
      - 五識通塞
      - 六道品調適
      - 七対治助開
      - 八知次位
      - 九能安忍
      - 十離法愛
    - 二観煩悩境
    - 三観病患境
    - 四観業相境
    - 五観魔事境
    - 六観禅定境
    - 七観諸見境
    - 八観上慢境―(以下不説)
    - 九観二乗境
    - 十観菩薩境
  - 八果報
  - 九起教
  - 十旨帰

つまり、摩訶止観一部は序と正説とからなり、正説は十章からなるが、第七正観章で所観の十境を明かす中の第八以下を智顗は講じなかったから、これ以降の三境および三章については章名を記すにとどまる。十章中第一の大意章は、摩訶止観全体の大意を発心・修行・感果・裂網・帰処の五段階に分けて概説するから、止観十章を十広と呼ぶに対して、これを五略という。五略の前二は因行、感果とは因行によって獲得された果報、裂網とは自行を完成してのち化他に転じ、衆生の疑網を裂除すること、帰処とは自行化他を完成した者が帰入すべき涅槃の妙境界をいう。次に十章中第二の釈名章では、止観の名を解釈し、第三体相章では、止観の観体が円融三諦・不次第三観にあることを論じ、第四摂法章では、この止観に一切の仏法の理・惑・智・行・位・教が摂収されることを論じ、第五偏円章では、止観に摂収された一切の仏法を大小・半満・偏円・漸頓・権実に分類し、今の止観は大・満・円・頓・実であると主張し、第六方便章では、正修に

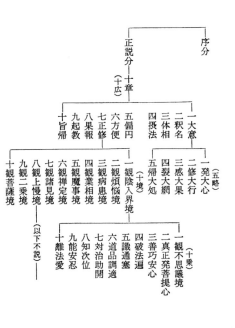

入るための方便、即ち前準備として心身を清浄に保つための具五縁・呵五欲・棄五蓋・調五事・行五法の二十五方便を述べる。第七正修(正観)章では、所観の心を十種に分けて陰入境・煩悩境・病患境等の十境とし、能観の方法を十段階に分けて観不思議境・真正発菩提心等の十乗とし、十境十乗の観法を詳説する。ここが摩訶止観の中心である。第八章以下の解説はないが、五略があるので、その概略を察知することはできる。五略と十広との関係については、本文五五頁以降を見よ。

　以上のうち正しく止観修行の問題に言及する箇所は、序分と、大意章で五略を述べる中の第二修大行と、十広の第七正修章との三箇所である。序分では今師相承の項で、南岳大師から相伝した止観に漸次・不定・円頓の三種があるが、その中の円頓止観こそ今から説くところの止観であり、「円頓とは初めより実相を縁ず。境に造(いた)るに即ち中にして真実ならざることなし。縁を法界に繫け、念を法界に一(もっぱら)にす。一色一香も中道にあらざることなし。己界(こか)及び仏界・衆生界もまた然り。陰入皆如なれば苦として捨つべきなく、無明塵労即ちこれ菩提なれば集として断ずべきなく、辺邪皆中正なれば道として修すべきなく、生死即ち涅槃なれば滅として証すべきなし。苦なく集なし、故に世間なし。道なく滅なし、故に出世間なし。純一実相にして実相の外に更に別の法なし。法性寂然なるを止と名づけ、寂にして常に照すを観と名づく。初後を言ふと雖も二なく別なし。これを円頓止観と名づく」という。これは摩訶止観の根本的立場を略示した文であり、「円頓章」と呼んで尊重されている。その意味は、一色一香すらみな中道法性の妙理であるから、実際には、捨てるべき苦も、断ずべき煩悩も、修すべき道も、証すべき滅もなく、位の初後に高下の差もない。一切は中道・法性・実相であり、この中道法性の寂照の二面に仮りに止観の名を与えたまでのことであって、止観という特殊な修行方法があるわけではないという。ここから次下の五略十広の立行の次第の説明を眺めると、それはこの不可思議なる止観を思議に約して行者の修行の便に供したにすぎないことになる。本文に「序の中の寂照不思議を開きて開悟するは上上根」というのは、次下の五略十広の説明を待たずに、この部分で早くも一念三千の智恵に到達した人をいう。

　次に五略中第二の修大行の段では、四種三昧を説く。四種とは常行・常坐・半行半坐・非行非坐の四種をいう。くわしくは、補注「四種三昧」(六三6)を見よ。山家学生式によれば、最澄は叡山学生に止観業の修行を勧めるとき、十境十乗の理行を勧めず、四種三昧の事行を課した。そこで四種三昧と十境十乗観法との関係が問題になるが、四種三昧は五略の中にあり、十境十乗は十広の中にある点に注目すれば、両者は円頓止観の広略の異であると考えられるが、しかし修大行では十境十乗に言及せず、正修章では四種三昧に言及しないから、両者の相違は単に広略だけではない。要は大意章は、止観を修するとき、独りで修するか衆と共に修するか、いかなる人を師に選ぶか、どの仏菩薩を勧請して本尊とするか、修行期間は幾日か、坐して修するか行道して修するか、黙して修するか読誦・唱名して修するか等の修行の外面的規定にくわしく、内面的な観心の仕方についてはくわしくない。これに対し、正修章はこれらの外面的規定を省略し、専ら能観の心の配り方としての十乗と所観の心の状況としての十境とを説明している。故に内面的規定の有無について言えば、大意章は略説、正修章は広説であるが、その正説するところについて言えば、正修章は一念三千の智恵を得るための正因を説き、大意章は正因を助けるための外縁を説き、従ってまた四種三昧は円頓止観の有相行、十境十乗は円頓止観の無相行であるとも言える。本文に「大意の処において得道するは上根」とは、十境十乗観法の説明を待たないで、四種三昧のところで得道する人をいう。「第七正観にて得道するは中根」とは、序分の円頓章、大意の四種三昧のところでは一念三千の悟境に到達できず、第七正修章で十境十乗の観法が説かれ、正しく一念三千の不思議境が開陳されたとき始めて得道する人をいい、「十章を具足するは下根」とは、第一章から第六方便章、第七章までのすべてを経過せねば得道できない人をいう。

和尚(五五6)　修禅寺決では、和尚からの口伝と座主からの口伝とを対立的に併記する場合がある。例えば、本書六〇頁から六一頁にかけて、直達円人に体門入の機と徳門入の機との別があることを論ずるとき、座主は一心三観の徳門入機と一念三千の体門入機の外に機なしといい、和尚は二機の外に体徳不二の円機あり、序分の寂照不思議観で得道するのがそれであるという。また寂照不思議観とは何ぞやという点については、座主は一心三観・一念三千のことであるといい、和尚は三千三観の相を分別しない不思議の観であるという。また本書七一頁で、天真独朗止観とは何ぞやということを述べるとき、座主は一念三千観であるといい、和尚は三千三観の相を亡じ、一念一心の義を絶した、解行証の次第を一念に具足する観であるという。このように座主と和尚とが対立した意見を有するとすれば、両人は決して同一人ではない。そこで、どちらが道邃で、どちらが行満かを決める必要があるが、本書四八頁では「仏立寺の和尚」というから、和尚は仏隴寺に住した行満のことかと思えば、七五頁では「仏立寺にて座主に向ひて」というから、行満はここでは座主と呼ばれる。また本書末の九六頁では「已上、修禅寺邃和尚伝法の四ケかくのごとし」というから、ここでは和尚は修禅寺の道邃を指す。このように、和尚と座主との称号の使いわけは本書では一貫していない。

座主が官命によって補任され、一宗の最高責任者または大寺の管主を意味するようになったのは、日本天台宗第三代座主の円仁からであり、それまでは、座主とは「一座の主」(釈氏要覧巻上)すなわち学徳秀でた座中の上首という意味にすぎなかったから、両人のどちらを座主と呼んでもよいわけであるが、もし座主を一宗の最高権威者の意味に解するならば、道邃を座主と呼ぶべきである。なぜなら、最澄は道邃を「天台第七伝法道邃和上」(血脈譜)、「第七祖道邃和上道徳述」(縁起)と呼び、行満を第七祖と呼んだ例はないからである。しかし、漢光類聚等の中古天台の伝承によれば、最澄は道邃からは本覚法門、行満からは始覚法門を授かったことになっているから、座主の称は道邃よりも行満に親しいものとなった。本覚法門は観心的独創的な研究態度から生れ、始覚法門は教相的伝統的な教学の尊重に外ならないし、また一宗の最高責任者たるもの、独創的教学よりも伝統的教学を尊重しなければならない立場にあると考えられたからである。この見地から、本書にいう座主とは誰かを判断すると、座主は不可思議の止観を可思議・分別の次元で説いた一心三観・一念三千の外には止観なしと伝え、和尚は三千三観の外に寂照不思議の止観あり、上上根はここで教行証を一念に具足すると伝えたというから、座主の伝は漸修的始覚的であり、和尚の伝は頓悟的本覚的である。そして行満は始覚門、道邃は本覚門を最澄に伝えたのであるから、座主とは行満、和尚とは道邃を指すと思っておけば大過はない。

九縛一脱の十非心(五七12)　五略の第一発大心の項では、十種の非心は発大心に似て非なる心相であるとして斥け(簡非)、次に四諦・四弘誓願・六即に約して真正な発菩提心とは何であるかを明かす(顕是)。十種の非心とは、一に地獄心、念々に貪瞋癡を専らにして上品の十悪(殺生・偸盗・邪婬・妄語・綺語・悪口・両舌・貪欲・瞋恚・邪見)を起し、火途の道を行ず。二に畜生心、念々に眷属の数を増そうと欲して中品の十悪を起し、血途の道を行ず。三に念々に名を四方に挙げたいと欲望して下品の十悪を起し、刀途の道を行ず。四に修羅心、念々に人に勝ちたいと思い、他人を軽視して自分を尊び、下品の善心を起して阿修羅道を行ず。五に人心、念々に世間の楽を欣んで中品の善心を起し、人道を行ず。六に六欲天心、念々に天上だけに本当の楽があると知って上品の善心を起し、天道を行ず。七に欲界主の心、念々に大威勢を得たいと欲して魔羅(まら)道を行ず。八に外道心、念々に利智高才勇哲にして世智心を起し、尼犍(にけん)道を行ず。九に梵心、色無色道を行ず。十に無漏(むろ)心、二乗道を行ずと。以上のうち前三心は、地獄・餓鬼・畜生の三悪道に堕する業因であり、次の五心は欲界の修羅・人・天の三善道に生れる業因であり、第九心は色界・無色界に生天する業因であるから、この九心を発したのでは六道輪廻の苦界を免れることができない。故に九縛という。第十心は、以上が有漏を求める心であるに対して無漏なる涅槃を求める心であるから、生死輪廻の苦界を脱することはできるが、自己一人の解脱を求めて他の救済を顧みないから、一脱といって十非心の一に算入されるのである。

色・無色(五九10)　生死の苦界を流転する迷いの世界を三段階に分けて欲界・色界・無色界とし、これを三界と呼ぶ。欲界とは婬欲・食欲の二欲に煩わされている世界で、十界中の地獄・餓鬼・畜生・修羅・人・天の六道がこれに属する。ただし欲界中の天は天界中最下等の六欲天であり、その他の天はここには属しない。色界とは婬欲・食欲を克服した世界であり、ここでの物や肉体(色)は二欲の対象ではなく、殊妙な存在として認識されるから、これを色界と呼ぶ。四禅天からなり、四禅定を修した天が享受する世界である。次に無色界とは物質を超えた唯心の世界で、四無色定を修した天がうける果報である。四禅定・四無色定とは、智顗の禅門修証巻五によれば、世間有漏の禅定であり、仏教で勧める無漏の禅定ではない。

衆生縁・法縁・無縁(五九14 15)　大智度論巻二十・四十等によると、慈悲に上・中・下の三段階があり、第一に衆生縁とは、凡夫がおこす慈悲であり、貧困に苦しむ衆生を観て、その苦を抜き楽を与えたいと熱望することをいう。第二に法縁とは、声聞・縁覚・菩薩がおこす慈悲であり、法を縁として、即ち仏法の勝妙さを認識するにつれ、これに無知なために苦悩に呻吟する衆生を救済したいと願望する心をいう。第三に無縁とは、仏がおこす慈悲であり、何かを縁として始めて発動する慈悲ではなく、自然に間断なく流出する、自他の対立を超えた絶対の慈悲をいう。しかし本文には「無縁の慈悲とは、森羅万像・色心諸法は皆宍然に仏覚を具し、相即互具の不可思議の本性をすでに成じたりと…信解する」ことであり、また「名字即の菩提心」であるというから、今までの説明とは趣が違う。そこで両者の相違を調整すると、無縁の慈悲とは、仏の側から見れば、殊更に衆生救済を発意しないのに、自然に一切衆生に平等に救済の手を差しのべているのであるが、これを衆生の側に換言すれば、こと改めて仏の救済の手がのびるのを待たなくても、我々はすでに日々夜々救われつつあると自己認識することに外ならない。こう考えれば、両説の間には大きな相違はなくなる。無縁の慈悲は仏が発する慈悲であるが、これを名字即の初心の凡夫が発する菩提心であるといったのは、仏の慈悲を衆生の側から眺めた証拠であり、また衆生の側から眺めた目的は、仏の心を凡夫の心の中に包含させることによって、仏凡一如の円教思想・本覚思想を強調するためである。

九識(六〇12)　識とは、対象を分析し分類して認識する心作用をいい、小乗仏教では六識しか立てないが、法相宗では六識の上に第七末那（まな）識・第八阿頼耶（あらや）識を設定し、大乗仏教の中には八識の上にさらに第九阿摩羅（あまら）識を設定するものもある。六識中の眼識は眼根が色境を見たときにおこる識別作用、他五識は耳鼻舌身意の五根が声香味触法の五境を聞・嗅・味・触・知したときにおこる識別作用であり、この根と境と識との三事が和合することによって認識が生れるという。第七の末那識は、末那とは思量の意味で、六識中の意識は法境を識知する心作用であり、睡眠中や悶絶したときにはおきないのに対し、これは我癡・我見・我慢・我愛などの我執、つまり自我中心の汚れた顚倒の心をいい、常に思量して我執をたやさない。第八の阿頼耶識は、阿頼耶とは貯蔵の意味で、万有を生起させる原因としての種子、つまり概念を貯蔵し、第七識からはこれが自我の実体であると見なされているところの根本識である。法相宗は、この第八識に蔵せられる種子が現起したものが万有であると考え、いわゆる唯心論的世界観を展開する。これを頼耶縁起という。第九の阿摩羅識は、阿摩羅は無垢・清浄と訳し、華厳宗・真言宗などでは心の本性は清浄無垢であるが、第八識は虚妄の万有を生起する原因であるから汚れたものであると見て、第八識の上にこの第九識を立てる。しかし法相宗では、第八識に染分と浄分とある中の浄分が第九識に外ならないと考えて、九識を立てない。九識には真識・無相識・法性識・仏性真識・実際識・法身識・自性清浄識・真如識・不可名目識などの別名があるから、一切衆生の心中に遍在する真如法性の理を仮りに九識と呼んだまでのことである。なお、九識と五智との関係をここで略説すれば、五智は有漏の九識を転じて得た無漏の智恵であり、その因果関係は、前五識→成所作智、第六識→妙観察智、第七識→平等性智、第八識→大円鏡智、第九識→法界体性智である。なお、五智については、本理大綱集の補注「五智」(二一14)、また心心所については、修禅寺決の補注「心所」(四二8)を見よ。

漸次・不定(六一9)　摩訶止観の序分に章安が記するところによれば、「天台は南岳より三種の止観を伝へたまふ。一には漸次、二には不定、三には円頓なり」と。また次下にこの三種止観を説明するところによれば、三種は共に大乗教であり、共に実相を観ずる観法であり、共に止観と名づけられるが、行者の能力に上中下の根性の差があるから、実践方法に三種の別を設けた。第一の漸次止観は、下根のための止観であり、智顗が瓦官寺で講義した次第禅門十巻がこれに当る。下根は最初から実相を会得することは困難であるから、初めは浅いところから始めて、次第に階段を登るときのように漸次に修行を高めてゆき、遂に実相に達するようにすれば、実相を会得し易い。そこでまず帰戒、次に有漏・無漏の禅定、次に慈悲、最後に「実相を修して二辺の偏を止め常住の道に達す」という順序を設けた。第二の不定止観は、中根のための止観であり、智顗が毛喜のために説いた六妙門一巻がこれに当る。六妙とは数息・随息・止心・修観・還・浄の六種の禅法のことで、その履修の仕方について、第二章では六種の次第漸修を勧めるかと思えば、第三章では一転して次第順序を無視し、行者の便宜に随って適宜に六門のうちのどれか一を修すればよいと説く。即ち段階的な修行の順序法則にとらわれることなく、自由に工夫して、深を先に、浅を後に修することもあることを示したのが不定止観である。第三の円頓止観は、上根のための止観であり、智顗が最晩年に荊州玉泉寺で講じた摩訶止観十巻がそれである。補注「序・大意・第七正観・十章」(五四4 5)に示したように、最初から最後まで専ら実相だけを観ぜしめ、一念三千の実相の理を体得せしめる初後不二の観法である。

所釈の文義(六二9)　慧思の随自意三昧一巻・法華経安楽行儀一巻・諸法無諍三昧法門二巻などの著述を検討すると、中論の三諦や大智度論の三智に注目してはいるが、その解釈は別教的であり、まだ円融三諦や一心三観に説き及んではいない、と島地大等氏も『天台教学史』で報告している。しかし摩訶止観の序分を読めば、智顗は一心三観を慧思から相承したと明言しているから、今は、「恵思尊者は徳門を正行となせり云云」と述べたか。しかるに一念三千については、智顗は法華玄義にも法華文句にも明かさず、最晩年の講義である摩訶止観の第七正修章の中で、初めて明かした法門であるから、師から相伝した法門ではなくて、正しく智顗の独創である。故に今、「智者大師は体門の観を以て正意となせり云云」という。

四種三昧(六三6)　四種三昧の要点を図示すれば、

身儀	行法	経	共行不共行	本尊	日数	方法 身の開遮	方法 口の説黙
常坐三昧	一行三昧	文殊問経 文殊説経	共行も可 独りもよし	一仏(定めず。六祖によれば弥陀)	九十日	開…坐 遮…行・住・臥	黙を常とし、散乱せば一仏名を称す
常行三昧	般舟三昧	般舟三昧経	常に独り	弥陀	九十日	開…行 遮…坐・住・臥	唱念共に修す
半行半坐三昧	方等三昧 法華三昧	方等陀羅尼経 法華経	方等…十人以上不可 法華…(不説)	方等…二十四尊像 法華…法華経	方等…七日 法華…二十一日	開…行・坐 遮…住・臥	方等…陀羅尼呪一篇を呪し三宝十仏等を召請、懺悔 法華…三宝召請・讃歎、六根懺悔、発願、誦経
非行非坐三昧	随自意三昧または覚意三昧という	請観音経 その他	請観音経によれば多人共行	請観音経によれば弥陀		開…行住坐臥 遮…(なし)	

意の止観	勧修
端坐正念して繫縁法界一念法界の理観を修す	明かす
弥陀の依正二報を観ず	明かす
方等…陀羅尼を思惟する 法華…有相無相の事理二観	明かす
歴縁対境・四運推検	

右の四種三昧中、常坐三昧とは、文殊問・文殊説の両般若経に基づいて立てられた行法であり、行道・住立・横臥することを許さず、専ら坐禅して平等なる法界の理を観念するから、一行三昧という。九十日を一期とし、誦経・誦呪・世俗の言語を禁じて沈黙を常とするが、もし坐して疲れ、または疾病に苦しめられる等、内外の障害が生じた場合は、一仏の名字を称える。一仏をどの仏とするかは説明がないが、六祖湛然は諸経所讃多在弥陀といい、弥陀一仏と決した。この三昧は大勢で共行するのもよいが、独りで修するのが最も効果的である。常坐三昧に関する図表の意味は以上の通りである。他の三三昧も、この要領で例知されたい。

四秘密の本行（六三12）　等海口伝抄第七に「尋ねて云く、四種三昧の本尊の相は如何。心賀の御義に云く、四種三昧の本尊において附文と元意との不同ありと習ふなり。附文の時は、常坐には文殊、常行には迹の弥陀、半行半坐には普賢、非行非坐には観音なり。元意の時は四行ともに本地阿弥陀を以て本尊となすなり。修大行の下にては附文の行相の不同を口伝するなり」と。これによれば、中古の叡山では、四種三昧の修行に、附文つまり摩訶止観の文面に附順した修行と、元意つまり摩訶止観の文面通りではない修行との二通りが行われていたらしく、本文にいうところの四秘密の本行とは、この元意の修行に当るか。四種三昧中、弥陀を本尊とする行は常行と非行非坐との二種であったが、湛然は常坐三昧の本尊も弥陀にした。ここに四種三昧の本尊がすべて弥陀一色に統一される気運が見えるが、さらに法華三昧の密教修行の方法を説いた唐の不空の法華観智儀軌、日本天台の第四祖円珍の講演法華儀、偽経の蓮華三昧経等の線をたどると、法華三昧の本尊の法華経巻を曼荼羅化するとき、中台には無量寿決定如来を安置する傾向にある。くわしい論証は省略するが、殊に蓮華三昧経では、胎蔵界八葉の中台に「妙法蓮華久遠実成如来」を安置し、「その名を無量寿決定如来といひ、…首に（釈迦多宝）二仏の宝冠あり」という。無量寿決定如来は必ずしも阿弥陀仏を意味しないが、後世ではこれを阿弥陀如来と同一視するようになった。例えば等海口伝抄第十一に「智証大師の御釈に無量寿決定王如来とはこれ阿弥陀仏なり」という。こうして法華三昧の本尊も阿弥陀仏となった。四秘密の本行に、四種ともに阿弥陀仏を本尊とするというのは、こういう意味か。

本所通達門（六五8）　五大院安然は、菩提心義抄巻一本に「大日経義釈に説かく、諸仏おのおの本所通達門より五乗形を出現し、おのおのに五乗の三昧道を説き、皆曼荼羅に引入するに、并びに心実相門を開きて一生に成仏す〈取意文〉」の文を引き、これによって、世天・声聞・縁覚・菩薩・仏の五乗はもともと本所通達門から出現した種々形であるから、再びこの門に引入されて一生成仏するに違いないとする典拠に供し、教時義巻一・巻二にもこの文を引いて、一切諸仏のみならず十界の一切形類が一仏であると論じている。故に「本所通達門」とは大日経義釈の用語であることがわかるが、ただし大日経義釈と同本異名異調巻の大日経疏巻六の該当部分は「本所流通法門」となっており、本所通達門とは書いてない。その意味は、一切の世天や仏菩薩二乗等の差別形が帰入して平等となり、またここから流出して世間の個々人に応じた差別形を示現し救済する出入の門戸を本所通達門と呼ぶか。つまり相対的世間にとっては、諸仏菩薩二乗世天等が平等に互相渉入し自受法楽する有様を画いた曼荼羅が本所であり、曼荼羅の中の諸仏菩薩等の別尊にとっては、その総体としての中台大日如来が本所である。今言う本所通達門とは、殺生等の邪道もその本所を究明すれば大日如来であり、平等なる曼荼羅法界から流出した差別形に外ならないと観じて、これらを絶対肯定しようとする観門の意味であり、これを四種三昧中に求めれば、非行非坐三昧に当るか。善・悪・無記の三性に約してこの三昧の修法を明かす中、諸悪に約すとき、「能く実相に順ずるを名づけて道となし、実相に背くを非道と名づく。皆これ実相なりと達すれば、即ち非道を行じて仏道に通達す」などという。しかし注意すべきは、智顗は決して悪を謳歌する一種のデカダニズムを唱導したのではなく、例えば在家の者で、王命もだしがたく、片時も世間の繁務を離れることのできないものは、在家の生活をそのまま止観の対境とする以外に方法はないから、悪心を積極的に取り上げてこれを止観の対境とし、悪を退治する方法を示したのである。故に、「一種の衆生、底下薄福にして、決して善の中において道を修すること能はず、もしその罪に任せば流転やむことなきを知ろしめして、貪欲において止観を修習せしむ。極めて止むことを得ざるが故にこの説を作したまふ」と。

六性(六七1)　十章中の第四の摂法章では、前の体相章で明かされた止観の体は広く、一切法をこの中に摂尽して余すところがないと論じることによって、止観修行の功徳を推知させようとしているが、その際、摂一切理・摂一切惑・摂一切智・摂一切行・摂一切位・摂一切教の六項目によって止観の観体の広大さを説く。これを「六性都て尽したり」というか。理・惑・智・行・位・教の順序にした理由は、「この六の次第は、仏あるも仏なきも理性は常住なり。理に迷ふに由るが故に生死の惑を起す。理に順じて観ず。この故に智を論ず。解の故に行を立つ。行に由るが故に位を証す。位満ずるが故に他を教ふ」と。またこの六性を包含することを総括して、「事理・解行・因果・自他等の次第は皆止観に摂し尽すなり」ともいう。事理とは前一が理、後五が事であり、解行とは前三が解、後三が行であり、因果とは前四が因、後二が果であり、自他とは前五が自行、後一が化他である。

五法(六七3)　大日経疏巻二十等によると、五転の次第は発心(因)・修行(行)・菩提(証)・涅槃(入)・方便究竟(方便)であり、第五転に法界体性智を当てる例は少ない。この順序の意味は、まず菩提心を発して仏果を求める志をいだき、次に三密(身に印契を結び、口に真言密呪を誦し、意に曼荼羅を観ずる)という密教独自の行を修して仏道を進め、次に修行を成弁して菩提を証し、次に仏徳を積んで涅槃に入り、次に以上の四転を方便として究竟なる毘盧遮那本地身の大処に帰入するという次第である。今、第五を法界体性智としたのは、五智を五仏に配当するとき、法界体性智は八葉の中台なる毘盧遮那仏の智恵にあたることになるからであろう。五智と五仏との関係については、本理大綱集補注「五智」(二一14)を見よ。ただし五転と五仏との関係についての説明は必ずしも一様でなく、中台を五転の第一、北方の不空成就仏(釈迦)を第五に当てることもあるので、このときは第五を法界体性智とすることはできなくなるのである。

天真独朗の止観(七〇16)　摩訶止観の序分に、弟子章安灌頂は、師の智顗が誰から止観を相承したかを解説するに先立ち、これは元来は師の独創的見解から生れ出た法門であることを強調するために、「書(論語)に言く、生れながらにして知る者は上なり、学ぶは次に良しと。法門浩妙なり。天真独朗とやせん、藍よりして而も青しとやせん」という。天真独朗の言はここに由来する。その意味は、智顗が説いた止観は、師に学んで得た出藍の法門であると同時に、また智顗の先天的素質から生れ出た天真独朗の法門であるということである。そしてこの天真独朗の語を、六祖の湛然は止観輔行伝弘決に挟釈して、「理非造作の故に天真と曰ひ、証知円明の故に独朗と云ふ。全く観行の相を離れ、更に修すべき観もなく、証すべき位もなし」と述べた。故に智顗や湛然には、四種三昧や十乗観法と並べて別に天真独朗の止観なるものを設立する意図はなく、四種三昧や十乗観法は智顗の独創的知見から生れた法門であるということを、天真独朗と称したまでのことであるから、本文の次下の「座主の伝」なるものの方が、摩訶止観の文面に忠実な意見なのであるが、中古天台では未修未証の凡夫のありのままの現状を絶対肯定する本覚思想を重んずるから、天真独朗止観なるものを設立した。真如平等の理を証ることが止観を修行する理由であるが、この理は元来は修と不修とにかかわりなく万人に性具されるはずであるから、わざわざ修行してこれを証得しようとせずとも、自身にこれを内在することに醒めさえすれば、たとえ未修未証であっても修証したと同じ効果を得たことになり、その時は日常の一心一念が直ちに止観修証ののちの振舞に契当することになるのではないかと考え、摩訶止観の煩瑣な修行規定を不必要視することによって、これを克服しようとしたのである。それは、この章の初め(五四頁)に「寂照不思議」の止観なるものを立て、下根は、正説分所説の大意章や十章において止観修行の順序次第・方法が解説されたとき、これを忠実に実行して始めて開悟するが、上上根は、序分で円頓止観の行相を支える根本的立場に関する解説部分、即ち円頓の理においては、「陰入皆如なれば苦として捨つべきなく、無明塵労即是菩提なれば集として断ずべきなく、辺邪皆中正なれば道として修すべきなく、生死即涅槃なれば滅として証すべきなし」という教示を見て直ちに、凡夫の当体を大肯定すると説いたことと同致であり、従ってまた、さきの寂照不思議の止観と今の天真独朗止観とは同一の止観であると見てよい。なお、相伝法門見聞巻上の「止観大旨」の項を参照されたい。二帖抄見聞巻下では、天真独朗止観と寂照不思議止観とを相対して、細分すれば総別の異があるという。つまり摩訶止観の文面においては、両者ともに序分に出る用語であるが、天真独朗の語は三種止観の全体に冠さり、寂照不思議は漸次・不定・円頓の三種の中では円頓止観の解説部分にあることに注目するとき、天真独朗止観は三種未分の段階にあるから総、寂照不思議止観は三種已分の段階にあるから別であるというのである。ただしこの類の細かな区別は、まだ修禅寺決には見られない。

因みに、日本天台で最初に天真の理の開悟という点に注目した人は、第五代座主の円珍か。「於越州開元寺鈔写此文　大中九年(八五五)二月十日　日本国天台問法沙門円珍記」の奥付を有する止観科節の中に、「天真のごときは因縁事外にあり、凡夫は未だ了せず、聖智のみまさに証すと謂はば、これ別教なり。即ち我が観智、因縁生滅を照すに悉く無自性なるは即ち全く天真にして円教なり。円頓現前せば即ち仏位に入り、万行万徳は一念中に具す。十巻の止観、千度これを読むとも、もしこれを信ぜざれば天台教門は絶ゆ」と。

法華深義(七三3)　法華玄義十巻は、次に図示したような構成で述べられる。

- 七番共解―標章・引証・生起・開合・料簡・観心・会異
- 五重各説
  - 釈名
    - 妙法
    - 蓮華
    - 経
  - 顕体
  - 明宗
  - 論用
  - 判教

七番共解とは、今から法華経の深義を名体宗用教の五重の立場から細かく究明するに当り、まず五重とは何ぞや、なぜ五重の順序にしたのか、五重以外の解釈方法との同異・長短などを明確にして五重玄に関する概念を形成しておくとともに、法華経の五重玄義が何であるかを総括的に略釈しておくことにより、次の広釈に備えたものである。五重各説とは、以上の総括的な論点を更に精密に、広く一切経とも比較対照しながら論ずることによって、法華経の特徴を明らかにしたものである。釈名とは、法華経の題名たる妙法蓮華経の五字の解釈であり、この部分の説明に十巻中巻一の後半から巻八の前半までが費される。顕体とは、経題の名字によって詮顕された経体を顕わし出すことであり、法華経は諸法実相の理を説く経であると決する。明宗とは、法華経の修行の因果を明かすにあり、実相の因を修して実相の果を得ることが法華経の宗であると決する。論用とは、法華経の力用を考えるにあり、この経に信を取れば根本の無明を断じ、仏境界を極めることが可能であるという。判教とは、法華経と他教との関係や優劣を判定することであり、五時四教の教相判釈によって、法華経は純円の経であり、最勝の教であると判断する。故に法華玄義には、妙法蓮華経の五字の一字一字について五重の解釈を施す場面は全くない。釈名段はやや五字の一字一字の解説に近いが、その他はすべて法華一経に関する顕体であり明宗であり、論用であり判教である。故に本文の「五字合成」の部分は、法華玄義に近い構成に則った解説であるが、「五字各説」の部分は、法華玄義の構成とは全く違った独創的解説である。従ってまた解説にも無理を生じている。例えば、妙の判教と法の判教と蓮の判教と華の判教と経の判教とをどう区別することができるのか、また区別してもよいのか、もし区別してはならないとすれば、こういう構成を立てたこと自身が無意味

になるではないか、等々と懸念される。

大師の十徳(七四14)　法華玄義巻一上の冒頭に、弟子の章安灌頂の私記縁起があり、ここに師の智顗の十徳を列ねる。いわく、「(1)大法東漸してより僧史に載するところ、なんぞ幾人か曾て講を聴かずして自ら仏乗を解する者あらんや。(2)たとひ発悟すとも、また能く定に入りて陀羅尼を得る者ありやいなや。(3)たとひ定恵を具するも、また帝京に二法を弘めんやいなや。(4)たとひ席を盛んにすとも、徒衆を謝遣して山谷に隠居せんやいなや。(5)たとひ世を避けて玄を守るも、徴(め)されて二国の師と為らんやいなや。(6)たとひ帝者に尊ばるるも、太極にして御に対し、仁王般若を講ぜんやいなや。(7)たとひ正殿に宣揚すとも、主上に三礼せられんやいなや。(8)たとひ万乗膝を屈すとも、百高座百官称美讃歎し、弾指殿に喧(かまびす)しきやいなや。(9)たとひ道俗顒々(ぐ)たりとも、法華の円意を玄悟せんやいなや。(10)たとひ経意を得るも、能く文字なくして楽説弁を以て昼夜に流瀉せんやいなや。ただ我が智者のみ(この)諸の功徳を具す」と。

観智儀軌(七六16)　一巻、具名を成就妙法蓮華経王瑜伽観智儀軌という。空海が初めて日本に将来し、最澄も借覧した書物であるが、不空訳か不空造か不明である。天台宗の法華三昧の厳浄道場・浄身・三業供養・奉請・讃歎・礼仏・懺悔・行道・誦経・思惟という法会の執行順序を踏襲しつつ、これを密教の三密によって修する方法(法華法)を解説した書物であるから、恐らく不空造か。天台密教では、第五代座主の円珍が法華法を随分研究したが、彼にも法華経の梵語の九字を胎蔵界の九尊に配当する解釈はない。こういう解釈を施した最初の人は、恐らく東寺密教の空海か。弘法大師全集第一輯所収の三種の法華経開題および法華経釈の中に、「いはゆる梵名の薩・達・磨・奔・茶・利・迦・素・多嚂とは、これすなはち一部の法曼茶羅を摂し、諸尊秘密の号をあぐ。蓮華部の曼茶羅の中央八葉の中に八仏あり。中台の尊を加ふるときは、すなはち九仏なり。題目の九字はすなはちかの種子真言なり」という類の語句があるから、空海は法華経を講義するとき、常にこの種の密釈を施していたのであろう。ただし、「初めの蘇(=薩)字は娑字の第五転なり。観自在王如来は妙観察智の三摩地に入りて一切諸法の性相を照見し、一切世間の差別を分別して謬らず失せず。この字はすなはち観音の種子なり。このゆゑに娑字門を諸法諦の義と名づく。この経はこの一字をもつて体とす。この一字の中より無量無辺の義を流出す」というから、法華経の梵語の九字を胎蔵界曼茶羅に配当すれば、胎蔵界曼茶羅に仏部(中台八葉院・遍知院・五大院など)・蓮華部(観音院など)・金剛部(金剛手院など)の三部門がある中、大日如来を主尊とする中台八葉院の九尊ではなくて、観音菩薩を主尊とする蓮華部の九尊に相当し、また薩字は大日如来の種子ではなく、観音菩薩の種子であるという意見である。空海がこういう解釈を施したのは、その底に法華経と大日経、釈尊と大日如来との間には勝劣があるという観念があったからであって、顕密一致・釈迦大日一体を信ずる天台密教の立場からこれを訂正すれば、法華の梵語の九字の最初の薩字は仏部の九尊の中台大日如来に相当するという考え方が生れることになろうか。

四句推検(七七3)　善・悪・無記の心がおこるに従って、これを未起・欲起・起・起已の四段階に区分して推検し、心は畢竟空であり不可得であると悟る観法を四運推検といい、非行非坐三昧の観法であるが、四句推検はこれとは違う。また四運推検のことは、修禅寺決のどこにも書いてないが、四句推検のことは、六〇頁に一心三観の修法を明かす中に、「この心に…念々に生起するが故に仮なり。生起の本体を尋ぬるに、自・他・共・無因の四句を離れたるが故に空なり」と書いてあった。四句推検の観法はまた四性叵得観ともいい、竜樹の中論の観因縁品の「諸法は自ら生ぜず、また他より生ぜず、共せず、無因ならず、この故に無生なりと説く」の文に由来した観法であることは、摩訶止観の巻三下・巻五上・下・巻十上などに明らかである。またこの観法は、四種三昧の中では法華三昧に所属する。なぜなら、摩訶止観の中の法華三昧の項には説いてないが、その別行本である法華三昧行法で、法華三昧の儀式次第に十段を立てる中の第十に坐禅実相正観方法を明かすところに、行者は坐禅して一念の妄心を四句に推検し、「我心自空罪福無主」(観普賢経)の心境に達することが説いてあるからである。また十乗観法の中では、第一に観不思議境を明かすところにもこの観法が出て来る。六祖の湛然によれば、観不思議境の項は、性徳境・修徳境・化他境の三科からなるが、その中の修徳境を明かす部分に四句推検が説かれるのである。性徳境は修行造作を超えて先天的理性に三千を具することを明かす部分であるから、ここには修得の方法に関する説明はないと見なければならないが、修徳境は性徳境を証得するための方法を示すところであるから、修徳境と名づけられたのである。そしてここで四句推検が示されるということは、四句推検こそ性徳境を証得するための能観の行軌であるということになる。しかし、そもそも四句推検が示されるところに修徳境の名を与えたのは、湛然であって智顗自身ではないから、この解釈は絶対的なものではなく、後世、四句推検を観不思議境の能観の行軌と考えてよいかどうかの議論が生れる。中古天台では、例えば天台直雑巻一の、「一、一念三千と四句推検観とは一か の事」はその代表例であり、その他、摩訶止観見聞巻二・八帖抄・等海口伝巻三にも、同様の議論がある。それらによると、第一に、一心三観こそ一念三千の不思議境を証得するための基本的な行軌であるとすれば、四句推検は単に不思議境の説明の手段にすぎないのではないか。従って四句推検に関する摩訶止観の文は問答体になっている。第二に、性徳境の部分でも一念と三千との関係を前後・縦横などと考えてはならないことを力説しており、これも観心の進め方の一種であるから、四句推検だけが不思議境を観成する唯一の方法なのではなく、上根は性徳境の部分で、下根は修徳境の部分で不思議境を証得するとも考えられるのではないか。第三に、四句推検と四運推検との関係はいかん、等の問題が提示されている。修禅寺決には、まだそれらの問題に対する細かな吟味はなく、素朴に四句推検を止観修行に必要な重大な行軌の一として尊重しているようである。さて、観不思議境における四句推検の場面を例示すれば、性徳境を述べる部分の「この三千は一念の心に在り、もし心なくんば而已(やみ)なん、介爾も心あらば即ち三千を具す」という結論に対し、修徳境を述べる部分では、まず「心起るは必ず縁に託す、心(自)に三千の法を具すとせんや、縁(他)に具すとせんや、共して具すとせんや、離して具すとせんや」と問う。答えていわく、地論師は心に一切法を具すといい、摂論師は縁に一切法を具すというが、どちらも辺見である、これを夢の譬えによって検すれば、「心(自)に依るが故に夢あり、眠(他)によるが故に夢あり、眠と心と合するが故に夢あり、心を離れ眠を離るるが故に夢あるべしとせん。もし心に依つて夢あらば、眠らざるときも夢あるべし。もし眠に依つて夢あらば、死人の眠るがごときにも夢あるべし。もし眠心の両つ合して夢あらば、眠れる人、なんぞ夢を見ざる時あらん。…もし心を離れ眠を離れても夢あらば、虚空は(眠心の)二を離れても在る(が如く)、まさに常に夢あるべし。四句に夢を求むるに尚不可得なり」。このように四句に推検して、「介爾も心あらば即ち三千を具す」というときの心とは、四句でとらえることのできない、言語では表現できない不思議境であるということを縷々と説き来り説き去る。故に四句推検は、不思議境を説明するための方法であって、行軌といえるほどのものではないが、説明の方法であるならば、また運心の方法でもあるはずだから、その意味では行軌でもある。なお、牛頭法門要纂の補注「四計」(三四6)も参照されたい。

和尚・羯磨・教授・証明・同受(七八12 13)　法華三部経の一なる観普賢菩薩行法経に、「今、釈迦牟尼仏、我が和上となりたまへ。文殊師利、我が阿闍梨となりたまへ。当来の弥勒、願はくは我に法を授けたまへ。十方の諸仏、願はくは我を証知したまへ。大徳の諸の菩薩、願はくは我が伴となりたまへ」と。東大寺の戒壇院で二百五十戒を授けるときは、十人の高徳不犯の僧が現前に揃わなければ授戒の儀式は成立しないが、比叡山で円頓戒を授けるときは、不現前の仏・菩薩五師に道場に来臨されるよう要請すれば、五師は眼には見えないが来臨されるから、あとは現前の一伝戒師だけで伝戒の儀式は成立する。それは最澄の四条式などによれば、観普賢経の右の経文による。和尚はまた戒和上(かいわじょう)ともいい、戒場で正しく戒を授ける本主、羯磨阿闍梨は表白および羯磨の文を読みあげる僧、教授阿闍梨とは受者に対して受戒のときの威儀作法を一々指示する僧、証明とは授戒の立合人、伴とは導師に伴う従僧をいい、観普賢経によれば、受者を助護する役目を有する。修禅寺決では、これを「同受」というが、最澄の授菩薩戒儀や四条式では、「同学等侶」と呼んでいる。

羯磨とは、意訳して弁事といい、白一三羯磨の作法によって戒体を発得し、滅悪生善の事を成弁することをいう。読み方は一定せず、奈良仏教ではコンマと読むが、比叡山ではカツマと読む。白一とは弟子の某甲が受戒を希望している旨を羯磨師が衆僧の前で表白することをいい、三羯磨とは羯磨師が授戒の可否を衆僧に三度問うことをいう。そしてもし衆僧が黙然として許容すれば、直ちに授戒することになるのである。ただし円頓戒では、五師はすべて不現前の仏菩薩であるから、右のような職掌の分担はなく、一伝戒師がすべてを執行することになる。また授菩薩戒儀によれば、授戒の式次第は第一開導・第二三帰・第三請師・第四懺悔・第五発心・第六問遮・第七授戒・第八証明・第九現相・第十説相・第十一広願・第十二勧持の十二門からなるが、その中の第四懺悔の中で行われる三宝に対する啓白が一白に当るか。第六問遮で、七逆(また七遮、出仏身血・殺父・殺母・殺和尚・殺阿闍梨・破和合僧・殺聖人)の有無が受者に問われ、第七受戒で、「汝等、今身より未来際を尽すまで、その中間において犯すことを得ず、能く持つや不(ない)や」と、受者との間に三問三答が交わされ、第八証明において、戒師は受者のために十方諸仏に証明を乞い、第九現相において、証明の認可を意味する十方諸仏の瑞相が顕現する。これらが三羯磨に相当するか。ここでの大衆は不現前の諸仏菩薩であるから、伝戒師と大衆との間に現実に三羯磨の問答があり得るはずはないので、諸仏の証明・現相を以て認可に代えたものと思われる。しかし今は、不現前たるべきはずの五師が受者たる智顗の面前に実際に顕現したので、「如来」(ここは文殊師利菩薩か)が羯磨文を誦して、智顗に授戒してよいかどうかを十方諸仏に三度問い、これに応えて諸仏も三度、「ともに欲す」と答えて賛意を表明し、現実に三羯磨の作法を具現してみせている。

安楽行品(七九4)　法華経の法師品第十に、「若し善男子・善女人あつて、如来の滅後に四衆のためにこの法華経を説かんと欲せば、いかんがまさに説くべきや。この善男子・善女人は如来の室に入り、如来の衣を着、如来の座に坐して、しかして乃ちまさに四衆のために広くこの経を説くべし。如来の室とは一切衆生の中の大慈悲心これなり。如来の衣とは柔和忍辱の心これなり。如来の座とは一切法の空これなり。この中に安住して然して後に懈怠ならざる心を以て、諸の菩薩及び四衆のために広くこの法華経を説くべし」という。故に、如来が智顗に受持を誓わせた大慈悲為室・柔和忍辱衣・諸法空為座の三軌は、法華経安楽行品の経文ではなく、法師品の経文である。それを今は、なぜ「安楽行品より出たり」と言ったかというと、第一に、智顗の法華文句の安楽行品釈によれば、安楽行品で説かれる身・口・意・誓願の四安楽行は法師品の室衣座の三軌の広説であって、両者は同一方軌である。故に安楽行品にあるというか。第二に、最澄の山家学生式や顕戒論によると、最澄が既設の東大寺等の戒壇を否定して比叡山に天台宗学生のための戒壇を新設しようとし、小乗二百五十戒を受けねば比丘になることはできないという従来の制度に反対して、大乗戒を受けるだけで比丘になることができると考え、叡山学生は初心のうちは奈良の僧侶と共住することを避けた方がよいと判断して、純大乗戒の別立の許可を朝廷に申請し続けたのは、種々の現実的な理由にもよるが、経文証拠としては、全く安楽行品第十四の「声聞を求むる比丘・比丘尼・優婆塞・優婆夷に親近せざれ。また問訊もせざれ。もしは房中においても、もしは経行の処にしても、もしは講堂の中に在りても、共に住止せざれ」という経文に基づく。つまり最澄の円戒別立の主張を支える柱は安楽行品にあったから、法師品の名の代りに安楽行品の名を挙げたのである。受戒の後、今から持たねばならぬ戒律の一々の戒相を受者に説明し、持つや否やを問うのは、授菩薩戒儀によると、十二門中第十の説相の項で行われるが、ここでは不殺生戒・不盗戒・不淫戒・不妄語戒・不酤酒戒・不説四衆過罪戒・不自讃毀他戒・慳惜加毀戒・瞋心不受悔戒・不謗三宝戒、つまり梵網経の十重戒の持不が問われ、法華の三軌の持不は問われない。故に今、室衣座の三軌の持不を問うのは、戒相については梵網経によった最澄の戒法にあきたらず、戒相までも法華によろうとしたわけである。円頓戒において法華は正依経か傍依経かという議論は、最澄の直弟子が作ったのではないかと推測されている学生式問答に早くも見えるが、修禅寺決の作者は正依法華を主張していたことが、これによってわかる。

相待妙・絶待妙（八五3・16）　法華玄義の釈名段で「妙」を解釈するとき（巻二上）、通釈と別釈との二様に釈し、通釈するときは、相待・絶待の二に約して妙を論じ、別釈するときは、迹門十妙・本門十妙の二十妙に約して妙を論じる。これによると、法華経に妙の名を与えた理由に二あり、法華経以外の諸経と法華経とを対比して、他経は方便を帯して真実を説くから麁であり、今経は純ら真実を説くから妙であると解釈される場合の妙を相待妙という。しかし法華経は、他経を麁法として否定廃棄するばかりでなく、三乗の対立関係を一仏乗として一元化し、真実のための方便（体内方便）としての価値を方便に認めることによって、これを肯定包容している。つまり麁に対する妙を妙というばかりではなく、麁妙の相待を絶したところを妙というと解釈される場合の妙を、絶待妙という。本文は、法華経と他経とを権実相対して麁妙を論じるのでなく、法華経の中の迹門と本門とを本迹相対して麁妙を論じているから、迹門を否定廃棄する破迹と廃迹とを相待妙に配し、迹門を肯定包容する開迹と会迹とを絶待妙に配したのである。

三種法花（八九3）　守護国界章巻上之上の弾謗法者浅狭三時教章第一に、徳一が、法相宗の三時教判によって解深密経と他経との優劣を論じたことを破するに当り、「夫れ於一仏乗とは根本法華の教なり。分別説三とは隠密法華の教なり。唯一仏乗とは顕説法華の教なり。妙法華の外更に一句の経もなく、唯一乗の外更に余乗等なし。機に随ひて千名あり、根に随ひて浅深あるのみ。諸の有智の者、善くこれを思念し、一代の経教に優劣を執するなかれ。ただ已開未開ありて仏説に浅深あれば、今偏執を洗はんがために功徳を格量せんとす」と述べ、次下に他経と法華との功徳を比較している。これが三種法華の本説である。「於一仏乗」「分別説三」「唯一仏乗」とは、直接には法華経方便品第二の、「諸仏は方便力を以て、一仏乗において分別して三と説きたまふ。…余乗あることなく、ただ一仏乗のみなり」の経文に相当するが、同様の経文は譬喩品その他にもある。つまり最澄は、法華経の三乗開会に関する経文を典拠として、三種法華の説を立てたわけである。中古天台では、三種法華に関する口伝が盛んで、これは南岳慧思が立てた説であるとか、恵威が立てた説であるとか、または本書のように智威が立てた説であるとか、種々の説が横行したが、相伝法門見聞巻上にもあるように、これは最澄が創めた説である。また、三種法華の意味についても種々の説が横行し、或人は、五時に配して根本法華は華厳経、隠密法華は阿含経・方等経・般若経、顕説法華は法華経であるといい、或人は、玄・文・止の天台三大部に配当し、或人は、密教の金剛界・胎蔵界に配当して胎・金・金胎不二に相当させ、或人は、般若心経・阿弥陀経・法華経の三経を指すともいうが、二帖抄見聞巻上に、根本法華を華厳経に当てる説を否定して、「鹿苑の三乗は華厳の思惟より起る故に、分別説三の源は華厳なり」と考えて、華厳経を阿含・方等・般若の三経と共に隠密法華の分とし、根本法華は「天真独朗の内証、機法未分の重」、顕説法華は法華経であるとする説などが穏当であろう。即ち三種法華の説は、自宗の依経に執着して他宗の依経との優劣を論ずることの愚を誡めて、釈迦が説いた一切経はすべて法華経である、格差はないのだとするところに、本来の趣旨があり、於一仏乗とは、仏が聴衆の機根の利鈍に合わせて、声聞乗・縁覚乗・菩薩乗の三様に説き分けて説法する以前の仏の根本的立場をいい、これに根本法華の名を与えた。故に根本法華とは、一切経の基底に一貫する仏の根本の理智を意味し、経典として一箇の形を有するものではない。分別説三とは、衆生の機根に合わせて分別して説かれた三乗は方便説であって、仏意たる根本法華をありのままに顕説した説法ではないから、これを隠密法華と呼ぶ。経典としては、蔵・通・別の方便を帯した華厳・阿含・方等・般若の前四時の諸経を指す。唯一仏乗とは、声聞乗・縁覚乗・菩薩乗などという乗物が個別に現存するものではなく、仏が造った乗物はただ一仏乗だけであると、仏の根本的立場を説法の上に顕露に説き明かすことをいうから、これを顕説法華と呼び、経典としては、方便を帯しない純円の法華経を指す。本書で、「仏意の五時」を根本法華に当てたのは、仏意の五時とは、「諸仏の円証に本より具」する五時であり、また「機情に趣かざる」ときの五時、つまり五時の諸経の基底に一貫する仏意を意味するからであり、また「機情の五時」を三種法華に当てるとすれば、隠密法華・

顕説法華に当るか。

当体蓮華（九一15）　法華玄義の釈名段で、蓮華の二字を解釈するとき（巻七下）、蓮華に譬喩と当体との二義があるという。譬喩蓮華とは、「喩を蓮華に借りて妙法に譬ふ」、即ち妙法に対する下根人の理解を助けるために、妙法をさらに蓮華に譬えたのであると。当体蓮華とは、「蓮華は譬へにあらず、当体に名を得、…法華の法門は清浄にして因果微妙なれば、この法門を名づけて蓮華となす。即ちこれ法華三昧の当体の名なり、譬喩にあらざるなり」、即ち、蓮華は妙法の譬喩でなく、法華三昧という法華経の修行そのものの名前であると。蓮華は、元来は植物の名であって法門の名ではないから、華果同時に成り、また汚泥より生じて汚泥に染まず、白浄の色を保ち続けるという特性を有する蓮華に譬えることによって、妙法という法門の性格を明瞭ならしめたのであると考えた方が自然であるが、智顗は、蓮華は法華三昧そのものの名前であるという解釈を施して、蓮華釈を万全ならしめた。そしてその例として、華厳経で盧舎那仏の住所を蓮華蔵世界というのは、仏の妙報国土を蓮華に譬えたのではなく、妙報国土そのものの名前であり、また大集経に菩薩の妙因開発を蓮華行というのも、菩薩行を蓮華に譬えたのではなく、その菩薩行を蓮華行と称するのであるという。本書では、当体蓮華の例として、八葉蓮華からなる胎蔵界曼荼羅を挙げ、これを妙法蓮華曼荼羅とも呼ぶのは、一切衆生の胸中に内蔵される八葉の心臓に象ったものだからであるという。この例示は智顗にはなく、最澄にある。即ち、徳一が智顗の当体蓮華釈を非難したのに応えて、守護国界章巻中之中の弾麁食者謬破蓮華章第五に、「妙法蓮華胎蔵曼荼羅はただ喩名なるのみにあらず」と。当体蓮華の本来の意味は以上の通りであるが、中古天台では、これに本覚的意味を与え、一切衆生の当体が妙法蓮華であることを当体蓮華というのであると解釈し、凡夫のありのままの姿を絶対に価値づけようとした。修禅寺決に、「諸法の自性は清浄にして染濁を離るるを」当体蓮華という、というのも、この意味である。

玄文第二（九五15）　法華玄義巻二の文は、補注「玄文第二」（四三17）に挙げておいた。ただし、四三頁での五重の一心三観の順序は、易解・得意・円融・複疎・不思議の順であったが、今は、易解・複疎・得意・円融・不思議の順になっている。順序を違えた理由は、今は解・行・証の次第に並べたのではなく、妙法五字の次第に並べたからである。しかし五字と五重との配釈は、本書作者の私見にすぎないから、配釈に必然性がない。妙に不思議一心三観を当てたのは、補注「天真独朗の止観」（七〇16）でも説明したように、序分の寂照不二の止観を不思議一心三観と呼び、また法華玄義の釈名段で絶待妙を釈するとき、「妙とは不可思議に名づく」というように、妙に不可思議の意味があるからで、この配釈はわかる。また経に易解一心三観を当てたのは、不次第の一心三観を理解させる便宜上、次第順序を立てて説明することを易解の一心三観といい、また経とは、言語表現を絶した仏の悟境を仮りに文字に託して表現したのが経であるから、この配釈もわかる。しかし、法と円融、蓮と得意、華と複疎との関係はわかりにくい。法華玄義における融通一心三観は、複疎・不思議と共に行門に属し、複疎が即仮観、不思議が即中観に当るに対して、即空観の面を受持っていたが、今は解釈をかえて、一心三観の理性の面、即ち諸法に本具する三諦円融の理をいうという。もしそうなら、他の四字に配するよりも、法の字に当てた方がよいと思われる。また得意の一心三観は、易解と共に解門に属し、易解の段階では次第に約して一心三観が説かれたが、漸次に理解を深めて、これを不次第の一心三観として理解するに至った段階を意味していたが、今は、得意とは因位の行者の理解を指すのではなく、果位の自受用報身仏が証得した智恵を意味するという。もしそうなら、華は蓮果の因、蓮は華因が結んだ果であるから、蓮の字に当てるがよかろう。また複疎の一心三観とは、即空観によって一旦否定された仮有の差別相を、差別の妙相として再認識する観法であるから、ソニカエルと読んでいたが、今はこれに多少手を加え、三諦未分のまま混沌として万有に性具される天然自然の理性に円融一心三観の名を与えている。この天然の理性が自他の一切にゆきわたっているならば、差別の一々には、みな自己は本性においては常住であると認識する覚知性、即ち本覚もあるわけであるから、これに複疎の一心三観の名を与えた。理性は非因非果であるが、覚知性には因果があるから、その因智の面を複疎と呼ぶのなら因華に配してもよかろう。文中の「無作三諦」の意味は最も難解であるが、理性三諦に対する無作三諦であるとすれば、智恵におちる以前の三諦の理を理性三諦というに対し、これは智恵におちた後の三諦を意味するから、三観と呼んでもよいはずであるが、まだ修行造作を加える以前の本覚の段階での観智であるから、三諦と称したか。

本　覚　讃

本覚讃（九八1）　ここに「本覚讃」の名のもとに掲げられた偈頌が最初に見えだすのは、智証円珍（八一四—八九一）の講演法華儀である。講演法華儀では、はじめに普礼頌・勧請頌・懺悔頌・受戒頌・発願頌の五つがあがるが、普礼頌が本覚讃にあたるものである。「普礼二心城中一切聖衆一、頌曰」（大日本仏教全書（以下「日仏全」と略）二七、九一四頁）として、その偈頌をあげている。講演法華儀は、一部に偽撰説も出ているが、ともかく、本覚讃の初出書と考えられるものである。次に五大院安然の教時義（教時問答）になると、「蓮華経〈三昧経本覚讃〉説」（巻一）、「大蓮華三昧経云」（巻二）とて、大蓮華三昧経ないし略称の蓮華経という名があがり、菩提心義抄には、「如二蓮華三昧経云一」（巻一末）、「大蓮華三昧経云」（巻四本）とあって、それぞれ、その後に偈頌が続いている。天台本覚論の最初の批判者と考えられる宝地房証真は、法華三大部私記（一一六五創草、一二〇七完成）の中の法華玄義私記巻第七において、「蓮華三昧経云」とて、蓮華三昧経の名をあげて、偈頌を引用している。なお、空海作と伝える異本即身成仏義には、「無障礙経云〈名二蓮華三昧経一〉」とて、無障礙経あるいは蓮華三昧経の名のもとに偈頌をあげ、また大蓮華部無障礙経という名も見えているが、この異本即身成仏義は明らかに偽撰とされるもので、正本の即身成仏義や空海の他の著書には、この偈頌は見えない。ちなみに、以上あげた書では、「本来具足三身徳」が「本来荘厳三身徳」となっており、この方が古い形といえよう。以上から、本覚讃は、円珍の講演法華儀に「頌曰」として始まり、安然の教時義あたりで蓮華三昧経という経名が見えだし、その後、天台本覚論の発展にともない、珍重されていったと結論することができよう。無障礙経という経名は、源信作と伝える真如観（一三九頁）に見えている。なおまた、不空訳と伝える妙法蓮華三昧秘密三摩耶経（続蔵一ノ三ノ五）なる経典があり、始めに「偈言」として本覚讃の偈頌をあげ、その後に法華経を密教的に解釈した長行が続いているが、後に応永二十一年(一四一四)、応永三十四年(一四二七)、永享九年(一四三七)の三回にわたって書写したという付記があり、さらに正徳元年(一七一一)の性亮の跋文が、「跋蓮華三昧経後」の題のもとに掲載されている。その跋文の中に、運敞(一六一四―一六九三)の谷響集第十の文を引用しているが、それは、「客問、蓮華三昧経請来不レ明、真偽如何」という問にたいして、「答、台家経旨、相承口訣中云、蓮華三昧経、亦云二無障礙経一、具題云、妙法蓮華三昧秘密三摩耶経。智証大師抜二十巻中至要一請来云」(日仏全一五〇、一七三頁)と答えた文である。これらのことから、妙法蓮華三昧秘密三摩耶経は、偈頌が蓮華三昧経と称されて後、相当の年数を経て作成されたものと思われる。ちなみに鹿王禅院如意宝珠記(群書類従正巻四四三、二一四、釈家部六三四―六三五頁)によると、夢窓疎石(一二七五―一三五一)がなくなるにさいして春屋妙葩(一三一一―一三八八)に宝珠をさずけたとき、蓮華三昧経にふれて、この経は西園寺前太政大臣の孫の竹園院禅師が千五百両の黄金を投じて、宋の清涼山竹林寺の長老から手に入れ、それより天台代々の座主に伝えられたものといったという。ともあれ、本覚讃の偈頌は蓮華三昧経の名のもとに有名となったことが知られる。修験道の文献にも、しばしば引用されている。平康頼の宝物集(一一七八年の帰洛後の作)第六にも、「我等が胸の内に、本覚の法身妙法の蓮台に座して、三十七尊片時も立離れ給ふ事なし」「口には三十七尊心城に住すると唱へ」(日仏全一四七、四二四―四二五頁)などと、偈頌の一部が応用されている。ただし、宝物集は一巻・二巻・三巻・六巻・七巻などの諸本あり、文献考証を要する。上記の文は、鎌倉中期以降の付加か。蓮華三昧経の注釈については、杲宝(一三〇六―一三六二)の蓮華三昧経八句之秘釈(延宝九年刊)などがある。

本覚讃釈

分陀利華(一〇四10)　大日経義釈巻三には、「云レ心状如二蓮華含而未一レ敷之像一。有二筋脈一約レ之以成二八分一。男子上向女人下向。先観二此蓮華一令二其開敷一、為二八葉白蓮華座一」(続蔵一ノ三六ノ三、三〇一左)とある。大日経疏巻第四には、「凡人汗栗駄心状、猶如二蓮華含而未敷之像一。有二筋脈一約レ之以成二八分一。男子上向女人下向。先観二此蓮華一令二其開敷一、為二八葉白蓮華座一」(正蔵三九、六二三頁上)とある。なお、安然の菩提心義抄巻第一に、「如来蔵自性清浄心名二真実心一。一切衆生胸間肉団其形八分。男仰女伏。其色丹赤。是五蔵中之心蔵也。真言行者観二此八分一為二八葉蓮一。上開二九仏一名二心処心一」(正蔵七五、四五四頁中―下)と説く。心性蓮華の主張で、胎蔵界曼荼羅を心性によせて説明したもの。本理大綱集の補注「八葉」(一二一4)参照。

十種の三法(一〇四18)　法華玄義巻第五下に、「いま横に諸法に通じて悉く無礙ならしめんと欲して、諸の三法に類通す。何となれば、縁に赴いて名異なれども、意を得れば義同じ。ほぼ十条に通ずれば、余は領すべし。三道・三識・三仏性・三般若・三菩提・三大乗・三身・三涅槃・三宝・三徳なり。諸の三法無量なれども、ただ十を用ふるは、その大要を挙げて始終を明かすのみ。三道の輪廻は生死の本法なり、故に初となす。もし生死の流れに逆らはんと欲せば、すべからく三識を解し、三仏性を知り、三智慧を起し、三菩提心を発し、三大乗を行じ、三身を証し、三涅槃を成ずべし。この三宝は一切を利益し、化縁尽きて三徳に入り、秘密蔵に住す」(正蔵三三、七四四頁上)とあるもの。金光明玄義巻上では、「十数を標すとは、謂く三徳・三宝・三涅槃・三身・三大乗・三菩提・三般若・三仏性・三識・三道なり」(正蔵三九、二頁中―下)という。三道(苦・煩悩・業)・三識(菴摩羅識・阿梨耶識・阿陀那識)・三仏性(正因・了因・縁因)・三般若(実相・観照・文字)・三菩提(実相・実智・方便)・三大乗(理乗・随乗・得乗)・三身(法・報・応)・三涅槃(性浄・円浄・方便浄)・三宝(法・仏・僧)・三徳

(法身・般若・解脱)の十種三法をさす。法華玄義巻第五下では、これらを真性軌・観照軌・資成軌の三軌にあてて説明している。金光明玄義巻上では、無明を本として一切法を立てるときは三道から三徳へと次第し(順次)、法性を本として一切法を立てるときは三徳から三道へと次第する(逆次)と説明している。また、十種の三法は互いに具有しあっているとも説く。時間的には、三道・三識を本有位、三徳・三宝を当有位、他の六種の三法を現有位にあてる。

三十七尊(一〇五1)　金剛界九会曼荼羅の中の成身会における諸尊。会の中央に五個の大月輪(五解脱輪)あり、大日・阿閦・宝生・弥陀・不空の五如来(五仏)が配せられ、大日如来には金剛波羅蜜・宝波羅蜜・法波羅蜜・羯磨(業)波羅蜜の四菩薩(四波羅蜜)、阿閦如来には金剛薩埵・金剛王・金剛愛・金剛喜の四菩薩、宝生如来には金剛宝・金剛光・金剛幢・金剛笑の四菩薩、弥陀如来には金剛法・金剛利・金剛因・金剛語の四菩薩、不空如来には、金剛業・金剛護・金剛牙・金剛拳の四菩薩(以上、十六大菩薩)が属する。大日如来から四波羅蜜菩薩が生まれ、四波羅蜜菩薩から、それぞれ阿閦・宝生・弥陀・不空の四如来が生まれ(逆の説もある)、四如来は、それぞれに四菩薩を生むとされる。次に八供の菩薩あり、その中、金剛嬉・金剛鬘・金剛歌・金剛舞の四菩薩は内供の菩薩で、四如来が大日如来を供養せんがために生みだしたものとされ、金剛焼香・金剛華・金剛燈・金剛塗香の四菩薩は外供の菩薩で、大日如来が四如来を供養せんがために生みだしたものとされる。さらに金剛鉤・金剛索・金剛鏁・金剛鈴の四摂の菩薩あり、これらは一切衆生を曼荼羅に引摂し、救い入れるために、大日如来の心中から流出した菩薩とされる。

こうして、五仏・四波羅蜜・十六大菩薩・八供・四摂を合せると、三十七尊となる。

なお、九会曼荼羅と、その中の成身会曼荼羅の様式は、下図のごとくである。

九会曼荼羅

西

南		北
四印会(一三尊)	一印会(一尊)	理趣会(一七尊)
供養会(七三尊)	成身会(一〇六一尊)	降三世羯磨会(七七尊)
三昧耶会(七三尊)	羯磨会(七三尊)	降三世三摩耶会(七三尊)

東

成身会

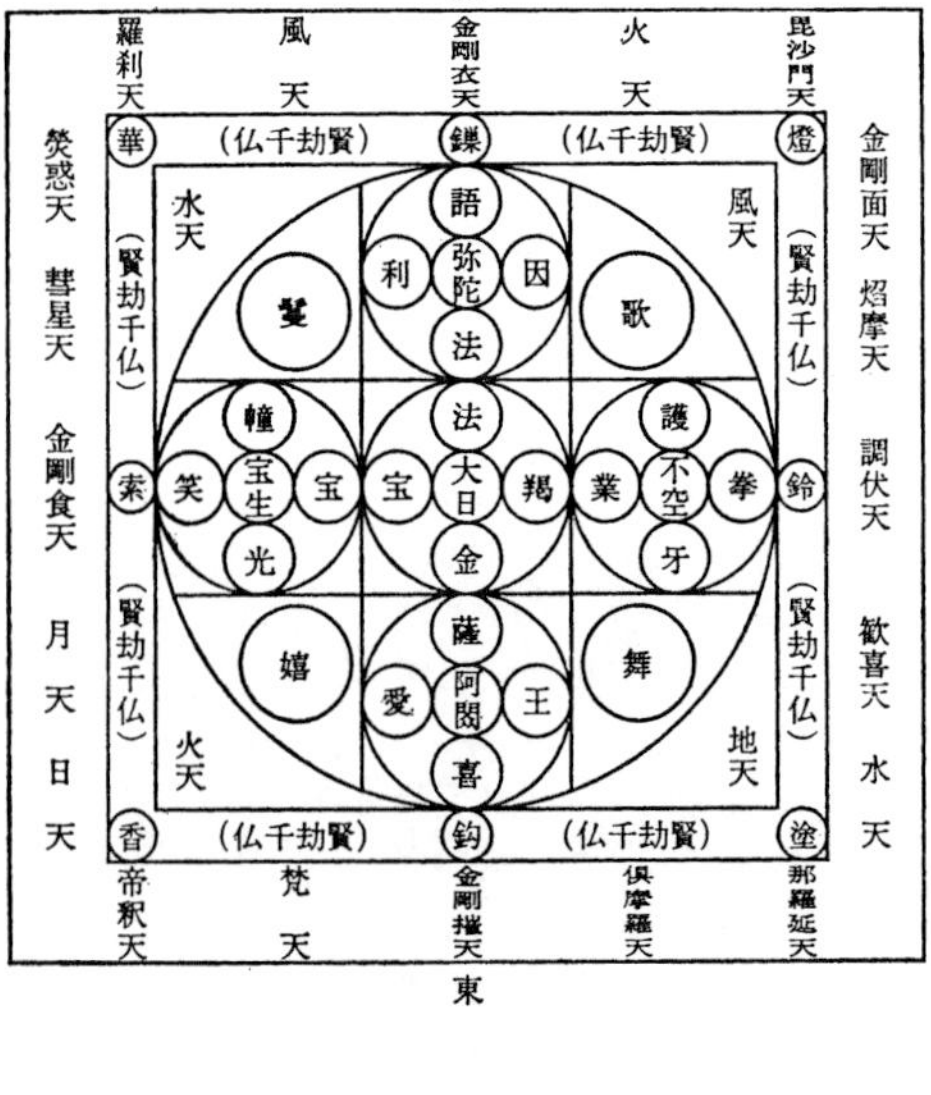

因果の二界（一一〇14） 密教では大日如来によって宇宙の万有が統摂されるとし、その大日如来の顕在面を金剛界、内在面を胎蔵界と称した。そこで両界について、次のごとき表が立てられる。

金剛界──智──果──従因至果──始覚
胎蔵界──理──因──従果向因──本覚

ところで、天台本覚論において本覚が強調されていくにつれ、それが内在的なものから顕在的なものへと高まり、さらに本迹二門も結びついて、表に左のごとき入れ替えが生ずるにいたった。

胎蔵界──理──因──従因至果──始覚──迹門
金剛界──智──果──従果向因──本覚──本門

七法聖正助道（一一六14） 迷理の惑としての見惑を断ずる段階を見道、ついで迷事の惑としての修惑（思惑）を断ずる段階を修道と呼び、それら二道は有学道であるにたいし、最後に、もはや学ぶべきものがなくなった段階を無学道と呼ぶが、はじめの見道に入る前の準備的な修行として五停心・別相念住（念処）・総相念住・煖法・頂法・忍法・世第一法の七種が立てられる。これを七賢とか七方便・七加行などという。見道に入ってからは、随信行・随法行（見道）・信解・見至・身証（修道）・慧解脱・倶解脱（無学道）の七種が立てられるが、見道以降は聖人の位ということで、これらの七種を七聖という。なお、慧解脱を時解脱、倶解脱を不時解脱とも名づける。

なお、悟り（菩提・覚・道）を得るための修行法を全体的に総括して、三十七道法（三十七菩提分法・三十七覚支・三十七助道法など）と称するが、大きくは、四念住（念処）・四正断（正勤）・四神足（如意足）・五根・五力・七覚支（菩提分）・八正道（道支）の七科に分けられる。その中、五力までは見道以前に、八正道は見道に、七覚支は修道に配せられる。

真如観

正宗（一二九9） 法華文句巻第一上において、法華経にたいする諸種の分科法を紹介した後で、天台智顗の分科法があげられている。それによると、次のごとくとなる。

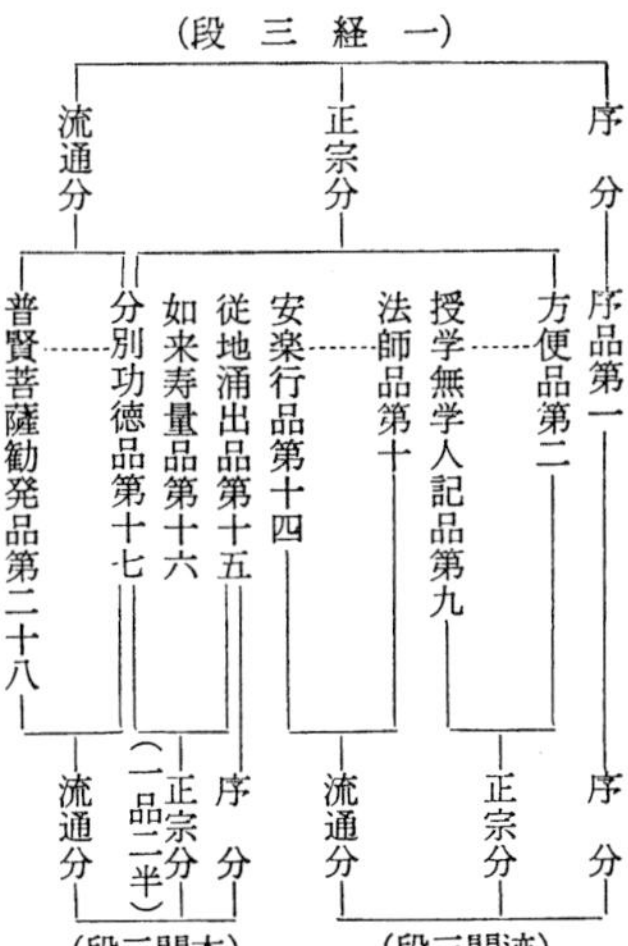

六即仏（一四五17） 天台智顗作と伝える観無量寿仏経疏に、仏を六即にあてて説いたもの。理仏・名字仏・観行仏・相似仏・分証仏・究竟仏の六仏。六即については、摩訶止観巻第一下（正蔵四六、一〇頁中―下）に詳細な説明があり、それによると、六即とは円教における六種の行位のことで、はじめに理即とは、すべてに本来、理として仏性がそなわっていることをいったもの、名字即とは、その名字を教師や経典を通して聞き知り、信じて疑わないこと、観行即とは、仏性を聞き知るのみならず、観じ行じていくこと、相似即とは、観じ行じていくことによって見思・塵沙の惑が断ぜられ、悟りに相似した境地に達すること、分証（分真）即とは、根本の惑である無明の一分が断ぜられ、悟りが部分的に成就され、真理ないし仏性の一部が

実現されること、究竟即とは、無明が完全に断ぜられ、真理ないし仏性が全くあらわとなること。この六段階は、すべて仏を根底とするものとして相即・一体をなしており、そこで六即ないし六即仏という。なお、菩薩の五十二位に六即が配当される。牛頭法門要纂の補注「妙覚」(二七17)参照。

三十四箇事書

水中の月(一五三7)　天台智顗は、法華玄義巻第七上において、「もし迹因を執して本因となさば、これ迹を知らず、また本を識らざるなり。天月を識らずして、ただ池月のもしは光、もしは桂、もしは輪を観るがごとし」(正蔵三三、七六六頁中)、「もし迹果を執して本果となさば、これ迹を知らず、また本を識らざるなり。本より迹を垂るること月の水に現ずるがごとく、迹を払つて本を顕はすこと、影を撥ひて天を指すがごとし」(同七六七頁上)として、迹としての水月(池月)にたいして本としての天月を知るべきことを強調し、その上で、「本迹殊なりといへども不思議一なり」といっている。それが天台本覚論になると、迹としての水月そのまま本としての天月にほかならないことを主張するにいたる。それが「本迹雖殊、不思議一」ということであり、本門に立った考えであるとする。同様の主張は、「迹門三身の事」にも見え、また法華略義見聞(伝忠尋)中巻にも、「天月水月倶に本成なり。権教の意、天月を本となし、水月を仮となす。天台の意は形色本有なるが故に、倶に実有なり」(大日本仏教全書(以下「日仏全」と略)一六、三三頁)という。なお覚運(九五三―一〇〇七)の一実菩提偈には、「迹門実相は迹仏の体、これ則ち、なほ水中の月のごとし。本門実相は本仏の体、諸仏の本、空月のごとし」(日仏全二四、三四九頁)とうたわれているが、これは普通の釈で、本覚思想の強調は見られない。ちなみに、日蓮(一二二二―一二八二)は、久遠釈尊と諸仏との区別に天月・水月論を用いた。すなわち「華厳経の台上十方、阿含経の小釈迦、方等・般若の、金光明経の、阿弥陀経の、大日経等権仏等は、此寿量の仏の天月しばらく影を大小の器にして浮べ給ふを、諸宗の学者等、近くは自宗に迷ひ、遠くは法華経の寿量品をしらず、水中の月に実月の想をなし、或は入て取んとをもひ、或は縄をつけてつなぎとめんとす。天台云く、天月を識らず、ただ池月を観る等云云」(開目鈔、昭和定本五五二―五五三頁)、「大日如来・阿弥陀如来・薬師如来等の尽十方の諸仏は、我等が本師教主釈尊の所従等なり。天月の万水に浮ぶ、これなり」(法華取要抄、昭和定本八一二頁)と。天台本覚論とは反対の立場であることを知る。

元品の無明の事(一六〇5)　無明(avidyā)とは真理に暗く、無知なことを意味し、三つの根本煩悩(貪・瞋・癡の三毒)の中の癡(愚癡)が、それにあたる。ところで、その無明は、また根本無明と枝末無明とに大別されるが、ここでいう元品の無明とは、根本無明をさしたものである。根本無明は、いっさいの煩悩のおこる根源的なものとして、それ自身は時間・空間の相対的な観念をこえているとされ、そこから、無始無明とか独頭・不共の無明などと表現されてもくる。無始無明ということは、勝鬘経の一乗章に「無始無明住地」と説くところであり、大乗起信論では、それについて「忽然念起」と釈している。天台においては、円教の五十二位中、初住以上の四十二位で無明が断ぜられるとし、四十二位に応じて四十二品の無明を立て、最後品の無明は、等覚位の最後心で妙覚智が現われることによって断じられるとする。その最後品の無明が、すなわち根本無明ないし無始無明であり、ここでいう元品の無明である。なお、この無明が等覚位の断か妙覚位の断かについて、論議がおきた。法華玄義巻第五上では、「等覚地とは、無始無明の源底を観達して、辺際智満じ、畢竟清浄なり。最後窮源微細の無明を断じて、中道の山頂に登り、無明の父母と別る。これを有所断者と名づけ、有上士と名づくるなり」「妙覚地を明かさば、究竟解脱・無上仏智の故に、無所断者と言ひ、無上士と名づく」(正蔵三三、七三四頁下)とある。

第八識(一六二4)　地論宗(南道派)は第八阿梨(黎)耶識を真識(法性)とし、それによる万法発生を説き(法性生法説)、摂論宗は阿梨耶識を妄識(無明)とし、それによる万法発生を説いた(無明生法説)とされる。これについて、天台智顗は法華玄義巻第二下において、「或は言く、阿黎耶はこれ真識にして一切法を出すと。或は言く、阿黎耶はこれ無没識、無記無明にして一切法を出すと。もし定んで性実を執すれば、冥初に覚を生じ、覚より我心を生ずといふ過に堕せん」(正蔵三三、六九九頁下)と評する。「冥初より覚を生ず」というのは、サーンキャ(数論)の説で、冥初(prakṛti)は始源的実体(我)として、そこから万物が発生すると主張するものである。無我・縁起を立場とする仏教から、古く因中有果説ないし転変説(流出説)として批判を受けた外道の一種である。天台は、阿梨耶識を真識と固定して万法の発生を説く地論宗、妄識と固定して万法の発生を説く摂論宗のいずれも、サーンキャ派と同じ誤りにおちいるものと評した。法華玄義巻第五下では、「地人は明かす、阿黎耶はこれ真常浄識なりと。摂大乗の人は云ふ、これ無記無明随眠の識にして、また無没識と名づけ、九識は乃ち浄識と名づくと。互に諍ふ」と評しつつ、「善をなさば則ち善識、悪をなさば即ち悪識、善悪をなさざれば即ち無記識なり。この三識、なんぞ頓に水火に同ずべけんや。ただ善に背くを悪となし、悪に背くを善となし、善悪に背くを無記となす。ただこれ一人の三心のみ。三識もまた、まさにかくのごとくなるべし。もし阿黎耶の中に生死の種子ありて、熏習増長して即ち分別識を成ず。もし阿黎耶の中に智慧の種子ありて、聞熏習増長して即ち依を転じて道後の真如となるを、名づけて浄識となす」(正蔵三三、七四四頁中)とて、阿梨耶識を真妄・善悪のいずれにも限定すべきでないという。三識の関係については、「類通三識」を説いて、「菴摩羅識は即ち真性軌、阿黎耶識は即ち観照軌、阿陀那識は即ち資成軌なり」といい、「一法に三を論じ、三の中に一を論ずるのみ」とする。ところで、天台本覚論は何識に力点を置くかということであるが、本覚性を根本の理として強調する(理顕本)ときは、第九菴摩羅識(真識・浄識)を取り上げ、現実の多様な事象を肯定する(事実相・事常住)ときは、第七ないし第六識(妄識)を取り上げるといえよう。いずれにしても、めざすところは理事不二・真妄一体の徹底にあった。なお、本覚讃釈(一〇六頁)、漢光類聚の一(二一二―二一三頁)、同四(二四九―二五四頁)など参照。

波消えては…(一六六9)　大乗起信論に、「一切の心識の相は皆これ無明なるをもつて、無明の相は覚性を離れず、壊すべきにあらず、壊すべからざるにあらず。大海の水、風によつて波動じ、水相と風相と相捨離せず、しかも水は動性にあらず、もし風止滅すれば、動相は則ち滅するも、湿性は壊せざるがごとくなる故に。かくのごとく衆生の自性清浄心は、無明の風によつて動ず。心と無明と倶に形相なく、相捨離せず。しかも心は動性にあらず。もし無明滅すれば、相続則ち滅するも、智性は壊せざるが故に」(正蔵三二、五七六頁下)と説かれたもの。ところで、十世紀末の趙宋天台において、起信論の水波のたとえを一念三千にあてはめつつ、山家派と山外派とに分れて論争がおきた。山家派の代表である四明知礼(九六〇―一〇二八)の十不二門指要鈔によると、山外派は華厳思想の影響を受けて、三千の波(多なる現象)は一念の水(一なる本質)に存しないとした。随縁(生起)ということに関していえば、もと一なる水(一念)が縁に随って多なる波(三千)へと生起したのであり、多なる波がしずまれば一なる水に帰し、その水においては波は消えうせているとした。それにたいして山家派の四明知礼は、三千の波は一念の水に本来そなわっており、生起しないときも生起がやんだときも(不随縁)、一なる水に多なる波が性として具有されていると反論した。ここから、知礼は山外派の立場を偏指清浄・縁理断九・一理随縁・理総事別などと批判する。山外派は、ひとえに真理の清浄性をさし示す、つまり清浄の一辺にかたよっているということ、十界の頂上の仏界を理性として、それから九界の事相を切りはなし、その一なる理性により生成・縁起を説き、また理性を総(普遍)、事相を別(特殊)として分けへだてしたということである。これにたいして知礼は、一念と三千の相即・円融ということから、自分の方は円理随縁であり、理事両重総別、つまり総別というなら理性にも総別あり、事相にも総別があると主張した。これがまた、本来の天台の考えかたであるという。すなわち、十不二門指要鈔巻下に、「今家は三千の体随縁して三千の用を起すと明かす。不随縁の時も、三千宛爾なり。故に差別の法と体と不二なり、無明を除けば差別あるをもつての故に」「三千の実相は皆不変の性にして、迷悟の理は一なり。…故に無明即明と云ふ。三千世間、一一常住にして、理具三千、倶に名づけて体となし、変造三千、倶に名づけて用となす。故に倶体倶用と云ふ」(正蔵四六、七一五頁中)と説き、同巻上において、「性具の諸法、総別相収む。縁起の諸法の総別も、またしかり。事に約して別を論じ、理をもつて総となすを謂ふにあらず」(同七〇八頁下)、「この総別、理事を分対すべからず。まさに知るべし、理具の三千、事用の三千、おのおの総別あるを」(同七〇八頁中)、「あに理体唯総・事用唯別ならんや」(同七一〇頁下)、「理事両重総別において、皆絶妙を顕す」(同七一二頁上)というところである。天台本覚論においても、基本的には四明知礼と同じ主張といえる。ただし、知礼では煩悩(無明)と菩提(本覚・真如)、一念(水)と三千(波)との間に否定・対立が厳存しているが、天台本覚論では、煩悩即菩提、一念即三千(水波不二)ということを強調していったあまり、否定・対立を見失って、煩悩そのまま、三千そのままを全く肯定する傾向が生じた。補注「煩悩即菩提」(一七八2)参照。

草木成仏の事(一六六17)　草木(非情)が成仏するか否かは、中国において大きな論議となった。特に天台と華厳との間で、論争をひきおこすにいたっている。天台では、法華経に説き明かされた統一的真理(一乗妙法)に基づいて総合的な世界観を樹立しており、そこから色(物)と心、有情と非情との一体を主張し、ひいては非情も仏性を有して、有情と同じように成仏すると説いた。妙楽湛然(七一一―七八二)の金剛錍などに、それが強調されている。一方、華厳では、華厳経に説き明かされた純一的真理に基づいて理想的な世界観を樹立した。ひいては、純一的真理の生成・力動、ないし純一的真理に照しだされた理想世界の実現を強調し、その実現に努める実践的・主体的な心、さらには人格智を重視するにもいたった。そこから有情と非情とを区別し、仏性を人格智的なもの(開覚仏性)とみなし、それは有情にそなわるもので、非情にはなく、非情については法性というべきだとした。たとえば、妙楽湛然と対抗した清涼澄観(七三八―八三九)の華厳経随疏演義鈔巻第二十五などに、その主張が見える。ところが日本にくると、自然順応という日本的思考も手伝ってか、非情ないし草木成仏ということが抵抗なく受けいれられ、諸方面で、それが主張されるにいたった。そのさい、定型化したことばとして、「草木国土悉皆成仏」ということがいわれ、謡曲などにも盛んに引用されるにいたっている。そのことばは、たとえば謡曲の「墨染桜」などでは、「中陰経の妙文」と称して引用しているが、現存の中陰経には見られず、おそらく、そこでいう中陰経とは、日本での偽作と考えられる。早くは宝地房証真の止観私記(一二〇七完成)第一本に、「中陰経に云く、一仏成道、観見法界、草木国土、悉皆成仏」(日仏全二二、七九九頁上)と引用されている。因みに漢光類聚の一にも、略された形ではあるが引用され、それを材料として草木成仏を論じている(二一五—二一七頁)。天台本覚論では、事常住の立場から、草木成仏が一段と強調され、この「草木成仏の事」においては、草木は草木ながら常住ということから、そのまま仏であると主張し、したがって成仏ということさえもいう必要はなく、その意味では不成仏であると説くにもいたっている。

正了縁の三因(一六九2)　法華玄義巻第五下に「類通三仏性」ということで、「真性軌は即ちこれ正因性、観照軌は即ちこれ了因性、資成軌は即ちこれ縁因性なり。故に下の文に云く、汝は実に我が子、我は実に汝が父なり(法華経信解品第四)と、即ち正因性なり。また云く、我、昔、汝に無上道を教ふるが故に、一切智の願なほ在りて失せず(五百弟子受記品第八)と、智は即ち了因性、願は即ち縁因性なり。また云く、我、あへて汝等を軽しめず、汝等、皆まさに作仏すべし(常不軽菩薩品第二十)と、即ち正因性なり。この時に四衆、衆経を読誦するをもつて、即ち了因性なり。もろもろの功徳を修するは、即ち縁因性なり」(正蔵三三、七四四頁下)と説く。金光明玄義巻上では、「土内の金蔵のごとく、天魔外道も壊するあたはざる所、正因仏性と名づく」「人の善く金蔵を知るがごとく、この智、破壊すべからざる、了因仏性と名づく」「功徳善根、覚智を資助し、正性を開顕すること、草穢を耘除して金蔵を掘出すごとき、縁因仏性と名づく」(正蔵三九、四頁上)と解説している。この三因仏性に法身・般若・解脱の三徳や法・報・応の三身が結びつけられ、それらの三が不縦不横であるとされる。牛頭法門要纂の補注「不縦不横」(三九12)参照。

因果倶時(一六九13)　光宅寺法雲(四六七—五二九)は、法華義記巻第一において、法華経の題目を釈する中、「いま妙法と言ふは、妙はこれ絶麁の奇に名づく。法を語らば則ち因果双談」「いま妙法と言ふは、これ因果相待の名なり。昔に対して論をなさば、昔日の因果は倶に麁、今日の因果は倶に妙なり」(正蔵三三、五七二頁下—五七三頁上)とて、妙法に関して、因果双談・因果相待・因果倶妙を主張し、さらに蓮華に関して、「蓮華とは、外に一物必ず花実倶有なるを譬ふ」(同五七三頁上)、「花実必ず倶す。この倶の義を用ひて、この経の因果双説を譬ふるなり」(同五七四頁中)とて、蓮華を花実倶有・花実必倶であるとし、それでもって法華経の因果双説のたとえとした。この先例は、道生(—四三四)の法華経疏に見られるところで、最初の経題釈の中に、「蓮華の美栄、始敷に在り。始敷の盛んなるは、則ち子、内に盈ち、色香味、足る」(続蔵一ノ二乙、二三ノ四、三九七右)と説いている。ここでは因果の語は見られないが、道生が因果でもって法華経を分科したことから考えて、「子、内に盈つ」を因果相即のたとえとして解することができよう。天台智顗は、それらの解釈を受けて、法華玄義巻第七下に、「法華の法門は清浄にして因果微妙なれば、この法門を名づけて蓮華となす」(正蔵三三、七七一頁下)などと説きつつ、種々、くわしい解説をほどこした。ところで、日本にくると、因果相即ということが、因果の同時的一体の意味に解されるようになる。最澄の守護国界章巻中之中に、「因果果台、始終倶時」「一心の妙法蓮華とは、因果果台、倶時に増長す」(伝教大師全集第二、三九七—三九八頁)とて、因果倶時が説かれているところである。天台本覚論になると、因果の同時性を一段と強調し、すすんでは、従因至果(始覚)にたいして従果向因(本覚)を主張するにもいたる。つまり、衆生(因)と仏(果)の同時・同質ということから、衆生の方に重心を移し、ひいては衆生を仏の顕現のすがたとみなし、そのまま肯定するようになる。

山林の決(一七一3)　修禅寺の道邃の解答になるもので、天台宗未決(最澄在唐問、道邃決義)の第九項に、「最澄問うて曰く、唯識と一心と同異いかん。座主答へて曰く、唯識と一心と、その義同じからず。唯識は、いまだ境を泯ぜざるが故に。唯心は、心境不二なるが故に」(伝教大師全集第五、四六頁)とあるのが、それに相当する。なお最後の第十項では、「最澄問うて曰く、唯識と唯心と広狭・浅深いかん。座主答へて曰く、唯識は亦狭亦浅なり。所以はいかん、境を存するが故に。唯心は亦広亦深なり。何を以ての故に、境を存せざるが故に」と問答されている。ちなみに、末尾に、「已上の十問は、最澄預て還学、法を求め、大唐国に到り入り、天台山に向ひ、台州の竜興寺の極楽浄土院に宿し、天台の座主道邃和尚に値遇して学問する所、決義、右のごとし。大唐貞元二十一年二月二十九日　最澄幷義真等記」とある。

煩悩即菩提（一七八2）　四明知礼は、十不二門指要鈔巻上において、善と悪、煩悩と菩提などの二者相即の義について、二物相合・背面相翻・当体全是の三種をあげ、第三の当体全是をもって真の相即とみなした。すなわち、「まさに知るべし、今家に即を明かすは、永く諸師に異なることを。二物相合にあらず、及び背面相翻にあらず、直ちに当体全是を須(もち)ふるを、まさに名づけて即となすを以て。なんとなれば、煩悩生死、既にこれ修悪なるも、全体、即ちこれ性悪法門の故に、断除し、及び翻転すべからざるなり。諸家は性悪を明かさず、遂に悪を翻じて善となし、悪を断じて善を証すべきが故に。極頓の者も、よつて本悪なく、元これ善と云ふ。既に悪を全うして、これ悪なることあたはず。故に皆、即の義、成ぜず」(正蔵四六、七〇七頁上―中)と説く。つまり、「二物相合」の即論は、煩悩と菩提とが体を別にしつつ合している(二者合一)とするもので、ここでは、煩悩を切りはなし、断ちのぞいて、菩提をあらわすことになる。これは、天台からは、通教の考えとされるものである。次に「背面相翻」の即論は、煩悩と菩提は背と面のごときで、現われたすがたは別であるが、体は一である(自己同一)とするもので、いいかえれば、一の理が随縁して菩提ともなり、煩悩ともなったとみるものである。ここでは、煩悩をひるがえし、転じて、菩提をあらわすということになる。これは、天台からは、別教の考えとされるものである。それらにたいして「当体全是」の即論は、煩悩と菩提が二である当体そのまま即一である(矛盾的同一、対立的統一)とするもので、ここでは、性悪不断である。これが天台円教の考えであり、ここに真の相即が成り立つと、知礼は主張する。ちなみに、彼は華厳の影響を受けた山外派を別教的と評し、背面相翻の即論にかたむいたものとし、ひいては煩悩即菩提が真に成立しないと批判した。たとえば、山外派の源清・宗昱にたいして、「もし二師の所立のごときは、菩提即菩提・涅槃即涅槃と云ふべきなり」(正蔵四六、七〇七頁上)と難じている。つまり山外派は唯浄説であり、したがって菩提即菩提といわねばならないということである。一方、しかし山外派からは、知礼の当体全是の即論ないし性悪説は煩悩即煩悩であり、煩悩の悪、三千の妄をそのまま肯定する外道の説と反論した。ところで、天台本覚論では、理顕本を主張するときは、背面相翻の即論のごとき立場に立って、本覚の理を事象の根本に置いたが、事常住を強調するときは、当体全是の即論のごとき立場に立って、事象そのまま本覚の理とみなすにいたった。しかも知礼の当体全是としての煩悩即菩提においては、煩悩と菩提との間の否定・対立が厳存していたが、天台本覚論では、煩悩をそのまま肯定するにいたり、菩提は菩提ながら、煩悩は煩悩ながら常住とし、山外派が煩悩即煩悩と評したことを、実際そのとおりに主張しさえした。漢光類聚の一に、四重興廃に関して、「三千相対門、煩悩即ち煩悩、菩提即ち菩提」(一二六頁)などというところであり、尊海(一二五三―一三三二)撰と伝える円頓章見聞にも、「煩悩即煩悩、菩提即菩提とは、本門の意なり」(日仏全二四、三六五頁)と説かれている。なお、尊舜(一四五一―一五一四)の文句略大綱私見聞巻三では、慧光房流の相伝として、凡夫即仏と凡夫即凡夫とを区別し、真の絶待妙は、凡夫即凡夫と開会するにあるという。すなわち、「一には凡夫即仏の開会、これ相待妙の意なり。二には凡夫即凡夫の開会、これ絶待妙の意なり」(日仏全一八、一一〇頁)と。

冥初に同じ(一八一9)　冥初とは、サーンキャ派が万物発生の始源的実体として立てたプラクリティ(prakṛti)の訳語で、自性・世性とも訳される。無我・縁起を立場とする仏教から、古く批判が向けられた。多くは、因中有果説ないし転変説(pariṇāma-vāda)と批判した。たとえば、提婆造・婆藪釈の百論の破神品第二に、「迦毘羅言く、冥初より覚を生じ、覚より我心を生ず」(正蔵三〇、一七〇頁下)と論評され、堅意の入大乗論巻上では、「迦毘羅の所説は、一を計する過あり」(正蔵三二、四〇頁中)と批評され、天台智顗の摩訶止観巻第十上では、「迦毘羅外道は…因中に果あるを計す」(正蔵四六、一三三頁中)と批判されている。ここで迦毘羅(kapila)とは、サーンキャ派の祖とみなされた人物である。なお、智顗の維摩経玄疏巻第二では、自在天説（創造説）とサーンキヤ説（転変説・流出説）とを合せて、ともに自然説とみなしている。すなわち、「いはゆる従冥初生覚・従微塵生自在天、生時の生、自然生なり」（正蔵三八、五三七頁下）と。両者ともに始源的実体を立てて、それによる万物の創造ないし発生（流出）を説くもので、そういう意味において、一種の自然（自性）説とされたのである。

蓮実房（一八八3）　勝範（九九五—一〇七七）。本朝高僧伝第十一によると、姓を清原氏としているが、天台座主記第一では、近江国野州郡の人吉美氏という。初め座主覚慶に、後覚超について天台円宗を学び、皇慶について灌頂を受けた。七十五歳延久二年（一〇七〇）天台座主となる。自行略記註、三周義私記、三身義私記、西方集、成菩提等の著作があったという。蓮実房は西塔の住房である。枕雙紙巻末の相伝継図によれば、覚超—勝範—長豪—忠尋と次第し、天台法華宗恵心流血脈図でも同様であるが、或いは院源入室の弟子とするものもあれば、山王九十字口決の相伝の如きは、慶命—勝範—長豪—忠尋とも次第する。恵心流の系図の上で不動の位置にあるのは虚構にもせよ勝範からで、従って本書でも「蓮実房の云く」という言葉が最も重きをなし、祖師蓮実房とも表現されている。本書巻四（一一六三頁）の蓮実坊和尚最後の精、六重の仏相は、恐らく本朝高僧伝の典拠となっていると思われる。

霊山の聴衆（一八八11）　隋天台智者大師別伝によると、南岳慧思禅師を始めて大蘇山に訪れた智顗を迎え、慧思は「昔日霊山に同じく法華を聴く、宿縁の追ふ所今復来る」と喜んだことが記されている。法華経信仰についての共鳴がそういう言葉となって表現されたものであろうが、それは伝教大師によって、

常寂光土第一義諦霊山浄土——天竺霊山聴衆陳朝南岳慧思大師
久遠実成多宝塔中大牟尼尊——天竺霊山聴衆隋朝天台山智者大師

なる形で、霊山直授相承と名づけられた。この考え方は己心中所行の法門の根幹となるもので、後に教行証三重の法門伝授が形式化されると、行重において塔中法門と名づけて以心伝心し、自在に振舞う内証を教え、或いは塔中行法式を定めて、宝塔品・寿量品を読誦して塔中の理智二仏が即ち我等の心念で、二者一物と習い、法界平等を知って即座に三昧を発得する

ことが、天台大師の大蘇開悟であるとするに至る。

玄義（一八九4）　「天台・南岳の内証は玄義に見えたり」とあるのは、恐らく法華玄義第二上の法と妙とを広説する段に、南岳大師が法を心・仏・衆生の三法とし、天台大師がこれを開いて十法界とすることを指しているものと思われる。三法について、先ず衆生法は一往は因果及び一切法に通ずるが、法華経では一切法を十法に括っている。南岳大師はこの方便品の十法を十如と名付けて諸法実相を理解しやすからしめ、天台大師は三諦の義によって三たび文を移して読む、いわゆる「三転読文」を用いて、更にこれを明瞭にした。即ち南岳大師の十如は、天台大師三転の中の空転であり、「是相如」とする時は「この相は如なり」で畢竟空の義を表わし、自行のための読法とした。「如是相」は仮転であり、「相如是」は中道の転である。経文は「如是相」であるから、南岳大師が仮中を認めなかったわけではない。南岳大師の自行の転によって、更に進めて天台大師は、他に示すに、すべて三転を以てしたので、漢光類聚に伝える如く、「汝は所化の熟、我は不熟の能化」という表現が出現したのである。天台大師は十法界の中に十如是を説き、界々互具することを認めて千如是とし、衆生世間・国土世間・五陰世間の三世間に各々千如是を網羅して、一切法を三千の数で表現した。天台大師の最も大切な一念三千の法門も、その根幹は南岳大師の十如を継承するところに展開するので、従って口伝法門が南岳大師を重要視するのもここに帰因するといってよい。修禅寺決補注「玄文第二」（四三17）参照。

一言を以て（一八九14）　「伝教は道邃に値ひ、一言を以て止観の心要を伝へたまへり」とあるのは、顕戒論第一の「大日本国六統表」について最澄が重箴重弾する文に「和上(道邃)慈悲、一心三観伝於一言、菩薩円戒授於至心、天台一家法門已具云云」とあるところから出発する。一言とはどういう一言なのかを問題にし、その一言こそが口伝口決の第一でなければならないとして、さまざまにこれを創作した。本書では境智不二門で天真独朗の法体をいい、還同有相門をもって本処通達門の一言とするとしている。しかし一般には境智不二を一言の基本とするので、これを境智の一言と名づけているが、ここから直ちに天真独朗の一言が出現する。恵心流では、衆生の機根は万差であるから、一心三観を一言に於て相伝するといっても、時宜に随うべきものであるとし、随謀の一言ということをいう。しかしその上で恵亮相承・相応相伝の二流を開く。本書は恵亮相承に属するが、相応相伝の場合は中道即法界、法界即止観、止観不二境智冥一といって、止観不二、境智不二の一言を主張する。さまざまに随謀の一言を考案した挙句、天台大師乃至は釈尊に還って阿字の一言を秘事とするものもある。修禅寺決には恵文禅師より道邃和上に至る九代の行相各別なりとし（四九頁）、恵文禅師は因縁生の一言、南岳大師は一心不生の一言、天台大師は境智不二即ち寂照一如の一言、章安尊者は生死覚用の一言をもって一心三観の修行としたという。そのほかにも無我の一言等もいわれるが、檀那流義においても「一言の記」なる一巻を相承し、一言は即ち一現ともいうので、古来「イチゴン」は「イチゲン」と読みならわしていたものと思われる。

化他門においては…（一九二11）　この箇所は恐らく次の如き文になると思われる。「化他門においては多種の心要あるべし。化他の心要において大いに分つて両種あり。謂く、境智不二、還同有相なり。境智不二に多種あり。一には四性推検、二には空無生観、三には一心三観等なり。還同有相において多種あり」。以下、底本に同じ。しかも化他門の結論は前（一八九頁）の本処通達の一門であり、「もし三蔵教の根性の人来りて止観の法門を問はば云々」に帰する。

高尚なる…卑劣にせん（一九五5）　摩訶止観第五上の第七正修止観の章に、止観を修する器に非ざる者を論じて、「不レ応下対二上諸人一説中此止観上。夫止観者高尚者高尚卑劣者卑劣」という文の引用である。上の諸人とは、毒気深く入って本心を失し、信なき故に菩提心なく、智恵乏しくして真偽を分つ能力なく、たとい世を厭う心が強烈であっても、瓦礫を翫んでこれを明珠と思うが如き、即ち慧解豊かならざる者が第一。第二は一種の禅人の如く、三障四魔の重起する実態を知らず、自行に於て不完全であるばかりでなく、従って他に教えて悟らしめる、いわゆる自行化他、自匠匠他に欠ける者である。信と解と行とに於て達する者は、摩訶止観の文を尊んでこれを行ずるであろうし、信解行なき者は、この教を笑って軽劣にするであろうというのである。本書がこの文を取り上げる意図は、止観所被の機根が利鈍の二機にわたることの典拠としてである。否むしろ下凡正機に傾きかけている還同有相門の主張は、荆渓大師の止観輔行伝弘決にその拠を求めてはいるけれども、浄土教の盛行に影響されていることを否定出来ない。尊舜の摩訶止観見聞上に、心賀流の相伝を伝えて、法華経の所被の機縁は一代の声聞迂廻道の劣機であるとし、摩訶止観の所被の機縁は直行円頓の機であるというが、円頓行者直行の機が必ずしも聖人を意味するのではなく、「円頓行者凡位成仏」とある通り、博地の凡夫が初めより実相を縁じて、直行直達することをいうのである。そこに摩訶止観は法華の能釈なりや否やの問題が大きく論じられるわけで、いわゆる心賀流の相伝では、「止観は法華の能釈にあらず」と伝える。円頓房尊海の笠じるしの法門といわれる「止観は法華の大意に非ず」の説も、全くこれと同じものである。勿論止観法華一体とする派もあると同時に、所被の機についても、昔迹本の三教は凡夫に被り、止観観心の一門は聖人に被るとする断証決定集の如き説もある。その間の事情は研究を要するけれども、本書においては、最極下劣の凡夫を本処通達門で勝益を得せしめるとする建前から、下根正機を唱え、従って「高尚者高尚云云」の扱いについても、高尚の止観、卑劣の止観ともいうべき、仏界の止観、地獄の当体止観なる表現を用い、摩訶止観本文の趣旨から相当飛躍した扱いをしている。

鹿園十二年…仮中に入る(一九五7) 天台では釈尊の生涯を、十九歳出家、三十五歳成道の立場をとり、成道の時から八十歳入滅に至るまでに、五時の説法が行われたとする。釈尊は、成道の時、盧舎那(報身仏)の身を現じて、円満修多羅を説くという。それは華厳経のことで、その説教の三七日の期間を五時の第一時として華厳の時と名づける。この座に列した界内の小機(声聞・縁覚の二果)は、この円満修多羅を聞いても、全く理解することが出来ず、恰かも聾の如く唖の如くであったので、仏は鹿野園(Mṛgadāva)に赴き、高邁な智恵で飾られた、盧舎那の荘厳の衣を脱ぎ捨てて、低劣な弟子たちが理解しやすい形で、いわゆる小乗教(三蔵教)を説かれた。阿含経がそれで、これは十二年間の鹿園の時とされる。その間、凡情に即して、三界のあらゆる存在は、因縁の力によって実際に生じ実際に滅することを教え、声聞はただ但空の理を知って、見惑・思惑の煩悩を断じ、三界を出離することを教えた。次いでその但空の理は、深い真実の理でなく、それに執著すべきではないと弾呵(叱りきらう)し、大乗は更に勝れたものであることを教えた。これは第三の方等の時であり、この時には三蔵教・通教・別教・円教の四教にわたって説かれた。従って方等の時は、一代に通ずるはずであるから、その期間を定めないのが一般であるけれども、或いは八年、十六年、十二年等とする異説もある。釈尊の説法を五十年とし、五時をこの中で時間的に配当することを試みる時は、一応八年とすることが常識的であろう。維摩・思益・楞伽・金光・勝鬘等の経がそれに当る。しかし大乗の教法を聞いた声聞は、恥小慕大の念は起したけれども、大小各別とする執著を抱いた。この執著を淘汰(洗い流す)したのが第四の二十二年間の般若の時で、諸種の般若経が説かれ、大小乗の法門は、みな畢竟空の一法門であることを示したのである。既に方等の時に通・別・円の三教が説かれ、空と仮と中道が教えられたばかりでなく、般若の時では、通・別を帯して正しく円教が説かれたことを、本書で「爾前に空観を捨てて仮中に入る」といったのである。この四十二年の経過の内に、衆生の根性が充分に成熟したことを認め、仏は八年間法華経を説く。そして般若の時に法開会を行なったのに続いて、法華には三乗即一乗とする人開会を行うのである。この時を、最後の説法の涅槃経と並べて第五時法華涅槃の時とする。以上は竪に釈尊一代の教化を次第したのであるが、この五時の説法は単に時間的な竪の配列とのみ見るべきでなく、いずれの席においても仏は自由自在にこの五時をもって当機益物の化を施したと考えるべきで、そのため天台大師は、竪の五時を別の五時とし、五時の一々の中に五時ありとするものを通の五時としている。本書では、その五時判の後に「法華にして権教を捨て云云」と加えて、いわゆる四重興廃の説を出している。この説は、同じく忠尋の作とせられる法華略義見聞中巻に更に明瞭に出てくるものであるが、口伝法門における特殊な教判論である。

法華は断無明…あらず(一九五12) 法華経に説かれた内容は常住仏性であり、

闡提(せんだい)の受記作仏であり、久遠の寿量などである。それらはすべて一色一香無非中道の理の上に立った教説であるから、法華円教は中道の教えである。無明は中道を障害する惑で、無明即明の中道を悟れば、自然に無明は消滅する。無明を断じ中道を証するのは初住の位であるから、そうした利根の為に説かれた法華経はわれら鈍根には到底手の届かないものである。

止観未分…離れず(一九九7)　「止観未分なるも我等が一心なり。寂照双立もまた一心を離れず」とあるのは、「一心の外に別の内証これあるべからず」ということから進んで説き出された問題で、ここに直接することとは思われないが、独立・双立の二止観の問題が、恐らく当時相当表面に出て論じられていたために、これを引き合いに出して、いずれにしても、それは大した問題ではなく、むしろ一心不生がわかれば、それこそが止観そのものであることを主張したように思われる。双立・独立止観のことは、摩訶止観見聞上に詳細に説明されている。即ち、亀山天皇の時(一二五九―一二七四)、比叡山延暦寺と三井園城寺の碩学を集めて御談義があった折、この問題が提起された。三井の実伊僧正は、天台大師、荊渓大師の御釈にこの名目がないとして論破したが、毘沙門堂の経海と粟田口の静明とが、釈家には無しというも、山門には歴代の相伝であるとして奏聞申し上げたので御許容になり、以後この名目が流布したというのである。摩訶止観見聞添注によると、二つの伝説を挙げる。その一は、古徳の申し伝えによれば、亀山院の御宇、内裏において三大部の講釈があり、その時の記録を三大部見聞という。第二は、西谷相伝に、文永年中(一二六四―一二七四)、嵯峨殿に於て三大部の講義があり、三井実伊僧正は三諦の外に一実諦あるの説を立て、山門の妙観院僧正が、これを破して三諦の外に一実諦なしの説を立てたという。この二説を出して、添注は、尊舜が摩訶止観見聞に言うところは、西谷の伝説によるのではないかとしている。そのことは二帖抄見聞の上にあるから、添注がこれを用いたことがわかる。漢光類聚四(一二四〇頁)に如来蔵を釈して、「しかるに、この一心本となつて一切の法を生ず云云」とあるが、摩訶止観見聞の同所に、「一心一切法を生ずと云はば双立の止観、若し心一時に一切法を含むと云はば独立の止観なり。これ縦も亦不可、横も亦不可なり」とあって、止観は「ただ心これ一切法、一切法これ心」をもって正義とする。止観未分という語は、むしろ観心門の極談であり、止観不二が独立とされなければならないので、いささか不用意な用法かと思われるけれども、もしそれが独立の意味に用いられたと考えれば、漢光類聚の制作年代を静明或いはそれ以後とする一つの示唆を与えることとなろう。

証道の八相(二〇七8)　恵心流七箇の大事の中、略伝三箇の一である円教三身から開かれた一箇である。本書と七箇大事との関係については、解題を参照されたい。証道八相とは、仏教で一般的に(教道で)いわれている応身八相について、本覚法門の証道ではこれをどう扱うのかということである。応身仏の八相成道は経論に小差があるが、天台では下天(兜率天より下生する)・託胎・出胎・出家・降魔・成道・転法輪・入涅槃の八相をいう。仏身について口伝法門が円教三身の一箇を設けて、法報応の三身各別とするのは教道で、証道観心の重では無作三身といい、本有自爾の仏身とするから、凡夫の身口意の三業即ち本有の三身と極論するため、では現実にその無作の仏の八相はどうなるのかの問いがあるはずである。証道では十界の衆生個々が、それぞれの生き方の上に八相を示しているというのである。二帖抄見聞下では、「菓住㆑梢生天、熟落㆑地下天也。埋㆑地託胎也。此種子値㆓春縁㆒萌出胎也」等という。生住異滅の当体即ち八相の姿とする。いまは文字即解脱というのであるから、文字の上に八相の成道を考え、証道八相の中の一箇の口伝としたのである。

十章(二〇九9)　摩訶止観十巻は十章よりなる。従って摩訶止観を平常「止観十章」と呼ぶこともある。その第一の上に「今当㆓開㆑章為㆒十　一大意　二釈名　三体相　四摂法　五偏円　六方便　七正観　八果報　九起教　十旨帰」とあり、これを十章とするが、実には第七正観の章の後部、二乗境、菩薩境と、第八・第九・第十の三章は説かれていない。その理由については、夏安居の期日が終了したためともいわれ、また果報乃至は旨帰等、高位におけることや、既に止観が正修された結果として現われてくることについては、緊急を要しないためともいわれる。いま十章、十境、十乗の本書に関連する事項を図示しておく。

- 広止観(本書では)
  - 序分(略止観―本書では)……巻一ノ上
  - 十章(十広)
    - 一 大意(五略)
      - 1 発大心……一ノ上―一ノ下
      - 2 修大行……二ノ上―二ノ下
      - 3 感大果／4 裂大網／5 帰大処……二ノ下
    - 二 釈名／三 体相……三ノ上
    - 四 摂法／五 偏円……三ノ下
    - 六 方便……四ノ上
    - 七 正観(修)(十境)
      - 1 陰入境(十乗観)
        - 一 観不思議境／二 発真正菩提心／三 善巧安心……五ノ上
        - 四 破法遍……五ノ下―六ノ下
        - 五 識通塞／六 道品調適……七ノ上
        - 七 助道対治……七ノ上―七ノ下
        - 八 知次位／九 能安忍／十 無法愛……七ノ下
      - 2 煩悩境……八ノ上
      - 3 病患境……八ノ上―八ノ下
      - 4 業相境／5 魔事境……八ノ下
      - 6 禅定境……九ノ上―九ノ下
      - 7 諸見境……十ノ上―十ノ下
      - 8 上慢境／9 二乗境／10 菩薩境……不説
    - 八 果報／九 起教／十 旨帰……不説

唐土よりの…(二一二10)　礼法師とは四明尊者、法智大師知礼(九六〇―一〇二八)のこと。宝雲義通の門に学ぶこと十年、天台五小部の記をはじめ十不二門指要鈔等、著作極めて多く、六祖荊渓湛然が注釈を施さなかった天台大師の典籍を悉く釈し、かつ天台教学の疲弊に起因する諸問題について明確な解答を与え、趙宋天台と名付けられる程に教学の復興を完うした。その間、悟恩・源清・洪敏らのいわゆる山外派と論戦幾十年の長きにわたったが、これを山家山外の論争と称する。礼法師は、教学の研究に大きな功績を残したばかりでなく、修行門においても、法華経薬王品の焼身供養を自ら実行し、それによって極楽往生しようとする熱烈な信仰を示した。門下に多数の傑出した者があって、後代その門葉が栄え、いわゆる四明三家の発展があった。本書に覚法師とあるのは、知礼門下の浄覚仁岳師(―一〇六四)のことである。覚法師は、はじめ師の知礼が慶昭らと論争している時には、師説を扶けて大いに論ずるところがあったが、後、師と異見を生じ、十諫書、雪謗書などを作って、かえって知礼に抗論したので、雑伝派または後山外派の一人に数えられる。

さて、山家山外の論争の一つに観境を真心とするか妄心とするか(観境真妄論)の問題があった。真心家の立場は、華厳・禅の思想に影響されるところもあって、霊知の一念即ち八・九識の真如心を所観の境とすべきことを論ずるもので、実相三諦の円解を、そのまま観心立行に移すべき旨を主張するのである。これに対する知礼の妄心観は、凡夫の迷妄の心を観境として三千三諦の妙理と体達する立場を取るのである。補注「歴余の一心三観」(二五二16)を参照されたい。

いま本書に論ずるところは、初縁実相と根塵相対の一念との相違を問題にしているのであるが、初縁実相は摩訶止観の序分たるいわゆる略止観の

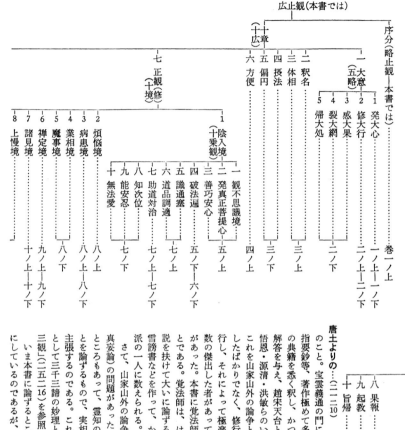

円頓章をもって、止観の本意とする立場に立ち、根塵相対は摩訶止観第五巻以下の正修章を本旨とする立場に立つものである。根塵相対の一念を観境とする立場は、全く礼師の妄心観に等しい。けれども、唐土以来の諍論は、ここでは当家相承の傍義として扱われるもので、正義は既に無明即法性と体達した本覚未分の立場に立っているのであるから、真妄未分の法性を所観の境とするので、表現は山外に類する如くであるけれども、相当の隔りがあるといわなければならない。同じ恵心流の天台問要自在房第一によれば、「宋朝人師知礼浄覚諍付御尋来候ヤラフ知礼妄心観云浄覚真心観存スル事候、其今此二師所立共一家観門相順セヌ事候、浄覚真心観沙汰候共、妄心外真心観意候、サテ一家意妄心体即真心了達事候間、他師意大事可異候」とあって、その立場を明瞭にしている。とはいいながら、正修章を無視しては止観の理解にならない。本書においても巻四には「総明の一心三観」(二四九頁)の項を設けて、八識所観の旨を述べている。さきの未分の法性中道は九識でなければならず、総明の一心を第八識とする説明は、口伝法門では晦渋を極めているが、序分における得道、即ち初縁実相による者は上上根、大意得道は中上根、七章を経る者は中根、十章に及ぶ者は下根と考えるのが普通である。等海口伝抄第八によると、「妙解の上の妙行」と「簡境用観」とを分離して説明する。簡境用観における所観を八識とするか六識とするかについてもまた口伝法門の課題で、恵心・檀那それぞれに、他流を六識所観と貶し、自家を八識家と自負するのが常套である。

彼彼三千互遍亦爾(二一五6)　心具の三千は、華厳経第十一の「心如工画師造種々五陰」を見てもわかる通りで、諸経論に一切唯心を説くものは多い。しかし天台では色心不二を強調するのであるから、心具三千が許されるならば、色具三千即ち独頭の色に三千が許されなければならない。一切唯心ならば一切唯色でなければならない。十界互具互融の理が認められれば、同様色心互融して、一色一香無非中道が理解される。金錍論に「色香若不レ具二三千一何云二中道一耶」とある。一々の三千に各三千を具する故、非情草木の成仏が認められることになる。従って非情草木の成仏は、衆生の成仏と全く同時で、草木の当体本分が成仏であるという本書の主張は、彼彼三千互融論からは正しい理解であるといえる。衆生の成仏と同じ形で草木が成仏すると考える草木成仏論では、不成仏とするのが正しい。三十四箇事書に「今の意は、実に草木不成仏と習ふ事、深義なり」(一六七頁)とある通りである。

陰入皆如…已下(二二〇16)　「初縁実相」以下「衆生界亦然」までの分文がなされているが、本書の巻二には、この分文について、「法体、標、解、正段」の四段分別がなされる。更に「陰入皆如」以下「更無別法」を「釈、行、四諦観、分別」の四段に分別している。また「法性寂然」より「是名円頓止観」までを「結、証、寂照不二」と三段分別する。

四諦に四教の別あり(二二一5)　三蔵教では、万有の中に恒有の七十五法の法体を認め、それが前世の妄業によって結合して万有の苦果となるとし、現象を分析すればすべて分散して、もとの法体に還帰するという。業力による諸現象は、妄業によるところであるから、現象を分析して空を悟る析空観の修行によって、見思の煩悩を断じ、この世の果報が尽きた時、灰身滅智(けしんめつち)して完全な空滅の悟りに入ることを教える。四諦についていえば、その一々がみな生滅の法で、転変果てしない実生実滅ものであるから、蔵教生滅の四諦と名づける。蔵教が、凡夫の経験や認識を基礎として、生滅の四諦を教えるのに対し、通教は、その四諦の法が生滅するのは、実有ではなく、分析せずとも、生滅そのものが迷妄の主観から生じた夢幻の如き本来空の存在であるとし、道理を基礎として無生無滅の四諦を説く。これは蔵教の析空観に対して体空観と呼ばれ、この観行によって当体即空の真理を悟るのである。通教は大乗の初門であるから、ここでも二乗と鈍根の菩薩とは、蔵教と同じく但空の理を悟るけれども、利根の菩薩は、無生滅体空の理によって中道の理を見出し、後の別・円二教に通入する。別教の四諦を無量の四諦という。蔵・通二教は、六道三界内の事理、即ち凡夫の当面眼前の事象に基礎がおかれているから、蔵教は事教、通教は理教という相違はあっても、ひとしく界内の教である。これに対して別教は、真如中道を説いて、現象界の妄染を超越した本体界を扱うので、同居土は勿論のこと、方便・実報・寂光の三土にわたる界外の教であるから、集因苦果、道因滅果についても無量の相があるので、これを無量の四諦という。従って別教の苦諦は、六道三界の果報である分々段々の差異ある迷いの現実(分段生死)と、見思の惑を断じた聖者の、迷想より証悟に変易した殊勝な果報(不思議変易生死)とがそれに当る。集諦には、蔵・通が見思の惑のみを教えるのに対して、別教では、塵沙・無明の二惑を加え、道諦には、空仮中の三観を説く。しかしその三観は、空観によって見思を断じ、仮観によって塵沙を断じ、中道観によって無明を破するごとく、漸次の対治であるから、これを隔歴次第の三観というのである。次第の三観によるから、その滅諦の悟りは中道ではあっても、生死流転の妄相を翻転した真如中道であって、円教のそれに比すれば但中である。円教を四諦について見る時は、これを無作の四諦と名づけ、生死即涅槃の融即の果報が苦諦、煩悩即菩提の上の同体の三惑を集諦、一念三千即空仮中の観法を道諦、娑婆即寂光随縁真如の悟りを滅諦とする。

止観明静前代未聞(二四五10)　この句は、摩訶止観の序の最初の句である「摩訶止観十章に説かれた止観の体は誠に明静の二字におさまるが、未だかつて天台大師の如く、定慧兼ね美しく、義観双べ明かに、釈尊一代の仏教をここに帰結せしめた功の偉大なるを聞かない」という歎徳の句である。止の体は静であり寂である。観の体は明であり照である。この句について、尊舜の摩訶止観見聞上巻に、左の如き八種の点を口伝として伝えている。㈠止観明静前代未だ聞かず(恵心)。㈡止観の明静なること、前代にも未だ聞かず(竜禅院下品の点)。㈢止観の明静なること、前代には未だ聞かず(檀那)。㈣止観明静なり。前代より未だ聞かず(相生)。㈤止観明静なることを前代未だ聞かず(増賀)。㈥止観明静にして前代より未だ聞かず。㈦止も観も明静なり。前代未だ聞かず(海岸房)。㈧止観明静前代未聞。以上の八点であるが、竜禅院とは顕真のこと。第三の檀那の点は、また御経蔵の点とも呼んでいる。第七の海岸房とは性舜のこと。この八種の中では、第一と第三の恵心・檀那の二点に帰するといい、第一は直行の機を本とする体用未分の点であり、第三は解行移転の機を本とする体用已分の点であるという。前代未聞の法体についても、或いは虚空不動の三学といい、或いは即身成仏といい、また一念三千とする等、その口伝は多種にのぼる。しかし一番問題になるのは、前代未聞とすれば、恵文・恵思が未聞の中にはいることであろう。恵心流においては、化他門の時は、三種止観を南岳より相伝することを認めるけれども、自証の時は、天真独朗の内証は不由他であるから、釈尊すらも前代未聞の内であるとしている。

陰界入(二五二3)　五陰十二入十八界のこと。五陰とは旧訳で、新訳では五蘊。色・受・想・行・識の五をいい、陰(蘊)(梵語 Skandhāḥ)とは集積の意。天台大師は摩訶止観第五上に「陰とは善法を陰蓋す。これ因に就いて名を得。又陰とはこれ積聚なり、生死重沓す。これ果に就いて名を得」という。一切の事物は五陰から成り立つことをいう。一に色蘊とは、有形の物質、二に受陰とは、対象を受け取る心の作用、三に想陰とは、想像する心の作用、四に行陰とは、瞋り貪る等の心の作用、五に識陰とは、事物を識別了知する心の作用。大分すれば色と心との二つの和合によってすべてが成立することをいう。十二入とは新訳では十二処。五陰が色を一とし心を四分したのに対し、色を十分し心を二分した見方。十入は眼・耳・鼻・舌・身の五根とその対象である色・声・香・味・触の五境。心の二分とは意根とその対象である法境である。十八界とは色を分けること十入と同じく、心を八分する。意根・法境の二に眼・耳・鼻・舌・身・意の六識を加えたもの。五陰・十二入・十八界を三科というが、三科は凡夫が実我ありとする迷執を破るための施設で、心に迷うこと重き者には五陰、色に迷うこと重き者には十二入、色心共に迷う者には十八界を用いて教えたもので、所詮は色心の二法を細分したものである。

歴余の一心三観(二五二16)　摩訶止観に説く十乗観法で、何を観ずるのかについて、その対境として十境を示すが、その第一が陰入界境である。他の九境は発するに随って所観とするもので、極めて不定なものであるのに比し、陰入界境のみは常に現前するものであるから、直ちに観境となり得るからである。さきに説明したように、陰入界といっても五陰十二入十八界があり、そのいずれを取ってもよいわけであるが、最も近く、最も中心となり、最も観じ易いものは識陰であるという理由から、これを第一に取り上げ、第六意識の中の強起の善悪心と発得の煩悩心とを除いた無記心を観境とするのを剋示境体という。同じ第六意識ではあるが、特に強起する善悪心を観境とするのは歴余一心観と呼ばれ、それを適当としない者については、他の四陰及び十二入・十八界を対境とすべしとするのが例余陰入観であり、更に、右の三境観が端坐の行法であるに対して、その他の場合、外界に触れ、感官を働かすごとに、その都度五識五意識を所観の対境とするのを歴縁対境観という。以上を図示すれば次の如くになる。

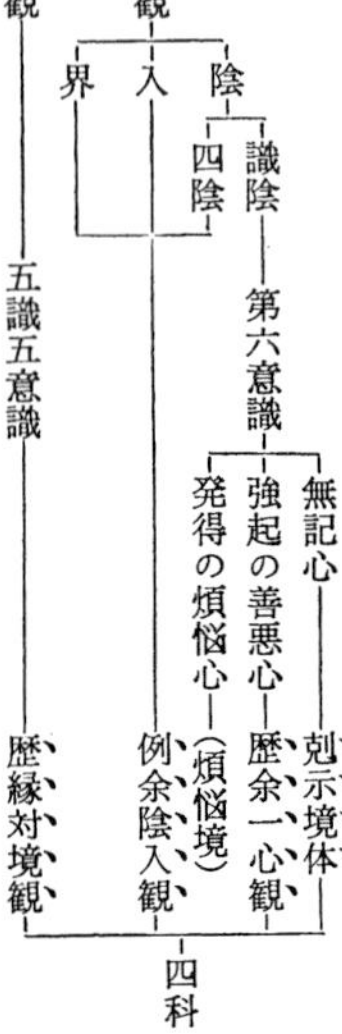

但し、本書が主張するところは、その正統天台の理解とはその趣を異にしている。補注「唐土よりの…」(二一二10)を参照されたい。

平等性智・大円鏡智(二五四3)　法相宗でいう如来の四智とは、大円鏡智・平等性智・妙観察智・成所作智であり、それらの四智は、それぞれ凡夫の有漏の八識が転じて、仏の無漏智となったものである。凡夫にあって一切有情の身を成立させている総本たる第八識は、如来一切の功徳を持する大円鏡智となり、我見の第七識は、転じて無縁の大悲を起す平等性智となり、了別の作用たる第六識は、転じて諸法の相を完全に観取し、説法断疑の働きをする妙観察智となり、眼耳鼻舌身の五識は、凡夫を教化するため変化等のことをなす成所作智となる。

浄戒円満す(二六七3)　口伝法門では、一念三千の修行と持戒との関係が常に問題になっている。摩訶止観第四上の「故梵網云、戒名二大乗一名二第一義光一、…当レ知中道妙観戒之正体、上品清浄究竟持戒」の文を中心として論じられるのであるが、中道妙観とは一念三千観で、それを戒の正体とする。上品清浄究竟持戒とは果分の常住三千が浄戒の戒行であるとするのであって、三千互具を持戒の相とし、三千観が全く持戒であると論ずる。従って直行の機には菩薩戒の受戒は必要でなく、解行の機のみについて、それも法臈を定めるために受戒を必要とするという。伝教大師以来の円頓戒は、三学一元をその根底においたので、口伝法門がこれを三学倶伝の妙法戒とし、この五体を本有常住と顕わすことを持戒であるとする萌芽を、そこに見ないわけにはいかないけれども、一得永不失は、真如仏性の戒体において認められるだけで、その戒相においては、梵網経の五十八戒を受持しなければならないのは当然である。しかし口伝法門では、一得永不失を「一タビ得ルトハ不可得意。只自元開ケ得タル貌ナリ」(一帖抄)と解釈し、法華の理戒を持することで三種浄戒を円備するという。それは日蓮聖人の法華唱題誦経即持戒の主張と全く同じである。本書の巻三には、円頓大戒の相伝に二種をあげる。一に作法受得の得戒。正しく知識に対し、不現前の五師を請うて戒体を受得すること。二には自然得戒。名字解了の人は作法受得せずとも、念々に戒定恵の三学が円発する故、自然に円頓の戒体を得る。名字即の位に成就するところの戒定恵の三種を一得永不失というとするのである。まもなく戒法の復興があったけれども、元応寺や宝戒寺で行われた戒灌頂も、結局は「平等大会教菩薩法仏所護念」の句を三聚浄戒なりとして伝戒するにすぎない。

六根互用(二六八1)　六根互用とは、六根清浄位、即ち天台の六即位では相似即の位において眼等の六根が各他根の力を具有するようになることをいう。行者が、見思の惑を断尽して、無始以来の六情根の罪障が消滅すると、その身は浄瑠璃の如くになって、六塵の境に汚されることがなく、八百の眼の功徳、千二百の耳の功徳…等を得るという。互用については、法華文句第二十八に鼻根の自在勝用について弁じているが、七帖見聞第七を見ると、互用に互融と互用との二意を分け、後の互用にまた両義を分けている。互融とは、十界融通を観ずるから、自己の六根が十界の衆生の六根と融通するという考え方である。後の互用の二義の第一は、眼根に他の五根の能力を具え、舌にまた他の五根の能力を具有する等であり、第二は自己の六根が、十界の衆生の六根と一体になるとし、例せば自己の耳に十界の衆生の言語を覚知すること等としている。相似即の六根互用は、似位の六根互用であり、初住以上の六根浄は、これを真位の六根互用とする。初住以上十行・十廻向位の真位の六根浄は華厳経の所説の意であり、似位は法華経の意である。華厳経には十種の六根を挙げるが、眼根に例を取れば、肉眼・天眼・恵眼・法眼・仏眼・明眼・智眼・出生死眼・無罣眼・普眼の十で、他の五根も各十を具するという。別教の十住・十行・十廻向は円教の十信に当るので、円教では十信を六根清浄の位としているが、十信は未だ無明を断ずる位ではないので未証の位といわれる。

断無明（二六八11）　天台では、円教の次位は六即位で判ずるのが正意であるが、無量の無明を断じ中道を証する分証即の一は、その位の幅が極めて長いという理由から、別教の五十二位と法華経随喜功徳品に説く五品弟子の位とを加えて、これを六即位に配して用いている。法華玄義第五上に、名別義円を説明して、「如二五十二位一名与レ別同、而初中後位、円融妙実随自意語、非二是教道方便一、依レ義不レ依レ語、応二従レ円判一レ位也」とある通り、これは附傍別教の円位であり、名別義円による次位である。六即と円・別二教の五十二位との配当は、牛頭法門要纂の補注「妙覚」（二七17）参照。

無明を断じて中道を証するから分証即の名が与えられるので、五十二位でいえば、初住の位から無明を断ずることになる。無明の品数は無量無数であるけれども、円教では一応初住から妙覚に至る四十二位に一品ずつを断ずるものとして、四十二品に括って残余なからしめ、別教においては十地の位で無明を断ずるから、十二品の無明を数えることになる。これを円教四十二品断、別教十二品断というが、別教十二品断では三十品の無明が余残となる。しかし円教の方からいえば、別教の十廻向の後心に必ず円教の一心三観の智を発得し、円人となるはずであるから、初地以上は有教無人とされ、実人はすべて円教の次位に移ることになる。四十二品・十二品断については、法華玄義釈籤講述五上に詳しい。

自受用身の所居の土の沙汰…（二七〇2）　自受用身所居の土が寂光土なりや実報無障礙土なりやの問題が、仏土義の中の算題として古くから論じられて来た。その両者の所論の相異は、自受用身は修因感果の仏身で修成の事身なるが故に、性徳の理土たる常寂光土に住するはずはなく、果報の仏土たる実報土にあらねばならぬとする説と、自受用身は境智一体の究竟の悟を得た法身であるから、寂光土に住すべきであるとするところにある。その二見解の生ずる由因は、極めて早くにあったと思われる。仏地経論第七によれば、「一に自受用は三無数劫の修の所成なるが故なり。二に他受用は諸菩薩をして法楽を受けしめんがための故なり」とあるから、修成の事身であることを明了にしているし、心地観経巻二にも、「自受用身の諸相好一一遍く十方刹に満ち、四智円明にして法楽を受く。前仏後仏体皆同じ。この身常に報仏土に住して自受法楽間断なし」とあって、実報土説の根拠となっている。のみならず本書が問題にしている仁王経の文は、摩訶止観第六下に引用され、「亦これ三賢十聖果報に住す。唯仏のみ一人浄土に居す」と、その浄土が明確を欠くのみならず、摩訶止観はその文に続けて、「賢聖を以て仏に例すれば、妙覚を指すにこれ報なり」とするから、これもまた報土説に近い。しかし自受用身の所居は常寂光土であるとするのが後世の常談になっているように思われる。というのは、瓔珞経には「唯仏独り中道第一義諦法性の土に居す」というのを初めとして、浄名経疏や金光明経疏等にも、また伝教大師の無量義経疏にも、それが常寂光土とする文が明瞭に存する。修因感果の身でも、既にそれが究竟の始覚仏と法身本覚の体とが冥合すれば、即寂光であって、言葉の上で報土とあったからといって、四土の中の第三の実報土を意味するのではないとするのである。本書は、三賢十聖の所居の土は他受用報土、唯仏一人の浄土を実色実心の内証なる実報土とする説を取る。これに反し、自受用寂光の説を取る他家のあることを明らかにしている。本書は恵心僧都の自行の実報土の説を継承しているし、寂光土の説は檀那流義を意味している。七帖見聞第七によると、寂光土にも上中下の三種を開き、初住以上を下寂光、等覚を中寂光、妙覚を上寂光とする一義を挙げ、また慈覚大師の義として、自受用身は実報土に居するが、それは前寂光の意とする。本書が慈覚大師の釈として、「実報・寂光は一法の二義」としているものと共通するのであろう。

十信断惑（二七一17）　円教の行位断証では、初信に見惑を断じて真空の理を顕わし、二信より七信に至って思惑を断尽する。次いで八信より十信に至って、塵沙の惑を断じ、三不退(位・行・念)を得る。従って仁王経の「十善の菩薩、大心を発して長く三界の苦輪海に別る」という文は、十善即ち十信であるけれども(この十善は不殺不盗等の十善戒ではなく、国王の十善の徳を以て十信の位に類する)、もしこの十信位が別教の十信であるとすれば、伏惑のみで断惑がないので、三界の苦輪海に別れる十信ならば必ず円教の十信でなければならないというのである。

相伝法門見聞

三千(二九二5)　いかなる法でも一法を採って観れば、この法が三諦に在り、一切法と相即互具しているということは、本書の首尾に通じて論ぜられる論の地体である。これを眼前に在る諦理として論ずる立場からは、空・仮・中の関連度の浅深、主従の強弱等によって、幾多の分別が立てられるはずであるが、本書においては先ず、妙法蓮華経玄義において五重、摩訶止観において四重等の名目の下に探究され、その探究の場も一境三諦とせずに、すでに色心不二(摩訶止観巻五上に「即陰是観」というから)の立場に立って、一心三諦としている。従ってそこに顕われる諦理は直ちに観照の主体である智を構成する訳であるから、智の一心三観の精要を撮るには、ここにいう修の境を以てして足りるはずである。しかしここには起念に相応する本覚の智の中に、不起の智体と、修に起る本法の智との二を立て、三千・三観に、悟智の起と不起と、或は修の境、理の境を分別している。「三千」は、心境義(一念三千)の下に伝授される法門で、次に説明する如く、凡夫の視るに任せて一切法の相即・互融である事実を示した用語であるから、これには悟智の起・不起は係わらないのが祖意である。理談に陥るのは、行・証二重を立てる趣旨に戻り、口決をする意義にも反すると思われるが、この辺の叙べ方に、かえって口伝法門の特色がみられると同時に、そこに包含される諸般の事情も、竊かに看取される。

一念三千、これは一念の心に三千を具すということで、三千とは、一切法の高広な体相(妙法)を表わす名数。一念の心の無い者はないのであるから、一念三千とは、素凡夫(そぼんぷ)であっても時々刻々妙法を活きて居る、という意味である。これが天台一家の思想の基幹を為すのである。三千という数字がなぜ、高広な一切法を表示するかは、十法界の互具と、三世間十如是の相乗による。

十法界とは、諸法を収め尽して漏れた法は一つもないまでに涯際を窮めたのを法界といい、この法界を観る機感の優劣によって、越えることの出来ない格差ある処に界畔を付け、十に分けたもの。即ち地獄・餓鬼・畜生・修羅・人間・天上・声聞・縁覚・菩薩・仏の十法界。界と界と相混濫することはないが、これはもともと諸法の法を摂(おさ)め尽した一法界を十に分割したものではないから、智顗がこの事を「此の十法は一々の当体皆是れ法界」「法界とは三義あり、十数は是れ能依、法界は是れ所依、能と所と合せ称する故に十法界と言ふ」(摩訶止観巻五上)等と言って、十法界の細釈を下している通り、十法界の三字は、(1)十にして一、(2)一にして十、(3)一と十との活体、の三義をもっているのであって、十の中の一界を挙げれば他の九界は自らその一界に具わる、即ち一界は十界、十界は自ずと百界となるわけである。

因みに、経論に六道・四聖の散説はあったが、このような組織に十界を立てたのは、智顗の創説なのである。又更に、一切法が仏界を頂点として序次付けられたのも、衆生の本源性が宗教的向上にあることを示す意図もみられる、含蓄多い祖説である。

三世間とは、大智度論四十七に出るもので、五陰世間・衆生世間・国土世間をいい、又は五衆世間・仮名世間・器世間とも名づけ、上に述べた十法界の各々にこれを具えている。十法界のうち、地獄・餓鬼・畜生の三法界は有漏悪の上・中・下三品の陰入界、修羅・人間・天上の三法界は有漏善の下・中・上三品の陰入界、声聞界は無漏四諦の陰入界、縁覚界は無漏十二因縁の陰入界、菩薩界は亦有漏亦無漏の上求下化願行の陰入界、仏界は非有漏非無漏常住涅槃の陰入界である。十界十種の陰界入が、このように同じくないのを五陰世間という。十界に住する正報即ち衆生は、皆同じく五陰の仮和合体であるが、地獄・餓鬼・畜生の陰は罪苦の衆生を造り、修羅の陰は闘諍の衆生を造り、人・天の陰は受楽の衆生を造り、無漏の陰は沈真の衆生を造り、慈悲の陰は化他大士の衆生を造り、常住の陰は尊極の衆生を造る。十界の衆生みな異なる、これを衆生世間と名づける。衆生の居所即ち環境は、十界通じて国土世間と呼ばれるが、十みなその相・性を異にする。地獄界は赤鉄・針山に依って住し、餓鬼は炎野に依って住し、畜生は地・水・空に依って住し、修羅は海浜・海底に依って住し、人は地に依って住し、天は宮殿に依って住し、六度の菩薩と通教未断の菩薩は地に依って住し、断惑の聖は方便土に依って住し、別円未断の菩薩は人・天・方便等に住を同じくし、断惑者は実報土に依って住し、如来は常寂光土に依って住す。十界の土々は、このようにみな同じくないので、これを国土世間と名づける。十界に各々三世間を具する故に三十種世間あり、これはみな心より造る所である。

次の十如是とは、法華経方便品に出ている文で、諸法実相を略説した数十字、略法華とも呼ばれるもの。如是相・性・体・力・作・因・縁・果・報・本末究竟等の十の如是である。また、如是相等と読んで仮諦を顕わし、是相如等と読んで空諦を顕わし、相如是等と読んで中諦を顕わし、一文に即して三諦を詮顕するものと智顗は釈している。相とは外に拠って分ち易きをいう。性とは内に拠るもので不改・不動のもの、体は主質、力は内在の力用、作は内在の力用が外に顕われる運為、因は果を招くの業、縁は業を助くるもの、果は習因が後に剋獲するもの、報は習因に報いるもの。本末究竟等は、相ないし報は、縁生の故に空に就いて等とし、また仮の施設なる故に仮に就いて等とし、本末相在の故に仮に就いて等とする。また相ないし報はみな差別・平等などの四の分別を絶して如実の真際に在る故に、中に就いて等を論ずる。このように、一切法は、如何なる点より観ても、空・仮・中の三つの真理が具わっている在り方である。これを十如是という。十界の十種五陰は各々みなこの十如是を具えている。即ち、地獄・餓鬼・畜生の三法界は苦を相とし、定悪を性とし、常に摧析(さいしゃく)される色心を体とし、刀・針に登る等を力とし、十不善を為すを作とし、有漏の悪業を因とし、愛・取等を縁とし、悪の剋獲する所を果とし、悪趣を報とし、本末みな痴なるを等とする。修羅・人間・天上の三法界は楽を相とし、定善を性とし、昇出の色心を体とし、楽受を力とし、五戒・十善を行うを作とし、善業を因とし、善の愛取を縁とし、善の招く所を果とし、人・天の有を報とし、五陰身の初後相在なるを等とする。声聞・縁覚の二界は、涅槃を相とし、解脱を性とし、戒・定・慧・解脱・解脱知見を体とし、道品を作とし、無漏の慧行を因とし、行々を縁とし、四果を果とし、後有の中に生ぜざるを報とする。菩薩・仏の二界は縁因を相とし、了因を性とし、正因を体とし、四弘誓を力とし、六度行を作とし、智慧荘厳を縁とし、三菩提を果とし、大涅槃を報とする。五陰世間に就いての十如是は上の如くで、衆生世間・国土世間にもまた十如是を具すること、五陰に例して知るべきである。

以上、述べ来った百界・三世間・十如是の相乗が三千であるから、「三千」は一切法の三諦円融を表示するは勿論、色・心、境・智、内・外、自・他、依・正、因・果、凡・聖、事・理等の相待法がみな相即された、互具互融の法界相を的示しているものなのである。智顗はこの三千を釈出して、「夫れ一心に十法界を具す、一界に又十法界を具す、百法界なり。一界に三十種(十如是と三世間の相乗)の世間を具し、百法界に即ち三千種の世間を具す。此の三千は一念の心に在り、若し心無くんば而已(のみ)なん、介爾も心有らば即ち三千を具す。亦た一心前に在り、一切の法後に在りと言はず。亦た一切の法前に在り、一心後に在りと言はず、…若し一心より一切法を生せば此れ則ち是れ縦なり、若し心、一時に一切法を含まば此れ即ち是れ横なり、縦も亦た不可、横も亦た不可、ただ心是れ一切法、一切法是れ心なり、縦にあらず横にあらず、一にあらず異にあらず、玄妙深絶にして識の識る所に非ず、言の言ふ所に非ず、所以に称して不可思議境と為す」(摩訶止観巻五上)と説いて、已心と法界・三千との融合を明かしている。しかし、三千を心具する際の機微には何の手続きも準備も容れないのが原文の真意であることに着眼しなければならない。心具の際の機微にこれ以上の言句・慧弁を挟むのは徒労なのではないのか。また心具の成不は後に続いて説く起慈悲心・巧安止観・破法徧・識通塞・修道品・対治助開・知次位・能安忍・無法愛の九乗観、及び前に説かれた二十五方便に係わっているのではないのか。しかし本書や口伝法門には、慧弁分別に急にして、これら事行に関する披陳は極めて少ないことに刮目すべき点がある。

六即ノ位(二九二18)　円理をそのまま階位に当て、上慢と自屈を免れしむるため智顗の立てた円教の行位。1理即、2名字即、3観行即、4相似即、5分証(分真)即、6究竟即。1は不聞不知の最下の凡夫も万法一実円融の理に在ること、2はこの理を経巻あるいは師に従って聞知した位、3はこの理教に依って観心修行の進む位、4は一実円融の理と慧と相応して身心共に極仏に彷彿とする位、5は一分ずつ仏位に登る位、6は仏位を究竟円満する位。このように、1より6に至るまで初後の迷と悟、情と智に浅深次第あるも、その体は不二なるを表わして六を通じて即と呼ぶ(摩訶止観巻一下)。

同在一心(二九七13)　尊舜の二帖抄見聞巻上に「尋ねて云く、法界を指して一心と云ふに付いて不審なり、法界と云ふは事々物々無量無辺なり、一心と云ふは纔かに行者の一念の胸中なり、何ぞ法界を指して一心と名づくべけん耶。義に云く、一の字はヒラクと読むなり、一心を法界と悟れば法界自ら一心なり、我等は迷ふに依つて心を法界と開かず、必ず一界の一念狭少に属するなり云云。一義に云く、法界を指して一心と名づくることは、多は全く一、一は全く多の義なり。一家の心は只だ心是れ一切法、一切法是れ心なれば、事々物々無量無辺なれども、一念の外には之れ無きなり。止観の第五巻に不思議境の心地を釈する時、「多は多に非ず、多を指して一と為す、一も小に非ず、故に此の心を名づけて不思議境と為す」の文は是れ、多を指して一と云ふ証拠なり。此等も釈義の校合なり、直ちに観念の窓に向つて坐禅工夫して解を得べきなり。且つ法界が一念なる事相を意得る時、我等が息風は法界の風大が方寸の胸中に入りて命根と成る。故に冬空寒気の時天晴れて曇り無ければ、息の色分明に見ゆるなり。又陽気に向ふ時は、胸中の命根法界の息風に隔て無き時、春は霞と成つて色を陰(かく)すなり。此の時は息の色を見ず。之れを以て法界広けれども一念に円備し、方寸の胸中も法界に遍くして狭ならざる事を覚知すべきなり」と。

第五品(三〇二18)　「品」は、全書本「巻」とあるが、「品」がよい。五品弟子位の第五。五品弟子位とは法華経分別功徳品の説によって智顗の立てた円教の行位で、その第一随喜品は実相の法を聞いて随喜心を起す位、第二読誦品は更に法華経を読んで観解を助ける位、第三説法品は更にこれを他に説き導き利益する位、第四兼行六度品は六度を兼修して観解を助ける位、第五正行六度品は正しく六度を行じて自行化他具足し観行転た勝るる位。
また三〇三頁八行の「第三・第四」品とは、説法品と兼行六度品を指す。

慶深阿闍梨等云(三〇三13)　慶深は(二六四—?)承元四年四月二十日、後鳥羽上皇御祈五壇の法に中壇の賞譲として法眼に叙せられた人である(天台座主記巻三)。これは叡山の初例として法印証真が総学頭に任ぜられてから三年目に当り、心賀にとっては、同時代に居った老先輩であると思われる。この人の著作としては、「一心三観行法抄」一巻が真如蔵に伝えられる。いま硲慈弘師筆写本(現大久保良順氏蔵)によって見るに、扉に「法爾一心三観粗注之、裏書最秘口伝等也、仍可入秘書目録也」として、一心三観の行軌を次のように立てている。一着座観、二発菩提心、三懺悔、四受菩薩戒、五勧請、六随喜、七正観(イ)観元初一念無明心、(ロ)歴余一心観、(ハ)付法華説文観、(二)付本門修一心三観)。いまここに引用された「凡一心三観」以下、「可秘之、云云」(三〇四頁三行)までの九行の文は、一心三観行法抄の「本門に付して一心三観を修す」る下の文に付する裏書の文の一部であって、「又云」(三〇三頁一七行)の下は、本爾の顕本とは、の説明であり、「覚満ノ本覚」は「覚満の仏体也」とあるほか、多少言句の前後するところはあるが、この抄の細注を丹念に引用したものである。阿闍梨等の「等」の字については、この一心三観行法抄は文永元年六月二十六日、慶深が毎日の自行再興のために作ったものなのであるから、旁々不審ではあるが、この抄は一心三観修行運心に必緊適切な要文を各段に配した、真摯且つ実習至便な行軌に造られているのをみると、これを伝受している人達の数多くあったことも想像に難くない。また、「前念ノ空」(三〇一頁一八行)以下「云意也」(三〇二頁三行)までの四行の文も、同抄同所の本文の一部分の引用である。

久遠実成…南岳天台(三〇三13)　無限の過去世において、すでに仏道を完全に成就していることを、久遠実成という。大牟尼尊は釈迦仏。法華を証明せんため霊鷲山に多宝仏の在す宝塔が地より涌現し、釈迦に半座を与えて、久遠実成の多宝・釈迦の二仏が並坐し、これより法華経の本門の部、即ち釈迦の寿命が無限であるとの説法が展開されるのである。今の文は、この本門の会座で、釈迦が直接に南岳・天台へ伝授したことを表わす。

塔中説(三〇三16)　正しくは霊鷲山上で説かれた法華経のうち、塔中で説かれた分、即ち見宝塔品より嘱累品に至る十二品(これを虚空会という)の経文を指すが、その霊山会上の多宝塔の中で、釈尊が南岳・天台に一心三観の法門を伝えたと伝記の文が示唆する処に拠って、その時の説示の儀を塔中直授とし、従って摩訶止観の円頓者の一文を塔中の直語とも称するに至り、更に一心三観の口決伝授、七箇法門の相伝を塔中の儀に擬して、その時の説示をも塔中の説というようになった。今はこの意味であって、しかも一心三観相伝の時の説示の言葉が、この頃すでに一つの型に定着していたことを物語っている。多宝如来は因行を修するに、もし、成道入滅の後、法華経の説かれる処には必ず、我が全身の在る塔廟が、経の証明のために、その処に涌現して、善哉と讃嘆しようとの大誓願をなし、今、霊鷲山の法華会にも、この厳広の多宝仏塔が涌現したので、釈迦は自己の十方分身を集め、地を清浄平正にし、塔を開き、塔の中に多宝と釈迦と並び坐し、大衆もまた虚空に昇って法華経を聞く、この雄大荘厳な儀相の展開を叙べるのが、法華経見宝塔品第十一である。天台はこれに就いて、多宝は久遠の法身、釈迦は報身、十方分身は応身、三の仏身一体にして倶に体、倶に用である深義を汲み取り、二仏並坐に境と智との冥合を釈出して、これらの玄妙は、多宝塔の涌現より興り、かえって吾人個々の本源性を湛える一心に収まるとのことを詮顕した。この義味を解了する者から観れば、心奥の法門授受は、たとい末世の道場にあっても、即ち多宝塔中の振舞となるわけなのである。

戒体(三一二8)　戒の体性。戒を受ける儀式と共に形成される防非止悪の能力体で、この体が物的なもの(色)か、心的なものか、又は非色非心のものか、古来種々の議論があり、台家にも、性無作の仮色といい、心法といい、二義がある。この戒体を認める所に、世間の道徳と大きな異なりがある。

行始(三一四14)　二十五方便は止観を行ずるための身心の準備で、これが完備すると、止観寂照の水を湛える器が出来たことになる。器あってはじめて止観の水を湛え得るのであるから、「二十五方便を外にして三千観は在らず」とまで言った学者もある。従ってこの二十五方便は、当然、行に入って然るべきであるのに、摩訶止観第七正修章の始めには「上六章は解に属す云云」と言っている。口伝法門の伝承者の中には真摯な学者も多く見られるが、一般には端的な慧解に傾倒する風潮であったように思われる。

七番・五義（三一七7）　法華玄義十巻の内容を総括して指した語。五義とは五重玄義。経題「妙法蓮華経」の五字を名・体・宗・用・教の五玄義に別解されたこと。七番とは七番共解。五玄別解の前に名体宗用教の性格を規定するため、この五を共じて標章・生起・料簡・会異・引証・開会・観心の七番に討窮した文段。

随機開廃等（三一七15）　諸仏は衆生を三権より導いて一実に入らしめ、近より誘って遠寿の眷属たらしめるために、破・廃・開・会・住・覆・用等の四重乃至十重の内証の伝達形式を用いた。これを仏の権智とみれば随機の開廃である。しかし仏の本誓に随う無縁大慈悲の自受用境を外からみたに過ぎないとすれば、これは内証の実智そのものである。このことを法体法爾の相承に応用したのが、この文である。

四種仏土（三一八12）　台家の立つる所、1凡聖同居土、2方便有余土、3実報無障礙土、4常寂光土。1は単に同居土ともいう。凡夫と聖者の二乗等雑居する国土で、これに浄土・穢土の二種あり、娑婆の如きを同居の穢土とし、西方浄土の如きは同居の浄土である。2は見思の煩悩を断じて三界の煩籠を出た人の生ずる処、なお煩悩の残分あるが故に有余といい、また更に上階の土に進む途中なる故に方便土という。3は一分ずつ中道の理を証った菩薩の住する国土。果報勝れ（実報）、色心相妨げざる（無障礙）土である。4は法身如来の住する諸相永寂の理体をいう。但しこの理体は、智と用とを離れず、三千諸法宛然とした本有の土であって、ただ業力の隔てある感見と不同ある故に、前三土の別異を生ずる（智顗撰、維摩経文疏巻一、妙法蓮華経玄義巻七）。

解説

天台本覚思想概説

田村芳朗

天台本覚論ということ

天台本覚論という題名は、本書の作成にさいして考案されたもので、天台本覚思想についての論というような意味である。ところで、天台本覚思想というタームも新しいものであって、このごろは使われることが多くなってきたが、しかし、まだ完全に定着するまでにはいたっていない。それというのも、天台本覚思想は、やっと近年になって各方面から注目されはじめたものだからである。天台本覚思想が日本の特に中世において、仏教諸宗のみならず、修験道・神道、さらに一般の文芸思潮にいたるまで大きな影響を与えたこと、いわば、それらの共通背景として天台本覚思想が存することに気がつかれだし、ひいては、天台本覚思想の研究が必要だという声が諸方面からあがりだしたのは、つい最近のことがらに属する。

最初に天台本覚思想にたいして注意を喚起し、みずから、その研究に着手したのは、島地大等(一八七五—一九二七)である。師は、すでに明治三十九年(一九〇六)九月、「本覚門の信仰」(『思想と信仰』に所載)という題で講演をし、以後、しばしば天台本覚思想についての論文を発表した。大正八年(一九一九)九月に東大講師となったが、その最初の講義題目が「日本仏教本覚思想の概説」(『仏教大綱』に所載)であった。

大正十五年(一九二六)十月に仏教思想研究の特輯として『思想』(岩波書店刊)第六十号が出されたときには、島地師は「日本古天台研究の必要を論ず」という題で寄稿し、天台本覚思想の研究の是非とも必要なことを強調するにいたる。その中で、師は日本天台を時代的に中古天台と近古天台とに二分し、前者をもって安楽派以前に、後者をもって安楽派以後にあて、その中古天台(古天台と略称)を思想内容でもって呼称するなら、本覚思想ということになるとした。ちなみに、安楽派とは、妙立慈山《みょうりゅうじざん》(一六三七―一六九〇)・霊空光謙《れいくうこうけん》(一六五二―一七三九)の二人が出て、四明天台復帰・安楽律唱道を試みたことをさすもので、特に霊空は、『闢邪編《びゃくじゃへん》』(一六八九)を著わして玄旨《げんし》帰命壇《きみょうだん》を批判し、これによって天台本覚思想は終りを告げたといわれる。

つづいて島地師は、右の論文において鎌倉新仏教の諸宗を取り上げ、「この禅念仏日蓮等の仏教は、何を母胎として産声を揚げたのであらうか。日本仏教史上、この場合先づ推すべきは日本の古天台であらう」と説き、さらに中世の神本仏迹《しんぽんぶつじゃく》の神道理論も、日本古天台の本覚思想に由来することを指摘した。そうして、そのような本覚思想は、一般的には具体的絶対論ないし絶対肯定の思想と称しうるものであるという。つまり、具体的な現実の事象そのまま絶対とみなし、また肯定することで、専門的には事本・事円・事実相・事常住などというところである。眼前の事々物々のすがたこそ、永遠な真理の活現のすがたであり、本来の覚性(本覚)の顕現したものという意である。

天台本覚思想は、煩悩と菩提、生死と涅槃、あるいは永遠(久遠)と現在(今日)、本質(理)と現象(事)などの二元分別的な考えを余すところなく突破・超越し、絶対不二の境地をその窮みにまで追及していったもので、仏教哲理としてはクライマックスのものと評することができよう。島地師みずから、さきの論文の中で、「仏教哲学時代に於ける思想上のクライマックスを、古天台の本覚思想に設定せんと提唱」するというところである。事実、天台本覚思想は、天台法華の教理を根幹としつつ、華厳・密教・禅などの代表的な大乗仏教思想を摂取し、それらを素材として絶対的一元論の哲学を体系づけたのであって、いわば、大乗仏教の集大成ともいうべきものである。

本覚思想と呼ぶのは、関係文献に本覚という語が盛んに用いられているからであり、その本覚という語は、『大乗起信論』に端を発する。『大乗起信論』は華厳哲学において珍重された論書であり、日本の天台本覚思想の形成にさいしては、華厳哲学とともに重要なモメントとなったものである。したがって、日本の天台本覚思想を解明するためには、『大乗起信論』に始まる先駆的な本覚思想について考察を施しておく必要がある。加えて天台本覚思想の絶対的一元論についても、その先駆的思想をふり返っておかねばならない。古く生死即涅槃・煩悩即菩提・凡聖不二・生仏一如などと相即不二が説かれたのが、それである。これら先駆的な本覚思想ないし相即思想を追考することによって、いつ、いかなる段階に達したものをもって特に天台本覚思想と呼ぶべきかが、判然としてくるといえよう。

さきに見たように、天台本覚思想の終りは、妙立・霊空の安楽派がおきた江戸元禄期に設定されるが、その始めをどこに置くかについては、種々の論議があり、現在なお決定的な判断が下されていない。島地師の後をついで天台本覚思想の解明に努力した硲《はざま》慈弘(一八九五—一九四六)は、『日本仏教の開展とその基調』(下)の巻頭において、中古天台ないし天台本覚思想の始めを平安院政期の中ごろ(一一世紀末)と説いているが、一応、妥当な線といえよう。しかし、人物や文献などを通して、いま少し厳密な区分づけが望まれる。島地師や硲氏の研究成果、そのほか二、三の本覚思想関係の論文を参照しつつ、本論において天台本覚思想の時代区分に特に意をそそいだゆえんである。もちろん、それも試案の程度を出ず、今後の検討に待たねばならない。

なお、理解に便なるために、天台本覚思想の進展の状況を概観しておくと、平安後期(一二世紀)までは口伝《くでん》あるいは切《きり》紙相承《がみそうじょう》で伝えられ、平安後期から鎌倉時代(一三世紀)にかけて、それらを収集して文献化することが試みられ、鎌倉中期(一二五〇)ごろ、文献化が一応ととのうと、四重興廃とか三重七箇の法門など、天台本覚思想の体系化に努力がはらわれるようになり、鎌倉末から南北・室町時代(一四—一五世紀)にかけては、本覚思想の集大成とともに、それにたいする注釈がなされていったといえよう。南北・室町期における文献の多くは、注釈書である。つまり、天台本覚思想は、口伝時代・文献化時代・体系化時代・注釈時代という段階をへて進展していったということである。これを目やすに置きながら、天台本覚思想の特色や文献などについて考察を加えてみたいと思う。

相即思想の起源と進展

まず天台本覚思想の絶対的一元論について、その由来するところを探ってみると、さきにあげたように、生死即涅槃・煩悩即菩提・凡聖不二・生仏一如などの相即不二論が発端となっていることを知る。天台本覚思想の文献にも、これらのタームが盛んに見えるところである。そこで、仏教において、いかなる観点から相即論が打ちだされたかであるが、根本は空観《くうがん》に基くということができる。すなわち、生死にしても涅槃にしても、煩悩にしても菩提にしても、あるいは凡夫(衆生)にしても仏にしても、固定的実体(我)を有して存在しているのではなく、ともに無我・空であり、その意味において不二であり、相即しているということである。いわば空的相即論であり、これが相即論の基本型である。たとえば、維《ゆい》摩経《まぎょう》(鳩摩羅什訳)に「世間と出世間とを二となす。世間の性、空なれば、これ出世間なり」「生死と涅槃とを二となす。もし生死の性を見れば、則ち生死なく……滅せず。かくのごとく解する者、これを不二法門に入るとなす」(入不二法門品《にゅうふにほうもんぼん》第九)などと説き、竜樹(約一五〇—二五〇)の『中論』観涅槃品《かんねはんぼん》第二十五に「生死は涅槃といかなる差別もなく、涅槃は生死といかなる差別もない」(一九偈)と論じている。

ところで、空(śūnya)という観念は、無の意味に誤解されるきらいがあった。そこで西暦前後に大乗仏教運動がおこり、その誤解を正すべく、空の原理的解明と積極的表現化に努めるにいたった。いったい、空とは自己(人《にん》)と対象(法)についての執着(人我見・法我見)を破したもので、そういうことで、人無我ないし人空《にんくう》、法無我ないし法空《ほっくう》と称された。人我見とは自己にたいするとらわれであり、法我見とは対象としての事物にとらわれることで、現代用語で置きかえるならば、前者を主観的、後者を客体的と称することができよう。したがって人我見の否定である人無我・人空とは、自己の主観的な色めがねをはずして、事物を事物に即して、ありのままに見ることを意味する。現代用語で置きかえれば、客観的ということである。いっぽう法我見の否定である法無我・法空とは、対象にたいするとらわれを捨てて、自己をとりもどすことである。現代用語で置きかえれば、主体的ということである。以上を図式化すれば、上のごとくとなろう。

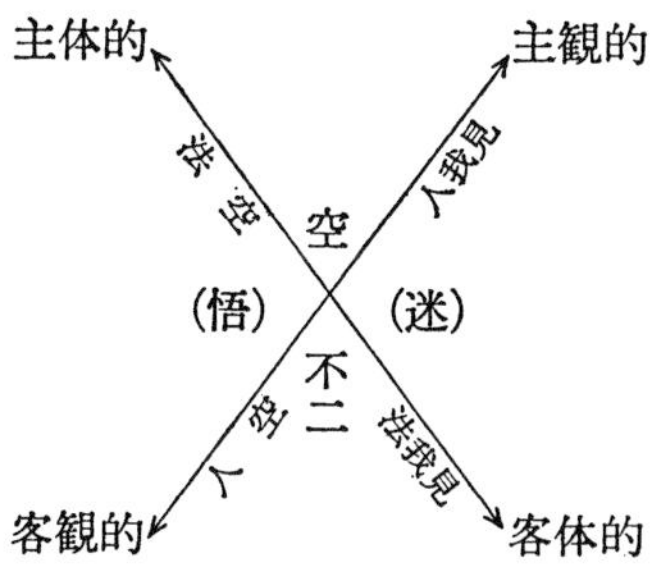

まとめれば、空とは客観的にして主体的ということで、ここに、空の積極的意味がある。つまり空とは、いっさいの存在の無をいうのではなく、逆に、それらを真に成り立たせる原理だということである。竜樹が『中論』観四諦品《かんしたいぼん》第二十四で、「空性《くうしょう》(śūnyatā)が成立するところに、いっさいが成立する。空性の成立しないところに、いっさいは成立しない」(一四偈)とて、一切皆空《いっさいかいくう》すなわち一切皆成《いっさいかいじょう》を主張し、後には真空妙有《しんくうみょうう》などのタームができたゆえんである。事物と自己とに分けていえば、空によって事物は事物に即して生かされ、自己は自己として確立されるということである。これが、客観的にして主体的ということである。

大乗経典の最初のものと考えられる般若経においては、空の原理的解明に力がそそがれたが、それに続く経典では、右の客観的と主体的という二方向にそって、空の積極的表現化に努めていった。たとえば、法華経において「諸法実相」(dharma-svabhāva)が強調され、「是法住法位・世間相常住」(方便品第二)などと説かれたりしているのは、前者にあたるものであり、華厳経において「三界虚妄《こもう》・但是一心作」(十地品第二十二)などと一心が強調されているのは、後者にあたるものといえよう。いわゆる、主体的精神の確立である。

このような二方向にそっての空の積極的表現化は、相即論にも波及し、空的相即論が内容的に事的相即論と心的相即論の二方向へと展開していった。事的相即論とは、客観的事物(諸法)にポイントを置いて相即不二を論ずるものであり、心的相即論とは、主体的精神(己心)に焦点をしぼって相即不二を論ずるものである。次に段階的・発展的に相即論を見るときには、空的相即論を基本的相即論として、そこから内在的相即論→顕現的相即論→顕在的相即論へと進展していったということができる。この三段階は、内容的立場から分けた事的相即論・心的相即論のそれぞれにあてはめて考えられるも

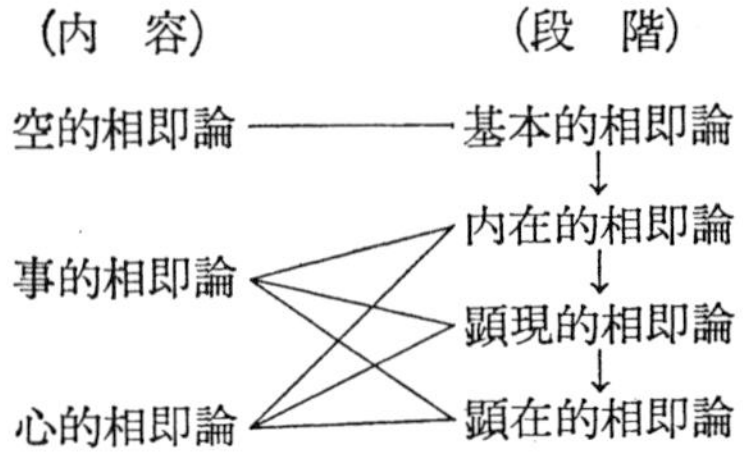

ので、図示すれば、上のごとくになる。

ただし、段階的・発展的相即論のほうは、第二期大乗経典の成立(四世紀)以降において見えてくるものといえよう。すなわち、般若経・維摩経・法華経・華厳経などの第一期大乗経典の成立(一―三世紀)後、竜樹が出て改めて空観の体系化に努め、それを受けて再び空観の積極的展開が試みられ、第二期大乗経典の成立となるが、その中でも仏性や如来蔵を説く如来蔵経典群において、内在的相即論が見られる。その代表的な経典が涅槃経で、そこに説かれた仏性ないし如来蔵とは、仏が衆生に内在することをいったものであり、また法身《ほっしん》常住が説かれているが、これは時間を超越した形で永遠を説き明かしたもので、積極的にいえば、瞬間の当処に永遠が感得されることをいったものである。

こうして、相即論の積極的展開の第一段階として内在的相即論が打ちだされたわけであるが、それがさらに進むと、顕現的相即論から、顕在的相即論まで見えてくるようになる。内在的相即論では、永遠な真理ないし仏が、いわばポテンシャル(可能的)なものとして現実ないし衆生の中にひそむと考えられたのであるが、顕現的相即論になれば、現実ないし衆生は永遠な真理ないし仏の顕現したものと考えられ、ひいては、永遠な真理ないし仏を万象の根源として位置づけるにもいたる。日本の天台本覚思想において強調した理顕本ということが、ちょうど、それにあたる。

顕在的相即論とは、顕現的相即論を一歩おし進めて、現実の事象こそ永遠な真理の生きたすがたであり、そのほかに真理はないことを主張するにいたったものである。はじめにふれたように、天台本覚思想で強調した事本・事円・事実相・事常住などが、まさに、これにあたる。なお顕現的相即論では、能現の真理と所現の万象というふうに、まだ能所の差が残存しているが、顕在的相即論にいたれば、その差は全く埋めつくされたといってよい。相即不二論は、ここに、その窮みに達したとみなすことができよう。

顕現的相即論および顕在的相即論が確然と説きだされてくるのは、日本の天台本覚思想においてであって、天台本覚思想を絶対的一元論と定義づけたゆえんである。このことが、また天台本覚思想と、それ以前の先駆的な本覚思想との間に一線を画するところともなる。そこで、先駆的な本覚思想について、その起源と進展の模様を検討しておかねばならない。

本覚思想の起源と進展

古く「本覚」という語が見えるのは、経典としては、北涼失訳の金剛三昧経《こんごうざんまいきょう》と不空訳(七六五)の仁王般若経《にんのうはんにゃぎょう》、論書としては、真諦《しんだい》訳(五五四)の『大乗起信論』があげられる。金剛三昧経では、序品第一に「一味真実無相無生決定実際本覚利行」という内題が示され、本覚利品第四に「常に一覚を以て衆生を覚し、かの衆生をして皆本覚を得しむ」とて、仏に一覚をあて、衆生に本覚をあてている。不空訳の仁王般若経では、本行品第三に「自性清浄を本覚性と名づく。即ち、これ諸仏の一切智智なり。これによって衆生の本となすを得」と説かれている。ただし羅什訳(四〇二)の仁王般若経では、不空訳の「本覚性」にあたるところが、「覚薩婆若性《かくさばにゃしょう》」(菩薩教化品第三)となっている。『大乗起信論』では、「本覚《ほんがく》の義は、始覚《しがく》の義に対して説く。始覚は即ち本覚に同ずるを以てなり。始覚の義とは、本覚によるが故に不覚《ふがく》あり。不覚によるが故に始覚ありと説く」とて、始覚との相関において本覚がいいだされている。

ところで、金剛三昧経や仁王般若経にしても、また『大乗起信論』にしても、その成立に関して種々の論議が存する。金剛三昧経については、道安(三一四—三八五)の『綜理衆経目録』に涼土異経として掲載され、僧祐(四四五—五一八)の『出三蔵記集』も、それにならい、その後の経録では、すべて涼代失訳ないし欠本と記録され、唐の智昇の『開元釈教録』(七三〇)になって、現存経として編入されるにいたっている。ともかく金剛三昧経は近年まで疑いをかけられずにきたが、玄奘《げんじょう》(六〇〇—六六四)の新訳である「末那《まな》」という語が使われたり、玄奘訳の般若心経で見えてくる「是大神呪、是大明呪、是無上呪、是無等々呪」の句があがっていたりすることから、最近では、七世紀半ばごろに中国で偽作されたとの説が有力となってきた。

仁王般若経については、すでに僧祐の『出三蔵記集』において失訳雑経録に編入され、法経の『衆経目録』(五九四)になると、疑惑部に入れられ、彦琮《げんそう》の『衆経目録』(六〇二)では失訳とされており、現在は、五世紀代における中国偽撰の説が強いものである。『大乗起信論』については、馬鳴作ということはもちろん、真諦訳ということについても、疑いがかけられている。すでに法経の『衆経目録』において、疑惑部に入れられており、そこでは、著者の名があがらないのみならず、真諦訳ということについても、疑いがさしはさまれている。真諦訳かどうかは別問題として、如来蔵と阿梨(頼)耶識との統合が楞伽経《りょうがきょう》(五世紀)などより進んでいることから、『大乗起信論』の成立を六世紀あたりに持ってくるのが、今日のだいたい一致した意見である。ただし、インド撰述か中国撰述かということについては、現在なお、決着がついていない。

以上から結論するなら、仁王般若経が最初に成立して、次に『大乗起信論』、続いて金剛三昧経が成立していったと考えられる。本覚の語の使用も、その順序にならって進展していったと見られなくはない。ただ、仁王般若経における本覚の語は、はじめは覚薩婆若とあったものを、のちに不空が本覚と置きかえたのであって、したがって、本覚の語の現われるのは、『大乗起信論』が最初ということになり、そうして、金剛三昧経は、それを応用的に用いた感が強い。なお、本覚という語の意味であるが、その使われかたから推して、本来の覚性というようなことが原意であるといえよう。

そこで、『大乗起信論』における本覚の語の使いかたを調べてみると、まず注意すべき点は、真如門(永遠界)と生滅門(現実界)の二門を立てる中、本覚は生滅門で説かれていることである。つまり、本覚は現実界における内在原理として設定されたものである。さらに注意すべきは、さきにあげた文章で知られるように、不覚ないし始覚と相対して本覚が説かれていることである。つまり、『起信論』においては、本覚は相対的観念なることである。そのかぎり、『起信論』は内在的相即論の段階にとどまるものといえよう。もちろん、永遠界と現実界ないし、それぞれを支える原理としての如来蔵と阿頼耶識との統合については、『起信論』は楞伽経(五世紀)などより、さらに進展したものを感じさせるが、如来蔵あるいは仏性にしても、それと同類の観念である本覚にしても、内在的なものにとどまっており、その点では、涅槃経などの如来蔵経典群(四世紀)における内在的相即論から出てはいないと評することができる。

『大乗起信論』では内在原理であった本覚が高く浮びあがってくるのは、中国の華厳哲学にいたってである。そもそも華厳経は、真理を純一な形で説き明かし、ひいては、その純一的真理によって照しだされた理想的な世界像を描いた。天台哲学がよりどころとした法華経のほうは、真理の統一性に力点を置き、その統一的真理を通して理想と現実の総合された世界観を打ち立てた。中国の南北朝時代(五、六世紀)において諸経の価値配列づけ(教相判釈)が試みられたとき、華厳経を頓教、法華経を万善同帰教と規定したゆえんである。

華厳哲学は、華厳経に説かれた純一的真理を根拠とし、ひいては、純一的真理の現実への生成力動ということを強調した。理想の現実顕現である。天台哲学が理想と現実との総合ということで、具体性に富むものとなったのにたいし、華厳哲学では理想の現実への生成ということで、力動性に富むものとなったところである。ここから進んで、華厳哲学は真理の生成力動ないし理想の現実顕現を推進するものとしての主体的精神を重視するようになり、そういう角度から心を高く取りあげるにいたった。このような心の強調は、すでに華厳経に見えていることは、前にふれたところである。生成力動ないし現実顕現を心によせて表現すれば、主体的実践ということになるのであり、真理については、主体的真理ということになる。その真理は理想的なものとして、純一と規定された。ひいては、その真理の主体的なるものとしての心もまた、純一なものと規定された。こうして、純一心(一心)あるいは真実心(真心)の高揚となり、それに相等する仏性ないし本覚を現実内在から次第に浮上させていくようにもなる。

相即論に関していえば、内容的には華厳哲学は心的相即論となることは、前言したところである。発展段階的には顕現的相即論に近いものへとなっていくことが知られる。確然とした顕現的相即論は、日本の天台本覚思想まで待たねばならないが、しかし、天台本覚思想における顕現的相即論(理顕本)は、明らかに華厳哲学の影響によるものである。なお、中国の原始天台哲学では、理想と現実との総合、ないし具体的現実の重視が特徴となっており、心についていえば、心と現実の事物(色)との一体・不二を立場とするものであり、心だけを特別に取りだすことはしない。もし心を取りあげる場合があっても、それを理想的なもの、すなわち純一心・純浄心・真心・善心などに限定せず、現実の悪なるものをも心に含ませる。仏に性として悪あり(性悪)との説が主張されたゆえんでもある。こうして、原始天台哲学における相即論は、内容的には事的相即論であり、発展段階的には顕在的相即論につながるものといえよう。ただし、日本の天台本覚思想における顕在的相即論(事常住)までにはいたっていない。

そこで、実際に中国の華厳哲学および天台哲学において、相即思想ないし本覚思想がどの程度に説かれたかを検討してみると、華厳哲学では、まずあげられるのが、賢首《げんじゅ》法蔵(六四三—七一二)である。法蔵は、『起信論』にたいする注釈書『大乗起信論義記』を著わしたが、その巻中本において、「真如に二義あり、一には不変の義、二には随縁の義なり」(正蔵四四、二五五頁下)とて、真如随縁を説いた。真如随縁とは、永遠な真理(真如)の現実界(生滅門)の諸事象(諸法)への生成・展開を意味するものといえよう。ちなみに、法蔵は『華厳五教章』巻第四(正蔵四五、五〇〇頁上)において、法相唯識の立場を真如凝然《しんにょぎょうねん》・不作諸法《ふさしょほう》と評した。法蔵の真如随縁説を相即論について見れば、顕現的相即論のはしりということができよう。

ただし、本覚については、法蔵の場合、まだ内在的原理にとどまっていると考えられる。たとえば『起信論義記』巻中本において、本覚と真如門といかなる別があるかという問を設けつつ、「本とはこれ性の義、覚とはこれ智慧の義、これ皆、妄染《もうぜん》を翻《ほん》じて顕はすことをなすを以ての故に、生滅門の中にあつて摂す。真如門の中、翻染等の義なきを以ての故に、これと同ぜず」(正蔵四四、二五六頁上)というところである。『華厳五教章』巻第二では、「頼耶識中の本覚解性《げしょう》」(正蔵四五、四八五頁下)といい、「真如、縁に随つて染と和合して本識《ほんじき》を成ずる時、即ちかの真中に本覚無漏あつて、内に衆生に熏じて反流《ほんる》の因となるを以て、有種性《うしゅしょう》となすを得」(同四八七頁中)と説いている。つまり、本覚は悟りへの種性・因性として現実界ないし阿頼耶識中のものということである。『華厳経探玄記』巻第十六でも、「仏果智と衆生中の因性本覚と差別なきが故に、この故に即ち在纏《ざいてん》の因、出纏の果法を具す」(正蔵三五、四二頁下)とて、因性本覚ないし在纏の因ということをいい、その上で、仏果智ないし出纏の果法と一体、すなわち「因果無二」と説いている。なお、『妄尽還源観』では、「海印と言ふは、真如本覚なり」(正蔵四五、六三七頁中)とて、本覚と真如とが一つになっているが、この書の法蔵作については、疑問が持たれる。

次の清涼《しょうりょう》澄観(七三八—八三九)になると、主体としての心が一段と強調され、それに仏智ないし本覚があてられ、ひいては、本覚心を仏智として高くかかげ、あるいは根本にすえてくる。心の強調としては、『華厳経疏』巻第二十一に、「心はこれ総相、これを悟るを仏と名づけ、浄縁起を成ず。迷へば衆生となり、染縁起を成ず。染浄ありといへども、心体殊《こと》ならず」(正蔵三五、六六八頁下)とて、心を総と説き、その総としての心に、荷沢神会《かたくじんね》(六六八—七六〇)の「知之一字・衆妙之門」という句をあてて、霊知不昧《れいちふまい》の一心とするにいたっている。澄観は、牛頭《ごず》禅や南宗荷沢禅の影響を受けたといわれ、このことが澄観をして、いっそう心を強調せしめるにいたったといえよう。なお、霊知不昧ということについては、『華厳心要法門』に、「無住の心体は霊知不昧なり」(続蔵二ノ八ノ四、三〇三左)と説いている。

ちなみに、この仏智ないし霊知としての心の強調から、澄観は仏性を有情《うじょう》に限定するにいたった。すなわち、『華厳経随疏演義鈔』巻第二十五に、「仏とは、これ覚人にして霊知の覚あり。……故に仏性と名づく。非情は覚なし。……故に法性《ほっしょう》と名づく」(正蔵三六、一九〇頁中)とて、仏性を仏智・霊知の覚とみなし、それは心ある有情の存在についていえるものであって、心なき非情の存在については法性と称すべきだとしている。この点は、同時代に出た妙楽湛然《たんねん》(七一一—七八二)が色心・依正《えしょう》不二という本来の天台の立場から、『止観輔行伝弘決《しかんぶぎょうでんぐけつ》』巻第一之二や『金剛錍《こんごうべい》』において「無情仏性」を主張したのと対照的である。前書には、「一塵、一切衆生の仏性を具足す」(正蔵四六、一五三頁上)のことば、後書には、「一草一木一礫《いちもくいちりゃく》一塵、各一仏性」(正蔵四六、七八四頁中)ということばもある。

澄観は、このように一心を仏智・霊知として高くかかげ、ひいては、諸事象の根源の理とみなすにもいたった。『随処演義鈔』巻第三十六に、「心性はこれ理観にして、即ち理に契ひ、理と相応し、湛然不動」(正蔵三六、二七三頁中)と説き、巻第一では、「事理無礙《むげ》によつて、まさに事事無礙を得」(同九六頁上)とて、事理無礙のほうに重心を移しもどしているところである。そこで、本覚については、どう説いたかであるが、『華厳経疏』巻第三において、「心に即して境界の仏を了し、境に即して唯心の如来を見る。心仏重々にして本覚の性《しょう》一なり。皆これを取るも不可得なるは、即ち心境両亡《りょうもう》す。これを照すも窮むべからざるは、則ち理智交徹す」(正蔵三五、五二六頁中)とて、心(理)と仏(境・智)との一体(唯心如来)すなわち本覚性と主張している。仏智にして根源の理なる心の強調につれて、同意語である本覚もまた強調されていったことを思わせる。

しかし、いっぽう巻第二には、「如来蔵によって始本不二」(同五一三頁上)とて始覚と本覚の不二をいい、『随処演義鈔』巻第七十二では、「始本無二を以て一念を釈す」「一念相応と言ふは、即ち始覚と本覚と相応する故に」(正蔵三六、五六四頁下)とて、始覚と本覚との相応を説いており、そのかぎり、本覚は始覚との相対観念にとどまっていることを知る。つまり、本覚に関しては、生滅の現実界から超出させるまでにはいたっていない。いいかえれば、『起信論』と同様、本覚は悟りへの可能態(因性)として、現実内在の段階にとどまっている。一心の強調からすれば、顕現的相即論に達しているといえなくはないが、本覚思想からすれば、まだ内在的相即論が残存していると評せよう。

圭峯《けいほう》宗密(七八〇—八四一)にいたると、荷沢禅の影響を強く受けて、霊知不昧の一心を澄観以上に主張するようになる。『禅源諸詮集都序』巻上において、荷沢宗を「直顕《じっけん》心性宗」としつつ、荷沢神会の「知之一字・衆妙之門」に関して、「空寂の心は霊知にして不昧なり。即ちこの空寂の知、これ汝が真性にして、迷に任せ悟に任せて、心本より自ら知なり。縁を藉《か》りて生ずるにもあらず、境に因つて起るにもあらず、知の一字、衆妙の門なり」(岩波文庫本五五—五七頁)と解説した。霊知の真心を強調したものである。さらに「一真心体」ということをいい、その一真心体から万法が開展・流出すると説くにもいたっている。すなわち巻下に、「凡聖所依の一真心体より随縁して流出《るしゅつ》し、展転して一切処に偏じ、一切衆生の身心の中に偏ず」(同一一五頁)という。

宗密は、ついで本覚を取りあげて、右の真心に結びつけ、「本覚真心」(同一〇三・一二七頁)と称するにもいたる。なお、はじめに書名について解説を施しているが、その中、「源」にたいして、「源とは、これ一切衆生の本覚真性なり。また仏性とも名づけ、また心地とも名づく」(同一五頁)と説明しており、ここでいう本覚真性とは本覚真心のことと考えられる。本覚真心の語は、同じく宗密の著である『原人論』にも見えている。「一切有情、皆本覚真心あり。無始以来、常住清浄、昭昭として昧《くら》からず、了了として常に知る。また仏性と名づけ、また如来蔵と名づく」(正蔵四五、七一〇頁上)と説かれているのが、それである。このように、はっきりと真心に本覚を結びつけたところには、本覚が一段と浮びあがってきたことを感じさせる。

しかし、それでもなお、本覚そのものの説明のしかたは、『起信論』の綱格を出ていないといわねばならない。やはり、現実内在の原理であり、始覚と相対した観念であり、衆生内、在纏位にとどまっている。右にあげた文からも、それが看取されるが、『禅源諸詮集都序』巻下の「根本は悉くこれ霊明《れいみょう》清浄の一法界心」(岩波文庫本一二五頁)、「始本は不二にして、ただ是れ真如の顕現」(同一三五頁)ということばによっても、そのことが知られる。すなわち、根本は真如心であって、本覚心は、それから派生したもの、ないしは、その現実内在化したものということである。

このことは、円覚経にたいする宗密の注釈を通してもいいうる。円覚経は、八世紀のはじめごろの中国偽撰と考えられるもので、『大乗起信論』と、それを受けて同じごろ偽作された大仏頂首楞厳経《しゅりょうごんぎょう》との影響が察知される。大仏頂首楞厳経には、「妙心中の所現」「本妙円妙の明心」「妙明の無上菩提、浄円の真心」「本覚の明心」「清浄の本心、本覚常住」「本覚妙明の性」(巻第二)などと説かれており、円覚経では、「無上法王に大陀羅尼門あり、名づけて円覚となす。一切の清浄なる真如と菩提・涅槃と及び波羅蜜とを流出して、菩薩を教授す」「円覚清浄の境界」「一切衆生の種々の幻化《げんけ》は、皆如来円覚の妙心より生ぜり」などと、「円覚」ということが強調されている。円覚経にいたって、覚性が仏果智にまで高められ、そこで、それを表現するために円覚という語が作りだされたといえよう。

宗密は円覚経を珍重し、注釈書を著わしたが、その中で、円覚と本覚との同異について論及している。すなわち『円覚経略疏註』巻上一において、「円覚とは、直ちに法体を指す。円とは、満足周備して、この外にさらに一法なし。覚とは、虚明《こみよう》霊照にして、もろもろの分別《ふんべつ》念想なし」と注釈しつつ、その後で『起信論』の本覚を説いた文をあげ、「これはこれ、如来蔵心生滅門中の本覚を釈するの文なり」とのべ、それにたいして改めて円覚を取りあげ、「この覚は凡を離れ、聖に局《かぎ》るにあらず、境を離れ、心に局るにあらず。心境・凡聖、本空にして、ただこれ霊覚のみ。故に円と言ふなり」(正蔵三九、五三七頁下)と論ずる。これによって、円覚は凡聖不二の根本法体とみなされ、本覚のほうは、『起信論』にそって生滅門中、衆生内のものとおさえられていることを知る。ただし、本覚が衆生内の根本的な覚性として、その根本的な覚性そのものは、円覚法体に等しいものとして、絶対的な意味を与えられてきているといえよう。

そのほか、本覚に関しては、「一切衆生、皆本覚あり。六道に流浪し、種々の身を受くるといへども、この覚性は曾て失滅せず」(同五三七頁下)、「妄見衆生、妄体元空、全是本覚」(同五三九頁中)などと衆生の本覚性を強調する。円覚経の「始めて知る衆生は本来成仏、生死涅槃はなほ昨夢のごとし」ということばを釈しては、「始知は即ち始覚、観行成就して方《まさ》に知る故に。本成は即ち本覚、知と不知と本これ仏の故に。仏はこれ究竟覚、始と本と二覚にあらざるが故に」(巻上二、同五四六頁下)と説いている。仏に始本不二の究竟覚があてられ、それにたいして、本覚は衆生に即した覚性とされていることを知る。ただし、その覚性そのものは絶対化されてきているといえよう。ちなみに、円覚経の「始知衆生本来成仏」のことばは、日本の天台本覚思想において、盛んに引用されたものである。

以上、中国の華厳哲学における本覚思想をまとめてみると、まず法蔵によって真如随縁が説きだされ、澄観から宗密になると、禅の影響も加わって仏智・霊知の真心が強調され、それを根源の理(真如)として万法の開展・流出が説かれ、また、それに本覚が結びつけられるにいたったといえよう。その点では、内在的相即論から顕現的相即論へと歩を進めたものとみなしうる。ただし、本覚そのものに言及したときは、現実ないし衆生の中に内在する覚性と説かれており、そのかぎり、なお内在的相即論にとどまるものといわねばならない。本覚が依然として現実内在の原理にとどまったのは、生滅変化する現実相、煩悩濁悪の衆生のすがたを無視することができなかったためと思われる。

ところで、本覚を内在原理にとどめたとしても、この現実相あるいは凡夫相の問題は解決されたとはいえない。なんとなれば、万象の根源としての純一な真如ないし真心の強調にたいして、この問題がひっかかってくるからである。西洋哲学における流出説(emanation theory)でも、インド哲学における開展(転変)説(pariṇāma-vāda)でも、これが難問となっている。なぜ純一・純浄な原理ないし精神から雑多な、悪にみちた事象が生まれてくるのかという疑問である。

仏教では古く、そのような流出説ないし開展説にたいして無我(空)・縁起の立場から批判を加えており(『三十四箇事書』補注「冥初に同じ」参照)、また華厳経において唯心の所現を説き、華厳哲学において一真心を根源の理(真如)として立て、それからの万象の流出を説くにいたっても、その意図するところは主体的精神による事物の把握にあり、顕現的相即論が見えてきても、そのもとは空的相即論にあり、始源的実体を立てての流出的一元論とは全く異なるものということはできよう。しかし、心を強調するあまりに、それを唯一・唯浄の真心ないし根源の真理(真如)として定立するにいたると、右の疑問がふりかかってくると見ねばならない。けっきょくのところ、華厳哲学は唯心・唯浄の理想的世界にひたり、現実の雑多な事象は仮現のもの、非実在的なものとして、軽くすましたと評せよう。これにたいして、天台哲学から反論がおきたゆえんである。

そこで中国の天台哲学における本覚思想を概観しておくと、南岳慧思(五一五—五七七)作と伝える『大乗止観法門』に本覚が説かれている。この書は『起信論』にのっとったもので、巻第一に、「この心は即ち自性清浄心にして、また真如と名づけ、また仏性と名づけ、また法身と名づけ、また如来蔵と称し、また法界と号し、また法性と名づく」(正蔵四六、六四二頁上)とて、まず自性清浄の根本の一心を強調し、さらに進んでは、『起信論』が心真如と心生滅を立てる中、心真如に関して「一切の法は本より已来《このかた》、言説《ごんぜつ》の相を離れ、名字の相を離れ、心縁の相を離れ、畢竟平等にして変異あることなし。破壊《はえ》すべからず。ただこれ一心なり。故に真如と名づく」と説いたことばを引用しつつ、「この一心を名づけて以て真如となす」

「自性清浄心、また真如と名づく」(同六四三頁中)とて、真如一心を主張する。本覚については、「中実本覚の故に、名づけて心となす。故に自性清浄心と言ふなり」(同六四三頁中)と説いているところからして、自性清浄心の内性的なもの(因性)に本覚をあてたことが知られる。自性清浄心を仏果性として超出させたときは、それに真如をあてたわけでもある。

以上のごとく、真心・浄心ないし心真如を一段と強調したところには、『起信論』より前進したものが感ぜられ、ひいては華厳哲学に近いものと評しえよう。ただし、本覚を内在的原理にとどめたところは、『起信論』の綱格を守っているといえる。この点は、華厳哲学も同様であったことは、さきに検討しておいたところである。

なお、如来蔵あるいは真心に関して、「如来蔵、染浄を具すとは、それ二種あり。一は性染・性浄、二は事染・事浄なり」「染性を具するを以ての故に、よく一切衆生等の染事を現ず」(巻第二、同六四七頁下)、「真心よく染事を現ずるを以ての故に、即ち真心、染性を本具するを知る」(同六四九頁上)と説いており、古来、天台性悪説の原型とみなされた。また、『起信論』では体相用の三大の中、用大《ゆうだい》に関して「一切の世間出世間の善の因果を生ず」とあるところを、『大乗止観法門』では「よく世間出世間の善悪の因果を生ず」(同六四八頁下)とて、悪をも含ませており、善悪相資を立場とする天台哲学にかなったものとされた。

いっぽう、阿梨(頼)耶識について清浄分依他性ないし清浄和合識と染濁分依他性ないし染濁和合識の二種あることを説いており(同六五二頁中―下)、一部では、ここに『摂大乗論』(無著撰)の影響が見られるともいう。それを傍証するものとして、東大寺の円超の『華厳宗章疏並因明録』(九一四)に「大乗止観一巻、曇遷述」とて、摂論宗の曇遷《どんせん》(五四二―六〇七)の作となっていることをあげる。

いったい、『大乗止観法門』は、中国では早く散逸し、日本へは、大日本古文書によると、天平勝宝五年(七五三)に伝来しており、そうして「南嶽大乗止観序」(度支外郎朱頔《しゅてき》撰)および「南嶽禅師止観序」(遵式述)によると、趙宋の咸平《かんぺい》三年(一〇〇〇)に日本の円通寂昭(九六二―一〇三四)が逆に中国にもたらした。中国では慧思作が疑われなかったが、日本では、法相宗の永超の『東域伝燈目録』(一〇九四)巻下に「大乗止観一巻、曇遷撰。未レ詳二真偽一」とて曇遷作としつつ、真偽の疑いをかけており、宝地房証真なども慧思作を疑っている。そういうことで、今日においては、偽撰が定説となった。したがって、天台哲学における本覚思想の文献とはなしえないといわねばならない。

ついでのことに、阿梨(頼)耶識(本識・第八識)の真妄についてふれておくと、地論宗南道派は真識《しんじき》、北道派は妄識《もうじき》とみなし、摂論宗では妄識あるいは真妄和合識とみなしたとされる。ただし、天台智顗《ちぎ》は摂論宗を妄識説とした(『三十四箇事書』補注「第八識」参照)。華厳宗は、いちおう『起信論』の真妄和合識説(覚ないし本覚が真、不覚が妄)にのっとったが、真識の面を次第に強調していったことは、さきに言及したところである。天台宗では、智顗が真と妄あるいは善と悪のいずれにかたよるも不可とし、真妄・善悪の相資・相関を主張したことをもって根本的立場とした。しかし、後に華厳宗の影響を受けて真心ないし真識を高くかかげていく傾向が生じ、そのために天台内部で論争・分裂がおきるにいたる。

日本の天台本覚思想では、阿梨(頼)耶識を真妄和合識と見た点は変りないが、この場合、妄もまた真ということで、妄を持ちこんだのであって、ここに天台本覚思想の特色が存する。妄あるいは悪もまた永遠な真理の一つの現われとみなし、妄そのまま、悪そのままよしと絶対肯定し、そういうことで、妄あるいは悪を引きいれたのである。その点、原始天台の真妄・善悪の相資説とは違うものといわねばならない。原始天台では、真と妄、善と悪との否定・対立の関係は厳存し、その上で両者の相資・相関を説いたのであって、それは、いわば対立の統一というべきものである。天台本覚思想では、否定・対立は消失し、全き肯定へとつき進んでいった。

以上、慧思作と伝える『大乗止観法門』に本覚思想が見えていても、偽撰の故に、中国天台の本覚思想を考察する資料とはならない。そこで天台智顗(五三八—五九七)であるが、『小止観』正修行第六に、「起信論云、若心馳散即当三摂来住二於正念一。是正念者当レ知唯心無二外境界一。即復此心亦無二自相一。念念不可得」(正蔵四六、四六七頁上)とて、かろうじて一箇所、『起信論』を引用している。しかし、この引用についても、後世の付加と疑われるほどであり、そうとすれば、智顗においては、『起信論』の引用は皆無となる。本覚の語も、もちろん使われてはいない。

智顗は、実践(止観・観心)論的には、「なんらをか諸法の源となす。いはゆる衆生心なり。一切万法、心によつて起る」(『六妙門』正蔵四六、五五三頁下)、「三界有為の生死因果の法、皆心によつてあり。故に十地経に云く、三界は別の有《う》なし、ただこれ一心の作《さ》なりと」(『小止観』調和第四、正蔵四六、四六五頁中)、「釈論に云く、三界は別の法なし、ただこれ一心の作なりと。心よく地獄、心よく天堂、心よく凡夫、心よく賢聖《けんじょう》なり」(『法華玄義』巻第一上、正蔵三三、六八五頁下)、「華厳に云く、心仏及び衆生、この三差別《しゃべつ》なしと。まさに知るべし、己心に一切の仏法を具するを」(『摩訶止観』巻第一下、正蔵四六、九頁上)などと、華厳経の一心説を引用しつつ、主体としての心を強調した。しかし、根本的には色心双具ないし互融を立場としたのであって、心の一辺にかたよったり、一心から万象が発生したというような考えにたいしては、強く批判した。智顗の書に『起信論』が引用されなかったことについては、『起信論』の伝播の時期あるいは地域・範囲などの問題が考慮されねばならないが、智顗が批判した考えかたに応用される面を『起信論』が持っていたことも、理由の一つにあげられよう。

なお、存在論的に心を取りあげる場合も、たまに智顗に見られるが、その場合は、多く衆生心ないし現実心であり、仏心・善心を取りあげても、その中に現実の悪相を含ませている。たとえば、「凡夫の心の一念に即ち十界を具し、悉《ことごと》く悪業の性相あり。ただ悪の性相は即ち善の性相なり。悪によつて善あり、悪を離れて善なし」(『法華玄義』巻第五下、正蔵三三、七四三頁下)、「悪はこれ善の資、悪なければ、また善もなし」(同七四四頁中)、「大乗の観心は、悪心を観ずるに悪心にあらず。また悪に即して、しかも善なり。また即ち悪にあらず、善にあらず。善心を観ずるに善心にあらず。また善に即して、しかも悪なり。また善にあらず、悪にあらず。一心を観ずるに即ち三心あり」(巻第八上、同七七八頁下)とて善悪相資を説いており、そこから、「闡提《せんだい》は修善を断じ尽して、ただ性善《しょうぜん》あり。仏は修悪を断じ尽して、ただ性悪《しょうあく》あり」(『観音玄義』巻上、正蔵三四、八八二頁下)とて、仏に本性として悪ありという、いわゆる性悪説が唱えだされてもくる。

なおまた、智顗においても、「霊智は即ち般若」(『法華玄義』巻第八上、正蔵三三、七七六頁中)とか、実相に関して、「寂照霊知の故に中実理心と名づく」(巻第八下、同七八三頁中)とて、「霊知」の語が見えているが、それは般若とか実相の別称として用いたものであって、澄観や宗密が一心の強調のために使ったのとは違うといわねばならない。実相ということについても、諸法を超出した一実の理と見ることはなく、「諸法は既にこれ実相の異名にして、しかも実相の当体なり。また実相はまたこれ諸法の異名にして、しかも諸法の当体なり」(同上)と説くところである。

一心ないし一念を超出させることにたいして批判を向けた典型的な例は、『摩訶止観』巻第五上の、いわゆる一念三千論において見られる。すなわち、「それ一心に十法界《じっぽうかい》を具し、一法界にまた十法界を具す、百法界なり。一界に三十種の世間を具し、百法界に即ち三千種の世間を具す。この三千は一念の心に在り。もし心なくんば已《や》みなん。介爾《けに》も心あらば即ち三千を具す」(正蔵四六、五四頁上)とて、いちおう一心・一念が強調されているが、つづけて、「また一心前に在り、一切の法後に在りと言はず。また一切の法前に在り、一心後に在りと言はず。……前もまた不可なり、後もまた不可なり。……もし一心より一切の法を生ぜば、これ即ちこれ縦《じゅう》なり。もし心一時に一切の法を含まば、これ即ち横《おう》なり。縦もまた不可なり、横もまた不可なり。ただ心これ一切の法、一切の法これ心なるが故に、縦にあらず、横にあらず、一にあらず、異にあらず」と付言している。つまり、一心と一切法(三千)の前後・本末などを論じてはならないということである。以上のごとき観点から、具体的に地論・摂論二宗の唯識説を取りあげて、批判を加えてもいる。要するに、智顗は現実当体に即して色心・善悪などの互具・互融を主張したのであって、華厳哲学が性起《しょうき》・唯浄の説であるにたいして、天台哲学は性具《しょうぐ》・性悪の説であるといわれるにいたったゆえんである。

天台六祖の妙楽湛然《たんねん》(七一一—七八二)にいたると、華厳哲学との対抗上、たびたび『起信論』を引用するようになる。法蔵が『起信論義記』でいいだした真如随縁ということを、湛然もまた説いてくる。すなわち、「随縁にして不変なるが故に性となす。不変にして随縁なるが故に心となす」(『止観大意』正蔵四六、四六〇頁中)、「万法はこれ真如、不変によるが故に。真如はこれ万法、随縁によるが故に」(『金剛錍』正蔵四六、七八二頁下)という。一心の強調も見られる。たとえば、「色は心より造る。

全体これ心なり。故に経に云く、三界は別の法なし、ただこれ一心の作なりと。これはこれ能造にして、諸法を具足す」(『止観大意』正蔵四六、四六〇頁上)、「もし唯心を立てざれば、一切の大教、全く無用とならん」(『金剛錍』正蔵四六、七八二頁下)などと説く。こういう一心の強調のしかたには、華厳哲学の影響が看取されるといえよう。

ただし、『止観大意』では、右の文につづけて、「一一心中一切心、一一塵中一切塵、一一心中一切塵、一一塵中一切心、一一塵中一切刹、一切刹塵またまたしかり」(同四六〇頁上―中)といい、『止観輔行伝弘決』巻第七之四(正蔵四六、三八八頁上)では、『四念処』(智顗説・灌頂記)巻第四の「色心相対、離レ色無レ心、離レ心無レ色」「若色若識、皆是唯識、若色若識、皆是唯色」(正蔵四六、五七八頁下)などのことばを引用して、色心双具を主張しており、『金剛錍』では、「偏へに清浄真如を指すを遮す」(正蔵四六、七八二頁下)とて、清浄の一理にかたよることをしりぞけ、ひいては、「唯心の言は、あにただ真心のみならんや。子なほ煩悩の心の遍ずることを知らず、いづくんぞよく生死の色の遍ずることを了せんや」(同七八三頁中)とて、煩悩遍・色遍を主張しつつ、真心の一辺にかたよることにたいして批判を加えている。「真仏の体は一切法に在り」(同七八三頁上)ともいう。

これらの言説から、湛然は根本的には原始天台の立場を維持したことが知られよう。さきの「真如はこれ万法、随縁によるが故に」のことばや、「真如随縁即仏性随縁」(同七八三頁中)の語は、実は真如と万象、仏性と事物(法性)の不二・一体をいわんとしたものである。つまり、そこでの随縁とは、真如・仏性が万象・事象に遍在することをいったものである。ここから、草木などの非情成仏が説きだされるにもいたったところである。この点、前にも言及したように、華厳の澄観と一線を画する。澄観のほうは天台の性悪説を取りいれつつも、一なる真如・真心を万象の上高くかかげ、仏性を霊知の覚として法性と区別し、非情の事物には法性をあてた。なお、湛然に『起信論』が引用されていても、本覚の語は見えておらず、この点も、澄観などと異なるところである。

ところが湛然以後になると、次第に華厳哲学の摂取が顕著となり、天台教理を華厳的に解釈する傾向が高まっていった。

一〇世紀の趙《ちょう》宋時代にいたって、頂点に達し、そこで、反動として原始天台にもどそうとする運動もおきた。その運動の代表者が四明知礼《ちれい》(九六〇―一〇二八)で、知礼は自己の立場をもって正統と任じ、山家《さんげ》派と称し、華厳ばりとなった一派を山外《さんがい》派と呼んで批判するにいたった。ただし、『起信論』は四明知礼にも取りいれられており、その上、本覚の語は知礼になって、はじめて見えてくる。山家派にとっても、本覚思想は無視できなかったことを示すものといえよう。しかしながら、知礼における本覚の語の用法は、華厳哲学とは反対であり、そこに伝統的な天台の立場がたもたれていることを知る。

たとえば、『金光明経玄義拾遺記』に、「性はこれ本覚、修はこれ始覚なり。本覚は無念にして一切処に遍ず」(巻第一、正蔵三九、一五頁中)、「中道法性の体、これ本覚にして、よく始覚種智の根をなす」(巻第六、同四三頁中)とて、法性の体をもって本覚とし、修行の智を始覚と説き、『金光明経文句記』では、「境はこれ本覚、起は始覚となす」(巻第一上、正蔵三九、八五頁下)、「本覚は処となし、始覚は仏となす」(巻第一下、同九二頁上)、「法はこれ本覚、報はこれ始覚」「始覚の報智、本覚によつて成ず。故に法性を以て師軌となす」「始本を以て境智となす」(巻第二下、同一〇三頁中)、「諦境とは、三諦一境の本覚なり。覚慧とは、三智一心の始覚なり」(巻第三上、同一二三頁中)とて、所観の境をもって本覚とし、能観の智をもって始覚としている。『観無量寿経疏妙宗鈔』では、「仏無上報、これ究竟始覚なり。上品寂光、これ究竟本覚なり」(巻第一、正蔵三七、一九六頁上)とて、上品寂光(境)を究竟本覚、仏無上報(智)を究竟始覚と呼んでいる。

始本二覚についての右のごとき解釈から知られることは、華厳哲学が一心ひいては真心・仏智の強調から、それに本覚をあてるにいたったのにたいし、四明知礼は天台の即物・即境の義に立って、本覚を客観的なものにみなし、その結果、主体的な一心ないし仏智を始覚とするにいたったことである。華厳の心的相即論にたいして天台は事的相即論であるということが、四明知礼の本覚論にうかがえるといえよう。ここから、知礼は華厳ばりとなった山外派に批判を加えていく。

知礼の山外派にたいする批判は、『十不二門《じっぷにもん》指要鈔』を中心として展開された。本書は、妙楽湛然の『十不二門』(『法華玄義釈籤』巻第十四からの別出)を注釈したもので、その中において、特に源清《げんせい》・宗昱《しゅういく》の二人を取りあげ、批判の材料とした。

源清・宗昱ともに『十不二門』に注釈を施しており、『十不二門示珠指《じしゅし》』が前者のもの、『十不二門註』が後者のもので、知礼の『十不二門指要鈔』は、それらにたいする論駁書である。

源清は、『十不二門』の色心不二門のところに、「総じては一念に在り。別しては色心を分つ。……別を摂して総に入るに、一切の諸法は心性にあらざることなし」(正蔵四六、七〇三頁上)とて、総の一念・心性が説かれていることを取りあげ、「総とは一念なり。一念の霊知、性体常寂なり」(『十不二門示珠指』巻下、続蔵二ノ五ノ一、六四左)と注釈し、ひいては「一念の知性」(同上)、「清浄知体・妙円覚性」「一念真如の妙体」「一念清浄の霊知」(巻上、同五四左)などと、一念霊知を強調した。宗昱また、「万法唯心」(『十不二門註』続蔵二ノ五ノ一、七五右)と釈しつつ、「霊知常住」(同八〇右)、「霊知の源の故に一念と曰ふ」(同八〇左)、「性は本《もと》一理平等」(同八四左)などと、同様のことを主張している。知礼は、これらのことばを批判の材料としながら、反駁に努めた。

まず、一心・一念を真心ないし真性と限定し、それを所観の対象とすることにたいして、「もし真性を論ぜば、諸法皆これなり。なんぞ独り一念のみならん」(『十不二門指要鈔』巻上、正蔵四六、七〇六頁中)と評し、「心法は迷に就き事《じ》に就いて弁ず」「迷に就き事に就いて所観の心を弁ず」(同上)と反論した。さらに、『四念処』の色心相対・唯色唯心の説や、湛然の『金剛錍』の「偏へに清浄真如を指すを遮す」「唯心の言は、あにただ真心のみならんや。子なほ煩悩の心の遍ずることを知らず」などのことばを引用しつつ、「一性等とは、性はこれ一なりといへども、しかも定一の性なし。故に三千の色心をして相相宛爾《えんに》ならしむ」(同七一〇頁上)と説き、「他はただ心法を指して理と名づけ、事即理を指すにあらず」「当処即ち三千を具するにあらず」「他師は唯色の言を引くといへども、また、ただ曲げて唯真心を成ずるのみ」(同七〇九頁上)、「もし陰心《おんじん》を撥棄《はっき》して自ら真性を観ぜば、正《まさ》しく偏へに清浄真如を指すの責めに当り、また縁理《えんり》断九《だんく》の譏《そし》りを招く」(同七〇九頁下)と評する。縁理断九とは、事としての九界をしりぞけ、もっぱら仏界の一理によることをいったものである。

特に『十不二門』の「総在一念」についての源清たちの解釈にたいし、強い批判を向けた。知礼は、まず「総在一念」

の総に関して、「総別は理事に分対すべからず。まさに知るべし、理具の三千、事用《じゆう》の三千、各々総別あり」(同七〇八頁中)、「理事両重の総別、皆絶妙を顕す」(同七二一頁上)とて理事両重総別を主張し、「事に約して別を論じ、理を以て総となすを謂ふにあらず」(同七〇八頁下)、「あに理体唯総・事用唯別ならんや」(同七一〇頁下)とて、源清たちの考えを理総事別と評し、批判した。

ついで、「総在一念」の一念を源清たちが清浄霊知の一念と解したことに批判が向けられる。知礼は霊知説をもっぱら唱えたのは圭峯宗密であるとしつつ、論駁を加えた。すなわち、「霊知の名は圭峯の専用なり。既に陰《おん》に即して示すにあらず、また修発《しゆほつ》の相なし。正《まさ》にこれ偏へに清浄真如を指す。ただ真心及び縁理断九の義に於てするなり」(巻下、同七一三頁中)というところである。

このような宗密にたいする批判は、華厳宗にたいする批判ともなった。すなわち、「他宗は、一理随縁して差別の法となるを明かす。差別はこれ無明の相、淳一はこれ真如の相なり。随縁の時は則ち差別あり、不随縁の時は則ち差別なし。故に知る、淳一性と無明と合して、方《まさ》に差別あり。正《まさ》しくこれ合の義にして、体不二にあらず。無明を除かば、差別なきを以ての故なり」(同七一五頁中)、「他宗の極円《ごくえん》はただ性起と云つて、性具と云はず」(同七一五頁下)とて、華厳の性起説を一理随縁と評する。それにたいして、「今家は、三千の体、随縁して三千の用を起すを明かす。不随縁の時も三千宛爾なり。故に差別の法と体と不二なり」「三千世間、一一常住なり。理具の三千、倶《とも》に名づけて体となし、変造の三千、倶に名づけて用となす。故に倶体倶用《くたいくゆう》と云ふ」(同七一五頁中)とて、不随縁のときも三千の諸法が本来そなわるとするのが、天台の考えであると反論した。

以上、結論づけるなら、四明知礼は山外派ないし華厳宗にたいして、偏指清浄・縁理断九・理総事別・一理随縁などと評し、みずからは原始天台の性具・性悪説にのっとって、陰妄心《おんもう》を所観の対象とし、不随縁のときも差別の三千宛然《えんねん》としてあることを説き、色心双具、理事両重総別を主張したのである。ところで、このような知礼の主張にたいして、改めて非難の論がおきた。しかも興味深いことは、その非難が知礼の門下の中から発生したのである。

すなわち、知礼の門下に仁岳《にんがく》(浄覚、九九二—一〇六四)と神智従義《じんちじゅうぎ》(一〇四二—一〇九一)がいたが、かれらは知礼から離反し、その結果、山家派から異端視されて、後《ご》山外《さんがい》派ないし雑伝《ぞうでん》派と呼ばれるにいたった。仁岳は『十不二門文心解』において、「一念とは能造の心なり。三千世間とは所造の法なり」(続蔵二ノ五ノ一、八七左)、「三千の法は定んで仮に属し、空中の体は断じて数量にあらず」(同九一右)といい、「さらに両重総別を立つるを須《もち》ひず」(同八九左)、「今、山門教を伝ふる者あり。具の義を確執して華厳起信宗を弾射し、円満の解なしと謂ふ」(同一〇〇右)、「性悪を点ぜば、則ち三毒長存と謂ふ。計《け》は、いまだ自生を出でず、道は、なんぞ常見と殊ならんや」(同九九右)と評した。一念に三千が本来そなわるとか、仏に本性として悪ありと執することは、外道の常見に堕するものとの批判である。

智顗の『観心論』にたいする章安灌頂《かんじょう》(五六一—六三二)の注釈として『観心論疏』があるが、仁岳は『観心論疏』巻第二の「もし定んで、一念の心に万法を具含するをこれ如来蔵と謂ふ者は、即ち迦毘羅《かびら》外道の因中にまづ果ありと計するに同ず」(正蔵四六、五九七頁中)ということばを自著(続蔵二ノ五ノ一、一〇〇左)に引用しており、暗に四明知礼を非難したものと考えられる。というのは、神智従義が知礼にたいして同様の非難を向けているのである。すなわち、『止観義例纂要』巻第四に、「四明学者、皆無作《むさ》苦集《くじゅう》にして破さずと謂ふは、灼然《しゃくねん》として祖訓に違す。……あに専ら苦集性具を執して、便《すなわ》ち無作苦集にして破さずと謂ふを得んや」(続蔵二ノ四ノ四、三五左—六右)と評し、巻第五には、「一念に三千を具足すと謂ふ。あに彼の迦毘羅に同ぜざらんや」(同三五九右)と難じている。なお性悪説にたいしては、『金光明経玄義順正記』巻下に、「性善性悪は、乃《すなわ》ち即実の権のみ。しかるに四明、性悪を以て実相となすは、また誤まらざらんや」(続蔵一ノ三ノ三、二三四左)とて、性悪は仮りに説かれたものであるのに、それを四明知礼が実体視するのは誤まりであると評した。

ちなみに迦毘羅外道とは、サーンキヤ派のことで、始源的実体としてプラクリティ(prakṛti. 自性・冥初)を立て、そこから万象が流出・開展することを主張した学派である。縁起・無我(空)を根本的立場とする仏教から、古く転変説(pariṇāma-vāda)ないし因中有果説との批判が向けられている(『三十四箇事書』補注「冥初に同じ」参照)。仏教の縁起説は、万象(諸法)が相関係しあって生起・変化することをいったもので、一なる始源的実体を立てて、そこから万象の発生・流出を説く一元的流出説(開展・転変説)とは異なる。もちろん、ヴァイシェーシカ派のごとき多元的実在説(積聚《しゃくじゅう》説)でもない。それは、無我・空に反するからである。そういうことで、仏教からはサーンキヤ派の転変説を因中有果説、ヴァイシェーシカ派の積聚説(ārambha-vāda)を因中無果説(正しくは果中有因説)と評しつつ、ともに自性(我)の常見に落ちこんだものと批判した。いま四明知礼は仁岳や神智従義から、その中のサーンキヤ派に同ずるものと非難されたのである。

前に言及したように、流出説にたいして、どうして一なる原理から多なる事象が生ずるのかという疑問が投げかけられ、そこで逃げ道として、現実の事象を非実在(仮現)とするか、多なる事象は一なる原理の中に本来そなわるとするかの二種の考えかたがあみだされた。これを山家・山外にあてはめると、山外派ないし華厳哲学は前者の考えかたに類するものといえるし、いっぽう山家派の四明知礼は、サーンキヤ派と同じく、後者の考えかたに属するものとみなされたのである。

山家・山外の両派とも、仏教内の存在として、縁起・無我(空)の根本的立場を守ったのではあるが、山外派は一心・一念の強調の結果、流出説に投じられた問題がふりかかることになったといえる。すでに華厳哲学においてそうであったことは、前にふれたところである。山家派の四明知礼のほうは、華厳哲学における一心・随縁の説を無視できず、それを取りいれながら、本来の天台の立場をつらぬこうとしたのであるが、一心・随縁の説を取りいれたために、流出説における後者の考えかたが知礼に適用されるにいたったのである。一念三千についていえば、山外派は三千を仮現としたのにたいして、四明知礼は一念に三千が本具するとし、その結果、サーンキヤ派におけるような因中有果の流出説とみなされたのである。ただし、知礼自身は流出説を強くしりぞけており、流出説の観点から自己の立場を云々されることは、心外であったかもしれない。そのことに関して注目されるのが、『十不二門指要鈔』巻上における相即論である。すなわち、「まさに知るべし、今家に即を明かすは、永く諸師に異なることを。二《に》物相合《もつそうごう》にあらず、及び背面相翻《はいめんそうほん》にあらず、直ちに当体全是《とうたいぜんぜ》を須《もち》ひて方《まさ》に名づけて即となすを以てなり。なんとなれば、煩悩生死、既にこれ修悪なるも、全体は即ちこれ性悪の法門なり。故に断除及び翻転すべからず。諸家は性悪を明かさざれば、遂にすべからく悪を翻じて善となし、悪を断じて善を証すべし。故に極頓《ごくとん》の者も、なほ本《もと》悪なし、元これ善と云ふ。既に悪を全うして、これ悪なることあたはず。故に皆、即の義、成ぜず」(正蔵四六、七〇七頁上―中)と説いている。

煩悩即菩提を例にとっていえば、「二物相合」とは、煩悩と菩提とが体を別にしつつ合している(二者合一)とするもので、そこでは、煩悩を切りはなし、断ちのぞいて、菩提をあらわすことになる。「背面相翻」とは、煩悩と菩提は背と面のごときもので、現われたすがたは別であるが、体は一であること(自己同一)、いいかえれば、一の理が随縁して菩提ともなり、煩悩ともなるということである。ここでは煩悩をひるがえし、転じて、菩提をあらわすことになる。華厳宗ないし山外派の考えかた、一般的にいえば流出説が、これにあてられる。それらにたいして、「当体全是」とは、煩悩と菩提とが二である当体そのまま即一(矛盾的同一、対立的統一)と見るもので、したがって、ここでは性悪不断となる。知礼は、これが天台の考えかたであり、ここに真の相即が成り立つと主張したのである。ひいては、天台は流出説ではないということである。たとえば、一念に三千を本具するとは、一念から三千が流出するということではなく、一念と三千との「二にして不二、不二にして二」(『三十四箇事書』一七七頁参照)の相即(当体全是)を意味するものである。

このような矛盾的、対立的統一としての「当体全是」の主張は、敵対種《じゃくたいしゅ》を重視するものでもあった。天台智顗は、小善を開して大善に会《え》するというような同種類のものについての開会を同類種開会、悪を開して善に会するというような異種類のものについての開会を敵対(相対)種開会と呼んだが(『法華文句』巻第七上、正蔵三四、九四頁下)、知礼は当体全是すなわち敵対種開会であるとし、山外派の源清・宗昱ないし華厳宗などは、背面相翻・同類種しか知らず、したがって、真の相即は成り立たないと評した。『十義書』に、「もし貿《はる》かに真心能造の如来を指さば、正《まさ》に金錍《こんぺい》の旁《かたわら》に遮す偏指清浄真如もて仏性となすに当る。また、ただ類種のみを知りて、全く敵対種を識《し》らざるなり」(巻上、正蔵四六、八三三頁中)、「ただ類種のみを知りて、全く敵対種を識らず。煩悩即菩提の言、浪《みだり》に施し、生死即涅槃の文、徒《いたずら》に設く」(巻下、同八四六頁下)というところである。『十不二門指要鈔』では、源清・宗昱について、「もし二師の所立の如くならば、菩提即菩提・涅槃即涅槃と云ふべし」(巻上、正蔵四六、七〇七頁上)と評し、さらに圭峯宗密を取りあげて、「本《もと》煩悩なく、元これ菩提等とは、これ乃《すなわ》ち圭峯の異説なり」(同七〇七頁中)という。

華厳および山外派は、真如・真心による流出説に立った。そのために反対現象である生死・煩悩の処置に困った。結果は、それらを非実在視するにいたり、そこで、知礼から生死即涅槃・煩悩即菩提が成り立たないとみなされ、いうならば涅槃即涅槃・菩提即菩提であると評されたわけである。ところで、知礼にたいしては、煩悩即煩悩ではないかとの批判が投ぜられており、知礼の上述のごとき評は、実は、その批判にたいする反論としてなされたものである。ちなみに、日本の天台本覚思想においては、煩悩即煩悩ということを積極的に認めるようになる(『三十四箇事書』補注「煩悩即菩提」参照)。天台と華厳、山家派と山外派との論争は、中国においては、ついに解決を見ず、けっきょくは、日本の天台本覚思想に持ちこまれることになる。

そこで、華厳哲学と天台哲学とを対比させながら、中国における本覚思想を結んでおくと、華厳哲学は内容的には心的相即論、発展的には顕現的相即論であり、天台哲学は内容的には事的相即論、発展的には顕在的相即論に結びつくものといえよう。日本の天台本覚思想における理顕本の主張は、前者の系統を受けたものであり、事常住の主張は、後者の系統を受けたものと考えられる。ただし、日本の天台本覚思想では、本覚を真如にまで高め、万象は「本覚真如」の顕現と肯定し(『本覚讃釈』一〇九頁、『真如観』一二六頁など)、そういうことで理顕本を主張したのであり、進んでは、煩悩は煩悩ながら、万象そのまま、あるいは現実の事象こそ、本覚真如の生きたすがたであると肯定し(『三十四箇事書』一五五・一五七・一七二・一七七頁など)、そういうことで事常住を主張したのであって、したがって、徹底した顕現的相即論ないし顕在的相即論は、日本の天台本覚思想にいたって達成されたと見ねばならない。中国の天台宗・華厳宗においても、山家派・山外派においても、本覚そのものは生死の現実内にとどまっており、その点では内在的相即論が残存していると評せよう。なお、華厳哲学の心的相即論ないし天台本覚思想の顕現的相即論が批判の対象となった一元的流出説におちいるものか、逆に天台哲学の事的相即論ないし天台本覚思想の顕在的相即論は多元的実在説にひとしいものか、どうかということであるが、いずれも空観をふまえており、原則的には一元的流出説や多元的実在説と発想法を異にするということはできよう。しかし、この問題は、改めて検討を加える必要がある。

それから、いま一つの問題は、天台本覚思想が現実を全く肯定したことである。たとえば四明知礼のいう「当体全是」であるが、知礼においては、煩悩と菩提の否定・対立が厳存していた。それ故に敵対種を重視したのであった。ところが天台本覚思想においては、当体全是を全き肯定の意味に受けとり、煩悩をそのまま肯定するにいたった。二元対立を突破・超越して究極絶対の境地を明らかにした点は、哲理として最高のものといえるのであり、それ故にこそ、諸方面に多大の影響を与えたのであるが、しかし、否定・対立を捨象してしまった点は、本来の天台の立場からは問題となろうし、また、実際に天台本覚思想にたいして批判がおきたところでもある。

日本における本覚思想

日本における本覚思想の考察にさいし、まず取りあげられる人物は空海(七七四—八三五)であり、論書としては、空海が盛んに引用した『釈摩訶衍論《しゃくまかえんろん》』である。本書は本覚にたいして自由奔放なまでの解釈を施しており、日本における本覚思想の高揚の源泉ともなったものである。『起信論』を竜樹が注釈したものとなっているが、偽撰なることは、いうまでもない。『釈摩訶衍論』は、中国では圭峯宗密(七八〇—八四一)の『円覚経略疏鈔』巻第十に引用されるのが最初と考えられ、その後、引用や注釈もなされていくが、中国においては、その真撰たることを疑っていない。日本へは、大安寺の戒明《かいみょう》がはじめて伝えており、最澄の『守護国界章』巻上之中に、「この論は、大安寺の戒明法師、去る天応年中に唐より将来す」(伝教大師全集第二、三六八頁）というところである。天応年中は、七八一年にあたる。なお、上文につづけて、「尾張の大僧都、伝へんがために検勘せし日、已《すで》に勘《かんが》へて偽論となす」とあり、これによれば、尾張の大僧都すなわち賢憬（七〇五—七九三）が最初の偽撰論者ということになる。

いっぽう、貞慶《じょうけい》（一一五五—一二一三）の『唯識論同学鈔』（良算編）巻第二之四には、淡海三船《おうみのみふね》（七二二—七八五）が戒明に送った書簡がのせられ、その中で、淡海三船は『釈摩訶衍論』にたいして四失をあげて、偽撰と難じている（大日本仏教全書七六、三五七—八頁）。この書簡の日付が宝亀十年（七七九）となっており、したがって、それによれば、『釈摩訶衍論』は宝亀年中に将来され、淡海三船が偽撰を唱えた最初の人ということになる。

『釈摩訶衍論』には、後秦の姚興帝の序文が付されており、その中に、弘始三年（四〇一）、筏提摩多《ばつだいまた》が訳出したとの言がある。ところが、同論に真諦訳（五五四）の『起信論』と同文のものが引用されており、年代的に矛盾をきたすことになる。そのほか、いくつかの疑問点があり、そういうことで淡海三船は偽撰を唱えたのである。最澄また、さきの『守護国界章』において、六失をあげて偽書なることを論じている。ちなみに、それは、法相宗の徳一が同書を真撰として引用したことにたいして反駁したものである。

ところで、空海は真偽の問題にふれないまま、『釈摩訶衍論』を盛んに引用した。その結果、五大院安然から非難を受けることになった。安然は『八家秘録』や『悉曇蔵』において偽撰なることをいい、『教時義』（教時問答）巻第一では、空海の教判を批判して二失ありとし、その一つは、偽撰の『釈摩訶衍論』を引用したことにあると難じている（正蔵七五、三九〇頁中）。しかし、その安然が、『教時義』や『菩提心義抄』に、しばしば引用するにいたっているのである。結果は、自己弁明せざるをえなくなった。すなわち、同じ『教時義』巻第一において、『釈摩訶衍論』は戒明が将来したときに偽撰と断定されたものであり、また南大寺（大安寺）の新羅僧珍聡によれば新羅の大空山沙門月忠の偽撰という説もあり、どうして引用するのかという問が設けられ、それにたいする答として、福貴寺の道詮（—八七六）の『箴誨《しんげ》迷方記』に旧人の四失・

七失を会して真撰としたことを取りあげ、「故に引いて証拠となす。謂ふべし、顕晦、時に随ひ、行蔵、運に在るものなり」（正蔵七五、三七五頁中）とて、取捨は時と場合によると弁明した。

ちなみに、天台本覚思想にたいする最初の批判者と考えられる宝地房証真（一二世紀末）は、『法華玄義私記』巻第五末において、「山家、彼を判じて以て偽論となす。信用すべからず。しかるに高野及び五大院等、並びに彼の論を用ふ。いまだ、その意を詳かにせず」（日仏全二一、三八頁）と評した。いっぽう安然は、叡山における本覚思想の高揚の発端者ともいえる人物で、『釈摩訶衍論』を偽撰と知りながら、そこに展開する高度な本覚論に打たれて引用するにいたったと思われる。おそらく、空海においても同様であったろうと想像される。

空海は『十住心論』（八三〇）、『秘蔵宝鑰《やく》』（同）、『弁顕密二教論』などに、『釈摩訶衍論』をたびたび引用しており、そこで本覚の語の存する引用文を抽出してみると、『十住心論』巻第九には、釈論の巻第三から、「性浄本覚の体性の中には、一切の攀縁《はんえん》慮知の諸の戯論《けろん》の識を遠離《おんり》して、一味平等の義を成ずるが故に、名づけて如となす」（正蔵七七、三五七頁下―八頁上）、「性浄本覚は、三世間の中に皆悉く離れず、彼の三を熏習《くんじゅう》して一覚となし、一大法身の果を荘厳《しょうごん》す」（同三五八頁上）の文が引用され、『秘蔵宝鑰』巻下には、上の第二文（同三七三頁下）、および釈論の巻第五から、「清浄本覚は無始よりこのかた、修行を観ぜず、他力を得るにあらず、性徳円満にして本智具足す」（同三七一頁上）の文が引用され、『弁顕密二教論』巻上には、その文とともに（同三七五頁下）、同じく釈論の巻第五から、「一切衆生、無始よりこのかた、皆本覚ありて捨離する時なし」（同三七五頁中）の文が引用されている。

なお、『十住心論』巻第九に、「この生滅門に就いて、さらに四重の真如本覚あり。具《つぶ》さには論に説くが如し」（同三五七頁下）とて、「真如本覚」の語が見えているが、これは本覚を真如門へ上げて、真如と一体化させたものではなく、逆に真如を生滅門の中に取りこみ、本覚と併記したものと考えられる。つまり、本覚とは、生滅門中の真如ということである。「生滅門に就いて」とあるゆえんで、そのかぎり、本覚は生滅の現実内にとどまっているといえよう。この点は『釈摩訶衍論』

も同様で、たとえば巻第二に十種の如来蔵を説く中、第五の生滅真如如来蔵に関して、「生滅門の中の性真如の理」(正蔵三二、六〇八頁中)というところである。

あるいはまた、単に真如と本覚とを並記したとも考えられる。というのは、同じく釈論の巻第二に、「無為は無量なりといへども、略して説くに四種あり。謂く、真如と本覚と、始覚と虚空となり」(同六〇九頁上)とて四無為を説き、さらに四無為それぞれに体用の二種あること、その体用それぞれにまた通別の二種あることを論じており、空海のいう四重の真如本覚とは、これにのっとって、四重の真如と四重の本覚とを併せて表現したものとも思われる。なお、釈論の巻第三では、清浄本覚と染浄本覚との二門を立て、さらに本覚の本と覚それぞれについて十種(十本・十覚)の義を与えている(同六一三頁下)。

このように、『釈摩訶衍論』は本覚について新説を打ちだしつつ、自由奔放ともいえる解釈を施しており、同論を盛んに引用した空海もまた、そうであると評しうる。ただし、本覚そのものに関するかぎりは、釈論も、それを引用した空海も、生滅の現実内にとどめ、また常に始覚との相関において論じており、その点は『起信論』の綱格をはみ出てはいないといえる。ここに、天台本覚思想との間に、なお一線が引かれるところである。ところが、空海作と伝える『大日経開題』や『金剛頂経開題』になると、一段と進んだ本覚の語法が見られ、ひいては天台本覚思想との区別がつけがたいものとなってくる。

たとえば『大日経開題』(法界浄心本)において、『起信論』の体・相・用《ゆう》の三大を取り入れつつ、大毗盧遮那を体、成仏を相、神変《じんぺん》加持を用にあて、その大毗盧遮那を自性法身すなわち本有本覚の理身、成仏を受用身すなわち修得始覚の智身としている(正蔵五八、三頁中)。神変については、『釈摩訶衍論』巻第二ないし第三の本覚下転《げてん》・始覚上転の説に合して、下転神変・上転神変などといい、下転神変とは「本覚の神心《じんしん》より随縁流転して、六道の神変をなす」ことであり、上転神変とは「衆生あつて菩提心を発し、自乗の教理を修行・昇進して、本覚の一心を証し」、「自乗の覚智を証得し、一切の難思の妙業、心に随つてよくなす」(同一頁下—二頁上)ことであると説く。いちおう、ここでも本覚は始覚と相対しているが、本覚神心・本覚一心の語法には、本覚の絶対化が見えだしているといえよう。はじめに、「一如の本覚は、三身を孕《はら》んで離離たり」(同一頁上)と説くところでもある。

『金剛頂経開題』においては、本覚の絶対化は顕著であって、まず、「自他の本覚の仏は、則ち法爾《ほうに》自覚にして本来、三身四徳を具足し、無始より恒沙《ごうじゃ》の功徳を円満す」「自然《じねん》自覚なり。故に先成就の本覚仏と名づく」(正蔵六一、三頁上)とて、法爾自然の本覚仏を強調し、ついで本覚そのものについて、三自一心門本覚・一一心真如門本覚・不二摩訶衍一心本覚の三門を立て、さらに三自一心門本覚を染浄本覚・清浄本覚・一法界本覚・三自本覚の四種に、一一心真如門本覚を清浄真如本覚・染浄真如本覚の二種に分け、合計して三門六重の本覚を明かしている。そうして、「かくの如く、本覚重重無量なり」と結ぶ。本覚が真如門にまで高められ、進んでは真如・生滅の二門を統べる根源の一心にあてられるにもいたっている。

右の『大日経開題』、特にも『金剛頂経開題』が空海の真撰とすれば、空海は、本覚の語に拡大的ないし絶対的な意義を与えたことになり、ひいては、空海を後の天台本覚思想の元祖とみなすことも可能となろう。しかし、これらの開題類は、空海の真撰という確証はなく、『大日経開題』と名づけられるものは七種類にのぼることなども考えあわせながら、文献考証を要するところといえよう。ただ、空海の真言密教が天台本覚思想にたいする先駆的な推進力となったことは、認められる。事実、空海の密教に対応して叡山天台の密教が興隆し、その密教によって天台本覚思想が成熟していくのである。

叡山天台についてみると、最澄(七六七—八二二)は、『守護国界章』巻上之中に、「無作の四諦、即ち法華の中の開仏知見なり。自身の中の清浄本覚真如の智体を説くを仏知と名づく。……この智の上に於て、障を除きていまだ尽さざるを、名づけて在纏《ざいてん》となす。本覚なほ隠る。障を除き尽し已《おわ》るを、名づけて出纏となす。本覚既に顕はるるを、名づけて法身となす」(伝全第二、三三一頁)とて、本覚の語を使用しているが、この部分だけであり、最澄自身、本覚思想を強く打ちだしてはいない。

しかし、最澄は当初、華厳哲学と『起信論』を学んだのであり、その影響のもとに、「根本法華」(『守護国界章』巻上之上)、「果分法華」(『法華秀句』巻上本・巻下)、「真如縁起」「随縁真如」(『守護国界章』巻中之中・巻中之下・巻下之中)、「一心」(『守護国界章』巻中之中、『顕戒論』巻上)などを強調し、それが天台本覚思想に大いに資するものとなった。なお、天台哲学に基いて説かれた「即身成仏」(『守護国界章』巻中之上、『法華秀句』巻下)、「無作三身・覚前実仏」(『守護国界章』巻下之中)、「大直道」(『守護国界章』巻中之上、『法華秀句』巻上本・巻下)、「一言一心三観」(『顕戒論』巻上)、「鏡像円融」(『守護国界章』巻上之中)などの語句も、天台本覚思想に活用されるにいたっている。

円仁(七九四―八六四)・円珍(八一四―八九一)になると、密教化によるタームも加わって、「一大円教」(円仁『金剛頂経疏』巻第一末、円珍『授決集』巻上)、「色心周遍」「真如随縁」「内証智」「不歴修証」(『金剛頂経疏』巻第一本)、「理事倶密」(円仁『蘇悉地経疏』巻第一)などの語が、また円珍における円劣密勝(『大日経指帰』)、密教所詮(『講演法華儀』巻上・巻下)などの主張が、天台本覚思想において重視されるにいたる。ただし、本覚の語は円仁の確かな書には見られず、円珍においては、『講演法華儀』に見ることができる。しかし、思想としては、密教化および上記のごとき語句を通して天台本覚思想の推進に資するものとなったといえる。濃厚な天台本覚思想の文献であっても、かならずしも本覚の語があがるとは限らない。

円珍の『講演法華儀』については、一部で疑いがかけられているが、それは、なお検討を要することとして、巻上に、「帰命本覚心法身　常住二妙法心蓮台一　本来荘二厳三身徳一　三十七尊住二心城一　普門塵数諸三昧　遠二離因果一法然具　無辺徳海本円満　還我頂二礼心諸仏一」という偈頌が存している。この頌は、後の天台本覚思想に盛んに引用されてくるもので(『本覚讃』補注「本覚讃」参照)、たとえば、最澄作と伝える『本理大綱集』ないし『牛頭法門要纂』に「三十七尊住心城の文」(一八・二九頁)とあり、同じく『摩訶般若心経釈』には、「大蓮華三昧経云、帰命本覚心法身」(伝全第三、五四一頁)とて、大蓮華三昧経という経名をあげて、最初の一句を引用している。ただし、これらの書は、次項で検討するように、最澄のものではありえない。

次に空海撰と伝える『異本即身成仏義』(異本三)には、「我が身中の本来常住の本覚仏を法然具足薩般若《さつばにや》と名づく」(正蔵七七、三八九頁上)といい、その教証として、(大蓮華部)無障礙経ないし蓮華三昧経の名のもとに右の頌をあげている。異本四・五・六も同様である。しかし、これらの『異本即身成仏儀』は、後年の偽作と考えられるものであり、正本の『即身成仏儀』や空海の他の著書には、右の頌は見えないところである。

五大院安然の『教時義』(教時問答)巻第一には、「蓮華経説」(正蔵七五、三八四頁下)として、巻第二には「大蓮華三昧経云」(同三九七頁上)として、それぞれ頌をかかげている。『菩提心義抄』(八八五)巻第一では、「如二蓮華三昧経云一」(同四七〇頁下)として、巻第四では「大蓮華三昧経云」(同五二四頁下)として、それぞれ頌があがっている。安然のこれらの書は確かなものと考えられており、したがって蓮華三昧経という経名の見える最初の書とみなしえよう。

なお、良源(九一二―九八五)作と伝える『註本覚讃』には、はじめに「本覚讃」として頌がのせられ、源信(九四二―一〇一七)作と伝える『本覚讃釈』では、「頌に云く」(一〇四頁)、「蓮華三昧経に云く」(一〇五頁)として引用されている。同じく源信作と伝える『真如観』では、「無障碍経云」(一三九頁)、「蓮華三昧経云」(一四七頁)として、全文が引用されている。ただし、これらの書もまた、次項で検討を加えるように、後年の成立になるものである。そのほか、源信作と伝える文献に蓮華三昧経の句が、しばしば引用されている。ちなみに、『異本即身成仏義』(異本四)、『本覚讃』『本覚讃釈』『真如観』においては、「本来荘厳三身徳」のところが「本来具足三身徳」となっており、このほうが新しい形といえるかもしれない。ただし、安然の『教時諍』では「本来具足三身徳」(正蔵七五、三五五頁下)とあり、検討を要する。ともあれ、以上から、蓮華三昧経は円珍の『講演法華儀』に「頌曰」として始まり、安然の『教時義』あたりで「蓮華三昧経」という経名が見えだし、その後、天台本覚思想の発展にともなって珍重されていったと結論できよう。修験道などの文献にも盛んに引用されており、本覚思想が修験道にも大きな影響をおよぼしたことを示すものである。

安然の『教時義』や『菩提心義抄』には、右の蓮華三昧経とともに、かの『釈摩訶衍論』も、たびたび引用され、それらを材料として本覚思想が強調されるにいたっており、天台本覚思想は、安然において、その緒についたといえなくはない。たとえば、蔵・通・別・円・密の五教判を立てての「事理俱密教」の強調(『菩提心義抄』巻第五)、真言宗・仏心宗・法華宗・華厳宗の順位づけ(『教時諍』)、あるいは禅・天台・真言の三法具足の主張(『教時諍論』)、さらに、それらを総合した一大円教の強調(『教時義』巻第三)、加えて一切仏一仏・一切時一時・一切処一処・一切教一教の四一絶対教判の主張(『教時義』巻第一)、八葉心性蓮華の強調(『菩提心義抄』巻第一)など、いずれも、天台本覚思想の推進に資するものとなった。

安然が『釈摩訶衍論』を偽撰としながらも、それを盛んに用いたことは、さきに紹介したところであるが、たとえば、『教時義』巻第一に、「竜樹の摩訶衍論に十識を建立す。八識は常のごとし。第九は一切一心識、第十は一心一心識なり。もし一切一心識に約せば、則ち一切衆生、各識各心なり。もし一心一心識に約せば、則ち一切衆生、一識一心なり」(正蔵七五、三七四頁下)とて、釈論の十識説に基き、第九識として一切一心識、第十識として一心一心識を立て、第九識は差別多心、第十識は平等一心を示すものと定義づけている。『菩提心義抄』巻第二(同四八七頁下―八頁上)にも、同様のことが主張されている。

この平等の一と差別の多について、『教時義』巻第一に、一心一心識は「一心一真如の法」であり、「真如不変の義」であって、そこでは煩悩と菩提、生死と涅槃、凡夫と諸仏の別はないとし、一切一心識は「一切一真如の法」であり、「真如随縁の義」であって、そこでは別が立てられるとした(同三七八頁中―下)。結びとしては、「しかるに体はこれ一真如の法なるを以て、迷に約して悟を説き、縛に約して脱を説き、不成に成を説き、不平に平を説く」(同三七八頁下)という。これを本覚・始覚にあてはめては、やはり釈論にのっとって、「もし染浄本覚・染浄始覚に約さば、一切諸仏、各身各体なり。もし清浄本覚・清浄始覚に約せば、一切諸仏、一身一体なり」(同三七四頁下)という。

右のごとき解釈は、けっきょく、差別多様なすがたそのまま、すべて平等一実の真如と肯定するにいたるもので、世親の『仏性論』(真諦訳)巻第三の「一切法、如如清浄」「俗如即真如、真如即俗如」(正蔵三一、八〇五頁下)ということばを引用しつつ、「論に云く、諸法は如如清浄にして、皆これ仏性なりと。故に知んぬ、凡聖・善悪・真如俗如清浄の仏性を真如門となすことを。もし真如に入れば、真如の仏界乃至真如の地獄、宛然《えんねん》なり。また、この真如の心王乃至真如の煩悩、宛然なり」(正蔵七五、三八一頁下)、「今真言宗には、一切俗如、皆真如に摂す」(同三八〇頁下)、「今真言宗は、一切諸法を皆真如となす。故に彼の迷位の諸法、なほ真如と名づく」(同三八二頁上)と説く。

そこから、安然は改めて、天台智顗の『摩訶止観』巻第一上の、いわゆる円頓《えんどん》章を引用し、それを「涅槃即生死なれば苦として離るべきなく、菩提即煩悩なれば集の断ずべきなく、生死即涅槃なれば滅として証すべきなく、煩悩即菩提なれば道として修すべきなし」と表現し、さらに諸法無行経(羅什訳)を引用しては、「貪欲即ちこれ道なり。恚癡《いち》またしかり」といい、また、天台の性悪不断の説も取りあげた(同三八二頁上)。これらは、天台本覚思想において盛んに活用されたものであるが、同じく天台本覚思想で重用した円覚経の「始めて知る衆生は本来成仏、生死涅槃はなほ昨夢のごとし」「一切の諸の衆生の、無始の幻なる無明は、皆諸の如来の円覚の心より建立す」「衆生も国土も同一法性なり。地獄も天宮も皆浄土なり」(同三七八頁中―下)などのことばも引いている。

ここで、安然と天台本覚思想との間に、なおまだ距離があるかどうかの問題であるが、それについては、安然の理と事の考えかたが取りあげられよう。理と事に関する安然の説としては、『教時義』巻第一に、「諸法は即ちこれ真如、不変を以ての故にとは、これ理法性なり。真如即ちこれ諸法、随縁を以ての故にとは、これ事法性なり」(同三七七頁中)、「凡夫の心性は理具の十界」「諸仏の果海は事に十界を具す。理を開いて事を顕はす、法界法爾なり」(同三八一頁下)などとある。

そもそも、理とは一なる普遍的真理をさし、事とは多なる差別的な事象をさすものであった。ところが、前項で見たように、両者の関係や、どちらに力点を置くかで論争が生じ、しかも、それに色と心、因と果、本覚と始覚などの観念が結びついて、問題がいっそう複雑化した。内在的相即論の段階では、真理(真如・法性)ないし真心(仏性・心性)は事象(諸法・色法)あるいは衆生(凡夫)の中に可能態(理・因・本覚)としてひそんでおり、成仏とは、それがあらわとなる(果・始覚）ことを意味した。つまり、従因至果である。

ところが、華厳哲学および、その影響を受けた趙宋天台の山外派になると、真理ないし真心を一なるものとして超出させるにいたった。そこでは、理の意味が可能的なものから根本的なものへと変っていく。そうして、多なる事象は、逆に一なる真理ないし真心の掌握下に置かれるにいたる。一念三千に関して山家派の四明知礼がいった理具三千・心具三千とは、そのことである。さらに進んで、華厳哲学および山外派は、根本（理・総）の一なる真理ないし真心から多なる事象が開展・流出すると説くにもいたった。ここに、日本の天台本覚思想における理顕本あるいは顕現的相即論にあたるものが見えてきたといえる。ただしかし、多なる事象は、なお有限にして迷妄なものにとどまっていた。事の意味も、いままでどおりであった。そのため、どうして一なる真理・真心から、そのような事象が出てくるのかという疑問がふりかかり、けっきょくのところ、事象を非実在（仮現）とみなすことによって、その問題を処理した。さきにあげた円覚経は、事象について盛んに「幻」ということをいっており、その点、華厳哲学および山外派と同一段階のものと考えられよう。

こうして、天台本来の理事・色心双具の立場に立って、理具三千・心具三千とともに、事具（事造・事用）三千・色具三千を主張し、理事両重総別を強調した。一心・一念の理に三千の事象が本具するとともに、三千の事象そのまま常住の実在ということである。知礼の『十不二門指要鈔』巻下に、「三千世間一一常住」（正蔵四六、七一五頁中）と説くところである。色心・理事の総別をいうならば、互いに総となり、別となるものである。ここに、天台本覚思想における事実相（事常住）あるいは顕在的相即論に類同するものが見られるといえよう。

しかしながら、その四明知礼においても、三千の事象は、やはり有限・迷妄なものにとどまっていた。事の意味も、またそうであった。右の「三千世間一一常住」のことばは、華厳哲学および山外派の非実在説にたいする反論としていわれたものであって、天台本覚思想におけるがごとく、三千の事象を絶対肯定したものではない。知礼においても、事象ないし事は有限にして迷妄なものとして、真理ないし理と対立し、それによって否定されるものであった。その故に、知礼は両者の相即について苦労し、対立の統一(敵対種開会・当体全是)ということを主張するにもいたったのである。

そういうわけで、華厳哲学および山外派のみならず、それに反対した山家派の四明知礼においても、事の意味は、いままでどおりであったと結論することができよう。事象ないし事を絶対肯定(事実相・事常住)した日本の天台本覚思想からすれば、真に徹底した顕現的相即論(理顕本)でもなく、顕在的相即論(事常住)でもないといわねばならない。次項でふれるように、天台本覚思想における理顕本とは、まず真如・真心を根本の理として事象から超出させる。この点は、華厳哲学と同様である。むしろ、華厳哲学の影響によるものと考えられる。しかし、超出させた上で、事象を根本の理の顕現したものとして肯定してくるのである。これが理顕本の真意であり、また理顕本すなわち事常住とされたゆえんでもある。ここにいう事常住とは、現実の事象こそが真理の生きたすがた(顕在)であることを強調したものであり、現実の全き肯定に立って事ということをいったのである。

そのように、天台本覚思想における理顕本とは、現実肯定の意での事常住と結びつくものであった。ところが、中国の華厳哲学のみならず、事を重視した天台哲学においても、事の観念は本来どおりであった。つまり、依然として否定的な意味に使われていたのである。したがって、理を超出させても、天台本覚思想の理顕本までにはいたっていないと評されよう。それは事→理(従因至果、向上・上転門)の方向線のもので、天台本覚思想における理→事(従果向因、向下《げ》・下転門)の方向線のものとは違うといわねばならない。ひいては、その思考方法は、当初の内在的原理としての理の考えかたから脱しきっていないと評せよう。本覚が現実内在にとどまったことが、それを証している。

さて、日本の密教哲学であるが、天台本覚思想の事の強調には、本来の天台哲学における性具説に加えて密教の影響が大であるといえる。しかし、その密教でも、天台本覚思想のように徹底した事の肯定にまではいたっていないと思われる。たとえば、金剛・胎蔵の二界の中、胎蔵界に従果向因、向下・下転門、本覚などがあてられているが、それは、本覚が理として迷いの現実(事)ないし衆生の中に内在していることを表現したもので、そこでいわれる従果向因とか向下・下転門とは、やはり迷いの事の世界へおりていって、その中に蔵されている本覚の理をつかむということで、天台本覚思想におけるがように、事の肯定としてのものではない。密教哲学の胎蔵界説に、内在的相即論が残存するところである。

向上・上転、向下・下転ということばは、『釈摩訶衍論』巻第二に見えているが、それは、生滅門に二種ありということで説かれたものであった。つまり、向上・上転とは迷いを脱して悟りへと上昇していくことであり、向下・下転とは迷いの世界へと下降していくこと、あるいは迷いの事象が発生していくことを意味している。密教哲学における向下・下転の考えかたも、それと同様であったということができよう。ところが、天台本覚思想では、向下・下転の語を現実肯定、つまり肯定のために現実(事)へおりていく意に使用したのである。その結果、金剛界・胎蔵界を規定するそれらの観念に入れ変えが生ずるにもいたっている。すなわち、従果向因、向下・下転、本覚は、胎蔵界から金剛界へ置きかえられる(『本覚讃釈』補注「因果の二界」参照)。そこでの本覚は、生滅の現実内在の理から永遠絶対の真如の理にあげられる(理顕本)とともに、現実の事象そのものにあてはめられる(事常住)にいたったものである。

五大院安然においては、どうかということであるが、さきにあげた、凡夫の心性は理具の十界、諸仏の果海は事具の十界という定義づけを通して知られるように、事が成果という意味で使われているのである。つまり、理としての心性が仏果として結実することを事と称するにいたったものである。そこでは、事に積極的な意味が与えられてはきているが、天台本覚思想のごとく、現実の事象の当処へ向下していって、それをそのまま肯定する意味の事とは異なるといわねばならない。その点、安然は、まだ向上的である。安然にいたれば、天台本覚思想とほとんど変わらないところまできているといえるが、なおまだ若干のへだたりがあることを感じさせる。

安然以後、叡山の教学は一時、衰えを見せ、その上、数度の大火で全山荒涼となったが、良源(九一二—九八五)が出て再建に努め、教学についても、南都との宗論などを通して、法華円教の復興に力をつくした。その結果、門下に優秀な人材が輩出し、叡山は真理探究の一大殿堂の感を呈するにいたる。本覚思想について見れば、法華円教の復興にともなって、それを法華経の上に乗せなおしつつ、推進していったと想像される。後世の本覚思想の文献において、盛んに法華経の本迹二門による枠づけがなされているところである。

良源の弟子の中、本覚思想に関して注目すべき人物が恵心僧都源信(九四二—一〇一七)と檀那院覚運(九五三—一〇〇七)である。後世、この両人に関して、次のような伝説が生じた。すなわち、最澄が入唐したとき、妙楽湛然の弟子の行満から本迹二門の教相(宗教、顕説法華)を受けついだが、これは六識修行・従因至果の始覚法門で、覚運は、この系統を相承し、そこから始覚門に立つ檀那流がおきていくことになり、いっぽう、最澄は道邃《どうずい》から天台内証の止観(宗旨、根本法華)を受けついだが、これは九識修行・従果向因の本覚法門で、源信は、この系統を相承し、そこから本覚門に立つ恵心流がおきていくことになったという。

このような伝説の見える最初の文献としては、忠尋(一〇六五—一一三八)作と伝える『漢光類聚』があげられる。その第一巻(一九一頁)と第四巻(二七九—二八〇頁)に語られている。ところで、『漢光類聚』は「忠尋記す」となっているが、次項で検討を加えるように、天台本覚思想の高潮した作品であり、忠尋の時代から遙か後の成立と考えられる。最澄に関する伝説も、高潮した天台本覚思想に潤色されて生まれたものである。恵檀二流ということも、後になっていわれるようになったもので、源信・覚運の時にできたのではない。やはり、天台本覚思想が高潮していったときの産物であり、したがって、実際には両流とも本覚法門を推進していったといいうる。両系統の文献を通して、それを実証することができる。

なお、さきの理と事に関して両流を特色づけた説が存している。すなわち、尊舜(一四五一—一五一四)の『玄義私類聚』巻六に、「檀那は理成《りじょう》は劣、事勝《じじょう》となし玉へり。……理性常住は、爾前《にぜん》の諸経にも、これを明かす。本門は、事円を以て正意となす。さては、五百塵点事成の仏果を無始無終と云ふが、正意なるべし」「恵心流には、理成は勝、事成は劣となし玉ふなり。……仏と云ふは、住本顕本の内証、無作本覚如来なりと云ふなり。……森羅諸法は本仏の寿命、五百塵点は迹仏の寿命」(日仏全一七、二六三頁)とて、檀那流は本門事円・事常住のほうを、恵心流は本門理成・理顕本のほうを強調したとある。ここに、事理の関係が単純でなく、複雑化していったことを知るのであるが、ともかく、恵檀両流のいずれも、理の一元論(理顕本)をそのまま事相にあてはめ、事の一元論(事常住)となったと結論することができよう。要するに、恵心流を本覚門ないし理中心、檀那流を始覚門ないし事中心と区別したのは、対立意識によるものと思われる。

そこで、良源や源信・覚運における本覚思想の程度であるが、かれら、その中でも特に源信の作とする本覚思想文献が相当数あり、それによれば、当時、すでに高潮した天台本覚思想が存在していたことになる。しかし、このような文献は後世の成立であることは明らかであって、それを通して源信たちの本覚思想を推定することはできない。いま、源信の確実な文献である『往生要集』(九八五)と『一乗要決』(一〇〇六)を通して検討してみると、『一乗要決』は、南都法相宗の説を破しつつ、法華一乗の義を明らかにしたもので、きわめてオーソドックスな論述のしかたをしており、本覚思想は見あたらない。『往生要集』のほうは、浄土念仏を説きすすめた書である。浄土念仏思想は、絶対的一元論の天台本覚思想とは反対に、相対的二元論を立場とするものであり、したがって、浄土念仏を説きすすめた書に本覚思想は見あたらないであろうことは、予想されるところである。しかしながら、その代表的な書である『往生要集』に、一箇所ではあるが、本覚の語が見えており、そうして、さきにあげた円覚経のことばを引用しつつ、生死即涅槃・煩悩即菩提を主張している。すなわち、巻中に、「大円覚経の偈に云く、一切の諸の衆生の、無始の幻なる無明は、皆諸の如来の円覚の心より建立せりと。まさに知るべし、生死即涅槃・煩悩即菩提、円融無碍《えんにゅうむげ》にして無二・無別なることを。しかるに、一念の妄心《もうじん》によりて生死界に入りしよりこのかた、無明の病に盲《めし》いられて、久しく本覚の道を忘れたり」(日本思想大系『源信』二〇九頁)という。巻上では、天台の『摩訶止観』巻第一下や諸法無行経の貪(婬)欲即是道のことばを引用しつつ、生死と涅槃、煩悩と菩提との相即不二を強調している(同九二・九五頁)。

浄土念仏関係の書に、わずかとはいえ、本覚思想に類するものが説かれていることについては、相反する二種の評価が可能である。一つは、相対的二元論としての浄土念仏にまだ徹していないという評価、二つは、絶対的一元論としての本覚思想の高度な哲理を無視できなかったという評価である。後に法然(一一三三―一二一二)は、第一の線にそって本覚思想から浄土念仏を独立させ、徹底した相対的二元論に立った。ところが法然門下の幸西(一一六三―一二四七)・証空(一一七七―一二四七)、それから親鸞(一一七三―一二六二)になると、相即不二論など本覚思想に類するものが復活しており、ここでは、第二の線が浮びあがってくるといえよう。源信の『往生要集』は、どちらとも決めかねる段階のもので、これについては、叡山天台における本覚思想と浄土念仏とのからみあいを見ておく必要がある。

叡山天台においては、すでに古く浄土念仏が取りいれられていた。二元相対の現実相に目を向けたときには、それに即応した浄土念仏思想を無視することができず、そこで取りいれるにいたったということであろう。これは、中国の原始天台からいえることがらである。ところで、叡山天台では、哲理的には本覚思想を推進していったのであって、その結果、相対的二元論としての浄土念仏を、絶対的一元論としての本覚思想によって止揚あるいは包みこむ形で吸収するにいたった。関係文献に、己心弥陀・己心浄土ないし本覚弥陀などのタームが見え、観心(観念)念仏が主張されているところである。ここから、どの程度の本覚思想に浄土念仏が包みこまれているかということが、その文献の成立年代を推測するめどとなろう。

叡山天台において浄土念仏が論書となって現われるのは、良源の『極楽浄土九品往生義』が最初である。なお、良源と同時代の三井の学匠に千観(九一八―九八三)がいるが、かれに『十願発心記』の書がある。同じころ、北嶺探題の禅瑜(九〇九―九九〇)に『阿弥陀新十疑』がある。いずれも、全般的には天台智顗作と伝える『観無量寿仏経疏』や『浄土十疑論』に基き、観念の念仏を中心としたものである。しかし、本覚思想は見えていない。これは、本覚思想が浄土念仏を包みこむほどに顕著とはなっていないことを示すものといえよう。ついであげられるのが、源信の『往生要集』である。ほかに源信作と伝える念仏関係の文献に、『阿弥陀経略記』『観心略要集』『妙行心要集』『自行念仏問答』などがある。覚運のほうには、

『念仏宝号』『観心念仏』『一実菩提偈』などが存している。

源信の真撰としては、『往生要集』『阿弥陀経略記』『観心略要集』の三つが認められているが、『観心略要集』には、「我身即弥陀、弥陀即我身なれば、娑婆即極楽、極楽即娑婆」「己心に仏身を見、己心に浄土を見る」(日仏全三一、一六一―二頁)などと説かれ、「本覚真如の理に帰する時、ただこれ本有の三千を顕はす」(同一六三頁)とて、「本覚真如」のことばも見え、また、かの蓮華三昧経も引用されており、その上、「阿は即ち空、弥は即ち仮、陀は即ち中」(同一五七頁)という、いわゆる阿弥陀三諦説が創出しており、かなり進展した本覚思想の中に浄土念仏が包みこまれていることを知る。それは、『往生要集』の比ではない。したがって、『観心略要集』は、天台本覚思想が顕著となっていった時期の成立ではないかと疑われる。

阿弥陀三諦説は、『阿弥陀経略記』にも見られる。無量寿仏について、「無とは即ち空、量とは即ち仮、寿とは即ち中、仏とは三智即ち一心の具なり」(正蔵五七、六六六頁下)と説いているのが、それである。この点、『阿弥陀経略記』も、いちおう検討を要するといえよう。『妙行心要集』や『自行念仏問答』になると、『観心略要集』よりも一段と進展した本覚思想が見えており、さらに後期の作品と思われる。覚運作と伝える文献についても、検討を加える必要がある。

以上から、確実に源信の著と考えられる『往生要集』や、また『一乗要決』を通して見るときには、当時は、本覚思想が、それまでのものと一線を画するほどに進展をとげてはいないと評せよう。つまり、先行の本覚思想と区別されるような天台本覚思想は、なお源信の後に待たねばならないということである。それでは、いわゆる天台本覚思想と称しうるものに、いつごろから入っていくのかということであるが、その推定に資するものとして、口伝《くでん》という伝授方式があげられる。

天台本覚思想は、究極・内奥の真理を解明したものということで、文章に公けにすることはできず、師から弟子へと以心伝心で口授するほかないと考えられた。ここから秘授口伝とか面授口決《くけつ》などということが強調され、重んじられるにいたった。口決ということについては、すでに天台智顗の『摩訶止観』巻第五上に「この中、皆口決を須《もち》ふ」(正蔵四六、五〇頁下）といい、最澄も『守護国界章』巻上之中で、「鏡像円融の義、口決にあらずんば解せず。師師の相承、良《まこと》にゆゑあるなり」（伝全第二、二六六頁）と主張しているが、しかし、教相・経説を離れたものではなかった。いっぽうで、智顗は「修多羅と合すれば、録してこれを用ひよ。文なく義なきは、信受すべからず」（『法華玄義』巻第十上、正蔵三三、八〇〇頁上）、「一種の禅師、ただ観心の一意のみあり。或は浅、或は偽」（『摩訶止観』巻第七下、正蔵四六、九八頁上）といましめ、最澄も「仏説に依憑《えひょう》して、口伝を信ずることなかれ。誡文を仰信《ごうしん》して、偽会《ぎえ》を信ずることなかれ」（『法華秀句』巻下、伝全第三、二四五—六頁）といましめたゆえんである。

ところが、天台本覚思想が強調した口伝・口決は、教相・経説によらず、師の内的体験を直接、弟子に伝えることを意味した。究極・内奥の真理は教相・経説をこえたところに、あるいは文底《もんてい》に秘められてあり、心を通してしかつかまれないという考えから、そのような口伝・口決が強調されるにいたったのである。そこには、本来の天台などの口伝の考えかたに、さらに一段つけ加わったものが感ぜられる。そのつけ加わったものとは、すなわち密教における口伝思想である。いいかえれば、本来の口伝の考えかたに密教の口伝思想がプラスされて、天台本覚思想の口伝法門がおきていったということである。

そこで密教の口伝思想がプラスされた時期であるが、およそ勝範（九九六—一〇七七）あたりではないかと想像される。というのは、勝範の師である皇慶（九七七—一〇四九）は、台密事相の大成者であり、全山に影響を及ぼし、台密の諸派分流の源をなした人物であるが、かれは、みずから筆をとって著作することなく、口授・秘伝を重んじたといわれるのである。したがって、その師についた勝範あたりから、天台本覚思想が口伝の形でもっておこり、また伝えられていったと推定される。後世の文献に、しばしば「蓮実房の云く」（『漢光類聚』一八八頁以下参照）とか、蓮実房口伝ということばが見えているところでもある。蓮実房とは、勝範の房号である。

なお、切紙相承という伝授方法も行われた。小さな紙切れに、いわば真理のエキスを書き記して伝授する方法である。

こうして、しばらくは口伝ないし切紙形式でもって、個別的に伝えられていったと想像される。そうして、それらが相当量になったころ、集めて書物にまとめるようになったと思われる。つまり、天台本覚思想が口伝時代から文献化時代を迎えるのである。文献として編集されはじめた時期は、およそのところ、平安末期と推定される。その推定に資するものとしては、宝地房証真が永万年中(一一六五―六六)創草、建永二年(一二〇七)の秋にいたるまで添削・改定を加えていった『法華三大部私記』の中の『法華疏私記』巻第八本(日仏全二二、一〇九頁)に、天台本覚思想文献の最も初期のものと考えられる『円多羅義集』を引用して、論評を加えていることがあげられる。

天台本覚思想の文献と特色

前項で言及したように、天台本覚思想は、秘授口伝ないし切紙伝授として、個々別々に伝えられていったもので、だれがだれに伝えたかは、ほとんど不明といわねばならない。しかも、後になって、それらを収集して一冊の書としたときには、著者名が必要ということから、また権威づけも手伝って、最澄・円仁・円珍・良源・源信など過去のすぐれた祖師たちの名を借り、著者名とするにいたった。そのために、文献考証は、きわめて至難な業となっている。漠然とではあるが、個々の口伝法門は一一世紀半ばの平安中期末ごろから伝えられていき、一二世紀半ばの平安後期末ごろには文献化が始まっていたと思われる。しかし、文献化が開始されても、口伝法門は口伝法門で続行していったのであり、したがって、それらをつけ加えての文献化もまた続けられ、ひいては数多くの文献の誕生となった。そういうわけで、それらの文献の一々について成立年代を考証することは、まことに困難な作業といわざるをえない。

なお、文献の多くが個々の口伝法門を寄せ集めたものであることについて、それを暗示する好例が、異種の文献に同じ内容の論が重なって入っていることである。たとえば、最澄作と伝える『牛頭法門要纂』(牛頭決)と『五部血脈』、それに金沢文庫蔵の『本無生死偈』を表にすると、

『牛頭法門要纂』(伝最澄)
境像円融
十界互具
仏界不増
俗諦常住＝始終心要(湛然)
三惑頓断
分段不捨
煩悩菩提＝心性論(伝円仁)
無明即明
生死涅槃
即身成仏

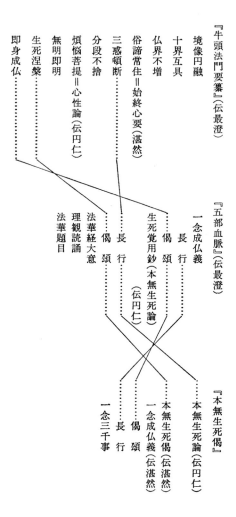

『五部血脈』(伝最澄)
一念成仏義
長　行
偈　頌
生死覚用鈔(本無生死論)(伝円仁)
長　行
偈　頌
法華経大意
理観読誦
法華題目

『本無生死偈』
本無生死論(伝円仁)
本無生死偈(伝湛然)
一念成仏義(伝湛然)
偈　頌
長　行
一念三千事

となる。線で結んだものは、同一内容を示している(解説「牛頭法門要纂」参照)。

切紙相承ということについては、たとえば『枕雙紙』(版本)に貞治三年(一三六四)の叡憲の奥書が付されているが、その中で、「先師は、一紙一紙各別にこれを書く。都盧《とろ》とこれを名づく。恵心の枕雙紙、随分の秘書なり」(四〇八頁)とのべている。なぜ切紙を都盧と称したかについては不明であるが、ともかく、この文章から、本来、口伝ないし切紙によって個々別々に伝えられていったことが知られる。その後、それらを一冊の書に編集することが企てられ、ここに文献化の時代を迎えるにいたったのである。

そこで、文献の成立年代の考証であるが、著者名が考証の資料にならないことは、さきにふれたところである。したがって、考証の資料としては、文献の中に見える教理の説きかた、その内容あるいは術語などがあげられよう。ただし、教理ないし論説は口伝法門として、文献化より以前に存在していたと考えられるから、口伝法門の発生時代をもって、そのまま文献の成立年代とするわけにはいかない。しかし、口伝法門の中には、文献化のときに発生したものもあるかもしれない。いいかえれば、文献化にさいして、そのときに発生した新しい口伝法門をも取りいれたということである。なおまた、文献化にさいして、ことばを補って体裁をととのえた部分もあるかもしれない。そういうわけで、厳密な年代考証は不可能に近いが、ともあれ、文献に盛られた教理・論説の新旧を検討しつつ、文献の成立年代を推測するほかに道はないといえよう。

いま、文献の主なものを拾いだして、その成立年代の考証を試みてみると、まず最も原初的な天台本覚思想の文献としてあげられるのが、本書のはじめに収録された『本理大綱集』(伝最澄)と、それから『円多羅義集』(伝円珍)である。『本理大綱集』については、解説で詳しく論じられているから、ここでは結論だけにとどめると、法華久成の本仏すなわち密教の本仏と説き、さらに本仏と一心を結びつけて「本仏一心」「大日一心」「阿字一心」といい、諸仏・諸法は、その「一心より流出」(二一頁)したものとして一如であると強調している。阿弥陀の阿も本仏一心の阿字とする。本覚の語は見えない。蓮華三昧経を引用しているが、「三十七尊住心城」の一句だけである。後の発達した本覚思想文献でも、問題の取りあげかたによって本覚の語が見えない場合もあるが、ともかく『本理大綱集』は、天台本覚思想としては初期のものから成っており、一一〇〇年(平安後期)ごろには成立していた文献と考えられる。

『円多羅義集』は、円珍の『授決集』に擬して作られたもので、やはり法華(円教)と密教との融合の上に立って一心一念の本仏を強調している。「無始無終の一理心一念本初の一仏」(巻中、日仏全二八、二七頁)、「無始無終の一心一念の仏」(同二一四頁)などという。この一心・一念の強調は、ひいては観心の強調ともなる。『本理大綱集』でも「本仏とはこれ観心の意」(一一頁)と説いているが、『円多羅義集』においても「一代教道、本仏観心の教より出づ」「天台の観心とは、以て一心一念に名づく」(巻上、同二一四頁)、「天台の己心は、即ち本初の一仏に当る。観心の肝心、これなり」(巻中、同二一七頁)というところである。ただし、後に見られる天台の己証、観心の最勝を主張する四重興廃まではいたっていない。

なお、性悪不断ないし即身成仏に関連して「円人成仏」(巻上、同二四七頁)とか「実人成仏」(同二五三頁)ということを唱え、その上、多数の偽経・偽論を引用し、しかも「千金を伝ふるとも、全くこれを伝ふるなきのみ」(同二五七頁)ということを再三にわたって強調しており、その点、『本理大綱集』より一歩、進展したものを感じさせる。ちなみに、秘伝を強調したことばは、『授決集』の「千金莫レ伝」(巻下、日仏全二六、五四頁)を受けたもので、このことばは、次項でもふれるように、室町時代の花伝書(いけばなの口伝書)などに盛んに用いられるにいたっている。

本覚の語については、『円多羅義集』の古い部分には見られず、付加部分に一箇所、「本覚理性」(巻上、日仏全二八、二四四頁)という語句が見いだされる。このように本覚の語を用いなかったのは、法華経ないし法華教理の上で質疑・応答が展開されたためと思われる。そこで、この文献の成立年代であるが、宝地房証真が『法華疏私記』(一一六五草、一二〇七完)に引用しつつ、「彼の書、いまだ誰人の著はす所かを詳《つまびら》かにせず。授決集を釈するといへども、その文義、恠《あや》しむべき甚だ多し」(第八本、日仏全二二、一〇九頁)と評しており、一一五〇年(平安末期)ごろまでには成立していたといえよう。なお、日蓮が嘉禎四年(一二三八)、十七歳のとき書写したという奥書のついた写本(上巻の古い部分のみ)が、金沢文庫に蔵されている。

次に一一五〇年(平安末期)から一二〇〇年(鎌倉初期)あたりにかけて成立したと思われる文献として、『牛頭法門要纂』(伝最澄)、『五部血脈』(伝最澄)、『註本覚讃』(伝良源)、『本覚讃釈』(伝源信)などがあげられる。『五部血脈』のほかは本書に収録されており、また解説で詳論されているので、ここでは、特色ある論調や術語を拾いあげて、成立年代の推測材料とすることにする。

『牛頭法門要纂』および、それと類同の『五部血脈』において、もっぱら強調するものは心性本覚の説である。たとえば『牛頭法門要纂』の第七、煩悩菩提は、円仁作と伝える『心性論』(日仏全二四、九五—六頁)にあたるが、「心性の本源は凡聖一如にして二如なし。これを本覚如来と名づく」(三五頁)などという。第十、即身成仏(『五部血脈』一念成仏義の偈頌《げじゅ》)では、

「心性の本覚を以て、無作の実仏となす」(三九頁)、「本覚の真仏を顕すこと、ただ我が一念にあり」(三九頁)とて、凡夫の一念すなわち心性本覚の仏であり、本来の実仏・真仏と説く。そのほかの項でも、同様のことが強調されている。『五部血脈』の法華題目には、「真如霊覚の知見」(伝全第五、三六五頁)という語も見えている。こうして、成仏は一念の即身成仏と定義されてもくる。

特に注目すべきものは、天台本覚思想にのっとった生死観が打ちだされていることである。『牛頭法門要纂』の第五、三惑頓断と第九、生死涅槃がそれで、前者は『五部血脈』の生死覚用鈔(本無生死論)の長行《じょうごう》に、後者は偈頌《げじゅ》に相当する。なお生死覚用鈔は、円仁作と伝える独立した一本がある。そこでは、「生死の二法は一心の妙用、有無の二道は本覚の真徳なり」「無来の妙来、無生の真生、無去《むこ》の円去、無死の大死なり」(三三頁)、「生の時も来るなく、死の時も去るなし。生はこれ真生、死は即ち円死なり。生死は体一、空有は不二なり」(三八頁)とて、生死の二元相対の突破・超越、ひいては生死にたいする絶対肯定が説かれている。否定し、捨てるなら死のみならず、生もまたであり、肯定し、取るなら生のみならず、死もまたということである。積極的にいえば、生も死も、ともに絶対の真理、永遠の生命の活現のすがたということである。一心の妙用とは、生死を主体的精神でもって掌握することを意味する。生死観は、ここに、その窮みに達したといえよう。

ちなみに、本覚思想に批判を向けた道元(一二〇〇—一二五三)も、生死観については、全く同様のことを主張した。たとえば『正法眼蔵』の身心学道に、「面々みな生死なるゆへに恐怖《くふ》すべきにあらず。ゆへいかむとなれば、いまだ生をすてざれども、いますでに死をみる。いまだ死をすてざれども、いますでに生をみる。生は死を罣礙《けいげ》するにあらず、死は生を罣礙するにあらず。……死の生に相対するなし。生の死に相待《そうだい》するなし」(日本思想大系『道元』上七九頁)と説き、全機の巻では、「出生死あり、入生死あり」「生は来にあらず、生は去《こ》にあらず。生は現にあらず、生は成にあらざるなり。しかあれども、生は全機現なり、死は全機現なり」(同二七五頁)という。このように達観して生死を恐れるなとは、『牛頭法門要纂』

でも説くところである。すなわち、「行者常によく思念して生死を怖るるなかれ」(三四頁)、「汝よくこれを観じて、生死を恐れざれ」(三八頁)と。なお、同本には、寿永元年(一一八二)の顕真の奥書が存する。

『註本覚讃』は、最初に「本覚讃」の名のもとに蓮華三昧経をあげ、それにたいして和讃の形で注を施したもので、『天台霞標』四編巻之三(一八六二、慈本録)には、「元三慈慧大師」(良源)の項に掲載されている。底本には、撰号がない。『本覚讃釈』は、さらに『註本覚讃』を詳釈したもので、「天台沙門源信撰」との撰号が付されている。両者ともに蓮華三昧経を受けて、一念ないし己心を強調しているが、特に『本覚讃釈』では、「この心、本より本覚真如の理なり」(一〇九頁)、「本覚真如に心を繋す」(一一七頁)とて、「本覚真如」ということを説きだすにいたっている。これは、本覚が始覚と相対した現実内在の原理から真如絶対の理にまで超出したことを示すもので、天台本覚思想が『本覚讃釈』あたりから、その輪郭を明らかにしはじめたということができよう。

さらに、「本有《ほんぬ》常住の理具」(一〇五頁)といい、「理は常に平等なり。常に平等の故に、常に法位に住す。事は常に差別《しやべつ》なり。常に差別の故に、縁に従つて起る。常平等、即ちこれ常差別なり。常差別、即ちこれ常平等なり」(一〇三頁)とて、理平等即事差別を主張しており、後の理顕本即事常住の説に近接したものを感じさせる。サーンキヤなどの始源的実体説(転変説・流出説)にたいし、「ただ冥本《みようほん》等を執して、理本等を信ぜず」(一〇三頁)と評してもおり、ここでいう理本が現実の事々物々を捨象して始源の一理に還元することでなく、あくまでも一多・理事の相即を主眼点とするものであることを示している。ただし、後の文献に見られるような法華の本迹二門などによって理即事を明確に枠づけするまでにはいたっていず、現実世界を迷妄とする考えが残存してもおり、その意味では、『牛頭法門要纂』などより少しく進展した段階にとどまるものといえよう。

なお、「本覚真如」という語については、前項でもふれたように、浄土念仏の書の一つである『観心略要集』(伝源信)にも見えている。同書の源信作については、あまり疑われていないが、『往生要集』では引かれなかった蓮華三昧経が引用され、また阿弥陀三諦説が創出しており、その上、「本覚真如の理に帰する時、ただこれ本有三千を顕はす。始めて果位万徳を得るにあらず。ここに知んぬ、我等一念の心性に無始已来、三身万徳を備ふるなり」（日仏全三一、一六三頁）とて、「本覚真如」をいうにいたっている。ちなみに上記の文は、三箇宗要の『枕雙紙』（伝源信）にも見えており（四〇八頁）、『観心略要集』を受けたものかと思われる。ともあれ、『観心略要集』の成立は、『本覚讃釈』あたりに持ってくるのが適当といえよう。過去に偽撰説が出なかったわけでもなく、玄阿懐音（一一七四）の『諸家念仏集』に、「或は云く、観心略要は源信の作にはあらず、これ後人の偽書なりと。予いまだ真偽を決せず」（浄土宗全書一五、七六五頁）というところである。

つづいて一二〇〇年（鎌倉初期）から一二五〇年（鎌倉中期）あたりにかけてのものとして、『真如観』（伝源信）と『三十四箇事書』（伝源信）があげられる。『真如観』においては、「本覚真如ノ理ニ帰スル也」（一二四頁）、「一切衆生皆本覚真如ノ理ヨリ出タリ」（一二六頁）などと、『本覚讃釈』より以上に「本覚真如」を主張しており、また、「一切ノ非情、草木・山河・大海・虚空、皆真如ノ外ノ物ニアラズ」（一二五頁）、「地獄モ真如也。餓鬼モ真如也。畜生モ真如也」（一二九頁）、「草木・瓦礫・山河・大地・大海・虚空、皆是《コレ》真如ナレバ、仏ニアラザル物ナシ。虚空ニ向《ムカヒ》テハ、虚空則仏也。大地ニ向テハ、大地則仏也」（一三四頁）などの説は、『本覚讃釈』より一段と前進したものを感じさせる。もちろん、蓮華三昧経も引用し、煩悩即菩提・生死即涅槃も強調し、心性蓮華や即身成仏も主張されている。蓮華三昧経については、無障礙経という別称が見えだしている（一三九頁）。しかし、「達磨宗ハ、諸法ハ、タヾ、性ノミアリ、相ハ無《ナシ》ト云フ」「諸法ハ唯《タヾ》性ノミニテ、相ハナシト悟《サトル》ヲ、仏ト名《ナヅ》ク」（一三七頁）とて、理としての心性に力点を置いた説も見られ、そのかぎり、事常住を強調する『三十四箇事書』までにはいたっていないといえよう。現実の娑婆を迷妄・煩悩の世界とし、弥陀の浄土を彼岸に設定する考えかたも残存し、観念の念仏と並行して口唱の念仏も説かれている（一四一―二頁）。法然（一一三三―一二一二）の『百四十五箇条問答』に、「この真如観はし候べき事にて候か」という問が掲げられ、それにたいして、「これは恵心のと申て候へども、わろき物にて候也」（昭和新修法然上人全集六四八頁）と答えられており、この問答書の真偽については考証を要するとしても、一応、『真如観』は『本覚讃釈』より少しく後、年代でいえば鎌倉初期の一二〇〇年前後の成立と考えられる。

『三十四箇事書』は、金沢文庫に蔵されている写本で、首題の下に皇覚の名があがり、末尾には、「相伝系図」の名のもとに相伝の事情が記され、「釈皇覚示之」と結んでおり、その結果、皇覚作がまちがいないとされるにいたった。なお、最後の系図表には、源信(恵心)から静明までの名があがっており、皇覚以後の相承を後になって付加したものと想像される。写本には「三十四箇事書　湛睿」と記された表紙がついており、湛睿(一二七一―一三四六)は称名寺三世であるが、この写本が湛睿筆になるものか、表紙だけを湛睿が筆を取ったものなのか、改めて検討を要する。

いっぽう、版本には『枕雙紙』と名づけられたものがあり、首題のところには撰号がなく、末尾に「相伝継図之事　釈皇覚示之」とあり、系図は静明以後、さらに叡憲・覚源まで付加され、さらに貞治三年(一三六四)の叡憲による奥書がつけられている。つづけて、「枕雙紙　横河沙門源信記」のもとに三箇宗要(四教・五時・一念三千)の論説があがり、最後に「于時長保三年三月下旬　横河首楞厳院源信竊記」と結んでいる(四一〇頁)。本論の部分では、『三十四箇事書』と二項目について異なりが見られる。

そこで論説の特色を拾いだしてみると、「理開三身の事」のところで、法華経寿量品の五百塵点・久遠成道を仮説《けせつ》とし、本来は成・不成を論ぜずとて、理顕本が本門の真意であると主張している(一六三頁)。「顕本の事」の項においても、同様にして「理の顕本」(一七五頁)が説かれている。しかも、その理顕本とは、そのまま事常住となるもので、「理の顕本とは、地獄を地獄と云ひ、餓鬼を餓鬼と云ひ、乃至仏菩薩を仏菩薩と云ふなり。本より十法界常住の故に、十界を改めず、本体を云ふ」(一七六頁)と説くところである。ここから理と事を法華経の本迹二門に乗せつつ、本門事常住を主張するにいたる。すなわち、「三諦同異の事」において、「迹門は理が家の三諦なり、故に理の三諦と云ふ。本門は事が家の三諦なり、故に事の三諦と云ふ」「理とは、諸法差別《しゃべつ》なりといへども、如々の故に一に帰するなり。……事とは、諸法を泯ぜず、自体にして常恒《じょうごう》なり」「迹門は諸法を泯ずる故に、円融妙理の三諦なり。本門は諸法を泯ぜず、ただ当体が衆生と云ひ、乃至仏と云ふなり」(一五五頁)と説いている。「一心三観三観一心の事」においても、「迹門は理実相を説くが故に、三観一心の意なり。本門は事実相を説くが故に、一心三観なり」(一七二頁)という。「本迹二門実相同異の事」(一七四頁)でも、全く同じ主張が見られる。

この事実相・事常住から進んで、現実の事象こそが永遠・絶対の真理の生きた姿であるとさえ主張するにもいたる。「常同三身の事」(一五三頁)や「迹門三身の事」(一六四頁)のところで、水月と天月にたとえながら、それを論じている。「性常住ならば、相も常住なり。水常住なれば、波も常住なり。水破不二の故に」(「正了縁三因の事」一六九頁)、「円教の意は、衆生を転じて仏身と成るとは云はざるなり。衆生は衆生ながら、仏界は仏界ながら、倶《とも》に常住と覚《さと》るなり」(「仏界衆生界不増不減の事」一七六頁)などの説もある。

このような事常住説においては、もはや成仏の観念さえも成り立たなくなる。いうならば、むしろ「不成仏」である。「草木成仏の事」において、「実に草木不成仏と習ふ事、深義なり」「常住の十界全く改むるなく、草木も常住なり、衆生も常住なり、五《ご》陰《おん》も常住なり。よくよく、これを思ふべし」(一六七頁)と説くところである。事々物々そのまま、不改常住のすがたということである。顕現的相即論から顕在的相即論へと徹底したものといえよう。

徹底した相即論の典型としては、たとえば「生死即涅槃の事」において、「世間相常住と云ふは、堅固不動なるを常住と云ふにはあらず。世間とは、無常の義なり、差別の義なり。無常は無常ながら、常住にして失せず、差別は差別ながら、常住にして失せず」(一五七頁)と説くところである。つまり、生死無常の根本あるいは背景として不動の涅槃常住があるのではなくて、生死無常の当処そのまま涅槃常住ということである。無常の本体が常住ということではなく、無常の当体(当相)が常住ということである。後世、「咲く咲く常住、散る散る常住」というモットーができたほどである。

ここから、ときに互具と相即とを区別するにもいたった。すなわち「本迹二門実相同異の事」において、迹門は理実相であり、理を面《おもて》とし、本門は事実相であり、事を面とすると説きつつ、「互具の旨は迹門に委悉《いしつ》なり。相即の旨は本門に委悉なり」(一七四頁)という。「識の事」においては、「識に互具・相即の二意、これあり。互具とは、九々八十一識なり。互具の故に、迷悟の識、体一なり。相即の識とは、ただ第六識の当体をヲサヘテ七識とも云ひ、乃至九識とも云ふなり」(一六二頁)とて、互具・相即の別を識にあてはめて論じている。現実の事象を支える第六識に重心を置くのが、相即の真の意味だということである。

いったい、天台本覚思想では何識を基としたかであるが、理顕本をいうときは第九識、事常住をいうときは第六識、両者の未分としては第八識を取りあげたと結論することができよう。天台の六即に関していえば、理顕本を強調するときは、理即を妙覚とし(「妙覚成道の事」一五八頁)、事常住を強調するときは、名字即を妙覚とした(「一念成仏の事」一八〇頁、「入位断惑断惑入位の事」一八二頁)。また、そういうことで妙覚を取りあげたのである(「元品の無明の事」一六〇頁)。

このような徹底した相即論(顕在的相即論、事常住説)は、天台本覚思想に特有な永遠観を形成することにもなった。すなわち、今日ただいまを永遠絶対と見ることである。現代用語でいえば、「永遠の今」(Eternal Now)の主張である。「元初一念の事」において、「大海の波は、昨日の波も、今日の波も、全く体一なるがごとく、三世の念は、ただ一念なり」(一八一頁)と説くところである。「事開三身の事」においても、同様のことが説かれている。すなわち、「久遠の日月も、今日の日月も、未来の日月も、さらに日月一体なり」と。ただし、このことばの部分は版本(『枕雙紙』)のみに見られる。「理開三身の事」においては、「始中終の差別なし。なんぞ久遠と今日とを論ぜん」(一六三頁)という。積極的にいえば、久遠即今日の主張である。

なお、右の「元初一念の事」には、元初《がんじょ》に関して次のような注目すべき但書がついている。すなわち、「もし元初の一念は迷出の始めなりと云はば、始起の法あり。もししからば、冥初《みょうしょ》に同じ。全く不可なり。ただ……前念に起る所の一念を、三千具足と知るを元初と云ふなり」と。つまり、ここでいう元初とは、サーンキヤ派のプラクリティ(冥初)におけるような万物の始源を意味するのではなく、事々物々(一念)の躍動の当処ないし瞬間をさしたものである。いわば、絶対瞬間のことである。それは、また永遠の脈動のすがたでもある。こうして、久遠即今日が主張されたのである。現代的に表現すれば、永遠の今であり、絶対瞬間の永遠である。これについて、尊舜(一四五一—一五一四)は『文句略大綱私見聞』巻五に、「所詮久遠ト云ヘバトテ、非ニ過去久遠ノ義ニ。……サレバ久遠ノ文点ヲ、久遠《モトノマヽ》トモ久遠《ツクロハズ》トモ読ム也」(日仏全一八、一五九頁)と釈している。

さきの生死観と同様、永遠観についても、ここに、その窮まりに達したということができよう。道元に、また類似した論説が見られるところである。たとえば『正法眼蔵』の有時において、「彼方にあるにたれども而今なり。……彼処にあるにたれども而今なり」(日本思想大系『道元』上二五八頁)と説き、大悟の巻において、「我をして過去未来現在を念ぜしむ、いく千万なりとも、今時なり、而今なり」(同一二三頁)という。この「有時《うじ》の而今《にこん》」について、天桂伝尊(一六四八—一七三五)は『正法眼蔵弁註』に、「有時の而今とは、一切尽時、全く別時なし。観る彼の久遠即これ今日、本処を動ぜず、古来今にあらず」(仏教大系『正法眼蔵』第二、一九頁)とて、久遠即今日という注釈を与えている。

以上、思想内容や論述方法を通して『三十四箇事書』の特色を拾いあげてみたのであるが、結論づけるなら、天台本覚論の主要なものは、ここに出そろったといえよう。これ以後に成立してくる文献は、すべて、それらを整理し、類型化し、体系化していったものといって過言ではない。したがって、『三十四箇事書』における諸項は、もと個別的に口伝されたものであったとして、それらが皇覚(一一五〇年ごろ)のあたりで生じたとは考えられない。ましてや、それらの文献化、つまり『三十四箇事書』が皇覚の手によってなったものとは、およそ思われないところである。むしろ、後につづく文献の成立年代、すなわち一二五〇年(鎌倉中期)のほうに近づけて考えるのが妥当といえよう。系図を見ると、最後が静明となっているが、その静明に近いところで、『三十四箇事書』が成立したことを思わせるものである。版本の『枕雙紙』では、覚源まで付加されているが、これは、前者より成立が遅いことを示すものかもしれない。三箇宗要の部分は、「八十算」の語などがあるところからして、さらに後の成立と思われる。なお、各項が別々の口伝法門であったとしても、論述・論調はおおむね一致しており、ひいては口伝成立と文献成立とは、ほとんど同時ではなかったかとの印象を受ける。

ここで、同じく源信作と伝える浄土念仏論の『妙行心要集』にふれておくと、「久遠実成弥陀如来」(巻中之本、日仏全三三、三六頁)とて、法華経に説かれた久遠実成を弥陀に冠しつつ、その久遠弥陀は本覚の心性にほかならないとしている。「南無我心本覚阿弥陀仏」(同)、「帰命本覚心法身」(巻下之末、同一四頁)などというところである。「一切塵刹、一切法界、妙法にあらざるなく、弥陀にあらざるなし」(巻上之本、同八六頁)ということばもある。また、「水月を離れて、別に天月あるにあらず。水月の実体、即ち天月なり」(巻下之本、同一二七頁)、「もし水月なくんば、なんぞ天月を論ぜん。実には二名なし。本月は唯一なり」(同)とて、『三十四箇事書』(一五三・一六五頁)と同種の説が目につく。そのほか、阿弥陀の三字に空仮中も含めて十種の義をあてるなど、そこに見られる本覚思想は、『観心略要集』より一段と進展したものが感じられる。成立年代は、『三十四箇事書』と同様、一二五〇年(鎌倉中期)に近いものといえよう。

一二五〇年(鎌倉中期)から一三〇〇年(鎌倉末期)あたりまでのものとしては、『修禅寺決』(伝最澄)、『断証決定集』(同)、『三大章疏七面相承口決』(同)、それに『漢光類聚』(伝忠尋)、『法華略義見聞』(同)などがあげられる。この時期において、出そろった天台本覚思想の諸論を整理し、体系的に組織づけることが試みられてくるといえる。天台本覚思想の体系化時代である。体系化の代表的なものとしては、三重七箇法門と四重興廃があり、これらは、天台本覚思想における教相判釈とでもいうべきものである。上記の文献に、それが見えている。

『修禅寺決』は本書に収録されたものによると、第一帖「修禅寺相伝私記」(一心三観・心境義)、第二帖「修禅寺相伝日記」(止観大旨)、第三・第四帖「大教縁起口伝」(法華深義)の四帖からなっている。ちなみに伝教大師全集第五に収録されたものでは、「修禅寺相伝私注」と「修禅寺相伝日記」とに大別され、前者の巻一は一心三観、巻二は心境義(一念三千)、後者の巻一は止観大旨、巻二は法華深義について解説を施している。右の四項は、いわゆる広伝四箇の大事といわれるものであり、第四項の法華深義のところでは、「三種の別伝を開く。一には蓮華因果、二には円教三身、三には常寂光土なり」(八二頁)とて、いわゆる略伝三箇の大事が開きだされている。さらに、「一心三観とは、これに教・行・証の三重あり」(四二頁)、「一念三千に、教行証の三重あり」(伝全第五、六五頁)、止観について「また三種を分つ。一には教、二には行、三には証なり」(七〇頁)とて、教行証の三重がいわれており、それらを合わせると、三重七箇の法門となる。

ちなみに、教行証の三重については、天台智顗の『法華玄義』巻第五下に、「乗に三種あり。教行証と謂ふ」(正蔵三三、七四〇頁下)と説かれており、一心三観・心境義・止観大意・法華深義の四箇の法門ということについては、最澄真撰とされる『天台法華宗伝法偈』の中に、最澄が道邃から受けたことを記している(伝全第五、二六頁)。しかし、三重七箇の法門として体裁を整えてくるのは、『修禅寺決』からといえよう。ただ、『修禅寺決』では、その綱格が整然とした体系化までいたっていず、略伝三箇の法門については、名目だけしか、あがっていない。

三重七箇法門の整然とした組織体系は、一三〇〇年代の初めの心賀あたりからで、文献としては、俊範《しゅんぱん》(—一二三一—)から静明《じょうみょう》・心賀を経て心聡によって記述され、嘉暦四年(一三二九)、花園天皇に呈上された『一帖抄』、尊海(一二五三—一三三二)が心賀から相伝を受け、同学の一海が筆録した『二帖抄』(本書に収録の『相伝法門見聞』)あたりにおいてである。教行証の三重にわたって完備されてくるのは、等海(—一三四三—)が『二帖抄』について詳釈した『等海口伝抄』(宗大事口伝抄)から尊舜(一四五一—一五一四)の『二帖抄見聞《けんもん》』(一五〇一)にかけてである。

三重七箇法門の綱格を要約しておくと、広伝四箇の大事は、一心三観ないし一念三千を所観の対象(法)として解明したものであり、略伝三箇の大事は、それを能観の主体(仏)に即して解明したものであり、教重は、さらに、それらを教理として、行重は実践として、証重は体験として、相伝するものであるといえよう。それらに一貫して強調されているものは、成熟した天台本覚思想である。『修禅寺決』も同様であるが、ただ三重七箇法門については詳説されていず、その点、前段階的なものとみなされる。

なお、『修禅寺決』において注目すべきことは、唱題思想が見えていることである。このために、後世、同書と日蓮教学との関係が論議となった。たとえば、三井の敬光(一七四〇—一七九五)は、日蓮教学を『修禅寺決』の脱化とみなし、日蓮宗から天台宗に変った真迢《しんじょう》(一五九六―一六五九)は、『修禅寺決』を日蓮末弟の偽作であろうと論じた。あるいは、日蓮の説を摂取しつつ、天台本覚論を構成したのが『修禅寺決』であると考えられるかもしれない。また、題目の五字を五眼・五仏・五智・五時などに結びつけた、いわゆる数《す》法相《ほっそう》配釈が見えていることも、注意すべき点である。数法相配釈は、中国において古く見られるところであるが、『修禅寺決』あたりから、濃厚の度を加えはじめていく。

天台本覚思想の教判体系として三重七箇法門とともにあげられる四重興廃は、『修禅寺決』には、まだ現われていない。しかし、観心・止観の強調は見えている(七一・七二・八二頁など)。ただ、類型化した形での観心勝の主張にまではいたっていず、その前駆的なもので、この程度なら、さきの『三十四箇事書』にも見えている。すなわち、「観心の意、迹本両観は、ただこれ衆生一念の心なり」(「一心三観三観一心の事」一七二頁)、「迹門は理実相を演《の》べ、本門は事実相を談ずるなり。この上に観心実相とは、迹本両門の事理の実相は、ただこれ衆生介爾《けに》の一念の心なり」(「本迹二門実相同異の事」一七四頁)と説くところである。同じころの『妙行心要集』においても、「天台教釈、原《もと》は観心となす。正法の法体、己心に在るが故に」(巻下之末、日仏全三三、八九頁)といい、ひいては「観心念仏」(同九〇頁)を説くにもいたっている。ともかく、『修禅寺決』は、『三十四箇事書』より少しく後の一二五〇年(鎌倉中期)ごろの成立とみなしえよう。

『断証決定集』は、「沙門最澄説　円仁記」となっているが、「大師内証の一心三観」(伝全第五、三七頁)、「大師内証の一念三千」(同三四頁)とて、内証・不伝の一心三観ないし一念三千を強調し、そうして、爾前・迹門・本門・観心の四重を立てつつ、その四重に各二門あって八種となると説くにいたっている。すなわち、「その八種とは、四重の興廃に於て、各二種を立つ」(同三五頁)と。ここに四重興廃の語が見えている。ただし、内証止観が強調されてはいても、本迹の教相を超勝した止観(観心)という典型的な四重興廃まではいたっていず、そのかぎり、『修禅寺決』あたりの成立といえよう。なお、末尾に忠尋(一〇六五―一一三八)の奥書が付されているが、これまた、忠尋のものでないことは明らかである。

『三大章疏七面相承口決』は、玄文七面口決、法華文句七面決、摩訶止観七面決、三大章疏同異決の四項からなり、玄文七面口決の項においては、「四重浅深」ということを説き、爾前教を「名体倶無常」、法華迹門(始覚門、不変真如)は「体実名仮」、本門(本覚門、三千常住)は「名体倶実」とみなし、しめくくりとして「名体不思議」を立てている(伝全第五、一四一頁)。「名体不思議」とは、名と体とが不二・法然としてあることをいったもので、両者の止揚である。四重興廃でいえば、止観・観心が、それにあたる。三大章疏同異決の項では、止観別立が強く打ちだされている(同一五一―二頁)。なお、阿弥陀三諦説も見えている。文献成立は、『断証決定集』に続くものではないかと思われる。奥書に、やはり忠尋が大治元年(一一二六)正月に伝受したとあるが、信用できない。

さて忠尋作と伝える『漢光類聚』『法華略義見聞』などであるが、これらにおいて四重興廃が教判的に体系化されるにいたったことを知る。四重興廃とは、爾前・迹門・本門・観心の四について、その興廃を論じ、観心(止観)最勝をもって結着とするものである。『漢光類聚』の巻一では、教行証の三にわたって止観心要の義を明らかにし、種々の角度から四重興廃を論じ、一念己証・観心内証をもって究極の心要とみなしている。たとえば、爾前は但中法性の理を心要とし、迹門は不変真如の一理を心要とし、本門は地獄・仏界それぞれの当体を心要となすもので、それは「俗諦三千の諸法各心各体の心要」(一九四頁)であり、観心は「本迹未分根本法華の内証、不思議法然の自体」(同)を心要となすものであると説く。

注目すべきものに、煩悩と菩提の関係を四重興廃に結びつけた説がある。すなわち、「四重の興廃を以て義を成ぜば、爾前の大教は煩悩、菩提にあらず、迹門の大教は煩悩即ち菩提なり。本門の大教は煩悩即ち煩悩、菩提即ち菩提、観門の大教は煩悩にあらず菩提にあらず」(二二五頁)という。さらにつづけて、煩悩と菩提の関係について種々の口伝をあげている。煩悩即菩提の問題は、中国の趙宋天台において論争となったことは前々項にふれたところであり、『三十四箇事書』でも、論目の一つにあがっている(一七八頁)ところであるが、天台本覚思想でまず注目すべきことは、本門事常住に立って煩悩即煩悩、菩提即菩提が主張されたことである(『三十四箇事書』補注「煩悩即菩提」参照)。その上で、結びとして非煩悩非菩提の観心が最後に立てられたのである。

『法華略義見聞』では、中巻に「四重興廃事」という項目を立てて、四重興廃についての種々の口伝を紹介している。そこにおいて、やはりまず注目すべきものは、迹門と本門との別を類型的なタームで定義づけていることである。いま列挙してみると、迹門は今日近成《こんじょう》・有作《うさ》三身・始覚始成(事成)・従因至果・別体別用・不変真如・理円融・理常住などであるにたいし、本門は五百塵点久成《くじょう》・無作三身・本覚本有(理顕本)・従果向因・倶体倶用《くたいくゆう》・随縁真如・事々円融・事常住などとされる(日仏全一六、三九頁)。ついで、観心と本迹との興廃に言及し、「観心の大教興らば本の大教亡ずと。これに於て異義あり」とて三流三義を紹介しつつ、「当流相承に云く、今の観心の大教とは、本迹未分・天真独朗の摩訶止観の観心なり」といい(同三九―四〇頁)、さらに三種法華に関係づけて、爾前を隠密法華、本迹を顕説法華、観心を根本法華(如来内証)としている(同四一頁)。なお上巻には、「四重興廃、これを思ふべし。迹門の大教興《おこ》れば爾前の大教亡《もう》じ、本門の大教興れば迹門の大教亡じ、観心の大教興れば本門の大教亡ず」(同九頁)とて、四重興廃の定型的表現が見えている。

四重興廃は、原型としては天台智顗の『法華玄義』巻第二上(正蔵三三、六九七頁中)に見えているところであるが、しかし、そこでは四重相互興廃であって、ここでの段階的な四重興廃とは違うものであり、段階的な四重興廃では、止観・観心の超勝を落着とするものである。すなわち、迹門は始覚・有作・事成の段階にとどまるにたいし、本門は本覚・無作・理成で、そこに真に不二・一如の理が明かされ(理顕本)、そうして、この真の不二・一如の理ということは、とりもなおさず現実事相との不二・一如ということなので、そこから、本門をもって随縁真如・倶体倶用・従果向因・事常住・事実相・事円などとみなし、さらに、その上に観心(止観)を立てて、理事・本迹の止揚・統一をはかったものである。このような進展段階を理・事について図式化すると、理二元論・事二元論(爾前)↓理一元論・事二元論(迹門)↓理一元論・事一元論(本門)↓理事根本一元論(観心)となろう。

このような四重興廃は、天台・華厳ないし『起信論』に加えて、密教および禅の思想が影響して成立したことを思わせる。すなわち、本門事常住の強調には密教が作用しており、観心勝の主張には禅、特に教外別伝・不立文字・直指人心・

見性成仏をモットーとする南宗の頓禅が影響していると思われる。尊舜(一四五一―一五一四)の『摩訶止観見聞』に、「禅門の教外別伝とは、前代未聞の止観の異名なり」(高観『摩訶止観見聞添註』巻第一之坤、日仏全二九、一三三頁)というところである。そこから、止観の上に、さらに禅宗勝を立てる場合も生じたらしく、日蓮(一二二二―一二八二)の『立正観抄』に、「止観は法華経に勝り、禅宗は止観に勝りたりと思ひて、法華経を捨てて止観に付き、止観を捨てて禅宗に付くなり」(昭和定本日蓮聖人遺文八五一頁)との評が見えている。

叡山天台には、北宗禅(如来禅)は早く流入しているが、宋朝の南宗禅(祖師禅)はいつごろ取り入れられるにいたったか。これがわかれば、その影響による四重興廃の成立時期、ひいては四重興廃の見えている『漢光類聚』『法華略義見聞』などの成立年代も推測しうることになろう。そこで、浮んでくる人物が、俊範(―一二二一―)の弟子の静明《じょうみょう》(叡山で日蓮と同学者)である。というのは、**虎関師錬**(一二七八―一三四六)の『元亨釈書』(一三二二)巻第七、弁円伝のところに、静明が円爾弁円(聖一国師、一二〇二―一二八〇)から仏祖単伝の正宗(禅宗)を教示されたとの記事(日仏全一〇一、二二八―九頁)があがっているのである。卍元《まんげん》師蛮の『本朝高僧伝』(一七〇二)巻第十五、静明伝のところでも、同様の記事が見られる。なお、尊舜の『止観見聞』によれば、円爾弁円が入宋したさい、静明が双立・独立の止観を唱えたことを紹介したという(日仏全二九、二六頁)。

円爾弁円について見ると、かれの『大日経見聞』巻一に、「迹門の開権顕実、本門の開迹顕本、独り法華に在り。余経に亘《わた》らざるなり。観心迴《はる》かに本と迹とを超えて深高なり」(日本大蔵経、密教部章疏上一、六九頁)とて、観心勝が説かれている。『大日経見聞』は、弟子の大慧(一二二九―一三一二)が筆録したもので、奥書によれば、文永九年(一二七二)の十月六日、東福寺方丈において講じたものという。円爾弁円には栄西系の密教(葉上流)が流れており、そのため、観心を密教と同じとした(同七五頁)。

こういうわけで、円爾弁円から静明は教外別伝の南宗禅を受け、そこから観心勝を究極とする四重興廃がおき、ひいては四重興廃を説く『漢光類聚』や『法華略義見聞』などが成立したと結論づけることができよう。年代的には、一二五〇年（鎌倉中期）以後まもなくと思われる。

四重興廃における観心・止観の勝は、後年になると、如来内証としての止観から天台己証としての止観を強調するにいたり、また、本迹を法華宗とし、観心を天台宗と別称して区別するにもいたる。その時期は、尊舜の『二帖抄見聞』（一五〇一）などによると（巻中、天台宗全書二〇七頁）、静明の弟子の心賀、ないし心賀から相伝された尊海（一二五三—一三三二、関東田舎恵心）あたりになってと思われる。なお、四重興廃と三重七箇法門との関係であるが、『漢光類聚』『法華略義見聞』、また同種の『法華略義聞書』などに略説的ではあるが、三重七箇法門も説かれており、両者あい前後し、並行しながら進展していったことが察せられる。

なお、源信作と伝える念仏関係の文献に『自行念仏問答』なるものがあるが、「四種の弥陀に就いて義別あり。一には爾前弥陀宿縁、二には法華迹門弥陀宿縁、三には本門弥陀宿縁、四には観心弥陀宿縁なり」（日仏全三一、二〇一頁）とて、弥陀宿縁に爾前・迹門・本門・観心の四種をあてはめ、さらに「四重阿弥陀」（同二〇四頁）ということもいっており、この書は、『漢光類聚』などと同様、一二五〇年以後の成立と考えられる。

一三〇〇年（鎌倉末期）ごろから以降は、体系化された天台本覚思想を整備しつつ、それに解釈ないし注釈を加えていくようになる。したがって、文献の筆録者あるいは著作者についても、確実な名があがってくる。ただし、この期の成立と思われるもので著者の疑わしい文献が、まだ若干、存在している。たとえば、最澄述となっている『法華肝要略註秀句集』であるが、濃厚な数法相配釈を施しつつ、法華題目の五字を強調し、しかも末法においては題目の五字のみ利益あり、天真独朗の観心の法門は無益であるとさえ説き、四重興廃に阿弥陀仏をあてつつ、それにたいしては本地無作の釈迦仏を強調している。ちなみに、これと同じ主張が日蓮遺文の『十八円満鈔』に見えており、その『十八円満鈔』には、唱題思想の見える『修禅寺決』が引用されている。そこで推定されることは、さきにふれたように、日蓮の説を摂取しつつ、天台本覚論を構成したものが『修禅寺決』であり、その『修禅寺決』を摂取しつつ、日蓮滅後に偽作されたものが『十八円満鈔』であり、さらに、その『十八円満鈔』を受けて『法華肝要略註秀句集』が偽作されたのではなかろうかということである。『十八円満鈔』とともに、この書も、あるいは日蓮宗徒による偽作かもしれない。かの真迢が、その疑いをかけている。

おなじく最澄述となっている『法界心体論』であるが、十二因縁を十二大骨・十二月・十二時・十二神将・十二大願に合せるなど、きわめて濃厚な数法相配釈が見え、しかも、奇怪な説に満ちており、本覚思想の末期的様相を示すものといえる。成立年代は、一三〇〇年（鎌倉末期）以降と思われる。それから、檀那流の恵光坊澄豪（一〇四九—一一三三）作と伝えるものに『紅葉抄』と総称されるものがあるが、『紅葉赤山《せきざん》影響秘密記』『紅葉山王七社影響巻』『紅葉笘秘決』各一巻などからなり、その中、『山王影響巻』は、澄豪が大治三年（一一二八）九月二十五日、山王七社の示現を得、天台の要義を教えられて、それを筆録したものという。しかし、そこに見えるものは檀那流独特の一心三観の秘伝で、澄豪のものではなく、鎌倉末以降のものと考えられる。諸本の奥書によると、南北朝より室町以後に、盛んに流布したものである。

解釈ないし注釈書になると、相伝や筆録・著作者が確かなものであるといえる。そこで、列挙しておくと、『河田谷十九通』は、武蔵河田谷の信尊（心尊）が俊範の弟子承瑜《じょうゆ》より相伝し、尊海（一二五三—一三三二）に伝授したと伝えるものである。文献化は、尊海あたりと思われる。『一帖抄』は、俊範の相伝を静明・心賀を経て、心聡によって記述され、嘉暦四年（一三二九）、花園天皇に上呈されたもので、奥書に、その上呈のことが記されている（天全四七頁）。『二帖抄』（相伝法門見聞）は、仙波の尊海が心賀から相伝を受け、同学の一海が筆録したもの、『八帖抄』は、心賀を経て一海によって記述されたものである。これらには、三重七箇の法門が詳説されており、したがって、およそ心賀あたりから、三重七箇法門が整備され、組織づけられていったと思われる。

一三五〇年（南北朝期）から一四〇〇年（室町時代）になると、天台本覚論の集大成とともに、各種の注釈（見聞）書が著わされるようになる。たとえば『蔵田抄』は、尊海の門下の豪海が貞和三年（一三四七）に上洛して、『一帖抄』について改めて心聡から見聞したところを記述したものであり、『等海口伝抄』(宗大事口伝抄)は、等海が『二帖抄』について、康永二年(一三四三)から貞和五年(一三四九)まで、六年の歳月をかけて詳釈を施したものである。そのほか、直海によって『八帖抄見聞』(一三六七)が著わされ、柏原の貞舜《ちょうじゅん》(一三三四—一四二二)によって、応永二年(一三九五)ごろから同九年にかけて『七帖見聞』(天台名目類聚鈔)が著わされた。『七帖見聞』は、七帖からなるもので、四教五時を中心としての天台名目にたいする注釈集であり、天台本覚論の集大成の書である。貞舜の後に尊舜(一四五一—一五一四)が出て、『二帖抄見聞』(一五〇一)、『三大部見聞』『法華鷲林拾葉鈔』を著わす。『三大部見聞』は、『玄義私類聚』『文句略大綱私見聞』『摩訶止観見聞』からなり、『止観見聞』は、青柳の高観(一六〇五—)によって注が施されている。『摩訶止観見聞添註』(一六五二)が、それである。『法華鷲林拾葉鈔』は、法華経二十八品の大要を注釈したものである。なお、台密・黒谷流の光宗(一二七六—一三五〇)に『渓嵐拾葉集』あり、応長元年(一三一一)より貞和四年(一三四八)にわたって著わされたもので、現在一一三巻(もと三〇〇巻と伝える)が存しているが(正蔵七六)、天台の行事・作法のほかに口伝法門なども集録しており、天台本覚思想を知る上に、貴重な文献である。

以上、取りあげた天台本覚論の文献について、成立年代を表にしておくと、次のごとくとなる。ただし、試みの段階を出ないものであり、また、他にも多くの関係文献があり、今後の検討が待たれるところである。

○第一次的形態(平安後期一一〇〇—平安末期一一五〇)

本理大綱集(伝最澄)　円多羅義集(伝円珍)

○第二次的形態(平安末期一一五〇—鎌倉初期一二〇〇)

牛頭法門要纂(伝最澄)　五部血脈(伝最澄)　註本覚讃(伝良源)　本覚讃釈(伝源信)

○第三次的形態(鎌倉初期一二〇〇—鎌倉中期一二五〇)

真如観(伝源信)　三十四箇事書(枕雙紙、伝源信)

○第四次的形態(鎌倉中期一二五〇—鎌倉末期一三〇〇)

修禅寺決(伝最澄)　断証決定集(伝最澄)　三大章疏七面相承口決(伝最澄)　漢光類聚(伝忠尋)　法華略義見聞(伝忠尋)
○第五次的形態(鎌倉末期一三〇〇—南北朝期一三五〇)
法華肝要略註秀句集(伝最澄)　法界心体論(伝最澄)　紅葉抄(伝澄豪)　河田谷十九通(信尊)　一帖抄(一三九六、心聡筆)　二帖抄(相伝法門見聞、一海筆)　八帖抄(一海筆)
○第六次的形態(南北朝期一三五〇—室町時代一四〇〇)
蔵田抄(一三四七、豪海)　等海口伝抄(宗大事口伝抄、一三四九、等海)　八帖抄見聞(一三六七、直海)　七帖見聞(天台名目類聚鈔、一四〇二、貞舜)
二帖抄見聞(一五〇一、尊舜)　三大部見聞(尊舜)　法華鷲林拾葉鈔(尊舜)

天台本覚思想の影響と評価

天台本覚思想にたいしては、現代の学者のほとんどが堕落・退廃の思想とみなしている。なるほど現象面を取りあげれば、そのような評価も可能かと思われる。たとえば、秘密口伝の重視のあまり、血脈相承が強調され、さらに実子相承まで主張されるにいたったり(尊舜『二帖抄見聞』巻上、天全一六五頁、本書解説「相伝法門見聞」参照)、多額の金銭で口伝法門を買いとるというような、いわば商品取引と化したり(日蓮『立正観抄』昭定八五〇頁参照)、また、玄旨帰命壇のごとく、現実肯定から欲望充足の具に用いたりしており、これらの現象を拾いあげれば、堕落思想の印象をまぬがれないといえよう。

論説についても、門流あい対抗しながら、それぞれが次第に恣意的な説をあみだし、ときには奇怪と思われるような説さえ、発生している。また、危険至極と思われるような説も見られる。たとえば『漢光類聚』の巻一に、「悪の当体もし止観ならば、悪無碍《あくむげ》の悪見なり、いかん」という疑問が出され、それにたいして、「後化道《ごけどう》の時は、妄心《もうじん》の当体もまた止観なり」(一九六頁)と答えられ、巻二では、「殺生偸盗《ちゅうとう》等の悪業を、止観の行者は畏れずして恣《ほしいまま》に作行《さぎょう》すべきや」という問にたいして、「任運無作にして悪業等を行ぜば、さらに相違あるべからず。観音、海人と現じて諸の魚虫を殺す等、これなり」(日仏全一七、四〇頁)とて、悟後の無執自然・任運無作の悪行ならば、肯定されると答えている。かかげられた疑問によって、「悪無碍」の可能性を知るとともに、その返答は、単純に受けとられると、きわめて危険であると評せよう。

しかし、ひるがえって哲理面を見るならば、天台本覚思想は、東西古今の諸思想の中で最も究極的なものであるといっても、過言ではない。それゆえにこそ、日本中世の仏教界のみならず、修験道から神道、さらに文芸界にまで大きな影響を与え、また摂取されたのである。仏教界については後にふれるとして、たとえば修験道関係の文献に、たびたび蓮華三昧経などを引用しながら、天台本覚思想が盛りこまれており、また神道については、吉田兼倶《かねとも》(一四三五—一五一一)の唯一神道へと大成されていく過程において、天台本覚思想が吸収されている。

唯一神道は、両部神道の影響下に発した伊勢神道から北畠親房・慈遍・良遍、さらに兼倶にいたって大成されたものであるが、慈遍は吉田兼好と兄弟の間がらで、叡山で天台学を学んだ後、神道へ回心した。その慈遍の著である『豊葦原神風和記』(一三四〇)巻中に、法性神・有覚神・実迷神の三種が立てられている。良遍も、同じく天台から神道へ転じた人物であるが、かれの著『神代巻私見聞』(一四二四)において、天照大神を本覚神、諸権現を始覚神とし、第三に実迷神を立てている。また、「所詮一切衆生ハ八百万諸神トモ云ヒ、一切衆生一念妄念ヲ不動本覚ト開《ひらく》ロヲ岩戸開ト云也」と説いている。良遍は、『天地麗気記』をよりどころとしており、それについて講義した『天地麗気記聞書』(一四一九)が存している。

『天地麗気記』は空海撰となっているが、鎌倉末ごろの偽作と考えられるもので、この書の中に本覚という語が、しばしば見うけられる。たとえば、実迷神を「忘本覚理住一心」、実性神を「貴本覚理」と規定し、また、虚空神について「本覚力用無辺際」と説いている(続群書類従、神祇部巻第五十九、第三輯上九七頁)。法性・本覚神が一切衆生の本有の妙体であると強調してもいる。『天地麗気記』を最初に引用したものが、度会《わたらい》家行(一二五六—一三五一)の『類聚神祇本源』(一三二〇)であるが、この書においても、「周遍法界之妙理、本覚本初の元神」とか、「本有常住神」「本覚真如神」などのことばが見えている(続々群書類従第一、神祇部三一頁)。なお、『大和葛城宝山記』なるものが引用されているが、この書は行基に仮託されたものであり、内容は『天地麗気記』によったものであるが、その中に蓮華三昧経が掲載されている（続群書類従、神祇部巻第六十五、第三輯上三三〇頁）。

神の分類については、かつて念仏停止のために貞慶が起草した『興福寺奏状』（一二〇五）に権化神と実類神の別が見えているが、右の諸書に見える三神は、この二神に法性・本覚神が加わったもので、そこに、天台本覚思想が取りいれられていることを知る。このような三神説の確立は、時代的には鎌倉末以降と考えられるが、これが一段と推進されて、唯一神道に見られるごとき神本仏迹の反本地垂迹説ができあがったといえよう。ちなみに、尊舜の『文句略大綱私見聞』巻六に、「神は本、仏は迹なり。……仏は始覚の成道なれば垂迹と取り、神は本覚の化導なれば本地と号するなり。……天照大神は、正直本有の神明なる故に、始覚の曲心を斥けて本覚の正路を本とする故なり」（日仏全一八、一六九頁）とて、本覚思想に基いた反本地垂迹説が見えている。

文芸界に影響を与えた例としては、中世歌論の樹立があげられる。たとえば、藤原俊成（一一一四—一二〇四）の『古来風体抄』（初撰本、一一九七）には、和歌の深き道が天台止観にことよせて強調されており、また法華経ないし観普賢経の実相説を引用しつつ、煩悩即菩提、空仮中の三諦にふれ、これらのことが和歌の深き道につながると主張している（日本歌学大系第二巻三〇三—四頁）。俊成が取りあげたものは、本来の天台思想といえなくはないが、しかし、それらは天台本覚思想によって改めて強調されたものである。

室町時代になると、天台本覚思想の影響が明らかとなる。たとえば正徹（一三八一—一四五九）であるが、かれは円爾弁円の開いた東福寺の僧で、定家の歌風によった歌人でもあった。弁円は栄西の系統に立つ臨済禅の僧であるが、天台本覚思想と関係を持ったことは、前項でふれたところである。そういうことも手伝って、正徹の歌に、しばしば本覚がよみこまれている。かれの歌集『草根集』の中の釈教歌に、それが見られる。「仏とも法ともしらぬ人にこそもとのさとりは深くみえけれ」（巻三）、「おくりおく本《もと》の覚《さとり》の都まで千々《ちぢ》の仏やてをさづくらむ」（巻六）、「待《まち》をしみ咲ちる花の故郷やもとのさとりの都なるらん」(巻十)、「山もみなもとの仏のすがたにて絶《たえ》ずみのりをとく嵐かな」(巻十二)など、「もとのさとり」とか「もとの仏」と表現しているのが、その例である。

右の正徹に師事したのが心敬(一四〇六—一四七五)で、心敬は園城寺系から出て叡山で修行した天台僧であるが、かれは弁円の弟子の無住一円(一二二六—一三一二)が著わした『沙石集』の影響も受けたといわれる。その『沙石集』に、「本覚に冥する心地を開くを敬愛と習ひ侍り」「我本覚の実体は霊性天然也」などのことばが存している。なおまた、心敬に学んで連歌を大成した宗祇《そうぎ》(一四二一—一五〇二)は、その著『吾妻問答』(一四七〇)において、「なほなほ歌の道は只慈悲を心にかけて、飛花落葉を見ても生死の理を観ずれば、心中の鬼神もやはらぎ、本覚真如の理に帰すべく候」(群書類従第十七輯、二八頁)とて、歌の道を本覚思想に結びつけて論じている。ちなみに、東常縁《とうのつねより》から宗祇へ、『古今和歌集』に関して「古今伝授」(三箇の大事、三木三鳥の秘事など)と称する切紙相承がなされたことは、有名である。

室町時代は、現在まで続いてきている伝統的な日本文化が確立され、理論づけられた時であるが、各種の分野に天台本覚思想が関係していることを思わせる。口伝を非常に重んじたことなど、その典型的例といえよう。たとえば、能(猿楽)を大成した世阿弥(一三六三—一四四三)の『風姿花伝』(一四〇〇)は、容易に公開されざる秘書であったものである。また、そこに展開されている芸能理論と天台本覚論との対比も、試みられるべきことがらといえよう。なお、能の脚本である謡曲には、法華経の諸品がしばしば引用されており、特に草木成仏を主題としたものが多く見られ、定型化した「草木国土悉皆成仏」のことばも盛んに使われているが、これも天台本覚思想との関連において考えられることがらといえよう(『三十四箇事書』補注「草木成仏の事」参照)。

いけばなの世界に目を向けてみると、そこでも、口伝相承が盛んに行われていることを知る。たとえば種々の花伝書が存在しているが、これらは本来、秘授・口伝的に伝えられたものである。その花伝書に、天台本覚思想に類したことばが見られ、そうして、前項でもふれたように、「口伝、可秘」とか「千金莫伝《まくでん》」のことばでもって結んでいるのである。たとえば、『立花故実』(一四七六)に、「万木千草　悉《ことごとく》以四季おり〳〵の風情を持事、釈尊の深入禅定、観見法界、草木国土、悉皆成仏と説まします事も、釈尊一念の上なるべし。しん羅万像、有情非情の上、をしなべて草木国土と名をさしのべ給ふと見えたり。何事かをろそかならん哉。松椙《すぎ》をしんに用は、真如実相の心と得べし。開落の花は随縁真如の道理と可得意。又四季に変ぜざる草木を不変真如、真如平等共観すべし」といい、「他見あるべからず。可秘々々」と結び、後尾にまた、「六根六色、三身相応しぬれば、則、三身万徳の具足する也。……定恵左右なり。則慈悲智恵也。ひらく枝は慈、かゝゆる枝は恵なり。千金莫伝、可秘々々」というところである。『道閑花伝書』(一五〇六)にも、「立花は諸法妙法の景気あるがゆへに、一切諸法本、皆令満足之、……諸法実相之体を本とせり。……をのづから森羅万像、諸法実相、四季てんへん(転変)を、あらはしたつる也」といい、「一切歓喜、如意満足之旨如件。千金莫伝」と結んでいる(岡田幸三編『いけばなの伝書』、図説いけばな大系第六巻参照)。

　能楽においては序破急、いけばなにおいては真行草、茶道においては守破離という三つのカテゴリーが立てられ、いわば日本的弁証法とでもいうべき芸道理論が展開されているが、そこで重視されたものは四季の自然の移り変りであり、一口にいって自然順応性が、それらを共通して貫く基本理念である。この自然順応性を基調として現実肯定的な文化が開けたのが、室町時代である。こうして、室町時代に伝統的な日本文化が確立されたのであるが、ちょうど、そのころに天台本覚思想も成熟の域に達した。日本文化ないし思潮と天台本覚思想との間に、相互影響があることを思わせるものである。あるいは、現実肯定的な天台本覚思想は、日本の土壌においてこそ育ったものといえるかもしれない。

　いっぽう、天台本覚思想にたいする批判を見てみると、最初に批判を加えた者は、さきにもふれたように、宝地房証真である。かれは源平の合戦も知らなかったといわれるほど、研究に没頭した学僧であるが、永万年中(一一六五—一一六六)に筆を取り、建永二年(一二〇七)の秋にいたるまで添削・改定を加えながら、『法華三大部私記』を著わした。その一つである『法華玄義私記』巻第七に、本覚思想にたいする批判が見えている。すなわち、本覚とは、妄法あるいは迷いの衆生内に理《り》性《しょう》・性徳としてあり、『起信論』に説かれるごとく、始覚・不覚と相対する在纏《ざいてん》位のものであり、それは修因得果の行によって覚証され、あらわとなるもので、したがって、衆生そのまま本来自然に覚者である（本来自覚仏）という意に解してはならないと評した。「もし本来自覚仏あらば、則ち無因有果の外道の説に同ぜん」（日仏全二一、二六七頁）ともいう。批判の対象として、『円多羅義集』を取りあげ、その真偽を論じてもいる。なお、蓮華三昧経も引用しているが、同経にたいしては好意的な解釈を与えている。ともあれ証真は、本覚を、あくまで現実内在の原理にとどめたのである。

　次に批判者として、法然（一一三三―一二一二）があげられよう。法然は現実救済に関心をよせ、その現実は二元相対の様相を呈することから、それに適応する教理として浄土念仏を高くかかげるにいたった。前項で見たように、浄土念仏は本覚思想に包まれた形で叡山天台に摂取されていたのであるが、法然は、絶対的一元論としての天台本覚思想のカバーをはずし、本来の相対的二元論としての浄土念仏を独立させたといえる。「己心の如来」説（『一百四十五箇条問答』）、阿弥陀を真言の「阿字本不生の義」や天台の「空仮中の三諦」にあてたりする説（『三部経釈』）、また観念念仏（『一枚起請文』）をしりぞけて、来世浄土への往生（『浄土宗略抄』『三部経釈』）、弥陀を仰いでの称名念仏（『大胡太郎の妻室へつかはす御返事』『七箇条起請文』『十二問答』）を説きすすめたゆえんである。

　ところが、法然以後になると、また天台本覚思想が顧みられるようになった。法然門下では、特に西山派祖の証空（一一七七―一二四七）と一念義の幸西（一一六三―一二四七）に、それが顕著である。親鸞（一一七三―一二六二）が、またそうである。親鸞には、証空や幸西と違って、じかに本覚思想を用いた箇所は見あたらないが、しかし、「絶対不二」「真如一実」「円融満足」「極速無碍」などの強調（『教行信証』行巻）、弥陀の本体を法身・実相・法性・真如・一如などとする説（『教行信証』証巻、『一念多念文意』『唯信鈔文意』）、十方遍満仏ないし草木国土悉皆成仏の説（『一念多念文意』『唯信鈔文意』）、ひいては「自然法爾」「如来等同」の説（『末燈鈔』『唯信鈔文意』）、また「生死即涅槃」（『教行信証』行巻）、「不断煩悩・得涅槃」（同上）、「煩悩・菩提無二」（『高僧和讃』）、「煩悩・菩提一味」（『正像末和讃』）のことばなどは、天台本覚思想との関連において考えうるものといえよう。

本願寺三世の覚如の長男である存覚(一二九〇—一三七三)になると、天台本覚思想の摂取が歴然としてくる。阿弥陀三諦説が見え(『決智鈔』)、「阿弥陀如来は久遠実成の覚体、無始本有の極理なり」(『顕名鈔』)と説くところである。なおまた、踊り念仏を創始し、室町時代の芸能(阿弥文化)の推進力となった時宗念仏の一遍(一二三九—一二八九)においても、「南無は始覚の機、阿弥陀仏は本覚の法なり。しかれば始本不二の南無阿弥陀仏なり」(『一遍上人語録』巻下)とて、本覚と弥陀を結びつけた説がある。

道元(一二〇〇—一二五三)は、しばしば本覚思想に批判を向けた。すでに叡山遊学中において、本覚思想に疑問をいだき、入宋してからも、師の天童如浄に疑問の解明を求めている。『正法眼蔵』では、「始覚・本覚にあらず」(行仏威儀)、「始覚・本覚等の諸覚を仏祖とせるにはあらざるなり」(海印三昧)と評し、本覚思想は「本覚の性海に帰する」ことを目的とするが、これは外道の邪見にもひとしいと非難している(大修行・弁道話)。本覚思想にたいする批判は、修行・実践の角度からなされたもので、その点、証真と軌を一にするといえよう。しかし、その道元において、哲理的には本覚思想を無視しえなかったと見え、生死観や永遠観に関して天台本覚思想と同じ主張がなされたことは、前項でふれたところである。なお、「山河大地、みな仏性海なり」(仏性)など、『真如観』(一三四頁)に似た表現も見られる。

最後に日蓮(一二二二—一二八二)であるが、かれは四十歳ごろまでは本覚思想の絶対的一元論にのっとって、もっぱら法然の念仏の相対的二元論を批判した。しかし、四十歳以降は、流罪などの法難が契機となって、次第に現実対決的となり、歴史変革的あるいは社会改革的な言論を打ちだすにいたる。佐渡流罪から身延退隠にかけては、来世浄土を説くようにもなる。したがって、そこでは天台本覚思想を捨てたということができる。しかし、それにもかかわらず、根底的、哲理的には本覚思想と同類の論を維持したといえるのであって、たとえば主要書の『観心本尊抄』(五十二歳、真蹟)に「我等が己心の釈尊」「我等が己心の菩薩」「今本時の娑婆世界は三災を離れ、四劫を出たる常住の浄土なり。仏既に過去にも滅せず、未来にも生ぜず、所化以て同体なり。これ即ち己心の三千具足、三種の世間なり」(日本思想大系『日蓮』一四六頁)などと説くところである。なお、日蓮滅後、門下たちは関東天台(田舎恵心)を学び、そこで習得した天台本覚思想に基いて日蓮遺文を偽作するにいたった。その結果、日蓮遺文の真偽考証が重要な問題となったが、それはそれとして、日蓮教団が天台本覚思想のほうへ傾斜したということは、注意に値することがらといえよう。

以上のごとく、法然の後、天台本覚思想が再び仏教者に顧みられるようになったのであるが、これについては、承久の乱(一二二一)を境として、新興武士階級による現実への積極的歩みが展開されていったこと、つまり新秩序建設時代を迎えるにいたったこと、そういう意味で現実否定から現実肯定へと転換したことが、関係しているかもしれない。いっぽう、天台本覚思想の哲理としての高度性ということも、考え合わす必要があろう。

親鸞・道元・日蓮たちは、実践的には法然の念仏の相対的二元論を無視できず、哲理的には天台本覚思想の絶対的一元論を無視できず、その両者の間にはさまって苦悩した。そのはてに、それぞれ独自な形で両者を止揚し、新たに教理を造りあげた。鎌倉新仏教と総称されるゆえんである。鎌倉新仏教を理解するためには、天台本覚思想を知っておかねばならないところである。

参考文献

○天台本覚思想の歴史と特色について
島地大等『天台教学史』明治書院　昭和4
同　『仏教大綱』明治書院　昭和6
同　『日本仏教教学史』明治書院　昭和8
上杉文秀『日本天台史』破塵閣書房　昭和10
硲　慈弘『日本仏教の開展とその基調』(下)　三省堂　昭和28
田村芳朗『鎌倉新仏教思想の研究』平楽寺書店　昭和40
○天台本覚思想と浄土念仏との関係について
井上光貞『日本浄土教成立史の研究』山川出版社　昭和32
石田瑞麿『浄土教の展開』春秋社　昭和42

本理大綱集・牛頭法門要纂・修禅寺決

浅井円道

本理大綱集

本理とは、比叡山で勉学する天台宗の学生達にとって最も大切な教理という意味であって、本書は、本理として三身論・五時論・十界互具論・阿字論の四ヵ条を挙げて大綱を解説している。

その要点は、第一に、三身論は、法華経の本門十四品の中心である如来寿量品に関する問題であって、中古天台の恵心流ではこれを略伝三箇の中の「円教三身」として研究し、檀那流では迹門の観心を「一心三観」で口伝するに対して本門の観心を「無作三身」で口伝し、修行の造作を経ていない我々凡夫が生死に呻吟する現実のありのままの状態がそのまま三身即一身の本仏の姿に外ならないと観て、現実を絶対肯定しようとした。故に無作三身論は本覚思想を支える最も有力な柱の一であるが、ここにはまだ無作三身という成語は現われていない。しかしそういう意味あいは最後の一節に見える。第二に、五時論は、華厳・阿含・方等・般若・法華涅槃の五部の大経の中では法華経が最高の経典であり、三蔵教・通教・別教・円教の中では平等大慧の仏意を説いた円教だけを法華経は説いているとして、一切経の中から法華経を選取する、天台宗の教判であるが、本書は以上のような別五時を説明することをやめて、天台宗には通五時説もあるという注意を喚起して諸経の勝劣に執着する愚を誡め、また化儀の四教の中の不定教の立場から化法四教の優劣を超え、四教は元来は本仏の一心より出た教えであるから一理なのであると論じている。第三に、十界互具論とは、地獄・餓鬼・畜生・阿修羅・人・天・声聞・縁覚・菩薩・仏の十界はそれぞれ互いに他の九界を具備しているという考え方であるから、要するに我々凡夫の迷心の中に仏界の存在を認定しようとする教えである。これは中国天台六祖の湛然も天台大師の「終窮究竟の極説」であると賞讃した一念三千論の出発点であるから、本理の一として取挙げたのである。第四に、阿字論は、天台密教の方では、阿字は胎蔵界大日如来の種子であり、また万物の所依である真如であると考えて尊重する。故に本理の一として取挙げたのである。以上の四本理の解説を通して本書が主張するところは、九界と仏界、迷と悟、染と浄などの背反する二律の相即一如にあり、この点を強調することによって天台本覚思想を高揚しているのである。

本書は、冒頭に言うところによれば、最澄が自身の唐土での相伝の記録を弘仁元年四十四歳のとき、弟子の誰かに伝授したことになっているが、しかし最澄自身の著述ではない。その理由は、第一に、「阿弥陀に異名ありと云ふこと」の項で「恵心の門義にては阿弥陀と名づく」(二一頁一三行目)というが、恵心僧都源信(九四二—一〇一七)の出生は最澄滅後一二〇年である。第二に、本書は顕密一致を明瞭に謳っている。例えば三身仏説法の章では大日如来と寿量品の本仏と「一にして二あることなし」といい、十界互具の章では顕教の十界互具と密教の「三十七尊住心城」または「十界一如」とは「不思議一」であるという。こういう顕密一致に関する明瞭な言明は最澄の真撰書には見出せない。第三に、本書は阿字観を本理の一に推賞しているが、最澄にはまだ阿字観を天台密教の基盤とする文言はない。これらの理由により、本書は最澄の真撰ではないと判断される。

では本書成立の時期はいつか。上古の有名な学者の名を借りて書物を偽作した時期は、世に中古天台と称される平安末期以降の時期であるが、本書にはまだ無作三身とか本覚とかというような本覚思想を高揚する、中古天台独自の用語は使われていないし、また三重七箇等の口伝様式にも則っていないから、本書は中古天台でも最も初期の成立ではあるまいか。日蓮の著述の中では、日蓮自筆の「本理大綱集等要文」という表題の巻物一巻が池上本門寺の書庫にあり、その中に本書の第三章「十界互具の文」の中から、「一　十界の始終を案ずれば、……仏界の心鏡中に具すべからざるものか」(一八頁二行―一二行)、「答へて曰く、……これ天台の円融の心理を宣ぶるなり」(一八頁末行―一九頁八行)、「ただし汝の語に至りては……九界の妄染を具すべからずと云ひて以て非す」(一九頁一七行―二〇頁六行)の三ヵ所を抄写(ただし抄写の文は必ずしも今と全同ではない)しているから、本書が日蓮以前の成立であることは疑う余地がない。ちなみに日蓮と本書との関係については、なお「早勝問答」なるものの中に、「問ふ、伝教の本理大綱集の文を以て顕密同と云ふ事。答ふ、一義に云く、此書は伝教の御作に非ざる也」(昭和定本日蓮聖人遺文二〇六五頁)という問答があるが、早勝問答は日蓮の真撰ではない。しかし日蓮が、本理大綱集は最澄の真撰ではないと考えていたことは確かであって、現存する遺文のどこにも自説の援証のために本書を引用したり、最澄の意見を叩くために本書を引用したりすることはない。ただ一の例外として、「観心本尊抄」の中で十界互具を問答するとき、問者が十界互具を疑って、「華厳経に云く、究竟して虚妄を離れ、染なきこと虚空の如し。仁王経に云く、源を窮め性を尽すに妙智のみ存せり。金剛般若経に云く、清浄の善のみあり。馬鳴菩薩の起信論に云く、如来蔵の中には清浄の功徳のみあり。……経文を開拓するに断諸法中悪等云云」(同七〇八頁)という箇所は、明らかに本理大綱集の「十界互具の文」(一八頁六行―一二行)に取材したものであるが、しかしこれは大綱集の意見を聴取したのであって、「大綱集に曰く」と銘打ってはいない。

こういう訳で、本書は日蓮以前の成立であるが、では日蓮以前のいつ頃の成立であろうか。頭注の「顕・密の二教」(九頁)のところにも記しておいたように、「顕・密の二教におのおの三身あり。……秘密教の三身はこれ法華の本地の三身なり」(九頁一七行―一一頁四行)の部分は、比叡山第五代座主の智証大師円珍(八一四―八九一)の作といわれる「顕密一如本仏義」(日仏全・智証大師全集収)の一節からの抜書きである。逆に本仏義が大綱集から抜書きしたとも考えられるが、大綱集の文は難解であって、本仏義の文と照合しなければ意味がわからないから、大綱集の方が本仏義から稚拙に抜書きしたに違いないことがわかる。従って大綱集は本仏義の成立以後の成立であるが、本仏義は古来円珍の著述ではないと言われているから、本仏義によって大綱集の成立年代を決定することはできない。ところが本仏義と同様の意見は円珍には少ないのであるが、円珍と同時代の後輩である五大院安然（八四一―九〇三？）には多い。本仏義の主要な意見は、寿量品の釈迦の成道の意義を説いて、一仏が成道したときにはその仏が住んでいる依報の国土、即ち我々凡夫によって構成されている社会も同時に浄化されたことになるとて、一成一切成の教理を立て、この点が密教の大日如来観と一致するというのであるが、これと同様の意見は、安然の「真言宗教時問答」「菩提心義略問答抄」（日本大蔵経、天台宗密教章疏部三収）、「普通授菩薩戒広釈」（大正蔵経七四収）にしばしば説かれる。のみならず教時問答は大綱集の全体の趣旨とも共通している。教時問答は四一・十門によって天台密教の教判を述べた書物である。四一とは、大日経に明らかなように、大日如来の説法は「毘盧遮那如来の一切身業・一切語業・一切意業は一切時一切処に有情界に於て真言道句法を演説したまふ」のであるから、一切仏は大日如来の一仏に外ならず、一切仏の説法の時は大日説法の一時に収まり、一切仏の説法の場所は大日説法の一処に収まり、一切仏の説く教は大日如来一仏の教えであるということで、やがては一切仏のみならず我々一切衆生から一切の山川草木までも大日一仏に収めて一仏・一時・一処・一教を立論し、ここに天台密教の根本的立場があるという。ところが大綱集の三身論と十界互具論と阿字論とは、四一の中の一切仏一仏論を述べたものであり、五時論は、四一の中の一切教一教論を述べたものであると考えることができる。殊に十界互具論のところで、「顕宗は十界各別と云ひ、密宗は十界一如と云ふ」と見るのが通説であるから、両宗の十界論は同一ではないのではないかという飡食者の疑問に答えて、両教は観心においては一致する、十界のすべては大日自受用身の相好であり、三十七尊であると見る密宗の意見と同じであるという趣旨は、教時問答の一仏論と近似している。なぜなら、第一に、円密両教の理同を十界互具論に求めたのは、比叡山では安然が最初である。第二に、両教の十界論の相違は開会一仏と本来一仏とにあると安然はいう。これは本書の「顕宗は十界各別、密宗は十界一如」の論に相当する。第三に、安然は常に金剛界曼荼羅の極致を「帰命本覚心法身　常住妙法心蓮台　本来具足三身徳　三十七尊住心城」云云の、いわゆる本覚讃に求めた。第四に、安然も法界の一切の現象はすべて大日如来の顕現に外ならないとする。第五に、安然も両教は観心においては一致するというからである。

かくて、本理大綱集は五大院安然以降の比叡山の学者の誰かが伝教大師に名を借りて作成したものである。しかし「恵心の門義」というから、安然滅後一世紀にして生れた恵心流の作品であろうが、門流成立以後それほど降った時期の作品ではあるまい。

本理大綱集は伝教大師全集第五巻に既に収められ、慶安五年(一六五二)刊行本一巻を底本とし、滋賀県坂本西教寺所蔵の慶長九年(一六〇四)舜雄師写本一巻、比叡山無動寺所蔵の古写本一巻、比叡山実蔵坊所蔵の慶安五年長谷川開板本一巻と対校しているが、今は、坂本西教寺所蔵の舜雄写本一巻を底本とし、慶安五年長谷川開板本一巻・文久三癸亥三月以旧本訂正再刻専養寺撝謙刊本一巻・伝教大師全集第五巻所収本を対照した。底本巻末に、

文禄三歳(一五九四)閼逢敦牂十月十二日書写了　舜澄
右一冊雖二世間希有之鈔一実運法印従二西塔正観院舜慶法印一頻御借用之上他見如何仁思食末弟円智坊舜澄被二仰付一也
慶長九之歴(一六〇四)閼逢執徐潤八月廿一日書写了　筆者舜雄之
慶安元年(一六四八)三月吉日
江州芦浦　観音寺舜興蔵

と。

牛頭法門要纂

題の意味は頭注・補注に記した通りである。通称「牛頭決」という。本書も伝教大師最澄の著述であるという伝承があるが、次の理由によって偽撰書である。第一に、この書名は、最澄の弟子の義真の「伝教大師御撰述目録」、仁忠の「叡山大師伝」等になく、可透の「伝教大師撰集録」や竜堂の「山家祖徳撰目集巻上」はこれを「疑偽書」の部に列名している。

第二に、顕識菩薩経・如来性功徳経・三秘密王経・大乗有珠経・宝王功徳経などの偽経を引いているが、最澄の晩年は法相宗の徳一との仏性論争と奈良僧綱との大乗戒論争に明け暮れたから、その研究態度は文献批判に厳しく、最澄がこのような偽経を引用することはあり得ない。第三に、鏡像円融および無明即明の二章に心地観経を引いているが、この経は唐の元和六年(八一一)の訳出であり、最澄の離唐より六年後であるから、最澄がこの経の存在を知っているはずがない。第四に、五双の法門は皆最澄が重んじた法門である。鏡像円融については守護国界章巻上之中に「鏡像円融の義は口決に非ずんば解せず。師師の相承まことに以《ゆえ》あるなり」といい、十界互具のことについては同じく守護国界章巻中之上に「弾麁食者謬破妙法章第一」を設けて詳論し、仏界不増については法華秀句巻中で大唐仏性論諍史を紹介する中に、仏説不増不滅経をめぐる霊潤・神泰・義栄の三人の詳しい議論が紹介してある。また俗諦常住については、寛平親王撰の慈覚大師伝によれば、「先師(最澄)特に鍾愛を加へ……教誡して曰く、吾常に二諦の不生不滅の旨を弘伝す。而るに世人は偏へに真諦の不生滅の義を信じて、世諦の不生滅の理を解せず。汝この義を以て世に流伝し、円教を弘通して有情を利益せよと」と、最澄は円仁に教誡したという。次に分段不捨および即身成仏は法華秀句の即身成仏化導勝八に詳しい。三惑頓断・煩悩菩提・無明即明・生死涅槃は最澄を待つまでもなく、天台教学の中心問題である。しかし立論の仕方が最澄の考え方とは違う。例えば鏡像円融の章では迷中隔歴・悟中円融・円超銅位の三重にこの喩えを分け、「当体実相」を最終的悟境として勧め、次の十界互具の章では天台宗の十界互具と大日経の自受用身、蓮華三昧経の「三十七尊住心城」との同一性を論じ、仏界不増の章では法華経の「是法住法位　世間相常住」の意味を体・相・用の三面から解釈して俗諦常住を論証し、三惑頓断の章では生死の本源である「一心」「本覚」にめざめることを勧め、煩悩菩提の章では「本覚如来」「本来成仏」を明かし、無明即明の章では無明に明無明・闇無明・空無明の三種ありといい、即身成仏の章では「心性本覚」「無作実仏」を明かすなどということは、最澄の教学のどこにもない用語であり、分類であり、本覚論の進め方である。

殊に第二の十界互具の章は本理大綱集の「十界互具の文」とほとんど同一であり、第四の俗諦常住の章は中国天台の第六祖の湛然の始終心要一巻をそのまま転載したにすぎず、第五の三惑頓断の章は最澄の作と伝えられる五部血脈の第二の「生死覚用鈔」の長行部分と、金沢文庫所蔵の本無生死偈に四通ある中の第一通の、円仁作と伝えられている「本無生死論」とに同じであり、第九の生死涅槃の章は五部血脈の第二の「生死覚用鈔」の偈頌部分と、金沢文庫所蔵の本無生死偈の中の第二通の、湛然作と伝えられる「本無生死偈」と同じである。また第十の即身成仏の章は五部血脈の第一の「一念成仏義」の偈頌部分、および本無生死偈の中の第三通の「一念成仏義」(これも湛然作と伝えられる)の偈頌部分と大同小異である。従って本書は五部血脈や本無生死偈などと共に、口伝のとき弄ばれる切紙を集め、これに序文を付けたにすぎないものであると推定する人すらあるのであって(硲慈弘『日本仏教の開展とその基調』下巻)、そういう成立状況をただよわせている本書が最澄の真撰であるはずはないのである。まして第三の仏界不増の章名は、内容的には次の第四章の俗諦常住の章名に書きかえるべきであり、第四の俗諦常住の章名も、内容を検すれば次の第五の三惑頓断を名とすべきであり、第五の三惑頓断の章名も、第九の生死涅槃を名とした方が内容にふさわしいとすれば、最澄の真撰にこのような章名の誤認があるはずはないのである。

では本書はいつ頃の成立であろうか。第五の三惑頓断の章の冒頭の「生死の二法は一心の妙用、有無の二道は本覚の真徳なり」という文章は、日蓮五十一歳作の「生死一大事血脈鈔」と、五十六歳作の「大白牛車書」との両書に「伝教大師云」として引用してある。伝教大師云く、というのであるから、牛頭法門要纂からの引用なのか五部血脈からの引用なのかは不明であるが、どちらにしても、少なくともこの一章は日蓮以前に成立していたことになる。従って本書の巻末の

寿永元年(一一八二)歳次壬寅三月二十四日於二三条御坊一書畢　　天台末学比丘顕真記

建久二年(一一九一)歳次庚寅(実は辛亥)正月二十八日以二梶井正本一記　　天台受業沙門義源記

という跋語は信用してよいと思われる。

本書も既に伝教大師全集第五巻に収録してあり、修禅寺決と合本の刊時不詳の藤田宗継刊本全一巻を底本とし、伊勢寒

松院所蔵天保二年十月宥海写本一巻・坂本西教寺所蔵寛正三年二月慶繁写本一巻・日光慈眼堂所蔵天正四年二月亮弁写本一巻と対校しているが、今は、東叡山寛永寺所蔵の「慶安三庚寅年八月吉辰開板之」の刊本を底本とし、伝教大師全集第五巻所収本を対照した。

修禅寺決

底本の身延山第十一世行学院日朝(一四二二—一五〇〇)の所持本および同第十二世円教院日意(一四四四—一五一九)の所持本によれば、修禅寺決は全四帖よりなり、第一帖は外題・内題ともに「修禅寺相伝私記」、第二帖は外題・内題ともに「修禅寺相伝日記」、第三帖は外題には「大教縁起口伝」、内題には「修禅寺相伝日記」、第四帖は外題・内題ともになく、第三帖の題をそのまま踏襲している。そしてこれを総称して「修禅寺決」という。

内容は一心三観・心境義・止観大旨・法華深義の四段からなり、次頁以下のように細分される。

四段の構成は、恵心流で完成された口伝法門であると考えられている三重七箇の法門の中の前四、即ち広伝四箇の論目と同じであるから、本書が恵心流によって書かれた筆作であることは言うまでもないが、ただし一に、教行証の三重口伝に相当する部分は一心三観の部と止観大旨の元意の口伝の部との両処にあるだけで四箇の全体にわたらず、二に、略伝三箇即ち円教三身と蓮華因果と常寂光土の三種の法門については、妙体五重玄を述べるとき、妙宗の項の終りに「ここに三種の別伝を開く。一には蓮花因果、二には円教三身、三には常寂光土なり。別集のごとし、云云」(八二頁)と名目を挙げるだけで内容を解説していないことなどから考えて、修禅寺決は恵心流の筆作の中でも初期の筆作であると推定される。

また伝教大師全集所収本や各種の版本はすべて第二の心境義を解説するとき、第一帖末の一紙あまりの心境義の解説では不満足であったためか、さらに円仁作と伝えられている「一念三千覆注」なる一帖を追加し、これを第二帖目に収めて

―第一帖―

- 一心三観
  - 教行証
    - 教談
      - 同時不融 42
      - 妙体
        - 但心 42
        - 託事 42
        - 実相 43
        - 本覚 43
        - 証文 43
      - 付文 43
    - 行門
      - 本解 44
      - 別時 44
      - 常用 46
      - 臨終 46
      - 問答 48
      - 対境別修
        - 慧文 49
        - 慧思 49
        - 智顗 49
        - 灌頂 50
    - 証分 50
  - 一心三観の十四種 50
  - 一心三観の依文 52
- 心境義 52
  - 円人の四種 54
  - 十章と十如との関係 54
  - 大意
    - 十広と五略との関係 55
    - 簡非 56
    - 顕是 57

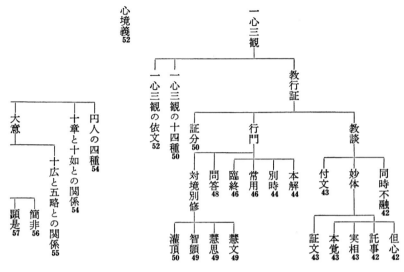

- 止観大旨
  - 付文
    - 発大心
      - 問答 58
      - 発大心の大意 59
      - 直達円人の機 60
    - 修大行
      - 解外別修 63
      - 本解相続 64
      - 解立皆行 64
      - 解行不二 65
    - 感大果—六種大果 65
    - 裂大網—五種化他 65
    - 帰大処—三重大処 66
    - 釈名
      - 釈名由来 67
      - 相待・絶待の止観 67
      - 立名の六因 67
      - 五重玄・十章の関係 68
    - 体相 68
    - 摂法　二十一種解行証次第 69
    - 大師内証不可説 69
    - 教門止観
      - 廃教立観 70
      - 開教顕観 70
      - 天真独朗止観 70

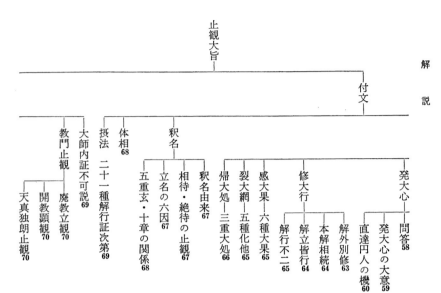

- 元意
  - 行門止観
    - 十界順逆観 71
    - 十界形像礼拝行 71
  - 証分止観 72
- 法華深義
  - 前序 73
  - 五重深義
    - 依名別釈
      - 五字各説
        - 妙体五重玄
          - 妙名
            - 第二帖
            - 名体一異 75
            - 仏立寺座主説 75
            - 三処十二会口伝 77
          - 妙体 80
          - 妙宗
            - 妙因 80
            - 妙果 82
          - 妙用
            - 身用 82
            - 口用 82
            - 第三帖
          - 妙教 85
        - 法の五重玄
          - 法名—愛染明王法 85
          - 法体 86
          - 法宗 87
          - 法用 87
          - 法教
            - 離体言説 88
            - 応体言説
              - 五時 88
              - 八教 89

- 言説即心 88
- 蓮の五重玄
  - 蓮名
    - 十八円満 89
    - 当体円満 91
  - 蓮体 92
  - 蓮宗 92
  - 蓮用 93
  - 蓮教 93
- 華字五重玄
  - 華名 93
  - 華体 93
  - 華用 93
  - 華教 94
- 経の五重玄
  - 経名 94
  - 経体 94
- 五字合成（惣説）
  - 総釈 94
  - 別釈
    - 仏意五重玄 94
    - 機情五重玄 95
- 大意旨帰
  - 付文 95
  - 本意 96

——第四帖——

（算用数字は本巻の頁数）

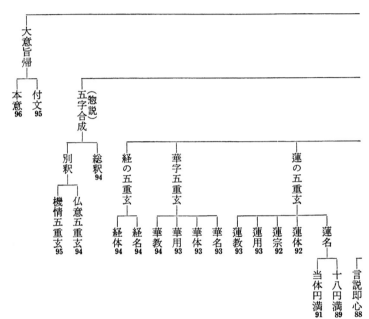

心境義を補っているが、底本にはそういうことがない。それは次の理由により、一念三千覆注を追加する必要はないと思われるのである。即ち一念三千覆注は一念三千の口伝を教行証の三重に分け、行分の一念三千において常用一念三千と別時一念三千と臨終一念三千との三種を説くことといい、またその説明の内容といい、一心三観のときの解説と大差はないのである。ともかくまだ一念三千覆注を合併していないところに、同じ修禅寺決の中でも成立の古さを底本はただよわせている。

修禅寺決の部分と同様の思想または術語で中古天台の本覚論を述べた書物で、伝教大師の作品と伝承されているものに「三大章疏七面相承口決」「妙法蓮華経出離生死血脈」「断証決定集」等があるが、中でも三大章疏七面相承口決は修禅寺決と酷似している。しかし修禅寺決が臨終一心三観の行法として南無妙法蓮華経を勧めるに対して、七面決は摩訶止観を口決するとき、最後に出離生死の要法として弥陀の名号を勧めている点が違う。故に七面決が念仏系に属する作品であるに対して、本書は法華系の作品であろう。こういう事情のためか、修禅寺決はよく日蓮遺文に引用される。昭和定本日蓮聖人遺文によれば、続篇に編入されている「十八円満鈔」には、修禅寺決の蓮の五重玄の釈名のところで述べられる十八円満の法門がそっくりそのまま引用され、「臨終一心三観」には、修禅寺決の一心三観の行門の口伝のところで述べられる臨終一心三観がまたそっくりそのまま書き込まれている。また正篇に編入されている「日女御前御返事」に「伝教大師入唐して道邃和尚に値奉りて、五種頓修の妙行と云事を相伝し給ふなり。日蓮が弟子檀那の肝要、是より外に求むる事なかれ」というのは、修禅寺決の妙体五重玄で妙宗を口伝するとき、「妙因に付きて一字常作の行法あり。これ大師一期の所行、師師通用の妙行なり。妙の一字において五種法師の行を伝ふ。……和尚の云く、一字の五種の妙行と」(八〇頁一五行—八一頁九行)というのと同じである。しかし右三書のうち最初の二書が編入されている続篇とは、凡例によれば、「著述・消息にして真偽の問題の存するもの、その他を収めた」というから、要するに続篇編入書は偽書である。正篇編入の日女御前御返事については種々の意見もあるが、「伝教大師云、一念三千即自受用身、自受用身者出尊形仏」と秘密荘厳論の言葉を伝教大師の言葉として引用したり、本尊たる大曼荼羅の所在を「九識心王真如の都」と定めたりする点が平生の日蓮の文体に似ず、偽書らしき雰囲気をただよわせている。故に日蓮教学では、総じて修禅寺決からの引用は日蓮遺文にはないと踏んでいるのである。もし仮りに修禅寺決の思想の踏襲らしきものが遺文の中のどこかにあったとしても、それは日蓮の正当な唱題論とは似而非なるものである。例えば「曾谷入道殿許御書」に「妙法蓮華経之五字、名体宗用教ノ五重玄也」とて、妙法五字は単に法華経の名であるばかりでなく、法華経の経体であり宗用教でもあるということが言われる。これは修禅寺決の法華深義の項で述べられる五字各説・五字合成の五重玄の思想と似ているのであるが、第一に、法華経の五重玄具足の題目ということは修禅寺決の出現を待つまでもなく、法華玄義に明らかである。第二に、日蓮の思想の中には五字合成の五重玄つまり法華玄義所説の五重玄の思想はあるが、五字各説の五重玄の思想はない。第三に、日蓮の唱題は「人ごとに有智無智をきらはず、一同に他事をすてて南無妙法蓮華経と唱べし」(報恩抄)なのであって、本解・常用・別時のときは一心三観・一念三千を修し、臨終のときに限って一心三観の代りに南無妙法蓮華経と唱えよというのとは違う。第四に、修禅寺決は本覚思想を高揚する書物として、衆生本具の真如・中道から出発して、これを覚知し顕出するところに修行の意義を認めているが、日蓮の場合は、観心本尊抄にも「釈尊の因行果徳の二法は妙法蓮華経の五字に具足す。我等この五字を受持すれば自然に彼の因果の功徳を譲り与へたまふ」というように、抽象的観念的に真如中道の有無を取扱うことを避けて、実際的具体的に、まず釈尊の因果の功徳を妙法五字に収め、衆生はこの五字を受持することによって始めて釈尊の因果の功徳を譲与されるという。以上のような違いが両者の間にあるとすれば、日蓮が修禅寺決なみに唱題を勧めるということはあり得ないのであり、まして修禅寺決の先例を踏んで唱題を勧めたのでもない。

修禅寺決も既に伝教大師全集第五巻に収められ、滋賀県坂本西教寺所蔵の慶長年間仙桃写本二巻を底本とし、菊岡氏所蔵永禄元年日承写本二巻および比叡山実蔵坊所蔵等の刊本と対校しているが、今は、身延山久遠寺所蔵の日朝所持の古写本と日意所持の古写本とを底本とし、金沢文庫所蔵の古写本四帖、伝教大師全集所収本、立正大学所蔵の諸種刊本と対校した。二本を底本とした訳は、日意所持本は第三帖までで終り、日朝所持本は第三帖と第四帖とだけが現存しているから、今は第三帖までは日意所持本により、第四帖は日朝所持本によった。日意所持本の表紙には左下に「日勢之」、右下に「伝主日意」とあり、三帖のそれぞれの巻末には「一校畢　日勢之」とある。また日朝所持本の巻末には、

文明第十二暦庚子正月上旬書写了　京少納言　慶運書

伝決云東塔之覚林坊此書ソウカシ、ナルヨシ被ㇾ証ケルト承及也。然歟。

と。文明十二年は西紀一四八〇年、日朝五十九歳である。

本覚讃注疏・真如観・三十四箇事書

田村芳朗

本覚讃注疏は、延宝八年(一六八〇)の版本によると、柱はすべて『本覚注』となり、『本覚讃』『註本覚讃』『本覚讃釈』は、内題のごとき体裁を取っている。最初に掲げられた『本覚讃』は、独立的には蓮華三昧経あるいは無障礙経と名づけられて、各方面に盛んに引用されたものである。これについては、補注に詳説しておいたので、ここでは省略する。

次にあがる『註本覚讃』は、『本覚讃』を和讃の形で注釈したもので、作者の名は付されていないが、『天台霞標』四編巻之三(一八六二、慈本録)の元三慈慧大師の項に『註本覚讃』として紹介されており(日仏全一二五、四九九頁)、慈慧大師良源(九一二―九八五)の作とみなされるにいたった。しかし、良源作とは考えられないもので、この点については、「概説」の「天台本覚思想の文献と特色」のところで検討を加えておいた。高野辰之氏は、和讃の研究を通して、「慈本の天台霞標にこれを掲げないならば、もつと之を後世仮托の作と推定したく、其の用語行文の上から見ては、後の法然前後に出たものとして、最もよく頷き得るのである。由来作者不明の者は之を慈慧に附会した傾がある。山王七社祭礼船謡の如きも亦それである」(『日本歌謡史』二四一―二頁)と論じているが、そこに現われた本覚思想の体裁から見て、一一五〇年(平安末期)から一二〇〇年(鎌倉初期)にかけての成立と考えられる。なお、最後に華厳経(六十巻本)夜摩天宮菩薩説偈品第十六の偈(破地獄偈)を引用して結びとしているが、同じものが源信の『往生要集』巻下(日本思想大系『源信』二三三頁)にあがっており、あるいは『往生要集』にならったのかもしれない。ただし、「若人欲了知」が、『往生要集』では「若人欲求知」となっている。

ともあれ、『註本覚讃』は和讃の代表的なものとして、珍重された。

『本覚讃釈』は、版本に「天台沙門源信撰」と記されており、漢文体でつづられている。『註本覚讃』をさらに注釈したものであり、一行の『大日経疏』(大日経義釈)や五大院安然の『教時義』(教時問答)を引用しつつ、論を展開している。あるいは、安然の『教時義』を応用したものかもしれない。密教色の濃い本覚思想の論説で、そこに盛られた本覚思想は、『註本覚讃』より一段と前進したものを感じさせる。特に「本覚真如」ということばが見えだしており、これは、本覚を生滅の現実内在から真如の世界へと超出させたことを示すものである。このタームこそ、先行の本覚思想と、いわゆる天台本覚思想とを区別させるものであり(「天台本覚思想概説」参照)、したがって、『本覚讃釈』は源信作ではなく、一二〇〇年(鎌倉初期)に近いほうの成立と考えられる。最後に、法蔵の『華厳経伝記』巻第四の王氏の説話(さきの破地獄偈に関するもの)を引いて、しめくくりとしている。この説話、また『往生要集』巻下に破地獄偈と並べて掲載されており、『本覚讃釈』は、それにならったのかもしれない。

本覚讃注疏は、延宝八年(一六八〇)開板の版本が古く、それを底本に採用した。大日本仏教全書では第二十四巻に収録されているが、やはり、延宝八年の開板によっている。

『真如観』は、題名の次下に「天台首楞厳院沙門源信述」とあり、そうして、『菩提要集』のことばを引用しつつ、片仮名を使って書き記している。そこで『菩提要集』であるが、それに相当するものが金沢文庫に蔵されており、内題の下に、やはり「天台山首楞厳院沙門源信撰」とある。奥書には、長治二年(一一〇五)九月九日、天承二年(一一三二)四月十八日、文永七年(一二七〇)三月下旬の三回にわたって書写したと記されている。最初の書写年代を信用するなら、『菩提要集』は一一〇五年以前に成ったものであり、それを引用した『真如観』は、その後に成立したものということになる。『菩提要集』は漢文体で書かれており、したがって『真如観』が引用した「見《ル》事易《ク》識《コト》易《ムトテ》仮《ノ》字《ヲ》加《テ》所注也」ということばは、送り仮名のことをいったものか、あるいは時に使用している万葉仮名のことをいったものかもしれない。内容は念仏往生をすすめたものので、やはり華厳経の破地獄偈を引いており、『往生要集』の影響が見られる。なお、大日本仏教全書の第三十三巻に『菩提集』(伝源信)という名の文献が収録されているが、『菩提要集』とは全く内容を異にしている。

『真如観』について、その論調を見てみると、やはり「本覚真如」をいい、しかも数度にわたって言及し、その上、蓮華三昧経を引くことはもちろん、心即真如、心性蓮華を強調し、さらに地獄も山河大地も、すべて真如であり、仏であると説くにいたっており、『本覚讃釈』より、さらに一歩、前進したものとの感が強い。一二〇〇年(鎌倉初期)あたりの成立ではないかと思われる(「概説」参照)。なお、法然(一一三三—一二一二)の『百四十五箇条問答』に同書が批判されており、その問答が法然のものに疑いがないとすれば、『真如観』は、法然の晩年ごろに出現したといえよう。

写本は、明応二年(一四九三)書写のものが竜谷大学図書館に蔵されているが、前半の一部のみであり、文章も版本と異にするところが多い。版本としては、元禄五年(一六九二)開板のものが古く、いま、それを底本とした。大日本仏教全書の第三十三巻に収録されているものも、元禄五年の開板によっている。

『三十四箇事書』は、金沢文庫に蔵されている写本で、版本の『枕雙紙』にあたるものである。ただし、両者の間に三十四箇の法門の配列順序が一致せず、また前者にある識事と本迹二門実相同異事が後者になく、後者にある鏡像円融事と止観伝不伝中何耶が前者にはない。このような違いは、三十四箇の法門がもと個々別々に口伝されたものであることを思わせる。なお、『枕雙紙』には、別に四教・五時・一念三千(一心三観)の三箇宗要に関する一文が付されており、最後に、「これを以て昼は座の右に置き、夜は枕上に置き、これを思ひ、これを観よ」と結んでいる。ここから、『枕雙紙』という題が生じたことが知られる。なお、写本(大谷大学蔵)では、「枕草紙」という字も見られる。

『枕雙紙』においては、最初に撰者の名があがらず、三箇宗要のはじめに「横河沙門源信記」とあり、その最後には、

「于時長保三年三月下旬　横河首楞厳院源信竊記」とある。『三十四箇事書』のほうは、首題の下に皇覚の撰号があがり、最後に「相伝系図」の題のもとに相伝の事を述べ、「釈皇覚示之」と署名し、系図表を付して終りとしている。ちなみに『枕雙紙』では、無題のままで相伝の事を述べ、その後に、「相伝継図之事　釈皇覚示之」と記し、そうして系図表を付している。なおまた、『枕雙紙』には、系図表の後に貞治三年(一三六四)七月一日付の叡憲の奥書が掲載されている。三箇宗要の文は、さらに、その後につづくものである。

そこで撰者の問題であるが、『三十四箇事書』は撰号が皇覚となっており、また相伝を述べたところで、両本とも「嫡嫡相承して愚身に至る六代の系図なり」といっており、そうして「釈皇覚これを示す」とあるところから、実際の撰者は皇覚であろうと目されるにいたった。なお系図表を見てみると、『三十四箇事書』では恵心(源信)から静明まで記され、『枕雙紙』では、さらに叡憲・覚源にいたるまで記入されている。これは、皇覚以後、相伝されていったとき、そのつど相承者の名が書き加えられるにいたったものと想像される。『枕雙紙』は、そうとう後世の者まで記入されており、あるいは『三十四箇事書』より新しいものではないかとも推量されている。

ところで、本書の内容や術語、あるいは論述のしかたを検討してみると、皇覚作も疑わしいといわねばならない。というのは、「概説」で詳述したように、天台本覚論の主要なものが出そろっているからである。一二五〇年(鎌倉中期)以降になると、出そろった天台本覚論を整理して体系化することが試みられてくるのであって、したがって『三十四箇事書』は、一二五〇年に近いところで成立したと見るのが妥当と思われる。この点については、なお今後の検討が加えられねばならない。三箇宗要のほうは、八十算の語などがあるところからして、さらに後の成立と考えられる。なお、「虚空に向ひては、虚空即ち仏なり。大地に向ひては、大地即ち仏なり」とて、『真如観』(一三四頁)と同様の表現が見られる。

叡憲の奥書について、一言つけ加えておくと、その中に切紙相承のことを「都盧《とろ》」ということばで呼んでいるのが、目につく。都盧(廬)という語に関しては、『塵添壒嚢鈔《じんてんあいのうしょう》』(一五三二)の巻第十にキツツキ(テラツキ)に関係したものと解説しており（日仏全一五〇、二四七頁）、また円珍の『大毘盧遮那成道経義釈』目録縁起には、「義釈従二大唐一来二我国一、且五本焉。今見レ有レ四。……都盧対勘大同小異、不レ免二巧拙一也」（日仏全二六、七〇一頁）とて、都盧の語が見えているが、都盧を切紙相承の意味に用いたのは、叡憲の奥書においてだけであって、なぜ、そういう意味に用いられたかは、不明というほかない。

底本に使った金沢文庫蔵の写本『三十四箇事書』は、表紙に「三十四箇事書　湛睿」と記されており、この写本は、称名寺三世の湛睿（一二七一―一三四六）の手沢になるかと思われるが、表紙の字と本文の字とには似ないところがあり、本文のほうは別人の手になったとも想像される。

版本の『枕雙紙』は、正保四年（一六四七）、慶安二年（一六四九）、明暦二年（一六五六）の三回にわたって開板されたが、いまは明暦二年版（大正大学蔵）によって、『三十四箇事書』と校合した。なお、『三十四箇事書』と相違する部分、および叡憲の奥書、三箇宗要を、〈参考〉として、あげておいた。

漢光類聚

大久保良順

漢光類聚とその姉妹編　天台大師(五三八―五九七)の師南岳慧思大師(五一五―五七七)は、生前、「略義」「略文」「心要」の三部の秘書を講述して、天台大師に授けた。天台大師はその弟子章安尊者にこれを授けたので、章安はこれをはじめて記録にとどめた。伝教大師は入唐帰朝の前夜、道邃からこれを伝受したが、以後、慈覚大師、恵亮、満賀、良源、源信、覚超、勝範、長豪、忠尋と次第に一人的伝して来た。「心要」は南岳大師が、霊山浄土多宝塔中大牟尼尊から直授されたものである。という筋書きが、漢光類聚によって伝えられる伝説である。そして東陽房忠尋が、その「心要」に対する見聞をまとめたものが、即ちこの漢光類聚である。従って、当然、「略義」「略文」の見聞書もあってよいはずである。「略義」については、「法華略義見聞」三巻(仏教全書一六)がそれであり、「略文」の見聞書は、「法華文句要義聞書」(同)がそれである。しかし法華文句要義聞書が間違いなく「略文」の注釈書であるかどうかについては、ある程度の会釈が必要とされる。

漢光類聚は、後に「諸本について」の項で説明するように、普通、天台伝南岳心要鈔・天台伝南岳心要見聞などという異名で呼ばれる。「心要」を天台伝南岳心要と名づけたためである。むしろ漢光類聚という題名の方が異名であって、天台伝南岳心要鈔あるいは同見聞の方が具名であろう。それが漢光類聚と呼ばれて来た理由は、本書巻四の追加の文(二八五頁)に、忠尋自ら次の如き説明を施している。即ち、大治三年(一一二八)七月晦日、十禅師権現の社に参籠した時、十禅師権現から、見聞を漢光鈔と題すべしという夢告を受けて、この名としたというのである。ところで、法華略義見聞もまた「漢光類聚私」(上巻の末尾)あるいは「漢光類聚鈔私」(中巻の末尾)と副題せられている。「心要」の漢光類聚が心要見聞といわれるのに対して、「略義」の漢光類聚は略義見聞と名づけられるのであるから、これは、三部一具の姉妹書中の二部であることに間違いない。それは硲慈弘の『日本仏教の開展とその基調』下巻にくわしく論じられている。しかし法華文句要義聞書は、他の二部のように、「略義」「略文」「心要」の三部の秘書について触れるところがない。ただ南岳大師に法華二十八品の口伝があり、章安がこれを記録したが、それには無量義経と普賢観経との法華開結二経に関する記録がなかったので、伝教大師も口伝を以て相承して来た(巻一、法華一部口伝事)という説明があるところから考えると、この時には三部秘書の構想がまだ出来上っていないようである。しかし南岳大師からの伝承ということに関しては一致している。二十八品の口伝解説は、巻第七から始められているから、それまでが開結二経の注釈であったと考えられるけれども、その中間の巻二・三・四・六の四巻が欠本であるから、その間に何があったのかわからない。のみならず、巻第九の終りは信解品である。してみると、何巻まで続いていたものか、あるいは続けるつもりであったものかもわからない。また各巻の首尾に付された内題もまちまちで、「法華文句要義鈔」(巻一末)、「法華文句要義」(巻五末・巻九末)、「法華文句要義口伝鈔」(巻七)となっている。その他多々の問題について考えてみると、この法華文句要義聞書の撰時を大治初年とすることを考えに入れて、三部秘書とその見聞という体裁の構想中の最初に試作された草本とすべきであろうと思われる。法華略義見聞巻上には「別釈衆品とは略文を指す」といい、漢光類聚では、「法華略玄・文句要義は同じく経旨を明らむ」(巻四、血脈相承次第、二八五頁)とあるから、この一具の二著では、法華文句要義聞書を三部秘書の一と扱っていると考えてよいと思う。

もう一つ、この三部の外に、忠尋記すという「法華略義聞書」一巻(仏教全書一六)があり、「略義」の注釈であることは確かであるが、法華略義見聞とは、その体裁からいっても、表現からいっても相違しているので、両者の関係が明瞭でない。それにしても聞書とするところは、法華文句要義聞書と相通ずる。この法華略義聞書では、例の南岳相伝のいわゆる「略義」を、「妙法蓮華経略義天台伝集」と名づけている。勿論その思想内容からすれば、他の三書と少しも変わるところがなく、かえって作者の志向するところを明瞭にしているといってよい程である。従ってこれも、法華文句要義聞書と同類の、構想過程中のものとしてよいであろう。

従って、「略義」「略文」「心要」の三部の秘書について、三部の見聞が完成されているならば、三部共に漢光類聚と命名されていたに違いない。しかし古来、天台伝南岳心要見聞のみについて漢光類聚の名で呼ぶ習慣である。

天台伝南岳心要について　南岳大師が、多宝塔中大牟尼尊から直受し、章安が記録にとどめたという「略義」「略文」「心要」の三部の秘書は、天台大師の法華玄義・法華文句・摩訶止観の、いわゆる三大部のそれぞれについての要約である。「心要」についてはややくわしく説明するところであるが、「略義」と「略文」とは、実在しないのであるから、説くべき何物もないが、三大部の要約とはいいながら、恐らく「略義」とは五重玄義を指すのであり、「略文」は文句の四種釈をいうように思われる。

天台伝南岳心要について、現在まで自分が見得たものは次の二本だけである。

一、叡山文庫薬樹院蔵書、十不二門と合本、横綴美濃半截版、一巻九紙、寛文三年三月吉祥日長谷川市郎兵衛開板

二、東洋大学図書館井上円了蔵書、本無生死論と合本、美濃版一巻十紙、寛文九年歳在己酉冬孟穀日

第一本は、参考として本巻四一一頁以下に全文を紹介しておいたが、多くの誤字や脱字があり、漢光類聚の見出しと合致しない箇所がある。第二本は、第一本開版の六年後に刊行され、これにも誤字はあるが、恐らく第一本の誤りを訂正するため刊行されたものであろう。

大唐国法華宗章疏目録の南岳慧思禅師章疏に「摩訶止観心要一巻 八紙」の一行がある。この目録は、伝教大師将来台州録を整理したものといわれているから、台州録において撰者を記載しない止観心要が、ここで南岳大師の撰とされ、これが今の天台伝南岳心要に当てられていることになる。既に台州録の止観心要は、荊渓大師の始終心要かと疑われたこともあったが、何れも当を得たものとは言われない。しかし本書巻四末の血脈相承次第には、「法華略玄・文句要義は同じく

経旨を明らむ。止観心要は直に大師の自己を述せり」(二八五頁)とあるので、止観心要即ち天台伝南岳心要とする考えは、漢光類聚自身が用いたもの、あるいは作り上げたものであった。

「略義」「略文」「心要」の三部の秘書の存在を説くものは、漢光類聚巻一(一九一頁)が引用する随身録である。随身録は、本朝台祖撰述密部書目や山家祖徳撰述篇目集巻上に名を列ねる伝教大師の撰述であるけれども、この篇目集がかえって漢光類聚の所述によって書名を連ねたに過ぎないと思われる。漢光類聚が、随身録を所依として、「略義」「略文」「心要」を、南岳大師の説、章安尊者の記であるとすることは、法華略義見聞においても同様で、その上この見聞では、更に仏法内義の秘決なる秘書をも引き合いに出し、「三部秘釈各八紙、南岳大師所釈、章安大師記」とあるとしているが、仏法内義の秘決もその所在を聞かないし、かえって台州録の止観心要を天台伝南岳心要に置き換えた張本人が、漢光類聚の作者であることを曝露したようなものである。法華略義見聞では更に進めて、「但し心要は、章安大師治定してこれを記す。略義・略文は章安の草本なり。妙楽これを再治す」と述べる。「略義」「略文」が、「心要」とは多少性格が異なることを、それとはなしに言っているようで、前二書が実在しないことの証左ともなろう。況んや漢光類聚が自ら三部秘書の南岳所釈、章安記録を疑い、山家大師の教行証三度の目録の中に「心要」がない理由を問い、自答して、三度の目録は三部の略書の伝受以前に作られたものであり、随身録は帰朝後の作なるが故であるとしている。法華文句要義聞書に言うところの法華二十八品の口伝や、法華略義聞書の「抑、今の略義天台伝集は、源、南岳大師の説より出づ。南岳大師妙法蓮華経の五字を、両紙一巻の書に書き載せて、天台大師に授け給へり。天台またこれを広めて演説し給ふ。章安尊者またこれを記して、妙法蓮華略義天台伝集となす」という文を合せ考えれば、三部の秘書とは、全く口伝主義者の造り上げた偽書で、南岳大師には全く関係がないと言うべきであり、「略義」「略文」の二書は、そのものさえ実在しないのである。しかもそれらの架空の秘書を構成したものは、忠尋と名乗る人であろうと想像される。

三部の内、実在する唯一の天台伝南岳心要にしてからが、南岳・天台霊山同聴の建前からは、多宝塔中大牟尼尊から南岳大師が一人伝受するということにも矛盾があるが、止観心要は大師の自己を述す(血脈相承次第)といって、天台大師の己心中所行の法門であるとするのが漢光類聚の主張であるから、天台大師独特のものであって、南岳よりの伝授を表面に出してくるのは、自己矛盾も甚だしいと言わなければならない。そのことは、漢光類聚や他の二書の内容について見れば、至るところで感知される矛盾である。

南岳心要は、ほとんど全文が摩訶止観の抄出によって構成されている。その抄出構成の主意は、十巻の摩訶止観を広略の二止観に分離し、それぞれの要約をするところにあるが、その広略は、常識的な五略十広を意味するのではなく、広は十巻全体を指し、略は章安の序をいうのである。しかし広説の段に抄出する十乗十境について見ても、善巧安心の、法性を以て法性に繋け、法性に安住せしめることを中心にしているので、要を撮ってこれを言えば、摩訶止観の全体は、略止観のいわゆる円頓章(者)に尽きることを言おうとしていると考えるべきである。

この「心要」が南岳の伝えるところであることを表看板とする理由は、摩訶止観第一上の序に、章安が「天台は南岳の三種止観を伝へたまへり」と述べていることを第一の依拠とするのは当然であるし、第二には一心戒文以来の南岳大師の重要視も影響するのであろうが、当面の直接的理由は、尊舜が摩訶止観見聞中巻に説くところに尽きているかと思う。即ち、摩訶止観に説かれるところの四種三昧を実習すべく、比叡山の三塔に四種三昧堂を建立するに際して、随自意三昧堂(非行非坐三昧堂)のみは建立せず、三千の房舎をそのまま随自意堂とし、別に方法を定めず、行者の行住坐臥の振舞、念々事々の当体を、悉く本有三観の妙行として唯識観を究竟ずるという。その随自意三昧の行者は、正しく南岳大師その人であり、随自意三昧一巻の作があるのもそのためであると言っている。勿論南岳大師の随自意三昧に説くところは、この口伝法門に言う如く単純なものではないけれども、「心要」は、六塵の境六作の縁を悉く所観の対象とし、一色一香すべて中道とする円頓者の略止観に、それを結ぼうとするのである。常坐・常行・半行半坐の三三昧に超過する随自意三昧こそが略止観に説かれるもので、それは南岳大師が正しく天台大師に伝えた法門で、最上上根の証するところであるという思想を背景にしたものである。その考え方は、漢光類聚が明瞭に主張している。

ところで、天台伝南岳心要即ち「心要」の名を紹介している最も早い文献は、慶深の一心三観行法抄である。ここには「六塵境六作縁云云」と「故大師傷歎曰云云」との二文が挙げられている。ここにいう慶深は、俊範の門下と伝えられるから、静明とは同門であるが、一心三観行法抄の題下に「文永元年(一二六四)六月廿六日沙門慶深」とあり、この時までには「心要」が成立していたことになる。行法抄が「心要云」として引用する「六塵境」の文は、実は摩訶止観第七上の文である。性舜の作かといわれる教観大綱にも、同じ文が「心要云」として用いられている。しかるに、慶深の師である俊範の起草とされる一帖抄(恵心流内証相承法門集)を見ると、「根塵相対一念心起……並是中道」の「心要」の文――これも当然摩訶止観第一下の文であるが――を引用しながら、僅かに「釈云」としているに過ぎない。従って「心要」の成立は、大体俊範や慶深のあたり、後に漢光類聚の成立ともからんで、静明を中心とする時代とすることが可能のようである。

漢光類聚の成立――忠尋伝　漢光類聚の作者とされる東陽房忠尋は、治暦元年(一〇六五)土佐守源忠季の六男として生れた。承保初めの頃、覚尋について出家したが、まもなく座主覚尋は永保元年(一〇八一)七十歳で入寂したので、中島院の長豪について修学した模様である。更に密教については三昧阿闍梨良祐に受法した。天仁二年(一一〇九)十月吉祥院講師の宣旨を蒙り、元永元年(一一一八)権律師、翌年法成寺の探題に補せられ、翌保安元年四月西塔観音堂別当、天治元年(一一二四)権少僧都、大治元年(一一二六)十月西塔宝幢院検校職に補せられている。続いて大治四年九月北野別当となり、翌五年四月権大僧都、十一月法印に叙せられた。翌月六十六歳にして天台座主となり、天承二年(一一三二)法成寺の塔供養に導師を勤仕し、権僧正に任じた。保延元年(一一三五)僧正に補せられ、翌二年法務兼職。続いて同三年には大僧正の極位に昇進している。保延四年(一一三八)九月白河上皇が登山され七箇日中堂に参籠されたが、この時に既に導師を勤めていないのは、恐らく身体的な理由によるのであろう。翌十月十四日七十四歳を以て入滅している。

第四十六代座主となった忠尋は、就任の直後、天承元年二月、起請文六箇条を定めて、これを山門の衆徒に示している。

朝野群載第三「延暦寺起請、六箇条事」によれば、左の如くである。

一、可レ停下止不レ習二学止観等六十巻一望中広学竪義請上事

一、可レ停下止登壇以後未レ満二三臈五臈一者、輙望中五時講、法華三十講、講師問者諸請上事

一、可レ停下止不レ読二三部儀軌一、不レ修二両界行法一、年少輩望中阿闍梨職位上事

一、可レ停下止招二集凶徒一、営中求兵器上事

一、可レ停下止僧侶着二用美服一、幷所従童子等過差上事

一、可レ停三止供養間酒盃及二数巡一事

いかに内容なくして名誉をかち取ろうとする風潮があらわであったかを知ると同時に、これに反して、忠尋その人が、座主になる以前、何の名声をも伝えていないのは、自らを地味な研鑽と修行との中に久しくおいていたことを表明しているようである。しかし何の仕事もしていなかったわけではなく、天仁元年東尾房を曼殊院としたことも、天永の頃東寺に属していた鞍馬寺を天台宗とし、西塔宝幢院の末寺としたことも、永久の頃十楽院を洛東に草創したことも、天台宗史の上からは特筆すべき活動であったと言ってよいであろう。

その教学については、現在のところ明瞭に論じ得るものがない。その選述の一々の真偽が判定出来る段階に至っていないからである。その代表的述作である漢光類聚さえ、忠尋のものとは言い得ないのであるから、致し方のないところである。

忠尋撰とされる著作は非常に多数にのぼるが、大略左の如きものである。

法華五部九巻　一巻　(存)　　法華文句要義聞書　一〇巻　(内四巻存)　(疏記抄、文句書全)

法華略義見聞　三巻　(存)　(漢光類聚鈔)　　東陽七百科条抄　三巻　(存)　(雑々集、三大部七百科)

法華略義聞書　一巻　(存)　　覚心集　一巻　(存)　(東陽枕双紙)

淼罙義綱目(深義綱目)　一巻　(存)
東陽三十六箇口決　一巻　(存)
無縫目　三巻一軸　(存)
釈尊影響巻　一巻　(存)
天台宗秘決要集　一巻　(存)
天台法門名決集　一巻　(存)　(行満相承四ケ大事)
聖教隠形　一巻　(存)　(天台円宗至極口決血脈)
漢光類聚　四巻　(存)　(天台伝南岳心要見聞)
観心類聚鈔　一〇巻　(存)
四夜伝　一巻　(存)　(高漢徳王抄)
四教顕抄　三巻　(存)
円頓戒脈譜口決　一巻　(存)
金剛秘密山王伝授大事　二巻　(存)
三大部骨　三帖
玄義書全　(四十ケ条事書)
玄義抄　一〇巻
止観書全
大論義抄

作者についての疑い　漢光類聚の著者を忠尋とすることに疑いをかけたものは、既に古くからあったようである。安永二年徳広の写す十六算(大正大学図書館蔵)等がそれであるが、硲慈弘の『日本仏教の開展とその基調』下巻に、その忠尋撰とすべきでなく、平安末期あるいは鎌倉初期の作とすべきことを論じている。本書巻三の「夫一念心起」の項に、唐朝三師の異義を挙げ、四明知礼は介爾の一念、静(浄)覚は元初の一念、北峰は理の一念であるという中で、北峰というのは北峰宗印を指すから、南宋寧宗嘉定六年(一二一三)に他界した人の説を忠尋が引用出来ないという理由からである。忠尋の教を受けた真俊の弟子俊芿は、入唐して北峰宗印の会下に参じた。俊芿が帰朝するのは建暦元年(一二一一)である。もし宗印の説が聞かれるとすれば、俊芿の帰朝によると考えるのが常識であろう。また法華略義見聞巻中「四重興廃」の項を見ると、「常住院の義 恵心流」なる句がある。常住院とは西塔順耀の門下永心のことである。永心には、山家祖徳撰述篇目集巻下附録によると、「本三百帖」「経論章疏要文」の著作が挙げられ、その他「宗要集 西塔義」「独覚鈔」などもあるというが、順耀は忠尋の門下であるから、ここにも明瞭な忠尋撰否定の材料がある。玉葉第二十一巻安元二年(一一七六)五月二十三日の条に、最勝講夕座の問者として出仕した永心僧都を、極めて優美な所作であったと讃える箇所が見えるので、これもまた忠尋を下ること五十年の後である。更にまた同じく「四重興廃」の項に「私 粟田口御義」があり、巻下「十界互具事」には「杉生云」や「粟田の口決」の用語が見える。杉生は皇覚であり、粟田口とは静明である。法華文句要義聞書巻七にも、「私云」として静明が追記する部分がある。これらによって見ると、当然静明あたりまでその成立を下さなければならない。

本書巻一(一九九頁)に止観未分・寂照双立を言っているのは、補注に説明したように、一二五九―一二七四年の亀山天皇治政中に論議された独立・双立を意味するものとすれば、これもまた本書成立時を知る参考となるであろう。しかも、それを主張する者は、経海・静明であると伝え、法華文句要義聞書の「私」即ち静明とすれば、なお解決すべき問題は少なくないが、静明をその作者と考えても事実に近いのではないかと思う。

静明伝 静明の伝は誠に明瞭でない。本朝高僧伝巻十五、先徳明匠記によると、山城の人、藤原資能の子、あるいは徳大寺左大臣の孫等といわれる。出家して範源に天台を学び、後俊範に従う。東福寺聖一国師に禅を学んで、その奥旨に達したといわれる。常に粟田口にあって学徒を集め、講談したので、粟田口法印といわれ、また中納言法印とも称され、行泉房流を始めた。後嵯峨天皇に天台学を講じたとも、亀山法皇に止観心要を伝えたともいう。恵心・檀那の両流では、その法脈に実子相続を重んじたと伝えるが、静明は俊範の実子とすることが、宸筆御八講記等に見える。求法大王師資相承口決に「文永五年(一二六八)十一月一日後嵯峨天皇御談義。寿量院ノ被始之時。経海大僧正山門 実伊法印三井寺 静明法印山門」とある。また正教蔵本の教観抄には、弘安五年(一二八二)五月三日の毘沙門堂公豪の一周忌竪義に「題者静明法印粟田口 竪者快全」とある。

その門に維暹・心賀・政海・成運等があり、四神足と称せられた。論題百条、宗要類聚若干巻があったといわれるが、論題百条は、天台問要自在房十巻がそれであろうと伝えられている。

諸本について 漢光類聚は、漢光類聚鈔とも、天台伝南岳心要鈔とも、また天台伝南岳心要見聞、あるいはまた、天台伝南岳心要見聞書とも称される。本書に底本または参考として用いた諸本を挙げ、簡略な説明をしておく。

1(底本)　東叡山寛永寺所蔵本「漢光類聚」四巻。「慶安己丑(一六四九)下夏吉辰　柳馬場通二条下町　吉野屋権兵衛尉開板」の刊本で、巻一の内題には「漢光類聚一　天台伝南岳心要鈔」、巻四末の追加に「故に今の見聞をば漢光類聚鈔と云ふなり」とある。

2　大日本仏教全書第十七巻所収本(東叡山修禅院所蔵刊本)「漢光類聚」四巻。底本と同じく、慶安己丑年吉野屋権兵衛尉開板。

3　近江西教寺正教蔵所蔵書写本「天台伝南岳心要見聞書」(仏全対校本)二巻。奥書に「慶安二年五月上旬功畢　江州栗太郡蘆浦観音寺法印舜興蔵、戒四十六、歳五十七」とある。

4　叡山文庫真如蔵所蔵書写本「天台伝南岳心要見聞」一巻。

5　大正新脩大蔵経第七十四巻所収本。

第2の仏教全書本は、その刊記からいって、全く第1の底本と同じものであろうと思われるが、既に所蔵者が変わっているようなので、実際に見ることが出来ない。しかし、仏全本の各項の見出しに、「心要事」「諸法寂滅相事」の如く「事」がついているのは、正教蔵本や真如蔵本においてであって、底本にはない。従って仏全の対校者が、正教蔵本によって付加したものか、あるいはまた底本と仏全本とが相異したものであるのか、わからない。法華略義見聞でも法華文句要義聞書でも、「蓮華事」「一代通教事」等と「事」の一字があるので、恐らく対校者が付記したものかと思われる。第5の大正新脩大蔵経のものは、仏全本を使用したものである。第3の正教蔵本については、筆者は直接に見ていないので、仏全本の対校によった。この正教蔵本は、底本第三巻の「究竟即」の項の終りまでを上巻とし、以下を下巻としてある。第4の真如蔵本は一巻本で、九十三の項目について順次書写されているが、必ずしも項目毎に改行されてもいない。巻末に小野逢善寺祐元法印の御講談を伝聞する者の書写であることが記されている。祐元は野州宗光寺や逢善寺に元亀・天正の頃いた学僧であるから、恐らくこの写本は一五七〇年代のもので、この中では最も古い。のみならず、正教蔵本は、この真如蔵本と字句において非常に近いものである。

以上の諸本のほかに、

6 日光天海蔵所蔵天文四年(一五三五)写本「万法含蔵鈔」(内題、天台伝南岳心要見聞書)一巻。

が報告されている。

漢光類聚の思想　漢光類聚は、本覚法門の口伝を伝えるものとしては最も早いものに属し、その説くところが後代に長く継承されて来た恵心流の見聞書である。よし忠尋の著作でないにしても、その源流たることにおいては変りがない。恵心・檀那両流の起原に関する説もその一である。伝教大師が入唐求法の際、宗旨・宗教の二箇の法門を相伝して帰朝した。宗旨は根本法華に依る天真独朗の法門であり、宗教は顕説法華に依る四教五時本迹等の法門である。この両箇の法門を伝教大師は慈覚大師に伝え、以後伝々して横川の慈慧大師に至った。慈慧大師の後、両箇の法門を伝えるものは恵心僧都源信であり、宗教の分のみを伝受したものは、檀那僧正覚運である。前者は恵心院の相承、後者は檀那流の相承であるといって、相承を異にする二流の存在を確認している。ここに言う宗旨の法門は摩訶止観に説くところであり、宗教の法門は法華玄義・法華文句の法門である。法華略義見聞巻上では、横川の大僧正は、「心要」を源信に、「略義」を覚運に、「略文」を覚超に授けたが、覚超は覚運に従って「略義」をも伝え受けたという。覚超は源信の正系であるから、三部の法門を完全に伝えるものは覚超の系統を引く恵心流であるとしている。既に同一人の著作と思われる二部において、その説明に相違を見るのであるが、そこに口伝法門の特徴があるのであって、それによって二部の作者が相違すると考えるのは当らない。とにかく源信・覚運からの二流別伝は本書によって最初に紹介されたものであった。後にこの両流の起原は、道邃・行満の二師別伝にまで遡って伝説されるようになったが、道邃・行満二師に対する本書の態度にも注意すべきものがある。

本書が修禅寺決と極めて深い関係にあることは明瞭である。巻三には「四箇伝法決」の名称で修禅寺決がそのまま用いられている一事を見れば足りよう。その修禅寺決では、一、二の例外を除いて、道邃・行満二師について道邃を和尚とし、行満を座主あるいは仏立の名で呼ぶことに統一している。そうした二師の扱いから、断証決定集なども修禅寺決に近い筋の作と考えられるが、それにしても、漢光類聚は修禅寺決に完全に依憑しながら、道邃・行満二師については、いささか修禅寺決とその態度を異にしているように見える。勿論、和尚・座主の呼び方の統一がないばかりか、「仏立の師」についても、その指すところが明瞭ではない。そのあたりの意図を汲むことは困難であるけれども、界如三千一念円満の法門の建立について「邃満二師の相承相分れたり」(巻二)といい、修禅寺決では未だ明瞭でない道邃正伝を声明するのであるから、二師別伝の萌芽は既にここに求められる。

四重興廃の教判もまた本書によって紹介される。勿論「四重興廃事」と名づけて、その口伝を掲げるのは、法華略義見聞巻中であるけれども、迹門の所談には、応同局情の爾前帯権の教を破開し、本門の実義には、破開局情の迹門を絶し、直顕真実の観心には、教門始本の相を絶すといい、本迹教門を捨てて、不思議未分なる自体を取る(巻一)という思想は、既に四重興廃論の充分な咀嚼を経ていることを知らなければならない。本書ではこの四重興廃は、教観二門を総括する判釈で、一代八門の分別が四重興廃の上に立った細分別であることを教える。不即門・不離門は爾前、万法帰真門・真如具法門は迹門、三千常住門・万法三身門は本門、寂照不思議門・還同有相門は観心である。一代八重の説は慈覚大師のものと伝えるが、ともかく、修禅寺決よりも一段と早くに現われたものである。

法華玄義・法華文句・摩訶止観三大部の尊重は、やがて教観二門、教証二道から更に進めて教行証三重の扱いを必要とする。従って法華・涅槃を含む十二分教の判釈の上に止観法門が加えられ、その内容として八門分別が行われることは、自然の趨勢というべきである。しかも既に伝教大師に、根本・顕説・隠密の三種法華の教えがある上は、根本法華内証不思議法然の自体が、止観の心要であり(巻一)、本迹の二大教は、顕説法華声聞開悟増進法華であり、従って法華の略義は顕説法華である（法華略義見聞巻上）として、三種法華、四重興廃、八門分別の教判を一貫した理念として、確然と整理するのが、本書の立場である。法華略義聞書が、三種法華論で終始しているのも、その意味で首肯し得る。

法華経は、断無明証中道の利根の得分で、鈍根の堪えるところでない故、利鈍にわたる衆機のために説かれるのが摩訶止観である。最上の薬が最下の病をも治癒させるように、最高の止観は底下の凡夫をも救済する目的で説かれている。従って根本法華である止観を八門分別で扱った時には、寂照不二門と還同有相門とになる。寂照不二門とは境智不二門のことで、能縁所縁の相を絶し、主客を忘じ去り、言辞の説明を許さぬ諸法寂滅の相である。これは無上利根を教化するためのものであり、鈍根のためには還同有相門を以て教化すると、本書ではいう。法華経の行門としての摩訶止観ではなく、摩訶止観興れば法華経廃るという態度を取っている。境智不二は、あくまでも止観心要の極地であって、境智の一言もしくは境智の一心三観が、両流相伝の主題となって来ている。しかし本書では、その上根上智の理解する高尚な止観よりも、更に一歩を進めて、最上の悟りを最下の鈍根が成就する途を考えようとするのである。一切諸法本是仏法であるならば、その本是の本所に通達することによって、一切諸法の有相の位置にあっても、直ちに止観の内証であるから、地獄の当体止観、餓鬼の当体止観で、遂には「修せざるを中道と名づく」とする徹底した説き方をするに至る。それが本所通達門であり、還同有相門であり、卑劣の止観である。そこには悪の当体止観を可能とするから、「殺生・偸盗等の悪業を止観の行者は畏れずして、恣に作行すべきや」（巻二）と自問して、これに答える。即ち、結業即解脱ということは、善悪未分の境地であるから、悪業を恣にするという偏堕の情とは自ら異なろ。また善悪未分は自他不二の思想と同じで、悪業の起こりようがない。しかし無作意の行動が、計らずも悪業であった場合は、覚悟の知見の前にはその悪業も、応身の徳と何の変りもない、という。円家の実談には、理即の当体に三千具足する故、発心修行の無用を主張するとすれば、円教の六即の階位の上では、理即の位を以て円実の仏としなければならない。「仏果の手本は理即の凡夫なり」（巻二）とあるのがそれであるが、理即本妙の処に立って、立ち還って発心修行する時は、解即行証の理念によって、「摩訶止観の本意は、解の位の一心の外に更に行証あるべからず」(巻一、二三七頁)といって、名字即以本の立場を取っている。

無悟無迷乃至は唯悟無迷の立場に立って、摩訶止観の十乗観法を見た場合は、これ天台大師の本意に非ず、大師の内証は、別して一念三千を修せざるところにある(巻三)として、止観の本意を円頓章の一文に帰せしめ、これを多宝塔中相伝の南岳大師の秘伝とする。円頓章が摩訶止観の心要であるとして、これを別行することが、果して何時から行われたものか、明確に知ることは出来ないけれども、これも漢光類聚成立の前後からであろうと思う。檀那院覚運僧正作と伝える止観勘文一巻があり、円頓章を注してこれを止観一部の総序とし、これを解了すれば一部に通達するという。法華玄義の五重、法華文句の四種釈を、摩訶止観における円頓章と同類に扱うところ、また「略義」「略文」「心要」を予想させるけれども、勘文は、法華と止観と一体の態度を取っているので、本書の思想とは完全に距るが、勘文はこれを檀那流の真髄としているのであろう。しかし、造境即中の文点に上中下読の三点を施すあたり、到底覚運まで遡らせることは出来ない。その他、覚超撰と伝える円頓者秘決一巻もあったという。漢光類聚の後になれば、尊海の摩訶止観見聞をはじめとして、非常に多くの見聞類が見られるようになり、円頓章が、一経典として常用されるに至っているが、それは本書の略止観立ちによる結果である。

口伝法門においては、未だに七箇の大事の成立を何時にするかの問題が残されている。修禅寺決が四箇伝法決の名で呼ばれ、一心三観・心境義・止観大旨・法華深義を説いた上で、略伝三箇を三種の別伝として別集に委ねているから、七箇の法門は具備しているけれども、これを後の一帖抄等の如く、七箇の大事として相伝することを以て、恵心流の伝受とする形を取るまでに至っていたかどうか明瞭でない。本書においては、巻三「還源反本」の項に、伝教大師が農且から伝えた五箇の法門を挙げる。一心三観・一念三千・止観始終・法華深義・兼稟達磨宗の五箇である。それは勿論、伝教大師の撰と伝える伝法要偈によったところであるけれども、特に本書の撰者と禅宗との交渉が濃厚であったことを示すものであろう。七箇の法門に自他宗同異の一条を加えることは二帖抄からで、「教内教外不同事」の中に、仏の教に非ざるは祖師禅であり、達磨の法であるとし、如来禅こそは教内であるとする。この相伝は俊範の意見であるという。本書の兼稟達磨宗では、「達磨の宗を受くること、今家の法門とその義相似たる故なり」とあり、この点について対禅宗の態度が二帖抄と相違するところを見ると、後世禅門との深い関係ありと認められている静明を以て本書の作者とすることが最も適切かと考える。更にここには五箇の法門だけが現われているけれども、法華略義聞書には、明瞭に山家御相承七箇の大事があり、本朝相伝の四箇と法華深義より開出する三箇とが紹介される。このことが、法華略義聞書を他の三部と一具でないとする理由になるかも知れないけれども、本書には、流の七箇の内の証道八相の名称も現われているところを見ると、七箇の大事が既に本書成立時に堂々とまとめ上げられていたと考えても決して矛盾はないと思われる。従って、七箇の整然たる組織を持つ一帖抄が俊範(―一二三二・一二五九―)の御談であるとする古来の相伝を決して否定出来ないことになろう。

相伝法門見聞

多田厚隆

「一流相伝法門見聞」の書名(内題)により、「一流」と「相伝」と「見聞」とに分けて、初めに一書の外相から概観し、次に「法門」即ち所述の内容・梗概を抄述して解説とする。

所用の底本上巻(三十二葉)の外題には「相伝法門見聞 上」、下巻(二十九葉)の外題は「相伝法門抄 下 見聞」とあり、内題は共に「一流相伝法門見聞 上」及び「下」と誌されている。「一流相伝法門見聞」の書名は、対校に用いた天台宗全書本の内題と同一であり、源は同一本からの写本としてよい。然し、全書本は外題と巻末には「二帖御抄」とあり、尊舜(一四五一―一五一四)の『二帖御抄見聞』にも、「この二帖鈔と云ふは、仙波円頓坊法印、粟田口の常楽院心賀法印の方より面授口決し給へる処の一家の大事なり」「一海が仰せの趣を記録して二帖書と名づけ、円頓坊法印に渡さるるなり」等と言い、また、「心賀法印の仰せを両人書き付けたる故に、二帖鈔とは申すなり」(恵心流三重相伝口決)等と、書名の由って来たる所以を付した伝えもあり、「二帖抄」の呼称は古いことが知られる。また、本書について等海がその見聞を輯録(一三四三―一三四九)して「等海口伝抄」の名で呼ばれる十七巻の書は、内外題ともに「宗大事口伝抄」となっている。即ちこれによって見ると、等海の当時は本書を「宗大事口伝」とも呼んでいるわけである。また島地大等氏の『天台教学史』には、「或は『七箇法要二帖抄』とも称し『恵心一流教学相承鈔』とも名づく」とある。斯様に書名には多種あるが、現在坊間には「二帖抄」の通称で親しまれている。

書名の「一流」とは、尊舜の二帖御抄見聞に従えば、まず恵心の末弟椙生の一流なりとある。平安中期における比叡山の傑僧慈慧大師良源(九一二―九八五)の高弟恵心僧都源信(九四二―一〇一七)よりの法流一統のことを恵心流と言い、日本天台教学思想の主軸を為すものとされる。これが三流に分れて栄え、一を西塔《さいどう》恵心流、一を横川《よかわ》恵心流、一を椙生《すぎう》恵心流と言う。このうち椙生流は、源信のもとに覚超(九六〇―一〇三四)、この下に蓮実房勝範(九九六―一〇七七)、この下に長豪を経て東陽房忠尋(一〇六五―一一三八)、この下に椙生(または杉生)の皇覚(―一一三五―)、この下に範源・皇円・美濃の能信等あり、範源の下に大和の庄俊範(―一二三二・一二四七―)、この下に行泉房静明(―一二六二―)・俊承・中上《なかがみの》僧都承瑜等あり、静明の下に常楽院心賀(―一三一九―)・土御門門跡政海(―一二九八―)等あり、心賀の下に心聡(―一三二九・一三三四―)・円頓坊尊海(一二五三―一三三二)等がある(「相承略系譜」参照)。椙生の一流とは、この中、正しくは皇覚以後を指す天台法門相承の一流派の名である。この流派は皇覚以来、実子の真弟一人に法門を付属して門跡を相続する慣わしで、皇覚はその真弟俊範へ伝えた。この頃、後嵯峨天皇(一二四二―一二四六在位)が興隆仏法の叡慮にて、諸宗の伝来の相を尋ねられたに対し、諸流の学匠競って家々の血脈を奉ったことがあるが、何れも叡慮に叶わず、ただ大和の庄俊範の奏問する所持の血脈を嘉称あって、これによって椙生一流を天台の正嫡と為すべき由、仰せ定められ、勅諚を以て経海・俊承を俊範の弟子に加えた、と伝えるところから推すと、俊範の頃、一流の名声頓みに発興したものの如くである。かくて俊範はまたその真弟静明へと伝えたが、静明の実子で成人したのは女子であったので、これに正親町の心賀法印を聟に取り、逝去の時には嫡男静範があったが僅か七歳だったので、この一流法門の師資相承を心賀が相続した。然し静範へも、東楽坊惟暹が後見指南しておったので、これへ譲状を与えた。依って一流が二門に分れて訴陳の沙汰となり、心賀には心聡が代官となり、各々参内して奏問に及んだが、心賀が叡覧に供した血脈によって、心賀を以て正嫡たるべきを定められた。本書で一流と呼ばれる系脈は以上の如く伝えられる。この心賀法印が武蔵国仙波の円頓坊尊海へ、その相承法門を面授したのが、今の「一流相伝法門抄」(或は「二帖抄」)と呼ばれる本書である。特に請うて師の聴《ゆる》しを得、本書を筆紙に載せ後世に貽したと伝える尊海は、本朝高僧伝十六に、浄慧の人としてその伝がある。字は円頓、武州足立郡の人。郡主崇信して、往昔円仁(七九四—八六四)駐錫の地(今の川越仙波の喜多院)に寺を構えて居らしめた。七箇法門を伝えるためには叡山へ行くこと七回とも伝えられ、丹精苦心の上、遂に心賀の室に入り、この法門を伝え、東関台学の中興者となった。依って東州五百八十の天台教寺が仙波に付属するに至ったという。また、先徳未発の学解(そのうちの一は笠壟《かさじるし》の法門と呼ばれる)あって、自ら三科の義を立てたことも伝えられる学匠である。

書名にある「相伝」とは、先に述べた如く、門跡相続は実子一人の付属となっているが、随逐する多くの弟子達へも法門の相伝は行われ、時を経るとともに、天台正嫡を誇る椙生一流の門葉はいよいよ繁茂した。その相伝の法儀は、具略一定しない(恵心流教重壇図)ようであるが、尊舜の所伝によると、まず密処に道場を荘厳して釈迦三尊を本尊とし、インドの摩訶迦葉以下の二十三祖、中国天台の八祖、本朝の伝教・慈覚等の像を懸け、後代忠尋以降には、特に山王三聖の座をも敷き、香華燈等の供具を供え、壇上に二面鏡、右机に法華経並びに摩訶止観の第三巻・第五巻、或は三観義両巻。左机に洒水器及び欓を盛った衣裓を置く。道場荘厳の後、師弟二人のみで仏前に到って十方諸尊を召請し、次に諸尊を礼拝し、次に至心懺悔の後、法華を読誦、或は法華懺法を読んで次に三重の血脈を伝えるという、厳粛荘重な法儀を伴なった相伝である。初重の相伝には教相(学)の血脈、第二重は観心(行位)の血脈、第三重に印可状を渡す。この次第は、静明が惟円に授けた時のものであって、ある伝には血脈は一種で、法門を塔中相伝として三度に授ける式もある。これは心聡が豪海(—一三四七)に授けた時の式とされる。二帖抄に関しては、次の三重が伝えられる。初重に相応流の一心三観、舜海相承の七箇と言われるもので、経巻相承の分であり、妙解の重にあたる。第二重は塔中の血脈相承で、釈迦・南岳と次第する知識相承、妙行の重にあたる。第三重は証誠の血脈すなわち直授某甲と誌された血脈の相承で、妙悟の重である。この妙解・妙行・妙悟の三重血脈相伝の法式は、俊範が心賀に授けた次第で、尊舜の当時にも武蔵仙波においてはこの法式であると伝えているから、尊海が二帖抄を受ける時の儀相もこれによったものかと想われる。『恵心流三重相伝口決』によると、二帖抄の相承について教行証三重の次第ありとして、まず法華経と三大部を解了し畢った時に教重の血脈を与え、次に止観の観心法門を解す時に行重の血脈を与え、その後、解行具足して事理の観解明らかになった時に、弟子はその心地を録して師に奉り、師の心に叶わざればなお坐禅を進めしめ、叶えば第三重の印可状を書き与える。これが定法であって、尊海には心賀が初重の目録を賜った翌日、尊海一人にこの七箇法門の口決を授けんとしたが、尊海の懇請を容れて唯授一人の例式を破り、一海の同座筆録を許して成った書付が、この二帖抄であると言われている。法門相承の儀則に多種ある中での本書成立の事情が想察される。本書相伝の事情は、大要上のように伝えられる。然し、従来個々に伝えられた口決が、何時何人によって七箇にまでまとめて組織せられるに至ったか、秘することに重要な意義を認める斯界の慣わしからすれば、時間の経過とともに旧套を教重と貶し、更にまた行重と貶すことは、容易に想像せられるところであるが、その三重成立の史的経過如何、等については、たやすく論断することを得ないものがある。

「見聞」とは、群書諸師を渉猟して得た知識及び自らの識見を以て本の説の字義文意を注釈増広するという意味である。然し、尊舜の作たる『二帖御抄見聞』三巻は、書中に二帖抄を本帖と呼び、その本帖に関する古今の文書を博渉し、山上山下東西の明師を尋訪してその教示を稟け、法中の聖財を類聚したものであるから、その内題に「一流相伝法門見聞」としてあるのは妥当な呼称であるが、その本帖と呼ばれる本書の内題もまた全く同じ題名の「一流相伝法門見聞」となっているのは、如何なる訳なのだろうか。寧ろこれは前に述べた書名の内での「相伝法門」「宗大事口伝」或は「一流相伝七箇法要」等と題簽を付するのがふさわしく思われるのである。けれども本書もまた「見聞」と呼ばるべき内容をもっている。書中に「仰せに云はく」とあるものは、一海の筆受が全く心賀の言葉通りを誌したものとすれば、これは当然に静明及びそれ以前の嫡々の義を指すものと解すべきであるが、「静明の御義に云はく」「先師法印の義に云はく」等も別にあるのであるから、これは一流代々相伝の義が心賀の薬籠中より縷述せられたことを意味するものと見ねばならない。それ故に、特に心賀の私見には「私に云はく」の語もある訳(これらのうちには、後世の傍注が伝写の間に本文に混入する場合も、一書の構文上から考えられることであるが)である。また「仰せに云はく、口伝に云はく」の内に当然含まるべきものでも、特異なもの或は異説には、「俊範の御義に云はく」等と連ね、または心賀と同時代の先輩と想われる「慶深阿闍梨の云はく」等もあるのであるから、本書は古今内外学匠の義類をも集めて宗大事七箇法門に注釈を加えたもの、即ち、本義に諸種の注釈を類聚して増広したものであるから、これを「見聞」と名づけたのである。

書名の意味は大要以上の如くである。このようにこの書名は、七箇法門の布演という意味であるから、心賀からこの法門を相承した尊海は、またその門弟へ、自らの見聞を付して七箇を伝授し、その筆録本に、同じく「一流相伝法門見聞」と名づけている。また、尊海から約百七十年を隔てて尊舜が七箇法門の見聞を集めたものにも「一流相伝法門見聞」と名づけている。これらは書名もみな同じく、書の骨子を七箇法門とすることも同じであるが、その「見聞」説述の様相が変遷している。今、本書の姉妹編であり、本書から直接の派生発展であると見られる、尊海がその門弟に授けた時の「見聞」について、述べてみよう。

この書は、短見の及ぶところ未だ西教寺所蔵の端本のみしか見ていないが、外題には小字の「尊海私」を肩書にして「一流相伝法門見聞上」とあり、内容は正しく今の二帖抄上巻に相当するものである。その巻頭には、山家四箇大事及び略伝三箇大事、妙法蓮華経玄義の一心三諦境の五重、摩訶止観の同四重の、図表的標示の総説がなく、直ちに次のように筆を起している。「仰せに云はく、この相伝に於ては聊爾なること有るべからずと雖も、法印尊海臨終既にこれ近し、然る間、偏へに後生菩提の為めに相承せさす。相構へて法印の臨終正念往生極楽これを祈禱すべし。仰せに云はく、この相承に於ては、一々の法門、全分紙上に載せざる法門にて、ただ口伝ばかりにてこれ有り。法印尊海は鈍根なる間、古《むかし》松林坊(一海)と同学してこの抄を出し、上下二帖に、松林坊をやとひて記録せさす。相構へて聊爾なるべからず。この流の相承は多しと雖も、大都《おおよそ》の相承はこれに過ぎず、信貴すべし。穴賢々々」。

また、「一心三観伝於一言」の条下に「妙法」の一言を口伝するに次いで、「私に云はく、一言に於て不審有るに依つて、日々に思惟し、夜々にこれを思案す。然る間、冥の加護にてやこれあるらん、元徳二年庚午(一三三〇、尊海死去前三年)三月十日夜の卯の時ばかりに妄想これ有り、ある僧来つてこの一言を授く。その一言の体何物ぞと云ふに、事々法々の一言とこれを授けたり。事々法々の一言の義を云ふに、万法皆三観の体なり。然る間、いかなる在家の尼入道なりとも、来つて一心三観の様を問はんに、事々法々とこれを授くれば、心言変易せずして一心三観を解すべきなり。その故は、万法は一心三観なれども、能問の人も一心三観なり、所問の体も一心三観なり。然る間、能問所問全体にして一心三観なる間、事々法々の一心三観とこれを授けば、心言変易せず三観の体と解すべきなり。その故は、来つて心地修行の一心三観の体を問はんと思ふ程の人は、いかなる在家の尼入道なりとも、円機純熟し、円頓直達の行者なるが故に、一言の義は、全くこれに過ぐべからず。……希代未曾有の思ひなる間、後に忘失せざらん料にこれを記録す」と述べている。文中「在家の尼入道」は、先に触れた「実子相伝」と共に注意をひくが、口伝法門に対する夢寐にも忘れない求道・鑑機の真摯さが目立っている。

また、一心三観に三処の依文を挙ぐるに次いで、「尋ねて云はく、難じて云はく、今、山門に於て結戒地と云ひて、女人の登山全くこれなき、この事大いに不審なり。その故は、今山門とはこれ一乗弘通の道場、鎮護国家の霊山なり。もししからば、女人なりとも遍く登山すべきなり。今法華経とは、女人・悪人も悉く成仏得道の指南なり。されば五障の竜女も、文殊の弘経に依つて、直ちに霊山会上に詣れり。この経弘通の砌ならば、たとひ結戒の地なりとも、いかでか女人の登山これを許すべからざるや。もしこれを斥《はら》はば、法華弘通に女人成仏これなしと意得べきか、如何。仰せに云はく、この事誠に真実貴き事なり。女人登山せずと云ひて、法華弘通に女人成仏これなしとは意得べからず。その故は……」等々と、当時としては出色の自由な思索、卓抜な見解の芽が見られるが、やがては、「仙波等田舎の義にして山上の義には非ず」などの批評も生れ、このような気運の正しい発達を遂げ得なかったことが惜しまれる。

次に、相伝法門見聞上下二巻に述べられる内容を概観する。法華経方便品に、仏陀が秘襲の法門(諸法実相)を開説するに、大衆は心に大歓喜を生じて、自らまさに作仏すべしと知った。この法門を次品には大白牛車を以て擬らえる、これは所期に速疾必到する宝乗である。この宝乗を末世の機類の受用に適合するように組立てたのが、智顗の一念三千の法門（補注「三千」参照）なのである。今、この上下二巻の相伝法門見聞は、上巻巻頭の図式目録が示す通り、山家四箇大事と略伝三箇大事を合せた、いわゆる七箇大事或は七箇法門と言われるものを、教重・行門・証道の三重に説示（具略あるも）し、天台法門の淵底を尽して伝授することを、その内容とするのである。故にこの二巻は、一念三千の法門伝授に他ならない。

この内、上巻は本文と注解にほぼ明らかなように、一念三千と同義である一心三観の名の下に、境・智に分別してまずその素地である諦理を明らかにし、次に正しく境智融合の妙処（一念三千）を示し、止観大旨の下に冷煖自知（宗旨）と言句伝承（宗教）の異質を判じ、次いで法華深義を開示して上巻を畢っている。即ち上巻は、一念三千を解義して相伝するが主体で、これは即ち自行の因修にあたる分である。

下巻はこれに対して、行果の枢要を開説伝授する分（略伝三箇）と、付録して天台宗と諸宗との関係についての口伝をする。今ここでは、天台宗全書本との出入もほとんどないので下巻の本文を割愛した関係から、少し委しく下巻の内容を叙べる。略伝三箇とは、一　円教三身、二　常寂光土義、三　蓮華因果の三で、共に法華経の仏果に関する事相、一は仏身（正報）、二は仏の住する国土（依報）、三は仏の妙因妙果である。

円教三身とは、法華の迹門とそれ以前の教主は肉身仏（応身）であるから、それぞれ勝劣はあっても、報身（智身）と法身（理身）と三身相即するには、応身を面とするが、法華の仏果は一身即三身（秘）、三身即一身（密）なる無作三身であるとする。この無作三身についても、法華の正意とするところは住本顕本の自受用報身、即ち機も法も未だ起らざる重の身、顕説法華に対しては根本法華の三身なり等と明かす。無作とは、因縁・人為を加えずして、我等の上に仏格が無始より本有として円満しているとの意で、仏の知見の前には、凡夫の三道・三業が、如来の三徳・三身と同体なる実仏であるとする。この実仏なる円教三身の下に、証道八相・四句成道の二義を相伝するのであるが、この二義は本覚無作三身の中のただ応身の所作についての分別のように見られるが、報身・法身も自ら当然にこの中に含まれている。

初めの証道八相とは、仏陀がこの世に出られる姿の、生れてから死去するまで、即ち、兜率より降下して敬虔な婦人の胎を借りて入胎し、誕生し、生育修学し、長じて妻を迎え、子を生じ、真実人生の探究に入って虚仮の人生を却け(出家)、苦行し降魔して開悟し(成道)、天寿を尽すまで衆生教化に従事し、能事畢って涅槃に入るまでを、重点的に八つに分け(採り方に異説はあるが、托胎・出胎・出家・成道・入涅槃は必ず数えられる)たもので、必ずしも八つに拘泥するものではなく、仏の生涯が、生れてから死ぬまで、どの時点を採って見ても、真実人生として充実されたもので、如何なる人からも、望ましきもの、手本となし得る内容を持っている人生、即ち理想的人生の事実の姿を言うのである。従って仏陀には馬屋の誕生、磔刑の夭死などはない。仏道の覚悟者はこのような八相の人生でなくてはならない。本覚法門の口決を受け、行・証に達し、深義を悟った人も、この八相の人生であるはずであるが、証道の相伝を畢って自己の姿を観ると、仏陀の八相との懸隔が甚だしい。故にこの懸隔に対し、本覚法門を以て会通を加え、我等衆生の肉身の遷移も、仏陀の八相遷移と同質であることを説示するのが、証道八相である。

次の四句成道とは、如何なる仏でも、苦行の結果、魔を降し悟りを開いた暁には、必ず次の四句の偈を唱えてその歓びを宣言する、「諸漏已尽　梵行已立　所作已弁　不受後有」と。これは「今まで苦しめられた煩悩は無くなった、修行が成就した、目的を達した、これからは苦を受けることがない」という意味である。これを四句成道を唱えるというのであるが、本覚法門を伝受して苦修練行の結果、「わかった」と、歓びを漏らすと同じである。然し自らの本覚の悟りを、仏陀の悟りに較べると、大きな懸隔を覚える。ここに、導きの方は劣っていても無上の覚を得るもの(本下迹高)、導きの方も受ける機根も極めて勝れているもの(本迹倶高)と、導きの方も受ける機も共に劣り(本迹倶下)、導きの方は極めて勝れているが受ける機根が劣って悟りの浅いもの(本高迹下)等、機に随い、縁に依って、八相に四句の異なりがあるが、体は極仏に同じと明かす。即ち、四句成道の内容の差等について、更に本迹の四句を以て分別を加え、已証と極仏との間に懸隔の疑滞あるを会通して、本覚法門の証悟に妥当性を与えるものである。故にこれは、成道を宣言する四句ではないが、本覚法門からは本迹の四句に成道するのであるから、専らこの四句を説示し、これを四句成道と言っているのである。

略伝三箇第二の常寂光土義。常寂光土とは、天台所立の四土(維摩経文(広)疏一・二。本理大綱集補注「両土」参照)の一、法身所居の最上土。これに事・理の別ありとし、維摩経広疏の文は分別精細なるも理の寂光なり、法華疏の意は事寂光にして能居(本有の正報・身)と所居(本有の依報・土)宛然なる義ありとする。且つ伽耶に即する寂光の一土に四土を分別する義等を以て、三箇の中で特にこの一箇に「義」の一字を加うなどと説き、「当知身土　一念三千　故成道時　称此本理一身一念　偏於法界」(一念三千を注釈する湛然の文)の説示と伝授をする。

第三の蓮華因果には、華と果と同時に具わる因果一如の理の上に、万法が蓮華の妙その物(当体蓮華)なるを談じ、本迹不同のもとに、久遠実成と伽耶近成の関係、乃至事・理等を分けて、凡夫即極果の意を伝え、次の被接法門の下には、界内迂廻道の機が、爾前・迹門・本門と次第して修行を進める者について、内観に当っての思索運心の進展と超躍の正しい定型と意義を授ける。以上が略伝三箇の大要である。

これに付録して巻末に、一、真言・天台の同異、二、天台・法相の同異、三、天台・華厳の同異、四、天台・三論の同異、五、天台・禅宗の不同、の五項を掲げて、それぞれに同異勝劣を批議している。これは畢竟、一流相伝の法門は宗旨深広なること、譬えば、天台は舎宅の総体なるが如く、諸宗はこの屋内に各々部屋を構うるが如くして、天台の宗旨に対する宗教の分を出でず、諸宗の勝れたるは即ち天台の一分を談ずる(尊舜の二帖御抄見聞)との意図に基づくもので、相伝法門の自信と鼓吹である。

以上が本書の大要である。この七箇法門が尊海によって筆紙に載せられてからは、由来、秘決として各師の間で区々に伝えられたものが、これによって漸く、この法門の集成が衆目の前に定着したものの如くである。即ち本書より約五十余年は先駆すると考えられる一帖抄は、伝えの如くでは後嵯峨院のお手元に在って衆目に触れることなく畢ったようであるし、心聡の萩原法皇への再度の奏進も、坊間に披露あるのは、その崩御(一三四八)の後であって、これは尊海の滅後約十六年を経てのことである。蔵田抄も尊海入滅十数年後(一三四七)の成立である。一方、尊海後に七箇法門を布衍するものは、八帖抄(一海)・八帖抄見聞(直海)・宗大事口伝抄(等海)・二帖御抄見聞(尊舜)・恵心流三重相伝口決など、本書を本抄と呼び、或は規準として作られており、その相伝の期間も、尊海後二百五十余年の長きにわたるのである。以て七箇法門における本書の占める地位が想定される。然しこれに就いては、初聞の一念随喜によって成立するはずの天台教学の骨子が、本書のような重層的煩瑣な名目の累増に走った所以、あわせて、教学を口語に砕いた相伝に、初めはその主旨があったであろう口伝法門が、秘の口伝となり、教・行・証の三重秘となった所以、及び本書の三重秘の様相と他者からのその批評など、また、本書の類が、後世「秘事雑乱」「中古の邪義」等と評せられる半面、学的天台論義の発達と関連すること、この法門の伝承者の中には、教学の極めて真摯な文献的研究者の多かったことなど、考え合せねばならない事柄が多岐である。

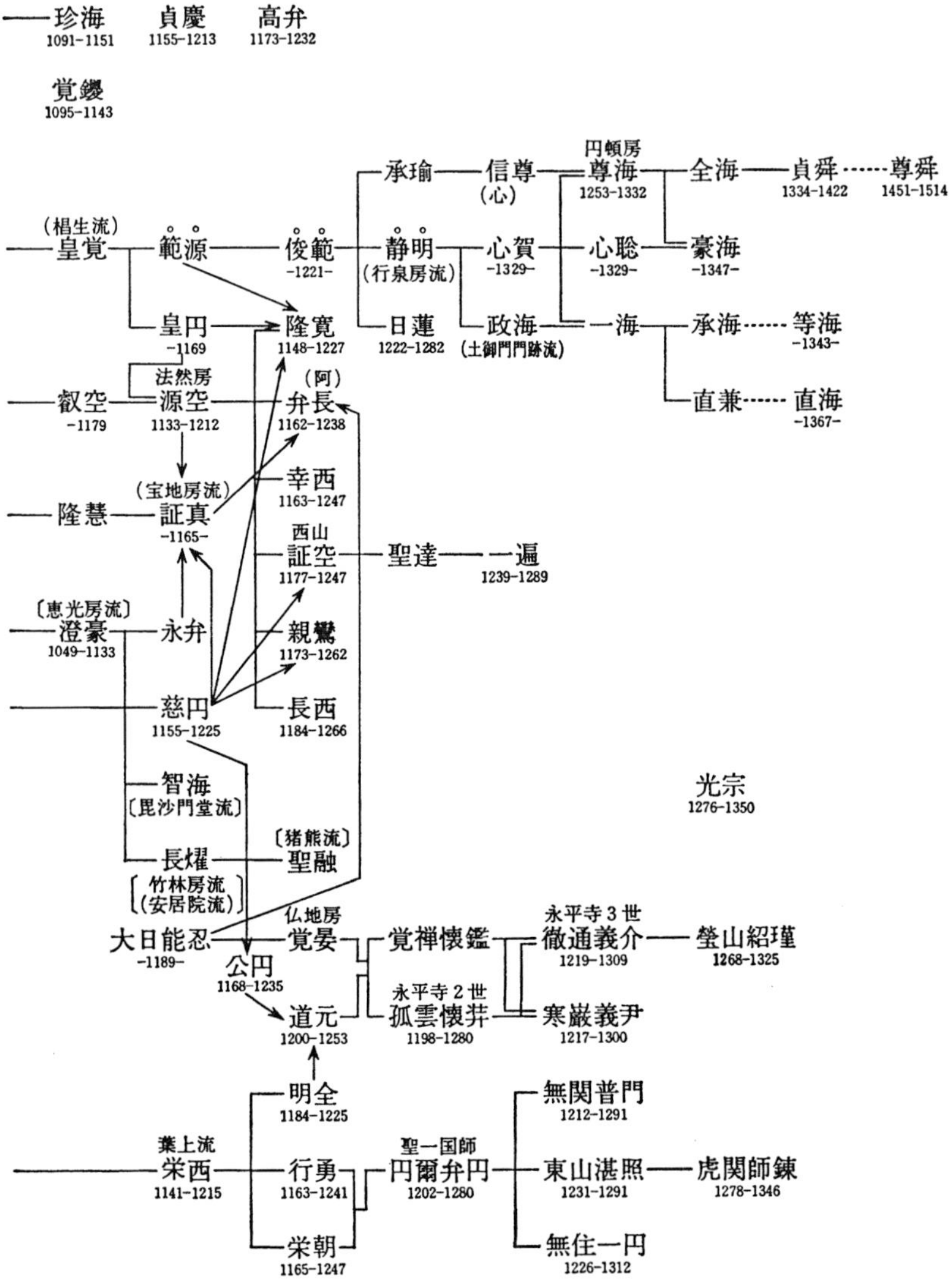

珍海 1091-1151
貞慶 1155-1213
高弁 1173-1232
覚鑁 1095-1143
承瑜
信尊（心）
円頓房 尊海 1253-1332
全海
貞舜 1334-1422
尊舜 1451-1514
（椙生流）皇覚
範源
俊範 -1221-
静明（行泉房流）
心賀 -1329-
心聡 -1329-
豪海 -1347-
皇円 -1169
隆寛 1148-1227
日蓮 1222-1282
政海（土御門門跡流）
一海
承海
等海 -1343-
直兼
直海 -1367-
叡空 -1179
法然房 源空 1133-1212
（阿）弁長 1162-1238
幸西 1163-1247
隆慧
（宝地房流）証真 -1165-
西山 証空 1177-1247
聖達
一遍 1239-1289
〔恵光房流〕澄豪 1049-1133
永弁
親鸞 1173-1262
慈円 1155-1225
長西 1184-1266
智海〔毘沙門堂流〕
光宗 1276-1350
長耀〔竹林房流（安居院流）〕
〔猪熊流〕聖融
大日能忍 -1189-
仏地房 覚晏
公円 1168-1235
覚禅懐鑑
永平寺3世 徹通義介 1219-1309
瑩山紹瑾 1268-1325
道元 1200-1253
永平寺2世 孤雲懐弉 1198-1280
寒巌義尹 1217-1300
明全 1184-1225
無関普門 1212-1291
葉上流 栄西 1141-1215
行勇 1163-1241
聖一国師 円爾弁円 1202-1280
東山湛照 1231-1291
虎関師錬 1278-1346
栄朝 1165-1247
無住一円 1226-1312

相承略系譜

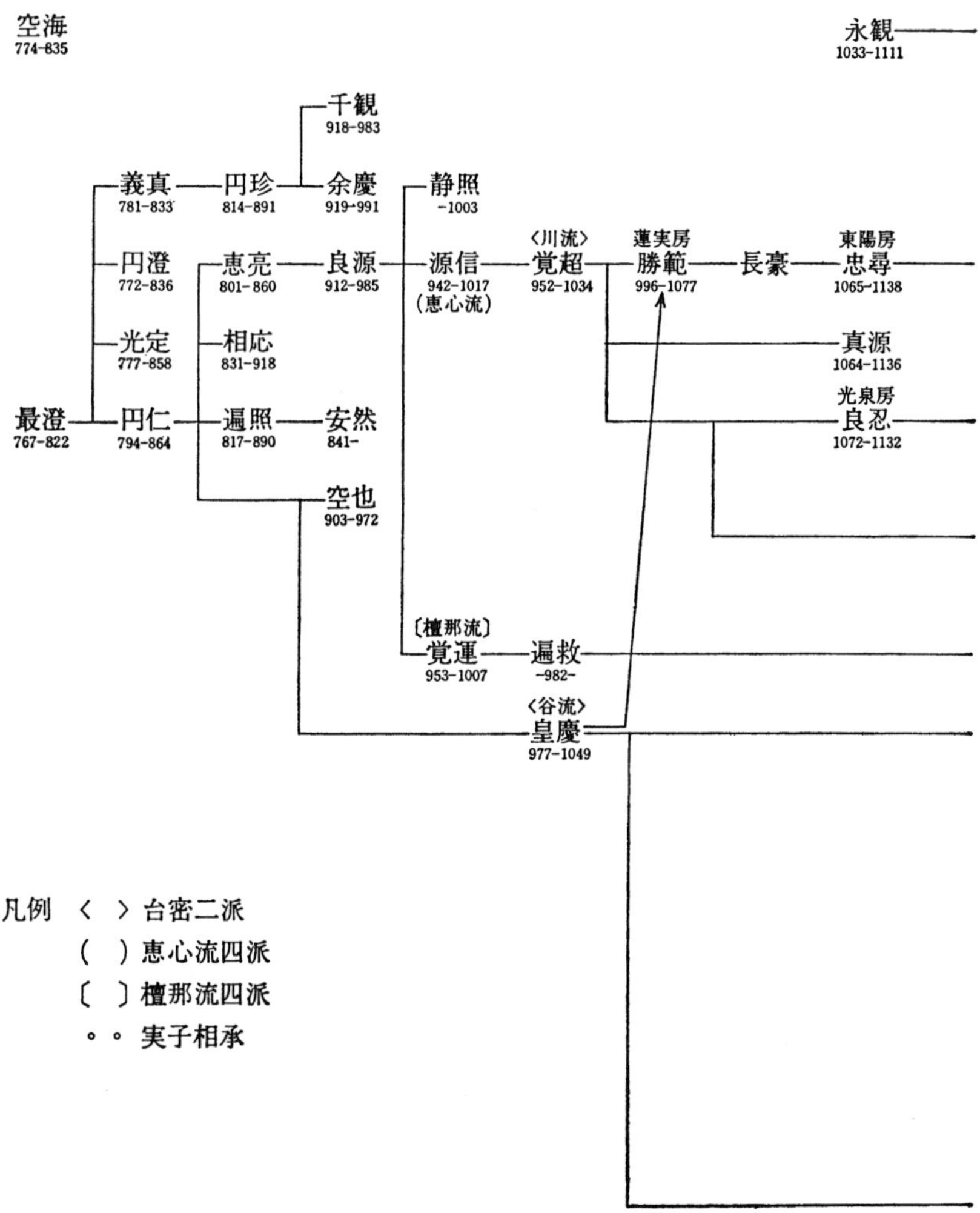

凡例 〈 〉台密二派

( )恵心流四派

〔 〕檀那流四派

。。実子相承

日本思想大系 9
天台本覚論

1973年 1月25日 第1刷発行
1983年 5月10日 第7刷発行
1995年 7月14日 新装版第1刷発行
2017年 9月12日 オンデマンド版発行

校注者 多田《ただ》 厚隆《こうりゅう》 大久保《おおくぼ》 良順《りょうじゅん》
田村《たむら》 芳朗《よしろう》 浅井《あさい》 円道《えんどう》

発行者 岡 本 厚

発行所 株式会社 岩波書店
〒101-8002 東京都千代田区一ツ橋2-5-5
電話案内 03-5210-4000
http://www.iwanami.co.jp/

印刷／製本・法令印刷

ISBN 978-4-00-730668-6 Printed in Japan